上海文化发展基金会图书出版专项基金资助项目

厉无畏学术文集

1

上海科学技术文献出版社
Shanghai Scientific and Technological Literature Press

（厉无畏近照）

厉无畏，1942年11月生，浙江东阳人，经济学家。

早年因父亲被打成右派，失去了继续升学深造的机会，在基层厂矿工作多年。“文革”结束，改革开放，报考并被录取为上海社会科学院工业经济与管理专业研究生；1982年毕业，获经济学硕士学位。随即进入上海社会科学院部门经济研究所，从事数量经济、产业经济、经济管理等方面的研究；历任研究室副主任、主任，所长助理、副所长、所长；获研究员职称和博士生导师资格。1999年开始关注并开创中国创意产业研究，成为先驱者和奠基人。曾多次赴美国、德国、韩国、日本以及中国台湾、香港等国家和地区讲学或参加合作研究。

1992年受聘为上海市政府决策咨询专家。先后被聘为上海数量经济学会理事长、上海管理科学研究会理事长、上海市股份制与证券研究会会长。

兼任东华大学旭日工商管理学院院长、上海应用技术学院名誉校长和上海市创意产业协会会长等职。

1981年7月加入中国国民党革命委员会（简称“民革”），后任第八届全国政协委员、第九届全国政协常务委员会委员、第十届全国人大常务委员会委员以及民革上海市副主委、主委，民革中央副主席、常务副主席、第一副主席，上海市政协副主席、上海市人大常务委员会副主任，第十一届全国政协副主席。

发表过三百余篇论文、文章和研究报告。出版了《计量经济学》《投入产出经济学》《企业实用现代管理方法》《创新经营》《中国资本市场：机遇、问题与发展》《中国产业经济发展前沿问题》《21世纪初中国重点产业的发展与前景展望》《科学发展观与新一轮经济增长》《世纪之交的转折——迎接新世纪新增长》《转型中的中国经济》《加快国有企业改革》《创意产业——城市发展的新引擎》《创意产业导论》《创意产业：转变经济发展方式的策动力》《创意产业新论》《创意改变中国》等二十多部专著、译著、编著。

先后被北京大学、清华大学、中国社会科学院、中国传媒大学、复旦大学、上海交通大学、同济大学、上海戏剧学院、华东理工大学、浙江大学、华中科技大学、湖北孝感学院、深圳大学、暨南大学、广东外语外贸大学、贵州大学、哈尔滨财经大学、四川社会科学院、重庆大学、浙江师范大学、江西经济管理干部学院等聘为名誉教授、客座教授等。

多年来荣获省部级优秀成果奖11项，包括上海市哲学和社会科学优秀论文奖、著作奖，上海科技进步奖，邓小平理论研究和宣传优秀成果奖，上海市决策咨询优秀成果奖等，撰写的《创意改变中国》一书获“全球文化产业学院奖——思想驱动奖”。

1990年国家教委和国务院学位委员会授予“有突出贡献的中国硕士学位获得者”称号。2007年获“全国创意产业杰出贡献奖”。2012年获“全国创意产业终身成就奖”。2013年获“辉煌中国十大时代经济精英人物奖”。

序

经世致用　济民报国

全国政协副主席、民革中央常务副主席　齐续春

获悉《厉无畏学术文集》即将出版，作为他多年的朋友和同事，我谨表示热烈的祝贺！可以说，这不仅是中国经济学界的一件盛事，也是我们民革中央的一件盛事！

厉无畏先生是我国当代著名的经济学家。其学术生涯是在坎坷、曲折的道路上，在艰辛、勤奋的探索中开拓、演进的。他早年因父亲厉德寅教授（在美国获经济学博士，执教于复旦大学）在1958年反右“补课”中被套上“右派”帽子，不得不改变参加高考、继续深造的人生进程。未及成年，为维持家庭生计，他当过煤矿筹备处的试用人员，中小学代课教师，以及造纸厂、塑料制品厂、车辆配件厂的临时工……但他在逆境中“不言春作苦，常恐负所怀”，依然“不坠青云之志”，坐薪悬胆，自强自励，挤出时间刻苦钻研，广泛涉猎文学、哲学、史学、数学、英语、经济管理和机械制造等多个领域的知识和学问。正如托马斯·彼德斯所说：“出色成就的更广泛的来源，寓于内在的激励。”一当整个国家雨过天晴、云开日出，厉无畏也很快峰回路转，苦尽甘来。1979年，一向“登高最爱风来急”（厉无畏诗句）的他，果断抓住了命运赐予的良机，决定直接报考研究生。尽管没有大学文凭，但多年的积累和扎实的功底给了他奋力一搏的勇气；结果，以优异的成绩被录取，成为改革开放后上海社会科学院的首届研究生，实现了自己承续父业，投身经济学研究的夙愿。他幸运地遭逢了拨乱反正、励精图治的变革时代，获得了

雄鹰展翅、骏马奋蹄的浩广天地。

前人有谓:“艰难困苦,玉汝于成。”跌宕起伏、摸爬滚打的丰富阅历,为厉先生在学术研究中确立注重实际、了解社会、热爱人民、关心国家的价值体系和人生抱负奠定了坚实的基础。

我们不难发现,厉无畏先生的学术研究轨迹同中国的改革开放进程始终紧密相随。他的自我价值实现过程,是与百姓幸福、民族兴盛、国家富强“亦步亦趋”的。

他善于用通俗的方式普及研究成果,以睿智的见解奉献国计民生。他关注上海乃至整个中国的社会经济发展中出现的诸多热点、难点、重点问题,运用富有前瞻性的思维,开辟“科研——咨询——培训”三结合的研究之路,把宏观战略研究和微观咨询诊断结合起来,提出许多利民安邦的真知灼见。他经常会同专家,率领学生,走出书斋,考察城乡,调研企业,深入实际,探讨问题。足迹遍及长城内外、大江南北。

三十多年来,他在数量经济、产业经济、经营管理、乡镇企业、国资改革、中小企业、文化创意产业等多个领域收获了具有前瞻性、理论性、历史性、现实性和国际性的丰硕成果。

厉先生的学术专长之一是数量经济学。在研究中,他采用数量经济模型和数据实证对社会经济进行分析和预测。譬如,他在调查了上海的资金、技术优势与能源、原材料短缺,社会保障体系与企业结构和产权制度改革,国有企业与乡镇企业等方面的关系之后,以时间序列、因果关系计量、自适应等多种增长模型,判断、测定经济增长效率,解析国有企业发展与政府职能调整,进而论证上海经济结构调整的方向和路径;认为上海必须在竞争中发展外向型经济,应当率先制定地方性公平竞争条例。他还较早地采用索罗模型对国内纺织企业技术改造进行了测度。这些研究成果为上海的经济发展,为中国的技术经济、生产力经济、投入产出模型分析提供了务实、创新的方法。

在花甲之年,他又开拓了一个全新的研究领域——创意产业,成为我国创意产业研究的先行者和奠基人。他提出:“创意产业是一种发展模式的创新,是对传统的产业发展逻辑的颠覆”“创意产业的本质在于融合和渗透,在于它对经济运行系统乃至整个社会体系的创新”。将创意产业“融合”“渗透”到经济增长方式转变、产业结构升级、区域竞争力、城市创新、品牌塑造、三农问题、企业经营、两岸合作关系发展等各个领域。2004 年,在上海社会科学院创立了全国最早的创意产业研究机构,组建了中国第一支文化创意产业研究团队,卓有成效地推动了文化创意产业在全国的蓬勃发展。

厉先生较早担任了政府和社会的多项要职,经常参议国是、接待媒体、会见外宾、出访考察、巡回演讲等。然而,即便公务倥偬,依旧未肯“忘本”,始终铭记一个经济学家的崇高使命,坚持精进治学、勤勉笔耕,一直充满着旺盛的学术张力和跃动的创新精神。

多年来,他先后就防范金融风险,做大中等收入队伍,促进公平分配,建立社会保障体系,转变政府管理职能,建立石油储备制度等全局性、战略性问题,积极向地方和中央建言献策。其中,在金融体制改革、国企国资改革、现代企业制度建设等方面的多项建议,受到党中央、国务院高度重视并被采纳。

1997 年,他在全国政协会议上呈递的关于中国西部开发的提案,为国务院作出“西部大开发”的战略决策提供了理论依据和决策思路。1998 年,他又在全国人大、政协“两会”期间发表了《关于防范金融风险的若干建议》,提醒大家不能把东南亚金融危机归咎于金融市场开放,中国必须加快金融市场化改革,促进其规范和成熟,为开放金融市场作准备,引起了强烈反响。2001 年,他建议政府建立石油储备制度。2008 年,他的提案《关于创意农业》,倡言这是解决“三农”问题行之有效的途径。他用出色的奉献兑现了自己年轻时候所立“常怀感恩心,永存报国志”的誓言。

不仅如此,他还十分注重“传火于薪”,提携后进。先后培养了将近三十名博士,其中,他的不少“门生”已成长为出类拔萃、卓有成就的中青年英才。

厉无畏的学术成果非常丰硕,《厉无畏学术文集》汇集了其中的精华。从中,我们不仅可以体味其广征博引、探赜索隐的深厚学养,更加能够领悟其经世致用、济民报国的博大情怀。这是值得广大学术工作者,尤其是后起之秀学习和钦敬的。

衷心希望这套文集能给读者带来丰富的营养。是为序。

齐续春

2015 年 8 月 9 日

自　序

这套四卷本文集是我三十多年来学术研究的结晶。

经济学是研究国民经济运行规律的学科，与国计民生关系至大。我很自豪选择了它作为自己终身热爱和奋斗的神圣事业。在几十年的学术生涯中，我不仅持续享受着学习和工作的愉悦，而且充分激发出生命的动能，更加体验到人生的价值。

我很幸运自己能经受住早期严酷生活的锤炼，受到改革开放昌明政策的护佑，聆受着同行良师益友的教诲。正是靠着这一切，我的学术道路才会那么坚实、通畅、宽广。也正是因为这一切，“常怀感恩心，永存报国志”能够成为我此生的信条。

回顾自己的学术历程，我领悟到，作为新时代的科学探索者、理论工作者，第一，应当“志存高远”，抱负须宏大，目光要深远。凡急功近利者，必难成大器。我们的职责和功能乃在于推进民生提高和国家发展，只有实现这一目标，才能体现自己的价值。

第二，应当“学而不厌”，尽可能多地学习新知识、新方法、新思维，就像罗马俱乐部三十多年前所倡导的那样，“它包含获得并且去实践新的方法论、新的技能、新的态度和新的价值”，这种学习“要求的是一种强调创造价值甚于保存价值的学习”，是一种“创新性”的学习，其主要特征就是预期性。20 世纪 90 年代末，我了解到英国政府关于发展文化创意产业的文件以及相关研究文章，自己虽已年过花甲，依然兴致勃勃，予以高度关注，并立即投入精力认真探索、研究，历经多年，逐渐形成了自己在这一领域的学术体系。

第三，正常、健康的学术研究，需要谦卑、宽容的襟怀。创新就是意味着突破，即突破旧思维、旧方法、旧观点。人类就是在否定之否定的过程中演进的。我们决不能轻率地以为已经穷极真理。实际上，随着时空条件的变化，真理也会变化、发展。在学术研究中特别应当鼓励大家，尤其是年轻人，要敢于"标新立异"，要允许、容忍"试错"（即根据已有经验，采取系统或随机的方式，去尝试各种可能的答案）。譬如，当初抽象画、印象画问世时，曾经遭到传统画派大张挞伐；然而经过一段时间的砥砺，梵高、毕加索的超拔艺术终于被举世认可、推崇。同时，加强学术交流与合作研究非常重要，单打独斗式的研究道路一定行之不远，难成正果。交流、合作可以拓展思路，取长补短，提高效率。在我的学术研究中，有不少是和我的同事或学生切磋琢磨、交流合作的成果。

第四，提倡快乐学习、快乐工作，努力创造宽松、融和的工作生态。思想文化巨擘孔子认为："知之者不如好之者，好之者不如乐之者"，意即学习知识或本领，知道它的人不如爱好它的人接受得快，爱好它的人不如以此为乐的人接受得快。良好的工作氛围不仅能使大家专注于工作，而且会使大家分享到愉悦。

第五，注重深入实际，从实践中发现问题，积累经验，总结规律。任何科学研究当然都要既"务虚"又"务实"，但经济研究与其他学科研究有所不同，它更加突显实践性、时效性、建设性和社会性。出色的经济咨询及卓越的经济政策能促使企业振兴、地区繁荣、国家兴旺、民众富裕。我从20世纪80年代开始研究乡镇工业、上海经济发展战略、国资改革、中小企业、现代服务业、现代制造业，直到如今研究创意产业的数十年实践，切实体现了这一点。

肯·罗宾森在《创意的自由》一书中提出:“21世纪的人类面临着一些最严峻的挑战。我们最理想的资源,就是磨练自己的想象力、创造力和创新力。”我非常赞同这句话,希望学术界能蓬勃涌现具有想象力、创造力和创新力的佼佼者,这应当是时代的嘱托和召唤!

上海科学技术文献出版社、上海文化发展基金会和出版工作小组在我的文集出版过程中投入了大量精力,做了很多工作,在此表示衷心感谢。

2015年9月8日

目　录

绪论　创意改变中国

一、创意：改变世界的力量

“资本和技术主宰一切的时代已经过去，创意的时代已经来临。”这句从美国硅谷到华尔街的流行语，已经引起世界各国的共鸣，20世纪90年代末兴起于发达国家的创意产业，在21世纪的中国大地正风起云涌，方兴未艾。在全球经济一体化的潮流中，创意经济引发的热浪正以前所未有的传播速度影响着中国各地的经济发展方式，改变着传统的经营模式，也革新着人们的观念和思维方式。

创意产业正在改变崛起中的中国！

（一）创意产业的缘起

创意产业，又叫创意工业、创造性产业、创意经济、文化产业或创造性产业等，其概念主要来自英语 Creative Industries 或 Creative Economy。是一种在全球化的消费社会背景中发展起来的，推崇创新、个人创造力、强调文化艺术对经济的支持与推动的新兴的理念、思潮和经济实践。

创意产业（Creative Industries）作为一个专有名词正式出现在文献中最早可追溯到英国文化媒体体育部1998年11月发布的《创意产业图录报告》（Creative Industries Mapping Documents，CIMD），[1]此报告正式提出并界定了创意产业的概念和具体的产业部门。英国是第一个定义创意产业的国家，但其定义无疑是受到了澳大利亚人的启发。

[1] http://www.culture.gov.uk/creative_industries/default.htm.

1994 年，澳大利亚公布了第一份文化政策报告（Creative Industries Mapping Documents），提出了以创意国家（Creative Nation）为目标，引起了英国政府的关注。英国政府立即派团赴澳学习、考察、取经，也因此有了创意产业政策的出台。

1997 年英国大选之后，时任首相布莱尔提出新英国这样一个构想，希望改变英国老工业帝国陈旧落后的形象。作为新英国计划的一部分，在工业设计、艺术设计等领域有着崇高的地位。布莱尔还着手成立了创意产业特别工作小组（ Creative Industry Task Force ），并亲自担任主席，大力推进英国创意产业的发展，提倡与鼓励人的原创力在英国经济中的贡献。

可以说，英国和澳大利亚是创意产业发展的先行者。无论是澳大利亚正式提出创意国家的目标，还是英国大张旗鼓地推出创意产业政策，都并非空穴来风。随着全球化、信息化的发展，世界发达国家正步入后工业经济社会，面临着社会经济的全面转型，驱动经济增长的主导要素发生了结构性的变化，文化和人的创造力对经济发展的贡献率不断增加。创意产业所倡导的发展理念为世界经济的发展推开了一扇新窗，让人们能够看到在新的全球经济、技术与文化背景下，适应新的发展格局，把握新的核心要素，建构新的产业的一条光辉通道。这也是短短十年创意产业能够席卷全球，受到热烈追捧的深层原因。

（二）创意产业的概念

何为创意产业？创意产业是不是产业？这些基本概念问题在学术理论界至今还存在争论。否定派认为，创意自古就有，并存在于各行各业，在产业分类中无法归类，创意产业是一种概念炒作，不能称为产业；还有些学者认为，创意产业即文化产业，只不过是用了一个新名词而已；倡导者认为，创意产业已经从其他产业中独立出来，是在全球经济进入以知识为核心竞争力的时代背景下应运而生，并蓬勃兴起的新型产业。可谓仁者见仁，智者见智。

1998 年，英国创意产业特别工作小组在《英国创意产业路径文件》

中首次对创意产业进行了定义，将创意产业界定为：

所谓创意产业，就是指那些“源自个人创意、技巧及才华，通过知识产权的开发和运用，具有创造财富和就业潜力的行业”。

The definition of the creative industries:

The creative industries are those industries that are based on individual creativity, skill and talent. They are also those that have the potential to create wealth and jobs through developing intellectual property.[1]

由此定义出发，创意产业是指那些从个人的创造力、技能和天分中获取发展动力的企业，以及那些通过对知识产权的开发可创造潜在财富和就业机会的活动。创意产业是以创新思想、技巧和先进技术等知识和智慧要素为核心，通过一系列的活动，引起生产和消费环节的价值增值，为社会创造财富和提供广泛就业机会的产业。

创意产业这个概念在英国正式被正名，并在几年内快速地被新加坡、澳大利亚、新西兰、中国台湾与香港等国家和地区调整采用。但在实际的政策运用或政府的产业统计中，由于各个国家和地区的经济社会发展阶段以及文化背景的不同，对创意产业内涵与外延界定存在一定的差异，概括起来大致有三种类型：

一是以英国和美国为代表的欧美型，其创意产业以文化产业为主体，较多地涵盖精神产品层面；

二是以日本、韩国为代表的亚太型，其创意产业以文化产业和产业服务（即文化创意为其他产业服务，以提高产业附加值和扩展市场）为主体，兼顾了精神产品和物质产品两个层面；

三是以中国大陆地区为代表的本土型，其创意产业包括了文化产业和产业服务两方面，比较突出地强调物质产品是文化意义的承载者。

从覆盖的具体产业领域看，创意产业和文化产业存在着交叉和重

---

[1] http://www.culture.gov.uk/what_we_do/creative_industries/default.aspx.

复，主要的区别在于文化产业强调文化的产业化，而创意产业更加强调人的创造力，更加注重文化艺术对经济的渗透和贡献，它已经不是一般意义上的文化产业，不单单是人类精神生活的一部分，同时也是人类经济生活中最具活力的一个方面。

（三）创意产业的门类划分

纵观世界上不同国家或地区对创意产业的定义及包括的具体行业的划分，虽然有不同的说法，但不难发现：不管叫创意产业还是文化创意产业、创意工业，或者版权产业，首先提出创意产业概念的英国所指创意产业的十三个行业，几乎全部已列入相关国家或地区的该类产业。

＊ 英国：十三个核心门类

英国将广告、建筑、艺术和文物交易、工艺品、设计、时装设计、电影、互动休闲软件、音乐、表演艺术、出版、软件，以及电视广播等十三个行业确认为创意产业；三个外延领域包括旅游、博物馆和美术馆、遗产和体育。

The creative industries include: advertising, architecture, arts, antiques markets, computer and video games, crafts, design, designer fashion, film and video, music, performing arts, publishing, software, television and radio. [1]

由于英国是最早提出创意产业概念的国家，因此它所做的分类得到较广泛地应用。

＊ 美国：采用版权产业的不同提法

美国使用的是版权产业的概念，分为四类产业：

第一类是核心版权产业，是指创造享有版权的作品作为其主要产品的产业，包括电影、录音、音乐、图书报纸、软件、戏剧、广告及广播电视；

---

[1] http://www.creativeconomy.org.uk.

第二类是部分版权产业，其产品只部分享有版权，较为典型的是纺织品制造业、玩具制造业、建筑业等；

第三类是发行业，它们面向商店和消费者发行版权物品，如有关的运输服务业、批发与零售业等；

第四类是版权关联产业，其所产生和发行的产品完全或主要是与版权物品配合使用，如计算机、收音机、电视机等。

* 日本：立体的五类划分法

日本的创意产业分为五类：

第一类是传统意义上的文化产业，例如图书出版、电视、唱片、电影等；

第二类是大众文化娱乐产业，包括体育类，兴趣类（烹饪、剪裁、娱乐、旅游）；

第三类是艺术服务产业，主要指艺术演出和展览策划等；

第四类是文化信息传播产业；

第五类是大文化范畴内的文化产业，包括拳道、花道、陶艺、和服、美食等。

* 欧盟：向文化产业靠拢的界定

在欧洲使用更多的是文化产业的概念。根据文化产业不同的消费模式，分为：集体文化行为、个人文化行为和个人兼集体文化行为。根据文化产业的经营特点将其分为：由政府资助的公益性公共文化机构及设施、由社会各方资助的非营利性的文化部门、营利性的文化部门。2000 年，欧盟委员会又将出版业、音像业、电影电视制作业、广播及电视播放、表现艺术、新闻工作室、书籍杂志零售业等界定为对经济发展来说最为重要的文化产业部门。

* 中国香港：在英国分类基础上的微调

2003 年香港大学课题组在英国创意产业分类的基础上，加入创意产业生产系统及其与社会象征意义的交流和生产的概念，把香港创意产业界定为广告、建筑、艺术品与古董及手工艺品、设计、数码娱乐、电影与录像、音乐、表演艺术、出版、软件与电子计算、电视与电台共十一个主要产业。

* 中国台湾：看中产业对生活质量的提升

台湾地区将文化创意产业定义为：源自创意或文化累积，透过智慧财产的形式与运用，具有创造财富与就业机会潜力，并促进整体生活提升之行业。其创意产业包括视觉艺术产业、音乐与表演艺术产业、文化展演设施产业、工艺产业、电影产业、广播电视产业、出版产业、广告产业、设计产业、数字休闲娱乐产业、设计品牌时尚产业、创意生活产业、建筑设计产业，共计十三个产业。

* 中国北京：注重挖掘文化内涵的经济价值

文化创意产业是指依靠创意人的智慧、技能和天赋，借助高科技对文化资源进行创造与提升，通过知识产权的开发和运用，产生出高附加值产品，具有创造财富和就业潜力的产业。

北京市文化创意产业分类标准包括文化艺术、新闻出版、广播电视电影、软件网络及计算机服务、广告会展、艺术品交易、设计服务、旅游、休闲娱乐及其他辅助服务等九大类，下设 27 个中类、88 个小类。

* 中国上海：结合城市产业基础，走向科学发展

上海市经委和市统计局 2005 年编制出版的《上海创意产业发展重点指南》，将“十一五”上海创意产业发展重点确定为五大类，38 个中类，55 个小类。

第一类是研发设计创意，包括工业设计、工艺美术品设计、软件设计等；

第二类是建筑设计创意，包括工程勘察设计、建筑装饰、室内设计等；

第三类是文化传媒创意，包括文艺创作表演、广播、电视、电影制作等；

第四类是咨询策划创意，包括市场调研、证券咨询、会展服务等；

第五类是时尚消费创意，包括休闲体育、休闲娱乐、婚庆策划、摄影创作、旅行等。

综上所述，可见创意产业脱胎于文化产业，又超越了文化产业。

二、创意产业的勃兴

纵观当今世界，创意产业风起云涌，形成巨大的创意经济浪潮，席卷全球。各发达国家和不少新兴工业化国家的创意产业，以其各自擅长的取向、领域和方式迅速发展，创意产业、创意经济的发展成为21世纪全球经济发展的未来趋势和关注焦点之一。约翰·霍金斯在《创意经济》一书中指出，全世界的创意经济每天创造220亿美元的产值，并每年以5%左右的速度递增，在一些发达国家增长的速度更快，美国每年增长达14%、英国达12%。创意产业正作为世界经济增长的新动力，引领着全球未来经济的发展；发展创意产业已成为当今世界经济发展的新潮流和众多国家的战略选择。

伴随着城市转型、需求升级和科技进步，创意产业蓬勃兴起。

（一）城市转型

在知识经济背景下，创意成为改变世界的重要力量。作为一个新兴产业，创意产业的兴起是社会经济发展到一定阶段的选择。城市在工业化社会向后工业化社会转变的过程中，其经济结构逐渐从生产中心向服务和创新中心转型。这种转型不仅为创意产业的萌芽提供了适宜的土壤，也为创意产业的发展壮大提供了良好的资金及环境条件。

（二）需求升级

随着闲暇时间的增多，人们的精神文化需求的增长十分迅速，各类体现文化创意的物质产品正拥有越来越多的消费群体。比如，在人们日益呈现个性化、多样化文化需求的条件下，出现了适应市场的消费复合化的倾向，通过在设计、广告促销中进行新颖的创意设计，为各种产品打造体现青春、活泼、典雅、精致等不同特征的文化标记，从而使各方面的消费群体，能够在选择中找到符合自己个性品位追求的文化特征，受到公众的欢迎和喜爱，增强了产品在市场上的竞争。没有需求就没有发展动力，创意产业的发展满足了人们的精神文化需求，也挖掘、拓展、提升着人们对精神文化的需求。人们的精神文化需求愈丰富、愈多样，创意产业的发展就愈具有深厚的社会基础和广阔的市场空间。

（三）科技进步

科学技术的迅速发展使得创意产业获得了强大的、多方位的技术支持。高新技术的产生和现代工业的发展，对传统艺术方式造成巨大的冲击，如 MP3 对传统唱片业的冲击，网络出版对传统出版业的冲击。这些都直接导致了传统艺术形态的升级换代和现代更新，并突出表现为各类创意产业的数字化步伐日益加快。科学技术创造了大量崭新的艺术形式，开拓了新型创意产业领域。一些虚拟空间的出现，改变了人们的交往方式、活动方式和消费方式。创意产品具有天生的虚拟性，这使它比其他产业领域的产品更适合于网上或移动通信工具上生产、流通和消费。

三、创意，引领中国全方位的改变

在全球化趋势不断加强，国际竞争日趋激烈的今天，创意产业已经不仅仅是一个发展的理念，而是有着巨大经济效益和社会效益的直接现实。创意经济引发的热浪正以前所未有的传播速度影响着中国各地的经济发展方式，改变着传统的经营模式，也革新着人们的观念和思维方式。创意产业脱胎于文化产业又超越文化产业，是经济发展模式的一种创新，它强调用全新的思维逻辑方式融入现有产业实现价值创新，从而促进对经济运行系统的创新，对产业结构的优化和对区域综合竞争力的提升，实现经济发展方式的转变。创意产业正日益成为驱动社会经济全面发展的新引擎，这对正面临国际、国内双重挑战的中国经济来说，具有重要的战略意义。

创意改变中国,表现为创意产业的发展促进了以下几个方面的全方位转变:

一是它树立了一种新的产业发展观,是思想观念的根本转变;

二是创意产业发展了每个人的创造力和潜能、培育创意阶层;

三是创意提高了产品附加值,为创意企业找到基于产业价值链的赢利模式;

四是从产业角度,创意产业通过四种模式促进经济发展方式的转变;

五是改变城市面貌,提升城市品牌形象,促进产业升级;

六是创造就业,培育创意社群,促进社会和谐,实现经济与社会的全面发展。

(一) 创意,带来观念的革新

创意改变中国,表现在创意产业是对传统产业发展逻辑的颠覆,它树立了一种新的产业发展观,是思想观念的根本转变。

1. 无边界产业:一种新概念的诞生

创意产业的根本观念,是通过"越界"促成不同行业、不同领域的重组与合作,是一个全新的产业发展概念,在产业价值链体系中,创意产业是处于上游的高端产业,可以与第一产业、第二产业和第三产业相互融合。

创意产业是无边界产业。这一新概念的诞生,其意义不在于对其所涉及的产业内容进行重新分类统计,而在于强调在新的全球经济、技术与文化背景下,创意产业作为独立的产业概念及其对整个经济增长和产业结构演变的影响;在于强调在新的发展格局下,对经济增长新核心要素的把握,以及对新的产业结构通道的建构;更在于强调在创意经济时代对思维方式的转换,对经济发展模式的创新。

2. 创新和创意:推动经济发展的双引擎

创意分为两种:文化创意和科技创意(通常称为科技创新)。在经济社会已进入知识经济发展阶段的今天,知识产业成为经济的主产业,知识创新力成为经济发展的主动力，而文化创意和科技创新作为知识经济的核心，是提升产业附加值和竞争力的两大引擎，是经济增长的"车之双轮，鸟之双翼"。

科技创新，在于改变产品与服务的功能结构，为消费者提供新的、更高的使用价值，或改变生产工艺以降低消耗和提高效率；而文化创意为产品和服务注入新的文化要素，如观念、情感和品位等，为消费者提供与众不同的新体验，从而提高产品与服务的观念价值。从以人为本的角度来看，科技创新是通过效率的提高使人拥有更多的自我时间；而文化创意则是通过内容的创造使人在有限的自我时间中拥有更精彩的体验。

3. 创意，开启蓝海战略的钥匙

长期以来，竞争和竞争优势一直是企业战略管理所关注的核心问题，如何向消费者提供新的价值元素呢？当前蓬勃兴起的创意产业，成为开启蓝海战略的一把钥匙。创意产业为消费者创造出了不同于以往使用价值的新概念——观念价值，同时它还具有很强的渗透力和广泛的融合性，即它能与各行各业相互融合、渗透。这种融合性就把技术、文化、制造和服务融为一体，既有利于产业的延伸，又大大拓展了城市产业的发展空间。

（二）创意，将智慧化为财富，改变每个人

有专家认为，创意产业创造了多少财富，增加了多少就业机会，是必要的基础和前提，但这不是全部的内容和最根本的目标，对整个社会的改造和更新才是创意产业的最高境界，创意产业是在发展经济的同时发展社会，发展每一个人的创造力和潜能。

创意产业的本质是以智力资源为依托的知识经济，是文化在精神产品与物质产品领域的创造力，它使人的积极性、主动性、创造性得到充分发挥，实现人的全面发展。当今世界，真正的财富是思想、知识、技能、管理才能和创造力，它来自人们的头脑。也就是说，创意时代最大的特色是创意，创意离不开高水平的创意人才，创意人才是创意时代的

智力源泉和发展动力。创意经济在全球的蓬勃发展为转型中的中国创造了历史性的机遇,那就是每个人都有机会通过发展个人的创造力、智慧和潜能来创造新时代的财富神话。

命运,因创意而改变!

(三)价值链取代产业链——创意企业赢利模式的密码

创意改变中国,还表现在基于创意产业价值链系统的价值逻辑,可以帮助创意企业找到适合自己的赢利模式,实现创意的价值最大化。

创意产业的发展模式打破了基于传统产业链的模式,着重于构建产业价值链系统,通过创意产业的价值创造、价值捕捉、价值挖掘到价值实现,以实现创意产业的价值最大化。创意企业通过价值链分配来组织生产流程,在创意、技术、产品、市场有机结合的基础上构建起完善的产业系统,形成为所有产业提供创意服务的产业群,即一个包括核心产业、支持产业、配套产业、衍生产业为一体的产业系统,从而带动一批产业的兴起,构筑创意产业实现的价值体系。其中,观念价值的"一意多用"是创意产业价值倍增、财富迅速积累的主要方式,是企业在创意经济时代获得成功的密码之一。

(四)创意产业,促进中国经济发展方式的转变

创意改变中国,在产业层面上表现为创意产业能有效地促进经济发展方式的转变。创意产业具有高渗透性、高增值性和高融合性的特征,通过资源转化模式、价值提升模式、结构优化模式和市场扩张模式,可以促进中国经济发展方式的转变。

1. 资源转化:缓解粗放型增长后的资源损耗

在传统经济中,劳动力、自然资源和金融资本占据着经济增长的主要贡献地位,在知识经济时代,人力资源和知识成为主导资源和驱动力。一些具有历史积淀的物质载体、一则神奇的民间传说、一些社会生活中的元素等均可纳入资源的范畴,可以加以开发和利用,成为促进经济增长有用的资源。人通过自身主体智力资源的开发,即创意的运用,能够将各种自然和人文、有形和无形的资源有效地转化为经济发展的

资本，同时促进各类资本（经济、文化和社会等）之间的相互转化，使经济发展能够更多地依靠文化资本和社会资本等软性要素的驱动。此外，完全通过开发“人脑”这个主体资源，实现“无中生有”和“有中生优”的创意转化，用无限的创意突破有限的资源约束，促进经济发展向软驱动方式转变。

2. 价值提升：从“中国制造”走向“中国创造”

随着商品日益丰富并趋向同质化，商品中“精神性”的观念价值所占比重越来越大。观念价值创造差异化，具有巨大的利润空间，由创意决定的产品差异性，对创造高附加值的贡献，远远超过产品质量的贡献。创意产业既是产品观念价值的创造者，也是产业高附加值的来源。据欧洲的一项调查表明，在工业品外观设计上投入 1 美元，将能得到 1 500 美元的回报。实践证明，研发、设计、销售、品牌和服务等环节，是提升产业附加价值的关键环节。对中国而言，持续至今的“Made in China”（中国制造）模式使中国长期以来囿于固有的制造业发展框架，所以，“提高自主创新能力，建设创新型国家”口号的提出将是中国“走出去”战略由量变到质变的重要一步。

3. 结构优化：让传统产业再上新台阶

创意产业对产业结构的优化大致有两个层面：一是对传统文化产业结构的优化。依靠创意人才的智慧、灵感和想象力，借助于高科技对传统文化艺术资源的再创造、再提高。二是对传统产业结构的优化，涵盖了第一产业、第二产业和第三产业的各项内容。在都市农业中，由于现代创意旅游的融入，农业结构发生了巨大变化，种植功能逐渐淡化，收入逐渐减少，而观光、旅游、生态功能逐渐增强。创意产业中的工业设计不仅增加了制造业的附加价值，也使产业结构趋于柔性化，大大提升了企业的核心竞争力。

4. 市场扩张：文化创意助推产品“走俏”

在知识经济社会，产品竞争的实质是通过产品所倡导或体现的文化来影响或迎合公众的意识形态、价值观念、生活习惯等，从而使公众接受某种产品。正是由于产品所包含的文化个性、文化精神，才促使这一产品在一定的消费区域和消费层次里增值、走俏、辐射。可以说，文化力是产品进入市场的权威"准入证"。创意产业的文化底蕴具有很强的辐射性，可以推动产品热销。相对于"刚性"的制造业来说，利用这种"柔性"的特质，在拓展市场方面作用显著。

（五）创意经济，改变城市面貌，引领城市创新的力量

创意产业与城市发展的互动、互融与互促成为当今城市发展的一个重要特征，可以说，在知识经济社会中，没有任何一个产业像创意产业这样依赖于城市的空间和资源，也没有任何一个产业像创意产业这样能够为城市经济的发展带来如此强大的推动，创意产业对城市的促进体现在城市文脉的延续、城市产业的升级、城市资源的转化和城市环境的优化等多方面。

许多文化创意产业都会集聚于旧工厂、旧仓库里。这种"旧厂房里的新创意"，避免了城市文脉的中断，不仅保留了具有历史文化价值的建筑，而且为城市增添了历史与现代交融的文化景观，对城市经济的发展产生了巨大的推动作用。创意产业已成为城市经济的一种新形态，创意展现的是思维与观念的力量，对于城市来说，它是都市活力与生命力的催化剂，是一个城市发展的力量与源泉，能够为城市带来巨大的经济效益和社会效益。创意产业发展能够提升城市文化品位，塑造城市形象和品牌；同时，也能催生城市内在布局优化，重绘城市地图，使城市形成各种特色城区。

也许我们应该思考，全国各地创意城市的蓬勃兴起，又将如何改变中国未来的经济和文化地图？

（六）创意经济，缔造创意社群，改变社会生活方式

21 世纪大都市成功的秘诀，不再仅仅是依靠优惠政策吸引外来企业和资金，也不仅仅是全力兴建各种大型工厂园区，同时也不仅仅局限于推动科技的发展。城市成功的秘诀，在于从对"物"的关注转向对"人"的关注：大力吸引富有才干和创意的人才集聚，促进创意社群的构建，形成别人无法替代的巨大竞争力，这才是关键所在。创意社群，就是这样一种指向“人”与“城市/社区”相结合的有机组织。

中国要发展创意经济，建设创意城市，一个重要的任务就是重组社群，以配合全新的知识型经济社会的发展。其核心就是要确认文化与艺术在促进经济发展中扮演的重要角色，并建立起“创意社群”，即：一个能充分利用文化、艺术、产业和社区之间重要联系的社群，并在互动互融的过程中主动投入人力资源和财力，为城市做好能面对迅速发展的后工业时代和知识型经济社会所带来的巨大挑战的准备。

从最直接的经济层面来说，创意社群的形成，必然带动一个城市的经济朝着高层次、可循环的方向提升。由于创意社群能促使原创、管理和经营人才形成集聚效应，这将推动城市放弃粗放型的发展模式，朝着创新、现代、不可复制的优势产业发展。因此，创意社群的形成，将推动城市朝着更和谐的状态、更高的文明程度发展。

四、创意在中国

由于创意产业这一概念是在20世纪90年代中期后才被提出来的，它被引入我国的时间还很短，同时，由于创意产业的内容和形式纷繁多样，产业内部之间又互相渗透和共生，因此，相当多的学术界和业务部门人士对创意产业的内涵、范围以及作用等方面的认识还比较陌生或模糊。我国香港和台湾地区较早推动创意产业发展，不少城市都看到了发展创意产业的趋势和前景，纷纷出台了相应的政策，以期扶持和培育这一起步阶段的新兴产业，跟上转型时期各个城市提升竞争力的要求和步伐。

目前，中国创意产业还处在发展初期，各个城市在整合社会创意资源、积累创意资本、促进创意产业的发展方面还显不足。更重要的是创意产业的发展还没有超越单纯的产业层面，它在推动经济发展方式的转变、带动更广泛经济领域的创新，以及促进社会协调发展等方面所发挥的作用还没有完全显现。创意经济的形成，从人才培养到城市转型，都将是一个很长的发展历程，这就更需要我们高瞻远瞩，顺应当前的全球经济发展趋势，高度重视创意产业发展对中国未来经济增长和社会协调发展的重要贡献，坚定发展信心，把握时代机遇，结合自身的特色并充分发挥自己的优势，大力发展创意产业。

综上所述，创意产业通过一系列具有内在联系的引擎推动和转化机制，从转变观念、改变个人、企业赢利，进化到产业升级、城市转型和社会发展，引领从企业到经济社会的全面转型。无论城市、地区，还是企业，要发展创意经济，必须建造出舒适的工作生活环境、宽容的文化氛围，必须高度重视创意人才的培养和发展。因此，创意产业的发展，客观上会创造良好的社会生态环境，培育创意阶层，塑造创意城市，形成创意社群，而随着这些充满变革力量和经济动力的创意群落的发展壮大，支撑起的将是一个崭新的创意社会，一个迎着"朝阳"，自信、坚定地向前大踏步迈进的创意国度！

创意改变中国，是理想，更是现实！

第一章　创意产业改变发展观念

当今,思维和观念就是一种战略资源,观念能够创造价值,要想获得发展和财富,只需要改变战略思路,重塑新观念。作为改革开放的总设计师,邓小平的新发展观给中国的社会经济带来了巨大的变化,如果没有30年前发展观的改变,没有对外改革开放政策的实施,毫无疑问,今天的中国不会有如此巨大的成就。可见,新发展观念能够创造财富和价值,甚至能够成为改变世界发展的力量。21世纪,在全球经济一体化的潮流中,一种以文化和人的创造力为核心资本的新型产业业态——创意产业,正以前所未有的传播速度影响着中国各地的经济发展方式,改变着传统的经营模式,同时也革新着人们的观念和思维方式。在某种意义上,创意产业对社会经济的贡献更多地在于发展观的改变,而不仅仅在于财富的快速积累。就产业经济发展而言,创意产业对发展观的改变主要体现在双创发展观、融合发展观、价值创新观和人本发展观的树立,可以说,发展创意产业的前提是对新发展观的认同和引领,否则,创意产业的发展将如昙花一现,不可能持续发展。

第一节　创意产业的双创发展观

众所周知,科技是第一生产力,同样文化也是生产力,党的十七大报告从新世纪新阶段中国社会发展的历史高度,对推动社会主义文化大发展大繁荣做出了全面部署,首次提出了要解放文化生产力以及提高文化软实力的战略要求。事实上，科技创新和文化创意是现代经济增长的双引擎，前者是硬实力产业，后者是软实力产业，真正能发挥巨大能量的是文化因素和科技含量有机融合的综合创意产业。创意产业倡导的是一种“双创”发展观：科技创新和文化创意两驾马车并驾齐驱。

一、从创新单驱动到“创新+创意”双驱动

以科技创新推动经济发展是我们国家长期实施的发展战略，在从“中国制造”向“中国创造”转型的过程中，实施创新战略，已经成为我国未来经济发展的重要选择。中国共产党第十七次全国代表大会更是审时度势地提出了“提高自主创新能力，建设创新型国家”的国家发展战略。在实践中，创新战略不仅得到社会各界的高度认同，深入人心，也成为各级政府和企业广泛采取的领先战略，在资金上重点投入，在政策上大力扶持，一大批科技成果转化为推动经济发展的生产力，大大提高了国家的经济实力。

随着社会经济的发展，我国已经步入小康社会，世界上一些发达国家也已经进入了后工业化发展阶段，在国内外的发展实践中，在通过科技创新提升竞争力的同时，也把文化作为新的发展驱动力，实施“创新+创意”的双引擎发展战略，可简称为“双创”战略。如果把科技创新视为硬实力，那文化创意就是软实力，这两种力量是现代经济增长的“车之双轮，鸟之双翼”，也是我们在经济转型中要充分认识和树立的新发展观，其中要特别重视文化创意软实力的作用。

（一）文化也是生产力

所谓文化生产力，是指人们围绕满足人类心理需求，运用文化资源，把人类自身的思想、意志和情感作为文化资源生产文化产品、提供文化服务和创造社会财富的能力。文化生产力就是人的创造力，是人在精神层面通过精神生产而产生的社会效益与经济效益的能力。文化生产力突出表现为生产文化产品、提供文化服务的能力和文化传统有

效传承的程度。

科技生产力和文化生产力构成了现代社会层面生产力的两个主要方面，而文化生产力的辐射作用日益加强。通常认为社会文明进程包括两个阶段，第一个阶段是由农业文明向工业文明发展，第二个阶段是由工业文明向知识文明发展。第一阶段主要解决的是社会的物质文明，是经济建设。所以在物质文明发展、经济建设的过程中，科学技术当仁不让成为第一生产力。但当社会发展到第二阶段以后，通常是人均 GDP 发展到 3 000 美元以后，社会需求的是物质文明与精神文明的同步发展。这时科学技术已有相当的发展，文化生产力得以借助科技的力量得到更充分的发挥。因此，到了这样一个阶段，文化生产力总体上将得到大幅提升。

创意产业的蓬勃兴起既是新发展阶段下文化生产力的集中体现，也是释放文化生产力的有效手段。随着经济的发展、温饱问题的解决，人们不仅对文化消费品的需求量越来越大，而且对物质产品中文化含量的要求越来越高。人们不再仅仅追求商品的实用性，而是更重视产品的外观设计、包装、品牌以及产品所传达的品位、观念、情感、故事等观念价值。人们愈富裕，在休闲活动、娱乐、文化和健康方面的消费模式就愈讲究观念价值。消费者逐渐在搜寻能够赋予个人意义或位置的产品。可以说，当今社会，消费不再是解决温饱问题的手段，而是已经逐渐成为某种文化宣言，一种能够表达个人价值观的方法。小到一个背包，大到一辆汽车，其中所蕴含的文化元素无不是影响消费者做出选择的重要内容。因此，将文化融入传统产业，即在设计创意、题材构思、选题策划、生产工艺、销售模式等环节突出文化的引导和增值作用，不仅可以极大提升传统产业的竞争力，而且可以通过各种各样蕴含的文化元素，特别是创新的、具有传统文化特色的元素的产品消费，把文化力转变为生产力和经济发展的动力。

（二）科技创新和文化创意提升综合竞争力

文化与科技的作用是相同的。我们说科技是生产力，科技对每个产业的发展都有巨大的推动作用，同样，文化成为一种生产力也能够推动各个产业的发展。如同科技生产力的释放绝不局限于科技领域一样，文化生产力的释放也应该与各个产业的发展相结合。科技的作用在于改变产品与服务的功能结构，为消费者提供新的更高的使用价值，或改变生产工艺以降低消耗和提高效率。而文化创意为产品和服务注入新的文化要素，如观念、情感和品位等，为消费者提供与众不同的新体验，从而提高产品与服务的观念价值。实际上，科学技术是求真，而文化艺术的核心是求善和求美。在产业发展中科技和文化的完美结合才能创造出真善美的产品。这种产品与市场紧密结合才能做大、做强产业，并促进真善美的传播，促进文化、科技、经济的共同繁荣和发展。

科技创新和文化创意并举是“软硬兼施”的双创发展观，可以提升产业和区域的综合竞争力。硬实力和软实力是互补的，每个国家都需要两种实力，两者形成合力，可以相得益彰，在竞争中取得优势。由于科技创新的研发周期较长，并且价值传递的时间风险较大，对发展中国家而言，创意产业是其实现跨越式发展的有效途径，也是其转变经济增长方式的有效战略，联合国贸易发展组织认为，发展中国家要实现“蛙跳”(leap-frog)式跨越，创意产业是具有优势的产业部门。因此，我们在发展中要重视和提升对文化创意的认识，在推进科技创新的同时大力发展文化创意产业，把文化创意发展战略纳入国家创新战略的体系中，推进文化创意成果在更广泛领域的应用和创新，为我国实现创新型国家战略目标提供强大的文化推动力。

二、文化创意引领产业发展

作为推动经济发展的两大引擎，科技创新与文化创意在功能上既有联系又有区别，得到普遍认同的是科技创新侧重于硬实力提升，文化创意重点在于软实力构建。以软实力引领发展、硬实力提供基础支撑，是实践中的成功经验和做法。

（一）文化创意是软实力

文化是重要的软实力。软实力(Soft Power)的概念来自美国学者，20世纪90年代初，美国哈佛大学肯尼迪政府学院院长约瑟夫·S·奈教授最早提出软实力概念，他在《软实力：世界政坛成功之道》一书中指出，一个国家的综合国力，既包括由经济、科技、军事实力等表现出来的硬实力，也包括以文化、意识形态吸引力体现出来的软实力。在我国，我们谈的软实力是相对于国内生产总值、国防力量等硬实力而言的，是指文化、价值观念、社会制度等影响自身发展潜力和国际影响力等无形的要素。

文化软实力成为一个综合国力和国际竞争力的重要体现，文化创意是软实力的一部分。一个国家的崛起，从根本上说，在于它的综合国力的全面提升，特别是软实力的提升，文化创意所形成的价值认同和新观念具有感召力、辐射力和渗透力，利用相应的产品载体向市场扩张和推广，能够产生强大的影响力。比如，韩国在东南亚金融危机中，就是通过文化创意制造了"韩流"，通过"哈韩"一族的消费和购买，韩国产品在世界市场的占有率迅速提高，使其较早地从危机转入复苏。同样，美国的软实力也是利用文化创意的发展形成的，在全球扩张中，美国用好莱坞电影，用可口可乐和麦当劳等美国文化影响世界各国年轻一代的价值观。

（二）文化创意引领产业发展

在文化资源上，中国是世界上最有优势的国家之一，但我们的文化资源中很大一部分没有转化成为推动经济发展，提升国际竞争力的资本；在经济发展中，中国在全球价值链中处于最低端，中国制造成为"汗水工业"，有人形象地说目前我国的产业状况是"人家吃肉，我们啃骨，人家吃米，我们吃糠"，从"中国制造"向"中国创造"转型不仅必要，而且迫切，创新和创造是必由之路，而文化创意是中国实现创造转型的引领性力量。

所谓文化创意引领产业发展，通俗地说就是培育中国产业发展的

“头脑”，即中枢神经系统，用文化创意去设计自己的品牌，开发自己的市场，从而指挥产业“躯体”，在全球范围内组织产业资源的配置和产品的生产制造。这里非常重要的是要开发中国特有的文化资源，赋予其文化认同和共鸣，形成符合市场需求的核心价值和概念，同时，要充分发挥广大民众的个人创造力，鼓励其参与文化创意的积极性。

文化创意引领是我国产业发展新战略选择，一方面我国五千年的文明史，有挖掘不尽的文化金矿，有取之不尽的精神财富，具有其他国家无法比拟的优势产业资源；另一方面，文化创意引领的产业体系具有低消耗、高附加值等特点，不仅能够创造巨大的经济效益，还能够带动相关产业的发展，实现产业结构的优化和升级转型。

三、科技创新支撑产业发展

如果把文化创意比喻为指挥产业发展的“头脑”，那科技创新就是维护产业发展的“能量”和“营养”，用专业术语来讲，文化创意为产业提供“效用”，即决定做什么，而科技创新则为产业提供“效率”，即如何来做。从这个角度来理解，科技创新是产业发展的支撑体系，也为文化创意产业的发展和价值实现提供了新的技术支持。

（一）科技创新开辟产业新形态

放眼当代世界，高新科技在文化领域的广泛应用，已造就了众多新奇的文化形态，为传统的文化地图开拓了大片陌生的领地，推动着人类文明不断迈向更高的境界，通达更远的边疆。科技创新为文化创意产业新业态的形成、发展提供技术支撑。

在技术日新月异的今天，文化艺术的发展也深深打上了高科技的烙印。电脑、网络、数码、光导、激光等高科技的飞速发展，为新型文化业态的诞生奠定了基础。一方面高新技术大大拓展了文化艺术的表现形式，如多媒体演艺、旅游山水实景演艺等都借助了技术手段，成为具有强烈视觉冲击力和感染力的一种崭新的文化艺术形式。以 2008 年北京奥运会开幕式文艺演出为例，其得到高度评价的成功经验之一就是高科技的创新运用和表达；另一方面，随着数字信息技术与文化融合的加快，科技创新也催生了一些与知识经济相适应的新产业业态，如网络文化、在线娱乐、数字电影、移动电视、网络信息内容服务、网络游戏服务、动漫、流动多媒体、影音、网络出版等。与此同时，一些新的职业也应运而生，如"网络歌手"、"驻网诗人"、"短信作家"等。

可见，在创意经济时代，科学与艺术（人文）在新的高度、新的境界第二次握手。正如19世纪法国文学家福楼拜所说："艺术越来越科学化，科学越来越艺术化，两者在山麓分手，有朝一日，将在山顶重逢。"

（二）科技创新拓展市场新渠道

管理学家德鲁克曾讲过一句名言："好的公司满足需求，伟大的公司创造市场。"科技创新为文化创意产业拓展市场提供了新的渠道，为文化创意创造全新的市场提供了有力的支撑。

在互联网时代，经济全球化浪潮与IT科技产业紧密结合，市场的时空疆域被打破，"世界是平的"，网络技术建立了一个让创意直接与消费者对话并实现交换的广阔平台，为无限的创意打通了市场终端，使得创意能够不受时间和空间的限制，迅速走向市场，这对于以个体创造力为主的小型创意企业的生存和发展尤显重要。"阿里巴巴"创造了一个电子商务的奇迹，它的成长经历和成功经验表明，在马云创造的商业运营模式之外，网络技术是其核心支持系统。同样，"盛大网络"的传奇崛起，除了诱人的游戏内容，互联网技术也是"头号功臣"。

由网络技术所形成的网络文化，为文化创意产业的发展奠定了坚实的市场基础。据有关数据显示，中国网民的数量以每年20%以上的速度增长，2006年年底，中国约有6亿人是网络文化的参与者，占总人口的46%，其中，网民1.37亿，手机用户4.6亿；在2007年春节的7天长假中，全国手机短信发送量达到152亿条，平均每个手机用户的短信发送量超过 33 条。由科技发展所形成的如此庞大的市场，是文化创意产业实现市场价值的坚强后盾。

第二节　创意产业的融合发展观

创意产业是在全球经济进入以知识为核心竞争力的时代背景下应运而生，并蓬勃兴起的新型产业。理解创意产业，不应该仅仅停留在产业的层面上，创意产业的发展意义已经远远超越其作为一个新兴产业业态的产业层面，而在于其对传统经济发展模式的颠覆，对经济运行系统的创新，对产业结构的优化和对区域综合竞争力的提升。作为一种产业发展的新模式，创意产业要求我们树立融合发展观，改变原来行业分割、部门分割的“条块”产业发展观，建立全新的融合型产业发展体系。

一、从有边界产业到无边界产业

在传统产业经济理论中，产业是指提供同类产品和服务企业的集合体，产业间具有不同的行业界限，如工业、农业、服务业等经营内容不同，分属不同的部门；各个产业内部又细分为不同的亚类，如服务业中分为商业、旅游业、信息业等，为便于管理，行业和部门不断细化和专业化，产业边界被人为地设定。这一发展思路从理论上可追溯到 1776 年亚当·斯密《国富论》的出版，在这部经典著作中，亚当·斯密提出了劳动分工的理论，此后，分工即成为整个经济社会发展的主导模式。主流理论对产业发展的解释和推动主要是循着分工的思路，以分工的效率、分工的合理为主轴建立管理的事理分析和制度安排。

然而，21 世纪的今天，在市场化、信息化和国际化的大背景下，传统产业发展模式发生了深刻的变化，产业结构的柔化、产业关联的错综、产业布局的集聚、产业间的融合、产业要素跨区域的一体化、产业价值网络的全球化等，新型的产业发展形态不断涌现，使得经济发展的规模和范围超过以往任何时候，产业发展的速度和结构升级的周期大大加快，产业系统的复杂程度比任何时候都高，产业发展从分工走向融合已经成为一个不争的事实，原有适应产业界限分明的分工理论已经无法解释这些新的现象，比如，文化产业、信息产业等新型产业业态很难在产业分类中找到适合的归属，实践中，产业发展正从有边界走向无边界，创意产业是典型的无边界产业，需要我们改变传统的产业分工发展观适应新发展。

（一）无边界产业的兴起

在知识经济背景下，一些以智力、网络、符号象征等无形要素为主要驱动要素的产业，其边界呈现趋于无穷的新特征，我们把这些新业态产业称为无边界产业。

无边界产业有三方面的特征：

一是与相关产业的融合。通过科学技术的嫁接，无边界产业深深地融入相关产业，并不断衍生出新产业，产业间的界限非常模糊，很难划分其边界，在传统的产业分类体系中无法“对号入座”。

二是软要素构成无边界产业的核心竞争力。与传统产业边际成本递增，边际收益递减不同，无边界产业呈现边际成本递减，边际收益递增的新经济规律。

三是产业边界的动态变化。无边界产业由消费直接驱动，其产业资源、产业要素、产业运营是围绕不断变化的需求动态组合，消费需求的多元和变化导致这些新型产业边界的不确定性。

（二）创意产业是无边界产业

1. 创意产业可以实现无边界渗透

首先，新型创意产业与传统文化产业在互动中实现渗透。网上书店对传统图书销售渠道的渗透便是一个典型的例子。随着网络的兴起和迅猛发展，网络书店已经成为人们日常进行图书消费的一个重要渠道。网络书店第一时间为消费者提供了数量众多的图书内容介绍，为读者提供了个性化的服务界面，可以大大节省人们购书的时间和步骤，因而降低了图书的销售成本，同时给予读者更大的实惠。但是，网络书店无法给予读者穿梭于书架之间的感受，无法让读者拥有翻阅新书的感觉，也无法让读者体验在书店里信步闲逛、随手翻书的休闲和适意。因此，网络书店与传统的门市书店互为补充、互相渗透、互动共生。线上、线下、虚拟、物理界线已经非常模糊，实中有虚，虚中有实，共同促进图书销售业的发展。

其次，创意产业各个部门之间互相渗透。由于信息技术的广泛应用及其生产方式的根本转变，传统的各个文化部门之间的界限被逐渐打破，导致了各部门之间更多的渗透和融合，传统厂商观念中的“有明确范围的竞争”也被一个纵横相交的更加广泛的概念所替代。这些相关活动的协调，既有竞争，又有合作。例如，在数字技术融合的基础上，创意产业的服务内容与应用的业务融合不断涌现出来。报纸、电视、音乐、杂志、体育及所有其他娱乐形式都使用同样的混合多媒体形式进入互联网。在数字融合基础上实现的传媒娱乐业各个产业之间的融合，突破了产业分工的限制，使电信、媒体和信息技术部门得以寻求交叉产品、交叉平台以及收益共享的交叉部门，从而导致资源在更大范围内得以合理配置。同时，它也给企业界的经营活动带来了巨大的商机。

2. 创意产业可以实现无边界融合

创意产业是以创意产品为主体，如设计创意、题材构思、选题策划、导演形式、生产工艺、标准以及销售模式等，但它自身的价值实现却更多地是以相关产业的产品为基础，如工业品，甚至也包括农产品。处于价值链上游的创意产业能够在传统产业内实现无边界融合（见图1－1）。发展创意产业的意义，不只是追求文化创意生产力本身，而是追求创意成果在各个行业、各个产业、各个领域的创意生产和运用，这是提升传统产业的能级和附加值的有效途径。

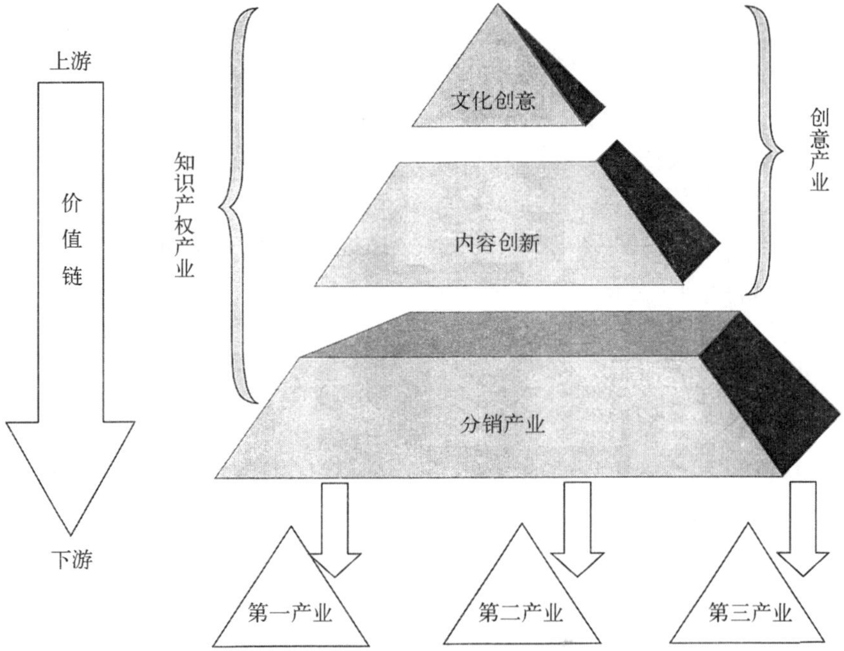

图1－1　创意产业在价值链的高端

3. 创意产业可以实现无边界辐射

这是由创意产业的文化底蕴所具有的辐射性来决定的。在知识经济社会,产品竞争的实质是通过产品所倡导或体现的文化来影响或迎合公众的意识形态、价值观念、生活习惯等,从而使公众来接受某种产品。具体而言,就是通过商品的文化内涵、文化附加值与文化特色来增加商品的竞争力,其中包括商品的构思、设计、造型、款式、装潢、包装、商标、广告等。一个产品能否为消费者所接受,很重要的一点是,消费者是否和你有文化上的认同。无论是“韩流”还是“日流”,是“港台风”还是“欧陆风”,在知名的产品背后,都有一定的特色文化积淀。优秀产品的意义早已超出产品本身,它所蕴含的文化因素使产品的消费变成了一种文化消费,而文化与生俱来的辐射力使产品的市场辐射力得到空前增强。创意产业的魅力在于能够通过文化力实现无边界辐射。

二、从单一部门管理到跨部门协调

条块分割是工业经济下专业化分工和大规模生产的产物,在知识经济背景下,随着产业融合的出现,新型产业的迅速崛起,部门分割、条块分割已经无法适应新的发展。2002 年我曾撰文专门研究了现代产业发展的三大趋势,[1]即产业集群化、产业融合化、产业生态化,指出要打破部门间的条块分割,适应新产业业态的成长。以创意产业为代表的新产业业态,越界(Cross-over)发展是基本特征,单一部门的管理体制已经难以适应这样一种涉及多部门的综合性产业,因此,从推进发展的角度,我们要转变观念,建立跨部门的融合型的产业协调机制。

(一)创意产业需要多部门融合推进

创意产业是科技、文化、产业、市场的有机结合体,不仅需要文化部门、经济部门的融合发展,还需要科技部门、知识产权部门的大力支持,同时还要市场管理部门的配合,要营造一个良好的市场环境,创意产业的综合性对政府现有的政策和管理提出了新要求,打破部门界限,实现跨部门融合发展是推进创意产业发展的现实课题,各级政府部门要在转变观念的同时转变职能,增强部门之间的协同能力。

创意产业,是融合了商业、文化与制度的跨行业、超意识形态、多价值链的新经济系统;创意产业资源消耗少,附加值高,是文化、技术、艺术多产业相融合的智力密集型产业。跨界融合的观念要求我们挑战传统,打破不同产业之间的条块分割,通过越界,形成资源的整合和业态的融合。思维模式转变了,政府和企业就能在转型中的制造业和现代服务业中寻找到新的增长点,通过高渗透性、高增值性和高融合性的作用,产生高度个性化的新产品、新服务、新科技和新的商业模式,从而加速文化创意对第二、第三产业的融合,让创意的核心要素运用到周边产业中去,从而提升周边产业的产出价值,加快产业机构升级的步伐。

---

[1] 厉无畏,王慧敏.产业发展的趋势研判与理性思考[J].中国工业经济,2002(2).

（二）跨部门综合协调机制的建立

发展创意产业的过程，也是机制体制创新的过程，在创意产业与各相关产业融合发展的趋势下，产业新体系和新产业形态不断呈现，产业边界出现相应的收缩或消失，如电信、传媒、娱乐、消费电子等早已模糊了彼此间的产业界限。在这个过程中，各类社会资源不断被整合，发生在不同产业领域内的新创意消费品日新月异，如短信、IPTV、VOIP、移动电视、手机游戏、数字家庭等，在实践中，创意产品和创意企业通常是由产业交叉和融合产生的"新生事物"，具有较强的边缘特征，我们很难将其归入某个现成的政府管理部门，这对政府职能的发挥形成了挑战，因此，创意产业发展的实践也将催生政府体制和机制的创新。

建立高层协调机制和跨部门的联席制度是目前国内外普遍采取的创新做法。如英国1998年提出发展创意产业战略时，时任首相布莱尔亲自担任"创意产业特别工作小组"主席，香港地区则由时任特首董建华担任创意产业推进的总负责人，又如北京，时任市委书记刘淇担任"北京市文化创意产业领导小组"组长，时任市长王岐山出任常务副组长。

三、从实践发展到逻辑创新

创意产业是产业在实践中创新发展所形成的新业态，它是一个与个人创造力和知识产权密切相关的概念，它的发展已经超越一般文化产业的含义，它不仅注重文化的经济化，更注重产业的文化化，更多地强调文化产业与第一产业、第二产业、第三产业的融合和渗透，从实践发展到逻辑创新，创意产业重塑了一个新的发展模式。

（一）创意产业超越文化产业

从创意产业起缘的背景来看，它是一种与文化紧密联系、自上而下的发展策略，是政府促进本地经济、文化、社会进步，甚至成为国家优势的产业政策。与文化产业相关的产业部门成为早期创意产业的主要内容，英国对创意产业的定义也成为之后各个国家和地区确立创意产业发展战略的标杆。文化产业、内容产业、版权产业和创意产业被视为性质相同的产业。创意产业脱胎于文化产业，又超越文化产业。从世界各国和地区不同的定义和范畴界定中我们可以归纳出创意产业有三项共通的核心构成元素：

（1）以创意为产品内容；

（2）利用符号意义创造产品价值；

（3）知识产权成为企业的重要资产，并受法律保护。

综观各国对创意产业的分类，我们可以发现，它的范围是广泛而复杂的。这些被包含在其中的产业，除了因新科技而诞生的产业外，多数产业并不是最近才无中生有地被创造的，而是早已存在的，因此创意产业并非单指某一种产业，而是指一群在社会与文化发展的贡献上特性相符，具有相同的经济发展与就业机会的潜力，并受到政府的额外重视而被划分出来的产业类别。它不仅包容了“以物质资本、经济资本为运转方式”的传统产业，还拓展了“以智力资本、文化资本、社会资本为运营方式”的新产业内涵。创意产业概念的提出，其意义不在于对其所涉及的产业内容进行重新分类统计，而在于强调在新的全球经济、技术与文化背景下，创意产业作为独立的产业门类及其对整个经济增长和产业结构演变的影响；[1]在于强调在新的发展格局下，对经济增长新核心要素的把握，以及对新的产业结构通道的建构；更在于强调在创意经济时代对思维方式的转换，对经济发展模式的创新。

（二）创意产业的创新逻辑

对创意产业的认识不能囿于传统产业的思维逻辑，应该在技术进步、产业融合、消费转型的大背景下审视创意产业的内涵和本质特征。从某种意义上来看，创意产业是一种发展模式的创新，是对传统产业发展逻辑的颠覆。从产业驱动要素、产业链形态、产业组织结构到产业导

---

［1］ 荣跃明．超越文化产业：创意产业的本质与特征［J］．毛泽东邓小平理论研究，2004(5)．

向、产业效益和产业目标，创意产业与传统产业都有显著区别(见表1-1)。创意产业强调文化、人力等软要素的作用，强调产业资源的反复和集约使用，强调产业的消费导向，强调产业组织的灵活和产业目标的多元化。[1]

表1-1 传统产业发展逻辑与创意产业发展逻辑比较

	传统产业	创意产业
产业驱动	硬性资本(土地、金融资本等)	软性资本(知识、文化、人力资本等)
产业资源	一次使用	反复使用
产业链	单向生产链	环状价值链
产业组织	垂直化	扁平化
产业导向	产品价值	顾客价值
产业效益	边际成本递增，边际效益递减	边际成本递减，边际效益递增
产业目标	经济	经济、社会和人

可见，创意产业强调用一种新的理念，激发一种新的发展模式和其他产业融合发展。这种创新思维注入传统的农业，就是创意农业；注入建筑业和环境规划，就是建筑设计，涉及建筑、景观、室内装潢、小区规划、会展、工业园区、城市环境、现代商业街区、商业中心、海陆交通、桥梁工程和市政工程设计等内容；注入旅游业就是创意旅游，其发展思路是充分发挥旅游产业的关联带动效应，以旅游活动和旅游吸引物为核心，拓展旅游产业链条，主动与一产、二产等产业融合，构建跨越各个产业部门的多层次旅游产业链，将促进区域整体功能提升与转型，如此等等。创意产业的融合性，就是把技术、文化、产品和市场融为一体，既有利于产业的延伸，又大大拓展了产业的发展空间。

[1] 厉无畏，王慧敏. 创意产业：一种发展模式的创新[N]. 文汇报，2007-03-12.

第三节　创意产业的价值创新观

2007 年我曾在《文汇报》撰文[1]，提出创意产业是实现蓝海战略的重要手段，蓝海的基石是价值创新，而创意产业强调的也是用全新的思维逻辑方式融入现有产业实现价值创新，价值创新构成了创意产业的核心发展理念，在某种程度上也是财富创造观的根本改变。这种改变体现在一个全新的价值创造思维：从产品创新转向价值创新，从创造功能价值转向挖掘观念价值，以及跳出红海，用创意产业开启蓝海战略。

一、从产品创新到价值创新

价值创新是“淘金”，产品创新是“炼银”，从产品创新转向价值创新是创意产业发展的新思维。

2005 年欧洲工商管理学院的钱・金教授和勒妮・莫博涅教授出版了《蓝海战略》一书，在全球畅销，引起了巨大的反响。蓝海战略要求企业把视线从供方转向需方，从关注和比超竞争对手的所作所为转向为买方提供新的（现有产业未提供的）价值元素，并剔除和减少某些旧的价值元素，从而摆脱血腥竞争的市场——红海，开创一片新的市场空间——蓝海，以较低成本为买方提供价值上的突破。金教授和莫博涅教授指出蓝海战略的基石是价值创新，并尽可能降低成本。

蓝海的开创并不一定要在完全未知的产业中探寻商机，相反可以在红海中开辟出一片蓝色的领域，关键是要转变思路，从产业创新转向价值创新，那么，在已知和未知的市场空间中都可以开创蓝海。据欧洲工商管理学院对一百多家新业务项目的研究发现，项目中有 86% 是在红海产业，只有 14% 是蓝海项目，但蓝海项目最后为企业贡献了 61% 的利润，可见，蓝海战略是商业模式创新的起点和实践之路，其核心就

[1] 厉无畏. 创意产业——开启蓝海战略的钥匙[N]. 文汇报，2007－09－03.

是价值创新,其关键就是看给买方提供的产品和服务能够为消费者提供怎样前所未有的价值。

如何向消费者提供新的价值元素呢?当前蓬勃兴起的创意产业,向各种产业的渗透,与之相融合,将为消费者提供新的价值元素,可以说创意产业是实现蓝海战略的一种手段。

二、从功能价值到观念价值

价值是与需求联系的,需求是推动价值形成的原动力。企业提供的产品或服务,被消费者认可实现销售后便实现了价值——商品的市场价值,同时转化为企业收益。为此,我们先要研究对消费者而言,产品或服务的价值构成。从消费者的角度看,产品价值系统由功能价值(Function Value)和观念价值(Concept Value)两个部分构成。功能价值是消费者为满足自己基本需要时愿意给商品物理属性支付的价格部分。它由科技创造而成,是商品的物质基础。观念价值是指人们在消费商品物理属性的同时,因商品内在的文化属性、象征意义以及个人因消费商品所带来的感受和体验等方面的差异而愿意多支付的价格部分。观念价值是商品中包含的能与一些社会群体的精神追求或文化崇尚产生"共鸣"的无形附加物,比如品位、意味、风尚、情趣等。观念价值是主观的、可以体会和感受的无形附加物,因文化创意渗透而生,是附加的文化观念。比如企业用同样皮料做的同样式样的两个皮包,一个钉上 LV 的品牌,另一个是普通的牌子,市场价格会相差十几倍。因为 LV 的创业有一个传奇故事:一个普通品牌的皮具被路易十三看中,曾为皇室服务,该品牌选料和质量上乘,以奢华闻名。人们认为使用 LV 的皮包象征高贵,显示富有,满足了消费者的某种心理需求,从而有较高的观念价值。

从消费者看来,创意产业创造了观念价值,即主要通过新的创意去改善产品的观念价值,从而占领市场和获得利润。与传统产业以产品为导向的价值创造机制不同,创意产业以消费者的需求为导向,顾客是价值创造的出发点和归属点,通过满足顾客的观念需求、文化需求,实现价值创新。随着经济发展和收入水平的不断提高,促进产品价值增值和消费者认可程度提高的基本趋势是沿着从功能价值到观念价值的路径展开。这是因为一方面技术扩散迅速,产品趋于同质化,并导致已知市场的饱和,对消费者而言,以功能价值为基础的基本需求已得到满足。而另一方面,经济发展了,物质产品日益丰富,人们的需求更倾向于精神和文化方面。于是生产者将大量的故事内容、符号与象征元素(如品牌等)运用在产品的生产与消费过程中,让产品成为文化意义的承载者,也就大大提高了产品的观念价值。

从功能价值的满足,到观念价值的追求,是创意产业玩转“需求魔方”的有效手段,创意为产品和服务注入了新的文化信息要素,提供了新的价值元素,促进了新的需求,从而开辟了新的市场,也就是驶向了蓝海。如图1-2所示,观念价值的放大拓展了需求空间,创造了一片新的蓝海市场。

图1-2 创意产业价值创造机制示意图

三、从血拼红海到遨游蓝海

长期以来,竞争和竞争优势一直是企业战略管理所关注的核心问题，在迈克尔·波特的竞争战略思想的指导下，企业选择的战略或是“差异化”或是“成本领先”，目的是打败竞争对手，占有更大的市场份额。如今在全球化和信息化的推动下，技术扩散速度越来越快，大量的同质产品充斥市场，竞争变得白热化。由于企业所拼抢的市场仍停留在已知的市场空间里，低价血拼的结果是利润空间日益狭小，市场日益萎缩而竞争愈发激烈。这种血腥竞争的市场便是所谓的红海，一旦某个产业中众多企业面临瓜分市场份额、在竞争中相互比照时，这个产业就已经成为红海。

创意产业之所以能成为开启蓝海战略的钥匙，不仅在于其能为消费者创造观念价值，还在于它具有很强的渗透力和广泛的融合性，即它能与各行各业相互融合、渗透。这种融合性就把技术、文化、制造和服务融为一体，既有利于产业的延伸，又大大拓展了城市产业的发展空间。

一方面，新型创意产业与传统文化产业在互动中渗透。高新技术、特别是信息化催生的新型创意产业表现出了极大的生命力，这一生命力不仅表现在它的高度成长，而且表现为对传统文化产业的高度渗透和融合。《时空之旅》便是一例，如今的电影大片、动漫产业都有赖于信息技术产业的支持。同时，由于信息技术的广泛应用及其生产方式的转变，传统的各个文化部门之间的界限被逐渐打破，导致了各部门之间更多的渗透和融合，并使与买卖双方密切相关的市场区域概念转变为市场空间概念，从而有助于开创蓝海。

另一方面，创意产业是个巨大的产业群，创意成果往往可成为其他产业的要素投入，从而向消费者提供新的价值元素。如米老鼠、芭比娃娃、哈利·波特、流氓兔、Hello kitty 等都是创意产业的成果，形成品牌后被广泛渗透到玩具、文具、服装、箱包、食品等行业，大大提高了这些产业的附加值。音乐也可以录入芯片，融合到某些商品中提高它们的价值。而创意策划几乎有助于一切传统产业去开创蓝海，并带动一批相关产业的发展。

不管是产品创新还是价值创新，不管是科技创新还是商业模式创新，只要企业以开放的思维去关注人们消费需求的变化，相信他们就能从创意产业发展的成果中找到开启自身的"蓝海战略"的钥匙。

第四节　创意产业的人本发展观

目标的多元化是创意产业区别于传统产业单一经济目标的显著特征，创意产业把资源的开发重点从客体资源转向主体资源，即发挥个人创造力，这一转变的重要意义不仅仅局限于将创造力视为最高端的宝贵资源，或是把新思想转变成可出售的产品和服务，而在于其所倡导的发展理念，释放人的潜力，通过自我价值实现，使人感受到快乐和幸福，回归"以人为本"的价值取向。从这个意义上来看，创意产业所诠释的是一种人本发展观：不仅改变了经济发展的价值取向，也造就了工作与娱乐有机融合的新型生活方式。

一、从经济增长到经济发展

增长与发展是两个不同的概念，也是两种不同的发展观。发展的目的是为了人，只有倡导一种旨在促进"全社会每个人的全面发展"的经济社会发展战略，经济增长和物质财富的丰裕才具有真正的社会价值和属于人的意义。从经济增长到经济发展是观念上的转变，"创意经济时代最不可思议的地方在于它不仅能够带来经济增长和繁荣，更能使人类的整体潜能得到更充分的发挥"。[1]

（一）经济增长与经济发展

经济增长是一个偏重于数量的概念，主要指由投入变化导致产出数量的增加。经济发展的内涵比经济增长更广泛、更深刻，特别是指经济系统由小到大、由简单到复杂、由低级到高级的变化。它是一个量变

---

[1]　佛罗里达. 创意经济[M]. 方海萍，魏清江，译. 北京：人民大学出版社，2006.

和质变相统一的概念，不仅包含生产要素投入变化，而且包括发展的动力、结构、质量、效率、就业、分配、消费、生态和环境等因素，涵盖生产力和生产关系、经济基础与上层建筑的各个方面。经济发展包含经济增长，但是经济增长不一定包含经济发展。经济发展不仅重视经济规模扩大和效率提高，而且更强调经济系统的协调性、经济发展的可持续性和发展成果的共享性。[1]经济增长从产出的角度，侧重追求数量和规模的扩大，若一味追求高增长，甚至以自然生态的破坏为代价，是一种不可持续的发展模式，而当经济的增长缺乏人文关怀的时候，也就陷入单纯增长的误区，失去了经济增长的本来目的。

（二）创意产业在促进经济增长的同时促进人的发展

按照英国对创意产业的界定，所谓创意产业是“源自个人创意、技巧及才华，通过知识产权的开发和运用，具有创造财富和就业潜力的行业”。创意产业的核心资本是个人创造力，个人的才能和技巧在现代经济发展中能够形成经济增长的新亮点，书写创造财富积累的神奇童话，更为重要的是，与此同时，人人都有发挥自身才能的机会，社会个体的创造力被激发，这是一股推动社会经济进步的强大力量，也是改变中国经济发展方式的巨大潜力，在近期，这更是充分发挥中国老百姓的创造才能，有效提升普通百姓生活品质的战略性产业。

值得关注的是，创意产业的发展能够给普通民众提供参与和发展的条件与机会，我曾经为此专门写过一篇短文章，题目就是“创意不是大师的专利”，[2]三个臭皮匠也能抵个诸葛亮，在高科技日益发达的今天，互联网能够为每个有创造力的个体提供便捷的传播渠道，使个人才能的创造和成果能够快速地转化为生产力和财富，甚至是社会的就业岗位，不仅如此，在这个过程中，无论是名人，还是普通人，其社会价值都能得到市场认同，自身也会得到发展和提升。

---

[1] 周叔莲，刘戒骄. 从转变经济增长方式到转变经济发展方式[N]. 光明日报，2007-12-11.

[2] 厉无畏. 创意不是大师的专利[N]. 文汇报，2006-03-22.

就创意产业所提供的产品本身来看，创意创造的是愉悦精神的产品，在提升生活质量的同时，能够给人带来快乐和幸福感，在物质相对丰富的社会中，精神需求日益增加，创意产业的发展不仅能够迅速开辟新的市场，产生经济效益，关键是创意产品的精神享受功能为人类提供了一种能够获得精神和物质双重“红利”的快乐发展模式。

促进人的自身进步是经济发展的根本目的。基于创意产业“以人为本”的价值取向和创造快乐的功能，我们可以认为创意产业是人类回归幸福的一种经济产业业态。经历了工业化追求标准和效率的机械式工作和生活之后，提高人们的幸福感正成为新的趋势，经济学家也都在探索和研究，如获2002年诺贝尔经济学奖的美国心理学教授卡尔曼和经济学家联手致力于“国民幸福总值”的研究；著名制度经济学家青木昌彦教授提出了强调文化因素的国民生活快乐指数GNC（Gross National Cool）的概念；一些国家和组织也提出了“幸福指数”的概念，如联合国设立了人类发展指标（HDI）；美国的世界价值研究机构开始了“幸福指数”研究；英国新经济学基金会组织则创设了考虑了社会、环境成本和自然资本的“国内发展指数”（Measure of Domestic Progress, MDP）。在日本，人们提出了GNC，即国民幸福总值，日本近十年的发展模式最大的变化之一，就是GNC正在事实上取代GDP，成为日本经济运行的重要衡量指标。日本经济中最为活跃的企业，已经是一些着重开拓个人体验的商业领域的中小企业，这些企业生产的产品在传统的GDP增长指标之外，正在事实上改善日本人的福利状况。用“国民幸福指数”取代“国内生产总值”是一种发展趋势，实际上也是发展观的一种转变：人的发展是第一位的，经济增长只是手段，不是目的。

二、从客体资源到主体资源

资源是一个宽泛的概念，可以大致分为主体和客体两大类，主体资源是指人类自身积累的无形知识和财富，包括人本身的创造力资源，以及由人类创造出来的一些非物质成就，如文化遗产、精神思想和技术成果等；客体资源是指由自然界赋予的有形物质资源，如矿藏、土地等，以及人类开发利用后的一些物质载体资源，如厂房、耕地、能源等。一般来说，传统产业所开发和利用的资源大都属于客体资源，而创意产业的思维是注重开发主体资源，通过创意把无形资源转化为推动经济发展的资本，这种再生资本具有低消耗、高附加值等多种特点。从客体资源的开发转向主体资源的开发也需要我们转变观念，强化对无形资源的认识，提高我们对主体资源的利用意识，释放人类自身无穷的创新创意潜能。

（一）无形资源可以转化为发展资本

将资源转化为发展的资本，为经济增长提供新的动力也是一种创新发展观。[1]

首先，我们要确立新资源观，认识到看不到摸不着的无形资源也能够成为发展的资本，带来可观的经济收益。比如一些具有历史积淀的物质载体、一则神奇的民间传说、一些社会生活中的元素等均可纳入资源的范畴，可以加以开发和利用，成为对促进经济增长有用的资源。在创意产业的实践中，小说《哈利·波特》是经典案例，据一项粗略的统计，由《哈利·波特》带动的相关产业，经济规模已经超过了2 000亿美元。普通小说也能支撑起一个巨大的产业群，可见，只要拓展资源观，充分挖掘人类的智慧宝库，将会发现无数的金矿。

其次，我们要有新的资本观。物质经济时代，资本构成中硬性资本占据主体地位，拥有土地、厂房、资金就能取得竞争优势，创意经济时代，软性资本成为获得竞争优势的主导要素，比如品牌就是一种高附加值的软资本，拥有品牌就能占有市场，获得超过土地、厂房、劳动力等几倍甚至几十倍的利润。事实上，资本是能够带来剩余价值的价值，即凡是能够用来产生利润的价值都是资本。[2]人们对资本的认识是随着社

[1] 厉无畏.以创意推动资源的转化[N].文汇报，2007-01-31.

[2] 厉无畏.创意产业导论[M].上海：学林出版社，2006.

会经济的发展而不断深化的,在以农业经济为主的经济环境下,资本的构成主要局限于劳动力、资金和土地这三种类型的资本形式;在工业经济社会中,资本扩大为五类,学者称之为5M,即人力(Manpower)、金钱(Money)、原材料(Materials)、机器设备(Machines)和产销方法或技术(Methods);在知识经济背景下,社会资本、信息资本、文化资本和思想资本等都可以成为推动产业发展的重要生产要素,特别是一些新兴产业的核心推动要素发生了结构性的变化,甚至脱离了传统的实物资本或有形资本,无形资本的价值形态成为新兴产业发展的主要资本形态,创意产业的核心资本主要是知识和智慧,而非传统意义上的劳动力与原材料。

(二)资源开发从客体转向主体是大势所趋

随着经济社会的发展,资本的形态也在不断演进和丰富,人类对资源的开发利用从客体转向主体是大势所趋。客体资源是有限的,而主体资源是无限的,韩国曾提出"资源有限,创意无限"的口号,从发展观的角度看,主体资源的开发和利用符合低污染、高产出的科学发展观。

1. 创意资本可以无限反复使用

创意资本可以无限反复使用,即一次投资,多次收益。创意产品的内容价值可以供人们多次消费,反复享用,并不会因为千千万万人观赏之后而磨损。比如,莎士比亚的经典作品《哈姆雷特》、雨果的《悲惨世界》至今长盛不衰,中国古代的《红楼梦》和《梁山伯与祝英台》等动人故事,并没有因为时间的流逝而影响其文化内容的使用,通过现代化手段,这些经典作品可以制作成歌剧、芭蕾舞、连环画、地方剧等,还可拍成电影、灌制唱片,甚至改编成动漫片,放大其经济价值。如《花木兰》是中国的古代故事,美国把它制作成动画片《花木兰》,受到市场的青睐,取得了可观的效益。

2. 创意资本能够带来的群聚效应

创意资本能够带来的群聚效应,即一次投资,多处收益。以电影为例,获得观众认可之后,将会在DVD、录像带、电视转播、纪念品、服饰等方面源源不断地产生利润。在动漫产业,本体产品与衍生产品的比例可以达到1∶3到1∶5,也就是说,投资1美元的创意产品,其衍生产品可以带来3美元—5美元的回报收益。以迪士尼经营的动漫为例,它有主题公园、动漫消费品和媒体产品,迪士尼特有的动漫形象几乎涵盖了所有的消费领域,如图书、文具、食品、服装、玩具等,任何消费品印上一个可爱的米老鼠标志,价格比同类产品要大大提高。数据显示,影视音工作室的创意产品也可能产生4倍左右的衍生品收入。如果有50万—60万美元的产品价值,就能够带来200万美元的衍生产品。

3. 创意资本能够迅速产生规模利润

创意产业所包含的广告、建筑、艺术和文物、工艺品、设计、时装设计、电影、互动休闲软件、音乐、表演艺术、出版、软件、电视广播、游戏与网络游戏以及动漫、DV、FLASH、短信、手机视频等,无不强烈地依靠新的创意,新的设计,同时,其产品的传播更强力地依靠高科技,特点是可以非常迅速地在整个经济体中进行传播,蔓延整个市场,形成新的消费浪潮,这种大规模和大范围的传播使得投资回报率非常高,容易在短期积累大量财富。

三、从辛勤工作到快乐工作

在创意产业的发展中,无法回避和忽视的是"创意阶层"(Creative Class)的崛起,他们是一群具有新观念、生活处世方式与众不同的"新新人类",他们敢于创新和冒险的精神正影响着年轻一代,他们富有创意的工作和活动构成了城市中最具活力的靓丽风景,随着这类人群规模的扩大,未来的生活和工作方式将会发生新的改变。从辛勤工作到快乐工作是创意一族的生活态度,也是创意产业蓬勃发展带来的工作观念上的新趋势。

(一) 创意阶层的生活态度

2002年美国卡内基梅隆大学的教授理查德·佛罗里达(Richard Florida)出版了一本畅销书《创意阶层的兴起》(The Rise of The Creative

Class, Basic Books, 2002),在这本书中,他提出了著名的3T理论——技术(Technology)、人才(Talent)和包容(Tolerance),指出21世纪是创意阶层的世纪。所谓创意阶层是指所有需要创意的职业中从业者的总称,包括科学家和工程师、诗人、艺术家、设计师、卫生及法律从业者、高科技和知识密集型行业等,这些人的生活方式以及价值取向会左右未来城市和社区的发展方向。与劳动阶层和服务阶层相比,创意阶层有自己独特的生活态度和共同的价值观。佛罗里达作了如下概括:

1. 尊重个性

在劳动者阶层和服务业阶层中,按工作计划不加思考地进行工作的人居多,而创意阶层更加自主灵活,在工作中充分发挥个人的创造性,进行各种新的尝试。

2. 崇尚自由

创意阶层喜欢开放与多样的城市社会环境,钟情那些更具包容性和多元化的城市作为自己生活、工作的地方。

3. 价值实现优先

创意阶层在选择工作时,特别重视工作的意义、工作的灵活性与安定性、同事的尊重、技术要求,在所从事的职业中寻找个人价值认同,工资报酬不是第一位的。

4. 喜欢运动

创意阶层在业余文化生活方面,更喜欢参与体育运动,比如自行车、攀岩、潜水、滑雪等运动。

(二)工作就是生活

将工作和生活合二为一,在工作中寻求和体验生活的乐趣,从辛勤工作到快乐工作是创意一族的价值取向,工作娱乐化,同时在娱乐中享受工作,这已经成为一种新型生活方式。

一是工作娱乐化,通过把生活元素融入工作,工作也就成为一种新生活。迈克尔·沃尔夫在《娱乐经济》一书中认为:人类即将进入娱乐经济时代,“娱乐因素”将成为产品与服务竞争的关键,消费者不管购买什么，都在其中寻求“娱乐”的成分。这一趋势不仅为创意产业的勃兴和发展提供了市场基础，也创造了一种新的生活方式，同时也深深融入创意阶层的工作，改变了传统的工作与生活的割裂状态，把工作变成娱乐成为创意阶层的新追求。为适应这些新变化，许多创意企业也竭力在工作环境中营造轻松娱乐的生活化环境，如著名的Google公司，员工的办公室犹如玩具店般的设计，充满了家居氛围，公司甚至允许员工工作时间打篮球、逗宠物，这在传统的企业中是不可想象的。又如世界知名的快餐连锁品牌麦当劳，声称“我们不属于餐饮业，我们是娱乐业”，他们用玩具、儿歌以及各种游戏创造了快餐店里的娱乐文化，资料显示，麦当劳现在是世界上最大的玩具发送者。

二是生活娱乐化，工作是为了更好地体验娱乐。娱乐消费已经成为世界主要的消费品，有数据显示，高收入创意工作者用于文化、休闲方面的费用支出几乎与购买商品和服务的费用持平，这个比例还在不断升高。创造创意是为了享受创意、消费创意，这也正成为一种生活潮流，即创意产业从业者是创意产品的消费主体，创意不仅是他们工作的一部分，更是他们生活的一部分，而当工作和生活融为一体时，快乐指数也是最高之时，这样的生活方式将成为未来的主流趋势，以此来改变传统的工作和生活方式，相信被动的辛勤工作将会成为主动的快乐工作，人们只要工作着就会快乐着。

【案例】

超越时空的东方“太阳马戏”

——《ERA——时空之旅》传统杂技的创新演绎

数千万元巨资投入、国际级大师团队打造国际级大戏；

世界顶级声、光、电、水幕多媒体设备创造前所未有的视听震撼；

原创音乐、歌舞表演、杂技武术等多种艺术元素演绎如梦如幻的舞台效果。

这是一场穿越时空、颠覆传统的舞台革命！这是一个创造中国演艺神话的新纪元。

上海本土原创剧目超级多媒体梦幻剧《ERA——时空之旅》(以下简称《时空之旅》)自2005年9月27日在上海马戏城首演以来，截至2008年3月已连续演出1 000多场，观众超过100万人次，票房净收入超过1亿元，《时空之旅》已逐渐成为上海城市文化新名片和都市旅游新景观。《时空之旅》获得的社会效益不亚于可观的经济效益，演出被《人民日报》评论为“文化演艺的奇迹，文化创新的典范”，剧组成为国家文化产业示范基地。《时空之旅》先后获得第二届文化部创新奖、第四届中国演出十大盛事“最佳娱乐演出”金奖、2006－2007年度国家舞台艺术精品工程十大精品剧目、全国文化企业30强等荣誉和奖项。

《时空之旅》是由上海文广新闻传媒集团公司、中国对外文化集团公司、上海杂技团/上海马戏城三方联合投资，并成立独立核算的项目公司——上海时空之旅文化发展有限公司来运作经营的，项目总投资3 000万元，三方各投资三分之一，投资各方风险共担、利益共享。

在做好细致周密的市场调研之后，联合投资方对《时空之旅》这个面向市场的文化产业项目提出了两个追求：一是文化追求，把中华文化元素通过现代手法推向世界；二是产业追求，打造面向市场、天天演出的上海城市文化产品。努力做到走向世界：看得懂、走得远、有影响；面向市场：受欢迎、留得下、有效益。

一、“秀一个上海给世界看”——一个源自古老技艺的现代梦想

三年来，每天夜晚在上海马戏城，《时空之旅》为观众展现一场感官的盛宴，一次梦幻般的体验。戏一开场，一座巨大的玻璃罩被掀起，仿佛来自远古的歌声和人物造型展现着历史；带着几分威严和神秘的魔术师将一碗水朝天一泼，形成一面壮观的水幕；水幕上映出江南水乡的背景，整个舞台宛如一泓湖水，一只状如司南的小舟缓缓地从湖水深处飘来，传统杂技踢碗就在船头上演……

中国的杂技有两千多年的历史，以往的杂技演出主要是技艺上的

展示，以个体表演为主。随着人们欣赏习惯的改变，单一的杂技表演已经不能满足人们日益提高的审美需求，时代对传统演艺提出了创新的要求。挑战预示着机遇，《时空之旅》决定从核心文化产品入手，创排中国特色、国际审美的杂技娱乐秀。通过舞台的时空变化来表现“一年一个样、三年大变样”的上海如梦幻般的变化。

《时空之旅》所做的就是一个恰到好处的加减法，加上了量身定做的主题音乐、舞蹈和多媒体高科技，减去了不必要的炫技和危险，为观众奉上了一道浓淡适宜、回味悠长的艺术大餐。

二、文化创意和科技创新相互渗透与融合，成为原创文化产业项目的价值源泉

《时空之旅》的艺术创新模式使得文化创意与科技创新在两个维度上同时得到发展，一个是向上的杂技艺术的升华，在高科技、多媒体等现代技术的衬托下，演绎出了一种时尚的、现代的杂技；另一个是向下的人文内涵的沉淀，对各种中国元素、文化底蕴进行深刻挖掘，通过反复的艺术创新，让肢体语言为主的表演有了“此时无声胜有声”的深邃和博大。

创新，创新，再创新！让创新贯穿在从艺术创作到市场营销的产业链的全过程，创意成为《时空之旅》的主旋律。

首先，演出中文化符号的创意表达。一般而言，戏剧影视中找到故事性的情节线索来贯串始终，就能满足人们思想的深层探究。《时空之旅》用了一种若断若续的叙事方式把单个的杂技节目串连在一起，仿佛在讲述一个从远古到未来的浪漫故事，中国元素和时尚表达交错，赋予传统节目以现代的美感和人文的情感，在音乐、多媒体整个氛围的烘托下，更是显得诗情画意，引人遐思。“一千个观众就有一千个《时空之旅》”，每个人都能从中体味出不同的情韵，不一般的文化解读。

其次，多元艺术的创新集成。《时空之旅》一改过去杂技表演的传统手法，走出一条“中国元素，国际制作”、“中国故事，国际表述”的原创之路来。艺术创新就是大胆地融合了戏剧情节、音乐渲染、现代舞、现场乐队、武术、技巧、魔术和视觉元素，多媒体技术更是将数字艺术天衣无缝地嫁接到以杂技艺术为本体的创作中去，让观众在真实和虚幻之间，在欣赏高超的表演技艺的同时，品味着独具文化韵味的民间传奇。《时空之旅》的艺术创新改变了观众对于杂技的固有观念，拓宽了杂技艺术的发展空间，而注重观众体验的观念价值的实现为这台高端演艺产品创造了高附加值。

再次，科技创新让舞台艺术插上翅膀。《时空之旅》利用先进的现代科技装备：音响、灯光、多媒体、烟雾、水幕、升降设备等装置，使整个舞台实现数字化控制，高新科技的运用替代了过去人推肩扛的道具搬运方式，演出中的道具切换方便快捷，丝毫不影响演出进程。各种创新的升降设备，为《时空之旅》演出制造出“飞天遁地”的多层立体效果，每时每刻都有惊喜发生，演出精彩倍增。而“中国元素”、“上海元素”符号的现代建设成就、标志性景观、街头巷尾生活气息等，均通过多媒体技术融入剧目背景中。观众对“新、奇、雅”艺术的欣赏需求被最大限度地满足了，如此华丽而时尚的演出赢得了一片喝彩，全场掌声达160多次，充分满足了人类天生的好奇之心。

三、横贯的运作模式——打造强强联合、优势整合的项目公司制

创新的艺术需要创新的运作机制来经营。《时空之旅》横贯型的运作模式，横向贯穿了部门、地域、所有制、行业的限制，联合上海文广新闻传媒集团公司、中国对外文化集团公司和上海杂技团/上海马戏城，集中整合三家单位优秀的传媒资源、国际演出市场资源、演员和剧场资源，并以各自投资1 000万成立独立项目公司进行节目创排、经营运作的方式，完成了一次大手笔的文化融资运作。

仅仅用了21个月，《时空之旅》就收回了全部3 000万元的投资成本，演出1 000场时票房收入已经过1亿元，打破了单一演出的票房纪录，成为中国文化演出市场上最成功的投资回报案例之一。

四、发散的营销模式——拓展细分目标、全球营销未饱和市场

定位为“文化产品”的《时空之旅》围绕着“产品”和“市场”，进行全方位组合营销。把营销目标确定为旅游、商务及散客市场，制定不同市场的营销策略和票务政策，以发散性的营销模式，拓展未饱和市场，实现公司效益最大化。

商务营销主抓商务散客、公司企业、高档宾馆等，将《时空之旅》作为商务接待的优质项目推介给客户。同时还发展了商务专场、提供年会庆典等活动模式，满足了商务客户不同的需求，拓展了市场；旅游营销主抓团队游客等，与国内外大型旅行社签约，将《时空之旅》演出列入旅游菜单，并通过走出去的形式，赴欧美、日本、韩国、中国港澳等地推介，打开《时空之旅》通向国际演出市场的大门；网络营销用中、英、日、韩四种语言界面为国内外观众构建了快捷的订票通道，可以通过外卡网上支付即刻完成购票过程。

《时空之旅》深度挖掘产品的文化内涵，通过多样化营销和推广手段，打造《时空之旅》的文化品牌形象。比如"闪亮六一·梦幻之旅"主题活动、"《时空之旅》文化追求与产业追求"专题研讨会、"从《时空之旅》现象看中国文化产业发展之路"东方大讲坛讲座、"时尚杂技、生活乐趣"美罗城路演活动、"圣诞千人Party"节日活动等，延伸了主体演出活动之外的产业链条。

五、配套产业和衍生产业的形成，标志着一个文化产品走向成熟

《时空之旅》一直致力于衍生产品的系列开发，到目前为止，《时空之旅》已经制作了节目画册、两本周年纪念册、《时空之旅背后的故事》DVD、原声音乐CD等宣传资料，这些资料可以图文并茂地展现《时空之旅》的精彩演出、领导名人观感、媒体评论、荣誉成绩等，展现《时空之旅》正规化、综合化、国际化的品牌形象。同时还以《时空之旅》的精彩剧照制作了一批纪念品，获得了二百多万元的衍生产品收入。目前，《时空之旅》还公开征集卡通形象，并确定了五款以《时空之旅》演员为蓝本的卡通形象，今后将以这些卡通形象为基础，开发系列Q版的《时空之旅》衍生产品。衍生产品的形成预示着三岁的《时空之旅》也正逐步走向成熟。

《时空之旅》在上海马戏城上演以来，剧场门庭若市，不仅创造了数十倍于过去的票房收入，更是影响了周边区域的发展，把原来被称作“下只角”的闸北区广中路至大宁路的路段变成了繁华的商业中心。特别是大宁国际商业中心、宝华现代城等现代化综合商务中心的建立，更是以观看《时空之旅》的固定人流为支撑点，带动了餐饮、娱乐、购物等多方面的消费市场，本来人迹罕至的地区，每逢周末几十个大大小小的饭店餐馆都人满为患，房地产价格也是水涨船高，短短三年内已经上涨了40%—60%，最高的甚至翻了一番，俨然有了城市新兴CBD的架势。

《时空之旅》目前正在积极联络出外巡演，走出中国，走向世界，打入国际主流文化市场，从杂技“华丽转身”到“化蛹成蝶”——从在上海马戏城365天“天天演”的“驻场秀”，向全世界巡演的“巡演秀”蜕变，希望《时空之旅》实现“秀一个上海给世界看”的梦想，真正实现中国文化“走出去”。

【案例点评】

构建产业价值系统，秀一个上海给世界看

多媒体梦幻剧《时空之旅》以中国传统艺术精粹——杂技为基础，融合国际时尚多媒体包装的绚丽舞台效果、博大精深的中华文化底蕴，呈现给观众一台高水准演出的艺术盛宴，一个构建全景产业链的文化产品。

从创意产业的理论角度出发，我们不难找到被誉为东方“太阳马戏”的《时空之旅》的成功密码。

一、价值创新，开启演艺市场的蓝海

纵观《时空之旅》的发展道路，我们观察到，“创新战略”和“产业化运作”成就了今日来之不易的经济效益和社会效益。跨行业、跨体制、跨区域联合成立的《时空之旅》项目运作公司，集众家所长，整合社会

资源、媒体资源、资本资源和国际资源，不断进行体制、机制、艺术、管理、营销等方面的创新，而各项战略和模式的创新又汇流成河，集聚成"价值创新"的主流，实现从"我要演什么"到"要我演什么"的华丽转身，从而开辟了演艺市场的一片蓝海（见图1－3）。

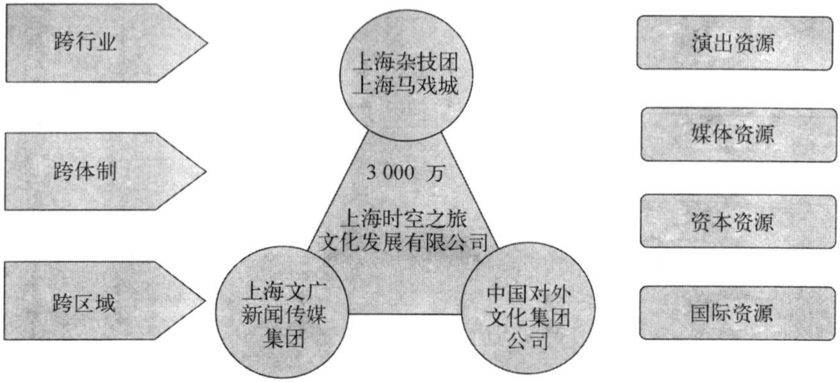

图1－3 《时空之旅》体制创新、机制创新模式

新时代的文化创意产业，只有思维方式的根本转变，才会有商业模式的突破。依据蓝海战略的根本思路，价值创新是开创新的市场空间的基石，《时空之旅》就是紧紧围绕"价值主张"展开一系列利益最大化、风险最小化的创新实践。以买方效用为核心的价值主张，换句话表达，就是生产的产品或提供的服务能够为消费者提供怎样前所未有的价值。《时空之旅》的创作把视线从演出方转向需求方（观众），剔除和减少杂技中原来单一乏味的技艺展示，深度挖掘出杂技表演中的艺术美和文化内涵，通过"中国元素，国际制作"以及成功的市场化运作，激发潜在的观众需求，拓展新的消费群体，为经济发展打开了新的通道和空间。

《时空之旅》以自身的实践，将文化（艺术）、科技、产品和市场有机结合起来，提升了文化的符号价值，扩大了价值实现渠道，从而创造了"三年千场亿元"的票房纪录，书写了中国文化产业化成功的历史新篇章！

二、建立产业价值系统，实现价值最大化

创意产业，是融合了商业、文化与制度的跨行业、超意识形态、多价值链的新经济系统；创意产业创造价值，还需要实现价值，并使之最大化。通过核心产业、支持产业、配套产业和衍生产业的发展，《时空之旅》带动了一批产业的兴起，不仅让消费者享受价值创新的成果，也实现了自身价值的最大化（见图1－4）。

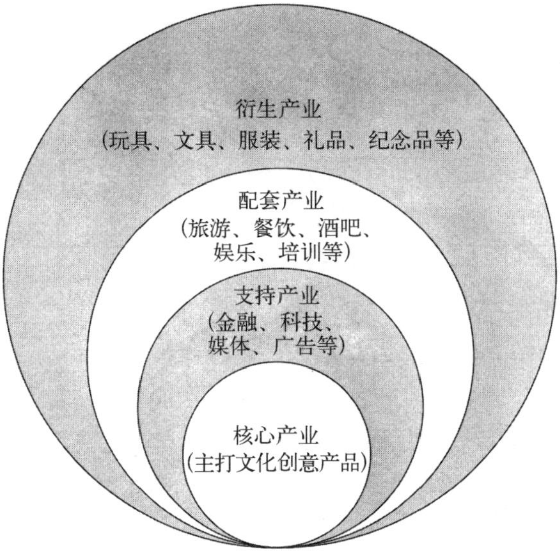

图1－4　创意产业价值系统示意图

《时空之旅》的产业链可以分解为：

核心产业：在上海马戏城驻场演出，《时空之旅》就是整个产业链中最核心的主打文化创意产品，浓缩了现代高科技、国际制作理念与创新杂技艺术的文化要素，也可以说是以杂技为核心，集多种艺术形式为一体的、富有后现代意味的新型综合艺术模式。创意产业的核心特征之一是倡导把文化要素作为推动经济增长的主导资源，以“软要素”驱动替代“硬要素”，推动价值链上的各相关产业共同

发展。

支持产业：围绕着核心产业，通常还有金融、科技、传媒等支持产业来提供技术支持、推广宣传和其他公共服务。《时空之旅》初期投资3 000万元，就是项目公司通过金融手段获得融资，演出中运用的音响、灯光、多媒体、烟雾、水幕、升降设备等科技手段，当然也是由专业机构提供服务的。作为投资方之一的上海文广新闻传媒集团公司发挥了媒体资源优势，在宣传推广上鼎力相助，传媒起到的作用，就是在项目不同阶段找出演出的亮点，引发关注，引导消费，激发出目标群体潜在的需求，这就是继价值创造之后的价值挖掘过程。

配套产业：《时空之旅》的文化产业模式，还包括以文化消费市场为核心，逐步在周边形成的配套产业，一个有影响的、常态化的文化品牌必定会辐射到娱乐、旅游、餐饮、休闲等领域，在空间上延伸产业价值。事实证明，上海马戏城的演出消费，给附近大宁国际商业中心、宝华现代城等集聚了客流，从而带动了餐饮、娱乐、购物等多方面的消费市场，同时也提升了这一地区房地产的商业价值。

衍生产业：迪士尼、百老汇音乐剧等国际著名的文化演艺品牌，它们的衍生产品发展都已经相当成熟，并且在营收中占有较大的份额，这是衡量一个成熟的文化产品、文化品牌相当重要的一个标准。三岁的《时空之旅》在衍生产品的开发利用上，还处在初级阶段，目前开发的主要是实物形态的纪念品和影像制品，衍生产品销售占整体收入的比例还相对较小。可喜的是，《时空之旅》动漫形象的进一步开发，有望让这一文化品牌从演艺市场延伸到动漫、游戏等新的产业领域。而随着品牌价值的深化，我们有理由相信，《时空之旅》的衍生产业将会有更广阔的发展空间。

三、打造原创精品，塑造文化品牌，实现文化产业化运作

中国是文化资源大国，打造精品就需要挖掘、提炼和创造优秀的民族文化，按照市场的需求去锻造原创文化产品，正因为遵循了这项法则，《时空之旅》才能在艺术和市场中取胜。可持续的经营离不开塑造品牌，只有品牌深入人心，才能打造良性循环的文化产业的产业链。

《时空之旅》的成功案例，也验证了发展创意产业是促进文化产业化的有效路径，即发现文化价值，以产品和服务的形式来凝聚文化，并以消费的形式来传播文化。因为，创意产业是通过价值链的分配来组织生产流程的，是为所有产业提供创意服务的产业群，在组织形态上，它打破了传统产业的界限，可以同时与不同的产业产生联系。创意产业高融合、强辐射的特点，有助于文化与产业的联姻，推动文化产业化的健康发展，在产业结构战略转型的中国经济发展中，创意产业已经成为一支不可忽视的力量。

三年的辉煌只是新征程的起点，本土自主创新的文化品牌和文化产业链在全国舞台、世界舞台上还有无限的空间可以发展。我们期待时空之旅能在开拓进取的道路上继续解放文化生产力，在世界的舞台上再有卓越表现，成为中华文化“走出去”的典范，真正做到“秀一个上海给世界看”！

【相关链接】

*《时空之旅》：http://www.era-shanghai.com.

【案例】

打开创收奇迹的“音乐魔盒”

——A8一站式数字音乐服务体系

A8电媒音乐控股有限公司（简称A8音乐）是一家领先的、整合的数字音乐公司。A8音乐通过成熟的UGC原创音乐互动平台www.a8.com及国际国内唱片公司的授权获取音乐内容，并通过互联网、无线网络等新媒体与传统媒体进行推广和销售。在经验丰富、颇具远见卓识的高层管理团队的带领下，A8音乐通过一体化的营销及多渠道的销售网络，掌握了不同地区的用户偏好，并据此制定了针对不同地区的个性化营销策略来推广自身的音乐内容。2007年，A8音乐获“清科——2007年最具投资价值企业50强”第16名的佳绩；同年，A8音乐获“2007 RED HERRING亚洲百强创新企业奖”，获选企业来自16个国家和地区，A8音乐是中国数字音乐行业唯一获选企业；2008年，A8音乐荣膺“2008年度商业模式未来之星第一名”桂冠；同年，A8音乐作为中国首只无线网络音乐概念股，在香港联交所主板挂牌上市。

A8Box手机音乐解决方案是A8音乐结合自身丰富的音乐内容资源、深厚的无线增值服务经验，以及终端软件技术开发的领先优势，面向手机厂商的音乐应用需求，推出的基于客户端，并横跨有线、无线多个平台的综合手机音乐服务解决方案。

A8Box手机音乐解决方案的目的就是消除音乐服务的平台限制，用户不必再费神，而是可以通过A8Box，随时随地轻松获取最好、最新、最个性化一体式音乐服务。

项目始于2005年，至2005年底，项目在多普达智能手机585上首次推出了基于手机终端的客户端无线音乐产品A8Box，标志着A8Box音乐服务的诞生。到2007年，通过与多普达、LG、三星等各大手机及终端方案厂商的紧密合作，A8Box已经从一个只支持Windows Mobile系统的、单独的音乐客户端产品，扩充成为横跨无线和有线多个平台的，拥有从智能手机到MTK手机，从PC到Mac数个版本客户端的产品线。更重要的是，A8Box已经发展成为一个集合音乐下载、音乐基因搜索、一键增值服务、音乐资讯、用户个性化分析、手机终端与PC跨平台音乐同步等多项功能的完整音乐服务体系。

未来，数字音乐服务在无线及有线领域上逐步融合的趋势将会更加明朗化，而作为先行，A8Box手机音乐解决方案这种一站式音乐服务必将成为这一领域的中坚力量。

【案例点评】

不走寻常路：解码 A8 音乐赢利模式

赶上这个年代算是幸福的，因为科技进步让不可思议的创意成为可能；因为经济发展，消费者的潜在需求一再被挖掘、不断被满足，个人的创造力被充分释放出来。一时间，时尚、创意的产品和服务丰富得令人眼花缭乱，获取资讯和服务的手段从网上到线下，从传统媒介到新媒体，无所不包，无所不能。

与众多音乐制作公司相比，A8 音乐集团选择"不走寻常路"，而这条独辟蹊径的发展路径刚好顺应了创意产业颠覆传统产业发展模式的时代潮流。从产业经济角度分析，无论是产业形态、产业资源、产业链、产业组织，还是产业战略、产业导向到产业效益，A8 音乐服务系统都在挑战传统模式（见表 1－2），在价值创新的蓝海中寻找无限的发展空间。

表 1－2　产业结构比较：传统音像公司 VS A8 一站式音乐服务体系

	传统音像公司	A8 一站式音乐服务体系
产业形态	投资原创音乐、包装歌手乐手、制作和发行音像制品	整合音乐资源，运用知识产权，全方位的数字音乐服务
产业资源	一次使用	反复使用
产品线	音像制品 传统媒体及消费者终端	音乐服务 新媒体客户端：手机、互联网
产业链	单向生产链 注重上游原创、制作	环状价值链 注重下游多渠道销售
产业组织	垂直化 以产品贯穿	扁平化 以服务贯穿
产业导向	产品价值	顾客价值
产业战略	市场竞争——红海 宣传推广、扩大产品销售	价值创新——蓝海 开发多项无线增值服务
产业效益	边际成本递增 边际效益递减	边际成本递减 边际效益递增

A8 音乐成功的秘诀是抓住创意产业链的后端，即创意产品的价值实现这一关键环节。一个完整的创意产业链应该是：原始创意——创意产品的生产——创意产品的商品化（展示、推广、流通、交易），然后还有衍生产品的开发、生产、经营，从而将产业链进一步延伸，在整体产业规模上，以最小化成本获取最大化的经济效益。

A8 音乐集团充分挖掘了“一项资源，多重使用（One source，Multi-use）”这一创意产业的特征，通过知识产权的运用，将原创音乐内容与新媒体资源结合，全方位开拓 B2B、B2C 多重应用渠道：以 B2C 模式为基础，为消费者提供彩铃、振铃、彩信、IVR 音乐及音乐下载、在线体验等互联网音乐服务；以 B2B 模式为基础，为手机及终端方案厂商、PC 和 Mac 客户端等商业客户提供数字音乐的内容服务。

解码 A8 音乐赢利模式的关键，还需要从观念上重新理解创意产业。创意产业是无边界产业，是为所有产业提供创意服务的产业群，在组织形态上，它打破了传统产业的界限，可以同时与不同的产业产生关联。A8Box 就是具有创意产业特征的创意产品，作为核心产品的音乐内容又转换成为其他产业的投入要素，为多普达、LG、三星等智能手机提供增值功能，同时在有线平台与无线平台之间实现产业融合，以及传统媒体与新媒体之间的互动传播（见图 1－5）。

可以说，越界和产业融合诠释了 A8 音乐传奇。“创意产业的根本观念是通过越界促成不同行业、不同领域的重组与合作。通过越界，寻找新的增长点，推动文化发展与经济发展，并且通过在全社会推动创造性发展，来促进社会机制的改革创新”（金元浦，2006）。A8 音乐的成功，根本上是创意产业思维模式的成功，也是蓝海战略商业模式的成功！

A8Box 这个带有魔力的音乐盒子，带给我们的不仅仅是炫彩的手机音乐、丰富的音乐下载，更多的是一种头脑风暴式的商业启迪——打破固有思维（Thinking Out of the Box），以创意产业的发展模式，对创意产品加以产业化运作，直接或间接地将核心创意要素转换成具有很高

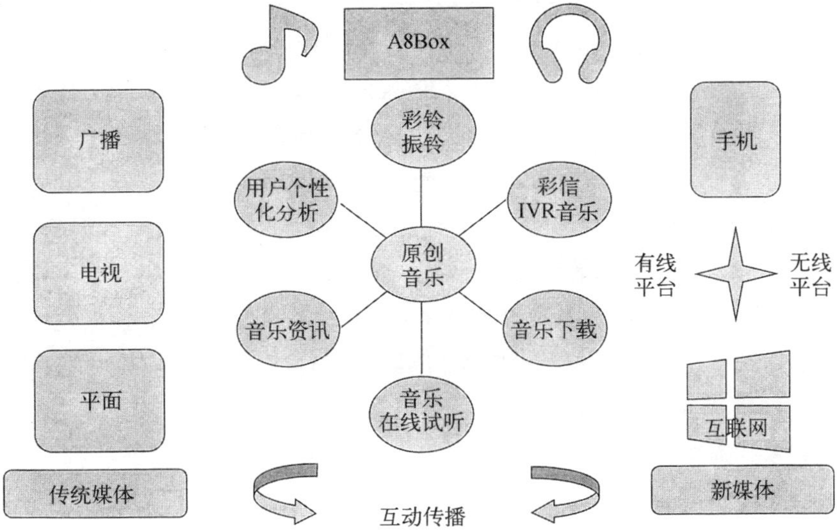

图1-5　A8全方位音乐资源传播系统示意图

经济价值的产业,从而实现从创意到创富的飞跃。

也许下一个创造财富的创意"魔盒"就在你手中!

【相关链接】

＊ A8音乐: http://www.a8.com.

【案例】

德国鲁尔工业区:变身"欧洲文化首都"

闻名世界的德国鲁尔工业区是德国的煤炭与钢铁之都,在产业结构转型中面临着废弃的煤矿,鲁尔区埃森市毅然决定"擦去脸上的煤灰",发展创意产业。从没落的工业区转型为现代文化都市,使得2001年埃森矿业同盟被联合国教科文组织列入了世界文化遗产名录,2006年埃森又被欧盟定为2010年的"欧洲文化首都"。

据德国之声电台网站日前报道，[1]鲁尔区以往给人留下的是到处是煤灰的印象，昔日烟囱林立的煤都如今向人们展示了一道道亮丽的文化风景线，迄今该地区已拥有200座博物馆、120家剧院、250个文化节以及100座音乐厅等，它们为鲁尔区成功摘得“欧洲文化首都”的桂冠奠定了坚实基础。鲁尔区埃森市的音乐剧团和话剧院在全德国堪称一流，根据前不久对北莱茵—威斯特法伦州剧评家进行的一次调查，埃森话剧院被一致赞誉为全德国的高水平剧团。昔日的鲁尔工业区现在不仅能够向人们提供丰富的文化生活，而且还可以展示许多具有地方特色的文化景观。除被联合国教科文组织列为世界文化遗产的埃森海关关税同盟旧址外，波鸿市一家钢铁厂遗址也被改建成大型文化场所，鲁尔文化首都的庆典演出及其他很多活动都在那里举行。

鲁尔区拥有530万人口和53座城镇，生活着来自全世界多个国家不同民族的居民。他们当中既有在这里的煤矿或钢铁厂做工的外籍工人，也有到德国避难的外国难民。对德国其他城市和地区来说，外国移民通常是一个非常棘手的问题。但鲁尔区的大批外国移民则为丰富当地的文化生活做出了贡献，该地区每年都举办一年一度的混合文化节。

混合文化节的创办人之一贝格曼说：“这当然是一个让人增长知识、了解不同文化的巨大平台。通过举办这一活动，在人口密集的鲁尔区，将有更多的人有机会了解伊斯坦布尔的戏剧艺术、贝尔格莱德的舞蹈或波兰的音乐。通过丰富多彩的文艺演出促进各种文化之间的交流，这是我们举办混合文化节的初衷。这些节目不仅能够让当地居民欢度一个丰富多彩的文化节，也使许多欧洲文化的传播达到高潮。只有鲁尔区才能向人们展示如此色彩斑斓的文化。”

“欧洲文化首都”是欧盟设立的一项文化“选美”，每年，欧盟在成员国中选拔1—2座城市作为“文化首都”。鲁尔区成为2010年的“欧洲文化首都”，这一荣誉吸引了许多其他地区的艺术家前来这里，“擦

---

[1] 新华网.［2007-11-28］. http://news.xinhuanet.com/newscenter.

去脸上的煤灰”的鲁尔区化出“迷人的彩妆”，换上节日的盛装，举办丰富多彩的文化、艺术、展览等活动，促进各地文化交流与融合，吸引世界各地的游客，成为真正的“文化之都”！

【案例点评】

擦去脸上的煤灰

如何将传统的“煤都”打造成全欧洲的文化重镇？德国鲁尔区的“华丽变身”，为正在经历产业结构调整、环境和资源面临挑战的中国各大工业城市提供了一个经典参考案例。

作为德国煤和钢铁的生产基地，鲁尔区几乎撑起了德国长达150年的工业发展。但是，在20世纪六七十年代，鲁尔区遭遇了“煤炭危机”和“钢铁危机”，90%的煤矿和炼钢厂不得不关闭，几乎告别了大工业时代。然而，令人欣喜的是，废弃的厂区并没有因此成为城市锈迹斑斑的伤疤，而是被州政府成功地与文化产业结合在一起，有的改造成景观公园、休闲娱乐场所，有的则“摇身一变”成为工业博物馆、设计与艺术中心，周边又先后集聚了展览馆、舞蹈室、小剧场、咖啡馆、餐厅等，形成了一条连接了19个工业旅游景点、6个国家级博物馆和12个典型工业城镇的“工业文化之路”旅游线路，它如同一部反映煤矿、炼焦、钢铁工业发展的“教科书”，带领人们游历了150年的工业发展历史。[1]

在工业化历史转型时期，面对废弃的厂房和煤矿设备，德国人没有采取大拆大建的“除锈”行动，而是将这里大片的产业基地保存了下来。历经十余年的改造振兴，这个破败的大型工业区神奇地转变为集休闲、娱乐、购物、疗养于一体的文化旅游胜地。

从德国鲁尔区的兴衰和重生中，从埃森的文化复苏和艺术繁荣之中，我们观察到的是现象背后的、经济转型期特有的观念和思路——一

[1] 厉无畏. 我看到了别人园子里的果子[N]. 文汇报(笔会), 2006-09-10.

种如何对待工业文化历史遗产的观念，一种怎样将过去、现在和未来连接起来有机发展的文化创意思路。

一、传承工业文明，保护人类文化遗产

废弃的矿区，被改造成宜家公司在欧洲最大的家具配送中心；一座废弃的40米高的井架，被改造成鲁尔煤矿公司总裁的现代化办公室；工业锅炉被改造成设计中心；150年前的冶炼厂，如今成为工业博物馆；104年前建的炼钢厂车间，全部是钢架结构，变成了中央舞台；在一家钢铁公司的老厂房中，建起200多家商店、20多家餐馆、多座电影厅。老厂房的成功改造，有效地节省了土地，体现了德国人对待历史遗产的观念，以及将过去、现在和未来有机连接起来的发展思路。[1]

位于埃森市内的工业文化及矿业同盟工业景区如今已成为当地重要的文化休闲中心，这一转型不仅把具有历史价值的机器设备原封不动地保存下来，还为当地失业工人提供了再就业机会。2002年，该工业景区被评为世界文化遗产，德国鲁尔区的发展轨迹为我们提供了一个如何从工业化城市向创新型城市转变的参考模式。

目前，类似德国鲁尔区的国外工业遗产保护与开发有四种主要模式：[2]

一是主题博物馆模式。通过博物馆的形式展示一些工艺生产过程，从中活化工业区的历史感和真实感，同时激发社区参与感和认同感，另外还可以作为工业设计和艺术创作的基地，开展一些新颖产品和艺术作品的展览活动；

二是公共休憩空间模式。在工业旧址上建造一些公众可以参与的游乐设施，作为人们休闲和娱乐的场所；

三是与购物旅游相结合的综合开发模式。在原来的工业中心区建

---

[1] 厂房背后的文化回归[N/OL]. 东方早报，2007－12－11. http: * //epaper. dfdaily. com/dfzb/html.

[2] 植瀚. 会展崛起新势力，工业遗产变展区[N]. 中国经营报，2007－10－22.

立一个购物中心，并配有咖啡馆、酒吧、健身及儿童娱乐场所等，集购物、娱乐、休闲于一体综合开发；

四是工业博览与商务旅游开发模式。举办有主题的工业博览会，并与招商活动、商务交流和交易、旅游等融合。

同样重视工业遗产重要性并加以保护、开发的例子还有英国。伦敦著名的泰德现代艺术馆由原定被拆除的火力发电厂改建而成，目前这里已成为全世界吸引游客最多的美术馆，成为英国文化创意产业发展的典范，同时也带动了泰晤士河南岸地区从贫困落后的旧工业区发展为富裕的文化繁荣区。

二、在后工业化的历程中，塑造城市的独特个性

创意产业通常选择某些特殊的城市环境，它们对于城市中心区的废弃建筑和工业废弃建筑所具有的特殊空间要素和外观表现出特别的兴趣；反之，它们的兴趣也提升了这类城市地区的价值，并有助于推进它们在后工业城市中的整合进程。[1]

创意产业有助于塑造城市的独特个性。在旧城区改造中有意识地结合创意产业，将有利于历史文化遗产的保护和城市文化品位的提升。德国北威州政府和当地公共机构在促进创新企业和发展生产集群等方面起到了重要的推动作用，鲁尔区的成功转型，是一次既兼顾工业遗产保护，又大力发展文化创意产业，既注重塑造城市人文内涵，又保护城市生态环境的战略转型。这一做法，避免了城市文脉的中断，将城市的过去、现在和将来组合成新的画卷，给人以城市的繁华感、文化底蕴的厚重感和时代的生机感。这种对历史、文化的传承将是一座城市赖以生存并可持续发展的最为宝贵的财富。

三、创意产业，创造就业和经济财富

德国鲁尔区的产业结构转型，为原煤矿工人创造了新的就业机会，

---

[1] 拉尔夫·埃伯特，弗里德里希·纳德，克劳兹·R·昆斯曼. 鲁尔区的文化与创意产业[J]. 刘佳燕，译. 国际城市规划，2007(3)：41－46.

其中80%以上的就业岗位来自服务业，目前鲁尔区文化产业的从业人员已超过52 000人，与其他产业相比，文化产业中个体经营者的比例相对较高，包括艺术家和音乐家，但同样也包括设计师、建筑师、书籍和音乐出版商等。另外，估计还有15 000名文化产业工人以半职业状态从事该行业的工作。这些数据还不包括那些公共部门中服务于博物馆、剧院等文化设施的工作人员，他们都在地区发展中扮演了越来越重要的角色。

过去的几年中，这类企业的数量正在稳步增长，其中大部分是由年轻人组成的小型工作团队，占到文化产业中企业和个体经营者的40%。营业额也同步增长，2003年达到了31亿欧元，几乎占到该地区文化产业总营业额的一半。

四、包容的环境才能滋养出多元的文化

鲁尔区提升文化软实力的明智之举，表现为把城市特点转化为城市优点，化劣势为资源优势。德国鲁尔区在历史工业兴盛时期，大量的就业机会吸引了大批来自波兰、匈牙利等中欧国家和其他发展中国家的廉价劳动力，在产业转型之后留下了大批外国移民，他们文化差异大、生活方式迥异。鲁尔区恰到好处地把城市的多元文化的特征作为资源要素加以开发、利用，由政府搭建文化交流平台，通过举办混合艺术节、展览展示等社会活动，向人们展示色彩斑斓的欧洲文化，赢得了一片喝彩！

包容的环境对一个社会的发展无疑是一股无形的有利资本。在衡量一个社会创意产业发展的支持性环境方面，美国卡耐基梅隆大学的教授理查德·佛罗里达(Richard Florida)提出了著名的3T(Technology技术、Talent人才和Tolerance包容)理论，[1]人才指标衡量了两个因素：学位持有者的人口和科研工作者及工程师的数量，而技术指标衡量了一个国家专利申请的数量和研发支出在GDP中所占的百分比，包

[1] 理查德·佛罗里达.创意阶层的兴起[J].华盛顿月刊，2002(5).

容指标则衡量了人们的价值观和态度。一个越是包容的社会,文化发展越是多元化,就会激发出更多的创意。

中国不乏经济高度发达、文化生活丰富的城市。但怎样的环境才能真正吸引创意人才呢?一个开放、宽容和多样性的包容的环境,无疑是具有很强吸引力的。有才干的人喜欢到开放和具有包容性以及能提供较高生活质量的地方去,所以说,一个地方越是多样性和多文化,就越能吸引这些具有创意的人才,能够为当地带来更多的创新,产生和吸引高科技产业,从而可以实现城市经济繁荣。

今天的中国,正经历着经济转型、产业升级、旧城改造的阵痛!当一座厂房、一片老区不再具有经济意义的时候,是否应当作为历史的垃圾被清除掉?也许我们应该思考一下,是否也能像埃森市这样,怀着爱护、尊敬、珍惜的心情来对待老厂房、旧城区,轻轻拭去它脸上岁月留下的灰尘,保留它原来的风貌,将资源优势转化为产业优势,让历史在现代的时空里与未来连接。

上海的新天地可以说是同类改造中成功的典范。结合石库门的改造,新天地在保留老上海韵味的同时,又融入了现代城市的时尚元素,最终成为上海的地标景观;上海苏州河畔莫干山路 50 号的老仓库,集聚了来自世界各地艺术家的工作室,被美国《时代周刊》评为上海的十大文化景观之一,2006 年又被国家旅游局批准为全国工业旅游示范点。可见,只要发挥创意,将资源优势转化为产业优势,合理改造与开发,工业遗产就不是包袱,而是财富的源泉,旧城区就可以通过巧加装扮而容颜焕发,成为一座城市的文化名片。

【相关链接】

* 德国鲁尔工业区变身“欧洲文化首都”:http://www. arting365. com/news.

* 鲁尔传统工业区的蜕变之路:http://www. buildbook. com. cn.

* 新华网:http: //news. xinhuanet. com/newscenter.

【案例】

北京欢乐谷

——文化旅游创造中国式主题公园的核心价值

北京欢乐谷是中国人自主拥有的第一个主题公园连锁品牌，是华侨城集团用四年时间倾心打造的主题生态乐园，也是华侨城集团依托以文化旅游为核心的整体开发模式走向全国市场的一个尝试。

2006年7月29日，北京欢乐谷盛大开幕，自开园至2008年，接待游客510余万人次，成为深受北京市民喜爱的游乐场。北京欢乐谷位于东四环四方桥东南，一期占地56万平方米，由峡湾森林、亚特兰蒂斯、失落玛雅、爱琴港、香格里拉和蚂蚁王国六个主题文化游览区组成，被确定为北京市首批文化创意产业基地。它秉承了华侨城集团文化创意的优势，以丰富多彩的文化表演给观众带去视觉享受：景区表演分为三大体系（大剧场、大巡游、大展演）；四大场馆（25米高空跳水表演、影视实景表演、科幻剧“真假博士”、大洪水特效实景情景剧“玛雅天灾”）并辅之以多元精彩的景点表演，构建起北京欢乐谷景区风情表演的品牌体系。

刚刚落成的华侨城大剧院是北京欢乐谷作为文化创意产业基地的又一力作，是国内唯一的专为一场剧目而量身定做的大型剧院。它利用高科技创新了首都舞台的表演形式，拥有国内第一个360°翻转舞台和大型室内水景系统，是提供颁奖晚会、舞蹈和音乐表演的又一大型剧院。该剧院推出的大型舞蹈诗剧《金面王朝》讲述了一段源远流长的中国故事，表达了中华民族对和平、和谐、博爱的追求和奉献精神，它以舞蹈诗剧的结构形式，通过舞美、视频、灯光、舞蹈、杂技、服饰等艺术手段，史诗般再现了中华文明的恢弘气势。

北京欢乐谷以其精美的表演、完善的功能设施、优质的服务树立起良好的品牌形象，通过新春欢乐庆典、圣诞冰雪狂欢节、国际时尚文化节、暑期玛雅狂欢节、国际魔术节、万圣欢乐节等主题文化活动不断在市场掀起热浪，受到市场的热烈追捧。北京欢乐谷首开京城主题公园夜场之先河，以其丰富的景区表演、狂欢大巡游和迷人的灯光夜景为游客提供了一个休闲的文化场所，进一步丰富了北京市民的夜间文化生活，成为外地游客及北京市民夜间生活的好去处，同时与旅行社合作举办系列“社区文化节”等大型活动，使北京欢乐谷成为京城活跃的文化活动基地，成为大众娱乐的精彩平台。

经过一年的经营，北京欢乐谷经受了市场的全面检验：在北京欢乐谷经历的第一个“五一”黄金周，欢乐谷凭借18.5万人次的接待量创造了超过3 000万元的旅游收入，一举超越故宫，成为北京收入最高的景点。被媒体称作是“依靠市场定位、优质服务以及整合营销等三大优势建立的成功的赢利模式，创造了令人惊奇的欢乐谷速度”。北京欢乐谷全面实现了安全、秩序、质量、效益四统一的目标，是北京市、朝阳区抓好“五一”黄金周假日旅游、安全旅游的缩影。

为呼应2008年的北京奥运，北京欢乐谷专门规划建设了爱琴港主题区及奥林匹亚体验展馆，希腊使节及商务参赞多次到访北京欢乐谷洽谈合作事宜。开园至今，先后承办了由奥组委举办的奥运倒计时500天“鼓动中国”大型鼓乐活动、纪念申奥成功六周年“国际少年步操旗、管乐”表演，受到社会各界的广泛关注和好评，成为北京人文奥运的重要组成部分和展示新北京、新奥运的重要窗口和名片。

【案例点评】

创意制造欢乐，文化提升娱乐

当创意产业正颠覆传统产业发展逻辑之时，以文化旅游为核心的主题文化体验游乐形式也将颠覆传统的游乐观念。北京欢乐谷作为首个登陆北京的主题公园，将中外古老文化与现代高科技的游乐器械融为一体，再辅之以丰富而风格各异的艺术表演，提供了一个独特的文化创意产业形态。北京欢乐谷的价值不仅仅是给北京市民带来一个全新的娱乐体验，更是为中国人带来一种全新意义的生活主张——创意制造欢乐,文化提升娱乐!

欢乐谷是中国首个自主创新的主题公园连锁品牌。我们知道,主题公园是为了满足旅游者多样化休闲娱乐需求和选择而建造的一种具有创意性游园线索和策划性活动方式的现代旅游目的地形态。世界著名的“迪士尼乐园”、美国好莱坞的“环球影城”都是各具特色的主题公园,创造了非凡的商业价值。北京欢乐谷之所以成为北京文化创意产业的代表,是因为它将文化、文明等符号元素化解为时尚、动感的旅游项目,通过融合主题景观、游乐设备、艺术表演、节庆活动等为一体的游园方式,把游客对设备的乘骑娱乐融入故事与文化体验之中,营造出远离现实世界的“欢乐、梦想”的情景感受,从而以全方位的文化产品和服务满足了游客多层次的娱乐休闲需求(见图1-6)。

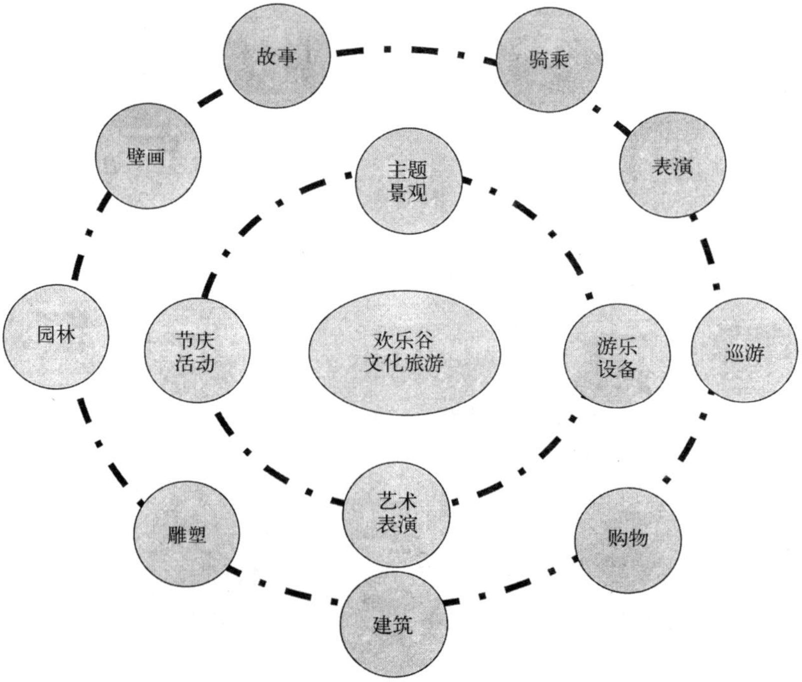

图1-6　北京欢乐谷主题文化旅游星系图

北京欢乐谷的文化价值，体现在其对世界文明的深刻理解，体现在其对景点文明与现代时尚的巧妙组合，体现在其对大众文化娱乐需求的准确把握。[1]作为北京文化创意产业基地的北京欢乐谷，集聚了创意创作人才、创意经营人才和创意引领人才的综合资源，从会聚全球智慧的规划创意出发，进行形态各异的表演艺术创作，广邀各路专家学者对主题文化进行塑造，经营、策划各种文化交流和展示活动，围绕着文化旅游的核心价值，将欢乐谷打造成一个永不落幕的文化盛会。

走进北京欢乐谷，去感受一个多姿多彩的地球生态环境与地域文化；走进人生大舞台，去感悟一番博大精深的中国文化与源远流长的世界文明之间的对话与融合，文化旅游收获的何止是一份欢乐和梦想，更是一份沉甸甸的哲学思考和对世事的感悟。盛世欢歌！当创意与欢乐共舞之时，也必将是中国和平崛起、与世界和谐共处之际！

【相关链接】

* 欢乐谷：http://bj.happyvalley.com.cn.
* 北京欢乐谷：http://www.beijinghuanlegu.com.

【案例】

走在时尚前沿的斯沃琪品牌

“瑞士制造”是世界钟表的最高荣誉，也一直被认为是高端、精细和天价的代名词。但瑞士钟表公司斯沃琪(Swatch)品牌压缩出了比世界上其他任何钟表公司低30%的成本，从而获得了更多的市场和利润。作为新锐、时尚的瑞士手表，Swatch品牌拥有大批忠实的粉丝，从20世纪七八十年代到现在，Swatch品牌在世界各地中低端手表市场上

[1] 李宇红，白庆祥. 文化创意经典案例教程[M]. 北京：中国经济出版社，2008：179.

的销售业绩节节攀升，在腕中的“方寸”之中开创了一片蓝海。

作为全球首款塑胶腕表的发明者，Swatch品牌在第一款原创腕表成功诞生25周年之际，再次推出引领时尚潮流的全新腕表系列，让全球喜爱Swatch品牌的超级拥趸们一同庆贺这一令整个世界为之惊喜的时刻！

瑞士手表曾一度占据世界手表市场的绝大部分。但20世纪70年代，由于美国、日本、中国香港廉价手表的崛起，使得瑞士表领地损失惨重，只能踞守在劳力士、浪琴等名牌高档珠宝手表市场。

25年前，Swatch品牌以瑞士品质的精湛制表工艺，结合新锐的设计与卓越的技术，首度将塑胶与腕表结合，推出Swatch品牌原创腕表。这个创造成就斐然，风靡一时，使得Swatch品牌在全球一跃成为“时尚劲酷”和“型人装备”的代名词。Swatch品牌重塑了作为世界最大、最富有情感与激情的瑞士手表公司的品牌形象，定价从40美元到100美元的手表，通过差异化营销，弱化了手表的功能价值，而提升了手表作为时尚符号和个性主张的观念价值。

每一阶段，Swatch的品牌推广始终走在时尚前沿。2006年，Swatch品牌与潘玮柏共同引领时尚、音乐新潮流；2007年，Swatch品牌点燃“舞动萨尔萨”的激情，最新上市的全新Swatch品牌2007春夏时尚系列推出五个紧跟时代潮流的时尚主题，让消费者感受到前所未有的时尚与激情。同时，Swatch Bijoux春夏首饰系列通过不同材质、工艺与颜色的组合，呈现出无限的魅力和创意；2008年，Swatch品牌又推出北京2008奥运纪念腕表珍藏系列，以中国传统文化与艺术精髓为灵感，结合奥林匹克理想的诉求，运用Swatch品牌国际时尚最前沿的设计触觉，全新推出两款延续人文特质和优雅品味的腕表，完美诠释出辉煌的艺术韵味与民族的荣耀。

今天，Swatch品牌不断推陈出新，再次彰显迈向未来的时尚精神与新锐勇气！

【案例点评】

方寸之中的蓝海

作为商业战略,蓝海战略是在运作层面上讨论一个企业的商业模式。蓝海战略必须满足四种基本主张。[1]第一,价值主张,也就是所谓的买方效用,即提供的产品和服务能够为消费者提供怎样前所未有的价值。第二,价格主张,也就是战略定价,即把价格定在什么样的范围内才能真正抓住整个市场的主体。第三,成本主张,也就是狭义的商业模式,是企业如何控制成本可持续地提供产品和服务而获利。第四,流程和人员主张,涉及战略执行。蓝海战略的整体就是协调价值、价格、人员、流程的系统工程。

Swatch 手表的蓝海战略可阐述为图 1 - 7 所示的路径。

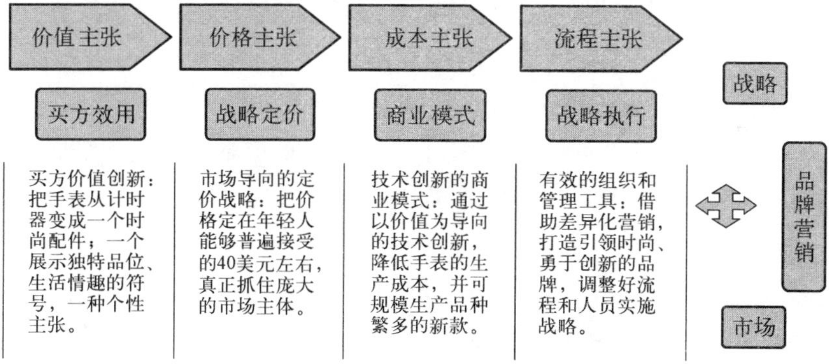

图 1 - 7　Swatch 手表——蓝海战略路径图

第一步,从买方效用开始追求价值创新。手表过去是以功能为主导,是功能导向的产品,它主要的作用就是计时。但是,Swatch 品牌跨越产品的功能和情感导向寻求买方效用,把手表从一个计时的工具变成一个时尚的配件,这就是 Swatch 手表在买方价值的创新。

[1] 吉宓. 商业模式与蓝海战略[J]. 商界评论,2007(10).

正如Swatch中国区品牌经理Olivier Trolle所描述的："Swatch品牌一直是时尚类手表的设计引领者，我们提供的不仅是卓越的时尚设计产品，还有Swatch式的生活方式和态度。当你拥有一块Swatch手表，它除了展示出你的独特品位，更像是一个'标志'，表露着你内心蕴含的活力、创意、快乐和对生活中美好事物的不断追求。"在选择Swatch品牌的消费者眼中，Swatch手表已成为激情四射、充满生活情趣的完美象征。[1]

第二步，就是价格主张，即确立市场导向的定价战略。如果从瑞士当时的劳动力成本出发的话，每只Swatch手表的价格可能定在80美元左右。但是Swatch品牌从市场出发进行战略定位，把价格定在40美元，这样就抓住了中低端市场的大众买方群体，同时避免了日本和中国香港模仿者的进入。确定价格的另外一个原因，是20世纪70年代来自日本和中国香港的企业凭借物美价廉和高精度的石英表席卷全球市场，给当时以手工生产为主的瑞士制表业带来巨大冲击。Swatch品牌必须确定合理的价格定位，重新赢得瑞士手表的市场份额。

第三步，是成本主张，寻找技术创新以降低成本。这是一个成功的商业模式的关键，当你有很好的买方效用，也有很好的价格主张，抓住了大众市场的价格以后，如何让企业赚到钱？Swatch品牌在战略定价的基础上，确定了它的目标成本，这其中涉及很多技术革新、技术改进，这些技术创新力图化繁为简，Swatch集团的制表工匠使用51个零部件代替了通常构成腕表的至少91个零部件，最终使塑料表成为可能，并适合批量生产，具备丰富的色彩选择。在价值创新的基础上实行的技术创新是对制表工艺一次大胆却异常成功的颠覆。经过无数次改进，最终，Swatch品牌成功地把它的手表生产成本降到了较低的水准，从而使它能够获得足够的利润。

---

[1] 经典时光，时尚再现——Swatch"60经典时光". 中国钟表网: [2008-01-12]. http://cncw.org/2008/0112/swatch-2008-spring-new-watches.

第四步，是流程和人员主张，借助差异化营销打造品牌。Swatch 品牌运用有效的组织和管理工具，调整好流程和人员，使其战略得以实施。Swatch 手表作为中低端的手表产品，借助差异化营销手段，不断强化 Swatch 手表展现自我个性的生活主张，从而在规模庞大的年轻人市场中占领一片巨大的蓝海。Swatch 集团中国区总裁陈素贞女士曾表示："Swatch 品牌一贯秉承引领时尚、勇敢创新的品牌特点，手表的不同设计展现了现代年轻人的不同创意和展现自我独特个性的方式。Swatch 始终关注时尚、音乐、艺术、运动各方面流行趋势，让年轻人的听觉与视觉永远都有新鲜感。"[1]

腕中方寸，变幻莫测，却同样能折射出商界的成功之道！

【相关链接】

* Swatch 手表官方网站：http://www.52swatch.com/.
* Swatch China：http://www.swatch.com.cn/.

【案例】

一张"超前+超酷"的大学专业课程表

向左？向右！——中国传媒大学创意人才的培养之路

创意时代最大的特色是创意，创意离不开高水平的创意人才。创意人才是创意时代的智力源泉和发展动力，缺少创意人才，创意产业就成了"无源之水，无本之木"。在创意产业的发展过程中，创新人才匮乏已成为主要瓶颈之一，目前发展我国文化创意产业最缺乏的就是既通晓文化创意产业内容、又擅长经营管理的复合型高级人才。那么，创意哪里来？人才如何培养？

人才有赖于教育，高等院校输送的人才是创意人才群体的主要支

[1] 引领时尚音乐新潮流：龙虎网讯.[2005-09-19].http://www.news.longhoo.net.

柱。随着创意产业发展进程的不断深入,大学对于社会经济的发展会起到越来越大的推动作用。中国传媒大学创意导向专业课程设置引起了业内关注,它不仅以其“超前+超酷”的课程吸引着充满热情、富有创意的莘莘学子,而且以其紧扣时代脉搏、鲜明的特色培养方式,显示了高校在探索创意人才教育上的创新突破。

让我们来看一下中国传媒大学专业目录上的部分专业设置。

专业课程一:媒体创意——请让我的右脑开始张扬

媒体运作往往要靠创意制胜,尤其是在这个被信息充斥的时代。几乎没有谁能够叫嚣独家题材——漫天宣扬的都是雷同信息,一不小心就会走向被同质化的困境。今天的媒体人,不再拼尽全力找噱头,而是更多地转向对信息的再加工:找气质、找风格、找最独特的视角、找最亮眼的卖点。可以说,作为产业链条的起始,特别企划是媒体良性运作的关键,创意是这一切的核心。媒体的视听多元化,决定了媒体中的创意思维必然是一种立体化的综合思维。只有同时具备艺术思维、形象思维、技术思维,才能很好地适应媒体语言的多样性。所以,媒体创意专业的业务要求涵盖面很广:既要学生通晓美学、艺术以及大众文化领域的基本知识;又要掌握创新思维原理,并能够成功地移植、应用到现代传媒领域;同时还要懂得传播规律和市场规律,培养对现代传媒运营的整体性把握能力。

2004年11月,中国传媒大学媒体创意专业委员会正式成立,教学体系的建构一步步走向成熟,核心教材书目逐步编写完成,各种实践活动已经融入教学中,成为一种特色和要求。规划中,媒体创意专业将办成本硕连读,从而培养出成熟的媒体创意人,他们将在媒体的大舞台上,张扬右脑的魅力,尽显个性,成为未来的创意先锋。

专业课程二:国际文化贸易——做中国的“Cultural Rainmaker”

我国文化产品及服务的出口增幅远远落后于国家对外贸易的总体增幅,文化贸易存在的巨大逆差与我国源远流长的深厚历史文化积淀不相匹配。为此,党和政府确定了文化产品“走出去”的政策,提出大力发展涉外文化产业，积极参与国际文化竞争。所以，对外文化贸易人才培养已十分紧迫。

2005年，中国传媒大学国际经济与贸易专业（国际文化贸易方向）开始招生，这样的专业方向设置在国内尚属首创，可以说是为我国文化贸易人才的正规化培养开了先河，同时，文化贸易（方向）的硕士点和博士点开始招生。国际文化贸易专业以国际经济与贸易为学科依托，除了经济学基础课程外，所学专业课程还涉及版权贸易、影视贸易、演出服务贸易等领域，另外国际文化贸易实务和专业英语也是课程体系的重点。值得一提的是，2005年12月29日，“国家对外文化贸易理论研究基地”在中国传媒大学揭牌。该基地是文化部外联局为促进中国对外文化贸易理论研究而设立的、国内第一家以国际文化贸易为主要研究对象的专业研究机构，已经开始承担国家、相关部委局的重大研究课题和人才培训工作。

Cultural Rainmaker（文化造雨人），他们能够洞悉中国文化的独特魅力和巨大价值、了解文化产业的发展特点和运行机制、熟悉通行的国际文化贸易规则，他们在文化产品的全球化输出和输入过程中发挥桥梁作用，能够在市场化运作中取得利润并且提高我国文化的影响力和竞争力——这便是国际文化贸易人才追求的目标。中国对外文化贸易的“旱地”，正期盼着Cultural Rainmaker带来酣畅甜美的甘霖，从此草木葱茏，繁荣兴盛。

专业课程三：文化产业管理——艺术热忱、运营能力和责任感

中国传媒大学媒体管理学院目前开设的艺术类管理专业是文化产业管理专业，分为制片管理和文化经纪两个方向，每年面向全国招收学生60人。这两个方向的设置在前一年是通才培养，第三个学期由学生自愿选择其中的一个专业方向，进入分方向的专业学习。

1. 制片管理方向——重在培养影视制片人

制片人是什么？简单地说，他们要负责统筹指挥影片的筹备和投产，根据拍摄实际改动剧本情节，还要在决定导演和主要演员的工作中

担当重任。在中国传媒大学制片管理方向的教学规划中，这样诠释其专业内涵——他们要具备良好的管理能力，敏锐的商业智慧，还要有专业的艺术文化修养，能够把握文化产品的创作规律，并且充满艺术热情。

据说，在美国纽约大学的电影学院，学习导演需要五年，而制片人专业的学习不是四年，也不是八年，而是十年！对于制片人的高素质要求可见一斑。四年的大学学习只是培养了影视制片人必须具备的职业基本素质和能力，大部分学生不可能马上成为一名真正的制片人。所以，为了使本科毕业生具备多样的就业选择，中国传媒大学的制片管理方向的学生在校期间要掌握人文基础、影视制作、媒体管理、经济学、法律学五大类知识体系，还要学会熟练运用影视拍摄、剪辑等专业设备。丰厚的知识积累和实战能力的锻炼，使得制片管理方向的毕业生能够胜任节目制作、编排、研发、销售等多项工作，从而在工作中脱颖而出，逐渐成为职业的影视制片人。

2. 文化经纪方向——致力于培养文化经纪人

文化经纪人是适应中国文化产业市场迅速发展的需要而产生的现代新型职业，为文化艺术市场的发展提供资讯、策划、信息对接、代理、组织承办等服务。经纪人是文化产业链条中的重要环节，而相关从业人员的匮乏越来越成为制约产业发展的瓶颈。甚至有学者认为，从北京文化市场的发育程度看，经纪人人才需求缺口在50%以上。对于文化经纪行业合格人才稀缺的现状，中国传媒大学在创立文化经纪方向之初就明确了定位：立足于中国传媒这个极其重要的文化产业舞台，为发展和繁荣中国传媒产业培养高级专门人才。

文化产业不是一般物化商品的运作，而是一种文化的传播，经纪人的职责绝不仅仅是攫取利润，他们更需要对文化和艺术的满腔热忱和责任感。把文化经纪人职业素质和艺术人格的培养作为教学的重要一环，正说明中国传媒大学对于人才培养的人性化特点和净化媒介环境的负责态度。

文化经纪方向强调多学科知识的整合与创新，在专业知识方面有两大核心：文化艺术和经营管理。同时，教学中更加强调智慧和能力，重实践、重策划、重包装、重合作等诸多环节。文化经纪的未来精英们，正以策划实践为手段，感受丰富的文化演艺活动，为将来跨入职业门槛积蓄力量；相关的老师和教授们正致力于构建以案例为主的教学模式，与有关影视基地和经纪公司合作，为本专业选择一批教学实习基地，帮助同学们掌握艺术和商业结合的理念。

【案例分析】

创新教育点亮创意未来

发展创意产业的重要条件是具备发展要素，而创意产业的关键要素是具备综合素质的创意人才。我国的创意产业不仅缺少原创人才，尤其缺少创意生产的引导者和创意产品的经营者，即缺少擅长将创意产品产业化和市场化的经营人才，缺少让创意最终转化为价值的推动力量。这直接导致了我们在创意产品的推广、衍生产业的发展、品牌的建立、价值的挖掘等方面都还很不理想。

创意产业的人才链是由内容创意人才、创意经营人才、创意引领人才构成的。由于创意产业对人才的需求是多方面的，人才的培养和开发也就需要根据产业链上人才的不同特点，采取针对性的培养方式。中国传媒大学是我国传媒领域的最高学府，是创意产业重要的人才培养基地，其学科设置、培养模式和育人理念为培养多层次创意人才提供了一种教学思路，值得研究和借鉴。

创意可以复制，资金可以借贷，而人才千金难求。针对培养复合型创意人才的目标，中国传媒大学在专业设置上，紧贴行业前沿，紧密结合产业特点和市场需求，如传媒创意、国际文化贸易、文化产业管理都是当前急需高端人才的产业领域，高校本科、硕士、博士的三级培养机制输送的创意人才，有效填补了创意产业迅速发展带来的需求缺口。

中国传媒大学在教育实践中以创意的教学理念为先导，探索着创意经济时代人才培养的新模式。

理念一："内容为王，创意为魂"，培养高素质的创意人才

中国传媒大学自创建之初即提出"厚基础、重实践"的人才培养理念，这是大传媒行业实践性、应用性强的特点对高校人才培养提出的客观要求。学校全方位搭建开放性实践平台，使学生在传媒工作的真实情境中学知识、长才干，为学生创新能力的培养提供充足的锻炼空间。

学校为学生提供了多种形式的实习基地和实践平台，包括高度仿真的校内"虚拟传媒工作环境"以及"传媒大舞台"，将实践作为校园与传媒业界沟通联系的重要渠道，而74家校外实习基地成为学生锻炼、实践的一线战场。

处处为学的大课堂教学模式，是将校园作为一个融物理空间、信息网络空间和精神文化空间于一体的育人大课堂，是全员、全方位、全过程、全空间育人的充分体现。与传统的校园育人模式相比，校园大课堂打破了传统意义上的课堂教学（第一课堂）与课外活动（第二课堂）的界限，将第一课堂与第二课堂有机地融为一体。校园大课堂理念促进了学校创新育人模式，帮助学生在课外学习和实践活动中巩固、深化课堂所学知识，发展个性，提高实践能力、创新能力和综合素质。

校园大课堂和深入业界的实践锻炼成为培养创意人才链中"创意的生产者"的有效途径。创意的生产者也就是内容创意人才、原创人员，创意的生产者是文化内容的提供者，既包括艺术家、设计师，也包括广泛的"草根"力量，只要能够为创意企业提供有价值的文化内容，就可以被看做是创意的生产者。内容创意的生产者位于创意产业价值链的高端，在任何情况下都是控制整个链条的关键环节。学生在校期间就在真实社会中得到实践锻炼，能够促进他们开拓性思维的培养，为今后顺利适应工作环境、发挥创意与才能打下良好的基础。

理念二：产、学、研紧密结合，多渠道锻造创意产业经营管理人才

中国传媒大学利用丰富的创意学科资源，发挥媒体管理学院经济

学和管理学的跨学科优势，以文化产业、传媒经济与管理为核心，多学科交叉融合，专业建设实现了大传媒领域新闻、艺术、技术、管理的交叉渗透，对制作、管理、经营、研究等不同人才层次进行针对性教育。这种学科专业格局既有利于培养出符合社会实践需要的新兴专业人才，又有利于培养具有综合素质的复合型创新人才，为全国传媒产业、文化产业和社会经济发展不断输送具有创新精神和实践能力的高级经营管理人才。

中国传媒大学文化产业研究中心的"一网一刊"是人们了解创意产业动态的一个窗口，也是学生进行创意产业经营管理实践的两大阵营。"文化创意产业网"是文化产业研究中心的门户网站，自创办以来，主办过许多大型文化创意产业活动。网站及时发布杂志内容信息，并推出信息量更大的专题服务平台和互动交流平台，2007 年获得教育部组织评选的"全国十佳学术网站"称号。事实上，网站本身就是一个优秀的创意产品，在网站的策划、运营和维护中，大部分工作由学生团队完成。而《文化创意产业参考》杂志又是另一个锻炼平台，杂志内容紧贴文化创意产业实践，编辑、记者、发行团队中的学生群体担当重任，策划版面、文章采写以及刊物运营的各个环节都由学生在老师的指导下完成，这样的锻炼，让学生们储备了文化创意产业相关知识，增进了对文化创意行业各门类的具体经营活动的了解。

依托产、学、研相结合机制，中国传媒大学文化产业研究中心还广泛地与政界、产业界紧密结合，通过管理政策研究、相关课题研究、产业现状调查、直接进入产业界进行管理经营实践，让未来的创意人才能直观地学习到专业经营管理知识，从而将高校打造成培养复合型创意人才的第一基站。

创意产品的经营者是推动文化创意产业化的关键力量。他们不仅要精通经营之道，而且还要能够深刻认识创意产品的文化属性和商品属性，掌握文化创意产业发展规律，他们是既通晓创意产业内容、又擅长经营的专门人才。中国传媒大学文化产业研究中心项目培训部通过项目洽谈与执行、培训策划与组织、大型活动策划运营、影视作品的策划制作营销等实践活动，增强参与者的组织、策划、协调和经营管理能力，使学生团队的综合素质得到极大的锻炼，在这个历练过程中，学生们以创意、自信和策划组织能力武装好自己，迎接创意时代的各种挑战！

理念三："学用相长"的研究生层次培养特色，增强高学历人才的学术能力和知识转化水平

针对研究生学历层次的培养特点，中国传媒大学特别注重对研究生自主理论研究与知识转化能力的培养。广告设计、动画制作、影视、电视等专业研究生实行毕业论文与毕业作品双重考核制度，同时，学校部分科研机构专门为研究生学历学生提供兼职岗位，与导师一起进行科研和项目开发工作，成为创意智库的重要资源。这些项目和课题既是理论指导实践的典范，也是文化产业理论研究的重要论据和观点支撑，真正实现了理论研究指导实践的目的，对培养"创意引导人才"具有很好的促进作用。

对于创意生产的引导者来说，首先是要培养他们的市场意识和对文化创意产品的敏感性。创意引导人才是走在产业前沿的开拓者、创意资源的整合者，他们在创意活动的策划组织中，以及创意产品的开发运作中，不仅需要有创意的逻辑思维、通晓创意产业的经营理念，还要具备跨行业、跨文化、跨媒体的市场运作能力，以此来激发创意产品的诞生，激活创意商品的价值。因此，宽阔的行业视野、深厚的学术积淀、驾驭社会资源的管理能力是未来"创意引导者"的基本素质。"勤于思而敏于行"的学术素养，离不开前沿思想的激荡和社会实践的探索，而引导文化创意产业理论和集聚高端创意资源的高等院校就是这样一个能够孕育"创意先锋"的环境。

中国传媒大学主动打破校门局限，为社会创意领袖、企业创意精英和校园的创意才子打造了一个拓宽网络、经验分享和思想碰撞的交流平台。文化产业研究中心定期组织策划文化产业主题活动和文化产业

系列学术论坛，广邀国内外产、学、研各界人士参与，对产业发展起到了推动作用。在这个过程中，中心兼职科研学生获得了广泛的交流机会与成长空间，催化了研究型学生、引导型人才的培养深造。这种“学用相长”的高层次研究型人才教育方式，为传媒界、创意产业领域培养了大批既有一定的科研实力，又注意科研成果实用价值和转化结果的思想引领者。

约翰·霍金斯认为：“教育是创意经济中最为重要的要素。一个国家的教育水准，与这个国家的创意经济的规模和力度有着高度的相关性。”他还说：“创意人士学习无止境。就像一辆汽车没有燃油就会停下来一样，如果创意人士停止了学习，他们就无法活了。‘学习力’是一项有益原则，它是创意经济的特点，也是创意人的特征。”可见，创意人才的培养将从在校学习改变为终生学习、全员学习。高等院校是一个输送创意人才的重要培育基地，但创意人才的成长还有待于在实战中磨砺，创意阶层的形成还要依赖于宽容的多元文化和宽松的社会环境。

培养文化创意产业人才要靠多方的共同努力，因此，擅用政府扶持、企业培训、高校培养和民间教育等各种社会力量来开拓创意教育资源，将有助于走出一条文化创意人才培养的创新之路来，它将点燃创意火炬，照亮中国迈向创意经济的朝阳之途！

【相关链接】

* 中国传媒大学文化产业研究中心：http：//www. cci. cuc. edu. cn.

第二章　创意产业改变经济发展方式

从1978年到2008年,中国改革开放经历了30年历史性的飞跃发展,中国经济取得巨大的进步,引起全世界的关注。2001年中国加入WTO之后,全球一体化趋势为中国带来了国内、国际市场的扩大,中国在全球产业链的重新配置过程中获得了前所未有的发展机会。

2007年党的十七大提出转变经济发展模式,实现三个转变,即"由主要依靠投资、出口拉动向依靠消费、投资、出口协调拉动转变,由主要依靠第二产业带动向依靠第一、第二、第三产业协调带动转变,由主要依靠增加物质资源消耗向主要依靠技术进步、劳动力素质提高、管理创新转变"。由转变经济增长方式到转变经济发展方式,不仅仅是两个字的改变,而是包含了更加丰富的内容,转变经济发展方式不仅要继续保持量的增长,更要注重质的提升,坚持好字当头,好中求快,努力实现速度、质量、效益相协调,消费、投资、出口相协调,人口、资源、环境相协调,真正做到又好又快地发展。

推动经济发展的"三驾马车"中,出口驱动和投资驱动模式在过去几年起到了积极作用,但消费驱动还是经济增长的短腿。由美国次贷危机引起的美国金融危机和全球经济衰退,复杂的国际环境和趋缓的国内经济让中国面临重重压力。要想保持经济的持续增长,刺激内需的增长,特别是加大对文化娱乐的消费,是中国经济模式发生根本性转型的重要驱动力之一。摩根斯坦利的经济分析人士认为,中国的经济增长循环已经被拉得很长了,现在中国最需要的是经济软着陆。

在创意经济背景下，创意产业在实践中显示了其强大的生命力和巨大的发展空间，成为世界各个发达国家极力推崇和大力发展的产业部门。一方面，这与创意产业能够为社会创造可观的经济收益密切相关，另一方面也与创意产业具有改变现有经济发展模式的强大功能紧密联系，体现了经济发展的耦合性、关联性、价值性和人文性的统一。

本章重点阐述基于时间和智慧价值提高的创意产业成为开辟经济增长的新源泉，以及创意产业促进经济发展方式转变的四大模式，即资源转换模式、价值提升模式、结构优化模式、市场扩张模式。

第一节　创意产业开辟经济增长新源泉

从经济学角度看，经济增长需要依靠各种要素的投入，不同的发展阶段经济增长的方式各不相同。一般而言，较为落后的经济发展阶段，经济增长主要依赖于土地、劳动、资本的投入，其主要特征是规模的扩张，属于粗放式的经济增长方式；较为发达的经济发展阶段，经济增长主要依赖于技术进步和制度创新，其主要特征是效益的最大化，属于集约型的经济增长方式。显而易见，转变经济增长方式，其实质就是转变经济增长所依赖的要素和实现的途径与手段。

一、文化创意资本——现代经济增长方式第五次转型中的主导要素

综观国内外经济发展的实践，我们可以清晰地看到经济增长方式在主导要素的演进与升级的变迁中不断地转型。在工业化国家中，现代经济增长方式经历了五次大的转型（见表2－1），从主导驱动要素的变化来看，由18世纪的投资驱动到20世纪中期的技术驱动，再从20世纪的信息、知识驱动到21世纪的文化创意驱动，驱动经济发展主导要素的结构发生了重大变化，文化创意成为现代经济增长和转型的主导要素。

表 2-1　发达国家现代经济增长的五次转型

经济增长转型	时　　间	社会经济形态	驱动要素	主导要素的演进
第一次	18 世纪中期	工业经济初期	投资	土地、初级劳动→资金
第二次	19 世纪后期到 20 世纪中期	工业经济	技术	资金→技术
第三次	20 世纪 50 年代到 20 世纪 80 年代	信息经济	信息	技术→信息
第四次	20 世纪 80 年代至 20 世纪 90 年代	知识经济	知识	信息→知识
第五次	20 世纪末至今	创意经济	创意	知识→文化创意

同样,在学术理论界,20 世纪 90 年代文化资本理论的兴起及其与经济增长方式转变的关系备受关注,如今正在成为西方经济学界热烈讨论的一个主题,引起了来自经济学界、社会学界和自然科学界等学者的共鸣。1989 年法国的布迪厄在其著名的《资本的形式》[1]中第一次完整地提出了文化资本理论。他从积累性角度引入资本的概念,认为资本可以表现为经济资本、文化资本和社会资本三种基本的类型,在某种条件下,文化资本和社会资本可以转换成经济资本,成为推动经济增长的力量。国际文化经济学会前主席、澳大利亚学者 David Throsby[2]认为经济发展有四种资本:物质资本、人力资本、自然资本和文化资本,他指出,在经济增长模式中,那种包含文化资本在内的生产功能能够增强其不同形式资本之间的相互替代性。美国约克大学生物医药工

[1] Bourdieu, Pierre. The Forms of Capital"[J]// A　H　Halsey, H　Lauder, P　Brown & A　Stuart Wells.

[2] David Throsby. Cultural Capital[J]. Journal of Cultural Economics, 1999(23): 3-12.

程学教授 Joseph E. Doherty[1]则从全球化的角度阐述了文化资本的意义，他认为："今天，以各种维度——政治的、经济的、社会的、环境的和安全的展开的全球拓展中，文化资本是必备的。看来，是开发、利用文化资本的时候了。"

二、文化创意产业——经济增长的第四来源

诺贝尔经济学奖获得者库兹涅茨认为，现代经济增长和早期经济增长不同的地方就在于它主要靠效率提高。著名经济学家吴敬琏[2]认为现代经济增长提高效率的主要源泉有三点：第一，基于科学技术的广泛应用。科学技术能够提高资源效率，降低生产成本。第二，服务业的迅速发展。服务业能够提高生产效率，降低交易成本。第三，现代信息通信技术对各个部门的改造。信息技术能够提高协作效率，降低运营成本。

在全球知识经济背景下，除了提高效率，经济增长的来源还有第四个方面，即文化创意产业。在世界各发达国家经济增长模式最新变革的实践中，我们不难发现"文化"的核心作用和地位，人们不再追求对资源、能源和产品的更大消费，而追求时间和智慧的价值，即"知识价值"的大量消费，消费者对时间效能的极力追捧，对智慧含量的无限苛求，为现代经济的发展打开了巨大的市场空间，也直接催生了经济发展方式的第五次转型——创意经济。

创意产业的发展特征是通过对各个产业的渗透、融合和优化，改变了产品的观念价值，[3]在创造新资本和新市场的同时，也满足了人们对时间和知识价值的追求。因此，如果说驱动当代经济发展前三个主要

[1] Joseph E. Doherty: Cultural Capital For A Global Venture, INSPRA Working Paper, August 1997, Bad Bergzabern, pp. 1 - 10.

[2] 吴敬琏. 现代经济增长三大源泉[EB/OL]. http://www.cfuu.com/Html/wl/2006-8/15/150429891_3.html.

[3] 厉无畏. 文化资本与文化竞争力[N]. 文汇报,2004 - 05 - 24.

源泉是基于效率的提高，获得了更多的空闲时间，是时间数量的概念；第四个源泉则是基于效能的提高，即在有限时间内获得了更多的“心理效用”，通俗地说就是活得更有意义，是时间质量的概念。正如美国学者沃尔夫[1]所言：“文化、娱乐——而不是那些看上去更实在的汽车制造、钢铁、金融服务业，正在迅速成为新的全球经济增长的驱动轮。”

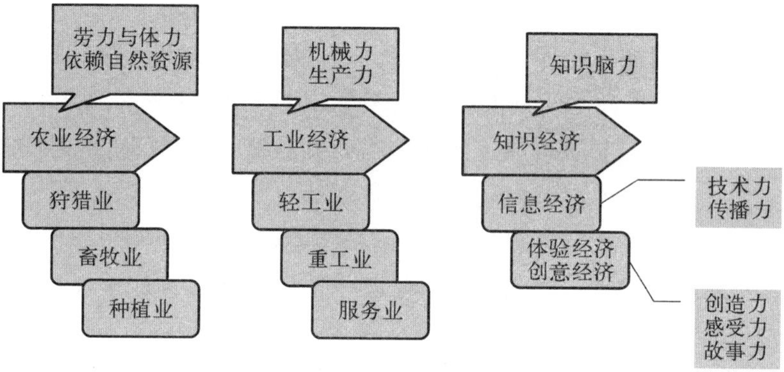

图 2－1　经济发展形态的演变阶段

资料来源：厉无畏《创意产业：转变经济发展方式的策动力》

三、创意产业——世界上最具活力的经济领域之一

联合国贸易和发展会议（贸发会议）2008 年 1 月 14 日发表公报说，创意产业已经成为世界上最具活力的经济领域之一，为经济发展提供了重要动力。创意产业涵盖的内容非常广泛，涉及传统文化、艺术、传媒、创意服务和设计等诸多方面，创意产业可以把商业、文化和技术结合起来。据联合国贸易和发展会议公布的数字，从 1996 年到 2005 年，国际创意产品和创意服务贸易总额从 2 348 亿美元增长到 4 452 亿美元；从 2000 年到 2005 年，贸易额平均每年增长 8. 7%。其中，中国表现最为突出，在这 10 年间中国内地的创意产品和服务出口从 184 亿美

[1]　米切尔·J·沃尔夫. 娱乐经济[M]. 北京：光明日报出版社，2001.

元增长到614亿美元。

经济学研究表明,当恩格尔系数下降到50%以下、人均GDP超过3 000美元时,文化消费在总消费中的份额就要超过30%—40%,文化创意产业将获得较大市场空间,成为新的经济增长点。近年来,国内的创意产业发展极其迅猛,在一些大城市迅速崛起,北京、上海、重庆、南京、杭州、成都、长沙、深圳等城市的发展速度尤其突出。创意产业在拓展资源利用空间、转变经济发展方式中发挥着重要的作用,中国由“制造立国”向“创意强国”转变的大趋势不可逆转。根据赛迪顾问调查研究的数据,2005年中国创意产业的市场规模为1 000亿元,2004年创意企业的平均利润为9.47%,这一水平已经高出行业平均利润率。2004年至2006年,利润增长率连续3年超过当年GDP增长率,充分表明创意产业在国内的朝阳性质。专家预测,2010年中国创意产业总规模将达到2 010亿元。

联合国产业组织官员乔杜里在上海参观创意产业时曾指出:在后工业化国家和发展中国家,创意产业正显示出超乎寻常的活力,每年创造出日益增加的价值丰富了社会现有的知识和文化财富。据联合国贸易和发展会议统计,2004年创意产业占全球GDP的7%,估计到2015年,这一比例将达到11%。创意产业不但在国民经济中占有举足轻重的比例,而且还成为重要的外汇收入来源,并创造了大量的就业机会,成为经济发展的引擎。

从产业发展的层面来看,资源转化、价值提升、结构优化和市场扩张模式是创意产业促进经济发展方式转变的四种典型模式。创意产业正在全球掀起一场新的产业革命,创意产业也在改变着中国,改变着产业发展模式,对推动中国经济发展方式的转变具有重要的现实意义。

第二节　以资源转化推进发展

在传统粗放型的经济发展模式中,通常要消耗大量的物质资源,特别是能源,其增长的代价是自然资源逐渐消失和环境不断恶化,因此,资源约束和资本约束成为经济发展的瓶颈。而创意产业最显著的特征是鼓励个人创造力的无穷释放,这种释放创造了新的产品和新的市场需求,冲破了传统资源的硬约束,因为通过创意能够将各种资源转化为资本经营,为经济发展打开了新的通道和空间,这是创意产业促进经济发展方式转变的特有模式。这种模式基于对资源特性的认识、人的创造力的发挥和市场的把握,在具体实践中需要经过"资源→资本→市场"的多重转化,创意产业也正是在这些转化中兴起和发展,并促进经济发展方式的转变。

一、资源的拓展

资源,是一切可被人类开发和利用的物质、能量和信息的总称,它广泛存在于自然界和人类社会中。或者说,资源就是指自然界和人类社会中一种可以用以创造物质财富和精神财富的具有一定量积累的客观存在的形态,如土地资源、矿产资源、森林资源、海洋资源、石油资源、人力资源、信息资源等。

从经济学角度看,"资源"的概念包含以下几方面的内容:

第一,资源必须是能够创造出财富或资产的各种要素的组合。这意味着只要是被用来创造财富或资产的要素,包括物质的、精神的、体制的,或者人的知识与能力,社会的资本、科技与文化等都属于资源。不管作为资源的要素,其本身是自然的产物还是人类劳动的结果,只要是用于生产过程以创造财富的要素,都属于资源范围。

第二,资源转化为财富是经过人类劳动实现的。资源是经由劳动的加工而形成可供人们满足需要的财富。就财富或资产而言,它的形成取决于两个条件:一是资源,二是劳动。这就在两个方面界定了资源的范围。一方面,只有同财富形成有关的要素才可能成为资源。另一方面,一些要素即使同财富形成有关,也须经由劳动才能创造出可供人们消费使用的资产或财富。

第三,资源是已经存在、并且有条件开发利用的各种要素的总和。资源以三种形式存在着：废弃资源,它们是一种过时的资源;现实资源,即当前有条件开发利用以及正在开发利用的资源;潜在资源,指那些目前尚无条件开发而在将来却能够被用来创造财富的种种要素,这是一种非现实资源。人类对于资源的开发利用总是受着社会历史条件的限制,对于资源的运用范围是相对确定的,每一个时代的人们所能实际利用的资源只能是它的现实形态,即现实资源。资源不仅有各种物质形态,也包括知识、经验、技术等非物质的信息形态资源。

二、创意资源的特征

相比于其他的资源类型,创意资源具有自己的独特性。

第一,创意资源是一种战略性资源。它不仅能够通过资本化、产业化改造创造出巨大的经济效益,开辟出新的巨大的就业空间;而且,它更是一个国家和民族形成、发展、成熟的记录,是一个民族共有的精神家园,支撑和维持着整个民族的生命力、创造力和凝聚力。因此,创意资源,不仅涉及经济利益,更关乎民族自立和国家战略。

第二,创意资源具有稀缺性。地理、历史等因素的不同,形成了全球众多丰富多彩、各不相同的种族和民族;而人类生产生活的多样性和发展性,也为各民族的文明创造了广阔的施展空间和表现形式;文明的形成和存在,有自己的生态系统要求,不同文明之间可以互相学习,一件文化物品也可以进行仿制,但这种再创造和再诠释却没有完全复制或"克隆"的可能性,因此,很多创意资源具有稀缺性,这是对其进行经济考虑和效益追求的前提,为其进行资本化转变和产业化经营奠定了基础。

第三,创意资源产权界定的复杂性。这主要源于以下几方面：首先,许多创意资源虽然由现代人所拥有,但却是历史遗留、先人的创造,而且创始人的具体名氏、生活场所等信息已很难考证确定;其次,大多创意资源都是群体创造的结果,即它们是多人群体在社会中交往、实践的结晶,而且这种交流和思想的碰撞往往是无形的,它对最终创意的形成可能产生过实质性、关键性的影响，但具体每个个体的贡献却难以分割和量化；最后，创意资源形成以后常常具有不同程度的公共产品特性，具有消费的非排他性。创意资源的这些特性，为它在建立排他性的私有产权时带来了困难，影响了它的市场可交易性以及资源配置的效率和所有者的收益。

创意资源的这些形式类别和特征，在创意推动资源转化时发挥着重要影响，并最终影响创意产业自身的发展。

三、资源转化模式的途径

在知识经济时代，经济发展过程中主导性资源出现了划时代的变化，亦即经济增长的主要依托力和贡献要素的根本变化——人力资源和知识成为主导资源和驱动力。当人的创造力成为主体资源，经济发展的方式也相应发生根本的转变。

资源拓展和资源转化模式促进经济发展方式转变的途径主要从三方面展开：

第一，当人的创造力成为经济增长主导资源时，资源的内涵和外延得到了更深刻和广泛的拓展，一些具有历史积淀的物质载体、一则神奇的民间传说、一些社会生活中的元素等均可纳入资源的范畴，可以加以开发和利用，成为对促进经济增长有用的资源。

第二，人通过自身主体智力资源的开发，即创意的运用，能够将各种自然和人文、有形和无形的资源有效地转化为经济发展的资本，同时促进各类资本（经济、文化和社会等）之间的相互转化，使经济发展能够更多地依靠文化资本和社会资本等软性要素的驱动，实现发展方式的转变。

第三，完全通过开发人脑这个主体资源，实现无中生有和有中生优的创意转化，用无限的创意突破有限的资源约束，促进经济增长向软驱动方式转变。这种模式最典型的是创意与科技的结合，以及创意与市场需求的结合。美国的迪士尼就是无中生有的创意典型。迪士尼在近百年的发展中，根据市场需求，不断注入创新思想和科技含量，成为世界著名的娱乐品牌，动漫、玩具、服装、家居和主题公园等系列产品不仅引导了时尚消费，带来了可观的利润，也缔造了全新的娱乐业发展模式，创造了新的市场需求。英国的《哈利·波特》系列则是有中生优的创意典型，文学创作自古就有，《哈利·波特》却成功地成为财富集聚的当代神话，小说作者J·K·罗琳从一名清贫的教师一跃成为财富可与英国女王相匹敌的女富翁，关键在于创意内容（小说）能够与现代科技紧密结合，能够与现代市场紧密结合，并进行产业化运作，衍生出系列产品，彼此间形成产业链，满足了不同层次消费者的需求，如运用高科技展示其内容的电影、DVD、游戏等数字产品及玩具、服装等日用品。据一项粗略的统计，由《哈利·波特》带动的相关产业，经济规模已经超过了2 000亿美元。

第三节　以价值提升推进发展

从某种意义上，经济发展方式的转变可以理解为相同条件下，对产业附加值的提升和观念价值的挖掘，而创意产业既是产业高附加值的来源，也是产品观念价值的创造者。价值提升模式是基于产业价值链整合和分解的视角，通过整合产业价值链，可以提升产品的附加值；通过分解产业价值链，可以提升产品的观念价值。

一、提升产业的附加值

从产业价值链整合来看，通过对产业链附加值高的环节加强投入可以有效地提高经济效益，促进增长。

微笑曲线（Smiling Curve）给出了产业链的价值分布特征，如图2－2所示，坐标的X轴是研发、制造、行销，Y轴是附加价值，所谓的微笑曲线其实就是附加价值曲线，在这条曲线中，一端是研发、设计，另一端是销售、品牌与服务，中间是加工生产。一般而言，处在两端的产业利润率在 20% 至 25% 之间，而处在中间的加工生产产业的利润只有 5%，并且随着时间的推移，这条曲线的弧度呈现加大的变化，比较图 2-2 中 20 世纪 60 至 70 年代的微笑曲线和现在的微笑曲线可见，在制造业的生产加工环节，附加值呈现逐渐下降的趋势，而研发与设计、销售、品牌与服务环节的附加值不断提升。据欧洲的一项调查表明，在工业品外观设计上投入 1 美元，将能得到 1 500 美元的回报。

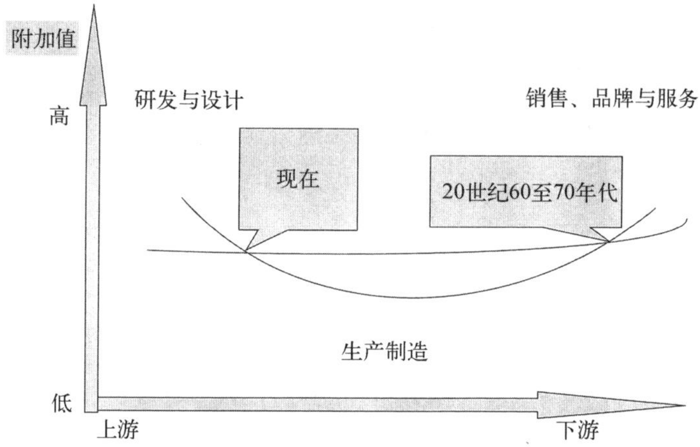

图 2-2 现代产业价值链——微笑曲线（Smiling Curve）

微笑曲线告诉我们，研发、设计、销售、品牌和服务等环节，即微笑曲线的两端是提升产业附加价值的关键环节，显然，创意产业占据了产业价值链的高端，尽管创意产业中的文化元素可以渗透到微笑曲线的每个环节，而曲线两端的则主要是由创意产业的各个部门组成，即创意产业通过提升产业的附加值改变增长方式。

二、提升产品的观念价值

从价值链分解的角度，如前所述，我们可以把商品的市场价值分解为使用价值（Function Value）和观念价值（Concept Value）两部分。当我们在走向知识经济时代时，技术交流与扩散的速度大大加快，商品日益丰富并趋向同质化，于是商品中精神性的观念价值所占比重就越来越大，人们对商品或服务中所包含的一些无形附加物，比如品位、感受、感觉、情趣、意味等则更易产生共鸣与认同，并大力追求。一般而言，观念价值创造差异化，具有巨大的利润空间，由创意决定的产品差异性，对创造高附加值的贡献，远远超过产品质量的贡献。

凯夫斯在《创意产业经济学》中也说明了这一观点，他指出，创意性产品的特性、基调、风格“独立于购买者对产品质量评估之外”，“当存在横向区别的产品以同样的价格出售时，人们的偏爱程度是不同的”，芝加哥大学商学院教授奚恺元的实证研究也表明，在人均收入3 000美元以上的地区，效用与价值的相关度下降到2%以下，即人们愿意为观念价值或效用付出比商品价值本身更多的金钱，这在日常生活中有大量的例子，例如，同一企业生产的两件T恤衫，质量、款式都一样，一件没有牌子，另一件贴上国际著名的商标，两者在市场上的价值就大不一样，前者只值30元，而后者可能值300元。这巨大差价的背后体现的是观念价值的差别，体现的是消费者主观的感受：穿着著名品牌的服装体现一定的身份、品位和时尚。

创意的本质，就是捕捉满意和快乐，创造和挖掘观念价值。创意产业的发展则能够通过观念价值的实现，使消费者的精神效用最大化。拥有幸福感和快乐感，对于提升国民的幸福感，促进经济发展从单纯追求以物为本的GDP（国内生产总值）、GNP（国民生产总值）向“以人为本”的GNH（Gross National Happiness，国民幸福总值）转变，有着十分积极和重要的意义。

在科学发展观的指导下，中国将推出幸福指数、人的全面发展指数、地区创新指数以及社会和谐指数等一些新的统计内容，以适应各方面对中国经济社会协调发展、人的全面发展以及民生、人文等方面的需求。[1]

---

① 国家统计局称将推出幸福指数等统计内容. http://news. sina. com. cn/c/2006 -09 -12/115510988808. shtml.

因此,创意产业通过价值提升,特别是观念价值的挖掘,来促进经济发展方式的转变在某种程度上是发展观的根本改变。

第四节　以结构优化推进发展

产业融合,是未来产业发展的新趋势,它加快了产业结构的优化与升级。创意产业的发展可以理解为文化、科技和经济的融合,它能够优化传统产业的产业结构,在融合、渗透中提升其能级。

创意产业对产业结构的优化大致可分为两种模式,一是对传统文化产业结构的优化,二是对传统产业结构的优化。

一、优化产业结构的机理

创意产业促进经济发展方式转变的结构优化模式是基于产业融合的视角,产业融合是经济增长的新动力,[1]产业融合发展直接促进了产业创新,在产业融合基础上形成的新产业、新产品成为经济发展的新增长点,它加快了产业结构升级的步伐,也使企业获得更多的商机和市场,从而带动了整个经济的持续繁荣。[2]

创意产业的发展可以理解为文化、科技和经济的融合发展,这种融合建立在为消费者提供高度个性化的创意产品之上,一方面需要多样性的文化资源和文化拓展消费的空间,另一方面也高度依赖现代电子信息技术手段,只有在虚拟的空间里,才能真正比较自由地实现"没有做不到,只有想不到"的个性创意境界。因此文化元素和科技手段成为创意产业优化现有经济发展结构的重要因素。

---

[1] 周振华.产业融合:经济发展及经济增长的新动力[J].中国工业经济.2003(4):46-52.

[2] 厉无畏,王慧敏.产业发展的趋势分析与理性思考[J].中国工业经济2002(4):5-11.

（一）文化元素与相关产业的融合,重塑传统产业结构

任何一种创意活动,都必须在一定的文化背景下进行,文化是创意产业促进经济发展方式转变的核心要素。一方面,文化是一种能带来巨大增值的资本,[1]具有相同使用价值和技术质量的商品,其经济价值不仅可能由于使用功能和技术质量的改进而提高,而且更会由于其附加的文化含量的不同而上升。越是具有高品质文化或具有能为多数人认同的文化的商品,就越可能拥有较高的附加价值,其实现的经济价值就越大。另一方面,文化是一个具有极强渗透力和辐射力的元素,能够与不同的产业、产业内不同的环节和产品进行"无缝嫁接",既可以形成新的产业部门,又可以与传统产业部门融合为一体。创意产业正是以文化的"利器"为新型产业模式的形成披荆斩棘,充当开路先锋,图 2－3 描绘了创意产业通过文化渗透促进产业结构优化的作用机理。

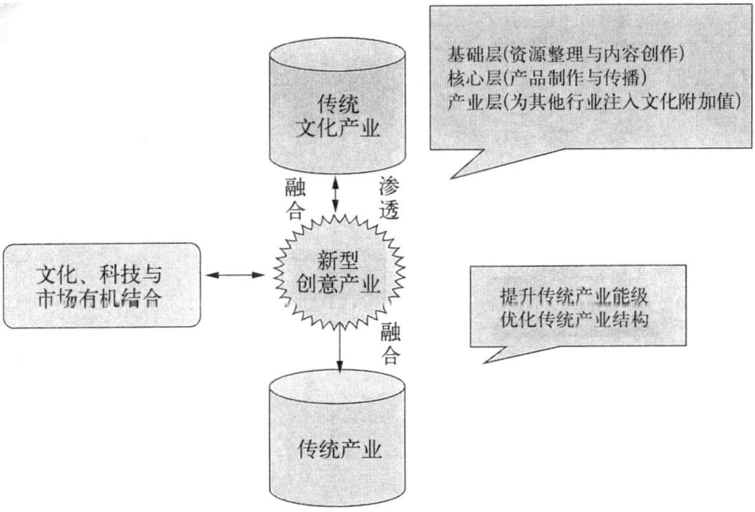

图 2－3　创意产业促进产业结构优化示意图

---

[1] 厉无畏. 文化资本与文化竞争力[N]. 文汇报,2004－05－24.

（二）科技发展改变了产业生产和销售模式，优化了传统产业结构

科技发展和进步及其在创意产业中的应用，不仅促进了产业融合，也改变了产业生产、销售模式，并优化了传统产业结构。例如，数字技术的应用，使得创意产业能与各行各业有机融合，这种融合跨越了传统产业的界限，将技术、文化、制造和服务融为一体，有利于产业链的延伸和新型产业群的生成，大大地拓展了经济发展空间，产生效益“裂变”效应。同时，由于产业界限的打破，创意产业可以利用其处于价值链高端的优势，重新组织生产、销售流程，并重塑产业结构。

二、创意产业对传统文化产业结构的优化

创意对传统文化艺术不是简单的复制，而是依靠创意人才的智慧、灵感和想象力，借助于高科技对传统文化艺术资源的再创造、再提高，可以深入到文化产业的不同层面，包括资源整理与内容创作的基础层、产品制作与传播的核心层等各个方面。

花木兰代父从军是中国的文化故事，迪士尼公司运用西方思维和高科技手段，将其制作成为动画大片《花木兰》，融汇了大量的中国古典文化元素，在西方市场受到追捧，又赢得了中国市场，带来 7 亿美元的票房收入，仅在上海的票房就达 230 万元。《三国演义》是中国四大古典名著之一，数百年来不仅在中国家喻户晓，并且受到亚洲各国人民的喜爱。日本用高科技把中国的《三国演义》做成网络游戏，同时还抢注了“三国志战记”、“三国志——驰骋沙场”、“三国志网络”、“三国志无双”、“孔明传”、“西游记”、“水浒传”、“三国志麻将”等商标，取得了巨额的利润。这些例子说明，将传统文化可资利用的资源与现代人的日常生活对接，并辅之以市场化的包装、行销策略，已被欧美、日本的成功实践证实是传统文化再生的有效形式。中国的文化遗产被国外利用、包装，中国的传统文化被国外注册成为“商标”，这些发人深省的例子时刻提醒着国人，唯有不断优化现有的文化产业结构，才能充分释放

传统文化的潜能。

三、创意产业对传统产业结构的优化

创意产业对传统产业结构的优化，包括第一产业、第二产业和第三产业。

（一）创意产业对第一产业的结构优化

在都市农业中，由于现代创意旅游的融入，农业结构发生了巨大变化，种植功能逐渐淡化，收入逐渐减少，而观光、旅游、生态功能逐渐增强。如上海鲜花港的旅游门票收入已经超过花卉销售收入。目前，我国的长三角地区已经陆续将农业旅游作为优化农业产业结构的新型道路，浙江省目前正在兴建的颇具规模的观光农业园区有30多个，观光农业已经突破以农家乐为主的零星个体经营方式，开始发展观光农业的环城区域模式，规模效益正逐渐扩大。

（二）创意产业对第二产业的结构优化

以制造业为例，创意产业中的工业设计、品牌策划、营销推广等不仅增加了制造业的附加价值，也使产业结构趋于柔性化，大大提升了企业的核心竞争力。“设计先行”成为诸多企业的优先发展战略。以三星为例，它对于设计的重视始于1993年，当年三星公司的董事长李健熙访问洛杉矶的零售商时，发现三星的产品在众多品牌之中毫不起眼，而索尼公司和其他一些公司的产品则非常抢眼。于是他命令自己的经理人员不要过分重视节省成本，而应将重点更多地放在如何制造出独一无二的产品上来。从此，三星不惜成本，走上了一条设计突围的道路，经过几年的不懈努力，美国《商业周刊》曾报道称：“三星已崛起为美国高端电视机领域最畅销的品牌。”三星以设计崛起的速度让以设计见长的索尼也感到了前所未有的压力。一贯以简洁风格风行天下的诺基亚，也开始玩起了花哨的设计，而摩托罗拉也希望倚重设计重新振兴自己在手机业的地位。如果说三星和摩托罗拉的成功之路对我们来说还存在很多难以复制的壁垒，那么海尔就是一个凭借设计崛起的本土企业的典范。海尔的成功完全是走了一条差异化竞争的策略,而这个差异化的途径其实运用的就是创新设计的手段。在海尔内部有一句话:技术创造市场,设计创造需求。海尔集团首席执行官张瑞敏先生十分重视工业设计,事实证明,多年以来优良的工业设计为海尔成功创立国际品牌起到了巨大的作用。

(三)创意产业对第三产业的结构优化

对于服务业,创意产业也同样优化了产业结构。以餐饮茶坊企业一茶一坐为例,它独特的创意发展模式,使得内部供求关系发生了变化,赢得了休闲溢价。首先,从供给的角度看,一茶一坐打破了时间段的限制。无论是近年来风靡大江南北的小肥羊,还是全聚德、东来顺等非常成功的百年餐饮老店,生意都主要集中在中午和晚上用餐时间。一茶一坐更倾向于跟纯粹餐饮业有所区隔,不把重点放在饮食上,而将餐厅定位于休闲餐厅,打破一般餐饮的时段限制,从而有机会做大餐饮的附加价值。它还借鉴麦当劳的中央厨房模式,逐步摸索出一套食品加工、保鲜储藏及还原加热的工艺流程,并在上海郊区建立了自己的中央厨房生产基地,可以为24小时车程内的餐厅配送几乎全部品种菜式的半成品。一茶一坐的需求是由供给引领的,或者说市场是被创造出来的。它的品牌形象定位为大家的客厅、一个经营生活空间的连锁店,在这里不仅吃喝要符合口味,还能看书、上网、听音乐,让朋友在温馨的氛围中自然投入于亲密交流之中。城市中具备这种功能的空间并不少,但大多被咖啡厅所占据。一茶一坐的经营者选择了茶,因为中国人更深谙饮茶之道,以茶会友是国人的传统,只有选择茶,才有机会将其文化品位做到最好,同时又把握住了市场空白点。由于提供了吃饭之外更多的文化创意附加值,与其他经营同等品质餐品的餐厅相比,一茶一坐的定价能力更强,从而赚取了高额的休闲溢价。在一茶一坐的理解里,他们提供的价值“是由物价、知价和心价组成”。出售50元的产品,物料成本只有不到30%;内部装潢、音乐等是知价,而服务就是心价。

第五节 以市场扩张推进发展

当今世界已进入品牌时代。在创意产业兴起的背景中,那些创意与文化积累,透过知识产权的生成与运用,有潜力创造财富与就业机会,并促进整体生活环境提升的活动大量出现,文化从纯艺术创作的殿堂逐步走向更宽广的大众文化,并迅速与商业接轨。为了争取市场,创意产业的主体必然走上文化创意品牌化的发展之路,即以文化创意推动品牌的建设,以品牌拓展市场。

一、文化创意缔造品牌

(一)品牌的内涵

品牌销售属于市场中的高端销售方式,市场营销的核心是交换,商品交换是市场营销活动的实质。换句话说就是商家通过出售商品来满足消费者的需求,而从中追求最大限度的自身利益。那么怎么才能获取最大的利益呢?那就要求生产商想尽一切办法使自己的产品在众多的产品中脱颖而出,走上品牌化的道路。一个好的品牌有属于它自己的文化、个性及价值,使顾客信任它,它会影响顾客的消费观及价值观,而文化创意是推进品牌建设的一把利剑。

20 世纪 90 年代以来,人们越来越青睐名牌产品。畅销世界的产品,无一例外的均为名牌产品。难怪有人惊呼:谁拥有了世界名牌,谁就拥有了整个世界!随着品牌竞争的发展,文化被推向品牌竞争的前台。透过品牌的文化力去赢得消费者和社会公众对品牌的认同和亲和力,已经成为当今市场竞争的一种深层次、高水平、智慧型的竞争。

品牌的知名度体现在广为人知,名牌的美誉程度则体现在给消费者留下的美好印象上。名牌蕴含着文化,通过广告宣传来宣扬产品的个性、价值,最重要的是要在广告中展现产品的文化,有文化附加的品牌,其价值远远超出商品本身的实际价值。品牌公司推销的不仅是商品，也包含了文化，文化可以体现公司的原则和发展目标，文化可以完善管理策略，体现产品质量和服务意识，这就要求我们的设计师不能只为设计而设计，不仅要在外在表现形式上吸引众人眼球，更重要的是要把企业的精神内涵融入其中，做到表里如一。

（二）文化创意品牌的特点

基于品牌的普遍意义，文化创意品牌与普通商品品牌具有同质性，即具有普通商业品牌所具备的一切要素。但作为支撑文化创意产业的品牌，它还具备自己独特的个性：

1. 文化创意的出发点和普通的商业品牌不同

普通商业品牌注重如何发掘和构建品牌的文化内涵，而文化创意品牌则要进一步实现文化创新，并设法使创新文化与原文化融合，以推动文化产品、文化项目的完美发展。比如动画产业的品牌打造就是一个实现文化创新的过程，首先它是内容的开发，设计和研发出前人所没有的动画文化资源；其次它是科技的应用，把新的生产力要素和科技手段引入到动画生产中；最后，它还是整合提高的过程，从产业的组合形态上提升动画业的生产关系。

2. 文化创意品牌不仅具有商业属性，还具有意识形态属性，管理难度大

一般而言，意识形态往往在发展上带有一定的滞后性和规定性，当社会已经前行，文化完全可能还在按照它既有的惯性运作一段时间。如何在运作中协调这两者的步伐，使之与时代、社会同步，最大可能地满足消费者的文化需求，是文化创意品牌运营管理过程中的最大难题。

3. 文化创意品牌的缘起与普通商业品牌也有所区别

普通商业品牌往往是从追求利益最大化出发，为了实现这种目的，需要为消费者提供更优良的服务，从而构建品牌乃至品牌文化。文化创意品牌的产生则有两种途径，一种和普通商业品牌的途径相一致，另一种是先有了一个文化概念，然后再将之品牌化、产业化、市场化。这

个文化创意概念的内核，有可能来自艺术创作、学术研究、对外交流等为主线的文化活动，也就是在学术研究、艺术创作以及对外交流中创造出文化产品，衍生出文化品牌；或者来自文化名人、名校、名社、名院的影响力；或者是民族文化、地域文化、特色文化等文化资源的历史传承等。因此，文化创意品牌更多地源自一种丰厚的文化底蕴，是这种文化的张扬与发展。

4. 文化创意品牌更注重创意，更富情感性

文化创意品牌是文化与科技的无缝衔接，比普通商业品牌更加注重性格与个性色彩，强调感情的投入，同时激发出更多的联想与想象，借助于人们的想象力，创造出一个与现实世界完全不同的、如梦如幻的世界。这也就是《哈利·波特》、迪士尼之所以让人们着迷的原因，也是它们最终获得成功的保障。创意产业是文化与科技联姻的“混血儿”，没有高科技的支撑，《哈利·波特》也就是一部普通的小说，其版权在产业链条上流动增值的效应会大打折扣。以数字信息技术革命为代表的高科技进步，为文化创意的开发、传播、消费提供了广阔的发展空间，是创意产业发展不可或缺的必要条件。典型的如迪士尼，这是世界上最著名的文化品牌之一。由于信息平台的构筑和信息技术的广泛应用，使迪士尼品牌涵盖了电影、家庭录像、视频游戏、主题公园、豪华游艇、电视台、杂志、网络公司、软件公司、儿童服饰公司、广播电台、会议中心、租售连锁、早餐食品、T恤衫、家用电器，甚至一个小镇，并在上述每一个领域都保持着强大和独特的优势。

二、文化创意推进品牌建设的模式

品牌的塑造必须明确该品牌区别于其他品牌独具优势的核心竞争力或叫核心价值。文化创意产业的核心价值，在于文化创意的生成。文化创意品牌的核心价值则要求文化产品的创作者能用承载自己体悟的作品不断引发目标市场的认同与共鸣。

就一个文化创意品牌的创立而言，大致可以概括为两类模式：

（一）传统文化的传承、诠释模式

传统文化的传承、诠释模式，就是对原有文化的挖掘，从历史的、民族的、民间的、全球的各种人文奇观中发掘出具有深厚文化内涵与底蕴的文化品牌。

中国是一个有着五千年文明历史的国家，中华民族是一个富有创新精神的民族。中华民族的祖先在长期的生产实践、社会实践及思维实践中，创造了灿烂的中华文化，形成了优秀的文化传统。它不仅成为凝聚中华民族的精神纽带和中华儿女的精神家园，而且对东方文明的形成和发展，产生了广泛而深刻的影响，对人类文明作出了重大贡献。

传统文化是进行现代创意的酵母，通常对传统文化进行品牌创意有以下两种方式：

1. 根据现代需求重新诠释本民族经典作品内容的创意产品

主要通过不同的方式再现优秀的文化作品，回顾经典，展示和传承传统文化，如以电影、音乐、多媒体、戏剧、网络等传统和现代的多种形式和渠道，再现传统历史文化精品的内容。以中国古典小说《红楼梦》为例，其内容价值随着时间的推移，不仅没有贬值，还不断创造出新的价值。从清朝时期的古典小说，到 20 世纪 80 年代前的越剧、粤剧、连环画、芭蕾舞、唱片，再到 20 世纪 90 年代后的电视剧、电影、多媒体光盘、卡拉 OK 等，直到 21 世纪的娱乐选秀活动、动漫、短信、网络游戏等，这类创意产品具有跨越历史的时间价值，是历史文化的象征，永远不会被时代所淘汰。

2. 开发全球市场中的地方资源

在经济全球化浪潮汹涌澎湃的今天，文化市场上的大量产品出现了主题、内容、风格的趋同性，文化产品和文化消费的全球化趋势不可避免，这直接导致了全球化进程中，世界性文化命题的审美标准逐渐趋于同一性。

发达国家创意产业的跨国公司，比较早地认识到了既要重视全球化的普遍文化倾向，适应全球文化市场的消费需求，又要开发各种民族文化的独特资源。古往今来，各个民族都有自己辉煌的历史和灿烂的文化，越是民族的，就越是世界的，民族的情感体验恰恰是包孕在对世界文化的关怀之中。发达国家发展文化创意产业的秘密武器之一，就是对大众熟悉的各民族历史人物和民间故事中的传奇人物、对科普教育和日常生活题材进行文化包装再现。

（二）创新开发模式

创新开发模式即创立一个前所未有的、全新的、富有现代气息和风尚的文化创意品牌。创意是一个品牌成功所必需的，创意是梦想，是基于现实的梦想。文化创意品牌完全由创意者发明，或由创意经营者创造内容价值，一般能够与现代消费观相契合。典型的如动漫及其衍生品、韩剧及其“韩流”等，通过影响人们的观念，或培养人们的偏好，实现创意产品的增值。

三、广告拓展市场的模式

作为现代传播的主要手段，广告改变了消费者的消费观念，激发了消费者潜在的消费欲望，从而拓展了创意产业的需求空间，规范创意产业的产品市场。广告发展到今天，从内容到形式与传统广告有了很大的不同。现代广告采纳和利用现代尖端技术，广泛运用各种媒体传播信息，并由专门的广告公司和人员来设计、制作，从而实现了广告产品的专业化与现代化。同时，随着时代的发展，现代广告的重心已从传统的注重广告本身，逐步转移到注重产业产品信息的传播，以及如何更快、更好地取得消费者的心理认同上。

（一）广告传播信息，刺激了消费者的消费需求

广告最基本的功能恰好是向消费者或广告受众传递企业商品和劳务的信息，并接受消费者对信息的反馈，建立沟通产、供、需联系的“桥梁”，使消费者对广告商品有所了解，以决定是否购买该产品来满足其现实生活的需求。广告的增强功能和提示功能也可以保证消费者的购买决策与触发消费者的习惯性购买行为。创意产业发展的需要与广告

自身功能的有机互补，使得广告在传播信息的同时，有效地刺激了消费者对创意产业产品的市场需求。

（二）广告改变消费观念，激发潜在的消费欲望，拓展创意产业需求空间

现代广告在传播商品信息的同时，也在潜移默化地改变人们的消费观念和价值取向，促使消费者形成新的消费偏好，从而影响人们的消费选择与决策，激发消费者潜在的消费欲望，并形成新的消费需求。实际上，在现在商品供应充足的消费社会里，大部分的消费行为都是广告在消费者消费意愿或消费倾向不明确的情况下催生的，也就是广告激活了消费者潜在的消费需求，从而拓展了产业的需求空间。

（三）广告消除信息不对称，规范创意产业产品市场

在西方经济学中，一般认为购销双方对彼此的信息越了解，往往越可使稀缺资源得到较有效配置。但在现实生活中，由于种种原因，常常使得购销双方都比对方掌握更多己方的信息，从而造成信息不对称。广告恰恰利用了自身的特点和优势，一方面可以把创意产业产品的各方面信息不断传播给消费者，同时，也会从消费者处获取反馈信息，很好地消除了市场上创意产业产品的信息不对称现象，使得市场竞争呈现良性循环态势，有效地减少或避免创意产业产品市场上劣币驱逐良币的现象。

（四）广告是传递创意产业产品质量的一个信号

由于优质经验商品会使首次体验的消费者更有可能得到满足并实施重复购买，所以优质经验商品的制造商能够支付更多的广告费用。由此，对于经验商品来说，我们可以通过广告来粗略地界定该产品的质量。[1]创意产业中，有很多产业的产品都是可以提供给消费者体验消费的经验商品，因此，我们往往可以通过广告投入来对该创意产品的质量好坏优劣作出大致判断。

---

［1］ 斯蒂芬·马丁. 高级产业经济学［M］. 上海：上海财经大学出版社，2003.

（五）广告塑造创意产业品牌

广告对创意产业品牌的塑造有很大影响，其往往通过广告宣传在消费者心目中树立对该创意产业品牌的正确认识，建立并丰富对该创意产业品牌积极的联想，同时让消费者感知该创意产业品牌产品质量和品牌价值，以此影响或改变消费者的消费理念，从而在市场中树立产业良好的品牌形象，推动产业的品牌化发展，以更好地推进创意产业的市场扩展。

此外，在市场经济条件下，广告业作为整个创意产业中的一类产业，其自身的发展直接拓展了创意产业的市场空间。从某种程度上说，没有广告的支持，现行的媒介产业经营方式将无法继续，从而使得广告业在现在和未来通过带动创意产业中其他类产业的繁荣而推动整个创意产业的发展。

【案例】

穿梭于虚拟和现实之间的娱乐新体验

——Majoy 真人实景数字游戏的财富神话

由北京时代美兆数字科技有限公司自主研发的 Majoy 真人实景数字游戏（以下简称 Majoy）已经顺利完成，在北京市石景山区国际雕塑公园内与广大玩家见面。作为国内首个、世界领先的一种体验娱乐，Majoy 将突破所有传统娱乐游戏的模式，为用户呈现一种前所未有的游戏感受，同时 Majoy 将有助于石景山区的产业结构调整计划，共同打造领先的中国数字娱乐品牌。

Majoy 是在真实的社会环境中，通过数字技术、整合的通信技术、人机智能交互技术与软件技术共同构建了一个基于实景之中的游戏环境，参与者可以尝试不同的剧本和角色，与好友或陌生人一同互动。Majoy 与传统电子游戏或网络游戏的最大不同是将虚拟的环境变成了真实的环境，也就是把网络游戏搬到线下，模仿其后台数据运行，在实景中角色由玩家实际扮演。在真实中体验角色扮演游戏和互动游戏的魅力。Majoy 为参与者提供了大量的电子装备、道具，玩家借助这些物品和道具，进入 Majoy 游戏环境（幻乐城）中时，将按照系统事先设定的既定任务包中的情节，利用运营商提供的 PDA、特殊电子装备、服装以及电子化道具，通过综合运用计算机网络、移动通信、卫星定位、智能化数字终端技术，接受系统下达的各项指令，一旦完成任务将获得奖励。这种游戏更多地反映真实的社会元素，让玩家身临"戏境"，感受如电影般的角色与故事体验。

Majoy 选择在北京市石景山区落户，主要是由于石景山区定位为 CRD 首都休闲娱乐区，同时也是北京的数字娱乐产业示范基地。从政府的支持力度、产业环境和基础条件来看，都非常符合 Majoy 项目在品牌打造和落地环境上的需求。

在 Majoy 的第一个版本中已有三个任务包，分别是：宇宙虫动、大秦帝国、绝对控制。为了牢牢掌握项目的知识产权，Majoy 没有利用成熟的网络游戏，而是进行了故事原创。宇宙虫动的灵感来自俄罗斯科学家在《新科学》杂志上一篇关于宇宙的论文，有一个探究宇宙奥秘的情景，角色随机产生；大秦帝国是一个关于秦始皇的故事；而绝对控制是反恐类型。2007 年上半年，Majoy 的第一个版本正式在北京市石景山区国际雕塑公园里搭建的实景环境里运营，白领人群是主要的消费者。

Majoy 除了支持到 city 场地参加活动之外，还将引入全时互动游戏部分的概念，即参与者可以通过任意的联网方式在任意的时间连接到 Majoy 的官方网站，加入到一个不同的游戏模式中来：同样虚拟的游戏背景、故事情节，同样是由参与者扮演游戏中的人物来进行情节的发展。不同的是场地已经不再限定在 city 之内，而是放大到了玩家所在的整个城市，不必占用大量的时间，而是在日常学习工作之余，轻松地进行游戏。游戏内容将会涉及城市线索的收集、真实玩家的互动以及谜题解答和推理探案。

根据北京时代美兆数字科技有限公司的计划，运营方的赢利将主要来源于按次计算的游戏参与费用，此外游戏道具的销售也将是一个主要的赢利点，如在年轻人中最流行的cosplay装备等，如果做得好，游戏道具销售收入甚至有可能超过游戏参与收入。在Majoy的策划案中显示，通过Majoy本身，以及一系列通信、网络、传媒等增值产业形成整合的赢利模式，按照最保守的估计，未来五年，3亿元的投资通过Majoy项目能够直接创造的经济价值将不低于15亿—20亿元人民币。其他关联产业创造的价值，以及Majoy为关联产业所提供的新型娱乐机制，将为相关产业带来超过百亿元人民币的收益。

作为一种结合了多种技术手段、整合了多种产业的真人实景游戏，Majoy将会带来对中国数字娱乐产业的更多期待，也将促进中国的数字娱乐产业迈上一个新的台阶——在取得经济效益的同时，打造出中国的数字娱乐品牌。

【案例点评】

数字娱乐新主张："魔幻与快乐"共舞的Majoy

就像江南春从电梯里找到细分市场的商机，从而创新了分众传媒的广告模式；就像马云缔造了阿里巴巴电子商务的神话，给中国中小企业开启的实现财富的价值渠道；就像方兴东创造了博客(Blog)这种草根式的传播方式，改变了无数中国人的表达途径。而1983年出生的Majoy首席架构师茅侃侃给我们带来的将是什么创新突破？Majoy的创意与运作又如何契合了创意产业的发展模式？

一、Majoy＝Magic ＋ Joy！颠覆传统游戏的数字化娱乐方式

Majoy对传统游戏的一次革命，是继电视游戏、电脑游戏、网络游戏之后的一项全新数字化娱乐方式。Majoy将按照系统事先设定的既定任务包中的情节，通过综合运用计算机网络、移动通信、卫星定位、智能化数字终端技术，接受系统下达的各项指令，一旦完成任务将获得奖

励。在游戏中,PDA、手机、电脑以及大量的电子设备都被变成了游戏实景世界中的游戏设备与道具。

Majoy 的核心产品是 Majoycity,即在一个现实中的固定场地内,搭建了一个真实与虚拟相结合的游戏环境,这个区域内部的所有事物以及人物,全部都是根据游戏中的设定而存在的,而玩家作为游戏的参与者,全然投入到环境中去,根据个人的爱好扮演不同的角色,按照系统精心策划的故事情节完成整个游戏过程,通过应用 PDA、手机、电脑以及大量的电子设备等游戏实景世界中的游戏设备与道具,去完成各项任务。与网络游戏不同的是,玩家不再需要鼠标、键盘、手柄的支持,而是完全由玩家亲身实践,体验角色扮演的“线下游戏”。

Majoy 的衍生产品是全时互动游戏方式,即通过任意的联网方式在任意的时间连接到 Majoy 的官方网站,加入到一个不同的游戏模式中来的互动方式,进一步将游戏内容扩展到了现实生活当中,让玩家能够在紧张的生活之余体验到游戏的乐趣,方便与游戏中的伙伴联系,同时,让玩家对于城市周围熟悉的一切增加更多的了解与认识。

不难看出,Majoy 的创新之处在于将数字技术应用到娱乐产品中去,突破网络游戏的虚拟性限制,让玩家在真实的世界中体验一种虚拟式的互动,这种虚拟和现实无界限的整合能够加强游戏的互动性和真实感,从而开垦出游戏真人秀体验娱乐的处女地。这也刚好验证了创意产业的发展模式,即通过对故事情节、角色扮演、环境营造等文化要素的挖掘和创造,通过充分发挥人的创造力和运用知识产权,结合对互动游戏的科技创新,将游戏内容扩展到了现实生活中,满足了消费者未被满足的真实游戏体验的娱乐需求,从而避开竞争激烈的网游红海,开辟了价值创新的蓝海——线下真人游戏新市场。

二、创造力、感受力、故事力成为体验经济、创意经济的核心要素

白领消费者成为主要玩家,是因为 Majoy 从消费者的需求出发来研发产品,让产品的创造力、玩家的感受力、游戏的故事力成为 Majoy 吸引消费者的三大法宝,这也是 Majoy 在研发具有自主知识产权的核

心技术以及延伸产业链所投入的核心要素。

1. 创造力——拥有技术支持和市场前景的创意财富

Majoy 项目是在没有先例可参照的情况下，通过理念创新、技术创新和产业创新等方式，将发展创意产业的思维方式应用到传统游戏行业中，形成创意游戏的发展模式。文化创意和科技创新成为最重要的推动力，其中科技创新研发了多种复杂技术，包括研发和测试无线融合、嵌入式电子道具、PDA 嵌入式应用、后台软件任务程序控制等多项原创技术。同时，依托创意产业载体——实景环境的建造，Majoy 项目运作公司创造出一种全新的数字化娱乐产品，激发玩家的消费需求，创造出休闲娱乐的新市场。从长期看，以创意和技术研发为核心的 Majoy 可获得可观的经济收益。

2. 感受力——体验经济的软要素

在 Majoy 场地中开放的游戏模式为夺旗和寻宝，玩家在精彩的任务背景下进行相关的行动，扮演不同的游戏角色，或冲锋陷阵，为夺取更多的战地不惜任何代价；或灵活机智探寻宝藏，考验聪明才智和胆色魄力。配合酷炫另类的游戏服装道具，Majoy 这一完美的游戏方式让玩家感受到全新的体验和感受。游戏配备了完整的友好系统，让玩家在参与游戏的同时不再孤单，进行游戏时可以组成共同进退、生死与共的团队，游戏结束后还可以成为现实生活中的好朋友。

3. 故事力——角色扮演的新卖点

Majoy 提供虚拟的社会生存体验环境，以富有故事性的任务指令为贯彻游戏的线索，让整个游戏体验更具戏剧性、真实性。玩家根据自己的兴趣爱好选择想要参加的任务以及事件，可以得心应手地处理好游戏中遇到的每一个问题，更好地发挥自己的能力。Majoy 任务系统之所以在国内真人类游戏中拥有无可比拟的优势，就是因为 Majoy 游戏在创始之初就被赋予了角色扮演的概念，并在设计的过程中将这个概念融入任务系统中，形成了独特的差异化特质。

三、解码“创意新贵”成功路径：运用资源转化模式，踏上“创意—创业—创富”之路

一个23岁只有初中学历的80后创业者茅侃侃，如何在缺乏资金、社会资源有限的情况下开始了前沿创业宏图的呢？他又是如何计划用短短3—5年的时间冲刺亿万富翁的呢？

1. 敢为天下先——在风口浪尖中追求成功

成功，没有固定模式，只有不断摸索。创意产业高风险、高回报的特点，成为创意经济时代“弄潮儿”们追求财富的创业过程中必须面临的两难选择！

Majoy项目公司创始人茅侃侃可以说是个“不走寻常路”的数字新锐，虽然他只有初中文凭。9岁时他就拥有了一台自己的电脑，14岁他开始上网，在《大众软件》《互联网生活》等杂志发表文章并自行设计开发了软件“通用计算机文件加密器”；17岁那年，他花了两个月的时间，通过了当时社会上流行的微软和思科的认证，全亚洲只有两个18岁以下的人拿到了这两项认证。随后他组建了中国Linux公社网站，是网站的三位创始人之一，三年内领导中国Linux公社网站成为中国最大、最活跃的Linux技术和学习网络基地，注册会员超过25万，并推出完全由公社成员自行开发的Linux发行版：MagicLinux。

Majoy的创业点子来源于茅侃侃一次出差时收到的短信：四川移动通信欢迎您！这条很多人都会收到的短信，使他突然联想起如果将传统的电脑网络游戏或者单机游戏方式挪到现实中，把手机或者PDA之类的移动终端和各种通信方式的后台技术整合起来，不是能制造出另一种更数字化的真人实景游戏方式么？“有一天我看电影，就在想是不是可以模仿电影里的情节，例如通过我们的手机或笔记本电脑，接到某项任务，任务的核心是‘交友’，这就是实景游戏的雏形。”据说，欧洲有定位游戏，是拿短信来玩的，但是操作比较烦琐，真正通过终端在实景环境中去寻宝、解谜的在全世界都找不到，这就是Majoy的原创性和独特性。

创意产业最典型的发展模式是创意与科技的结合，创意与市场需

求的结合。通过开发人脑这个主体资源，实现无中生有和有中生优的创意转化，用无限的创意突破有限的资源约束，促进经济发展向软驱动方式转变。通过自身主体智力资源的开发，将各种自然和人文、有形和无形的资源有效地转化为产业发展的资本，同时促进各类资本（经济、文化和社会等）之间的相互转化，使经济发展能够更多地依靠文化资本和社会资本等软性要素来驱动。

创意产业是一个高风险的行业。敢为天下先，是创业成功的秘诀，同时也蕴藏着巨大的风险，开创先河的实践过程将是一个逐步被完善、逐渐被淘汰的艰险的创业之路。创意产业的新型产业形态或是商业模式往往没有固定程式可以遵循，只有在不断探索中前进、验证和得到提升。这个过程就需要社会各项资源的支持，包括资本投入、人力资源、政策扶持、公共服务、社会环境等，为创意产业提供健康成长的市场环境和社会环境。

2. 智力入股，改变传统的财富分配模式

我们不难发现，在传统经济中，劳动力、自然资源和金融资本占据经济增长的主要贡献地位，人力资本能力的发挥更多地依赖于其他资源的存在与应用，所以创业者大多是那些具有丰富经验、拥有资金实力或是掌握一定社会资源的年龄较大的成功人士。而在知识经济时代，经济发展过程中主导性资源出现了划时代的变化，也就是经济增长的主要依托力和贡献要素的根本变化，人力资源及知识成为主导资源和驱动力。当人的创造力成为主体资源，创业的资源要素就不再依赖于传统意义上的以资金入股决定财富分配的合作模式。

以 Majoy 为例，2004 年底，23 岁的茅侃侃和北京时代美兆数字科技有限公司达成协议，茅侃侃以智力入股，获取 Majoy 项目 20% 的股权，双方正式运营由茅侃侃发明的 Majoy 项目，项目整体投资预计将达到 3 亿元。通过 Majoy 游戏本身，以及一系列通信、网络、传媒等增值产业形成整合的赢利模式，按照最保守的估计，未来五年，3 亿元的投资通过 Majoy 项目能够直接创造的经济价值将不低于 15 亿—20 亿元人民币，Majoy 首席架构师兼项目 CEO 茅侃侃将有望晋升为 3 亿元身价的创富新锐。Majoy 为关联产业创造的价值，以及 Majoy 为关联产业所提供的新型娱乐机制，将为相关产业带来超过百亿元人民币的收益，Majoy 有望成为创意经济时代的又一财富神话。

创意产业最显著的特征是鼓励个人创造力的无穷释放，这种释放能够研发新技术、创造新产品和激活新的市场需求，冲破了传统资源的硬约束，因为通过创意能够将各种资源转化为经营资本，将技术和文化相结合，通过商业运作，开发市场价值以获得经济效益和社会效益，这是创意产业促进经济发展方式转变的特有模式。

3. 知识产权成为资源价值转化模式的核心要素

资源转化模式是基于对资源广泛性和动态性的认识及对人的创造力的发挥和市场的把握，在具体实践中需要经过资源→资本→市场的多重转化。

Majoy 模式就是将知识产权作为核心资源，通过转换机制化为项目的智力资本投入，以创意和技术为要素吸引投资方，形成多种合作模式，共同投资开发 Majoy 核心项目。在 Majoy 核心项目成熟之后，它又可以作为投入要素渗透到其他产业或应用领域，产生第二轮、第三轮的收益（轮次效应）。这样就非常理想地贯穿了“一项创意、多重使用”的创意产业独有的经济发展模式。从中，我们也非常清楚地认识到创意产业具有高渗透性、高增值性和高融合性的特征，是一个无边界产业，可以和各个产业进行融合、与各项资源进行嫁接，形成新的产业形态，开发出新的市场空间，从而创造出新的财富。

智本 + 资本 = Majoy 创业。北京时代美兆数字科技有限公司核心价值就是拥有完整的 Majoy 项目资源规划、服务体系规划、技术体系架构和完整的核心技术，公司的竞争优势在于其自主开发和运营 Majoy Biz-Training System（MBTS 培训系统）与 Majoy Area Game（数字实战）两个数字娱乐产品线，以及拥有该产品的全部知识产权。Majoy 项目公司首席运营官茅侃侃是一个崇尚技术为核心竞争力的年轻人，无论是 Adapter 端的软硬件设计，还是各种道具的嵌入式芯片、嵌入式程序、Majoy Engine 游戏后台引擎，还是 PDA 端的软件架构，都是由 Majoy 团队自行完成的。

Majoy 投资方是一家有着航天工业背景的国有企业，掌握了大量的自主知识产权，在电子产品硬件制造和配套软件开发方面具有强大的技术、人才和资金实力。通过嫁接 Majoy 这样的创新数字娱乐项目，传统产业中的企业将军用技术的应用延伸到民用技术领域，在 Majoy 产业链中占据着高端资源，以军用技术向数字化娱乐领域进军，成为其产业结构调整的一次尝试。随着产业融合的趋势日益加剧，过去沉睡的资源（如技术力量）将在创意的激发下不断加快其资源转换的力度和速度，成为创意产业发展过程中重要的推动力。

由于整合后的 Majoy 项目拥有核心规划、技术，越来越多的合作伙伴与他们的团队开始介入 Majoy，为这种全新理念的游戏提供各方面的资源支持，而 DELL 也是其中之一。有了这些优秀合作伙伴的支持，无论是设备供应、技术合作，还是资源拓展，Majoy 都具有极强的核心竞争力，为未来市场拓展提供了有力的支撑。

四、载体建设和政府支持有效推动 Majoy 项目的产业孵化

Majoy 项目是机制创新、体制创新的结果，北京时代美兆数字科技有限公司和北京市石景山区政府，双方跨体制进行资源整合形成项目运营公司。Majoy 需要实景模拟的支持才能完成“真人网游”，所以载体建设是将技术转化为体验产品的必要条件。如同全国各地都有创意产业园区提供空间载体集聚相关产业资源，数字娱乐产业也离不开物理载体建设，以及相关政府的支持和产业扶持，北京市石景山区政府就是这项全国首创的休闲娱乐方式的背后推手。石景山区定位为 CRD 首都休闲娱乐区，同时是北京的数字娱乐产业示范基地，对创意型体验娱乐项目非常支持，石景山国际雕塑公园提供了约 20 万平方米的场地和配套资源，促成 Majoy 项目落户在石景山休闲娱乐区内，为这项尚处于萌芽状态、前途未卜的创意项目提供孵化职能。

石景山国际雕塑公园作为空间载体，不仅有 Majoy 为大家提供的高科技设施，也有充满艺术感的雕塑作为掩体，还有高低缓急的地势环境，让消费者在游戏体验的过程中获得前所未有的满足感。由于石景山区政府的大力支持和推介，2006 年 12 月，Majoy 荣获 2006 年度中国游戏行业金手指奖最佳创新游戏。2007 年 7 月，北京市科委认定 Majoy 为北京市 2007—2008 年重大科技项目，由北京市科委推荐申请国家“十一五”期间的 863 计划项目及创意文化产业项目。北京市石景山区在为创意产业提供孵化职能的同时，也通过项目运作，开拓了新兴的、具有发展前景的休闲娱乐市场，有效地提升了北京市石景山区的产业结构升级，以政府的支持力度扶持创意产业的发展，共同打造领导潮流的中国数字娱乐品牌。

在创意经济时代，一个点子或是一项技术，也许就能带来丰厚的收益，创造出超越传统的财富神话。如动画片《变形金刚》创作者并未想到一部动画片所衍生的相关创意产业，创造出了约 50 亿美元的经济效益；《达·芬奇密码》一书改编成电影后，不仅创造了数亿美元的票房奇迹，而且还使无数的书迷、影迷到巴黎卢浮宫亲身体验《达·芬奇密码》里惊险故事发生的场景，为法国的旅游经济升温又加了一把柴。中国财富神话在创意产业界也不乏其人：上海盛大网络游戏有限公司从资产 50 万元增值到 100 多亿元，不仅成为全国最大的网络游戏公司，而且年仅 34 岁的 CEO 陈天桥亦被称为“中国首富”；25 岁的康盛世纪首席执行官戴志康，25 岁的 Majoy 总裁茅侃侃等 80 后财富新生代的崛起，无不是创意产业中的“弄潮儿”。

可见，创意产业已成为一个点石成金的产业。源自个人创造力的智力资本和技术支持等软要素，一旦结合具有文化艺术内涵的硬件环境，通过产业化运作，依据价值链的分工合作，可以向多项产业形态进行渗透和融合，产生裂变效应而能使效益得到几何级的递增，所以，创意创造的财富将是不可估量的。

把创意变成生意，让智慧带来实惠！

【相关链接】

* http://tech.163.com/05/1228/11/262CDVNJ000915BD.html.

* http://blog.sina.com.cn/s/blog_3ebdc3bb01000405.html.

* http://pop.pcpop.com.

* http://www.cnii.com.cn/20080308/ca463169.html.

【案例】

为什么要走从“中国制造”到“中国创造”的道路?

——Logitech 鼠标现象和芭比娃娃给国人的启示

美国《华尔街日报》曾在一篇报道中举了一个例子,讲的是世界上最大的鼠标制造商罗技(Logitech)公司的故事。这家总部设在美国加州的合资公司,制造厂设在中国的苏州,2004 年向美国出口了 2 000 万个贴着“中国制造”标签的鼠标,所有这些鼠标都是在苏州装配完成的。

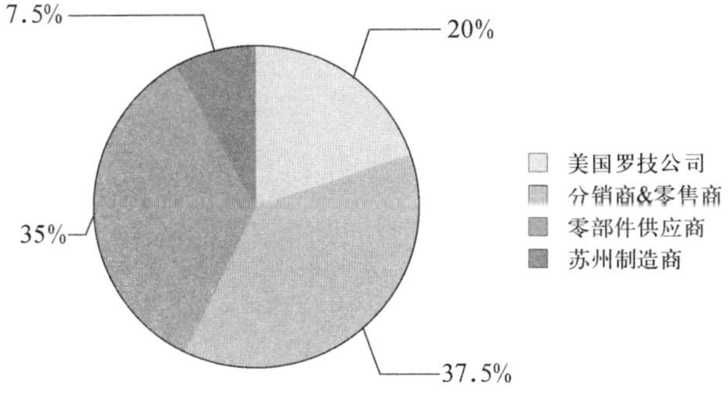

图 2-4　罗技鼠标全球财富价值链分解示意图

Wanda 无线鼠标是罗技最畅销的产品之一,在美国的售价大约为 40 美元。在这一价格中,罗技分得 20%,拿 8 美元;分销商和零售商得 37.5%,拿 15 美元;另外 14 美元进入 Wanda 零部件供应商如得克萨斯仪器公司的腰包，占35%，负责营销的公司在加州弗里蒙特，这里450名员工的薪水加在一起比苏州装配厂4 000名中国工人的薪水总和要高出很多。中国从每只鼠标中仅能拿到3美元，占其制造产品售价的7.5%，工人工资、电力、交通和其他经常性开支全都包括在这3美元里（见图2－4）。《华尔街日报》的文章说："罗技公司的苏州货仓可以说是当前全世界经济的缩影。"

美国市场上流行的芭比娃娃是迪士尼公司最热销的儿童品牌玩具，也是由中国苏州的企业贴牌生产的。这个娃娃在美国市场上的价格是10美元，但在中国的离岸价格却只有2美元。这2美元还不是最终利润，其中1美元是管理费和运输费；剩下的1美元中，0.65美元用于支付来料费用，最后剩下的0.35美元才是中国企业所得。

那么作为出口制造业基地的苏州的情况又是怎样呢？其实，苏州名声响却不实惠，引进外资多，GDP增长快，但人均收入与GDP极不相称，人均收入的增幅远远低于GDP的增幅，老百姓从引进外资和经济增长中得益不多，甚至变得相对贫困，例如，苏州人均GDP超过上海，但人均收入只有上海的一半；在长三角15个大中城市中，苏州GDP总量超过浙江的任何一个城市，但论人均收入，浙江的几个城市全部高于苏州；在许多反映居民生活水平的经济指标方面，如商品零售总额、储蓄余额、私车拥有量、人均住房面积等，苏州甚至比不上地处西部内陆、经济发展相对较迟缓的成都。经济高速增长，但大多数人的生活并不轻松，并不富裕。

中国制造业企业就像是一个出卖苦力的人，把辛辛苦苦做好的东西低价卖给富人，还把赚来的钱购买富人的债券。可是，富人并不满意，一边指责他为什么这么卖力，不注意身体，还制造污染，把家里搞得又脏又乱，并且让别人没事干，一边用不断贬值的货币支付本金和利息。

中国制造业企业如何提升其在全球财富产业价值链上的地位？如何避免出现增长而不发展的怪现象？转机就在眼前！2008年年初，联合国发布的《创意经济报告2008》,明确指出中国是世界上最大创意产业国,中国在高附加值的创意经济方面有着极大的潜力,这就需要企业用创意产业发展的思维逻辑和发展路径,改变经济发展方式,在经济转型升级的关键阶段,引领产业向附加值高端化发展,实现产业结构的优化升级,从过去的有世界工厂之称的"中国制造"之路,迈向由文化创意和科技创新驱动的"中国创造"的发展道路!

【案例点评】

微笑曲线,让创意产业占据产业价值链的高端

Logitech鼠标和芭比娃娃两个产业实例,让我们看到中国制造业的苦恼与悲哀,一个在全球财富价值链中所处的无奈的低端地位,是让人无论如何笑不起来的。

一、为什么要转变"中国制造"式的经济增长方式

针对中国制造的问题,北京大学林毅夫教授曾说:"20世纪60年代,日本制造的产品常常与低端、低质、低价联系在一起,但后来,日本制造与高端、高质、高价挂上了钩;70年代,中国香港、台湾地区和韩国制造的产品也与低端、低质、低价联系在一起,但后来它们的产品摆脱了这种联系;如今,这种联系又甩给了中国内地制造的产品。我希望,未来的中国制造,也能够像日本、中国香港和台湾地区、韩国的产品一样,与高端、高质挂上钩,但最好不要与低价脱钩。"

过去,中国的经济增长很大程度上依赖于投资驱动型和出口导向型,导致了自然资源消耗、环境污染和企业自主创新严重不足等问题。外资主导的出口制造企业,其实是一种技术和市场"两头在外"的被动模式,其结果使大多数制造业企业沦为"血汗工厂",而外资企业"利润离岸"。杰夫瑞·萨克斯曾感慨地说:"我终于可以理解为什么中国能够长期取得9%以上的增长率了,这里的工作不分昼夜,轮流围着机器转。"这也验证了著名国际经济学家保罗·克鲁格曼的判断:东亚经济

更多的是依靠“汗水”，而不是“灵感”在推动增长。

郎咸平教授是这样揭示芭比娃娃的利润谜底的：中国生产的芭比娃娃卖到美国是9.9美元一个，接近10美元，留在中国的就1美元，那9美元是如何创造出来的？那就是美国企业的灵魂，它透过六大块创造出来，包括产品设计、原料采购、仓储运输、订单处理、批发经营、终端零售，创造出了9美元的产值，六大块加上中国的生产制造一块，这“六加一”的整个流程就是产业链（见2－5）。

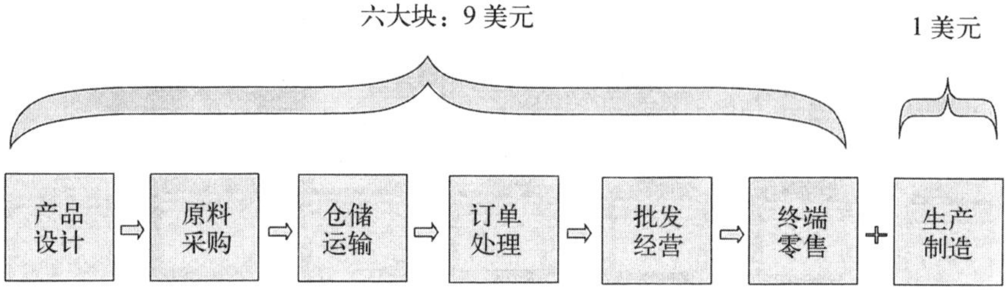

图2－5 “六加一”产业链模式的价值分配

（资料来源：郎咸平“六加一”国际分工理论）

在这个国际分工中，欧美各国掌控了整条产业链的“六”，而中国分到了最差的“一”，也就是在破坏环境、浪费资源、剥削劳工的基础上，我们每创造出100万美元的产值，同时替美国创造出900万美元的产值，因此，中国越制造，美国越富裕，美国席卷了90%的价值，而我们只掌控着10%的价值。

有人这样概括在中国的外国投资商：他们拿出30%的资本，拥有50%的股份，拿走了70%的利润，中国的资本只能拿30%的利润。而对贴牌生产（OEM），有专家估计，外国人拿走了92%的利润，中国最多拿到8%。[1]这就是“中国制造”苦笑的脸！在油价、汇率、环保成本、劳动力成本、次贷危机、银根紧缩、出口退税政策调整等重压之下，给“世界

[1] 吴越人.利润离岸：中国经济会否步拉美后尘[J].金融信息参考，2005(7)：21.

工厂”、“世界生产基地”的珠三角和江浙一带的出口加工型企业和制造业带来的是“寒冬”般的痛楚，“中国制造”的道路何其难！

如果不转型向“中国创造”发展，如果不把知识产权、创新技术掌握在国人自己手里，一旦外资大规模撤离中国，或遭遇严重经济动荡而造成市场萎缩（现在已经显现出全球经济危机的端倪），那么除了一片残砖断瓦、破旧厂房、被污染的土地和低技能的工人，中国还能剩下什么？还靠什么发展？中国企业只有转变经济发展方式，注重知识产权、品牌、服务等要素对产品价值的提升，调整产业结构，才有可能在国际化的产业价值链条中抢占高端地位，实现可持续的产业发展。

二、为什么要转变经济发展方式，让“中国创造”的“微笑”更加灿烂

现代产业价值链的研究有一个著名的微笑曲线（Smiling Curve）理论。将一个产业链价值销售的过程按附加值高低画一条曲线，它一定是两端高中间低的笑脸般的弧线。所谓的微笑曲线（图2－2，P88）其实就是“附加价值曲线”，在这个曲线中，一头是研发、设计，另一头是销售、品牌与服务，中间是生产制造。一般而言，处在两头的产业利润率在20%至25%之间，而处在中间的加工生产产业的利润只有5%。

在微笑曲线左侧（价值链上游），随着研发、设计的投入，产业附加价值逐渐上升；在右侧（价值链下游），随着品牌运作、销售渠道和服务提升，产业附加价值也逐渐上升；而生产制造环节，即曲线中部是产生附加值最低的阶段，不但技术含量低、利润空间小，而且市场竞争激烈，容易被成本更低的同行所替代，因此成为整个价值链条中最不赚钱的部分，这也就是为什么中国制造的芭比娃娃只产生1美元价值的原因。

无论研发、设计，还是销售、品牌、服务，附加值曲线的两端主要是由创意产业的各个部门生产出来的，显然，创意产业占据了产业价值链的高端。一个文化创意不仅可以直接作为商品进入市场，获取价值，它还可以通过创意产业的巨大渗透力，创造出与创意相关的新的价值元

素,实现文化创意价值的最大化。

三、创意改变中国,用推动价值提升的模式来实现中国的产业结构调整

中国正处于一个非常重要的历史时刻。过去我们长期形成的制造业大国和世界加工厂这样的发展方向和发展方式,在当前的历史条件与经济积累下应该重新审视。过去我们是劳动密集型、消耗资源型、缺乏核心技术、低附加值的制造业加工业大国,我们的资源消耗大,生态平衡遭到破坏,并引发了一系列的社会问题。著名的环保问题专家梁从诫有一个形象的比喻,他说:中国在成为世界工厂的同时,也成了世界的厨房,成了世界的泔水桶。我们把做好的美味端上世界餐桌,让外国人享用,但是,做饭过程中产生的垃圾,却留在了自己的厨房里,留在了自己的泔水桶里。

以长三角的产业结构调整为例,长期作为长三角经济增长发动机的制造业,在一系列调整中已进入阵痛期,长三角制造业增长方式的转变需要现代服务业的有力支撑。创意产业在促进地区经济发展方面主要包括两点,一是文化产业,这部分能够拉动精神消费,并带动市场扩张;二是和其他产业相关的部分,比如工业设计、动漫等,这部分的产值无法估量。

创意改变中国!推动产业结构调整就需要促使产业从微笑曲线中间的低附加值向两端的高附加值升级,创造出更多的价值,改变中国制造在全球产业价值链中的低端布局,走出"中国制造"的艰难险路,迈向"中国创造"的阳光大道,让中国企业"笑"得更加灿烂,也"笑"得更久远!

【相关链接】

* 吴敬琏专栏:http://blog.tianya.cn/blogger.
* 南京社科网:http://www.njass.org.cn.

【案例】

从卖设计到出售生活方式的天下之“家”

——宜家家居(IKEA)的“创意多面镜”

2006年4月12日,对于宜家家居(IKEA,以下简称宜家)来说,是个不寻常的星期三。这一天,宜家全球第二大店——宜家北京四元桥店正式开门迎客了。这个非周末的日子,没有任何特别的促销活动,满怀激情的人们却纷至沓来,差点把偌大的4.3万平方米的卖场挤破,可容纳650人的餐厅也被挤得满满当当,连新店的宜家购物指南也被一抢而空。宜家中国区总裁杜福延把这个星期三形容为“让顾客享受快乐的一天”。

让我们体验一下宜家的购物之旅吧——简洁但对比度强烈的商场外貌;自由的大卖场空间;富有创意、色彩协调的各式各样的样板间;活泼温馨的儿童乐园;可以休憩的瑞典餐厅;直接从仓库货架拿货的放心感觉。还有,也是最重要的,所有的商品都适用且设计细致,木制为主,还有陶土的、金属的、玻璃的、纸制的。工业化产品的人性反感已不复存在,更多的是以人为本,富有家庭温暖感觉的产品外形与丰富的色彩。花样而不造作、简洁而不粗劣,在北欧淳朴浪漫的音乐环境中,购物者心情渐渐平静,回归自然。

宜家1998年正式将触角伸入中国:1998年1月在上海开设其在中国的第一家店铺,1999年1月13日在北京马甸又一家宜家正式开业。在进入中国5年之后,宜家自己建造的第一家标准店正式在上海开张。据介绍,宜家集团在北京、上海开店之后,今后每年将在不同的城市新开一家商店,2005年以后,宜家每年新开两家商店。如果你不是一个“奢侈品消费专业户”,你就应该逛过宜家连锁商店,从摆放在各类“样板间”的家居用品里,挑选几件价格便宜的商品,比如合金的CD支架或者白桦木的沙发,回家花点时间把这些“平板包装品”组装起来。当然,你也可以不买家居用品,在宜家餐厅里尝尝北欧风情的小食品,或者干脆坐在爱克托沙发床上休息几个钟头。

宜家是当今世界上最大的家居用品零售公司,是20世纪少数几个令人炫目的商业奇迹之一。宜家创始人英格瓦尔·坎普拉德(Ingvar Kamprad)从1943年起步的文具邮购业务开始,不到65年的时间就发展到在全球共有258家连锁商店,分布在24个国家。2005年9月,《商业周刊》和Interbrand公司联合推出的"全球最佳品牌"榜上,宜家以78.17亿美元的品牌价值排名第42位,而在此前,宜家已经连续三年位居"全球最佳品牌"的前50名。不过,令人难以置信的是,宜家极少把钱砸在广告上。这也许是坎普拉德给宜家所设定的销售理念的最好例证——"我们销售的是梦想而非产品!"宜家努力让顾客去体会购物是件快乐的事:在样板间里寻找房间布置的妙方,在家居用品卖场里挑选各种各样的小件日用品,在宜家餐厅里边享用美食,边作购物决定,最后在自选仓库提取大件的家具……而这一过程只需90分钟便可搞定。在宜家商场入口处,你可以发现铅笔、米尺、购物指南以及黄色购物袋等多种方便的购物工具,走进宜家商场,更是让人仿佛置身于一个大型的家居展馆,你可以亲自体验各种商品。虽然商场里有穿着蓝、黄、灰三种不同颜色工作服的宜家工作人员穿梭着,但他们绝不会轻易破坏你的自选式购物方式,这一切也许会让人有点不适应。更有意思的是,商品大多采用平板包装,非常节约空间,顾客通过自己提货和自己组装家具,也大大节省了成本。

"为大多数人创造更加美好的日常生活"是宜家公司自创立以来一直努力的方向,宜家品牌始终和提高人们的生活质量联系在一起并秉承"提供种类繁多、美观实用、老百姓买得起的家居用品"的经营宗旨。在提供产品的同时,宜家努力创造以客户和社会利益为中心的经营方式,致力于环保及社会责任问题。今天,瑞典宜家集团已成为全球最大的家具家居用品零售商,销售主要包括座椅/沙发系列、办公用品系列、卧室系列、厨房系列、照明系列、纺织品系列、炊具系列、房屋储藏系列、儿童产品系列等在内的约9 500个产品。

截至2008年12月为止,在全球36个国家和地区拥有292家宜家商场,在全球24个国家拥有258家自营商场,其中有6家在中国,分别在北京、上海、广州、成都、深圳和南京。宜家的采购模式是全球化的采购模式,目前宜家在中国的采购量已占到总量的21%,在宜家采购国家中排名第一。

【案例点评】

宜家模式:品牌、设计及销售渠道的“一体化品牌模式”

五十年磨一剑!宜家的价值已经远远不是表面看到的那些摆着精致又便宜的沙发和书柜的家居连锁店,其背后是一整套难以仿制的高效精良的产业运作系统 —— 品牌、设计及销售渠道的“一体化品牌模式”。不同于沃尔玛和家乐福,宜家模式是既做渠道经营又做产品经营,自有品牌的核心价值维系着宜家高效率、低成本的产业价值链。

宜家就像一颗焕发异彩的钻石,一个“创意多面镜”,把产品设计、企业文化、品牌策略、资源整合到销售渠道的每一个环节且做到极致,而“钻石”的每一个切面又都打磨得熠熠生辉!

一、创意设计改变生活质量

创意设计是宜家产品的灵魂。家居用品企业的核心竞争力来自如何能以人为本,为消费者提供满足个性需求、美观时尚、高性能、高性价比的工业设计产品。宜家提供的上万种商品都拥有自己的名字,而这些独特的商品命名主要是出自宜家的设计中心——IKEA of Sweden(IOS)。该设计中心位于瑞典小镇阿姆霍特,其首要职能便是负责开发宜家产品系列,整个工作的基本思想是低价位,让设计精良、实用性强的家居产品为人人所有。

1. *产品设计精美实用*

在宜家出售的产品全部由宜家公司独立设计,产品风格与众不同。

宜家强调产品“简约、自然、清新、设计精良”的独特风格，瑞典的家居风格完美地再现了大自然，充满了阳光和清新气息，既设计精良而又美观实用。宜家的这种风格贯穿在产品设计、生产、展示销售的全过程，也确实能够打动大多数消费者的心，激起人们的购买欲望。为了实现这种风格，希望自己的品牌以及自己的专利产品能够最终覆盖全球，宜家一直坚持由自己亲自设计所有产品并拥有其专利，每年有100多名设计师在夜以继日地疯狂工作，以保证“全部的产品、全部的专利”。

2. *设计体现瑞典家居文化*

宜家产品的风格是瑞典家居设计文化史的凝聚，而瑞典家居设计文化源远流长：19世纪末，艺术家Carl和Karin Larsson将古典风格与瑞典的民间格调相结合，他们创造了瑞典家居设计的典范，流传至今；到了20世纪50年代，宜家产品的风格随着现代主义和实用主义风格在瑞典得到了发展。时至今日，我们在宜家产品上看到的是：现代但不追赶时髦，实用而不乏新颖，注重以人为本，在多方面体现了瑞典家居的古老传统。

3. *产品设计重视顾客需求*

宜家进行新产品开发设计时，十分注重让市场一线人员参与到设计过程中来，因为只有他们才更了解顾客的需求。另外，宜家的产品开发人员有很大一部分直接来自零售部门，有直接和顾客打交道的经验，比较了解顾客的需要。

以儿童家居为例：1997年，宜家开始突出地考虑儿童对家居物品的需求，因为儿童对于家居用品的需求也很大，并且这个领域竞争并不激烈。为了设计更加适合儿童需求的产品，宜家与两支专家队伍进行合作来开发产品。儿童心理学家和儿童游戏方面的专家帮助宜家设计，开发旨在培养儿童运动能力和创造力的产品。同时，宜家利用儿童帮助自己来评选出优胜产品。在宜家展示厅设立了儿童游戏区、样板间，在餐厅专门备有儿童食品，所有这些都得到孩子们的喜爱，使他们更乐意光顾宜家。

4. 设计注重成本低价

宜家的经营理念是“提供种类繁多、美观实用、老百姓买得起的家居用品”，这就决定了宜家在追求产品美观实用的基础上要保持低价格。

宜家的设计理念是“同样价格的产品，比谁的设计成本更低”，因而设计师不但能完成非凡的设计创意，还通晓如何降低生产成本，在设计中竞争焦点常常集中在是否少用一个螺钉或能否更经济地利用一根铁棍上，这样不仅能有降低成本的好处，而且往往会产生杰出的创意。例如：产品开发人员在接到设计一种新型杯子的任务的同时还被告知这种杯子在商场应该卖到多少钱，新款邦格杯子价格必须低得惊人——只有5个瑞典克朗。所以说，一个绝妙的创意设计往往就是在不可能完成的任务（Mission Impossible）中被逼出来的，宜家的定价机制是“先设计价签，再定产品”。宜家的设计人员参考了所有宜家的销售记录以及同类竞争产品的状况，按照“价格矩阵”设计产品，并且保证这个产品的价格是最有利于销售的。

二、Do You IKEA 今天你宜家了吗？——宜家文化影响生活方式

曾几何时，Do You Yahoo 成了互联网时代弄潮先锋的象征，而今天的风尚也许要变为 Do You IKEA 了。“吃哈根达斯，喝星巴克，用宜家家具”正越来越成为年轻人的一种时尚符号。当品牌成为一种时尚，成为一个群体的消费文化符号的时候，其影响力将是巨大的，宜家就是这种消费文化影响生活方式的象征。

宜家销售的是梦想而不是产品。宜家是一个家具卖场的品牌，也是家具的品牌，通过一系列运作，宜家在人们眼中已不单单是一个购买家居用品的场所，它代表了一种生活方式。所以说，宜家的成功不仅仅在于它整合了商流、物流，而是它用于整合商流、物流的核心理念——生活方式。就像英国一家媒体评价宜家的评语：它不仅仅是一个店，它是一个宗教；它不是在卖家具，它在为你搭起一个梦想。在人们心中，用宜家已经像吃麦当劳、喝星巴克咖啡一样，成为一种生活方式的

象征。

很多年轻人都有这样一个梦想，就是按自己喜欢的方式去动手布置自己的家，宜家DIY(Do It Yourself)的方式就满足了顾客自行组装的动手愿望，让装饰新家成为一种乐趣。在自己的私人空间里，宜家为生活中的不断变动而设计——一个新公寓，一段新恋情，一个新家……宜家的许多空间都被格成小块，每一处都展现一个家庭的不同角落，向人们充分展示那可能的未来温馨的家。宜家为所有家具都配有十分具体的安装说明书，顾客可以根据说明书轻松地把家具组装起来，在节省搬运费的同时，也增加了动手的乐趣。

三、卓越的品牌优势是宜家的核心因素

宜家实行的是自有品牌战略，所有的商品都是宜家专利贴牌生产(OEM)，它必须独立承担产品在流通过程中的全部风险，这是宜家区别于沃尔玛、家乐福等零售巨头之处。对于宜家来说，卓越的品牌优势是其公司快速发展的重要因素。建立卓越的品牌，是当今区域经济一体化全球战略实施的产物。宜家通过提升品牌核心能量，促进品牌整合力度，以达到这一目的。品牌核心能量是指组织与产品在品牌系统运作过程中，所形成的其他组织与产品不具备的存在优势与市场竞争力，它同时是该品牌各种优势之中最为显著的部分。

品牌核心能量的形成从来源上可分为五种：管理优势、资源优势、文化优势、权力优势、市场优势。[1]所以，卓越的品牌来自于强大的品牌核心能量。宜家品牌的真正核心是让顾客成为品牌传播者，而非硬性的广告。

四、Made by IKEA——全球资源优势的整合典范

在当今世界经济一体化趋势下，全球的资源优势是企业快速发展的又一推动力。宜家作为世界级的跨国公司，在全球资源优势的整合

[1] 刘峰. 宜家——卓越的品牌[EB/OL]. 中国营销传播网: http://www.emkt.com.cn.

上堪称典范。

宜家的生产采用贴牌生产(OEM)的运作模式,通过对其外包的生产厂商的质量与技术的监督、审核,达到统一的"宜家标准"。宜家与其世界的所有终端销售通过网络连接,了解其在世界各地的所有终端的产品种类、销售情况、库存、订单等一系列数据,通过这些数据,宜家向其生产商发送生产订单。宜家还通过 JIT(Just In Time 及时供应制)对其生产加以管理,减少了大量库存产品,每年仅此一项就为宜家节省成本 15%,这也是宜家产品近些年价格不断下降的原因。

宜家采取的是全球统一采购的进货模式,即分散在世界各地的宜家生产厂商,通过宜家的信息化调度,统一为世界各地的宜家提供产品。宜家通过全球统一采购,使其每一个宜家终端销售店,均包含了世界各地的优质、畅销的家居产品,既丰富了产品的种类,也为塑造宜家的品牌形象发挥了作用。

五、终端销售,渠道为王

宜家的渠道策略是独立在世界各地开设卖场,专卖宜家自行设计生产的产品,直接面向消费者,控制产品的终端销售渠道。宜家在全球共有 258 家自营商场,分布在 24 个国家,雇用了 12 万多名员工。从瑞典开始建立起来的家居连锁,逐步把触角遍布全球,2008 年获取了 212 亿欧元的收入,成为全球最大的家居用品零售商。

一千个企业就有一千个成功的方法。半个世纪前,宜家创始人英格瓦尔·坎普拉德制定的"一体化品牌模式"即使用今天创意产业价值链的逻辑来分析,依然显现出永恒的睿智。宜家不仅仅控制了全球最大的家居产品渠道,还成功地将宜家品牌以及专利产品覆盖全球,牢牢占据着产业价值链的上游和销售渠道的下游终端,让"微笑"更加灿烂!在中国,宜家改变的不仅仅是中国人的现代家居生活理念,更是带给我们一个最简单也最有效的成功启迪!

【相关链接】

* 瑞典宜家家居公司网站:http://www.ikea.com.

* 宜家家居网站: http://www.ikea.com.cn.

【案例】

搭乘奥运“魔毯”,成就数字影像先锋

——水晶石数字科技的创意王国

2008年8月8日,北京奥运会开幕式中,展示中国文化底蕴的历史长卷“卷轴”动人心魄,带给观众与众不同的视觉冲击。观看开幕式的全球40亿观众之一的法国籍华人李先生说:“太长、太美的画卷,太神奇了!我从来都不知道中国有这样的科学技术。我敢说这不逊色于好莱坞的国际化影像科技,可能还会超越。”[1]

奥运会开幕式那幅“卷轴”栩栩如生,李宁点火时身后打开的绕场“长卷”……随着北京奥运会经典画面的解密,奥运会开(闭)幕式影像制作运营项目总承包商水晶石数字科技有限公司(以下简称“水晶石”)浮出水面。“水晶石”成为历史上第一家奥运会图像设计供应商,制作完成了长达60分钟贯穿开幕式始终的10余场次的数字影像内容,包括开幕式145.5米地幕、492米鸟巢顶部环幕全部数字影像内容,以及现场转播屏幕上的部分数字影像内容。大规模综合运用数字影像技术,并创下了奥运历史上影像时间最长、屏幕尺寸最大、数据量最多、3D及数字特效运用最多四项之最。[2]

在北京奥运会开幕式上的60分钟数字影像代表了中国创意正在走向世界。奥运会开幕式的成功使“水晶石”得到了技术和领先实力的认可,“水晶石”全面整合内部资源,提升技术、服务实力、竞争力,以

[1] 庄蕊.水晶石参与奥运 打造创意王国[J].数字商业时代,2008(9).

[2] 同上.

奥运会为契机带动国内数字图像及多媒体数字产业的深入发展。通过奥运盛事的洗礼，“水晶石”将其服务对象扩展到包括房地产、政府机构、影视娱乐、文化传播等领域，“水晶石”的产业链通过其核心的数字图像技术的多重应用向更广阔的产业领域延伸。

“水晶石”和这个影像设计行业发展历程有一个共同的显著特点，那就是客户的需求不断推动行业的发展。随着客户需求的不断扩展，“水晶石”业务已经从为历史纪录片提供数字影视服务、电影特效、动画片、帮助企业建立情景化培训系统，到房地产网上销售的三维展示、深海石油与航天的三维模拟展示等。项目也接踵而来，广州亚运会、2012 年伦敦奥运会、新加坡和迪拜政府等纷纷让“水晶石”利用三维立体效果规划城市建设，为各地博物馆、科技馆提供数字多媒体内容。根据与世博会的签约，“水晶石”携手世博赞助商腾讯网参与筹建“网上世博会”，利用 3D 技术、视频点播、虚拟社区等应用的融合，将实体世博会的精彩内容呈现在网上，打造一个能够进行实时互动的网络平台。依托数字科技的强大支持，“水晶石”还延伸至文化教育及大众传播。2002 年起，“水晶石”利用三维图像技术首次全面复原了北京老城、唐长安古城、苏州古城及秦始皇陵等历史遗迹。同时，“水晶石”大量参与众多城市在爱国主义教育及城市规划宣传推广方面的工作，并承担了爱知世博会中国馆、中国人民抗日战争纪念馆、首都博物馆、北京市规划展览馆等国家重点展馆的数字多媒体设计及影片制作。“水晶石”服务的客户范围逐渐加大，中央电视台一套推出的大型纪录片《故宫》《新丝绸之路》《大国崛起》《森林之歌》、华纳兄弟推出的《疯狂的石头》、美国探索频道的《中国建筑奇观》、中央电视台奥运频道黄金时段推出的《奥运 ABC》、著名导演吴宇森拍摄的《赤壁》中的特效制作和片头制作部分、2008 年奥运会开闭幕式等均由“水晶石”提供三维动画及特效制作。

在发展业务的同时，“水晶石”还致力于三维技术的推广普及工作。水晶石数字教育学院是“水晶石”旗下的专业教育培训机构，已为社会培养出数千名学员，也形成了公司和行业人才发展的良性循环。水晶石数字教育学院借鉴了国外成功的职业培训经验，将教育重点放在了学员操控实际项目能力的培养上，并与众多国内国际机构达成合作伙伴关系，共同培养三维及多媒体制作人才。2007 年，水晶石数字教育学院被视觉中国、《CGWorld》杂志等多家媒体网站评选为“中国最受欢迎的 CG 培训机构”称号，2008 年水晶石数字教育学院被包括图形图像协会、CGM 在内的多家机构评为“中国十大 CG 培训机构”称号。

作为北京中关村高新技术企业和创意产业联盟的一员，经过十多年的迅速发展，“水晶石”已经从 1995 年起步时期的建筑可视化“先行者”，发展成拥有 2 200 余名员工的行业领跑者，在北京、上海、天津、大连、南京、深圳、杭州、香港、新加坡、迪拜、伦敦等地设有分公司，建立起了以北京为总部，在全国沿海发达城市及海外设立分支机构的服务网络。业务拓展到影视特效、3D 动画、多媒体、影像数据库、网络三维展示、建筑可视化、文化传播、大型活动、演示汇报、科普教育及城市数字化建设等方面，成为提供创新的视觉解决方案的全方位科技企业。

【案例点评】

“水晶石”的修炼之道—— 寻求产业发展新模式

奥运改变中国，也改变了无数企业的命运。随着奥运会开幕式上那徐徐打开的“中国画卷”，在高科技影像的精密演绎下，中国文化博大精深的内涵被表现得无比写意、浪漫而又充满艺术美感，令世人惊叹！而“鸟巢”上被张艺谋称为“碗口”的大屏幕上，变幻着奥运盛典的激动场景，留下了李宁“奔跑”时“长卷”上火炬传递和笑脸绽放的感人瞬间，令人回味无穷！伴随着奥运，“水晶石”跳入人们的视线，订单接踵而至，“水晶石”创始人卢正刚也一夜成名，成为媒体热捧的“创意先锋”。

从 1995 年的三个创始人以做建筑影像演示服务起家，到 2001 年的仅有 50 名员工，发展到 2008 年的 2 200 人，“水晶石”是如何从“丑小鸭”变成了美丽、高贵的“白天鹅”的呢？

一、长袖善舞，科技与创意的商业化运作

“水晶石”董事长、创始人卢正刚曾这样说：“将科技魅力与艺术创意完美融合进行商业化运作是这个产业最激动人心和与众不同的地方。”[1]作为全球领先的数字视觉技术及服务企业，“水晶石”以数字化三维技术为核心，提供与国际同步的全方位数字视觉服务。“水晶石”的核心业务是三维可视化的开发和应用服务，涉及的技术领域涵盖影视特效、3D 动画、多媒体、影像数据库、在线三维展示等多个专业，可以广泛应用于各种大型活动、演示汇报、科普教育、影视后期制作及城市数字化建设等领域，将原来平面的视觉传播演化为经过三维数字演示的全方位视觉感受。奥运会开幕式的“卷轴”就是以数字多媒体技术融合中国元素、中国文化并加以艺术化的展现，彰显了中国的历史底蕴。

创意产业发展的关键在于能够将创意转化为产品，并通过产业链形成新兴产业群。“水晶石”在这十几年的发展中，始终立足于技术开发应用的创新，一直寻求产业发展的突破方向，把握商业和文化创意的平衡，把技术、产品（服务）和市场连接起来。

1. 植根中国文化，专注挖掘中国传统文化的精华

借助领先的三维数字图像技术，弘扬中国文化，为中国文化创意产业发展注入新的活力。从 2002 年起，“水晶石”就利用三维图像技术首次全面复原了北京老城、唐长安古城、苏州古城等历史遗迹，2004 年，“水晶石”成为第 28 届世界遗产大会指定三维图像开发公司。

2. 拓展三维数字技术在文化传播领域的应用

“水晶石”为中央电视台制作的《故宫》《新丝绸之路》《大国崛起》

[1] 立志做第一：科技融会艺术商业化运作[N]. 香港文汇报，2006－10－03.

等大型历史纪录片提供影视特效服务。数字多媒体技术在展览展示项目中发挥了独特的作用,以新颖的展示方式,逼真震撼的视觉效果,给参观者留下深刻印象,有效提升了宣传效果。

3. 资本运作,向影视动画市场进军

2007年"水晶石"与联想公司投资合作成立了水晶石影视动画科技有限公司,利用"水晶石"的三维技术进军动画影视制作市场。"水晶石"为《福娃奥运漫游记》提供三维动画和后期制作,在2007年的各项年度动画片评选中屡获大奖,成为年度最受关注的动画片之一;"水晶石"还与中央电视台合作,完成了300集奥运体育项目宣传动画片——《奥运ABC》,成为动画产业的后来居上者。

"水晶石"发展的路径可以演绎为:以人的创造力为驱动要素的数字创意作为核心资源从建筑设计产业剥离出来,形成以三维图像为核心的数字媒体技术优势资源,随后研究客户需求和分析市场前景,不断拓展新的市场应用,进入建筑、文化、影视等行业,同时涵盖三维、二维、动态和静态等多方面的视觉技术领域,通过产业渗透、融合形成"水晶石"产业链,为客户提供基于数字媒体的宣传演示服务,也为国内外影视及设计机构提供高品质的图像制作。由于核心技术的稀缺性和品牌价值,"水晶石"的产品和服务利润丰厚,2008年的营业额增长了50%,目前,"水晶石"已经成为国内图像服务市场里名副其实的老大,取得了销售额近两亿元的骄人业绩。

二、寻找世界的舞台,锻造"水晶石"品牌价值

"水晶石"作为创意产业中数字媒体的成员,找到了与北京奥运会和上海世博会的契合点,在世界关注的舞台上表演,是机遇更是挑战,因为开发新产品、新市场所遇到的技术难题常常没有前人的经验可以参照,只有依靠"水晶石"人锐意创新、勇于探索的不懈努力,才能在未知中找到前进的方向。同时,众人对代表"奥运品质"的"水晶石"的产品和服务有着更高的期待,这种无形压力,也逼迫企业在开发产品和拓展市场过程中,始终注重锻造"水晶石"的品牌价值。

奥运会带给“水晶石”的商机是不可估量的，自从2001年开始与奥运会结缘后，“水晶石”发展迅速，在新进入的影视动画产业，“水晶石”的目标就是以三维技术和数字影视为载体，呈现与众不同的中国动画作品，从中国文化中发掘、汲取丰富的题材和创作营养，以全新的表现形式进行包装和传播。随着海外业务的增加，“水晶石”正踏上国际化道路，已经成为亚洲数字视觉展示规模最大的企业，以“中国创意”为全球客户提供数字影像技术和服务，开拓更为广阔的国际市场。

三、结构优化，把人员培训变成赚钱的生意

创意经济理论核心的要素是“3T”，即创意人才（Talent）、技术（Technology）和包容（Tolerance）。佛罗里达（R. Florida，2002）认为创意阶层在选择工作时，除了对工资的关注以外，还特别重视工作的意义、工作的灵活性、安定性、同事的尊重、技术要求以及公司所在的城市等其他因素。

“水晶石”的管理制度很奇特，对员工没有硬性规定的坐班时间，但是所有的工作都要在规定的时间内圆满完成。至于如何完成、在什么地方完成，公司没有固定的要求和制度。“水晶石”推行的内部合伙人制度可以说是一项有效吸引高端人才、核心人才的举措，同时，强大的公司品牌、团队技术力量和资源平台，形成“水晶石”吸引人才的绝对优势。拿创始人卢正刚的话说，就是“要留住人才，我必须要向他们证明，留在一个团队里比自己单干更能体现价值”。“水晶石”做到了。

“水晶石”还有一个绝招显露出管理者的经营智慧——把投入变为收入，把培训变为产业。传统企业管理的理念是，投资于你的员工，提供培训、教育和职业发展的机会，所以培训费成为企业的一项支出成本，而来自员工提高的收益是不确定的，员工流失，投资于员工身上的培训费就打水漂了，企业家为此常常面临两难的选择：是否要在员工培训上投资？“水晶石”的创意不仅表现在数字技术上，还表现在管理机制上。公司高层把原来属于人力资源部的培训教育业务从母体公司中剥离出来，经结构优化后成为独立的水晶石数字教育学院，向社会公开招生，将培训资源转化为产业资本，将企业培训支出变为培训收入，为“水晶石”的创意王国又添一砖。

“水晶石”在大量的实际项目中积累了众多的项目经验，这些经验在创意经济中就是可利用的智慧资源，一旦通过开发和运用，就能转化为产生效益的智力资本。“水晶石”进入教育培训产业其实是一箭双雕，解决了公司人才需求与供给之间的矛盾，一方面，“水晶石”的迅速发展需要大量了解一线公司制作技术的实用型、创意型人才，另一方面社会上有大量的不了解技术流程的操作型人才。水晶石数字教育学院的存在，在CG技术高速更新的背景下，有效地解决了公司扩张所需要的大量的人才储备，对公司人员也形成了一种无形的竞争压力，在人才管理中“水晶石”保持了主动权和控制权，为企业长远的发展提供了人力资源的保障。

“水晶石”可以说是创意企业未来发展的一个典范，只有在产品服务创意以及对创意人才的管理方面取得优势，企业才能保持核心竞争力，在创意经济中开创美好的发展前景。

【相关链接】

* 水晶石科技：http://www.crystalcg.com.cn.
* 水晶石数字教育学院：http://www.tyou.com.cn/index.html.
* 数字商业时代：http://www.digitimes.com.cn.

【案例】

宋庄：中国最大的原创艺术家聚居部落

2006年10月30日，北京市颁布了促进文化创意产业发展的若干政策，明确提出要重点支持文化创意产业集聚区的建设。根据政策规定,2006 年度设立的北京市文化创意产业发展专项资金重点支持的项目也主要集中在集聚区,资金支持额占年度实际支持资金的 2/3 以上。2006 年 12 月 8 日,北京市认定的第一批 10 个文化创意产业集聚区突出科技和原创,前者以中关村创意产业先导基地为代表,后者以宋庄原创艺术和卡通产业集聚区(宋庄画家村和三辰动漫网游产业基地)为代表。经过十几年的发展,宋庄形成了中国最大的原创艺术家集聚地,如今盛名远扬,甚至可以与法国巴黎的巴比松,美国的 SOHO,德国的达豪、沃尔普斯韦德等知名艺术集聚区并驾齐驱。

宋庄镇位于北京市通州区北部,正处在"百里长街"长安街的东延长线上,距天安门 24 公里,是东北及环渤海地区进京的陆路交通要道,其北部边界距离首都机场仅两公里,总面积 115 929 平方公里,辖 47 个行政村,常住人口近 10 万人。宋庄地处温榆河与潮白河之间,属平原地带,绿地覆盖率 33%,是北京市重要的水源保护地。

宋庄地区农民住宅院落大,租金相对便宜。从 1993 年开始,陆续有艺术家到宋庄镇小堡村租房。1995 年 10 月,北京圆明园画家村解散后,一部分艺术家集体搬迁到小堡村,近年来,艺术家迁入宋庄的速度呈上升趋势,到 2006 年,规模已经达到 1 000 人左右。这些艺术家主要分布在以小堡村为核心的疃里、大兴庄、辛店、喇嘛庄、任庄、北寺、小杨庄、白庙、邢各庄等村庄之中,其中,在小堡村居住和创作的艺术家约 230 位,约占在宋庄的艺术家的 1/4。

随着艺术家数量逐渐形成规模,宋庄开始被称为"画家村",成为中国最大的一个原创艺术家的聚居群落。原来单纯的艺术家居住性聚集形式,也逐步发展为原创艺术家、画廊、批评家和经纪人等共同形成的艺术集聚区。目前的宋庄是一个工业建筑和民居错落分布的村落,村落内拥有现代艺术风格的宋庄美术馆、东区艺术中心、上上美术馆和部分艺术家自建的特色工作室,近 10 家画廊沿小堡商业街一字排开,大部分艺术家以租住闲置工业厂房和民居为主,建筑外观从整体上显示了艺术村与众不同的文化风貌。

经过13年的发展，目前的宋庄已经形成了一个产值25亿元以上，集现代艺术作品创作、展示、交易和服务为一体的艺术品市场体系；相关的配套产业、服务行业，以及基础设施也呈现出快速发展的趋势。2006年，中国最大的动漫企业三辰卡通集团北京总部和制作基地正式入驻宋庄镇，标志着宋庄迎来了发展文化创意产业的新阶段。

北京市目前将宋庄定名为"原创艺术集聚区"，抓住了宋庄艺术家聚居区的本质特点。宋庄是"原创"的，因为1 000余名从事文学、绘画、雕塑、音乐创作的自由职业者，以及以富有创造性的方式、方法展示艺术的社会群体，一起构成了宋庄的基础；宋庄是"艺术"的，因为聚集于此从事商业活动的个人和机构基本上是围绕艺术品开发的；宋庄是一个聚集区，因为它已经形成了功能相对完善的生产、生活环境。从精神特质和生活方式的相似性看，宋庄艺术家实际上成了自由职业艺术家的代名词，从经济属性和功能特性看，宋庄已经是一个具有一定的产业规模和自主创意研发能力，具有专门的服务机构和公共服务平台，能够提供相应的基础设施保障、公共服务及居住和生活消费环境的区域。这就是"中国宋庄"概念的基础。

（摘自《2007年中国文化产业发展报告》）

【案例点评】

探秘宋庄原创艺术集聚区

宋庄位于北京通州区北部，"百里长街"长安街东延长线上。从1993年开始，陆续有艺术家到宋庄镇小堡村租房。1995年10月，北京圆明园画家村解散后，一部分艺术家集体搬迁到小堡村。近年来，艺术家迁入宋庄速度呈上升趋势，经过15年的培育和发展，宋庄集聚了3 000多位从事绘画、雕塑、音乐、文学影视等不同行业的艺术家，进而成为中国最大的一个原创艺术家的聚居群落。原来单纯的艺术家居住性集聚形式,也逐步发展为原创艺术家、画廊、批评家和经纪人等共同形成的艺术集聚区。北京市将宋庄定名为“原创艺术集聚区”,是抓住了宋庄艺术家聚居区的本质特点——从精神特质和生活方式的相似性看,宋庄艺术家实际上成了自由职业艺术家的代名词,从经济属性和功能特性看,宋庄已经是一个具有一定的产业规模和自主创意研发能力,具有专门的服务机构和公共服务平台,能够提供相应的基础设施保障、公共服务及居住和生活消费环境的区域。

一、宋庄的组成结构

要探秘宋庄原创艺术集聚区,我们不妨先来看看宋庄的组成结构:

宋庄艺术家主要来自中国内地和美国、法国、加拿大、英国、德国、瑞士、马来西亚、菲律宾等国家,而国内艺术家则集中来自华北、东北、华东三个地区。据对艺术家性别构成分析,男性艺术家 2 100 多位,约占 70% ,女性艺术家 900 多位,约占 30% 。

艺术家入驻宋庄,经历了从自然到自觉的历史过程。1993 年至 2003 年间——自然增长阶段,年平均入驻艺术家 28 位;从 2004 年至 2008 年——倍速增长阶段,截至 2008 年上半年四年半的时间内入驻宋庄的艺术家人数比 2003 年以前的总和增长了 10 倍,2006 年入驻艺术家更是达到 600 多位。

现在一般所称宋庄原创艺术集聚区,主要指小堡村和环绕小堡村的疃里村、六合村、宋庄村、喇嘛庄村、大兴庄村、辛店村、邢各庄村等,这个区域有艺术家 2 455 个,占总数的 77. 69% 。知名艺术家方立钧、岳敏君、高惠君和评论家栗宪庭等居住在小堡村,对吸引艺术家入驻宋庄产生一定的心理和文化影响。

而从宋庄艺术家聚居情况上看,截至 2008 年上半年,散居在自然村落中的艺术家占绝对比重,这一特征有别于国内和国外艺术家集聚区。宋庄艺术家与当地村民的生活已经很好地融合在一起,宋庄艺术家体现出与以往原创艺术家群体不同的一个特征，即：由不断迁徙到趋于相对定居状态。这与宋庄地区宽容的社会环境、便利优越的地理位置、北京作为艺术市场的中心所在地紧密关联。

与艺术家集聚出现相配合的，宋庄原创艺术集聚区小堡村文化艺术机构的兴办与艺术家的集聚出现倍增现象。据不完全统计，小堡村美术馆、画廊和艺术家群落总建筑面积达到16万平方米，投资两亿元以上，其中美术馆13家，艺术交流中心5个，画廊88家，艺术家群落（工作室）10个。同时，伴随美术馆、画廊和艺术家群落（工作室）的兴建，围绕架上绘画所需的画材商店等陆续开办。截至2008年上半年，小堡村有画材商店22家，经营面积4 526平方米。

二、宋庄原创艺术集聚区的特征

宋庄原创艺术集聚区已经形成了以下特征：

1. 作品的原创性较强，市场化特征强烈，具有鲜明的实验性质。

2. 艺术家来自全国各地，普遍受过高等教育，以艺术创作为生，往往收入较低。

3. 聚集方式以租住民居和闲置工业厂房为主，只有极少数的艺术家富有，大多数艺术家比较穷困。

4. 艺术创作具有手工作坊特点，以现代艺术风格为主，且是艺术生产的一级市场。

5. 艺术家主导宋庄原创艺术集聚区的自然形成，带动艺术及相关产业的发展。

三、宋庄形成的社会、文化和经济原因

从北京艺术村集聚和发展壮大的规律看，宋庄原创艺术集聚区具有典型性，其形成具有深刻的社会、文化和经济原因：

1. 北京是国家文化中心和国际交往中心，吸引艺术家源源不断地聚集北京寻求发展机会。

2. 宋庄与北京市中心的距离比较理想，吸引着艺术家选择入驻宋庄，享受优越的自然地理条件和宽松的创作生活环境。

3. 理想的创作空间和低廉的生活成本，是艺术家定居宋庄的合理的文化经济选择。

4. 宋庄地方政府建设艺术硅谷的卓识及区域产业结构优化，为宋庄发展文化创意产业提供了重要条件。

四、宋庄原创艺术集聚区的发展模式

宋庄原创艺术集聚区的发展模式，是由以美术馆为核心的公共文化服务机构 + 画廊 + 若干艺术家集聚地 + 成百上千个艺术家工作室组成，宋庄是一个具有生态特征的独特的艺术生产群落，是一个以原创为主要特色的艺术家工作室集群。宋庄原创艺术集聚区发展模式绝非许多国家和地区所采取的“政府主导”的园区模式，而是在一个特定的开放的地理空间，对创意阶层和企业的集聚行为加以规划和引导，形成松散型的、与原住居民混居的模式。

宋庄原创艺术集聚区发展模式与一般园区发展模式相比具有独特的优越性：

1. 实行差异化竞争战略，避免产业布局趋同现象。

2. 使创意阶层与普通社区生活融为一体，打破传统的工业园区范式。

3. 使闲置资产得到利用，土地资源利用率得到提高。

4. 尊重市场经济规律，摆脱过分依赖优惠政策吸引的园区发展轨迹。

五、宋庄发展文化创意产业的竞争优势

宋庄发展文化创意产业的竞争优势体现在以下几个方面：

1. 宋庄艺术家工作室集群战略和国内外对原创艺术产品的需求，构成宋庄原创艺术集聚区的核心竞争力。

2. 北京地区丰富的人力资源和充沛的资本供给，形成宋庄原创艺术集聚区的基础竞争力。

3. 北京市区两级政府的支持和宋庄的发展机遇，形成宋庄原创艺术集聚区的环境竞争力。

核心竞争力、基础竞争力、环境竞争力模块的综合作用，有效地提升了宋庄原创艺术集聚区的竞争力。艺术家工作室是一种新型企业形态，艺术家工作室集群是艺术集聚区的产业形态，艺术集聚区的形成产生了经济效应、文化效应和区域性社会效应。

六、未来宋庄地区文化创意产业发展的路径

综合上述对宋庄原创艺术集聚区竞争优势的分析，未来宋庄地区文化创意产业发展的路径是：依托原创艺术集聚区这一稀缺资源和发达国家及地区的需求，以视觉艺术产业为核心产业，通过视觉艺术产品、资源的产业化经营，带动餐饮、商业、旅游等相关产业的发展。中国宋庄向世界提供了关于经济落后地区发展文化创意产业，推动原创艺术发展的中国路径，丰富了世界文化多样性，为世界文化经济发展提供了重要经验。

从小堡村的发展实践来看，始自 2004 年第一产业正式退出历史舞台，小堡村实际已经不是一个北方平原从事农业生产的传统村落，它站在城市化的门槛上，面临深刻的产业选择和转型。在这样的背景下，2004 年宋庄镇提出“文化造镇”的发展思路，这是根据宋庄地区产业结构调整的实际，利用地区具有不可替代的战略资源——艺术家工作室集群和艺术产业发展作出的历史选择。在四年时间里，宋庄地区艺术家集聚呈现快速增长，美术馆、画廊等文化艺术机构纷纷创办，中国宋庄的知名度和影响力越来越大。面对新兴弱势产业，宋庄镇党委、政府承担起推动者的角色，保护和促进原创艺术，倾力营造适宜艺术产业发展的环境。

七、宋庄原创艺术集聚区的经验和启示

宋庄原创艺术集聚区是自发形成的以艺术家工作室集群为主要特征，带动相关产业发展的集聚区。作为一个相对偏远的村镇，宋庄既没有大型文化创意企业，又没有庞大的文化消费人群，能够成为北京市级文化创意产业集聚区并得到市政府的直接支持，与地方党委、政府工作团队的远见和集体努力是分不开的。它的经验和启示主要有以下几点：

1. “顺势引导”是最好的政府管理。宋庄发展文化创意产业，是水到渠成而非刻意谋求，它依托艺术家集聚宋庄的特点和需求，给予引导、规范和服务。地方政府根据艺术家和艺术产业发展的要求，配置公共资源和服务，有别于一般园区圈地建楼招商引资的模式，宋庄较好地规避了产业雷同现象，也走出了具有自己特色的文化创意产业发展道路。

2. “重镇现象”合乎当前北京实际。北京地区文化创意产业发展的一个重要特点是以特色村镇为主。大兴、怀柔、密云、平谷等区县也都不同程度地出现“重镇现象”。这一现象的出现，与镇作为一级地方政府的强势协调整合能力有关，也同文化创意产业项目的特性和量级有关。引导优化配置文化资源、指导文化特色明显的村镇选择适合自身特点的主导性文化创意行业，推行差别化发展战略，符合首都产业结构调整和经济发展方式转变的现实要求。

3. “竞争优势”是根本的战略选择。北京文化创意产业的发展，宜立足于全球，积极参与世界文化创意产业分工体系。一个地区文化创意产业的发展，要根据资源要素禀赋，选择最具竞争力的产业，以形成自己的比较优势和竞争优势。宋庄选择艺术产业作为文化创意产业的核心产业，就是基于宋庄原创艺术的国际性。在文化资源相对贫困的农村地区，当它因为偶然的因素自发形成具有核心竞争力的资源时，政府应当给予适当的配套支持，以加速集聚区规模的扩大，帮助提升这一决定性的竞争优势。

宋庄文化创意产业发展启示我们，在社会主义新农村建设的总体框架下，农村发展文化创意产业的问题应当引起足够的重视，使之成为农村经济、社会和文化发展的重要组成部分。2007 年宋庄文化艺术节期间，村民仅提供劳务一项，人均增收 1 000 元。发展文化创意产业，给农村居民带来的不仅仅是热闹，更是实实在在的收入的提高。从根本上说，就业机会的创造、村民收入的提高、村民生活的改善和环境的优化，是农村工作的重心和目标。

（摘自孔建华. 北京宋庄原创艺术集聚区探秘[J]. 创意产业，(7).）

【相关链接】

* 中国宋庄网：http://www.chinasongzhuang.cn.
* 中国文化产业网：http://www.cnci.gov.cn/content.

第三章 创意产业改变价值创造方式

在全球经济进入以知识为核心竞争力的时代背景下，创意产业蓬勃兴起，据联合国统计，创意产业占全球 GDP 的 7%，并每年以 10% 的速度在增长。[1]创意产业的发展意义已经远远超越其作为一个新兴产业业态的产业层面，而在于其对传统产业发展模式的颠覆，重新构建起产业价值链系统。

创意产业全景价值链系统是由产业价值链、价值实现体系和四大资本要素共同构成的上下联动、左右衔接、一次投入、多次产出的综合体系，它包括内容创意、生产制造、营销推广、分销传播和交换消费五个价值链环节，通过价值创造→价值开发→价值捕捉→价值挖掘→价值实现→价值最大化的价值锻造过程，整合人力资本、产业资本、文化资本、社会资本四大生产要素，共同构成了创意产业全景价值链系统。这里，文化创意是核心，它创造了观念价值，并主导着价值链的分配和延伸；技术是手段，支持了文化创意的传播、发展和价值的传递；产品（或服务）是载体，是文化意义的承载者；市场是平台，是价值交换、实现价值的场所，也是了解需求、检验创意的场所。

创意产业也是无边界产业，企业通过价值链分配来组织生产流程，在创意、技术、产品、市场有机结合的基础上构建起完善的产业系统，形

[1] 薛晓源. 全球化与文化产业研究：世界文化产业发展前沿报告[M]. 北京：社会科学文献出版社，2004.

成为所有产业提供创意服务的产业群，即一个包括核心产业、支持产业、配套产业、衍生产业为一体的产业系统，从而带动一批产业的兴起，构筑创意产业实现的价值体系。

从产业层面上看，创意旅游和创意农业的实践完善了其产业价值体系的建设。创意旅游的发展思路就是充分发挥旅游产业的关联带动效应，以旅游活动和旅游吸引物为核心，拓展旅游产业链，主动与第一产业、第二产业等产业融合，构建跨越各个产业部门的多层次旅游产业链，促进区域整体功能提升与转型。同样，发展创意农业的关键就在于结合当地的文化特色，发挥创意，整合农村的“三生”（生产、生活、生态）资源，构建起较完善的产业系统，从而促进“三农”（农业、农村、农民）的发展。

本章重点阐述创意产业价值链的基本特征、创意产业全景价值链系统和实现途径，以及以旅游业和农业为例证，推动创意产业价值体系的实践运用。

第一节　创意产业的全景价值链系统

追逐利润是市场经济背景下企业的主要经营目标，如何赢利，采取何种赢利模式也是企业家和创业者十分关心的焦点之一。赢利模式的概念源自迈克尔·波特的价值链理论，以及美国的亚德里安·斯莱沃斯基等几位学者合著的《发现利润区》等表达的观点。迈克尔·波特认为以差异化为目的、以核心能力为聚焦打造的价值链才能使企业获得赢利。亚德里安·斯莱沃斯基指出企业的赢利区间是变动的，是在价值链上游走的。可见，价值链是企业活动的一种表现形式，其根本作用在于帮助企业发现价值，并通过合适的赢利模式获得利润。

一、价值链的基本理论

美国哈佛商学院迈克尔·波特（Michael E. Porter）教授在其 1985

年所著的《竞争优势》一书中,首先提出价值链的概念:“每一个企业都是用来进行设计、生产、营销、交货等过程及对产品起辅助作用的各种相互分离的活动的集合。”[1]根据价值链理论,企业的经营活动可以根据其对企业经营价值的影响分成若干个小的价值活动,企业所创造的价值是由其产品或服务的购买者所愿意支付价钱的多少来衡量的。企业之所以赢利,是因为企业所创造的价值超过了企业从事该价值活动所支付的成本。

价值链理论认为价值链分析的基础是价值,而不是成本,企业的价值链体现在价值系统的更广泛的一连串活动之中;在企业的经营活动中,并不是每个经营环节都创造价值或者具有比较优势。企业所创造的价值和比较优势,实际上是来自企业价值链上某些特定环节的价值活动,这些真正创造价值的、具有比较优势的经营活动,即企业在价值链上某一特定的战略环节上所具有的优势,就是企业核心竞争力的源泉。只要控制住这些关键的战略环节,也就控制了整个价值链。企业要发展或者保持自己的竞争优势,并不需要在企业价值链的所有环节上都保持优势,关键是发展或者保持那些创造价值同时产生比较优势的战略环节的优势。

二、价值链取代产业链

传统意义上的产业是同类企业的集合,按照研发、生产、销售的一般流程组织生产,形成单向的生产链结构,彼此间缺少横向联系,产业组织以垂直为特征。产业链是指:传统的产业内部不同类型的价值创造活动由一个企业为主导分离为多个企业的活动,这些企业相互构成上下游关系,共同创造价值。围绕服务于某种特定需求或进行特定产品生产(及提供服务)所涉及的一系列互为基础、相互依存的上下游链条关系就构成了产业链。

---

[1] 迈克尔·波特.竞争优势[M].陈小悦,译.北京:华夏出版社,1997:42.

创意产业的特征之一,是以价值链取代产业链来驱动经济发展的,它是对传统产业发展模式的颠覆,其重点在于重新构建起产业价值链系统。创意产业依靠创意人的智慧或灵感,借助于高科技对文化资源进行创造与提升,生产出高附加值的产品。通过知识产权的开发和运用,创新产品的营销推广、消费(体验)及其衍生产品的开发得以在市场上实现价值,使得创意产业的内容价值在完善的价值体系中获得倍增效益。

三、创意产业全景价值链系统

构建全景价值链系统是创意产业改变、完善价值体系建设的关键所在,它是由三个相对独立的价值体系相互作用、相互融合而构成,即创意价值链、价值实现体系(即价值锻造过程)及资本要素的有机组合。

所谓创意产业全景价值链系统,就是指包括内容创意、生产制造、营销推广、传播分销和消费交换在内的创意产业价值链环节,通过创意产业价值实现体系,即价值创造→价值开发→价值捕捉→价值挖掘→价值实现→价值最大化的价值锻造过程,形成一次投入、多次产出的价值转换机制。同时,包括人力资本、产业资本、文化资本、社会资本在内的创意产业资本要素,在不同阶段、以不同的组合比例与创意产业结合,通过资本投入和知识产权交易促使价值链上下联动、相互衔接,共同构成创意产业全景价值链系统(见图3-1)。

创意产业全景价值链系统是整合各项资源、推动产业发展的系统工程。具体来讲,就是创意企业一方面研发、创造、生产以内容为核心的创意产品或服务,通过一系列市场营销和渠道销售,到达消费者,在市场交换中实现价值;另一方面,创意企业通过合作开发、专利技术或者版权转让形式,把创意的核心价值延伸到周边关联产业中,新的市场主体和价值创造者不断加入进来,形成以核心产业为辐射的产业集群,相互合作、相互竞争,带动关联产业的发展。其中,创意人的智慧或技能,以及文化创意和各项社会资源,可以通过资源转化机制变为创意资本,与产业资本(资金与技术)一起构成资本的生产要素,投入到价值链的各个环节,推动创意产业的价值实现。价值链不同阶段,需要不同比例的资本组合与之相匹配,比如,在内容创意环节,人力资本和文化资本将被视为核心资本要素,而在生产制造环节,以资金和技术为核心的产业资本将作为创意产业化的重要保障。

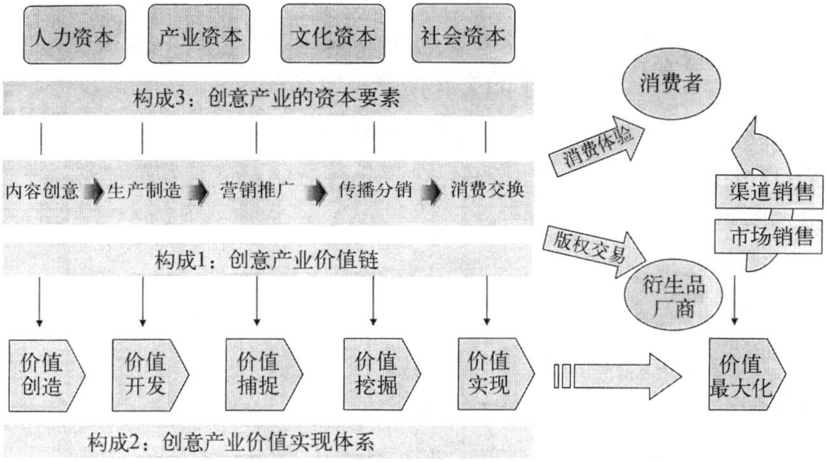

图3-1 创意产业全景价值链系统示意图

四、创意资本的构成

在创意产业全景价值链系统中,创意资本其实是由创意经济所需的各项资源形态转换而来的,由人力资本、产业资本、文化资本和社会资本构成。

人力资本:人力资本是经济增长的关键,其核心价值就是内生的、潜在的创造力。当今世界,真正的财富是思想、知识、技能、管理才能和创造力,它来自人们的头脑,当创意成为经济发展的重要推动力时,人力资本及其生成的智慧型劳动成为重要的生产要素。在一个社会里,人力资本的大量流动更加容易促进文化交往、技能和知识的传递以及新思想的产生，人力资本为知识资源发展提供良好的环境。从根本上看，创意产业的高速发展依靠文化创意人力资本的投入产出和创意阶层的崛起。

产业资本：创意产业的产业资本，是指进入产品生产制造阶段的资本，包括货币资本、技术资本和生产资本三种职能形式。一项文化创意要转化为市场化的产品，再深化到可流通的商品，除了需要智力资本以外，资金的投入和高科技的应用不可或缺，而大规模、可复制的生产制作能力也是创意产业化的物质保障。以高科技、互联网、新媒体为代表的技术资本为创意产品的生产、传播提供了更为有效和多样化的途径，产业资本让“一意多用”在不同产业领域的开发性应用提供了效益倍增的可能。

文化资本：文化是一种能带来巨大增值的资本，[1]是关于文化、艺术和创意的活动和特殊品质。文化资本标志着一个社会参与文化活动的广度和水准，以及对创意、艺术、艺术管理和知识产权保护上的文化标准和价值，[2]一个有利于文化参与活动的社会环境，往往能产生新思想和新主见，从而有利于加快创意的生成。文化在经济发展中越来越成为一个关键性的因素，社会越发展，经济越发达，文化的作用越突出。运用文化资本可以增强竞争力、提高附加值，因为产品的经济价值越来越取决于以文化为底蕴的观念价值，而市场竞争已从产品之争转向文化之争以及产品的文化辐射力。高品质文化或为多数人认同的文化商品，拥有较高的附加价值，实现的经济价值就大。从社会角度来看，文化资本还表现在承载各艺术和文学发展的公共部门和法人的资源。

社会资本：创意经济的社会资本依赖于一个信用、互惠、合作和充足的社会网络，有利于丰富集体福利，活跃社会表达机制和市民承诺机

[1] 厉无畏. 文化资本与文化竞争力[N]. 文汇报,2004－05－24.
[2] 许焯权. 香港创意产业基线研究. 香港大学文化政策研究中心课题.

制。所有这些,反过来又使个人和集体的创意能力兴盛起来。社会资本是存在于社会结构关系中的资源,它体现在个人关系、成员身份、社会网络和信任关系,各种资源汇集而成的社会资本能够创造新的价值,也能减少交易费用,降低交易成本。各种社会资源汇集起来的社会资本作为产业价值链的生产要素投入,可以带来增值,是一种基于信任合作的无形资产。中小型创意企业、创意人越来越注重运用广泛的社会网络和灵活的契约形式来获得项目合作和企业发展。

五、创意产业价值的实现路径

创意产业的价值链与价值锻造过程相结合,就形成了创意产业价值的实现路径,即沿着创意产业化和产业创意化两条路径展开,达到核心创意的价值最大化。一条路径就是价值增值的创意产业化过程,即价值创造、价值开发、价值捕捉、价值挖掘、价值实现的过程;另一条路径就是产业集聚、产业创意化过程,即利用创意产业高渗透性、高融合性、高附加值的特性,以核心创意产品或服务作为投入要素向其他产业延伸,特别是在传统产业的产品和服务中融入创意元素,使创意产业成为各种企业创造附加价值的一环,从而达到一次投入、多次产出的价值最大化的赢利目标。

(一) 价值创造 vs 内容创意

内容创意是创造价值的过程。传统产业注重改变商品的功能价值,为消费者提供新的更高的使用价值,创意产业则主要通过改善商品的观念价值获得市场和利润。与传统产业以产品为导向的价值创造机制不同,创意产业以消费者的需求为导向,观念价值创造的出发点和归属点是消费者的感受,通过满足消费者的体验需求、文化需求,实现创意产业的价值创造。

消费者感知价值可分为三个不同的层次:功能价值、体验价值和文化价值。随着经济发展和收入水平的不断提高,促进产品价值增值和消费者认可程度提高的基本趋势便沿着从功能价值到体验价值,再到文化价值的路径展开。大量的故事内容、符号与象征元素(如品牌等)运用在产品的生产与消费过程中,让产品成为文化意义的承载者,也就大大提高了产品的观念价值。另外,不同的消费者对不同层次商品价值的期望不同。文化价值层次高的商品需求与价格的关系,与一般的需求规律相反,即价格上升,需求量反而会增加。在创意产业中,存在着挥霍消费,即当消费者购买能显示其地位与身份的豪华产品和服务时,被认为是得到更多的体验和享受,需求量随价格的攀升反而会上升,这也从另一方面解释了创意价值无穷尽的原理。

内容创意环节占据创意产业价值链的顶端,在任何情况下都是控制整个链条的关键环节,主要增值部分就在其原创性的知识含量之中。这种创造价值的活动改变了过去必须要有实体才能生产与制造的概念,任何能够为创意企业提供内容的创意生产者或文化内容提供者都可以将文化资源转化成为创意,进而将抽象的、无形的产品当作产业链的一环去投入,创造出观念价值更高的产品和服务。

(二)价值开发 vs 生产制造

提供能够满足消费者现实需求和潜在需求的产品或服务,仅停留在设计、创意是远远不够的。对内容创意进行产业化开发的生产制造是创意产业价值链的重要环节,创意企业通过技术、工艺等生产流程批量生产创意产品,将创意(或作品)转化为可流通的商品,通过产业化、市场化运作产生效益。

对有内容价值的创意产品的价值开发通常有以下几种方式:

一是通过对历史文化资源的直接加工而形成的创意产品。主要通过不同的方式再现优秀的文化作品,回顾经典,展示和传承传统文化,如以电影、音乐、多媒体、戏剧、网络等传统和现代的多种形式和渠道,再现传统历史文化精品的内容。如小说《红楼梦》,多次被改编成为电影、电视、各种传统戏剧等,甚至改编成为网络游戏、彩铃等,这类创意产品具有跨越历史的时间价值,是历史文化的象征,永远不会被时代所淘汰。

二是根据现代需求重新诠释古代经典作品内容的创意产品。如中国传统经典故事《花木兰》千年来家喻户晓，1998 年美国著名动画公司迪士尼独具慧眼，耗资 1 亿美元，历时两年，集聚 700 多名艺术家的心血与才智，对《花木兰》的故事内容进行挖掘改编，将这个传奇故事蜕变为具备一切要素的流行文化，完全由现代美国式精神理念构成影片核心，讲述主人公花木兰勇于突破传统意识框架束缚，追求个性释放，努力挑战自身，抗击社会及外来压力，实现自我价值的故事。该片巧妙地将现实的内在立意与富于神秘色彩的东方经典传说相结合，获得不同文化、不同年龄观众群体的普遍接受，在全球范围获得巨大成功，仅在全美首映的周末三天的票房收入就达到 2 300 万美元。

三是开发能够引领新消费潮流的创意产品。完全由创意者发明或创意经营者创造的内容价值，一般能够与现代消费观相契合，典型的如动漫及其衍生品、韩剧及其“韩流”等，通过影响人们的观念或培养人们的偏好，实现创意产品的增值。

（三）价值捕捉 vs 营销推广

创意产品是观念价值的载体，其实质是能够打动消费者的内容及其表达方式。实践证明，捕捉和挖掘能够跨越时间和空间的内容，是创意产业在不同的市场上获得收入的核心。

增加创意产品的故事力、感受力和娱乐力是文化创意产业通过营销推广取得市场规模的重要手段。“感受就是消费，感受高于消费，感受成了消费的最高形式。”（李海舰，2005 年）人们常常因为一个传说、一段故事而去看一个景点，很多时候并非被建筑物本身吸引，更多的是被其所包含的故事所吸引和感动，所以文化创意就是要捕捉产品和服务的故事力和感受力，创造出新的消费市场。

沃尔夫在其畅销书《娱乐经济》一书中断言：人类即将进入娱乐经济时代，“娱乐因素”将成为产品与服务竞争的关键，消费者不管购买什么，都在其中寻求“娱乐”的成分。在娱乐经济将成为新的经济模式的时代背景下，捕捉“娱乐因素”将成为产品与服务的重要增值活动及市场细分的关键,将创意产品变得更“好玩”,才能更好地适应“玩经济”时代的消费潮流,实现创意价值。

营销推广是价值捕捉过程中最为重要的手段。从内容创意到市场交易的价值链环节中,“新媒介人”阶层是这一环节的重要参与者,其中的关键人物是代理商、策划人、经纪人、传媒中介人和制作人等,他们懂得市场、了解市场,能够运用各种营销模式和传媒运作的方式将创意产品推向大众,销售给消费者。国内外多项成功的案例显示,创意产品的专业策划、营销推广在创意产业价值链中举足轻重。

(四) 价值挖掘 vs 传播分销

创意产业是无边界产业,价值挖掘的关键就是利用观念价值的一意多用,挖掘出产业价值链上各个环节的产出潜力,创造出价值倍增、财富迅速积累的赢利模式。韩国在发展创意产业中就提出了“一项创意,多重使用”的口号,正是在这一思想指导下,韩国创意产业迅速发展,并为韩国经济在东南亚金融风暴后的重新崛起作出了巨大的贡献。

一意多用挖掘的就是在价值链系统中分工协作、价值增值的纵横组合。我们知道,一项文化创意不仅可以直接作为产品进入市场,获取价值;它还可作为要素投入到其他产业中,向消费者提供新的价值元素,提高了这些产业的附加值。例如:音乐和歌唱作为文化创意产品可直接进入演艺市场实现一定的价值。然而,它借助于现代技术可以通过广播、电视、网络广为传播,可以制成碟片销售,可以作手机彩铃下载。网络歌曲《老鼠爱大米》走红后,还发展出同名小说、同名音乐电影、电视剧和手机游戏,多重利用和广泛延伸使《老鼠爱大米》的作者和飞乐公司在这一文化创意产品中赚了一亿多元。

从价值实现角度看,媒体推介实现了创意产品的价值挖掘。虽然创意产业创造了商品的观念价值,但是观念价值取决于消费者主观的感受,如收藏品、艺术品、音乐会等,其价值具有较强的主观性。另外消费者和受众的主观评价可能与创意的创造者的理念不相一致,而且对创意价值内涵的认识也有一个过程,所以,创意产品往往需要经过反复多次的展示、推介、宣传,其价值才能被逐步挖掘出来。

媒体推介成为实现创意产品价值挖掘的重要力量。在今天这个全球化的消费社会里,精心设计、策划的文化创意商品很有可能被淹没在泛滥的信息之中,而媒体是人们获得信息最主要的方式,媒体的运作可以发现创意产品的价值,并推动价值的实现。[1]2005 年风靡全国的“超级女声”项目就是在媒体的推动下创造了赢利奇迹。超女在未经选秀推介前,其出场唱歌的市场价值可能仅几百元,而经媒体反复推介后,受众才认可,其市场价值才可能飙升到几万或几十万。而且围绕“超级女声”这一富有创意的节目,湖南卫视和上海天娱传媒有限公司通过电视、图书出版、演唱会、商品代言、网络、手机短信等传播媒体,吸引了上亿观众。规模庞大的注意力被迅速转换为数目可观的商业价值,这个节目各利益相关方直接总收益约 7.6 亿元。

(五)价值实现 vs 消费交换

传播和分销渠道是创意产业价值链上的一个重要环节。创意产品要得到市场的认可,必须通过相应的传播渠道、销售渠道传递给消费者,并得到消费者的认同和购买,才能实现创意价值,获得市场效益。传统传播渠道的市场主体主要是电影、电视的播映机构,还有报刊、电台、演出经营场所以及网络运营商,起到大众传播的作用。

在知识经济时代下,互联网、新媒体和高科技的传播力已成为创意产业价值实现的新生力量。一方面提高了创意产品价值传递的效率,另一方面又大大降低了创意产品价值的传递成本,提高了传递速度。掌控了宽广的传播和销售渠道,才能使内容传播的辐射力呈几何级数增长,提高创意产品的价值实现。

消费者不断增长的需求是创意产业价值链上的最终决定环节,

---

[1] 厉无畏. 创意产业导论[M]. 上海:学林出版社,2006.

消费者对整个价值链具有反馈和互动的作用。在新的知识经济的时代，消费者精神、文化需求的变化每天都在发生着，它要求价值链上的各个环节采取创新的方式来满足这种需求，这个过程中不断有新参与主体的加入，新赢利模式的产生，也导致了创意产业价值链和其他产业价值链的交叉和融合，从而带来了整个价值链上的变革。

（六）价值最大化 vs 一意多用

创意产业价值链系统是由创意产业价值链五大环节和四大创意产业生产要素共同构建而成的。创意产业价值链包括内容创意、生产制造、营销推广、传播分销、消费交换五个环节，创意产业的资本要素包括人力资本、产业资本、文化资本和社会资本。

创意产业的价值最大化需要在创意产业价值链的各个环节中注入文化创意元素，在价值创造→价值开发→价值捕捉→价值挖掘→价值实现的各个发展阶段，分别投入适当的人力、产业、文化、社会资本，有效实现“一次投入、多次产出”的经济效益。

创意产业价值链在纵向延伸就是产业纵向分工的细化、深化和专业化的过程；横向延伸则是随着主导产业链的延长，不同产业相互渗透、融合形成新产业群再次产生效益，逐渐催生出相互依赖、紧密协作的创意产业价值链体系，进而有助于以产业化手段将创意、技术、产品、市场有机地结合起来，从而达到创意产业的价值最大化。

提升附加值、创造新价值和构建价值体系是实现创意产业价值最大化的主要路径。文化和时尚元素，作为表达观念价值的载体，可以注入产品和服务，提升其附加值。

一是在所有产业中（包括农业、制造业、服务业等）注入新的文化信息要素，优化传统产业结构。在各行各业的发展中，文化创意都能够找到发展的空间，各个产业只有根据市场的需求不断融入文化与时尚的元素，才能获得新的生命力，提升自身的附加值。在实践中，农业，医疗业、音乐等传统产业都可以通过创意开辟新的市场。

二是在产业链的上、中、下游各个环节中不断进行文化创意投入。实际上，“对创意产业的理解应该将对制造业特别是服务业的 B2B 创意投入包括进去。”（Jone Hartley，2006）产业的设计、生产和销售每个环节都可以通过创意投入实现附加值的增加，文化与时尚元素的投入来自个人创造，但可以是 C2B 或 B2B 多种形式。典型的如制造业，产品的设计研发、产品的制造和产品的销售可以进行拆分，围绕着研发、设计、制造和销售等价值链环节在商品生产过程中形成的若干个横向产业，处于不同文化背景中的创意主体可以根据自身的特点，选择适合的价值切入点，注入创意思想与文化内涵。让众多类似的价值活动通过集聚与重新整合，形成专门化的、以提升顾客价值为目标的创意产业群落（参见图 3－2 的椭圆部分）。

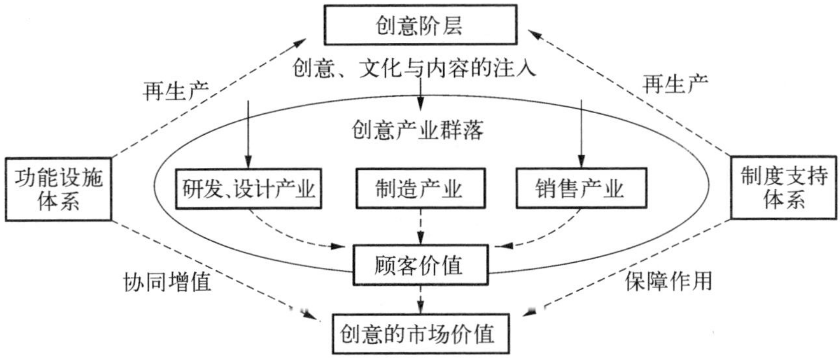

图 3－2　创意产业价值创造示意图（胡彬，2007）

创意产业的发展可为企业提供开启“蓝海战略”的钥匙，企业将从产品创新转向价值创新，从产品开发转向价值开发。创意产业开启蓝海有两种形式，一是开发机会，通过寻求市场空白创造新价值。如分众传媒；另一种是创造机会，通过无中生有创造新价值。如常州中华恐龙园、浙江横店影视基地等。

第二节　完善创意产业价值系统

一、创意产业价值链的特点

创意产业价值链具有不同于传统产业的特点：

（一）价值的非消耗性

由于创意产业以文化、知识为基础，提供的是以文化创意价值为主的产品和服务，而文化与知识产品具有可共享、可重复使用、可低成本复制等特点，对其传播和使用越多，其创新的价值越大。并且当创意内容被注入物质载体后，每次复制既不会对原有的知识造成损害（在相同的知识产权下），也不会受到物质资源的制约，具有耐久和无限复制性，体现价值的非消耗性。

文化产品的消费方式更多地表现为欣赏，人们所消耗的是知识、文化、艺术的物质载体，而其文化价值不但不会消耗，反而会在人们的共鸣中变得更加丰富。一篇优秀的文学作品，一部成功的影视作品，可以通过复制、拷贝、再版、再演等形式不断扩大其社会影响，增加其自身价值。比如童话故事《白雪公主》被再创造为动画片、连环画、芭蕾舞、歌剧、网络游戏，又被录制成为 CD、LD 和多媒体光盘等，其价值随着产品的延伸不断增加。

（二）内容创造的高赢利性

创意产业是知识密集型产业，精髓是人的创造力，创意产业产品的精神内容价值和作为精神产品载体的物质价值相比差距是较大的，内容价值在总价值中占有绝对的比例优势。有时创意产品的物质价值可能微不足道，甚至可以忽略不计。微软公司把价值超过 2 000 美元的《不列颠百科全书》装载到价值 50 美元的光盘里出版，《不列颠百科全书》的生产成本很高，但是光盘的生产成本是 1.5 美元，产品复制只需要消耗非常有限的物质成本。

创意产业的生存和发展依赖于知识产权保护。因为创意产品与普通的产品不一样,更多是因内容原创性而产生价值,版权保护下的内容创造是产业链中的高利润区。如《祝你生日快乐》这首名歌是1893年由美国一位教师谱曲的学校问候歌曲,后改为生日祝词,时至今日,拥有版权的音乐公司华纳加伯尔每年不用任何投入即坐收2 500万美元的版税。

(三) 赢利的不确定性

创意产业的高风险特征决定了其赢利的不确定性。创意产品以精神性作为最主要的属性,满足的是人们对精神生活的需求,而这种需求带有极其强烈的不确定性和个性色彩,在供求关系中非理性的成分很大,变化莫测。而且创意产业往往针对的是市场的潜在需求,如何挖掘潜在需求并设计出自己的创意产品是企业成功的关键所在;同时,市场受到各方面因素的影响很多,政治、宗教、习俗、自然环境、灾难、冲突、种族、恐怖事件等,都可能对创意产品消费产生无形的影响。因此产业投资回报不稳定,具有较大波动性。

(四) 消费者需求的决定性

价值链中价值投入受到最终消费者需求的约束,同时,最终消费者需求也决定了价值在多大程度上能够实现。位于价值链末端的消费者是价值链真正的价值源泉。消费者文化消费能力和大众文化的审美取向从根本上决定了创意产业的产生和发展,当消费者的文化消费能力没有达到相应程度的时候,价值链上游价值环节的盲目投入只能导致泡沫的产生。

对文化需求而言,人类的追求是无止境的,这导致创意产业链不断延长、丰富、更新、重构,而在这个过程中价值链上的各个环节也在新的市场条件下不断寻找新的赢利机会。比如消费者对从网上获取内容以及从网络中获得休闲娱乐需求的增加,会催生产业价值链的变革。以对电子报刊的需求为例,这种新需求给产业价值链的每一个环节都带来了变化;在内容创造环节需要增添网络编辑、网络作者,在生产环节需要增加新的技术人员,在营销推广环节需要有新的网络发布等手段,在传播渠道环节则要求网站等新参与主体的加入。因此,消费者的需求决定了产业链的变化。

（五）产业链的跨越性

创意产业中的某些产品具有单件性，比如画家的原创作品等，这时产业链可能只有两个环节，即从内容创造环节直接跨越到消费者环节，省略了产业价值链的中间环节。

二、创意产业的倍增效益

创意产业的倍增效益来自完善的产业价值系统。

创意产业价值系统的建立有两个渠道，一是不同产业相互渗透融合所形成的新产业体系带来的效益，二是以创意价值为核心通过在全球重组或集成价值模块带来的范围效益。这两种模式都需要在创意、技术、产品、市场有机结合的基础上构建起完善的产业系统，需要形成包括核心产业、支持产业、配套产业和衍生产业的产业群，从而带动一批产业的兴起（见图1－4，P49），构筑创意产业实现的价值系统。

这四个层次的价值系统是实现文化创意的产业化和价值最大化的理想模型：

（一）核心产业

核心产业就是不断生产创意成果的企业，它们承担价值创新的任务，负责生成创意，并主导着价值链的分配和延伸。核心产业就是一个企业的主打产品，是一个品牌，没有核心产业也就没有创意产业。

（二）支持产业

支持产业是直接支持创意产品的制作、发展和传播的企业群，为核心产业提供要素和服务，包括相关的金融、科技、媒体、广告等企业。

（三）配套产业

配套产业虽然不是创意产品生产的直接支持者，但为整个创意产业的发展，包括人才的吸引和成长、产品的推介和促销提供良好环境和氛围的企业群，如旅游、餐饮、酒吧、娱乐、培训等，也包括工业研发设计、加工、生产、物流、营销等产业。

（四）衍生产业

衍生产业是以核心的创意成果为要素投入的其他企业群，包括为所有创意产业延伸的产品提供相关的增值增效服务和产品，如玩具、文具、服装、服饰、箱包、礼品、纪念品等。

一个产业链的延长主要是它的衍生产业的发展，衍生产业越发展，它的整个产业链就越长，衍生产业所创造的财富可以远远超过核心产业、配套产业和支持产业。

核心产业的集聚对上下游关联产业产生更为强烈的需求，从而推动这些关联产业发展，进而在一个地方形成一个完整的产业链。这种效应，就像块根作物一样，通过分化、膨胀和生长，产生创意产业的倍增效益。

三、完善价值系统，实现将创意融入产品后的价值增值

以上海杂技团创作演出的《时空之旅》为例，这场多媒体梦幻剧突破了杂技的市场界限，另辟蹊径引入了音乐、舞蹈、多媒体音像元素，打出“秀一个上海给世界看”的主题词，以其创意实现了杂技的价值创新，创造了连演 1 000 多场、票房收入过亿元的盛况。其成功的原因，在于开创性地走出了一条创意产业化之路，在创意、技术、产品、市场有机结合的基础上构建起完善的价值系统，形成了包括核心产业、支持产业、配套产业和衍生产业的产业群，从而带动一批产业的兴起，实现了将创意融入传统产品后的价值增值。在这里，核心产业就是不断创新的上海时空之旅文化发展有限公司，这是由上海文广新闻传媒集团公司、中国对外文化集团、上海杂技团/上海马戏城联合组建的集各方优势的项目公司，创作、编排、演出的新剧目就是主导价值链的创意产品。支持产业是直接支持创意产品制作、发展和传播的企业群，包括相关的科技、金融、媒体、广告等等；配套产业虽然不是创意产品生产的直接支持者，但为整个产业的发展，包括人才的吸引和成长、新产品的推介和促销提供了良好环境和氛围的企业群，如餐饮、酒吧、娱乐、培训等等。

衍生产业是以核心的创作成果为要素投入的其他企业群，如玩具、文具、服装、服饰、箱包、礼品、纪念品等。时空之旅演出除了获得1亿多元的票房收入外，还取得了200多万元衍生产品收入。对照图1－4（P49）的结构，可以发现《时空之旅》在配套产业发展方面，由于场地原因尚显不足。

同样，在泰国也有类似的节目——《梦幻王国之旅》的演出，其配套的餐饮、娱乐设施相对更为完善。顾客观看表演之前可以在巨大的餐厅里享用丰富美味的自助餐，有多国美食（中、西、日、泰等）可供选择。周边花园场地上还布置有类似嘉年华的游艺设施，在观看演出前后，游客们（特别是带孩子的游客）可以尽情玩乐；而演出公司开发的各种衍生品（玩具、纪念品等）则成为游戏获胜的奖品。显然，仅靠零售纪念品的收入不如通过游戏娱乐（间接销售纪念品）获得的收入。相对完善的配套产业吸引大量游客在那里逗留4—5小时，不仅创意产品的价值得到充分体现，而游客也在吃喝玩乐和观赏体验中得到充分的文化享受和身心的放松。

可见，创意产业已不仅是一个发展的理念，而是有着巨大经济效益和社会效益的直接现实。创意产业的基础在于创意，前景在于产业。必须促进创意成果转化为经营资源，借助现代科技手段，通过产业链的整合和延伸，进行深度开发；通过产业关联构建起完善的价值系统，从而实现创意成果价值的最大化。

四、创意产业价值评估体系

中国版权保护中心版权产业研究与测评中心在对创意产业价值评估体系的研究中，借鉴国际先进经验，积极探索创意资本价值评估体系。创意产业价值评估指标体系的基本框架可以用来对创意经济的各个层面进行测评，这个评估指标体系包括：

* 创意产业定义与分类标准体系；

* 国家、地区、城市各级创意经济度量、统计、评价指标体系；

* 创意企业(集群)/创意产业评价指标体系;

* 创意人才(团队)评价指标体系;

* 创意产品(项目)价值评价指标体系;

* 创意企业信用评价指标体系;

* 创意企业标杆评价、选择、维护体系;

* 创意产业环境评价指标体系。

每一类指标体系分为:产值、价值、潜力(成长)、竞争力测评等不同的目标类型,由不尽相同的指标参数方案、测评方法、测评流程等构成。

其中,国家、地区、城市各级创意经济度量、统计、评价指标体系构成创意经济指数。

国家创意经济六要素的初步提出,[1]可供评估时参考,包括:

(一) 创意理论与战略理念体系

有无清晰的创意理论与战略理念表述;有无详细的行动方案及其实施、领导;能否有力地指导与支持创意产业发展;有无成功的效果证明;创意经济比重。

(二) 创意人才(团队)储备与培育体系

在岗创意人才/团队的数量/层次结构及其行业/企业/区域分布;年流入/流出量;创意人员平均工资及其行业/地区分布;创意培训机构/专业的数量;当年接受培训人员的层次/数量/内容/时间结构;创意培训机构年产值等。

(三) 创意企业(集群)及其培育孵化体系

创意企业(集群)数量/规模结构;创意企业的产业/区域分布;创意企业培育孵化器的数量及孵化能力(孵化增殖额);创意产业年产值及其行业/区域/企业规模分布;品牌、知识产权拥有量/增加量及其行业/区域分布等。

---

[1] 郑文军,李洪波.首个文化创意产业价值评估体系的诞生.人民网.2007-11-13.

（四）创意资本价值评估与流通体系

创意资本（包括创意人才、产品/作品、项目、知识产权、企业整体等）流通数量、流通额及其行业/区域分布；创意资本/资产评价机构数量与平均产值；创意资本/资产交易机构数量与平均产值等。

（五）创意模型、技术及其推广应用体系

技术产品出口额与技术产品引进额比值；技术产品出口额占总出口额的比重；年研发投入总额占 GDP 比重；年教育投入总额占 GDP 比重；年专利授予额；有效专利累积数量；年出版量；出口版权数与引进版权数之比；网站总量；上网人数和平均时间；广告投入占 GDP 比重；创意作品的平均链条长度；品牌年平均收入等。

（六）创意制度（政策、法规、标准）及创意监管、服务体系

知识产权立案量占总立案量比重；知识产权投诉额占总投诉额的比重；当年查处假冒产品案件数占总查处案件数的比重；创意产业年融资额；年知识产权交易额；企业办理纳税手续平均耗费时间；创办企业平均耗费时间；新产品上市手续平均耗费时间等。

第三节　创意旅游的价值体系建设

创意旅游是当今世界旅游产业发展的新模式，其兴起既是旅游产业适应市场从大众观光时代到大众休闲时代和个性化体验时代需求新变化的必然选择，也是世界跨入知识经济背景下旅游产业自身发展和升级的内在要求。发展创意旅游意在强调对传统旅游产业发展模式的创新和改造，提倡用创意产业的思维方式重塑旅游产业体系，形成一种适应现代社会经济发展转型的全新旅游模式，其关键是创造新的价值，也就是开拓蓝海。

一、创意旅游是旅游产业发展的新模式

所谓创意旅游是指用创意产业的思维方式和发展模式整合旅游资

源、创新旅游产品、锻造旅游产业链。相对于传统旅游的发展模式，创意旅游有以下几个特点：

1. 强调对各类资源的多维化整合

特别是对传统旅游资源（自然山水、文物古迹等）之外的各类社会资源的整合和转化，将这些有形和无形的资源通过创意的手法转化为市场认同的旅游产品。以创意转化资源为资本是创意产业发展的主要模式之一，也是旅游产业从更广阔的范围和更深的层次利用资源、挖掘资源、整合资源的新途径，是突破传统旅游产业边界的新手段，因此，跨越边界实现旅游产业的融合渗透是创意旅游的基本特征。

2. 强调对未来文化遗产的创造

对历史遗留和现有旅游资源的开发、利用和保护是传统旅游产业的主要发展模式，常常投入大量财力和物力对历史遗迹进行修复和开发，而忽视创造力的发挥，鲜见无中生有和有中生优的世界级创新旅游产品。从创意产业的视角来看，旅游产品是展示人类创意活动的吸引物，对于缺乏自然旅游资源的区域，其着力点应向创造人类的未来文化遗产倾斜，因此，着眼于未来，创造旅游吸引物是创意旅游的基本立足点（见表3－1）。

表3－1　传统旅游与创意旅游模式的比较

	传统旅游	创意旅游
旅游者	无经验，不熟练 成群结队	成熟而经验丰富 追求与众不同
产业导向	资源和市场为导向	引领市场和培育消费者为导向
产业资源	有形的自然山水、历史文物古迹	有形与无形的社会资源
产业驱动	硬要素为主	软要素为主
产业竞争	价格竞争	创新竞争

续 表

	传 统 旅 游	创 意 旅 游
产品特征	大众化 相互隔离的活动 单一的活动 季节性旅游	个性化 融为一体的活动 综合性旅游活动 无季节性限制的全年旅游
产业技术	使用者范围受限制 技术孤立	所有的旅游消费者都是使用者 科学技术深度整合化
产业边界	有限边界	无限边界
产业管理	条块分割	模块化集成
产业价值	相关产品增值	价值体系增值
产业目标	单一(经济)	多元(自然、经济、社会)

3. 强调对旅游消费潮流的引领和塑造

中国旅游业的发展导向大致可概括为两个：一是资源导向型，即有什么资源(狭义旅游资源)发展什么旅游产品，旅游景点景区是旅游的核心吸引物，也是旅游产业要素配置的中心，旅游产业呈现出"跟着资源走"的格局，这一导向在20世纪90年代之前占主导地位，是旅游产业发展初期的主要模式；二是市场导向型，自20世纪90年代中后期至今占主导地位，是当今我国旅游发展的主流模式，得到政府、投资者和企业的广泛认同，旅游产业呈现出"跟着市场走"的格局，由于旅游产品从开发到走向市场有一定的周期，常常出现规划赶不上变化的市场，造成投资失败，资源浪费。创意旅游是旅游产业发展的新导向，注重对潜在旅游需求的激发和市场消费潮流的引领，缔造"市场跟着创意走"的产业发展格局，是一种高附加值的"酷"旅游产业模式，因此，创造新型旅游市场、培育旅游消费群体是创意旅游发展的基本导向。

4. 强调旅游产业链的拓展和延伸，以及区域整体价值的提升

传统旅游产业被纳入服务业的范畴，其发展重心是为旅游活动提供各项服务，游、购、行、吃、娱、住六大要素成为旅游业的主体，旅游产

业链的构成也局限在相关服务行业，如旅游信息咨询、旅游金融服务等，属于旅游服务配套或被动延伸，注重旅游产品的价值实现。创意旅游的发展思路是充分发挥旅游产业的关联带动效应，以旅游活动和旅游吸引物为核心，拓展旅游产业链条，主动与一产、二产等产业融合，构建跨越各个产业部门的多层次旅游产业链，构筑旅游产业价值体系，促进区域整体功能提升与转型。因此，延伸和拓展价值链，实现价值体系的整体增值是创意旅游发展的基本策略。

二、创意旅游创造旅游产业新价值

（一）旅游产业发展背景的深刻变化凸显创意的力量

现代经济发展处于新的转型时代，文化、休闲、体验、娱乐等成为推动经济发展的新要素，成为促进社会经济转型和升级的新动力。显然，旅游产业的发展需要创意的力量来加快升级，通过为旅游者创造休闲环境、体验产品和娱乐方式实现自身模式的创新。

步入大众休闲时代的旅游，需要创意创造旅游休闲环境，大众观光旅游到大众休闲旅游的转型无疑是旅游业向纵深发展的必然趋势。目前我国法定的节假日时间已经达到 114 天，加之带薪假日，一年中有超过三分之一属于闲暇时间，闲既是生产的根本目的之一，也是促进经济和社会发展的策动力。现代旅游业将担负着创造旅游吸引物、营造休闲环境、引领休闲方式、缓解传统旅游资源与生态环境压力的使命。

步入个性化体验时代的旅游，需要创意创造体验旅游产品。随着消费对经济增长的导向作用不断加强，城市居民消费逐步走向高级化的演绎过程，由小康型向富裕型转变，由简单的实物消费转向复杂的服务消费，发展性和享受性消费也渐成主流。旅游消费正由普及性消费转向个性化消费，旅游需求正在向体验靠拢。人们需要的不仅仅是期待传统的休闲度假类旅游产品来愉悦精神，更期待特色鲜明、个性化的创意旅游产品来丰富自身的体验与经历。

步入“玩”经济时代的旅游，需要创意创造产品的娱乐元素。当前，与玩乐相关的产业正在成为全球炙手可热的新经济内容，“玩”已经可以作为一个人、一个企业、一个产业乃至一个国家的经济资源了。在这种乐趣导向消费的趋势下，越来越多的产品、服务开始提供娱乐功能，或与娱乐活动结合。这使得“玩”经济已经不限于某些特定、有界限的行业，因为所有的事情都要换个方式做，以变得更好玩。“换个方式”，诠释了一种新的思维、一个新的角度。究竟以怎样的方式玩？于是，创意成为关键。“玩”经济时代没有跟风者，一切取决于能玩出什么新花样，持续的创新和抢得先机至关重要。旅游经济是典型的“玩”经济，是否好玩，是否有创意，是旅游产品创新成功的关键因素之一。

（二）创意旅游开启旅游产业的蓝海

2005 年欧洲工商管理学院的钱·金教授和勒妮·莫博涅教授出版的《蓝海战略》一书畅销全球，引起巨大反响。“蓝海战略”要求企业把视线从供方转向需方，从关注和比超竞争对手的所作所为转向为买方提供新的（现有产业未提供的）价值元素，并剔除和减少某些旧的价值元素，从而摆脱血腥竞争的市场——红海，开创一片新的市场空间——蓝海，以较低成本为买方提供价值上的突破。他们指出：“蓝海战略”的基石是价值创新，并尽可能降低成本。如何向旅游者提供新的价值元素呢？当前蓬勃兴起的创意产业，向各种产业的渗透，与之相融合，将为旅游者提供新的价值元素，可以说创意产业是实现旅游“蓝海战略”的手段。

从旅游者的角度看，产品价值系统由功能价值和观念价值两部分构成。功能价值是旅游者为满足基本需要时愿意给旅游产品物理属性（如酒店提供的睡眠功能、餐馆提供的充饥功能）支付的价格部分；观念价值是指人们在消费旅游产品物理属性的同时，因产品内在的文化属性、象征意义以及个人因消费该产品所带来的感受和体验等方面的差异而愿意多支付的价格部分。观念价值是商品中包含的能与一些社会群体的精神追求或文化崇尚产生共鸣的无形附加物，比如品位、意味、风尚、情趣等。观念价值是主观的、可以体会和感受的无形附加物，因文化创意渗透而生，是附加的文化观念。比如同样物理质地的旅游商品，一个有知名品牌，另一个是普通的牌子，市场价格会相差十几倍。随着旅游消费的普及，以功能价值为基础的大众化旅游需求已得到满足，需求更倾向于精神和文化方面的个性化、体验化旅游需求，故事内容、符号与象征元素等文化要素成为实现旅游价值创新的新路径。创意为旅游产品和服务注入新的文化信息要素，提供了新的价值元素，促进了新的需求，从而开辟了新的市场，也就是驶向蓝海。这也是创意旅游开启旅游产业蓝海、创造新价值的原理。例如，当全国各地农家乐旅游产品蓬勃发展，竞争激烈并趋于同质化时，大连的农业另辟蹊径，结合古今中外的阵图、迷宫文化，在种玉米前便设计了迷宫图案，并按设计图种植。当玉米长高后便成为国内首创的、最大的玉米迷宫，进而推出“勇者之旅”项目，和农家乐旅游相结合，吸引了大批游客，开创了农业旅游的一片蓝海。

三、发展创意旅游的新思路

创意旅游的巨大效应和创新模式的积极意义在于产业链的构建，在于对城市和区域整体转型的促进，以及旅游产业价值体系的形成和增值，旨在形成旅游产业的有智增长（Smart Growth）新模式。

（一）拓展产业链：跨越产业边界联动发展

首先，以旅游产业的无边界特征促进产业的越界发展，实现产业间的无缝链接与良性联动。旅游产业链拓展的重点要突破“旅游六要素”的小循环，充分利用休闲娱乐时代的体验需求，把创意旅游作为产业（企业）成长的投入要素和增值资本，成为各类产业增加附加值（实现体验价值）的重要环节，形成旅游产业与相关产业的互动互融，构造大旅游产业链的良性循环。

其次，以旅游消费促进再生产的反馈机制实现产业升级。通过旅游时尚消费促进再生产的反馈机制，为“中国制造”转型到“中国创造”

提供广泛的市场基础和引领作用是创意旅游的发展思路，这将促使制造业升级走上消费促进生产—再刺激消费的良性循环。通过将旅游功能拓展到产业链的上、中、下游各个不同的环节，尤其是强化产业链上游研发和下游品牌销售渠道的旅游渗透，用旅游消费的需求引导产品的设计和功能的优化，用旅游消费的偏好进行品牌定位，培育忠实消费群体，建立有效的销售网络。同时要围绕旅游者的潜在消费需求构建新型产业链，创造全新的产业空间。如游艇、邮轮和游船等水上旅游的发展将催生游艇、邮轮专用设备制造业、设计业、水上运动用品制造业、装饰业、维修业等新产业的发展。

（二）延伸空间链：跨越区域界线联动发展

创意旅游的发展注重区域整体价值的提升，属于新木桶思维，即区别于旧木桶理论补短板的思路，新木桶理论是将自身的长板与他人（或他区）的长板进行组合，形成更大的木桶空间。旅游产业链通过在空间上的延伸，实现跨行政区域的联动，在更大的地理范围内优化配置旅游产业资源，形成跨行政区的旅游产业链。

根据旅游产业发展的现状和基础条件，可构建不同区域层次的旅游空间链。以长三角区域为例，作为一个整体目的地，它的内部是非均质的，存在着不同的差异，需要对区域内不同城市进行功能定位，构建富有层次的旅游目的地体系，有重点地逐渐推进。比如，可以依托长三角区域内的自然空间，打造若干个有竞争力的旅游集群，形成合理的空间布局。如长江下游旅游带、环太湖旅游带、大运河旅游带、东海沿海旅游带等跨行政区旅游集群。再比如，可以通过搭建旅游平台的方式加快区域旅游一体化的发展，主要基于三个层面：一是政府层面的旅游决策平台、政策保障平台、资源配套平台；二是企业层面的旅游经营网络平台、交通集散平台等；三是非营利组织层面的研发、咨询平台。

（三）锻造价值链：占领价值链高端

创造新市场和新价值是创意旅游的核心理念，发展创意旅游要走出依靠资金大投入的误区，以价值链的构建思路开启蓝海，通过智力的密集投入，加大对城市和区域现有自然资源、经济资源和社会资源的整合力和转化利用率，积极培育旅游新业态，以强大的软实力占领旅游价值链的高端。

以创造力创造旅游新价值，如充分利用高科技成果丰富的优势，大力推广科技与旅游的联姻，提升旅游产业的科技含量。1. 以故事力活化文化资源。以上海为例，建筑遗产是上海得天独厚的有形文化资源，其中名人故居极具故事力和感染力，但目前上海已经开发的名人故居均属于静态的展示品，缺少深度的内容开发和文化内涵的动态展示，处于粗放式的开发阶段。可通过创意的手法，赋予动人的故事，将有形的建筑直接转化为旅游吸引物，成为带来旅游价值的文化资本。2. 以感受力展示文化资本。无形文化遗产的有效展示途径是各类创意旅游产品，受众通过直接的旅游体验消费，感受文化的魅力，引起其情感共鸣和文化价值认同。

（四）"秀"出主题链：全面演绎生活内涵

"旅游就是城市，城市就是旅游"已经成为业内共识，城市就是旅游者体验和感受生活的大秀场，如何将城市的过去、现在和将来具象化、故事化，秀出"城市处处是风景"、"城市时时有风景"的意境是创意旅游的新目标。可以主题产品"秀"的形式全面演绎城市生活：

一是节庆主题链。目前我国不少城市都举办节庆活动，但其旅游休闲功能还未能有效发挥，大众旅游者的参与性不强，其规模效应和品牌效应也远远低于国际的同类活动，同时，由于相应的产业链没有有效建立，产生的经济效益也很有限，往往需要政府部门的大量投入。按照创意旅游的发展思路，可以通过增加大众参与性活动，以及打造衍生产品和建立产业链的方式，把节庆活动培育成代表城市形象的城市品牌，展示本地特色的文化名片。法国戛纳国际电影节形成的以商业展销为主体、以吸引游客为目的的经济模式，值得上海借鉴。

二是活动主题链。城市每天都有各种各样的事件发生，有各种不同的活动举行，政府、企业、社区和各类组织的活动是城市最活跃和最时尚的“秀”。创意旅游就是要整合这些资源，给游客创造一个感受和体验真实城市生活的城市视窗。把城市活动当成城市旅游有潜力的新增长点，利用城市文化活动、艺术活动、体育活动、教育活动、社区活动、商务活动、外交活动和企业活动等来开拓新型旅游市场，一方面要对这些活动进行信息整理和过滤，筛选出有亮点的精华，另一方面要从打造旅游吸引物的角度精心策划包装，把旅游链及其衍生品做到极致。

三是生活主题链。我国一些发达区域已经“进入普遍有闲的社会”，在这一发展阶段，旅游产业不仅仅是要提供产品（服务），而是要创造一种生活方式，创意旅游的发展思路是以旅游产品创造有效的休闲方式，引领生活方式升级。创造有效休闲方式的旅游产品包括四类：一是健康休闲方式，二是生态休闲方式，三是学习休闲方式，四是和谐休闲方式。

综上所述，创意旅游的发展模式，将引领旅游产业的转型，促进旅游产业价值体系的形成与增值，推动城市经济再上新台阶。

第四节　创意农业的价值体系建设

党的十六届五中全会通过的《中共中央关于制定国民经济和社会发展第十一个五年规划的建议》，提出了建设社会主义新农村的重大历史任务。新农村意在“新”，建设新农村需要有新理念，同时，它更要求我们要以新理念催生新举措，以新举措推进新变化，以新变化促进新发展。我们认为，在世界经济步入创意经济时代的今天，通过发展创意农业，转变农业发展模式，构建一个持续健康的农村产业体系，将是实现社会主义新农村建设目标的一条创新之路。

一、创意农业的概念

20 世纪 90 年代兴起于发达国家的创意产业，21 世纪初已在全球蓬勃发展，不仅成为发达国家推动经济和社会持续发展的新引擎，也被认为是发展中国家实现经济转型和跨越式发展的重要战略。自2004年首届上海国际创意产业论坛发表宣言以来,创意产业在全国各大城市风起云涌,在政府、企业和社会各界的热情参与和推动下,创意产业的发展速度大大高于GDP的增长速度,并成为一种推动发展方式转变的策动力。

创意产业是无边界产业,它可以融合到任何产业里,并以一种新的思维方式提供新的发展模式,实现产业的创新。比如对旅游业,用创意产业的思维方式和发展模式整合旅游资源、创新旅游产品、锻造旅游产业链,创新其发展模式,就是所谓的创意旅游。同样,用创意产业的思维方式和发展模式整合农村生产、生活、生态资源、创新农副产品、完善农村多层次产业链,创新农业发展模式,就是所谓的创意农业。

北京市农林科学院秦向阳等认为创意农业的定义是:"对农业生产经营的过程、形式、工具、方法、产品进行创意和设计,从而创造财富和增加就业机会的活动的总称。"该定义强调的是创意农副产品和农业园区的设计、规划。但还局限于单一产业的层面,未能涵盖多层次产业链的整合及农业发展模式的创新。

所谓创意农业,不仅仅是指生产若干创意农副产品,而是要创新农业发展模式。相对于目前农业研发、生产、加工和销售的产业发展模式,创意农业的特色及其优势在于能够构筑多层次的全景产业链,通过创意把文化艺术活动、农业技术、农副产品和农耕活动,以及市场需求有机结合起来,形成彼此良性互动的产业价值体系,为农业和农村的发展开辟全新的空间,并实现产业价值的最大化。

实际上,创意农业起源于20世纪90年代后期,由于农业技术的创新发展,以及农业功能的拓展,观光农业、休闲农业、精致农业和生态农业相继发展起来;与此同时创意产业的理念也在英国、澳大利亚等国家和地区形成并迅速在全球扩展。借助创意产业的思维逻辑和发展理念,人们有效地将科技和文化要素融入农业生产,进一步拓展农业功能,整合资源,把传统农业发展为融生产、生活、生态为一体的现代农业，即现在所谓的创意农业。

二、创意农业的新思维

众所周知，科技是生产力，通过科学种田、科学养殖、科技创新将不断地提高农业生产力，这已成为我国建设社会主义新农村，实现“生产发展，生活宽裕”的主要路径。然而，在创意经济时代，文化创意所释放的文化生产力也已经成为推动经济发展不可忽视的原动力。党的十七大报告从新世纪新阶段中国社会发展的历史高度对推动社会主义文化大发展大繁荣作出了全面部署，首次提出了要解放文化生产力以及提高文化软实力的战略要求。所谓文化生产力，是指“人们围绕满足人类心理需求，运用文化资源，把人类自身的思想、意志和情感作为文化资源生产文化产品、提供文化服务和创造社会财富的能力”。这里的文化资源已成为一种生产要素，可投入各类产业，提高产业附加值和创造财富。

由于文化具有强辐射性、高渗透性等特征，这决定了文化要素能够与科技、产业和市场紧密结合，能够推动各行各业的发展，并提高它们的价值。进入知识经济时代，由于信息、智力、知识在经济结构中的地位逐渐重要，各种文化要素正在不断扩张，强力渗透到经济之中，并参与经济循环。例如，北京创意农业精品交易会上，来自门头沟的一对麻核桃顶级精品“狮子头”，标价 1.8 万元，这些以前长在山上的野核桃加入文化和创意元素后，身价倍增。用麦秸做成的梅兰竹菊图、用各种豆子做成的长城游览图，还有用蝴蝶翅膀黏成的古代四大美女肖像等，这些并不值钱的原材料经过京郊农民的创意加工，都成了热销的宝贝。

创意农业就是以科技创新与文化创意相结合的发展新思路，去积极挖掘和开拓文化生产力在新农村发展中的巨大潜力和价值空间。要解放文化生产力，不仅要推进文化的产业化，还要让文化要素渗透到各个产业里，推进产业的文化化。如同科技生产力的释放绝不能只局限于科技领域一样，文化生产力的释放也应该与各个产业的发展相结合，农业当然也不例外。可以说当前风起云涌的创意产业发展正是文化生产力大释放的过程，我们要充分认识文化软实力在社会主义新农村建设中的积极意义，强化文化创意的新理念，运用文化创意的新力量，实施科技与文化并驾齐驱的双创战略，在科技创新的同时注重开发文化创意，将文化资源转化为文化生产力，推动我国农业生产力的提高和新农村的全面发展。

三、构建多层次的产业链和价值体系是创意农业的新模式

如前所述，创意农业不仅仅是指生产若干创意农副产品，而是要创新农业发展模式。其中很重要的一点就是要构建多层次的产业链和价值体系。

（一）以创意产业的思维整合各类社会文化资源，为农业生产服务，提升农产品的附加值

在利用生物科技手段改变农产品形状、色彩和口味等物理功能的同时，融入文化元素，增加农产品的文化艺术含量，并根据市场需求，运用新理念把农产品变为艺术品，设计生产出来自泥土的原生态作品，可大大提高农产品的附加值。例如，上海奉贤创意农业园生产的五颜六色的小南瓜、茄子和西葫芦，色彩斑斓，形状可爱，装入一个篮子，命名为“缤纷年华”，价值300多元。又如，台湾地区有农民将圆西瓜种成方形，用激光打上奥运会的相关图案，每个价值达2 000元新台币。此外，如前所说，通过艺术点化，也可将农业废弃物，诸如麦秸、玉米壳、蛋壳等变为工艺品，化腐朽为神奇。

（二）以创意产业的手法将资源转化为推动农村发展的资本

发展创意农业就要以故事力来活化文化资源，将其转化成能为农业带来增值的资本。如利用农村的生产、生活、生态资源，发挥创意、创新构思，设计出具有当地文化特色的创意农产品、农耕文化博览会和各种相关文化活动，扩大市场知名度，促进发展。例如，大连在种玉米前

便设计好迷宫图案，按图种植，当玉米长高后便成为国内首创的最大的玉米迷宫，结合农家乐，吸引了大批旅游者，也创造了新的价值。我国历史文化源远流长，农业品种、农耕活动丰富多彩，可以编撰、演绎各种故事。

发展创意农业还要以“秀”增强感染力，引起人们的情感共鸣和文化价值的认同，从而实现增值。所以，还可以结合节庆活动、纪念活动、生产活动等，以“秀”吸引消费者。进入体验经济时代，“秀”已成为产品和服务的一种重要的表现形式，要“秀”出古往今来的农耕文化，“秀”出社会主义新农村、新风貌。例如，上海南汇的桃花节、桃子节，余姚的杨梅节等都有精心策划的各种文艺表演，既提升了桃子、杨梅的价值，吸引了大批旅游者，也借助文化力推销了许多产品。

（三）以创意产业的渗透融合功能建设农业产业链

创意产业具有很强的渗透力，能以多种形式与不同的产业相融合，形成以文化创意为核心的产业系统和价值实现系统。就创意农业而言，以特色农产品和农业园区为核心，可以形成包括核心产业、支持产业、配套产业和衍生产业的产业群，通过创意农业带动一批产业的兴起，让人们充分享受农业价值创新的成果。其中核心产业是指以特色农产品和园区为载体的农业生产和文化创意活动；支持产业是直接支持创意农产品的研发、生长、产品的加工，以及推介和促销这些产品的企业群，如科研机构、种源公司、现代农业设施、各类文化艺术活动（如会展、动漫、表演等）的策划企业、加工厂，以及金融、媒体、广告等企业；配套产业则是为创意农业提供良好环境和氛围的企业群，如旅游、餐饮、酒吧、娱乐、培训等；衍生产业是以特色农产品和文化创意成果为要素投入的其他企业群，如玩具、文具、服装、服饰、箱包、食品、纪念品等生产企业。

在整个创意农业产业体系中，一、二、三产业互融互动，传统产业和现代产业有效嫁接，文化与科技紧密融合，传统的功能单一的农业及加工食用的农产品成为现代时尚创意产品的载体，发挥了引领新型消费潮流的多种功能，也因此开辟了新市场，拓展了新的价值空间，产业价值的乘数效应十分显著。目前，在北京、上海、广东等地都在倡导发展创意农业，但所进行的一些项目仅仅停留在发展特色农产品和良种上，或是以开发观光农业为主。它们都有待进一步增加文化含量，完善产业链，形成创意农业庞大的产业体系。迪士尼拍摄了《玩具总动员》《海底总动员》《美食总动员》动画片，既吸引了游客，也塑造了一批品牌。那么上海市奉贤区的创意蔬果园何不来个《蔬果总动员》呢？人家能创作《洋葱头历险记》，我们能否创作《南瓜小姐奇遇记》呢？由此形成动漫形象和品牌，进而就可以发展一批衍生产品。作为配套产业，园区里还可发展一些娱乐设施。其特色农产品、纪念品既可以零售，也可以作为游艺机的奖品推销出去。

四、发展创意农业将有力推进社会主义新农村的建设

在世界经济步入创意经济时代的今天，通过发展创意农业，转变农业发展模式，构建一个可持续、健康的农村产业体系，将是实现社会主义新农村建设目标的一条创新之路。新农村意在“新”，这就要求我们要以新理念催生新举措，以新举措推进新变化，以新变化促进新发展，因此，需要多方探索我国社会主义新农村发展的新道路。

我国建设社会主义新农村的总体目标是：生产发展，生活宽裕，乡风文明，村容整洁，管理民主。其中蕴含了经济生态、自然生态和文化社会生态三位一体发展的新要求。如前所述，创意农业运用文化科技的双重生产力促进农村经济发展，以文化资源的挖掘和区域文化特色为核心，以优美的自然农业生态为依托，以高效的农业生产为基础，以提高人居生活品质为依归，这一发展模式不仅体现了建设经济生态文明的要求，同时也促进了自然生态和文化社会生态的发展，具有构建三位一体生态文明的强大功能。如将农业生产与地方自然、文化、社会等资源进行创意性配置组合所形成的创意农业产品，和以农民为主角、农村为背景的创意农业文化活动，不仅能够体现农业的生产功能、文化休

闲功能,还能够充分整合和盘活农村的各项资源,提高农民的收入和文化水平,弘扬当地的文化特色,还原当地的社会生态,使农民居住的场景和田园生活具有真实、生动、鲜活的美感,社会功能大大拓展,由此所吸引的人流和资金流又会进一步提升农民生活品质,营造多彩的农村社区,产生“滚雪球”般的良性循环。如上海市嘉定区马陆镇的葡萄园就把生产功能和文化休闲功能结合起来,人们可以种植、采摘葡萄,品尝葡萄及其制品,还可观光、休闲、娱乐。而蔬果园提供的现代化农业设施、优良品种还可帮助农民发展庭院经济,美化农村田园生活。比如应用现代农业技术可建筑一堵墙,通过内藏的营养液管,在墙上就可生长出各种蔬果花草,形成立体种植,既节约土地,还可因地制宜,随意布局,美化环境。

五、发展创意农业的对策思路

综上所述,可见创意农业是农业的新型发展模式,对于提升农业现代化水平和社会主义新农村的建设都有极大的推进作用。为此我们应调整思路,转变农村经济的发展方式:确立发展创意农业的新战略,制定创意农业发展的综合规划和发展的新机制。

(一)转变发展理念

要结合当地实际情况,改变农业发展局限于单一的生产功能,进一步全面挖掘农业的潜能,把科技、文化、产业、市场和生态环境有机结合起来,创新农业业态,实现农村一、二、三产业的协同发展。创意产业是无边界产业,只有突破工农业和服务业的界限,才能充分发挥农业的多种功能,转变农村经济的发展方式。

(二)作好综合规划和具体项目的策划

发展创意农业的关键就在于结合当地的文化特色,发挥创意,整合农村的“三生”(生产、生活、生态)资源,构建起较完善的产业系统,从而促进“三农”(农业、农村、农民)的发展。因此需要事先做好综合规划和具体项目的策划。要合理配置资源,结合当地自然条件引进良种和先进农业设施，选好主题，广泛征求创意。要知道人民群众的创意是无限的，可以视情况举办创意农副产品设计大赛，开发新创意。

（三）加强合作，培养人才，提高农民整体素质

由于我国农村发展相对滞后，不仅缺乏科技和文化方面的人才，更缺乏创意引导和经营方面的人才，因此，一方面要加强培训，发展职业教育；另一方面，需要借助外脑，可以与境内外有关农业科技、文化创意的企业和研究机构合作，并在合作中学习和培养起一批骨干。通过项目的辐射带动效应，进而提高农民的整体素质。

（四）建立城乡互动互融的推进机制，加快不同产业融合发展的促进机制

如前所述，创意农业的发展需要一、二、三产业的协同发展，而且农村不仅缺人才，还缺投资，这就需要城市大工业的支持。为此需要制定一套鼓励工业企业、文化企业、科技企业投资和支持创意农业发展的政策。比如，对投资创意农业项目的贷款给以减息贴息的优惠，给这类项目以数年的减免税待遇，将城市的文化发展基金划一块用来专门支持创意农业发展中的一些文化活动和相关的创作，对帮助农村发展创意农业的人员给予奖励等。只有城市反哺农村，工业反哺农业，城乡互动互融，一、二、三产业融合发展，创意农业才能迅速发展起来，并大大推进社会主义新农村的建设。

无穷无尽的创意，给中国的农业发展插上了腾飞的翅膀，创意之花将开遍中国大地。

【案例】

追逐“中国的迪士尼”梦想

——宏梦卡通诠释动漫产业赢利模式

随着上海、深圳两地“宏梦童趣生活”概念店的先后开业，在通向“中国迪士尼”之路上的宏梦卡通集团（以下简称宏梦），其称霸国内卡通业的路线图正越来越清晰。

“与迪士尼在中国相比，宏梦有着两大优势，一个是原创和发行，另外一个就是宏梦自己的零售渠道。”宏梦CEO王敬告诉《第一财经日报》，在宏梦的平台上，有三个重要的网络：发行网络、零售网络和授权网络，而第一家零售店的开出，无疑是宏梦零售网络和授权网络发展中的一件大事。

在上海的这家产业公司，是去年宏梦在获得红杉资本750万美元融资后设立的，除原创和发行两方面的版权型业务仍然保留在湖南外，零售、授权和多媒体三个产业环节的业务已经通通并入这家产业公司。

一、渠道制胜

宏梦计划2007年内开出52家零售门店，从儿童服装、家居用品、食品、玩具、游戏，到图书和DVD，几乎各种与儿童相关的商品，在这第一家位于上海市徐家汇港汇广场的“宏梦童趣生活”概念店里都可以找到。“宏梦童趣生活”概念店采用的是典型“品类杀手”的零售模式，在一个门店里为顾客提供一站式的购物环境；不仅如此，在深圳的第一家有500平方米面积的门店里，儿童游戏、多媒体互动体验和餐饮休闲区，也被引进其中，为的就是让爸爸妈妈和孩子能一起享受购物的乐趣。

而宏梦中期的计划是在未来三至五年中将这种零售模式复制壮大到1 200家门店的规模。因此，加盟店同时也是宏梦零售渠道中的重要组成部分，针对加盟商的管理模式将完全按照宏梦的方式来操作，如加盟商培训、专门的加盟手册等，此外，产品统一配送、POS系统联网也能让每天每家店的销售情况都能及时地反映到总部的管理系统上。

二、授权为王

与零售网络相配合的授权网络建设，其实早在2007年3月就已在上海产业公司的主导下启动，“同心圆战略”的授权业务将涉及18个大行业下的300个中等行业和700个子行业。在“同心圆战略”下，最外圈的是中等行业，宏梦的目标是希望与每个行业中的高潜力客户、领导者型客户都能见面商谈，建立初级接触的网络，这一目标客户群确定的是500家左右；中圈是有着较深接触，并且已经谈到未来合作愿景的，有150—200家左右；而内圈则是已经达成合作的客户，2007年希望达到40—50家。截至2008年10月已经与宏梦在授权业务上产生合作的企业达到80多家。

不同于大多数国外品牌授权代理商的做法，宏梦是以“四项服务”来取代单纯的授权买卖关系——即与客户共同制订生意计划、共同进行产品研发、共同进行渠道建设、整合营销。比如儿童家具市场，宏梦会与授权客户一起研究它的市场规模、未来增长、在哪些渠道中销售、消费者的评价、进入市场的策略等，然后与客户确定有可能达到的销售额是多少，并基于这个销售额，确定宏梦和客户各自应该做些什么。面对这种新兴的授权服务市场，宏梦的创新就是需要建立授权售后服务部门，有专门的客户经理一对一地为授权客户服务。

三、做中国儿童用品市场的“迪士尼”

与迪士尼等国际老牌卡通巨头相比，宏梦自有的卡通形象还非常有限。目前是以虹猫蓝兔、奇奇颗颗和神厨小子等宏梦自有的卡通形象为主，但今后如果有了合适的时机，宏梦还会做一些其他品牌的卡通形象衍生产品。一旦渠道做强之后，就可以在上游整合一些品牌。宏梦这种模式对国内的整个动漫产业都将是个很大的推动。虽然目前“中国迪士尼”仍然还是宏梦的愿景，但对于宏梦而言，在中国这个庞大的市场可以做的应该比迪士尼更多。

随着2005年中国动漫业的发展进入一个加速期，在全国相继出现近20家动漫基地，其中的动漫制作公司和制作室更是达到上千家。很多规模不大的动漫制作工作室，虽然创作了一些不错的节目和动漫形象，但却没有足够的资金和渠道来为之推广。而宏梦的优势就在于，未来500家授权商的授权网络和上千家店的零售网络，能让宏梦成为动漫产业渠道和内容上的双向集成者，可以与这些工作室和制作公司在衍生产品领域里合作、分成。

总结迪士尼和美国第二大玩具商孩之宝的经验，宏梦 CEO 王敬认为，宏梦最大的利润将来自卡通动漫的衍生产品。中国动画片产量在过去五年里，每年以 70% 以上的速度增长。而宏梦在 2005 年至 2007 年这三年中，营业收入平均增长率为 516.54%。未来几年中公司的目标是将卡通形象通过授权方式，覆盖到 18 个大行业下的 700 个子行业中，实现包括电视台的播出途径、零售网络和授权商在内的完整的动漫产业价值链。

【案例点评】

双轮驱动，舞起动漫产业价值链条

我们知道，中国市场的动漫制作主要有两个利润来源：第一是替别人来制作，赚制作费，但是不能发展成很大的企业；另一种是原创内容，然后售片，目前国内版权市场现状、播映费倒挂等瓶颈使得动漫企业获利难度较大。仅仅靠动画输出，企业的赢利有限，不少动漫企业陷入生存还是毁灭的两难境地。宏梦是如何突出重围，寻求产业化发展的成功模式的呢？

一、宏梦双轮驱动：迪士尼 + HelloKitty 模式

宏梦有一个愿景：打造“中国的迪士尼”。宏梦 CEO 王敬曾这样总结：“全世界的动漫运营模式可以基本划分为两个驱动模式，一是迪士尼的模式，完全是靠品牌驱动，就是靠内容、品牌来驱动这个授权业务；第二种模式就是 HelloKitty 的模式，即产业驱动模式，靠自己的零售渠道来驱动。而我们追求的是迪士尼和

谁是中国的迪士尼?

Hello Kitty 的结合点，我们是双轮驱动的。”[1]

在动漫行业，美国迪士尼的模式是不做渠道，而是投入巨资建立品牌形象，靠内容取胜，然后把品牌授权给零售商和厂家，从而获得巨额利润；相反，日本的 HelloKitty 的模式侧重于自建完备的零售渠道，通过销售具体的产品赢利，但没有足够的内容支撑。

宏梦创新了企业发展的双轮驱动模式，即品牌和零售一起做！

自 2006 年起，经过精密的战略规划和商业运作，宏梦实施战略转型，突破了最初的卡通制作公司模式，向内容制作、品牌授权、渠道经营和资本运作的集成化模式迈进，逐步构建以“宏梦童趣生活”为主题的，包括儿童时尚、儿童家居、儿童生活方式、儿童互动活动区等几大模块组成的连锁业务，以及品牌形象授权和无线增值业务的综合价值体系。

到目前为止，宏梦在中国动漫产业中始终占据着遥遥领先的龙头地位，在中国 4 600 多家原创公司中，宏梦的原创制作量占了 40% 的份额，经过品牌授权开发的衍生产品的利润占到目前公司赢利的 50% 以上，市场份额也增长迅速。

遵循创意产业的思维逻辑，宏梦重新定义产业边界，创新出动漫产业和零售行业的商业模式，即版权授权的产品进入零售终端，范围涵盖食品、玩具、服装以及生活服务等相关产业。2007 年，宏梦实体店销售的 5 000 多种商品中的 50% 由授权商生产，2008 年目标是 90%—100% 的授权生产。中国大量的制造工厂，在汇率压力和内需增长情况下都想转型进入国内市场，但是苦于没有品牌和渠道。因此，宏梦原创形象、打造品牌、授权品牌、连锁销售联动的方式，就是占据“微笑曲线”附加值最高的两端——上游的创意、技术和下游的品牌、渠道、服务，而将附加值低的生产制作外包出去，这一转型无疑是一个双赢的举措。

---

[1] 谭相宜. 宏梦卡通：迪士尼 + Hello Kitty[J]. 中国企业家，2008(11).

二、宏梦：跨行业的价值整合体

宏梦商业模式的核心是：一种资源，多重利用。其秘诀就是利用创意产业不同于传统产业发展模式的独特优势，锻造动漫产业价值链。在价值链的各个环节上投入创意资源，与不同产业合作增加附加值，通过产业集群引发利润倍增效益，通过跨界合作（Crossover）促成产业融合，创造新价值；以品牌授权为驱动、以渠道分销为纽带，形成核心产业、支持产业、配套产业和衍生产业为一体的产业体系，从而实现动漫产业价值最大化。

具体来讲，这“一种资源”就是宏梦的虹猫蓝兔卡通形象，“多重利用”就是挖掘出创意的多种产品形态和品牌价值。以《虹猫蓝兔七侠传》为例，宏梦的产业价值链环节包括：版权交易的主营业务、品牌授权的衍生产品、零售加盟的终端渠道、多媒体无线增值业务和注重体验的主题公园。

1. 版权交易的主营业务

传统的主营业务就是指动画创意、生产制作、发行推广，获得电影、电视播映权。宏梦已经覆盖了600家电视台的播出途径，除CCTV外，大部分栏目时间段都是买断播出，从而建立了在媒体领域的独有资源，带动广告和营销收益。

与动画形象相关的图书、报刊、音像制品等版权交易的开发与销售也不可忽视，例如，《虹猫蓝兔七侠传》的动画图书在3个月内突破1 500万册销量，最终销量突破2 200万册，DVD销售也高达1 200万张。

2. 品牌授权的衍生产品

宏梦的目标是打造中国卡通衍生品市场的第一品牌。当“虹猫蓝兔”卡通形象等经媒体反复播出成为让消费者喜欢的形象时，它就具有了品牌价值。宏梦把品牌授权给儿童用品和服务的厂家以后，由其提供产业消费品，比如伊利、李宁、雅客、奥迪、隆力奇、汇源等厂家都是宏梦的授权客户，产业链于是就延伸到儿童用品、食品、餐饮、教育、娱乐等领域，这部分“授权消费品”的赢利就占到目前公司赢利的50%以上，并呈现继续拓展的态势，宏梦的目标是达到500家授权商，贡献无限的附加值。

3. 零售加盟的终端渠道

宏梦卡通以加盟形式建设起广泛的零售渠道，建设中的1 200家零售网络都拥有一个美丽的名字“宏梦童趣生活”，一站式儿童生活时尚和体验的理念带给消费者一个充满乐趣、富有家庭氛围及友爱的生活形态，为衍生产品的销售提供一个到达消费者的多元化服务平台。

4. 多媒体无线增值业务

动画可以应用到数字电视、互联网、手机视频、单机游戏、网络游戏，以及基于现代信息传播技术手段的动漫新品种，在新媒体领域的动画应用还有待于创意去激发，以跨越边界的融合渗透的思路去不断发现新价值、新的利润增长点。

5. 注重体验的主题公园

宏梦将各项创意资源转化为资本，开发了动画片《奇奇颗颗历险记》，与常州中华恐龙园、张家界景区建立起合作关系，宏梦的动漫故事将发生在这些景区，吸引更多的游人到这些景区参观，宏梦则和这些景区进行门票分成，形成主题公园联盟形式的产业延伸。宏梦主题乐园——宏梦动漫广场也是以消费者体验为核心，包括欢乐世界、梦幻动漫、成长殿堂、家庭盛会、购物天堂五大模块，组成一个宏梦的梦幻乐园。

至此，宏梦已不再是单一的动漫制作公司，也不同于一般零售连锁，宏梦实际上已发展成从版权开始的跨行业的价值整合体，形成了以动漫产业价值的实现和增值为目标，有机整合了包括动画创作、电视播映、动漫图书出版发行、音像制品发行、版权的品牌授权、衍生产品开发、零售终端网络、多媒体无线增值和主题公园在内的完整的动漫产业价值链。

三、资本助推，宏梦提升品牌化、产业化力度

2006年，全球最大的风险投资基金——美国红杉资本向宏梦注资

750 万美元，对虹猫蓝兔系列动画节目的衍生产品进行开发、生产和经营。在红杉创始投资人沈南鹏看来，有一个好的创意对于文化创意领域企业的发展非常重要，但是有好创意的文化创意企业并非都适合风险投资进入，因为很多文化创意领域的项目未必有大的市场，风险投资非常看重所要投资的项目是否能够实现产业化，是否拥有广阔的市场前景。而宏梦适合风险投资，因为红杉资本看中宏梦的不仅仅是好的创意，有《虹猫蓝兔七侠传》《奇奇颗颗历险记》等好的产品，可以通过播出卡通节目、生产衍生产品等方式来实现产业化和规模化，更是看重未来宏梦的卡通产品将会形成品牌效应，学习美国迪士尼公司模式，由动漫公司变身为娱乐公司，那时宏梦将会创造出更广阔的市场前景。

2007 年 11 月，宏梦与三辰卡通宣布战略整合、相互持股，完成了国内最大的两家动漫企业的合并。红杉资本中国基金等国内外资本追加投资过亿元人民币，这些资金将用来加大对衍生产品开发和销售渠道整合的投入力度，通过经营团队专业化、设计研发立体化、销售网点连锁化，实现目标市场全球化，从而求得社会效益与经济效益同步，推动国产动画的产业化发展。

从宏梦与资本嫁接的案例中，我们不难观察到，创意企业要想实现产业化必须要建立起三个团队，第一是完整的创意人才链，也就是有一个文化创意人才团队；第二是要有一个金融人才团队；第三是要有专业的文化产品营销团队。风险投资带来的不仅仅是资本，沈南鹏还帮助宏梦挖来了具有强大实力的衍生产品开发人才和营销人才，逐步打造出了一个动漫企业所应具备的完整的人才链和产业链，成就了一个民族品牌的“中国的迪士尼”梦想。

【相关链接】

* 宏梦卡通集团：http://www.greatdreams.com.cn/.

【案例】

平遥国际摄影大展：打造文化品牌的创意产业

平遥是中国历史文化名城，是目前唯一一座列入世界文化遗产的中国汉民族古城，平遥古城的城墙始建于西周，至今已有近3 000年的历史，现在基本上保持着明初城墙建筑的原貌。除了城墙外，整个古城由古城池、古街道、古建筑群组成，包括了众多的票号、武馆、当铺、商店，还有400多处保存完好的古四合院民居。联合国教科文组织世界遗产委员会给予平遥古城的评语是："平遥古城是中国汉民族城市在明清时期的杰出范例，平遥古城保存了其所有特征，而且在中国历史的发展中为人们展示了一幅非同寻常的文化、社会、经济及宗教发展的完整画卷。"

2001年，在国家文化部、国务院新闻办公室和山西省委、省政府的支持下，首次创办的"平遥国际摄影节"（后更名为平遥国际摄影大展），完全按照国际规范操作，国内与国际接轨、传统与现代互动，使平遥古城独特的风貌、古朴的民风以及形式多样的摄影活动交相辉映，在海内外产生了出乎预料的轰动效应。因此，经国家文化部批准，组委会决定继续举办这一盛会。2002年平遥国际摄影大展吸引了来自法国、美国、西班牙、丹麦、俄罗斯、意大利、比利时、日本、韩国等国家的著名摄影家参展，他们展出的18组30个展览全部是第一次在中国亮相。国内摄影展览有33组65个，整体上突出了"世纪中国"的主题，平遥国际摄影大展是属于山西的，也是属于中国的，更是属于世界的。

2008平遥国际摄影大展展出了来自美国、法国、意大利、日本、韩国等42个国家和地区的摄影作品两万多幅。大展的主题贴近生活，富有时代气息，以"奥运 · 大爱"为主题，突出了奥运精神和抗震救灾精神，倾诉了世界各族人民对和平、友爱的追求。出版的《2008平遥国际摄影大展》精品画册精选了1 000多幅参展艺术家和艺术机构的佳作，国际化的装帧设计令人耳目一新，受到专家及广大影友的好评。而平遥国际摄影大展官方网站(www. pipphoto. com)在大展中发挥了巨大的网络传播作用。

2008 平遥国际摄影大展的艺术活动,除大型幻灯晚会、大师讲座、颁奖晚会、文化活动、民俗表演外,还有许多新的探索。如由《映像》杂志策展的《切片——当代中国手机影像现实》展览,首次将手机摄影纳入艺术策展的范畴,以学术的理念、立体的构成反映目前中国手机摄影多元共存的现状,探讨了手机摄影的未来这一学术命题。

2008 平遥国际摄影大展同时还举办世界摄影节组织同盟的精品展,世界摄影节组织同盟,包括美国、波兰、希腊、孟加拉、法国,还有 15 个国家的代表前来参与。

【案例点评】

从传统文化中提取产业运作的符号与资源

一、古城形象的艺术化再现

平遥古城文化创意产业运作良性发展的前提,就是找到了既与平遥自身特色有效结合,又打造消费大众乐于接受的视觉艺术的方式——与摄影联姻。平遥是我国 99 个国家级历史文化名城中唯一以一座完整古城被列入世界文化遗产的城市,其拥有的别具特色的人文景观和文化遗产已使这座古城提高了知名度。但是,调查发现,平遥古城虽然旅游资源,特别是人文旅游资源潜力极大,但是长期以来开发乏力。2001 年平遥采取了新举措,把摄影这一现代视觉艺术与古城相结合,创办了平遥国际摄影大展,收效甚大。七年中,经过不断地对这个视觉艺术打造的平遥古城进行挖掘,例如,利用平遥古城墙进行影展的布展,对旧工厂的创意改造,依靠策划者、决策人、组织者进行的文化创意产业运作,最大限度地开发了平遥古城的当代价值。

摄影艺术本身是一个多层次的复合体,它既是创造精神财富和记录社会现象的艺术形式,又涵盖商业性的技术操作层面。可以说,摄影艺术本身就蕴含着巨大的商机。此外,摄影是一门视觉艺术,它可以给人一种直观的视觉体验,用这种形式可以有效地记录平遥古城,传播古城的传统文化和风俗习惯,加上通过媒体的宣传和造势,可以很好地达到提升平遥形象的效果,使平遥传统文化的开发和再利用的空间得到了最大拓展。通过平遥古城的组照、影像的记录、文化艺术节的形式,以及对平遥人生活的真实写照,使平遥传统文化与视觉艺术紧密结合。

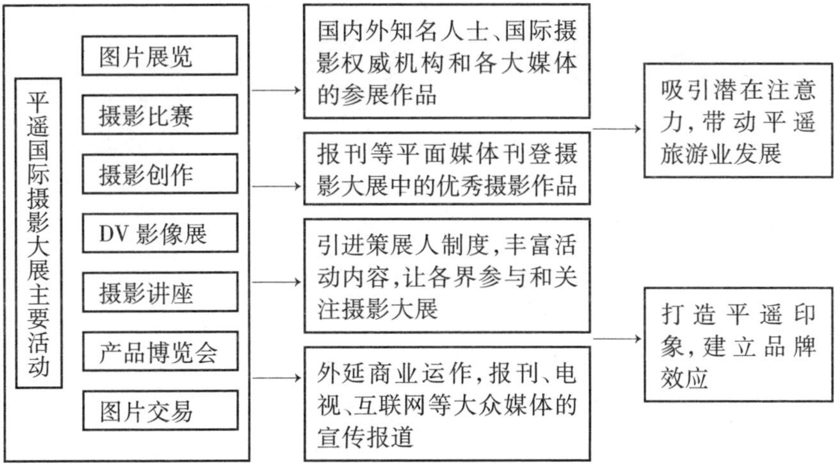

这种利用现代视觉艺术来对文化古城进行商业化的运作,是一个值得借鉴的创意模式。它不仅使得平遥固有资源通过视觉艺术的打造得到了扩大化的传播,并且透过国际摄影大展这一形式使其在国际上的知名度再次提高。而作为当代最强势的一种平面视觉传播艺术——摄影又通过创意性的图像表达和发扬了传统文化,衍生出新市场、新文化产品和新机会。据相关资料表明,2001 年平遥国际摄影大展创办当年,旅游门票的收入为 700 万元,到了 2006 年,这个数字就飙升到了 7 500 万元。

二、品牌效应:传统文化的有效利用

文化创意产业与其他传统产业发展的相同之处在于:离不开对固有资源的开发和使用。文化创意产业的发展必然在于对文化资源的开发，而文化资源根植于民族传统之中，体现着一个民族的文化价值。因此，文化创意产业发展过程中必须把文化资源中文化所独具的精神价值转化为社会价值，把其所蕴含的经济价值体现出来。细观文化创意产业的内涵，不难发现，创意产品和服务带有很深的传统文化的痕迹。平遥就有效利用了中国传统文化，挖掘出自身的传统文化气息并加以运作。在2007年平遥国际摄影大展期间，还举办了首届中国（平遥）漆文化艺术节。此外，平遥还多次承办了“晋商文化社火节”、“晋中旅游文化节”等系列活动，打造平遥传统文化品牌，吸引了国际范围的关注。

其实，我国有许多地区都具有这样的传统文化资源优势，而且我国的传统文化资源可以用多种形式加以运作。但是，目前这种优势并没有有效地转化成为文化符号和产业优势，这种资源优势就可能会被别人无偿使用。比如，美国的尼克频道热播的动画剧《降世神通：最后的气宗》，整个制作班底虽然都是美国人，但是此剧却蕴含着浓郁的中国文化特色。在《降世神通：最后的气宗》的设定中，画面和人物造型皆为中国风，有些地方用了水墨画效果，处处可见中国武术、中国建筑风格等，这部剧形成了轰动效应，电脑游戏紧跟而出，周边玩具、图书、装饰品等相关产业营销和运作都已展开且获得了很高的经济效益。

平遥国际摄影大展的成功运作带给我们很多启示。

第一，它立足于中国传统文化资源，开阔视野、扩展思路、努力创新，从中国传统文化资源中提取出可以进行产业运作的文化符号。这些文化资源是价值链的核心要素，可以通过价值转换机制形成资本，获得价值提升。

第二，平遥国际摄影大展将文化符号与艺术尤其是视觉艺术相结合。传统文化优势要想立足和发扬，必须和科学技术、艺术形式进行联姻。无疑，视觉图像的载体，例如摄影、电影、电视、网络，是最具推广效果的技术媒介。也就是说，通过现代科技手段，把传统文化所表达的价值观和其他各种精神追求的象征符号与视觉艺术的图像相融合进行传达，才能够实现传承、发扬，构成鲜活的当代文明成果。

第三，依靠策划者、决策人、组织者进行文化创意产业运作，并可选择同影响力大的国际文化创意机构合作，利用其全球的文化营销网络，使中国的优秀文化创意产品得以推广。例如，平遥国际摄影大展建立和实施了与国际接轨的策展人制度，通过与一些国际知名创意机构的合作，通过全球500强中的跨国公司阿尔卡特和欧莱雅的加盟，还有桦榭集团、香港卫视、中国移动的赞助，进行国际性的宣传和推广。可以说，创意产品的成功打造会为文化创意产业的良性发展提供运作前提和保障。

三、眼球经济：建立产业链条

当然，将目光局限于文化创意产品的推广是不够的，关键是利用创意产品进行产业运作，使各项产业形成有序的产业链。产业链是一个经济学用语，指的是一系列相互依存或互为基础的相关产业，围绕某种特定需求提供服务以及进行特定产品生产而进行的有机集合。这种产业链就是对一种或几种资源进行配置并使其经过各产业不断流通直至消费者的集合过程。形成有序的产业链就意味着可以使资源达到最大化的配置，以及带来附加价值的提升。

作为一种新经济增长模式，获取社会效益和经济效益是文化创意产业运作的核心和目的，而文化创意产业的最终指向对象是当今的消费大众。所以，建立产业链以期能够最大化地获得社会和经济效益、满足不同消费大众的要求，成为发展和壮大文化创意产业的重中之重。

平遥国际摄影大展通过七年的实践和探索，从起初的简单模仿、数量优先、缺乏有序运作的初级阶段，步入了立足于国际市场、提高影展质量、进行国际营销运作、优化资源整合、形成比较优势的新的发展阶段，由起初的小规模、分散型运作发展成具有一定规模的产业链。平遥国际摄影大展由组委会提供平台，评比、颁奖完全由企业运作。组委会设立了驻欧洲办事处，引入策展人制度，赴法国、意大利、西班牙、美国等国举办新闻发布会和国际招商。积极建立了标准化的会展管理工作和运作流程,并且利用摄影资源首开了全国巡回展出,成立了平遥国际摄影大展研究中心,还成立了平遥国际摄影大展图片交易中心,得到中国图片库、中新社图片网等中外有影响的网站、传媒机构、图片公司的加盟,这样保证了图片的成交率,也使交易更加规范和集中。除此之外,摄影展还组织建立影像培训基地,邀请国际摄影大师授课,并开展国际摄影座谈会、讲座等活动,形成了以摄影展为纽带,带动了当地的区域经济,使观光旅游、休闲娱乐、片源提供等得到充分的发展。

随着产业链的流动,摄影大展相关内容被制作成电视片以及开发其他衍生品,其版权价值被多形式、多途径的开发,资源通过产业链的流动得到了充分的配置和利用,并且满足了消费大众的各种需求,取得了巨大的社会效益和经济效益。

四、城市区域空间的艺术化重构

文化创意产业要想形成一定规模,一个直接和主要的措施就是建立产业园区。2007 年第七届平遥国际摄影大展中,往届的棉织厂分展区已经被打造成平遥国际艺术中心。该中心总建筑面积 16 498.4 平方米,设有艺术工作室、体验工厂、国际青年公寓、当代艺术馆、展示中心、研究中心、博物馆、会务中心、主题餐厅等一系列场所。其借鉴国内国外经验,成功地把一个旧工厂的区域空间重构成为富有艺术气息的创意产业园区。高大的厂房屋顶、烟囱、棉纺织机器、交织的管道、墙壁上的语录、原生态的车间,这些特有的元素都被刻意地保留下来,并对其进行艺术重构,变成现代、时尚、艺术创意的一部分。

平遥国际艺术中心借鉴了许多国内外的实例。英国、德国等国家非常注重文化创意产业园区的创意规划和艺术化建设,比如,德国鲁尔工业区的艺术化重构:把水塔改建成博物馆;大型焦炉被完整保留下来,在其周围做了供市民活动的景观水池,冬天就变成了溜冰场;在鲁尔区的一个钢铁厂被改造成三部分,底层是展览厅,中层是体验先锋视听艺术的场所,顶部则被改造为观景平台。可以说,将旧工业建筑更新发展为创意产业园区已成为许多国家进行城市更新、发展城市经济的新思路。文化创意产业园区不同于一般的科技园区或产业园区，是文化企业、个体艺术家等集聚和互动而形成的独特的集群环境。这些创意园区对城市区域的艺术重构，使城市区域内逐渐呈现出旧工业区的复苏及城市复兴的迹象，为当地的社会、经济和文化生活注入了新的活力，也实现了商业利益的最大化。

（本文根据石晶、郭英之、贾冬婷等作者相关文章整理而成）[1-3]

【相关链接】

* 平遥国际摄影大展：http://www.pipphoto.com.

【案例】

《禅宗少林·音乐大典》：创造旅游新模式

登封少林寺当年因电影《少林寺》而闻名世界，但是多年来少林寺旅游景区还一直处于门票经济阶段，并没有实现从卖景点到卖文化、从旅游景点到旅游目的地的转变。而这一切如今随着一场大型山地实景演出剧目《禅宗少林·音乐大典》的上演而悄然发生着变化。

距嵩山少林寺7公里的少室山待仙沟，原本是一个荒凉、险峻的峡谷，随着知名策划人梅帅元、音乐家谭盾、舞蹈家黄豆豆的到来，它变成了禅乐回荡、有着中国山水画般布景的天然剧场。2007年10月18日，在《禅宗少林·音乐大典》的演出现场，达摩身影在禅境里出现，村姑浣女在池塘边嬉戏，羊群沿着小道攀山而上，溪水从演出者身边流到观众席旁。菩提树的浅唱，空山雨后的喧闹，僧与俗的低吟，一切都在

---

[1] 石晶. 平遥国际摄影节：打造文化品牌的创意产业运作与启示[J]. 艺术百家，2008(2).

[2] 郭英之. 中国旅游热点地区旅游市场营销的可持续发展战略研究——以平遥古城为例[J]. 人文地理，2003(1).

[3] 贾冬婷. “798”之外的工业记忆[J]. 三联生活周刊，2007(39).

溪流声中散发出清凉的禅意，向观众展现了禅与武的和谐，动与静的和谐，禅居生活与村民生活的和谐。

现场实况：《禅宗少林·音乐大典》现场演出

《禅宗少林·音乐大典》舞蹈设计黄豆豆：在嵩山的怀抱里，人们在自然地生活，和尚在挑水、习武、打坐，一切都是自然的，完全没有刻意的。

《禅宗少林·音乐大典》艺术总监谭盾：用这种非常传统将要失传的乐器、音乐，化成一种非常诗情、浪漫的画意。

《禅宗少林·音乐大典》总策划人、制作人梅帅元：这个节目核心的创作动力，也就是动机，应该是中国文化中的和谐文化这一部分，我们说是禅宗文化境界。

整个音乐大典的表演，按音乐结构排列分为“水乐·禅境”、“木乐·禅定”、“风乐·禅武”、“光乐·禅悟”、“石乐·禅颂”五大乐章。600名演员在真山真水间起舞唱颂，形象生动地展示、阐释了少林禅文化，使藏在深闺人未知的少林禅宗文化，走出神秘，走向大众。

游客：非常精彩，体现了中华少林武术的历史渊源，体现了它的民族精神。

游客：现在是把武功、艺术、音乐都糅到一块了。

演出现场，两万多平方米场地设置了500多台数码控制音响，2 000多盏灯组成的艺术灯光，180°以上的全景视角，它以嵩山做舞台，流水作伴奏，特别是用嵩山石头做成最古老的石头乐器，演奏出36亿年的地球之声。著名音乐创作人谭盾为体现设计理念，在音乐大典创作中，以“春有百花秋有月，夏有凉风冬有雪，若无闲事挂心头，便是人间好时节”为主题，通过灯光和音乐的变换，营造出季节轮回月有圆缺，展示塔林春夏秋冬的变迁，构成一种人对自然生命的感悟。

《禅宗少林·音乐大典》艺术总监谭盾说：两年前听易老师（易中天）在漓江唱中国老百姓家喻户晓的那个（小调），我当时就觉得，就是从那里开始，我们有了一个想法，如何把禅宗的理念，所谓东西南北中、金木水火土，演化成一种声音，演化成一种激情，来跟所有的观众们沟通，然后形成一种所谓的精神桥梁，通向我们心灵中非常期望的一个和谐和宁静的土地。

作为旅游资源大省，河南一直以自然山水游为主，大量的历史文化资源没有得到很好的开发和利用。虽然有少林寺这样的知名景区，但游客仍停留在观光层面。过去像历史文化游，有听的、有看的，但是深刻体验，从走马观花到下马体验这个环节结合得不好。

嵩山文化的主体是中原神话、宗教文化和嵩山地区民俗文化的多元复合，历代留下的文物古迹在嵩山星罗棋布，形成了“佛、道、儒”三教荟萃，“天、地、人”竞相生辉，“山、寺、庙”互补争艳的文化特色。但多年来嵩山旅游缺乏延伸旅游项目的动力，产业链条不完善，游客“白天看庙，晚上睡觉”，停留时间短。《禅宗少林·音乐大典》的上演，使少林寺旅游夜生活不再匮乏，打造了一个全新体验少林文化的旅游目的地。

少林寺方丈说：过去，一般游客只知道少林有武功，少林武功只是建立在少林禅学的基础上，像少林的禅学、武术、医药和建筑艺术，包括音乐，内容很多，我们希望能够把少林文化全面的展示，让更多的人能够了解少林文化，能够了解中国传统文化，热爱中国传统文化。

《禅宗少林·音乐大典》的上演，彻底打破了旅游文化的瓶颈。弥补了嵩山旅游的不足，拉长了游客在登封的停留时间，同时延伸了旅游产业的链条。

据了解，《禅宗少林·音乐大典》自 2007 年 4 月 26 日正式演出以来，至 9 月底共演出 150 多场，海内外观众有 9 万余人次，票房收入达 980 万元，初步显现出良好的市场前景。

游客在登封停留的时间，由原来的一日游，变为现在的两日游。再一个变化是登封的酒店业，房间的出租率明显地上升，大概幅度在 30% 到 40% 。

《禅宗少林·音乐大典》还完全用民营资本投资进行市场化运作。从项目策划到剧目制作、从演员选聘到演出市场的开发完全由企业通过市场自主运作。因为这个项目本身的运作方式非常符合现代市场经济的规律,它是综合的股份制运作,一开始就是按市场化运作,不像政府大包大揽的形式。

《禅宗少林·音乐大典》的演职人员大部分是当地的武校学生和当地的村民,到剧组做群众演员已成为村民致富的第二职业。节目中打禅的高僧、放羊的羊倌等扮演者,都是登封市马庄村的农民,他们晚上参加演出,白天可以照常生产、生活,不仅增加了当地农民的收入,丰富了他们的文化生活,围绕这个项目还衍生了各种服务产业,把文化转入产业化发展的轨道。

河南省登封市马庄村党支部书记说:音乐大典来这儿以后,安置农民就业人员100多人,解决了咱们这个闲置的劳动力问题。以前这儿的人晚上打牌、打扑克、赌博现象比较多,现在基本上没有了。

新华社记者张彩霞说:专家们在总结《禅宗少林·音乐大典》的成功经验时认为,文化产业发展只有以企业为市场开发主体,面向市场,开拓市场,才能有持续的发展动力。《禅宗少林·音乐大典》实现了旅游景区从卖景点到卖文化的转变,把游客吸引过来,实现从走马观花到坐下来欣赏文化、体验文化、鉴赏文化这样一个转变。为河南的文化产业,特别是文化创意产业,起到一个非常好的示范作用。

(摘自新华网《新华纵横》,2007年10月30日新华社记者张彩霞郑州报道)

【案例点评】

少林文化产业化:创意旅游的文化、经济诠释

《禅宗少林·音乐大典》把嵩山厚重的文化与独特的自然景观相结合,借助禅宗祖庭——少林寺的影响力,以风景如画的世界地质公园

嵩山为背景,大手笔、大场景、大制作地推出实景演出,用世界相通的音乐和舞蹈形体语言,形象生动地展示、阐释禅宗文化和少林武功。

一、《禅宗少林·音乐大典》:创意旅游的文化、经济诠释

管中窥豹,从《禅宗少林·音乐大典》旅游演艺项目中,我们可以诠释出文化大省河南用创意产业的发展思路,以创意转化少林文化资源为资本,探索创意旅游发展的创新模式。

《禅宗少林·音乐大典》的创意价值在于对各类资源的多维化整合,包括将少林禅宗、少林武功、音乐、表演艺术、人文景观、餐饮、旅游等资源进行商业化运作,跨越边界实现嵩山文化、少林文化与旅游资源的融合渗透,成为少林文化的新名片,拉动了当地旅游、就业和经济发展。

解读《禅宗少林·音乐大典》,我们可以发现创意旅游模式具有与传统旅游不同的特征:

1. 卖文化替代卖景点

继张艺谋《印象·刘三姐》《印象·雪山》《印象·西湖》的印象系列给广西、云南、杭州带来旅游新亮点之后,《禅宗少林·音乐大典》再一次证明了卖文化比卖景点更具有影响力,以文化创意与旅游景区高度结合的实景演出带动文化旅游的产业化发展,是改变传统旅游依赖景点观光、吃、住、游、玩、购旅游格局的突破口。

《禅宗少林·音乐大典》是传统文化与现代艺术的完美结合,而少林禅宗是演出所要传播的核心文化。依托嵩山厚重的文化与独特的自然景观,演出创新运用了多种现代元素,通过600名僧俗的表演和唱诵,以音乐和舞蹈形象生动地展示、阐释了少林禅武文化,表现出禅宗潜心静修的文化内涵和少林禅武合一的历史内涵。演出以符合现代受众的审美需求和愉悦方式,让少林禅文化走出神秘、走向大众,赋予传统文化新时代的内涵。

2. 资源驱动替代资本驱动

传统旅游模式通常需要花巨资打造旅游物、旅游产品,旅游景点、景区是旅游的核心吸引物，也是旅游产业要素配置的中心。而创意旅游是资源驱动型，强调对各类社会资源的整合利用，以文化创意将有形资源（嵩山景观、人文风俗、餐饮等）和无形资源（禅宗文化、少林武功、音乐、表演艺术等）转化为资本，从而把资源优势转化为产业优势、经济优势，形成文化品牌，再进一步投入到旅游产业的全方位开发，带动产业价值链各环节上可持续的经济贡献。

创意产业的资源是软要素、软实力，其中文化创意是核心。少林文化、禅宗秘籍的故事内容、文化符号、象征元素和人文内涵等软要素都可以成为实现旅游价值创新的资源，再结合产业资本的投资、创作人员的策划、媒体营销推介、景观改造利用，少林文化的各项资源就转化为资本，投入到与少林文化相关的各个产业环节上进行全方位整合，以产业价值体系完成旅游增值。作为演艺业与旅游业联姻结合、共生共赢的旅游发展新模式，《禅宗少林·音乐大典》也是一次以创意产业思维逻辑对传统文化进行发掘、提炼和产业化运作的有益尝试。

3. 下马体验替代走马观花

郑州旅游局局长的一句话道出了传统旅游的缺陷，嵩山虽然有少林寺等人文古迹，但旅游人流逗留的时间也只有一天，走马观花、到此一游，“白天看庙、晚上睡觉”，游客人流并没有充分带动旅游相关产业的发展。

步入体验经济时代，深度的文化体验、独特的个性体验是创意旅游发掘旅游观念价值、提高旅游产品附加值的关键所在。消费者的文化体验、情感体验是创意旅游中创造力、故事力、感受力的起点和重点，也是发现旅游新需求、创新旅游新价值的源泉所在。《禅宗少林·音乐大典》让游客不再是走马观花游嵩山，而是下马体验。以天地为舞台，以嵩山为背景，运用了包括音乐、歌唱、舞蹈、光效等多种艺术手段的实景演出，将风声、水声、松涛、鸟啾融为一体，让观众走进禅的境界，坐在蒲团上面，迎风看水，听禅赏武，接受一番禅的洗礼，体验少林文化的源远流长。

名家打造名品，增加了《禅宗少林·音乐大典》的观念价值，提高了旅游产业的附加值。国内类似的实景演出在其他旅游地也不少见，为什么游客对《禅宗少林·音乐大典》就趋之若鹜，甚至慕名而去呢？那就是《禅宗少林·音乐大典》这一旅游产品在消费中的观念价值在起作用。

我们知道，旅游产品价值系统由功能价值和观念价值两部分构成，功能价值是旅游产品的物理属性，如酒店提供的睡眠功能、餐馆提供的充饥功能，旅游者为此支付价格；观念价值是指人们在消费旅游产品物理属性的同时，因产品内在的文化属性、象征意义以及个人因消费该产品所带来的感受和体验等方面的差异而愿意多支付的价格部分。《禅宗少林·音乐大典》的观念价值不仅仅是因为艺术化展现少林禅宗，而且还包括去消费和体验由名家大师所营造的无形附加物，如品位、风尚、情趣等因文化创意渗透而滋生的主观文化感受。名家大师以符号价值体现在演出之中，比如谭盾的音乐、黄豆豆的舞蹈、少林方丈的宗教概念、易中天的禅学顾问等，这些符号价值汇总于《禅宗少林·音乐大典》，经商业包装和产业运作，就呈现出一台融舞台艺术、音乐艺术、武术表演、禅宗演绎于一体的视觉盛典和艺术大餐，让旅游者体验消费的潜在需求得到了满足，也为当地旅游开发了一个增收的利润点。

4. 产业链替代产品导向

实景演出《禅宗少林·音乐大典》搭建了演艺业和旅游业跨越边界的融合渗透，不仅创造了未来文化遗产，也体现了创意产业创造就业、创造财富的特征。实景演出要用到600名出场人员，除了一部分舞蹈演员、僧寺武校人员以外，有近150位农民成为企业的演职人员。后续工程陆续建成后，将会有更多的人投身到旅游服务业当中，不断增加农民收入，提高生活质量，大部分群众演员都是由当地农民“原生态”出演，他们白天工作、晚上演出，一人一年的额外收入超过2万元。演出的辐射产业带动了当地就业，增加了农民收入。

创意旅游创造财富的关键，就是旅游产业链的拓展以及对区域整体价值的提升。大量游客在晚间看演出，要在这里吃、住、行、购物，逗留时间的延长就意味着消费增加，《禅宗少林·音乐大典》推出后，对嵩山当地的住宿、餐饮的经济贡献值就上升了30%—40%，以演出项目为龙头配套建设的禅街、禅田、禅院等休闲娱乐观光设施，完善了就餐、住宿、购物等服务，延伸了旅游产业链，拉动了当地的房地产业、酒店业、餐饮业、交通业、服务业等相关产业的发展。

纵观中国近几年的演艺旅游市场，其发展模式都具有一个经由产业价值体系而产生增值的共性，即“票房销售—带动旅游—地产增值—商业服务—拉动就业—品牌效应—吸引投资—股份升值”的发展模式。[1]其创富原理就是，由一个核心产品开始拉动可持续的产业链，经过产业集聚、裂变、辐射、带动，最终把所有的商业资源都整合在这个项目的周边，形成相互关联的产业链条，将核心资源转化为资本投入到链条各个环节，就可以提升本产业附加值而产生收益乘数效用，而关联产业创造的新价值汇总起来就提升了区域整体价值，创造就业，带动消费，从而推动经济增长和社会的可持续发展。

二、大智慧运作大品牌

有着1 500多年历史的少林寺，是中国佛教最大宗派禅宗的祖庭，同时又是世界著名的少林武术的发源地，享有“天下功夫出少林”的美誉。少林文化包括少林禅学、少林功夫、少林医学、少林艺术等。少林寺打破了寺庙原有的经济来源模式，运用现代化的营销手段来传播少林文化，在全世界弘扬少林精神。

让我们来看看少林寺围绕少林品牌使出的招数，可谓大智慧运作大品牌：

---

[1] 孙胤睿.“秀”动中国——从旅游秀场看景区体验式营销[EB/OL]. http://www.2020china.com.

1. 梳理少林文化：整理、出版少林武术典籍，成立了少林寺拳法研究会、少林寺武僧团、少林书画研究院、中华禅诗研究会，创办了《禅露》杂志。

2. 建立少林寺网站：第一个在国内寺院中建立起自己的网站，利用网络手段让众人了解少林寺，把少林文化推向世界。

3. 少林禅堂首次开放：把少林寺1 500年来绝不外传的武功秘籍以及少林藏经阁对外开放。

4. 舞台演出《风中功夫》：把少林功夫搬上舞台，创造了《禅武不二》《风中少林》等演出，少林寺武僧团在国内和全球巡演，出访30多个国家和地区。

5.《禅宗少林·音乐大典》：阐释禅宗对自然的礼赞，对生命本体的终极关怀，演出对一向不可言说的禅宗文化进行了现代包装和解读，推动文化旅游。

6. 网络游戏《少林传奇》：少林寺授权玩酷科技开发关于少林题材的网络游戏《少林传奇》，第一次将少林文化融入3D网络游戏。

7. 授权动漫《少林传奇》：首次授权台湾中影公司制作电视动画《少林传奇》，在海外20多个国家和地区播放，获得了青少年的喜爱。

8. 重拍电影《少林寺》：少林寺设立了河南少林寺影视有限公司，计划重拍《少林寺》，电影主要是走国际市场，让全世界再次被少林文化征服。

9. 拍摄电视剧《少林寺僧兵传奇》：电视剧与电影同步拍摄，通过“中国功夫之星电视大赛”电视选秀的媒体造势，在国内再次掀起一股少林功夫热，弘扬少林寺的禅、武、医、艺。

10. “中国功夫之星电视大赛”电视选秀：少林寺全资子公司少林寺文化传播（登封）有限公司与媒体联合，举办“中国功夫之星电视大赛”电视选秀，打造“功夫之星”。

11. 少林禅宗文化旅游：游嵩山少林寺，学少林武功，听禅师讲中国文化，看一场《禅宗少林·音乐大典》，吃素斋住禅院，全方位体验少林禅宗文化。

12. 少林武术学校教育:“天下功夫出少林”,以少林为名义的武校遍布全国、全球,少林寺武校本部就有1万多名学员,中国武术的教育培训已形成产业。

13. 少林医宗秘方普及:少林药局恢复研制“行军散”、“珍玉散”和“观音膏”3种少林医宗秘方,并首次将秘方在网上向全球公示,弘扬少林医学。

14. 少林品牌衍生产品:以释小龙为品牌的休闲运动服饰公司正式运作,衍生产品将在专卖店推广销售,少林寺还成立了保护知识产权的机构以维护品牌。

15. 少林寺开设全球分寺:当前在纽约、洛杉矶、休斯敦、柏林、维也纳、布达佩斯等地都有分寺,德国柏林的少林文化中心是欧洲最大的中国寺庙。

三、少林文化产业化的道路能走多远

少林寺和少林文化,以前是文化品牌,经过战略营销和商业运作,现在已经成为一个具有“文化金矿”价值的产业品牌了。在种种现代形式的演绎下,融入了与时俱进的时代元素,少林文化的核心价值——禅宗和武学被不断重新发现、挖掘、包装、营销和应用,少林寺文化产业链也得到了一次次的延伸。然而,少林寺在被赋予更多创新价值的同时,围绕着少林寺、少林功夫的知识产权也在不断被侵权、盗用,品牌声誉受到严重影响。

文化产业是一种经济,是一种以文化和娱乐为载体的经济,要着眼于形成产业链、经营产业链,才能创造巨大的财富。中国的文化底蕴远远深厚于美国,可是,美国的经济规模是中国的5倍,文化产业的规模是中国的30倍,文化产品的出口是中国的1 000倍以上。要想真正让少林文化走出国门、走向世界,在社会效益和经济效益方面都实现价值最大化,少林文化的产业化还有很长的路要走!

少林文化产业链示意图(见图3－3)演示了围绕着以禅宗和武术

为核心的少林寺及少林文化品牌而形成的产业价值体系。

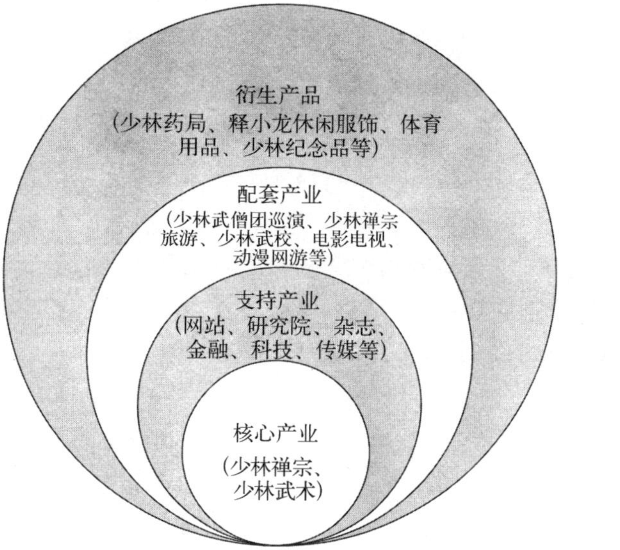

图 3-3　少林文化产业链示意图

真可谓,少林少林,有多少"文化创意"到处把你传扬!少林文化产业链的全方位锻造,让千年古寺在新时代下重又焕发青春活力,迈向了宗教文化学术化、少林功夫国际化、少林文化产业化的新高度!

【相关链接】

* 新华网:http://news. xinhuanet. com/video.
* 少林寺:http://www. shaolin. org. cn.
* 中国嵩山少林寺网:http://www. ssshaolin. com.

【案例】

慕尼黑郊区的创意农业

被许多人称为"百万村庄"的慕尼黑不仅在战后迅速发展成为德

国南部重要的政治、经济、交通和文化中心，而且以其独特的人文景观和田园风格在国际大都市中独树一帜。20世纪90年代以来，为了适应可持续发展的需要，也为了满足国际大都市居民在生活、休闲、娱乐等方面产生的新的需求，慕尼黑市政府在郊区农村实施了绿腰带项目。

绿腰带项目中的绿腰带，指的是慕尼黑城市外围没有覆盖建筑物的土地，也是连接慕尼黑城区和相邻乡镇的地带，土地面积约335平方公里。在这里，除了发展农业之外，保护动植物宝贵的生活环境，扩大保护区的范围，建立具有战略意义的生态发展区，加强文化休闲场所的建设，也是慕尼黑郊区农村未来发展的重点。为此，慕尼黑市政府和郊区的农民一起制定了一系列的行动方案。

干草方案是保护性使用绿腰带地区土地的一个典型做法。该方案给予了绿腰带地区的农民新的动力，鼓励他们来保留这块布满鲜花、但却正在不断减少的草地。农民通过把草地上的干草分成小包装卖给城里的小动物饲养者，获得了更多的收入。而对于城里人来说，在干草包中包含着的不仅是宝贵的、天然的美味饲料，还融入了来自慕尼黑绿腰带地区的家乡的味道。由于草地不需要过多的养护，因此此项措施还大大保护了水源和土地。同时，草地上遍布的鲜花给人以视觉上美的享受，吸引了许多城里人来这里踏青、郊游。特别是对于那些城里的孩子来说，在广阔的原野上自己采摘一束鲜花实在是个不同寻常的经历。

菜园方案是绿腰带的农民和市政府共同开辟的一条发展道路，旨在满足大城市居民迫切的回归自然的要求：绿腰带上的农民将自家的菜地分成60平方米的小块来出租给城里人，菜地的位置要尽可能地靠近城市聚居区，租费也非常便宜，每年只有110欧元。菜园方案从1999年开始实施，目前在绿腰带尚有10块这样的地方，提供超过500个小菜园。与其他城市郊区的菜园不同，绿腰带上的菜园每年只出租半年，即从5月中旬到11月中旬。在5月中旬之前，土地的翻耕、播种等前期工作都由专业人士来完成，借此来保证正确的种植间距和最优化的种植安排。租用者于每年的5月中旬来接管菜园，每周需要投入

2—3 小时的工作。在蔬菜的种植过程中，矿物肥料和化学保护剂是绝对禁止的。

在菜园方案中，当地政府的直接推动措施至关重要。长久以来，慕尼黑的市民回归自然的愿望非常强烈，对郊区菜园的需求很大。但是，并不是每一个郊区的农民在春季的农忙时节都有时间和精力来照顾这些城里人的菜地，因此，对郊区菜园的需求一直远远大于供给。在当地政府的倡议和协调下，成立了慕尼黑菜园园丁协会，该协会收取会员们一定的费用，承担了大部分的组织工作。例如，规定有关的收费标准、管理会员、协调农民与城里人的联系、提供农用器具、出信息板报等，协会有时还会根据具体情况雇用有经验的园丁来统一管理菜园。协会的工作大大减轻了绿腰带上农民的负担，为城里人提供了享受自然、享受劳动乐趣的好机会。

菜园方案除了为农民带来经济方面的收入，还具有重要的社会意义。对于城里的孩子来说，亲历蔬菜的生长，包括种植和浇水，都是一次难忘的经历。这些年轻的小园丁会突然间喜欢上某些蔬菜，而这些蔬菜在以前通常都是被搁置在盘子的边缘。对于成年人来说，和菜园的邻居进行愉快的交谈，互相交流园艺和厨房的经验，也是一种幸福的享受。在喧嚣的大城市里获得一份自然、协作、安宁和悠闲，绿腰带上的菜园让这些都成为可能，正如菜园方案的广告语所说：60 平方米的维他命，60 平方米的生活乐趣。

慕尼黑郊区拥有约 5 000 公顷的森林。丰富的森林资源不仅带来了丰富的木材资源，而且还发挥着蓄水、防风、净化空气及防止水土流失的功能，它是环境保护的重要力量，也是人们理想的休养之地。慕尼黑在保护森林的同时，还开发出森林的科普和环保教育功能。学校和幼儿园经常组织孩子来到绿腰带上的森林里，在护林员的带领下接触森林、认识森林、了解森林。而对于成年人来说，绿腰带上的森林则是一些企业开展培训项目的好场所，如团队精神培训、创造性培训、灵活性培训等。将这些培训项目从公司的会议室搬到郊外的森林里，不仅在形式上是新的创意，而且会带来意想不到的培训效果。

绿腰带上另一个引人入胜的休闲项目是骑马，特别是在春天的时候，农民将自己的马匹出租给骑马爱好者，他们可以在自由的天地里任意驰骋，在马背上去重新认识森林和草原，会有新的收获。

除了典型的休闲项目之外，绿腰带还会带给人们与众不同的经历，骑术治疗便是一个很好的例子：接受治疗者在治疗教练的帮助下，在马背上（通常是不配备马鞍的）完成各种治疗项目。在心理治疗方面，骑马治疗可导致新条件反射的形成和旧反射条件的消失，导致新习惯的产生。在马背上可以转移人们对病患的固有念头和对自己缺陷的自卑，这对人们的情绪和健康状况起到良好的舒缓作用，减弱或消除内心的紧张、束缚感，产生勇敢、开朗、机敏和顽强的品质。在外科中，骑马疗法可以用于发生不幸事故和重大手术后恢复走动的能力，以及治疗手和脚的全部和局部的麻痹症、运动协调性、肌肉痉挛性的缩短和萎缩、脊柱歪曲等。对内科病来说，骑马疗法的作用也不可忽视，可用于血液循环器官的补偿疾病、新陈代谢破坏、支气管喘息、肺气肿、植物神经调节紊乱等。在神经学和精神病学实践中，骑马疗法的适应症是巩膜散光、各种抑郁症、神经痛、低能、嗜酒狂和嗜麻醉药者等。

在慕尼黑这样的大都市里，骑马治疗只有在绿腰带地区才能成为可能。因为治疗用的马匹需要有良好的素质，而这些素质，只有在绿腰带上生长起来的马才能具备。它们在绿腰带柔软宽阔的草地上与同伴一起自由生长，不仅形成了健康的体魄，而且养成了平和坚定的性格。这些马听话温顺，受到外界刺激也不会受惊和发怒。

骑马治疗给慕尼黑绿腰带上的农民带来了新的经济增长点。由于骑马治疗在德国已经得到相当程度的认可，因此除了个别治疗项目之外，骑马治疗的费用基本上由医疗保险公司来支付。另外，一些青少年基金会也出资为青少年提供（心理方面的）骑马治疗。

慕尼黑郊区农村是深受百万都市居民喜欢的休养场所。森林、草地和农庄对城市居民都有很大的吸引力。除此之外，绿腰带地区有许多湖泊，这些大大小小的湖泊是人们游泳的好去处。而其他的水上运动也将人们的业余生活打造得丰富多彩。此外，采蘑菇、慢跑、野餐、骑自行车、漫游……慕尼黑的自然爱好者在绿腰带上可以经历很多，而且不分四季，因此，慕尼黑人常说：慕尼黑绿腰带永远都是旺季，永远都很热闹。在绿腰带这块335平方公里的土地上，可以找到许多机会，可以成就许多事情，每个人都可以找到自己的位置，绿腰带是深受人们欢迎的休养地。单从这一点上看，慕尼黑郊区农村的地位和作用在未来将会变得越来越重要。

（摘自《创意产业》2008第4期总第8期，作者于雪梅）

【案例点评】

慕尼黑，不仅有啤酒节

慕尼黑是德国南部最重要的城市，随着全球化趋势进一步加强，特别是欧洲一体化进程的加快，慕尼黑的城市发展面临着新的挑战。为了适应可持续发展的需要，也为了满足国际大都市居民在生活、休闲、娱乐等方面新的需求，慕尼黑市政府在郊区农村实施了绿腰带项目，重点发展生态农业、加强环境保护、为城市居民提供适宜的休养娱乐场所。绿腰带项目对我国大城市郊区农村的建设具有重要的借鉴意义。

德国慕尼黑发展创意农业的思路就是利用郊区农村的生产、生活、生态资源，创造出新的、优质的农产品和农村消费市场与旅游市场。这不仅为城市居民提供了优质的农产品和适宜的休养娱乐场所，同时也促进了慕尼黑郊区农村社会的综合发展。

一、围绕三农展开创意活动，促进三位一体的协同发展

慕尼黑绿腰带项目的主要创意对象是慕尼黑市郊的三农，即针对农业、农村和农民而展开的一系列创意活动，在不增加农村投入的情况下，依托富有创意的规划和资源转化，为市郊农民创造出更高的

经济收益，同时也使居住在慕尼黑的城市人群体验到乡村风情，获得更高的精神享受。比如，干草方案和菜园方案就是一举三得的创意。一方面，鼓励农民把草地上的干草分成小包装卖给城里的小动物饲养者。把农民自家的菜园分块按季节租给城里人，农民获得了更多的收入；另一方面，城里人得到的不仅是天然饲料的功能价值，更获得了一种和自然对话与亲近的观念价值。同时，城市反哺农村的良性循环，也积极地保留住慕尼黑绿腰带这块布满鲜花、绿意盎然的生态环境，改善城市与乡村的经济生态、自然生态和社会生态的三位一体的协同发展。

二、与服务业高度结合，一项资源多重使用，提高创意农业活动的附加值

创意产业具有一项资源多重使用的特征，其重点在于将一项创意资源与其他产业相结合进行多重利用，产生附加值。比如，慕尼黑市郊的养马业，按其属性应该属于第一产业的畜牧业，经济贡献非常单一。而经过创意开发的休闲骑马旅游项目，以及骑马治疗的医疗功能，则深度挖掘了养马资源的附加值，将单纯的畜牧生产与休闲文化、医疗服务结合起来，在养殖过程中赋予养马业文化内涵和经济价值，给人以超越物质的精神享受，在提高农民收入的同时，骑马治疗也开辟了价值创新的蓝海，其产品和服务更具有了一种精神和文化需求的特性，让现代都市人回归自然、舒缓压力的潜在精神需求得到了极大的满足。

三、无形的创意规划和有形的农业园区建设并重

从绿腰带项目中，我们看到的更多的是德国政府着眼于生产、生活、生态和谐发展的规划上，以软要素作为驱动，制定促进当地经济发展又不破坏自然生态环境的农业发展规划，指导农业产业建设，对未来进行一种创新活动的设计和开发，在推进中政府不忘设立公共服务机构，为城市和农村的双向合作搭建平台、提供沟通的桥梁和价值转换的机制。这些做法，都是值得我们借鉴和学习的。

事实上，创意农业不仅仅是指生产若干创意农产品，建设几个农业科技园，搞几个农家乐，而是在于创新农业发展模式。相对于目前农业研发、生产、加工和销售的产业发展模式，创意农业的特色及其优势在于能够构筑多层次的全景产业链，通过创意把文化艺术活动、农业技术、农产品和农耕活动，以及市场需求有机连接起来，形成彼此良性互动的产业价值体系，为农业和农村的发展开辟全新的空间，并实现产业价值的最大化。

【案例】

丰乐农庄：创意农业，点土为金

郑州市丰乐农庄是以自然生态为主题，以有机食品生产和生态旅游为主要功能的综合性生态农业示范园，是集农业生产、畜牧养殖、生态观光旅游、餐饮娱乐、休闲度假、现代农业种植为一体的现代化都市园区。它处于郑州、开封、洛阳三点一线黄金旅游带的中心地段，郑州市区北部的黄河滩区，西依郑邙公路和邙山游览区，南临黄河大堤，东接花园口风景区，北连中华民族的母亲河——黄河，总占地面积为2 000 亩。它的建成为发展郑州市乃至全省的旅游业，为广大市民、八方游客休闲度假，感受田园风光增添了又一处新的亮点。

如今的丰乐农庄格外诱人，置身其中，如同在大观园里徜徉。丰乐农庄总投资1.8 亿元，分东、西、南、北 4 个功能区，西区为观光游览区，东区为高新设施农业示范区，北区为苗木花卉基地，南区为河南名特优园艺花卉种植繁育示范园。

农庄西区是以种植世界名葵——日本巨无霸向日葵为主的特色农业项目，面积 800 余亩，种植向日葵达百万株以上，又称丰乐百万葵园。葵园轮茬种植，每年 5 月至 11 月份盛开的向日葵吸引着四面八方的游人。与之配套的广场大门两侧为白鸽广场、蚂蚁王国、孔雀乐园、笨猪乐园、松鼠乐园、锦鳞乐园、葵花迷宫等组成的娱乐互动园。农庄自南向北分布着荷塘、木屋别墅区、人工湖、丰乐桃园、美国引进的优质葡萄园、观景台、野兔园。北部的草原风光牧场养殖有南阳小黄牛和海南东山羊，园中环绕着3米、4米、5米不同宽度的观光道路6.6公里，可行驶古朴典雅的马车、牛车及环保观光电瓶旅游车。农庄东区为现代农业示范园特种蔬菜种植区，区内有百座智能温室、现代化育苗车间，种植有田三七、人参叶、富贵菜、紫贝菜等名特优精品蔬菜，这些珍稀蔬菜不同于普通的反季节大棚蔬菜，品种营养价值高，经济价值是一般大棚蔬菜的10－20倍。农庄北区是已初具规模的苗木花卉基地，该基地以华北地区和中西部地区林业建设和生态环境建设为服务重点，以高科技含量、规模化生产、集约化生产、市场化运作为方向，目前，该项目已发展成为我省知名的大型综合苗木培育基地。

丰乐农庄目前已建成智能温室、日光温室、钢架大棚、网室、组培室、苗木储藏室及太阳能照明、风力发电、地热温泉井、沼气池等现代农业设施。增建了高档次的桃花日式会馆、游客接待中心、温泉客房、西餐厅、咖啡厅、广场大显示屏、电子触摸屏查询系统等旅游设施，以及高尔夫球练习场、网球场、篮球场、乒乓球练习场等康体设施，并增建了以开展农科培训为主的各种规格的会议室，以及住宿、开会、就餐等的配套设施。新建的亚洲内陆第一水上景观——黄河谷·马拉湾海浪浴场项目，在正式投入运营一个多月的时间内，就接待游客10万余人次，表现出了巨大的市场潜力，经济效益和市场效益前景广阔。丰乐农庄成为河南省有一定知名度的现代农业示范园区、生态旅游观光中心，并能承接大型会议和各种培训活动。

丰乐农庄在农业科技示范园区建设中尽早融入循环经济、可持续发展的理念，力求建立资源节约型、环境友好型园区，充分利用了太阳能、地热温泉、风力发电、沼气等清洁能源，注重再生资源的利用，推行节能型农业生产。同时推行能源的循环利用，如采用地热水增温—温水养鱼—养鱼水用于农田节水灌溉，实现对环境零排放。由于黄河滩区虫子较多，丰乐农庄想方设法变害为利、变废为宝，引进了诱光灯杀虫技术、诱虫板粘虫技术，所捕杀的虫子喂鸡养鱼，使所养殖的鸡、鱼成为葵花虫草鸡、生态虫草鱼，其营养丰富，价格高于市场的2－3倍。目前园区被国家环保总局列为河南省国家标准环保试点区。

农庄内温泉水疗馆新增的温泉鱼疗，其创意就是源于一个巴西门童童年的故事。一天，一个在水疗馆当门童的巴西小伙说："小时候经常去河里游泳，有一种野生的小鱼成群结队来啃人的皮肤，痒痒的非常快乐。"丰乐农庄捕捉到创意之后，马上联合河南省水产科研院选择了良种鱼苗在丰乐农庄成功繁育，把这样的鱼放进水疗馆，让消费者人鱼同乐！温泉鱼疗项目推出后，许多家庭老少都来丰乐农庄享受人鱼之乐，创意的商业眼光再次得到市场的验证。

丰乐农庄在蔬菜营运模式上也有独到之处，采取种植—加工—出售一体化控制，特种蔬菜加工工程则为采摘—清洗—检测—加工—精包装—成品一体化。通过这样的流程，一方面供应郑州市民和周边地区，另一方面通过南方航空公司打入港、澳地区及日、韩等市场，出口创汇。

为了不断丰富农业旅游的底蕴，丰乐农庄还举办了中国新丝路模特大赛、丰乐农庄春风节、丰乐农庄葵花节、世界旅游小姐采风、首届中原风筝节、知名书画家书画笔会、桃花摄影大赛、记者联谊会等一系列文化活动，"2006首届中国·郑州农业博览会"指定在丰乐农庄举行，引发了各大强势媒体的关注和报道。丰乐农庄向日葵主题园也以其独特的风貌成为珠江电影制片厂、河南电视台的外景拍摄基地。据悉，丰乐农庄所属的绿色中原集团公司正在筹备中原文化庙会，筹建河南省首家农业博物馆，与媒体联动向民间征集濒临失传的传统农具和民俗用品用具等，为发展河南现代农业、弘扬中原农业文明作出贡献。

2006年10月，丰乐农庄丰乐葵园成功通过国家旅游局农业旅游示范点和国家旅游局AAA级景区验收。2006年12月在郑州市最受欢迎的十大优秀景区评比中总分仅次于少林寺旅游区，获得郑州市第二名的好成绩。丰乐农庄于2004年至2008年连续五年在郑州市现代农业示范园区建设评比中获得第一名。

丰乐农庄，源于农业而超越农业，正成为黄河边尽享创意的魅力之都！

【案例点评】

创意农业之花绽放在中原大地

河南发展创意农业，丰乐农庄已成为一个先行者！

建设社会主义新农村，创意农业的实践者就需要立足实际，以市场为导向，坚持创意农业的理念，依靠文化创意和科技创新，把文化艺术活动、农业技术、农产品和农耕活动、农业文明以及市场需求有机连接起来，积极推进创意农业园区建设，进行创意农产品开发、创新农业经营模式、创造农业旅游新价值。将资源、特色、优势尽情发挥，构筑多层次的全景产业链，形成彼此良性互动的产业价值体系，为农业和农村的发展开辟全新的空间，并实现产业价值的最大化。

丰乐农庄走在创意农业的前沿，可以从产业规划和创意细微处得到体现：

一、发挥丰乐农庄的综合优势，优化配置各种资源，实现经营利润最大化

丰乐农庄集农业生态观光旅游、餐饮娱乐、休闲度假、现代农业种植为一体，发挥了综合性现代农业示范园的优势，将各项资源进行了最优化配置，形成有规划的产业布局，实现了企业效益、社会效益和生态效益共赢的可持续发展。

丰乐农庄最有特色的应该是丰乐葵园，种植世界名品葵花超过百万株，形成规模后就可以开发出葵花主题公园、葵花迷宫、葵花采摘等一系列娱乐活动，成为市民休闲娱乐的好去处。同时，丰乐百万葵园也成为众多电影公司、电视节目的拍摄基地，不花宣传费用就得到了媒体的免费宣传。

二、依靠科技和农业创意，开发创意产品和服务，创意让丰乐农庄点土成金

丰乐农庄有几个创意可以看出经营者的智慧，即捕捉商机、满足潜在的需求、引导消费、创造新的价值。

一个创意是黄河谷·马拉湾海浪浴场项目。本来当地河务局要进行黄河堤防取土工程，施工后就会形成一片洼地。丰乐农庄的经营者捕捉到这一商机，因地制宜、合理开发，建成了亚洲内陆第一水上景观——黄河谷·马拉湾海浪浴场，满足市民近郊游的需求，也引领健康时尚的休闲生活。同时，黄河谷·马拉湾海浪浴场项目也丰富了园区的娱乐内容，成为创造收益的又一亮点。

另一个创意是鱼疗温泉。很多旅游地都有 SPA 水疗，为了吸引游客，不少经营者都在豪华设施、扩大规模等硬件上投入巨资。而丰乐农庄的鱼疗温泉巧就巧在善用创意精髓创造新价值，即利用小鱼叮咬皮肤的故事力，利用科学技术与农业科研所的创造力，创新出鱼疗温泉的休闲产品，利用体验与鱼共舞的感受力，引导消费，达到了“三力合一”提高创新服务附加值的功效。

三、建立农产品生产基地，完善销售模式，发展循环经济，构筑农业产业链

丰乐农庄特种蔬菜种植区内有百座智能温室、现代化育苗车间，种植了许多种营养价值高的名特优精品蔬菜，经济价值是一般大棚蔬菜的 10－20 倍，而苗木花卉基地、迷宫般的百瓜长廊、空中楼阁般的立体蔬菜种植，让丰乐农庄成为现代农产品的生产基地。

更贴近市场的销售模式应用在蔬菜营运上也是取得效益的途径之一，采取种植—加工—出售一体化控制，特别是优化流程，加强对特种蔬菜的加工管理，采取采摘—清洗—检测—加工—精包装—成品一体化的工程，获得了很好的效益。

建立资源节约型、环境友好型园区需要遵循循环经济、可持续发展的理念。丰乐农庄发挥科技创新力量，充分利用了太阳能、地热温泉、风力发电、沼气等清洁能源，注重再生资源的利用，推行节能型农业生产，同时推行能源的循环利用，有效地将农业生产活动、农民生活和生态保护融合起来，走上了可持续发展的道路。

四、激活文化资源，以节日活动、展览展示等形式，让创意与农业全面结合

发展创意农业就要以故事力来活化文化资源，将其转化成能为农业带来增值的资本。如结合节庆活动、纪念活动、生产活动等，以“秀”吸引消费者、以“秀”增强感染力，引起人们的情感共鸣和文化价值的认同。比如每年举行的丰乐农庄春风节、丰乐农庄葵花节、世界旅游小姐采风、中原风筝节、知名书画家书画笔会、桃花摄影大赛等一系列文化活动，以及农业博览会等展览展示活动，就是沿着发展创意农业的逻辑思路，力图让文化、创意与农业技术三者紧密相连，互相作用，很好体现了文化创意资源催化农业发展模式的创新这一新时代的命题，值得更加努力地去深化和发展。

不久的将来，创意农业之花将在中原大地盛开！

【相关链接】

* 丰乐农庄：http://www. malawan. net.

第四章　创意产业改变城市发展方式

进入知识经济时代，人们不再追求对资源、能源和农产品的更大消费，而是追求时间和智慧的价值。创意产业满足了环境与创新在现实中的连接和融合，在全球化趋势不断加强、国际竞争日益激烈的今天，以文化和创意为核心的创意产业的发展规模，已经成为衡量一个城市综合竞争力高低的一个重要标志。[1]

2004 年，上海一个叫田子坊的创意产业群落的自发形成引起了媒体的关注，也引发了业界的争议。《人民日报》曾对泰康路田子坊去留问题的分歧意见作了专题报道。[2]当时，一些人觉得那里不过是将废弃的旧厂房、老仓库作了廉价利用而已，在这块上海市中心地段，搞房地产开发的价值要比它高多了。其实，当时关于田子坊的定位和走向的分歧缘于大家对创意产业还不太了解，泰康路地块面积不大，但人文价值很高。从建筑而言，这里有典型江南乡村名居、西式洋房、中式石库门和新式里弄建筑，还有 20 世纪 70 年代前后的工业厂房建筑，记录了上海开埠以来社会经济发展的历程。以创意设计为主的中外创意产业机构在这里集聚，唤醒了被人们淡忘的海派文化印象，这种对人文、历史的召唤，有弥足珍贵的社会意义。所以，政府部门定位泰康路的发展之路是打造创意产业，而不是实施并不具竞争优势的商务型、市场性房

---

［1］ 厉无畏. 迈向创意城市的发展——“2008 上海创意产业国际论坛”演讲稿. 2008 - 10 - 16.

［2］ 娄靖. 构筑上海“苏荷”［N］. 人民日报 · 华东新闻，2004 - 07 - 08.

地产开发。事实证明，经过近几年的政府推动和产业发展，田子坊已经成为旧城改造的一个成功典范，也以实例验证了现代都市的一般发展轨迹——从效率城市向创意城市发展！从国际经验来看，当人均 GDP 突破 5 000 美元之后，现代化进程将由投资驱动向创新驱动阶段过渡，经济发展主要依靠产业结构升级，提高产业经济附加值。创意产业具有知识经济、头脑经济和高附加值的特点，在产业价值链中占据高端，它的蓬勃发展有利于提高城市综合竞争力，进而向创意之都迈进！

本章着重阐述创意产业在结合旧城改造，保护历史文化遗产方面所起的积极作用，说明创意产业的发展有利于提高城市文化品位，塑造城市形象和品牌，有利于改变城市空间结构，促进城市产业升级、城市资源转化，最终实现城市经济的可持续发展。本章穿插介绍了国内外创意城市的概貌，对各地创建创意城市具有一定的借鉴意义。

第一节　创意产业改变旧城改造方式

古希腊哲人亚里士多德说道："人们来到城市是为了生活，人们居住在城市是为了生活得更好。"城市与人之间的哲理揭示了城市的发展路径：走向美好的生活，在基本生活得到满足之后，有意义的生活则成为新的发展驱动力。可见，创意产业的种子在城市形成初期就已深埋其中，一旦有适宜的阳光、空气、土壤和温度就会萌芽并茁壮成长。

一、国外文化创意产业常萌生于已弃用的旧厂房、旧仓库

世界性大城市的文化创意产业常常萌生和集聚于已淘汰的旧工厂、旧仓库里，使逐渐萧条的地区重新走向繁荣。

艺术家集聚的城市旧厂房是孕育创意产业种子的原生态土壤，如国际著名的纽约"苏荷"（SOHO）地区是最早的艺术家集聚区，"苏荷"也因此成为早期创意产业的代名词。但二战前，这里是纽约的老工业

区，二战后纽约制造业逐渐衰退，“苏荷”地区闲置了许多厂房和仓库，一批艺术家稍加改造后作为创作、展示和经营文化艺术的场所。纽约市政府曾想拆除这些厂房和仓库，改建现代化的办公楼和高级公寓，但遭到民众反对。20 世纪 70 年代，市政府终于决定将“苏荷”列为历史文化保护区，明确规划这里以艺术经营为主，“苏荷”重新走向繁荣。

无独有偶，英国伦敦著名的泰德现代艺术馆也是由原本可能被拆除的火力发电厂改建而成。经过近四年的经营发展，这里成为全世界吸引游客最多的美术馆和英国文化创意产业发展的典范，同时带动泰晤士河南岸地区从贫困衰退的旧工业区走向文化繁荣的富裕地区。类似的情况还有柏林哈克欣区、温哥华哥兰桂岛、北海道小樽运河等。

这些文化创意产业为什么会集聚于旧工厂、旧仓库？不仅因为早期租金较便宜，又地处市中心，更重要的是这些老厂房、旧仓库能勾起人们的回忆，其敞露的屋梁架构又引人遐想，不知不觉促成一种思维的架构；加之老厂房、旧仓库开阔宽敞，可随意分割、重新布局，因此颇受艺术家的青睐。

文化创意产业的发展主要依托个人创造力的发挥。这除了与个人素质、修养密切相关外，还与所处环境有关。不同文化的交流、借鉴与融合往往更易于萌生新的创意，所以艺术家们便会自然聚集到一起，以相互交流、共享信息、相互启发。而老厂房、旧仓库形成的氛围更易于引发想象力和创造力，其内部由艺术家们改造后，反映原建筑美学特征的砖石墙体、屋梁架构被保留下来，同时又将现代材料、设施和设备用艺术手法布局，安置其中，为文化创意产业的发展提供了独特的环境和氛围。

二、创意产业与旧城改造有机互动

创意产业是知识密集型产业，具有无污染的特点，与对土地、资源有巨大需求的传统制造业相比，能够不受土地、资源相对稀缺的限制，以较低的投入获得较高的回报。它主要利用我们的大脑，即智力资源，只消耗很少的物质资源，而取得更大的效益。在环境日益恶化的今天，创意产业对协调经济发展和环境保护来说具有独特的优势，十分有利于城市的可持续发展。

创意产业不仅不掠夺越来越宝贵和稀缺的自然资源，而且还能够保护现存的文化资源，发展创意产业与旧城改造的有机互动，有利于历史文化遗产的保护和提升城市文化品位。创意产业界是新兴的业界，创业者大多年纪较轻，经济实力较弱，因此他们往往把城市中逐渐被废弃的旧区作为创业的基地，将其改造成富有特色的创意园区，进而形成创意产业的集聚地，为城市的旧区带来了新的生命力。

文化创意园区与城市旧区的有机结合，可以避免城市文脉的中断，不仅保留了具有历史文化价值的建筑，而且通过历史与未来、传统与现代、东方与西方、经典与流行在这里的交叉融汇，为城市增添了历史与现代交融的文化景观，对城市经济的发展产生了巨大的推动作用。创意产业正是这种对旧城进行科学更新的动力，是城市健康发展的新的激励因素，使面临废弃的老城区焕发了青春，不仅提升了该地区的文化品位，而且体现了区域经济协调发展的要求。

从经济上看，利用老厂房、旧仓库发展文化创意产业，改造成本低，产生的附加值高，不仅为城市增添了历史与现代交融的文化景观，而且对城市经济发展产生了巨大的推动作用。在当前产业结构调整和城市建设改造中应树立起这样一种观念：适当保留一批代表早期工业文明的历史建筑，为文化创意产业的发展留下一片空间。

西方的旧城改造结合创意产业发展的模式通常表现为：在物质载体、经济活动、精神文化三个层面上进行全面的循环更新。由政府牵头有计划地制定相关政策，并自上而下，由中央至地方、官方部门至非官方部门、非营利团体至商业机构建立一种新型的多方参与、多元合作的内在机制，对区域人力资源、物质资源、文化资源进行可持续的重组创新。以伦敦码头为例，其开发建设由政府全资投入的"伦敦码头开发有限公司"(以下简称 LDDC)进行运作。政府给项目公司设定了明确的目标和权利，该公司拥有规划权、公共基础设施的建设改造权，并拥有直接连通中央政府资源的渠道。LDDC 可通过设立各类基金的方式协助、促进地方政府改善这些工作，并设立退出机制，在整个区域开发建设走向正轨时，LDDC 撤出并向地方政府及相关机构转交工作及相关内容。这样，通过项目公司充分调动了商业运作、资金资源，并梳理和更加明晰了地方行政机构在城市建设管理中的义务和责任，两者(政府和项目公司)在不同时期进行角色分工协作。

可见，当制造业退出中心城区后，城市原有的制造业用地及其工业建筑面临着改造的问题。如何处理这些建筑，对于城市空间形态的变化影响很大。目前把旧建筑全部拆除，按照新的用地功能进行建设的方式，在中国城市建设新一轮高速发展中十分普遍，但这种方式对城市文化生态和历史风貌的破坏特别巨大。城市面貌虽然可以在短时期里焕然一新，但城市的文脉在这种大拆大建中中断了，不少具有历史文化价值的建筑在旧区改造中被拆除，造成不可挽回的损失。但是，创意产业的集聚很好地利用了旧城的产业建筑，并赋予其新的生命，是城市科学发展的"旧城更新"的动力，是城市健康发展的新的激励因素。

三、延续城市文脉，创意产业与保护历史文化遗产结合起来

厚重的文化底蕴是一个城市独有的特色，也是城市竞争优势关键因素之一。城市文脉体现了城市的特色和个性，是城市的底蕴和魅力所在。没有了故宫和四合院的北京，将很难与保存完好的罗马、巴黎并称为人类文化古城。随着城市化进程的加快，现代文明对传统文化的冲击，历史文化遗产因城市危旧房改造工程正快速消亡，有的城市将古建筑拆除，建起仿古建筑。要知道，古建筑是不可复制的，再精美的复制品也是赝品，而且这种行为割断了城市的文脉，破坏了城市的意象，使城市在所谓现代化的同时，失掉了沉淀数百年且世代相传的宝贵精神财富和物质资源，失去了城市独有的特色。

城市的发展不应以割断历史为代价。发展创意产业应该与旧城改造和保护历史文化遗产结合起来,让每一栋建筑、每一条街道乃至整个城市都能成为一件艺术品、一件文化产品。如前所述,上海的田子坊就是发展创意产业与保护历史风貌很好结合的一个范例,泰康路田子坊是上海最早的创意产业园区之一,这个 7 公顷多的地块,保存了上海 20 余种石库门的历史文化风貌。这里既有旧里,又有新里,还有花园住宅,建筑风格包容了折中主义、英国新文艺复兴风格、现代主义风格、中国传统砖木结构风格,还有西班牙建筑风格、英国城堡建筑风格和巴洛克风格等,其中尤以石库门建筑最为丰富。政府部门在构建田子坊文化创意产业集聚区时,就注重保护田子坊历史风貌居住区,保持其原建筑的风格,经重新设计改建后注入了现代元素和创意活力,吸引了众多各具特色的创意机构入驻,产业种类涵盖建筑设计、珠宝设计、动漫设计、原创油画、泰国石雕、陕西民间工艺品、日本和服设计制作、西藏唐卡收藏、茶道馆等,让人目不暇接,在这里老上海的城市文脉得到了延续和发展,漫步在充满创意生机和历史风貌的田子坊石库门街巷里,感受到的却是国际大都市的繁华感、文化底蕴的厚重感和时代的生机感。

创意产业的发展改变了旧城改造的方式,为城市经济发展与历史文脉相承提供了新的发展模式。保留旧厂房、老建筑并不只是维持现状或修旧如旧,而是挖掘出城市的人文底蕴和地方特色,融合现代的、时尚的创意元素,结合城市的发展目标进行前瞻性的规划与设计,合理开发和扩展这些地块的功能,与不断完善的城市功能接轨,符合产业结构升级的发展方向,构筑起创意产业发展的新高地,从而推动现代都市向效率城市创意城市的战略转型。

创意城市联盟(UNESCO)

2004 年,联合国教科文组织设立了创意城市联盟(UNESCO),为展示城市的地方文化资源提供了一个全球化的平台,在所有会员城市中促进形成诀窍、信息和经验,以此来推动发展本地的文化产业,促进会员城市在世界范围内的认可。城市可以根据自身的特点在联盟所设定的若干主题下展开构建过程。

截至2006年,这一联盟吸纳的城市共有九个,它们分别是:手工艺和民间艺术城市——埃及的阿斯旺和美国新墨西哥州的圣菲;设计城市——德国的柏林、阿根廷的布宜诺斯艾利斯和加拿大的蒙特利尔;美食城市——哥伦比亚的波帕扬;文学城市——英国的爱丁堡;音乐城市——意大利的博洛尼亚和西班牙的塞维利亚。这些城市并非都是知名的国际大都市,有些甚至是名不见经传的小城镇,但是,它们走出了一条有特色的创意之路,同样成为世界目光集聚的焦点。

爱丁堡:用文学经营城市

英国的爱丁堡被誉为“文学之都”。这个命名,是因为这座城市提供了丰富的文学活动。爱丁堡拥有50家出版社,是世界出版业的中心;这里有独具特色的爱丁堡文学酒吧游项目,营造出了创造性与充满智慧的思辨氛围;这里的爱丁堡作家博物馆,里面有苏格兰伟大文学家的研究著作以及丰富的人物肖像、手稿和个人用品展。它还拥有一个世界级的图书节——爱丁堡国际图书节。爱丁堡在文学产业上每年创造的经济价值约220万英镑。

每年8月,在爱丁堡举行的艺术节,是经营最成功的文化品牌。它有三个亮点:第一,以古堡为背景的苏格兰军乐节,尽显传统的魅力。第二,世界著名戏剧彰显经典艺术的魅力。艺术节组委会遴选最严格的项目,剧目不拘于传统或是现代,但必须是一流的。欧洲著名剧团的经典剧目都曾在这里亮相。爱丁堡艺术节像经典艺术的盛宴,每年吸引世界各国的戏剧爱好者前来观看。第三,大型多样的边缘艺术节注重创新。进入8月,爱丁堡整座城市就像敞开的舞台,来自世界各民族、各流派的艺术家都能在这里大显身手,评判者就是观众。年轻的艺术家可以尽情张开想象的翅膀,相互启发创作灵感。在爱丁堡7个艺术节中,边缘艺术节参与人数最多,观众也最多。

圣菲：不大的城镇，折射出耀眼的艺术之光

美国的圣菲被联合国教科文组织认定为“手工艺和民间艺术之都”，它的历史十分悠久，建于1607年，是美国最古老的城市之一。

艺术和文化产业是圣菲经济的主要贡献者，约占整个城市经济收入的40%。在市中心和山谷的路上到处都是林立的美术馆、画廊、首饰店、时装店、旅馆、餐厅和酒吧。目前全市有超过六分之一的雇员在为创意产业工作。根据新墨西哥大学贸易与经济研究院的数据，整个圣菲有7万个团体从事文化事业，比美国其他任何一个城市都要多，这些团体每年为该城带来11亿美元的收入。

目前，“圣菲风格”已经成为全球公认的艺术和工艺标准，一些独特的印第安文化元素在设计中的运用已经有超过400年的历史。“圣菲设计周”、“绿色设计圣菲”、“国际民间艺术家训练营造市场”都是该城每年必定举行的主要创意文化活动。音乐和舞蹈表演、艺术博物馆和画廊展示、国际民间文化交易会等各类活动不仅将这座城市的精神呈现出来，也吸引了四面八方的游人。

圣菲成为美国中小城镇中的第一艺术目的地，它也正努力成为文化产业的枢纽，为世界各地的艺术家、企业家和旅游者寻找灵感和参加丰富而独特的传统活动提供体验。在联合国的文件里这样描述：圣菲之所以受邀成为“手工艺和民间艺术之都”，是因为这个城市文化产业发展的成就，及其为人们分享经验、知识和最佳实践所提供的全球性文化平台。

塞维利亚：在民族音乐的震撼中，感受城市的激情

西班牙的塞维利亚被联合国教科文组织认定为全球“音乐之都”。

塞维利亚以民族特色音乐闻名世界，创意城市联盟认为，塞维利亚不仅是世界著名的创意和音乐活动中心，也是具有悠久音乐传统和全球影响力的城市，特别是它的音乐活动吸引了不同领域众多的艺术家，造就了高质量、热情和多元化的城市，推动和繁荣了城市文化。

在塞维利亚，音乐无处不在，无人不参与。城市为所有的居民提供各种方式和途径去参与创造和欣赏音乐，公共空间的基础设施、各类组织、音乐学校等都为音乐“开绿灯”，提供从交响乐、歌剧到流行音乐的演出场所。城市成为永不落幕的舞台，塞维利亚艺术中心，西班牙民俗音乐和舞蹈在这里定时演出，观众可以欣赏到原汁原味的歌剧《唐璜》《卡门》等。塞维利亚广场则举办庞大的弗拉门戈舞表演。各类音乐活动强化本地文化特色。如“塞维利亚四月文化节”，在一周的时间内推出包括斗牛、音乐、舞蹈、戏剧和工艺品展览等西班牙特色的节目和活动。该节成为最能体现最正统的西班牙精神的文化盛会之一，整个四月文化节，艳丽的民族服饰是节日的亮点之一，许多西班牙观众都身穿传统的西班牙节日盛装，穿行在塞维利亚的主要大街。塞维利亚每年举办的《卡门》音乐节则将歌剧每一幕的舞台真实地搬到了歌剧故事的发生地：卷烟厂旧址、西班牙广场和马斯隆萨斗牛场。

第二节　创意产业塑造城市品牌

创意产业发展对城市的外在影响表现为提升城市文化品位、塑造城市形象和品牌。人们通常说打造一个品牌往往是针对一个企业或者是一种商品，但城市也有品牌，城市品牌是整个城市所有的企业和人们可以共享的一个品牌，由于创意产业具有很强的辐射功能，创意企业可以分享通过文化创意塑造的城市品牌和城市精神所带来的效益。

一、发展创意产业，提升城市形象

发展创意产业就是要将文化创意融入城市规划之中，让文化真正地融入城市生活，创造新的城市文化氛围，塑造城市标志、城市雕塑，提高城市生活品质，提升国际大都市的形象。城市发展不能忽视文化，一个有个性的城市，往往就是依靠独特的文化打造和经营出来的。

Ashworth 和 Voogt 认为，发展创意产业能够提升形象，起到“地域营销”的作用。城市形象是人们对城市的看法、观念和印象的总和，有效的城市地域营销既可通过多元文化的融合达到提升城市整体形象的目的，同时也有利于输出城市文化和张扬城市个性，树立城市品牌优势在增强城市对消费人群的吸引力、提高城市空间的经济价值、打造文化特色和符号象征中的多重作用。与普通商品的消费不同，创意产品的消费往往带有文化体验的意义，在消费的同时也缩短了城市与消费者之间的文化距离，增强了城市的亲切感，并使城市品牌在无形中得到大范围的和深度的推广。所以，以文化为载体的创意产业在某种程度上实现了创意产品与城市地域的协同营销，进而使产品与城市的品牌价值得以达成互动增值的良性发展格局。

二、发展创意产业，塑造城市品牌

国际城市的发展历程，在先后经过依托自然资源、依托交通枢纽和依托技术创新等阶段之后，如今已进入依托创意能力阶段。文化创意产业已成为城市经济的一种新形态，创意展现的是思维与观念的力量，对于城市来说，它是都市活力与生命力的催化剂，是一个城市发展的力量与源泉，能够为城市带来巨大的经济效益和社会效益，改变城市形象，塑造独特的城市品牌。

创意城市的品牌建设需要采取三项措施：

首先是完善城市功能。就是要增强地区城市之间创意产业的联动发展和创意产业集聚协作作用，发挥人力资源优势、区位资源优势、资金优势、产业优势等，构建大区域性创意产业集聚区，形成互补联动发展的态势。同时，还要以创意的思想和观念去经营城市、建设城市、管理城市，在城市中营造一种创意的环境和氛围，让人们在这个城市中可以处处感觉到创意，使创意成为城市的精神气质，塑造出创意的城市品牌。

其次是提升城市综合竞争力。创意产业是城市竞争力最主要的体现之一，创意城市的个性和品牌建设就如同一个个符号，为城市富于鲜明特征的产业优势和城市品牌建设发挥作用。城市品牌是城市消费者（旅游者、商务人士、居民、投资者）对特定城市的体验和评价，是城市所能带给消费者的整体印象和联想的总和。好的城市品牌不仅能给本地居民及外来消费者带来附加值,有效地影响社会公众对城市自身形象的看法和评价,而且能够使城市获得并维持更大的声誉,获得竞争的优势。

再次是要培育城市文化。因为在所有要素中,城市文化是城市品牌的核心。文化是城市的灵魂,只有以城市无形资产的积累与释放实施城市品牌工程,才能使城市品牌具有持久的生命力。文化创意是打造一个城市核心竞争力的重要手段,通过一定的文化策划和创意,对城市所有的资源从文化层面上进行新的整合,能够提升和创造城市的价值和形象,增加城市的无形资产。

三、创意城市的基本要素——3T

创意城市根植于本地文化,而文化都是有地方特色的,不难发现,世界各地的创意城市都富有个性,具有鲜明的形象特征,然而,透过这些精彩纷呈的表象,我们也看到了创意城市背后的共性特征,那就是有发达的创意性社会结构,包括多样的文化、数量众多的创意阶层、创新的观念和实践经验、有效的运行机制和扶持政策等。

Landry 归纳了创意城市的三个核心特质:一是以开放的思维解决问题的能力;二是勇于承担知识风险、勇于尝试新方法和勇于实践的精神;三是具有反思与不断学习的能力。

理查德·佛罗里达则提出了创意型城市必须具备“3T”要素,即技术(Technology)、人才(Talent)和包容(Tolerance),它们相互补充,是创意城市形成的充分必要条件。

(一) 技术(Technology)

技术可以定义为一个城市的创新和高科技的集中表现。佛罗里达认为,创意城市必须拥有强大的技术基础,比如众多的科研单位以及对技术的大规模投资,技术是创意城市首要要素,只有技术资本积累到一定程度,创意城市才具备了发展的基础,但技术只是创意城市必要而不充分的条件。

（二）人才（Talent）

人才（Talent）是创意经济时代城市竞争优势的来源，人才资源是把创意转化成新商业商品的关键要素。因此，创意城市的优势在于能够吸引人才，是否有足够的创意人才是创意城市的标志之一。佛罗里达认为，美国的社会阶层构造发生了主要变化，除了劳动阶层（workingclass）、服务阶层（serviceclass）以外，一个新的阶层在悄然兴起，那就是创意阶层或创造阶层（creative class）。他把创造阶层分成“具有特别创造力的核心人员”和“创造性的专门职业人员”两个组成部分。前者包括引导当代社会潮流的科学家、大学教授、诗人、小说家、艺术家、演员、设计师、建筑师、编辑、文化人士、咨询公司研究人员以及其他对社会舆论具有影响力的各行各业人士，后者包括高科技、金融、法律及其他各种知识密集型行业的专门职业人员。

（三）包容（Tolerance）

包容可以定义为开放、宽容和多样性。佛罗里达认为，包容性对创意城市的意义在于能够吸引创意人才。因为有才干的人喜欢到开放、容忍和能提供生活质量的地方去，一个地方越是多样性和多文化，对他们越具有吸引力，能吸引这些具有创意的人的城市就可以吸引更多的公司，产生更多的创新，从而促进创意城市的成长和发展。

德国汉堡曾根据“3T”原理在一些欧洲城市作了一个调查，在传统的如伦敦、巴黎、柏林等国际大都市之外，评选出五个最具竞争力的新兴创意城市，其评选的衡量指数可供我们参考借鉴。

哥本哈根在欧洲创意都市中处于领先地位。该国人均 GDP 高达 5.6 万欧元，人口增长率为 3.1%。它拥有大量知识人才和以众多新专利为基础的技术标准，其知识密集型技术工人占到 62.5%。这座城市的成功之处在于：竭尽全力吸引新公司，学生群体占很高的人口比重（11.6%），2.7 亿欧元的风险投资以及在研发投资上的税收优惠。

巴塞罗那一贯热衷于创新，而且非常重视城市的包容性。尽管这个西班牙大城市仍需在科技上加大力度，而且人均GDP也还不算太高（2004年为2.3万欧元），但是它的崛起力度非常大，越来越多的新来者也有力支撑了它的人口增速，对创意阶层来说，这座城市正成为一个巨大的创业乐园。

阿姆斯特丹和都柏林，这两座城市在人均GDP方面很接近（4.8万欧元），人口增长率也很快（分别为5.6%和7%），在爱尔兰加入欧盟之后，都柏林作为首都更受益于欧洲的开发援助而爆发城市创新力。阿姆斯特丹一直是一个包容性很强的国际化大都市，创意人士占到总劳动人口的47.1%，具有强劲的创新能力。

维也纳作为奥地利首都，人均GDP为4万欧元，人口增长率仅为0.4%，可口可乐、惠普及阿尔卡特等跨国公司在维也纳设立了东欧总部，刺激了经济繁荣并淡化了这座城市作为“露天历史博物馆”的色彩。维也纳的创意产业从业人员占到总就业人口的42%，并且较好地利用了与东欧接壤的战略位置，推动创意力量融入古老的音乐之都。

第三节　创意产业改变城市空间结构

创意产业的发展对城市的内在影响表现为：催生城市内在布局优化的牵引力，从而重绘城市地图，使城市形成各种特色城区。

一、创意产业优化城市“中心—边缘”空间结构布局

创意产业优化城市空间结构布局是沿着两条路径同时展开的：

一方面，城市中心区的文化地位更趋凸显，大博物馆、著名歌剧院、芭蕾舞剧院、大小电影院、大图书馆、音乐厅等向城市中心区不断集中，城市中心区成为文化和艺术创造力的焦点和中心。

另一方面，不同类型的创意产业又在不同城市区位中集聚，形成了不同的文化氛围。尽管城市空间布局中“中心—边缘”的区位差别，在

地价杠杆作用下产生具有高低之别的空间层级性差异,但是,创意产业巨大的附加值却在为不同区位的土地增值,并不断调整地价杠杆的作用,使整个城市社会空间形成类型之异,而非层级之别。[1]也就是说,每个地区的创意产业发展后,就使得这些地区之间只有类型的区别,而没有层级的区别了。

创意产业正是以其独特的形态保护了现有的环境,保护了历史,也促进了城市流量经济的扩张,是城市经济可持续发展的重要推动力。

二、创意产业集群影响城市空间结构布局

从理论上讲,结构决定功能。一方面,城市空间结构布局是否合理,在很大程度上决定了城市功能的发挥和城市个性的体现,进而决定城市产业集聚能力的强弱。另一方面,产业集聚状况也对城市空间布局有着反作用力,发挥高效能的产业集群有利于城市空间布局的优化。

创意产业在城市的空间布局中,多以集群的形式存在,称为创意产业集群(creative cluster),它是一种另类的创新集群,被誉为“城市再生”的有效途径之一。美国的 Florida R 和 Michael Porter、澳大利亚的 John Hartley 及中国的众多学者从区域发展、产业经济等不同视角对创意产业集群进行了研究,认为它对于城市历史文脉的传承以及社会转型等都有积极意义,更重要的是,它能够优化城市的空间布局。

国外部分学者专门针对一些“城市架构下的创意集群”进行了研究,认为这些集群重在展示城市的文化特色,成为城市名片。比如,意大利佛罗伦萨的艺术、新西兰奥克兰的荧幕产品及其衍生物。还有一些堪称“社区意义上的创意集群”,它们是城市空间布局中更小的细胞,是重要的载体,往往与城市居民的生活密切相关。如英国的一些文化吸引物——博物馆区域(伦敦南岸和伯明翰世纪广场等)、荷兰蒂尔

[1] 林拓.世界文化产业与城市竞争力:世界文化产业发展前沿报告[M].北京:社会科学文献出版社,2004.

堡013流行音乐中心、荷兰乌得勒支戏剧广场表演艺术、荷兰赫尔辛基诺基亚公司老电缆工厂 Cable Factory 的艺术设计、爱尔兰都柏林的圣殿酒馆区等。这两个范畴下的集群,对于优化城市整体的空间布局起到了很大的积极作用。

当然,对于城市空间结构布局的影响力大小同创意产业集群所处的生命周期有关。如表4-1所示,创意产业集群也同任何产业集群的发展一样,都有生命周期。它们在不同的发展阶段,表现出不同的形式,同样经历着"寄生—发展—勃兴—成熟"的历程。在寄生阶段,需要城市对于相应区域给予基础设施等方面的投入,随着集群不断的成长,市场更加外向性,开放度更高,成熟的市场带来城市与周边区域乃至国家之间的交流与融合,从微观开始逐步影响并改变城市的空间结构。

表4-1 创意产业集群的演化进程①

演化进程	内 涵 与 案 例
寄生阶段	在政府公共部门的直接政策干预和经济支持下,一些创意企业得以发展。比如,投入文化消费的基础设施建设、为中小创意企业提供融资便利等政策。此外,政府还给予这类集群以特殊津贴的资助,扶持其可持续的成长。
举例	* 英国一些创意产业集群,如谢菲尔德集群、艺术大道等 * 圣彼得堡创意产业发展中心 * 数字媒体城市(韩国首尔政府扶持) * 中国台北创意产业发展 * 其他发展中国家区域——亚太地区、南美等
成长阶段	出现了一些独立的创意企业,还有一些由原先政府资助的文化企业经过私有化改制后而形成的企业,但规模不大。本地创意企业的市场发育不健全,文化基础设施尚不算完备,但依然可见政府机构的助推痕迹。

① 来源:"Strategies for Creative Spaces",http://www.creativelondon.org.uk.

续　表

演化进程	内　涵　与　案　例
举例	* 布里斯班创意区 * 蒂尔堡流行音乐社区 * 香港西九龙文化中心
勃兴阶段	随着政府公共部门加大了对文化基础设施的投入,创意企业的数量和规模不断增加,本地和区域市场得以扩张,甚至触及国际市场的文化消费。
举例	* 产品设计、建筑、数字媒体(西班牙巴塞罗那) * 电影、电视(英国格拉斯哥)
成熟阶段	在某些行业,大规模的创意企业成为集群的主导力量,对外可以开展成熟的分包转包业务往来①,具有高度发达的国内和国际市场。
举例	* 电影、电视集群(洛杉矶) * 时尚和家具设计(米兰) * 时尚(纽约)

三、创意产业集群的三大类型

划分创意集群的类型,有诸多不同的尺度。从集群形成的原动力及其功能来划分,主要有三大类的创意集群。

(一)基于创作"原动力"的有机组织空间:激活艺术激情

这类空间里集聚的多是注册的非营利艺术组织。比如,新加坡的艺术家之村。它们相对隔离,独立而不受外界干扰,与此同时,它也具有地理空间上的自由延展性,从乡村的空间延伸到城市区域的房屋,再到办公或艺术设计区域。艺术家,是这类创意产业集群的"原动力"之一,他们的创造力带来了生机。那些具有相似意向、爱好的人集聚在一

① 原文"subcontracting linkages"("Strategies for Creative Spaces",http://www.creativelondon.org.uk.)

起，形成共同交谈和争论的空间。

基于艺术“原动力”的有机组织空间，以“有机组织”和“活的秩序”为基础，是社会组织的有机化过程，取代了以机械组织和秩序为基础的经济。由于组织的非营利性，艺术家们开展活动不仅是在工作室或展览馆里面进行，他们更多的依赖于公共场所来进行自我创作，包括住宅、贸易空间、公园和文化遗址，也有画廊和艺术学院等。

这类集群的发展被艺术团体和社会团体所推动，而不是被经济团体所推动，强调更多的是创作者的灵感碰撞与集群本身散发出的艺术气息，并非单纯为了谋利。它们往往在国际大都市的内部自然兴起，规模虽然不大，却发展得生机盎然。这些都与大都市为创意阶层营造的创新氛围休戚相关。比如，拥有开放多元的文化形态、良好的知识产权保护体系、长期的人才汇聚战略、对时尚文化和先锋文化的包容等。

而在我国，营造整体创新环境的各个要素还不完全具备，因此，这类非营利的有机组织空间并不多见，即便有，它们的生命周期也相对短暂。

（二）着眼于节约成本的企业聚集地：创造经济价值

企业的自发汇集，是另一种创意产业集聚的形式，集聚的初衷是考虑到通过联合创建以达到资源共享，为每个企业节约成本。

著名的好莱坞影视基地的建立过程就是这种组织模式的典型。由最初的中小企业自发汇集而逐步形成集聚优势，这既是好莱坞自身的特点，也是促成其形成和发展的原因。在这里产生了新古典学派宗师马歇尔指出的外部经济效应，即专业化的供应商和劳动力市场基础。虽然出现在观众眼前的最终产品电影是由电影制片厂或电视网所提供，但它实际上是由独立的制片人、演员、演员经纪人、法律顾问和特技效果专家等诸多层面构成的复杂网络共同致力的成果。他们来自不同的专业，使用不同的配套设施，竭力谋求发挥最佳的专长。如此巨大的服务需求，不是任何个别公司能够提供的，所以，集合一地，是最佳方式。好莱坞建立初期，来到该地的都是一些独立的中小型制片厂，他们没有足够的财力物力去单独建一些基础设施，如交通设施，耗资巨大的摄影棚、外景地等。拍摄基地、洗印厂、后期制作公司、发行公司等的聚集，可以节省影片拍摄时间以及很大一部分剧组花费。各个企业在不断的合作与竞争中建立起的一套电影制度、法规等软件设施会更好地促进企业的发展。好莱坞的建立与繁荣吸引了世界各地的优秀人才，他们的到来，在促进了好莱坞电影业发展的同时也推动了全球化战略的实施。

还有一种形式，就是大型文化机构或者企业集团的主导，以此为核心，集聚一批产业运作的要素，发挥规模效应。浙江金华的横店集团就是这种类型的企业集团。该集团累计投入约30亿元开发影视产业基地，自主投资建设，构建起以市场为导向的影视产业运作体系。现已集聚了广州街、明清宫苑、清明上河图等13个影视拍摄基地和两座超大型现代化摄影棚。它以电影、电视剧的拍摄、制作、发行为主业，逐步延伸产业链，形成全国乃至全球规模最大、水平最高的集影视剧创作、拍摄、制作、发行、交易于一体，同时带动影视会展、影视研究、影视娱乐、影视旅游等相关产业全面发展的专业性创意产业集聚地。

（三）富有历史深度的城市文化区域：彰显社会属性

香港大学文化政策研究中心的许焯权认为，创意产业应该在发展经济的同时发展社会，对整个社会的改造和更新才是创意产业的最高境界。第三种类型的创意产业集聚区就是能够彰显社会属性的城市文化积淀之处，它们富有历史深度，在建筑和历史等方面具有显著表征，如城市建筑、教育学府、宗教寺庙、文化建筑物等，被构想成为城市创意文化活动的聚集地。静态的地域区块，承载着城市厚重的文化，在这里诞生了一系列政府组织或者民间自发的创意活动。

伦敦是世界艺术创作、传媒文化之都，它的文化财富也许是世界上任何其他城市都难以与之相比的。伦敦拥有的博物馆数是巴黎或纽约的两倍,它有许多文化设施,比如:泰德(Tate)现代艺术馆、伦敦眼、莎士比亚圆形剧场、大英博物馆等。市内被英国文化遗产保护机构认证为具有显著重要性的公园有128座,还有三个世界级文化遗产保护地点。伦敦还是英国的教育文化中心,拥有西敏寺大学、金士顿大学、格林威治大学、布鲁乃尔大学等。这些都是伦敦的城市“文化细胞”,每天举办的艺术活动多达200多项。它们已经成为伦敦人生活中的一部分,早已不可或缺。

还有一些“被城市遗忘的角落”——那些老厂房和旧仓库,也是城市文脉的一部分,曾经创造过辉煌。它们是融入创意产业的新生力量,改造旧仓库和店铺成为工作坊、办公室以及排练和表演的场所,能够在保护历史文化的同时,有效地进行旧区改造。

当然,这三大类创意产业集群并没有严格的划分界限。由艺术家创作灵感而激活的有机组织空间,可能由于租金的上涨而迫使那些非营利机构退出,取而代之的是更多的经济考虑。而城市的某些文化区域,比如著名的城市公园、特殊的文化建筑等公共空间,也可能为艺术家们所青睐,成为他们创作思维的延伸空间。

第四节　创意产业提升城市竞争力

创意产业与城市发展的互动、互融与互促成为当今城市发展的一个重要特征,可以说,在知识经济社会中,没有任何一个产业像创意产业这样依赖城市的空间和资源,也没有任何一个产业像创意产业这样能够为城市经济的发展带来如此强大的推动。创意产业对城市的促进表现在促进城市产业的升级、城市资源的转化,从而提升城市综合竞争力,实现城市经济可持续发展。

一、创意产业推动城市产业结构不断优化升级

创意产业具有高增值、强辐射、广融合的特性,因此可以促进城市

整个产业的升级。[1]

首先,创意产业具有高增值力。这主要表现为创意赋予商品观念价值,而经济发展的状况证明,商品市场价值中观念价值所占比重越来越大。其次,创意产业具有强辐射性。到了21世纪,人们进入到一个体验经济时代,开始消费更多的文化,这种消费方式的转变和消费结构的升级带动了城市产业的升级。最后,创意产业具有广融合性。即它能与各行各业相互融合、渗透,这种融合性就把技术、文化、产品和市场融为一体,有利于产业的延伸,大大地拓展了城市产业的发展空间。

具体而言,一方面,新型创意产业与传统文化产业在互动中渗透。高新技术、特别是信息化催生的新型创意产业表现出了强大的生命力,这一生命力不仅表现在它的高度成长,而且表现为对传统文化产业的高度渗透。创意产业是个巨大的产业群,从创意产业的基础层到创意产业的核心产业层,再延伸到衍生产业层,都可以发现,新型的产业形态与传统的产业形态总是互相渗透、互相交织、互为补充,向消费者提供大量的各具形态的文化创意产品和服务。另一方面,创意产业各个部门之间互相渗透。由于信息技术的广泛应用及其生产方式的根本转变,传统的各个文化部门之间的界限被逐渐打破,导致了各部门之间更多的渗透和融合,并使与买卖双方密切相关的市场区域概念转变为市场空间概念。传统厂商观念中的"有明确范围的竞争"也将被一个纵横相交的更加广泛的概念所替代。除此之外,创意产业还对传统制造业进行渗透。创意产业是繁衍于知识经济体系的经济部门,是开放性与兼容性的共同体。创意产业的发展将可能迅速地带动相关产业的发展,通过将创意产品融合到其他产业产品中去的方式可以有效地延长产品生命周期,也因此改变相关产业的生命周期。[2]

---

[1] 厉无畏,于雪梅. 创意产业促进城市发展[J]. 城市评论,2006(8).

[2] 胡晓鹏. 国内外创意产业发展经验的解读与思考[M]//厉无畏,王振. 创意产业——城市发展的新引擎. 上海:上海社会科学院出版社,2005.

二、创意产业增强了城市综合竞争力

创意的本质是创新,具有裂变效应。创新能力是国际竞争力的核心能力之一。发达的创意产业体现了城市的创新能力,这种能力也正是国际大城市的比较优势所在。综观全球,有影响力的世界级城市,无一不是创意产业最集中、最发达的地区,都以独具特色的创意产业而闻名世界。正是发达的创意产业大大增强了城市的综合竞争力。

创意产业的快速发展促使现代城市经济社会产生了一系列重大变化。一方面,创意产业以其巨大的文化附加值及其对相关产业的带动作用,正在使整个城市增值,提升了城市的形象,并以巨额利润吸引了越来越多的投资者。另一方面,创意产业的发展改善了城市的运转机制,加快了城市人员、资金、物资和信息的流动速度,从而大大提升了现代城市的集聚和扩散功能。此外,现代城市生活诸多方面的变化也悄然发生,人们对文化消费品的钟爱、对文化生活的热衷、对传统产品文化内涵的关注,都逐渐改变着人们的精神面貌和整个社会的面貌,进而提升了城市的内在品质和外在形象(见图 4 - 1)。

在全球化趋势不断加强、国际竞争日趋激烈的今天,创意产业已经不仅仅是一个发展的理念,而是有着巨大经济效益和社会效益的直接现实。以文化和创意为核心的创意产业的发展规模,已经成为衡量一个城市综合竞争力高低的一个重要标志。英国的伦敦、美国的纽约、法国的巴黎、日本的东京等,无不被创意产业的发展注入了活力,以崭新的面貌跻身于世界城市的前列。创意产业的发展对中国城市的推动作用正在显露,北京、上海、深圳、杭州等一大批城市正面临着结构调整、产业升级的城市功能转型,城市的发展为创意产业的兴起提供了良好的环境和契机,创意产业作为 21 世纪的朝阳产业,也会凭借其自身的优势和特点,为城市经济的发展带来朝气蓬勃的明天。

创意产业与创意城市是一对共同成长的孪生儿,城市因为有创意产业的营养滋润脱胎重生为创意城市,创意产业因为城市适宜土壤的

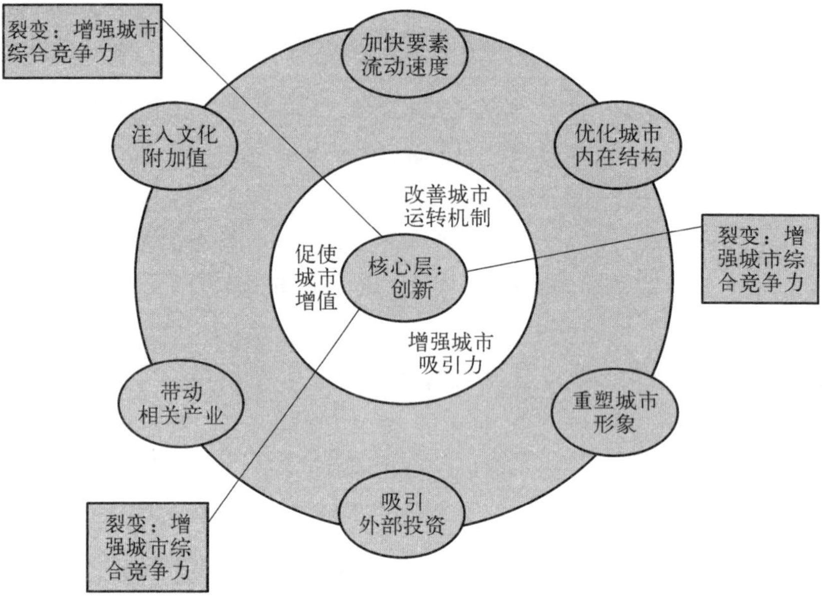

图 4－1　创意产业增强城市竞争力的路径

培育破茧而出。虽然世界级的大都市已有相当发达的创意产业，但在21 世纪它们都把创意城市作为发展的战略目标。

英国伦敦："多元文化的浸染"和"政府的激励"

伦敦作为世界三大金融中心之一已是众所周知，但并不是所有人都知道伦敦还是全球最重要的创意产业发展地之一。近几年来，创意产业以 200 多亿英镑的产出值，仅次于商业服务业，成为伦敦缔造财富的第二大产业。创意产业的艺术基础设施占了全国的 40%，英国1/3 以上的设计机构都位于伦敦，产值占设计产业总产值的 50% 以上；伦敦的音乐产业产值也达到 15 亿英镑以上，约占英国音乐产业产值的一半；广播与电视产业一半以上的雇员在伦敦工作，人数达 25 000 人之多；而全英国 1 100 多家独立电视剧生产企业中，伦敦就拥有了 700 多家；伦敦还拥有全英国 85% 以上的时尚设计师、英国电影产业中 2/3 以上的全职工作人员，并包揽了全国 73% 的电影后期制作活动。创意产业汇集在一个城市，面向新世纪他们提出的目标是“世界卓越的创意和文化中心”，伦敦当之无愧地成为英国的创意之都。

创意产业何以在伦敦成为如此规模的一个大产业？主要还是得益于这里多元文化的浸染和政府的激励。

在伦敦，可以听到500种不同的语言，来自全球各地的时尚、观念、音乐和艺术在这里汇聚一堂，形成了伦敦文化的丰富和多样性，同时，文化社区化的理念也让文化更深地走向大众生活，这都是伦敦文化竞争优势的重要方面。伦敦市长曾表示，要不惜一切手段捍卫伦敦市的多元文化生态，未来的伦敦将是多元文化的，所有迁移到伦敦的人将丰富我们的文化。各种文化的交流、互动，造就了英国成为世界创意工厂的地位。此外，政府对这一新兴产业的发展采取了激励措施，制定了相应的政策以激发企业参与文化艺术的积极性。比如，“激励企业资助艺术计划”，根据此计划，将企业或私人对艺术活动的投资分为捐赠和资助两类，捐赠可以享受相应的免税优惠，对于资助，政府则采取“共同投入制”，即政府和企业按照1:1的比例共同出资。此政策大大提高了英国企业资助文化艺术的积极性。

美国纽约：孕育创意的“社会生态”和人才的“寻梦之地”

纽约是美国的创意产业中心，全美约8.3%的创意产业部门员工集中在纽约，据2007年初统计，纽约市创意产业部门就业总人数约为30万，约占纽约下属五个行政区总就业人数的8.1%以上。包括动漫、音乐、电影等在内的文化创意产业已经成为纽约经济增长最快的元素，有专家认为，纽约市服装设计和艺术音乐领域的竞争优势甚至高于金融服务业。纽约“苏荷”(SOHO)地区是最早的艺术家集聚区，“苏荷”也因此成为早期创意产业的代名词。它创造了“艺术家+旧厂房”的模式，为创意产业的萌芽提供了特殊的环境和条件。纽约的出版业占了全美的70%，还有世界顶级的博物馆和百老汇。如今纽约从城市未来发展的角度，提出了“高度的融合力、卓越的创造力、强大的竞争力、非凡的应变力”的城市精神。

创意产业已成为纽约不可替代的竞争优势，极大地促进了纽约经济文化的发展。纽约非凡的基础设施对创意产业的支撑，是为创意产业培育思想开放环境的一个重要因素，这里不仅有蜚声国际的教育机构，还有政府以及大量非营利组织的支持与关注。创意产业作为纽约核心部门的另一优势得益于城市价值链或生产周期的深度，供应商、流通商，以及给予创意产业经济支持的其他供应商都集中于此，是产业茁壮发展的重要因素。基础设施便利、社会网络密集、宽容度高、生活方式多元化，纽约拥有得天独厚的“社会生态”优势，因此，吸引着时装设计师、影视导演、音乐人、多媒体艺术家、动画设计师等创意工作者前来寻梦，纽约市的创意人才在全美遥遥领先，创意经济从业人员平均年薪要比其他产业高出两万美元。而创意产业的兴起，又带动了这一地区生活质量的提高，同时能够吸引更多的公司前来落户，从而形成“良性循环”。

法国巴黎：时尚的诱惑和设计者的工作天堂

巴黎号称时尚之都。其创意产业的重点行业之一是设计业，其涵盖的设计领域主要包括：产品设计、服装设计、时尚设计、企业形象设计、视觉传达设计、环境设计、包装设计、设计研究等。法国绝大部分的设计公司位于巴黎。据法国工业设计促进协会的统计，巴黎聚集了全国55%的设计公司，提供了全国76%创意设计工作岗位，由设计而生的时尚消费也占据了很重要的位置。

法国是一个社会福利较高的国家。公司聘用员工，必须承担非常重的社会保险。许多设计公司希望和设计师以项目方式合作，以避免承担因为没有项目还要支付设计师社会福利金的风险。由此造成了设计业的“SOHO”化，设计师往往具有很大的自主权，工作弹性大而所受约束小，创作自如。对于失业风险大的问题，政府也提供了不少帮助，不仅是政策上的扶持、金钱上的补助，还包括成立许多“机构辅导公司”等措施，以此鼓励设计师成立一人公司，希望独立设计师协同工作，目的就是为了振兴巴黎的设计业。

随着经济全球化，特别是欧洲共同市场和中国市场的开放，许多企业纷纷到中国大陆和东欧寻求商机。一些设计公司顺应潮流,也尝试在那里建立分公司,以便利设计工作。在同国外设计师的互动中,巴黎的设计师不仅把国外设计文化带入法国,也在其他国家发扬了法国设计。大部分设计师都有在国外的工作经验,这也使法国设计越来越国际化。

日本东京:内容输出和动漫王国的核心地带

东京是日本动漫产业最集中的地区。日本素有动漫王国之称,是世界上最大的动漫制作和输出国,动漫不仅是现代日本文化的重要组成部分,也是日本经济的重要支柱产业之一。广义的动漫产业产出已超过汽车工业,占日本 GDP 的 10% 以上,目前全球播放的动漫作品中有六成以上出自日本,在欧洲这个比例更高,达到八成以上。根据中小企业基础整备机构的《动画片制作公司的现状和课题》资料,目前日本动画制作公司达到 700 家左右,这些企业中有 80% 集中在东京。

日本在东京设立了东京动画中心,自 2002 年以来,每年都要举办"东京国际动画节"。成就突出的动漫家享有国家级大师称谓,既可以获得日本的突出文化贡献奖,还可以把作品陈设在国立美术馆和博物馆,有时官方甚至出资在海外进行展览。进入 21 世纪,东京制定了"充满创造性的文化都市"的发展战略,向国际创意都市迈进。

德国柏林:引领潮流的设计之都

柏林被联合国教科文组织认定为设计之都。柏林是一个有设计传统的城市,其在世界设计领域成就非凡,柏林的设计传统和当代创意影响到了整个国家和国际相关领域的运作。以设计为核心的文化创意产业已经成为城市的支柱产业,据统计,2005 年,柏林的文化创意产业创造了 97.2 亿美元的经济收入,约占整个城市 GDP 的 11%。设计企业在柏林高度集聚,整座城市大约有 6 700 家设计公司,约 117 000 人在时尚、产品及家具设计、建筑、摄影以及视觉艺术等领域工作。柏林文化创意活动频繁,每天都有许多文化活动,如"设计 5

月”、“柏林电影节”、“时尚漫步”、“柏林造型设计”、“国际流行音乐及娱乐展”等。

亚洲城市

新世纪之初，亚洲的一些中心城市也开始了迈向创意城市之旅。新加坡确定了“新亚洲创意中心”、“全球文化和设计业的中心”的发展方向，并于2002年9月公布了《创意产业发展战略报告书》，开始为发展创意产业进行规划。香港则着力打造“开放多元的国际文化都会”，也在2002年9月公布了首份《香港的创意产业研究报告》，提出发展创意产业的内容，并强调它们对经济发展的重要性。首尔在经历了金融风暴后也强调了创意产业的发展，提出“资源有限、创意无限”和“一项创意，多重使用”的口号，在国家扶持下积极发展网络游戏、动漫、韩剧和流行音乐等，并扩大出口，使韩国经济较快地走出了困境。

三、城市发展模式演变中的创意产业机遇

在城市的发展模式经过了一系列复杂的变化之后，创意产业获得了前所未有的巨大发展机遇。归纳一下，主要体现在以下四个方面：

第一，由于城市土地和劳动力成本的不断上升，经济增长的动力发生了变化。按照美国经济学家麦克·波特的理论，早期经济增长是要素驱动，之后转向投资驱动，当投资边际效益逐步下降的时候又会转向创新驱动。创新驱动包括科技创新和文化创意两方面，而创意产业作为文化创意与高科技的有机结合体无疑是城市经济发展的首选。

第二，经济水平提高以后，引导了消费结构的变化。当人们的物质需求被满足时，就会有更高的精神文化层面的需求。美国著名未来学家约翰·奈斯比特曾说过，在现代社会中，人除了温饱和安全之外，更迫切地要寻找人生的意义，要追求更高、更深、更远的东西。而创意产业正是可以提供丰富的文化产品，来满足人们日益增多、日益迫切的文

化需求和精神需求。[1]因此，城市为创意产业的发展提供了巨大的市场空间。

第三，受资源环境的约束，城市需要可持续发展。创意产业的概念，本身就是老工业城市为克服落后制造业能耗大、污染大、附加值低而提出的。随着都市经济的发展，商务成本的提高，都市产业结构不断调整，导致一些传统工业的衰退和外移。而大都市往往土地资源有限，客观条件决定了不能再发展低端制造业，城市发展必须以高附加值的制造业和现代服务业为主要方向，这为创意产业的发展提供了空间。当我们受到客体资源、自然资源约束的时候，我们需要开发主体资源。而创意产业正是在开发我们的主体资源，也就是大脑。因此，它对于减少污染、可持续发展，有非常重要的作用。

第四，科学技术发展为创意产业拓展了发展空间。科学技术，特别是信息技术的迅速发展在一定程度上冲击了传统的文化产业，但却使得创意产业获得了强大的、多方位的技术支持；科学技术创造了大量崭新的艺术形式，开拓了新型创意产业领域；信息化形成了虚拟空间，它改变了城市居民的交往方式、活动方式和消费方式，为创意产业的发展创造了前提条件；互联网和数字化的发展拓展了创意产业的外延，促进了产业融合，不同行业的界限开始模糊起来，它们在信息化的平台上互相交融，从而延长了创意产业的产业链。

四、创意产业促进城市经济的可持续发展

创意产业的发展是知识经济时代城市经济的新形态，从降低对物质资源的依赖、提高空间资源的集约利用、优化产业结构、转型城市功能的方面看，发展创意产业是城市可持续发展的必由之路。

城市功能转型是城市经济可持续发展的关键。[2]城市的发展又可

---

[1] 约翰·奈斯比特，等. 高科技高思维[M]. 尹萍，译. 北京：新华出版社，2000.
[2] 尹宏. 论创意经济与城市经济可持续的能力[J]. 经济纵横，2007(3).

推动边远地区的经济发展,从而提升国家的市场竞争力水平。创意产业带动城市现代服务业的发展,是引导城市功能由生产型向服务型转变的有效渠道。

首先,创意产业逐渐取代原有的消耗资源、污染环境的制造业,通过面向市场提供研发、设计、创作等生产性服务,进一步扩大城市的经济联系,增强城市作为区域经济中心的服务功能。

其次,对资源环境承载能力较弱的城市,创意产业有助于促进现代服务业发展,优化产业结构,转型城市功能,促进区域经济协调发展。比如,资源型城市在工业化过程中,生态环境承载能力下降,城市经济面临倒退。通过挖掘本地独特的创意资源,可营造创造性、个性化的城市环境,吸引创意人才和创意企业集聚,发展独具特色的创意产业,生产高技术、高文化含量、高附加值的产品和服务,促进城市产业结构优化,增强城市的服务功能,降低城市经济发展对自然资源的依赖性和对生态环境的破坏,以文化创意的创新优势来弥补资源与资本的劣势,为经济持续发展提供新的动力。

创意在中国:

香港:从20世纪70年代起,香港的影视、音乐、广告设计及旅游等产业在亚太地区处于领先地位,其中尤其以“港产片”为成功典范,让香港得以进军全球市场。在保持原有优势的同时,香港也为创新注入新元素,包括动漫在内的文化产业和以金融服务为龙头的服务业创新层出不穷。可以说,香港的创意产业有很好的发展基础,并在亚洲处于领先地位。

香港的创意产业之所以能够异军突起,特区政府的积极推动发挥了不小的作用。他们坚信:创新和创意,是香港未来发展所不可或缺的两大要素。2002年,半官方机构香港贸易发展局公布了首份《香港的创意产业研究报告》,概括地介绍了香港的创意产业,评估创意产业对香港经济的贡献。2003年初,时任特首董建华在第二届香港特别行政区政府首份《施政报告》中,就正式提出要着重发展文化创意产业。

2004 年 6 月,随着一项高达 2.5 亿港元的“设计智优计划”的启动,香港创意产业开始加速。时任特首曾荫权在《2006—2007 年施政报告》中表示：香港需要发展文化创意产业,汇聚世界各地的创意人才;吸引创意人才来港,除了良好的发展机遇,还需要适当的城市文化氛围。他指出：香港要在未来五年加快创意产业发展,具体措施包括由财政司及其下辖商务及经济发展局主导制定计划,成立跨界别督导委员会。重点基础设施包括西九龙文化区计划以及政府相关高层官员推广“香港品牌”,为其注入新动力,宣传亚洲国际都会的理念。

台湾：早在 2002 年,台湾在“挑战 2008 重点发展计划”中,就提出了“文化创意产业”发展计划,并将文化创意产业作为核心产业,把创意产业作为继高科技产业后另一项全力扶持的产业。台湾官方不仅将创意产业视为“e 时代”就业的主要领域,而且成立了“文化创意产业发展指导委员会”,将“文化创意”认定为一种产业形态,并纳入台湾长期发展计划。

台湾经济的成长,从传统农业生产、制造加工发展至今,逐渐被文化、休闲、设计、观光等产业取而代之,这些产业基础建立在地方魅力与地方活力上,从个人、社区、县市,整合空间与经济的概念,发展出以文化创意为主流的产业。在台湾,一种较为普遍的观点认为：创意产业要落实到生活中来。即一个地方人民的生活品位与文化,是很重要的。因为生活文化会回馈养分给产业,让人们更具创意、更有深度。因此,在从“制造台湾”转型到“创意台湾”的过程中,台湾人更看重创意生活产业。近年来,创意集市、社区创意生活圈这类新的尝试,在台湾开始升温,台北市在着手试办创意集市,希望以周末创意集市特区带动文化创意产业发展,估计每年至少有 400 万人次参访台湾各地的创意生活商店或园区,有效带动了周边消费。

北京：作为全国政治和文化中心,北京具有无可比拟的地域优势和文化汇集优势,几千年的城市文化积淀和城市精神,为创意产业提供了异常丰富的文化资源,成为国际文化交流胜地。浓厚的文化氛围,吸引了人才、技术和管理理念云集北京，成为中国文化创意产业人才集聚最多的城市，达到96万人。2006年北京文化创意产业实现增加值812亿元，占全市GDP的10.3%，北京的文化内容产业产值占到全国的40%以上，为产业发展奠定了坚实的基础。

目前，北京创意产业的发展依托其优势，逐步形成了六大中心：全国文艺演出中心、全国出版发行和版权贸易中心、全国影视节目制作和交易中心、全国动漫和互联网游戏研发制作中心、全国文化会展中心、全国古玩艺术品交易中心。北京文化创意产业国际博览会的举行得到了国家各部委的支持，显示出首都的独特竞争力，而顺义绿色国际港、怀柔电影基地、宋庄艺术集聚区等不断增扩的文化创意产业发展规划，表现出北京在文化软实力战略上的快速反应。

上海：上海是我国经济最发达的中心城市，在工业文明的背景下，在东西方文化交汇中形成的以包容、创新、商业为鲜明特征的海派文化，为创意产业提供了良好的文化氛围，也蕴藏着丰富的、有利于发展创意产业的先天资源。自2005年上海首届创意产业活动周举办以来，上海作为中国文化创意产业的先行地位已不可撼动。从2005年最早一批的18个创意产业园到2007年末分四批成立的75家创意产业集聚区，吸引了3 000多家企业入驻。2006年，上海创意产业增加值674亿元，同比增长22.8%，占全市GDP的6.5%。在创意产业投融资方面，上海有着中国最多和最好的国际资本背景。

上海发展创意产业的最大特点，首先是改造传统产业，促进传统产业升级成为创意产业的基本模式，其次就是旧城改造与传统历史传承相结合的模式。目前，上海创意产业协会已有成员单位200余个，集聚世界各国创意高峰会展的2010年上海世博会，成为进一步推动上海创意产业发展的超级引擎。依据上海市政府发展创意产业的目标，上海将发展成为和伦敦、纽约、东京齐名的国际创意产业中心。

深圳：早在2003年，深圳就提出了“文化立市”的发展战略，思想解放、创意活跃、文化体制改革卓有成效，成为深圳创意产业发展的特色。2006 年,深圳文化创意产业增加值近 382 亿元,比上年增长 25.9%,高出同期 GDP 10.9 个百分点,显示出这座年轻城市在文化创意产业领域的迅猛发展态势。目前,深圳的创意产业主要包括由设计而衍生的系列产业,如印刷、动漫、建筑及服装等,被称为"中国油画第一村"的大芬油画村,是深圳最具特色的创意产业基地之一,而深圳文博会成为深圳创意经济发展的无形动力。

2004 年深圳提出建设创意设计之都的目标,同时给予文化创意产业有力的扶持,政府每年拨出专项资金 3 亿元扶持文化产业,打造中国的原创设计之都,引导深圳企业从"深圳制造"走向"深圳创造"。

杭州:2007 年杭州人均 GDP 达到 8 100 美元,随着 2006 年世界休闲博览会、2007 年中国创意产业博览会在杭州的举办,杭州已经形成了休闲度假、文化娱乐、体育健身、休闲餐饮和都市购物等五大休闲场所,休闲产业成为杭州新的经济增长点。杭州创意产业的标志是该市最大的设计联盟 LOFT49 和 A8 艺术公社、唐尚 433 等一批带有鲜明后工业时代特征的创意产业区,并形成了一定的集聚效应。在 LOFT49 的带动下,成立了环美院创意产业带的"西湖创意谷"和浙江首个省级文化创意产业实验区。杭州提出"一城七中心"的发展战略,充分发挥人才、环境、市场、产业、文化等优势,积极打造创意引擎,在三年内把文化创意产业发展成为杭州的新兴主导产业,至 2015 年,把杭州打造成为世界一流水平的全国文化创意产业中心。

广州:背靠"亚洲创意中心"香港,广州坐拥中国改革开放风气之先,是中国最早的广告、影视、媒体、IT 网络等创意产业集聚的城市。2006 年,广州 GDP 总值 6 068.41 亿元,人均 GDP 63 044 元,继续保持国内大城市第三的地位。但广州市政府在创意产业发展观念和相关政策制订与落实等方面还差强人意。随着"十一五"规划出台,广州开始规划创意产业,划分出一批创意园区,如"岭南创意湾"信义国际会馆、荔湾广州设计港和天河网游动漫产业基地等。

成都:成都有着创意与生活的双重资源,其本身就充满着创意式的城市图景,任何一个网络游戏发展商都不会忽略成都。成都是全国三大数字娱乐城市之一,拥有金沙遗址等非物质性文化遗产和三国故里文化等传统文化资源。对于创意产业的发展,成都市政府提出了"两个中心,四个100"的目标,要打造中国动漫原创之都,建立数字娱乐研发中心,2007年9月启动的成都首个文化创意产业园"红星路35号",被视为成都创意产业的开端,有望成为成都的"798"。

重庆:2005年1月,中国创意产业高峰论坛首次在重庆举办。2006年10月,重庆市成立了创意产业发展领导小组并设立专门办公室,2007年6月,重庆市进行了首批9个创意产业示范基地的授牌,1.25公里长的黄桷坪成为中国最长的涂鸦艺术街。重庆举办了首届创意产业活动周,展出了当代艺术、建筑设计、广告创意、工艺美术、动漫等创意产业初步成果,而作为中国当代艺术孵化基地四川美院的权重价值,显示出重庆在创意产业新经济领域的发展态势。

武汉:武汉有着全国高等院校最多城市之一的教育大市美称,文化创意产业的人才资源占有优势。武汉从动漫入手创建"创意大市",并将自身定位为中国重要的动漫人才培养基地之一。以光谷为代表的数字创意产业园拟分为五大区域:国家动漫产业园、国家数字媒体中心、集成电路设计园、工业设计产业园等,旨在打造中国的创意中心。目前,武汉文化创意产业大多仍处于自发状态,缺乏对创意产业发展的整体规划,资金投入上也存在不足。

西安:西安古城有着深厚的文化底蕴,具备着强大的文化竞争力,拥有全国数量第四的高校,人均教育指数也位居全国前列。在文化产业方面,西安影视产业已形成基础规模,目前有近200家的影视企业和机构,其影视产量和影响力排名全国第二,仅次于北京。西安需要更为完善的文化产业政策、资金和人才上的支持,对西安的文化历史实施大力整合并创意,以最大限度地开发文化创意产业的巨大潜力价值。如今,西安已擎起"皇城复兴"的大旗,力争打造具有新旧两个中心的世界名都和现代大都市,不仅成为保存、延续周、秦、汉、唐文化的载体,更是展示新丝绸之路创意产业的新平台。西安开始倡导并实践着在“新旧分治”原则下,在老城区的规划与改造中注入唐风古韵,在新城区的规划与建设中倡导现代与古老的有机结合,使古代文明与现代文明交相辉映,老城区与新城区各展风采,人文资源与生态自然资源相互依托。

南京:南京发展创意产业具有历史文化名城丰厚的人文资源和现代科教优势。2007 年,南京文化创意产业增加值 302.65 亿元,比上年增长 18%,对经济发展贡献率为 9.22%。全市目前有创意东 8 区、垠坤·西祠数码网络文化园、石城现代艺术创意园、南京高新区国家动画产业基地、动漫产业孵化基地等各类文化产业园区(基地),总数达 41 个,主要经营业务种类包括文化演艺教育、建筑装饰设计、航空高科技设计研发、广告创意设计、艺术创作和展览等。2004 年起南京着力打造两个文化平台,成功举办了三届中国南京文化产业交易会和中国南京历史文化名城博览会,展现了文化产业的丰富内涵和优秀成果,实现了为南京文化产业招商引资的功能。

创意已被公认为是财富的创造、就业、世界城市可持续发展、技术变革、产业创新以及增强城市和国家竞争力的经济驱动力。在过去的几十年里,世界城市的经济发展正从以普通服务业为主转变成更注重创造能力和知识型的创意经济形态。作为知识经济的产物,发展创意产业是国际化城市优化城市现代服务业的重要措施,也是我国在步入创意经济时代之时提升城市竞争力、实现城市可持续发展的战略选择。

【案例】

九大创意核心产业部门,锻造纽约全球创意都会

在很多人的印象里,纽约的经济命脉似乎掌握在华尔街手中,金融海啸引起的全球经济大震动让纽约这座国际大都市蒙上了阴影。实际上,包括动漫、音乐、电影等在内的文化创意产业已经成为纽约经济增

长最快的元素，使得这座被戏称为“大苹果”的都市依然充满了创意活力。

近年来，纽约已经丧失了某些产业部门的部分市场份额，美国制造业不断向亚洲等劳动力成本更低的地区转移，软件编程等高技术工作和高端服务也开始外包，但纽约仍是美国无与伦比的创意经济中心，全美8.3%的创意产业部门员工在此工作。截至2002年，纽约市创意产业部门就业大军总数约为309 242人，约占纽约下属五个行政区总就业人口的8.1%以上；其中，278 688人从事创意产业，余下30 554人从事创意相关职业，如为服装制造商工作的时装设计师，并未作为创意产业的组成部分。

纽约市结合美国国家统计局的NAICS产业代码，确定了纽约创意核心产业部门的九大产业的组成：广告、电影和电视、广播、出版、建筑、设计、音乐、视觉艺术、表演艺术。同时还包括不在创意产业部门的创意雇员。纽约市创意核心产业部门包括11 671家企业和非营利机构，占全市雇主的5.7%。创意核心产业部门中还包括79 761个个体业主，意味着约29%的创意大军是自主创业。1998年至2002年期间，自主创业人群在创意核心产业部门就业增长幅度中占将近半数(48%)，其中较为著名的包括黑人作家罗塞尔·西蒙创立的嘻哈音乐公司Def Jam、美国家政女王玛莎·斯图尔特创立的玛莎生活多媒体公司。近年，创意核心产业部门成为纽约经济最为依赖的增长领域之一，1998年至2002年间，纽约市创意核心产业部门就业人数增长了13.1%，即3.2万个就业机会，同期纽约全市所有职位增长幅度为6.5%。

据统计，纽约市艺术产业每支出1美元，就为城市经济增值77美分。2005年，艺术部门产生的经济效益达到212亿美元，创造就业岗位逾16万，工资总额82亿美元，为纽约市创税约9亿美元，创意经济从业人员平均年薪也要比其他产业高出2万美元。创意产业的发展还促进了旅游、营销、广告等其他相关产业的发展，并吸引了大量人才前来工作，纽约市的宾馆、餐饮业、零售商店和交通运输业也由此受益。

纽约市创意核心产业部门的地位，源于无可匹敌的基础设施的支撑，不仅有蜚声国际的教育机构，诸如著名的茱莉亚音乐学院、全美最优秀的美术学院之一——纽约大学蒂施艺术学院、位于曼哈顿绿洲旁的艺术名校——派特学院、汇集全美芭蕾舞精英的舞蹈名校——美国芭蕾舞学院，还有大量对艺术持友好态度的慈善基金会、赞助机构、知名贸易机构，以及提供重要层面关注和支持的当地政府。有报道称纽约市有15家以上工会和50家工会分会服务于创意大军。

创意产业已成为世界大都市发展经济的新增长点。除了政府政策的扶植，进行创意产业的跨部门协调，税收调整、知识产权的保护和硬件上的支持外，纽约对创意教育非常重视。利用高校资源为社会培养创新人才是主要渠道之一，这体现在高校增设与产业接轨的新课程，为那些从业者提供上百种学习课程，院校的教学与企业的需求不再脱节，从而突破了人才瓶颈。一个创意其实就是一次创业，自由、竞争的氛围让创意人才的素质大大提高，加上社会提供的融资支持，包括公共资金、私人投资，银行和行业为创意成立的众多基金，让创意人才能够充分施展才华，利用大都市良好的文化氛围，在发展创意过程中完成从创业到创富的成长。

（资料来源《中国科技信息》2006年13期）

【案例点评】

Why New York New York ?!

数年前有部姜文主演的电视剧叫《北京人在纽约》，其中有句著名的台词：如果你爱一个人，把他（她）送到纽约吧，因为那里是天堂；如果你恨一个人，把他（她）送到纽约吧，因为那里是地狱。美国人是最早发出全球宣言的：资本时代已经过去，创意时代已经到来。在创意经济席卷全球而风起云涌的今天，也许我们应该这样说：如果你想投身创意产业,就去纽约吧,因为那里是天堂;如果你想从事金融投资,就去纽约吧,因为那里是地狱!

那么,Why New York?

一、九大创意核心产业部门,锻造全球创意都会

创意产业在纽约得到迅速发展的首要理由是创意企业能够便捷地接近集聚在该市的人才与社会资源的途径。除此之外,纽约市非盈利与盈利性质创意活动非常融合,对成就其创意中心地位的贡献极大。这一融合营造了一个纽约式环境,即个人长期持续享有创意生活方式,提供赚钱和接近公众的机遇,以及实验、创新与失败的机遇。

比尔·盖茨说:创意具有裂变效应,一盎司创意能够带来无以计数的商业利益、商业奇迹。纽约已越来越意识到创意产业部门对纽约市经济的重要性,在时任市长布隆博格的领导下,他们完善了纽约市文化事务局、市长电影戏剧与广播办公室等机构面向创意企业的服务工作。纽约将创意内容在产业产出的文化和经济价值中居于中心地位的产业部门定义为"创意核心产业部门",包括创意过程中各阶段(产品理念的产生、产品产出及产品的最初展示)涉及的企业与个人,广告、电影和电视、广播、出版、建筑、设计、音乐、视觉艺术、表演艺术九大产业构成了纽约创意核心产业部门,同时还包括不在创意产业部门的创意雇员。

纽约九大创意核心产业在社会团体、教育、金融等产业的支持下,又带动了城市经济中旅游、餐饮、广告等配套服务产业,再通过成熟的衍生产业开发和营销,最终形成一个覆盖产业各个领域、产品和服务与人们生活和工作相互关联、创意与创业并举的创意经济新形态,奠定了纽约作为创意之都的国际地位。

二、纽约创意产业三大基石——创意人才、产业集群、消费市场

1. 创意人才:"磁场纽约"——吸引和创造多技能人才

纽约市人力资源的宽容度与品质,对城市创意经济有着根本作用。纽约的创意大军有为创意产业部门添砖加瓦的大量创作者、制造者与

展示者，还包括艺术家、表演人士、录音师、设计师等以其创意和独特技能赋予纽约文化生活以别样形式的群体。如美国杂志出版商联合会涵盖了业内重要的消费者期刊，该联合会总经理迈克尔·派斯比估计：全美85%以上杂志业产值集中于此，这主要源于纽约是人才所在地。

纽约不仅吸引人才，而且创造人才。20世纪大量最重要的艺术形式在此诞生，比如热烈狂放的咆哮爵士、抽象表现主义、口语体诗歌、嘻哈音乐与说唱音乐、波普艺术（即流行艺术）均是从纽约这座大都市的各个社区崛起，继而获得世界范围内的认可。纽约的一些创意雇员在各自领域是最拔尖的，一些则是领域内为数不多的专家人士。

在创意核心产业部门这一独特氛围下，创意产业的从业人员大多为自由职业者，创意企业亦倾向于以项目为基础雇佣员工，以降低企业成本，因此，员工也就需要精通多样技能，以伴随不同项目转换自身角色。创意核心产业部门中为众人所知的复合职业——演员兼舞蹈演员兼歌手、作家兼导演、歌手兼歌曲作者等，反映了这些从业人员满足就业能力多样性需求的能力，等同于他们对艺术满足感的需求。与个人发展情况相呼应，他们为了接触更广阔的市场，正从音乐、时尚和出版这样的传统部门，向娱乐或媒体公司拓展。

2. 产业集群："精华纽约"——多元化集群，集聚产业精华

纽约的创意产业集群举世闻名，多样化艺术展示廊的苏荷区、格林尼治村[①]的柏立克街、第三个新兴艺术区——威廉斯堡，以及集中了众多专业广告人士的麦迪逊大道，均已赢得各自的国际声誉。即便是这些集群，也并未孤军运作。创造性工作时常需要个人、企业与其他创意产业保持联系，而纽约市整个创意活动的特色集聚，对他们完成产业内外的联系与合作必不可少。

从这一点出发，广告业也许是纽约创意产业的精华：就单个广告

---

① 格林尼治村与英国著名的皇家天文台无关，这里指纽约曼哈顿下城西14街至西休斯敦街之间的区域，亦称"西村"（West Village），早期是美国现代艺术的中心，现已成为富人住宅区。

宣传而言,一家广告机构可能使用电影、电视和广播等媒介手段,运用作者、艺术家、摄影师、平面设计师、服装设计师、发型设计师、导演、第二摄影师、制片技师——所有这些均能在广告机构唾手可得。即使是完全自我包容的创意产业,如建筑业和书刊出版业,也依赖于与其他纽约制造的企业和产业部门的联系。此外,以各创意子部门为基础,在整个城市宽松氛围下形成的非盈利艺术社区,构成了最有利于产业乃至城市发展的最大创意集群。

3. 消费市场:"艺术纽约"——市场带来庞大观众群

纽约以其800万居民与来自全球各地的参观者,构成了庞大的消费市场,此外,还有大群兼收并蓄、有着各种不同品位和兴趣的人,对创意工作予以重视。这是使得纽约市有适宜创造性工作的肥沃土壤的原因之一,同时,这种宽容、宽松的社会环境也有助于吸引与留住所有重要人才。

纽约并不仅仅是艺术家奋斗谋生之地,还是那些已取得商业成就的艺术家证实自身艺术成就的舞台。在英语国家,除了纽约,只有伦敦可提供这样的空间。你可以看到,一名演员早上还在拍摄电影,下午4点就搭上地铁,赶去剧院表演,这一动态规律不仅适用于演员,还适用于剧作家、场景设计师和服装设计师。

纽约非盈利艺术部门充满活力,其巨大附加值的一个表现就是为诸如剧本、音乐剧等创意产品提供上映场地,纽约市除了有百老汇的成功商业演出,也有外百老汇、外外百老汇,以及散落在城市各个角落的各种中小型场所对观众保持着持续的吸引力。近年来,美国普利策奖和托尼奖双料得主《证据》、美国《时代周刊》评出的年度十大最佳戏剧之一——《尿都》、百老汇当红音乐剧《Q大道》,均曾在非百老汇剧院的狭小房屋中,引起批评家和戏剧迷的注意,随即才获得百老汇乃至整个美国的喝彩。成百上千的演员、剧作家以及其他创造性人才,在纽约塑造了自己的职业生涯,倘若没有这些在非商业环境中净化、提升自身工作的机会,他们可能永远也无法达到以后的成功水准。

三、纽约是培育创意产业的优质土壤

除了营利和非营利机构相互扶持外，纽约非凡的基础设施对创意产业的支撑，是为创意产业培育思想开放环境的另一重要因素。这不仅是创意工作者将纽约作为首选地的理由——利用当地的培训机会，包括城市杰出的高等教育机构，而且是创意工作者在生活成本和工作空间成本居高不下的情况下仍留在纽约的关键因素。

1. 空前强大的教育基础设施

纽约市创意基础设施的关键元素之一是大量顶级的、高度专业化的教育培训机构。全球艺术名校——茱莉亚音乐学院为舞蹈演员、音乐家和演员提供了世界上最好的专业训练；视觉艺术人士则可向全美最优秀的美术学院之一——纽约大学蒂施艺术学院以及视觉艺术学院和派特学院寻求帮助。对满怀抱负的舞者来说，美国芭蕾舞学院是最好的，时尚设计师可以选择著名的纽约时装技术学院和帕森斯设计学院，建筑师可以选择如建筑联盟、纽约市艺术协会和纽约市建筑中心这样的高水准机构。

与此同时，教育基础设施是新入行创意雇员接受培训之地，是新艺术形式和新产品的试验场所，学校为来自各行业的新老艺术家提供画廊、剧院、演讲厅、视觉艺术工作室等充裕的表演场地。重要的是，与非营利机构类似，有关艺术和创意领域的高等教育项目，对创意产业来说类似于非正式的研发工具，是新兴企业和创业人士的缔造者。而就其他功能而言，这些学校在新创意接触市场之前，为其提供试验场地，创意产业的专业人士在很多项目和课程中扮演教师一职，在持续磨炼个人记忆和提升自身创意的同时，将其经验传给他人。

2. 有力的慈善和金融团体

纽约的创意企业和个体从强有力的慈善机构、政府、企业和个人支持的集聚地这一点上，衍生了庞大的价值。纽约是洛克菲勒基金会和福特基金会的全球总部所在地，是德意志银行美国总部和 JP 摩根大通等企业总部所在地，上述机构不论是在全美国还是在纽约，都拥有投资创意产业部门的历史。个人捐助也是构成社会支持创意产业的重要力量，很多企业家、社会人士对文化、艺术和创意类项目给予很大的经济支援，使得艺术家、创意人士能够充分发挥他们的创意才能。

至关重要的非营利机构是此类慈善资助的最大受益方。调查显示，纽约市575家非营利文化机构的15亿美元运行开支中，38%以上来自私人捐赠，11%来自政府拨款，余下51%来自演出、展览和交易活动的收入。除了来源于私人和企业的慈善捐赠之外，纽约还集中了其他城市无法比拟的大量投资银行、风险资本公司和其他定位于支撑城市创意产业的金融机构。

3. 数量庞大的贸易协会与工会

组织有序的工会劳动力在产业集群内部扮演了强有力的重要角色。大量的纽约创意雇员由行业协会出面代表，尤其是在电影、戏剧和电视类传统的娱乐行业。15家以上的工会与不少于50家工会分会，遍布纽约市下属五个行政区，包括演员工会、美国音乐艺术家同业工会、美国多样化艺术家同业工会、美国电视广播艺术家联盟、美国音乐家联盟、美国通信工人工会、导演同业工会、国际剧院和舞台雇员联盟等。

几乎100%在百老汇上演和完成的工作动用了工会的力量。位于纽约的美国电视广播艺术家联盟和美国音乐家联盟的成员总数已接近3万人，尽管其中相当一部分人是其他联合会的成员，可能仅以兼职身份工作。上述工会和工会分会通过提供技能培训、围绕知识产权话题进行组织、健康保险与其他社会支持等方面，支持创意产业就业劳动力的发展。

4. 城市价值链上的供应商与流通商

纽约作为创意核心产业部门的另一强势是城市价值链或生产周期的深度。供应商、流通商，以及给予创意产业经济支持的其他供应商集中于此，是这些产业茁壮成长的重要原因。例如，电影摄制者和摄影师邻近一批电影和照相机供应企业，使得他们一小时内就能获得一个照相机镜头，为企业节约了时间与金钱，与此类似，纽约的剧院可接触到一些全美国最优秀的服装制造公司。

5. 纽约政府支持创意部门

纽约市政府在城市基础设施方面的支持，是创意产业发展的另一关键原因。长期以来，纽约创意核心产业部门涉及的企业和工人享受比美国其他城市更高层次的关注与支持，如纽约市文化事务局每年的年度预算就高于美国国立艺术基金会的预算。2006 财年，纽约文化事务局的费用总开支为 1.31 亿美元，其中大部分用于支付给纽约市内包括 34 家博物馆在内的各大文化机构的拨款。纽约文化事务局中相对较少但也很重要的一部分资金，则为全市 600 家以上艺术和文化集团提供项目支撑。

“罗马不是一日建成的”，纽约成为国际创意都市亦非一日之功！上述纽约创意之都面面观，能给中国各地迈向创意城市之路带来什么启迪？创意城市不仅仅是旧城改造、搞几个产业集聚区，也不是将原有产业排列组合、抛出新的 GDP 增加值，创意城市是一种以创意经济的崛起为契机而形成的城市发展定位，在城市经济体系中，通过创意产业的发展来带动更广泛的经济领域的创新，吸引并培养优秀的创意人才和经营人才，创造出宽松包容、多样化的文化氛围，提高城市居民的文化素养、培养观众和消费人群，在“秀”出经济发展、城市建设的硬实力的同时，着力锻造城市文化软实力和宜居的生态环境，将城市转化为激发创意、成就创业、打造品质生活的温润土壤。这，也许才是建设创意都市的根本途径。

【相关链接】

* 纽约市政府官方网站：http://www.state.ny.us.

* 2007 创意产业风暴：http://www.rmloho.com/user6/38825/archives.

【案例】

曼彻斯特:老牌工业城市的华丽变身

提起英国的曼彻斯特,中国大众最熟悉的莫过于球星云集的曼联队,以及几乎是家喻户晓的“万人迷”贝克汉姆,想象力丰富的人或许还会联想到贝克汉姆的娇妻辣妹维多利亚,甚至想到辣妹(the Spice Girls)组合的相关产品,这些产品曾经创造了英国1998年最大单项出口的纪录。确实,曼彻斯特,这个在历史上被称为世界的“制造中心”和资本主义工业革命发源地的老牌工业城市与创意产业有着不解之缘,是当今世界上工业城市实现创意转型的成功典范。

让我们先回顾一下曼彻斯特的历史。这是个历史相当悠久的城市,据当地的史书记载,公元14世纪,由欧洲大陆移居此地的佛兰芒纺织工匠在这里创办了毛织业,这便是曼彻斯特城市的真正起源,也是曼彻斯特后来成为纺织之都的开端。200年后,手工作坊时代的曼彻斯特,毛纺业已经初具规模,通过利物浦这个邻近的海港,毛纺产品开始对海外进行销售。在1764年本地的纺织工匠哈格里夫斯发明了“珍妮机”之后,曼彻斯特的纺织业第一次由手工作坊开始向大工厂转型。1789年,瓦特的蒸汽机改变了整个世纪的动力结构,蒸汽机最开始的使用,便是在纺织工厂里,于是棉纺行业变成了曼彻斯特的主导行业,曼彻斯特也成为世界纺织业之都。到19世纪,曼彻斯特的东部和北部形成了大片专业的纺织工业城镇,城区则成为英国原棉和棉纺织品的贸易中心,此后曼彻斯特逐步成为欧洲工业和城市化重镇。然而,人类文明已经步入新经济时代,大英帝国不再独步天下,曼彻斯特这个曾经鼎盛的“世界工厂”在二战之后也经历了痛苦的经济转型过程:传统的钢铁、纺织和航运部门衰退,1961年至1983年期间,曼彻斯特总人口不过三四十万,制造业裁员超过15万人。这个古老的城市疲态尽显,濒临颓败。曼彻斯特市政府意识到必须实现城市转型,才能获得再生,自20世纪80年代末,曼彻斯特就走上了实现城市复兴的转型之路。

与世界上的其他城市一样，曼彻斯特的转型从旧城改造开始，强力推进产业升级，将污染严重的制造业外迁，为此，市政府确立了重塑一个有活力、风格独特、吸引年轻人的城市目标。根据这一目标，市政府筹划了一系列以文化为内容，以旧建筑为载体的开发项目：包括把废弃的铁路大楼改造成科学与工业博物馆，把城区棉纺贸易中心变成皇家贸易剧院，在老工业区卡索菲尔德(Castlefield)上建起了美术馆和音乐厅，火车站旧址被改建为展览中心，成为著名的G-MEX中心，原来生硬、机械的巨大厂区涌出了许多小巧玲珑的咖啡厅、酒吧、商店、画廊，使城市中心区成为一个巨大的磁铁，每天吸引15万国内外游客到访。

重生的曼彻斯特活跃着一种自信、繁荣的气氛，这种气氛吸引了大量的私人投资。据统计，当时曼彻斯特创意产业只要1美元的公共投入，就能“撬动”4美元至5美元的私人投资。从1994年至1999年，这片地区共“涌入”了1.4亿美元的外部投资，为曼彻斯特的整体转型提供了良好的基础，金融、旅游和文化创意等产业迅速崛起，产业结构升级的成效逐渐显现。20世纪60年代初，制造业在城市经济总产值中约占70%，如今仅占20%左右；就业结构也发生了新的变化，到1992年，曼彻斯特从事服务业的人员已占全部就业人口的84.2%，制造业从业人员仅占11.1%，曼彻斯特海滨城市索尔福德的码头文化重建创造了11 000个就业岗位，仅劳瑞艺术中心就占了6 500个。昔日马达轰鸣之城、污染之城变成生态之城、宁静之城、花园之城和宜居之城。

文化创意力量在曼彻斯特城市复兴中的巨大推动作用崭露头角，锐意进取的城市当局深刻地意识到“21世纪的成功城市将是一个文化城市”，“文化是知识经济中至关重要的创造力”，“(文化)将帮助人们拥有技能和树立信心”。于是决定继续以文化创意为核心，为城市勾画能够赢得未来话语权和核心竞争力的发展蓝图，曼彻斯特于2004年确立了新的发展战略——创意之都。为此确定了两大目标：一是确保城市的复兴计划得到认同和支持，使之成为一个震撼性的文化和知识之都；二是鼓励本地市民围绕五大主题踊跃参与文化活动。

几年来的实践取得了令人瞩目的成就,今天的曼彻斯特已经是英国继伦敦之后的第二大创意产业基地,成为英国西北地区的创意产业集散地,拥有众多全英国知名的高等教育、文化和媒体制作机构,著名的 BBC 也将部分业务转移到曼彻斯特地区。目前,大曼彻斯特地区有 7 300 家创意企业,就业人数达到 53.4 万个,创意产业贡献了 27 亿英镑的产值,占西北地区该产业总产值的 63%。据预测,2015 年曼彻斯特的创意产业人数将增长 7.2%,在国民经济增加值中的贡献率将达到 19%。

曼彻斯特的成功转型使其彻底走出了低谷,踏上飞速发展的轨道,被誉为世界创意城市的典范,成为米兰、柏林、赫尔辛基、圣彼得堡、巴塞罗那等欧洲各大城市效仿的对象。

【案例点评】

文化战略:撬动创意经济的支点

英国老牌工业化城市曼彻斯特是国际公认的知识城市典范。曼彻斯特工业化的历史和城市产业的成功转型,对我国建设创意城市有许多经验值得借鉴。

一、把文化创意产业的地位提升到城市发展的核心战略层面

城市的决策部门能够审时度势,创新城市发展理念,充分认识到文化创意产业对城市转型的重要作用,并及时制定发展战略规划,采取有力措施加以推行。

2004 年以来,曼彻斯特当局继续制定出赢得未来话语权和核心竞争力的发展蓝图,旨在让曼彻斯特成为创意产业之都。曼彻斯特文化战略主要有两大目标:一是确保城市的复兴计划得到认同和支持,使之成为一个震撼性的文化之都;二是鼓励本地市民踊跃参与文化活动。

曼彻斯特文化战略围绕五大主题展开:

1. 文化之都(Cultural Capital)——建设、持续发展文化基础设施,

保护文化投入的利益。

2. 文化与学习(Culture and learning)——确立文化在学习、提高教育水平中的角色地位。

3. 文化大同(Culture for all)——鼓励市民参与文化活动。

4. 文化经济(Cultural economy)——可持续发展的文化经济。

5. 文化营销(Marketing culture)——协调开展各种营销活动提升城市文化形象。

更为重要的是曼彻斯特深刻地意识到“21世纪的成功城市将是文化城市”,“文化是新知识经济中至关重要的创造力”,“(文化)将帮助人们拥有技能和树立信心”,因此它自觉把文化和文化战略放在城市发展的核心地位,几年来,曼彻斯特创意产业的发展取得了令人瞩目的成就。

二、为城市注入广泛多元和创意的流行文化元素,使创意产业根植于城市土壤中

曼彻斯特发展创意产业的一大特色是通过各种活动在城市中添加一种更广泛多元和创意的流行文化元素,使流行文化能够衔接本地特色,各种活动邀请市民参加和认同。他们认为,创意活动并不是为了吸引更多的游客或外部投资者,而是为了改变市民的印象,提升他们对城市的信心,真正更新当地居民的内心和头脑。事实上,从长远看来,民众的支持确实能使文化更新项目得到更好的收益,对民众和城市而言都是如此。如作为英国首屈一指的体育城,曼彻斯特充分利用了这一无形资产提升城市品牌,鼓励全民参与,在1980年和1999年曾两次申办奥运会,虽然失败了,曼彻斯特仍不气馁,正在准备进行第三次申办奥运会的角逐;曼联足球的知名度也是城市的无形资产,城市以此为品牌开发了系列产品。

三、搭建公共服务平台,实施多元协作伙伴关系,形成撬动产业发展的支点

曼彻斯特用短短20年的时间为英国西北部城市培育了12万家创意企业,这得益于实施有效的孵化机制和服务完善的公共平台。1999年,曼彻斯特地区议会和政府联手,成立了非营利机构“城市创意产业发展服务所”(以下简称 CIDS)。该机构提供常规的商务援助,但其核心聚焦点是将艺术带向新兴的和扩展中的市场。这个机构只雇佣 9 名工作人员,每年有 140 万英镑的预算,用于组建庞大的专家网络。CIDS 通过各路专家为当地创意企业服务,主要包括发布信息、手续办理指导、企业诊断咨询、金融支持(可高达企业全部投资的 50%)、外部市场环境研究等。

除了官方的服务机构,各个创意行业还涌现了不少自发组织的专家网络,形成了本行业的“内阁”。在 CIDS 成立的当年,曼彻斯特音乐界人士就已自发成立了自己的专家网络。这些专家们并不把注意力放在创作上,而潜心研究市场。他们把音乐家、赞助人、音响师、出版人、活动策划人、律师等聚合在一起,促进作品的生产;他们又时刻关注市场,为唱片公司开拓消费群体,促进作品的销售。

政府与民间的互动也是曼彻斯特成功转型的有益经验。如曼彻斯特国际艺术节(Manchester International Festival)由政府、社会组织和私人共同出资举办:曼彻斯特市议会投入 200 万英镑,艺术委员会资助 90 万英镑,私人资助金额达到了 270 多万英镑。

昔日工业革命的发祥地,今日多元文化的创意之都。好一个漂亮的变身,让我们为曼彻斯特的口号欢呼——曼彻斯特,我们的传统是创新!

【相关链接】

* 曼彻斯特市政府:http://www.manchester.gov.uk.
* 文化创意产业网:http://cci.cuc.edu.cn/.

【案例】

2577 创意大院:过去的兵工厂,今日的创意坊

走进上海 2577 创意大院,你可以感受到百年历史酿就的文化底蕴

和浓厚的艺术氛围。过去粗重的铸铁巨柱，坚固的整木横梁以及枪炮，如今被拆散后变成一件件艺术品，在依旧青翠的绿树丛中诉说着历史。清人秦荣光在《上海竹枝词》中曾曰："洋枪细药制何方，炮引还须铜帽装。购就龙华近旁地，一遵奏定各条章。"这是对2577过去历史的描述！如今的2577抛去了过去沉重的历史，迎来了别样的现代艺术气息！

坐落在上海市徐汇区的2577创意大院拥有丰富的历史印记。据记载，清同治四年，即1865年，李鸿章在上海创办江南制造局；1870年，李鸿章责成丁日昌、冯光骏等在龙华寺购地80余亩，筹建龙华火药厂。这是中国最早引进西方技术制造枪炮的兵工厂，其后历经扩建，终成晚清重要的军火生产基地。同时，李鸿章还邀请德国工程师，在此地建立了中国第一个工业设计所。由此，龙华镇有了最早的产业工人，百工汇集，商市渐盛。随着历史的变迁，民国时期的江南制造局龙华分局成了淞沪警备司令部龙华分部。解放以后，这里又成为军工企业基地。建国初期，该厂实行军管，称军械部第一分厂，隶属军方。1965年7月，这里又改称中国人民解放军第7315工厂，直至2577创意大院的诞生。

历史的源远流长影响着那些久居于此的老人，那些老人的闲聊宛如一本本活生生的历史书。他们从父辈那里了解到一段"无烟火药样翻新，技师创造亦惊神"的辉煌，他们也见证了原有的尖顶厂房横梁、德国钢柱、门窗等旧物细节，而今天，他们又目睹着曾经的兵工厂，正在与现代艺术的绘画、摄影、雕塑等比肩对话，展现着重工业时代和现代文明发展的文脉传承。

这，就是2577创意大院，将浓厚的历史底蕴和现代都市的华丽摩登完美结合的创意产业集聚区！

一、土山湾，中国西洋艺术摇篮

邻近2577创意大院这片绿荫蔽日的闲静之地，还有个叫土山湾的地方，它有着"中国西洋艺术摇篮"之誉，中国近代不少新工艺、新技术皆发源于此。

土山湾，这个今天看来十分陌生的名称，只有在少数已经发黄的书籍里和老一辈人的回忆中才会出现。在100多年前，放眼远望，阡陌纵横，这片土地还只是一片江南农村的景象。据《徐汇记略》记载：“土山湾者，清肇家浜时，堆泥成阜，积在湾处，因而得名。前清同治三年1864年削为平地。”

“龙华确实有几分书生气，当时江南制造局龙华分局附近就设有翻译馆、方言馆，引进近代科技，培养现代化人才，开启社会风气，而附近的土山湾画馆对中西文化之沟通有极珍贵的贡献。”谈起土山湾，已进驻2577创意大院的上海美术家协会的刘先生感慨颇深。

从早年天主教会建立的孤儿院，到之后成立的教育和职业训练所，再到包括土山湾画馆在内的美术工场，土山湾的孩子们拿起了油画笔，开始了迥然有别于他们祖先的绘画训练，并成为第一批系统掌握油画技艺和研究西洋绘画的中国人。中国漫画先行者、丁聪之父丁悚，水彩画之父徐咏清，月份牌画先驱杭穉英，还有周湘、徐宝庆等人，都曾先后在土山湾学艺。

如果说土山湾是近代上海的一个重要文化地标，那么，今天的创意大院，正在成长为代表着上海新时尚、新经济的一个崭新的殿堂。

二、创意大院，浴火重生的时尚空间

从承载历史的兵工厂，华丽转身为创意产业集聚区，2577创意大院开创了上海创意产业园区的两个“唯一”——唯一的建筑物历史有“百岁高龄”的创意园区和唯一的花园式创意园区。

说到建筑物，在漫长的历史沿革中，100多年军工基地的历史在园区内形成了几十处各个不同时期的建筑，涵盖了从1872年洋务运动时期的古老建筑到20世纪90年代的新建筑。建筑形式为单体式、庭院式、多层等复古主义建筑，其中有9幢为19世纪中后期的古董级历史保护建筑，反映着中国近现代军事工业的历史风貌和变迁。

如今，2577创意大院内的新老建筑经过整修，充满着艺术韵味。古董级的历史保护建筑，至今完好地保存着青砖、红柱、飞檐的古典建筑元素符号。大院内以深灰色为主色调，辅以具有历史质感的铁锈红，配以四季植物为色彩，突出了历史风貌区域和未来发展相结合、传统工业元素与创意产业特点相结合、自然生态和人文环境相结合的特点。这一切都让来此的人为它的复古主义风格所折服，可谁曾料想，它差点因为一场大火而成为废墟。

“2577 创意大院，仿佛一只美丽的凤凰在焚毁厂房的废墟上浴火重生。”这是目睹它重生的人们的惊叹。在几年前，废弃工厂对外出租的数家仓库和旧厂房遭遇过一场火灾，造成了严重的财产损失。痛定思痛，为了加强对老厂房的改造和利用，优化资源，在上海市经委和徐汇区政府的大力支持下，由成功开发静安区“同乐坊”的上海圣博华康投资管理有限公司于 2005 年开始对这里进行了整体规划和开发。上海圣博华康作为一家从事创意地产规划与运营的专业机构，在对 2577 创意大院进行创意规划和产业改造时，在上海率先导入商务花园的规划理念，以院内极具历史文化内涵的优秀建筑为班底，创建全新生态理念的低密度、低容积率、花园景观式商务办公区，形成了上海地区唯一集办公、展示、发布、休闲、观光于一体的创意办公场所，将老厂房特有的历史底蕴、文化内涵变成了激发灵感的源泉，吸引创意人才集聚，实现人文、历史、创意、艺术的完美融合。

【案例点评】

2577 创意大院——人文、历史、创意和艺术的完美融合

2577 创意大院，坐落于上海市徐汇区龙华路 2577 号，这里曾经是中国第一个现代工业总部江南制造局的基地。如今，百年历史在此翻开新的一页，2577 创意大院的建立，为千年龙华又添浓彩重墨，将浓厚的历史底蕴和现代都市的华丽摩登完美地结合起来！

一百多年前，中国近代工业曾在这里兴起。一百多年后，上海创意产业又从这里启航。2577 创意大院让我们解读到创造未来和传承历

史可以融为一体，艺术创作和财富创造可以互为转换，创意产业可以改变工作方式和生活理念。

一、依托历史建筑，传承城市文脉

上海是我国近代工业的发源地，大量优秀历史工业建筑浓缩了19世纪40年代以来上海城市和工业文明的发展史，记载了中国工业从起步到发展、壮大的印迹。近年来，在产业机构升级与城市功能转换中，历史上积累下来的众多老厂房、老仓库、旧楼宇逐渐空置或废弃，通过政府规划和企业化运作，引进外资或社会资本，对城市工业遗产和历史文化遗产进行保护性开发，为这些老仓库和老厂房注入新的产业元素，使得这些工业老建筑所特有的历史底蕴、想象空间和文化内涵得到充分的诠释和延伸，为发展创意产业提供了得天独厚的资源。在上海"依托老建筑改造型"的创意产业集聚区占总量的2/3以上，构成了上海创意产业集群的主体特征。类似的有，由远东屠宰场改造而成的1933老场坊，由上海汽车制动器公司旧车间改造成的八号桥，保留上海石库门老建筑的泰康路田子坊等。

通过规划和建设创意产业集聚区来保留一批代表早期工业文明的历史建筑，是当前产业结构调整和城市建设改造中一个有效的选择。文化创意园区与城市旧区的有机结合，可以避免城市文脉的中断，不仅保留了具有历史文化价值的建筑，而且通过历史与未来、传统与现代、东方与西洋、经典与流行在这里的融汇，为城市增添了历史与现代交融的文化景观，对城市经济的发展产生了巨大的推动作用。从经济上看，利用老厂房、旧仓库发展文化创意产业，改造成本低，产生的附加值高，不仅为城市增添了历史与现代交融的文化景观，而且对城市经济发展产生了巨大的推动作用。

2577创意大院就是上海"依托老建筑改造型"的创意产业集聚区的典范之作。这里保留了原来军工基地留下的单体式、庭院式、多层等复古主义建筑，其中有9幢为19世纪中后期的古董级历史保护建筑，反映着中国近现代军事工业的历史风貌和变迁。在改建中，上海圣博华康投资管理有限公司不仅对这些建筑遗产整旧如旧，就连青砖地、粗石花坛等细节都进行了原汁原味的保留，院内还有一处名叫“残壁”的艺术构造体诉说着那段被日渐遗忘的历史。试想一下，在经济高速发展、城市加快转型的今天，如果那些具有历史文化价值的建筑在旧区改造中被拆除了，那将会给我们城市的历史文化传承造成怎样不可挽回的损失呀！像2577这样的创意产业集聚区就很好地利用历史建筑，以“旧城更新”的动力赋予老大楼新生命，是城市健康、可持续发展的新的激励因素。

二、创造现代氛围、完善公共服务

2577创意大院是上海最大的花园式创意园区，也是上海市授牌创意产业集聚区中最具有复古主义风格的创意平台。但是，依托老建筑、老厂房建立的2577创意大院并不是对旧工业建筑遗产照单全收，一成不变，完全整旧如旧，而是根据城市的发展进行重新规划设计，与现有的城市功能接轨。

创造现代氛围、完善公共服务才是创意产业集聚区吸引创意企业入驻、创意人才集聚的根本条件。因此，2577创意大院以创意设计为核心，不仅建成了市场服务、人才交流、设备交易和展示发布四个基础平台，而且通过为园区内企业提供完善的物业服务及其他增值服务，提供了如报告厅、展览厅、建筑设计室、影视广告设计室、创意产业、交易厅等创意产业办公服务机构，营造良好的创意产业环境与氛围。

在将人文、历史、创意和艺术完美融合的同时，2577创意大院也创造了现代氛围。以左庭右院实现了公共生态环境和个性化庭院完美结合的独特品质，随意组合的室内大空间更是创意人士实现理想的现实载体，营造了一个代表全新生态理念的低密度、低容积、花园景观式的创意天堂。

2577创意大院瞄准的目标客户，是国内外知名创意工作室、新传媒机构、知名创意品牌代理、艺术书店、人才培训机构、艺术院校试验基地及相应配套服务机构和会所等，同时2577创意大院还积极引入长期展览展示和发布活动。目前,已经吸引了如香港影视传媒企业、德国Fox Retail Group设计展示、Blog bus网络、东西方国际画廊、Sun Power城市规划设计等机构入驻,其中40%为境外企业,多为新传媒、设计、规划咨询类创意产业为主的智慧型企业。从大院通往Blog bus的是翠竹掩映的小石子路,小路"链接"着一幢钢筋铁骨的崭新建筑,硬朗风格彰显出十足的现代感,呼应着一张张年轻的脸庞。

三、J&L人文办公理念,生活方式的人文关怀

今天的2577创意大院,已经不是一个纯粹的地理名词,也代表着一种创意的生活和工作方式。

现代都市人的生活几乎有三分之一都在高矮不一的写字楼里度过,周而复始,日复一日的重复工作。千篇一律、千楼一面的工作环境让工作失去了原本的快乐和激情,迷失在机械和疲倦中。疲倦的人们需要松弛,机械的工作需要激情,因此,在2577创意大院诞生了J&L人文办公概念。

J&L,从字面上说就是JOB AND LIFE,在这里J&L不仅仅是直观外在的建筑风貌,J&L更多体现为一种工作状态,生活方式的人文精神。在J&L的生活态度中,工作并不单纯地是一种为生存不得已而为之的谋生工具,它本身就是生活的一部分,它在为生活带来必要的物质基础的同时也是为生活带来充实、快乐的必要因素:疲倦了,去后院游戏,舒展一下僵硬的筋骨,缓解一下心理的负担,恢复心情的平静和淡定;紧张了,到前庭里闲庭信步,呼吸几口清新的空气,释放一下工作的压力,寻回创作的灵感和快乐;工作完成了,上天台仰望晴空,倾听几声轻快的鸟啼,抒发一下成功的喜悦,享受胜利的喜悦和幸福……谁说工作一定是伏案奋笔,埋头苦干?创意人的工作和生活从来都是一体的,用自己的才情给平凡的生活注入全新的生命和快乐,这才是2577创意大院所要倡导的J&L概念。正是这样独特的环境和独特的运营理念,2577创意大院被授予中国十佳创意产业园、上海创意产业优秀集聚区等荣誉称号。

在中国,在上海,2577 创意大院只是一个缩影,一个凝聚历史承载和未来希望的创意空间!从 2577 创意大院的案例中,我们认识到,发展创意产业与城市建设和改造相结合,就是要将文化创意融入城市规划中,在满足城市功能转变要求的同时,创造新的城市文化氛围,塑造城市标志、城市雕塑,提升国际大都市的形象。在旧城改造中把保护历史文化遗产与发展创意产业结合起来,在旧建筑中形成新的朝气,使城市更具魅力。

上海,因为有无数个充满生机的"2577"而更具创意都市的魅力;中国,因为有无数个正在发展的创意城市而更具崛起中的大国风范。创意可以改变个人命运,创意可以改变城市形象,创意可以也正在改变着转型中的中国!

【相关链接】

*2577 创意大院:http://www.cg2577.com.

【案例】

大连创意孵化园:让无名变成知名

大连创意孵化园作为大连地区首家创意设计产业的孵化基地,总建筑面积有 15 000 平方米。这里依山傍海、风景秀丽、交通便捷、地理位置优越。创意孵化园紧紧依托大连高新技术产业园区多年发展所形成的高科技产业集群的优势,附近有中国科学院大连化学物理研究所、大连理工大学、大连海事大学、东北财经大学等十几所国家级科研院所和重点学府,为企业发展提供充足的人才储备和科技支撑,为企业赢得起跑线上的优势。

为扶持创意经济发展,提升创意产业竞争实力,大连创意孵化园由大连市高新技术创业服务中心进行管理和运营。作为国家级科技企业孵化器,大连市高新技术创业服务中心组成专门机构,为园内的企业建立一个良好的创意创业环境,通过强有力的制度保证、政策支持和高效的协调机制,为创意企业提供高技术的基础设施支持,相互接驳的产业链条,完善有效的投融资支持,吸引有实力的文化创意产业基金和风险基金,提供吸引创意产业人才的文化氛围和舒适自然的工作生活配套区。大连创意孵化园针对入园企业的特点规划设计了一些专业化、人性化的服务设施,并投入巨资进行了全面的装修改造,以适应创意设计企业的需求。一楼将设有园内企业的产品展示和多功能会议厅,为企业的市场推广、培训、交流提供服务;各楼层都设有小型的公共交流区,为创意设计人员的日常工作交流提供方便。

大连创意孵化园将实行政府导向、市场运作的推进机制,将创意产业发展与城市建设以及科技、商贸、旅游、文化等产业结合起来,吸纳各类创意产业企业。目前,大连创意孵化园已有近20家企业入驻,包括:美国跨国公司——凌翔创意软件(大连)有限公司、20余位中外著名大师级书画艺术家创作基地、年产值过亿元的大连奥远集团网络产业孵化基地和在大连电子商务领域中初露锋芒的大连创星信息服务有限公司,还有一些拥有自主知识产权、自主创业的中小型创意产业企业,项目领域涵盖了工业设计、广告设计、环境设计、装饰设计、服装设计、雕塑设计、企业策划、电子商务、互联网技术、动漫游戏等。

大连创意孵化园对入驻企业实行最优惠的场地租赁政策,在低于市场价格的基础上,入驻第一年场地费用减免2/3,第二年场地费用减免1/3。同时还设有多项国家及省、市的科技专项扶持基金,包括:科技型中小企业创新基金、人事部年度留学人员科技活动项目择优资助经费、电子信息产业发展基金、863计划项目资金、中小企业国际市场开拓资金;辽宁省软件专项资金、辽宁省科学技术计划项目、辽宁省科技型中小企业技术创新资金、辽宁省海外学子创业资金;大连市科技计划基金、大连市软件专项资金、大连市高新技术创业服务中心创业资金、大连市软件人才专项资金等。

大连创意孵化园努力在未来的三年内,打造成为拥有创意企业60

家以上，年产值达10亿元的创意产业孵化基地。引进相关文化艺术创意设计方面的企业，提供高科技支持如数字网络内容产业方面的企业，国际化的策划推广、信息咨询等中介机构，文化创意产品生产企业，以及有经营管理、商品管理方面经验的公司。这种构成有助于加强集群内企业间的动态联系，构成立体的多重交织的产业链条网，形成融合的集群效应。并在实物设施的创意孵化园的基础上尝试打造无界域的国际化的虚拟创意园区，建设一个迅速顺畅交换传播的数字化网上市场和一个数字化的交易平台。吸引巨量信息汇聚，开展网上信息交换、商务交易、科研成果转换、产品推介销售，以最新技术方式，实现产、学、研等各个环节的数字化高端整合。

创意产业的根本观念是通过越界促成不同行业、不同领域的重组与合作。通过越界，寻找新的增长点，推动文化发展与经济发展，并且通过在全社会推动创造性发展，来促进社会机制的改革创新。大连创意孵化园在大力吸引海内外创意设计产业的项目和人才、孵化培育创新能力强和成长速度快的科技创意企业的同时，将重视发挥自身的辐射和牵动作用，以创意设计产业提升辽宁装备制造业的水平，为实现东北老工业基地的全面振兴贡献力量。

为此大连创意孵化园将调动并聚集多方面有利于创意设计企业发展的资源和条件，诸如：场地、技术、人才、政策、信息和培训等方面的服务，为入园的科技创意企业营造良好的创业发展环境。全力打造科技与文化创意产业的高端，不断完善现有孵化服务，创新孵化形式，加强与国内外知名创意产业园区和创意产业机构的合作交流，推动创意产业发展，支持重点创意企业建设，催生文化创意企业的集聚、融合、交汇，打造产业集群，努力将创意孵化园建设成为东北地区乃至全国的创意成果产业基地、创意企业孵化基地和创意人才培养基地。

"让无名变成知名"是大连创意孵化园的宗旨，从政策制度、经营运作、人才培养等方面不断探索，使大连创意孵化园走出一条独具特色的中国创意产业发展道路。

【案例点评】

创意企业需要孵化器

2007 年中国企业创意产业年度大奖颁奖典礼上，大连创意孵化园荣获中国创意产业最佳园区奖，北方这个国家级创意孵化器浮出水面，引起创意产业界的关注。我们一直在提创意产业园区、创意产业集聚区，那么创意孵化器又是怎么回事呢？为什么创意产业需要孵化器？孵化器是如何孵化创意企业的？

一、孵化器的概念

孵化器，原指人工孵化禽蛋的专门设备。在经济学领域，孵化器指的是一种新型的社会经济组织，这种组织在一个集中的空间，通过提供研究、生产、经营场地，通信、网络、办公等方面的共享设施，提供系统的培训和咨询，在政策、融资、法律、市场推广等方面给予支持，降低创业企业的风险和成本以及创业门槛，提高企业成活率和成功率，加快企业的创业速度，活跃行业内的创新氛围。孵化器有不同的叫法，企业孵化器也称企业创业中心、创新中心、企业中心、支持中心、工作坊。总之，孵化器是一种介于政府、市场与企业之间的新型社会经济组织和企业发展平台，它通过提供一系列新企业发展所需的管理支持和资源网络，来帮助初创阶段或刚成立的相对弱小的新企业，使其能够独立运作并健康成长。

在企业创办初期举步维艰时，孵化器提供资金、管理等多种便利，利用平台资源来推动企业间的合作和交流，让企业在幼稚的初生期和成长期能够专注于核心竞争力的研发和业务拓展，而在商务服务上共享孵化器提供的公共服务和社会资源，从而能够帮助企业顺利度过高风险、高投入、低回报的创业初期，为其独立生存和发展赢得时机。

产业园区或企业孵化器最早出现在美国，是伴随着新技术产业革命的兴起而发展起来的。1956 年，美国人乔·曼库首次提出了孵化器概念，并在纽约成立了第一家企业。美国是企业孵化器发展得最为成功的国家。从1980年到2001年,孵化器数量从12个迅速发展到900个以上。美国孵化器主要有四种形式:政府主办的不以盈利为目的的孵化器、私人主办的孵化器、学术机构主办的孵化器、公私合营的孵化器。

孵化器的类型可以从不同的角度进行说明:

1. 从投资主体来看,可以分为:(1) 完全事业型——由政府主导投资;(2) 事业企业型——政府与私人合作;(3) 企业型——由大企业或风险资金投资。

2. 从孵化器的功能出发,结合其组织方式等角度,可以分为综合企业孵化器、专业技术企业孵化器、专门人才企业孵化器、国际企业孵化器、虚拟企业孵化器、创业投资集团孵化器。

3. 根据孵化对象的层次,可分为一级孵化器是项目孵化器;二级孵化器是指企业孵化器;三级孵化器是"大孵化"概念,指二级孵化器的企业升级孵化;四级孵化器是指跨国孵化。

美国有四种孵化器模式,英国有三种模式,但无论哪一种模式都要解决三个问题:一是孵化器的利益;二是孵化器的服务与企业赚钱的关系;三是孵化器要做到全方位服务。

二、为什么创意产业需要孵化器

文化创意产业是市场不成熟、需求不稳定、产业链尚不完整的风险产业,又是有效需求高速增长、市场前景十分广阔、经济效益非常诱人的朝阳产业。正是具有如上的这些特点,文化创意产业才需要一个良好的创业环境,高效的政策支持机制,高技术的基础设施,相互接驳的产业链条,打破原有行业界限的重组场域,迅速顺畅交换传播的数字网络和一个高度市场化的交易平台。创意产业园区、孵化器就是满足以上需求的产业发展模式。

创意产业的发展不能仅仅依靠总体的动员与政策支持,还必须有实质性的产业发展与推广。当前各国创意产业的发展面临的主要问题已不是理念转换,而是如何实际运作,推动文化创意企业的快速生长,并发挥集聚效应，培育创意市场，打造并完善创意产业链，形成新的产业发展群落。因此，建立并建设文化创意产业基地，创建创意产业孵化器、创意产业园区是十分重要的基础建设。

20 世纪 90 年代以来，随着文化创意产业在全球的兴起，纽约、伦敦、巴黎、法兰克福这些原本就富有文化活力的城市率先体会到文化创意产业的魅力，成为全球最著名的创意之都。美国的电影产业、韩国的游戏产业、日本的动漫产业、印度与爱尔兰的软件产业都是文化创意产业风险投资的真正受惠者。

文化创意产业已经成为各国发展新经济的突破口，孵化器的助推作用在英国创意产业的发展历程中，可以记上一功。英国建立的许多创意园区，以“集群效应”为主，通过组合各种文化创意建筑，形成相互聚合，渗透激活以及“引爆效果”，使本国的文化创意产业得到很大发展。到 2000 年，创意产业已经成为英国产值居第二位的行业，占 GDP 的 7.9%，仅次于金融服务业。1996 年，英国有 25 家孵化器，此后由英国企业孵化中心（UKBI）发起，孵化器数量急剧增长，到 2002 年全英国有 1 500 多家孵化器在运作。UKBI 是一个领先的企业孵化网络，可以提供高质量的服务及专业技能、技巧和信息，能够帮助企业孵化。在英国所有的孵化器都能够提供会议室、设备和一些共享的服务，94% 的孵化器能够提供企业规划的支持，能够允许被孵化的企业侧重于自己的理念，并且能够为他们提供很多的支持活动，89% 的孵化器能够为企业提供培训支持，85% 的孵化器能够为企业提供财务建议。

在创意经济时代，孵化器已经发展成为一种把新技术、新发现和创造性思想结合在一起的生产力转化机制和实现过程。比如，近年来，韩国成立了文化产业振兴院，发掘各种类型的文化内容，如动画角色、漫画、移动内容、音像等，从这些内容的策划开始到制作、流通、吸引投资及出口，提供全面性的服务。在文化产业振兴院业孵化本部的大楼内，在七、八、九楼安排孵化器，通过风险资金间接地安置了 80 余家小企业进行孵化，为韩国创意企业的健康成长提供了良好的创业环境。在很多国家和地区，孵化器的建设已经列入政府发展创意产业的战略规划中，新加坡政府希望树立起“新亚洲创意中心”的声誉，台湾经济部制定“文化创意产业发展条例”，提供租税优惠等多项奖励优惠的孵化措施，香港在政府推动下创建了数码港和科学园等创意产业园区。

在中国大陆地区，上海市首个文化科技创意产业基地，2004 年 10 月 12 日在浦东张江高科技园区揭牌。该基地确定以动漫和网络游戏业为突破口，建设文化与高科技密切结合的文化科技创意产业将依托张江高科技园区雄厚的软件产业和芯片产业，着重发展动漫和游戏产业（包括网络游戏）、影视制作产业、多媒体内容产业，其中包括多媒体的软硬件开发和制作、动漫画制作、游戏软件、高科技影视后期制作、产品工业造型设计等。我国“十五”期间是科技企业孵化器大规模发展时期，借鉴发达创意城市的发展经验，各省市对孵化器的投资力度不断加大，北京、上海两市财政投入的孵化资金达到 1 亿元以上。

三、创意产业园区如何孵化创意企业

孵化创意企业是一个资源和资金转化为创意生产力的过程。大连创意孵化园是东北地区首家培育创意产业企业及企业家的专业孵化器，附近有十几所国家级科研院所和重点学府，为创意企业的发展提供充足的人才储备和科技支撑，提高企业的核心竞争力。以大连创意孵化园为例，我们可以了解到，创意产业园区是通过创意企业的孵化、创意成果的孵化和创意人才的孵化，来实现对创意产业发展的助推作用的。

创意产业孵化必须顺应文化创意产业的生产规律和文化创意产业从业者的生活规律，即应该了解创意价值链的发展阶段和价值转换机制，以及创意阶层的特征和管理模式，以提供符合这两大规律的扶持机制和公共服务，才能集聚产业、集聚资金、集聚人才，真正发挥创意产业集群（创意产业集聚区）的孵化功能。

1. 创意企业的孵化

大连创意孵化园由大连市高新技术创业服务中心进行管理和运营，组成专门机构为创意孵化园内的企业建立一个良好的创意创业环

境，孵化途径包括：

——通过强有力的制度保证、政策支持和高效的协调机制，为创意企业提供高技术的基础设施支持，相互连接的产业链条。

——完善有效的投融资支持，吸引有实力的文化创意产业基金和风险基金支持。

——提供适应创意设计企业需求的专业化、人性化的服务设施，为企业的市场推广和培训、交流提供服务；各楼层都设有小型的公共交流区，为创意设计人员的日常工作交流提供方便。

——对入驻企业实行最优惠的场地租赁政策，在低于市场价格的基础上，入驻第一年场地费用减免2/3，第二年场地费用减免1/3。

——设有多项国家及省、市的科技专项扶持基金，为中小创意企业提供资金扶持和奖励。

——引进相关文化艺术创意设计方面的企业、数字网络内容产业方面的企业、企业国际化的策划推广信息咨询等中介机构、文化创意产品生产企业以及有经济管理、商品管理方面经验的公司。这种构成有助于开放集群内企业间的动态联系，构成立体的多重交织的产业链条网，形成综合融汇的集群效应。

总之，作为孵化器的创意产业集聚区应该为企业提供扶持政策、孵化场地、共享服务设施和资金筹集、市场开拓、人员培训、诊断咨询、信息网络、公共关系等孵化服务。培育孵化企业的政策，包括房租减免政策、种子资金政策、财政返还政策、专利资助政策、贷款担保政策等，这些政策降低了中小企业的创业门槛和创业风险，使它们纷纷向孵化器集聚。孵化器在为企业筹措资金的同时，积累了科技风险投资的经验，在积极争取国家计划支持和银行贷款的同时，以孵化基金、担保基金及股份制改造等方式为企业进行社会融资，也是解决创意企业融资难的有效途径之一。

2. 创意成果的孵化

我们知道，创意产品具有科技创新和文化创意的双重特性，通常形态表现为享有专利技术的高科技产品和具有自主知识产权的文化产品或服务。创意产品的核心价值就是无形资产,而企业对专利、版权等无形资产进行研发、试制的阶段恰恰是企业的初创阶段,在资金、资源和产权保护等方面都需要扶持。这就需要孵化器面向专利发明人或版权所有人,提供软、硬孵化条件,迅速将有市场前景的专利技术商品化或产业化,将有文化价值、经济价值的创意成果产业化。

完善的孵化器应该能够满足处于不同阶段的创业需求,符合成果转化和企业发展的客观规律,为企业提供了从孵化到中试到产业化的创业环境和条件。同时,提供知识产权保护的公共服务,让创意成果在产业价值链上的流转和运作都得到相应的无形资产保护,从而能使其在竞争激励、环境恶劣的市场运作中得到价值实现,让企业获得后续的成长空间。

创意成果的孵化不仅包括创意产业化,也包括孵化产业创意化,即将创意元素注入传统产业,促进产业结构转型、产能升级。曼彻斯特、利物浦等老工业城市用七年的时间,通过公共服务平台,就帮助12万多家企业完成了从传统产业向创意产业的转化。

3. 创意人才的孵化

创意产业需要大量复合型人才,受过三级以上复合教育,如文化艺术的理论与创作、网络设计或相关专业技术、工商管理或金融经贸教育。理想中的孵化器或创意园区内应该配置不同的专业人才,形成多种创意人才的互补聚合优势。第一,创意产业园区无疑需要优秀的科学家、设计师、工程师、建筑师、投资人、金融家等;第二,创意产品的一个重要特征是无形化、文化化和艺术化,所以创意产业园区需要富于灵感的艺术家、民间艺人、自由撰稿人、文化学者,甚至哲学家;第三,创意产业园区还需要管理人、广告人、媒介工作者等中介人。这是文化与经济、艺术与技术、人文与科学的碰撞与融合。其实,无论科学技术的创意,还是文学艺术的创意,对创意人才来说具有同样的重要性。

大连创意孵化园在创造吸引创意产业人才的文化氛围和舒适自然

的生活配套上花了工夫，其目的就是考虑到创意产业具有文化艺术特性，注重创意产业人员的生活环境，提高生活质量、生活格调、品位、生活舒适度是吸引创意人才的一个方面。

创意孵化园通常以创业者协会为载体，开展多种形式的创业沙龙、论坛、联谊等活动，塑造了和谐氛围，促进了企业间、科技人员间的互助与合作，形成一个创业大家庭的氛围。同时，为创意人才的培训和教育提供公共服务也是非常重要的举措，有利于构建复合型人才的建设。

大连，这个美丽的北方滨海城市，依托沿海区位和改革开放等优势，经济实力有了显著增强，全市人均 GDP 已超过 4 000 美元，达到中等发达国家水平，大连在国内外的美誉度日益扩大。大连的创意企业正利用历史给予的时机，蓬勃兴起、方兴未艾，大连创意孵化园将为这些企业提供高质量的信息、人才、市场、政策、中介、商务、物业等一系列的孵化服务以及企业间的信息交流平台，把大连创意孵化器建设成创意成果产业基地、创意企业孵化基地和创意人才培养基地。通过政府的重视、社会各界的力量和企业自身的发展，共同促进文化创意产业的快速发展，从而有望早日把大连打造成中国北方的文化创意名城。

（本文根据北京国际城市发展研究院报告及中国领导决策信息系统数据库资料整理分析）

【相关链接】

* 大连创业园：http://dhbi. cn/cd08. html.
* 中国政务信息网：www. ccgov. org. cn.

【案例】

北京 798 艺术区：从“村姑”到“国际名模”

斑驳的红砖瓦墙，错落有致的工业厂房，纵横交错的管道，墙壁还保留着各个时代的标语。马路上穿着制服的工人与打扮时尚前卫的参观者相映成趣……历史与现实、工业与艺术在这里完美地契合在了一起，这里就是北京798艺术区。

北京798艺术区位于北京市朝阳区酒仙桥大山子地区，坐落于北京七星华电科技集团有限责任公司（简称七星集团）所属的718大院。这里汇集了画廊、设计室、艺术展示空间、艺术家工作室、时尚店铺、餐饮酒吧等众多文化艺术元素。截至2008年10月，入驻北京798艺术区的画廊、艺术家个人工作室以及动漫、影视传媒、出版、设计咨询等各类文化机构，共计400余家，分别来自法国、意大利、英国、荷兰、比利时、德国、日本、澳大利亚、韩国、中国、中国台湾、中国香港等国家和地区。这里已成为中国文化艺术的展览、展示中心和国内外具有影响力的文化创意产业集聚区。

一、北京798艺术区的历史

北京798艺术区所在地，曾是前民主德国援助建设的北京华北无线电联合器材厂，即718联合厂。718联合厂于1952年开始筹建，1954年开始土建施工，1957年10月开工生产。

718联合厂由东德德绍一家建筑机构负责建筑设计、施工，这家建筑机构和当年的包豪斯学校在建筑精神层面上是共通的，其主要特点是：注重满足实用要求，发挥新材料和新结构的技术性能和美学性能，造型简洁、构图灵活多样。尊崇这种主张的学派被称为包豪斯学派。

1964年4月，上级主管单位撤销了718联合厂建制，成立了706厂、707厂、718厂、797厂、798厂及751厂。2000年12月，原700厂、706厂、707厂、718厂、797厂、798厂等6家单位整合重组为北京七星华电科技集团有限责任公司。为了配合大山子地区的规划改造，七星集团将部分产业迁出，为了有效利用产业迁出后空余的厂房，七星集团将这部分闲置的厂房进行出租。因为园区具有规划有序、交通便利、包豪斯风格建筑独特等多方面的优势，吸引了众多艺术家及艺术机构前来租用闲置厂房并进行改造，逐渐形成了集画廊、艺术工作室、文化公司、时尚店铺于一体的多元文化空间。由于艺术家及艺术机构最早进驻的区域位于原798厂所在地，因此这里被命名为北京798艺术区。

二、北京798艺术区的现状

北京798艺术区经常举办重要的国际艺术展览、艺术活动和时尚活动，吸引了世界众多政界要人、影视明星、社会名流到访参观。2004年以来，瑞典首相、瑞士首相、德国总理（施罗德）、奥地利总理、欧盟主席（巴罗佐）、比利时王妃、联合国秘书长安南夫人、法国总统希拉克夫人、挪威总理夫人、比利时王储、法国总统（萨科齐）、国际奥委会主席（罗格）等都先后参观访问过北京798艺术区。

2003年，北京798艺术区被美国《时代周刊》评为全球最有文化标志性的22个城市艺术中心之一。同年，美国《新闻周刊》评选年度世界城市TOP12，首次把中国北京列入其中，原因之一就是北京798艺术区的存在和发展，证明了北京作为世界之都的能力和未来潜力。2004年，北京被列入美国《财富》杂志一年一度评选的世界最有发展性的12个城市之一，入选理由之一也是北京798艺术区。

三、北京798艺术区的未来

2006年，北京798艺术区分别被北京市、朝阳区政府列为首批文化创意产业集聚区之一，被中关村管委会评为中关村电子城文化创意产业基地。北京798艺术区作为“创意地区、文化名园”的氛围正在形成。为了加快推动艺术区繁荣、发展，朝阳区政府与七星集团共同成立了北京798艺术区建设管理办公室，以协调、服务、引导、管理为宗旨，推进艺术区当代艺术与文化创意产业的发展。

北京798艺术区建设管理办公室通过对园区的服务中心、展览展示中心和公共服务平台等项目的建设，进一步为园区提供完善的服务；按照保护、开发、稳定、发展的指导方针对北京798艺术区的核心区域、原创艺术进行有效保护；加强对艺术区的宣传与推广，进一步吸引国内外知名的艺术家及艺术机构；为园区内艺术品打造展览展示、交易拍卖的平台，推进园区产业升级；从而展示艺术区的魅力，把北京798艺术区建设成为北京最具特色和影响力的文化创意产业基地和世界著名的文化创意产业园区。

四、艺术盛事

据不完全统计,艺术区每年都要举办各种规模的展览、演出、时尚发布活动2 000余次,已成为一个活跃的中外文化交流平台、人文北京地标。同时,为推广北京798艺术区和当代艺术的理念,在保持艺术的纯粹性和学术性的基础上,艺术区每年9月底举办"北京798艺术节"。

2008年9月28日,"2008北京798艺术节"隆重开幕。为期21天的艺术节吸引了海内外数百位艺术家、北京798艺术区50多家艺术机构的加盟,包括开幕式及摇滚音乐会、主题展、Loft户外雕塑展、室内雕塑展、特别展、同盟展、版画展、独立电影、大学生影像作品展、论坛、音乐剧、特别合作项目等12大项丰富而多彩的艺术活动。本届艺术节共吸引了37.5万到访者参观艺术区,其中10万余到访者参观了主题展。

作为文化创意产业聚集区之一的北京798艺术区,云集了众多的艺术、文化界名流,众多的艺术机构、众多的时尚企业。北京798创意文化节旨在推动北京798艺术区文化创意产业的发展,北京798艺术区每天都在通过不同的艺术形式向世人展示着其特有的艺术氛围,各大国际品牌如索尼公司、摩托罗拉公司、DIOR、欧米茄、宝马汽车、中国雅虎门户网站等都在这里举行过宣传推广活动,北京798艺术区品牌已经形成,它已经成为崇尚时尚商家的首选。

【案例点评】

北京798艺术区形成的原因、特点和问题

"798"是一个自然长出的艺术区,其所在的老厂房也曾面临着被拆除改造的现实,由于艺术家们的联名呼吁才得以保存下来,自2002年开始,大量艺术家工作室和当代艺术机构开始进驻这里,成规模地租

用和改造闲置厂房，逐渐发展成为画廊、艺术中心、艺术家工作室、设计公司、时尚店铺、餐饮酒吧等各种空间的集聚区。经过十多年的发展，到2007年北京798艺术区已汇聚了354家以创作展示和交流类、设计类两大类为主的文化艺术类机构，到今天，这一区域逐渐发展成为国内最大、最具国际影响的艺术区。

一、北京798艺术区形成的原因

北京798艺术区形成的原因有两个重要背景：

1. 国际背景：中国与日俱增的国际影响力

随着中国经济地位的提升，中国在国际社会中的影响力日益扩大，西方国家了解中国文化的愿望很迫切。它们认为，文化特别是艺术是了解一个国家民众所思所想的最直接的渠道。有一位名叫卡润·史密斯的女士认为，改革开放以后，特别是中国加入WTO以后，中国与发达国家的关系更加紧密。许多跨国公司希望到中国来开年会，借此机会了解中国。了解中国艺术和文化是了解中国的最直观的渠道，也是把握中国人情感世界的最佳方式。所以，西方人对中国当代绘画特别感兴趣。而对于像陈逸飞、罗中立、陈丹青这些被称为“中生代”的中国知名画家，反而不太受国外重视，因为在外国人看来，他们的作品反映的生活是传统的、西方人用过的，从他们的作品看不出与时代的紧密关系。

1980年，威尼斯双年展邀请改革开放中的中国参展，官方力求把表现中国人民聪明才智和富有民族特色的中国艺术展示给世界人民。于是，1980年，中国送去了剪纸，1982年，换成了刺绣。因为中国送去的艺术品与以新锐闻名的威尼斯双年展风格不符，1984年，威尼斯双年展不再邀请中国参展。1993年第45届威尼斯双年展上，王广义、方力钧和刘炜等当代艺术家以民间身份参展，中国当代艺术在西方人眼中的刻板印象得以改变。国际策展人史泽曼在1999年策划威尼斯双年展时，以占全部参展艺术家1/5的比例邀请了20多位中国艺术家，人数甚至超过了美国和意大利。西方艺术界认为：中国被重新发现。

这一年，中国当代艺术家蔡国强还获得“威尼斯双年展大奖”，方力钧以光头泼皮闻名的“玩世现实主义”、王广义的“文革”式政治招贴和徐冰的“新汉字”等开始为世界熟知，也获得国际买家的好感，中国当代艺术家的作品开始在世界级画廊里明码标价。

2. 国内背景：艺术与生活的融合

随着中国经济的发展，人民生活水平的不断提高，当代社会出现了艺术生活化、生活艺术化的现象。艺术由原来只是少数人从事的高雅活动，逐步转变为与人们的日常生活相结合、与传媒和公共空间密切结合的大众活动。艺术活动与当代社会日常生活的紧密联系，使北京798 艺术区引起了公众的关注，成为公众观赏和游览的重要场所。上述特点在具有浓郁的艺术气息的北京表现得尤为突出。早在 20 世纪 80 年代，北京就有圆明园艺术家群体的存在。但囿于国际环境和国内环境，当时的艺术家群体很难形成气候。北京良好的艺术氛围、民间艺术家集聚的传统，加上 21 世纪初适宜的外部环境，多种因素会合，成为北京 798 艺术区形成和快速发展的土壤。

二、北京 798 艺术区的特点

1. 新潮、前卫、独创的当代艺术

北京 798 艺术区无论是绘画、雕塑、摄影、服装设计、广告设计、家具设计等，都鲜明地体现出当代性、独创性和前卫性。给人以强烈的视觉冲击和情感震撼，能够反映当代年轻人的艺术思考和情感状态。值得一提的是，北京 798 艺术区的艺术作品内容总体上是健康的。20 世纪 80 年代形成的圆明园艺术群落，这里的一些艺术家喜欢表现血腥、暴力、色情等内容，曾受到政府干涉。北京 798 艺术区的艺术家艺术水准普遍较高，艺术表现内容和风格多样。也有一些艺术家思想反叛，但表现内容严肃、一般也较为节制，因此不仅公众能认可，政府也基本能接受。

2. 产、销、展示一体化

北京 798 艺术区既是艺术家工作室的集中地，又是销售地，还是当代艺术的展台。在这里，艺术的生产、加工、销售一条龙，画廊、艺术机构是卖场，工作室则是艺术品的生产车间，形成了“前店后厂”的格局。

3. 高度民间化的公共艺术空间

这是目前北京798艺术区最重要的特点。由于国内国有美术馆在展示条件、艺术家进入门槛和行政审批等方面有种种要求，许多知名度不高或思想内容与主流意识形态不合拍的当代艺术作品难以在国有美术馆里展出。同时，国有美术馆艺术展示活动大都是收费的，观众的覆盖面也受到限制。北京798艺术区作为民间的公共艺术展示中心自由度则要大得多。一是可供展示的空间大。北京798艺术区有众多高大宽敞的厂房可供利用，适宜展示各种类型的艺术作品，不受时间和空间的限制；二是进入门槛低。艺术家只要交纳房租即可入驻和展示；三是开放性。参观者无须购买门票，即可观看；四是配套设施全。北京798艺术区是典型的艺术与生活相结合的艺术空间。这里休闲、餐饮一应俱全，能满足游客的各种要求。上述原因，使北京798艺术区扮演了民间公共艺术机构的功能，且影响越来越大。

4. 艺术与旅游紧密结合

北京798艺术区的吸引力和影响力越来越大，近年来，到北京798艺术区参观、访问、观摩、学习、交流、购买艺术品的机构和观众越来越多。北京市旅游局曾作过抽样调查，2004年，大约有45万人次，2005年，大约有超过50万以上的人访问此区。境外来访者和国内来访者的比例大约是4:6。据北京市朝阳区宣传部负责人向笔者介绍，2006年来北京798艺术区参观的游客达到了100万人次，2007年达到了150万人次。

5. 存在的不足

据北京市旅游局2005年所做的调查，游客对北京798艺术区的主要意见：

一是可进入性问题。在605位游客中，有20.5%的游客提到缺少游览引导图，另外，有11.6%的游客提到交通不方便；二是环境差、卫生差。有 17.2% 的游客提到环境和卫生条件差，绿化不好，环境污染严重等；三是整个艺术区缺乏规划；四是市场推广不力。[1]

三、需要解决的三个问题

(一)政府在北京 798 艺术区发展中应该扮演什么角色

对于把北京 798 艺术区列入北京市重点扶持的创意产业园区，艺术家们有喜有忧。喜的是一些原来无法解决的问题可能会得到解决，如资金问题、公共服务设施问题、与业主的矛盾问题等。忧的是，政府过多的介入，会让艺术区失去活力，不利于艺术区的发展。

关于政府在北京 798 艺术区发展中应该扮演什么角色的问题，一些艺术家提出了自己的看法。归结起来主要有以下几点：

1. 在创意产业上，民间永远走在政府前面，不要用一厢情愿的单一规划来取代多样性。产业是市场的选择，企业是创新的主体，政府应该完全退出文化市场。在北京 798 艺术区颇有影响力的艺术家黄锐认为，北京 798 艺术区被作为创意产业园区以后，许多官员到我们这儿来时都指指点点。他认为，当代艺术的最大魅力是脱离条条框框。现在这里被定位成文化创意产业园区，但文化创意的主角还是艺术家。

2. “少管理，多服务”。一是健全宽松的制度环境，营造自由的创新氛围。二是完善的公共设施和公共服务，包括改善道路交通、兴建公厕、绿化带，从统一指示标牌到建立艺术交流的信息平台等。

3. 通过税收、补贴等优惠政策，对企业进行扶植。有艺术家提出，政府可以针对酒吧等附属机构、文化机构、商业机构等不同主体分别规定不同的税收政策。

政府有关部门也对此作了回应，表示绝对不违背创意者自己的意

[1] 北京市旅游局信息网：http://www.bjta.gov.cn/lyzl/lydy/bjslyj2005nddybg-xb/85034.htm.

志。面对以上问题,关键在于明确政府和艺术家各自承担的责任和义务。政府依法行使公共管理职能,对非公共事务绝不介入,放手让艺术家自己去做;艺术家也不能强调艺术需要,违背公共安全、危害公共利益。

从理念上看,政府部门与艺术家是一致的。但在遇到具体问题时是否一致,仍然是一个有待观察和需要解决的问题。

(二) 要商业还是要艺术

要商业还是要艺术,从来就是在北京 798 艺术区讨论最多的话题。商业与艺术总是有难以调和的矛盾,表现在两个方面:

1. 艺术区往往走过一个艺术—商业化—房租飞涨—艺术家迁走的循环。有艺术的地方就有人流,有人流的地方商业就紧随其后,艺术家就会被挤走,这是一个规律,纽约 SOHO 区就是一例。20 世纪 60 年代,那里曾经是一片废弃的厂房,因房租低廉,一批艺术家租用了这个地方,这里曾经诞生过美国最杰出的后现代艺术家。但也因艺术区的火爆,SOHO 成为有品位的中产阶级喜爱的时髦之地,由于租金的不断上涨,一些租约到期的画廊被迫搬出让位于有钱的品牌店。现在的纽约 SOHO 区变成了高档的时尚区,当年的艺术创作的气息已经很少了。北京 798 艺术区现在也面临着类似的情形。从 1997 年至今,北京 798 艺术区的租金一路攀升,每平方米租金从 0.3 元/天涨到现在的 2.5 元/天。像尤伦斯当代艺术中心这样大面积租户每年单租金就达 800 万人民币,房租涨到原来的几倍。一些早期来这里的艺术家已经负担不起,甚至北京 798 艺术区诞生之地的雕塑工场也因房租的原因,而被迫迁往别处。

2. 艺术区知名度提高以后,越来越多的商业画廊出现了,这也带来一个问题,艺术家过多地追求作品的商业价值,会损害艺术区的艺术气息和原创性。在第一个提出保护北京 798 艺术区的雕塑家李象群眼里,这里的艺术气息已较往日少了许多。他提出:从事纯粹艺术创作的个人与从事文化经营画廊等的单位要控制在一个合适的比例,并且要在空间布局上加以分类。理想化模式是,合理分割整个艺术区,创作区与经营区相隔开,不同区域,不同功能。租金也应实施不同区域不同价格。

3. 商业与艺术的矛盾还体现在商业需要人气、热闹,艺术需要宁静、沉思。商业气息的增加,往往使艺术创作变得肤浅和媚俗化。

如何调和好两者关系,是北京 798 艺术区永恒的话题。

(三)如何评估北京 798 艺术区的价值

前不久,北京 798 艺术区管委会负责人在一次会议上这样正面评价北京 798 艺术区的价值:每年厂区的直接收益仅 3 000 多万元,而整个文化产业创造的价值则在 3 亿元左右,由此可见北京 798 艺术区的发展前景。地方政府往往习惯于首先从经济的角度、从 GDP 的角度评判事物的价值,对北京 798 艺术区也不例外。问题是北京 798 艺术区的价值是不是就是增加了 GDP 或北京 798 艺术区的目标主要就是增加 GDP? 这个问题仍然有待研究。

如果单纯从经济的角度着眼,北京 798 艺术区创造的直接经济效益,仍然不如把这片黄金地段作为房地产项目来开发。艺术区的价值主要是软性的,我们现在还没有一个能够全面地评价一座城市文化(艺术)价值的指标体系的设计。北京 798 艺术区的价值主要体现在以下三个方面:

其一,培育城市的艺术创造力。艺术创造力是一座城市发展的重要动力,对激发城市的整体创造力有着深远的影响。其二,提供了多元文化并存的舞台。多元文化是城市的魅力所在,也是城市的活力所在。其三,是提供艺术教育和艺术熏陶的场所。在北京 798 艺术区比学校更能感触到当代艺术思潮的脉搏。

(本文根据国家行政学院综合教研部副主任祁述裕教授《北京 798 艺术区的形成过程、背景和需要解决的问题》一文整理编辑,原文载于《创意产业》杂志 2008 第 2 期总第 6 期)

【相关链接】

* 北京798艺术区官方网站:http://www.798art.org.

* 798艺术区:http://www.798.net.cn.

* 798艺术网:http://www.798as.com.

【案例】

盘点散落在“天堂”的“创意明珠”

上有天堂,下有苏杭。古有“西湖十景”,今有“创意十景”。

杭州十大文化创意产业园区是:西湖创意谷、之江文化创意园、西湖数字娱乐产业园、运河天地文化创意园、杭州创新创业新天地、创意良渚基地、西溪创意产业园、湘湖文化创意产业园、下沙大学科技园、白马湖生态创意城。它们就似散落在天堂的颗颗明珠,“大珠小珠落玉盘”,让这座有着山水之秀、人文之美的文化名城处处焕发出创意的华彩。

一、“创意明珠”,扮靓杭州

1. 西湖创意谷

2007年4月22日,杭州西湖大道与定安路口的开元中学旧址被一个新名称代替——西湖创意谷开元198。这座汇集了逸飞集团、设计师吴海燕的东方国设计馆、中国美院的色彩研究所、风景建筑设计研究院、渠晨明的雕塑艺术研究院等多家艺术类公司的建筑物,将其触角延伸到包括时装设计、城市建筑色彩研究、家居陈设、模特经纪、环境艺术等在内的领域当中,成为发展艺术品业、建筑景观设计业及时尚消费等特色产业的新天地。

2. 之江文化创意园

作为之江文化创意园的一个重要组成部分,2008年4月7日,凤凰·国际创意园的标志性建筑——双流水泥厂,用其后工业时代的粗糙印记,向世人展现其野性和粗犷之美。在艺术家眼里,之江文化创意园中的双流水泥厂建筑群以其质朴感观和极具层次的建筑分布形态,

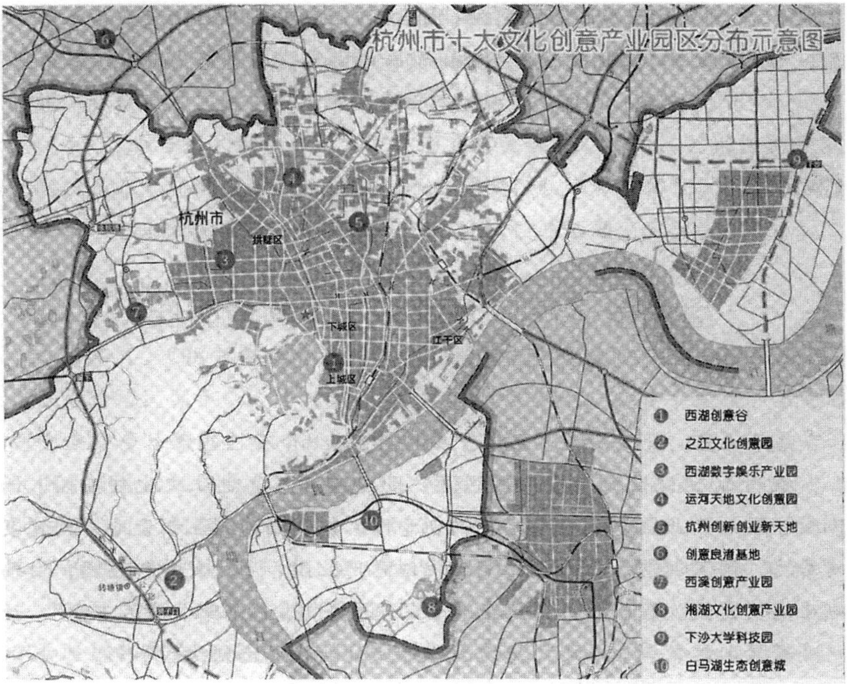

杭州市十大文化创意产业园区分布示意图

让这一特殊的工业建筑形态变身为新生的现代创意办公展示空间。

3. 西湖数字娱乐产业园

文一西路75号,西湖数字娱乐产业园,汇聚着中国博客网等52家数字娱乐类企业,构建了数字娱乐产业公共服务平台及研发、孵化中心,目前已经初步形成了一条产业链,内容包括数字娱乐软件开发、动漫产品制作、娱乐网站经营、衍生产品及服务、手机短信等一系列增值服务。

4. 运河天地文化创意园

始创于1958年的杭州化纤厂,地址为杭印路49号,当时是中国大陆首批建造的4家化纤厂之一。现在被改名为LOFT49,开始成为艺术时尚工作者的基地,有了新的活力。而LOFT49的华丽转身,也给了拱宸桥一带旧厂房一个很好的变身范本，于是A8艺术公社、唐尚433、乐富·智汇园以及运河天地旅游文化创意园等产业基地，把工业遗存、历史建筑培育成文化艺术、设计服务的基地。

5. 杭州创新创业新天地

原杭州重机厂地块将被打造成集文化娱乐、商业休闲、科研孵化、新型都市工业于一体的杭州次级商务商业中心。创新创业新天地项目总占地面积约为56.73公顷，其中新天地创意产业区规划面积为30万平方米，周边为杭州新兴的北部居住区，区块北部和东部为城市快速路石祥路、石桥路。将来园区内会有创意产业区、新型都市工业示范区、商业休闲区、科研孵化区、总部商务区等五大功能区。

6. 创意良渚基地

创意良渚基地主要由中国良渚文化村片区、良渚城镇一期行政商务片区和二期商业街区组成，将构建为杭州北部集聚度最高的现代服务业基地，也是杭州市北部市级服务业基地的主体。而玉鸟流苏创意文化街区是“创意良渚”的主要产业集聚区，拟建为杭州市级特色商业街区，今后将扩展延伸到良渚商业中心，构建为规模更大的良渚创意文化街区。

7. 西溪创意产业园

西溪湿地的静谧和源于自然的野趣，对于艺术家和设计师，无疑是具有强大吸引力的。于是，就有了这样一个美丽的组合：1.5万平方米的桑梓漾西溪文化艺术村落，投资约8 000万元，将浙江大学紫金港校区、浙大科技园和西溪湿地周围高档商住街等串珠成链，打造以艺术创作室为主体的，集技术创作、艺术交易、文化、休闲、度假为一体的艺术基地。

8. 湘湖文化创意产业园

当2006杭州世界休闲博览会落下帷幕，在看似平静的休博园内，正悄悄地发生一些改变。2007年2月28日，休博园百城馆区正式被批准建立成为浙江省文化创意产业实验区，紧接着的浙江首届文化创意产业高峰论坛又将为休博园打响文化创意产业实验区的第一枪。湘湖文化创意产业园位于休博园威尼斯水城区块，该园以浙江省文化创意产业实验区挂牌运作为契机，带动湘湖周边区域产业集聚，主要发展艺术设计、文化休闲旅游及文化会展等产业。

9. 下沙大学科技园

嫁接了周边高校的智慧大脑，下沙大学科技园有了充足的人才储备，也难怪其初建不久，就先后落户了新加坡杭州科技园、第五时尚设计产业中心及浙江传媒学院文化创意产业园、中国计量学院ZILOG（杭州）应用设计中心等高校文化创意园和机构。下沙大学科技园总规划88万平方米，联合各高校，发展十大特色产业园，包括：工业设计、平面设计、软件设计、影视制作、文艺创作、时尚设计、传媒文化、旅游及城市规划等产业。

10. 白马湖生态创意城

位于钱塘江南岸的杭州滨江区白马湖区域的农居和山水田园风光，将会成为一个杭州的"童话王国"，在这片土地上将孕育出国家动画产业基地和正在规划建设的动漫广场、动漫公园等。青山秀水间，文化创意体验游、生态居住博览、田园动漫、康体度假游相得益彰。

二、文化名片，提升杭州

文化软实力是城市综合竞争力的重要标志，杭州打出了两张体现生活品质之城的文化名片。

1. 印象西湖

一千个人心中有一千个西湖。被称为世界唯一都市山水实景演出的《印象西湖》是一场体现"名湖＋名家＋名作"三者完美结合的大型山水实景演出，成为杭州城市的金名片。

这一大型夜游项目由张艺谋、王潮歌、樊跃主创，在音乐方面，邀请了国际音乐大师喜多郎担任作曲，其空灵悠远的音乐与西湖的气质一脉相承。《印象西湖》的一个独特之处就在于，提供晚间艺术享受的同时，保证日间市民游人的正常游览。演出采用的舞台是一个位于岳湖水面之下可以调节升降的环保型舞台，不会影响西湖原有景观和旅游功能，同时，演出音响采用独立耳机和船载定向舞台返听音箱，每位观众都佩戴耳机观看演出。《印象西湖》还设计了可升降可收缩可移动阶梯形看台，每天演出前打开使用，演出结束后收拢移走。音响灯光也设计为强指向音响和隐蔽灯光，每天演出前采用拖船拖出使用，演出结束后立即拖走，不影响西湖白天的景观，最大限度地还原了西湖本来的风貌，体现了“生态第一，保护第一”的原则。

2. 精彩西博

会展产业和节庆产业被誉为“城市的面包”、“旅游皇冠上的宝石”、“触摸世界的窗口”、国民经济的“推进器”、市场的“晴雨表”。杭州的西博会到2008年已经成功举办了10届，为杭州与国际、国内交流提供了极好的平台，已经成为杭州另一张金名片。

每年金秋，中外游客和杭城百姓共享精彩西博，杭州西湖国际烟花大会、人间天堂文艺晚会、亚洲规模最大的AEMI国际小丑嘉年华精彩纷呈，一道道艺术盛宴彰显杭州打造“生活品质之城”的理念，展示了中国最佳旅游城市和“东方休闲之都”的风采魅力。围绕打造“生活品质之城”，杭州以西博会为契机，大力拓展节庆活动，萧山观潮节、余杭双溪漂流节、富阳龙门古镇民俗风情节、建德国际龙舟节、千岛湖秀水节、中国竹笋节等旅游特色活动，实现更大范围内节庆气氛的营造，丰富各地老百姓的生活，扩展节日辐射效应。

“西博之旅”成为杭州旅游新品牌。“西博之旅”以“相聚西博盛会，体验西湖新景”为主题，通过开展法国文化节、秀水节、龙门古镇民俗风情节等旅游项目，组织国际旅行商看杭州、海内外游客品杭州、新评西湖十景游和2007西湖国际烟花大会之旅等专题活动，实现节庆活动与旅游的联动，加快杭州旅游的国际化建设步伐。

三、品质生活，宜居杭州

杭州是一座适合生活、讲究品质的城市。从弘扬精致和谐、大气开放的人文精神到引领和谐创业，再到生活品质的核心理念，杭州走出了一条独具特色的发展道路。杭州把提高生活品质作为城市发展目标,将城市的历史、文化、人文和资源禀赋转化为城市个性和经济优势,推动经济结构调整,促进生态建设和环境保护的社会和谐发展。

杭州"生活品质之城"目标:实现从中等发达水平向发达水平的历史性跨越,人民群众经济生活殷实富足、文化生活丰富充实、政治生活生动活泼、社会生活安全有序、环境生活舒适便利,人人生活更幸福,身心更健康,初步打响"生活品质之城"的品牌。

1. 经济生活品质:从"西湖时代"大步迈向"钱塘江时代",鸟语花香的西子湖与大气磅礴的钱塘江琴瑟相和,共同推进杭州大都市化的到来。

2. 文化生活品质:杭州,这是一座年轻充满活力的城市,你可以眼见她的新装多亮丽;这是一座古老且拥有精髓的城市,你可以触碰到她历史的弦音。

3. 政治生活品质:杭州,这是一座人性化的大气城市,也是一座规范化的平安之城。一个生活高标准的"平安杭州"让人们舒心安逸的梦想成为现实。

4. 社会生活品质:"更殷实、更健康、更文明、更舒适、更便捷、更优美、更满意",生于此城的人们自豪,游于此城的观赏者惊羡,居于此城的人们幸福,对杭州的评价是挂在人们脸上肯定的笑容。

5. 环境生活品质:"欲把西湖比西子,淡妆浓抹总相宜",西湖"一湖双塔三岛三堤"、市区"东热南旺西幽北雅中靓"、大运河"一馆两带两场三园六埠十五桥"……胜景构建了人与人、人与自然、人与社会的和谐。

杭州,一座让人向往的"休闲之都",一个充满魅力的"创意之都",一个数字艺术的"天堂硅谷",一座古韵新意的"文化名城"。杭州,以其温和博大、秀雅柔和又不失锐意进取的城市个性,为我们打造了一个适合创意、创业和宜居的品质生活之城。

【案例点评】

创意杭州：打造“生活品质之城”的城市品牌

近年来，随着“中国城市总体投资环境最佳城市”、“中国大陆最佳商业城市第一位”、“中国幸福指数最高的城市”、“中国最具经济活力的城市”、“中国十大协调发展城市第一位”等桂冠相继花落杭州，杭州一次又一次地成为被关注的焦点。杭州拥有无数桂冠之外，又集休闲之都、动漫之都、天堂硅谷、文化名城等社会美誉于一身，不得不让众多中国城市羡慕不已。

其实，佳丽纵有姿色天然，气质亦需后天养成！依托自然山水之秀、历史人文底蕴，在新时期，杭州理念先行，为这座城市注入了文化创意的时尚元素、注重生活品质、社会和谐发展的城市精神，营造了适合创意的综合环境、适合创业的经济环境和适合生活的社会环境，打造了“生活品质之城”的杭州城市品牌。

一、适合创意的综合环境

1. 创意产业园区的建设，优化了杭州的城市空间结构布局

除了正在建设中的杭州市十大文化创意园区，即西湖创意谷、之江文化创意园、西湖数字娱乐产业园、运河天地文化创意园、杭州创新创业新天地、创意良渚基地、西溪创意产业园、湘湖文化创意产业园、下沙大学科技园、白马湖生态创意城之外，杭州已经培育形成了高新区国家动画产业基地、西湖区国家数字娱乐产业示范基地、LOFT49、唐尚433、A8艺术公社、乐富·智汇园等六个比较成熟的文化创意产业园，投入使用的建筑面积达13万平方米，吸纳就业人数约1.5万人。

这些创意产业集群以市区和西湖为中心，向西溪、钱塘江区域扩展，规划中的白马湖生态创意城甚至延伸到杭州郊外的旅游风景区，形成了“中心—边缘”有层次的错位发展。一方面，城市中心区的文化地位更趋凸显，城市中心区成为文化和艺术创造力的焦点和中心；另一方面，不同类型的创意产业又在不同城市区位中集聚，形成了不同

的文化氛围。尽管城市空间布局中的区位差别，在地价杠杆作用下产生具有高低之别的空间层级性差异，但是，创意产业巨大的附加值却在为不同区位的土地增值，并不断调整地价杠杆的作用，使整个城市社会空间形成类型之异，而非层级之别。[1]也就是说，每个地区的创意产业发展后，就使得这些地区之间只有类型的区别，而没有层级的区别了。

2. 杭州具有发展创意产业的文化环境

很多区域性的艺术区就是自然形成的，其中比较有代表性的要数LOFT49。LOFT49地处杭印路49号，原址为杭州蓝孔雀化学纤维有限公司，2002年一批艺术和设计公司纷纷入驻，破旧的普通厂房经过设计师一番修饰，变成一个个生产快乐、生产创意的加工空间，把"制造"转变为"创造"，这里蕴含着创意人所共有的精神气质，文化和经济、智慧和财富正演绎着和谐创业的动人故事。如今，经过六年时间打造和锤炼的LOFT49已经吸纳了30多家各具特色的创意机构，2006年产值达2.73亿元。LOFT现象的背后就是创意产业的市场支撑，而创意产业的背后就是人才的支撑。杭州凭借诗意、天然的人文环境，诞生了LOFT49，使杭州的创意资源出现了"集群"效应，也在一定程度上体现出杭州是一个酝酿、诞生创意思想的滋润土壤。承载着古运河的历史底蕴，LOFT49所营造的人文精神和无污染产业是城市发展中最为夺目的新亮点，展现了传统与现代都市交融的人文景观。

3. 创意产业已经成为杭州经济的一个重要支柱

文化创意产业已经成为杭州的经济支柱。按照国际标准，一个产业增加值占GDP的比重超过6%就可以算做一个经济体的支柱。按杭州市文化创意产业调查统计制度的口径，2007年，杭州市文化创意产业创造增加值490.23亿元，比上年增长19.7%，占全市GDP的

[1] 林拓. 世界文化产业与城市竞争力[M]//林拓，李惠斌，薛晓源. 世界文化产业发展前沿报告. 北京：社会科学文献出版社，2004.

11.95%,在八大重点服务业中总量位居第一。杭州把文化创意产业定义为:以创意为核心,以文化为灵魂,以科技为支撑,以知识产权的开发和应用为主体的知识密集型、智慧主导型战略产业。蓬勃发展的创意经济实力显示,杭州正在实现从“卖汗水”的制造业向“卖智慧”的创意产业转变。

产业升级、城市转型,需要理念先行。2008年,杭州提出要充分发挥现有的人才、环境、市场、产业、文化等优势,积极打造创意“引擎”,在三年内把文化创意产业发展成为杭州的新兴主导产业。从“十大创意明珠”、两张“文化金名片”,再到“生活品质之城”的五项规划,杭州的智慧在于高瞻远瞩,大气开放,追求的是精致和谐、永续发展,可谓有大气者有大勇,实乃杭州之福!

二、适合创业的经济环境

杭州作为长三角名城和浙江省省会,在经济、文化和社会等方面都具有竞争优势,加上政策扶持和人才资源,整体上提供了良好的创业环境。

经济方面:2007年,杭州市人均GDP突破8 000美元,先进制造业、物流、电子商务、创意产业等增长迅速,走在了全国的前列。根据国际经验,地区人均GDP超过5 000美元以后,创意经济将作为拉动经济增长的主要力量,文化创意的发展必将释放出巨大的消费需求,为创业提供必要的市场基础;

文化方面:杭州是中国七大古都之一,具有深厚的文化底蕴,近年来杭州市做大做强“四个一批”,即一批优势产业、一批产业区块、一批重点企业、一批重点优势,有效推动了文化产业的快速发展;

社会方面:杭州市积极加强城市建设、构建和谐社会,打造“生活品质之城”。杭州是上海的“后花园”,时尚的休闲之都,环境优美、生活舒适,很符合创意阶层将工作和生活融为一体的生活方式的创业诉求。同时,杭州交通便捷,商务成本没有上海高、工作节奏没有上海快。创业与生活兼顾,制造与创造联姻,生产与艺术交融,这些也是吸引创业者的重要因素;

政策方面：对于创意产业领域的创业企业，杭州还加大了政策扶持力度。2008 年杭州市政府完善了对创意产业的财政投入政策，设立创意产业专项资金每年 1.5 亿元，并逐年递增；对创意产业实施税收优惠政策，发布了《关于统筹财税政策扶持文化创意产业发展的意见》；投资融资扶持政策方面，支持引导金融机构、担保机构等为创意产业提供融资服务；建设及土地政策上，鼓励盘活存量房产资源，在符合规划前提下，优先给予创意产业以短期租赁方式使用现有存量土地；人才建设政策上，实施《青年文艺家发现计划》等人才建设计划，每年新增 3 000 万元专项资金，用于创意产业人才的培养、引进等，这些优惠政策和公共服务，为创业初期和健康成长创造适宜的生存环境；

人才资源：杭州教育产业发达，34 所普通高校，在校学生 22.41 万人，2010 年，在校大学生规模可达 40 万人。在杭的著名学府浙江大学更是人才济济，科研力量雄厚。杭州拥有的艺术人才资源，是国内众多城市无法比拟的，中国美术学院、浙江理工大学的美术设计专业都在国内领先，多年来，巨大的“人才库”为全国输送了大量的专业人才。杭州提出的“以一流环境引一流人才，以一流人才创一流企业”，满足了创业者对人才资源的需求。

三、适合生活的社会环境

创意产业的发展，一方面引领了健康、时尚的生活方式、提高了居民的文化素质；另一方面，让文化真正地融入城市生活，创造新的城市文化氛围，也提高城市生活品位。两者相互作用、相互渗透，推动杭州形成“生活品质之城”的城市品牌。

1. 品质生活与“休闲·文化·创业”生活方式

在杭州，“休闲·文化·创业”三位一体的生活方式最吸引创意阶层的青睐。[1]“休闲·文化·创业”，就是将旅游休闲、文化创意和杭州

---

[1] 中共杭州市委政策研究会. 杭州“休闲·文化·创业”区块和活动建设研究[EB/OL]生活品质网. http://www.hzcity.com.cn.

特有的丝绸文化、茶叶文化、中医药文化等都结合起来，形成创业与生活相融、文化和经济相同的生活方式。不同于北京、上海、深圳等大都市，在杭州所能享受到的生活情趣、文化氛围和自然环境是独一无二的，杭州的生活心态、生活状态、生活方式可以和欧美国家的生活方式相媲美，令人羡慕。

创意产业是无边界产业，可以和各行各业进行融合、渗透，产生出新的产业形态和经济价值。创意产业的根本观念，就是通过“越界”促成不同行业、不同领域的重组与合作。杭州的发展模式，某种程度上就是通过越界和融合，在文化、经济、社会等方面寻找提升城市发展的多元增长点，开拓城市的艺术型、精神型、知识型、休闲型、体验型、创业型的新形态。利用发展创意产业的内在逻辑和发展模式，杭州很好地把休闲、文化、创业三者结合起来，以生活方式引领城市精神，吸引创意、创业的各地人才集聚到“天堂”之地，不失为智慧的选择。

2. *品质生活与幸福指数*

杭州不一定是最有钱的城市，但它是一个最具幸福感的地方。借鉴北欧城市将国民幸福总值NGH（National Gross Happiess），以及日本把国民生活快乐指数GNC（Gross National Cool）作为城市发展的衡量指标，杭州把幸福感作为提高生活品质的四条原则之一，创造各种环境，让杭州人民提高幸福感。

正如2010上海世博会所要表达的理念——城市，让生活更美好！幸福是人类的终极目标，而让生活更美好，也许就是城市的终极目标。国家统计局在全国各大城市作了一项幸福指数的社会调查，调研结果表明，杭州人的幸福指数全国最高。专家研究认为，幸福的含义不仅仅是一种感受，还包含三个方面的层次：第一层次从心理感官的角度讲，它是希望得到满足、心理预期与客观现实达到大致匹配的一种心理状态；第二层次从物质生活的角度讲，幸福与人的物质生存以及发展环境的改善密切相关，体现了个体需求与社会物质条件之间差异的一种状态；第三层次从价值观的角度讲，幸福在一定程度上也反映了人们的价值取向。幸福指数一方面反映了一个城市的经济增长、社会发展和环境改善等客观标准,另一方面,也反映了上述三个层次的主观的幸福感受。

杭州人对生活品质有独特的理解。在杭州方言中,“作生活”就是“做工作”,“生活”一语双关,既表示日常生活,又表示工作创业。提升杭州的生活品质,既要提升日常生活品质,也要提升创业品质、工作品质。发展文化、创业、环境高度融合的文化创意产业,成为杭州提升生活品质的重要内容,这也许就能解释杭州生活品质的提高和城市居民的幸福指数是相一致的原因吧。

3. 品质生活与和谐发展

生活是一个很普通、很平常的词,但又蕴含了丰富而深刻的内涵。从根本上说,生活就是人的生存和发展的活动,是一种生气和活力,是一种生命力和创造力。生活品质则表示人们日常生活的品位和质量,包括经济生活品质、文化生活品质、政治生活品质、社会生活品质、环境生活品质“五大品质”,这五方面也是杭州提出“生活品质之城”的全面追求。

2008 年金秋,在中国十佳和谐可持续发展城市榜单上,杭州从众多大中城市中脱颖而出,荣膺榜首。和谐发展,就是将城市的历史、文化、人文和资源转化为城市个性和经济优势,推动经济结构调整,促进生态建设和环境保护。而文化创意产业是以创意为核心,以文化为灵魂,以科技为支撑,以知识产权的开发和运用为主体的知识密集型、智慧主导型战略产业。发展文化创意产业就是打造“和谐创业”模式,提倡与生态环境和谐发展的路径,也是提升城市综合实力的“助推器”。

如果一个城市秉承“追求卓越、品质至上”的理念,那它一定会变得越来越有味道,变得越来越让人不想离开。杭州,就是散发如此魅力的城市。顺应全球创意经济蓬勃发展的时代潮流,杭州正以大气度、大手笔、大措施,朝着建设文化、创业、环保高度融合的全国文化创意产业中心迈进!

【相关链接】

* 中国杭州：http://www.hangzhou.gov.cn.
* 杭州网：http://www.hangzhou.com.cn.
* 生活品质网：http://www.cityhz.com.

第五章 创意产业改变社会生活方式

创意不是大师的权利，[1]发展创意产业，要依靠全民创意。源自民间的"草根文化"力量一旦释放出来，民间创意将爆发出强大的生命力。发展创意产业，就是要动员全民创意，并提炼其中的精髓部分，使其为创意产业发展服务。创意产业是以创意为核心、以文化为依托的新兴产业，缺少了好的创意，创意产业便如同无源之水，而缺少了民众的土壤，好的创意也无从谈起。新经济体系的形成总是伴随着社会组织的变革和转型，创意经济也不例外，由于创意产业的发展源自个人创意或文化积累的力量，创意阶层的形成对生活方式的改变以及对社会未来形态的影响，在很大程度上重塑了创意产业集群、创意社群的社会生态结构。

创意产业在当今世界方兴未艾的事实已经证明创意产业是最符合时代发展潮流、最具有商业价值和文化内涵的朝阳产业。创意产业在发展经济的同时发展了社会，创意产业对整个社会的改造和更新是创意产业发展的最高境界。

创意产业的巨大力量正在改变我们生活的社会：创意产业能够发展每一个人的创造力和潜能，造就创意阶层的形成；创意产业为普通民众提供了丰富多彩和愉悦精神的体验产品，提升了居民的生活品质；创意产业引导新的消费时尚和潮流，引领新的生活方式；创意产业创造就

[1] 厉无畏. 创意不是大师的权利[N]. 文汇报(时评)，2006-03-22.

业，培育了众多富有生命力的创意社群。

本章从创意产业定义和内涵着手，阐述创意阶层、创意产业集群和创意社群之间的关系，并且分析创意活动创造就业、形成创意社群的机理，从创意产业改变社会生活方式的视角，探讨适宜创意经济成长的社会生态环境，从而理解通过发展创意产业对缔造创意社会的重要意义。

第一节　创意产业释放人的创造力和潜能

香港大学文化政策研究中心总监、联合国教科文组织亚太区文化产业研究顾问许焯权认为，从政策层面来讨论创意产业，创造了多少财富，增加了多少就业机会，是必要的基础和前提，但这不是全部的内容和最根本的目标，对整个社会的改造和更新才是创意产业的最高境界，创意产业是在发展经济的同时发展社会，发展每一个人的创造力和潜能。

一、人的创造力是创意产业的核心资源和财富源泉

创意产业特别强调开发人的创造力和技能、潜能以及创造财富的能力，它是一种"在全球化的消费社会的背景中发展起来的，推崇创新、个人创造力、强调文化艺术对经济的支持与推动的新兴的理念、思潮和经济实践"。[1]

创意产业与文化产业相比有两个元素最为重要，也最具突破性：一是个人的创意。文化产业具有集约化、规模化的工业特征，而创意产业强调的是每一个个体的创新精神、创业能力和创造力是否得到最大程度的发挥；二是知识产权的保护，它从开发利用个人的创意而来，由此创造财富和就业机会，从而促进整体经济的增长。

---

［1］　金元浦.当代文化创意产业的勃兴[J].社会观察，2005(2).

创意产业的本质是以智力资源为依托的知识经济，是文化在精神产品与物质产品领域的创造力，它使人的积极性、主动性、创造性得到充分发挥，实现人的全面发展。当今世界，真正的财富是思想、知识、技能、管理才能和创造力，它来自人们的头脑。知识经济到来以前，人们很重视物质资源的充分利用和有效整合，而人们的很多聪明才智和创造力都被埋没，没能获得有效开发。美国著名经济学家舒尔茨在研究了人力资本对 GDP 的贡献后，指出人力资本对发展经济是不可或缺的资本，人力资本的核心价值是其内生的、潜在的创造力。[1]可见，人的创造力是创意产业发展的核心资源，也是主要的利润创造者。

二、保护知识产权是创意产业生存和发展的关键

知识产权主要是指人们对其从事智力活动而产生的成果所依法享有的专有权利。

知识产权的特征主要有以下几个：1. 无形财产权。2. 确认或授予必须经国家专门立法直接规定。3. 双重性：商标权是一个例外，它只保护财产权，不保护人身权。大部分知识产权既有某种人身权（如签名权）的性质，又包含财产权的内容。4. 专有性：知识产权为权利主体所专有。权利人以外的任何人，未经权利人同意或者法律的特别规定，都不能享有或者使用这种权利。5. 地域性：某一国法律所确认和保护的知识产权，只在该国领域内发生法律效力。6. 时间性：法律对知识产权的保护规定一定保护期限，知识产权只在法定期限内有效。

创意产业以知识产权的创造和利用来实现经济效益和社会效益，具有创意研发设计投入高、风险大、周期长、复制成本低的特点。复制一个创意，成本低、效益高、时间短，如果知识产权保护不力的话，原创人员在创作过程中的大量投资（如研究、设计、制作等活动所花费的人

---

[1] 徐碧琳. 产业集群模式的“新生族”[N]. 天津日报，2007－08－06.

力、物力)便难以收回甚至会白费,长期下去,将会严重妨碍创意产业和创意产品的持续发展。我们知道,要想使一个创意真正实现它的价值,就是说从创意到财富之间这样一个价格飞跃,一个重要的过程就要在创意产业价值链上各个阶段进行知识产权的运作和交易,使这个创意最终走向产业化。

对创意产业来讲,知识产权是其生存和发展的关键,对产品的原创性的承认和保护,其实就是尊重和承认个人创造力的价值。知识产权保护是创意产业发展不可缺少的保障与基础,必须将保护知识产权上升到战略高度,通过不断增强人们的知识产权保护意识,加强知识产权制度建设,在社会中形成保护和尊重个人作品、个人创造力及其成果的氛围,为创新和创意成果的传播及推广应用创造有利的环境,促进创意产业的发展。

约翰·霍金斯曾这样概括创意经济和知识产权的关系:知识产权是创意经济的"货币",知识产权保护就是创意经济的"中央银行"。只有知识、信息和发明的正常流动,才能形成创意产业的良性循环。知识产权对企业的意义不仅仅限于研发部门,而是一个可以获取现实收益的工具。很长一段时间内,企业都习惯将知识产权的管理交给律师事务所,认为知识产权属于法律范畴,但随着企业外部环境发生的巨大变化,以及一些可以影响到公司资产衡量的知识产权等规定的诞生,都使知识产权管理在企业中变得越来越重要,由于企业可以获得直接的经济收入,知识产权的市场价值正逐步体现。

三、创意阶层的崛起

创意产业在给每个有创新力的人提供发挥才能、运用知识产权创造财富的同时,也造就了一个创意阶层的形成。

(一)创意阶层的含义

美国经济学家理查德·佛罗里达(Richard Florida)在其《创意阶层的崛起》一书中指出:创意在当代经济中的异军突起表明了一个职业

阶层的崛起。[1]所谓创意阶层（Creative Class），就是指所有需要创意的职业，包括科学家和工程师、诗人、艺术家、设计师、卫生及法律从业者、高科技和知识密集型行业的从业者。佛罗里达认为创意阶层包括：

1. 在广告、建筑、艺术和文物交易、工艺品、设计、时装设计、电影、互动休闲软件、音乐、表演艺术、出版、软件、电视广播等创意行业从事创意和设计的专业人士；

2. 在专业设计制作公司从事创意和设计的专业人士；

3. 在传统行业相关部门从事创意和设计的专业人士。

这个阶层的人群都具有创新精神，注重工作独创性、个人意愿的表达以及对不断创新的渴求，对这个阶层的人来说，文化艺术、科技、经济各方面的事物，都有着不可分割的关系。在当前的美国，大概有 3800 万人，即将近三成的劳动力属于这个阶层，围绕在创意阶层核心的周围，有另外一群更为庞大的人群，他们从事着商业、金融、医疗保健、法律以及相关的城市其他工种行业，他们的工作需要具备较高的专业素养、较高的学历和独立判断能力，借以解决复杂的问题。这群人被理查德·佛罗里达称之为“创意专业人士”。

以“创意专业人士”为主的人才，分布在商业、金融、文学艺术、法律及相关领域，他们的工作不仅仅需要高学历，更需要创意能力、独立判断的能力。随着这些人才不断集聚在一个城市和社区，他们就构成了一个个“创意阶层”和“创意社群”，为城市发展提供强大的推动力，也为城市的总体规划和发展模式提供了新的思路。

（二）创意人才的特征

创意人才通常与众不同，年轻、富有个性、勇于创新是他们的共性。

1. 富于想象

创意人才最突出的特征便是头脑灵活、异想天开。《简明大不列颠百科全书》对创造性人才的描述是：“与常人相比，他们有时显得很

---

[1] 理查德·佛罗里达. 创意阶层的崛起[J]. 华盛顿月刊，2002(5).

幼稚，有时则很文雅；有时有破坏性，有时则很有建设性；有时更疯狂，有时更理智。这种人物独立思考，很自信、有自主能力；争强好胜，感情外露；智力兴趣广泛，特别表现在乐于去对付各种形式的困难和挑战。”这一描述不一定适合每一个创意人才，但是绝大多数的创意人才都会或多或少地表现出类似的行为特点。

2. 敢于创新

创意人才的创意来源于对常规的突破，因此创意人才从不循规蹈矩、墨守成规，他们对周围事物充满了好奇心，敢于创新，勇于打破常规。美国著名管理咨询师贝丝·罗杰斯在她的著作《创造产品战略》中写道：许多研究人员认为，在创造性领域，好奇是概念生成的唯一重要特征。创造性的人通常都有独立的见解，能够打破成见的精神状态。这些人生性乐观，喜欢想入非非，富于幽默感。一个创造性的人不轻易判断，敢于承担风险，善于利用想象，容易模糊，思想冲动。

3. 年轻

与传统产业相比，创意产业的人才资源总体上说比较年轻。一方面创意产业刚刚起步，正处于上升阶段，其展现出的活力和生机吸引了更多的年轻人；另一方面，由于年轻人没有多少条条框框的限制，拥有更多的创造性和创意激情，也更富于想象，更敢于创新，因此也更适合创意产业的发展。例如，全球知名的办公家具设计和生产企业海沃氏(Haworth)拥有一个设计部门，主要负责公司创意设计和推广。海沃氏亚太区人力资源总监曾说：“海沃氏不单单是卖椅子、桌子，而是帮助客户去创造价值，我们的员工要不断地用概念去实现这样的任务。”该设计部门员工的平均年龄只有25岁到26岁左右，他们作的设计案例都非常出色，拥有很强的创造力，而这些年轻人的创造力正是给企业创造增值的关键。

4. 流动性强

创意产业的门类庞杂，各个门类之间既互相区别又互相交融和共生，因此，创意产业各门类之间的人员流动是很自然的事情。另外，由于创意人才的年龄较轻，头脑灵活，而创意产业在发展上升阶段也提供给从业人员巨大的机遇，因此创意人员一般不会固守在某个工作岗位，而是经常会去寻求更大的发展空间。除此之外，创意人才本身有许多就是自由职业者，他们的身份也就决定了他们与某一企业或团体的工作关系是暂时的、松散的。

5. 价值观独特

创意人才独特的个性源于他们与众不同的价值观，创意阶层有其独特的生活方式，追求一种新的生存状态，“工作(Laboring)、学习(Learning)、生活(Living)”三位一体的3L生存方式，是他们的理想工作环境。对于创意阶层而言，他们不是理性的“经济人”，而是更加关心人性本原的个性回归，创造利润不是他们的终极目标，追求创造利润过程中的快乐是他们的第一选择。

(三) 创意阶层的崛起

创意产业最大的积极意义莫过于对人的改变，其兴旺发达导致了创意阶层的崛起。创意人才是推动创意产业发展的根本动力，而创意人往往具有跨行业、跨专业的复合知识结构，在创意经济时代，创意阶层的工作性质、生活方式和就业形态都发生了根本性的转变，对传统的企业组织结构和人力资源管理是一个新的挑战。创意阶层的崛起改变了现有的经济发展格局，也重塑了新的社会形态，在人与社会之间建立起了新型的关系。

1. 创意人才是推动创意产业发展的根本动力

从根本上看，创意产业的高速发展依靠了文化创意人力资本的投入产出和创意阶层的崛起。今天，创意产业越来越多地被用来表述国民经济中从事于利用人们的智力资本进行的文化服务和文化产品的生产与流通的新兴产业，同时为社会带来了一系列由创意所驱动的新型财富。事实上，几乎所有保持了长久生命力的全球著名企业都是创意高度发达的企业，而多数世界上著名企业家都是富有创意、推崇创意的企业家。研究表明，从事于诸如广告、建筑、交互休闲软件、音乐、电视和电影等创造性产业职位的人们，都是至少受过三级教育的复合型高级人才。由此可见，智力资本、创新和新的信息技术之间已经建立起复杂而深刻的联系，同时，创意人才具备了超越传统专业人才定义的跨行业和跨专业的复合文化知识的特征，这种复合性的文化知识所产生的交融与激荡导致了创意的激发，因而产生出巨大的新经济驱动力。

2. 草根文化的释放，让民间创意成为创意经济的无穷力量

创意不是大师的专利，创意产业不仅是精英文化，也是大众文化的天地。创意产业发展激发了创意人的创造力和潜能，形成的宽松环境让草根文化得以生根发芽。所谓草根文化，就是指和主流或精英文化、阶层相对应的弱势阶层活动力量。比如一些不太受到重视的民间传说、小市民文化、习俗或活动充满了创意生机，虽然不是主流文化，却有着广泛的大众根基。随着博客、网络影视的发展，人人都可当作家、编剧、导演和演员。在琥播网和土豆网上可以看到许多来自草根的作品如《牛人歪传》《我们没有隐私》等，都很受网民的喜爱。从胡戈的“馒头频道”到钱锋的“牵手网”，年轻人发挥才能去创造财富不再是空想，而是一种现实的可能。来自小型创意企业和个人的创意产品和创业模式遍地开花，民间创意爆发出强大的力量，成为创意经济的无穷驱动力。

3. 创意阶层的崛起改变人与社会的结构关系

创意阶层的崛起改变了现有的经济发展格局，也重塑了新的社会形态，在人与社会之间建立了新型的关系。创意产业的一个特征就是企业小型化、项目合同化、人员流动化。创意人才成为社会经济发展的第一重心，创意人才之间的联系不再通过组织严密的科研单位，而是通过松散灵活的项目与合同进行，行业协会及人脉网络(networking)成为创意人才发展事业最为重要的资源，富有活力的创意社群是创意人才乐意参与和加入的组织形式。人们不再是从部门和行业对创意产业进行分类，而是以职业的性质来划分创意工作职责，相互之间进行分工合

作。过去的传统社会中，是人跟着公司走，而在创意时代，则是公司跟着个人走，这是因为创意更多是属于个人的创意思想，是源于天马行空的一种创造性思维，如果创意的思想没有了，再大的公司也将难以为继。所以，在创意产业时代，个人的创意成为企业的竞争力源泉，也是新经济的核心。

（四）创意阶层发展的环境

创意阶层的发展对一个区域各方面的要求都比较严格，只有做到以下几点，才能有利于创意阶层的发展：

1. 必须提供宽松和自由的社会环境和创意氛围

这种环境和氛围是与一个城市的文化特征以及开放程度密切相关的。以上海为例，其内在的具有很大包容性质和求新性质的海派文化因素，以及相对自由的人才流动环境，都构成了推动创意阶层发展的有利条件。

2. 要形成相对有效的集群效应

因为创意阶层人士对工作氛围的要求比较高，喜欢集聚在一种能够提供他们之间相互促进、研讨和交流的营地中，因此集群对他们来说具有很大的吸引力。在创意阶层的发展初期，政府部门应该大力推动、营造这样的集群效应。上海目前所形成的各个文化创意产业集聚区，就是开始形成了这种具有吸引力的集群效应。而上海市创意产业协会的成立，应该说，对上海创意阶层的集群效应更起到了积极的影响。根据上海市创意产业协会成立后制订的有关战略，其主要任务是通过合作交流、咨询培训、中介服务、资质认证，为会员开拓国内外市场服务，促进创意产业知识产权保护、专利申请，维护会员合法权益等，这对创意阶层的发展是具有引导和扶持作用的。

3. 要具有足够的技术基础

如果单从技术含量来分，文化创意产业实质上可以分为两大类：一类是具有较高技术含量的数字创意产业；另一类是技术含量要求相对较低的文化产业。对于前者，如果要获得有效发展，就必须具备相对雄厚的技术基础。

4. 要具有比较规范的管理、创意基础设施和结构

一个城市要有利于创意阶层的发展，除了要有效率的基础结构之外，诸如公共服务、公共卫生、便捷的物流和园区建设，还必须要有创意基础结构，诸如研发设施、文化交流设施、完善的知识产权保护、充裕的风险投资、足够的社会亲和力等。

可见，要让创意人才活着愉快、生活得宽松，一个尊重人才并适宜宽松的公司环境和社会环境成为培育创意阶层的重要前提，而以人为本的宜居城市发展则是一个必然。在未来几十年内，将会有越来越多的传统经济模式转变为创意阶层行业，不少工业时代的传统城市将渐渐没落，创业的重心将转向重视创意、智能和文化的城市。

四、创意人才的开发与经营

通俗地讲，创意阶层是由一群创意人才组成，从创意产业的实践发展中可以看到，由于各类人才在产业链上的作用和分工的不同，创意阶层客观上划分为不同的层次和不同的“部落”：创意的生产者、创意生产的引导者和创意产品的经营者。

（一）构建完整的创意产业人才链

1. 创意的生产者

创意的生产者也就是原创人员，既可以是艺术大师，也可以是平民百姓，只要具备合适的空气和土壤，人人都可以产生富有价值的创意。创意的生产者最突出的特征便是头脑灵活、异想天开。他们的创意来源于对常规的突破，因此创意的生产者从不循规蹈矩、墨守成规，他们对周围事物充满了好奇心，敢于创新，勇于挑战常规。

创意的生产者是文化内容的提供者，既包括艺术家，如画家（漫画家）、作家、编剧、词曲作家、乐队指挥、演员、演奏、摄影、摄像、动画、魔术等艺术创作人员，也包括设计师，如服装设计、建筑设计、装潢设计、动漫设计、游戏设计、广告设计等，当然还包括所谓的草根，只要能够为

创意企业提供有价值的文化内容，就可以被看做是创意的生产者。创意的生产者位于创意产业价值链的高端，在任何情况下都控制着整个链条的关键环节，因为创意产品的主要增值部分就在其原创性的知识含量中。创意产业的生产者们所从事的创造价值的这种活动，改变了过去必须要有实体才能生产与制造的理念，而将一个抽象的、无形的产品当做产业链的一环。近年来，创意的生产者作为创意产业链最上游一环的主体，已经引起了企业的浓厚兴趣。企业对创意生产者的争夺战已经展开，纷纷与著名作家、画家、设计师签约，垄断他们的创意作品，进而占据产业链的最高端。因此，创意的生产者在某种程度上说已经成为稀缺资源。

2. 创意生产的引导者

创意生产的引导者是创意生产的管理者和组织者，在创意产业链上的生产环节中具有举足轻重的作用。文化和创意作为一种产业是市场行为，这就需要对社会的文化需求进行预测，对创意产品的策划、设计、生产过程进行组织和管理，对生产的投入产出进行计算，对人、财、物进行组织和协调，需要创意生产的引导者。

创意生产的引导者包括导演、策划人（原创策划、广告活动策划，项目策划）、策展人等。创意生产的引导者不仅要有专业技能和创意灵感，而且要思路清晰，有独立分析和制定策略的能力，具备市场研究、项目定位、推广包装和提案能力等良好的市场感觉。

在越来越复杂的创意产品的生产过程中，需要创意生产的引导者进行管理和组织。由于创意产业具有高风险性和需求的不确定性，因此创意生产的引导者需要在生产前期进行周密的策划。在生产中，也需要他们进行管理和协调。当然，不容忽视的是，除了创意生产的引导者，其他大量的工作人员也参与其中，其中最主要的是所谓的技术人才，包括动画制作、广告执行文案、录音师、照明师、剪辑师、建筑师、园艺师、咨询指导师等，他们在创意生产的引导者的组织和管理下，共同从事创意产品的生产。

3. 创意产品的经营者

创意产品的经营者负责创意产品的经营，是推动文化创意产业化的关键力量。他们不仅要精通经营之道，而且还要能够深刻认识创意产品的文化属性和商品属性，掌握文化发展规律，他们是既通晓创意产业内容又擅长经营的专门人才。

创意产品的经营者包括公司经理、项目经理、拍卖师、评估师、经纪人、中介人、制片人、画廊经理、书商等从事经营活动的人才。

在创意产品的商品化过程中，创意产品的经营者的作用至关重要。创意产品的产生，并不一定意味着创意商品的产生。例如，作家完成了一部书稿之后，产品便产生了，但是若要将其变为商品，就需要既懂文学艺术、又懂管理经营的各类创意人才在编辑、出版、印刷、流通、销售等各个环节中共同努力。可以说，没有创意、没有设计、没有资源整合、没有市场营销，创意产业的发展只能走粗放经营的传统老路；没有创意产品的经营者，创意产品的市场竞争力与综合实力就只能停留在较低的层次和水平。

（二）创意人才的开发和经营

发展创意产业的关键是完善产业链，而完善产业链的关键是对创意人才的培养和培育。人才的开发需要针对产业链上不同人才的不同特点而采取不同的方式。

一个完整的创意产业的产业链虽然可以简单地划分为原始创意、创意产品的生产和创意产品的商品化三个过程，但其中包含了许多环节，特别是衍生品的开发、生产和经营，更是将创意产业的产业链和价值链极大地延伸了。在整个链条上，不同人才具有不同的特点，从事不同的工作，发挥不同的作用，创造不同的价值，对这类人才的开发不能一概而论，而要有针对性，采取不同的方法和措施。否则，如果混沌在一起，则无法培养出合格的、高素质的创意人才，无法完善创意产业的产业链，无法提高创意产业的核心竞争力。

培养创意的生产者可以创造机会促使他们头脑中的火花碰撞，促进他们开拓性的思维，增加交流与沟通，营造宽松而多元的氛围。在我国台湾,还出现了一种新的职业,叫做“创意思路引导师”(Creativity Facilitator),专门从事创意的激发,特别是在跨专业、跨领域的情况下进行创意的激发。因为创意与创新越来越不是单个人、单个领域能够完成的,精彩的团队创意常常来自跨专业的刺激,而提升团队的原创力、促进跨专业的合作与思路激荡需要有效的团队精神导引,这样才能汇集大家的精华,产生独自一人无法产生的创意。在团队创意激荡的过程中扮演着关键角色的正是“创意思路引导师”。

对于创意生产的引导者来说,首要的是要培养他们的市场意识和对文化创意产品的敏感性。创意产品的经营者要具备先进的经营推广理念,要学会挖掘专门化的信息渠道并拥有成熟的市场开拓方法。目前,我国的创意产业不仅缺少原创人才,而且尤其缺少创意生产的引导者和创意产品的经营者,即缺少擅长将创意作品产业化和市场化的人才。这直接导致了我们在创意产品的推广、衍生产业的发展、品牌的建立、价值的挖掘等方面都还很不理想。

创意不是大师的专利。培养创意的生产者、创意生产的引导者和创意产品的经营者,首先,需要对他们的分工进行准确的定位,特别要以产业链为依据,明确他们在产业链上的不同职能。其次,要根据他们工作的不同特点而采用不同的培训内容并采取不同的培训方法。另外,在创意人才的使用方面,也要充分考虑到各自的特点和产业链的需要。我们现在不缺画家、艺术家这类创意生产者,缺的是了解人们新需求和把握市场新潮流的人,也就是创意的引导者和创意的经营者,后两种人是让创意最终产业化的推动力量。开发出高素质的各类创意人才,做到人尽其才,才能缓解我国创意人才匮乏的局面,增强创意产业的核心竞争力,创造更高的价值。

第二节　创意产业引领生活方式

创意产业引导消费时尚和潮流,引领新的生活方式,提升人们的生活品质，提高国民的幸福指数，从而推动社会的进步和发展。

一、创意产业引领生活方式

生活方式是指人们为生存、发展和享受所进行的一切活动，包括工作、学习、营养、运动、休息和生活环境等，它既包括人们的衣、食、住、行、劳动工作、休息娱乐、社会交往、待人接物等物质生活，又包括精神生活的价值观、道德观和审美观。

在当代社会，大众流行文化遵循时尚化、浪潮化的运行方式，使得文化产品的新颖性、短时性和强烈的视听特征空前显现出来。创意产业所包含的广告、建筑、艺术和文物、工艺品、设计、时装设计、电影、互动休闲软件、音乐、表演艺术、出版、软件、电视广播、游戏与网络游戏、动漫、DV、FLASH、短信、手机增值业务、网络视频等，无不强烈地依托于新的创意、新的设计，创意产业创造出的丰富多彩和愉悦精神的体验产品，融娱乐文化、休闲文化、时尚文化为一体，通过互动体验和快乐消费，为消费者倡导一种“生活艺术化、艺术生活化”的时尚潮流，引领新的生活方式。

伦敦大学传媒艺术系主任 John Ellis 认为，创意产业可以界定人们在生活方式方面的选择，它可以给人们展示自己形象的机会，可以给人们以灵感，同时能使人们表达出自己的身份和特色。

创意产业集群（也称创意产业集聚区）是创意产业的物理载体，其独特的产业集聚形态和空间结构布局滋生了新的生活方式。比如LOFT 生活方式，SOHO 居住群落等新型的将工作、生活、娱乐相融合的生活方式，就是对传统的工作与生活分区的居住观念的挑战，这种生活方式在时间上、空间上打破了传统的办公室工作区域和生活区域、娱乐区域相隔离的生活观念。LOFT 英文原意是指“在屋顶之下、存放东西的阁楼”，在不少创意产业集聚区里，LOFT 所指的是那些“由旧工厂或旧仓库改造而成的，少有内墙隔断的高挑开敞空间”。因为个性、前卫，这些厂房广受年轻人青睐，在 20 世纪 90 年代以后，LOFT 在很多国家都开始成为一种艺术时尚，LOFT 生活也演化成为一种最具个性、前卫、时尚的居住与生活方式。艺术家与设计师们利用废弃的工业厂房，从中分隔出居住、工作、社交、娱乐、收藏等各种空间，在 LOFT 空间里构造各种生活方式，同时又引领了艺术时尚。在我国，北京的 798 艺术区，昆明的创库，上海的田子坊、M50 创意产业园区，杭州的 LOFT49 等都是有名的 LOFT 艺术区。

一部好电影、好小说都可能引起某种时尚消费的潮流，韩剧热播引起的韩流便是一例。又如，伦敦西区是和纽约的百老汇齐名的表演艺术中心，到伦敦的外地游客中约 3/4 的人将到西区看演出列入日程，到伦敦西区看音乐剧已成为一种生活方式。上海新天地是由石库门建筑与现代建筑组成的时尚休闲步行街，是一个具有上海历史文化风貌的都市旅游景点，它以中西融合、新旧结合为基调，将上海传统的石库门里弄与充满现代感的新建筑融为一体，按照 21 世纪现代都市人的生活方式、生活节奏、情感世界量身定做，成为国际画廊、时装店、主题餐馆、咖啡酒吧……到新天地去聚会、喝咖啡成为具有文化品位的本地市民和外籍人士的休闲方式。

二、创意产业提升生活品质

创意产业是提升人民生活品质的重要依托。按照罗斯托的经济发展阶段理论，[1]区域经济发展的最高阶段就是以追求生活质量为最终标志的。创意产业不仅可以增加财富、创造就业，而且它是一种生活与创业高度融合的产业，是一种生活与创业完美结合的创业模式。

创意产业可以从经济、文化、环境和社会等几个方面提高人们的生活品质。

一是创意产业中的某些门类，特别是工业设计业，能极大地提升制造业的层次和水平，这些对于提高人民群众经济生活品质具有重要意

[1] 罗斯托. 经济成长的阶段[M]. 北京：中国社会科学出版社，2000.

义;二是创意产业创造生产的产品绝大多数是文化产品,有利于满足人民群众多样化、高层次的精神文化需求,有利于提高人民群众的文化生活品质;三是创意产业几乎不消耗任何不可再生的物质资源,而且其中的某些门类,特别是建筑设计业、园林设计业等,与提高城市品位和档次息息相关,有利于提高人民群众的环境生活品质;四是文化创意产业中的文化休闲旅游、文化会展等行业,则与提高人民群众的社会生活品质密切相关。[1]

可见,创意产业提升了居民的生活品质,重构新的生活态度,是一种以人为本的社会经济发展模式。

三、创意产业与幸福指数

在发达国家的发展中,人们的发展理念已经发生了新的转变,强调幸福和快乐,成为经济发展追求的新目标。以日本为例,日本近十年的发展模式最大的变化之一,就是 GNC(Gross National Cool,国民生活快乐指数)正在事实上取代 GDP,成为日本经济运行重要的衡量指标。日本经济中最为活跃的企业,已经是一些着重开拓个人体验的商业领域的中小企业,这些企业生产的产品在传统的 GDP 增长指标之外,正在事实上改善日本人的福利状况。

值得引起我们深思的现象是:在一个以国内生产总值(GDP)为衡量标准的时代,一方面是国内生产总值不断增长,物质财富不断增加,国家越来越富;另一方面却是公民越来越低的幸福感。我们在不断追逐国内生产总值的过程中,是否忽略了国富的真正目的,即国富不等于民乐,国富是为了民乐。2005 年 2 月,美国地球政策研究所所长莱斯特·布朗提醒说,中国需要调整以 GDP 为中心的片面追求经济高速增长的发展模式,走以人为中心的可持续发展道路,追求人民的幸福生活。如果说 GDP(国内生产总值)、GNP(国民生产总值)是衡量国富、

---

[1] 王彬彬.加快文化创意产业发展的思考[EB/OL].新华网,[2008-10-10].

民富的标准,那么我们应该还需要一个衡量人的幸福快乐的标准。在国际社会中,这个刚刚出现的标准叫GNH——国民幸福总值。

所谓GNH(Gross National Happiness)就是国民幸福总值,也称做国民幸福指数,它表明衡量一个国家的民众生活水平,不能光看物质生产的发展程度,更要看国民对生活的满意度和他们的快乐程度。早在20世纪70年代,南亚小国不丹已开始把实现大众幸福作为政府的首要目标,它是世界上唯一用GNH(国民幸福总值)代替GNP(国民生产总值)来衡量发展成效的国家。国内生产总值(GDP)是衡量国富的标准,但GDP不能反映经济增长的质量,不能反映经济增长的社会成本,也不能从本质上衡量社会福利水平和人民的幸福程度。在很多情况下,GDP的增长可能隐藏了人们的福利下降,因为健康的身体、愉快的心情很难被体现在一个数字之中。GDP增长模式不能反映社会财富的总积累,也不利于经济社会的可持续发展,而国民幸福指数(GNH)是衡量百姓幸福感的标准,是社会运行状况和民众生活状态的晴雨表,是社会发展和民心向背的风向标。

中国三十年改革开发的一个显著成果就是GDP连续十几年以两位数的增长速度推动经济快速增长,专家预测在不远的将来,中国的总体经济实力将超过德国而跃居世界第三。国家强大了,人们的腰包日益丰满,那么,我们的幸福感是否也在与日俱增?荷兰Erasmus大学的Ruut Veenhoven教授对中国人最近十年的幸福指数进行了三次调查,数据显示,中国1990年国民幸福指数为6.64(1—10标度),1995年上升到7.08,但2001年却下降到6.60。由此可见,即使经济持续快速增长也并不能保证国民幸福的持续增加,幸福与财富并不总是同步增长,当财富积累到一定程度,财富对幸福的边际效应就会递减。美国著名的政治学教授罗伯特·莱恩认为:“当人们连衣、食、住、行这样的基本需求都得不到满足时,他们不会感到幸福。因此,在基本需求得到满足之前,收入每提高一点,就会使人感到更幸福一些。但是,在基本需求得到满足之后,收入带动幸福的效应就开始呈递减态势,并且收入水平越高，这种效应越小，以至达到可以忽略不计的地步，这就是所谓的‘快乐鸿沟’现象。”

著名华人经济学家黄有光教授提出了“东亚不快乐”的观点，[1]原因概括起来有如下四个方面：一是高生产高消费带来了一系列问题。例如，城市更拥堵，污染更严重，还有更多其他形式的环境公害，削弱了经济增长所带来的幸福感；二是一般都认为东亚的竞争很强，这也是其能取得经济成功的原因之一。然而，过度要求竞争，不仅对个人，对整个社会而言，也许都意味着要对幸福作出牺牲；三是东亚教育方式的影响。应考制度无益于提高公民的创新能力，也妨碍了他们追求个人快乐和全民幸福；四是东亚文化过分强调大同、秩序和集体利益，相应地会造成对个人自由和幸福的漠视。

创意产业在创造财富、增加就业的同时，最根本的贡献在于对整个社会的改造和更新，创意产业是在发展经济的同时发展社会，促进人的全面发展。今日中国，当房价、医疗福利、教育、食品安全、环境污染、城乡差距等一系列问题向片面追求经济增长模式提出质疑和挑战的时候，关注民生、关注人文、关注生态，就需要我们在发展经济的同时，提高社会福利水平和人民的幸福程度，转变经济发展方式，推动社会的协调发展。

第三节　创意产业改变就业方式

创意产业作为一个新型产业，在促进经济增长、提高城市综合竞争力方面发挥了重要作用。除了对都市经济发展的带动作用，创意产业也创造了大量的就业机会，对总就业人数的增加有着稳定和日趋增长的贡献。

---

[1] 黄有光. 东亚快乐鸿沟[M]. 太原：山西经济出版社，2008.

一、创意产业增加城市就业机会

创意产业本身是一种朝阳产业，具有强大的吸纳就业的能力。发达国家经验表明，创意产业包含的专业领域很广，能容纳大量的劳动人口。伦敦是全球最重要的创意产业发展地之一，创意产业以52.5万名雇员的就业量排名伦敦各产业第三位，其中包括了在创意产业部门直接就业的人员和在其他产业从事创意型工作的人员。目前，创意产业是伦敦第二大就业高增长产业，每5个新增职位中，创意产业就占一席。在欧洲的音乐之都维也纳，目前在创意产业工作的人员已达10万人，这几乎是维也纳就业总人数的14%，也占整个奥地利创意产业就业总人数的40%。[1]在澳大利亚，1999年创意产业已占GDP的3.3%，就业人数34.5万人，占就业人口总数的3.7%。在我国的香港，2002年由香港贸易发展局公布的《香港的创意产业》的研究报告显示，直至2002年3月为止，香港创意产业聘用人数超过9万人，占香港总就业人口的3.7%。我国台湾在2002年的《挑战2008重点发展计划》中，提出“文化创意产业”发展计划，并将文化创意产业作为核心产业，把创意产业作为继高科技产业后另一项全力扶持的产业——计划在5年内辅导成立50个创意生活产业项目，希望创造3 000亿元新台币的产值，带来10万个工作机会，并带动22.5亿元新台币的新投资。

创意产业不仅为城市经济注入了巨大的活力，而且创造了大量的就业机会。综观全球，创意产业往往是在城市经济结构调整中起步的，创意产业的概念，本身就是老工业城市为克服落后制造业能耗大、污染高、附加值低而提出的。在城市经济转型的过程中，创意产业不仅获得了良好的资金和外部环境条件，而且还创造了更多的就业岗位，充分发挥了城市里人才集聚、信息畅通、基础设施完备、贴近市场的优势，成为城市未来发展的走向。

---

[1] 于雪梅，缪勇. 创意产业——城市就业的驱动器[N]. 文化报，2007－01－15.

二、创意产业开辟新的就业领域

创意产业包含的内容非常广泛,其门类和形式的纷繁多样是传统产业所无法比拟的。因此,创意产业从业人员的范围也非常广泛,涉及创意产业的各个门类,既包括普通的劳动力资源,也包括拥有丰富知识、多种技能和高素质的创意人才资源。创意产业快速发展,可以吸纳大量知识型人才就业,为大学生创业、就业提供了一个重要渠道,而且新型职业层出不穷。2007 年上海第三季度(大学生就业高峰时段)发布的劳动力市场分析报告指出,为适应人们追求个性和时尚,各类创意职业应运而生,如形象设计、首饰设计制作、景观设计、数字视频策划与制作、家具、家居、玩具、家纺、花艺环境、陶瓷等设计岗位招聘数达 1 200 个,相关专业电话咨询岗位 1 500 个,来自数字内容产业的报告指出,2006 年从业人员达 13. 94 万人,是 2002 年的 2. 9 倍。可见发展创意产业为社会提供了大量新的创业和就业机会。

创意产业提供的就业机会,与传统意义上的就业机会有所不同。传统的就业岗位对个体的要求各有侧重,但创意产业是没有边界的,只要你有智力,就有机会,创意产业可以使个体的创造力得到最充分的发挥。也就是说,创意人才不是以人的专业背景、学历来考量的,而是通过完成项目所体现出来的能力来确定其是否真正具有创意。与相对饱和的制造类企业相比,我国创意产业可提供的就业机会大有潜力可挖,其就业空间非常可观。

三、创意产业改变就业结构

创意产业的发展不仅增加就业机会,还会改善社会的就业结构。就业结构又称社会劳动力分配结构,是指国民经济各部门所占用的劳动数量、比例及其相互关系,就业结构的变化是社会经济发展水平的一种反映。创意产业发展所带来的产业结构调整、产能升级、城市功能转型等战略变化,在改善经济结构的同时也改善了就业结构,其发展趋势就是就业分布从劳动密集型向知识密集型转变，创意产业的就业人口比例将大幅度增加。同时，创意产业的发展和新兴产业融合会产生"溢出"效应，衍生出更多数量的创意企业，成为智力型就业的新载体。

创意产业在改变就业结构的同时，也对就业形式提出了新的解决方案。相对于传统的签约劳动合同的固定、静止的就业形式而言，动态的、弹性的就业形式成为创意产业一种特有的趋势。正规就业在向非正规就业转变，外包、兼职成为普遍现象，众多创意企业的存在提供了非正规就业生存的网络式空间。创意阶层不再被一纸劳动合同所限制，他们更加崇尚自由职业、自由的工作方式和变化的工作场所，他们更愿意以创意成果来服务于更为广泛的领域，对 SOHO 一族来说，就业成为需要重新定义的名词。

从国际上创意产业的发展来看，英国、美国、日本、澳大利亚、韩国、丹麦、荷兰、新加坡等国都是创意产业的典范国家。2004 年，七大工业国中半数以上的工作人员从事创意产业，而且其增长速度比传统服务业快两倍，比制造业快四倍，在美国、英国更是以 14%、12% 的速度迅速增长。[1]

英国：英国文化媒体体育部 2001 年发表的《创意产业专题报告》(Creative Industry Mapping Document) 显示，当年英国创意产业的产值约为 1 125 亿英镑，占 GDP 的 5%。2002 年，英国创意产业增加值达 809 亿英镑，创意产业成为英国第二大产业，仅次于金融服务业。2003 年，英国首相战略小组指出，用就业和产出衡量，伦敦创意产业对经济发展的重要性已经超过了金融业。一年中伦敦的境内外游客在艺术文化方面的花费超过了 60 亿英镑。到 2002 年 6 月，英国创意产业雇用总人数为 190 万，其后继续增长，成为该国雇用就业人口的第一大产业，创意产业中有 8 个部门的就业增长速度超过了伦敦就业增长的平均水平。

[1] John Howkins. The Creative Economy[M]. London: Penguin Press, 2001: 78.

美国：创意产业在美国根基稳固，已成为美国最大的出口产业，占其 GDP 的 70%，而且每年以 14% 的速度增长。美国经济的本质，就是以知识和创意为本的经济，美国的创意产业主要集中在软件设计、影视、娱乐、广告、出版、文物交易与展览等领域。美国创意产业中的影视、音像制品占世界市场总量的四成，出口额仅次于美国的航天航空产业。整个纽约市创意产业提供总计达 13 万个工作机会，文化创意产业被看做是纽约经济的“核心财富”，它对纽约发展所产生的影响不仅仅局限于经济、文化层面，还带动了相关产业如旅游、商务、展览等一系列的行业发展，从而使得间接制造出的工作机会大大超出了创意产业本身。

中国：到 2020 年全球的核心创意产业将达到 8 万亿美元，而中国的发展方向将会引起世界的关注。霍金斯先生认为中国目前面临的最大问题在于，如何从以成本为主要竞争力的产品制造国向以创新为主要竞争优势的创意经济转型。在美国和英国服务业已经占到了 GDP 的三分之二，制造业对年轻人来说已经失去了吸引力，他们更愿意利用个人创造性的想象力来工作。在 2000 年到 2015 年这个时间段，中国有 8 500 万学生从大学毕业，而是否想从事有创造性的工作，影响着未来创意人才的就业去向。可以说，创意产业的发展正改变着中国的就业结构。

四、创意产业提高大众文化素质

文化是保持国民经济及社会发展持续稳定和协调的重要因素。创意产业以文化为基础，以文化的消费者为出发点，强调文化艺术的市场化、商业化，既继承和发扬了文化传统，又带来了社会经济和文化的繁荣。

进入知识经济时代，人们开始更多关注精神文化层面的需求，开始追求时间与智慧的价值，文化消费在日常支出中所占的比重不断增大。在知识经济时代，文化活动在社会生活中所扮演的角色已经发生了变化，它可以作为一种产业，通过文化产品的生产、传播、消费等来达到提供就业、增加出口、提高税收、创造财富等目的。同时,由于创意产业以文化为基础,它所创造出的文化产品能够起到愉悦身心、陶冶情操、传承文明等作用,这也是文化创意产业与其他产业相比对社会经济协调发展的突出作用。

文化创意产业不仅营造出新的现代时尚生活,而且还可以改善经济环境和社会面貌。一方面,文化创意产业的发展,为城市创造了时尚的文化生活环境,促进了城市创造力的提升,从而带动了经济的发展,也改善了人们的生活质量。另一方面,文化创意产业的发展需要宜人、快乐,尤其是宽容的社会环境。因此,文化创意产业离不开宽松愉悦的社会环境,而宽松愉悦的社会环境不仅是文化创意产业的出发点,也是文化创意产业的归宿。

此外,文化创意产业以社会就业和培训等为主要功能,能有效改善社会结构,比如,艺术家、科学家或创意创作者的社会地位就会随着创意产业的发展而得到提高。文化不再被视为一种辅助性行为,而是社会的一种驱动力。

发展创意产业还有利于建设精神文明。首先,创意产业具有教化功能。创意产业通过为人们提供一系列关于对与错、善与恶、美与丑、真与假、好与坏、是与非等思想观念,从而形成一定的人格修养、规范和影响人们的社会行为。其次,创意产业具有维护社会稳定的功能。创意产业为大众提供各种文化娱乐和文化服务,使大众不仅可以很好地消费空余时间,而且可以产生集体的放松、感情的宣泄、心理的平衡等效用,因此,创意产业对社会稳定具有正向的促进功能。最后,创意产业具有审美功能。文化产品在创意产业中是一种商品,但同时也是一种学术、艺术,是创作主体对客观外界课题的评述。因此,人们在享受文化产品精神内涵的同时,也受到了感官的刺激和心灵的陶冶。由此可见,发展创意产业有利于提高市民修养、促进社会稳定和提高审美情趣。[1]

---

[1] 刘吉发,岳红记,陈怀平. 文化产业学[M]. 北京: 经济管理出版社,2005.

第四节　创意社群缔造崭新的创意社会

创意产业在当今世界方兴未艾的事实已经证明：创意产业是最符合时代发展潮流、最具有商业价值和文化内涵的朝阳产业，创意经济必将成为引领城市发展、城市创新的一股重要力量。创意产业发展形成了新型的创意社群关系，培育了适宜创意经济成长的社会生态环境。

一、创意产业形成创意社群

（一）创意社群的概念

创意社群（Creative Communities）最早由美国圣地亚哥州立大学约翰·M·埃格教授（John Eger）提出，[1]应该是相对智能社群等概念而言。1996年美国加州推行“智能社群”计划，是指“不论面积大小的社区，小至邻舍规模，或者大至跨国区域，社区内的居民、机构、团体、管理部门都广泛使用资讯科技，使之彻底改变他们的社区和生活”。对此，约翰·M·埃格提出了自己的看法，他认为，城市发展的关键在于创造就业机会、财富和提升生活素质。21世纪要发展创意经济，建设创意城市，一个重要的任务就是重组社群，以配合全新的知识型经济社会的发展。其核心就是要确认文化与艺术在促进经济发展中扮演的重要角色，并建立起创意社群，即：一个能充分利用文化、艺术、产业和社区之间重要联系的社群，并在互动互融的过程中主动投入人力资源和财力，为城市作好能面对迅速发展的后工业时代和知识型经济社会所带来的巨大挑战的准备。

在未来几十年内，将会有越来越多的传统经济模式转变为创意阶层行业，不少工业时代的传统城市将渐渐没落，创业的重心将转向重视

---

[1] 约翰·M·埃格. 创意社群：加州智能社群研究所. 未来城市计划白皮书系列，2003.

创意、智能和文化的城市，创意社群的作用将越来越突出。

广义而言，社群(community)是指在某些地区或领域内发生作用的一切社会关系，可以表示一个有相互关系的网络，或是一种特殊的社会关系；而创意社群则涵盖了创意产业发展中一切重要的社会关系，强调促进创意产业发展的社会生态，强调创意产业发展对社会组织变革和对社会转型的深刻影响。

创意社群涵盖了创意产业集群、创意阶层和创意社区的内容，彼此间的影响关系如图 5－1 所示。

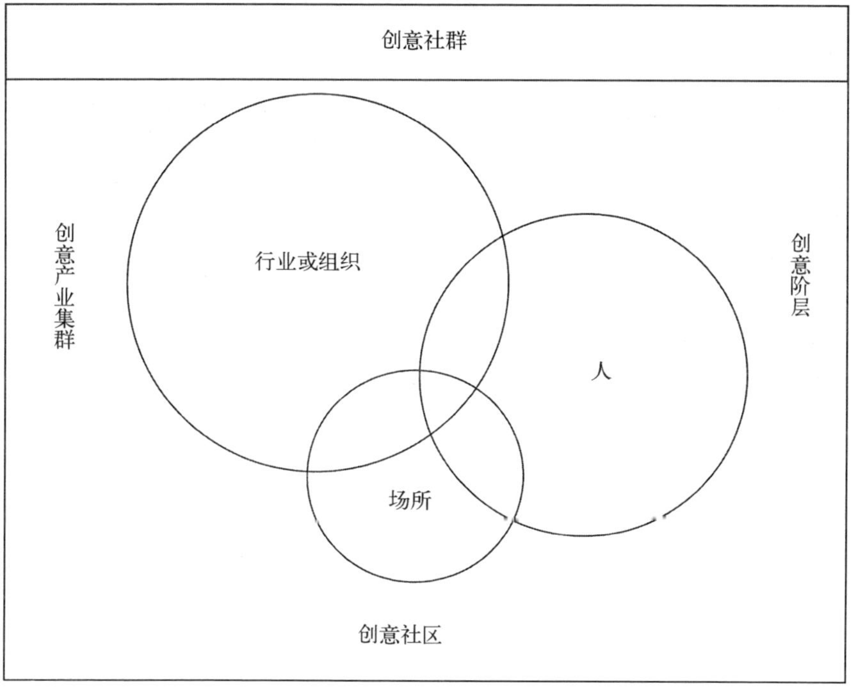

图 5－1　创意产业集群、创意阶层和创意社区的关系示意图

（二）创意社群与创意阶层

人才是被关注的首要焦点，这是产业发展不可或缺的关键要素，是行业或组织的最小“细胞”，也是处于某一特定场所中的“分子”，被独特的环境吸引,形成创意产业的主导力量——创意阶层。任何人只要从事的工作涉及制造新理念、新科技、新内容,都属于创意阶层。因此,这个阶层包括了所有从事工程、科学、建筑、设计、教育、音乐、文学艺术以及娱乐等行业的工作者。理查德认为,这个阶层的人群都具有创新精神,注重工作独创性、个人意愿的表达以及对不断创新的渴求,对这个阶层的人来说,文化艺术、科技、经济各方面的事物,都有着不可分割的关系。正因为创意产业的文化艺术特性,对这一阶层"人"的关心,要从生活环境做起,包括生活质量、生活格调、品位、生活舒适度等。另外,创意集群内一定数量和规模的同类企业形成了创意人才的高度集聚,企业间存在密切的联系,形成本地生产网络。创意者个人又能够加强该环境的创新氛围,新的产品、设计和营销能为本地带来丰厚的利润,使地方基础设施的建设有了物质保障,能吸引更多的创意者来到该区域。由此,产生了特定含义的"社区"。这类社区的整体环境与氛围,反过来影响到"创意阶层"——人的生活。

创意社群强调"人"与"城市/社区"的结合,这种结合将使得城市今后的发展会更加注重文化艺术、人文环境、生态保护等方面的建设。社区对于人才和产业的集聚都起着重要的作用,同时也影响着社区周围居民的生活,提升其品位和素质,可以说,社区文化已经成为级差地租的新来源。上海的田子坊和八号桥便是很好的例证,在创意产业集聚区的影响下,不仅周围地价上升,居民文化素质和生活水平都有所提升。

(三)创意社群与创意产业集群

创意产业集群(又称创意产业集聚区)是创意产业发展的良好载体,为产业的发展提供了独特的发展环境。因为创意产业的高端性、前沿性、知识密集性等属性,"使其集聚区的形成必须同时具备社会、经济、文化、政治等四个因素"。[1]

社会因素:集聚区必须具备培养或吸引创意人才的能力,以地区

[1] 周政,仇向洋.创意产业发展需要什么样的环境[J].决策,2007(8).

独特的人文、生活环境及优厚的条件保障吸引创意人才集聚，同时还须具备创意产业发展所需的数字、网络、多媒体等现代信息技术基础，这使得园区的迅速发展和创意社群的形成成为可能；

经济因素：集聚区必须以多样化的市场需求带动产业发展，在市场环境尚未成熟时以公共机构带动需求，因此使创意产业发展为服务业的重要组成部分成为可能；

文化因素：创意产业集聚区的形成必须立足于本区域独特的文化积淀和氛围，对其进行创造性开发和利用，同时集聚区要具备工作、生活和旅游休闲相结合的区位条件，为创意人群提供一个宽松愉悦的环境，这使得园区的文化发展和提升成为可能；

政治因素：政府依靠宏观调控扶持和引导产业的发展，多渠道筹措并合理的支配创意产业发展资金，为创意产业的发展提供资金保障，在创意人才的培养和市场的培养等方面为创意产业提供保障。

由于创意产业园区的布局，使得创意产业不断发展，吸引了众多创意产业工作者（创意产业人士/创意阶层）的到来，并因此而发展为创意社群；创意社群通过文化艺术、经济等方面的活动，影响着该区域政治、经济、文化、社会、环境资源等方面的发展路径，从而确定了该区域的整体发展方向，最终使其成为“创意区域”。

以我国为例，在北京、上海等大城市，这种趋势已经开始出现。在创意产业园区中，创意社群不但为推动城市经济的发展提供了巨大力量，也为传统经济人群的创意阶层转型提供了良好的榜样。创意社群的活力、知识素养、对生活的热情、相对活跃的消费能力，以及他们对城市生活的高要求，都会对城市产生影响。他们将这种活力、热情、消费能力和对城市的高要求融合在日常生活中，就将足以让我们的城市发生天翻地覆的变化，也使得文化、艺术、商业、个人创造能力能在城市日常生活中得以自然的展现和融合。这不但必然带动一个城市的经济朝着高层次、可循环的方向提升，推动城市放弃粗放型的发展模式，朝着创新、现代、不可复制的优势产业发展，更使得城市今后的发展会更加看重文化艺术、人文环境、生态保护等方面的建设，推动城市朝着更高的文明程度发展，促进今后中国城市的发展不再仅仅是依靠优惠政策吸引外来企业和资金，也不仅仅是全力兴建各种大型工业区，而是大力吸引富有才干和创意的人才集聚，形成别人无法替代的巨大竞争力——中国创意之都的形成也就成为可能。

（四）创意社群与城市发展

创意社群将会不断为城市的发展提供强大的推动力，也会为我们城市的总体规划和发展模式提供新的思路。从最直接的经济层面来说，创意社群的形成，必然带动一个城市的经济朝着高层次、可循环的方向提升。由于创意社群能促使原创、管理和经营人才形成集聚效应，这将推动城市放弃粗放型的发展模式，朝着创新、现代、不可复制的优势产业发展。创意社群的形成，将推动城市朝着更和谐的状态、更高的文明程度发展。和谐社会是人们各尽所能、各得其所、和谐相处的社会，是健康蓬勃、活力十足的社会。创意社群在城市文化发展、城市居民素质的提升等方面都具有良好的示范效应。高素质创意阶层的集聚，在整体上提升了城市居民的素质，为一个城市的精神文明建设提供了良好的基础；而创意阶层的工作、休闲乃至娱乐方式，也给城市建设和发展构建了良好的人力资源平台。

总之，创意社群不是特定的地理区域，而是指在创意产业发展中形成的各种群落及其社会关系的总称，包括企业群落、主题活动群落（如动漫主题活动、音乐主题活动、电影主题活动等）、特定的阶层群落（如创意阶层、影响创意的消费者联盟、教育者和受教育者等），这些群落的发展壮大将支撑起一个崭新的创意社会，换句话说，要实现社会转型，建立创意性的社会结构，必须培育和扶持各类创意社群，并为其生存和成长不断输送营养。

二、创意经济成长的社会生态环境

良好的社会生态不仅是创意产业发展的基本条件，也是创意社群蓬勃兴起的必要基础。理查德·佛罗里达通过研究发现,创意社会结构与创意指标是创意经济繁荣的关键。他指出,美国创意经济之所以发达,是因为其有强大的创意社会结构作为支撑,该结构由三部分组成:第一是适合科技创意与企业的新体系,例如热衷于创意产业投资的金融体系、高科技的开发公司、持续成长的研究费用等;第二是创新以及塑造更为有效的产品与服务的生产模式,例如让员工能够发挥创意的工作环境、弹性的生产方式、便利的交流展示平台等;第三是有利于创意生产的社会、文化与地理氛围,例如吸引创意人才的生活风格、宽容的社会氛围,或是鼓励前卫艺术的文化制度等。我们把这种创意社会结构称为创意产业的社会生态,即决定创意产业兴盛的软环境。显然,创意社群是创意产业生态系统中的基本单元,也是维系创意社会生态活力的重要载体,各个不同层次的创意社群构成了创意产业的社会生态链,创意产业在其中生根、成长、壮大。

衡量创意产业成长的社会生态可以用佛罗里达建构出一套创意指标,它由下列四部分组成:1. 创意阶层所占的劳动力比例。2. 创新指标,可以每人的专利权数目来测量。3. 高科技指标,包含两部分,一是该地区高科技产业出产量占全国高科技产业出产量的比例,二是该地区高科技占全区经济总产出的比例与全国的这一比例作比较。4. 多样性指标,包括同性恋人数指标、波西米亚人数指标、外国人数指标等。一般而言,创意阶层钟情那些更具包容性和多元化的城市作为自己生活、工作的地方,创意阶层不是以工作决定一切,而是首先选择一个合适的居住地,然后再开始寻找工作。因此,一个城市的经济是否繁荣不再取决于优惠的税收政策,也不是靠廉价的电力,新经济(IT 行业和经过信息化技术改造的老工业)必须依赖创意工作者,只有那些能够吸引创意阶层去工作和生活的地方才能获得现代经济的成功。

综上所述,创意产业成长的社会生态核心点是:无论城市、地区,还是企业,要发展创意经济,必须建造出舒适的工作生活环境、宽容的文化氛围,让创意人才能够选择亲近这个地方,而不是避之唯恐不及。

三、创意社会资本的积累

创意社会资本的积累是创意产业和创意经济迈向创意社会的基础，各类创意社群的蓬勃兴起助推创意社会的形成，这不仅包括创意阶层（创意人才类社群）、创意集群（创意企业类社群），还包括创意产品的消费者、各类非营利组织以及相应的创意人才教育等，这些创意消费类社群、创意教育类社群、创意培育和促进类社群都对创意产业的发展、创意经济的兴旺和创意社会的形成有着长远的积极推进意义。

（一）消费者资本

在创意经济时代，消费者已经成为一种生产资本，是创意产业链的有机组成。按照创意产品的研发、生产、传播和销售的一般流程，消费者资本在研发和销售两端进行投入，并形成创意产业链的反馈机制，创意产业不仅仅围绕消费需求组织生产与销售，更将消费者自身的资源开发成为产业资本，成为创意产业价值实现的新源泉。

消费者资本通过两个途径推动创意产业的发展。一是消费者成为引导创新的巨大力量，社会中的每一个人几乎都是消费者，他们都能够为创意产品增值，特别是随着数字互动技术的发展与普及，一些非职业人员和普通消费者可以直接参与创新和创意活动，消费者的创新以某种研发的形式反馈进入未来的商业开发和产品生产，典型的如开放源代码运动、工业设计中的一对一定制、电脑游戏的内容产业，甚至是电视连续剧的结局等。二是消费者追求自身价值实现，表达自我文化、社会和创意价值观时的投入，最终也成为创意产业或创意经济的价值增值。如电视真人秀节目的火爆，其背后是不同类型的消费者个性化的选择，自我认同的表达，而短信和互联网等多媒体传媒渠道为这种个性化的表达提供了大众化的廉价通道。同样，各种粉丝团的风靡，表面上是追星，实际上是消费者自身的价值认同与实现的外在寄托和表现，是消费者对其所认同的价值观的一种投入，有时甚至显得疯狂，难以用一般的经济收益规律来解释，而实际上却大大助推了创意产业的发展。

显然,创意产业是一个强烈依赖消费者的产业,取决于消费者扩大个人选择的规模,依靠大众性和创造性获得生存,即消费者资本投入的大小决定创意产业的兴盛。总之,创意产业也是公民表决的产业。

(二)教育资本

教育资本是形成创意性社会基础结构的奠基石。创意人才的培养不是一蹴而就的,对未来创意人才的投资,需要空前强大的教育基础设施、创造性教育的新机制、鼓励终身教育的新政策,这些都是促进创意产业和创意经济发展的教育资本,也是构成创意社会的基础。

教育基础设施。设立创意性的教育基础设施,主要功能包括:成为新型创意人才的培养基地;成为新入行创意雇员接受培训之地;成为新艺术形式和新产品的试验场所;成为来自各行业或老或新的艺术家的表演场地。

创造性教育的新机制。构建适应新型创意社会的教育体制,实施多渠道、多形式的教育机制,包括为每个人提供创意教育的机会、开发个人的创造力和潜力、提供更多的与艺术家交流和工作的实践活动等。

鼓励终身教育的新政策。提供创意人才终身能够受教育的新政策是积累创意教育资本的关键。如美国纽约市之所以成为世界创意中心,与其拥有大量顶级的、高度专业化的教育培训机构是分不开的:全球艺术名校——茱丽亚音乐学院为舞蹈演员、音乐家和演员提供了世界上最好的专业训练;视觉艺术人士可向全美最优秀的美术学院之一——纽约大学蒂什文科学院,以及视觉艺术学院和派特学院寻求帮助;倘若你是满怀抱负的舞者,美国芭蕾舞学院是最好的;时尚设计师可以选择著名的纽约时装技术学院和帕森斯设计学院,建筑师可以选择如建筑联盟、纽约市艺术协会和纽约市建筑中心这样的高水准机构。

(三)非营利性组织资本

非营利组织也是创意基础设施的关键元素之一。建立创意社会靠的不是硬性计划,它不需要组织严密的机构或中央集权,而是需要各种各样的不同群体有机地阐述他们自己的愿景，付出努力和行动，不懈地工作，解决我们未来将要共同面对的问题。

非营利组织是英文 non-profit organization（NPO）的中译，与非营利组织类似的词汇还有非政府组织（non-governmental organization）、公民社会组织（civil society organization）、第三部门（third sector）等。通常指那些以公共利益为目的、独立运作、享有税法优惠但盈余不作分配的民间组织。非营利组织具有五个特征（Lester Salamon）：组织性、非政府性、非营利性、自治性和志愿性，是介于政府和企业之间的第三方组织。世界各国的经验表明，创意产业领域非营利组织的数量多少、活跃程度和参与度是一个区域创意产业发达与否的标志之一。

首先，根据非营利组织的特点，其天生就是一个有着特定愿景和使命的社群组织，是为了促进社会进步而设立的，其特有的组织运作机制决定了参与人的积极性非常高，他们是一群为了某种共同的目标相聚在一起的人，是为了追求自身价值实现的事业伙伴，非经济利益关系，这种"自愿者"式的自觉和执著是一般的经济组织所难以比拟的，因此，非营利组织的机制更容易达到预定的目标。

其次，非营利组织通过组织社会的力量来解决面临的问题，各种功能不同的社会团体或社群成为"经济社会"向"创意社会"转型的动力。非营利组织的目标不是追求利润最大化，而是组织愿景的实现，是从社会利益最大化的角度自觉付出努力、实施行动，创造的是社会财富，积累的是社会资本，充分利用非营利组织的社会成果是建立创意社会资本的重要途径。

例如，上海这几年在创意产业的迅速发展中，非营利组织就发挥了很大的作用，主要有一个协会——上海创意产业协会、两个中心——上海创意产业中心和上海社科院创意产业研究中心。协会协助政府和企业整合资源、协调各方；创意产业中心务实操作、规划园区、协助招商；研究中心总结经验、创新理论、宣教推广。三方努力合作举办了许多重大而有影响的活动，加强与国际、国内的交流，凝聚了一大批创意人才，不仅促进了上海创意产业的迅速发展和创意社群的形成，也为国内许多城市的创意产业的发展提供服务。充分发挥非营利组织的作用成为促进创意产业发展的一大特点。

综上所述，创意产业的巨大力量正在改变我们生活的社会。创意产业能够发掘每一个人的创造力和潜能，给每个有创新力的人提供发挥才能、创造财富的机会，并造就了创意阶层的形成。创意产业为普通民众提供了丰富多彩和愉悦精神的体验产品，提升了居民的生活品质，也培育了众多富有生命力的创意社群。创意产业引导新的消费时尚和潮流，引领新的生活方式，重构新的生活态度，通过促进消费者的需求升级助推社会的进步和发展。创意产业为社会提供了大量新的创业和就业机会，也改变了创意时代的创意人的就业形态。

创意产业的发展超越了一般的经济意义，由创意阶层、创意产业集群和创意社区相互作用、相互依赖而形成创意社群，带动一个城市的经济朝着高层次、可循环的方向提升，同时，也推动着城市朝着更和谐的状态、更高的文明程度发展，从而促进了人与自然、经济、社会系统的和谐发展。

【案例】

日本秋叶原：产业进步推动的创意社群

日本素有“动漫王国”之称，是世界上最大的动漫制作和输出国，目前全球播放的动漫作品中有六成以上出自日本，在欧洲这个比例更高，达到八成以上。时至今日，动漫已成为日本的第三大产业，占其GDP的十多个百分点。日本动漫在全世界拥有大批爱好者。仅以美国为例，2003年日本销往美国的动画片以及相关产品的总收入多达43.59亿美元。

在日本，不论政府抑或商家，都没有仅仅将动漫当做简单的休闲文化，而是扎扎实实地将其当做一个产业来加以扶持和发展，其中以东京的秋叶原动漫产业最为著名。秋叶原一直以来被认为是日本最知名的电气街,曾经占了日本电器零售市场的十分之一。1997 年后,它在短短的数年间从电气街演变成动漫及其衍生产品的综合街。

秋叶原的历史:

1. 从战后到电气街

秋叶原在第二次世界大战后主要是卖与收音机相关的电子零件和电器,随着日本经济的高速成长,生活指数的提升,电视机、冰箱、洗衣机的普及,当时秋叶原的形象是一个给全家上下一起购买电器的地方。秋叶原从那时开始,直至 20 世纪 80 年代末,成为世界闻名的大型家电商业街。

2. 从电气街到电脑街

20 世纪 80 年代,在秋叶原以外,围绕市郊地区所建立的小型家电售卖店纷纷建立,前往秋叶原购物的人减少,渐渐不再以家庭为单位的顾客为主要倾销对象。随着电脑在 20 世纪 90 年代初的普及,引导秋叶原从售卖家电转型至售卖电脑,这种转变表面看来只是售卖电器种类的转变,然而背后却改变了前往秋叶原的客人性质,从所谓"大众消费"转为以针对个别群体的喜好为经营方针,也就是在 20 世纪 80 年代后期日本所谓"分众消费"的转向,揭开了向日后以"个人消费"为单位的动漫一族演变的序幕。

电脑商店的涌入以及家电商店的撤退把秋叶原的客人性质改变了,年轻一族家庭不再被秋叶原吸引,反而吸引了大量的电脑爱好者。同类型的人流集聚导致更多的电脑相关商店进入秋叶原,正面回馈效应是使秋叶原在其后短短数年间产生重大改变的原因之一。

20 世纪 90 年代,互联网的普及与虚拟社区的出现,把拥有着相同嗜好的人跨越空间和时间限制而联系起来,这些虚拟社区的人无形中联系在一起,而秋叶原正是把他们的社区具体地实现出来的理想地方。

3. 从电脑街到动漫及其衍生产品的综合街

电脑游戏的出现是再次转变秋叶原的一个重要原因,在从电气街转变成电脑街以后的秋叶原，很自然地有电脑游戏店的出现，而这些电脑游戏与动漫有着密不可分的联系，一些甚至脱胎于动漫。

秋叶原的各游戏店会为不同的游戏推出不同的“特典”，有些特典更是秋叶原的店所独有的，电脑游戏者以及动漫爱好者均从家里被引诱出来，另外加上二手市场的发展，秋叶原成了一个电脑游戏及其相关产品的买卖场。

另一个推动改变的动力是大量同人志店的开业，秋叶原创意市场的繁荣，除了动漫画、游戏外，更多的就是来自同人志。改编同人志是把原有的故事改编，在固有的设定上加上自己的幻想而出版的外传故事。换句话说，就是在既有消费商品的基础上，加上自己的诠释改编而成的“次级商品”。

因为动漫迷们的集聚使商店数量增加，正面回馈也再次使动漫一族及动漫商店增加，而很多与电脑相关的店铺退至横街，甚至撤离秋叶原。

根据国际观光振兴机构2003年的调查显示，外国旅客中有7%到访秋叶原，且这一比例在不断上升，为日本旅游业作出了巨大的贡献。时至今日，在秋叶原随处可见针对动画迷的专门店、游戏商店、模型店、COSPLAY服饰店、少女咖啡厅、漫画茶店、贩卖交换卡、人形、卡通人物商品和玩具等的商店。许多动漫制作公司，动漫衍生品制造公司也集聚于此，再加上大量从事创意产业的人才，使得秋叶原成了当今日本比较活跃的动漫创意社群之一。

【案例分析】

秋叶原的动漫产业链

在日本，创意产业是指那些从个人的创造力、技能和天分中获取发展动力的企业，以及通过对知识产权的开发可以创造潜在财富和从业机会的活动。包括10个部门：① 广告；② 建筑设计；③ 艺术、古董市场、手工艺品；④ 时尚设计；⑤ 数码技术（电脑游戏、电视游戏）；⑥ 电影与录像；⑦ 音乐；⑧ 表演艺术；⑨ 出版业；⑩ 电脑软件、电视广播等。[1]

根据日本总务省2001年企业统计调查，截止到2001年，创意产业共有17万多家企业，从业人数有187万多人，占日本全部产业的比例分别为2.8%、3.2%。与1996年相比，创意产业的企业数量增加了3.8%，从业人数增加了7.9%，在日本其他产业处于停滞或负增长的情况下，创意产业的规模却在扩大。

另外根据服务业的基本调查统计，1999年日本创意产业的总营业额是35兆3 500亿日元，占了服务业总营业额的17.5%。与1989年进行比较，服务业总营业额增加了69.1%，创意产业总营业额则增加了88.5%，特别是计算机软件十年间增长了三倍以上。建筑、土木服务业及音乐、舞台艺术两个行业中，总营业额增加率都超过了服务业总营业额的增加率。

在日本，不论政府抑或商家，都没有仅仅将动漫当做简单的休闲文化，而是扎扎实实地将其当做一个产业来加以扶持和发展，从而形成了秋叶原的动漫产业链。

一、培育秋叶原动漫产业链

1. 核心产业

拥有430多家动漫制作公司的日本，培养了一批国际顶尖级的漫画大师和动漫导演以及大量兢兢业业工作在第一线的动画绘制者。日本动漫在商业设计上面向全民，广泛的覆盖面成为产业成功的基础。从漫画分类来看，日本漫画按读者群可分为儿童漫画、少女漫画、少年漫画、女性漫画、青年漫画和成人漫画；从动画分类来看，日本动画又可分为电视动画、录像带动画、动画电影和非主流动画；而且面向不同人群的动画播出时间也各不相同。在日本，各种动漫杂志多达350种，其

[1] 日本商业发展态势[J].2005国际商业发展报告，2005(12).

电视台每周播放动画节目 80 多集，一年播放的动画作品节目接近 4 000 集。精细的分类使得多种动漫产品“总有一款适合你”，这种狂轰滥炸式的攻势使日本人处于动漫的包围之中，为动漫产业的发展提供了广泛的受众群。据调查，日本有 87% 的人喜欢漫画、有 84% 的人拥有与动漫人物形象相关的商品。

2. 支持产业

电视和网络传媒的普及和发展，传播手段的不断完善，为日本动漫市场的发展和壮大奠定了良好的基础。快速扩张和高附加值使动漫产业成为推进资产增值的“资本孵化器”。代理商销售，影视系统播放，尤其引人注目的是，日本的动漫与新媒体结合紧密，电子漫画迅速崛起，成为数字媒体最主要的内容来源。据日本《日经周报》2007 年 11 月的报道，由于手机下载电子漫画的市场快速扩张，日本通过手机和个人电脑下载的电子漫画市场规模在 2006 财年首次超过百亿日元，达到 106 亿日元。来自日本权威信息传媒研究公司 Impress RD 的调查说，在截至 2007 年 3 月底的上一财年，日本手机下载电子漫画市场的规模比前一财年猛增了 260%，达到 82 亿日元，其中女性用户占一半以上，各类讲述爱情故事的漫画很受欢迎。与此同时，通过个人电脑下载电子漫画的市场则增长了 120%，达到 24 亿日元，其中男性用户占六成以上。统计还显示，在 2006 财年，以电子漫画为主的日本电子图书市场整体规模已达 182 亿日元，日本数字内容的发展势头可见一斑。动漫产业的迅猛发展为数字媒体提供了丰富的内容源泉，而数字媒体的扩张则为动漫产业提供了更为广阔的传输介质和渠道，日本紧紧抓住了创意产业最具前景的两张牌。

3. 配套产业

从 20 世纪 80 年代到 90 年代，配合计算机的普及和技术革新的脚步，电玩业界也呈现盛况。在秋叶原也有很多的电玩迷来访，模仿电动玩具里的布景和角色人物，以被称为 COSPLAY 的咖啡厅形态出现。还有女服务生装扮成仆人的咖啡馆等也登场，漫画茶店和少女咖啡厅融合的店铺里聚集了许多人。将近有10家这样的店在秋叶原附近出现,带动了其餐饮、休闲、旅游等领域。

4. 衍生产业

卡通形象的衍生产品,包括电影、游戏、服装、玩具、饮料、生活用品等。如果作品受欢迎,在动漫化的同时,商家会马上生产玩具等周边产品,而这些动漫的周边产品几乎覆盖了生活的各个领域,可以说只有你想不到的,没有你买不到的。

日本东映集团等公司在投入制作一部动画片之前,已做好周边产品的开发规划;动画片放映之际,相关产品也开始热卖,资金回收、市场开拓、卡通形象推广等系列工作都同时开展。

二、吸引和培养动漫创意阶层

在形成完整的创意产业链的同时,日本政府对创意产业,特别是设计的普及和启发方面出台了一系列扶持政策,希望可以一次提升产业附加值。同时下大力气培养创意阶层,培养有行动力的人才,包括设计管理人才、设计专业人才、高级经营管理人才的教育,支持设计教育机关建立智慧财产研习班,创设相关的学生竞赛。

三、加大知识产权保护力度

振兴创意产业的另外一个重要方面是政府对知识产权的关注。2002年日本政府召开了知识产权战略会议,同年7月制定了知识产权战略大纲,2003年3月开始实施知识产权基本法,为了实现知识财富立国,政府开始强化相关组织。知识财产方面包括特许权、设计权、商标权等工业所有权和音乐、美术、小说等著作权,与创意产业的关联非常大。在知识产权基本法开始实行之际,设置了知识财产战略本部,2003年7月制定了推进知识财产的创造、保护及利用计划。由于政府在创造环境和保护制度方面进行了完善,并促进流通政策,从而为内容产业的飞跃发展提供了很好的机会。

四、培育非营利性社会机构

虽然日本漫画和电视游戏成了创意产业的焦点,在国际上也有了相当大的影响,但是作为创意产业源泉的创造性,应该是多样化并由多个领域共同培育而成的。然而,现状则是创意产业的很多领域很难产业化,例如日本传统的舞台艺术、古典音乐CD、美术等现代艺术。另外,在市场经济的背景下,很多在初期难以取得收益的创意活动应该如何扶持,是一个很大的问题。因而,培育创意产业孵化功能的非营利性社会机构(NPO)是不可或缺的,在创意产业群不能充分发挥创造性的前提下,非营利组织需要发挥试验和挑战精神。

创意产业的源泉是个人的创造性,产业化是企业或组织经营的原动力,可以说创意产业的入口是创造活动,出口是产业化,只有入口和出口得到良好的循环发展,创意产业群才能得到循环发展。

【相关链接】

* 中漫网网站:http://www.zhongman.com.
* 秋叶原网站:http://www.akiba.or.jp.

【案例】

看话剧到安福路,都市白领的生活方式

如今,只要不是星期一,你到安福路上的上海话剧艺术中心,总有话剧可以欣赏,而且有时3个剧场同时上演话剧。去安福路看话剧,成为上海年轻人的一种时尚。安福路,也因为有了话剧的兴盛而热闹起来。[1]

一、做"话剧专卖店"

在上海话剧艺术中心最初的设计蓝图中,安福路应该是"话剧专卖店",而非"演出百货店"。"中国人看戏,往往是三五知己的临时决定。话剧中心如果能形成每天晚上有演出,观众就能任何时间来安福

[1] 张裕.上海:去安福路看话剧成时尚[N].文汇报,2008-02-22.

路，都能看到话剧。”上海话剧艺术中心总经理杨绍林说。

然而，单靠当时每年两三台戏的创作，这“话剧专卖店”的货架上显然是放不满商品的。上海话剧艺术中心成立了人艺和青话两个制作体，以各种激励手段“让所有的话剧人都来做话剧”。不仅如此，上海话剧艺术中心还鼓励年轻导演自选剧本、自任制作人，排演话剧。很快，话剧演出逐渐多了起来。有了量的积累，这市场才能形成，从中也才有可能产生话剧精品。尽管最初的很多剧目质量遭人诟病，但杨绍林坚持“先让话剧市场火起来再说”。

“看话剧来安福路，做话剧来话剧中心。”这是上海话剧艺术中心提出的口号。去年年底，一位名叫林奕的年轻人，捧着阿加莎·克里斯蒂的剧本《无人生还》来找杨绍林，说她想把自己的20万元“嫁妆钱”拿出来排演这出戏，但排戏预算要40万元。杨绍林看过剧本后，答应由话剧中心再投资20万元，和林奕共同排演这出悬疑名剧。结果，戏还没上演，首轮一个月的演出票就一抢而空，今年2月还要再加演一轮。

如今，上海话剧艺术中心形成了“天天有演出，周周有轮换，月月有新剧，年年有亮点”的话剧演出格局。

二、年轻观众成主力

到安福路看话剧的人，80%以上都是40岁以下的年轻观众。当其他剧种在大叫“振兴剧种，吸引年轻观众”时，上海话剧艺术中心以每晚满场“黑头发”宣告他们完成了剧种观众群体转换的成果。

十多年前，看话剧也是中老年人的“专利”。即使在美国百老汇，戏剧观众中2/3以上也是老年人。然而，有一次，话剧《商鞅》到街上卖票，杨绍林发现掏钱买票最果断的是那些二三十岁的年轻人，这些70后、80后的年轻人，最具购买力。

于是，之后的话剧创作，就围绕年轻观众量身打造。上海话剧艺术中心也着力扶持编剧喻荣军、导演何念等年轻的创作人员。前两年，“白领话剧”大行其道，虽然剧目泥沙俱下，有的甚至很浮浅，但确实让一批又一批年轻观众走进了上海话剧艺术中心的大门。渐渐地，话剧成了年轻人的谈资；如今，看话剧，更是成为年轻人中一种有品位的时尚消费活动。

上海话剧艺术中心也正是以浅显易懂的“白领话剧”作“诱饵”，吸引年轻人走进剧场。比较腻味、浅显的“白领话剧”看多后，观众在比较中又开始选择更加有品位的话剧。

三、外延在不断扩大

安福路话剧市场的成熟，吸引了大量国外艺术团体的关注。于是，《人模狗样》《鲁镇往事》《李尔王》等大量中外合作排演的剧目纷纷诞生。美国亚洲百老汇娱乐有限公司也主动找上门来，跟上海话剧艺术中心合作排演音乐剧《I LOVE YOU》。采访中，一些国外的主创人员明确表示，他们最重要的是看中了上海如此庞大的年轻观众群体，这在世界各地都是不多见的。

北京的话剧人也纷纷为上海日渐繁荣的话剧市场所吸引，不间断地携带新剧来上海演出。之前，中国国家话剧院一般两三年才来上海演出一次。但今年，就有《两只狗的生活意见》《红玫瑰，白玫瑰》等多部话剧相继前来。北京的戏逍堂更是把根扎在了上海，专攻上海的话剧市场。

随着话剧要素市场培育的逐步完善，安福路话剧的外延也在逐渐扩大。上海话剧艺术中心的编剧、导演、演员等与各种民间剧社合作排演话剧。上海大剧院小剧场、同乐坊芷江梦工厂等，成了继安福路之后的话剧演出集聚区。芷江梦工厂开业一年，就上演了 15 部话剧，共演出话剧 100 多场。

【案例分析】

创意透视镜——换个角度看“话剧”

喜欢一个城市可以有一千种理由，而到安福路看话剧已经成为很多人喜欢上海的一个理由。

位于安福路的上海话剧艺术中心，给我们带来精彩纷呈的话剧演出的同时，也为我们这座城市注入了时尚的创意元素，引领了新的生活方式，提高了观众的文化素质，形成了具有创意氛围的创意社群，成为国际都市的一股文化软实力。

透过创意透视镜，让我们换个角度来看“话剧”。

一、“看话剧，到安福路”—— 上海都市白领的生活方式

生活方式，就是不在自己家里泡咖啡、非要在星巴克里才叫喝咖啡。星巴克（Starbucks）卖的不是咖啡，而是生活方式；宜家家居（IKEA）出售的不是设计，也不是家具，而是梦想。几年前，有句挺时髦的话在年轻人中间流行：“不在星巴克，就是在去星巴克的路上。”因为有了上海话剧艺术中心、有了安福路周围的戏剧氛围，也许，明天街上流行的将是“不在看话剧，就是在去看话剧的路上”。

伦敦西区和纽约百老汇都是世界著名的表演艺术中心，到伦敦的外地游客中约3/4的人将到西区看演出列入日程，到伦敦西区看音乐剧已成为一种生活方式。在上海，去安福路看话剧正成为上海年轻人的一种时尚文化，一种生活方式，甚至是一种习惯。

话剧，是一种表演艺术，一种文化产品。上海的话剧因为这座城市的海派风格而成为一种艺术的时尚和时尚的艺术。据了解，目前在上海话剧观众中，90%以上是年轻人，其中女性观众占到70%。高节奏、高压力、高收入的“三高人群”需要寻求一种心灵慰藉，而“白骨精”（白领、骨干、精英）们也需要“精神按摩”，看话剧，可以让生活重新回归到一种不插电的状态，在话剧中找到一种艺术的生活感受，同时，看话剧也是一种休闲、一种社交。正是这样一种感性的认识和感知，使安福路在夜色中格外热闹，成为年轻人精神聚餐的大本营。

虽然安福路的“都市情感剧”、“白领话剧”有点小资、有点沉迷，然而这种时尚和情调，正是这座城市的真实写照。正如著名话剧导演孟京辉所说，看话剧的人永远也比不上看电影的人多，但是如果在街头巷尾,人们开始像议论一部电影那样议论一出话剧时,话剧就不再是艺术青年的专利,也不再是小资生活的矫情,看话剧就是一种生活方式的选择。

从创意产业角度来看,表演艺术作为创意产业的核心内容,创造出的丰富多彩和愉悦精神的体验产品——话剧,话剧融娱乐文化、休闲文化、时尚文化为一体,通过现场体验和情感消费,为观众创造出一种“生活艺术化、艺术生活化”的时尚潮流,引领现代都市人的生活方式。

二、制作人制——激活创意源头

上海话剧艺术中心在全国艺术院团中最早采取了与影视剧制作类似的制作人制——制作人拥有从剧目决策、投资直至推广的自主权。这些尝试,让上海话剧艺术中心展现出极大活力,话剧产量激增,这条市场道路,曾被作为国内话剧改革实践的典范。到 2005 年的十年间,上海话剧艺术中心的剧目制作量上升了 67%,演出收入由原来两家院团最高收入共 98 万元变为连续两年演出收入近 800 万元,事业收入则由 107 万元变为 1 300 多万元,拥有 1.26 亿元资产。

制作人制就好比激活了话剧创作的源头,将社会上的无限资源、国内外的资源为中心所用,而中心以占有全部或部分知识产权的方式,牢牢地占据了创意产业价值链的高端,把握了合作主动,也为今后的市场运作和品牌延伸拓展奠定了经济基础。“问渠哪得清如许,为有源头活水来”,开放的平台、灵活的机制、活跃的消费,吸引了很多制作人、投资人和合作机构纷纷与上海话剧艺术中心合作,合作新剧层出不穷,历史剧、改编剧、白领剧、实验小剧场、音乐剧、肢体剧等等,高雅的、低俗的、经典艺术的、快餐文化的,可以说是百花齐放。什么叫解放文化生产力?机制创新,就是解放文化生产力,其结果一定是多元化的剧目结构,满足不同观众的审美取向,这就是那只“看不见的手”的力量!

从国际上看,百老汇节目的创新能力非常强,近二十年来畅销的音乐剧,风格与内容都十分多样化,与社会结构、文化思潮的多元化遥相呼应,产生了强大的生命力。由于市场竞争机制的存在,百老汇戏剧产业在创作上始终密切跟踪观众的反映和票房的销售情况，而观众的需要是随着时间变化而变化，随着社会变化而变化的，这就决定了演出主题与形式也总是处于变化当中，不拘泥于一种模式或套路。也正是这种不断创新和变化的创作思路与艺术形式让百老汇戏剧的生命力变得长久而坚实。

三、3T原则——集聚戏剧资源

英国著名经济学家约翰·霍金斯曾在上海戏剧学院的讲课中指出："有创造力的人喜欢集聚在对技术（Technology）、人的才能（Talent）和宽松愉悦的环境（Tolerance）三因素融合的区域。"这就是著名的佛罗里达在其著作《创意阶层的崛起》中提出的发展创意经济的3T原则。

上海话剧艺术中心就是这样一个兼具3T要素的资源高地。

1. 技术（Technology）：上海话剧艺术中心是上海唯一一家国家级专业话剧团体，中心不仅有着一大批专业的编剧、导演、演员、舞台等创作人员，还拥有三个大小各异、功能齐全的专业演出剧场，每年中心自主创作及交流引进的各种演出达600场，吸引国内外观众十几万人次。"做话剧来话剧中心"，显示了话剧中心的核心竞争力——戏剧艺术原创力。可以说，不论是在创作剧目的数量、质量上，还是在国内、国际项目的市场运作水准，上海话剧艺术中心的专业优势显示了全国领先的整体实力。

2. 人才（Talent）：上海话剧艺术中心以自身的博大与包容吸纳了全国各地世界各国的艺术家，用形式多样、内容丰富的舞台作品吸引更多的观众。能进入上海话剧艺术中心或与之合作，成为无数艺术家和艺术院校学生的梦想。在众多院团抱怨人才流失的时候，为什么安福路却显示出如此大的吸引力？

原因有二：一是上海话剧艺术中心的定位为创意人才的事业发展提供了宽阔的舞台。上海话剧艺术中心首先把自己打造成为一个资源高地，目标是发展成为一家具有国际声望的，且与上海这座城市地位相匹配的现代化世界一流剧院。专业的平台、国际的视野、热情的观众……还有什么比拥有这些资源更让戏剧专业人士向往的呢？在上海话剧艺术中心发展或与之合作，可以满足创意阶层在经济回报以外的深层心理需要，可见，事业发展的舞台是上海话剧艺术中心留住人才、发展人才的根本所在。

二是安福路所在区域形成了相对有效的“戏剧集群效应”。因为创意阶层人士对工作氛围的要求比较高，喜欢集聚在一种能够提供他们之间相互促进、研讨和交流的营地中，因此“集群”对他们来说具有很大的吸引力。与安福路一步之遥的上海戏剧学院是培养戏剧专业人才的艺术摇篮，上戏学生、老师和延伸出的艺术创作和经营人才与安福路的上海话剧艺术中心形成了“对流”和“集聚”，他们是上海话剧艺术中心的人才储备、合作伙伴、忠实观众和评论人员，“戏剧创意人”往往具备超越传统专业人才定义的跨行业和跨专业的复合文化知识的特征，这种复合性的文化知识所产生的交融与激荡导致了创意的激发，因而产生出巨大的新经济驱动力。在安福路、华山路这片剧场相对集中的区域内每天上演着话剧，观众可以随时决定约三五好友去看话剧而不必担心没戏可看。“安福路现象”就是借助以戏剧艺术为核心要素的集聚力量，通过剧院的集聚，达到人气的集聚，从而形成城市文化的集聚，这个集聚的过程无形中提升了城市的文化品质。

3. 包容（Tolerance）：宽松与自由的工作环境和创意氛围对创意人才具有很强的吸引力。表演艺术中从事创意和设计的专业人士属于佛罗里达定义的创意阶层，这个阶层的人群都具有创新精神，注重工作独创性、个人意愿的表达以及对不断创新的渴求，尤其是前卫的实验戏剧人士，他们是反传统、反主流的艺术先锋，在创作意图的表达上追求自我突破，探索跨艺术、跨文化的融合。很难想象，如果没有一个宽松、包容的创作环境，那未来的“孟京辉”们如何生存和成长？文化艺术不同于科学，没有一个标准，文化需要求真、求善、求美，艺术需要突破、超越、创新，只有在内容上、形式上都给予宽容才能促成艺术的百花齐放。

尽管上海话剧艺术中心在过去几年的发展过程中，一些“都市情感剧”存在着粗糙、庸俗、迎合观众的问题，但杨绍林总经理在创作管理中依然以鼓励为主，他说：“在话剧创作的数量和质量上，先保量，再求质。”时间证明，观众培育起来了，观众的欣赏水平提高了，艺术创作的品质自然就提高了。

创意人才管理的一个难得之处，就是允许创意人犯错误。上海话剧艺术中心尝试每年提供一个额定创作预算的模式让年轻人做戏，但检验标准只有一个，就是市场反应和观众评价，这种模式可以说是艺术的“孵化器”，让年轻的创作人员在青涩时期能够得到资金、资源的支持和才华展示的机会。上海话剧艺术中心这几年就成功孵化出像喻荣军这样的高产编剧和市场运作高手，也孵化出像林奕、吴嘉这样的年轻制作人，相信在这个“孵化器”里还会有更多的艺术人才在成长。

四、观众开发——提高市民文化素质的同时收获经济效益

题材广泛、形式多样的戏剧艺术作品以文化为基础，以文化的消费者——观众为出发点，强调项目运作的市场化、商业化，既继承和发扬了文化传统，又带来了社会经济和文化的繁荣。进入知识经济时代，人们开始更多关注精神文化层面的需求，开始追求时间与智慧的价值，戏剧能给人们带来人生感悟和文化思考，来自国外的戏剧作品又是人们了解世界各国文化和生活的一面镜子。事实上，如同听音乐、看画展、赏艺术品一样，看话剧能给观众带来全新的艺术感受，起到愉悦身心、陶冶情操的作用，在潜移默化中提高了观众的审美情趣。

文化产业化，除了在价值链上游抓创作、搞生产以外，还要注重培育和引导文化消费者，在表演艺术上，这种市场消费的培育和引导就表现为观众开发。上海话剧艺术中心将“看话剧来安福路”作为品牌来开发市场、培育观众。一方面，通过市场细分和人性化服务，让戏剧走下艺术殿堂，改造成能够满足不同人群需求的大众文化、时尚文化，因而成功开发了一大批主要为年轻白领的话剧观众市场；另一方面，中心未雨绸缪，对未来的、潜在的观众人群给予教育和引导，其中重点就是以戏剧教育的形式培养大、中学生对戏剧的了解和热爱，比如举办戏剧工作坊鼓励业余爱好者参与，举办大学生戏剧节，以专业的力量支持年轻人的创作热情，还给予在校大学生买票半价的票价优惠，让更多的年轻人走进剧场，同时也让戏剧走进了人们的生活。

在连续三年成功举办"亚洲当代戏剧季"之后，上海话剧艺术中心又一次打响了"国内外艺术家交流合作平台"的交流品牌，上海国际当代戏剧季2008金秋开幕，上海话剧艺术中心携爱丁堡获奖作品再次给上海观众一个意外的惊喜。每个人心中都有一个梦想，上海话剧人心中的梦想也许就是：搭建一个世界性的舞台，让各国艺术在此展示，让中西文化在此交流，让各路英才在此会聚。

创意的力量改变着你我的生活方式，也改变着城市的精神面貌。创意让文化更繁荣、创意让生活更精彩！

【相关链接】

* 上海话剧艺术中心：http://www.china-drama.com.

【案例】

伦敦：创意产业推进城市就业机会

2003年2月，伦敦市长提出的伦敦市文化战略目标是：维护和增强伦敦作为"世界卓越的创意和文化中心"的声誉，成为世界级文化城市。他还说："伦敦作为世界三大金融中心之一已是众所周知，但并不是所有人都知道伦敦还是全球最重要的创意产业发展地之一。"

一、伦敦创意产业发展概况

伦敦是个富有创意的城市，以各种创新和理念为基础，新技术与新市场如今已站在了时代最前沿。过去几十年中，商业服务业的会计师、律师和咨询师等推动着经济发展，如今，创意产业已成为伦敦最大的产业部门之一，产出和就业量仅次于商业服务业。1995 年至 2000 年这五年间，创意产业产出年均增速达 8.5%，超过了其他各个产业。此外，高度多样性的创意产业还取得了生产率年增 4%，就业量年增 5% 的优异表现。

产出：2001 年，伦敦创意产业的总产出达 210 亿英镑，约占英国创意产业总产出的 1/4。相当于伦敦人均产出 2 500 英镑，而英国的人均产出仅为 1 280 英镑。伦敦创意产业的产出仅次于商业服务业的 320 亿英镑，超过了其他所有生产产业的产出。

就业量：2000 年，创意产业以 52.5 万名雇员的就业量排名伦敦各产业第三位，其中包括了在创意产业部门直接就业的人员和在其他产业从事创意型工作的人员。

就业变化：创意产业是伦敦第二大就业高增长产业，每 5 个新增职位中，就有一个来自创意产业部门。近几年的经济减速对创意产业影响尤其大。2002 年间，创意产业工作岗位数减少了 4.01 万个，约占伦敦该年就业岗位减少量的近一半。尽管 2002 年就业岗位数量减少，但 1995 年至 2002 年间，创意产业就业量还是增加了 8.8 万个。

二、创意产业深刻改变着伦敦

1. 创意产业成为伦敦经济根本转变的组成部分

如今，创意产业的发展站在了伦敦三十多年来经济根本转变的最前沿。在商业服务业逐渐成为伦敦经济主导产业的过程中，伴之以第二个过程的进行，如今创意产业已处在了社会舞台的中央。创意产业的发展就是这第二大进程产生的结果，它正成为伦敦经济增长新的、主要的源泉。

2. 创意产业如今成为伦敦缔造财富的主要产业

比较各个产业的产出发现，创意产业以 210 亿英镑的产出值，仅次于商业服务业，成为伦敦缔造财富的第二大产业。有数据称，到 2012 年伦敦奥运会时，伦敦的创意产业产值会达到 300 亿英镑，将超过金融业而成为第一大产业。

3. 创意产业创造了重要的就业增长

伦敦创意产业的就业量从1995年的41.4万人增加到了2000年的52.5万人,这增加的11.1万人使创意产业成为1995年至2000年期间就业量增长的第二大产业,每5个新增岗位中,创意产业就占一席。创意产业就业的年均增长率达5%,几乎是整个保健产业就业增长(2.7%)的两倍。创意产业中有8个部门的就业增长速度超过了伦敦就业增长的平均水平。

4. 创意产业已成为伦敦就业的第三大重要产业部门

创意产业的就业增长使该产业成为伦敦解决就业的主要产业部门之一。2000年,创意产业以52.5万名雇员的就业量,位列商业服务业、健康与教育产业之后,成为第三大就业产业。

5. 伦敦正处于创意产业生产力良性革新的时期

就业与产出的相对增长表明伦敦已处于以创意产业为中心的生产力革命时期。在这个迅速发展阶段的初期,即1995年,创意产业从业人员人均产值3.1万英镑,五年后增加到了人均3.8万英镑。生产率年均增长4%。以1995年不变价计算,1995年英国工人的人均产出为2.4万英镑,2000年达2.6万英镑,生产率的年均增长率只有1.4%。

创意产业从业人员生产率的提高并不是因为市场衰落导致失业而达到的,而是通过向一个不断创造就业的成长中的新市场扩张而实现的。

【案例分析】

创意创造就业的再思考

英国曾经是"世界工厂",后来失去了制造业大国的地位。1997年5月,英国政府为调整产业结构和解决就业问题,时任首相布莱尔提议并推动成立了创意产业特别工作小组,开始对创意产业进行政策扶持。这个特别工作小组分析了英国创意产业的现状并提出发展战略,提出把创意产业作为振兴英国经济的重要手段，该工作组于1998年和2001年两度发布研究报告，分析英国创意产业的现状，并提出发展战略，确定了四项有关创意产业可持续发展的关键性因素，即开发技术和教育潜能、推动出口、税收和政策调整、知识产权保护，并针对这些因素实行政策扶持。今天，英国在创意产业方面，在世界上处于领先地位，在欧盟国家拥有最大的规模，创意产业对于英国来说已经是一种非常重要的国家资产。

英国政府把创意产业定义为：那些发源于个人创造力、技能和天分，能够通过应用知识产权创造财富和就业机会的产业。根据英国文化、传媒与体育部定义的分类标准，创意产业主要包括十三个产业部门：广告、建筑、艺术品与古董、手工艺、设计、时装设计、电影与录像、互动休闲软件、音乐、表演艺术、出版、软件与计算机服务、电视与广播。

无论是在发达国家的创意之都，还是在新兴国家的创意城市，创意产业在创造财富的同时，也创造了大量的就业机会。

一、发展创意产业成为英国推动经济增长与降低失业率的有效策略

英国：英国有世界上最完整的产业文化政策，2002年，创意产业已成为英国第二大产业，仅次于金融服务业，其产值占到英国国内生产总值的7%以上，而在创意产业就业的人口有近200万，创意产业注册企业数约有12.2万家，成为英国雇用就业人口的第一大产业。根据英国政府的官方统计报告，其十三项文化创意产业2001年产值达1 120亿英镑，占英国GDP的8.2%，雇用4.3%的就业人口。英国成为仅次于美国的世界第二大创意产品生产国。1997年至2001年，英国文化创意产业产值年均增长率都在6%以上，平均年增长率为8%，而整体经济增长率则为2.8%；1997年至2001年文化创意产业的就业增长率平均为5%，而整体经济就业增长率则为1.5%。

伦敦：创意产业是伦敦主要的经济支柱，所创造的财富仅次于金融服务产业，创意产业也是第三大就业经济领域，是英国增长最快的产业。据 2003 年 2 月公布的《伦敦市长文化战略草案》披露，伦敦的创意和文化产业估计年产值为 250 亿—290 亿英镑，从业人员达到 52.5 万，占当地就业人口近 20%，每 5 个新增岗位中，创意产业就占一席。而且伦敦创意产业人均产值也远远超过全国的水平，2000 年伦敦创意产业人均产值为 2500 英镑左右，几乎是全国创意产业人均产值 1 300 英镑的一倍（见图 5－2）。

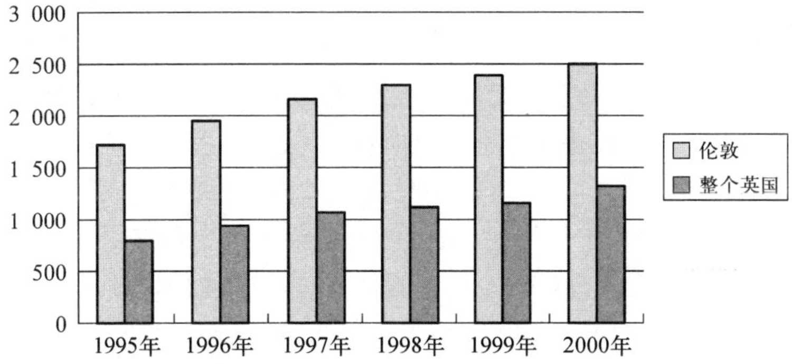

图 5－2　伦敦和英国 1995—2000 年的文化创意产业人均产值

数据来源：The Mayor's Culture Strategy — London：Cultural Capital

二、伦敦创意产业的就业分布呈"区域集群化"，就业结构呈"多元化"

从就业区域来看，伦敦的创意产业虽不如商务服务业的分布那么密集，但相对来说还是比较集中。创意产业相关的职业主要集中在伦敦西部与北部，其中伦敦首要创意产业群分布在西区，大部分在威斯敏斯特区内，该区创意产业就业增长率最高。第二大就业人口集中的区域在伦敦西部和 City Fringe。

从就业机构来看，伦敦广告业职业在威斯敏斯特与 Barnet 增加迅速，与此同时，伦敦市在印刷业的岗位数却显著下降，印刷业的优势转移至 City Fringe。随着人们对休闲娱乐产品及相关服务的需求，在游戏、动漫、软件、音乐、表演艺术、影视等相关领域的就业机会将会明显增加。

可见，由于创意产业的需求推动，就业结构的发展趋势将从劳动密集型向知识密集型转变。同时，创意产业的发展和新兴产业融合会产生“溢出”效应，衍生出更多数量的创意企业，成为智力型就业的新载体。

三、创意职业的就业形式——项目化、短期化、动态化

过去，人们习惯于将一份工作定义为在一家公司的长期职位，就业相对稳定。在创意经济主导的社会环境中，我们必须明白，创意产业的就业与绝大多数其他产业迥然不同，动态的、弹性的、短期的就业形式成为创意产业一种特有的趋势。在伦敦，音乐、电视、电影和媒体部门等创意艺术领域，很多工作都是以项目为基础，这些项目性质的工作都是短期工作，创意人员必须随着项目转移，也可能在同一家公司中，也可能不在一家公司中。比如，动画产业在英国至少创造了 5 000 人的就业，电脑游戏也有 9 000 人左右的就业，但更多的未列入统计的“隐形就业”还包括 37%—57% 的动画从业人员，他们是作为自由职业者的形式，在一些非常小的公司里面工作。在伦敦，政府开始意识到创意产业就业的新特征，开始为项目提供培训、基础设施和投资的新途径。“伦敦城市共同体”是训练青年多样化技巧，以满足进入音乐产业需求的组织机构。

创意职业这种项目化、短期化、动态化的就业形式刚好与创意阶层追求工作与生活融合的诉求相匹配。创意人才不再被一纸劳动合同所限制，他们更加崇尚自由职业、自由的工作方式和变化的工作场所，他们更愿意以创意成果来服务于更为广泛的领域。伦敦创意产业发展对就业方面的影响，让我们对创意经济形态下的就业有了一个新的认识，也许，“创意职业”需要重新定义了。

人才是创意产业发展的关键、也是核心要素。中国创意产业发展的“瓶颈”是创意人才的极端匮乏，中国未来创意产业的发展，对如何教育与培养出符合创意产业特征的创意人才提出了巨大的挑战！

【相关链接】

* 伦敦市政府官方网站：http://www.london.gov.uk.

* 创意伦敦网站：http://www.creativelondon.org.uk.

【案例】

M50 艺术家联盟启动，创意社群雏形初现

20 世纪 30 年代至解放初期，黄浦江浦西沿岸，西起复兴岛，东至黎平路，形成了 160 万平方米的工业带，成为上海最大的工业区。其中，上海第十七棉纺织总厂分作南北两区，中间隔着杨树浦路，北区西临内江路东靠定海路，总面积 30 860 平方米，南区南侧紧邻杨树浦发电厂，总面积 91 070 平方米。从 20 世纪 80 年代中期到 90 年代初期，第十七棉纺织总厂拥有万余名职工，曾被称为“万人厂”，20 世纪 90 年代中期，受到上海纺织行业大调整的影响，大批工人转岗、下岗直至工厂完全停产。

最近，上海纺织集团组织了对于这一地块的功能设计竞赛，让人对这一片安静了十多年的庞大工厂区的未来走向重新燃起期待。作为上海纺织集团下属单位之一的莫干山路 50 号 M50 旗下的艺术家联盟也参加了设计竞赛，并提出了“海上天梭”的设计概念，用参加这一设计的画家周铁海的话来说：“这也是在描绘我们心中完美的创意园区图景。”

在这个名为“海上天梭”的设计方案中，这一片庞大的工厂区将变身为上海最大的时尚创意园区，不仅容纳艺术家工作室和交易展示空间，并勾画了一个完整的生活社区和产业园相结合的可能性。详细来讲，整个厂区将按照它的现有走向因地制宜地分成三个部分。

厂区北部的厂房被改造成 LOFT 生态居住区，对应形态以上海古北为代表的高级住宅区，加入家乐福、城市超市之类的高级大卖场，配以充裕的绿化景观和运动场地。

中部时尚创意区则对应上海M50创意产业园区，对具有历史保护价值的优秀老建筑进行修缮和改造，并加入部分新建筑，形成有新旧对比特征的时尚商业办公区，分为三个层次，外围（沿街）为艺术家工作室、设计公司，同时也可以成为商店；中轴（沿主通道）则为商业区，集聚画廊、零售、休闲餐饮、酒吧、绿地等；中部则为中央地标商务区，新建造中心高层建筑，形如双塔，里面可以用作高级酒店、酒店式公寓、高级办公楼和企业总部等。

南部滨江则为公共艺术文化区，对应形态以上海外滩和新天地为代表的艺术文化区域，拥有珍贵的滨江景观，以黄浦江为背景的天然时尚秀场。在这个区域中，将在现有的建筑的顶部加设一个露天T台，形成一个特别的临水、露天的高空展示空间；而以图书馆、实验剧场和景观餐厅为辅的公共文化设施也将在这一临水区域加以呈现；沿江步行带、游艇码头和江上游泳池则将组成城市休闲交往空间。

一、“艺术和生活合二为一”

在设计竞赛的预设当中，这个地块将作为一个时尚园地加以勾画，但是艺术家们提出了自己的观点。“主要的问题在于地点，这个地方离市区十分远，如果只是作为时尚的展示平台存在，人气是没有办法保证的。”周铁海说，“你能够想象早上人声沸腾，晚上则是一片死城的情景么?”

而作为身在创意园区中的艺术家，陈旭东和周铁海对于如今在上海呈蔓延之势的创意产业园也有自己的看法和观点，“最大的问题就是功能的单一，如果只是时尚，没有丰富的生活功能，没有居住区形成的长期的人气支撑，那园区其实是十分脆弱的。”在艺术家们看来，时尚创意园区的魅力更在于一种氛围的经营，“而这些也是我们这个设计方案想体现出来的。”

因此，虽然在设计中艺术家们应设计要求还是将线轴、梭子这些特征元素运用在了建筑物的外立面设计上，甚至称可以将两座新增的流线型的高层建筑看做在一片厂区低矮建筑形成的“T台”上走步的“模特”,但或许更加重要的是,这个设计的方案建构了一种生活的可能性,赋予创意产业园、时尚产业区这些概念化的名词一片生活的土壤。

“在我们的设计里,艺术家和设计师不仅能够在这个新的时尚创意产园区里进行工作、展示和交易,而且能够在这个社区里完成自己的全部生活,在中部老厂房里工作,在南部滨江区展示,然后回到北部自己的家中生活。”周铁海对于这种将艺术和生活合二为一的场景十分期待,“如果真的能够实现这个设计,我一定毫不犹豫地从 M50 创意产业园区搬过去。”周铁海说。

而陈旭东则从建筑师的角度阐述了多功能性对于一个新兴地块的重要性:“我们希望它可以让艺术和时尚的氛围在其中自然地生长,而不是硬拉一些展示活动和时尚活动在这里。不管是新的‘双塔’高层办公楼,还是艺术家住宅,都是希望从硬件的角度给园区搭建一个更加完善的平台。只有人来人往,才有可能有真正的氛围产生。地点其实不重要,就像 M50 创意产业园区,与场地相比,更重要的是有这些人、这些艺术家在。”

二、跨界联盟迸射火花

莫干山路 50 号一直是上海创意产业的一个标志性场所,从 2001 年第一位艺术家进驻到如今拥有来自 17 个国家和地区以及来自国内 10 多个省市的 130 余位艺术家和机构,呈现了一种产业自然生长的可能性。如今,园区的资源面临进一步的整合,产业园总经理金伟东介绍:“刚开始的时候,艺术家们都是各干各的,但就是这一两年来,越来越多的艺术家向我们表示,想一起做一些事情。”所谓的 M50 艺术家联盟就此应运而生,但直到承接这个庞大的设计投标项目之前,艺术家们一直是一个松散的联合体,有事情的时候一起做,没有的时候自己干自己的。

今年年初,艺术家联盟承接了一个宝山的地块设计项目,并获得了第一名,这个项目,主要还是由陈旭东的建筑工作室完成的,主要参与的成员有陈旭东、周铁海以及来自法国的策展人玛戈女士。

身为画家的周铁海是第一次参与类似的地块功能设计，他说："我觉得这个很有趣，在整个过程中一直很兴奋。"相对于统筹整个设计可行性的建筑师陈旭东，周铁海的角色更多的是在视觉导向方面。"我印象特别深刻的是，在我们设计楼顶的露天T台的时候，他坚持要把T台的整个弧线拉大，后来我们发现这样确实很有视觉冲击力。"陈旭东说。

而法国策展人玛戈女士的加盟，则为建筑的细部改造设计带来了新鲜的灵感。"在做改造设计的时候，我们发现这些厂房的屋顶都呈现出一致的倾斜，看上去比较单调，但因为是旧建筑改造工程，我们又必须尊重原貌。后来玛戈说她在法国看到很多建筑，有玻璃的斜顶，十分漂亮。在现在的方案中你可以看到，我们把屋檐的一部分换成玻璃材质，这样不仅不破坏建筑的结构，也使得建筑有了新的公共长廊。"

对于参与这样的设计竞赛来说，结果很难预料，而时间周期也很急促，"从知道有这件事，到完成整个设计，我们大概用了10天的时间，我们几个人不停地在一起开会讨论，提出大家的观点，整个过程虽然疲惫，但是很愉快。"建筑师陈旭东说，"结果如何对我们其实不那么重要，重要的是，我们想借此设计提供一种地块发展的可能性。"呈现的平台，沟通的渠道，对于这些艺术家来说，或许比能够获得什么最终的实际结果更加重要。

三、老厂房改造

从20世纪90年代初起，老厂房的功能改造就被不断地提上日程。从刚开始的出租场地，到后来根据各地的开发规划形成产业园区，到如今，产业园区的提法已经不再新鲜。就创意产业园而言，单一的概念作为吸引艺术家进驻的砝码已经不再那么有吸引力。不论是已经享有盛名的M50创意产业园区还是正在逐步开幕的1933老场坊等新兴的创意产业园区，对于多功能的追求已成为新的趋势，而这一切的出发点，则都是为了集聚人气和营造氛围。

上海第十七棉纺织总厂所在的杨浦区位于上海市中心区的东北部,据最新的规划方案,其所在的东外滩区域将建设成为以亲水游览、工业博览、科技商务、知识社区为主要内容的现代功能带,成为上海世博会的重要景观区。

杨浦区拥有15.5公里长的黄浦江岸线,在两岸开发中有十分重要的地位。而与其他位置在中心区域的创意产业园不同,上海第十七棉纺织总厂的偏远位置激发出了设计师对于主题社区的想象。这一多功能的艺术创意社区的设计方案,或许意味着一种方向和趋势。创意不仅是一种产业,或许也将成为一种生活状态。

(原文载于《东方早报》2008年9月23日 记者蔡晓玮)

【案例分析】

创意社群:让创意成为一种生活状态

M50创意产业园区是上海市经委授牌的第一批上海创意产业园区,也是上海市政府规划的上海11条特色文化街区之一。M50紧靠苏州河畔,完整保留了20世纪30年代到90年代各具特色的民族纺织工业建筑,昔日废弃的旧仓库,终于掀掉灰姑娘的面纱变成中国创意文化产业权威的集聚地。至今已集聚了英、法、美、加、德、日、澳等17个国家和地区及国内10多个省市的130余位艺术家及多家知名平面设计和建筑师事务所等机构,是上海最具品位、规模和影响力的艺术中心,并被美国《时代周刊》杂志以"上海时尚地标"的标签列为"推荐参观之地",声名直追纽约苏荷区和法国塞纳河左岸,已成为上海时尚文化的新地标。

一、创意社群——建立文化、艺术、商业与社区的关联

最早提出"创意社群"(Creative Communities)概念的美国约翰·M·埃格教授认为,要建设一个21世纪的城市,科技尚在其次,就业机会、财富、生活素质才是最根本的,是城市发展的关键所在。这个任务

的核心就是要确认艺术与文化在促进经济发展中所扮演的重要角色，并建立一个创意社群，即：一个能充分利用文化、艺术、商业和社区之间重要联系的社群，并在联系的过程之中主动投入人力资源和财力，为城市作好能面对迅速发展的后工业时代和知识型经济社会所带来的巨大挑战的准备。

1. M50创意产业园区的形成——保护工业遗产，传承城市文脉

M50创意产业园区的形成原因与美国纽约的苏荷艺术区、北京798艺术区完全相似。起步于2000年的M50创意产业集聚区，在成为上海艺术地标之前，原是一家建于20世纪30年代、濒临破产的纺织企业——上海春明粗纺厂。2000年厂房开始出租，由于租金便宜，大量的画家不断在此集聚，最终形成了上海比较早的艺术文化人士集聚的创意园区。

2. 艺术品交易市场，让M50创意产业园区踏入艺术的商业化之路

如今，M50创意产业园区汇集了100多家来自不同国家的艺术团体、创意设计公司及艺术家工作室，已经开始走上同产业集聚、不同产业互补、互补性大于竞争性的格局，组成一条完整的产业链。

M50创意产业园区在集聚一批现代艺术创作高手的同时，也吸引了众多热爱现代艺术的买家。他们的进驻，使莫干山路50号成为上海最具规模的现代艺术创作中心，也培育出了一个有影响力的现代艺术品交易市场。M50创意产业园区注意到在文化、艺术和商业之间，艺术品交易市场起到了建立联系的重要作用，于是主动投入人力资源和财力，建设交易市场，举办各类艺术展览活动、产品市场营销的商业活动，为艺术品、设计作品的产业化创造市场环境。

3. 打造M50创意产业园区文化品牌，增强园区向创意社群延伸的文化辐射力

民族纺织工业的厂房融入现代前卫的文化，为古老的苏州河增添了富有时代气息的亮色，为城市的时尚生活消费注入新的文化内涵。为了打造品牌效应，M50创意产业园区推出了三个活动：一是启用

M50 创意产业园区标识系统 LOGO;二是出了一本介绍 M50 创意产业园区的书;三是发布了中国第一首产业园区的主题歌《我的 M50》。此外,M50 创意产业园区还举办了国际服装文化节、时尚之夜等一系列有影响的文化活动,以及周末画展、中秋活动、创意大奖评选等活动,最近,M50 创意产业园区又以新成立的 M50 表演工作坊为平台,涉足话剧市场,投资出品了原创话剧《浮生记》并获得成功,同时又利用创意联盟的平台编辑了集上海艺术资讯的《M50 艺术地图》双月刊,主动引领上海艺术创意风向,不仅吸引了业内人士,也带动了 M50 创意产业园区周边社区的文化氛围。

二、创意阶层、创意集群、创意社区三者互动,形成创意社群

1. M50 艺术家联盟——一个以品牌连接起来的创意阶层与创意集群。M50 艺术家联盟这个模式,就是集聚 M50 创意产业园区产业集群内的原本松散的艺术家与设计机构,将各自的优势资源形成一股合力,以 M50 创意产业园区的品牌价值对外进行投标,成功承接了原来个体艺术家无法完成的大型综合性规划项目。其中,M50 创意产业园区起到了原来只有公司组织机构才能起到的商业作用,在这个合作中,创意阶层与创意集群形成了互动,艺术与商业进行最佳转换,租客与业主形成了相互依赖的纽带关系,形成了合作共赢的格局。

2. 创意社群形成的内在机理

正如理查德·佛罗里达所描述的那样:由于 M50 创意产业园区的布局,越来越多的画家、设计师、策展人、画廊等艺术家和创意企业家人群被 M50 创意产业园区独特的环境吸引,逐渐在 M50 创意产业园区中形成以视觉艺术为主流的创意阶层。而在 M50 创意产业园区产业集群内,这些艺术家之间形成了高度集聚又相互关联的合作与竞争关系,形成 M50 创意产业园区艺术生产和商业网络。艺术家个人及联盟又能够设计、创作、销售创意产品,营造文化氛围,为 M50 创意产业园区带来丰厚的利润。M50 创意产业园区主动投资完善园区基础设施的建设，以及规划营造“工作与生活”合二为一的发展计划，又进一步吸引更多的创意人士来到该区域，产生了超越产业集群的“艺术社区”。

随着M50创意产业园区的整体环境与氛围营造，M50创意产业园区将从一个容纳艺术家工作室和交易展示空间的创意产业园区，发展成一个完整的生活社区和生态社区，这反过来又直接影响到创意阶层——人的生活，提高了社区内人的生活品质。由此，创意阶层、创意集群、创意社区三者互动，形成了创意社群（Creative Community），即涵盖了创意产业发展中一切重要的社会关系和社会生态。这种创意社群通过文化艺术、经济等方面的活动，影响着M50创意产业园区所在区域的政治、经济、文化、社会、环境资源等方面的发展路径，从而导致原旧厂房所在的莫干山路、苏州河岸的整体发展方向，最终使其成为创意区域，从而在根本上推动城市朝着更加注重文化艺术、人文环境、生态保护等方面发展。[1]

3. 创意社群的影响力

根据M50创意产业园区的功能定位，规划中的M50创意社群计划在延续原有创意产业园区之外，从苏州河和城市整体出发，拟建设一个集现代文化艺术区、工业旅游区和城市公园为一体的创意区域，并以城市公园为轴，现代文化艺术区和工业旅游区为两翼，从而将原有零乱和残破的空间布局重构和完善（见图5－3）。

在第一层中，M50文化艺术的创造活动是核心，画家的艺术创作、设计机构作品展示、莫干山路周末免费电影观赏、水彩画展、画家工作室开放展示等，形成了“文化艺术人士”与M50社区文化活动的自然联系；

在第二层中，当代艺术品交易市场形成了“文化艺术人士”与M50创意产业园区商业活动的初步模式，“创意社群”开始渗透到区域商业活动之中；

---

[1] 刘轶. 从创意社群到创意之都——以创意产业园区为例[J]. 创意产业，2008(4).

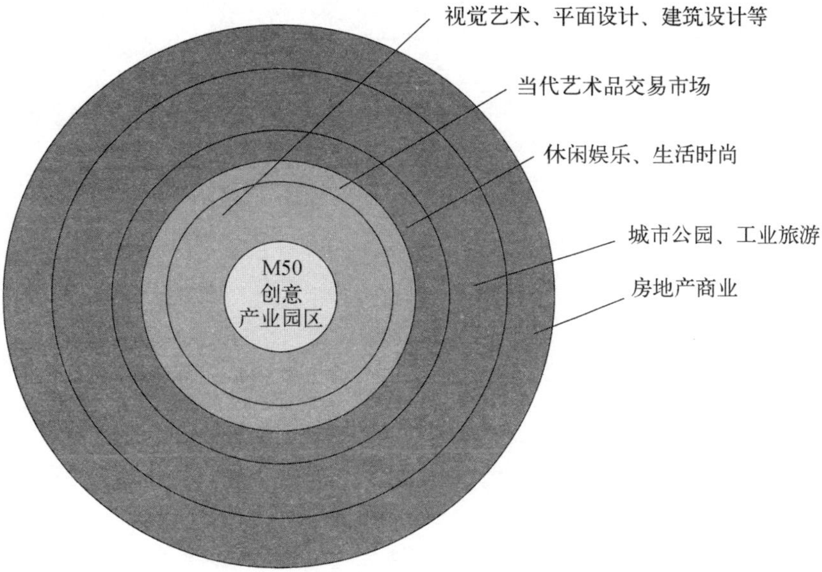

图 5－3　M50 创意社群的空间布局示意图

在第三层中，艺术氛围具有的独特魅力将 M50 创意产业园区转换为时尚生活的新地标，各种主题活动在 M50 创意产业园区展开，带动了周边区域的餐饮、娱乐、休闲和会展服务；

在第四层中，旅游观光的价值挖掘，将文化艺术活动渗透到区域经济发展之中。到 M50 创意产业园区参观体验已经成为都市工业旅游的一个潜力项目，而建设中的城市公园为创意人士“工作与生活合二为一”创造了条件，也为社区丰富了内涵；

在第五层中，由于看到了巨大的经济利益，房地产商通过改造、包装、宣传和推广，充分挖掘创意产业巨大的附加值，为所在区位的土地增值，使得围绕 M50 创意产业园区的苏州河沿河区域成为利润丰厚的商业地块，完善的居住和商业配套设施将使苏州河区域成为普陀区的一个商业经济中心，由于创意社群的影响，通过房地产商的商业运作，直接导致了普陀区苏州河沿岸的转变。

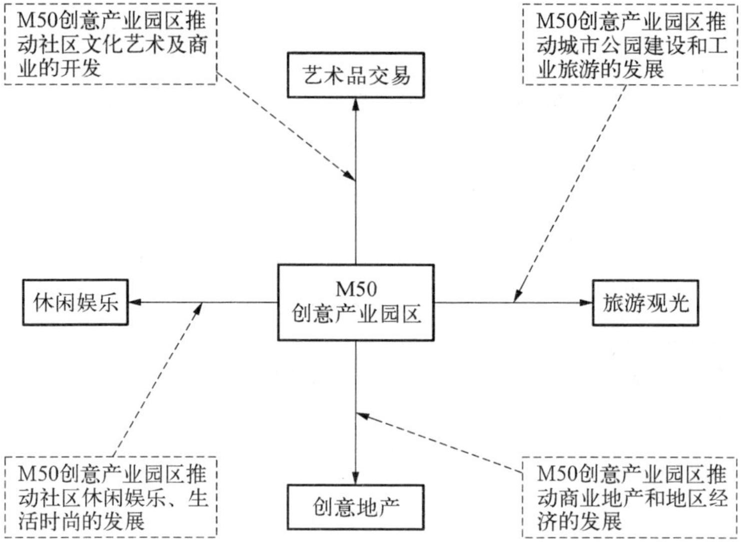

图 5－4　创意社群与创意产业园区、经济发展的关系示意图

如图 5－4 显示，创意社群不是特定的地理区域，而是指在创意产业发展中形成的各种“群落”及其社会关系的总称，这些群落的相互推动和协调发展，为我们创造了一个崭新的创意社会。

【相关链接】

* M50 官方网站：http://www. m50. com. cn.
* 创意社群官方网站：http://www. thecreativecommunity. org.

参 考 文 献

[1] 厉无畏.创意产业导论[M].上海:学林出版社,2006.

[2] 厉无畏,王如忠.创意产业——城市发展的新引擎[M].上海:上海社会科学院出版社,2005.

[3] 厉无畏,王振.转变经济增长方式研究[M].上海:学林出版社,2006.

[4] 厉无畏,王振.科学发展观与新一轮经济增长[M].上海:学林出版社,2005.

[5] 厉无畏,王振.中国产业发展前沿问题[M].上海:上海人民出版社,2004.

[6] 约翰·霍金斯.创意经济——如何点石为金[M].上海:三联文化出版社,2007.

[7] 张维迎.中国改革30年[M].上海:上海人民出版社,2008.

[8] 张晓明.中国文化产业发展报告[M].北京:社会科学文献出版社,2007.

[9] 陈佳贵.2008年中国经济形势分析与预测[M].北京:社会科学文献出版社,2007.

[10] 欧阳友权.2008中国文化品牌报告[M].北京:中国市场出版社,2008.

[11] 花建.文化产业竞争力[M].广州:广东人民出版社,2005.

[12] 理查德·E·凯夫斯.创意产业经济学[M].北京:新华出版社,2004.

[13] 约瑟夫·派恩,詹姆斯·H·吉尔摩.体验经济[M].北京:北京机械工业出版社,2002.

[14] 牛维麟.国际文化创意产业全区发展研究报告[M].北京:中国人民大学出版社,2007.

[15] 李庆本,吴慧勇.欧盟各国文化产业政策咨询报告[M].大家出版社,2008.

[16] 刘牧雨.北京文化创意产业发展理论与实践探索[M].北京:中国经济出版社,2007.

[17] 米切尔·J·沃尔夫.娱乐经济[M].北京:光明日报出版社,2001.

[18] 北京社会科学院.北京文化发展报告——文化创意与城市精神[M].北京:社会科学文献出版社,2007.

[19] 叶取源.中国文化产业评论[M].北京:人民出版社,2004.

[20] 迈克尔·波特.竞争优势[M].北京:华夏出版社,2002.

[21] 喻国明,张晓争.传媒竞争力产业价值链案例与模式[M].北京:华夏出版社,2006.

[22]佛朗索瓦·科尔伯特.文化产业营销与管理[M].上海:上海人民出版社,2002.

[23]布鲁诺·费莱.当艺术遇上经济[J].典藏,2003.

[24] 顾江.文化产业经济学[M].南京:南京大学出版社,2007.

[25] 徐天锗.创意赢利新模式[M].上海:中国纺织出版社,2007.

[26]约翰·培根,林恩·休厄德.太阳马戏团的魔力[M].北京:中国人民大学出版社,2007.

[27]吕迪格·容布卢特.宜家创业史[M].北京:机械工业出版社,2007.

[28] 李宇红,白庆详.文化创意经典案例教程[M].北京:中国经济出版社,2008.

[29] 赖声川. 赖声川的创意学[M]. 北京：中信出版社,2006.

[30] 沈根林. C 产业：创意型经济的引擎[M]. 2006.

[31] 伊恩·查斯顿. 知本营销——21 世纪竞争之刃[M]. 北京：中国人民大学出版社,2007.

[32] 戴承良. 创意地产[M]. 上海：学林出版社,2008.

[33] 林拓. 世界文化产业发展前沿报告[M]. 北京：社会科学文献出版社,2004.

[34] 潦寒. 文化营销[M]. 南昌：江西人民出版社,2004.

[35]克利斯蒂安·米昆达. 体验和创意营销[M]. 上海：东方出版社,2006.

[36]大前研一. 创意的构想[M]. 北京：中信出版社,2007.

[37] 刘吉发,岳红记,陈怀平. 文化产业学[M]. 北京：经济管理出版社,2005.

[38] 黄有光. 东亚快乐鸿沟[M]. 太原：山西经济出版社,2008.

[39] 孙安民. 文化产业理论与实践[M]. 北京：北京出版社,2005.

[40] 花建等. 文化金矿[M]. 深圳：海天出版社,2003.

[41] 丹尼尔·贝尔. 后工业社会的来临[M]. 北京：新华出版社,1997.

[42] 陈立旭. 都市文化与都市精神——中外城市文化比较[M]. 广州：东南大学出版社,2002.

[43] 理查德·佛罗里达,伊伦·特耐利. 创意时代的欧洲[M]. 2003.

[44] 薛晓源. 全球化与文化产业研究：世界文化产业发展前沿报告[M]. 北京：社会科学文献出版社,2004：1－12.

[45] 荣跃明. 超越文化产业：创意产业的本质与特征[J]. 毛泽东邓小平理论研究,2004(5)：17.

[46] 植瀚. 会展崛起新势力,工业遗产变展区[N]. 中国经营报,

2007－10－22.

[47] 拉尔夫·埃伯特,弗里德里希·纳德,克劳兹·R·昆斯曼. 鲁尔区的文化与创意产业[M]. 刘佳燕,译.

[48] 吉宓. 商业模式与蓝海战略[M]//模式——中国最佳商业模式经典,刘旗辉等编著.

[49] 刘树成. 中国经济周期波动的良性大变形[M]//2008 经济蓝皮书. 北京：社会科学文献出版社,2007：19.

[50] 林毅夫. 发展与转型——思潮、战略和自生能力——英国剑桥大学“马歇尔讲座”演讲稿,2007－11－01.

[51] 吴敬琏. 中国经济的高速成长怎样才能够持续：中国改革30年[M]. 上海：上海人民出版社,2008：36—37.

[52] 厉以宁. 我国经济和社会的可持续发展[N]. 北京日报,2007.

[53] 界屋太一. 知识价值革命[M]. 黄晓勇,韩铁英,刘大洪,译. 上海：三联书店,1987.

[54] 厉无畏. 文化资本与文化竞争力[N]. 文汇报,2004－05－24.

[55] 厉无畏,王慧敏. 产业发展的趋势分析与理性思考[J]. 中国工业经济,2002(4).

[56] 许焯权. 创意产业不仅是一个经济问题[N]. 中国文化报,2005－07－22.

[57] 姜奇平. 创意经济的逻辑[J]. 互联网周刊,2006－03－20.

[58] 厉无畏. 上海：锻造创意产业之链[N]. 文汇报,2006－01－16.

[59] 厉无畏,王慧敏. 创意产业促进经济增长方式转变——机理·模式·路径[J]. 中国工业经济,2006(1).

[60] 孔建华. 北京宋庄原创艺术集聚区探秘[J]. 创意产业(7).

[61] 薛晓源. 全球化与文化产业研究[M]//世界文化产业发展前沿报告. 北京：社会科学文献出版社,2004：1—12.

[62] 李洪波,张选伟.构建创意产业价值评估体系的研究与探讨,2007(11).

[63] 于雪梅.慕尼黑郊区的创意农业[J].创意产业,2008(4).

[64] 厉无畏.迈向创意城市的发展——“2008 上海创意产业国际论坛”演讲稿,2008-10-16.

[65] 厉无畏,于雪梅.创意产业促进城市发展[J].城市评论,2006(8).

[66] 尹宏.论创意经济与城市经济可持续的能力[J].中国改革论坛,2007(3).

[67] 金元浦.当代文化创意产业的勃兴[J].社会观察,2005(2).

[68] 徐碧琳.产业集群模式的“新生族”[N].天津日报,2007-08-06.

[69] 罗斯托(Walt Whitman Rostow).经济成长的阶段[M].北京:中国社会科学出版社,2000.

[70] 王彬彬.加快文化创意产业发展的思考.新华网,2008-10-10.

[71] 于雪梅,缪勇.创意产业——城市就业的驱动器[N].文化报,2007-01-15.

[72] 约翰·M·埃格.创意社群:未来城市计划白皮书系列.加州智能社群研究所,2003.

[73] 厉无畏,王玉梅.价值链的分解与整合[J].经济管理,1999.

[74] 周政,仇向洋.创意产业发展需要什么样的环境[J].决策,2007(8).

[75] 徐清泉.创意产业:城市发展的又一引擎[J].社会观察,2004(9).

[76] 张裕.上海:去安福路看话剧成时尚[N].文汇报,2008-02-22.

[77] 蔡晓玮.M50 艺术家联盟启动[N].东方早报,2008-09-23.

[78] 郭梅君. 伦敦西区：创意产业区的“文化名片”[J]. 创意产业,2007(4).

[79] 郭梅君. 跨界 CROSSOVER：从艺术创意到产业融合[J]. 创意产业,2008(1).

[80] 周玉红. 从英国创意产业专题报告看当前英国创意产业[EB/OL]. 上海情报服务平台网站：http://www. istis. sh. cn/list/list. asp? id = 1809.

[81] 香港大学文化政策研究中心. 香港创意产业基线研究——香港特别行政区中央政策组委托顾问报告,2003.

[82] 新加坡新闻和艺术部. 亚洲文艺复兴城市报告书.

[83] 创意产业专题报告(Creative Industry Mapping Document),英国文化媒体体育部,2001.

[84] 英国文化传媒体育部(Department for Culture Media and Sport, DCMS):Creative Industries Economic Estimates 2006(英国创意产业经济评估)报告,2006(9).

[85] The Creative Economy Report 2008(创意经济报告 2008), UNCTAD, UNDP UNESCO, WIPO and the International Trade Centre (ITC), 2008. http://www. unctad. org

相关网站：

[1] http://www. culture. gov. uk/creative_industries/default. htm.

[2] London's Creative Sector: 2004 Update. http://www. london. gov. uk.

[3] Glaeser, Edward, Jed Kolko, and Albert Saiz. 2000. Consumer City. National Bureau of Economic Research, Working paper 7790. http://www. nber. org/papers/w7790.

[4] 澳洲传播、讯息科技暨艺术部：http://www. cultureandrecreation. gov. au/cics/.

[5] 英国文化媒体体育部：http://www. culture. gov. uk/creative_

industries/default. htm.

[6] 知识台湾网站：http://home. kimo. com. tw/liutaho.

[7] 文化创意产业专属网站：http://www. cci. org. tw.

[8] London's Creative Sector: 2004 Update. http://www. london. gov. uk.

[9] Glaeser, Edward, Jed Kolko, and Albert Saiz. 2000. Consumer City. National Bureau of Economic Research, Working paper 7790. http://www. nber. org/papers/w7790.

[10] UNCTAD (2004), Creative Industries and Development, 11th session, Sao Paolo. http://www. unctad. org/en/docs//tdxibpd13_en. pdf.

[11] subcontracting linkages: Strategies for Creative Spaces. http://www. creativelondon. org. uk.

[12] 澳洲昆士兰科技大学创意产业学院：http:// www. law. qut. edu. au.

[13] 英国总领事馆文化教育处（英国文化协会）：http://www. britishcouncil.

总目录

厉无畏学术文集(第一卷)

厉无畏学术文集(第二卷)

论文化创意推进品牌建设

厉无畏学术文集(第三卷)

厉无畏学术文集(第四卷)

上海文化发展基金会图书出版专项基金资助项目

厉无畏学术文集

2

上海科学技术文献出版社
Shanghai Scientific and Technological Literature Press

目　录

以文化提升上海产业的附加值和竞争力

一、上海产业发展的软肋：附加值不高

2002年，上海市工业连续第13年实现两位数增长，当年完成工业总产值8 476亿元、工业增加值2 300亿元，分别比上年增长14.6%和12.5%，保持了持续、快速的增长势头。然而，当我们在为13年取得的巨大成就沾沾自喜时，还应看到它和十六大提出的“走新型工业化的道路”的要求，以及“建设现代化国际大都市”的目标相比，差距还很大。上海在产业结构与产品竞争力方面存在的深层问题正逐渐显露。

近几年，在国际产业转移的推动下，上海工业取得了快速的发展，但工业的附加值并不高。根据社会再生产理论，社会总产品的价值为不变资本(c)+可变资本(v)+剩余价值(m)。其中c反映了物质消耗，($v+m$)即为附加值。它和现行统计的增加值相差一个折旧。因此，我们可用工业增加值率来大致反映工业附加值的高低。工业增加值率是指在一定时期内工业增加值与工业总产值的比例。一般而言，工业增加值率较高，表明工业生产消耗较低，经济效率和结构水平较高；反之，则表明工业生产消耗较大，经济效率和结构水平较低。

1997－2002年上海工业增加值率变化情况 单位：%

年份	1997	1998	1999	2000	2001	2002
上海	28.0	27.8	28.3	27.2	28.4	27.3
全国	28.5	28.1	29.7	29.6	29.7	—

资料来源：1997－2002年《中国统计年鉴》《上海统计年鉴》。

说明：1999年后的统计口径为全部国有和规模以上（年销售额500万元以上）非国有企业的增加值率。

从上表可以看出上海工业的增加值率一直低于全国平均水平，这表明上海工业从总体上看，生产消耗较大，附加值较低。且多年来工业增加值率的水平徘徊不前，鲜有进步。这个数字和发达工业国相比差距就更大了，发达工业国的工业增加值率一般在40%以上。

一般而言，造成附加值不高主要有两方面的因素：一是产业结构因素；二是产品的知识含量因素。

从产业结构因素看，虽然近几年上海按照“增量集中、存量优化”的新思路，在深化国企改革的同时，大刀阔斧进行了结构调整，加快了工业新高地建设，逐步形成了以高新技术产业为先导，支柱产业为主体，都市型产业为特色的工业结构体系和“二三并举”的产业发展格局。但是上海老工业基地的深刻烙印依然存在，产业结构的调整也难以一蹴而就。上海工业结构中，高物耗、高能耗产业比重较大是增加值不高的原因之一。如冶金、金属制品、普通机械、石油加工及一般化工原料生产等比重都较大。即使是引进的一些技术水平较高的产业，如电子及通讯设备制造业、交通运输设备（主要是汽车）制造业等，由于许多中间产品尚靠进口，因而最终在上海形成的附加值也不高。据统计，电子及通讯设备的增加值率为22.13%，交通运输设备制造业的增加值率也只有25.79%，都还低于平均水平，说明在产业的价值链结构中我们尚未能抓住附加值高的环节。因此，上海在新一轮发展中应进一步调整工业结构，一方面大力发展高效益、低消耗的高端产业；另一方面，应通过实施价值链的分解战略，有所为，有所不为，抓住附加值高的环节，特别是“中场产业”①，以提升整体附加值率。

从产品知识含量因素看，我们认为知识含量可以分为两方面的内容，即科技含量和文化因素。上海工业增加值率低于全国平均水平，并不能认为上海的科技水平低于全国平均水平；虽然和发达工业国相比，

---

① “中场产业”指能提供高性能材料和高性能零部件等中间性、关键性的产业群。在整个价值链中，处于原材料工业与装配工业之间，是技术含量较高，增值量较大的环节。如同足球运动中的中场队员，起着承前启后的作用，是核心环节。

上海企业的创新能力和产品的科技含量都还不如人家，但和国内平均水平比，自信还是比较领先的。显然，问题主要出在文化因素上。可以说忽视产业发展的文化因素和产品的文化竞争力，是上海前一阶段产业发展的软肋。由于历史的原因，我们的政府和企业在产业发展中往往都偏重于技术革新、工艺改进和新技术的运用，而忽视了文化对增强产业竞争力和创造产品附加值的重要作用。注重技术当然是需要的，而且还应继续加强；但忽视文化因素显然是不行的。如果说科学技术是舟，那么文化就是帆。科技与文化交融创新，才能创造出新的竞争优势。任何经济活动，如果缺乏一种文化含量和精神动因，最终必然是低效的。要走通“华山天险一条道”必须驾起科技之舟，扬起文化之帆。上海应从产业附加值不高中吸取教训，高度重视产业发展的文化因素，以文化推进产业竞争力的增强和产品附加值的提高。

二、文化竞争力的作用

文化在经济发展中越来越成为一个关键性的因素。社会越发展，经济越发达，文化的作用越突出。美国学者亨廷顿在冷战结束后，曾有一个很著名的观点：21世纪的竞争不再是经济的竞争、军事的竞争，而是文化的竞争。在当今知识经济时代，文化竞争已经是一个具有战略意义的问题。因为产品的经济价值越来越取决于以文化为底蕴的观念价值，而市场竞争已从产品之争转向文化之争，或者说越来越依托于文化的辐射力。因此，产业发展必须考虑文化的因素。

1. 以文化为底蕴的观念价值决定商品的市场价值

在现实生活中，因科学技术的进步而引发的产品革新和消费升级的例子不胜枚举。但是，由于文化因素的渗透提高了商品的附加价值和在市场上实现其价值的可能性，这一事实却仍然有许多人没有认识或认识不深。其实，随着经济的发展，物质生活的丰裕，消费需求出现个性化、高级化新趋势，表现在人们购买商品已不再单纯追求其使用功能，而是日益注重商品与服务背后的观念价值。观念价值，是指商品或服务所包含的能与一些社会群体精神追求或文化崇尚产生“共鸣”的无形附加物，譬如品位、感受、感觉、情趣、意味等。为便于分析，可将商品的市场价值分解为使用价值（Function Value）和观念价值（Concept Value）两部分。前者是客观的具有一定使用功能的商品，后者是主观的可以体会和感受的无形附加物；前者由科技创造而成，是商品的物质基础，后者因文化渗透而生，是附加的观念。

随着经济的发展，构成商品市场价值的这两部分的比重会发生变化。在经济发展水平低下，技术比较落后，物质还比较短缺的时代，人们重视的是商品的使用价值，因此商品的市场价值主要取决于使用价值。但当人们摆脱了短缺经济，从温饱走向小康和富裕小康时，便越来越重视商品所包含的观念价值。于是商品的市场价值便越来越取决于其观念价值。

例如同一企业生产的两件 T 恤衫，质量、款式都一样，一件没有牌子，另一件贴上著名的 Lacoste 或 Polo 的商标，在市场上的价值就大不一样，没有牌子的只值 30 元，而有牌子的可能值 300 元。其价格的落差体现的是消费者主观的感受；穿着这种品牌的服装体现一定的身份、品味和时尚。价格的落差表明了观念价值的差别，文化因素的含金量。又如，原来名不见经传的曲阜大曲，改名为孔府家酒，打出“喝孔府家酒，做天下文章”的广告语，其市场价值大大提高，一度成为全国白酒销量第一。原因就在于这一改，既蕴涵了“李白斗酒诗百篇”的豪情，又反映了当代人追求事业成功的心态，让曲阜的孔府文化渗透到产品中去，从而提高了消费者心中的观念价值。可以说，消费者所购买的已不只是口中的美酒佳酿，更重要的是一种能与其心理需求产生共鸣的观念。

由于观念价值取决于消费者主观的感受，因此同样的商品在不同文化背景下的市场价值也是不同的。例如，日本丰田汽车的技术质量是一流的，在 2001 年一次全球轿车质量测评中，丰田车在十佳中占了五名，而且包揽了前三名。但丰田车在美国市场和欧洲市场却有不同遭遇。2000年丰田产的凌志牌高级轿车在美国销售了21万辆，但在欧洲只卖了1.8万辆，且市场价格也远较欧洲车低。因为美国人讲究实际，而欧洲人更重视气质。他们认为丰田的高级车仍缺乏高贵和浪漫的气质。同样，中国的富豪也愿花高价买奔驰或宝马，以炫耀自己富有。

因此，具有相同使用价值和技术质量的商品，其经济价值不仅可能由于使用功能和技术质量的改进而提高，而且更会由于其附加的文化含量的不同而上升。越是具有高品质文化，或具有能为多数人认同的文化的商品，就越可能拥有较高的附加价值。其实现的经济价值就越大。

当我们在走向知识经济时代时，技术交流与扩散的速度大大加快，商品日益丰富并趋向同质化，于是商品中"精神性"的观念价值所占比重就越来越大。因此，以文化色彩和精神气质构筑的"高附加值"，才能真正体现出产品的超一流品位。

2. 文化因素决定产品的辐射能力

产品文化竞争的实质是通过产品所倡导或体现的文化来影响或迎合公众的意识形态、价值观念、生活习惯等来使公众接受自己。具体而言，就是产品的文化内涵、文化附加值与文化特色，其中包括商品的构思、设计、造型、款式、装潢、包装、商标、广告等。它们凝结着一定的文化素养、文化个性和审美意识，展示着一定的文明水平。放眼市场，任何一种有价值的产品，都凝聚着一定的、丰富的文化内涵。正是由于产品所包含的文化个性、文化精神，才促使这一产品在一定的消费区域和消费层次里增值、走俏、辐射。

例如曾经在1997年金融危机中痛苦挣扎的韩国，在短短几年内，经济重新崛起。其背后最活跃的因素，恰恰是文化精神。近年来，韩国的文化产业尤其是流行音乐、电视剧和电影风靡东南亚市场，被称为"韩流"。世界杯足球赛更让人们感受到韩国队的精神，尽管赛中裁判的不公引起人们很多非议，但人们仍然认同韩国队所表现的精神。

“韩流”就这样通过影视、音乐、体育、网络游戏影响东南亚、影响中国的市场。以电视剧为例，上海电视台生活时尚频道2002年1月至今播出韩国电视剧6部共105集，平均收视率达到1.55%。其中每晚黄金时段播放的《蓝色生死恋》曾创下每十五分钟5.4%的高收视率。流行音乐方面，韩国知名歌手的专辑卡带在上海市场的销售一般均在5万至8万之间，CD唱片则3 000张至20 000张左右。上海东方电视台音乐频道开办的《流行音乐排行榜——日韩流》节目中有20分钟主要介绍韩国流行音乐。以上海有线用户300万户计，平均收看该节目的用户在13 500户左右。以每户三人计算，则平均收看人数为40 500人。根据调查公司的调查显示，音乐频道的收视人群中15至24岁的观众超过了一半。可见，年轻人对于“韩流”的热情更加强烈。“韩流”不仅直接带动了韩国流行音乐在东南亚和中国唱片市场的表现，更值得注意的是伴随“韩流”催生了一批所谓的“哈韩族”，他们接受韩国文化观念，从而接受韩国产品。“韩流”大大提升了韩国产业的市场竞争力，带动韩国产品的热销。

市场竞争关键是文化的竞争，国外产品能够打入中国市场根本的原因在于其产品的文化力，文化力是产品进入市场的权威“准入证”。无论是“韩流”还是“日流”，是“港台风”还是“欧陆风”，在知名的产品背后，都有一定特色的文化积淀。优秀产品的意义早已超出产品的本身，依托文化的渗透力使产品的辐射力得到空前增强。它们正是通过文化力扩张了市场，驱动了经济的迅速发展。

三、获得文化竞争力的途径

1. 用文化打造品牌，走品牌竞争之路

从产品的角度来看，走品牌竞争之路，打造来自上海的世界级品牌，是上海迫切而可行的选择。

随着商品经济的高度发展，在世界范围内，同类产品之间的竞争不只体现在产品质量、服务等方面，还体现在产品口碑方面，即商标的声

誉方面。一个充满文化精神的知名商标能形成一个深入人心的品牌，这个品牌就成为拥有它的企业的知识产权，它会给企业带来很多无形的、有形的财富。一般产品与品牌产品之间的主要区别就在于高附加值，只有让产品本身具有一种价值感，才能给人一个购买产品的理由，从而提高消费者对产品的忠诚度。也可以让产品具有比较高的价格，获得比较高的利润。

江苏"阳光"集团在高支轻薄毛料市场占据了国内75%的市场份额和大量的出口份额。"阳光"的面料在品质上与国际同行没有差距，但一位意大利同行评价说："阳光产品的质量是一流的，但中国人生产的是布料；我们的产品也是一流的，而我们生产的是文化。"与国际顶级面料相比，"阳光"的差距主要体现在产品的文化内涵上。产品的文化性主要是一种独特的精神气质，体现了产品的品位和格调，包括产品的个性、美观、时尚、独特性等。只有树立充分体现其品质与品位的品牌，产品才能始终立于不败之地，这也是国际品牌总是站在高档消费顶端的主要原因。

过去我们企业关注的重点是如何提高产品的科技附加值，在提高产品的文化附加值、品牌附加值方面与国外品牌距离甚远。上海原有多种在全国名列前茅的产品，并且科技含量都比较高，但品牌树立不够，尤其是品牌的文化附加值积累不够。当其他省市同类产品的科技含量进一步增长，广告和促销手段进一步提高之后，上海的名牌产品就纷纷落马了。因此，在国内外市场竞争的情况下，我们要学会赚取"品种+品质+品味+品牌"整合出的利润，说到底，就是用智慧和文化重新组合技术，使它们在最佳组合下得到激活，从而产出更大的价值。思路决定出路，从这个意义上来说，文化是利润的源泉，品牌是竞争的利器。

2. 加快文化产业发展，提高文化对上海新一轮发展的贡献率

从产业的层面分析，加快发展上海文化产业，促进产业结构升级优化，是上海获得竞争优势的重要途径。

文化作为一种产业，本身具有巨大的经济意义。文化的价值，不仅仅表现在意识形态方面，还非常突出地表现在经济方面。当今时代，现代科学技术，尤其是电子信息技术的突飞猛进，为文化产品和服务的实现提供了前所未有的便利。文化产业的经济意义和对社会生产发展的推动作用变得越来越突出。文化产业在国民经济中所占的比例不断增大，对国民经济贡献率日益提高，因文化产业的发展而形成的经济活力越来越明显。在许多情况下，文化的发展不仅自身创造了雄厚的经济效益，而且成为带动一国经济发展的重要的原动力。如遭受亚洲金融危机重创的韩国认定文化是 21 世纪最重要的产业之一，甚至认为 21 世纪是用文化建设新时代的世纪。基于这样的战略思考，韩国大力发展文化产业，用文化产业来带动和推进整个国民经济的发展。1995 年韩国电影出口金额只有 21 万美元，2001 年已高达 1 100 多万美元。韩国文化产业就像一股活水，把整体经济激活了。网络游戏产业崛起，使韩国的宽带网络普及率在世界上遥遥领先，还直接促进了电子商务在其他领域的发展。现在韩国已成为公认的文化产品出口大国，并借助文化之帆拓展市场，迅速实现了经济的再崛起。

20 世纪 30 年代，上海的文化产业曾引领时代风骚，中外文化在此交融贯通。大凡“名角”必到上海亮相才称得上大红大紫。而现在，上海的艺员成名在北京的例子比比皆是。上海文化产业的集聚功能、辐射功能比不上北京也比不上广东。

2000 年上海全市文化产业增加值（不包括教育、体育、旅游业）为 100 亿元，占当年 GDP 的 2%。2001 年美国核心版权产业（包括电影、电视、广播、商业和娱乐软件、书籍报刊等）创造的增加值达 5 351 美元，占美国 GDP 的 5%。在美国，400 家财力最雄厚的公司有 72 家是文化产业；在英国，文化产业的年产值近 60 亿英镑，增长速度是经济增长的两倍；在日本，娱乐业的年产值超过汽车工业的年产值。

回首历史上曾经有过的辉煌，对照国际上发达国家的成就，再审视上海目前所处的发展阶段，我们认为，上海的文化产业亟待加快发展步伐。

目前上海人均GDP已接近5 000美元,预计2007年将超过7 500美元。国际经验表明,在这个经济发展阶段,消费者对精神文化的需求会大幅度增长,强烈的需求将推动文化产业快速发展。文化产业的产业链比较长,具有极强的渗透力、辐射力和持久力,大力发展文化产业将对上海产业结构升级、经济持续增长贡献巨大。动漫画产业的发达就是明证。动漫画产业的最大特色,是其产业链很长,即以动漫画的创意为龙头,贯穿图书、报刊多媒体、电影、电视、网络服务,并且延伸到玩具、文具、服装、娱乐、主题公园、旅游、设计等多个商品和服务领域,发展空间非常广阔,渗透、辐射力量极强。自20世纪80年代以来,动漫画产业在全球蓬勃发展,成为一个具有活力的新的经济增长点。

总之,产业发展应高度重视文化因素。著名未来学家约翰·奈斯比特和冯久玲在《亚洲大趋势》一书中指出,产业文化化和文化产业化是未来经济结构调整的两大趋势。其强调的正是文化因素在经济发展中的重要作用。上海在新一轮发展中要形成竞争优势,就应该立足于文化战略,打文化牌。认真发掘、利用上海丰富的历史文化资源和当代的思想实践资源,从弘扬传统文化、培育上海城市精神、营造人文氛围的角度出发,进一步扩大上海文化产业的开放领域,引进新的文化式样,激活上海文化产业的创新能力,全面提升其规模与质量,并渗透到各行各业中去,从而提高上海产业的附加值。上海的城市精神和活跃的思想,如能通过不断创新的文化产业广为辐射,在全国乃至亚洲和世界形成一股“上海流”,或刮起一阵“上海风”,必将大大提升上海产业的市场竞争力和渗透力。申博成功正为上海提供了难得的机遇,打好文化牌,必能为新一轮发展做出更大的贡献。

参考文献

[1] 约翰·奈斯比特,冯久玲. 亚洲大趋势[M]. 北京: 北京外文出版社,1996.

[2] 厉无畏. 以文化促进城市综合竞争力的提高[J]. 上海管理科学, 2001(4).
[3] 曹世潮. 心时代[M]. 北京：中国财政经济出版社,2001.
[4] 尹继佐. 2003 年上海经济发展蓝皮书[M]. 上海：上海社会科学院出版社,2002.
[5] 缪其浩,陈超. 文化：创新发展的核心动力[N]. 人民日报华东新闻, 2002-12-12.

（本文原载于《上海经济研究》2003 年第 6 期,与王玉梅合作）

积极培育和扶持创意产业发展
提高上海城市综合竞争力

一、创意产业：知识经济时代国际产业发展的新热点和新趋势

创意产业，又叫创意工业、创造性产业、创意经济、文化产业等，其概念主要来自英语 Creative Industries 或 Creative Economy。20 世纪 90 年代，英国最早将“创造性”概念引入文化政策文件，并且在 1998 年出台的《英国创意产业路径文件》中明确提出“创意产业”这一概念：“所谓‘创意产业’是指那些从个人的创造力、技能和天分中获取发动力的企业，以及那些通过对知识产权的开发可创造潜在财富和就业机会的活动。它通常包括广告、建筑艺术、艺术和古董市场、手工艺品、时尚设计、电影与录像、交互式互动软件、音乐、表演艺术、出版业、软件及计算机服务、电视和广播等。此外，还包括旅游、博物馆和美术馆、遗产和体育等。”国际著名的文化经济学家霍金斯（Howkins）在《创意经济》（The Creative Economy）一书中，把创意产业界定为其产品都在知识产权法的保护范围内的经济部门，他认为知识产权有四大类：专利、版权、商标和设计，每一类都有自己的法律实体和管理机构，每一类都产生于保护不同种类的创造性产品的愿望。霍金斯指出，知识产权法的每一形式都有庞大的工业与之相应，加在一起“这四种工业就组成了创造性产业和创造性经济”。

在这个意义上，创意产业组成了资本主义经济中很大的部门，有版权的产品（书籍、电影、音乐等）带来的出口收入超过了汽车、服装等制

造业。据统计,目前全世界创意产业每天创造的产值高达220亿美元,并正以5%左右的速度递增,在一些创意产业发达的国家,增长速度更快,如美国达到14%,英国达到12%。英国1998年最大的单项出口为与辣妹(the Spice Girls)演唱组合相关的产品。

实际上,创意产业是在世界经济进入知识经济时代这一背景下发展起来的一种推崇创新、推崇个人创造力、强调文化艺术对经济的支持与推动的新兴的文化理念、思潮与经济实践。正如日本学者界屋太一在其《知识价值革命》一书中所指出的那样,进入20世纪80年代以后,发生在世界上各发达国家的变革,是"知识价值革命",人们将不再追求对资源、能源和农产品的更大消费,而追求时间与智慧的价值,即"知识价值"的大量消费。同时,对时间与智慧价值的追求,很明显地产生了两种不同的消费指向——未来与过去,既追求高产值的高科技时代,也追求高产值的手工艺时代。而创意产业则恰如其分地满足了怀旧与创新在现实中的连接和融合。从这里我们可以看出,进入知识经济时代后,文化活动在社会活动中所扮演的角色已经发生了变化,它不仅仅是起到愉悦身心、陶冶情操、传承文明等作用,而且可以作为一种产业,通过文化产品的生产、传播、消费等来达到提供就业、增加出口、提高税收、创造财富等目的。在全球化趋势不断加强、国际竞争日趋激烈的今天,以文化产业为核心的创意产业的发展规模和程度,已经成为衡量一个国家或城市综合竞争力高低的一个重要标志。正因为如此,近年来不少国家和地区开始把创意产业作为战略产业和支柱产业,并采取相应的政策措施和手段来积极推动和扶持其发展。

英国是世界上第一个政策性推动创意产业发展的国家。1997年布莱尔当选英国首相后,将创意产业作为国家重要产业加以重点政策支持,成立了英国"创意产业特别工作小组",并亲自担任小组主席,而且还特别成立了文化媒体及体育部,目标是大力推进英国创意产业的发展,鼓励和提倡人的创造力在英国经济发展中的贡献。到2000年,创意产业已经成为英国产值第二大的产业,占GDP的7.9%,仅次于金融服务业（如果单就伦敦而言，创意产业的贡献度其实已经超过金融服务业）。目前，英国大约有12.2万个不同类型的创意产业公司，创意产业就业人口为195万，位居各产业首位。同时，英国创意产业的出口值在2001年高达103亿英镑，1997－2001年间，每年的出口增长率约为15%左右，几倍于其他行业的出口增长速度。创意产业已经成为英国增长最快的名副其实的支柱产业。此外，与英国类似，芬兰、荷兰、澳大利亚和加拿大等国的文化政策对文化与产业的融合均采取积极的态度，如《创造性的国家：澳大利亚联邦文化政策》指出："这个文化政策还是一个经济政策，文化创造财富……此外，文化增加价值。它对我们的创新、市场营销和广告做出了巨大贡献。文化是我国工业的品牌，它本身就是一个重要的出口产品，是其他出口产品的重要附加物。它对我们的经济腾飞是不可或缺的。"

在美国，虽然美国政府至今没有一个正式的官方文化政策文件，但创意产业却已是当今美国最大、最富有活力并带来巨大经济收益的产业。从1996年开始，文化产品超过其他所有传统产业，成为美国最大宗的出口产品。1997年美国生产了价值高达4 140亿美元的书籍、影片、音乐、电影节目，以及其他的著作权产品，著作权成了全美排名第一的出口项目，超过了服饰、化学制品、计算机和汽车等。目前，美国音乐制品占全球音乐市场份额的1/3，海外销售额达到600亿美元。

在亚洲，虽然各个国家和地区创意产业发展的起步较欧美一些国家稍晚，但近年来在政府的大力重视和扶持下，成长迅速。总体而言，香港的创意产业在亚洲处于领先地位。香港贸易发展局首席助理经济师曾锡尧曾表示："创意工业不单在直接推动香港经济发展，亦为其他行业及经济活动注入创意元素，有助于提升香港各行各业的增值能力，巩固香港的国际贸易及金融中心的地位。"时任香港特首董建华在《2003年香港特别行政区政府施政报告》中也指出："创意产业是知识经济体系中的重要环节，香港市民的知识智能、创新思维、创业精神和灵活求变的能力，是发展创意产业的良好基础。除了支柱产业外，我们还将推动创意产业，为香港经济注入新的元素。”香港贸易发展局 2002 年推出的《香港的创意工业》研究报告中称，2001 年香港创意产业增加值占 GDP 的 2%，但 2003 年香港大学文化政策研究中心受香港特区政府委托所作的咨询报告《香港创意产业基线研究》指出，2001 年香港创意产业为本地经济带来 461.01 亿港币的收入，占 GDP 的比重为 3.8%。1996－2001 年间，香港创意产业的就业人数增长 1.8%，高于总就业人数 0.8% 的年增长率，创意产业就业人员占总就业人数的比例达到 5.3%。同时，新加坡政府也在 2000 年推出跨世纪文化发展战略，开始加大了对文化领域的投入，2002 年又公布了《创意产业发展战略》以推动文化产业为主体的创意产业发展。据 2002 年的统计，新加坡创意产业增加值占 GDP 的 2.8%－3.2%，而且最近 10 多年来创意产业的产值和就业人数的增长率均高于同期 GDP 和总就业人数的增长率。新加坡政府希望到 2012 年创意产业的增加值能提高到 6%，并且树立起“新亚洲创意中心”的声誉。

综合以上分析，我们可以看出，进入知识经济时代后，创意产业的迅速成长已经成为发达国家和地区产业发展的一个突出趋势，同时，更值得我们注意的是，不少国家和地区政府都已把创意产业作为一个重要的战略产业，不遗余力地通过各种政策措施和手段积极推动创意产业的发展，以达到进一步提升国家或城市的综合竞争力的目的。

二、大力发展创意产业在上海新一轮大发展的战略机遇期中具有重要意义

1. 发展创意产业是上海“科教兴市”主战略的重要内容和具体体现

上海是我国的经济中心城市，以上海为龙头的长江三角洲是中国经济最具活力的地区之一，在中国经济和社会发展中具有举足轻重的地位。改革开放以来，特别是进入 20 世纪 90 年代以后，上海的现代化建设取得了巨大成就，国民经济保持高速增长。2002 年，全市国内生

产总值(GDP)突破5 000亿元,人均达到4 900多美元,未来几年内上海将实现人均GDP 5 000－7 500美元的历史跨越,率先基本实现现代化。

从国际经验来看,人均GDP超过5 000美元以后,经济活动的商务成本和人力成本不断提高,经济发展将主要依靠自主创新,包括科学技术的创新和商业模式的创新。创新将大大促进产业结构的进一步优化和调整,充分发挥人力资源优势,提高产业经济附加值,大幅度提升劳动生产率。上海的现代化进程正处于由投资驱动向创新驱动阶段过渡的关键时期,处于必须紧紧抓住并且可以大有作为的重要战略机遇期。上海市委、市政府审时度势,制定了“科教兴市”战略,并将其提到推进上海经济社会发展主战略的高度,提出让创新理念、创新思维和创新活动贯穿于城市生产与生活的全过程,为经济社会可持续发展提供不竭的动力。

因此,“创新”是“科教兴市”的核心,而所谓创新驱动阶段,实际上就是以知识产业为经济主产业的阶段,或者说是以知识创新为经济发展主动力的阶段。

从上述意义上看,在新一轮上海大发展的战略机遇期中,大力发展以创新为核心,以知识产权为重要依托,有利于文化与经济有机结合的创意产业,不仅符合当今发达国家和城市产业发展的客观趋势,而且也是实施上海“科教兴市”战略的重要内容和具体体现。

2. 创意产业的发展与繁荣对于今后上海产业结构的调整与升级同样至关重要

国际著名的发展经济学家钱纳里通过对世界各个工业化国家经济增长的历史分析,得出这样的结论:第一产业(农业)在经济发展过程中对经济增长的贡献率逐渐递减;第二产业(制造业)的贡献率是先增长,然后慢慢走平;第三产业(广义的服务业)的贡献率则始终呈上升趋势。改革开放20多年,特别是20世纪90年代初浦东开发开放以来,上海的产业结构发生了很大的变化,目前上海农业对GDP的贡献已经趋于零，制造业对 GDP 的贡献开始进入稳定状态，今后推动上海经济增长的主要动力将来自第三产业，上海产业结构的调整与升级从长远来看必须走“三二一”道路。但从目前来看，第三产业在上海 GDP 的比重只占到 50% 左右，且去年以来还有所下降，而在 20 世纪 90 年代中期，伦敦、东京、纽约、香港等国际中心城市的同类指标就已经超过了 70% 。不仅如此，在上海第三产业内部，一些传统行业即商业及低水平的服务业等占了相当大的比重，金融服务业、创意产业等高附加值产业在第三产业中的比重还比较低。上海市委、市政府提出未来几年上海要“建立由支柱产业、新型产业和都市产业构成的新型产业体系”，我们认为创意产业应该成为这一新兴产业体系的最主要的组成部分之一，因为创意产业不仅是新型产业，更是都市产业，而且从国际经验来看，它完全可以成为上海的支柱产业。创意产业是智能化、知识化的高附加值产业，它以几十倍、几百倍的增幅升值其产品价值。例如一个磁盘的制作成本仅几元钱，而装有软件的磁盘则可卖到百元甚至千元。因此大力发展创意产业能迅速提高第三产业在 GDP 中的比重，而且可以优化第三产业本身的内部结构。由此看来，创意产业的繁荣和发展对于优化上海产业结构确实能起到重要作用。

3. 大力发展创意产业是提高上海城市综合竞争力的必由之路

把上海建成国际经济、金融、贸易和航运中心已经成为一项国家战略，上海要成为世界级城市，除了尽快提高自身的经济规模和实力外，还必须大大提升自己作为国际大都市的综合竞争力，而创意产业则是城市竞争力最主要的精髓之一。纵观全球，那些国际上有影响的大城市几乎无一例外都是创意产业最集中和最发达的地区，也以富有特色的创意产业而闻名遐迩。国际大都市的地位之所以与创意产业的繁荣联系如此紧密，主要基于以下两点原因：第一，进入经济全球化时代后，国家之间乃至城市之间的竞争日趋激烈，任何一种技术、工艺、商业模式的创新都可能在很短的时间内为竞争对手所知晓和模仿，要想始终领先对手，唯一的办法是不断创新，“只有创造力是无法模仿的，创造力也是最高端的宝贵资源”。因此，基于创造力的创意产业正符合了当今国际大都市之间激烈竞争的特性；第二，国际大都市的土地资源有限，商务成本很高，集中了各种有创造力、有才华的人，并且通过工业制造、金融体系、政策扶持、市场传播等配套体系，把人的创意转化成巨大的社会财富。因此，创意产业作为源于个人创造力、技术与才华的活动，是大城市特别是国际大都市真正拥有的优势，也是一个城市综合竞争力的精髓所在。上海要真正成为世界级城市，就必须进一步提高和完善城市功能，增强上海作为长江三角洲城市带中心城市的集聚和辐射作用，而创意产业将在其中扮演极其重要的角色。

4. 大力发展上海创意产业不仅可以为2010年上海世博会的成功举办提供有力支持，同时也可以使上海真正抓住举办世博会所带来的巨大发展机遇

上海已经获得了2010年世界博览会的主办权，世博会的举办不仅将成为未来10年，甚至更长时间里上海乃至整个长江三角洲经济发展的“发动机”，而且它对于上海的城市功能再造、产业结构升级以及国际形象的塑造和国际地位的提升等都具有深远意义。世博会的本质是向世人展示世博会主办国和城市非同寻常的创新能力和成果，因而世博会也是新思想、新理念、新文化、新创造、新产品的伟大聚会。毫无疑问，世博会的成功举办需要源源不断的创意来支持，一个发达、繁荣的创意产业对于办好世博会具有特别重要的意义。从国际经验来看，每一次世博会的成功举办，都会大大推进主办国特别是主办城市创意产业的发展。

因此，2010年的上海世博会，将为上海创意产业的发展带来一个重要的战略机遇。据有关专家预测，2010年上海世博会的举办，将使上海和周边的杭州、苏州、南京、宁波等长江三角洲城市一起成为亚洲最大的会展城市群，并以会展业为核心，带动娱乐、传媒、印刷、广告、设计、软件等相关的创意产业群的发展。

所以，归纳以上的分析，我们认为，大力发展创意产业对于上海新一轮发展具有特别重要的意义，它不仅有利于上海进一步贯彻落实

"科教兴市"主战略,加快上海产业结构的调整和升级,而且将为2010年上海世博会的成功举办提供有力支持,从而将最终提升上海作为国际大都市的形象和地位,提高上海的城市综合竞争力。

三、上海创意产业发展:现状与问题——以泰康路为例

1. 上海创意产业发展概况

虽然"创意产业"这一概念引入我国的时间并不长,但上海创意产业的发展已有较长的历史,同时也具备了相当的基础,长期以来,上海的影视业、出版业、广告业、时尚设计业等曾一直处在全国领先地位。由于创意产业这一概念本身仅仅在20世纪90年代中期后被提出来,它被引入我国的时间还很短,相当多的学术界和业务部门人士对创意产业的内涵和范围等认识还比较陌生或模糊,创意产业在我国的发展总体上还处在起步阶段,另外,由于创意产业的内容和形式纷繁多样,同时产业内部之间又相互渗透和共生。到目前为止,我国还没有把创意产业纳入正式的统计范畴和指标核算体系之中,因此,我们也无法全面了解和掌握创意产业在全国以及各省市的发展状况,更难以对此展开国际及国内各省市之间的比较分析和研究。

目前我国统计指标体系中与"创意产业"概念最为接近的是"文化产业"。上海统计局将"文化产业"的统计范畴确定为"从事物质文化产品的制造、流通以及提供以文化为内涵的各种服务活动的行业的集合",其中主要包括:教育业、广播电影电视和音像业、文化艺术业、新闻出版业、娱乐业、体育业、互联网服务业、广播电视和卫星传输服务业、广告业、印刷业、文体用品及工艺品制造和批发零售业等行业。按照这一界定,上海统计局对2002年上海文化产业的现状进行了数据测算。结果显示,2002年上海文化产业实现增加值约390亿元,占全市GDP比重7%左右。值得注意的是,这里所指的"文化产业"与一般人们所指的"创意产业"尽管在很多方面有相同之处,但实际上两者之间还是有明显的差异。

即使如此，上海的文化产业增加值在规模上还是排在国内一些发达省市如江苏、山东、广东、浙江等之后，更无法与香港相比。因此，我们认为，创意产业作为一个独立和完整的产业在上海的发展还处在初期阶段，不仅与国际上一些国际大都市相比存在较大差距，甚至在国内都还不具领先地位。上海作为一个国际大都市，如果不能在创意产业的发展上走在全国乃至世界的前列，将直接影响其对外经济、文化的辐射力，从而对城市综合竞争力的提升也将形成制约。

最近几年来，在一些"海归"艺术界和文化界人士的积极推动和倡导下，上海利用市中心旧区改造和产业结构调整的有利时机，借鉴一些国外大城市的先进经验和发展模式，建立了几个各有鲜明特色而且具有一定规模和集聚效应的创意产业发展基地，目前较为著名的有以下几个：一是位于普陀区莫干山路50号的以画廊和艺术家工作室为主要特色的春明都市工业园区；二是位于静安区昌平路990号和1000号的上海市新型广告动漫影视图片产业基地；三是位于黄浦区福佑路335号豫园商城内的上海市工艺品旅游纪念品设计展示交易基地；四是位于泰康路的以创意设计产业为主的创意产业基地。尽管这些创意产业基地目前都还处在起步或成长阶段，但发展势头很好，有的已经在海内外具有一定的知名度和辐射力，它们将为未来上海创意产业的进一步繁荣和发展奠定良好的基础。

2. 泰康路——上海最具规模和影响力的创意产业发展基地

泰康路是位于上海打浦桥地区仅420米长的一条小马路，具有近百年的历史。从1999年年初开始，卢湾区政府、打浦路街道办事处将泰康路定位为工艺品特色街，在此基础上，通过旧厂房、旧仓库和旧民宅的转让和置换，逐步引入来自国内外的一批从事创意设计的艺术家、画家和设计师加盟。经过短短几年的努力，泰康路已经发展成为上海乃至国内最具规模和影响力的创意产业发展基地。

据不完全统计，到目前为止，泰康路共有近18 000平方米的闲置厂房、仓库和旧民宅改建成的画家工作室、设计室、画廊、摄影室、美术馆、演出中心、陶艺馆、时装展示厅等，先后有来自澳大利亚、美国、法国、丹麦、英国、加拿大、新加坡、日本、爱尔兰、马来西亚、中国香港、中国台湾等18个国家和地区以及上海及内地其他省市的160余家中外创意设计机构和文化艺术企业投资加盟，就业人数780余人，其中外籍人士近80人。国内著名的艺术家陈逸飞、黄永玉、尔东强等均在泰康路设有私人工作室、艺术中心等。现在这里每天都有各类画展、书展、收藏展、摄影展、雕刻展、音乐沙龙、钢琴咖啡吧、时装发布会、中外歌舞表演、新潮的个人演唱会等吸引着众多热爱艺术的观众，泰康路事实上已经成为闻名上海的具有融合历史与现代、中西方多元文化交汇特色的都市时尚和旅游休闲场所。不仅如此，同上海其他一些文化街、艺术街相比，泰康路创意产业发展基地以其灵活的运作机制、强大的集聚和辐射功能、完整的产业业态等特色而成为上海创意产业发展的亮点，从而在某种程度上代表着今后上海创意产业发展的方向：

（1）运作机制规范、灵活。与其他地方不同的是，泰康路的发展是在没有政府资金投入，基本依靠民间资本和境外资本的情况下逐步成长起来的，各级政府部门在其中起到了重要的规划、指导和协调作用。如目前的“泰康路艺术街管委会”虽由政府部门牵头成立，但一般只在方向性的产业形态和性质上对入驻单位进行把关审核，并不直接介入具体的经营活动，而且主要着重在完善服务、加强协调上多做文章。这样既保证了泰康路创意产业基地的有序、健康发展，同时又给入驻的企业家和艺术家以充分的自主权，真正发挥其智慧和创造力，体现了规范化和市场化的有机统一。

（2）集聚和辐射功能强。泰康路创意产业基地虽然位居闹市中心，场所面积有限，但目前入驻的企业中几乎涉及当今国际公认的创意产业的绝大部分领域和形态，如广告设计、出版、时尚设计、动画设计、建筑设计、摄影、艺术品设计和经营、电脑等，功能较为齐全，体现出较强的产业集聚效应，这在上海乃至国内其他地区都是很少见的。与此同时，许多入驻泰康路的企业都把产业链中附加值最高、最高端的设计、研发等环节放在泰康路，而把制作或加工环节放在江浙及其他周边地区，形成了合理的产业内部分工体系，对国内外具有较强的辐射力。

（3）国际化程度高。目前入驻泰康路创意产业基地的除了一批“海归”艺术家和企业家外，还有相当一部分是来自英、美、法、德、意以及中国港、台地区优秀的创意设计人才，因而具有较高的国际化程度。他们不仅带来了国际最新的创意设计理念、动态和运作模式，同时也为上海创意产业培养了一批后备人才。更重要的是，较高的国际化水平带来多元文化的交汇，更有助于创新的形成和产生，同时也使泰康路创意产业基地的发展建立在一个比较规范、开放的起点上，这对于进一步推动上海创意产业发展并使之逐步走向世界具有重要意义。

（4）联动效应显著。泰康路位于上海市中心城区，与上海老城厢距离不远，又与繁华的淮海路及徐家汇商业圈毗邻，是历史与现代交汇、中西方文化融合的地方，既有上海传统的独有的石库门民居，又保留了不少现代工业建筑，因此，无论是在建筑风貌上还是在人居环境上本身都具有深厚的历史和文化底蕴。在这基础之上发展创意产业，实际上是将泰康路这种独特的地理、历史和文化优势充分地加以挖掘并放大，因而同其他地方相比，泰康路创意产业基地发展所带来的整体联动效应更为明显，具有较强的示范和带动作用。事实上，最近几年来泰康路创意产业的不断成长和繁荣，不仅提高了泰康路及其周边地段的文化品位，而且也使泰康路逐渐成为广大上海市民及国内外游客观光、旅游和休闲娱乐的著名景观之一。

当然，由于泰康路创意产业基地基本上是在市场运作的基础上发展而来，本身缺乏统一的规划布局，而且在管理机制上尚有值得进一步规范之处，特别是经过几年的发展，泰康路创意产业基地原有的空间狭小的“瓶颈”表现得越来越突出，如果这一矛盾不能很好解决，必将对泰康路创意产业基地今后的稳定和繁荣造成严重的制约。因此，我们要对泰康路创意产业基地的发展进行进一步的规划和定位，促进它迈上一个新的台阶。

3. 上海创意产业发展面临的主要问题和困难

同国际上一些发达的国家和城市相比，上海创意产业的发展还处在起步阶段，差距还比较明显，这不仅仅简单地表现在一些具体的指标如创意产业占 GDP 的比重、创意产业就业人数及比例、创意产业产品的出口等方面，同时，在发展创意产业的观念、体制、机制、政策、人才等多方面，上海还面临着一些问题和困难，这主要表现在以下几个方面：

（1）对创意产业的认识模糊，定位不明。从 20 世纪 90 年代末期开始，创意产业作为一个独立的产业才在发达国家和地区逐渐真正被人们所重视。而在我国，由于引入“创意产业”的时间并不长，从某种程度上讲，它在我国还是一个新生事物。无论是理论界还是实际决策部门对于创意产业在知识经济时代中的地位和作用都缺乏应有的认识，特别是对于上海这样一个人均 GDP 已经超过 5 000 美元且以世界级城市为目标的特大型城市来说，发展创意产业究竟有何重要意义，我们目前还缺乏深入细致的研究和探讨，因而无法准确把握创意产业在上海未来产业结构调整和城市功能完善中的战略定位。

（2）缺乏长远和整体规划。目前世界上不少发达国家和地区都把创意产业作为一个新兴的战略性支柱产业，英国、新加坡、澳大利亚、中国台湾等都相继颁布了创意产业发展战略，确立了创意产业发展的近期目标和长远规划，并以此来积极推动创意产业的发展，提高本国或本地区在知识创新时代的国际竞争力。而上海在这方面还缺乏一个长远的战略和规划，这对上海创意产业未来的发展显然是不利的。

（3）政策支持和相关的配套手段不到位。为了培育和发展本国或本地区的创意产业，不少国家和地区近年来出台了一系列相关的政策和措施。如由政府牵头，建立创意产业发展基金，同时在投融资、税收、进出口、人才培训等方面对创意产业的发展予以适当的优惠或政策扶持等。从国际经验来看，创意产业的发展离不开政府的大力扶持和支持。而由于种种原因，上海目前还缺乏一个全面、系统的政策支持体系来推动创意产业的发展。如果我们不能抓住有利时机，尽快制订和落实相关政策措施，上海将在今后日趋激烈的国家及城市间创意产业的竞争中处于更明显的劣势。

(4) 国际竞争日趋激烈。中国加入WTO后，按照国民待遇和市场准入原则，逐步放宽了外国产品和企业进入中国市场的限制。就创意产业来看，目前日本、韩国等国的动漫画、电脑互动游戏等产品在我国已经占据了很大的市场份额，20世纪末上海各家电视台每天播放的动画片中外国片已经占到70%，国际上一些著名的文化、传媒、影视业巨头更是携资本、品牌、渠道等优势开始大规模地进入中国市场，这对我国创意产业的发展既是一次良好的机遇，同时更是严峻的挑战。

(5) 创意产业人才相对缺乏。创意产业要发展，就离不开人的创造力的充分发挥，所以人才是关键。据了解，在美国纽约，从事创意产业的从业人员占到总就业人数的12%，在伦敦、东京则分别高达14%和15%。而上海目前不仅在创意产业人才的总体数量上相对偏少，而且在层次和结构上存在较大的差距，这将是制约上海创意产业发展的主要因素之一。

四、从战略高度出发，积极培育和扶持创意产业发展，提高上海的城市综合竞争力

1. 深入探讨，进一步加深对发展创意产业的重要性和迫切性的认识，把创意产业作为上海新一轮发展中的战略性支柱产业

创意产业以创新和创造力为核心，把文化和经济有机地结合在一起，不仅创造高附加值的经济效益、促进就业人口的增长和提升国民的生活品质，更重要的是，在经济全球化趋势不断加强，国际竞争日渐加剧的情况下，创意产业的发展对于提高一个国家、一个城市的综合竞争力具有特别重要的意义。正因如此，不少发达国家和城市近年来都把创意产业放在个突出的地位，强调创意产业对经济和文化发展的支柱作用，并从政府层面对创意产业的发展加以积极的扶持，如我国台湾省就将创意产业列为今后5年内继高科技产业后全力扶持和重点发展的

产业，并把2003年定为“创意产业年”。因此，我们要从理论上进一步加深对创意产业的认识和研究，要把发展创意产业同提升上海的产业结构、贯彻“科教兴市”主战略、提高上海的城市能级和办好2010上海世博会等紧密联系起来，把创意产业作为上海新一轮发展中的战略性支柱产业，并采取有力措施，大力推动和扶持创意产业的发展，提高创意产业对国民经济增长的贡献度，提升上海的城市综合竞争力。

2. 借鉴发达国家和地区的先进经验和做法，建立和完善有利于上海创意产业快速、健康发展的制度性、政策性的支持体系和框架

（1）建立由文化、经济、高校和研究机构等部门相关政府官员、专家学者组成的统一规划、指导、协调和组织上海创意产业发展的跨部门、跨行业的政府机构——上海市创意产业发展指导委员会或上海市创意产业发展领导小组等，并由市政府一位主要领导担任负责人。在深入、细致调查研究的基础上，确立上海创意产业发展的近期目标和长远规划，制订《2004－2010年上海创意产业发展战略》。

（2）由相关政府部门牵头，吸纳众多社会民间资本加入，建立上海创意产业发展基金，对符合要求的重点项目进行扶持。据了解，为加强对设计及创新发展的支持，香港特区政府计划动用2.5亿港元成立基金，推出“设计智优计划”，内容包括培植新兴的设计企业、推广和表扬优秀设计项目等。上海的经济、文化发达，大型企业集中，应该在基金的筹集和运作上走在全国的前列。

（3）尽快建立相关的统计评估体系，为创意产业发展的科学决策服务。目前，上海尚未建立创意产业发展的统计评估体系，因而难以准确把握本市创意产业的发展现状、结构比重和变化趋势等，而且也无法开展与国际和国内其他城市之间的比较研究。我们建议政府有关部门尽快研究并建立与国际接轨的创意产业统计评估体系，在条件成熟的基础上，定期发布《上海创意产业发展年度报告》和《上海创意产业发展白皮书》等。

（4）定期或不定期举办以“创意产业”为主题的高层论坛、专家研

讨会、博览会和设计比赛等，加强上海创意产业与国际的交流与合作，提高上海创意产业的影响力和辐射力。

（5）政府有关部门要研究出台相关的配套政策，在融资、税收、进出口等方面对创意产业的发展予以适当的优惠和支持。

3. 探索建立上海创意产业发展园区，充分发挥其示范、集聚、辐射和推动作用

哈佛大学商学院著名学者迈克·波特教授（Michael Porter）曾经指出，一个国家是否具有国际竞争优势，与该国的优势产业是否形成所谓“产业集聚”（Cluster）有很大的关联性。英国谢菲尔德市（Sheffield）曾在20世纪80年代尝试建立“文化工业特区”，将设计、印刷、知识科技及软件、音乐及灌录、广播、摄影、电影、录像和电视制作、新媒体、演艺、建筑及测量等制作和服务集中于同一地区，各个行业、企业之间相互刺激和支持，取得很好的效果。

上海目前形成了四个各具特色的创意产业集聚地，其中尤以泰康路最集中、最全面和最具规模效应，但若从整体性和前瞻性的视角来看，泰康路创意产业基地实际上仍有不少地方需要进一步拓展和完善。我们建议，以现有的泰康路创意产业基地为基础，结合中心城区旧区改造和历史建筑风貌保护，适当扩大泰康路创意产业基地的规模，探索建立上海第一个创意产业发展园区，对入驻园区的单位和企业给予相应的优惠政策，同时完善园区管理和运作机制。我们认为，创意产业发展园区的建立，将对上海创意产业的未来发展起到良好的示范、集聚、辐射和推动作用。

4. 加大知识产权保护力度，为上海创意产业的发展营造一个有利的法律和市场环境

创意产业的真正核心在于创新和创造力，而对知识产权的保护实际上就是对人的创造力和创新能力的保护，因此，创意产业的发展离不开对知识产权的保护。一方面，我们要增强对保护知识产权的重要性的认识，另一方面，要在健全和完善知识产权立法的同时，把重点放在

对知识产权保护的执法力度，严厉打击各种盗版行为，为上海创意产业的发展营造一个规范、健康、有序的外部环境。

5. 加快创意产业人才引进和培养步伐，加强对创意产业的研究

无论是国家之间的竞争，还是产业之间的竞争，归根到底是人才之间的竞争，而对于以人类创造力为核心的创意产业来说，这一点显得尤为突出。一大批具有国内外知名度的高层次、高素质人才的聚集不仅是上海创意产业发展的客观要求，更是其繁荣的标志之一，但目前我们在这方面仍有较大差距。因此，我们要把大力引进和培养上海创意产业人才摆在相当重要的位置上。当前的重点是吸引一批海外从事创意产业的优秀人才，特别是那些既有深厚传统文化底蕴同时又具有宽阔国际视野的海外留学归国人才，同时，充分利用上海的科技和教育优势，在有条件的高校设立专门的创意产业学院，加强与海外一些相关的高校和研究机构的交流与合作，培养具有中国特色和上海特点的高层次的创意产业的设计、策划和制作人才。此外，我们还应该设立相关的研究机构，加强对创意产业的跟踪和研究，为上海创意产业的发展提供理论和实践指导。

6. 从上海的创意产业的实际情况出发，有重点地扶持若干行业优先发展

创意产业涉及多个行业和部门，而各个行业在上海的发展又相对不平衡，为了更好地提高上海创意产业在海内外的知名度和影响力，上海应从实际情况出发，尽快确定重点行业并采取多种措施予以扶持，力求在较短的时间里形成上海的优势行业。根据综合评估，我们认为上海目前应该重点推动以下几个行业的发展：（1）影视业。上海曾占据我国电影制作的半壁江山，近10年来由于电影市场的不景气，电影制作业每况愈下。但上海在影视制作技术、人才培养等方面具有丰富的经验。近年来，随着上海经济的大发展，以上海为背景的影视作品显著增加，也为上海发展影视业提供了机遇。上海应加快国有影视单位改革，坚持以市场为导向，组织制作人民群众欢迎的影视作品。同时，借

鉴北京等地发展民营影视业的经验，鼓励企业、个人、境外资金投资影视业；(2) 演出业。上海可充分利用演出团体数量较多、资源充足的优势，打破地区和所有制界限，加强演出团体之间的协作与联合，充分发挥名人、名团、名剧的品牌效应，实现资源共享、优势互补，推动演出产业的发展。要积极为文艺生产营造更加宽松的政策环境，为文化艺术生产者创造更加人性化、个性化的生存空间。还可通过鼓励建立演出制作机构，吸引社会资本投资、经营演出市场；(3) 艺术品经营业。上海是我国现代艺术教育和创作的摇篮，具有深厚艺术文化积淀，上海的收藏业同样在全国具有举足轻重的地位。随着上海市民生活水平的不断提高和艺术品市场的逐步开放，上海艺术品经营业发展潜力不可估量；(4) 网络游戏业。上海可借鉴日本、韩国发展游戏业的经验，充分发挥在通讯、电子、电脑、网络集成等方面的优势，支持有关科研单位和企业进行网络游戏的研究，并进行产业化的推广，使上海逐步发展成为中国最有优势的网络游戏开发、制作和生产基地之一。

参考文献

[1] 张晓明，胡惠林，章建刚. 文化蓝皮书——2004 年：中国文化产业发展报告[M]. 北京：社会科学文献出版社，2004.

[2] 香港大学文化政策研究中心. 香港创意产业基线研究——香港特别行政区中央政策组委托顾问报告，2003.

[3] 尹继佐. 2004 年上海文化发展蓝皮书——培育上海城市精神[M]. 上海：上海社会科学出版社，2004.

[4] 上海哲学社会科学规划办公室. 文化产业发展及管理[M]. 上海：学林出版社，2001.

[5] 詹宏志. 台湾的下一个繁荣——发展创意产业的三个理由与两个策略[J]. (台湾)数位时代双周，第 58 期.

[6] 张立行. 专家谈上海文化创意产业的发展[N]. 文汇报，2004-05-09.

[7] 张立行. 申城崛起四大文化创意产业群[N]. 文汇报，2004-03-09.

(本文载于《社会科学》2005 年第 1 期，与王如忠、缪勇合作)

关于上海文化创意产业基地发展的思考

一、文化创意产业是新型产业的代表

20世纪90年代以来，随着都市经济的发展、商务成本的提高，都市产业结构不断调整，导致一些传统工业的衰退和外移。城市发展必须以高附加值的制造业和现代服务业为主要方向。作为现代服务业重要组成部分的文化创意产业，具有很强的渗透力和辐射力，它渗透到各行各业，可大大提升产品的附加值，如产品构思、设计、造型、款式、包装、商标、广告等，无一不凝结着一定的文化素养、文化个性和审美意识。一个好的创意能带来新的附加值。而文化创意产业的辐射力可以推动产品热销，为产品拓展市场开路。

上海作为国际大都市和长三角城市群的龙头，应大力发展知识密集型现代服务业，而创意产业可以看作是上海，特别是中心城区最有生命力的新型产业的典型代表。从国际经验来看，人均GDP突破5 000美元后，现代化进程处于由投资驱动向创新驱动阶段过渡的关键时期，经济发展主要依靠自主创新，提高产业附加值。上海政府提出未来几年"要建立支柱产业、新型产业和都市产业构成的新型产业体系"，创意产业不仅是新型产业，更是都市产业，它完全可以成为上海的支柱产业。上海中心城区商务成本居高不下，明智地选择追求激发文化竞争力的产业和行业，才可能在未来发展中立于不败之地。有鉴于此，选择若干地块，大力发展创意产业，具有重要的现实意义。

二、集群化是产业发展的新特征及趋势

在世界经济全球化、信息化、市场化的大背景下，产业的发展也呈现了新的特征，产业的集群化是当今产业发展的趋势之一。《2001年世界投资报告》便指出：产业集群已超越低成本优势，成为吸引国际资本的主导力量。

集群化是产业呈现区域集聚发展的态势，所谓产业集群是指某个特定产业中相互关联的、在地理位置上相对集中的若干企业和机构的集合。产业集群的崛起是产业发展适应经济全球化和竞争日益激烈的新趋势，为创造竞争优势而形成的一种产业空间组织形式，它具有的群体竞争优势和集聚发展的规模效益是其他形式难以相比的。

近几年产业集群化的趋势已引起我国政府和业界的关注，各地都涌现出一批产业集群，有政府规划扶持的各种产业园区，也有民间自发形成的产业集群。作为新兴产业的文化创意产业，其集群化趋势也非常明显。目前，我国北京、上海、广州等大城市都已出现了一些文化创意产业集聚区。如上海已有18个创意产业基地，为文化创意产业的发展创造了良好的外部条件，形成了一定的规模效应。这些创意产业基地以其灵活的运作机制、强大的集聚和辐射功能、多样化的经营业态等特色而成为上海文化创意产业发展的亮点。

三、上海创意产业基地的发展特征

1. 依托大学，发展创意产业园区

创意产业的发展需要特殊的基础设施，其中高品质的大学、研发机构是不容忽视的因素。因此，依托大学发展创意产业园区是创意产业发展的重要途径之一。在上海已有的创意产业基地中，杨浦区赤峰路的现代建筑设计一条街是依托同济大学土木建筑专业的人才技术优势而集聚起来的产业基地，长宁区天山路以时尚艺术、服装设计、品牌发布为主要特色的时尚产业园是依托附近的上海市服装研究所、东华大

学和上海工程技术大学服装学院而成立的，分别位于天山路和乐山路的天山软件园和乐山软件园也是借助了上海交通大学的技术和人才优势而发展起来的。其中，赤峰路现代建筑设计一条街是上海形成最早、规模最大、发展最好的创意产业基地。

在从同济大学校园中穿过的赤峰路上，目前聚集了500多家建筑设计及相关产业，年产值超过十亿元，吸纳各类就业人员近万人。赤峰路经济能有如此迅猛的发展，与同济大学密切相关。首先，赤峰路现代建筑设计一条街是从校园经济演变而来，其入驻的企业中有80%是由同济大学的师生创办的，他们利用自身的专业优势和同济大学的金字招牌迅速打开了市场。其次，同济大学为现代设计产业提供了丰富的优秀人才资源。在赤峰路上，不仅很多企业的创办者是同济人，而且高级技术人才、打工者，甚至律师、监理、中介人、软件设计者都是同济人。再次，同济大学为现代设计提供了巨大的市场。同济大学的学生遍布全国各地，他们担任着建筑、规划这个领域的政府官员，或建筑设计企业的CEO及工程技术人员，他们本身就是市场和市场中介。因此，赤峰路上的设计企业所接受的设计任务，有80%来自上海以外地区，分布之广、覆盖面之大，都是全国独一无二的。

2. 改造旧厂房及仓库，创立创意产业基地

文化创意产业是新兴的业界，创业者大多年纪较轻，他们往往把城市中逐渐被废弃的旧厂房和仓库作为创业的基地，将其改造成充满性格的创意基地，为城市的老厂房、老仓库带来了新的生命力。

昌平路990号和1000号原是上海窗钩厂和上海航空设备厂，现在是上海新型广告动漫影视图片产业基地；建国中路八号桥原是上海制动器厂厂房，现为时尚创作中心；东大名艺术中心原为上海储运公司，最初是德令洋行仓库，建于1925年，如今艺术中心内圆柱顶端的编号还清晰可辨仓库的痕迹。这些由旧厂房和旧仓库改造而成的创意基地，有些经由商业公司的包装，如建国中路八号桥，被财大气粗的设计

公司租用，略显奢华；有些则纯粹是追求一种 LOFT 生活方式①，如东大名艺术中心，虽张力十足，但有些青涩。

从产业集聚的角度上看，这些创意基地所依靠的是单独的厂房和仓库，在地理空间上延伸扩大的余地有限，因此很难形成更大的规模。它们零星散落在城市的中心地带，各具特色，通过历史与未来、传统与现代、东方与西洋、经典与流行在这里的交叉融会，为城市增添了历史与现代交融的文化景观。

3．利用旧厂区，培育创意产业园区

与上述零星的厂房和仓库不同，由于原来工业生产的集约性和系统性，上海市内也有衰落或废弃的连片的厂房和集中的库房，它们形成了城市的旧区，为创意产业园区的发展提供了良好的地理条件。国际上很多重要的创意产业区都和旧区重建有关，如英国泰晤士河南岸、柏林的哈克欣区、温哥华哥兰桂岛、日本北海道小樽运河、纽约的苏荷等。在上海，泰康路 210 弄这片老厂房建筑原是轻工业食品机械厂，春明都市园区原是一家建于 1932 年的老纺织厂，而杨树浦滨江七幢产业园原来更是集中了中国最早的工业化造纸厂、第一家工业化制糖厂、第一家城市自来水厂及煤气厂等。

由于这些旧厂区占地面积相对较大，因此产业集聚的效应也比较显著。泰康路艺术街如今就云集了与视听艺术相关的中外小企业 160 多家，集聚区经济发展也比较成熟。春明都市工业园区入驻了 60 多家画廊和艺术家工作室，目前已成为上海最具规模的现代艺术创作中心，也培育出了上海一个有影响力的现代艺术品交易市场。杨树浦滨江创意产业园第一期改造工程已经完成，但若要将沿江十几公里的老工业带发展成文化创意及休闲园区，还需要长期细致的规划。虽然目前此

---

① LOFT 原意是仓库、阁楼，现在通常指将工厂厂房改造成的艺术家工作室。这种改造保留了原来厂房的结构和外观，在内部的大空间中重新布局，通常既是工作场所，也是生活空间。LOFT 生活方式也叫创库生活。

类园区的发展水平不一,但是它们却是今后打造上海 SOHO[①] 的基础。

旧式建筑,保留着城市人文遗存。把城市旧区改造成充满活力和个性的文化创意园区,唤醒了人们的怀旧情结。这种对人文、对历史的召唤,有弥足珍贵的社会意义。这些创意产业集聚区,不仅利用了现有建筑创造了文化创意产业发展的平台,而且还保护了历史文化遗产。工业老厂房、老仓库运用新的模式设计和改造,为历史的留存注入了时尚、创意的元素,使保留的旧厂房成为现代城市景观的新景象,也促进了文化创意产业的产业链的形成,是城市历史与未来承接的良好典范。

4. 依靠传统布局,建立创意产业基地

依靠传统的布局,在现有产业结构的基础上建立相应的创意产业基地,也是上海发展创意产业的途径之一。黄浦区河南南路 33 号的上海城市广场,最近已经辟为上海市旅游纪念品产业发展中心。首期有 15 家专门从事旅游纪念品设计的公司进驻。这些公司大多是业内的知名企业,汇集了一批优秀的旅游纪念品设计师。该中心所处的豫园商圈,历来是上海旅游中心和小商品、旅游纪念品的展示及交易中心。有了这样的周边环境,该创意产业基地不仅可以提升上海旅游纪念品的层次和质量,而且其设计创意可以迅速走向市场,同时增强自身的影响力和辐射力,进而形成创意与交易的良性循环。

5. 开辟新区,创立创意产业基地

旧厂房、旧仓库或传统社区为创意产业基地的发展提供了有利的外部条件,但却不是必要条件。位于浦东张江高科技园区内的文化科技创意产业基地便是利用开发区的优势全新打造的创意园区,该基地以影视制作、游戏软件、动漫制作等为主要产业导向,并建立相关的中介、展示及版权交易平台。此外,中国美术学院上海设计分院、上海电

---

① SOHO 一词为 SOUTH OF HOUSTON STREET 的缩写,原指纽约下曼哈顿街以南地区,当地有不少废弃的厂房和仓库,后发展成为文化艺术中心。SOHO 如今意味着一种艺术聚落,即由艺术家对废弃场所进行改造,先吸引画廊、工作室、文化中心这些艺术机构,再聚集商业产业如餐饮、服务业,渐渐兴起文化娱乐产业,最终带动当地房地产业的发展。

影艺术学院、上海戏剧学院创意分院等文化艺术类院校的进驻，也为该创意基地带来了源源不断的创意和人才。

与其他创意产业集聚地相比，该基地不仅地域广阔、空间延伸的余地很大，而且还有大学及科研机构的支撑，因此产业集聚发展的优势非常明显。

四、创意产业基地发展的集群优势

1. 集聚区内产业业态完整，竞争力提高

集聚区内一般汇集了众多的相关企业，它们形成了完整的产业业态，构成了产业链。泰康路艺术街云集了与视听艺术相关的中外小企业160多家，如画家工作室、设计室、画廊、摄影室、美术馆、演出中心、陶艺馆、古董店、时装展示厅等，这些企业以创意设计为核心，涉及视觉创意设计的各个领域：建筑设计、服装设计、产品设计、室内设计、广告设计、礼品设计、广告摄影、陶艺设计、环境设计、动漫画设计、家具设计、图案设计等，并通过展示来吸引客户和公众，每天都有各类展览和表演，包括各类书画、收藏、摄影、造型展示和时装、音乐、歌舞表演等，令艺术街显露引领时尚的风范。

赤峰路现代建筑设计一条街已经形成以同济大学建筑设计院为塔尖、林同炎李国豪工程咨询公司等一批公司为塔身、一大群小公司和工作室为基座的宝塔形建筑设计产业。这些国营、外资、中外合资、私营等企业，每年都有几十万平方米的建筑设计任务，不仅有建筑设计、规划设计，而且有建筑装潢、图文制作和建筑模型制作，另外还有咨询服务、中介机构和环保产业等，形成了以科技建筑设计为主体的经济带。

集聚区内的企业由于聚集在一起可以大大提高产业的竞争力。一方面，产业集群内众多的企业在产业上具有关联性，能共享诸多产业要素，一些互补产业则可以产生共生效应，集群内的企业因此获得规模经济和外部经济的双重效益。另一方面，产业集群内的企业既有竞争又有合作，既有分工又有协作，彼此间形成一种互动的关联，由这种互动形成的竞争压力、潜在压力有利于构成集群内企业持续的创新动力。此外，产业集群内高度聚集的资源和经济要素处于随时可以利用的状态，为集群内的企业提供了极大的便利，降低了企业的交易成本，同时也提高了资源和经济要素的配置效率，达到了效益的最大化。

2. 促进信息和人员的交流及创意商品化

文化创意产业以文化为主要内容，以创意为核心，而创意的土壤便是多元文化的共生。在集聚区内，来自不同国家和地区、不同文化、不同行业的艺术家互相交流，各个门类的创意设计和信息互相渗透，互相提供机会，形成了互动共生和竞争。文化产业发展最重要的资源是人，而且是开放的、流动的、具有多元化视角和思维的人。人的多样性带来文化的多样性，而文化创意正是在这种不同文化间的交流、碰撞中产生的，这也为文化产业的发展带来了活力和动力。创意产业集聚区为人员的交流提供了平台，艺术家们可以聚集在一起，相互交流、共享信息、相互启发。

文化产业集聚地大都分布在中心区域，既是创意生产的核心区域，同时也是市场交易中心。这里的工作室功能已经超越了艺术创作，既是一个个规模不小的艺术工厂，又是各种艺术活动登台亮相的展览与交易场所。由于靠近市场，而且企业间互补性强，具有信息密集、技术创新、基础设施共享等便利。例如，随着创意产业的发展，泰康路的商业气氛与日俱增，文化市场日臻活跃。艺术家从事艺术创作，而艺术展示机构又为他们提供了展示、交流以及交易的平台。各门类的艺术设计和配套的服务性设施，又为来宾和内部艺术家提供了良好的生活环境，从而形成了比较完善的艺术社区和活跃的文化市场。

3. 集聚和辐射功能强大

文化创意产业园区大都位于旧厂区，外部环境宽松、可塑性强，企业运营成本低，产业集聚地具有很强的吸引同类企业入驻的能力和良好的成长性。同时，创意产业基地也成为影响和带动周边地区发展的重要因素。

随着赤峰路经济带的形成,越来越多的新办企业看好这一区域,而且其他区域的建筑设计企业还不断向这一地区涌来。虽然在过去的一两年间,赤峰路的办公用房增加了2万多平方米,但目前办公用房还有2万-3万平方米的缺口。同时,建筑设计产业带动了周边的文化娱乐、餐饮、房地产等产业的发展,目前赤峰路上有超过10%的企业为服务性产业。同样的效应在泰康路上也可看到,泰康路首先吸引了画廊、工作室、文化中心等艺术机构,紧随其后的是商业产业如餐饮、服务业及文化娱乐产业,并且推动旅游业、租赁业、房地产业等行业联动发展。如今,泰康路早已不是单单的艺术街,它已经成为闻名上海的具有融合历史与现代、中西方多元文化交汇特色的都市时尚和旅游休闲场所,街内茶室、酒吧、咖啡馆、服装店比比皆是,泰康路已经成为一个集学习、创新、制作、交流、展示、营销、休闲于一体的文化创意产业园区。

五、上海创意产业基地存在的问题及对策思考

1. 加大集群规模效应

上海的创意产业群刚刚起步,其渗透和辐射力还不是很大。从业者大多是艺术家、文化人、设计师、工艺师和拥有各种才能的自由职业者,他们具有创作的独立性、活动的自由性、工作的灵活性以及领域的广泛性。更由于文化艺术的创作和业务活动一般是独立的个体活动,有时又要前后工艺的配合或群体协作,不像一般生产及科学技术工作那样有规律和有秩序,带有随意和松散的特点。许多文化创意产业的初创,往往又带有探索、试验、目标不鲜明的情况,从业者资本多不雄厚。因此,需要加强园区建设,从而将创意人员吸引到园区中来,如促进生活和工作相结合、文化产品生产和消费相结合,创造多样化的宽松环境,不仅有独特的本地特征,而且要有国际化的特点。

2. 保护开发工业遗产

上海的一些创意产业基地,特别是那些以旧厂房和旧仓库为基础的创意产业基地,虽然初具规模,但前面并非一片坦途,它们或多或少

面临着商务性房地产开发的危险。全国大多数城市的旧城改造,几乎无一例外地破旧立新,不加选择地对目标地块实施商务性、市场性整体开发,以求经济效益和数字政绩的大幅提升,缺乏文化追求。商务性、市场性开发容易实现,而人文性、传统性遗存却是后天难求的。另外,人们一般认为只有那些大型的历史性建筑或是特色民居才应该去保护,而产业建筑等是不值得留存的。因此,建立在旧工业基地上的创意园区很有可能成为旧城改造及商务性开发的牺牲品。北京798艺术区正处于风雨飘摇的境地,而广州的小谷围艺术村已经消失在隆隆的推土机声中。从目前上海的创意基地来看,最有前景的发展之路应该是打造创意产业,而不是实施一般性的房地产开发。捕捉那些创意产业群落已经生成的区域,它的运作模式已基本与国际上通行的做法接轨,因此在这里大力发展创意产业具有不容怀疑的意义。假如另起炉灶,进行商务性房地产开发,则很有可能破坏已经成型的产业,得不偿失。

3. 大力培养文化经纪和经营人才,促进创意成果转化为经营资源

在文化创意园区内,文化要形成产业,不但需要设计师、工艺美术家、创意策划人,还需要擅长将其创意作品产业化和市场化的文化产业经营管理人才和文化市场营销人才,即所谓的"新媒介人"阶层(比如艺术经纪人、传媒中介人、制作人、书商、文化公司经理等),他们对艺术熟悉,又有很强的商业运作能力,不仅能够直接将艺术品推向市场,而且还能够促使创意向传统产业等多方面渗透,进而将艺术家的创意成果转化为企业家的经营资源,提升产业的附加值和竞争力。如美国的米老鼠,已向日用品、服装、玩具、文具等行业渗透,形成了十多亿美元的产业。同样,日本的凯蒂猫、韩国的流氓兔等也都发展成相当规模的产业。而我国大多数创意成果都未能形成规模化的产业。究其原因:一是未能集聚创意力量,并不断地去发展"故事",积累这种特定的"文化资本"。二是缺乏运作创意成果的经营人才和联系文化与产业的文化经纪人。因此,加快培养和引进从事文化创意产业的各类专门人才,尤其是高级人才,是十分必要的。

4. 倡导主流文化，发展亚文化

为了促进文化创意产业朝着健康有序的方向发展，政府部门要加强宏观调控和政策导向，倡导主流文化，提倡两个文明。

对文化创意产业基地内的亚文化精神，要抱着宽容的态度促进其发展。所谓亚文化，是相对于主流文化而言的，是处于发展变化过程中的文化现象。文化创意产业园区的艺术家经常追求先锋前卫的艺术风格，而文化创意园区通常也是城市中最具备亚文化精神的场所，这也与LOFT生活方式密切相关。对此，要允许其存在，引导其发展，以创造多元文化的氛围、激发创意。

5. 打造自我品牌，注重创意产业发展本土化

分析上海现有创意产业基地的产业业态可以发现，来自国外的资本，特别是跨国公司投资占据着重要的地位。泰康路视觉创意设计基地，由英国女设计师克莱尔对老厂房进行了重新设计，目前已进驻了十多个国家和地区的近百家视觉创意设计机构。春明都市工业园区，入驻了来自瑞士、加拿大、法国、挪威、意大利等国的数十家画廊和艺术家工作室。建国中路八号桥，更是由国际上顶尖的设计公司占据了大半。

发达国家的文化产业化历史较长，机制完善，从创意策划、可行性研究到制作成品、批量生产再到广告宣传、市场营销等，已形成一套体系完整的市场运作程序。因此，他们往往能较好地把握市场动态，制作精良的文化产品以适应市场的需求。此外，从发达国家与发展中国家文化企业生产经营的合作过程看，由于发达国家凭借资金、技术和市场经验优势，往往能控制合作的方向和进程，这种合作实际上仍是加大或延伸其文化产品市场消费份额的全球行动。相反，发展中国家由于受经济条件的制约，对文化产品投入相对不足，再加上缺乏文化产业化生产经验等各种主客观因素，其产品市场竞争力普遍不高，难以有效地吸引生产者。在发展文化创意产业的过程中，要注意打造自我品牌，注重文化创意产业的本土化保护，避免出现由国外大公司引领、控制的局面。

虽然文化创意产业领域的外商投资对于推进产业结构优化升级、

企业管理水平的提高和先进制造技术的扩散具有积极意义，但因文化创意产业具有居于价值链高端的地位和主导产业结构升级的作用，一旦文化创意产业领域形成了由跨国公司占据垄断地位的情况，将对中国的国际分工地位形成十分不利的局面。因此，文化创意产业的本土化保护至关重要。

2005 年 4 月 28 日，在上海市经委等部门的组织下，“首批上海创意产业集聚区授牌仪式暨项目推介会”召开，标志着上海的创意产业集聚区建设初步成型并逐步扩大。首批推介的创意产业基地共 18 家，拥有合计 30 多万平方米的建筑面积。这是促进上海创意产业发展、促进创意产业集聚的重要举措。在上海，创意产业作为第二、三产业共同发展的结合点，它的健康快速发展，不仅可以拓展上海的先进制造业，提升上海现代服务业的能级，而且与科教兴市相结合、与工业历史建筑保护相结合，必将带动上海经济的发展和产业结构的优化。

参考文献

[1] 胡惠林，李康化. 文化经济学[M]. 上海：上海文艺出版社，2003.

[2] 厉无畏. 文化资本与文化竞争力[N]. 文汇报，2004－05－24.

[3] 厉无畏，王如忠，缪勇. 培育与发展上海的创意产业[J]. 上海经济，2004 专辑.

[4] 厉无畏. 旧厂房里新创意[N]. 人民日报，2004－07－22.

[5] 厉无畏，王振. 中国产业发展前沿问题[M]. 上海：上海人民出版社，2004.

[6] 阮仪三. 论文化创意产业的城市基础[N]. 同济大学学报：社会科学版，2005(1).

[7] 荣念曾. 关于发展创意产业政策和策略的议案——2004 中国创意产业发展论坛论文.

[8] 荣跃明. 上海创意产业发展的现状和前景——2004 中国创意产业发展论坛主题演讲.

（本文载于《上海经济研究》2005 年第 8 期，与于雪梅合作）

创意产业促进城市发展

城市既是创意产业的发源地,也是创意产业的集聚地。综观全球,有影响力的世界级城市,无一不是创意产业最集中、最发达的地区。创意产业不仅在这里得到了巨大的发展机遇和空间,而且大大增强了城市的竞争力和辐射功能,造就了世界级城市。在中国,虽然创意产业的兴起和发展只有短短几年的时间,但在北京、上海、深圳、广州、成都、长沙等大城市,创意产业不仅迅速崛起,而且获得了积极的发展,成为城市经济发展中的一个亮点,也是未来城市发展的一个重点。创意产业与城市发展的互动、互融与互促成为当今城市发展的一个重要特征,可以说,在知识经济社会中,没有任何一个产业像创意产业这样依赖城市的空间和资源,也没有任何一个产业像创意产业这样能够为城市经济的发展带来如此强大的推动,创意产业对城市的促进体现在城市文脉的延续、城市产业的升级、城市资源的转化和城市环境的优化等多方面。

一、创意产业兴起的背景——城市经济转型

创意产业这几年在我国的迅速发展,总体上说是得益于城市的经济结构转型。从国际上看,创意产业往往是在经济结构转型中起步的,并从中获得了良好的发展机遇和空间。这主要体现在以下四个方面:第一,由于城市土地和劳动力成本的不断上升,经济增长的动力发生了变化。按照美国经济学家迈克·波特的理论,早期经济增长是要素驱动,之后转向投资驱动,当投资边际效益逐步下降的时候又会转向创新

驱动。创新驱动包括科技创新和文化创意两方面,而创意产业作为文化创意与高科技的有机结合体无疑是城市经济发展的首选。第二,经济水平提高以后,引导了消费结构的变化。当人们的物质需求被满足时,就会有更高的精神文化层面的需求。美国著名未来学家约翰·奈斯比特曾说:“在现代社会中,人除了温饱和安全之外,更迫切地要寻找人生的意义,要追求更高、更深、更远的东西。而创意产业正是可以提供丰富的文化产品,来满足人们日益增多、日益迫切的文化需求和精神需求。”[1]因此,城市为创意产业的发展提供了巨大的市场空间。第三,受资源环境的约束,城市需要可持续发展。创意产业的概念,本身就是老工业城市为克服落后制造业能耗大、污染大、附加值低而提出的。随着都市经济的发展,商务成本的提高,都市产业结构不断调整,导致一些传统工业的衰退和外移。而大都市往往土地资源有限,客观条件决定不能再发展低端制造业,城市发展必须以高附加值的制造业和现代服务业为主要方向,这为创意产业的发展提供了空间。当我们受到客体资源、自然资源约束的时候,我们需要开发主体资源。而创意产业正是在开发我们的主体资源,也就是大脑。因此,它对于减少污染、可持续发展,有非常重要的作用。第四,科学技术发展为创意产业拓展了发展空间。科学技术,特别是信息技术的迅速发展在一定程度上冲击了传统的文化产业,但却使得创意产业获得了强大的、多方位的技术支持;科学技术创造了大量崭新的艺术形式,开拓了新型创意产业领域;信息化形成了虚拟空间,它改变了城市居民的交往方式、活动方式和消费方式,为创意产业的发展创造了前提条件;互联网和数字化的发展拓展了创意产业的外延,促进了产业融合,不同行业的界限开始模糊起来,它们在信息化的平台上互相交融,从而延长了创意产业的产业链。

二、创意产业促进城市经济可持续发展

创意产业是知识密集型产业,具有无污染的特点,与对土地、资源

有巨大需求的传统制造业相比,能够不受土地、资源相对稀缺的限制,可以较低投入获得较高的回报。它主要利用我们的大脑,即智力资源,只消耗很少的物质资源,而取得更大的效益。在环境日益恶化的今天,创意产业对协调经济发展和环境保护来说具备独特的优势,显然十分有利于城市的可持续发展。

创意产业不仅不掠夺越来越宝贵和稀缺的自然资源,而且还能够保护现存的文化资源,发展创意产业与旧城改造的有机互动,有利于历史文化遗产的保护和提升城市文化品位。创意产业界是新兴的业界,创业者大多年纪较轻,经济实力较弱,因此他们往往把城市中的逐渐被废弃的旧区作为创业的基地,将其改造成充满性格的创意园区,进而形成创意产业的集聚地,为城市的旧区带来了新的生命力。国际上很多重要的创意产业区都和旧区重建有关,如英国泰晤士河南岸、柏林的哈克欣区、温哥华的兰桂岛、日本北海道小樽运河、纽约的苏荷等地区都是在19世纪制造业大发展时建造的厂房、仓库,如伦敦著名的泰德艺术馆就是由原本可能被拆除的火力发电厂改造而成。

文化创意园区与城市旧区的有机结合,可以避免城市文脉的中断,不仅保留了具有历史文化价值的建筑,而且通过历史与未来、传统与现代、东方与西洋、经典与流行在这里的交叉融汇,为城市增添了历史与现代交融的文化景观,对城市经济的发展产生了巨大的推动作用。创意产业正是这种对旧城进行科学更新的动力,是城市健康发展的新的激励因素。创意产业无须占用更多的土地和资源,仅仅依靠人才的创造力和集聚效应,就使面临废弃的老城区焕发了青春,不仅提升了该地区的文化品位,而且体现了区域经济协调发展的要求。

从经济上看,利用老厂房、旧仓库发展创意产业,改造成本低,产生的附加值高,不仅为城市增添了历史与现代交融的文化景观,而且对城市经济发展产生了巨大的推动作用。将文化创意融入城市规划中,可创造新的城市文化氛围,塑造城市标志、城市雕塑,提升城市的形象;把保护历史文化遗产与发展创意产业结合起来将使城市更具魅力,给人以城市的繁华感、文化底蕴的厚重感和时代的生机感。同时,好的城市形象对于人才和资金都有很大的吸引力,这反过来又会促进创意产业的发展,促进创意产业在空间上的集聚。

创意产业的集聚对城市环境的作用主要体现在两个方面:一是强化城市外在影响,提升它的吸引力,从而重塑城市形象和品牌。人们通常说打造一个品牌往往是针对一个企业或者是一种商品,但城市也有一个品牌,而且城市品牌非常重要,它使城市里大多数企业受益。如20世纪80年代很多在上海的企业也许未必很知名,但冠以"上海"这两个字,就能畅销全国;二是催生城市内在布局优化的牵引力,从而重绘城市地图,使城市形成有各种特色的城区。对于前者来说,创意产业在塑造城市整体形象、增加城市文化含量以及提升城市文化品位方面具有显著的强化作用,从而使整个城市增值,促进城市流量经济扩展。对于后者来说,创意产业不断促进城市"中心—边缘"空间结构布局不断趋于优化。一方面,城市中心区的文化地位更趋凸显,大博物馆、著名歌剧院、芭蕾舞剧院、大小电影院、大图书馆、音乐厅等向城市中心区不断集中,城市中心区成为文化和艺术创造力的焦点和中心;另一方面,不同类型的创意产业又在不同城市区位中集聚,形成了不同的文化氛围。尽管城市空间布局中"中心—边缘"的区位差别,在地价杠杆作用下产生具有高低之别的空间层级性差异,但是,创意产业巨大的附加值却在为不同区位的土地增值,并不断调整地价杠杆的作用,使整个城市社会空间形成类型之异,而非层级之别。[2] 创意产业正是以其独特的形态保护了现有的环境,保护了历史,是城市经济可持续发展的重要推动力。

三、创意产业促进城市产业升级

创意产业具有高增值、强辐射、广融合的特性,因此可以促进城市整个产业的升级。

首先,创意产业具有高增值力,这主要表现为创意赋予商品观念价值，而经济发展的状况证明，商品市场价值中观念价值所占比重越来越大。一般而言，商品的市场价值可分解为使用价值和观念价值两部分。随着经济的发展，物质生活的丰裕，消费需求出现个性化、高级化的趋势，表现在人们购买商品时已不再单纯追求其使用功能，而是日益注重商品与服务背后的观念价值。观念价值，是指商品或服务所包含的能与一些社会群体的精神追求或文化崇尚，产生共鸣的无形附加物，比如品位、意味、情趣等。使用价值表现为客观的具有一定使用功能的商品特性，观念价值是主观的可以体会和感受的无形附加物。使用价值由科技创造而成，是商品的物质基础；观念价值因创意渗透而生，是蕴涵的文化观念。随着经济的发展，构成商品市场价值的这两部分的比重会发生变化。在经济发展水平低下、技术比较落后、物质还比较短缺的时代，人们重视的是商品的使用价值，因此商品的市场价值主要取决于使用价值。但当人们摆脱了短缺经济，从温饱走向小康和富裕小康时，便越来越重视商品所包含的观念价值。于是商品的市场价值便越来越取决于其观念价值。当我们在走向知识经济时代时，技术交流与扩散的速度大大加快，商品日益丰富并趋向同质化，于是商品中“精神性”的观念价值所占比重就越来越大。因此，当创意产业向传统的制造业渗透时，便有利于推动传统制造业向高增值产业升级。例如，服装行业是一个传统产业，但当我们把许多创意加进去以后，服装行业又是一个高增值行业，它具有知识密集的特点，能够有效克服城市土地资源瓶颈的约束，保持持续快速的发展。

其次，创意产业具有强辐射性，这是由创意产业的文化底蕴所具有的辐射性决定的。在知识经济社会，产品竞争的实质是通过产品所倡导或体现的文化来影响或迎合公众的意识形态、价值观念、生活习惯等，从而使公众乐于接受某种产品。具体而言，就是通过商品的文化内涵、文化附加值与文化特色来增加商品的竞争力，其中包括商品的构思、设计、造型、款式、装潢、包装、商标、广告等。它们凝结着一定的文化素养、文化个性和审美意识，展示着一定的文明水平。放眼市场，任何一种有价值的产品，都凝聚着一定的、丰富的文化内涵。当人们对文化内涵的追求趋于强烈，文化的传播和影响就会有力推动富含文化内涵的产品在市场上的扩张，这也就是创意产业辐射力的重要体现。换句话说，正是由于产品所包含的文化个性、文化精神，才促使这一产品在一定的消费区域和消费层次里增值、走俏、辐射。到了21世纪，人们进入一个体验经济时代，开始消费更多的文化。这种消费方式的转变和消费结构的升级带动了城市产业的升级。

最后，创意产业具有广融合性，即它能与各行各业相互融合、渗透。这种融合性把技术、文化、制造和服务融为一体，有利于产业的延伸，大大地拓展了城市产业的发展空间。

具体而言，一方面，新型创意产业与传统文化产业在互动中渗透。高新技术，特别是信息化催生的新型创意产业表现出了强大的生命力，这一生命力不仅表现在它的高度成长，而且表现为对传统文化产业的高度渗透。创意产业是个巨大的产业群，从创意产业的基础层到创意产业的核心产业层，再延伸到衍生产业层，可以发现，新型的产业形态与传统的产业形态总是互相渗透、互相交织、互为补充，向消费者提供大量的各具形态的文化创意产品和服务；另一方面，创意产业各个部门之间互相渗透。由于信息技术的广泛应用及其生产方式的根本转变，传统的各个文化部门之间的界限被逐渐打破，导致了各部门之间更多的渗透和融合，并使与买卖双方密切相关的市场区域概念转变为市场空间概念。传统厂商观念中的"有明确范围的竞争"也将被一个纵横相交的更加广泛的概念所替代。这些相关活动的协调，既有竞争，又有合作，既在传统市场之内，又在传统市场之外。除此之外，创意产业还对传统制造业进行渗透。创意产业是繁衍于知识经济体系的经济部门，是开放性与兼容性的共同体。创意产业的发展将可能迅速地带动相关产业的发展，通过将创意产品融合到其他产业产品中去的方式可以有效地延长产品生命周期，也因此改变相关产业的生命周期。[3]总之，创意产业的融合性，能将技术、文化、制造、服务融为一体，有利于产业链的延伸，大大拓展了城市产业的发展空间。

显然，大力发展创意产业对优化产业结构、促进产业升级、转变城市经济增长方式具有广泛而重要的意义。

四、创意产业促进城市各种资源转化为经营资本和市场需求

创意产业通过创意策划和市场运作能够将各类资源转化为经营资源，能够为城市发展带来建设资金。当城市发展受到自然资源和资本约束时，发展创意产业有利于开发利用历史文化资源、社会资源和人力资源，并将它们转化为经营资源和资本，从而突破资源、资本的瓶颈。

在城市经济的发展过程中，往往会面临资金短缺的问题。这就要求我们通过创意策划和市场运作，把各种资源转化为经营资源，为城市发展聚集大量建设资金。在转化为经营资源的各种资源当中，文化资源无疑是十分重要的。文化资源主要是靠历史积累，但也要靠我们的创造和发展。海南三亚市南山佛教文化园的发展，就是一个很好的例子。三亚市的南山区，本来是一个比较荒凉的渔区，其发展的难题就是没有资本。要开发它怎么办？南山文化旅游开发公司利用传统文化中“南海观音”和“福如东海、寿比南山”的传说，将该区打造成一个文化旅游区。南山区的开发理念是“大生态、大文化、大教育、大旅游”，即以生态建设为基础，以文化建设为核心，将南山建成具有中国特色和国际水准的生态文化旅游示范基地。他们以文化为魂，用根深叶茂的文化之树来支撑，规划实施了数个主题景区，传统文化和生态文化深深植根于每个项目、每个景观之中；并运用现代技术来提高其文化层次和品位，使其成为国内外独具一格的佛教文化中心。绝妙的创意和精细的策划引来了大量投资。目前，南山佛教文化园已建成“一寺一佛一谷一湾”的主体景观群，主要标志性建筑群有：南山寺、108 米高的南山海上观音、园区大门景观不二法门、吉祥如意园、观音文化园、梵钟园、福寿街等。8 年来，南山获得了社会效益和经济效益双丰收：1999 年

游客量便达60.4万人,营业收入3 600万元;近几年增长迅速,年均游客量200万人,平均营业收入1.4亿元,成为海南省的纳税大户。可以说,每一个到三亚的游客,南山几乎是必去之地。

由此可见,创意还是开发各类资源的金钥匙,文化资源也可成为重要的经营资源,并带来巨额建设资本。在城市发展的过程中,这样的资源转化至关重要。四川广安是邓小平的家乡,当地利用这一文化资源,策划了“我为小平家乡种棵树”的活动。结果全国各地机构、企业乃至个人,都纷纷解囊投资,只用了四五年的工夫,广安就发展成为我国最漂亮的中小城市之一了。因此,城市可以通过文化资源、通过创意产业来为自身造血,完成城市建设,振兴城市经济。

五、创意产业以多种赢利模式促进城市经济基础提升

城市发展需要经济基础,由于高收益性是创意产业的基本特性,因此发展创意产业对增强城市的经济实力具有重要的意义。

要想获得创意产业的高收益,就要对创意产业进行产业化的运营,以实现它的价值。而要实现创意产业的价值,就要研究它的价值链。创意产业的价值链可简要地分解为:内容创造→生产制作→媒体推动→传播渠道→消费(需求)者。每个环节都有增值,都能为我们带来利润。发展创意产业就是要从实际出发,把握高增值环节才能获得高收益。

创意产业的主要增值部分就是在原创知识含量当中,因此,内容对于创意产业的发展至关重要。以英国的《哈利·波特》为例,以这一人物形象为中心的产品包括书、电影、动漫、游戏和其他众多的衍生品,包括服装、鞋帽、文具、玩具等。从价值链来看,最前面的就是小说,经过出版商到了书店,拍成电影又到了院线,之后变成了动漫、游戏、VCD、海报、玩具等,通过消费渠道到达消费者。在这里,我们可以看出,内容是创意产品的核心,内容创造是构成企业核心竞争力的重要部分,也是产业链的高利润区。《哈利·波特》成功的关键是在于小说(即内容)。

所以在传媒、娱乐、艺术等行业当中，内容原创能力和内容资源的创新才是提升价值的核心环节。我们为2008年北京奥运设计了五个福娃，与迪士尼的米老鼠相比，我们的福娃虽有美好形象，但缺乏内容（故事）。而迪士尼的米老鼠经过近80年的悉心呵护，持续的动画故事使之具备了丰富的内容，形象也日益立体丰满，其价值也随之不断提高。今天，亲切憨厚的米老鼠不仅是美国文化的标志性招牌，更为美国带来了数万亿美元的利润。如果我们动员社会力量为福娃编故事，持续下去，使福娃的形象灵动起来，那么即使奥运会结束以后，福娃还是有价值的。如果缺少内容的支撑，奥运会结束后，福娃的价值也就结束了。回想过去我们曾有过不少吉祥物和动漫形象，往往是热一阵子就结束了，其主要原因就是缺乏吸引人的故事内容。

除了内容之外，传播渠道也是为创意产业带来盈利的一个重要因素。传播渠道是创意产业价值链中重要的环节，如果没有畅通的传播渠道，再好的创意内容也无法转化成产品，更谈不上盈利。以分众传媒为例，当我们等电梯的时候，一直抱怨等电梯的时间太长，有专家建议在旁边挂一面镜子，使等候的人整理一下形象而不觉得时间长。分众传媒看中这样一个传播渠道，沿此思路进一步演化创意，在大楼电梯口播放录影广告，解决了人们的抱怨。分众传媒掌握了上海所有办公大楼电梯口的传播渠道，创造了一个大产业，获得了巨大的利润。

媒体的推动作用对创意产业的盈利来说也不容忽视。传统消费是直接面对面的交流，不需要策划人、中介等中间环节，现在我们把这个价值链延长以后，需要更多的策划，需要更多的设计，因此很多策划、设计出来的创意产品就可能被淹没于泛滥的信息当中，媒体是人们获得信息的主要方式，媒体的运作能够使人们发现创意产品的价值，并且推动价值的实现。2005年风靡全国的“超级女声”节目就在媒体的推动下创造了盈利奇迹。围绕“超级女声”这一富有创意的真人竞技电视娱乐节目，湖南卫视和上海天娱传媒有限公司通过电视、图书出版、演唱会、商品代言、网络、手机短信等传播媒体，吸引了上亿观众。规模庞大的注意力被迅速转换为数目可观的商业价值，2006 年 1 月中国社会科学院发布的《文化蓝皮书》估算出这个节目各利益方直接总收益约 7.66 亿元。按照上、下游产业链间倍乘的经济规律分析，“超级女声”节目对社会经济的总贡献至少达几十亿元。

创意产业的盈利需要挖掘新的需求。某种产业的价值链之所以能够形成或者发生变化，完全是为了提供满足消费者某种需要的效用系统，而消费者的需求是产业价值链存在的基础。消费者新的需求产生过程也就是价值的创造过程。挖掘和满足消费者的需求越多，创造的价值和盈利也越多。实际上不管《哈利・波特》搞了多少花样，最后总是要消费者乐意掏钱。因此发展创意产业就要充分考虑消费者需要什么，通过全面满足客户多方面、多层次的需求来增加盈利。上海的新天地如今是著名的休闲文化旅游场所。从本质上来说，新天地是上海的石库门建筑文化，但是，如果单纯地依靠石库门建筑，是不可能吸引那么多游客的。因此，考虑到各种各样消费者需要，新天地被打造成了历史与现代、东方与西洋的结合体。在新天地，老年人可以在那里怀旧，年轻人可以感受一种时尚，中国人可以体验一下西方的生活方式，外国人可以体会中国的文化，正是因为新天地满足了各种各样的消费者的需求，因此才获得了成功。

在全球化趋势不断加强、国际竞争日益激烈的今天，以文化和创意为核心的创意产业的发展规模，已经成为衡量一个城市综合竞争力高低的一个重要标志。城市的发展为创意产业的兴起提供了良好的环境和契机，创意产业作为 21 世纪的朝阳产业，也会凭借其自身的优势和特点，为城市经济的发展带来朝阳和明天。

参考文献

[1] 约翰・奈斯比特，道格拉斯・菲利普. 高科技・高思维[M]. 尹萍译. 北京：新华出版社，2000.

［2］林拓.世界文化产业与城市竞争力［M］//林拓，李惠斌，薛晓源.世界文化产业发展前沿报告.北京：社会科学文献出版社，2004.
［3］胡晓鹏.国内外创意产业发展经验的解读与思考［M］//厉无畏，王振.创意产业——城市发展的新引擎.上海：上海社会科学院出版社，2005.

（本文载于《城市评论》2006年第8期，与于雪梅合作）

创意产业的赢利条件与发展对策

一、发展创意产业的战略意义

1. 发展创意产业有利于实施可持续发展战略

创意产业依靠人才的创造力和集聚效应,无须占用太多的土地和资源,是知识密集型产业,具有无污染、消耗物质能源少,不受土地和资源限制、低投入高回报等特点。与对土地、资源存在巨大依赖的传统制造业比,创意产业在协调经济发展与环境资源保护上有独特优势。

2. 创意产业有利于历史文化遗产的保护和城市文化品位的提升

一方面,文化创意园区与城市旧区的有机结合,保留了具有历史文化价值的建筑,不仅避免了城市文脉的中断,而且通过历史与未来、传统与现代、经典与流行的交叉融会,为城市增添了历史与现代交融的文化景观;另一方面,利用老厂房、旧仓库发展文化创意产业,改造的成本低而产生的附加值却很高,将对城市经济的发展产生巨大推动作用。国际上很多重要的创意产业区都和旧区重建有关,如英国泰晤士河南岸、柏林的哈克欣区、温哥华哥兰桂岛、日本北海道小樽运河。纽约的苏荷是在19世纪制造业大发展时建造的厂房仓库,伦敦著名的泰德艺术馆由原本可能拆除的火力发电厂改造而成。

3. 创意产业可以提升城市吸引力和凝聚力

主要体现在两个方面:一是强化城市外在影响,重塑城市形象。文化产业将文化创意融入城市规划中,可创造新的城市文化氛围,塑造城市标志、城市雕塑,在塑造城市整体形象、增加城市文化含量以及提升城市文化品位方面具有重要作用；二是优化城市内在布局，重绘城市地图。一方面，大博物馆、著名歌剧院、芭蕾舞院、大小电影院、大图书馆、音乐厅等向城市中心区不断集中，使城市中心区成为文化和艺术创造力的焦点和中心，城市中心区的文化地位更趋凸显；另一方面，创意产业的巨大附加值使中心区与边缘区地价差别不再那么明显，不同类型的文化产业在不同城市区位的集聚，使整个城市社会空间形成类型之异，而非层级之别。

4. 创意产业的高增值、强辐射、广融合等特性可以促进城市产业升级

创意产业的高增值特性主要表现为创意赋予商业观念价值，随着经济的发展，观念价值在商品的市场价值中所占比重越来越大，创意产业向制造业渗透，有利于推动传统制造业向高增值产业升级。创意产业的强辐射性是由创意产业文化底蕴的传播和影响力决定的。这种辐射力不仅有利于扩大城市产品与服务的市场，还有助于推动消费方式的转变和消费结构的升级，更有助于城市品牌、城市精神的塑造。创意产业的广融合性表现在它对传统文化产业、对传统制造业和其本身各个部门之间的互相渗透方面。它能将技术、文化、制造、服务融为一体，有利于产业的延伸，大大拓展了城市产业的发展空间。

5. 创意产业可以将各种资源转化为经营资源，振兴城市经济

创意产业通过创意策划和市场运作能够将各类资源转化为经营资源，能够为城市发展带来建设资金。当城市发展受自然资源和资本约束时，发展创意产业有利于开发利用历史文化资源、社会资源和人力资源，并将它们转化为经营资源和资本，从而突破资源、资本的瓶颈。

二、创意产业的赢利条件

创意产业将在城市经济转型中获得巨大的发展机遇和空间。这是因为：工业化中后期，土地和劳动力成本上升，资源环境的约束，使城市经济增长的动力从要素驱动、投资驱动转向创新驱动；经济水平提高导致消

费结构发生变化，物质产品的需求满足后，精神文化需求受到重视；技术进步，特别是信息技术的发展为创意产业的发展提供了强大的支持。

发展创意产业应注重研究它的赢利模式。高收益性是创意产业的基本特征之一，其前提是有效的产业运营和价值实现。在创意产业的价值链中，主要增值部分是原创性的知识含量，创意产业企业应根据自身特点和优势运用价值链定位模式，找准自己的赢利点。

（1）内容为王。内容创造构成创意企业核心竞争力的重要部分，是产业链的高利润区。过去，人们认为信息采集能力是构成媒体核心竞争力的主要因素。但随着现代科技提供给人们的信息采集手段效率越来越高，人们的信息采集能力越来越强以及信息来源越来越多，在浩如烟海的信息汪洋中提炼创造出有价值的内容已非易事。创意产业尤其在传媒、娱乐、艺术等行业中，内容的原创能力及内容资源的集成创新能力已成为价值链的核心环节。

（2）渠道制胜。传播渠道是创意产业价值中重要的环节，如果没有畅通的传播渠道，再好的创意也无法转化成产品，更谈不上赢利。

（3）媒体推动。传统的创意作品消费往往是直接的面对面交流的自然经济形态，不需要像策划人、艺术中介机构、经纪人这些中间环节。而在今天，精心设计、策划的创意产品很有可能被淹没在泛滥的信息之中，媒体是人们获得信息的主要方式，媒体的运作将发现创意产品的价值，并推动价值的实现。

（4）需求挖掘。在许多价值链中，消费者在对产品进行消费的时候，产生了大量的新的需求，而这种需求产生的过程也就是价值的创造过程。需求挖掘模式就是充分挖掘并全面满足消费者的全方位需求，通过全面满足客户多方面、多层次的需求来赢利。

三、发展创意产业的对策措施

1. 制定产业发展的总体规划

将创意产业发展纳入城市发展战略，确定重点扶持发展的行业和规划创意产业园区布局，制定未来若干年发展的政策导向，完善和优化创意产业发展的内部与外部环境。比如，上海已构建创意产业协会、文化发展基金会、知识产权服务中心等机构，并依托它们深入挖掘文化创意资源。

2. 加大资金、税收和投融资方面的政策扶持力度

政府要从支持和扶持的角度制定相关政策，在财政政策、融资政策、激励政策等方面实施一定优惠措施，促进创意产业的发展；要积极引导社会资本介入创意产业，多渠道筹集创意发展资金。

3. 加强知识产权保护，建立版权中心

一方面要完善保护知识产权的法律法规，加强执法力度，组织和支持有关社会团体参与管理反盗版活动，帮助企业进行维权和相关诉讼活动；另一方面要积极组建集登记、展示、发布（信息）、保护、策划、交易、服务功能为一体的版权中心。

4. 培养和引进各类创意人才、文化经纪人及中介机构，促进创意成果转化为经营资源

一方面要在高校设置创意产业经营管理专业，培养相关人才，组织社会各界开展创意培训；另一方面要为吸引各类创意人才创造良好环境，特别是有利于创意发挥的宽松愉悦的环境，包括对创意人才的激励政策以及为创业提供的公共服务体系。要积极培育文化经纪公司，整合社会文化创意资源，将创意成果转化为经营资源。

5. 构建和完善创意产业的公共服务平台，为广大中小企业的发展提供服务

在创意园区的建设方面，还要努力构建和完善公共服务平台，包括提供专业化创业设施、技术服务、信息服务、经营管理和政策指导，组织交流、展览、展示和市场推广服务。

（本文原载于《新华日报》2006 年 9 月 24 日第 B03 版）

上海创意产业发展的战略思路与沪港合作

一、上海创意产业发展的现状与问题

(一) 创意产业的发展现状与特征

与传统的、以物质消耗为基础的“手脚产业”不同,创意产业被称为“头脑产业”,即强调创意对经济的推动力与附加值。目前全世界创意经济每天创造 220 亿美元的价值,且以 5% 的速度递增,国际上有影响力的大城市无一例外都是创意产业最集中最发达的地区。

近年来,上海创意产业形成了一定的产业基础和规模,以老厂房、老仓库为基础的创意产业园成为创意产业集聚发展的主体空间。产业门类涉及工业设计、室内设计、建筑设计、广告设计、服装设计、游戏设计、软件设计、旅游纪念品设计、玩具设计、动漫艺术、网络媒体、时尚艺术、影视制作、品牌发布、工艺制作等。就目前创意产业的发展现状来看,主要呈现出以下几大特征。

1. 产业发展日益提速

2003 年上海制定了文化产业三年发展行动计划,并将文化服务业确定为上海发展现代服务业的新增长点,与此同时,创意产业也开始受到各方面的关注。由于我国国民经济统计按行业进行,而文化产业、创意产业都有跨行业交叉重复的情况,难以简单加总。尽管通过各种资料的推算并不很精确,但创意产业的蓬勃发展趋势是明显的。据上海市统计局统计,2004 年上海创意产业中仅仅属于文化产业的增加值就达到446亿元[1]，与2003年相比增长率达16%以上；如果加上工业设计、建筑设计和相关软件生产，增加值总量应当更高。创意产业已不仅是上海经济增长的亮点、现代服务业的新增长点，而且也堪称上海新一轮发展的支柱产业，成为国际社会感受浦江两岸魅力与活力的又一扇窗口。欧洲安博斯咨询公司在对全球一些大城市进行一年的跟踪调查后认为，上海极有可能成为全球第四大创意产业发展中心。

2. 呈现出产业集群化的发展态势

近年来上海创意产业发展已呈现出集群化的发展态势（见表1），总体来看有四大类型：有的依托大学和研究院所发展设计类产业；有的通过改造旧厂房、旧仓库，发展艺术类产业；也有在政府支持下开辟新区建立与电子信息技术相结合的创意产业基地；还有依靠传统布局，在原产业基础上建立相应的创意产业基地。集群化的发展和基地的形成，为上海创意产业创造竞争优势、增强吸引力和辐射力提供了有利条件。目前上海全市已拥有36个创意产业园区，占地逾六十几万平方米，园区中入驻了来自三十多个国家和地区的创意设计企业上千户，从业人员几万人。

表1　上海部分创意产业集聚区情况

名　称	性　质	建筑面积	类　型	入驻企业
赤峰路现代设计街	依托同济大学	200 000余平方米	建筑设计	800余户
天山路时尚设计产业园区	以中国服装设计师协会和东华大学为依托	10 000余平方米	时尚艺术、服装设计、品牌发布	30余户
天山软件园区	依托交通大学	25 000余平方米	软件开发、数字技术、教育培训	70余户

① 资料来源：《上海2005年文化统计概览》，上海市统计局2005年版。

续　表

名　　称	性　　质	建筑面积	类　　型	入驻企业
乐山软件园	利用旧厂房改造成的高科技成果转化基地	20 000余平方米	软件开发、数字技术、教育培训	80余户
莫干山路春明文化都市产业园区	旧厂房改造	40 000余平方米	当代艺术、广告影视、服装设计	100余户
泰康路艺术街	旧厂房改造	20 000余平方米	视觉艺术、工艺美术、室内设计	100余户
昌平路新型广告动漫影视图片基地	旧厂房改造(前身是上海窗钩厂、上海航空设备厂)	12 000余平方米	动漫艺术、影视制作、网络媒体	30余户
静安产业园区	旧工业厂房的改造	14 000余平方米	建筑艺术、装潢设计、模型制作	20余户
张江文化科技创意产业基地	与电子信息技术相结合	100 000余平方米	影视制作、游戏软件、动漫制作	100余户
新上海城市广场	以旅游纪念品设计、制作为主	50 000平方米	艺术设计、工艺品制作、旅游纪念品	30余户
创意仓库	老仓库的改造	20 000余平方米	城市规划、建筑设计、环境艺术	20余户
周家桥	旧厂房改造	12 000余平方米	艺术设计、美术摄影、动漫艺术	30余户
设计工厂	依托上师大美院的旧厂房改造	5 000余平方米	设计服务、设计教育、设计研发	10余户

资料来源：根据“上海创意产业中心”网站资料综合整理，http://www.scic.gov.cn/

3. 多样化的特色创意项目层出不穷

目前上海中心城区黄浦、静安、浦东、徐汇、长宁、杨浦、普陀、闸北等区纷纷认识到创意产业是新一轮经济增长的重要引擎,各自结合本区特点规划发展创意产业基地。一些特色创意项目不断涌现,建国中路重庆南路口的八号桥,过去是工厂,现在是一间艺术家的工作室,运用新的设计和模式改造,为历史的留存注入时尚、创意的元素。同乐坊是昔日的弄堂工厂集中区域,外部环境保持上海传统弄堂工业厂房的特色,内部改造成为集国际性、文化性、互动性于一体的艺术、时尚创意空间。

(二)存在的问题

虽然上海创意产业发展红火,但也存在不少问题,影响其健康发展,主要是:

(1) 对创意产业的认识还比较模糊,内涵界定不清楚,未能建立完善的统计数据为规划和决策提供参考。

(2) 创意产业向传统产业的渗透不足,其自身产业链未能有效整合和延伸,因此没有充分扩展并实现其价值。

(3) 从行业管理来看,创意产业分散在三个不同的主管部门,缺乏有效的协调机制,不利于资源的优化配置与整合,也不利于产业的融合创新。

(4) 从园区管理和经营方面看,有些园区经营还只停留在做房地产和物业管理,或者重形态而轻业态。它们不仅缺乏明确的定位和规划,而且缺乏内部协作和交流互动,也不善于策划和举办各种展示、推广、交流、交易活动,不能为区内企业提供服务和打造园区品牌。

(5) 从发展环境看,尚未建立起较完善的公共服务体系(平台)。创意产业里以中小企业居多,它们虽有潜力和技术,但比较弱小。创意需要激励、孵化,市场需要培育、推广,因此它们更需要社会的支持。

(6) 从人力资源看,还远不适应创意产业迅速发展的需要。上海不仅缺少高端创意人才,也缺少擅长将创意作品产业化和市场化的文化产业经营人才,即所谓的“新媒介人”阶层(如艺术经纪人、传媒中介人、制作人、书商、拍卖师、文化公司经理等)。以动漫为例,国内市场上90%为欧美日韩的作品,对国产片的需求远大于供给,但上海从事动漫设计制作的人员不足2 000人,而韩国有3万多人。此外,由于缺乏优秀的“新媒介人”,创意产品的推广、衍生产业的发展、品牌的建立、价值的挖掘等都还很不理想。

二、上海创意产业发展的目标与思路

(一) 发展目标

为进一步明确发展重点,加快上海创意产业发展,上海市经委和市统计局编制出版了《上海创意产业发展重点指南》,将“十一五”上海创意产业发展重点确定为五大类:研发设计创意、建筑设计创意、文化传媒创意、咨询策划创意和时尚消费创意(见表2)。

表2 “十一五”上海创意产业发展重点

“十一五”上海创意产业发展重点	
五大类	主要内容
研发设计创意	工业设计、工艺美术品设计、软件设计等
建筑设计创意	工程勘察设计、建筑装饰、室内设计等
文化传媒创意	文艺创作表演、广播、电视、电影制作等
咨询策划创意	市场调研、证券咨询、会展服务等
时尚消费创意	休闲体育、休闲娱乐、婚庆策划、摄影创作旅行等

其中研发设计创意主要指与工业生产和计算机软件领域相关的研发与设计活动,包括工业设计、工艺美术品设计、软件设计等;建筑设计创意主要指与建筑、环境等有关的设计活动,包括工程勘察设计、建筑装饰、室内设计等;文化传媒创意主要指在文化艺术领域中的创作和传播活动,包括文艺创作表演、广播、电视、电影制作等;咨询策划创意主

要指为企业和个人提供各类商务、投资、教育、生活消费及其他咨询和策划服务的活动，包括市场调研、证券咨询、会展服务等；时尚消费创意主要指在人们日常消费、生活娱乐中体现创造性及其价值的行业，包括休闲体育、休闲娱乐、婚庆策划、摄影创作旅行等。

上海创意产业目前已基本走过强势推进的第一阶段，2006 年是迈向新时期的关键一年。上海市经委提出了年度发展的总体目标：着力推进设计创意，优化产业发展环境，培育创意园区品牌，搭建基础服务品牌，形成创意产业规模。同时，上海创意产业中心等机构还将构建五大公共服务平台，即《创意时报》、中国设计网、上海创意之窗、上海创意产业投资有限公司、上海创意产业培训中心。

争取到 2007 年，上海形成 70 – 80 个创意产业园区，建筑面积总量达 100 万–150 万平方米，吸引 3 000 –4 000 家各种创意类企业集聚；争取到 2010 年，上海创意产业增加值达到全市 GDP 的 10% 以上。远景目标，是用 10 – 15 年时间，把上海建成亚洲最有影响的创意产业中心之一，用 20 – 25 年时间，使其成为全球最有影响的创意产业中心之一。

（二）战略思路

创意产业涉及多个行业和部门，而各个行业在上海的发展又相对不平衡，为了更好地提高上海创意产业的影响力和贡献度，上海从实际情况出发，依据全局性、长远性及可行性原则，确定重点行业，并采取多种措施予以扶持。大体上走两条路径，一是把文化创意变成产业，二是将传统的产品通过文化创意内涵来增值，前者是把文化变为商品，比如文艺创作表演等，后者是把商品变成文化，比如一些时尚消费品的文化附值等。

1．行业聚焦

（1）研发设计业。以推动上海工业化向产业升级高度发展为主。设计是创意产业的重要元素，涵盖艺术、科技、经济、文化、市场和生活等多个方面，创意产业是跨越多个学科、多个行业的集合性极强的产业；属于知识和技术密集型的生产性服务产业，能起到将技术进一步转化为生产力和市场竞争力的突出作用。

近年来，企业利润的主要来源已转移到产品的研究开发和设计上。有资料显示：美国以设计作为赚钱工具，日本以设计作为维护生产的手段。通过创意设计来提高产品的附加值和竞争力，并通过创意设计更好地服务全国，应该成为上海创意产业发展的一大焦点，使设计服务在经济增长中占有越来越重要的地位。

（2）动漫和网络游戏业。上海动漫和网络游戏已有一定的基础，有全国最大的动漫影视基地——上海美影厂，有最大的网络游戏运营商盛大和第九城市，在全国处于领先地位。但原创作品少，产业的深度开发不足。可进一步借鉴日本、韩国发展动漫和游戏业的经验，充分发挥上海在通讯、电子、电脑、网络集成等方面的优势，支持有关科研单位和企业进行网络游戏的开发和动漫制作，并进行产业化的推广，使上海逐步发展成为中国最有优势的动漫和网络游戏的开发、制作和推广的基地。

（3）传媒与多媒体内容产业。创意产业的根本观念是通过"越界"促成不同行业、不同领域的重组与融合；通过越界，寻找新的增长点，推动产业升级与经济发展。而从发展来看，数字化高端融合是创意产业的未来发展趋势，科技发展极大地推动了创意产业的发展，未来的科技发展还将产生新的重大飞跃。必须敏锐地把握这一客观趋势，不断运用现代科技和先进实用技术提升创意产业的内在张力和外在传播力。不仅要加快数字、网络等现代信息技术在文化产品创作、生产、传播等各个环节中的应用，也要加强其他新技术，如新材料、集成技术在创意产业领域的应用开发。上海新闻出版业力量不弱，要进一步提高水平，拓展国内、国际市场。

（4）影视与演艺业。影视与演艺是人们文化消费的一个重要领域，是人们获取信息、学习知识、欣赏艺术、休闲娱乐的重要渠道，发达的影视与演艺业可以扩大城市甚至国家的影响力。美国借助好莱坞电影实施其文化扩张的战略，近年来韩国也借助韩剧扩大了其在亚洲的影响。上海有较好的影视与演艺基础,应加快国有影视单位改革,吸取好莱坞、百老汇和韩国影视的成功经验。上海有演出团体较多、资源充足的优势,应发挥名人、名团、名剧的品牌效应,打破地区和所有制界限,实现资源共享、优势互补,推动演艺业的发展。上海在影视后期制作技术、人才等方面具有优势,应积极发展影视专业化的处理软件系统、影视制作硬件和制作技术的研制开发以及代理服务等。

(5) 时尚消费业。随着经济的发展和人民消费水平的提高,时尚消费需求日益凸显,时尚消费商品种类繁多,从个性饰品到时尚生活用品,依季节而变,随潮流而动,还有家居装潢、服装、娱乐等时尚设计和消费市场都有很大潜力。上海在率先实现现代化的过程中还应成为引领时尚消费潮流的城市,弘扬海派文化。因此上海应积极发展时尚设计、时尚展览、品牌发布、品牌策划、市场推广等服务业,成龙配套,形成系列。

2. 产业集聚

发展创意产业的核心是要构筑创意产业链,并尽量拓展延伸,以形成规模,获得最大的经济效益。目前上海缺乏的就是完整的产业链。要在较短的时间里领跑全国,赶上西方国家,就必须打造出若干符合市场规律的、完整的创意产业链,并围绕产业链培育出一批富有竞争力的创意产业集群。

创意产业园区是企业集群化的载体,其主要构成应有相关文化创意设计方面的企业,有提供高科技支持(如数字网络技术)的企业,有国际化的策划推广和信息咨询等中介机构,有从事文化创意产品生产的企业,有在文化经营方面富有经验的经纪公司等。这种相互接驳的产业群,对构成立体的多重交织的产业链环,形成综合融汇的集群效应具有实际意义。而目前以行政区域划分或行业分割方式构建的创意产业园区毕竟会受到传统利益格局和资源配置的影响,难以达到理想的要素组合和产业的深化发展。

上海应以现有的创意产业集聚地为基础,结合中心城区产业结构调整、旧区改造和历史建筑风貌保护，从完善创意产业链和优化资源配置出发，对上海的创意产业集聚地进行统一规划和整合，探索建立功能定位合理的创意产业园区。近期，上海已开始着手培育十个具有明显特色的文化创意产业基地，它们是：华山路戏剧大道、龙华工艺品基地、松江影视基地、张江动漫游戏基地、大世界非物质文化遗产基地、临港出版基地、画廊基地、文化信息化服务基地、文物世界和杨浦版权产业基地。

（三）对策措施

1．制定上海创意产业发展的总体规划

将创意产业发展纳入科教兴市的主战略，确定重点扶持发展的行业和规划创意产业园区布局，制定未来若干年发展的政策导向，完善和优化创意产业发展的内部与外部的环境。依托上海市创意产业协会、上海市文化发展基金会、精文公司、上海知识产权服务中心等机构，深入开掘上海文化创意资源。考虑到目前创意产业分属三个部门管理的现状，为顺利实施规划，拟建立上海市创意产业协调领导小组，以便协调各方关系，实现资源整合和优化配置。

在制定总体规划时，对现实可行性要有充分估算，要准确把握市场供给与需求的平衡，市场发展要有节奏，创业园区的建设、扩展要把握好数量增长的速度，既要大力发展，又要避免一哄而上造成供求矛盾激化。

2．加大资金、税收和投融资方面的政策扶持力度

上海创意产业大部分还处于起步阶段，政府要从支持和扶持的角度制定相关政策，在财政政策、融资政策、激励政策等方面实施一定优惠措施，促进创意产业的发展；要积极引导社会资本介入创意产业，多渠道筹集创意产业发展资金。

3．加强知识产权保护，建立上海版权中心

完善保护知识产权的法律法规，加强执法力度，组织和支持有关社会团体参与管理反盗版活动，帮助企业进行维权和相关诉讼活动。积极组建集登记、展示、发布（信息）、保护、策划、交易、服务等功能为一

体的上海版权中心，这将有力地支持创意产业的发展。

4. 大力培养和引进各类创意人才、文化经纪人及中介机构，促进创意成果转化为经营资源

发展创意产业，需要一批擅长将创意作品产业化和市场化的文化产业经营管理人才和文化市场营销人才，即所谓的“新媒介人”阶层。而目前上海这类人才较为短缺，从长远的角度考虑，一方面要在高校设置创意产业经营管理的专业，配合创意大动员，组织社会各界力量开展创意培训；另一方面要为吸引各类创意人才创造良好的环境，主要是有利于创意发挥的宽松愉悦的环境，对创意人才的激励政策，以及为创业提供公共服务的体系。

5. 大力发展中小企业，构建和完善创意产业的公共服务平台

创意产业的性质和特点不同于传统产业，其繁荣发展要依靠大批自由、灵活而又富于创新的中小企业。除了在政策、资金上对中小企业适当倾斜外，在创意园区的建设方面，还要努力构建和完善公共服务平台。包括提供专业化创业设施、技术服务、信息服务、经营管理和政策指导，组织交流、展览、展示、市场推广等服务。

6. 建立并完善创意产业统计指标体系

为了更好地促进上海创意产业的发展，需要对上海创意产业进行量化统计和测算，这就需要建立符合国情的、具有上海特色的创意产业统计指标和创意产业指数。目前，创意产业统计指标基本已经确定，还需要进一步完善和实施。而创意产业指数的制订正在研究之中，需要加快进度，通过实践应用进行修正，今后可用于测算创意产业的发展对上海整体产业的带动性和渗透性。

三、沪港创意产业合作的空间与路径

香港紧随英美大势，较早地发展创意产业。创意的概念渗透到香港社会经济的各个方面，相关的从业人员已经散布到社会的各行各业，交叉融合的程度非常高，无法完全分隔出来。可以说，香港已经成为继

纽约、伦敦、东京之后全球又一个瞩目的创意产业之都。香港的品牌管理和设计服务在亚洲享有盛誉，时装、首饰、计时、玩具、数码出版与印刷等创意设计，在全球闻名遐迩；与此同时，香港的创意产业人才的培训，也颇具特色。与欧美创意产业相比，香港的创意产业和创意服务业更熟悉东方文化及熟悉内地的商业环境，且能在这个基础上更好地为内地创意产业服务。而上海则是内地创意产业的领军代表。上海已把创意产业作为发展上海现代服务业的重要内容，列为“十一五”规划重点内容之一。

对于沪港这两座经济和文化都相当发达的城市而言，创意产业的前景将是非常宽广的，两地在创意产业方面的进一步合作更是令人期待。沪港双方应该本着互惠互利的原则，在《内地与香港关于建立更紧密经贸关系的安排》（CEPA）签署的推动下，进一步拓展创意产业的合作领域，不断探寻合作路径。

（一）紧紧围绕 CEPA，不断拓展沪港创意产业的合作空间

CEPA 中有关“服务贸易自由化”以及“贸易投资便利化”的各项条款，使港澳与内地的经贸联系更加紧密，同时也为沪港双方创意产业的合作提供了政策支持与保障。

1. 重振香港创意产业的强心剂

香港本地 1 000 平方千米左右的面积，仅有约 700 万人口，要消化香港文化产业已形成的产能显然不足，因为香港的文化创意产业实际上是一个出口主导型的产业，需要外在支撑。内地可以成为香港广阔的腹地和合作伙伴，沪港合作相当于为香港的创意产业注入了强心剂。

无论是影视制作，还是表演艺术，或者是博览业，香港的文化创意产业要向市场拓展，可以发挥创意优势、技术优势和资金优势，但还必须面对知识产权保护和不断增大的人才需要的挑战。CEPA 为香港的创意人才在内地发展创造了更大的空间，扩展了他们的客户网络。

2. 激活上海创意产业的催化剂

创意产业导入我国才三五年时间，尤其在内地，真正开始形成业态

更是不到两三年，因此这个行业及产业的从业人员才刚刚开始集成。创意产业崛起和创意人才奇缺形成的高倍反差，为海内外从事创意产业人才培训的业界，带来了千载难逢的商机。

在上海，创意人才和新媒介人才都比较缺乏，创意产业链尚不完善，向传统产业渗透，提升其附加值和竞争力的作用还未充分发挥，这些都是我们不得不冷静思考和急需解决的问题。一般而言，发达的城市和地区其创意产业所吸纳的就业人数在就业总人数中占有很高的比例。如在美国的纽约，创意产业的从业人员占所有工作人口总数的12%，在伦敦是14%，在东京是15%，在上海创意产业从业人员只有1%左右，而且其中高端人才明显不足。同时，创意人才的结构还不尽合理，尤其缺少一批顶尖的领军式的创意人才。尽管这几年各个高等院校培养了不少文化创意的人才，但还是远远落后于实际的需求。因此，必须在依靠本地人才储备的基础上，大胆地从海外引进一些人才。沪港加强创意产业领域的合作与交流，一方面，为香港创意产业界带来了北上拓展内地市场空间之良机；另一方面，更是为上海创意产业注入了新鲜血液。

（二）从双方的共同利益切入，探寻合作路径

1. 为两地的创意阶层构筑国际化的平台

创意产业的实质是精神文化产品和服务的生产、交换、分配和消费，以及由此而衍生的一系列新兴的经济业态，所涉及的每一个环节都与人才密不可分，人才资本是创意产业最核心的产业要素和产业资源。

目前上海的创意人才较为短缺，面对这种情况，不断有专家学者建议，上海要在世界重要的创意城市和创意产业集聚区建立有政府背景的办事处，除了处理通常的事务之外，还要负责发掘当地的创意人才，香港可以成为办事处设立的第一站。

上海创意产业主管部门和机构，可以联络香港品牌发展局、香港设计中心，以及香港创意产业相关的协调管理机构共同联手，率先构建国

内创意人才培养和培训高地，具体运作可以开设、举办、创建及组织沪港互动的创意人才培训中心、讲习班、研修班或观摩团，使上海不仅成为国内创意产业的基地，而且成为培养和培训创意人才的中心，从而立足上海，面向长三角，向全国输出创意人才。

2. 增强中华文化的国际辐射力

上海具有深厚的历史文化底蕴，东西文化在此交汇，其独具特色的海派文化风格为创意产业提供了良好的文化氛围。大量的老工业厂房、老仓库，以及石库门等近代优秀建筑群体，为创意产业提供了得天独厚的空间资源。此外，上海拥有较强大的产业基础和高速的经济增长，目前人均 GDP 超过 5 000 美元，中产阶层的消费模式拉动着整个都市产业的升级。近几年，世界知名品牌纷纷进驻上海，如阿玛尼、杰尼亚、卡地亚等。上海试图开始掌握在顶级品牌销售商圈的话语权，营造一个国际流行文化的温床和流行形式更新的加速器。多种国际文化创意势力在上海陆续登台，2010 年上海世界博览会的举行更是为上海创意产业实现跨越式发展提供了机遇。处于崛起阶段的上海创意产业，可以充分利用香港较为成熟的全球化商业运作平台，将“上海热”所代表的新兴中华文化在国际上传播与扩张。

沪港合作也符合香港发展创意产业的长远利益，以影视与音乐制作为例，香港一向被称为“东方好莱坞”，20 世纪 90 年代以前，香港的电影制作和华语音乐在亚洲保持了相当长时间的领先地位，特别是在东南亚拥有大量的观众和听众，凭的是创作技术、创作理念以及香港独特的地理文化背景。但由于发展政策滞后，周边市场不开放，以及周边知识产权意识相对落后，再加上韩国等在文化创意产业上急起直追，香港以电影制作和华语歌曲为代表的创意产业在下滑萎缩，对东南亚等地的观众听众的影响力在下降。随着 CEPA 的签订，香港影视公司可以进入内地制作并发行，可以进行影院投资等文化市场开发。上海不仅是香港最大的市场之一，其丰富的文化资源更是为香港的影视制作带来了重振的契机。

参考文献

[1] Howkins, John. The Creative Economy: How People Make Money from Ideas [M]. London: Allen Lane,2001.

[2] 理查德·E·凯夫斯. 创意产业经济学——艺术的商业之道[M]. 北京:新华出版社,2004.

[3] 厉无畏,王如忠. 创意产业——城市发展的新引擎[M]. 上海:上海社会科学院出版社,2005.

[4] 厉无畏,王如忠,缪勇. 培育与发展上海的创意产业[J]. 上海经济,2004.

[5] 熊凌. 香港创意产业的发展与经验[J]. 发展研究,2004(3).

[6] 香港大学文化政策研究中心. 香港创意产业基线研究——香港特别行政区中央政策组委托顾问报告,2003.

(本文载于《沪港经济发展报告》,香港文汇出版社,2006 年 10 月,与孙洁合作)

创意产业促进经济增长方式转变

——机理·模式·路径

在全球经济进入以知识为核心竞争力的时代背景下,创意产业蓬勃兴起,据联合国统计,创意产业占全球GDP的7%,并每年以10%的速度在增长(James Purnell,2005),大大高于全球GDP7%的增长速度。与此同时,通过发展创意产业促进经济增长方式的转变也已经成为国外发达国家和地区普遍采取的重要战略举措。在这些数据和实践的背后,可以清晰地看到创意产业的发展意义已经远远超越其作为一个新兴产业业态的产业层面,而在于其对传统经济发展模式的颠覆,对经济运行系统的创新,对产业结构的优化和对区域综合竞争力的提升。

一、创意产业与经济增长方式转变的内涵

1. 创意产业的缘起及其本质特征

(1) 脱胎于文化产业政策。创意产业(Creative Industries)作为一个专有名词正式出现在文献中最早可追溯到英国文化媒体体育部1998年11月发布的《创意产业图录报告》(Creative Industries Mapping Documents, CIMD),此报告正式提出并界定了创意产业的概念和具体的产业部门。然而,创意的概念却源自澳大利亚(UNCTAD,2004)。1994年澳大利亚公布了第一份文化政策报告,提出了以创意国家(Creative Nation)为目标,引起了英国政府的关注,并因此有了此后英国创意产业特别工作小组(Creative Industries

Task Force，CITF)的成立(1997 年)，以及 CITF 的《创意产业图录报告》(1998 年、2001 年、2004 年)的发布。应该说，创意产业的概念源自 20 世纪 90 年代初的澳大利亚，90 年代末则由英国政府正式提出这一专业名词，并推广至全球，可见，最初的创意产业脱胎于文化产业，由政策制定者发明，带有鲜明的政治色彩。目前世界各国和地区创意产业定义和分类百花齐放的格局也从一个侧面说明了政府部门各取所好的政策意志。

从创意产业缘起的背景来看，它是一种与文化紧密联系、自上而下的发展策略，是政府促进本地经济、文化、社会进步，甚至成为国家优势的产业政策。与文化产业相关的产业部门成为早期创意产业的主要内容，英国对创意产业的定义也成为之后各个国家和地区确立创意产业发展战略的标杆。文化产业、内容产业、版权产业和创意产业被视为性质相同的产业。在各国不同的定义和范畴界定中我们可以归纳出创意产业有三项共通的核心构成元素：① 以创意为产品内容；② 利用符号意义创造产品价值；③ 知识产权受到保障。

(2) 超越文化产业。随着创意产业在世界各地的兴起，相关的学术研究也不断推进，人们对创意产业的认识逐步深入，认为创意产业是超越文化产业的一种新型产业业态。

西蒙·鲁德豪斯认为，英国 CITF 对创意产业的定义是对艺术文化和创意产业的曲解和歪曲，创意产业已经从上述产业部门中分离出来，成为独立的产业部门。它生产的产品如广告、建筑、服装、手工艺生产中的设计创意、电影和电视生产中的题材构思、出版和软件制作中的选题策划、艺术表演的导演形式、各种产成品的生产工艺和标准以及销售模式等，已经不是大众消费的最终文化产品，而是文化生产，甚至包括所有其他产业生产过程中的中间产品。

澳大利亚学者斯图亚特·坎宁安则提出创意产业是一个相当新的学术、政策和产业论述范畴。它可以捕捉到大量新经济企业的动态，这是诸如艺术、媒体和文化产业等词汇所无法做到的。他认为区分文化产业和创意产业这两个词汇具有理论意义,因为这种区分有助于进一步充实有关知识经济及其与文化和创造力的关系的本质问题的基本框架。同时,也必须有效地捕捉通常由这两个词汇所描述的产业的性质的变化,因为不同的政策体系是作为文化产业和创意产业的规则而发挥作用并支持着文化产业和创意产业。

有"创意产业之父"之称的英国经济学家约翰·霍斯金将创意产业界定为其产品都在知识产权法的保护范围内的经济部门。认为版权、专利、商标和设计产业四个部门共同构建了创意产业和创意经济。霍斯金的定义拓展了创意产业的内涵,把属于自然科学中各个部门的专利研发活动也纳入创意产业,有效地解决了创意活动中科学与文化艺术相分离的问题。这与美国国际知识产权联盟(简称IIPA)1990年提出的"版权产业"的概念有异曲同工之处。按照这一概念,美国应该是最早发展创意产业的国家。世界知识产业组织(WIPO)界定的四种版权产业分类:核心版权产业、交叉产业、部分版权产业、边缘支撑产业,几乎涵盖了英国创意产业的全部门类。

综上所述,创意产业是一个与个人创造力、与知识产权相关的概念,它已经超越一般文化产业的含义,不仅注重文化的经济化,更注重产业的文化化,更多地强调文化产业与第一产业、第二产业、第三产业的融合和渗透。创意产业的根本观念是通过"越界"促成不同行业、不同领域的重组与合作,是一个全新的产业概念,与文化产业和内容产业之间既有区别又有联系,新加坡学者根据产业价值链分析了创意产业与相关产业的关系(见图1),图1显示创意产业是处于价值链上游的高端产业,同时可以与第一产业、第二产业、第三产业相互融合。

(3)产业发展模式的创新。综观各国对创意产业的分类,我们可以发现,它的范围是广泛而复杂的。这些被包含在其中的产业,除了因

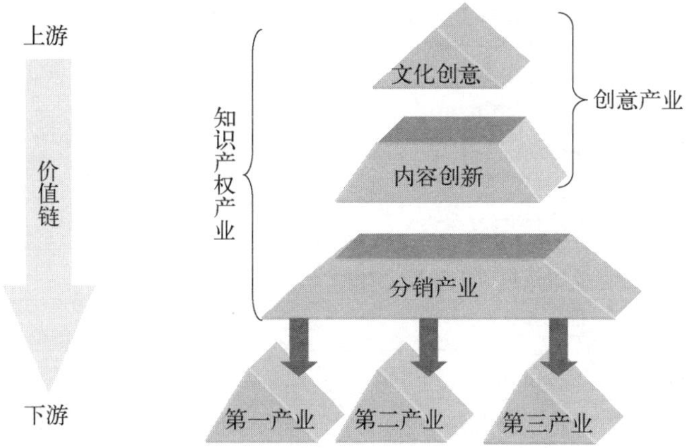

图1　知识产权产业的价值链

资料来源：新加坡贸易产业部,2003(有修改)

新科技而诞生的产业外,多数产业并不是最近才无中生有地被创造的,而是早已存在的,因此创意产业并非单指某一种产业,而是指一群在社会与文化发展的贡献上特性相符,具有相同的经济发展与就业机会的潜力,并受到政府的额外重视而被划分出来的产业类别。它不仅包容了"以物质资本、经济资本为运转方式"的传统产业,还拓展了"以智力资本、文化资本、社会资本为运营方式"的新产业内涵。创意产业概念的提出,其意义不在于对其所涉及的产业内容进行重新分类统计,而在于强调在新的全球经济、技术与文化背景下,创意产业作为独立的产业形成及其对整个经济增长和产业结构演变的影响,在于强调在新的发展格局下,对经济增长新核心要素的把握,以及对新的产业结构通道的建构;更在于强调在创意经济时代对思维方式的转换,对经济发展模式的创新。因此,对创意产业的认识不能囿于传统产业的思维逻辑,应该在技术进步、产业融合、消费转型的大背景下审视创意产业的内涵和本质特征。笔者认为,从某种意义上来看,创意产业是一种发展模式的创新,是对传统的产业发展逻辑的颠覆(详见表1),具体体现在以下几方面:

表 1　传统产业发展逻辑与创意产业发展逻辑比较

	传统产业	创意产业
产业驱动	硬性资本(土地、金融资本等)	软性资本(知识、文化、人力资本等)
产业资源	一次使用	反复使用
产业链	单向生产链	环状价值链
产业组织	垂直化	扁平化
产业导向	产品价值	顾客价值
产业效益	边际成本递增,边际效益递减	边际成本递减,边际效益递增
产业目标	经济	经济、社会和人

第一,软驱动取代硬驱动。传统的产业发展模式注重有形资源和客体资源的开发和利用,在资本的构成中硬性资本占据了主要地位,驱动其发展的主导要素是自然资源、土地、资金、机器等;创意产业则强调无形资源和主体资源的开发和利用,高级人力资本、知识产权资本、技术资本和文化资本等软性资本成为其核心驱动要素,其中,特别注重人的创造力,强调文化要素的推动力。

第二,价值链取代生产链。创意产业重塑了传统的产业结构。传统意义上的产业是同类企业的集合,按照研发、生产、销售的一般流程组织生产,形成单向的生产链结构,彼此间缺少横向联系,产业组织以垂直一体化为特征;由于创意已经从相关产业中分离、独立出来,其本身成为其他产业的投入要素,创意产业是为所有产业提供创意服务的产业群,在组织形态上,它打破了传统产业的界限,可以同时与不同的产业产生关联,如第一产业、第二产业、第三产业均可与创意产业相互融合,创意产业是通过价值链的分配来组织生产流程。从理论上来看,创意产业处于产业价值链的最高端,形成以创意为中心,生产、销售等环节为外围的同心圆的产业组织结构,各个环节之间具有反馈效应。

第三，消费导向取代产品导向。与传统产业注重改变产品功能价值（或使用价值）不同，创意产业主要通过改善产品的观念价值获得市场和利润。以消费者的需求为导向，关注顾客价值，特别是对文化的认同是创意产业的重要特征，创意灵感及其火花的迸发，创意产品的形成和销售推广，创意时尚潮流的引发，每个环节都需要根据顾客价值精心设计、呵护和挖掘。因此，从产品导向到消费导向的变化体现了创意产业"消费者为王"的发展思维模式，其意义在于通过产品的创意激发消费者的购买潜力，引导消费时尚，形成新的消费市场，同时提升社会品质，促进经济的持续增长。

第四，多元目标取代单一目标。目标的多元化是创意产业区别于传统产业单一经济目标的显著特征，也是创意产业是否是真正意义上的"产业"争论的焦点，我们认为，在全球化、国际化和信息化的大背景下，经济的发展已经与整个社会的发展紧密联系在一起，产业的发展也呈现了新的格局，产业融合已经使产业间的界限趋于模糊，产业的发展模式也突破传统的思维形成了新的范式。因此，围绕创意产业的定义展开的讨论应当超出引起激烈争论的统计学上的冲突，去理解更为广泛的文化、经济和社会的转型，创意产业超越一般产业单一经济目标，在经济、社会以及人本身发展上的多元目标是其在新发展格局下的真正魅力所在。

2. 从创意产业看经济增长方式转变的内涵

经济增长方式的转变可以理解为驱动经济增长的主导要素发生了质的变化，经济增长所依赖的手段和途径发生了质的变化，不同发展阶段由于主导要素的差异，经济呈现不同的增长方式（见图2），当世界经济步入知识社会，向创意经济发展的今天，经济发展出现了"再结构的过程"，文化要素和人的创造力成为推动经济增长的主导要素，这种主导要素的变迁带动文化创意产业的兴盛，也逐渐改变了经济增长的模式。

从广义知识经济的角度来看，创意经济与信息经济同属于知识经

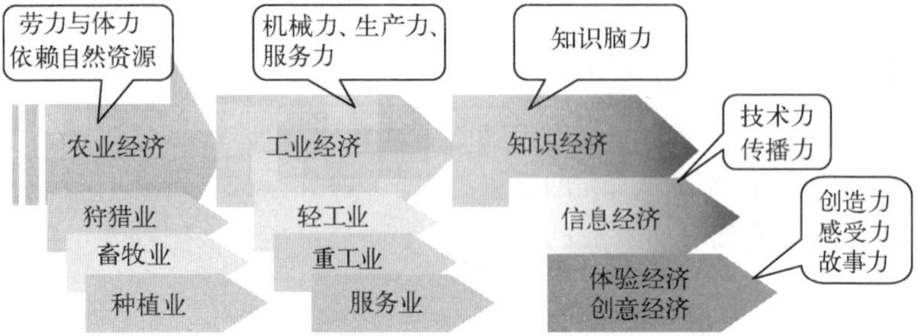

图 2　经济发展形态的演变阶段

资料来源：游文宏,2005(有修改)

济的范畴,是知识经济发展到一定阶段的新形态,创意产业在积极开发知识与信息的同时,将大量的符号与象征元素(如品牌等)运用在产品的生产与消费过程中,让产品成为文化意义的承载者,其积极意义在于创意产业所提倡的通过消费推动经济增长方式转型的新模式,在于一种集约型增长的发展新理念。创意经济实际上意味着从以效用为重心的经济转向以价值为重心的经济;从以理性资本(包括物质资本与公共知识[即物化知识])为基础的经济转向以活性资本(包括知本[即个人知识资本]、社会资本、文化资本、精神与潜意识资本)为基础的经济;从以机械组织和秩序为基础的经济转向以有机组织和活的秩序为基础的经济。

从系统论的观点来看,整个自然、社会、经济的演进是一个紧密联系的有机体,这个有机体也是一个各种力量交织发展的平衡体,这个大系统在自身不断优化的过程中演进。经济增长方式的转型可以看成是经济系统适应不同的自然和社会系统发展的结果。创意产业对经济增长方式转型的促进超越了一般的经济层面,有着更深刻的自然和社会意义,促进了人与自然、经济、社会系统的和谐发展。因为,与技术、服务和信息对经济增长的效率提高和成本降低不同,创意的贡献在于对时间效能的提升,对人的创造力的释放,对社会生活品质的提高,是一种"以人为本"的创新经济增长模式。

二、创意产业促进经济增长方式转变的模式

1. 资源转化模式

在传统粗放型的经济发展模式中，通常要消耗大量的物质资源，特别是能源，其增长的代价是自然资源逐渐消失和环境不断恶化，因此，资源环境约束和资本约束成为经济发展的瓶颈，而创意产业最显著的特征是鼓励个人创造力的无穷释放，这种释放创造了新的产品和新的市场需求，冲破了传统资源的硬约束，因为通过创意能够将各种资源转化为资本经营，为经济发展打开了新的通道和空间，这是创意产业促进经济增长方式转变的特有模式。

这种模式基于对资源广泛性和动态性的认识、人的创造力的发挥和市场的把握，在具体实践中需要经过资源→资本→市场的多重转化，创意产业也在这些转化中兴起和发展，并促进经济增长方式的转变。资源拓展和资源转化模式对经济增长方式转变的促进主要从三方面展开：

首先，当人的创造力成为经济增长主导资源时，资源的内涵和外延得到了更深刻和广泛拓展，一些具有历史积淀的物质载体、一则神奇的民间传说、一些社会生活中的元素等均可纳入资源的范畴，可以加以开发和利用，成为促进经济增长有用的资源。

其次，人通过自身主体智力资源的开发，即创意的运用，能够将各种自然和人文、有形和无形的资源有效地转化为经济发展的资本，同时促进各类资本（经济、文化和社会等）之间的相互转化，使经济发展能够更多地依靠文化资本和社会资本等软性要素的驱动，实现增长方式的转变。如，一些历史文化资源也可以通过经营转化为经济资本。在成都锦江有一座年久失修的廊桥，缺乏翻建资金，通过市场策划，决定将廊桥建成两层，下层维持原有功能，上层新增加 6 000 平方米作为投资商的营业场所，结果，不但廊桥不花政府一分钱重建起来，上层开设的饭店也成为当地风景最好的用餐地，客人纷至沓来。这种政府与投

资商的双赢,就是依靠对资源的有效经营。

最后,完全通过开发“人脑”这个主体资源,实现“无中生有”和“有中生优”的创意转化,用无限的创意突破有限的资源约束,促进经济增长向软驱动方式转变。这种模式最典型的是创意与科技的结合,以及创意与市场需求的结合。美国的迪士尼就是“无中生有”的创意典型。迪士尼在近百年的发展中,根据市场需求,不断注入创新思想和科技含量,成为世界著名的娱乐品牌,动漫、玩具、服装、家居和主题公园等系列产品不仅引导了时尚消费,带来了可观的利润,也缔造了全新的娱乐业发展模式,创造了新的市场需求。英国的《哈利・波特》系列则是“有中生优”的创意典型,文学创作自古就有,《哈利・波特》却成功地成为财富集聚的当代神话,小说作者J・K・罗琳从一名清贫的教师一跃成为可与英国女王相匹敌的女富翁,关键在于创意内容(小说)能够与现代科技紧密结合,能够与现代市场紧密结合,并进行产业化运作,衍生出多种系列产品,彼此间形成产业链,满足了不同层次消费者的需求,如运用高科技展示其内容的电影、DVD、游戏等数字产品及玩具、服装等日用品,据一项粗略的统计,由《哈利・波特》带动的相关产业的经济规模已经超过了2 000亿美元。

2. 价值提升模式

从某种意义上,经济增长方式的转变可以理解为相同条件下,对产业附加值的提升和观念价值的挖掘,而创意产业既是产业高附加值的来源,也是产品观念价值的创造者。价值提升模式是基于产业价值链整合和分解的视角,通过整合产业价值链,可以提升产品的附加值;通过分解产业价值链,可以提升产品的观念价值。

我们可以把商品的市场价值分解为使用价值(Function Value)和观念价值(Concept Value)两部分。前者体现为客观的具有一定使用功能的商品特性,后者是主观的可以体会和感受的无形附加物(可以理解为消费者的效用);前者由科技创造而成,是商品的物质基础,后者因文化渗透而生,是蕴涵的文化的观念。随着经济的发展,构成商品市场价值的这两部分的比重会发生变化。在经济发展水平低下,技术比较落后,物质还比较短缺的时代,人们重视的是商品的使用价值,因此商品的市场价值主要取决于使用价值。但当人们摆脱了短缺经济,从温饱走向小康和富裕小康时,便越来越重视商品所包含的观念价值。于是商品的市场价值便越来越取决于其观念价值。当我们在走向知识经济时代时,技术交流与扩散的速度大大加快,商品日益丰富并趋向同质化,于是商品中"精神性"的观念价值所占比重就越来越大,人们对商品或服务中所包含的一些无形附加物,比如品位、感受、感觉、情趣、意味等,则更易产生"共鸣"与认同,并大力追求。一般而言,观念价值创造差异化,具有巨大的利润空间,由创意决定的产品差异性,对创造高附加值的贡献,远远超过产品质量的贡献。凯夫斯(2004)指出,创意性产品的特性、基调、风格"独立于购买者对产品质量评估之外","当存在横向区别的产品以同样的价格出售时,人们的偏爱程度是不同的",芝加哥大学商学院教授奚恺元的实证研究也表明,在人均3 000美元收入地区,效用与价值的相关度下降到2%以下,即人们愿意为观念价值或效用付出比商品价值本身更多的金钱,这在日常生活中有大量的例子,如,同一企业生产的两件T恤衫,质量、款式都一样,一件没有牌子,另一件贴上国际著名的商标,两者在市场上的价值就大不一样,前者只值30元,而后者则可能值300元。这巨大差价的背后体现的是观念价值的差别,体现的是消费者主观的感受:穿着著名品牌的服装体现一定的身份、品位和时尚。创意的本质,就是捕捉满意和快乐,创造和挖掘观念价值,创意产业的发展则能够通过观念价值的实现,使消费者的精神效用最大化,拥有幸福感和快乐感,对于提升国民的幸福感,促进经济增长从单纯追求以物为本的GDP(国内生产总值)、GNP(国民生产总值)向"以人为本"的GNH(Gross National Happiness,国民幸福总值)转变,有着十分积极的重要意义。

3. 结构优化模式

创意产业促进经济增长方式转变的结构优化模式是基于产业融合

的视角，产业融合是经济增长的新动力，产业融合发展直接促进了产业创新，在产业融合基础上形成的新产业、新产品成为经济发展的新增长点，它加快了产业结构升级的步伐，也使企业获得更多的商机和市场，从而带动了整个经济的持续繁荣。创意产业的发展可以理解为文化、科技和经济的融合发展，这种融合建立在为消费者提供高度个性化的创意产品之上，一方面需要多样性的文化资源和文化拓展消费的空间，另一方面也高度依赖现代电子信息技术手段，只有在虚拟的空间里，才能真正比较自由地实现“没有做不到，只有想不到”的个性创意境界。因此文化元素和科技手段成为创意产业优化现有经济发展结构的重要因素。

首先，文化元素与相关产业的融合重塑了传统产业结构。任何一种创意活动，都必须在一定的文化背景下进行，文化是创意产业促进经济增长方式转变的核心要素。一方面，文化是一种能带来巨大增值的资本，具有相同使用价值和技术质量的商品，其经济价值不仅可能由于使用功能和技术质量的改进而提高，而且更会由于其附加的文化含量的不同而上升。越是具有高品质文化，或具有能为多数人认同的文化的商品，就越可能拥有较高的附加价值，其实现的经济价值就越大。另一方面，文化是一个具有极强渗透力和辐射力的元素，能够与不同的产业、产业内不同的环节和产品进行“无缝嫁接”，既可以形成新的产业部门，又可以与传统产业部门融合为一体。创意产业正是以文化的“利器”为新型产业模式的形成披荆斩棘，充当开路先锋。

其次，科技发展和进步及其在创意产业中的应用，不仅促进了产业融合，也改变了产业生产、销售模式，优化了传统产业结构。例如，数字技术的应用，使得创意产业能与各行各业有机融合，这种融合跨越了传统产业的界限，将技术、文化、制造和服务融为一体，有利于产业链的延伸和新型产业群的生成，大大地拓展了经济发展空间，产生效益“裂变”效应。同时，由于产业界限的打破，创意产业可以利用其处于价值链高端的优势，重新组织生产、销售流程，并重塑产业结构。

创意产业对产业结构的优化大致形成两种模式，一是对传统文化产业结构的优化。创意对传统文化艺术不是简单复制，而是依靠创意人才的智慧、灵感和想像力，借助于高科技对传统文化艺术资源的再创造、再提高，可以深入到文化产业的不同层面，包括资源整理与内容创作的基础层，产品制作与传播的核心层等各个方面。二是对传统产业结构的优化。以制造业为例，创意产业中的工业设计、品牌策划、营销推广等不仅增加了制造业的附加价值，也使产业结构趋于柔性化；在都市农业中，由于现代旅游创意产业的融入，农业结构发生了巨大变化，种植功能逐渐淡化，收入逐渐减少，而观光、旅游、生态功能逐渐增强，如上海鲜花港的旅游门票收入已经超过花卉销售收入。目前，长三角地区已经陆续将农业旅游作为优化农业产业结构的新型道路，观光农业已经突破以农家乐为主的零星个体经营方式，开始发展观光农业的环城区域模式，规模效益正逐渐扩大。

三、创意产业促进经济增长方式转变的路径与对策

科技创新和文化创意是现代经济增长的双引擎，前者是硬实力产业，后者是软实力产业，真正能发挥巨大能量的是文化因素和科技含量有机融合的综合创意产业。由于科技创新的研发周期较长，并且价值传递的时间风险较大，对发展中国家而言，创意产业是其实现跨越式发展的有效途径，也是其转变经济增长方式的有效战略，联合国贸易发展组织认为，发展中国家要实现跨越式“蛙跳”（Leap-frog），创意产业是具有优势的产业部门。综观世界各国经济发展的实践，创意产业促进经济增长方式转变的路径和对策主要有以下三方面：

1. 构建文化生态，缔造全景产业链

将文化创意转化为产业，核心是要构筑创意产业链，即把创意、产品和市场有机链接起来。

首先，要营造适宜文化创意生成和生存的生态环境。当代社会形成过去所未有的基础结构，让创意经济蓬勃发展。美国创意经济之所

以兴盛,是因为其有强大的"创意性社会结构"(the Social Structure of Creativity)作为支撑:包括适合科技创意与企业的新体系(例如热衷于创意产业投资的金融体系、高科技的开发公司、持续成长的研究费用等);创新以及更为有效的货品与服务生产模型(例如让员工能够发挥创意的工作环境、弹性的生产方式等);有利于创意的社会、文化与地理氛围(例如吸引创意人才的生活风格或是鼓励前卫艺术的文化制度等)。这种"创意性社会结构"也可以视为适宜创意产业茁壮成长的"文化生态",发展创意产业的前提是致力于构建这种创意产业的生态环境,即通过搭建将文化创意转化为资本的中介平台,将文化创作、文化资源、文化积累产品化;通过构筑创意产品产业化的促进机制,养育创意产业的文化锐气,整合创意产业的文化资源,实现创意产业的市场价值。

其次,缔造全景产业链。创意产业能够创造巨大财富的关键是产业链的形成,创意自古有之,只有当新创意转化为现代文化资本,同时注入高含量的科技手段,并与消费者的现实需求和潜在需求有机结合起来,形成产业链条时,创意产业巨大的经济能量才能释放出来,否则所谓的创意仅仅是头脑里的思想而已。因此,必须缔造全景创意产业链,即包括纵向上形成由创意产品价值的生产链和顾客价值的需求链共同构成的产业链;横向上形成由不同产业和部门相互融合形成的再造价值链。

通过文化生态的构建和全景产业链的缔造,使得经济发展能够在既有的产业格局之上,通过科技、创意与文化的融合,进行再创造和再生产,将旧有产品和服务的附加值提升至最大化,从而全面重塑产业发展的流程,改变经济增长的方式。

2. *激发消费欲望,培育新型产业群*

创意产业的源头是鼓励新创意的产生,而"新创意会衍生出无穷的产品、新市场和财富,创造新机会"。激发消费者的新欲望和购买潜力,是新创意的市场基础,发展创意产业实际上是倡导开拓新的消费空间，培育新的消费群体，从而实现消费拉动经济的增长模式。

立足于顾客价值创造，挖掘消费新需求。根据马洛斯的需求层次理论，消费者的心理需求有极大的潜力和空间，需要激发和挖掘。创意产品消费的主要是观念价值，属于精神需求产品，需要从顾客价值创造的角度设计和生产产品，根据消费者的需求层次和价值认同差异度，有针对性地推出丰富多彩的创意产品，不仅满足消费者的现有需求，同时通过新创意产品激发消费者的潜在需求，创造新财富。如，著名的"Google"搜索引擎、哈利·波特系列、分众传媒、盛大网络、超女选秀等则是创意经济的典型代表，用充满创意的产品开拓了一个新市场，形成了一个新兴产业群，在激发消费者需求欲望的同时，也为社会创造了巨大的财富。

立足于知识产权保护，培育新产业。创意产业发展的关键在于能够将创意转化为产品，并通过产业链形成新兴产业群，一方面需要鼓励创意的产生，需要政策支持并孵化为产品，另一方面更需要对创意产品所属知识产权的有力保护，产权保护有利于创意源的涌动，有利于新创意的产业化和新产业群的形成，可以说，没有有效的知识产权保护就没有持续繁荣的创意产业，由于"偷生意"的存在，缺少知识产权保障的创意非但不能形成产业，也会使创意者付出的心血和成本付诸东流，极大挫伤创意者的积极性，扼杀新兴产业的萌芽。

立足于创意人才培育，壮大创意阶层。创意源于个人的创造力，创意人才是创意产业的第一生产力，把壮大创意阶层作为政策鼓励的方向，会为创意产业带来持续发展的动力。营造适宜创意人才的生存环境，致力于创意阶层崛起应是政府积极扶持创意产业高瞻远瞩的战略举措。

3. 融入城市发展，提升区域竞争力

在全球化背景下，城市已经成为国家参与国际竞争的主体，创意产业以其强大的创造性激发了城市的活力，并构成城市竞争力的主要来源，把创意产业的发展与城市竞争力的提升结合起来是世界各国的普遍做法。纽约将城市精神确定为:“高度的融合力、卓越的创造力、强大的竞争力、非凡的应变力”;伦敦提出“世界卓越的创意和文化中心”的目标,“创意城市”已经成为目前全球化发展的流行口号,也是许多城市竞相追求的国际都会品牌。除了伦敦和纽约外,台湾、上海、香港、新加坡等地也喊出了建设全球或地区创意中心的口号。创意产业的发展对提升城市竞争力有着显著的作用,创意能让城市的生态更丰富多彩,充满活力,激发人们的潜能和对生活的热情,同时也具有实际的经济价值,创意可以解决问题,制造财富。

在将创意产业融入城市发展,形成良性互动的实践中,各国和地区主要从以下几方面着手:

创意产业融入城市产业结构的优化。创意产业通过将现有的文化资源和创意资源转化为经济成就,改造了传统产业,衍生了新兴产业,不仅提升了城市的服务功能,也大大促进了城市产业结构的优化和升级。伦敦通过大力发展创意产业,产业结构得到了显著优化,高附加值的创意产业已成为伦敦最大的产业部门之一,产出和就业量仅次于金融与商业服务业,成为英国创意产业的集聚地,如伦敦创意产业的艺术基础设施占了全国的40%,集中了全国90%的音乐商业活动、70%的影视活动。英国三分之一以上的设计机构都位于伦敦;广播与电视产业一半以上的雇员在伦敦工作;伦敦拥有全国85%以上的时尚设计师;伦敦出版产业的产值约占全英国出版产业的36%等,大量创意产业部门成为伦敦经济增长的主要来源。

创意产业融入城市文脉的延伸。城市文脉是一个城市独有的魅力和价值,一旦断裂,城市原有的文化积淀和传承将消失殆尽,城市也就缺失了底蕴深厚的文化内涵及灵气。城市文脉延续的关键在于处理好城市历史文化的保护与开发。西方社会越来越重视对城市历史文化的保护,概念范畴也逐渐扩大,从单体建筑、建筑群、街区的保护已扩展到对整个城市的保护。创意产业正是这种对旧城进行科学更新的动力,是城市健康发展的新的激励因素。创意产业无须占用更多的土地和资源,仅仅依靠人才的创造力和集聚效应,就使面临废弃的老城区焕发了青春,不仅提升了该地区的文化品位,而且体现了区域经济协调发展的要求。国际上很多重要的创意产业区都和旧区重建有关,如英国泰晤士河南岸、柏林的哈克欣区、温哥华的兰桂岛、日本北海道小樽运河、纽约的苏荷等地区都是在19世纪制造业大发展时建造的厂房、仓库;又如德国的鲁尔工业区的埃森通过发展创意产业"擦去了脸上的煤灰",2001年埃森矿业同盟被联合国教科文组织列入了世界文化遗产名录,2006年埃森又被欧盟定为2010年的"欧洲文化首都"。

创意产业融入城市形象的塑造。创意产业不仅保留了具有历史文化价值的建筑,而且通过历史与未来、传统与现代、东方与西洋、经典与流行的交叉融汇,为城市增添了历史与现代交融的文化景观,并提升城市的形象和品牌。如上海的新天地,结合石库门的改造,融入了现代城市的时尚元素,最终成为上海的地标景观。又如,创意产业的发展为许多城市创造了充满个性、富有艺术感染力的特色街道,这些特色街道的出现,为摩天大厦充斥的城市空间增添了新的特色城市景观。好的城市形象对于人才和资金都有很大的吸引力,物流、人流、信息流和资金流的大量集聚,构成了城市独特的人文景观,这反过来又会促进创意产业的发展。

参考文献

[1] 厉无畏. 创意产业导论[M]. 上海:学林出版社,2006.

[2] 厉无畏,王如忠. 创意产业——城市发展的新引擎[M]. 上海:上海社会科学院出版社,2005.

[3] 林拓,李惠斌,薛晓源. 世界文化产业发展前沿报告[M]. 北京:社会科学文献出版社,2004.

[4] 薛晓源,曹荣湘. 全球化与文化资本[M]. 北京:社会科学文献出版社,2005.

[5] 凯夫斯·理查德. 创意产业经济学:艺术的商业之道[M]. 北京:新华出版社,2004.

[6] Howkins, John. The Creative Economy: How People Make Money from Ideas [M]. London: Allen Lane,2001.

[7] Richard Florida. The Rise of Creative Class[M]. New York: Basic, 2002.

（本文载于《中国工业经济》2006年第1期,与王慧敏合作）

培育创意人才　完善创意产业链

创意产业是面向21世纪的朝阳产业，具有巨大的发展潜力。创意产业不仅可以促进经济全面、协调、可持续发展，而且可以推进文化事业的繁荣、优化城市的文化氛围、改善城市的外在形象和内在品质，同时还可以促进城市就业、完善城市社会的内部结构。近几年来，创意产业作为一个新型的产业群，在我国引起了高度的重视，在北京、上海、深圳等大城市，创意产业纷纷被纳入城市未来发展的规划中，力求依托城市的文化底蕴、人才优势、经济实力、高科技和金融业的发展，并从政策上和法律上创造有利于创意产业发展的外部环境，来推进创意产业的成长，建设创意创新型的城市，提升城市的综合竞争力。

然而，与国际上一些创意产业比较发达的国家和地区相比，我国的创意产业还面临着许多问题，其中最突出的两大问题是创意人才的匮乏和创意产业链的缺失。创意人才是创意产业的核心竞争力，缺少创意人才，我国创意产业的发展受到了严重的阻碍，这正是国内创意产业发展的瓶颈。而产业链不完善，就难以进一步提升我国的创意产业能级，无法完成价值链的延伸，无法充分获取创意产业的高附加值，从而使创意产业的活力和潜力难以充分发挥出来。因此，培养创意人才和完善创意产业的产业链是发展创意产业的重要抓手。

创意人才的培养和创意产业链的完善是发展创意产业相辅相成的两个环节。一方面，培养创意人才要根据产业链上的不同需求而入手；另一方面，产业链的完善和延伸能使具备不同素质的创意人才拥有适合自己的发展空间。

一、创意产业的产业链

创意产业若要获得快速健康的发展，打造完整的产业链是个关键因素。一个完整的创意产业链应该是：原始创意——创意产品的生产——创意产品的展示、推广、交易、传播；然后还有衍生品的开发、生产、经营，这是将产业链进一步延伸、并获取丰厚价值的重要手段。

1. 创意的产生

在创意产业的产业链上，创意占据着最高端的位置，因此可以说，一个创意产品成败的关键是创意。在创意产业中，作为核心的创意活动一般可以分为艺术创作和融入传统产业中的创意活动，前者包括文字书写、声音与图像录制、现场表演、视觉印象等，后者包括工业设计、建筑设计、时尚设计、广告、咨询策划等。

艺术的创意往往产生于灵感的瞬间涌动。艺术家们的创作激情和灵感的闪现是他们在艺术领域里拥有的天分，这使他们具备了不同于常人的独立倾向和艺术情感。

在文学和视觉艺术里，创意过程显现出独创的倾向。作家和画家的独立性可以说是最强的，他们在创作的过程中很少接纳外力的介入，并遵循着作品的一贯风格，很少有突破性的变化。而传媒和表演艺术里，创意活动往往是集体协作的过程，个人的创意需要与他人的创意相吻合，也会从他人的创意中获得灵感；同时还需要反复地磋商和修改，从而达到艺术的和谐统一，将作品完美地演绎出来。一部戏剧，首先需要创作剧本，但是必须通过包括导演、演员、舞美和技术队伍等诸多人才的共同努力，才能搬上舞台。要通过摄影摄像、剪接制作才能由电视或网络广泛传播给更多的观众。在这样一个过程中，创意既是分化的，又是统一的，这是由表演艺术和传媒多方面、多角度、多层次的阐释来决定的。

融入传统产业中的创意活动，是在传统的产品中加入创意的元素，以提高产品的附加值，增强产品的竞争力，实现市场的扩张。虽然从本质上说,任何创意都产生于灵感的偶得,但是企业还是可以采取措施,拓展创意的空间,引导和激发创意的产生,也就是说,企业可以为自己创造专门的创意产生程序。

创意主要来自顾客,包括那些潜在的顾客。因为产品直接面对的是消费者,因此来自顾客的声音是至关重要的,顾客的要求和愿望会给产品带来新的创意,而调查研究也表明,大多数新产品正是源于顾客的创意。企业向顾客征求创意,最经典的做法莫过于通过客户调查来听取顾客的意见了。创意还来自企业的内部。需要强调的是,创意的产生不是某个研发小组的内部事务,而是整个公司共同的行动。公司可以采取一系列措施,或开展一系列活动,将创意的激发和管理系统化、规范化、规模化,让所有的员工都定期参加到创意产生过程中来。此外,创意还可以来自供应商,这是个常常被忽略的创意来源。事实上,来自供应商的创意虽然不及来自顾客的有实效,但是它同样可以为产品的创新提供有价值的思路。

2. 创意产品的生产

创意产业的生产组织形式,可以简单地归纳为分散的个别劳动、简单协作的集体劳动和集中的社会结合劳动。在创意产业的生产过程中,创意仍然是核心,提高效率、创造价值的关键是创意人才的聪明和才智。

分散的个别劳动是指以个人为单位来从事创作和生产,例如画家、作家、雕塑家等,他们通常在个人工作室里进行创作,一般不从属于某个固定的经济实体,属于自由职业者,在这种生产组织形式中,基本上不存在分工,劳动的主体是单个的个人。在分散的个别劳动中,创意和生产是融为一体的,也就是说,创意的过程就是生产的过程,而生产的过程也是创意的过程,创意的完成也就是创意产品产生的过程。

简单协作的集体劳动是指设计、音乐制作、舞蹈、广告等,创作生产是以小的团体为单位来进行的。在这种生产组织形式中,存在简单的内部分工,对技术也有一定的要求。从创意的产生到创意产品的产生需要团体内部的多方协作来共同完成，创意活动的市场针对性也明显强于分散的个别劳动。

集中的社会结合劳动包括影视制作、戏剧、广播、新闻出版、网络游戏、动漫制作等，往往以大的集团公司的形式来进行。在集中的社会结合劳动中，分工进一步深化、细化，对技术的要求也越来越高，需要众多的专业人士共同来完成。集中的社会结合劳动还具有明显的市场倾向性，追逐利益最大化是集团的首要目标。集团的经济活动不仅包括创意、生产，还包括流通、消费，甚至储存等环节，贯穿了创意产业链的上、下游。

3. 创意产品的商品化

创意产品的商品化是将创意产品进行展示、推广、交易、传播的过程。创意产品的价值实现，要依靠成功的市场交换才能完成，创意产品的商品化是必不可少的手段。

在文学艺术制作中，一个创作者（作者）写完了一本书，也就完成了创意的过程。无论如何，从本质上说，书的手稿已经可以阅读了，创意产品的生产过程已经结束。但是，新创作的书籍若要获得广泛的认可，就要由出版商大批量地印刷制作，并推向市场将其变为商品。就这一点而言，当一个作家完成了书稿之后，书这种注定要走向市场的创意产品的生产还远未结束。就文学艺术著作而言，通过出版印刷才能实现批量生产，广泛传播。出版商得天独厚地拥有了版权的第一经营权，他就像是一名守门人，观察并预测市场的可售性，然后投资编辑、印刷、制作、发行和销售。传统上，出版商通过系列专营连锁书店批发和零售文学艺术作品，在20世纪，邮购成为一种直接针对公众阅读的流通手段，今天，世界范围的互联网成为把文学艺术作品直接奉献到读者面前的另一种手段。

与文学艺术创作一样，在视觉艺术、媒体艺术、表演艺术中，创意产品同样需要展示、推广、交易、传播，甚至需要一个再生产的过程。而那些蕴含创意的传统产品的经营，就更需要依靠文化创意的强辐射力和渗透力，用强势手段进行展示和推介，充分重视消费者中日益明显的包括游戏、休闲、感官愉悦、好奇、审美享受以及情感反映等在内的消费倾向，以文化创意的重拳，成功实现市场的扩张。

二、产业链上的创意人才

创意人才可以根据在产业链上的作用和分工的不同，分为创意的生产者、创意活动的组织引导者，以及创意成果的经营者。

1. 创意的生产者

创意的生产者也就是原创人员，既可以是艺术大师，也可以是普通百姓，只要具备合适的空气和土壤，人人都可以产生富有价值的创意。创意的生产者最突出的特征便是头脑灵活、异想天开。他们的创意来源于对常规的突破，因此创意的生产者往往不循规蹈矩、墨守陈规，他们对周围事物充满了好奇心，敢于创新，勇于挑战常规。

创意的生产者是文化内容的提供者，既包括艺术家，如画家（漫画家）、作家、编剧、词曲作家、乐队指挥、演员、演奏、摄影、摄像、动画、魔术等艺术创作人员，也包括设计师，如服装设计、建筑设计、装潢设计、动漫设计、游戏设计、广告设计等，当然还包括所谓的草根，只要能够为创意企业提供有价值的文化内容，就可以被看作创意的生产者。创意的生产者位于创意产业价值链的高端，因为创意产品的主要增值部分就在其原创性的知识含量中。创意生产者们所从事的创造价值的这种活动，改变了过去必须要有实体生产才能成为产业与创造价值的观念，而将抽象的、无形的创意活动当作产业链的一环。近年来，创意的生产者作为创意产业链最上游环节的主体，已经引起了企业的浓厚兴趣。企业对创意生产者的争夺战已经展开，纷纷与著名作家、画家、设计师签约，垄断他们的创意作品，进而占据产业链的最高端。因此，创意的生产者在某种程度上说已经成了稀缺资源。

2. 创意活动的组织引导者

创意活动的组织引导者在创意产业链上具有举足轻重的作用。文化创意活动要成为产业就离不开市场，这就不仅要对社会的文化需求进行预测，对创意活动进行系统的策划和设计；还要对各种创意资源进行整合，营造良好的文化氛围，拓展创意的空间，激发人们的创意，这就需要创意活动的组织引导者，如导演、策划人（原创策划人、广告活动策划，项目策划）、策展人等。创意活动的引导者虽然要有一定的专业技能和创意灵感，但是更重要的是要思路清晰，有独立分析和制定策略的能力，具备市场研究、项目定位、系统策划等良好的市场感觉，而且还要善于协调、整合各类创意资源、引导和激发创意生产者的灵感。以策展人为例，由于策展在我国还是个新兴行业，不少人往往认为策展就是构思个好点子而已。其实策展绝不是纸上谈兵，需要策展人具备多方面的素质，除了敏锐的艺术感悟力、宏观的社会洞察力和富有感召力的奇思妙想外，还需要很强的协调和操作能力，包括确立主题、进行系统结构设计、寻找合适的创意生产者并启发他们的灵感，邀请媒体、宣传造势等。

在高新技术突飞猛进、社会分工越来越细的情况下，创意产品的生产，相对于分散的个别劳动而言，更多的是采取简单协作的集体劳动和集中的社会结合劳动的生产方式。在多方协作的生产方式里，劳动分工不断深化，生产组织就日益系统化了。以电影为例，从剧本的创作到电影的生产，需要编写、拍摄、剪辑、舞美、配乐、配音、特技、洗印等多方面专业人士的合作，此外还要筹资、宣传推广，以及衍生品的开发等，是一项庞大的系统工程。在这种情况下，任何一部影片实际上都是一个大型的集体工程，而最终产品总是一种文化创意和经济技术的合成体。电影制作不仅是一种艺术，从生产组织形式上说也是一种工业，没有对整个系统的结构设计，对各种资源的有效整合，就难以实现价值的最大化。

文化创意和经济、技术的融合大大拓展了创意产业的发展空间，也导致创意产品越来越复杂，从而更需要对创意活动进行有效的组织和引导。由于创意产业具有高风险性和需求的不确定性，因此创意活动的组织引导者需要在生产前期进行周密的策划，并在整个生产过程中，适时地进行协调和引导。各类创意人员也参与其中，诸如演员、动画制作、广告执行文案、录音师、照明师、剪辑师、建筑师、园艺师、设计师，乃至员工们，在创意活动的引导者的组织、协调、引导和启发下，共同从事创意产品的生产。可以说有了创意活动的组织引导者，创意生产者才能更充分地发挥他们的潜能，创造更大的价值。

3. 创意成果的经营者

创意成果的经营者负责创意产品的经营，实现创意成果的价值，是推动文化创意产业化的关键力量。他们不仅要精通经营之道，而且还要能够深刻认识创意产品的文化属性和商品属性，掌握文化发展规律，他们是既通晓创意产业内容又擅长经营的专门人才。

创意产品的经营者包括公司经理、项目经理、拍卖师、评估师、经纪人、中介人、制片人、画廊经理、书商等从事经营活动的人才。

在创意产品的商品化过程中，创意成果的经营者的作用至关重要。创意产品的产生，并不一定意味着创意商品的产生。例如，作家完成了一部书稿之后，产品便产生了，但是若要将其变为商品，就需要既懂文学艺术、又懂经营管理的各类创意人才在编辑、出版、印刷、流通、销售等各个环节中共同努力。又比如，在影视界和音乐界此起彼伏的“造星运动”中，被推到万众瞩目的焦点的虽然是个别的影星、歌星，但是在背后支撑他的是一支庞大的创意人才大军，他们精通艺术，又深谙消费者心理，全面负责包括培训、包装、宣传、策划和推广在内的各项事务。可以说，没有创意、没有设计、没有资源整合、没有市场营销，创意产业的发展只能走粗放经营的传统老路；没有创意产品的经营者，创意产品的市场竞争力与综合实力就只能停留在较低的层次和水平。

在美术业，画廊是联系艺术生产与艺术消费的重要纽带，是最普遍、最常见、最稳定的一种经营形式。画廊的经营者不仅使艺术品完成产权转移，而且使艺术体现价值与完成增值，同时他们还承担代理、培养、宣传画家的职责。在出版业，图书策划与发行运作能力是衡量出版社核心竞争力的重要指标。图书是一种特殊商品,要经过市场暨进入流通领域以交换的方式实现社会效益和经济效益。图书经营人对图书出版全过程进行统筹规划。面对图书市场的激烈竞争,如何把握市场机会、做出适销对路的图书,是关乎出版社生死存亡的关键所在。图书经营人要关注市场、关注读者、关注竞争对手、关注图书营销。图书经营人才其实就是出版社的产品经理,他以全程策划理念、品牌运营理念、创新理念为图书策划、经营、发行、运作注入了全新的内涵。在传媒业,随着传媒市场化的深化和传媒竞争的加剧,传媒经营人才的重要性也日益突出。传媒经营人才或"传媒职业经理人"具备"职业经理人"的经营管理头脑和才干,也具备"职业新闻人"的专业素养和职业道德,能够在传媒产业从事专业性的经营管理工作,并懂得从传媒产业的特殊性出发去运营,实现传媒经济效益和社会效益的最大化。

创意产品的经营者要有多方面的知识和技能。以传媒经营人才为例,他们既要有把握体制和政策的能力,又要有熟悉新闻业务的能力,还要有企业经营管理的能力,懂得管理学、经济学、营销学、财务学等基本经管知识。创意产品的经营者要熟悉国际化产业资本运作和经营运作,要熟悉创意产业的内在发展模式,能借鉴国外创意产业的成熟运作经验,通过一系列的研究和探索,确定合适的融资模式,编织成熟的营销网络,来完善产业链。同时,创意产业要走向国际,就需要经营者用国际化的营销理念和市场运作能力来实现产品的国际化销售。

三、培养创意人才,完善产业链

发展创意产业的关键是完善产业链,而完善产业链的关键是对创意人才的培养和培育,人才的开发需要针对产业链上不同人才的不同特点而采取不同的方式。一个完整的创意产业的产业链虽然可以简单地划分为原始创意、创意产品的生产和创意产品的商品化三个过程,但其中包含了许多环节,特别是衍生品的开发、生产和经营,更是将创意产业的产业链和价值链极大地延伸了。在整个链条上,不同人才具有不同的特点，从事不同的工作，发挥不同的作用，创造不同的价值，对这类人才的开发，不能一概而论，而要有针对性，采取不同的方法和措施。否则，如果混在一起，则无法培养出合格的、高素质的创意人才，无法完善创意产业的产业链，无法提高创意产业的核心竞争力。

培养创意的生产者可以创造机会促使他们头脑中的火花碰撞，促进他们开拓性的思维，增加交流与沟通，营造宽松而多元的氛围。在我国台湾，还出现了一种新的职业，叫做“创意思路引导师（Creativity Facilitator）”，专门从事创意的激发，特别是在跨专业、跨领域的情况下进行创意的激发。因为创意与创新越来越不是单个人、单个领域能够完成的，精彩的团队创意常常来自跨专业的刺激，而提升团队的原创力、促进跨专业的合作与思路激荡需要有效的团队精神导引，这样才能汇集大家的精华，产生独自一人无法产生的创意。在团队创意激荡的过程中扮演着关键角色的正是“创意思路引导师”。

对于创意活动的引导者来说，首要的是要培养他们的市场意识和对文化创意产品的敏感性。创意产品的经营者要具备先进的经营推广理念，要学会挖掘专门化的信息渠道并拥有成熟的市场开拓方法。目前，我国的创意产业不仅缺少原创人才，而且尤其缺少创意活动的组织引导者和创意成果的经营者，即缺少擅长将创意成果“产业化”和“市场化”的人才。这直接导致了我们在创意产品的推广及衍生产业的发展、品牌的建立、价值的挖掘等方面的不理想。例如，在音像产业就非常缺乏高素质的音像发行人才和音像管理人才，而人才的差距是中国音像产业与国外音像产业最显著的差距之一。随着我国成为世界贸易组织的成员国，音像产业对外资的开放度日益增大，竞争也日趋激烈，我国音像产业由于人才的匮乏将会面临更大的挑战。再以动漫业为例，我国的动漫企业并不缺乏普通的电脑制作人员，难觅的是创意设计人才和营销策划人才。目前，虽然全国已有170多家高校设立了动漫专业，但这些院系大多在动漫技术方面着力较多，培养方向多为技术型人才，极少有动漫创意人才和营销人才。这些都导致了我国大多数的动漫企业、影视企业都沦为“代工”企业，成为欧美日韩等地的加工厂，甚至在动漫业扮演着“世界动画加工车间”的角色。“加工”虽然也可以带来一定的经济效益，但因为创意和后期制作都在国外完成，艺术技术被封闭，我们只能掌握初级的四分之一“部件”加工技术，无法了解掌握整体创意结构、“部件”的功能以及在整部作品中的核心设计技术位置等，因此获得的经济效益是低微的，从长远来看产业能级难以提升，也难以做强做大。

培养创意的生产者、创意活动的引导者和创意产品的经营者，首先需要对他们的分工进行准确的定位，特别要以产业链为依据，明确他们在产业链上的不同职能。其次要根据他们工作的不同特点而采用不同的培训内容并采取不同的培训方法。另外，在创意人才的使用方面，也要充分考虑到各自的特点和产业链的需要。只有这样，才能开发出高素质的各类创意人才，缓解我国创意人才匮乏的局面，才能做到人尽其才，在产业链的不同环节充分发挥人才的作用，进一步完善我国创意产业的产业链，增强创意产业的核心竞争力，创造更高的价值。

参考文献

[1] 安宇，沈山. 和谐社会的区域文化战略——江苏建设文化大省与发展文化产业研究[M]. 北京：中国社会科学出版社，2005.

[2] 理查德 · E · 凯夫斯. 创意产业经济学——艺术的商业之道[M]. 孙绯，等，译. 北京：新华出版社，2004.

[3] 厉无畏. 创意产业导论[M]. 上海：学林出版社，2006.

[4] 林拓，李惠斌，薛晓源. 世界文化产业发展前沿报告[M]. 北京：社会科学文献出版社，2004.

[5] 刘吉发，岳红记，陈怀平. 文化产业学[M]. 北京：经济管理出版社，2005.

[6] 克里斯 · 哈里斯. 构建创新团队——培养与整合高绩效创新团队的战略及方法[M]. 北京：经济管理出版社，2005.

[7] 王国荣. 信息化与文化产业[M]. 上海：上海文化出版社，2004.

（本文载于《上海戏剧学院学报》2007 年第 1 期，与于雪梅合作）

文化：城市未来发展的核心要素

文化在经济发展中越来越成为一个关键性的因素。社会越发展，经济越发达，文化的作用越突出。一方面，文化的繁荣体现了经济实力与产业特色，另一方面，文化的发展有助于提高产业的附加值和竞争力。一些著名企业家从自己多年的创业发展中体会到竞争逐步深入的三个阶段：第一阶段是资源、技术和资本的竞争；第二阶段是市场、管理和人力资源的竞争；第三阶段则是文化的竞争。进入新世纪我们要面对的对手是世界顶级跨国公司，竞争必将深入到文化层次。

美国学者亨廷顿在冷战结束后指出：21世纪的竞争将不再是经济的竞争，军事的竞争，而是文化的竞争。当知识经济向我们逼近时，运用文化资本增强竞争力提高附加值则是每个企业家必须认真思考的战略问题。因为产品的经济价值越来越取决于以文化为底蕴的观念价值，而市场竞争已从产品之争转向文化之争，或者说越来越依托于文化的辐射力。

一、文化可以带来价值增值

能带来增值的价值就是资本。文化也是一种资本。先进的文化、能引起人们共鸣的文化就能带来巨大的增值。

在现实生活中，因科学技术的进步而引发的产品革新和附加值提高的例子不胜枚举。但是，由于文化因素的渗透提高了商品附加价值和在市场上实现其价值的可能性，这一事实却仍然有许多人没有认识或认识不深。其实,随着经济的发展,物质生活的丰裕,消费需求出现个性化、高级化新趋势,表现在人们购买商品已不再单纯追求其使用功能,而是日益注重商品与服务背后的观念价值。观念价值,是指商品或服务所包含的能与一些社会群体精神追求或文化崇尚产生"共鸣"的无形附加物,譬如品位、感受、感觉、情趣、意味等。

我们把商品的市场价值分解为使用价值(Function value)和观念价值(Concept value)两部分。前者是客观的具有一定使用功能的商品,后者是主观的可以体会和感受的无形附加物;前者由科技创造而成,是商品的物质基础;后者因文化渗透而生,是附加的观念。随着经济的发展,构成商品市场价值的这两部分的比重会发生变化。在经济发展水平低下,技术比较落后,物质还比较短缺的时代,人们重视的是商品的使用价值,因此商品的市场价值主要取决于使用价值。但当人们摆脱了短缺经济,从温饱走向小康和富裕小康时,便越来越重视商品所包含的观念价值。于是商品的市场价值便越来越取决于其观念价值。

例如同一企业生产的两件 T 恤衫,质量、款式都一样,一件没有牌子,另一件贴上著名的 Lacoste 或 Polo 的商标,在市场上的价值就大不一样,没有牌子的只值 30 元,而有牌子的可能值 300 元。差价表明了观念价值的差别,体现的是消费者主观的感受:穿着这种品牌的服装体现一定的身份、品位和时尚。又如,原来名不见经传的曲阜大曲,改名为孔府家酒,打出"喝孔府家酒,做天下文章"的广告语,其市场价值大大提高,一度成为全国白酒销量第一。原因就在于这一改,既蕴涵了"李白斗酒诗百篇"的豪情,又反映了当代人追求事业成功的心态,让曲阜的孔府文化渗透到产品中去,从而提高了消费者心中的观念价值。可以说,消费者所购买的已不只是那口中的美酒佳酿,而更重要的是一种能与其心理需求产生共鸣的观念。

由于观念价值取决于消费者主观的感受,因此同样的商品在不同文化背景下的市场价值也是不同的。例如,日本丰田汽车的技术质量是一流的,在 2001 年一次全球轿车质量测评中,丰田车在十佳中占了五名，而且包揽了前三名。但丰田车在美国市场和欧洲市场却有不同遭遇。2000 年，丰田产的凌志牌高级轿车在美国销售了 21 万辆，但在欧洲只卖了 1.8 万辆，且市场价格也远较欧洲车低。因为美国人讲究实际，而欧洲人更重视气质。他们认为丰田的高级车仍缺乏高贵和浪漫的气质。同样，中国的富豪也愿花高价买奔驰或宝马，以炫耀自己富有。

因此，具有相同使用价值和技术质量的商品，其经济价值不仅可能由于使用功能和技术质量的改进而提高，而且更会由于其附加的文化含量的不同而上升。越是具有高品质文化，或具有能为多数人认同的文化的商品，就越可能拥有较高的附加价值。其实现的经济价值就越大。显然，文化是一种能带来巨大增值的资本。

现代企业家要学会运用文化资本来发展自己。文化资本既靠历史的积累，也需要我们去发展和创造。绍兴咸亨集团，利用鲁迅著作中的店名，迅速扩张，并走出绍兴，打进了上海，这是靠历史的积累。最近在上海引起市场火爆的“环球嘉年华”，就其各项游戏内容而言，如大转盘、套圈圈等，国内许多地方也都见到过，但市场清淡，也卖不出好价格。为什么？区别就在于“嘉年华”为这些游戏创造了一个品牌和热烈的文化氛围。美国的米老鼠、史奴比小狗，日本的 Kitty 猫、韩国的流氓兔，一个个都有很高的市场价值。因为他们在不断地编动画故事，这就是靠发展和创造。相比之下，我们的孙悟空和熊猫，虽然红过一阵，却未能给我们带来丰厚的附加值。为什么？故事没有编下去，没有发展和创造，也没有很好的运作。这是值得我们深思的。

综上所述，我们的企业家必须明白，当我们在走向知识经济时代时，技术交流与扩散的速度大大加快，商品日益丰富并趋向同质化，于是商品“精神性”的观念价值则越来越大于其“物质性”的使用价值。以文化色彩和精神气质构筑的“高附加值”，才能真正体现出产品的超一流品位。因此，我们要提高产品附加值，增强市场竞争力，必须学会运作文化资本，并不断增加文化积累，创造文化特色。

二、文化可以提升产品的市场辐射力

产品文化竞争的实质是通过产品所倡导或体现的文化来影响或迎合公众的意识形态、价值观念、生活习惯等来使公众接受自己。具体而言，就是产品的文化内涵、文化附加值与文化特色，其中包括商品的构思、设计、造型、款式、装潢、包装、商标、广告等。它们凝结着一定的文化素养、文化个性和审美意识，展示着一定的文明水平。放眼市场，任何一种有价值的产品，都凝聚着一定的、丰富的文化内涵。正是由于产品所包含的文化个性、文化精神，才促使这一产品在一定的消费区域和消费层次里增值、走俏并广为辐射。

例如，曾经在 1997 年金融危机中痛苦挣扎的韩国，在短短几年内，经济重新崛起。其背后最活跃的因素，恰恰是文化精神。近年来，韩国的文化产业尤其是流行音乐、电视剧和电影风靡东南亚市场，"韩流"正在通过影视、音乐、体育、网络游戏等迅速影响东南亚、影响中国的市场。以电视剧为例，据韩国文化观光部公布的数字显示：韩国电视剧的出口额连年增长。2002 年，出口额为 1 639 万美元，2003 年为 4 200 万美元。2004 年，则比 2003 年高出 70%，再创新高，达到7 140万美元。2005 年，《大长今》的播出更是风靡海内外。在中国内地首播，收视排名为同时段全国第一，在香港创下了平均 262 万观众收看的"收视神话"。在此之前，《大长今》在韩国收视率突破了 50%，平均收视率在韩国 20 年来电视剧排行榜上高居第 5 位。韩剧热播带动了各种衍生产品的销售。文字版的《大长今》漫画 2005 年 2 月在香港推出，一套三册售价 200 多港元的漫画无比抢手。许多服装店则在售卖剧中不同角色的服装、洋娃娃等各种玩意儿，一度也出现供不应求的情况。此外，"影视 + 旅游"的效应被发挥到了极致，一股探寻"长今故乡"的韩国旅游潮如井喷般爆发出来，世界各国旅行社都专门开辟了"大长今"精品路线游。据韩国官方统计，在《大长今》的示范效应下，前往韩国的游客人数增加了15%之多。

韩剧的成功风光无限，但背后却有着鲜为人知的故事。这归功于韩国政府启动的两个文化项目——“原创文化数码机构”和“故事银行”。前者涵盖了韩国各个历史时期风俗习惯、服饰、音乐、饮食、兵器等相关资料，后者则收集了大量韩国历史故事，仿佛两个巨大的“文化数据库”，只要输入关键词，就能获得详细、准确的历史、文化等各方面资料。韩国政府早在1999年就出台了发展文化产业的政策，近年来更是获得迅猛发展。由此我们也就不难理解韩国电视剧和电影为何能在世界影坛独树一帜的原因了。这就是文化产生的市场辐射力。

市场竞争关键是文化的竞争，国外产品能够打入中国市场根本的原因在于其产品的文化力，文化力是产品进入市场的权威“准入证”。无论是“韩流”还是“日流”，是“港台风”还是“欧陆风”，在它们知名的产品背后，都有一定特色的文化积淀。优秀产品的意义早已超出产品的本身，依托文化的渗透力使产品的辐射力得到空前增强。它们正是通过文化力扩张了市场，驱动了经济的迅速发展。

三、文化可以转化为经营资源

传统制造业对土地和资源具有巨大的需求。当城市发展受自然资源和资本约束时，可以开发利用历史文化资源，并将它们转化为经营资源和资本，从而突破资源、资本的瓶颈。

海南三亚市南山佛教文化苑的发展，就是一个很好的例子。三亚市的南山区，本来是一个比较荒凉的渔区，其发展的难题就是没有资本。南山文化旅游开发公司利用传统文化中“南海观音”和“福如东海、寿比南山”的传说，将该区打造成了一个文化旅游区。南山区的开发理念是“大生态、大文化、大教育、大旅游”，即以生态建设为基础，以文化建设为核心，将南山建成具有中国特色和国际水准的生态文化旅游示范基地。他们以文化为魂，用根深叶茂的文化之树来支撑，规划实施了数个主题景区，传统文化和生态文化深深植根于每个项目、每个景观之中;并运用现代技术来提高其文化层次和品位,使其成为国内外独具一格的佛教文化中心。绝妙的创意和精细的策划引来了大量投资。目前,南山佛教文化苑已建成“一寺一佛一谷一湾”的主体景观群,主要标志性建筑群有:南山寺、108 米南山海上观音、佛苑大门景观不二法门、吉祥如意园、观音文化苑、梵钟苑、福寿街等。8 年来,南山获得了社会效益和经济效益双丰收:1999 年游客量便达 60.4 万人,营业收入 3 600 万元;近几年增长迅速,年均游客量 200 万,平均营业收入 1.4 亿元,成为海南省的纳税大户。可以说,每一个到三亚的游客,南山几乎是必去之地。

由此可见,创意可以成为开发各类资源的金钥匙。日渐勃兴的创意产业,正是通过创意策划和市场运作将各类资源转化为经营资源。它是知识密集型产业,无污染,消耗的物质能源少,取得的效益大。在旧城区改造的过程中,把保护历史文化遗产与发展创意产业有机结合起来,可以避免城市的文脉中断。不仅保留了具有历史文化价值的建筑,而且通过历史与未来、传统与现代、东方与西方、经典与流行在这里的交叉融会,为城市增添历史与现代交融的文化景观,对城市经济的发展产生了巨大的推动作用。国际上很多重要的创意产业区都和旧区重建有关,如英国泰晤士河南岸,柏林的哈克欣区,温哥华的兰桂岛,日本北海道的小樽运河,纽约的苏荷等地区都是在 19 世纪制造业大发展时建造的厂房、仓库,伦敦著名的泰德艺术馆就是由原本可能被拆除的火力发电厂改造而成。融入了文化创意的城市规划,能够创造新的城市文化氛围,塑造城市标志、城市雕塑,提升城市的形象,将使城市更具魅力,给人以城市的繁华感、文化底蕴的厚重感和时代的生机感。

总之,产业发展应高度重视文化因素。著名未来学家约翰·奈斯比特和冯久玲在《亚洲大趋势》一书中指出,产业文化化和文化产业化是未来经济结构调整的两大趋势。其强调的正是文化因素在经济发展中的重要作用。我国产业发展要形成竞争优势,就应该立足于文化战略,打文化牌。认真发掘、利用我国丰富的历史文化资源和当代的文化发展资源，从弘扬传统文化、营造人文氛围的角度出发，进一步扩大文化产业的开放领域，引进新的文化式样，激活文化产业的创新能力，全面提升其规模与质量，并渗透到各行各业中去，从而提高产业的附加值。中国博大精深的历史文化，如能通过不断创新的文化产业广为辐射，在亚洲和世界形成一股“中国流”，或刮起一阵“华夏风”，将大大提升我国产业的市场竞争力和渗透力。中国就能早日腾飞而成为世界经济的巨龙。

（本文原载于《上海城市发展》2007 年第 1 期）

中欧城市创意产业发展比较研究

创意产业的兴起和发展，与城市的经济基础、社会环境和文化制度等有着密切的关联。城市为创意产业的繁荣提供了丰厚的土壤，而创意产业也大大增强了城市的综合竞争力，提升了城市的总体形象。综观全球，有影响力的世界级城市，无一不是创意产业最集中、最发达的地区，都以独具特色的创意产业闻名世界。

中国和欧洲的城市发展创意产业，所面临的经济基础、社会环境和文化制度有着很大的区别，这导致了中欧城市发展创意产业的重点和模式都存在着或多或少的差异。另一方面，由于全球政治、经济和文化一体化趋势的进一步加强，创意产业作为最具国际性特点的新兴产业门类，它必然突出体现了全球化的特征，这也使得创意产业在世界各大城市的发展都呈现出相似的态势。研究中欧创意产业发展路径的相似与不同，对梳理我国创意产业的发展环境，吸取欧洲发达城市创意产业发展的先进经验，进一步促进我国创意产业的发展和繁荣，进而提升我国城市的综合竞争力并打造世界级城市，具有重要的现实意义。

一、创意产业的内涵和分类

有关创意产业的内容和范围的界定一直是个争论不休的话题。创意产业内容和形式的纷繁多样是其外在的显著特征，产业内部之间互相交融和共生是其内在的本质特性。作为一个新兴的独立产业，不同国家和地区对创意产业的内容和范围也就有着不同的理解和划分。

根据国内外有关创意产业的研究结果,目前被普遍接受的创意产业的概念来自英国。20 世纪 90 年代,英国最早将“创造性”概念引入文化政策文件,并且在 1998 年出台的《英国创意产业路径文件》中明确提出“创意产业”这一概念:“所谓‘创意产业’是指那些从个人的创造力、技能和天分中获取发展动力的企业,以及那些通过对知识产权的开发可创造潜在财富和就业机会的活动。”在这一概念中,创意产业的核心内容是文化和创意,它推崇创新和个人创造力,是强调文化艺术对经济支持与推动的新兴文化理念与经济实践。

英国对创意产业的定义在全球获得了普遍的认可,因为它突出了创意产业的核心内容,即文化和创意。缺少了文化,创意产业便失去了滋生的土壤,而缺少了创意,创意产业便失去了发展的灵魂。世界上任何国家和地区在发展创意产业时都必须以文化和创意为基石,围绕文化和创意来做文章。

有关创意产业的分类,则呈现出多样化的局面。

英国在 1997 年将创意产业分为 13 类,即广告、建筑、美术和古董市场、手工艺、设计、时尚、电影、互动休闲软件、音乐、表演艺术、出版、电脑软件、电视和广播。

在欧洲使用更多的是文化产业的概念。20 世纪 90 年代,随着欧洲文化产业的蓬勃发展,欧盟委员会出台了一系列有关文化产业的工作报告和政策性文件,其中表述了多种对文化产业进行分类和界定的方法。首先,欧盟根据文化产业不同的消费模式将其分为集体文化行为、个人文化行为以及个人兼集体文化行为三类。其次,欧盟委员会又根据文化产业的经营特点将其分为由政府资助的公益性公共文化机构及设施、由社会各方资助的非营利性的文化部门以及营利性的文化部门等三类,其中第三类主要指个人的艺术及文化创作、音乐及图像市场、电影及电视制作、图书和传媒市场、艺术设计市场、手工艺、表现及休闲艺术等。

欧盟委员会对文化创意产业的分类具有重要的实用价值。文化创意产业的前两种分类方法，主要用来对文化创意产业的从业人员和资产运作方式进行研究，它们几乎覆盖了从文化事业到文化产业的所有部门。这种广义的文化创意产业分类法，使人们能够对整个社会的文化生活及文化生产经营活动有总体上的把握，从而更清晰地认识到（广义的）文化创意产业对促进就业的巨大作用以及资助其健康发展的有效途径。与前两种分类方法相比，第三种分类法无疑界定出了一个狭义的文化产业，主要用于理顺文化产业与经济发展的密切关系、研究该产业对提升经济总体实力的巨大作用以及分析文化产业化的方法和途径。

在欧盟有关方针的影响下，欧洲一些国家在研究文化创意产业，特别是研究该产业在国民经济中的地位、制订文化创意产业政策时，均使用狭义的文化创意产业概念。如瑞士的文化创意产业包括电影制作、电视广播制作、表现艺术、音乐及图像市场、艺术和设计、图书出版业等。法国认为文化创意产业包括文化基础设施、文化设施的运用和管理、大型表演艺术团体、图书出版业、电影工业等。德国北威州的文化产业包括音乐、图书文学与出版业、艺术市场、表演及消遣艺术、电影广播及电视市场五个方面，并且着重强调，非营利性的、公益的文化部门不属于文化产业的范畴。

同国际上一些发达国家和城市相比，我国的创意产业总体上还处于起步的阶段。由于创意产业这一概念本身仅仅是在20世纪90年代中期后被提出来，被引入我国的时间还很短，同时，由于创意产业本身具有多样性和渗透性，因此相当多的学术界和业务部门人士对创意产业的内涵、范围以及作用等方面的认识还比较陌生或模糊。

到目前为止，我国还没有把创意产业纳入正式的统计范畴和指标核算体系之中。我国目前统计指标体系中与“创意产业”概念最为接近的是“文化产业”，分为文化服务业和文化相关产业。文化服务业分为两个层面：一是核心层，包括新闻、出版、广电、文艺；二是外围层，包括网络、休闲娱乐、其他文化服务。其他文化服务主要是指文化艺术商务代理服务、文化产品出租与拍卖服务、广告和会展文化服务等。而文化相关产业主要指文化用品和设备的生产及销售。这种界定方法显然并不完全符合我国创意产业发展的状况，例如设计类就没有被包括进去，而随着经济的发展，人们对产品的文化附加值的要求越来越高，设计也越来越多地从传统的产业中分离出来，成为创意产业的重中之重。鉴于这种情况，应该从现实出发，对创意产业进行符合我国经济发展实际、科学合理的界定。

我们认为，创意产业包含三个部分的内容，一是通常所指的文化及相关产业；二是与通讯和网络相关的软件、游戏、动漫等内容产业；三是与传统产业相关的各类设计、咨询策划等产业，包括工业设计创意、建筑设计创意和咨询策划创意等内容。

二、创意产业的发展重点

创意产业以文化和创意为核心，将文化和经济紧密地联系在一起，因此，文化和经济发展的水平在很大程度上决定了创意产业发展的路径。中国和欧洲处于不同的经济发展阶段，拥有不同的文化背景和社会环境，因此中国和欧洲城市在发展创意产业时必然呈现出不同的重点领域，采取不同的发展模式。从我国目前的情况看，发展创意产业要从向传统制造业渗透、推进时尚消费业和转变传统文化产业发展模式等几个方面入手。

1. 加强创意产业向传统制造业的渗透

改革开放近30年来，中国经济取得了突飞猛进的发展。中国在20世纪末成功超越了短缺经济，在“十五”期间跨越了人均GDP 1 000美元的发展门槛。而北京、上海等大城市的人均GDP甚至超过了5 000美元，社会生产力发展水平总体上已达到世界上中等发达国家或地区的水平。正是这样的经济飞跃式的发展，才引起了城市产业结构的调整，从而使发展创意产业的时机变得成熟。但是，从总体上来看，我国经济发展水平与欧美等发达国家相比还不是很高。而且中国人口众多，存在着非常大的地区差异，现在已经形成了东部、中部、西部三个区域性的和梯度性的结构。当欧洲等国的经济发展已进入到后工业化时代，早已完成现代化时，创意产业当然能够在广泛的领域遍地开花。而在中国，发展创意产业，就必须从我国经济发展阶段和状况的实际出发，将发展的重点定位在提升传统制造业的附加值上面，促进创意产业向传统制造业的渗透，从而改变我国制造业整体水平不高的现状，推动经济的整体发展。

加强创意产业向传统制造业的渗透对走中国式新兴工业化道路有非常重要的意义。目前，我国被认为是全世界的制造工厂或者是制造业的基地，这种过分偏重面向世界市场的制造业不仅有一定的风险，而且基本处于价值链的低端。要改变这种现状，就必须依赖创意产业。创意产业通过核心门类如设计业、广告业和传统的制造业之间建立起日益广泛的联系，大幅度提高传统制造业产品的文化和知识含量，进而提高产品附加值。当这种传统制造业的文化附加值提高了之后，使得传统制造业的产品可以穿上文化的外衣，走向世界，进而提升传统产业的品牌知名度和国际竞争力，把中国从世界工厂发展成世界创意和设计的中心。

中国目前正处于经济转型期，加强创意产业向传统制造业的渗透，对促进产业升级意义重大。转变增长方式、推进产业升级是新一轮经济发展的重要任务，核心是要提高产业的结构水平和附加值率。虽然我国产业结构调整已进行多年，产业结构已有改善，高新技术产业比重增大了，但就制造业总体而言，其增加值率并不高。以上海为例，多年来一直徘徊于27%左右，远低于发达工业国35%-40%的水平。而第三产业的比重，近年来一直徘徊在50%左右，和国际大城市相比，不仅比重小得多，而且内部结构层次也较低；服务业已成为上海发展的“短腿”。因此，发展创意产业必须与推进产业升级相结合，要将创新意识渗透到企业文化中，广泛激发员工的创意；将创意成果转化为经营资源，充分实现创意成果的价值；将文化创意融入品牌战略，为知名品牌注入时尚元素，提高产品的观念价值；将文化创意融入高新技术产业的开发应用中，特别是数字化内容产业的开发，拓展市场，提高附加值。

创意产业是智能化、知识化的高附加值产业，具有很强的渗透力和辐射力。文化创意向制造业渗透，有利于推动传统制造业向高增加值产业升级；其知识密集性不同于传统制造业对土地、能源等资源的巨大需求，能有效克服大城市土地、资源的瓶颈约束而保持持续、快速的发展；其融合性能将技术、文化、制造、服务融合为一体。国际经验表明，发达国家在完成工业化和城市化之后，优先发展创意产业成为催化经济转型的重要战略举措。

2. 推进时尚消费业的发展

创意产业是在我国经济增长，人民收入结构、支出结构、消费结构提升的背景下产生出来的，可以说是一个被拉动的产业。创意产业不仅服务于生产的需求，而且如果从最终消费的角度去理解创意产业的话，那么创意产业实际上还服务于人们的消费需求。随着人们消费水平的提高，富裕起来的中国人对时尚品牌的消费展现了前所未有的热情。因此，大力促进时尚消费业的发展是符合我国创意产业的发展目标的。

与西方人相比，东方人对品牌的追求显得更为热衷。以奢侈品为例，全世界奢侈品牌关注的目标一贯都是亚洲国家，以前是日本，有人称，日本代表了亚洲奢侈品消费观念，日本人对奢侈品具有宗教般的情结，目前日本占据全球奢侈品消费总量的1/4。再后来是中国台湾、香港等亚洲的几条"小龙"，现在则是中国大陆。根据中国品牌战略协会的研究，中国目前的所谓"名牌"的消费人群已经达到总人口的13%，并且还在迅速地增长中。迅速富起来的中国人正在以各种各样的方式，实现着自己心目中的奢侈梦想。

亚洲人对名牌的情有独钟，为时尚消费业创造了巨大的商机，但是这不仅仅是一种经济现象，而且是一种文化现象。受东方传统文化的熏陶，特别是受"面子"情结的影响，东方人对名牌倾注了太多的热情，欲借助名牌来使自己获得一种身份价值的认同，以使自己在社会环境中显得更加有面子。同时,从整体上来看,东方文化偏重感性,而西方文化偏重理性,因此在对时尚品牌的消费上体现出了完全不同的消费观念。以手机为例,近两年亚洲市场上手机的娱乐性和游戏性功能都增强了,特别是在装饰性上的功能表现得极为明显,这一特点在欧洲市场是不显著的,欧洲人购买手机更多的是为了实用,更换手机的频率也远比亚洲人低。

当然,时尚消费业的发展与经济和社会的发展水平也是密不可分的,据统计分析,一个国家奢侈品的消费增长约为其 GDP 增长的两倍左右。当中国人面对自己突然增加的财富时,会毫不犹豫地选择时尚品牌来表明自己新的经济和社会地位,这是一种非常自然的心理需求。与欧洲国家时尚品牌的消费主体是中老年人不同,我国购买时尚品牌的大多是 40 岁以下的年轻人,而且此类消费品大多集中在服饰、背包、化妆品、手表等个人用品上。在这些消费人群中,不乏含有非理性消费的成分,借名牌来炫耀财富、在消费中互相攀比也是不容忽视的事实。中国经济刚刚腾飞,社会步入大众消费时代,随着商品经济的发展,国人的购买力上升,人们在物质追求上难免会出现浮躁心态。

目前中国市场上的时尚品牌大都来自欧美,在最新推出的 2005 年度“世界品牌价值百强”中,中国大陆品牌竟无一上榜。长期以来,中国生产的产品大都属于贴牌生产(OEM),一直处于价值链的低端。而中国目前的时尚消费潜力还没有完全释放出来,因此中国的企业家应该从市场中得到启示,在设计和经营上下功夫,努力开发出自己的品牌,将更多的中国文化融入时尚消费品当中,真正打造出引领时尚的、深受中国消费者理解和喜爱的国有品牌,占据创意产业价值链的高端。打造中国的时尚品牌,不仅具有经济意义,而且具有社会意义。在目前国人对时尚品牌的炫耀性消费中,时尚品牌常常被曲解为没有精神的极品物质,价格才是消费的决定因素。而真正的时尚品牌的核心应该是品质和文化,只有当消费者真正能够理解品牌中所蕴含的文化意义时,才能更多地从理性的角度来进行消费。目前,大多数中国消费者还无法理解来自欧美的时尚品牌的文化内涵，甚至对此毫无所知，因此，开发具有我国特有的文化和民族特色的时尚品牌，努力使之获得消费者更多的理解、认同和青睐，这对促进创意产业的整体发展非常有好处。

3. 加快文化体制改革，大力发展文化产业

传统文化产业是创意产业的重要组成部分。虽然我们在发展创意产业时要注重向传统制造业的渗透，但是文化产业的发展也不容忽视，而正是在文化产业领域，我们与欧洲国家相比拥有更多的挑战和机遇。

发达国家的文化产业化历史长，从创意策划、可行性研究到制作成品、批量生产再到广告宣传、市场营销等，已形成一套体系完整的市场运作程序。因此，他们往往能较好地把握市场动态，制作精良的文化产品以适应市场的需求。与此相反，我国建国以来长期实行计划经济体制，在这种体制下，文化发展突出的是它的“教化功能”，即它的意识形态和精神功能，而经济属性则完全被忽略了。改革开放以来，我国由计划经济转变为市场经济，文化体制也进行了一些改革，但是长期习惯了计划体制的文化产业，在市场经济的大潮中难免还显得非常稚嫩，文化产品和服务的市场化运作还很不成熟。与发达国家相比，主要存在以下两个方面的问题：

第一，文化市场发育不够完善。西方国家的文化市场经过数百年的自然演化过程已经发展得非常成熟了。在欧洲一些发达国家的城市中，不仅文化产品市场、文化服务市场十分发达，而且文化要素市场如文化资金市场、文化艺术设施市场、文化艺术人才市场和劳务市场、文化中介市场、文化产权市场、版权市场等也已十分发达。而我国的文化市场，特别是文化要素市场的发展十分滞后，极大阻碍了文化产品和服务的生产和流通，限制了文化的产业化和市场化。

第二，文化经济体制存在与文化产业发展不相适应的地方。西方发达国家经过漫长的历史过程，已经建立了一套有利于城市文化产业发展的文化体制，依靠一整套的税收政策、法律法规、优惠政策等，有力促进了文化产业的发展。而我国目前还缺少一套完整的文化产业支持

和配合政策，还没有建立与产业政策相配套的保障体系，有关经营主体的市场准入、市场竞争、市场退出的规则尚未形成，文化税收政策也不够完善，文化市场管理往往由于受执法权限的限制，而不能及时有效地查处、制止已发现的违法经营活动。特别是由计划体制沿袭下来的诸如政企不分、政出多头、各自为政等文化体制上的深层次问题，至今还没有完全解决。这些都构成了我国文化产业进一步发展的巨大障碍。在我国创意产业中，除网游外，在传媒以及传媒领域延伸出的新媒体领域、大型文化传播机构等大都以国有事业单位为主导，存在着体制上的严重约束。目前，我国大部分从事文化产品生产、流通、经营和服务性单位都未能实现事业编制和企业化运作分离，即使已经分离的，实际上也没有完全投入到市场竞争中去。

然而，尽管存在着这些问题，但是我国文化产业的发展前景还是非常乐观的。中国拥有众多的人口，随着经济的发展、人们生活水平的提高、人们可支配的金钱和闲暇时间的增多，人们对文化消费势必有越来越多的需求，可以说，中国文化产业的市场潜力非常巨大。因此，我们要进一步深化文化体制改革，进一步放开文化管理体制，发挥我国文化产业的发展优势，从体制上和政策上保障并促进文化产业的发展，扩大文化产业的规模。打破僵硬的体制束缚，关键在于把本该由市场决定、由市场主导的还给市场和企业。例如，一些不该由行政分配的大型文化项目，应尽早由市场来实行资源配置。在文化具有越来越大经济价值的今天，文化单位应该勇于在市场里搏击，应该形成“造血机制”。只有在发展文化艺术等精神产品方面努力实施产业市场化的运作，才能发扬我国民族优秀文化的力量，赶上欧美等发达国家，进而在世界范围内包括文化产业在内的创意产业市场中占有一席之地。

三、创意产业的发展环境

1. 空间布局

在世界经济全球化、信息化、市场化的大背景下，产业的发展也呈现了集群化的特征，创意产业也不例外。世界上创意产业发达的各大城市，都拥有独具特色的创意产业集聚区。在我国，作为新兴产业的创意产业，其集群化趋势也非常明显。目前，我国北京、上海、广州等大城市出现了一些创意产业集聚区，为创意产业的发展创造了良好的外部条件，形成了规模效应。这些创意基地以其灵活的运作机制、强大的集聚和辐射功能、完整的产业业态等特色而成为各地创意产业发展的亮点。

在欧洲，创意产业集聚区的形成大多是自发的，而且经历了较为长期的过程。与此不同，我国创意产业集聚区的发展更多的是政府引导和推动，在创意产业集聚区的形成和发展过程当中，政府起到了非常关键的作用。目前，我国各大城市纷纷用政府“挂牌”的形式来给创意产业园区定位，并确定其发展重点。2004 年，上海市经委率先为 18 家创意产业园区挂牌，共计 30 多万平方米的建筑面积，此举标志着上海的创意产业集聚区建设初步成型并逐步扩大。随后，北京、南京、杭州等大城市也纷纷效仿。

政府用挂牌的形式来推进创意产业园区的建设无疑起到了很好的效果。在政府的指导下，各地创意园区如雨后春笋般成长起来，刚刚起步的创意产业由此获得了极大的外部发展空间，园区由于实行优惠的税收政策并提供相应的服务，因此吸引了不少创意企业入驻，也吸引了不少创意人才，促进了园区内的信息及服务的交流。目前，上海挂牌的创意产业园区已经达到 50 个，吸引了一千多家创意设计企业，来自美国、日本、比利时、法国、新加坡、意大利等三十多个国家和地区，集聚了一批具有创造力的优秀创意人才。同时由于创意产业强大的辐射功能，创意产业园区周边地区的发展也被进一步带动，并在一定程度上保护了城市的历史风貌。

然而，我国目前创意产业园区的建设也存在着一定的问题。首先，由于政府的推进，创意园区获得了快速的发展，同样也带来了园区内租金的快速上涨，这样一些发展缓慢的小的创意企业或艺术家无力负担，使得园区内人员和企业的流动非常频繁，不利于创意产业长期健康稳定的发展。其次，一些新建的园区设置了较高的进入门槛，也不利于对中小创意企业的扶持，而中小企业恰恰是推动创意产业发展的重要力量。另外，有些新建的创意园区没有自身的特色，更多的是土地开发的项目，而且很多园区的定位也非常单一。当一个产业门类的产业链没有形成的时候，盲目推进该门类的发展有时会起到相反的作用。因此，在我们构建创意产业发展的地理环境时，应该从我国创意产业发展的现状出发，进行细致认真的规划，同时完善园区内的相关服务，并协调好政府各主管部门之间的关系，有效整合创意产业这个庞杂产业各产业链组成部分的网络关联，从而有效发挥效能，努力将创意产业园区打造成创意企业和人才的家园，成为城市的经典名片。

2．法律框架

与欧洲一些创意产业发达的国家相比，我国创意产业法规政策体系尚未形成，特别是盗版问题还相当严重。

与传统的、以物质消耗为基础的“肢体产业”不同，创意产业被称为“头脑产业”，即强调创意对经济的推动力与附加值，以创意为产业发展的核心和推动。因此，对创意产业的发展来说，保护创意，即保护创意者的知识产权，具有性命攸关的意义，创意产业更多地要依托商标权、著作权、专利权等知识产权要素来获得发展。如果对知识产权没有合适的保护，在整个社会里没有重视，任何企业在自己的创新过程中都不会有动力进行创造。不讲知识产权，创意无从谈起，不讲知识产权保护，创意产业无所发展，拥有知识产权是发展创意产业之根，加强知识产权保护是发展创意产业之本。

在欧洲，发展创意产业的法律法规已经相当完善，除了一般适用的经济法之外，有关知识产权保护的法律也非常健全，这些法律法规保护了创作者的积极性，有力促进了创意产业的发展。以音乐出版业为例，根据对 43 个国家的统计，凡版权保护不力的国家音乐出版业的收入也低，10 个版权保护最为严密的国家恰恰是从音乐出版业中获得经济利益最多的，占了全球音乐出版业总收入的90%。我国现阶段的知识产权保护体系正处于逐步加强的时期，近几年取得了较好的成绩，未来也将逐步出台相关政策措施，促进和加强产权保护力度。但是，我国目前存在的知识产权保护方面的问题仍然还很多，在音乐产业，就有人指出，偷盗、欺骗、免费成了音乐产业的三大特点，这些对知识产权的侵害严重挫伤了创作者的积极性，极大妨碍了创意产业的健康发展。

知识产权是创意经济的“货币”，知识产权保护就是创意经济的“中央银行”。知识、信息和发明的正常流动，才能形成创意产业的良性循环。

3. 市场资源

与欧洲国家相比，我国人口众多，消费市场巨大，对创意产品的需求正在与日俱增，应该说，我国的创意产业拥有国外无法比拟的巨大的市场资源，因而拥有巨大的发展潜力。

创意产业是以经济的高度发展为前提的。当人们的物质需求被满足时，就会有更高的精神文化层面的需求。随着社会生产的不断发展，恩格尔系数的下降，人们可用于购买文化产品和服务的开支比重增多，对文化娱乐的需求越来越大，人们的文化消费会进一步增长。另外，文化创意产品消费与工农业产品消费的明显差异是闲暇时间对消费量的影响不同。相当多的文化创意产品，如文艺表演服务、艺术展览服务、旅游服务、书籍、报刊、唱片、视盘、录像带，其消费需要占用大量闲暇时间。现代经济发展和社会进步为人们带来更多的闲暇时间，这有力地开辟着创意产业的消费市场。

在我国，随着经济社会的发展，人们闲暇时间的增多，人们的精神文化需求的增长十分迅速，各类体现文化创意的物质产品正拥有越来越多的消费群体。比如，在日益呈现的个性化、多样化文化需求条件下，出现了适应市场的消费复合化的倾向，通过在设计、广告促销中进行新颖的创意设计，为各种产品打造体现青春、活泼、典雅、精致等不同特征的文化标记，从而使各方面的消费群体，能够在选择中找到符合自己个性品位追求的文化特征，受到公众的欢迎和喜爱，增强了产品在市场上的竞争力。没有需求就没有发展动力，创意产业的发展满足了人们的精神文化需求，也挖掘、拓展、提升着人们对精神文化的需求。人们的精神文化需求愈丰富、愈多样，创意产业的发展就愈具有深厚的社会基础和广阔的市场空间。

中国经济社会的发展状况为创意产业带来了成熟的发展时机。而中国拥有13亿多的人口，中国发展创意产业的宏观环境和资源要比西方国家广阔得多。仅以手机为例，2005年我国手机用户已突破3.93亿户，这就相当于美国、日本和德国的总和。而且实行3G技术后，彩信、手机电影等创意产业前景不可估量。再看网络游戏业，2004年，全国网络游戏年度产业市场直接销售总额为55.3亿元，比上年增长59%；2005年为76.8亿元，增长38%；到2005年底，中国网络游戏玩家达到了5 000万。面对如此巨大的市场资源，我国创意产业的发展必然拥有广阔的前景。

4. 文化氛围

文化创意是以文化为依托的，多元文化是文化创意产业不可或缺的激励因素。全球政治经济的一体化加强了世界各国之间的交流与合作，使来自不同地域、拥有不同文化背景的人的交流越来越频繁。在这种情况下，文化的多元化成为一种不可逆转的潮流。创意产业的核心内容之一是创意，而创意往往是在不同文化、不同思想之间相互交流、碰撞中产生的，因此可以说，多元文化是创意产业发展的有力支撑。纵观世界上创意产业发达的国家和城市，无一不是人员交流频繁、众多文化汇集之地。

英国创意产业成长为一个真正的具有规模的大产业，主要由于多元文化和国际化运作，如在伦敦就可以听到500种不同的语言，几乎1/3的伦敦人属于少数民族。据估计，他们的数量在今后5年里将增加到伦敦人口的50%。而且，现任伦敦市长利文斯通表示，决定不惜一切手段捍卫伦敦市的多元文化生态："未来的伦敦将是多元文化的；

所有迁移到伦敦的人将丰富我们的文化。”各种文化的交流、互动，造就了英国成为世界创意工厂的地位。

作为德国创意产业发展后起之秀的柏林，也是一个世界文化大都市，为众多各异的生活方式提供生存空间。这里生活着50万来自185个国家的外国人，占人口总数的13%。经过几十年的融合，丰富多彩的多元文化已经成为柏林社会生活的最为显著的特征，为创意产业的发展提供了坚实的支撑，也是柏林文化产业迅速崛起的原因之一。

与西方国家相比，我国大城市的国际性和多元文化氛围还很欠缺，不利于创意产业的繁荣发展。我们应以开放的心态来吸收先进的外来文化，创造多元的文化生活。一方面要倡导主流文化，提倡两个文明；另一方面对亚文化精神要抱有宽容的态度，要允许其存在，引导其发展，以创造多元文化的氛围、激发创意，为创意产业的发展准备肥沃的土壤。

四、结语

在创意产业的发展过程中，中国和欧洲根据各自的文化、政治、经济、社会等方面的特点，形成了不尽相同的发展路径和模式。中国创意产业才刚刚起步，在GDP中所占比例较低，大约3.5%。目前，创意产业产值约占英国GDP的8%，在全球则占到GDP的7%。创意产业的增长速度，总体上超过世界经济的发展速度。再加上中国的人口众多，因此可以说我国的创意产业拥有巨大的发展潜力。随着全球化的进一步深入，中国和欧洲互相交流经验、彼此学习的机会很多，共同发展、共同解决困难的空间也很大。可以预见，作为未来产业的创意产业一定会赋予我们的城市新的未来。

参考文献

[1] Die Bundesregierung: Tatsachen über Deutschland. Frankfurt a. M.: Societätsverlag. 2000.

[2] Europäische Kommission/Generaldirektion Beschäftigung und Soziales: Kultur, Kulturwirtschaft und Beschäftigung. Brüssel: SEK [98] 837 of 14 - 5 - 98. 1998.

[3] Ministerium für Wirtschaft, Mittelstand, Energie und Verkehr des Landes Nordrhein-Westfalen(Hrsg.): Kulturwirtschaftsberichte 1 -4. Düsseldorf. 1992/1995/1998/2001.

[4] Stöndermann, Michael: Zur Lage der Kulturwirtschaft in Deutschland 1999/2000. In: Jahrbuch für Kulturpolitik 2001. Essen: Klartext Verlag. 2002.

[5] Howkins, John. The Creative Economy: How People Make Money from Ideas. London: Allen Lane. 2001.

[6] Sassen, Saskia. The Global City: New York, London, Tokyo. Princeton, N. J.: Princeton University Press,2001.

[7] 陈立旭. 都市文化与都市精神——中外城市文化比较[M]. 南京: 东南大学出版社,2002.

[8] 厉无畏,王如忠. 创意产业——城市发展新引擎[M]. 上海: 上海社会科学院出版社,2005. 11.

[9] 厉无畏. 创意产业导论[M]. 上海: 学林出版社,2006.

[10] 张京成. 中国创意产业发展报告(2006)[M]. 北京: 中国经济出版社,2006.

(本文载于《世界经济研究》2007 年第 2 期,与于雪梅合作)

创意产业：一种发展模式的创新

上海创意产业的发展应该走又好又快的内涵式发展道路，同时应该强化创意产业的创新发展模式，努力培育适宜创意产生、成长和产业化的“文化生态”和“社会生态”，把创意产业的发展与上海创新型城市的建设紧密结合起来，从产业结构升级、经济增长模式转变和城市软实力提升的角度构建上海创意产业可持续发展的生态图景。

在全球经济进入以知识为核心竞争力的时代背景下，创意产业蓬勃兴起，据联合国统计，创意产业占全球 GDP 的 7%，并以每年 10% 的速度在增长，大大高于全球 GDP 的增长速度。在这些数据和实践的背后，可以清晰地看到创意产业的发展意义已经远远超越其作为一个新兴产业业态的产业层面，而在于其对传统经济发展模式的颠覆，对经济运行系统的创新，对产业结构的优化和对区域综合竞争力的提升。

一、创意产业是产业吗？

尽管创意产业在世界各地蓬勃兴起，政府高度重视，但何为创意产业，其内涵和范畴如何界定，在学术上至今还有争论。

从创意产业的缘起来看，最初的创意产业脱胎于文化产业，由政策制定者“发明”，带有鲜明的政治色彩。目前世界各国和地区创意产业定义和分类“百花齐放”的格局也从一个侧面说明了政府部门各取所好的政策意志。综观各国对创意产业的分类，我们可以发现，它的范围是广泛而复杂的，这些被包含在其中的产业，除了因新科技而诞生的以外，多数产业并不是最近才无中生有地被创造的，而是早已存在的。从传统产业理论和概念来看，由于创意产业既没有明确的范畴界定，也无法从其他产业中完全分离和独立出来，更无法进行明确的统计和评估，所以不能称之为产业。

事实上，产业是一个动态发展的概念，随着科技进步，传统一产、二产和三产的界限趋于模糊，产业融合成为产业发展的新趋势，一些新兴产业很难套用原有的产业分类体系，不少学者也在探索"四次产业分类"、"五次产业分类"等。显然，创意产业并非单指某一种产业，可以简单地在传统产业体系中"对号入座"，它是一群在社会与文化发展的贡献上特性相符，具有相同的经济发展与就业机会的潜力，并受到政府的额外重视而被划分出来的产业类别。它不仅包容了"以物质资本、经济资本为运转方式"的传统产业，还拓展了"以智力资本、文化资本、社会资本为运营方式"的新产业内涵。在各国不同的定义和范畴界定中我们可以归纳出创意产业有三项共通的核心构成元素：(1) 以创意为产品内容；(2) 利用符号意义创造产品价值；(3) 知识产权受到保障。可见，创意产业是一个与个人创造力、与知识产权相关的产业概念，其根本观念是通过"越界"促成不同行业、不同领域的重组与合作，是一个全新的产业发展概念，在产业价值链体系中，创意产业是处于上游的高端产业，可以与第一产业、第二产业和第三产业相互融合。

需要强调的是，对创意产业的认识不能囿于传统产业的思维逻辑，应该在技术进步、产业融合、消费转型的大背景下审视创意产业的内涵和本质特征。创意产业概念的提出，其意义不在于对其所涉及的产业内容进行重新分类统计，而在于强调在新的全球经济、技术与文化背景下，创意产业作为独立的产业概念及其对整个经济增长和产业结构演变的影响；在于强调在新的发展格局下，对经济增长新核心要素的把握，以及对新的产业结构通道的建构；更在于强调在创意经济时代对思维方式的转换，对经济发展模式的创新。创意产业能够在实践中显示其强大的生命力和巨大的发展空间，成为世界各个发达国家极力推崇和大力发展的产业部门，不仅与创意产业能够为社会创造可观的经济收益密切相关，同时也与创意产业具有改变现有经济增长模式的强大功能紧密相连。

二、创意产业的创新逻辑

从产业发展的视角来看，创意产业是一种发展模式的创新，是对传统的产业发展逻辑的颠覆，具体体现在以下几方面：

第一，软驱动取代硬驱动。传统的产业发展模式注重有形资源和客体资源的开发和利用，在资本的构成中硬性资本占据了主要地位，驱动其发展的主导要素是自然资源、土地、资金、机器等；创意产业则强调无形资源和主体资源的开发和利用，高级人力资本、知识产权资本、技术资本和文化资本等软性资本成为其核心驱动要素，其中，特别注重人的创造力，强调文化要素的推动力。

第二，价值链取代生产链。创意产业重塑了传统的产业结构。传统意义上的产业是同类企业的集合，按照研发、生产、销售的一般流程组织生产，形成单向的生产链结构，彼此间缺少横向联系，产业组织以垂直一体化为特征；由于创意已经从相关产业中分离、独立出来，其本身成为其他产业的投入要素，创意产业是为所有产业提供创意服务的产业群，在组织形态上，它打破了传统产业的界限，可以同时与不同的产业产生关联，如第一产业、第二产业、第三产业均可与创意产业相互融合，创意产业是通过价值链的分配来组织生产流程的。从理论上来看，创意处于产业价值链的最高端，形成以创意为中心，生产、销售等环节为外围的同心圆的产业组织结构，各个环节之间具有反馈效应。

第三，消费导向取代产品导向。与传统产业注重改变产品功能价值（或使用价值）不同的是，创意产业主要通过改善产品的观念价值获得市场和利润。以消费者的需求为导向，关注顾客价值，特别是对文化的认同是创意产业的重要特征，创意灵感及其火花的迸发，创意产品的形成和销售推广，创意时尚潮流的引发，每个环节都需要根据顾客价值精心设计、呵护和挖掘。因此,从产品导向到消费导向的变化体现了创意产业"消费者为王"的发展思维模式,其意义在于通过产品的创意激发消费者的购买潜力,引导消费时尚,形成新的消费市场,同时提升社会品质,促进经济的持续增长。

第四,多元目标取代单一目标。目标的多元化是创意产业区别于传统产业单一经济目标的显著特征,也是创意产业是否是真正意义上的"产业"争论的焦点,笔者认为,在全球化、国际化和信息化的大背景下,经济的发展已经与整个社会的发展紧密联系在一起,产业的发展也呈现出新的格局,产业融合已经使产业间的界限趋于模糊,产业的发展模式也突破传统的思维形成了新的范式。因此,围绕创意产业的定义展开的讨论应当超出引起激烈争论的统计学上的冲突,要从更为广泛的文化、经济和社会的转型去理解,创意产业超越一般产业单一经济目标,在经济、社会以及人本身发展上的多元目标是其在新发展格局下的真正魅力所在。

三、关于上海发展创意产业的思考

上海自2005年开始推进创意产业的发展,至2006年底短短两年间,上海市挂牌的创意产业集聚区已经从最初的18家发展到75家,年均增长率高达200%以上。从最初在不起眼的废弃老厂房、老仓库中萌芽,到目前如火如荼的发展态势,折射出上海各级政府和企业积极发展创意产业的高涨热情。笔者认为,上海创意产业园区的数量已经达到一定的规模,不宜继续扩张。上海创意产业的发展应该走又好又快的内涵式发展道路,同时应该强化创意产业的创新发展模式,弱化"产业园区"(即工业园区)式的人造发展模式,努力培育适宜创意产生、成长和产业化的"文化生态"和"社会生态",把创意产业的发展与上海创新型城市的建设紧密结合起来,从产业结构升级、经济增长模式转变和城市软实力提升的角度构建上海创意产业可持续发展的生态图景。

首先,上海创意产业的发展应该与产业结构升级紧密结合起来。

一是通过发展创意产业优化传统产业的价值结构，在研发设计、品牌建立和销售流通等环节上创造更多的附加值，实现“中国制造”向“中国创造”的转型；二是通过创意产业将城市现有的文化资源和创意资源转化为新型产品，衍生新兴产业群，促进城市产业结构的优化和升级。

其次，上海创意产业的发展应该与经济增长模式的转变紧密结合起来。经济增长方式转变的重要方面是实现从投资驱动向消费驱动的转变，创意产业的逻辑是消费导向，倡导新需求的挖掘和创造，通过城市文化、经济、社会等各类消费品的创新和设计，引领时尚潮流，拓展消费空间，形成新的经济增长点。

最后，上海创意产业的发展应该与城市软实力的提升紧密结合起来。在全球化背景下，城市已经成为国家参与国际竞争的主体，创意产业以其强大的创造性激发了城市的活力，构成城市竞争力的主要来源，把创意产业的发展与城市竞争力的提升结合起来是世界各国的普遍做法。纽约将城市精神确定为：“高度的融合力、卓越的创造力、强大的竞争力、非凡的应变力”；伦敦提出“世界卓越的创意和文化中心”的目标，“创意城市”已经成为目前全球化发展的流行口号，也是许多城市竞相追求的国际都会品牌。上海要增强国际竞争力，需要软实力的支撑，需要建设“创意上海”。由于创意产业是由人、文化和知识产权等软要素推动发展的产业，其迅速发展可以为上海积累更多的人力资本、文化资本和社会资本，是上海提升国际竞争力的有效途径和战略举措。

（本文载于《文汇报》（论苑）2007 年 3 月 12 日，与王慧敏合作）

创意产业是社会发展的新引擎

20世纪90年代末兴起于发达国家的创意产业,在新世纪的中国掀起了一股旋风,成为近年在各类媒体上出现频率最高的词汇之一。相关的创意机构、创意产业园区在全国各地风起云涌;政府、企业、社会各界积极倡导、参与和助推的热情高涨;有关创意产业、创意经济、创意城市等新概念的学术探讨也方兴未艾……这些热潮的背后折射出创意产业在中国经济战略转型中的积极意义与重要功能,世界发达国家的经验告诉我们:创意产业是驱动社会经济全面发展的新引擎。

一、创意产业的缘起与本质特征

何为创意产业?创意产业是不是产业?这些基本概念问题在学术理论界至今还存在争论,否定派认为,创意自古就有,并存在于各行各业,在产业分类中无法归类,创意产业是一种概念炒作,不能称之为产业;还有些学者认为,创意产业即文化产业,只不过是用了一个新名词而已;倡导者认为,创意产业已经从其他产业中独立出来,是在全球经济进入以知识为核心竞争力的时代背景下应运而生,并蓬勃兴起的新型产业。笔者认为,创意产业脱胎于文化产业政策,又超越文化产业,其本质特征是产业发展的一种创新模式。

1. 脱胎于文化产业政策

创意产业(Creative Industries)作为一个专有名词正式出现在文献中最早可追溯到英国文化媒体体育部1998年11月发布的《创意产业

图录报告》,报告对创意产业作了如下定义:“源于个体创意、技巧及才能,透过智慧财产权的生成与利用,而有潜力创造财富和就业机会的产业。”与文化产业相关的产业部门成为早期创意产业的主要内容,英国对创意产业的定义也成为之后各个国家和地区确立创意产业发展战略的标杆。从创意产业缘起的背景来看,它是一种与文化紧密联系、自上而下的发展策略,是政府促进本地经济、文化、社会进步甚或成为国家优势的产业政策。

2. 超越文化产业

随着创意产业在世界各地的兴起,人们对创意产业的认识逐步深入,认为创意产业是超越文化产业的一种新型产业业态。在实践发展中,不少国家根据自身的特点,将文化产业、内容产业、版权产业都归入创意产业。有“创意产业之父”之称的英国经济学家约翰·霍斯金则将创意产业界定为其产品都在知识产权法的保护范围内的经济部门,认为版权、专利、商标和设计产业四个部门共同构建了创意产业和创意经济。显然,创意产业是一个与个人创造力、与知识产权相关的概念,它已经超越一般文化产业的含义,不仅注重文化的经济化,更注重产业的文化化,更多地强调文化产业与第一产业、第二产业、第三产业的融合和渗透。创意产业的根本观念是通过“越界”促成不同行业、不同领域的重组与合作,引爆新产业,是一个全新的产业业态。

3. 一种发展模式的创新

对创意产业的认识不能囿于传统产业的思维逻辑,应该在技术进步、产业融合、消费转型的大背景下审视创意产业的内涵和本质特征。从某种意义上来看,创意产业是一种发展模式的创新,是对传统的产业发展逻辑的颠覆。从产业驱动要素、产业链形态、产业组织结构到产业导向、产业效益和产业目标,创意产业与传统产业都有显著区别(见下表)。创意产业强调文化、人力等软要素的作用,强调产业资源的反复和集约使用、强调产业的消费导向、强调产业组织的灵活和产业目标的多元化。

传统产业发展逻辑与创意产业发展逻辑比较

	传 统 产 业	创 意 产 业
产业驱动	硬性资本(土地、金融资本等)	软性资本(知识、文化、人力资本等)
产业资源	一次使用	反复使用
产业链	单向生产链	环状价值链
产业组织	垂直化	扁平化
产业导向	产品价值	顾客价值
产业效益	边际成本递增,边际效益递减	边际成本递减,边际效益递增
产业目标	经济	经济、社会和人

二、创意产业驱动社会经济全面发展

短短几年,创意产业之所以能够在世界各地受到政府、企业和社会的追捧,与其具有改变现有经济增长方式,促进社会经济全面发展的强大功能紧密相连,据联合国统计,创意产业占全球 GDP 的 7%,每年以 10% 的速度在增长。全球的创意产业已从 2000 年的 8 310 亿美元上升至 2005 年的 1.3 万亿美元,大大高于全球 GDP 7% 的增长速度,它创造的财富大大超过制造业,成为世界经济增长的主要动力。在我国大力推崇科学发展观、强调“以人为本”的新时期,创意产业的发展优势凸显无疑。

1. 转变经济增长方式的加速器

科技创新和文化创意是现代经济增长的双引擎,前者是硬实力产业,后者是软实力产业,真正能发挥巨大能量的是文化因素和科技含量有机融合的综合创意产业。由于科技创新的研发周期较长,并且价值传递的时间风险较大,对发展中国家而言,创意产业是其实现跨越式发展的有效途径,也是其转变经济增长方式的有效战略,联合国贸易发展组织认为,发展中国家要实现跨越式“蛙跳”(Leap-frog),创意产业是具有优势的产业部门。

创意产业的核心特征之一是倡导把文化要素作为推动经济增长的主导要素，对中国而言，五千年的中华文明史，有挖掘不尽的文化金矿，有取之不尽的精神财富，发展创意产业是我国实现新发展的优势产业。

创意产业的核心特征之二是鼓励个人创造力的无穷释放，这种释放创造了新的产品和新的市场需求，冲破了传统资源的硬约束，一方面创意能够将各种有形资源和无形资源转化为经营资本，产生经济效益；另一方面创意能够通过各种创意产品“诱惑”消费者，激发潜在的市场需求，拓展新的消费群体，为经济发展打开了新的通道和空间。

2．创造就业机会的驱动器

创意产业对就业的贡献重大，一方面创意产业包含的专业领域很广，能容纳大量的劳动人口；另一方面，通过发展创意产业形成的一些新型产业，可以为社会提供大量新的就业岗位。据统计，目前，创意产业是伦敦第二大就业高增长产业，每5个新增职位中，创意产业就占一席。在欧洲的音乐之都维也纳，目前在创意产业工作的人员已达10万人，这几乎是维也纳就业人数的14%，也占整个奥地利创意产业就业总人数的40%。

3．提升城市品牌的塑造器

创意产业通过在旧城区的改造中提升城市文化品位和延续城市文脉，弘扬城市的地方个性，塑造城市的独特品牌。如英国泰晤士河南岸、柏林的哈克欣区、温哥华的兰桂岛、日本北海道的小樽运河、纽约的苏荷等地区都是在19世纪制造业大发展时建造的厂房、仓库，创意产业使这些面临废弃的老城区焕发了青春。

创意产业不仅保留了具有历史文化价值的建筑，整合各种文化资源，而且通过历史与未来、传统与现代、东方与西方、经典与流行的交叉融汇，为城市增添了历史与现代交融的文化景观，并提升了城市的形象和品牌，促进了旅游业的发展。最经典的案例是德国鲁尔工业区的埃森，这是一个在产业结构转型中面临废弃的煤矿，通过发展创意产业，埃森“擦去了脸上的煤灰”,2001 年埃森矿业同盟被联合国教科文组织列入了世界文化遗产名录,2006 年埃森又被欧盟定为 2010 年的“欧洲文化首都”。又如上海的新天地,结合石库门的改造,融入了现代城市的时尚元素,最终成为上海的地标景观;上海苏州河畔莫干山路 50 号的老仓库,集聚了来自世界各地艺术家的工作室,被美国《时代周刊》评为上海的十大文化景观之一,2006 年又被国家旅游局批准为全国工业旅游示范点。

4. 助推社会进步的牵引器

创意产业的发展已经超越了一般的经济层面,有着更深刻的自然和社会意义,促进了人与自然、经济、社会系统的和谐发展。有专家认为,创意产业发展的最高境界不在于其创造了多少财富,增加了多少就业机会,而在于创意产业对整个社会的改造和更新。事实上,创意产业在发展经济的同时发展了社会,因为创意产业不仅能够发展每一个人的创造力和潜能,给每个有创新力的人提供发挥才能,创造财富的机会,而且为普通民众提供了丰富多彩和愉悦精神的体验产品,提升了居民的生活品质,是一种“以人为本”的社会经济发展模式。

创意产业造就了创意阶层的形成,创意产业引导了新的消费时尚和潮流,引领新的生活方式,重构新的生活态度等,这些都构成了对社会更新和改造的巨大力量,推动社会的进步和发展。在发达国家的发展中,人们的发展理念已经发生了新的转变,强调幸福和快乐,成为经济发展追求的新目标。以日本为例,它近 10 年发展模式最大的变化之一,就是 GNC(Gross National Cool,国民生活快乐指数)正在事实上取代 GDP,成为日本经济运行的重要衡量指标。日本经济中最为活跃的企业,已经是一些着重开拓个人体验的商业领域的中小企业,这些企业生产的产品在传统的 GDP 增长指标之外,正在事实上改善日本人的福利状况。

创意产业对社会经济发展的重要意义毋庸置疑,创意产业的持续健康发展则至关重要,我们应该结合本地的发展实际,科学规划,正确判断和把握创意产业发展的条件和制约因素，同时，要切实转变观念，重视无形资源的价值，培育和积累文化资本和人力资本，通过构建产业链、保护知识产权等有效手段，推进文化创意与科技创新并举的“双创”战略，驱动城市社会经济的进步与发展。

（本文载于《浙江日报》（理论版）2007 年 5 月 14 日，与王慧敏合作）

创意产业价值创造机制与产业组织模式

创意产业的概念源自20世纪90年代初的澳大利亚，90年代末由英国政府正式提出这一专业名词，并推广至全球。[1]虽然不同国家和地区对创意产业的内容和范围的理解各有不同，但概括地说，创意产业大致包含三个部分的内容，一是通常所指的文化及相关产业；二是与通讯和网络相关的软件、游戏、动漫等内容产业及衍生品市场；三是与传统产业相关的各类设计、咨询策划等产业，包括工业设计、建筑设计和会展策划等内容。当前关于创意产业的研究主要着眼于“创意产业促进经济增长方式转变”、“创意产业与区域竞争力的提升”、“创意产业形成与发展”等问题，对创意产业作为一个新兴的产业，其价值创造机制和产业组织模式的研究很少。而这一方面的深入研究，对创意产业发展具有理论和实践意义。

一、商品价值系统的特征

经济学研究消费者行为是从需求开始的，从消费者角度来看，价值就是消费者对商品效用满足其需要的评价，消费者购买的并非是商品，他们购买的是对于自己特定需求的一种满足，需求是推动价值形成的原动力。在经济学的概念中，需求是指有能力购买并且愿意购买某个具体商品的愿望，而需求的基础是需要，需要是指人类没有得到基本满足的感受状态，如安全需要、生存需要等。以需要为基础，在需求的推动下，企业生产出商品；这些商品被消费者认可实现销售后便形成了价值，此时消费者与生产者就商品交换达成一致，消费者价值等于生产者价值，即消费者对商品的价格评价与生产者的利润加成本相等，企业实现了收益；企业收益的增长进一步促进了企业对劳动力的雇佣，进而推动了需求的扩张。这就是一个需求、生产与价值实现之间相互联系的简化理论模型。

随着经济的快速发展，商品日益丰富，消费者的收入水平迅速提高，以消费者的需求为导向，关注顾客价值成为现代商业的重要特征，而消费者的需求是丰富的、有不同的层次。马斯洛认为，人类由低到高有五个层次的基本需要，即生理需要、安全需要、社交需要、尊重需要和自我实现的需要，当低层次的需要获得相对的满足后，下一个需要就占据了主导地位，成为驱动行为的主要动力，行为是由优势需要决定的。正是人类需要的层次决定了消费者的需求有不同的层次。消费者购买商品的目的是对于自己需求的一种满足，因此从消费者的角度看，商品的价值系统也有不同的层次。笔者认为，一般而言，商品的市场价值可分解为使用价值和观念价值两部分。[2]使用价值是消费者为满足自己基本需要时愿意给商品物理属性支付的价格部分，体现为客观的具有一定使用功能的商品特性。观念价值是指人们在消费商品物理属性的同时，因商品内在的文化属性、象征意义以及个人因消费商品所带来的归属感等方面的差异而愿意多支付的部分，例如，当前中国存在大量为国际著名品牌代工的企业，物理属性相同的商品，一件贴企业自己的牌子，另一件贴世界著名品牌，其价格落差巨大，落差来自名牌商品包含的文化、品位、时尚和身份的象征。观念价值是商品中包含的能与一些社会群体的精神追求或文化崇尚产生“共鸣”的无形附加物。因此，我们认为，使用价值由科技创造而成，是商品的物质基础；观念价值因创意渗透而生，是附加的文化观念。

使用价值和观念价值构成商品价值系统的两个层次。其中，使用价值是依附在商品之上由其物理属性和表征形成的价值，使用价值是商品基本的物理属性，它是商品价值系统形成的基础；观念价值突出强调了依附在商品之上的因社会评价所形成的价值，人们对于商品的认知程度将更多地取决于观念价值的高低。道格拉斯和伊舍伍德都强调通过人们对商品的使用来划分社会关系。他们认为，人们对商品的享用，只是部分地与其物质消费有关，关键的还是人们将其用作一种标签。[3]随着经济的发展，构成商品市场价值的这两部分的比重会发生变化。在经济发展水平低下，技术比较落后，物质还比较短缺的时代，人们重视的是商品的使用价值，因此商品的市场价值主要取决于使用价值。但当人们摆脱了短缺经济，从温饱走向小康和富裕时，便越来越重视商品所包含的观念价值，商品的市场价值也随之越来越取决于其观念价值。

商品价值系统的持续生命力体现在价值系统的不断增殖。当我们在走向知识经济时代时，技术交流与扩散的速度大大加快，商品日益丰富并趋向同质化，商品中“精神性”的观念价值所占比重就越来越大。美国著名未来学家约翰·奈斯比特曾说，在高科技为主导的现代社会中，人除了温饱和安全之外，更迫切地寻找人生的意义，要追求更高、更深、更远的东西。具有相同使用价值和技术质量的商品，其经济价值不仅可能由于使用功能和技术质量的改进而提高，而且更会由于其附加的创意个性的不同而上升，越是具有高品质创意，或具有能为多数人认同的文化创意的商品，就越可能拥有较高的附加价值，其实现的经济价值就越大。对于企业而言，获取竞争优势的关键是建立商品价值系统的持续生命力，而商品价值系统的持续生命力的关键是将科技创新资本和文化创意资本融入企业的商品或生产流程中，增强企业的核心能力，创造差别化的竞争优势，使企业的商品价值系统具备不可复制性和独特性。

二、创意产业价值创造机制

从消费者来看，创意产业创造了观念价值，契合了消费结构的升级。生产力的发展，全球化的竞争市场，商品供过于求，消费者的基本需求得到了满足，消费者越来越追求个人心理上的满足，崇尚个性化消费，消费者的需求层次随着社会的进步和生活水平的提高而提高，市场的异质性和细分化程度不断提高，顾客在市场交易中的主导地位逐步确立。消费者更多关注心理上、精神上、文化上的需求，对物质商品中的文化含量的要求越来越高，不再仅仅追求商品的实用性，而是更重视商品的外观设计、包装、品牌以及商品所传达的品位、观念、故事和归属感等，追求商品的观念价值。创意是创造价值的过程。传统产业注重改变商品的功能价值，为消费者提供新的更高的使用价值，创意产业则主要通过改善商品的观念价值获得市场和利润。与传统产业以产品为导向的价值创造机制不同，创意产业以消费者的需求为导向，顾客是价值创造的出发点和归属点，通过满足顾客的观念需求、文化需求，实现创意产业的价值创造。创意产业把顾客视为价值创造的起点和终点。事实上，正是顾客的评价构成了价值的真正源泉，只有被顾客认可的商品和服务才有价值，“顾客就是上帝”的商业谚语本身也说明消费者不再是企业商品的被动接受者，顾客最终指挥着整个价值创造系统。知识经济时代与工业经济时代不同的是信息、创意等抽象元素在经济生活中的作用越来越强，创意信息的生成、处理、加工、流通和利用变得越来越方便，快捷的顾客解决方案和即时顾客化定制不但技术上可能，成本上也是可行的。我们认为，在知识经济时代，供应商将大量的符号与象征元素（如品牌等）运用在商品的生产与消费过程中，让商品成为文化意义的承载者。

随着经济发展和收入水平的不断提高，促进商品价值增值和消费者认可程度提高的基本趋势是沿着使用价值到观念价值的路径展开。观念价值又可细分为体验价值、信息价值和文化价值三个层次。胡晓鹏认为：体验价值指在同样物理属性的前提下，人们因外观形象等方面的差异而愿意多支付的部分，它主要取决于个人偏好；信息价值是指人们在消费商品物理属性的同时，因其具有给他人传递信号的能力而使商品增值的部分；文化价值则表示人们消费商品的物理属性只是次要的，信号的传递也不是主要的，重要的在于商品内在的文化属性以及个人因消费商品所带来的归属感。[4]创意为商品和服务注入新的文化信息要素，如观念、感情和品位等因素，为消费者提供与众不同的新体验，从而提高商品与服务的观念价值。文化创意通过观念、感情和品位的传达，赋予商品和服务某种独特的象征意义，从而在许多成熟的行业创造了“奇迹”。例如，诞生在新加坡的面包新语（Bread Talk）就通过赋予日常的面包更多趣味和流行价值来创造自己的细分市场，它让顾客不仅品尝这些面包，还能“读”懂这些面包，靠着截然不同的市场操作，塑造了新兴的面包文化，其单店销售额是传统面包店的4倍以上；同样地，浙江大学的西迁主题餐厅，正是融入了浙江大学的历史和文化，使其别具一格。创意为传统产品注入特定的文化内涵和赋予某种象征意义，创造了商品的观念价值，而经济发展的状况证明，商品的市场价值恰恰是由其观念价值来决定的；在商品价值系统中，观念价值成为培育商品持续生命力价值的主导因素。这正是创意产业生命力的体现。笔者认为，创意产业的发展满足了人们精神文化需求，也挖掘、拓展、提升着人们对精神文化的需求，人们的精神文化需求愈丰富、愈多样，创意产业的发展就具有愈深厚的社会基础和广阔的市场空间。[5]

从生产者看来，推崇创新、推崇个人创造力、强调文化艺术对经济的支持与推动的文化创意资本，成为知识经济时代推动生产效率提升的重要生产要素。一方面创意能够将各种有形资源和无形资源转化为经营资本，产生经济效益；另一方面创意能够通过各种创意产品吸引消费者，激发潜在的市场需求，拓展新的消费群体，为经济发展打开了新的通道和空间。比尔·盖茨则如此解释创意：“创意具有裂变效应，一盎司创意能够带来不计其数的商业利益、商业奇迹。”短短几年，创意产业之所以在世界各地受到政府、企业和社会的高度关注，与其具有提升生产效率，改变现有经济增长方式，促进社会经济全面发展的强大功能紧密相连，据联合国统计，创意产业占全球GDP的7%，并每年以10%的速度在增长。[6]它创造的财富大大超过制造业，成为世界经济增长的主要动力。据统计,目前,创意产业是伦敦第二大就业高增长产业,每5个新增职位中,创意产业就占一席。在欧洲的音乐之都维也纳,目前在创意产业工作的人员已达10万人,这几乎是维也纳就业人数的14%,也占整个奥地利创意产业就业总人数的40%。[7]

创意产业的核心特征是鼓励个人创造力的无穷释放,这种释放创造了新的产品和新的市场,冲破了传统资源的硬约束,个人创造力的无穷释放将大大缩短整个创新的过程,大幅提高知识流动和专业化分工的效率。文化创意逐渐成为独立的产业部门,一方面有利于突破传统产业的原有束缚,更充分地发挥想象,扩大创新空间;另一方面创意设计跳出了为本企业服务的圈子后,有利于向其他行业、企业渗透,既获得规模经济效益,又提高了其他行业的附加值。如建筑设计,跳出建筑工程公司,可不受工程公司业务范围和传统规范的限制,从而扩大了创新空间,并在为各类建筑的设计服务中扩大规模、积累经验、不断创新。再以工业设计为例,过去,在每个企业内都有商品设计,是以技术为主,但经济发展到一定程度,人们对观念价值的需求越来越大,工业设计不断加入文化内容,一些设计从原来产业中独立出来,变成为第三方服务,不仅丰富了原创,而且作用更加广泛。文化创意具有很强的渗透力和辐射力,创意产业可以与任何一个产业结合,产生强大的生命力,而不会破坏已有的产业,只会在很大程度上促进既有产业的发展,给原来单纯的产业集体带来高额增加值。随着经济的发展,创意产业在产业链的分解和整合中的作用将会越来越大。

从价值实现角度看,媒体推介实现了创意产品的价值挖掘。虽然创意产业创造了商品的观念价值,但是观念价值取决于消费者主观的感受。观念价值具有较强的主观性,尤其是对某些特定的创意产品而言,观念价值和使用价值是合一的,如收藏品、艺术品、音乐会等,其价值的主观性更强。另外创意的创造者往往强调自己的理念,而消费者和受众的主观评价和认识又是很不一致的,并且对其价值内涵的认识也有一个过程,创意产品往往需要经过多次反复的展示、推介、宣传,其价值才被逐步挖掘出来。因此对创意产业而言,其价值的实现还需媒体的推介和挖掘。传统的文化创意作品消费往往是直接的面对面交流的自然经济形态,不需要像策划人、艺术中介机构、经纪人等这样的中间环节。王玉梅认为,在今天这个全球化的消费社会里,精心设计、策划的文化创意商品很有可能被淹没在泛滥的信息之中,而媒体是人们获得信息的最主要方式,媒体的运作可以发现创意产品的价值,并推动价值实现。[8]2005 年风靡全国的"超级女声"项目就是在媒体的推动下创造了赢利奇迹。超女在未经选秀推介前,其出场唱歌的市场价值可能仅几百元,而经媒体反复推介后,受众才认可,其市场价值才可能飙升到几万和几十万。而且围绕"超级女声"这一富有创意的节目,湖南卫视和上海天娱传媒有限公司通过电视、图书出版、演唱会、商品代言、网络、手机短信等传播媒体,吸引了上亿观众。规模庞大的注意力被迅速转换为数目可观的商业价值,2006 年中国社会社科院发布的《文化蓝皮书》估算出这个节目各利益相关方直接总收益约 7.6 亿元。媒体推介成为实现创意商品价值挖掘的重要力量。

三、创意产业组织模式

与传统的产业发展模式注重有形资源和客体资源的开发和利用不同,创意产业强调无形资源和主体资源的开发和利用,创意产业的核心要素是高级人力资本、文化资本、知识产权资本和技术资本等软性资本。创意产业是为所有产业提供创意服务的产业群,在组织形态上,它打破了传统产业的界限,可以同时与不同的产业产生关联,第一产业、第二产业、第三产业均可与创意产业相互融合,创意产业通过价值链、价值网和价值星系等组织模式实现价值创造。

在创意产业的价值链模式中,价值创造的基本思维逻辑是"企业在价值链上定位"。价值链理论认为:"每一个企业都是用来进行设计、生产、营销、交货等过程及对商品起辅助作用的各种相互分离的活动的集合。"任何企业的价值链都是由一系列相互联系的创造价值的活动构成，这些活动分布于从供应商的原材料获取到最终商品消费时的服务之间的每一个环节，这些环节相互关联并相互影响。在企业的经营活动中，并不是每个经营环节都创造价值。企业所创造的价值，实际上是来自企业价值链上某些特定环节的价值活动。企业经营战略中的一个重要问题是构建企业价值链和产业价值链，企业经营的核心问题就是“在价值链上定位”和“将战略建立在独特的经营活动上”。在这种思维模式下，经营者将整个产业视为一种“价值链”，产业中每一厂商都在价值链中占有一定位置。产业价值链是基于产业系统价值活动的自组织行为，它把价值的视野放到更大的价值结构中，形成更为宏观的价值创造组织形式。在波特的价值链模式中，产业内各环节间通过竞争性、对立性、议价性市场交易相互联结，构建一个垂直整合式价值链与价值体系，这样的产业世界观是静态的。创意产业中的中小企业占了企业的绝大多数，在英国，文化创意部门里 56% 的主要工作人员都受雇于 25 人以下的公司；好莱坞也正是依靠着集聚在那里的无数小型企业，实现不同项目之间的承接，从而形成特有的产业链。这些创意企业之间通过“在价值链上定位”，在空间上集聚，相互协作形成链式的产业组织模式。深圳市龙岗区大芬村的“文化产业示范基地”所代表的就是通过价值链的分工实现价值创造的模式，在大芬村，通过空间集聚，采用市场交易的机制，分处价值链不同阶段的个人或企业间的分工协作得以顺利实现，这种价值创造模式使得创意产业中的创造性得以品牌化，生产成本也相对较低。

虽然价值链模式从整个价值系统的角度看待价值链的各个环节，强调价值系统之间价值链的衔接，其视野扩展到了整个价值系统，但它仍然呈线性模式。它是基于分工的上下游一对一的链式结构，在这种结构中各个创意单元按照产品的层次及合作程度分为各个级别，合作与控制通常只在相邻的两个级别之间进行，很少有跨级别的信息流动。上游创意单元只对与它相邻的下游单元负责，很少对最终产品的市场与客户的需求作出反应。而创意产业的活力正是在于充分发挥各个环节的创新能力,为最终产品的市场与客户的需求创造价值。因此面对一些更加复杂、个性化更强的创意产品,需要对链式的组织模式进行分解和重构,把它们重新组合成以客户和市场为中心的价值网络。苟昂等认为,这种演变是向网状组织结构转变的逻辑起点,也是权力分散化、过程重组和外部采购的重要而广泛的趋势。这个价值链的延伸、分解和网络化过程,表现为企业内部关系的网络化和外部关系的网络化[9]。创意产业的价值网络模式成为一种效率较高的创新模式。李垣等认为,价值网络是由利益相关者之间相互影响而形成的价值生成、分配、转移和使用的关系及其结构。价值网络改进了价值识别体系并扩大了资源的价值影响,同时使组织间联系具有交互、进化、扩展和环境依赖的生态特性[10]。我们认为,创意产业价值网络模式的本质是在分工深化的条件下,通过一定的价值传递机制,在相应的治理框架下,由处于价值链上不同阶段和相对固化的彼此具有某种专用资产的创意单元及相关利益体组合在一起,共同为顾客创造价值。它是创意产品价值的不可分割性或互补性导致共同创造这一价值的企业联结成为一个网络整体。每一个网络成员创造的价值都是最终价值的不可分割的一部分。创意产品或服务的价值是由每个价值网络的成员创造并由价值网络整合而成的。创意产业的价值网络的思想打破了传统价值链的线性思维和价值活动顺序分离的机械模式,围绕顾客价值重构原有的价值链,使价值链的各个环节、不同的主体按照整体价值最优的原则相互衔接、融合、动态互动。利益主体在关注自身价值的同时,更加关注价值网络上的各节点的联系,冲破价值链各个环节的壁垒,提高网络在主体之间相互作用及其对价值创造的推动作用。与价值链模式不同的是,价值网络的合作伙伴之间是相互联系的,这种联系是建立在如何共同为客户创造更多价值的基础上的。市场与客户的需求等信息在整个创意价值网络内流动、碰撞。识别市场机遇、顾客需求的主体由价值网络的所有成员组成,而不仅仅限于领导企业或终端企业。这使得价值网络形成了市场需求的捕捉网络,其对市场及顾客的把握能力远远高于线性模式。在传统的价值链或价值系统模式下，不同环节的主体是按产品的流程在价值链环节的联结点相联系的，具有明显的线性次序。而在网络模式下，整个流程透明化，不同的价值链的主体相互协作，实现整个流程的互动模式。比如《瑞丽》杂志就根据时尚杂志的特点，通过版权建立创意资源的价值网络，目前《瑞丽》已经形成了各类资源的数据库，内容资源数据库已经有十万张原创的图片、百万文字，同时有了杂志自己的模特、摄影师、化妆师、搭配师以及各类服装品牌代言。利用这些原创性的资源，《瑞丽》开发和支撑了一个以时尚为核心的价值网络：《瑞丽风尚》杂志、《瑞丽时尚先锋》杂志、《瑞丽家居设计》杂志、"瑞丽女性网"、《瑞丽》彩信、《瑞丽》短信、《瑞丽》无线俱乐部等。

随着市场竞争的加剧和技术的飞速变革，一些新锐的创意企业价值创造的基本逻辑又呈现出新的变化，开始着眼于构建整个价值创造系统。创意产业的组织模式陷入了一种结构更为复杂的、包含多个产业的价值星系，即价值星系模式。价值星系使市场从一个价值交换场所蜕变成价值星系中各交互往来的对话论坛，开拓出企业源源不绝的创造性与活力。罗珉认为，所谓的价值星系是一个企业间的中间组织，是一个企业引力集合的创造价值的系统。这个系统的各成员，包括作为"恒星"的企业，和众多联盟企业，如模块生产企业、供应商、经销商、合伙人、顾客等，共同"合作创造"价值，通过"成员组合"方式进行角色与关系的重塑，经由新的角色，以新的协同关系再创价值[11]。"星系"一词来源于天文学，是指由恒星、行星与其卫星构成的一个系统。拿太阳系来说，九大行星围绕太阳公转，同时它们又各自能够自转，行星与其卫星又构成一个充满活力的子系统。在这个星系中，有两种力在起作用：一种力是吸引力，另一种力是逃逸力。只有在这两种力处于均衡态的时候，行星才能既围绕太阳运转又能自转。肖月强认为，价值星系与战略联盟、价值网络、虚拟组织等中间组织形式的主要区别在于价值星系中存在一个起核心作用的"恒星"企业，它的存在和发展是价值星系得以形成和发展的中坚力量，价值星系的其他模块企业都是围绕

“恒星”企业运转而又自组织地运转。核心企业在价值星系中的主要作用就是创造出独特的“战略产业要素”和“核心竞争力”。在价值星系中每个成员企业处于不同的资源禀赋点上，从而在系统中占据着不同的“生态位（Ecological Niche）”[12]。价值星系的“恒星”企业通过创造出独特的战略产业要素产生一种吸引力，使价值星系中的其他模块企业既围绕“恒星”企业运转又能自组织地运转。在价值星系中，“恒星”企业往往表现为有能力控制价值流路径的信息和资源，能够起到帮助其他企业建立联结桥梁的焦点企业，而星系成员都是一个个具有自组织特性的能力要素模块，这些能力要素互补、互嵌的模块相互合作，共同降低生产、交易以及市场认知等方面的不确定性，并支持“恒星”模块创新的实现。企业间动态的选择过程和多对多的创意产品生产格局，使产品的创新速度出现倍增效应，价值创造过程中选择集合的丰富、直接和需求的多样性相映射，基于网络外部性原理，随着“行星”企业的急剧增长，价值星系的价值创造能力呈几何级数增长。从全球范围看，迪士尼无疑是这种组织模式最成功的案例，它构建了包含多个产业的价值星系。从中国创意产业看，许多企业也试图构建这样一种模式，以湖南宏梦公司为例，它于2006年成为中国卡通业界第一次成功引入国际风险投资的企业，引入红杉资本750万美元。湖南宏梦通过系列动画节目成功塑造“虹猫蓝兔”品牌，作为“恒星”企业的战略要素，利用“虹猫蓝兔”的品牌影响迅速延伸至相关领域，与文具、玩具、服装、医药、食品、游戏、电信增值运营等相关机构和企业进行品牌授权与合作，构建企业的产业价值星系。

参考文献

[1] 厉无畏，王慧敏. 创意产业促进经济增长方式转变[J]. 中国工业经济，2006(11).

[2] 厉无畏. 创意产业导论[M]. 上海：学林出版社，2006：28.

[3] 迈克·费瑟思通(M. Featherstone). 消费文化与后现代主义[M]. 刘精明译. 南京：译林出版社，2000：142.

［4］胡晓鹏. 价值系统的模块化与价值转移［J］. 中国工业经济,2004(11).
［5］厉无畏. 创意产业导论［M］. 上海：学林出版社,2006：17.
［6］James Purnell. Making Britain the World's Creative Hub, keynote speech to IPPR event. London, 16 June 2005.
［7］于雪梅,缪勇. 创意产业——城市就业的驱动器［N］.《文汇报》(论苑),2007-01-15.
［8］王玉梅. 基于价值链的创意产业赢利模式［J］. 经济管理,2006(17).
［9］苟昂,廖飞. 基于组织模块化的价值网研究［J］. 中国工业经济,2005(2).
［10］李垣,刘益. 基于价值创造的价值网络管理［J］. 管理工程学报,2001(4).
［11］罗珉. 价值星系：理论解释与价值创造机制的构建［J］. 中国工业经济,2006(1).
［12］肖月强. 基于价值星系的超企业研究［M］. 成都：西南财经大学出版社,2006.

(本文载于《学术月刊》2007年第8期,与顾丽英合作)

发展创意旅游，开启旅游产业的“蓝海”（上）

一、创意旅游是旅游产业发展的新模式

所谓创意旅游是指用创意产业的思维方式和发展模式整合旅游资源、创新旅游产品、锻造旅游产业链。相对于传统旅游发展模式，创意旅游有以下几个特点：

一是强调对各类资源的多维化整合，特别是对传统旅游资源（自然山水、文物古迹等）之外的各类社会资源的整合和转化，将这些有形和无形的资源通过创意的手法转化为市场认同的旅游产品。用创意转化资源为资本是创意产业发展的主要模式之一，也是旅游产业从更广阔的范围和更深的层次利用资源、挖掘资源、整合资源的新途径，是突破传统旅游产业边界的新手段，因此，跨越边界实现旅游产业的融合渗透是创意旅游的基本特征。

二是强调对未来文化遗产的创造。对历史遗留和现有旅游资源的开发、利用和保护是传统旅游产业的主要发展模式，常常投入大量财力和物力对历史遗迹进行修复和开发，而忽视创造力的发挥，鲜见“无中生有”和“有中生优”的世界级创新旅游产品。从创意产业的视角来看，旅游产品是展示人类创意活动的吸引物，对于缺乏自然旅游资源禀赋的区域，其着力点应向创造人类的未来文化遗产倾斜，因此，着眼于未来，创造旅游吸引物是创意旅游的基本立足点。

三是强调对旅游消费潮流的引领和塑造。中国旅游业的发展导向大致可概括为两个：一是资源导向型，即有什么资源（狭义旅游资源）

发展什么旅游产品,旅游景点景区是旅游的核心吸引物,也是旅游产业要素配置的中心,旅游产业呈现出“跟着资源走”的格局,这一导向在20世纪90年代之前占主导地位,是旅游产业发展初期的主要模式;二是市场导向型,自20世纪90年代中后期至今占主导地位,是当今我国旅游发展的主流模式,得到政府、投资者和企业的广泛认同,旅游产业呈现出“跟着市场走”的格局,由于旅游产品从开发走向市场有一定的周期,常常出现“规划”赶不上“变化”的市场滞后,造成投资失败,资源浪费。创意旅游是旅游产业发展的新导向,注重对潜在旅游需求的激发和对市场消费潮流的引领,缔造“市场跟着创意走”的产业发展格局,是一种高附加值的“酷”旅游产业模式,因此,创造新型旅游市场、培育旅游消费群体是创意旅游发展的基本导向。

四是强调旅游产业链的拓展和延伸,以及区域整体价值的提升。创意旅游的发展思路是充分发挥旅游产业的关联带动效应,以旅游活动和旅游吸引物为核心,拓展旅游产业链条,主动与一产、二产等产业融合,构建跨越各个产业部门的多层次旅游产业链,构筑旅游产业价值体系,促进区域整体功能提升与转型。因此,延伸和拓展价值链,实现价值体系的整体增值是创意旅游发展的基本策略。

二、创意旅游创造旅游产业新价值

1. 旅游产业发展背景的深刻变化凸显创意的力量

现代经济发展处于新的转型时代,文化、休闲、体验、娱乐等成为推动经济发展的新要素,成为促进社会经济转型和升级的新动力。显然,旅游产业的发展需要创意的力量来加快升级,通过为旅游者创造休闲环境、体验产品和娱乐方式实现自身模式的创新。

步入大众休闲时代的旅游需要创意创造旅游休闲环境。大众观光旅游到大众休闲旅游的转型无疑是旅游业向纵深发展的必然趋势。目前我国法定的节假日时间已经达到114天,加上带薪假日,一年中有超过三分之一属于闲暇时间,闲既是生产的根本目的之一,也是促进经济和社会发展的策动力。现代旅游业将担负着创造旅游吸引物、营造休闲环境、引领休闲方式、缓解传统旅游资源与生态环境压力的使命。

步入个性化体验时代的旅游需要创意创造体验旅游产品。随着消费对经济增长的导向作用不断加强,城市居民消费逐步展开了高级化的演绎过程,由“小康型”向“富裕型”转变,由简单的实物消费转向复杂的服务消费,发展性和享受性消费也渐成主流。旅游消费正由普及性消费转向个性化消费,旅游需求正在向“体验”靠拢。人们不仅仅需要传统的休闲度假类旅游产品来愉悦精神,更期待特色鲜明、个性化的创意旅游产品,丰富自身的体验与经历。

步入“玩经济”时代的旅游需要创意创造产品的娱乐元素。当前,与玩乐相关的产业正在成为全球炙手可热的新经济内容,“玩”已经可以作为一个人、一个企业、一个产业乃至一个国家的经济资源了。在这种“乐趣导向消费”的趋势下,越来越多的产品、服务开始提供娱乐功能,或与娱乐活动结合。这使得“玩经济”已经不限于某些特定、有界限的行业,因为所有的事情都要换个方式做,以变得更“好玩”。“换个方式”,诠释了一种新的思维,一个新的角度。究竟以怎样的方式?于是,创意成为关键。“玩经济”时代没有跟风者,一切取决于能玩出什么新花样,持续的创新和抢得先机至关重要。旅游经济是典型的玩经济,是否“好玩”,是否有创意,是旅游产品创新成功的关键因素之一。

2. 创意旅游开启旅游产业的“蓝海”

2005 年欧洲工商管理学院的钱·金教授和勒妮·莫博涅教授出版《蓝海战略》一书畅销全球,引起巨大反响。“蓝海战略”要求企业把视线从供方转向需方,从关注和比超竞争对手的所作所为转向为买方提供新的(现有产业未提供的)价值元素,并剔除和减少某些旧的价值元素,从而摆脱血腥竞争的市场——“红海”,开创一片新的市场空间——“蓝海”,以较低成本为买方提供价值上的突破。他们指出“蓝海战略”的基石是价值创新,并尽可能降低成本。如何向旅游者提供新的价值元素呢?当前蓬勃兴起的创意产业向各种产业渗透,与之相融合,将为旅游者提供新的价值元素,可以说创意产业是实现旅游“蓝海战略”的手段。

从旅游者的角度看,产品价值系统由功能价值和观念价值两部分构成。功能价值是旅游者为满足基本需要时愿意给旅游产品物理属性(如酒店提供的睡眠功能、餐馆提供的充饥功能)支付的价格部分;观念价值是指人们在消费旅游产品物理属性的同时,因产品内在的文化属性、象征意义以及个人因消费该产品所带来的感受和体验等方面的差异而愿意多支付的价格部分。观念价值是商品中包含的能与一些社会群体的精神追求或文化崇尚产生“共鸣”的无形附加物,譬如品位、意味、风尚、情趣等。观念价值是主观的、可以体会和感受的无形附加物,因文化创意渗透而生,是附加的文化观念。比如同样物理质地的旅游商品,一个有知名品牌,另一个是普通的牌子,市场价格会相差十几倍。随着旅游消费的普及,以功能价值为基础的大众化旅游需求已得到满足,开始倾向于精神和文化方面的个性化体验化旅游需求,故事内容、符号与象征元素等文化要素成为实现旅游价值创新的新路径。创意为旅游产品和服务注入新的文化信息要素,提供了新的价值元素,促进了新的需求,从而开辟了新的市场,也即驶向“蓝海”。这也是创意旅游开启旅游产业“蓝海”,创造新价值的原理。如当全国各地“农家乐”旅游产品蓬勃发展,竞争激烈并趋于同质时,大连的农业另辟蹊径,结合古今中外的阵图、迷宫文化,在种玉米前便设计了迷宫图案,并按设计图种植。当玉米长高后便成为国内首创的、最大的玉米迷宫,进而推出“勇者之旅”项目,和农家乐旅游相结合,吸引了大批游客,开创了农业旅游的一片“蓝海”。

(本文原载于《中国旅游报》2007 年 11 月 9 日第 007 版,与王慧敏合作)

发展创意旅游，
开启旅游产业的“蓝海”(下)

(上接《中国旅游报》2007年11月9日第007版)

三、发展创意旅游的新思路

创意旅游的巨大效应和创新模式的积极意义在于产业链的构建，在于对城市和区域整体转型的促进，以及旅游产业价值体系的形成和增值，旨在形成旅游产业的有智增长(Smart Growth)新模式。

1．拓展“产业链”：跨越产业边界联动发展

首先，以旅游产业的无边界特征促进产业的越界发展，实现产业间的无缝链接与良性联动。旅游产业链拓展的重点要突破“旅游六要素”的小循环，充分利用休闲娱乐时代的体验需求，把创意旅游作为产业(企业)成长的“投入要素”和“增值资本”，成为各类产业增加附加值(实现体验价值)的重要环节，形成旅游产业与相关产业的互动互融，构造大旅游产业链的良性循环。

其次，以旅游消费促进再生产的反馈机制实现产业升级。通过旅游时尚消费促进再生产的反馈机制，为中国制造转型到中国创造提供广泛的市场基础和引领作用是创意旅游的发展思路，这将促使制造业升级走上消费促进生产再刺激消费的良性循环。通过将旅游功能拓展到产业链的上中下游各个不同的环节，尤其是强化产业链上游研发和下游品牌销售渠道的旅游渗透，用旅游消费的需求引导产品的设计和功能的优化，用旅游消费的偏好进行品牌定位、培育忠实消费群体，建

立有效的销售网络。同时要围绕旅游者的潜在消费需求构建新型产业链，创造全新的产业空间。如游艇、邮轮和游船等水上旅游的发展将催生游艇、邮轮专用设备制造业、设计业、水上运动用品制造业、装饰业、维修业等新产业的发展。

2. 延伸“空间链”：跨越区域界限联动发展

创意旅游的发展注重区域整体价值的提升，属于“新木桶”思维，即区别于旧木桶理论补短板的思路，新木桶理论是将自身的长板与他人（或他区）的长板进行组合，形成更大的木桶空间。

旅游产业链通过在空间上的延伸，实现跨行政区域的联动，在更大的地理范围内优化配置旅游产业资源，形成跨行政区的旅游产业链。根据旅游发展的现状和基础条件，可构建不同区域层次的旅游空间链，如长三角区域旅游一体化发展的空间链。

3. 锻造“价值链”：占领价值链高端

创造新市场和新价值是创意旅游的核心理念，发展创意旅游要走出依靠资金大投入的误区，以价值链的构建思路开启蓝海，通过“智力”的密集投入，加大对城市和区域现有自然资源、经济资源和社会资源的整合力和转化利用率，积极培育旅游新业态，以强大的“软实力”占领旅游价值链的高端。

以“创造力”创造旅游新价值，如充分利用高科技成果丰富的优势，大力推广科技与旅游的联姻，提升旅游产业的科技含量；以“故事力”活化文化资源。以上海为例，建筑遗产是上海得天独厚的有形文化资源，其中名人故居极具话题性和感染力，但目前上海已经开发的名人故居均属于静态的展示品，缺少深度的内容开发和文化内涵的动态展示，处于“粗放式”的开发阶段。

可通过创意的手法，赋予动人的故事，将有形的建筑直接转化为旅游吸引物，成为带来旅游价值的文化资本；以感受力展示文化资本。无形文化遗产的有效展示途径是各类创意旅游产品，让受众通过直接的旅游体验消费，感受文化的魅力，引起其情感共鸣和文化价值认同。

4. 秀出“主题链”：全面演绎生活内涵

“旅游就是城市，城市就是旅游”已经成为业内共识，城市就是旅游者体验和感受生活的大秀场，如何将城市的过去时、现在时和将来时具象化、故事化，秀出“城市处处是风景”、“城市时时有风景”的意境是创意旅游的新目标。可以主题产品“秀”的形式全面演绎城市生活：

一是节庆主题链。目前我国不少城市都举办节庆活动，但其旅游休闲功能还未能有效发挥，大众旅游者的参与性不强，其规模效应和品牌效应也远远低于国际的同类活动，同时，由于相应的产业链没有有效建立，产生的经济效益也有限，往往需要政府部门的大量投入。按照创意旅游的发展思路，可以通过增加大众参与性活动，以及打造衍生产品和建立产业链的方式，把节庆活动培育成代表城市形象的城市品牌，展示本地特色的文化名片。法国戛纳国际电影节形成的以商业展销为主体、以吸引游客为目的的经济模式，值得上海借鉴。

二是活动主题链。城市每天都有各种各样的事件发生，有各种不同的活动举行，政府、企业、社区和各类组织的活动是城市最活跃和最时尚的“秀”。创意旅游就是要整合这些资源，给游客创造一个感受和体验真实城市生活的“城市视窗”。把城市活动当成城市旅游具有潜力的新增长点，利用城市文化活动、艺术活动、体育活动、教育活动、社区活动、商务活动、外交活动和企业活动等来开拓新型旅游市场，一方面要对这些活动进行信息整理和过滤，筛选出有亮点的精华，另一方面要从打造旅游吸引物的角度精心策划包装，把旅游链及其衍生品做到极致。

三是生活主题链。我国一些发达区域已经进入“普遍有闲的社会”，在这一发展阶段，旅游产业不仅仅要提供产品（服务），还要创造一种生活方式，创意旅游的发展思路是以旅游产品创造有效的休闲方式，引领生活方式升级。创造有效休闲方式的旅游产品包括四类：一是健康休闲方式，二是生态休闲方式，三是学习休闲方式，四是和谐休闲方式。

（本文原载于《中国旅游报》2007 年 11 月 14 日第 013 版，与王慧敏合作）

创意旅游：旅游产业发展模式创新

党的十七大报告中提出了“加快转变经济发展方式”，强调要推动产业结构优化升级，由主要依靠增加物质资源消耗向主要依靠科技进步、劳动者素质提高、管理创新等转变。而产业结构的优化升级，其核心要义就是创新驱动。面对当前出现的增加值微薄、人流多而现金流不大的局面，如何创新旅游产业的发展模式、促成产业的转型？近几年蓬勃兴起的创意产业的发展之路带来了新的启示。创意产业的思维方式和发展模式对重塑旅游业的产业体系产生了革命性的影响。

一、创意产业：一种发展模式的创新

当全球经济步入以知识为核心竞争力的时代，经济发展出现了“再结构的过程”（见图1），文化要素和人的创造力成为推动经济增长的主导要素。这种主导要素的变迁带动了创意产业的勃兴。据联合国统计，创意产业占全球GDP的7%，并每年以10%的速度在增长，大大高于全球GDP 7%的增长速度。国外有些发达国家和地区把发展创意产业作为转变经济发展方式的重要战略举措，很多发展中国家也将其看作实现跨越式“蛙跳”（Leap-frog）的优势产业部门。创意产业的发展意义已经远远超越其作为一个新兴产业业态的产业层面，更在于其对传统经济增长模式的颠覆、对经济运行系统的创新、对产业结构的优化和对综合竞争力的提升。

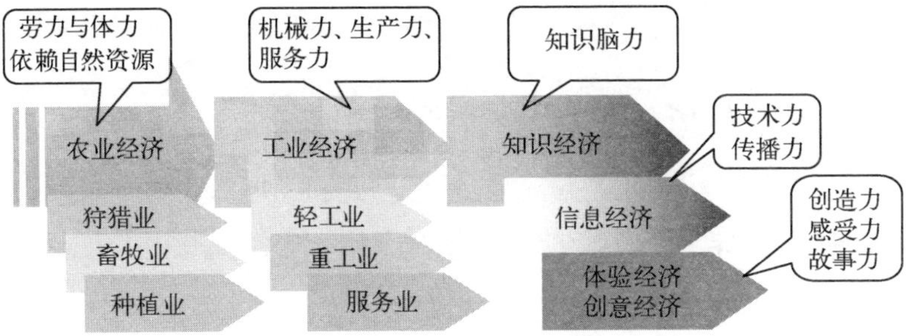

图1　经济发展形态的演变阶段

资料来源：据游文宏.文化创意产业与创意生活产业整理

对创意产业的界定，各国有不同的定义范畴，但都有三项共通的核心构成元素：(1) 以创意为产品内容；(2) 利用符号意义创造产品价值；(3) 知识产权受到保障。它并非单指某一种产业，而是指一群在社会与文化发展的贡献上特性相符，具有相同的经济发展与就业机会的潜力，并受到政府的额外重视而被划分出来的产业类别。

"从政策层面来讨论创意产业，创造了多少财富，增加了多少就业机会，是必要的基础和前提，但这不是全部的内容和最根本的目标，对整个社会的改造和更新才是创意产业的最高境界，创意产业是在发展经济的同时发展社会，发展每一个人的创造力和潜能"。它不仅包容了"以物质资本、经济资本为运转方式"的传统产业，还拓展了"以智力资本、文化资本、社会资本为运营方式"的新产业内涵。创意产业概念的提出，其意义不在于对其所涉及的产业内容进行重新分类统计，而在于强调在新的全球经济、技术与文化背景下，创意产业作为独立的产业形成及其对整个经济增长和产业结构演变的影响；在于强调在新的发展格局下，对经济增长新核心要素的把握，以及对新的产业结构通道的建构；更在于强调在创意经济时代对思维方式的转换、对经济发展模式的创新。

从某种意义上来看，创意产业是一种发展模式的创新，是对传统的产业发展逻辑的颠覆。在技术进步、产业融合、消费转型的新时代背景下，它对于包括旅游业在内的其他很多产业的发展都具有指导意义。

二、创意旅游：旅游产业发展的新主张

创意旅游，是指用创意产业的思维方式和发展模式整合旅游资源、创新旅游产品、锻造旅游产业链。相对于传统旅游发展模式，创意旅游有以下几个特点（见表1）：

表1 “传统旅游”与“创意旅游”模式的比较

	传统旅游	创意旅游
旅游者	无经验，不熟练；成群结队	成熟而经验丰富；追求与众不同
产业导向	资源和市场为导向	引领市场和培育消费者为导向
产业资源	有形的自然山水、历史文物古迹	有形与无形的社会资源
产业驱动	硬要素为主	软要素为主
产业竞争	价格竞争	创新竞争
产品特征	大众化 相互隔离的活动 单一的活动 季节性旅游	个性化 融为一体的活动 综合性旅游活动 无季节性限制的全年旅游
产业技术	使用者范围受限制 技术孤立	所有的旅游消费者都是使用者 科学技术深度整合化
产业边界	有限边界	无限边界
产业管理	条块分割	模块化集成
产业价值	相关产品增值	价值体系增值
产业目标	单一（经济）	多元（自然、经济、社会）

资料来源：作者整理。

1. 强调对各类资源的多维化整合

尤其强调对传统旅游资源(自然山水、文物古迹等)之外的各类社会资源运用创意手法的整合。以创意转化资源为资本,是突破传统旅游产业边界的新手段,因此,跨越边界实现旅游产业的融合渗透是创意旅游的基本特征。

2. 强调对未来文化遗产的创造

对历史遗留和现有旅游资源的开发、利用和保护是传统旅游产业的主要发展模式,常常投入大量财力和物力对历史遗迹进行修复和开发,而忽视创造力的发挥。从创意产业的视角来看,旅游产品是展示人类创意活动的吸引物,其着力点应向创造人类的未来文化遗产倾斜,因此,着眼于未来,创造旅游吸引物是创意旅游的基本立足点。

3. 强调对旅游消费潮流的引领和塑造

中国旅游业的发展导向大致可概括为两种:一是资源导向型,即有什么资源(狭义旅游资源)发展什么旅游产品,旅游景点景区是旅游的核心吸引物,也是旅游产业要素配置的中心,旅游产业呈现出"跟着资源走"的格局,这一导向在20世纪90年代之前占主导地位,是旅游产业发展初期的主要模式;二是市场导向型,自90年代中后期至今占主导地位,是当今我国旅游发展的主流模式,得到政府、投资者和企业的广泛认同,旅游产业呈现出"跟着市场走"的格局,由于旅游产品从开发到走向市场有一定的周期,常常出现"规划"赶不上"变化"的市场滞后,造成投资失败,资源浪费。创意旅游是旅游产业发展的新导向,注重对潜在旅游需求的激发和市场消费潮流的引领,缔造"市场跟着创意走"的产业发展格局,是一种高附加值的"酷"旅游产业模式,因此,创造新型旅游市场、培育旅游消费群体是创意旅游发展的基本导向。

4. 强调旅游产业链的拓展和延伸以及区域整体价值的提升

传统旅游产业被纳入服务业的范畴,其发展重心是为旅游活动提供各项服务,"游、购、行、吃、娱、住"六大要素成为旅游业的主体,旅游产业链的构成也局限在相关服务行业,如旅游信息咨询、旅游金融服务等，属于旅游服务配套或被动延伸，注重旅游产品的价值实现。创意旅游的发展思路是充分发挥旅游产业的关联带动效应，以旅游活动和旅游吸引物为核心，拓展旅游产业链条，主动与一产、二产等产业融合，构建跨越各个产业部门的多层次旅游产业链，构筑旅游产业价值体系，促进区域（城市）整体功能提升与转型。因此，延伸和拓展价值链，实现价值体系的整体增值是创意旅游发展的基本策略。

三、“有智”增长：新模式引领旅游产业的转型

创意旅游的巨大效应和创新模式的积极意义在于产业链的构建，在于对城市整体转型的促进，以及旅游产业价值体系的形成和增值，旨在形成旅游产业的有智增长（Smart Growth）新模式。

1. 拓展“产业链”：跨越产业边界联动发展

旅游产业链的拓展主要在广度、深度与综合带动等方面：

一是在横向上与各产业部门直接和广泛的融合发展，实现小旅游产业链向大旅游产业链的转型。旅游产业链拓展的重点要突破“旅游六要素”的小循环，充分利用休闲娱乐时代的体验需求，把创意旅游作为产业（企业）成长的“投入要素”和“增值资本”，成为各类产业增加附加值（实现体验价值）的重要环节，形成旅游产业与相关产业的互动互融，构造大旅游产业链的良性循环。具体而言，旅游产业链的拓展要通过越界，实现旅游产业与各类产业的无缝链接，以创意旅游产品及其链条效应直接优化工业和农业的产业结构；要以大旅游产业链的整体价值为目标，在产业链的各个环节之间形成有机联动，提升产业的整体效益。大连的玉米迷宫就是一次旅游业同农业的“亲密接触”。它的构想源于1993年在美国宾夕法尼亚州诞生、随后迅速在欧美、日本等地风靡的大型玉米迷宫项目。但它又在此基础上进行了另一种创新，打造出“勇者之旅”的情境，充分利用农业的特性，将体验式旅游和身心拓展相结合，让人们在享受自然风光、农业风情的同时娱乐、休闲。除此之外，这里还有农作物采摘、家畜代养、农家住宿、海滨浴场等配套

项目。大旅游产业链的构建,大大提高了当地的农业产业附加值,也拓展了旅游的市场空间。

二是在纵向上与产业链上中下游各个环节的渗透与融合,形成旅游消费带动产业升级的良性互动。要围绕旅游者的潜在消费需求构建新型产业链,创造全新的产业空间。创意旅游的发展要将旅游的功能向产业上游的研发和下游的品牌销售渠道延伸,用旅游消费的需求引导产品的设计和功能的优化,用旅游消费的偏好进行品牌定位、培育忠实消费群体,建立有效的销售网络。理论上来讲,人类的精神需求是无止境的,旅游消费的空间是无限广阔的,对新型需求的旅游供给将衍生新型产业群。比如,具有巨大开发潜力的游艇旅游市场正日益蓬勃地发展,带动了一批与汽车服务业类似的码头物业管理,游艇维修、美容,游艇驾驶培训等业务,体育业、地产业、酒店业等也随之兴旺,亲水旅游再次成为人们热衷的对象,诸如海洋系列服饰等户外运动用品销售市场一片欣欣向荣。

三是以某个创意产品为核心带动支持产业群、配套产业群和衍生产业群(见图2),从而极大地推动地区经济发展。这里不断生产创意

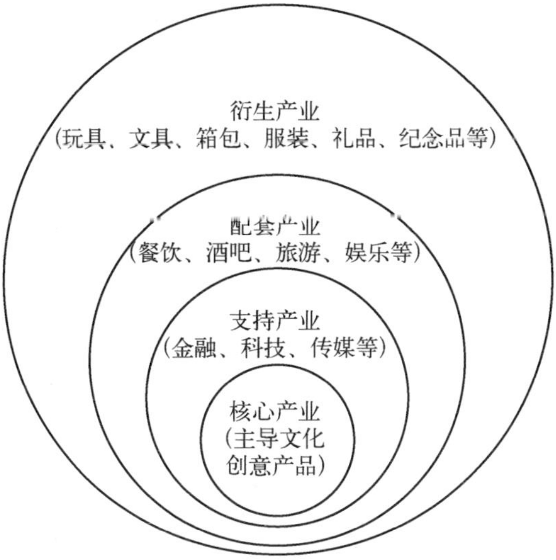

图2　价值系统示意图

成果的企业是核心，还有一批直接支持创意产品的制作、发展和传播的企业群，比如相关的科技、金融、媒体、广告等。配套产业虽然不是核心产品生产的直接支持者，但为产业的整体发展包括人才的吸引和成长、产品的推介和促销等，提供了良好环境和氛围，比如旅游、餐饮、酒吧、娱乐、培训等。衍生产业则是以核心的创意成果为要素投入的其他企业群，如玩具、文具、服装、服饰、箱包、食品、纪念品等。上海杂技团创作演出的《梦幻时空之旅》节目，就是典型的这类创意产品，它突破了杂技的市场界限，另辟蹊径引入了音乐、舞蹈、多媒体音像元素，打出"秀一个上海给世界看"的主题，以其创意实现了杂技的价值创新，成为上海城市文化新名片和都市旅游新景观。

2. 延伸"空间链"：跨越区域界限联动发展

创意旅游的发展注重区域整体价值的提升，属于"新木桶"思维，即区别于旧木桶理论补短板的思路。新木桶理论是将自身的长板与他人（或他区）的长板进行组合，形成更大的木桶空间。旅游产业链通过在空间上的延伸，实现跨行政区域的联动，在更大的地理范围内优化配置旅游产业资源，形成跨行政区的旅游产业链。

以长三角区域为例，作为一个整体目的地，它的内部是非均质的，存在着不同的差异，需要对区域内不同城市进行功能定位，构建富有层次的旅游目的地体系，有重点地逐渐推进。比如，可以依托长三角区域内的自然空间，打造若干个有竞争力的旅游集群，形成合理的空间布局。如长江下游旅游带、环太湖旅游带、大运河旅游带、东海沿海旅游带等跨行政区旅游集群。再比如，可以通过搭建旅游平台的方式加快区域旅游一体化的发展。主要基于三个层面：一是政府层面的旅游决策平台、政策保障平台、资源配套平台；二是企业层面的旅游经营网络平台、交通集散平台等；三是非营利组织层面的研发、咨询平台。

3. 秀出"主题链"：以文化创意创造旅游新价值

"旅游就是城市，城市就是旅游"已经成为业内共识。城市就是旅游者体验和感受生活的大秀场，如何将城市的过去时、现在时和将来时具象化、故事化，秀出“城市处处是风景”、“城市时时有风景”的意境是创意旅游的新目标，其发展关键就是要以文化创意来提升旅游的价值，让消费者在旅游活动中获得更多新的感受和体验，不仅要有好风景，还要有好意境。

一是要通过“感受力”和“故事力”，为游客的潜在需求欲望提供释放的场所，同时也为旅游价值空间的扩展提供新的渠道，即以“故事力”活化文化资源，以“感受力”展示文化资本。

二是秀出“节庆主题链”，要以增加大众参与性活动，以及打造衍生产品和建立产业链的方式，把节庆活动培育成代表城市形象的品牌，展示地区特色的文化名片。法国戛纳国际电影节形成的以商业展销为主体、以吸引游客为目的的经济模式，值得我们借鉴。

三是开发“活动主题链”。城市的文化活动、艺术活动、体育活动、教育活动、商务活动等都可能开发成新型旅游市场的“活动秀”，一方面要对这些活动进行信息整理和过滤，筛选出有亮点的精华；另一方面要从打造旅游吸引物的角度精心策划包装，把旅游链及其衍生品做到极致。核心是以“秀”吸引旅游消费。在体验经济时代，“秀”成为产品和服务的表现形式之一，成为吸引眼球和注意力的营销手段，也是吸引旅游者参与和体验的新创意。

四是拓展“生活主题链”。社会从小康迈向富裕小康这一发展阶段，旅游产业不仅仅要提供产品（服务），而是要创造一种生活方式，创意旅游的发展思路是以旅游产品创造有效的休闲方式，引领生活方式升级，主要包括健康休闲方式、生态休闲方式、学习休闲方式、和谐休闲方式四类。

综上所述，创意旅游的发展模式，将引领旅游产业的转型，促进旅游产业价值体系的形成与增值，推动城市经济再上新台阶。

参考文献

[1] 厉无畏，王慧敏，王玉梅等. 创意产业导论[M]. 上海：学林出版社，2006：

3－53.

［2］厉无畏，王慧敏. 创意产业促进经济增长方式转变——机理·模式·路径［J］. 中国工业经济，2006(11)：5－12.

［3］理查德·E·凯夫斯. 创意产业经济学［M］. 北京：新华出版社，2004.

［4］弗罗里达. 创意经济［M］. 北京：人民大学出版社，2006.

［5］沃尔夫. 娱乐经济［M］. 北京：光明日报出版社，2001.

［6］荣跃明. 超越文化产业：创意产业的本质与特征［J］. 毛泽东邓小平理论研究，2004(5)：18－24.

［7］王慧敏. 旅游产业的新发展观：5C 模式［J］. 中国工业经济，2007(6)：13－19.

［8］薛晓源. 全球化与文化产业研究［C］//. 世界文化产业发展前沿报告. 北京：社会科学文献出版社，2004：1－12.

［9］许焯权. 创意产业不仅是一个经济问题［N］. 中国文化报，2005－07－22.

［10］游文宏. 文化创意产业与创意生活产业［R］. 台湾休闲农业发展协会.

（本文原载《旅游科学》2007 年第 6 期，与王慧敏、孙洁合作完成）

创意产业价值体系与创新型城市建设

在全球经济进入以知识为核心竞争力的时代背景下,创意产业蓬勃兴起。据联合国统计,创意产业的产值占全球 GDP 的 7%,并每年以 10% 的速度在增长,大大高于全球 GDP 7% 的增长速度。我国自 2004 年首届上海创意产业国际论坛召开以来,各大城市创意产业发展风起云涌,成为经济发展中的新增长点,也是创新型城市建设中的一个突出的亮点。

科技创新和文化创意是现代经济增长的双引擎,也是建设创新型城市的主要手段。前者是硬实力产业,后者是软实力产业,真正能发挥巨大能量的是文化因素和科技含量有机融合的综合创意产业。由于科技创新的研发周期较长,投入较大,风险也较大。因此,对发展中国家而言,创意产业是其实现跨越式发展的有效途径,也是其转变经济增长方式的有效战略。联合国贸易发展组织认为,发展中国家要实现跨越式"蛙跳"(Leap-frog),发展具有优势产业部门的创意产业是首选。

将文化创意转化为产业,重点是价值创造,并要以创新价值为核心,完善价值系统,构筑全景产业链,把创意、技术、产品和市场有机连接起来。

1. 创意产业的价值创造

价值是与需求联系的,需求是推动价值形成的原动力。企业提供的产品或服务,被消费者认可,实现销售后便实现了价值—商品的市场价值,同时转化为企业收益。从消费者的角度看,产品的市场价值由功能价值(Function Value)和观念价值(Concept Value)两个部分构成。功能价值是消费者为满足自己基本需要时愿意给商品物理属性支付的价格部分。它由科技创造而成,是商品的物质基础。观念价值是指人们在消费商品物理属性的同时,因商品内在的文化属性、象征意义,以及个人因消费商品所带来的感受和体验等方面的差异而愿意多支付的价格部分。观念价值是商品中包含的能与一些社会群体的精神追求或文化崇尚产生"共鸣"的无形附加物,如品位、意味、风尚、情趣等。观念价值是主观的、可以体会和感受的无形附加物。它因文化创意渗透而生,是附加的文化观念。比如企业用同样皮料做的相同式样的两个皮包,一个钉上 LV 的品牌,另一个是普通牌子,市场价格会相差十几倍。

因为 LV 的创业有一个传奇故事:一个普通皮匠被路易十三看中,招去为皇室服务,形成 LV 品牌。由于该品牌为皇家贵族所用,选料和质量上乘,以奢华闻名。因此后人使用 LV 的皮包来象征高贵,显示富有,满足了消费者的某种心理需求,从而具有较高的观念价值。

从消费者看来,创意产业创造了观念价值,即主要通过新的创意去改善产品的观念价值,从而占领市场和获得利润。与传统产业以产品为导向的价值创造机制不同,创意产业以消费者的需求为导向,顾客是价值创造的出发点和归属点,通过满足顾客的观念需求、文化需求,实现价值创新。随着经济发展和收入水平的不断提高,促进产品价值增值和提高消费者认可程度的基本趋势是从提高使用价值向提高观念价值转变。这是因为:一方面,在信息化和全球化的背景下,技术扩散迅速,产品趋于同质化,并导致已知市场的饱和,对消费者而言,物质产品日益丰富,以功能价值为基础的基本需求已得到满足;另一方面,经济发展了,温饱解决了,人们的需求更倾向于精神和文化方面。于是生产者将大量的故事内容、符号与象征元素(如品牌等)运用在产品的生产与消费过程中,让产品成为文化意义的承载者,这就大大提高了产品的观念价值。

文化创意为产品和服务注入新的文化信息要素，提供了新的价值元素，促进了新的需求，从而可开辟新的市场。如上海杂技团创作演出的《时空之旅》节目，突破了杂技的市场界限，另辟蹊径，引入音乐、舞蹈、多媒体音像元素，打出“秀一个上海给世界看”的主题，以其创意实现了杂技的价值创新，创造了连演七百多场、场场爆满的盛况。

2005 年，欧洲工商管理学院的钱 · 金教授和勒妮 · 莫博涅教授出版了《蓝海战略》一书，在全球畅销，引起了巨大的反响。“蓝海战略”要求企业把视线从供方转向需方，从关注和比超竞争对手转向为买方提供新的（现有产业未提供的）价值元素，并剔除和减少某些旧的价值元素，从而摆脱血腥竞争的市场——“红海”，开创一片新的市场空间——“蓝海”，以较低的成本为买方提供价值上的突破。金教授和莫博涅教授指出，“蓝海战略”的基石是价值创新，并尽可能降低成本。显然，创意产业的发展可为企业提供开启“蓝海战略”的钥匙，企业将从产品创新转向价值创新，从产品开发转向价值开发。因此，发展创意产业也就成为建设创新型城市不可或缺的重要方面。

2. 创意产业的价值挖掘

虽然文化创意产业创造了产品的观念价值，但是观念价值取决于消费者主观的感受。观念价值具有较强的主观性，尤其是对某些特定的创意产品（如收藏品、艺术品、音乐会等）而言，观念价值和使用价值是合一的，其价值评价的主观性更强。

文化创意的创造者往往强调自己的理念，而消费者和受众的主观评价和认识又是很不一致的，他们对某个文化创意的价值内涵的认识也有一个过程。因此，创意产品往往需要经过多次反复的展示、推介、宣传，其价值才可能被受众接受和认识，其巨大的潜在价值才会被逐步挖掘出来。

在信息化和全球化的消费社会中，精心设计和策划的文化创意产品很可能被湮没在泛滥的信息之中。而媒体是现代人们获得信息的最主要方式，媒体的运作可以帮助人们发现文化创意产品的价值，发现沙堆里的金子。因此，文化创意产品的价值实现，更需要媒体的推介和帮助，如2005年风靡全国的“超级女声”节目就是在媒体的推动下创造了赢利的奇迹。

3. 创意产业的价值系统与产业化模式

创意产业之所以能成为开启“蓝海战略”的钥匙，成为建设创新型城市的重要方面，不仅在于它能为消费者创造观念价值，还在于它具有很强的渗透力和广泛的融合性，即它能与各行各业相互融合、渗透。这种融合性就把技术、文化、制造和服务融为一体，既有利于产业的创新和延伸，也能大大拓展城市产业的发展空间。

文化创意创造了价值还需要实现价值，并努力使价值达到最大化。这就需要把创意、技术、产品、市场有机地结合起来。其中，文化创意是核心，创造观念价值，并主导着价值链的分配和延伸；技术是手段，支持了文化创意的传播、发展和价值的传递；产品（或服务）是载体，是文化意义的承载者；市场是平台，是价值交换、实现价值的场所，也是了解需求、检验创意的场所。因此，一项文化创意不仅可以直接作为商品进入市场，获取价值，而且还可作为要素投入到其他产业里，向消费者提供新的价值元素。这样既提高了这些产业的附加值，也实现了文化创意的价值最大化。

例如，音乐和歌唱作为文化创意产品可直接进入演艺市场实现一定的价值。它借助于现代技术，通过广播、电视、网络广为传播，或制成碟片销售，或作为手机铃声下载；此外，还可以录入芯片，投入玩具、文具、纪念品、饮料等行业。音乐歌声提高了这些产品的附加值，也为企业开辟了一片“蓝海市场”。更有甚者，当一首歌曲赢得大批听众而走红时，还可作为品牌进一步延伸。如网络歌曲《老鼠爱大米》走红后，还发展出同名小说、同名音乐电影、电视剧和手机游戏。多重利用和广泛延伸使《老鼠爱大米》的作者和飞乐公司在这一文化创意产品中赚了一亿多元钱。可见创意、技术、产品、市场的有机结合使音乐的价值达到了最大化。韩国在发展创意产业中就提出了“一项创意，多重使用”(One source, multi-use)的口号。正是在这一思想指导下，韩国创意产业迅速发展，并为韩国经济在东南亚金融风暴后的重新崛起做出了巨大贡献。这是值得我们思考和借鉴的。

从产业发展角度来看，城市发展创意产业就需要在创意、技术、产品、市场有机结合的基础上构建起完善的价值系统，形成包括核心产业、支持产业、配套产业和衍生产业的产业群，从而带动一批产业的兴起(如图1所示)；不仅让人们充分享受价值创新的成果，也可实现文化创意的产业化和价值的最大化。其中，核心产业就是不断生产创意成果的企业；支持产业是直接支持创意产品的制作、发展和传播的企业群，包括相关的科技、金融、媒体、广告等；配套产业虽然不是创意产品生产的直接支持者，但为整个创意产业的发展，包括人才的吸引和成长、产品的推介和促销，提供良好环境和氛围的企业群，如旅游、餐饮、酒吧、娱乐、培训等；衍生产业是以核心的创意成果为要素投入的其他

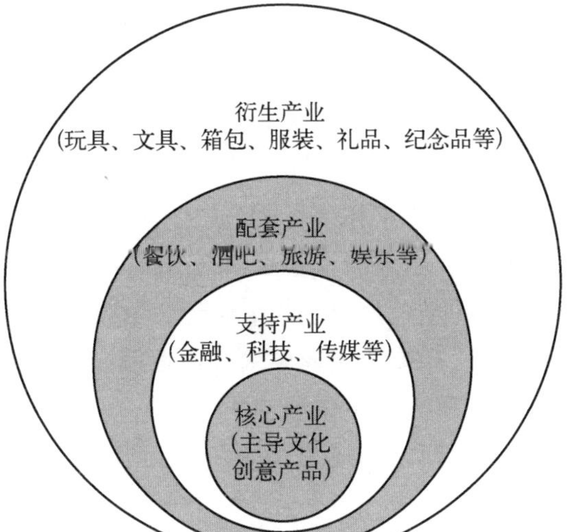

图1　创意产业产业群示意图

企业群，如玩具、文具、服装、服饰、箱包、食品、纪念品等。

前述的上海《时空之旅》节目的价值系统的核心就是由上海文广新闻传媒集团、中国对外文化集团公司、上海杂技团、上海马戏城联合组建的项目公司，创作、编排、演出的新剧目就是主导价值链的创意产品。支持方式有多媒体技术支持、金融的融资支持和媒体的宣传推介支持，还有旅游行业的积极配合。在衍生产品方面，公司已开发了多种纪念品、玩具和服装等。不仅获得7 000多万元的票房收入、100多万元的衍生产品收入，还带动了旅游业的发展。但是，对照图1的结构可以发现，《时空之旅》在配套产业发展方面尚有不足。而在泰国也有类似的演出节目——《梦幻王国之旅》，其配套的餐饮、娱乐设施相对更为完善。顾客观看表演之前可在巨大的餐厅里享用丰富美味的自助餐，有多国美食可供选择，周边花园场地上还布置有类似嘉年华的游艺设施，在观看演出前后，游客们（特别是带孩子的游客）可以尽情玩乐，而演出公司开发的各种衍生产品（玩具、纪念品等）则成为游戏获胜的奖品。显然，靠零售纪念品的收入远不如通过游戏娱乐（间接销售纪念品）获得的收入。相对完善的配套产业可吸引大量游客在那里逗留四五个小时，不仅创意产品的价值得到充分体现，而且游客也在吃喝玩乐和观赏体验中得到充分的文化享受和身心放松。

4. 发展文化创意产业，推进创新型城市建设

城市发展的基础是产业和市场的发展，因此创新型城市建设的基础离不开产业的创新。创意产业是一种无边界产业，因为在新经济时代，由无形资源主导的企业发展，其边界趋于无穷。显然，在知识经济背景下，以智力、文化、品牌等无形要素为主要驱动要素的产业，其边界也呈现趋于无穷的新特征。文化创意产业便是具有无边界特征的新型产业，这将有利于推进创新型城市的建设，概括起来，主要表现在以下三个方面：

（1）文化创意产业易与各种产业相融合。它通过应用技术的嫁接，不仅可深深融入传统产业，实现传统产业的价值创新，而且还可衍

生出新产业，开拓新市场。

（2）软要素构成无边界产业的核心竞争力，文化创意产业的核心竞争力是文化积累和人力资本。与传统产业边际成本递增、边际效益递减不同，文化创意产业呈现边际成本递减、边际效益递增的新经济规律。积极发展文化创意产业，不仅有利于提升城市文化水准和品位，提高人的素质和促进创造力的发挥，而且也有利于城市经济的持续发展。

（3）文化创意产业由消费直接驱动。其产业资源、产业要素、产业运营围绕不断变化的需求进行动态组合，一方面促进了产业的不断创新，另一方面也有利于促进人的全面发展。

综上所述，上海在积极推进创新型城市建设中，大力发展文化创意产业是必然的战略选择。而发展文化创意产业最重要的是要努力实现文化创意的产业化，构建以价值创新为核心的，把文化创意、技术、产品和市场有机结合起来的完善的价值系统。

（本文原载于《规划师》2008 年第 1 期）

实施知识产权战略，推进创意产业发展

创意产业是在世界经济进入知识经济时代的背景下发展起来的一种推崇创新、推崇个人创造力、强调文化对经济的支持与推进的新兴产业，一经诞生就展现了强大的生命力。据联合国统计，创意产业占全球 GDP 的 7%，并每年以 10% 的速度在增长，大大高于全球 GDP 7% 的增长速度。我国自 2004 年首届上海创意产业国际论坛召开以来，各大城市创意产业风起潮涌，成为经济发展中的新增长点，也是创新型城市建设中的一个突出的亮点。

创意产业的发展是离不开知识产权的。《英国创意产业路径文件》中将“创意产业”定义为：那些从个人的创造力、智慧和技能中获取发展动力，并通过知识产权的开发，能创造财富和就业机会的企业群。这一概念已为世界各国普遍接受。由此可见，文化创意之所以能成为创造财富的产业，必须通过知识产权的开发利用，其路径就是文化创意→知识产权→创造财富。由于创意产品通常要比科技新产品具有更强的外在表现形式，从而更容易被模仿抄袭，因此创意产业的发展更需要知识产权法的保护。由此可见当我们要大力推进创意产业的发展时，就不能不考虑以知识产权的创造、生成、开发利用和维权保护为主要内容的知识产权战略的实施。

知识产权战略从宏观层面看，一方面国家要建立并完善知识产权的法律、法规与政策体系，以法律保护和政策支持来鼓励和推动企业与个人创新，增强文化创意产业的原创能力；另一方面要完善关于知识产权的公共服务体系，在提高服务质量的同时，也要提高公众的知识产权意识。目前我国已制定了一系列相关法规，如专利法、著作权法、商标法和相应的实施细则等，已初步形成符合国际规则、比较系统的知识产权法规体系。而国家知识产权战略不久也将出台。在国家的法律框架下，上海市政府为促进创意产业的发展，于2004年4月由知识产权局和杨浦区政府发起，联合市工商局、版权局、总工会等机构共同筹建上海知识产权园。园区围绕知识产权的创新、权化、转化交易、应用推广、宣教培训和维权保护这六个环节，建立起六大功能服务平台，形成了比较完整的知识产权服务链(见图1)。去年园区已基本建成，不仅为上海创意产业发展做出了贡献，也为长三角地区各个城市创意产业的发展和合作提供了良好的服务。

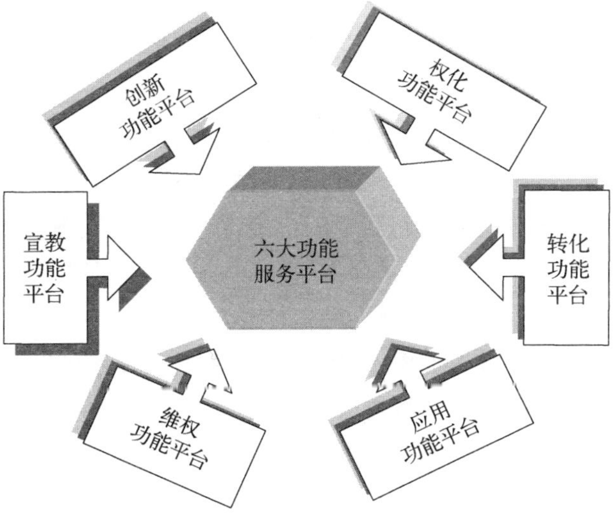

图1　知识产权六大功能服务平台

然而事物发展往往会有两面性，在强调对知识产权保护的同时，政府还应注意协调保护知识产权和公共利益间可能出现的矛盾。比如，国际上对贫穷国家在艾滋病、疟疾流行时允许他们生产治病的专利药物。所以我们在强调保护知识产权时也要考虑文化普及和让多数人民特别是贫困地区的人民也能分享先进文化成果的问题。

从微观层面看，企业知识产权战略，包括知识产权的创造、交易与经营管理。对创意企业而言，知识产权是企业最重要的资产，文化创意成果只有通过知识产权的生成和商业运作才能实现产业化，才能实现效益的最大化。知识产权的创造包括通过技术创新和文化创意获得专利或版权，进一步还可塑造品牌和注册商标。换言之，企业不仅要获得核心知识产权，即文化创意成果的版权，还要尽可能多的取得衍生的外围知识产权，形成强大的知识产权保护网，从而实现经济效益的最大化。如网络歌曲《老鼠爱大米》走红后，不仅获得了版权，还另外注册了商标，形成品牌。通过版权，可以在演唱、碟片发行、卡拉 OK、手机铃声下载等方面获得收益。而通过品牌，还发展出同名小说、同名音乐电影、电视剧和手机游戏，获得品牌收益。多重利用和广泛延伸使《老鼠爱大米》的作者和飞乐音像公司在这一文化创意产品中获得了一亿多元的利润。可见专利、版权、品牌和商标既是产权的标志，也是商业运作的工具。美国迪士尼公司成功的经验就是：编一串故事，拍一部动画系列；塑造一个形象，吸引一批观众；注册一个品牌，衍生一群产品，从而获得巨大的效益。它们创造的米老鼠、唐老鸭、史努比、狮子王等形象在知识产权的开发利用和保护下，无一不是创造了巨额财富的创意。

在创意产业的发展过程中，中小企业居多，它们势单力薄，维权的能力较弱。而行政部门也难以照顾到面广量大的中小企业，因此需要合作互助，需要行业协会的帮助和行业的自律。2006 年 4 月，上海田子坊 23 家企业合作成立了"田子坊知识产权保护联盟"，开了联合保护、行业自律、合作营销、相互帮助的先河。今年 5 月，在总结联盟经验的基础上和在知识产权局的支持下，成立了全市创意产业知识产权联盟，并进一步完善联盟的工作内容和拓展其服务功能。在联盟强大保护网的庇护下，使大批中小创意企业的市场竞争能力得到了提高。

综上所述，可见创意产业的发展与知识产权战略的实施密切相关。

在当前调整产业结构、推进经济发展方式转变的过程中，许多城市都在鼓励发展创意产业。为此必须研究和制定相应的知识产权战略，只有形成良好的知识产权保护网和服务环境，学会经营并善于运作知识产权，才能促进创意产业的健康发展。

（本文原载于《创意产业》2008 年第 1 期）

解放文化生产力，促进文化大繁荣

促进文化的大发展、大繁荣，也要大力解放文化生产力。文化生产力就是人的创造力，是人在精神层面通过精神生产而产生的社会效益与经济效益的能力。只有解放文化生产力，增加文化自身的造血功能，创造并实现更多的价值，才能保证文化的长期持续发展，更好地促进文化大发展、大繁荣；而文化大发展、大繁荣又能推动文化生产力的进一步发展。可以说，促进文化大发展、大繁荣的过程，也就是文化生产力充分释放的过程。

党的十七大报告从新世纪新阶段中国社会发展的历史高度，对推动社会主义文化大发展大繁荣做出了全面部署，首次提出了要解放文化生产力以及提高文化软实力的战略要求。文化是民族凝聚力和创造力的重要源泉，在当今文化经济、创意经济蓬勃发展的大背景下，文化的发展繁荣越来越成为提高综合国力和国际竞争力的重要手段。促进文化的大发展、大繁荣，要大力发展文化事业。

文化是现代社会发展的精神动力，是提高国民素质、增强内在凝聚力的重要抓手，也是构建社会主义核心价值体系的根基。据统计，党的十六大以来，全国文化事业经费累计达到 580.82 亿元，年均增长 22.5%。公益性文化事业正在成为保障人们基本文化权益的主要途径。这些文化内容代表着国家意志和社会主流意识形态，体现着国家的文化形象，旨在提高全民思想道德素质和科学文化素质，是一个国家的文化本质，是一个民族的灵魂，是一个国家发展实力的体现。因此，公益性文化事业的大发展、大繁荣，需要政府的积极投入，具有公共性、导向性的意义。

促进文化的大发展、大繁荣，也要大力解放文化生产力。所谓文化生产力，是指“人们围绕满足人类心理需求，运用文化资源，把人类自身的思想、意志和情感作为文化资源生产文化产品、提供文化服务和创造社会财富的能力”。文化生产力就是人的创造力，是人在精神层面通过精神生产而产生的社会效益与经济效益的能力。只有解放文化生产力，增加文化自身的造血功能，创造并实现更多的价值，才能保证文化的长期持续发展，更好地促进文化大发展、大繁荣；而文化大发展、大繁荣了，又能推动文化生产力的进一步发展。可以说，促进文化大发展、大繁荣的过程，也就是文化生产力充分释放的过程。

提到解放文化生产力，人们首先想到的便是促进文化的产业化，发现文化的价值，以产品和服务的形式来凝聚文化，并以消费的形式来传播文化，即发展我们通常所说的文化产业。随着人们生活水平的提高，精神需求变得越来越重要，因此文化产品和服务的消费有了广泛的市场基础。在这种情况下，将文化与经济紧密结合起来成为发展的必然趋势。文化与经济通过互动、互融渐趋一体。这不仅有利于先进文化的传播，而且经济通过物质性基础作用促进文化的产业化发展，使文化创意具有经济效益，使文化发展具有经济力量，增加了文化的造血功能，增强了文化的自我发展能力。以深圳的大芬油画村为例，这里原本是个只有 300 多居民的小村庄，人均年收入不足 200 元。随着经济的发展和文化产业化的推动，如今这里成为全国最大的油画生产基地，拥有了 100 多家油画公司、1 000 多家画廊和 8 000 多名画师，年销售额达 1.4 亿元，从而使这里居民的人均年收入超过了 3.4 万元。在创造了巨大经济效益的同时，大芬村将更好地弘扬中国文化特色看做是自己的使命，不断地去发现美并创造美，让世界上热爱视觉艺术的人们更多、更快地了解和感受到他们所热爱的艺术品给他们所带来的快乐和惊喜。在大芬村,艺术与市场进行了对接,才华与财富实现了转换,大芬村成为市场经济条件下发展壮大文化产业的成功典范。

由于文化具有强辐射性、高渗透性等特征,这决定了文化生产力能够与科技、产业和市场紧密结合,能够推动各行各业的发展,并提高它们的价值。在当前的知识经济时代,由于信息、智力、知识在经济结构中的地位逐渐重要,各种文化要素正在不断扩张,强力渗透到经济之中,并参与经济循环。因此,文化生产力的释放不能局限于文化产业。若要真正促进文化的大发展、大繁荣,就必须将文化渗透到各行各业中去,并将文化作为一种生产力来发挥其带动产业发展的巨大作用,即推动产业的文化化。从这一意义上讲,文化与科技的作用是相同的。我们说科技是生产力,科技对每个产业的发展都有巨大的推动作用,同样,文化作为一种生产力也能够推动各个产业的发展。如同科技生产力的释放绝不局限于科技领域一样,文化生产力的释放也应该与各个产业的发展相结合。科技的作用在于改变产品与服务的功能结构,为消费者提供新的更高的使用价值,或改变生产工艺以降低消耗和提高效率。而文化创意为产品和服务注入新的文化要素,如观念、感情和品位等因素,为消费者提供与众不同的新体验,从而提高产品与服务的观念价值。实际上,科学技术是求真,而文化艺术的核心是求善和求美。在产业发展中科技和文化的完美结合才能创造出真善美的产品。这种产品与市场紧密结合才能做大、做强产业,并促进真善美的传播,促进文化、科技、经济的共同繁荣和发展。

1. 解放文化生产力,推动文化产业发展,首先要将文化创意或艺术的元素融入物质产品的生产中

随着经济的发展、温饱问题的解决,人们不仅对文化消费品的需求量越来越大,而且对物质产品中文化含量的要求越来越高。人们不再仅仅追求商品的实用性,而是更重视产品的外观设计、包装、品牌以及产品所传达的品位、观念、感情、故事等,即追求产品的观念价值。人们愈富裕,在休闲活动、娱乐、文化和健康方面的消费模式就愈不讲求实用。消费者逐渐在搜寻能够赋予个人意义或位置的产品。可以说,当今社会,消费不再是解决温饱问题的手段,而是已经逐渐成为某种文化宣言,一种能够表达个人价值观的方法。小到一个背包,大到一辆汽车,其中所蕴含的文化元素无不是影响消费者做出选择的重要内容。因此,将文化融入传统产业,即在设计创意、题材构思、选题策划、生产工艺、销售模式等环节突出文化的引导和增值作用,不仅可以极大提升传统产业的竞争力,而且可以通过各种各样蕴含文化元素——特别是创新的具有传统文化特色的元素——的产品消费,实现文化的传播与发展,进而增强文化的凝聚力和吸引力。

2. 解放文化生产力,推动文化产业发展,其次要将文化资源转化为推动产业发展的资本

随着经济增长方式的转变,文化资源逐渐成为经济增长的主导资源,资源的内涵和外延也随之得到了更深刻广泛的拓展,一些具有历史积淀的物质载体、民间传说、民俗风尚、小说故事等均可纳入资源的范畴,加以开发和利用,成为促进经济增长有用的资源。一些“创意旅游”、“文化生态旅游”景点的成功开发和运作,就是文化资源转化为旅游产业发展资本的有效例证。金庸曾在小说《笑傲江湖》中描述了“五岳联盟”的故事,旅游界在开发旅游资源的时候利用了这一创意,并正式成立了五岳联盟,邀请金庸作为荣誉盟主。早已“退隐江湖”的金大侠应邀赴“盟主大会”,在南岳之巅欣然提笔写下“南岳天下秀,到此人增寿”的佳句。这一创意不仅使南岳游人如织,而且形成了地域辽阔的旅游圈,带来商机无限。发展创意产业,需要的正是将文化创意和传统产品结合在一起,通过文化内涵来提升产品的价值,利用文化的强辐射力来拓展产品的市场。文化资源转化为资本,是对于传统经济发展模式的颠覆,它以一种新的思维方式提供了新的发展模式,实现了产业的创新。而其中所蕴含的文化资源,通过产业的形式得以传播和发扬,是发展和繁荣文化的有效路径。

3. 解放文化生产力，推动文化产业发展，还要利用文化的元素来完善产业链

文化具有强辐射性，文化元素一旦渗透到传统产品的生产中，就成为产品之魂，不仅可以提高产品的竞争力，而且可以有效地延伸产业链，从而推动产业更好地发展。以创意农业为例，一方面可以利用农村的生产、生活、生态“三生”资源，发挥创意、创新构思，设计出具有当地文化特色的创意农产品、农耕文化博览和相关文化活动，开发特色农业文化园区，成为创意农业的核心内容。除此之外，可以依托其中的文化特色大力发展创意农业的支持产业、配套产业和衍生产业的产业群，将科研、策划、加工、金融、广告、餐饮、娱乐、休闲、培训、时尚消费等一系列经济文化活动连接起来，形成创意农业庞大的产业体系。在这一体系中，文化特色是纽带，是核心，因此，在完善产业链的过程中，增加产业的文化含量是重要的抓手，只有这样，才能获得更大的经济和社会效益。

党的十七大报告指出：“解放和发展文化生产力，是繁荣文化的必由之路。”我们对此应有全面深刻的理解。当前全球风起潮涌的文化创意产业正是文化生产力大释放的体现，它的发展已超越了作为一个产业发展的层面，不仅以其高增值、强辐射的特征和各产业融合发展，而且成为一种推动发展方式转变的策动力，以一种新的思维方式，提供新的发展模式，不仅能实现产业的创新，也推进了文化的发展和繁荣。

（本文原载于《文汇报》（论苑）2008 年 2 月 26 日，与于雪梅合作）

创意产业：长三角发展方式转变的策动力

新世纪新阶段，如何实现长三角地区产业结构升级换代，提升长三角综合竞争力，正在成为一个与“长三角扩容”同样热门的崭新课题。长三角的发展方式，要从单纯追求经济数量的增长，向区域内整体经济、社会和文化可持续的高质量化发展迈进。而创意产业的高渗透性、高增值性及其高融合性，显然可以有效地促进长三角地区发展方式的转变。

目前长三角各地的创意产业在突飞猛进。我们理解创意产业，不应该仅仅停留在产业的层面上，它事实上已经超越了产业的意义。创意产业是一种新的发展模式，它强调用全新的思维逻辑方式融入现有产业实现价值创新，从而促使长三角产业升级换代。创意产业通过价值提升，特别是观念价值的挖掘，在某种程度上促进发展观的根本改变。首先，发展创意产业，可进一步优化长三角区域的产业结构和提高整体的经济效益，构筑整个区域的竞争优势。

创意产业强调用一种新的理念，激发一种新的发展模式和其他产业融合发展。这种创新思维注入传统的农业，就是创意农业；注入建筑业和环境规划，就是建筑设计，涉及建筑、景观、室内装潢、小区规划、会展、工业园区、城市环境、现代商业街区、商业中心、海陆交通、桥梁工程和市政工程设计等内容；注入旅游业就是创意旅游，其发展思路是充分发挥旅游产业的关联带动效应，以旅游活动和旅游吸引物为核心，拓展旅游产业链条，主动与一产、二产等产业融合，构建跨越各个产业部门的多层次旅游产业链，将促进区域整体功能提升与转型等。创意产业的融合性，就是把技术、文化、产品和市场融为一体，既有利于产业的延伸，又大大拓展产业的发展空间。

其次，创意产业链条的延伸是无边界的，具有跨区域空间协作的特性，这将有助于长三角的跨区域合作，促进长三角一体化的进程。创意产业是经济的文化学，是文化的经济学，融合高科技的元素，辐射能力强。创意产业的发展注重区域经济整体价值的提升，属于"新木桶"思维，即区别于旧木桶理论补短板的思路，将自身的长板与他人（或他区）的长板进行组合，形成更大的木桶空间。比如，浙江的宁海县是"文具之都"，具有生产的优势，但是缺少设计人才，于是到上海寻求到了好的创意设计人才，从而实现了从文具制造向文具创造的嬗变。创意产业通过在空间上的延伸，实现跨行政区域的联动，在更大的地理范围内优化配置各种产业资源，形成跨行政区的创意产业链。我们应根据创意产业发展的现状和基础条件，构建不同区域层次的空间链，建立长三角区域创意产业一体化发展的空间链。

推动区域合作，加快长三角经济一体化是国家战略，长三角一体化的本质体现在过程的一体化和内容的一体化。过程的一体化是我们可见到的，比如现在长三角城市正在进行着道路运输网络的接轨，基础设施的建设。内容的一体化体现为长三角市场不断融为一体，区域内资源配置越来越明显地在流动。创意产业的发展，有利于长三角市场一体化局面的形成。苏浙沪三地创意产业进一步发挥各自优势，扩大多层次、多渠道合作，推进创作、创造、制作、营销、展示、传播、交流等环节的一体联动，就能够在拓展创意产业市场空间、延伸创意产业链方面形成共赢的格局。比如杭州拱墅区的A8艺术公社里在进行绘画原创，同时在上海的M50创意园里进行相关产品的设计，在长三角其他地方进行产品开发和生产，如此互补相融，将促进长三角统一大市场的形成，进而促进长三角的一体化。

再次，长三角经济发展方式的转变强调的是以人为本，发展创意产业将提升人的素质,形成长三角的区域精神。随着消费时代的到来,大众基本需求的功能价值已得到满足,需求更倾向于观念价值方面,比如精神和文化方面的个性化体验、故事内容、符号与象征元素等文化要素。创意产业的基础是创意,前景在于产业,创意是人的创意,创意产业就是要广泛开发人的创造力,并让人们更多地享受先进的文化成果,为人的全面发展提供精神食粮和各种营养。

同时,发展创意产业能够开发人的创造力和潜能,给每个有创新力的人提供发挥才能、创造财富的机会,推动创意阶层的形成。创意产业还将为长三角创造新的就业渠道,一方面创意产业本身包含的专业领域很广,能容纳大量的劳动人口;另一方面,通过发展创意产业形成的一些新型产业,可以为社会提供大量新的就业岗位。这种安居乐业和谐社会的发展有利于铸就并形成勤奋、坚韧和开阔、圆通的长三角区域精神。

最后,从创意产业的现实要素来讲,长三角发展创意产业具有独特的文化积淀、人才和科技优势。文化是创意产业的灵魂,文化的独创性与多样性构成了创意产业的本质特征和无穷魅力。长三角是中华文明的发祥地之一,悠久厚重的文化可供创意产业进行开发和挖掘。人才特别是创意人才的聚集,是创意产业成长壮大的基础。长三角地区的人才资源优势比较明显,虽然长三角人口仅占全国的1/33,但中高级专业人才约占全国的1/5。长三角又是中国科技最发达的地区之一,截至2007年6月,长三角地区的科技力量、研发投入和研发机构,都占全国1/4左右;专利申请量和授权量占全国总量的1/4以上。强大的科技后盾势必为创意产业的发展插上腾飞的翅膀。

从创意产品的消费市场空间来看,长三角还具有一定的现实和潜在优势。长三角一直是中国经济发展最快的地区之一,浦东开发开放、江苏的外向型经济及浙江民营经济的发展强劲地推动着长三角的现代化进程。2010年上海世博会的举办广泛涉及会展经济、研发设计、城市规划、建筑设计、环境艺术与生态设计、文化艺术传媒、策划咨询和时尚消费行业等重点领域，也将为长三角创意产业的发展注入新的契机。

（本文原载于《江南论坛》2008年第3期，与蒋莉莉合作）

发展创意产业，解放文化生产力

在全球化的背景下，文化的繁荣程度正在成为提升综合国力和国际竞争力的重要筹码。党的十七大报告指出："解放和发展文化生产力，是繁荣文化的必由之路。"[1] 在全球化的背景下，文化的繁荣情况正在成为提升综合国力和国际竞争力的重要筹码，十七大报告指出通过推动文化内容形式、体制机制、传播手段创新，可以解放文化生产力。然而在新时期，通过发展创意产业正在成为解放文化生产力的有效途径。

一、文化生产力和创意产业的内涵

（一）文化生产力

所谓文化生产力，是指人们围绕满足人类心理需求，运用文化资源，把人类自身的思想、意志和情感作为文化资源生产文化产品、提供文化服务和创造社会财富的能力。文化生产力就是人的创造力，是人在精神层面通过精神生产而产生的社会效益与经济效益的能力。文化生产力突出表现为生产文化产品、提供文化服务的能力和文化传统有效承传的程度。

文化生产力的研究可追溯到马克思，马克思在生产力的考察中，把人的智力、科学、生产管理、劳动组织等列入了生产力的范畴，强调文化、脑力劳动在生产力中的特殊重要作用，把劳动者的文化科学素质看成是生产力的最重要因素。在《1844 年经济学哲学手稿》中，马克思就曾指出：由于人的需要的多样性，从而生产的某种新的方式和生产的某种对象就会产生，“宗教、家庭、国家、法、道德、科学、艺术等，都不过是生产的一些特殊的方式，并且受生产的普遍规律的支配”。[2]

显然，马克思在人类的实践基础上看到了认识和改造世界的两种力量，即在处理人与自然关系中取得的物质成果所表现出来的物质生产力，在处理人与人关系及满足人们精神需要“以特殊方式”取得的精神方面成果所表现出来的精神生产力。马克思还看到了两者之间相互交融、共为一体的密切关系。

马克思的大生产力观念表明，文化作为一种产品，它天然地具有社会生产的基本特征，具有生产、流通、交换、消费等基本环节，具有市场经济条件下经济运作的全部过程，不仅仅是精神产品生产者内在的独创的心理活动，而且随着社会生产力的发展，会成为大规模的生产。当代文化生产既有个性化的生产方式，也有更大的社会生产方式，是集团化的、社会化的规模生产，像影视、音像、广告等传播的制作，都是庞大的现代化生产线。文化一旦进入流通领域，作为商品体现特有的使用价值和价值的时候，其经济力量就被充分体现了。

随着社会进程的发展，文化生产力不但在当今世界综合国力竞争中的地位日益突出，而且在未来发展中具有重要的作用。文化的创造性是人类进步的源泉，文化多样性是人类文化繁荣的前提，未来世界的竞争将是文化生产力的竞争，文化生产力的发展已成为21世纪核心的话题。党的十一届三中全会之后，我们党从“抓革命、促生产”的思维模式中解放出来，真正认识到科学技术对生产力的强有力的推动作用，认识到知识、文化的地位和价值。邓小平“科学技术是第一生产力”论断的提出，标志着中国共产党人深化发展了马克思的生产力理论。

科技生产力和文化生产力构成了现代社会层面生产力的两个主要方面，而文化生产力的辐射作用在日益加强。通常认为社会文明进程包括两个阶段，第一个阶段是由农业文明向工业文明发展，第二个阶段是由工业文明向知识文明发展。第一阶段主要解决的是社会的物质文明，是经济建设。所以在物质文明发展、经济建设的过程中，科学技术当仁不让成为第一生产力。但当社会发展到第二阶段以后，通常是人均 GDP 发展到 3 000 美元以后，社会需求的是物质文明与精神文明的同步发展。到了这样一个阶段，文化生产力总体上提升。正如江泽民同志在党的十六大报告中指出的那样："当今世界，文化与经济和政治相互交融，在综合国力竞争中的地位和作用越来越突出。文化的力量，深深地熔铸在民族的生命力、创造力和凝聚力之中。"[3]2004 年在召开党的十六届四中全会时，政府的文件里第一次提出文化生产力的概念，当时党和政府的高层在战略上做出这样一种判断，我们国家的社会形态在由以物质文明建设为主，向物质文明和精神文明建设并重的社会阶段发展。根据中国社会科学院发布的 2008 年《社会蓝皮书》预言，到 2010 年中国人均 GDP 就可达 3 000 美元。所以我们现在再次提出文化生产力的概念恰逢其时。

（二）创意产业

创意产业指的是：通过创意与技术的充分开拓和利用，附以知识产权的开发和应用，分配具有社会、经济及文化意义的产品与服务，成就一个创造财富与就业的生产系统。通常我们把以创意为核心增长要素的产业或缺少创意就无法生存的相关产业称为创意产业。[4]

创意产业作为一个概念，于 1998 年诞生在英国。由于工业化和城市化进程不同，以及经济发展程度和文化传统的差异，各个国家和地区对创意产业的理解和界定是不一样的。如英国创意产业主要是以文化传媒为主体，确立了包括广告、电影、音乐等 13 类的创意产业分类体系；美国以知识产权为核心，把创意产业称之为"版权产业"；新加坡突出设计业的重要地位，大力推进设计创意产业发展。

我国对创意产业进行分类和确立发展重点时，充分借鉴了欧美、亚太等国家和地区的创意产业分类体系，结合中国国情，确立了以促进工业化、城市化和现代化为主要特征的创意产业统计分类体系，上海的创意产业主要包括研发设计、建筑设计、文化传媒、咨询策划和时尚消费五大类。

我们认为理解创意产业不能只停留在产业的层面上，它事实上已经超越了单个产业层面的意义。创意产业是一种新的发展模式，它强调用全新的思维逻辑方式融入现有产业实现价值创新，从而实现产业的升级换代，它具有高增值、强辐射的特征和各产业融合发展的特点。创意产业强调用一种新的思维方式，激发一种新的发展模式。这种创新思维注入传统的农业，就是创意农业；注入建筑业和环境规划，就是建筑设计，涉及建筑、景观、室内装潢、小区规划、会展、工业园区、城市环境、现代商业街区、商业中心、海陆交通、桥梁工程和市政工程设计等内容；注入旅游业就是创意旅游，其发展思路是充分发挥旅游产业的关联带动效应，以旅游活动和旅游吸引物为核心，拓展旅游产业链条，主动与一产、二产等产业融合，构建跨越各个产业部门的多层次旅游产业链，将促进区域整体功能提升与转型等。

创意产业链条的延伸是无边界的，创意产业的发展注重区域整体价值的提升，属于“新木桶”思维，即区别于旧木桶理论补短板的思路，新木桶理论是将自身的长板与他人（或他区）的长板进行组合，形成更大的木桶空间。创意产业链通过在空间上的延伸，实现跨行政区域的联动，在更大的地理范围内优化配置创意产业资源，形成跨行政区的创意产业链。根据创意产业发展的现状和基础条件，可构建不同区域层次的空间链。比如，浙江的宁海县是“文具之都”，具有生产的优势，但是缺少设计人才，于是到上海寻求到了好的创意设计人才，从而实现了从文具制造向文具创造的嬗变。

如今，创意产业发展突飞猛进。纵观全球，发达国家的众多创意产品、营销、服务，吸引着全世界的眼球，形成了一股巨大的创意经济浪潮。从国际上创意产业的发展来看，英国、美国、澳大利亚、韩国、丹麦、荷兰、新加坡等都是创意产业的典范国家，分别都有自己的发展特色，并产生了巨大的经济效益。

据统计，目前全球创意产业每天创造的产值高达 220 亿美元，并以每年5%左右的速度扩张。一些发达国家增长的速度更快，美国达14%，英国为12%，早在2000年，创意产业就已经成为英国的第二大产业，仅次于金融服务业。从国内的情况看，最近几年，创意产业迅速崛起，上海、深圳等地涌现出一批各具特色的创意产业基地。据统计，2006年上海创意产业约占GDP的6.55%，年增长率已达22.8%，成为上海经济增长的新亮点。

二、发展创意产业可以解放文化生产力

发展创意产业能推进文化产业化、产业文化化的进程，有效传承文化传统从而解放文化生产力。

（一）发展创意产业可以促成文化产业化

联合国教科文组织将文化产业定义为：通过开发利用文化内容和知识产权，生产有形或无形的艺术产品和创意产品（或服务）的新兴产业。江泽民同志在十六大报告中指出：发展文化产业是市场经济条件下繁荣社会主义文化，满足人民群众精神文化需求的重要途径。在知识经济蓬勃兴起的21世纪，文化产业的发展已经成了衡量一个地区竞争力的重要指标。

所谓文化产业化，用通俗简单的话说，就是文化走向市场，文化和产业高度融合。如今，“文化产业化”已成世界潮流。当今世界，在发达国家，文化产业已成为国民经济的主导产业、支柱产业。以日本为例，1995年娱乐业一项生产经营收入就高达35万亿日元，超过当年日本汽车工业的总产值。美国和西欧国家的文化消费（包括旅游等）占家庭消费的30%左右。美国文化产业的产值已占GDP总量的18%－25%，位居军工之后，是第二大产业。在美国400家最富有的公司中，有72家是文化企业，其中音像业已超过航天工业居出口贸易的第一位。[5]

创意产业具有高融合性，即把技术、文化、产品和市场融为一体，有利于产业的延伸，又大大拓展了产业的发展空间。创意产业的这一特

点有助于文化产业化的形成，因为它重塑成了新的产业结构。传统意义上的产业是同类企业的集合，按照研发、生产、销售的一般流程组织生产，形成单向的生产链结构，彼此间缺少横向联系，产业组织以垂直为特征；由于创意产业是通过价值链的分配来组织生产流程，它已经从相关产业中分离、独立出来，其本身成为其他产业的投入要素。创意产业是为所有产业提供创意服务的产业群，在组织形态上，它打破了传统产业的界限，可以同时与不同的产业产生联系。创意产业高融合、强辐射的特点，有助于文化与产业的联姻，即文化产业化的形成。

文化产业化就是发现文化的价值，以产品和服务的形式来凝聚文化，并以消费的形式来传播文化的过程。随着人们生活水平的提高，精神需求变得越来越重要，文化产品和服务的消费有了广泛的市场基础。在这种情况下，文化的产业化成为发展的必然趋势，创意产业通过创造性的智力作用，融入高科技的元素，促进文化的产业化发展。文化产业化的过程不仅有利于先进文化的传播，而且为大众生活提供了丰富多彩的文化产品和文化服务，增加了文化的造血功能，也增强了文化的自我发展能力，从而解放了文化生产力。

（二）发展创意产业能促成产业文化化

产业文化化，是指现代产业发展中文化要素越来越具有举足轻重的作用。传统的产业发展模式注重有形资源和客体资源的开发和利用，在资本的构成中硬性资本占据了主要地位，驱动其发展的主导要素是自然资源、土地、资金、机器等；创意产业则强调无形资源和主体资源的开发和利用，高级人力资本、知识产权资本、技术资本和文化资本等软性资本成为其核心驱动要素，将文化资源融入现代产业的发展过程中。

在现代产业中文化可以带来价值的增值。从消费者角度看，产品价值系统由功能价值和观念价值两部分构成。功能价值是消费者为满足基本需要而愿意给商品物理属性支付的价格部分。它由科技创造而成，是商品的物质基础。观念价值是指人们在消费商品物理属性的同时，因商品内在的文化属性、象征意义以及个人因消费商品所带来的感受和体验等方面的差异而愿意多支付的价格部分。观念价值是商品中包含的能与一些社会群体的精神追求或文化崇尚产生“共鸣”的无形附加物，比如品位、意味、风尚、情趣等。观念价值是主观的、可以体会和感受的无形附加物，因创意渗透而生，是附加的文化观念。比如企业用相同皮料做的相同式样的两个皮包，一个钉上 LV 的品牌，另一个是普通的牌子，市场价格会相差十几倍，因为 LV 的包凝聚着丰富的文化内涵。正是产品所包含的文化个性、文化精神，才促成这一产品在一定的消费区域和消费层次里走俏并逐渐辐射。

文化是产品与服务增值的原动力，提升产品或服务价值的关键在于其文化内涵。在技术同质化、市场上充斥大量同质产品的情况下，富有文化内涵的产品才能跳出价格竞争的重围，占领一片市场，进而品牌效应渐增。如在餐饮业激烈的竞争中，绍兴咸亨集团利用鲁迅小说的影响力，迅速在全国各地扩展，其孔乙己酒和茴香豆也乘势扩大了销售。创意产业正是通过创意策划和市场运作将文化资源转化为经营资本，即推进产业的文化化，从而解放了文化生产力。

（三）发展创意产业可有效传承传统文化

除了产业运作的层面之外，文化生产力还表现为人类优秀传统文化世代相传下去的能力。传统文化是我们的文化母语，是我们承袭的文化基因，是我们创新的文化密码。中国是一个有着五千年文明历史的国家，中华民族是一个富有创新精神的民族。中华民族的祖先在长期的生产实践、社会实践及思维实践中，创造了灿烂的中华文化，形成了优秀的文化传统。它不仅成为凝聚中华民族的精神纽带和中华儿女的精神家园，而且对东方文明的形成和发展产生了广泛而深刻的影响，对人类文明做出了重大贡献。然而随着现代化进程的加快，许多传统文化濒临灭绝，而创意产业则通过高科技和多媒体等创新手段将过去文化精髓中较完好的部分延续下来，有效传承了传统文化。

创意产业通过高科技等创新手段再现了传统文化的精神和精髓，

从而解放了文化生产力。桂林市阳朔县的《印象·刘三姐》这个全球第一台山水实景演出就挖掘出了原生态的山歌文化。唱山歌是广西壮族人民的一个传统,壮族人素以能歌著称,有以对唱山歌为主的歌圩,唐宋时期的刘三姐就是壮族人民能歌善唱与聪明智慧的化身,并被民间称为"歌仙"。然而随着现代化的进程,山歌文化日渐衰弱。如今广西人民试图通过刘三姐这个载体来表达自己当地的传统文化。从2003年国庆节开始,《印象·刘三姐》几乎每天在阳朔县书童山下上演,这台大型实景演出重塑了"刘三姐文化",现代化的声、光、色表现手法将写实的人物故事表演变为对桂林山水、概念、人文的"写虚化包装"。在这里,刘三姐首次被"抽象"为桂林民俗与山水文化的大融合。刘三姐这个广西文化品牌的精髓又给人以耳目一新的感觉,从而传承了当地的山歌文化。

又如作为上海演艺产业名片的《时空之旅》,从2005年9月首演至今超过800场,观众近70万人,投资成本已全部收回。《时空之旅》的成功之处是展现了海派文化的精神,它大胆地以音乐剧的形式,融合歌剧现场电声的效果、民乐的演奏、原创的歌曲、现代的舞剧、杂技、武术等,各项艺术元素兼容并蓄、巧妙融合,营造出多媒体效果,带给观众多元化的艺术感受,实现了"艺术与技术共融,传统与现代对接"。《时空之旅》的上演不仅让人惊讶于现代高科技的震撼,更难忘的是里面精湛的杂技表演,使人仿佛置身于20世纪30年代大上海冒险家的乐园。创意产业的发展让传统和现代实现了对接,从而解放了文化生产力。

三、发展创意产业、解放文化生产力的路径

当下,我国许多城市提出打造"创意之都"的口号,确立了发展文化产业化、产业文化化和文化发展的目标,采取了一系列有针对性的措施来助推创意产业的发展。很多省区还纷纷举起了"文化图强"的大旗,旨在通过加强文化建设来寻找经济发展的新力量,推动经济的持

续、快速、健康发展。如北京市、上海市、广东省、江苏省、山东省、河南省、河北省、浙江省、四川省、湖南省、甘肃省、广西壮族自治区等都先后打出了建设“文化大省”的旗帜。发展创意产业、解放文化生产力是适应时代发展潮流和发展趋势的明智之举,必将为当地经济发展增添新的力量,为实现社会可持续发展提供更加强有力的后劲。

(一)发展创意产业,解放文化生产力,要将文化创意或艺术的元素融入物质产品的生产中

随着经济的发展、温饱问题的解决,人们不仅对文化消费品的需求量越来越大,而且对物质产品中文化含量的要求越来越高。人们不再仅仅追求商品的实用性,而是更重视产品的外观设计、包装、品牌以及产品所传达的品位、观念、感情、故事等,即追求产品的观念价值。人们愈富裕,在休闲活动、娱乐、文化和健康方面的消费模式就愈不讲求实用。消费者逐渐在搜寻能够赋予个人意义或位置的产品。

可以说,在当前社会,消费不再是解决温饱问题的手段,而是已经逐渐成为某种文化宣言,一种能够表达个人价值观的方法。小到一个背包,大到一辆汽车,其中所蕴含的文化元素无不是影响消费者做出选择的重要内容。因此,将文化融入传统产业,即在设计创意、题材构思、选题策划、生产工艺、销售模式等环节突出文化的引导和增值作用,不仅可以极大提升传统产业的竞争力,而且可以通过各种各样蕴含的文化元素——特别是创新的具有传统文化特色的元素的产品消费,实现文化的传播与发展,进而增强文化的凝聚力和吸引力。

(二)发展创意产业,解放文化生产力,要将文化资源转化为推动产业发展的资本

随着经济发展方式的转变,文化资源逐渐成为经济增长的主导资源,资源的内涵和外延也随之得到了更深刻、更广泛的拓展,一些具有历史积淀的物质载体、民间传说、民俗风尚、小说故事等均可纳入资源的范畴,加以开发和利用,成为促进经济增长有用的资源。以中国古典小说《红楼梦》为例,其内容价值随着时间的推移,不仅没有贬值,还不断创造出新价值。《红楼梦》的内容价值一直在增值，从清朝时的古典小说，20 世纪 80 年代前的越剧、粤剧、连环画、芭蕾舞、唱片，20 世纪 90 年代后的电视剧、电影、多媒体光盘、卡拉 OK 等，直到 21 世纪的娱乐选秀活动、动漫、短信、网络游戏等。同样，莎士比亚的经典作品《哈姆雷特》、雨果的《悲惨世界》等至今长盛不衰，内容价值持续增加。

一般而言，经典的文化资本犹如陈年佳酿，藏得越久就越有价值。发展创意产业需要的正是将文化创意和传统产品结合在一起，通过文化内涵来提升产品的价值，利用文化的强辐射力来拓展产品的市场。文化资源转化为资本，是对于传统经济发展模式的颠覆，它以一种新的思维方式提供了新的发展模式，实现了产业的创新。而其中所蕴含的文化资源，通过产业的形式得以传播和发扬，是发展和繁荣文化的有效路径。

（三）发展创意产业，解放文化生产力，要利用文化的元素来完善产业链

文化元素一旦渗透到传统产品的生产中，就成了产品之魂，不仅可以提高产品的竞争力，而且可以有效地延伸产业链，从而推动产业更好地发展。以创意农业为例，一方面可以利用农村的生产、生活、生态“三生”资源，发挥创意，创新构思，设计出具有当地文化特色的创意农产品、农耕文化博览和相关文化活动，开发特色农业文化园区，成为创意农业的核心内容；另一方面，还可以依托其中的文化特色大力发展创意农业的支持产业、配套产业和衍生产业的产业群，将科研、策划、加工、金融、广告、餐饮、娱乐、休闲、培训、时尚消费等一系列经济文化活动连接起来，形成创意农业庞大的产业体系。在这一体系中，文化特色是纽带，是核心，因此，在完善产业链的过程中，增加产业的文化含量是重要的抓手，只有这样，才能获得更大的经济和社会效益。

瓶装水市场的竞争非常激烈，在同质化现象中注入个性化就能胜人一筹。1999 年，云南山泉瓶装水上市之初，就在瓶贴上印上了有着浓郁地方特色的“云南十八怪”系列漫画。在当时外省品牌一统云南瓶装饮用水产品市场的不利条件下，云南山泉很快就打开了市场，连年销量都呈几何级数增长，市场也得以迅速扩张，成长为“云南名牌产品”、“云南省消费者喜爱商品”。根据市场反馈，很多消费者在记住了云南山泉清新纯净的蓝色瓶贴的同时，也记住了妙趣横生的“云南十八怪”漫画。不少消费者还刻意去收集这个系列的漫画作品进行观赏收藏。可以说，云南山泉初期市场推广的成功，关键就在于“云南十八怪”这个具有鲜明云南特色的地方文化产品渗入了本土瓶装水产品中。

（四）发展创意产业，解放文化生产力，还要拥有世界的眼光和包容的胸怀

古往今来，各个民族都有自己辉煌的历史和灿烂的文化。越是民族的，就越是世界的，民族的情感体验恰恰是包孕在对世界文化的关怀之中。所有成功创意产业的例子都说明，只有保持不断开放的文化姿态，相互融合，才能够推陈出新，在民族形式、当代生活和世界情感之间搭建起通向艺术真善美的桥梁。正如江泽民同志所说的：“我们要不断扩大同外国的经济技术合作和文化交流，加强同各国人民的友好往来。建设有中国特色社会主义的经济、政治和文化，必须坚持独立自主，在独立自主的基础上，积极吸收国外一切有益的养料。”[6]

包容的环境对一个社会的发展无疑是一股无形的有利资本。在衡量一个社会创意产业发展的支持性环境方面，美国卡耐基梅隆大学教授 Florida 和 Tinagli 提出了著名的 3T（Talent 人才、Technology 技术和 Tolerant 包容）指标理论，人才指标衡量了两个因素：学位持有者的人口和科研工作者及工程师的数量，而技术指标衡量了一个国家专利申请的数量和研发支出在 GDP 中所占的百分比，包容指标则衡量了人们的价值观和态度。[7]一个越是包容的社会，文化发展越是多元化，就会激发更多的创意。

正如党的十七大报告指出的那样：解放和发展文化生产力，是繁荣文化的必由之路。当前全球风起潮涌的创意产业正是文化生产力大释放的体现,它的发展已超越了作为一个产业发展的层面,不仅以其高增值、强辐射的特征和各产业融合发展,还以一种新的思维方式实现了产业的创新,也推进了文化的发展和繁荣。

参考文献

[1] 胡锦涛. 中国共产党第十七次代表大会[M]. 北京: 人民出版社, 2007: 36.

[2] 马克思恩格斯全集(第42卷)[M]. 北京: 人民出版社,1979: 121.

[3] 江泽民文选(第三卷)[M]. 北京: 人民出版社,2006: 558.

[4] 厉无畏. 创意产业导论[M]. 上海: 学林出版社,2006: 4.

[5] 杜冰. 韩国文化产业发展现状[J]. 国际资料信息,2005(10): 25.

[6] 江泽民文选(第一卷)[M]. 北京: 人民出版社,2006: 172.

[7] 王缉慈. 创意产业集群的价值思考[R]. 中国创意产业论坛. 上海: 上海市委宣传部、上海社科院,2004.

(本文原载于《毛泽东邓小平理论研究》2008年第5期,与蒋莉莉合作)

努力实现创意成果价值最大化

我们已认识到文化创意的成果为消费者提供了新的价值元素——观念价值。从产业角度看还必须实现其价值，而从效益角度看更需努力实现其价值的最大化。为此就需要把创意、技术、产品、市场有机地结合起来。这里文化创意是核心，它创造观念价值，并主导着价值链的分配和延伸；技术是手段，支持了文化创意的传播、发展和价值的传递；产品（或服务）是载体，是文化意义的承载者；市场是平台，是价值交换、实现价值的场所，也是了解需求、检验创意的场所。只有四个方面的有机结合，文化创意才能成为产业并实现它的价值。

进一步说，为了实现文化创意产品价值的最大化，这就要努力去挖掘它的潜在价值，尽可能多的利用它的增值作用，并延伸其产业链，构建起完善的价值系统。

一、媒体推介——实现创意产品的价值挖掘

虽然文化创意产业创造了产品的观念价值，但是观念价值取决于消费者主观的感受。观念价值具有较强的主观性，尤其是对某些特定的创意产品而言，观念价值和使用价值是合一的，如收藏品、艺术品、音乐会等，其价值评价的主观性更强。文化创意的创造者往往强调自己的理念，而消费者和受众的主观评价和认识又是很不一致的，他们对某个文化创意的价值内涵的认识也有一个过程。因此创意产品往往需要经过多次反复的展示、推介、宣传，其价值才可能被受众接受和认识；其

巨大的潜在价值才会被逐步挖掘出来。

在信息化和全球化的消费社会中，精心设计和策划的文化创意产品很可能被淹没在泛滥的信息之中。而媒体是现代人们获得信息的最主要的方式，媒体的运作可以帮助人们发现文化创意产品的价值，发现沙堆里的金子。所以，文化创意产品的价值实现，更需要媒体的推介和帮助。如2005年风靡全国的“超级女声”项目就是在媒体的推动下创造了赢利的奇迹。

二、一项创意，多重使用

由于创意产业具有很强的渗透力，可以与多种参与相融合，提高它们的观念价值。所以一项文化创意不仅可以直接作为商品进入市场，获取价值；它还可作为要素投入到其他产业里，向消费者提供新的价值元素，既提高了这些产业的附加值，也实现了文化创意的价值最大化。

例如，音乐和歌唱作为文化创意产品可直接进入演艺市场实现一定的价值。然而，它借助于现代技术可以通过广播、电视、网络广为传播，可以制成碟片销售，可以用作手机彩铃；此外，还可以录入芯片投入玩具、文具、纪念品、饮料等行业。装了芯片的芭比娃娃会唱歌；生日贺卡一打开就会唱“祝你生日快乐”；在萨尔斯堡购买的莫扎特小提琴纪念品里储存了十首莫扎特的小提琴协奏曲，按下按钮即可演奏；会唱歌的酒瓶让你在宴请宾客时打开酒瓶就能听到“祝酒歌”或“九月九的酒”等。更有甚者，当一首歌曲赢得大批听众而走红，还可作为品牌进一步延伸。如网络歌曲《老鼠爱大米》走红后，还发展出同名小说、同名音乐电影、电视剧和手机游戏。多重利用和广泛延伸使《老鼠爱大米》的作者和飞乐公司在这一文化创意产品中赚了一亿多元钱。可见创意、技术、产品、市场的有机地结合使音乐的价值达到了最大化。韩国在发展创意产业中就提出了“一项创意，多重使用”（One source, multi-use）的口号。正是在这一思想指导下，韩国创意产业迅速发展，并为韩国经济在东南亚金融风暴后的重新崛起做出了巨大贡献。这是值得我们思考和借鉴的。

三、构建完善的价值系统

从产业发展角度来看,城市发展创意产业就需要在创意、技术、产品、市场有机结合的基础上构建起完善的价值系统,形成包括核心产业、支持产业、配套产业和衍生产业的产业群,从而带动一批产业的兴起;不仅让人们充分享受价值创新的成果,也实现了文化创意的产业化和价值的最大化。这里核心产业就是不断生产创意成果的企业;支持产业是直接支持创意产品的制作、发展和传播的企业群,包括相关的科技、金融、媒体、广告等;配套产业虽然不是创意产品生产的直接支持者,但为整个创意产业的发展,包括人才的吸引和成长、产品的推介和促销,提供良好环境和氛围的企业群,如旅游、餐饮、酒吧、娱乐、培训等。衍生产业是以核心的创意成果为要素投入的其他企业群,如玩具、文具、服装、服饰、箱包、食品、纪念品等。

如上海《时空之旅》的产业化形成的价值系统,其核心就是由上海文广新闻传媒集团、中国对外文化集团公司、上海杂技团、上海马戏城联合组建的集各方优势的项目公司,创作、编排、演出的新剧目就是主导价值链的创意产品。支持产业有多媒体技术支持、金融的融资支持和媒体的宣传推介支持,还有旅游行业的积极配合。在衍生产品方面,公司已开发了多种纪念品、玩具和服装等。不仅获得 7 000 多万元的票房收入、100 多万元衍生产品收入,还带动了旅游业的发展。泰国也有类似的节目——《梦幻王国之旅》的演出,其配套的餐饮、娱乐设施相对更为完善。顾客观看表演之前可在巨大餐厅里享用丰富美味的自助餐,有多国美食可供选择。周边花园场地上还布置有类似嘉年华的游艺设施,在观看演出前后,游客们(特别是带孩子的游客)可以尽情玩乐;而演出公司开发的各种衍生品(玩具、纪念品等)则成为游戏获胜的奖品。显然,靠零售纪念品的收入不如通过游戏娱乐(间接销售纪念品)获得的收入。相对完善的配套产业吸引大量游客在那里逗留

4－5 小时，不仅创意产品的价值得到充分体现，而游客也在吃喝玩乐和观赏体验中得到充分的文化享受和身心的放松。

综上所述，在信息化和全球化的趋势不断增强、国际竞争日趋激烈的今天，创意产业已不仅是一个发展的理念，而是有着巨大经济效益和社会效益的直接现实。创意产业的基础在于创意，前景在于产业。必须促进创意成果转化为经营资源，借助现代科技手段，通过产业链的整合和延伸，进行深度开发；通过产业关联构建起完善的价值系统，从而实现创意成果价值的最大化。

（本文原载于《创意产业》2008 年第 3 期）

创意农业助推新农村建设

随着创意经济的发展,创意农业在我国许多地方正茁壮成长。相对于目前农业“研发、生产、加工和销售”的产业模式,创意农业的特色及其优势在于能够构筑多层次的全景产业链。它通过创意把文化艺术活动、农业技术、农产品和农耕活动以及市场需求有机连接起来,形成彼此良性互动的产业价值体系,为农业和农村的发展开辟全新的空间。

新农村意在“新”,建设新农村需要有新理念,更要求我们以新理念催生新举措,以新举措推进新变化,以新变化促进新发展。在世界经济步入创意经济时代的今天,通过发展创意农业,转变农业发展模式,将是实现社会主义新农村建设的一个新引擎。

一、创意农业发展的新模式

根据党的十七大要求,建设社会主义新农村必须“坚持把发展现代农业、繁荣农村经济作为首要任务”,这就要求以发展农业生产为核心,建设一个可持续发展的农村产业体系,创意农业为此提供了一个新的视角和新的路径。

第一,以创意产业的渗透融合功能建设农业产业链。创意产业具有很强的渗透力,能以多种形式与不同的产业相融合。就创意农业而言,以特色农产品和农业园区为核心,可以形成包括核心产业、支持产业、配套产业和衍生产业的产业群,通过创意农业带动一批产业的兴起,让人们充分享受农业价值创新的成果。其中核心产业是指以特色农产品和园区为载体的农业生产和文化创意活动；支持产业是直接支持创意农产品的研发、生长、产品的加工，以及推介和促销这些产品的企业群，如科研机构、种源公司、现代农业设施、各类文化艺术活动（如会展、动漫、表演等）的策划企业、加工厂以及金融、媒体、广告等企业；配套产业则是为创意农业提供良好环境和氛围的企业群，如旅游、餐饮、酒吧、娱乐、培训等；衍生产业是以特色农产品和文化创意成果为要素投入的其他企业群，如玩具、文具、服装、服饰、箱包、食品、纪念品等生产企业。在整个创意农业产业体系中，一、二、三产业互融互动，传统产业和现代产业有效嫁接，文化与科技紧密融合，传统的功能单一的农业及加工食用的农产品成为现代时尚创意产品的载体，发挥引领新型消费潮流的多种功能，也因此开辟了新市场，产业价值的乘数效应十分显著。

第二，以创意产业的思维整合各类社会文化资源为农业生产服务，提升农产品的附加值。比如在利用生物科技手段改变农产品形状、色彩和口味等物理功能的同时，融入文化元素，增加农产品的文化艺术含量，并根据市场需求把农产品变为艺术品，设计生产出“来自泥土的原生态作品”。例如，上海奉贤创意农业园生产的一篮五颜六色的小南瓜、茄子和西葫芦，色彩斑斓，形状可爱，命名为“缤纷年华”，使原来非常普通的瓜果、蔬菜一下子“身价百倍”，每篮价值300多元。此外，通过艺术手法，也可将农业生产中的一些废弃物，诸如麦秸、玉米壳、蛋壳等变为工艺品，化腐朽为神奇。

第三，以创意产业的手法将资源转化为推动农村发展的资本。可以利用农村的生产、生活、生态“三生”资源，充分发挥人的创意、创新构思，设计出具有当地文化特色的创意农产品、农耕文化博览馆和各种相关文化活动，扩大市场知名度，促进发展。例如我国大连某地为了提升玉米种植的附加值，在种玉米前便设计好迷宫图案，按图种植，当玉米长高后便成为国内首创最大的玉米迷宫。结合“农家乐”旅游，它不仅吸引了国内外大批旅游者，也大大提升了农业种植的价值。我国历史文化源远流长，农业品种、农耕活动丰富多彩，可以编撰、演绎各种故事。发展创意农业要以故事来活化文化资源，将其转化成能为农业带来增值的资本。此外，还可以结合节庆活动、纪念活动、生产活动等，“秀”出古往今来的农耕文化，引起人们的情感共鸣和文化价值认同，从而实现增值。

二、创意农业新农村建设的路径

从宏观上看，我国国土辽阔，各地农村的情况千差万别，有许多种发展农村经济、进一步解放和发展农村生产力的途径，如发展集约型、科技型、特色型农业，发展加工业、发展流通业、发展服务业等，而通过发展创意农业，带动农民致富，则是一条立足国情、大胆创新、具有广阔市场前景和深远社会意义的道路。

第一，因地制宜，发展创意农业，将可促进农村产业结构的升级，充分开发农村文化资源、少耗能源，低污染或者无污染，稳定增加农民的收入。中国许多农村，虽然耕地稀少、劳动生产率不高，但是，它们拥有丰富多彩的自然地理、民俗风情、传统资源和大量劳动力，恰好构成了开发创意农业的良好条件。比如，2007 年 10 月，北京创意农业精品农交会上，来自门头沟的一对麻核桃顶级精品“狮子头”，标价 1.8 万元，这些以前长在山上的野核桃加入当地文化和创意元素后，身价倍增。用麦秸做成的梅兰竹菊图、用各种豆子做成的长城游览图，还有用蝴蝶翅膀粘成的古代四大美女肖像等，这些原本并不值钱的原材料经过京郊农民的创意加工，都成了热销的“宝贝”。

第二，农村所面对的问题，不仅是增加农民收入，而且要按照现代化和城市化的要求，改变农村的生产力布局和城乡生活布局，全面推动社会进步。发展创意农业，可以加快城乡一体化建设，按照“生产发展、生活宽裕、乡风文明、村容整洁、管理民主”的要求，形成新型的农村社会格局。

第三，创意农业项目可以推动农村的教育，提升农民的素质，促使他们逐步从分散型、粗放型的体力劳动者,转型为技能型、集约型的脑力劳动者。由此所吸引的人才流和资金流又会进一步提升农民生活品质,营造多彩的农村社区,产生“滚雪球”式的良性循环。

我国下一轮经济增长要依靠农村,因为农村潜藏着巨大的投资和消费空间。21 世纪全球最有前途的产业或称“产业集群”有两个,一个是高新技术产业,一个是文化创意产业。以创意农业带动社会主义新农村建设,将是一条充满希望的发展途径。

(本文原载于《文汇报》2008 年 10 月 13 日,与蒋莉莉合作)

创意产业：经济板块中的优质增长极

2008年以来，美国次贷危机已向高端信贷市场蔓延，在全球掀起一场金融风暴，进而影响实体经济的发展，使全球经济和中国经济运行的复杂性和风险越来越大。受美国金融危机的影响，我国出口增长回落，2008年前十个月出口同比增长21.9%，比去年同期增幅下降约4.6个百分点；GDP增长9.9%，同比回落1.6个百分点，其中一半是受出口的影响。许多产业的增长速度开始下滑，2008年10月份的工业增长为8.2%，比9月份回落了3.2个百分点。而创意产业却能逆市而上，如网络游戏出口在2008年第三季度比第二季度还增长了21%。实际上，近年来创意产业的增长速度普遍高于当地的经济增幅。比如2007年，北京、上海、深圳三大城市GDP的增长率分别为12.3%、13.3%和15.0%。但三个城市的创意产业增幅则分别达19.4%、22.8%和25.9%，均远高于同期GDP的增幅。即使在受金融危机影响较大的英国，近三年创意产业的平均增长率达到了6%，而其同期经济增长率不足3%。文化创意产业成了经济增长中茁壮成长的一棵常青树。

当前为应对全球金融危机的影响，除了加强国际合作，重建国际金融新秩序外，更重要的就是办好自己的事情，中央已及时调整政策，出台了一系列刺激经济和扩大内需的措施，并强调要增强自主创新能力、优化调整产业结构、加快转变经济发展方式。从历次金融危机导致经济萧条的情况看，只有实现经济创新的国家才能迅速走出危机。显然，创意产业将为实现转变发展方式的目标和迅速复苏经济发挥重要作用。创意产业的出现是知识、文化在经济发展中地位日益增强的结果，它强调创意和创新，把文化、技术、产品（服务）和市场有机结合起来，不仅为人们提供文化含量高的产品和服务，满足人们的精神需求，从而有效刺激内需；还可与其他产业融合发展，促进产业创新和结构的优化，有效地推动经济发展方式的转变。

首先，即使在金融危机时期，创意产业也能找到其发展的新机会。由于危机的出现，人们对于未来生活的担心转变成了巨大的心理压力，十分需要缓解。以人为本、以需求为导向的创意产业，非常“善解人意”地为公众制造了一个缓解现实生活压力的“欢乐世界”，从而使无数人能够缓解日常生活中的空虚与苦闷。同时日益丰富多彩的文化创意内容又为社会公众构筑了一个宽阔的追逐自我愿望的平台。从历史资料来看，特别是在经济萧条中，人们往往会选择一些逃避现实，寻求内心安慰的方式；或者憧憬未来，追求振奋精神的内容。而在现实生活中可能无法达到的目标、愿望，从文化创意产品（服务）的消费中却可以完全或部分得到满足。

从历史上来看，1997 年亚洲金融危机使韩国经济出现衰退，失业率激增；失业的人们整天无所事事，购买一张“星际争霸”的游戏光盘就可以打发那些无聊的时光，带来一些很廉价的快乐。韩国政府抓住这一机会，鼓励本国的动漫游戏产业发展。而社会对这一行业的认同也逐步提升，于是投入增加，成就了电子游戏产业在危机中的另类崛起。与此同时，在政府大力支持下韩国的影视、流行音乐也趁势发展起来。政府为韩剧的出口免费提供翻译，使韩剧在亚洲热播，掀起了一股“韩流”，形成一批“哈韩族”，从而带动了韩国产品的出口和旅游业的发展。创意产业的发展为韩国经济较快复苏立下了汗马功劳。

2008 年金融风暴席卷全球之时，以“创意”与“知识产权”为核心动力的日本卡通业的贸易额反倒逆市增长，同时还肩负起重树民众信心的社会责任。近来，一群米黄色的“快乐小鸡”卡通形象风靡日本与韩国两地，被媒体称作“治愈型”卡通形象的典范。设计师希望通过这样一群人抱团而聚的迅速振作，鼓舞都市人的信心重塑。如今明亮、欢乐、向上的黄色被专家们认为是2009年经济最困难之年的流行色。无独有偶，好莱坞的编剧们在危机中也获得了许多新的素材，《法律与秩序》正在策划根据次贷危机进行说教的剧情；二十世纪福克斯公司正筹备《两美元啤酒》的蓝领喜剧电视；有关金融风暴中心的经典电影《华尔街》开拍续集。同时，在经济萧条的美国，人们并不愿意在虚幻的世界中再次经历不幸。于是无厘头的搞笑片、歌舞片，以及充满幻想的作品市场前景被看好。在金融危机下，许多大片资金筹集困难，甚至被迫中断；倒是那些低投入的轻喜剧前景被看好。回顾20世纪30年代大萧条时期的歌舞片《绿野仙踪》、卓别林系列喜剧等都是成功的典型。

其次，在当前全球金融风暴的严峻形势下，我们首要的任务是要加强自主研发能力，加快自主创新的进程，尽早拥有自己的品牌，才能尽量减少对外经济的依存度。目前，我国总的对外技术依赖率超过50%，工业产品的新开发技术有65%属外源性技术。多年来，我国在国际舞台上叫得响的品牌实在太少。这些现象的背后，就是缺乏自主创新能力。因而我们国家是急需创新精神的国度，当前创新已成为产业发展的一项迫切重要的工程，也是走出危机的必由之路。20世纪初，美籍奥地利经济学家熊彼德指出“新的或重新组合，或再次发现的知识被引入经济系统的过程”就是创新。创意产业正是将文化资本重新组合引入经济系统的新兴产业，其特点就在于把文化、技术、产品(服务)和市场有机地结合起来。创意产业实际上已超越了文化产业的含义，它还推动着各个领域的经济创新。2008年3月英国国家科技艺术基金会(NESTA)专门就创意产业支持并推动其他领域的经济创新进行了调研，并发表了研究报告。

毫无疑问，技术创新和文化创意是推动产业创新的两大引擎，各行各业都可借助创意产业的发展，或应用其成果，更新产品和服务的设计

与策划,开辟新的“蓝海战略”、“品牌战略”和“营销战略”:

——传统产业可以通过创意的融入,附加更多的文化内涵,开辟“蓝海战略”,实现差异化竞争,或塑造有特色的品牌,从而提升竞争力;

——在产品设计中融入文化创意,如以色彩调节人们的心情、以结构满足人体的舒适、以独特的造型给人们以丰富的想象;从而实现产品的价值创新;

——在营销中融入文化创意,引起消费者的文化认同,产生共鸣或好奇心,从而有助于拓展市场。

实际上创意产业强调的就是创意和创新。从广义上讲,通常我们把以创意为核心增长要素的产业或缺少创意就无法生存的相关产业称为创意产业。文化、思想、知识、技能和创造力构成经济发展的创意资本,这种资本会衍生出无穷的新产品、新服务、新市场和创造财富的新机会,不仅创造了可观的经济效益,而且成为带动一国经济发展的重要原动力。杰里米·里夫金(Jeremy Rifkin)在《路径时代》(The Age of Access)一书中提出,“文化生产将成为21世纪高端全球贸易的主战场,它将在信息、服务、加工业和农业之上,构成经济生活的‘第一阵线’”。世界银行的数据显示,2005年全球创意经济创造的价值约为2.7万亿美元,占世界经济总量的6.1%,这还未包括对推动其他产业创新所做的贡献。可见文化创意已经成为世界财富的新源泉。

我国改革开放的前沿城市深圳抓住机遇,努力以文化创意产业的发展推动产业转型。2008年12月联合国教科文组织批准深圳加入全球创意城市网络,并授予“设计之都”称号,目前深圳是我国唯一一个进入全球创意城市网络的城市,这一称号为深圳提供了面向世界发展的广阔舞台。面对全球金融风暴的冲击,通过创意产业的发展,把品牌运营与产品设计紧密结合起来,使产业发展获得新的动力。逐步实现从加工基地向创意设计基地转变;从卖产品转向卖设计,把传统产品变成时尚产品。“设计之都”为深圳提供了一个“请进来、走出去”的国际舞台，借助这一舞台深圳将促进国际创意资源，包括设计人才、国际会展、创意企业等集聚，也促进深圳的创意设计服务于全国，走向世界。如今在工业设计领域，深圳占全国设计市场份额已达60%。在产业价值链中，设计是处于附加值较高的地位。对深圳而言，面对金融风暴的冲击，加工制造优势和政策优惠逐步消失，创意产业，特别是设计业将成为新的替代产业。

最后，从长远看，克服金融危机的影响，实现经济持续、稳定、快速发展的根本措施还在于遵循科学发展观，坚持以人为本，不断优化调整产业结构，转变经济发展方式。而创意产业正是以人为本，高文化附加值、环保型和低消耗高产出的新兴产业，其发展还将有助于促进整个经济结构的优化和发展方式的转变：

——以人为本的目的在于提高人的文化素质，增强人的创造力，实现人的全面发展。发展创意产业能够开发人的创造力和潜能，给每个有创造力的人提供发挥才能、创造财富的机会，并推动创意阶层的形成。

——文化创意为产品和服务注入新的文化要素，如观念、感情和品位等因素，为消费者提供与众不同的新体验，从而提高产品与服务的观念价值。更因品牌的作用而大大提高产业的附加值。

——由于文化创意产业是开发人类的主体资源，通过满足人的精神需求而产生社会效益与经济效益，较少消耗自然资源，因此从环保角度来说，文化创意产业是一个绿色的产业。

——文化创意产业易与各种产业相融合。它通过应用技术的嫁接，不仅可深深融入传统产业，实现传统产业的价值创新，而且还可能衍生出新产业，开拓新市场。实际上，传统产业都可以利用创意产业的思维逻辑和发展模式，并融入文化创意来改造自身的发展模式，实现产业的创新。如创意旅游、创意农业都是用创意产业的思维方式和发展模式，整合相关的资源，创新相关产品和服务，锻造产业链和构建起完善的价值实现系统，实现了传统产业的创新。由此可见发展创意产业还是转变发展方式的一条有效途径。

综上所述，面对美国金融危机造成的经济减速和出口增长回落，政府在扩大投资启动内需的同时，还应积极支持创意产业的发展，特别是要支持本国具有优势的文化创意产业项目，这不仅可给人们带来快乐、重树民众的信心、扩大文化消费，还可借助文化的传播，推动出口，开辟新的市场。另一方面要鼓励各行各业关注创意产业的发展，利用创意产业的思维逻辑和发展模式，并融入文化创意来改造自身的发展模式，实现产业的创新和发展方式的转变。我们相信，创意产业在政府的支持和民众的关注下，将成为经济寒冬中的一棵常青树，并将带来一股和暖的春风。

（本文原载于《团结》2009 年第 1 期）

文化创意的产业化与产业创新

党的十七大提出了要解放文化生产力，实际上发展创意产业就是一个解放文化生产力的过程，在全球经济进入以知识为核心竞争力的时代背景下，创意产业蓬勃兴起。据联合国统计，创意产业占全球GDP的7%，并每年以10%的速度在增长，大大高于全球GDP 7%的增长速度。我国各大城市创意产业风起潮涌，成为经济发展中的新增长点，也是城市建设中企业创新的一个突出的亮点。我们一直说科技创新和文化创意是现代经济的双引擎，也是建设企业创新的主要手段。前者我们把它称为硬实力，后者称为软实力，而真正能够发挥巨大能量的是文化因素和科技含量有机融合的创意产业。由于科技创新的研发周期较长，投入较大，因而风险也较大，所以，对发展中国家而言，创意产业是建设创新型城市和实现跨越式发展的有效途径。联合国贸易发展组织认为，发展中国家要实现跨越式“蛙跳”（Leap-frog），创意产业是具有优势的产业部门。对于一些发展中国家来讲，可能在文化方面有自己的特色，只要把特色挖掘出来，和已经成熟的科技相结合，就能够形成发展优势。

一、创意产业的价值创造

创意产业的发展、思路、模式和一般的产业是不同的，它的整个逻辑思维是从价值创造的角度来考虑的，它的思维方式就是创造价值、发现价值、挖掘价值，然后实现价值的最大化，就是按照这样一个思路来进行的。从消费者的角度看，产品的市场价值由功能价值（Function

Value）和观念价值（Concept Value）两个部分构成。功能价值是消费者为满足自己基本需要时愿意给商品物理属性支付的价格部分，它由科技创造而成，是商品的物质基础。观念价值是商品中包含的能与一些社会群体的精神追求或文化崇尚产生“共鸣”的无形附加物，因文化创意渗透而生，是附加的文化观念。把这两方面理论进行分解，实际上是结合在一起的。比如说 LV 包的观念价值，实际上因为具有特殊的故事在里面，同样的皮料，同样的皮包，但是打上这个品牌，它的价格就会很高，原因就是因为这个包品牌的形成，有这样一个历史过程：路易十三看中了一个皮匠，把他请到皇宫，用最好的皮料来做，以后形成一个观念，LV 包是皇家贵族使用的，具有贵族的气质，所以它的价值就很高。而从消费者来看，是创造了观念价值，通过新的创意去改善商品的观念价值，占领市场。传统产业是以产品为导向的，创意产业则强调开发它的价值。

顾客是价值创造的出发点和归宿点，满足顾客的观念需求，促进产品价值增值，就是从使用价值到观念价值这条路径展开，我们发明一种产品，开始的时候以使用价值为主，到这个产品技术普及以后，我们要进行差异化经营，这个时候已经以观念价值为主。而经济发展以后，解决了温饱，人们就要追求精神享受，在这个时候，我们把文化创意加入商品的内涵里去，就越来越重要了。

2005 年，欧洲工商管理学院的钱·金教授和勒妮·莫博涅教授出版了《蓝海战略》一书，在全球畅销，引起了巨大的反响。《蓝海战略》的模式要求提供新的价值元素，开创新的市场空间，这本书在全球很风靡，它实际上讲如何来开创蓝海战略，我个人的看法，在这里创意产业起到一个非常大的作用，“蓝海战略”要求企业把视线从供方转向需方，从关注和比超竞争对手的所作所为转向为买方提供新的（现有产业未提供的）价值元素，并剔除和减少某些旧的价值元素，从而摆脱血腥竞争的市场——“红海”，开创一片新的市场空间——“蓝海”，以较低的成本为买方提供价值上的突破。

“蓝海战略”的基石是价值创新,并尽可能降低成本。显然,创意产业的发展可为企业创新提供开启蓝海战略的钥匙,企业将从产品创新转向价值创新,从产品开发转向价值开发。因此,发展创意产业也就成为我们建设创新型城市不可或缺的重要方面。

二、创意产业的价值挖掘

文化创意产业创造了产品的观念价值,但是观念价值取决于消费者的主观感受,具有较强的主观性。尤其是对某些特定的创意产品而言,观念价值和使用价值是合一的,如收藏品、艺术品、音乐会等,其价值评价的主观性更强。创意产品需要经过多次的反复、展示、推荐、宣传,它的价值才能被挖掘出来。在信息化的时代,我们也可以看到,大量的信息泛滥,你精心策划的东西要想被大家发现,媒体的作用就非常重要。文化创意产业价值的实现,特别需要媒体的帮助。比如说“哈利·波特”,还没有上映的时候,媒体大量的宣传出现了。2005 年风靡全国的“超级女声”项目就在媒体的推动下创造了赢利奇迹。经媒体反复推介后,“超女”的市场价值飙升。围绕这一富有创意的节目,湖南卫视和上海天娱传媒有限公司通过电视、图书出版、演唱会、商品代言、网络、手机短信等传播媒体,吸引了上亿观众。规模庞大的注意力被迅速转换为数目可观的商业价值。

上海有一家艺术公司,不断反复推荐挖掘一个画家的画,公司老板和画家订合同,用 50 万定了 40 几张画,但是现在一张画的价值已经将近 1 000 万了,这就是为什么他在 APEC 会议上展示,这次奥运会上,他又把画做成刺绣,送给各国的政要,这样反复来宣传,当时 APEC 会议一结束的时候,就有人想买他的画,出 30 万美元,你想这个价值的发展有多大,所以这需要媒体来运作。为什么国际上人家的动漫形象品牌做得那么好,我们品牌老是做不起来,人家长期坚持在做,一方面不断有故事演绎,像米老鼠演绎了 80 多年的故事。另一方面媒体也在帮他们宣传。像歌星没有人宣传,他的歌值多少钱?现在我们对动漫的宣传就比较少，我们说你宣传动漫形象也有好处，一个动漫形象为你赚钱能赚80年，但是一名歌星只能赚10年，而且歌星还要分利润，米老鼠不分利润。

三、“一项创意，多重使用”

创意产业具有很强的渗透力，可以与多种产业相融合，提高它们的观念价值。所以，一项文化创意不仅可以直接作为商品进入市场，获取价值；它还可作为要素投入到其他产业里，向消费者提供新的价值元素，既提高了这些产业的附加值，也有利于实现文化创意价值的最大化。

比如说音乐，音乐本来就是靠演唱会，但是现在科技发达，可以通过广播、电视、网络广为传播，还可以录入到芯片里，这个芯片里一旦录入音乐以后，又可以进入玩具、文具、纪念品、饮料等行业。我们看到现在的洋娃娃可以唱歌，芭比娃娃会唱歌，为什么，里面有个芯片。莫扎特小提琴的纪念品在销售，你买了一按按钮就可以演奏，演奏出来就是小提琴协奏曲。在台湾有一个酒瓶，一打开就可以唱歌，增加饮酒的气氛。音乐的价值就会越来越大，所以过去的音乐家都很穷，贝多芬也很穷。现在就不一样了，现在音乐家就能够赚钱，因为我们技术发达了。

有一个案例就是网络歌曲《老鼠爱大米》，它不光通过各种各样刚刚我们前面讲的这些东西来赚钱，而且它还把《老鼠爱大米》做成了一个品牌，然后通过这个品牌发展出同名小说、电影、电视剧，还有手机游戏等，所以帮它运作的飞乐公司和作者在这个产品当中赚了一个亿，只有创意、技术、产品、市场有机结合，才能使音乐的价值达到最大化。韩国在发展创意产业中就提出了“一项创意，多重使用”（One source, multi use）的口号，另一个口号叫做资源有限，创意无限，这是从资源角度考虑；正是在这一思想指导下，韩国创意产业迅速发展，并为韩国经济在东南亚金融风暴后的重新崛起做出了巨大贡献。这是值得我们思考和借鉴的。我们也感受到韩流的袭击，在20世纪90年代末期，21世纪之初，韩流很厉害，所以大家每天看《大长今》，看《野蛮女友》，都是韩流过来的。

四、文化创意的产业化模式

除了讲它的整个逻辑思维以外，产业化的模式也值得我们注意。这个模式有它的特殊性，因为我们不能把文化创意产业局限在文化领域，产业化价值最大化的路径是把创意、技术、产品、市场结合起来，开拓发展的空间。而另外一方面，它又形成以文化创意为核心，因为它主导着价值链的分配，然后再把这个价值延伸出去。技术是手段，支持了文化创意的传播发展，还有价值的传递，而产品是载体，是文化意义的承载者，市场是一个交换的平台，实现价值的场所。从产业化的角度看，不仅要建立起四者结合的产品，关键在于形成一个价值的实现系统，这个系统包括四个方面的产业，我们把它称为核心产业、支持产业、配套产业和衍生产业，每一个产业都有一批企业围绕着转。所以这样才能够真正带动一批产业的兴起，不仅让人们充分享受价值创新的成果，也实现文化创意产业最大化，我们画成圈，当中是核心产业，主导着价值的创造和价值链的分配，还有支持产业、配套产业、衍生产业。像支持产业，因为你要有金融的支持、科技的支持、媒体的支持，那么要挖掘它的价值，没有这些产业不行。

配套产业是创造一种氛围，帮助它吸引人才，推销产品。餐饮、娱乐、酒吧作为创意产业的配套产业。最后还有衍生产业，进入到各行各业去。这样，一个核心的创意产品不断扩散，一波一波越来越大，真正带动一个城市的经济发展。

核心产业是不断生产创意成果的企业，支持产业是直接支持创意产品的制作、发展和传播的企业群。配套产业是为整个创意产业的发展，包括人才的吸引和成长、产品的推介和推销，提供良好的环境和氛围。最后是衍生产业，以核心产业的成果作为要素投入到其他产业，这往往是以知识产权为核心的。

上海的《时空之旅》，它的价值创新在于突破了传统的杂技，把现代的音乐、舞蹈、多媒体音像元素注入杂技中去，过去杂技是没有主题的，现在打出一个主题，叫“秀一个上海给世界看”。它的核心是文广集团、文化传媒公司等等，他们不断编排新节目。支持产业要有多媒体技术的支持，有金融产业的支持，因为这个项目的融资是3 000万，没有金融的支持不行，还有媒体的宣传和推广，以及旅游公司的积极配合，来上海旅游白天有地方看，晚上去看这个节目，所以，获得了超过9 000万元的票房收入和200万元的衍生收入。但是由于条件限制，配套产业做得还不是很充分，在泰国配套的还有娱乐，然后那些衍生产品不是单单靠卖，是靠你去游戏，赢了，所以那个长毛绒玩具，作为纪念品，游客买一个就好了，但是带小孩玩，赢了10个也带回去，变一种方式把这个产品推销出去，我们因为马戏城这个地方位置太小，没有办法开展这个项目。

五、发展文化创意产业，推进产业创新

发展文化创意产业可以推进产业创新，城市发展的基础是产业和市场的发展，因此创新型城市建设的基础离不开创意产业的创新、企业的创新。创意产业是一种新兴产业，所以能够和所有产业融合，能够有力推进各行各业的创新。2008年4月伦敦发表了《创意产业促进其他领域的经济创新》的调研报告，强调了发展创意产业对产业创新的作用。不仅仅是这个产业本身的发展，更重要的是推进了整个产业创新的过程。软要素构成无边界产业的核心竞争力，文化创意产业的核心竞争力是文化积累和人力资本，文化创意产业是边际成本递减，边际效益递增的，像我们刚刚所谈到的那个米老鼠，不断在用，但是用得越多，效益越好，你花的成本越低，这跟我们机器设备不一样，机器设备用了要折旧，但是米老鼠不会折旧，你故事编得越多，衍生价值越大。

文化创意是由消费直接驱动的，它的产业资源、产业要素、资源运营围绕不断变化的需求进行动态组合，一方面促进了产业的不断创新，另一方面也有利于促进人的全面发展，所以国际经验已经非常清楚地

表明,创意产业的发展支持并推进了各个经济领域的创新,各行各业都应该关注创意产业的发展,不是说我不搞创意产业,就跟这个没关系,其实还是有关系的,你可以利用创意产业的成果,来创新企业的经营,开启新的蓝海战略、品牌战略和营销战略。从微观来看,传统产业通过创意的融入,附加一定的文化内涵,塑造品牌,提升竞争力。上海挖掘石库门文化,上海的黄酒竞争不过绍兴的黄酒,现在把石库门挖出来,把这个瓶子吸收了海外那种瓶子的特色,扁瓶子,把上海黄酒改成石库门黄酒,一下子销量大增,创造了这样一个品牌。石库门文化不仅可以做黄酒,还可以做其他的,开了石库门饭店,新天地也是石库门文化的演绎,很多的产业利用这样一种东西,就可以有新的价值产生,在产品创新当中融入文化创意。怎么融入,我们主要讲三方面:色彩、结构、造型。色彩调节人们的心情,结构满足人体的舒适,独特的造型给人们丰富的想象。在营销当中融入文化创意,可以引起人们对文化的认同,产生共鸣,或者产生一种好奇心,有助于扩大市场。

综上所述,在积极推进创新型城市建设中,大力发展文化创意产业是必然的战略选择,发展文化创意产业必然有助于推动各行各业的创新。这也是党的十七大提出的解放生产力的要求,传统产业可以用创意产业的思维逻辑和发展模式,融入文化创意来改造自身的发展,实现产业的创新。如旅游,我们可以发展创意旅游,实际上创意旅游、创意农业都是用创意产业的思维方式和发展模式,来整合相关的资源,创新相关产品和服务,锻造产业链和构建起完善的价值实现系统,实现了传统产业的创新。

总之,发展文化创意产业的关键就是要努力实现文化创意的产业化,构建以价值创新为核心,把文化创意、技术、产品和市场有机结合起来的完善的价值系统:把创意变成生意,让智慧带来实惠!

(本文原载于《同济大学学报》(社会科学版)2009 年第 1 期)

创意农业的发展理念与模式研究

20 世纪 90 年代兴起于发达国家的创意产业，21 世纪初已在全球蓬勃发展，不仅成为发达国家推动经济和社会持续发展的新引擎，也被认为是发展中国家实现经济转型和跨越式发展的重要战略。在我国，创意产业的发展速度大大高于 GDP 的增长速度，已经成为一种推动发展方式转变的策动力。虽然关于创意产业的内涵和范畴界定各国不一样，学术界也还有争论，但创意产业转变发展方式的强大功能已经在实践中显现。笔者认为，创意产业对于改变农业发展方式也有十分重要的积极意义，创意农业是推动"三农"发展的创新之路，本文重点探讨创意农业的创新发展理念和发展模式。

一、创意农业的内涵与概念

综观国内外农业发展，不难发现，今天的农村经济，是农业经济、工业经济以及知识经济等各种经济形态的交错与混合，其发展理念与以前已经有了根本性区别，出现了一些新的提法和概念，比如"新田园经济"、"绿色农业"、"（庭院）生态农业"、"休闲农业"、"精致农业"、"品牌农业"、"新产业复合体"等。其中，"新田园经济"在我国台湾地区较为兴盛，而"休闲农业"等则受到不少亚洲国家和地区的青睐；欧美发达国家和地区，除了高技术支撑下的农业现代化之外，还依赖于多样化的"乡村旅游"来推动农村经济的发展。"创意农业"也是在世界经济步入知识经济时代，随着新的消费需求升级逐渐在实践中发展起来的新型农业发展模式。

目前国内学术界有关创意农业的概念有多种不同的论述，概括而言有两种。一种是从农业生产的研究视角，把创意农业界定为与农业生产过程相关的各类创意活动及其载体。认为创意农业是指“对农业生产经营的过程、形式、工具、方法、产品进行创意和设计，从而创造财富和增加就业机会的活动的总称”。这一定义强调的是创意农副产品和农业园区的设计、规划，局限于单一产业的层面，未能涵盖多层次产业链的整合及农业发展模式的创新，我们称之为狭义的创意农业。

另一种是从创意产业的视角来看认识创意农业，认为创意农业应该不仅仅是指生产若干创意农副产品，而是要创新农业发展模式。通过构筑多层次的全景产业链，通过创意把文化艺术活动、农业技术、农副产品和农耕活动，以及市场需求有机结合起来，形成彼此良性互动的产业价值体系，为农业和农村的发展开辟全新的空间，并实现产业价值的最大化。这一认识的具体内涵有以下几点：

首先，创意农业是一种新型发展模式，简言之是创意产业在农业发展中的运用。创意产业是无边界产业，它可以融合到任何产业里，并以一种新的思维方式提供新的发展模式，实现产业的创新，转变发展方式。因此，创意农业是指借助创意产业的思维逻辑和发展理念，以农村的生产、生活、生态资源为依托，通过创意拓展和整合，将科技、文化、社会、人的创造力等各项资源成为一种生产要素，投入到农业研发、生产和销售产业链的各个环节之中，实现新发展的创新模式。

其次，创意农业是一种文化艺术含量高、附加值高的农业新业态。创意农业强调用文化元素提升农业产业附加值，通过创意的投入使农产品具有市场吸引力和竞争力，创造出新价值和新市场空间的手段，从而实现农产品和产业的增值。

第三，创意农业是一组相互关联的产业链，能够实现反复交易的知识产权（专利、商标、品牌等）位于农业产业链的价值高端，是创意农业的价值核心，具有强大的辐射力，能够带动相关产业，形成产业群，提升农村区域的整体价值。

第四,创意农业是一种与当地特色文化资源、城市市场消费需求、科学技术、产品载体、人文环境、创意人才等有机衔接和融合的综合农业复合体。

二、创意农业的创新理念

发展创意农业是提升农业软实力,加快转变农业发展方式,实现城乡互融互动,建设社会主义新农村的创新之路。发展创意农业首先是创新发展理念,具体如下:

1. 从文化软实力的角度提升农业附加值,拓展市场空间

创意农业运用文化创意的新力量,以科技创新与文化创意相结合的“双创”发展新思路,去积极挖掘和开拓文化生产力在新农村发展中的巨大潜力和价值空间,推动我国农业生产力的提高和新农村的全面发展。

发展创意农业,就是在以科技创新提升农业农村经济的品质的同时,以文化创意来提升农业农村经济的品位,即通过科技创新和文化创意的双重力量来创新农业生产方式和发展模式,提升农产品附加值。众所周知,科技是生产力,通过科学种田、科学养殖、科技创新将不断提高农业生产力,这已成为我国建设社会主义新农村,实现“生产发展,生活宽裕”的主要路径。然而,在创意经济时代,文化创意所释放的文化生产力也已经成为推动经济发展不可忽视的原动力。党的十七大报告首次提出了要解放文化生产力以及提高文化软实力的战略要求。所谓文化生产力,是指“人们围绕满足人类心理需求,运用文化资源,把人类自身的思想、意志和情感作为文化资源生产文化产品、提供文化服务和创造社会财富的能力”。这里的文化资源已成为一种生产要素,可投入各类产业,提高产业附加值和创造财富。例如上海奉贤的创意农业园区,一个重300斤刻有艺术家字画的南瓜由于同时融入了高科技和文化元素含量,被当成收藏品,卖出了2 000元的高价。目前我国

现代农业的发展模式是以土地集中实现规模效益,以高科技含量(设施农业和良种农业等)提高农业生产率,附加值来源于有形的硬实力,创意农业则通过文化软实力提升农产品附加值。

2. 从创意产业的角度建设农业产业链,实现价值最大化

相对于现代农业"研发、生产、加工和销售"的产业发展模式,创意农业的特色及其优势在于能够以文化创意为核心,构筑多层次的全景产业链,通过创意把文化艺术活动、农业技术、农副产品和农耕活动以及市场需求有机结合起来,形成彼此良性互动的产业价值体系,为农业和农村的发展开辟全新的空间,并实现产业价值的最大化。创意农业已经跳出了传统农业生产的范畴,是一个产业体系,包括核心产业、支持产业、配套产业和衍生产业等多层次。目前我国大城市郊区有不少特色农业园区,也拓展了观光农业、休闲农业等功能,但仅仅停留在农业生产过程的一些采摘、观赏、休闲等活动,真正的一、二、三产业融合互动的产业体系尚未形成,农业生产活动和科技创新、文化创意的综合效能未得到有效发挥。

3. 从综合目标的角度创新农业发展模式,弘扬农村地方文化

创意农业强化以自然、经济、社会共同发展的多元目标取代单一的经济目标,在发展经济的同时注重人的发展,回归农业经济发展的本来目的,即提升人居生活品质,为农民创造物质利益和精神利益双丰收的新格局。随着科学发展观的贯彻,农业技术的创新发展,以及工业、农业、服务业的融合,现代农业、休闲农业、精致农业和生态农业等在我国发达地区的农村相继发展起来,这些农业新业态通常以现代农业园区为载体,以追求高效农业为目标,强调的是农业生产力的提高、农产品品质的提升、农业生态休闲功能的拓展,其资源配置和规划建设以农业生产和农产品为核心。一些园区通过"招商引资"的方式,由追逐利润最大化的投资商承包经营大规模的土地,使一些农村几乎沦为"农业工厂",规模化所导致的现代农业园区"工业化"思维和布局倾向显著,一方面,造成了城市各郊县在农村自然景观上的雷同,在产业结构上的

同构化；另一方面，田园风光趋于人工化，这不仅弱化了农村的人文环境，也使得鲜活的乡土文化气息和民俗风情逐渐丧失。创意农业倡导通过释放文化生产力发展农村，强调的是弘扬农村本土文化，特色是区域文化的根植性，一方面将农业生产与地方自然、文化、社会等资源进行创意性配置组合所形成的创意农副产品；另一方面以农民为主角、农村为背景开展创意农业文化活动，不仅能够充分整合和盘活农村的各种资源，在提高农民收入的同时提高农民的文化生活质量，同时还能够保护当地的历史文脉，弘扬当地的文化特色，使农民居住的场景和田园生活具有真实、生动、鲜活的美感。创意农业的发展改变了农业现代化建设中的工业化发展模式，有利于在发展现代农业的历史进程中改变农业社会人们的生产方式、生活方式，重建人们的社会关系和社会结构。

4. 从城乡互动的角度构建农业生产和市场的共生体，增强“三农”的造血功能

创意农业的发展模式强调城乡互动，通过缔结城乡共生体，着力培育“三农”自身的造血功能，形成城乡一体化发展的新局面。目前我国在解决“三农”问题通常的办法是采取救济，即通过“输血”的方式在短期解决生存问题，而从根本上解决农业和农民的自身“造血”功能是政府一直在探索和寻求的创新之路，创意农业所倡导的创新理念和构建的新型生活方式将为“三农”增强自身“造血”功能提供一条创新之路。

首先，创意农业以“农业、农民、农村”文化资源的整合和本土文化特色为核心，以优美的自然农业生态为依托，以高效的农业生产为基础，以提高农民人居生活品质为依归，这一发展模式不仅体现了建设经济生态文明的要求，同时也促进了自然生态和文化社会生态的发展，易于形成“三农”之间的良性互动，并通过物质流与能量流的彼此循环达到共生共进。

其次，创意农业以构建新型的生活方式促进城乡一体化发展。通过创意和创新，创意农业可以在满足市场现实需求的同时，激发新的潜

在需求，引领新的消费潮流。21 世纪在发达国家兴起的以人为本，回归田园生活、创造新生活方式的“新田园经济”已经成为缔结城乡共生体的有效手段，创意农业的发展将催生我国新田园经济的发展，形成新的消费时尚和生活方式。

第三，创意产业的积极意义在于草根阶层能够有机会发挥创意、参与创造新事物，分享新成果，由其所营造的多元化大众社区以及人自身的发展和进步成为推进区域发展的持久动力。创意农业发展的最终目标是要构建一个新型的农村社区，通过发展创意农业，为本地农民营造属于自己的社区，用文化重塑农民的精神家园，使农村的发展得到农民自我创造的内在动力。在这个过程中，“三农”的造血功能将得到强化。

三、创意农业的发展模式

创意农业在国内发达城市的农村已经开始萌芽，各地都认识到创意的力量和效益，开始重视通过创意的手法(包括运用科技、文化艺术的元素)提升农产品的附加值，但目前仅仅停留在农产品生产的创意，局限于农业本身的产业链，与其他产业的融合、市场开拓的创新还不够，农业及其产品的知识产权的运作、创意农业巨大的产业体系等尚未有效开展，结合国内外现有做法和经验，就发展创意农业的基本模式总结如下：

1. 资源转化为资本模式

资源转化为资本模式是创意农业发展的基本模式，也是在实践中广泛存在的形成。一方面“农业、农村、农民”本身是取之不尽的资源，可以通过创意转化为推动其发展的资本；另一方面，各类社会文化资源也都可以通过创意与农业相融合，成为新的发展推力。这一模式在农村发展中已经比较普遍，通常融入农业节庆、农业旅游、观光农业和休闲农业等各类新业态的发展之中。

一是以创意产业的手法将资源转化为推动农村发展的资本。如利用农村的生产、生活、生态“三生”资源，发挥创意、创新构思，设计出具有当地文化特色的创意农产品、农耕文化博览馆和各种相关文化活动，扩大市场知名度，促进发展。例如大连在种玉米前便设计好迷宫图案，按图种植，当玉米长高后便成为国内首创最大的玉米迷宫，结合农家乐，吸引了大批旅游者，也创造了新的价值。我国历史文化源远流长，农业品种、农耕活动丰富多彩，可以编撰、演绎各种故事。发展创意农业就要以故事力来活化文化资源，将其转化成能为农业带来增值的资本。此外，还可以结合节庆活动、纪念活动、生产活动等，以"秀"吸引消费者。进入体验经济时代，"秀"已成为产品和服务的一种重要表现形式，要"秀"出古往今来的农耕文化，秀出社会主义新农村、新风貌。以"秀"增强感染力，引起人们的情感共鸣和文化价值的认同，从而实现增值。例如上海南汇的桃花节、桃子节，余姚的杨梅节等都有精心策划的各种文艺表演，既提升了桃子、杨梅的价值，吸引了大批旅游者，也借文化力推销了许多产品。

二是以创意产业的思维整合各类社会文化资源为农业生产服务，提升农产品的附加值。比如在利用生物科技手段改变农产品形状、色彩和口味等物理功能的同时，融入文化元素，增加农产品的文化艺术含量，并根据市场需求，运用新理念把农产品变为艺术品，设计生产出"来自泥土的原生态作品"，可大大提高农产品的附加值。例如，上海奉贤创意农业园生产的一篮五颜六色的小南瓜、茄子和西葫芦，色彩斑斓，形状可爱，命名为"缤纷年华"，价值三百多元。又如，台湾地区的农民将圆西瓜种成方形，用激光打上奥运会的相关图案，每个价值达2 000新台币。此外，通过艺术点化，也可将农业废弃物，诸如麦秸、玉米壳、蛋壳等变为工艺品，化腐朽为神奇。

2. 全景产业价值体系模式

创意农业与一般农业新业态的显著区别是不仅仅创造高附加值的农产品，而是以创意产业的思维构建全景产业价值体系，以此释放创意农业的巨大经济效益。所谓全景产业价值体系模式是指通过农业知识产权（商标、专利、品牌等）的反复交易，形成不同层次的产业体系，带动相关产业和整个区域的发展，因为创意产业具有很强的渗透力，能以多种形式与不同的产业相融合，形成以文化创意为核心的产业系统和价值实现系统，这将给农村带来新的区域品牌和系列衍生产业。

全景产业价值体系包括核心产业、支持产业、配套产业和衍生产业四个层次的产业群。其中核心产业是指以特色农产品和园区为载体的农业生产和文化创意活动；支持产业是直接支持创意农产品的研发、生长、产品的加工，以及推介和促销这些产品的企业群，如科研机构、种源公司、现代农业设施、各类文化艺术活动（如会展、动漫、表演等）的策划企业、加工厂，以及金融、媒体、广告等企业；配套产业则是为创意农业提供良好环境和氛围的企业群，如旅游、餐饮、酒吧、娱乐、培训等；衍生产业是以特色农产品和文化创意成果为要素投入的其他企业群，如玩具、文具、服装、服饰、箱包、食品、纪念品等生产企业。在整个创意农业产业体系中，一、二、三产业互融互动，传统产业和现代产业有效嫁接，文化与科技紧密融合，传统的功能单一的农业及加工食用的农产品成为现代时尚创意产品的载体，发挥引领新型消费潮流的多种功能，也因此开辟了新市场，拓展了新的价值空间，产业价值的乘数效应十分显著。目前在北京、上海、广东等地都在倡导发展创意农业，但所进行的一些项目仅仅停留在发展特色农产品和良种上，或是以开发观光农业为主。它们都有待进一步增加文化含量，完善产业链，形成创意农业庞大的产业体系。迪士尼曾拍有“玩具总动员”、“海底总动员”、“美食总动员”等动画片，既吸引了游客，也塑造了一批品牌。那么创意蔬果园可以策划制作“蔬果总动员”，国外能创作《洋葱头历险记》，我们也能创作《南瓜小姐奇遇记》等，并由此形成动漫形象和品牌，进而可以发展一批衍生产品。作为配套产业，园区里还可发展一些娱乐设施。其特色农产品、纪念品既可以零售，也可以通过作为游艺机的奖品推销出去。

3. 市场消费拓展模式

市场消费拓展是创意农业发展的主要模式之一，没有市场，创意农业的价值就无法实现,发展创意农业也就失去了意义。国内外对于创意农业市场拓展主要采取城乡互融互动的手段,通过城市消费市场的培育和乡村自然环境、生活文化与历史脉络的综合塑造,在创意农业的市场和生产两者之间实现有效对接,使得创意农业的新业态、新商品和新价值能够直接转化为市场效益。具体做法如下:

一是新生活方式的塑造。通过倡导一种新型的生活方式,把创意农业的产品与市场进行有机衔接,使消费者认同并引发购买行为,其中休闲农业、乡村旅游等即是比较成功的做法。在发达城市,旅游已经成为城市居民的一种生活方式,以旅游吸引物的方式发展创意农业园区,吸引城市消费者来旅游、度假,购买创意农产品、参与创意农业活动是目前各地普遍采取的手段,在旅游休闲活动中,消费者通过自身体验,容易接受和认同创意农业产品,市场也会因此逐渐拓展。新生活方式通常会形成新的经济形态,如我国台湾,随着休闲农业的发展,新田园经济逐渐形成,创意农业的发展与乡村建设、城市消费者的生活方式等融为一体,在这个过程中,乡村源源不断的旺盛生命力提供给都市居民,同时都市文化、能量与信息等也注入乡村,乡村与都市互为生命共同体,创意农业的发展已经远远超越了农业自身的发展。

二是农业品牌的拓展。通过品牌效应拓展市场也是发展创意农业的有效模式,品牌本身是具有文化意义的标识,文化具有较强的渗透和辐射功能,能够成为拓展市场的利器,也因此成为创意农业广泛采用的一种模式。如创意农业的发展可以结合“地理标志产品”、农产品著名商标等的市场基础不断扩展。以美国家喻户晓的高知名度品牌阳光少女(SUN-MAID)商标为例,这是1915年注册的加利福尼亚葡萄干的商标,至今已经90多年,商标的图案是一个少女戴着红太阳帽,穿着白衬衫,手里捧着一盘新鲜的葡萄,少女的背后是一个灿烂的太阳形象。这个著名农产品商标具有良好的市场口碑,健康的阳光少女形象深受市场认同,如今,阳光少女的玩具、服饰等系列产品被开发出来,随着新创意农产品一起走向市场,成为创意农产品的市场开拓者。

4. 空间集聚发展模式

创意农业的发展在空间上通常采取集聚发展的模式，表现形式是创意农业园区和创意农业集聚带。创意农业园区是目前国内发展创意农业的普遍形式，结合现代农业和乡村旅游的发展，具有生产、观光、休闲、娱乐多功能。以上海创意农业比较发达的奉贤区为例，该区的创意农业已基本形成了“一核四园十线”的空间集聚形态。一核，即形成了以上海奉贤现代农业园区为核心的创意农业核心区。四园，即庄行农业园区、柘林绿都园区、青村申隆申亚园区、海湾都市菜园等四个创意农业特色园。庄行农业园区的创意内涵特色，在于整体生态创意农庄和创意产业；柘林绿都园区的创意内涵特色，是以鱼虾养殖创意与生态环境创意配套；青村申隆申亚园区，其内涵创意特色则是集多种功能于一体的综合性生态森林创意公园；海湾都市菜园的创意内涵特色，顾名思义在于提供蔬菜生产过程创意和创意产品，包括蔬菜精深加工创意产品。十线，即将一核四园等创意农业主体，串珠成线，形成了10条创意农业观光休闲自助体验路线。创意农业集聚带是大尺度的空间集聚发展形式。著名的如慕尼黑市政府在郊区农村实施的“绿腰带项目”，“绿腰带”指的是慕尼黑城市外围没有覆盖建筑物的土地，也是连接慕尼黑城区和相邻乡镇的地带，土地面积约335平方公里。在这片环城市的区域中，慕尼黑建设了集生态农业、环境保护和文化休闲等功能于一体的创意农业集聚带，开展了“草地牲畜方案”、“土豆方案”、“干草方案”“菜园方案”、“绿腰带产品的认证”以及各类农业旅游项目等丰富多彩的创意农业生产和活动，创意农业的发展和综合功能的发挥，使得农业生产与农村的经济、社会和生态环境的可持续发展的目标紧密地结合在一起。

四、创意农业的发展对策

创意农业是一项综合性的系统工程，也是对传统农业发展模式的一种创新，其发展和推进要通过进一步解放思想、创新观念加以实现，在实践中也需要因地制宜，制定个性化的发展规划，更要重视发挥农民的积极性，同时还要设计有利于创意产业与农业融合发展的推进机制，具体如下：

1. 转变发展理念，充分认识文化生产力对农业发展的重要意义

文化具有强辐射性、高渗透性等特征，这决定了文化要素能够与科技、产业和市场紧密结合，能够推动各行各业的发展，并提高它们的价值。进入知识经济时代，由于信息、智力、知识在经济结构中的地位逐渐重要，各种文化要素正在不断扩张，强力渗透到经济之中，并参与经济循环。要转变发展理念，充分认识文化生产力对农业发展的重要意义，结合当地实际情况，改变农业发展局限于单一的生产功能，进一步全面挖掘农业的潜能，把科技、文化、产业、市场和生态环境有机结合起来，创新农业业态，拓展新的市场空间。

2. 做好创意农业的综合规划和具体项目策划

发展创意农业的关键就在于结合当地的文化特色，发挥创意，整合农村的“三生”（生产、生活、生态）资源，构建起较完善的产业系统，从而促进“三农”（农业、农村、农民）的发展。因此需要事先做好综合规划和具体项目的策划。要合理配置资源，结合当地自然条件引进良种和先进农业设施，选好主题，广泛征求创意。要知道人民群众的创意是无限的，可以视情况举办创意农副产品设计大赛，开发新创意。

3. 加强合作，培养人才，提高农民整体素质

由于我国农村发展相对滞后，不仅缺乏科技和文化方面的人才，更缺乏创意引导和经营方面的人才，因此，一方面要加强培训，发展职业教育；另一方面，需要借助外力，要与境内外有关农业科技、文化创意的企业和研究机构合作，并在合作中学习和培养起一批骨干；通过项目的辐射带动效应，进而提高农民的整体素质。

4. 建立城乡互动互融的推进机制，加快不同产业融合发展的促进机制

创意产业是无边界产业，只有突破工农业和服务业的界限，才能充

分发挥农业的多种功能,转变农村经济的发展方式。创意农业的发展需要一、二、三产的协同发展;而且农村不仅缺人才,还缺投资;这就需要城市大工业的支持。为此需要制定一套鼓励工业企业、文化企业、科技企业投资和支持创意农业发展的政策。比如,对投资创意农业项目的贷款给以减息贴息的优惠;给这类项目以数年的减免税待遇;将城市的文化发展基金划一块专门支持创意农业发展中的一些文化活动和相关的创作;对帮助农村发展创意农业的人员给以奖励等。只有城市反哺农村,工业反哺农业,城乡互动互融,一、二、三产融合发展,创意农业才能迅速发展起来,并大大推进社会主义新农村的建设。

(本文原载于《农业经济问题》2009 年第 2 期,与王慧敏合作)

走出危机的品牌之道

席卷全球的金融危机让我国企业着实感到了“寒冷”,我们的中小企业正在这场冰冷的经济暴风雨中经历着考验。资金短缺和全球市场的萎靡不振让很多中小企业举步维艰,加工型、外向型、没有自主知识产权、没有品牌的企业,受金融危机冲击较大,而对有核心竞争力的品牌企业和品牌产品的冲击相对较小。这说明,自主创新能力和自主品牌可以帮助中小企业提高抗风险能力。那么,中小企业如何在全球竞争的环境中打造品牌,走出危机?

一、金融危机迫使企业加快转型

从危机的根源和实质看,对我国和美国的冲击效应不尽相同,需要解决的矛盾也不同。就美国而言,近期要解决的主要问题是化解金融领域的毒资产,降低金融杠杆化比例,对虚拟经济进行“瘦身”;而从长期看,美国在加强科技创新,特别是能源技术和生物技术,并利用其科技优势加强实体经济,同时提出利用巧实力(硬实力与软实力的巧妙结合)的概念。而对我国而言,经济失衡的表现为实体经济的“臃肿”和产业结构的不适应。所以我们要解决的问题近期是要“消肿”压缩落后的过剩产能,并消化存货;长期看则必须调整产业结构和市场结构,转变经济发展方式,从主要依靠外需和资源消耗的发展转向依靠内需和创新驱动转变。

据调查这次金融危机中,凡是拥有自主知识产权、自主品牌的企业,不仅受到冲击较小,而且赢得了新的发展空间。如湖州织里童装逆势增长，市场占有份额从25%上升为30%。他们加强设计中心、品牌建设和营销战略，认为别人的危机是我们的机会，对手倒下我们可以扩张，关键在创新、升级。

在金融危机的影响下，国际市场的总容量下降，企业出口额的下降在所难免，但要力求保住份额，这样在经济复苏时才能获得增长。因此，在目前较困难的时期要练好内功，包括进行员工培训，调整产品结构，以技术创新和文化创意双创战略促进发展和加强品牌建设。

二、品牌建设的核心是品质和文化创意

目前中小企业里有相当大的部分是生产传统产品，在经济不景气时，日常消费品受影响比较小，竞争较激烈。许多企业会考虑降价竞争。但这是错误的想法，说得严重点是慢性自杀。正确的办法是加强品牌建设（提高消费者对品牌的忠诚度）和以较低的成本为消费者提供新的价值。一般而言，率先复苏的应是与人们生活直接相关的产业。如双灯家纺公司在出口浴袍上添加小花边、小饰品，使消费者倍感温馨，结果产品供不应求。对中小企业来说，技术上的创新主要在于保证质量，而文化创意可以提供新的价值。实际上受价格和资金投入的限制，往往技术在短期内难有重大突破，但文化创意相对较容易取得成效。如果在产品设计中融入文化创意，在结构、造型和色彩上满足消费者的需求，就能提供新的观念价值。即可以色彩调节人的心情，以结构满足人体舒适或操作方便，以独特的造型给人丰富的想象。比如，有一个企业把枕头设计成了男人的手臂，女孩子睡在上面，可以想象一下她的白马王子。又如，日本雪印公司出售冷饮，在20世纪70年代石油危机中冰淇淋销售锐减，面临困难，公司就设计了一种冰淇淋，仅在原来的冰淇淋上撒上许多做成形如红、蓝宝石和钻石的小冰块，以"宝石箱"为名，吸引了儿童眼球，一举突破了困境。

从扩大内需角度看，增加文化内涵还可使你的产品与众不同，引起消费欲望。如汾酒厂设计了一种"举一反三"酒杯，酒杯呈竹节型，正

面一个浅圆口,倒过来是中空的“竹节”。这种杯子反面的盛酒量是正面的三倍,敬酒中可根据年龄、地位和酒量选择多少;也可在被敬一杯后,反过来敬三杯。因其适应我国各种酒文化,颇受市场欢迎。

加强品牌建设,应利用文化资源,融入感情因素,才能赢得消费者认同。生产石库门老酒的上海金枫酒业公司诞生于 1939 年。原来生产“金枫”牌黄酒,虽然品质不错,但通常被用作烧菜的料酒,一瓶酒售价约两三元。后来,通过嫁接石库门这一文化符号,该厂成功推出了石库门酒。由于包装设计精美,配方合理,口感良好,酒瓶造型新颖,融合了中西文化及海派文化的底蕴,产品一上市就受到了消费者的青睐。在酒瓶的造型上,“石库门上海老酒”打破了以往黄酒瓶圆形或方形的设计,改为扁方的椭圆形,这不仅使“石库门”品牌本身的形象更宽厚,也扩宽了产品本身在货架上的陈列面,更易捕获消费者猎奇的目光。瓶体的装帧则采用了近似版画的简洁手法,表现了石库门的历史感。另外,在与消费者的互动选择上,石库门老酒根据石库门建筑的发展历史,设计了“1939”和“2001”两个不同概念,用不同年份区分不同酒基酿制的老酒,打破了传统的“五年陈”、“十年陈”等叫法。毋庸置疑,石库门上海老酒代表了一种文化,也代表了一个城市的回忆。

加强品牌建设,还应重视信息传递,注重和消费者沟通,要让人们理解商品和品牌所承载的文化意义。同时注重营销策划,以扩大市场份额。上海光明牌畅优酸奶上市时广告攻势猛烈:邀请影视明星代言品牌、开展“光明畅悠白领亚健康有奖调查”,传递给消费者“畅优帮助肠胃大扫除”理念,使其在众多竞争者中脱颖而出,抢占了功能性酸奶市场,并成为第一个进入香港市场的内地酸奶品牌。

三、对加强品牌建设的建议

对企业自身而言,要树立信心。信心源于对我国经济发展基本面的认识,也在于对自身能力提高的自信。从完善中小企业社会化服务角度而言,应建立中小企业服务基金,帮助中小企业创新设计和品牌建设;对中小企业开展创意策划培训。如在德国柏林,设计培训非常发达,不仅拥有6 700家设计公司,还为企业提供各种各样的设计培训,使中小企业能及时提升应对危机的能力;积极支持和发展设计业和咨询策划业。新加坡为应对危机出资1 200万新元实施“设计与企业计划”,另投入1 000万进行“设计能力发展计划”,使大批中小企业受益。

品牌建设,是企业核心竞争力软件资源中的重要一环。当企业发展到一定高度时,品牌美誉度与知名度等相应提升,消费群体就会减少对企业背后硬件资源的深入探究和考虑,而关注企业与消费者内心的沟通。在技术门槛较低的行业,品牌几乎让产品在终端销售与市场竞争中独占鳌头,占据市场领导者的位置。品牌成为市场追随者短期内无法逾越的界线。中小企业在危机中加强品牌建设是走出危机的重要途径。

(本文原载于《品牌》2009年第2期,《创意产业》2009年第4期)

上海发展创意产业的优势环境分析

创意产业，又叫创意工业、创造性产业、创意经济、文化创意产业等。创意产业的出现是知识、文化在经济发展中地位日益增强的结果。创意产业内涵的关键是强调创意和创新，从广义上讲，凡是由创意推动的产业均属于创意产业，通常我们把以创意为核心增长要素的产业或缺少创意就无法生存的相关产业称为创意产业。

从21世纪初开始，创意产业成为上海经济发展的新亮点，其发展势头非常迅猛。2007年5月，中共上海市第九次党代会报告明确提出要将“创意产业”作为重点发展的四大现代服务业之一，这是上海第一次将创意产业发展提到了前所未有的高度。经过几年的发展，创意产业对推动上海经济和社会进步起到了不容忽视的作用。

上海创意产业主要包括研发设计、建筑设计、文化传媒、咨询策划和时尚消费五大类（见图1）。据统计，2007年上海创意产业总产值达2 902.98亿元，产业效益进一步提升，总增加值857.81亿元，比上一年增长27.2%，占全市生产总值的比重达7%。2007年，上海创意产业涉及的38个中类、55个小类行业中，研发设计创意增加值361.63亿元，比上一年增长25.6%；建筑设计创意增加值126.63亿元，比上一年增长6.7%；文化传媒创意增加值65.28亿元，比上一年增长13.9%；咨询策划创意增加值269.02亿元，比上一年增长47.2%；时尚消费创意增加值35.24亿元，比上一年增长25.9%。上海初步形成了发展创意产业的独特优势。

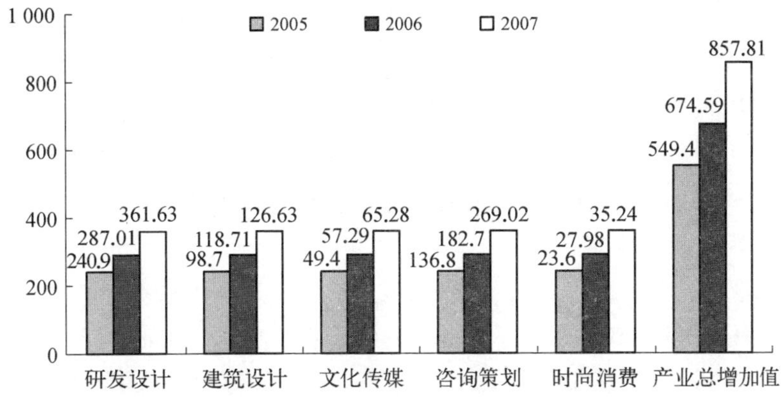

图1　上海创意产业重点产业增加值一览表(亿元)

资料来源：上海创意产业中心《2008 年上海创意产业发展报告》

一、上海发展创意产业的外部有利环境

上海拥有创意产业发展不断优化的政策环境、崇尚创新、激励原创的大气候，良好的区位条件。此外，2010 年上海世博会举办的重大契机也将形成上海发展创意产业的独特优势。

1. 政策环境不断优化

十六大以来，国家软实力建设被提升到前所未有的高度，文化发展战略得到了国家层面的空前重视。目前，我国政府已确立了提升文化软实力的重大战略，并作出相应系统部署。随着《国家"十一五"时期文化发展规划纲要》的颁布实施，创意产业发展有了更为丰富的政策依托。另外，胡锦涛总书记在十届人大四次会议上海代表团全体会议和十届全国人大四次会议、全国政协十届四次会议党员负责人会议上的重要讲话中对上海提出的"四个率先"要求，以及上海"十一五"规划原则中再次明确的"坚持转变城市发展模式，提升产业竞争力，要按照形成服务经济为主的产业结构的方向，优先发展现代服务业和先进制造业。注重发展知识经济，实现经济增长动力的转变"的发展方向，为上海创意产业的发展创造了良好的政策环境和方向指引。

此外,2006 年,上海市创意产业"十一五"规划定稿并开始实施,2007 年 7 月,由上海市经委、上海创意产业中心组织编制的内地首个具有综合性和可比性的创意产业指标体系《上海城市创意指数》正式发布。上海形成了政府、中介组织和市场三者联合发展创意产业的氛围,这些都为上海创意产业发展创造了有利的政策环境。

2. 创新型城市氛围

随着城市化进程加快,上海的城市功能正在发生根本性转变,创新在其中发挥越来越重要的作用。上海正在由"四个中心"向"五个中心"迈进,即在继续加快国际经济中心、国际金融中心、国际贸易中心及国际航运中心建设的同时,高度重视国际创新中心建设,全面构筑城市创新体系。

创新型城市的建设是推动上海创意产业集群发展的催化剂。这有利于形成宽松的社会环境和政策环境,有利于转变政府职能,提高社会各层面的亲和力,增进对多样文化的包容性。创新城市建设,也必然推动与创意产业发展相关的基础设施建设,有利于构建新型的产品研发和生产体系、流通体系、知识产权保护和开发体系,这些对形成创意产业价值链具有重大意义。

3. 广阔的长三角腹地

2007 年初,长三角地区被国务院初步定位为"我国综合实力最强的经济中心、亚太地区重要国际门户、全球重要的先进制造业基地、我国率先跻身世界城市群的地区"。推动区域合作,加快长三角经济一体化,已经提到国家战略的高度,作为长三角区域中心城市的上海,在区域一体化发展中担负着重要责任。

近年来,江浙两省创意产业发展突飞猛进,杭州仅拱墅区就有 LOFT49、A8 艺术公社和唐尚 433 创意设计中心三家远近闻名的创意产业集聚区,江浙众多创意产业集聚区正在与上海形成联动发展。在此基础上,三地创意产业企业可发挥各自优势,扩大多层次、多渠道合作,推进创作、创造、制作、营销、展示、传播、交流等环节的一体联动,在拓展创意产业市场空间、延伸创意产业链方面形成共赢的局面。

4. 世博会契机

2010年世博会是上海提升服务功能，推进区域合作，扩大国际影响力，走向国际化大都市的一个重大机遇。世博会将会大大改善上海的城市形象，世博会以后的若干年，上海的城市品牌效应还将会持续升温和不断“溢出”。

世博会的举办将直接对城市服务经济产生积极影响，直接促进上海创意产业集群化、规模化发展。世博会本身所属的会展经济，广泛涉及上海创意产业研发设计、城市规划、建筑设计、环境艺术与生态设计、文化艺术传媒、策划咨询和时尚消费行业等重点领域。此外，世博会导致世界大批创意精英汇聚申城，必将为创意产业跨越式发展注入动力因子。利用世博效应，以发展上海创意产业为切入点，深化国际、国内、长三角区域协作，是正确的选择。

二、上海发展创意产业的丰厚产业基础

文化+智力(创意)+科技=创意产业，上海发展创意产业有着得天独厚的文化、智力、科技的积淀和雄厚的产业基础及较高的消费水平。

1. 丰富的文化创意资源

文化是产品与服务增值的原动力，提升产品或服务价值的关键在于其文化内涵。文化是创意产业的灵魂，创意产业的所有产品都是创意者对文化的再创造和新展示，文化的独创性与多样性构成了创意产业的本质特征和无穷魅力。

上海深厚的文化底蕴和丰富的文化资源，可资创意产业进行挖掘、利用和整合。从历史角度看，上海是吴越文化的融会者，是江南文化最具代表性的继承者、弘扬者和开发者，江南绵柔悠长、敦厚诚实的文化特质，在上海得到充分的传承和表达。上海开埠以来形成的海派文化，又在江南文化的基础上融入世界文化的新元素，终于成就了独特的海

纳百川、大气谦和的气魄与精神。从总体上看,海派文化客观上对上海创意产业发展,形成文化环境和精神层面的支撑。

2. 雄厚的工业产业基础

上海是我国工业发展的摇篮,拥有众多的工业门类。特别是电子、通讯、汽车、造船、航空、航天、电站成套设备、冶金、化工等产业,在全国占有举足轻重的地位。在经济转型的背景下,传统产业有的迁到了郊区,而有的产业要升级换代,靠的就是创意。因此,上海创意产业的重点集中在为工业提升能级的创意设计,如工业设计、工艺美术品设计、广告设计、软件设计等;与建筑相关的创意设计,如室内装潢设计、建筑设计、环境设计、城市设计等。

因为上海是我国近代工业的发源地,上海还拥有丰富的工业文化历史遗产。大量优秀历史工业建筑浓缩了19世纪40年代以来上海城市和工业文明的发展史,记载了中国工业从起步到发展、壮大的印迹。近几年来,在产业结构升级与城市功能转换中,历史上积累下来的众多老厂房、老仓库、旧楼宇逐渐空置或废弃,上海市经济委员会与各区政府重视工业历史建筑的保护性开发,为这些老厂房、老仓库注入新的产业元素。这些工业老建筑所特有的历史底蕴、想象空间和文化内涵得到充分的诠释和延伸,为上海创意产业的发展提供了得天独厚的优势资源。目前,在上海已经授牌的75家创意产业集聚区中,由工业老建筑改造而成的占了2/3以上。

3. 发达的科技力量和人才知识优势

科技创新是创意产业大规模发展的推动力。一方面,技术创新改变了经济领域中各类要素的相对价格,使人们的偏好结构发生了变化,也重新缔造了人与人之间的激励结构,这将在根本上为头脑风暴式的文化创意大规模产出提供了条件;另一方面,技术创新推动了信息成本的持续降低,这为文化创意对经济领域的全面渗透提供了社会基础,如互联网对文化创意的传播。

近几年来,上海的专利申请量稳步增长。2008年,上海市专利申请量52 835件,创历史新高,同比增长11.9%,全国排名第5名,国际专利申请量居全国第3位。即使在金融危机的影响下,2009年第一季度上海的发明专利申请上升了6.7%,实用新型专利增加了25.5%。大量人才特别是创意人才的聚集是创意产业成长壮大的基础。上海已拥有60余所高等院校,依托大学发展创意产业园区是创意产业发展的重要途径之一,比如,上海市徐汇区的"创意设计工厂"、"乐山软件园"和"虹桥软件园"分别依托上师大和上海交大的科研优势,充足的人才储备是上海创意产业起飞的前提和保障。

4. 创意产品市场消费水平比较高

创意产业以经济的高度发展为前提,是文化和产品的结合。需要消费者具有一定的鉴赏能力才可领悟潜藏在产品中的文化。只有当人们的物质需求被满足后,才会有更高的精神文化层面的需求。美国著名未来学家约翰·奈斯比特指出,在以高科技为主导的现代社会中,人除了温饱和安全之外,更迫切地要寻找人生的意义,要追求更高、更深、更远的东西。而创意产业正是可以提供丰富的文化产品,来满足人们日益增多、日益迫切的文化需求和精神需求。

创意产业天生就是针对具有相当文化和知识程度消费者的产业。上海是我国人口最多的城市,又是我国教育、文化最发达的城市之一,上海大学升学率达81%,已达中等发达国家程度。众多受过良好教育的市民是创意产业最需要的受众和客户基础。

三、上海发展创意产业的内在促进机制

上海创意产业的发展既不是完全政府行为,也不单纯是市场行为,而是政府、市场及社会中介机构共同推进的结果,形成了三元合力的推进机制。

1. 相关规划

在推动创意产业的发展中,政府起到了宏观指导、积极推动和灵活调控的三大作用。在政府机构方面,中共上海市委宣传部与上海市经

济委员会建立了密切的沟通、互动和合作关系，共同推动创意产业发展。

上海市政府着力培育和发展创意产业，以求整体提升产业能级、加快转变经济发展方式、建设创新型城市，制定了《上海创意产业“十一五”发展规划》。为了落实“十一五”创意产业发展规划，规范上海创意产业集聚区的建设和管理，上海市政府还提出了《上海创意产业集聚区建设管理规范》。在此规范中提出了创意产业集聚区的基本定义、重点行业、建设规范、管理规范和管理部门等方面的内容，为大力推动集聚区的发展奠定了良好的基础。

2. 有效的扶持政策

为推动上海创意产业的发展，上海市政府所属的市发改委、市建委、市规划局、市房地局、市国资委、市科委、市统计局、市知识产权局、市外办、市外国专家局等十多个相关部门非常配合，在组织各项大型活动中给予了积极支持。上海各区特别是中心城区对创意产业的发展也非常重视，基本形成了市区两级、市各部门之间协作融合的联动格局。

上海市和区两级政府，都因地制宜颁布了一系列重要政策，主要表现为：以产业集聚为核心，引导产业成为载体；以整合社会资源为重点，引导平台建设；以创新开发模式为突破口，引导产业转型；以发展报告和重点指南为载体，引导创意产业发展。为促进创意产业的发展，上海市各级政府鼓励采用“三个不变”的开发方式，即使得资源的配置向创意产业的企业倾斜，坚持老厂房、老仓库、老大楼的房屋产权关系不变、房屋建筑结构不变、土地性质不变，这样就使创意产业园区建设有了良好的条件，也避免了有人借发展创意产业而炒作房地产的弊端。在这一政策的鼓励下，许多社会资本纷纷投入创意产业建设，上海创意产业集聚区由体制外企业投资开发的占到了60%，社会多元投资的活力日渐增强。

3. 形成“一协会，两中心”的发展模式

上海创意产业的发展模式是社会的广泛参与，依托中介组织联合发展。简言之是“一协会，两中心”，即在上海创意产业协会协调下，上海创意产业中心进行市场化运作、上海社科院创意产业研究中心提供理论研究的联动发展。

创意产业协会是联合型跨部门和跨所有制的非营利社会组织。2005 年 8 月成立的上海市创意产业协会由从事创意产业的企事业单位及个人按照自愿平等的原则共同组成。协会旨在贯彻上海市委“科教兴市”主战略，落实上海市优先发展现代服务业的目标，通过整合创意资源和集聚创意人才，建立创意产业的交流平台，为政府有关部门提供有关创意产业的政策咨询，提出有关创意产业的政策意见和建议；协助政府制（修）定有关创意产业领域的政策、法规、标准，并推动其贯彻执行；向会员企业提供创意产业的发展情况、市场发展趋势、产业经济预测等信息情报，以推动和促进上海创意产业的健康发展。协会的主要任务是：通过合作交流、咨询培训、中介服务、会展招商、出版发行等，为会员开拓国内外市场服务；建立创意产业测评体系；促进创意产业知识产权保护、专利申请；维护会员合法权益。

创意产业中心是上海创意产业实践和运作的平台。2004 年 11 月 6 日成立、2005 年 1 月 8 日正式挂牌运行的上海创意产业中心，是一个服务创意企业发展的中介组织。它定位于发挥全社会创意产业资源优势，积极配合政府制订上海创意产业发展规划及策略，强化导向、构筑平台、推动集聚、形成体系，发挥中心的综合性平台作用，调动各创意产业企业、机构和创意人才的积极性，整体推进上海创意产业的发展。经过四年多的努力，上海创意产业中心在创意产业发展中发挥了越来越重要的作用，起到了沟通政府和创意产业的桥梁作用，成为政府引导、协调创意产业发展的重要助手。

创意产业研究中心是创意理论的先导，为上海创意产业的发展发挥学术争鸣的作用。2004 年 9 月成立了上海社科院创意产业研究中心，该中心从产业经济学的视角研究文化创意产业，把文化创意产业的发展与经济发展方式的转变、产业结构的升级、区域竞争力的提升和城市品牌的塑造结合起来,重点研究创意产业发展、区域创新、创意城市、创意旅游和企业经营创新、产业化模式等。

四、上海创意产业的发展趋势

上海市一直坚持“创意产业化,产业创意化”的理念。随着创意产业政策环境的不断优化和社会支持系统的进一步完善,上海创意产业正逐渐朝着规模化、专业化、规范化、现代化和国际化的方向发展,并呈现出以下趋势:

1. 创意产业品牌效应逐步显现

作为国内最早推进创意产业发展的城市,上海发展创意产业的先发优势和品牌效应已经显现。一方面,上海已经拥有一批创意产业品牌。例如,上海国际创意产业活动周不仅已成为国内创意产业的重要活动,且在国际上赢得了相当的知名度,吸引了国内几乎所有重视创意产业发展的省市及国外发达创意产业国家和地区参加,国际化程度逐年上升;上海已经拥有了八号桥、M50、田子坊等一批国内知名的创意产业园区,其中部分园区成功实现了品牌输出;另一方面,上海已成为国内外创意产业资源的集聚地,国内外知名创意产业企业和机构纷纷抢滩上海,上海被认为是继伦敦、东京、纽约等之后的又一世界级创意产业中心。

2. 创意产业带动性日益增强

上海创意产业的带动性主要体现在:一是推动了区域特色产业的发展。目前,本市各区创意产业的发展基本都是与区域产业特色相结合。徐汇区重点推进数字软件、娱乐产业发展;长宁区突出了服装、时尚产业特色;卢湾区则重点突出了品牌及工业旅游的特点;闸北区注重利用区域老工业的存量资源,开发创意产业集聚区,尤其注重开发苏州河资源;浦东新区则突出在创新和文化创意方面的资源优势;二是加速都市型工业的转型。上海创意产业的发展不仅提升了都市工业能级和水平,而且推动了都市型工业园区向创意产业园区的转型;三是推进了地区产业合作。一方面使得国内外交流不断加强;另一方面推动了长三角地区的联动发展。

3. 创意园区趋向区域化发展

目前,上海的创意产业园区由过去的独立单一发展向以创意为核心的区域化发展转变。比如,1933 老场坊项目的开发、建设带动了周边 1.1 平方公里的历史风貌区发展,在盘活周边闲置老厂房资源的同时,促进了区域产业形态的转变和功能的提升。八号桥、田子坊凭借出色的品牌集聚效应,已将建国中路和泰康路联系起来成为创意时尚的新区域,直接影响着周边创意产业和城市经济的整体发展与布局。在浦东新区,在新的创意产业规划中明确提出打造围绕民生港的浦东湾和三林老街创意城镇两大创意产业片区项目。这有利于上海创意产业领域的资源互通和集聚优势发挥,凸显了上海创意产业的规模集聚和区域化发展趋势。

参考文献

[1] 厉无畏. 创意产业导论[M]. 上海: 学林出版社,2006: 6.

[2] 上海创意产业中心. 2008 年上海创意产业发展报告.

[3] 鲍宗豪. 文化自觉与上海文化精神[N]. 文汇报,2004-08-02.

[4] 佛罗里达. 创意经济[M]. 北京: 中国人民大学出版社,2006.

[5] 何增强,花建. 创意都市[M]. 上海: 上海文艺出版社,2007: 11.

(本文原载于《上海经济研究》2009 年第 6 期,与蒋莉莉合作)

积极发展创意产业，推进产业创新和结构优化

2008年以来，由美国次贷危机引起的国际金融危机愈演愈烈，严重影响了全球实体经济的发展。受国际金融危机的影响，2008年我国出口增长同比回落8.5%，并引发GDP增长回落和许多产业增长速度下滑。可是，在如此严峻形势下，创意产业却能逆势而上，如网络游戏增长超过了70%，其中出口也有大幅的增长；动漫产业的增长超过了40%。北京、上海、深圳等地创意产业增长率也远高于同期GDP的增幅。实际上，近年来创意产业的增长速度普遍高于当地的经济增幅。即使在受国际金融危机影响较大的英国，2005年至2007年，经济增长率不足3%，而同期其创意产业的年平均增长率却达到了6%。在当前的经济寒冬中，创意产业已经成为一股令人振奋的暖流。

当前为应对国际金融危机的影响，除了加强国际合作、重建国际金融新秩序外，更重要的就是办好自己的事情。中央已及时调整政策，出台了一系列刺激经济扩大内需的措施，并强调要增强自主创新能力、优化调整产业结构、加快转变经济发展方式。从历次金融危机导致经济萧条的情况看，只有实现创新发展的国家才能迅速走出危机，而创意产业就是推动创新发展的一支重要力量。

创意产业是开发人类创造力、解放文化生产力、提升产业竞争力、增强国家软实力的有效手段。它强调创意和创新，强调把文化、技术、产品(服务)和市场有机结合起来，不仅能为人们提供文化含量较高的产品和服务，满足人们的精神需求，从而有效刺激内需，形成新的消费

市场，更重要的是还可以与其他产业融合发展，促进产业创新和结构优化，有效地推动经济发展方式的转变，从而为迅速恢复经济发挥重要作用。

首先，即使在国际金融危机时期，创意产业也能找到其发展的新机会。由于危机的出现，人们对于未来生活的担心转变成了程度不同的心理压力，十分需要纾解。以人为本、以需求为导向的创意产业，则可以利用自己的特点，非常"善解人意"地为公众制造一个纾解现实生活压力与苦闷的"欢乐世界"。同时，还可以用自己丰富多彩的文化创意，来为公众构筑一个宽阔的追逐自我愿望的平台，形成新的消费热点。

从历史上看，1997 年亚洲金融危机使韩国经济出现衰退，失业率激增，失业的人们借助网络游戏打发时光。韩国政府抓住这一机会鼓励本国的动漫游戏产业发展，而社会对这一行业的认同也逐步提升，不断增加投入，成就了韩国电子游戏产业在危机中的另类崛起。同时，在政府大力支持下，韩国的影视、流行音乐也乘势发展起来，在亚洲掀起了一股"韩流"，从而带动了韩国产品的出口和旅游业的发展。可见，创意产业的发展为韩国较快地复苏立下了汗马功劳。2008 年国际金融危机席卷全球之时，以"创意"与"知识产权"为核心动力的日本卡通业的贸易额反倒逆势增长，同时还肩负起重树民众信心的社会责任。在美国，好莱坞的编剧们也在危机中获得了许多新的素材，多部有关次贷危机和金融风暴等题材的影视作品都在筹划之中，同时，一些寻求内心安慰、振奋精神、憧憬美好未来的作品市场前景也很看好。回顾 20 世纪 30 年代经济大萧条时期的歌舞片《绿野仙踪》、卓别林系列喜剧电影等都是成功的典型。

其次，创意产业是推动传统产业加快自主创新进程的重要力量。面对国际金融危机的冲击，我们首要的任务是加强自主研发能力，加快自主创新进程，尽早拥有自己的品牌和核心技术，才能尽量减少对外经济的依存度。目前，我国总的对外技术依赖率超过 50%，工业产品的新开发技术中有 65% 属外源性技术，在世界上叫得响的品牌寥寥无几。这些现象的背后,反映了我国的不少企业缺乏自主创新能力。因此,提倡创新精神、鼓励自主创新,已经成了走出危机的必由之路。在这个过程中,传统产业可以通过技术创新和文化创意这两大引擎,来推动产业的创新:一是可以通过创意的融入,附加更多的文化内涵,实现差异化竞争,塑造出有特色的品牌,以提升产品的竞争力;二是可以在产品设计中融入文化创意,用不同的表现形式给予人们丰富的想象,以实现产品的价值创新;三是可以在营销中融入文化创意,引起消费者的文化认同,使之产生共鸣或好奇心,以拓展自己的市场。

我国改革开放的前沿城市——深圳抓住机遇,努力以文化创意产业的发展推动产业转型,取得了良好的效果。2008 年 12 月,联合国教科文组织批准深圳加入全球创意城市网络,授予“设计之都”称号。目前,这是我国唯一进入全球创意城市网络的城市。深圳通过创意产业的发展,把品牌运营与产品设计紧密结合起来,逐步实现从卖产品向卖设计转变,从传统产品向时尚产品转变,从加工基地向创意设计基地转变,使产业发展获得新的动力。他们借助“设计之都”这一国际舞台,不断促进国际创意资源(包括设计人才、国际会展、创意企业等)向深圳集聚,也促进深圳的创意设计服务全国、走向世界。如今,在工业设计领域,深圳占全国设计市场份额已达 60%。在产业价值链中,设计是处于附加值较高的地位,因此,当面对国际金融危机的冲击,加工制造优势和政策优惠逐步消失之时,创意产业特别是设计业将成为深圳新的替代优势。

第三,发展创意产业,有助于促进整个经济结构的优化和发展方式的转变。从长远看,克服国际金融危机的影响,实现经济平稳较快发展的根本措施还在于深入贯彻落实科学发展观,坚持以人为本,不断调整优化产业结构,转变经济发展方式。创意产业是通过满足人的精神需求产生社会效益和经济效益,较少消耗自然资源,可以说是一个高文化附加值、低消耗高产出的环保型新兴绿色产业。发展创意产业,能够开发人的创造力和潜能,给每个有创造力的人提供发挥才能、创造财富的机会,其文化创意还能够为产品的服务注入新的文化要素,为消费者提供与众不同的新体验,从而提高产品与服务的观念价值,并且因品牌的作用而大大提高产业的附加值。更重要的是,创意产业可以通过应用技术的嫁接,比较深入地融入传统产业,实现传统产业的价值创新和产业创新,促进整个经济结构的优化和发展方式的转变。如创意旅游、创意农业等,都是用创意产业的思维方式和发展模式,整合相关的资源,创新相关产品和服务,锻造产业链和构建起完善的价值实现系统,实现了传统产业的创新。

综上所述,面对国际金融危机造成的经济减速和出口增长回落,一方面政府在扩大投资拉动内需的同时,还应积极支持创意产业的发展,特别是要支持本国具有优势的文化创意产业项目,这不仅可以扩大文化消费,还可借助文化的传播,推动出口,开辟新的市场。另一方面,要鼓励各行各业关注创意产业的发展,利用创意产业的思维逻辑和发展模式,并融入文化创意来改造自身的发展模式,实现产业的创新和发展方式的转变,从而克服国际金融危机的影响,推进我国的结构调整和产业升级,实现经济的持续稳定增长。为此,我建议:

(1) 将发展创意产业列入国家创新计划,科技创新和文化创意是推动经济持续发展的两大引擎,它理应成为创新计划中的一个重要内容。

(2) 尽快成立全国性创意产业协会,整合社会各界力量,协助政府推进创意产业的发展。这既有利于突破条块分割的弊端,也有利于更广泛地开展国际交流。

(3) 制定促进创业产业发展的政策,包括促进投融资与风险分担的机制、知识产权的保护与运作、加强与创意产业相关的人才培养等。

我们相信,创意产业在政府的支持和民众的关注下,将成为经济寒冬中的一棵常青之树,并将带来一股和暖的春风。

（本文原载于《经济日报》2009 年 5 月 21 日）

创意社群与创意产业的持续发展*

自 1998 年英国政府率先倡导发展创意产业至今，世界各地方兴未艾的实践证明：创意产业是最符合时代发展潮流、最具商业价值和文化内涵的朝阳产业；未来发展趋势也昭示：创意产业的发展正促进经济增长方式的转变，[1]成为引领未来城市发展和城市创新的一股重要力量。值得关注的是，创意经济的形成伴随着社会组织的变革和转型，创意经济大潮不仅创造了全新的经济发展模式，也塑造了全新的创意型社会结构；构建多元化的创意社群是发展创意产业的根本之策。本文试从创意社群的视角探讨创意产业的可持续发展，通过对创意产业演进脉络的系统梳理，研究创意社群在创意产业成长、创意经济发展和创意社会构建中的积极意义，进而分析推动多元化创意社群建设所需的社会生态环境和社会资本。

一、创意社群的概念内涵：创意产业的活态群落

创意社群不是特定的地理区域，而是指在创意产业发展中形成的各种“群落”及其社会关系的总称。包括企业群落，主题活动群落（如动漫主题活动、音乐主题活动、电影主题活动等），特定的阶层群落（如创意阶层、影响创意的消费者联盟、教育者和受教育者等），在创意产

* 本文为上海市哲学社会科学规划课题“上海发展文化创意旅游的思路与对策”（批准号：2008BZH001）的阶段性成果，并获 2009 年度韩国外国语大学校内学术研究费资助。

业从产业层面到经济系统，再到社会体系的演进过程中，创意社群正日益成为创意产业至关重要的组织细胞。

1. 创意产业的演进：创意产业——创意经济——创意社会

创意产业是一个内涵和外延都十分丰富的产业业态，在10年的发展和探索中，学术界对创意产业的认识经历了产业→经济→社会的演进，即从1.0到2.0，再到3.0的演变和升级，不同的发展阶段，价值和目标是不同的，而政府的政策和举措也不相同（见表1）。

表1　创意产业的发展与演进

阶段	1.0	2.0	3.0
特征	创意产出	创意投入	创意溢出
形态	创意产业	创意经济	创意社会
产业	重点产业	融合型产业	产业品牌符号
政策目标	促进创意产出	促进更广泛领域的创新	促进各类创意社群的建设
政策重点	培育创意源头	营造创意转化和投入的软环境	重构消费、教育、体制等系统

创意产业发展初期的标志性文献是英国文化媒体体育部于1998年11月发布的《创意产业图录报告》（Creative Industries Mapping Document）[2]，此报告正式提出并界定了“创意产业”的概念和具体产业部门，将创意产业定义为“起源于个体创意、技巧及才能，透过智慧财产权的生成与利用，而有潜力创造财富和就业机会的产业”。这一阶段创意产业发展有两个显著的特点：一是与政策背景相关的创意产业门类得到迅速发展，如英国的十三类创意产业；二是作为创意产业发源地和集聚地的国际大都市相继提出了建设“创意之都”的目标，如纽约的“高度融合力、卓越创造力、强大竞争力、非凡应变力”城市精神，伦敦的“世界卓越的创意和文化中心”发展目标，东京的“充满创造性的文化都市”发展战略，新加坡确定的“新亚洲创意中心”、“全球文化

和设计业中心”发展方向等。

以 2001 年约翰·霍金斯的《创意经济》的出版为标志，创意产业作为新型经济形态成为理论共识[3]。霍金斯扩展了英国政府提出的创意产业的内涵，把创意产业提升到整个经济系统更新与变革的层面。这一阶段的主要特征：一是创意产业超越传统意义上的文化产业和内容产业，成为一种投入要素渗透和融合到各行各业的“无边界产业”[4]，成为促进经济发展方式转变、创新发展模式的一种战略[5]；二是发展中国家也逐步认识到创意产业对转变经济发展方式的重要性，开始根据自身文化资源，从战略上思考创意产业发展，如上海从 2005 年开始积极推进创意产业发展，将其与产业结构升级和城市转型相结合。

现代创意产业发展已经超越经济系统，逐渐进入通过解放创造力来塑造新阶层和更新社会的发展阶段。尽管在创意产业发展初期，不少学者就提出创意产业推动社会发展的积极意义，但由于产业化的惯性思维，在实践推进和政策制定中依然以经济目标为主导。经过 10 年的成长和发展，创意产业的社会性日益凸显，“创意城市”[6]、“创意阶层”[7]、“创意社群”[8]、“公民—消费者”[9]等一系列有关创意产业与社会发展实现良性互动的研究不断深入，学术界充分认识到，创意产业“最重要的地方在于在普通大众中鼓励知识的增长和创造性参与”，创意产业价值的创造依赖于创意阶层的崛起，其价值的实现有赖于消费者的认同，两者都与具有社会属性的群体密切相关。这一阶段的主要特征表现在创意产业已经突破经济目标局限，融入社会发展的方方面面。创意产业集聚区已经不是简单的有围墙的“园区”或“旧仓库”，而是成为融工作、生活、商业于一体的开放式社区。如上海最早的田子坊创意集聚区已经跳出了“旧厂房”的经济租金模式，在空间形态上由弄堂向街区转变，在产业业态上由单一向多元转变，在发展模式上由厂区向社区转变，以社区为导向的园区、商区、城区“三区”联动的格局正在形成。

2. 创意社群：创意产业的单元

从某种意义上来看，创意产业是新型经济社会的“活态产业”，我们可以借助社群的概念和视角来进一步分析和认识创意产业这个复杂的有机体。

约翰·M·埃格在《创意社群》[10]报告中认为,21 世纪要发展创意经济,建设创意城市,一个重要的任务就是重组社群,以配合全新的知识型经济社会发展,其核心就是要确认文化与艺术的重要角色,建立“创意社群”。他以“智慧社群”(Smart Communities)概念为借鉴,将“创意社群”理解为一个能充分利用文化、艺术、产业和社区之间重要联系的社群,并在互动互融的过程中主动投入人力资源和财力,为城市作好能面对迅速发展的后工业时代和知识型经济社会所带来的巨大挑战的准备。

笔者认为,可以将创意社群看成是创意产业庞大组织体系中的细胞体,创意社群与创意产业发展相关的各类活态资源形成关系网络,范围包括不同层次的创意群体在进行创意研发、生产、销售、交流等过程中形成的社会关系总和,这些关系能够把文化艺术、商业、技术和人的发展有机地融为一体,促进经济社会的进步和发展。从实际载体来看,创意社群表现为各类动态、松散,甚至虚拟的网络、平台、主题活动或交流机制。

广义而言,创意社群涵盖了创意产业集群、创意阶层和创意社区中与软要素相关的内容,其中,创意产业集群是以创意企业为主体的生产和经营类社群,创意阶层是以创意人才为主体的创造和研发类社群,创意社区则是以城市空间和居民为载体的交流、消费类创意社群,这三类社群是创意产业发展的关键主体力量,三者间的影响关系如图 1 所示。

狭义的创意社群是产生创新创意活动的活态群落,区别于创意产业集群的物理空间、创意阶层的阶层划分和创意社区的活动场所,更多地关注群体的活动内容和有机联系,具有以下特征:(1)有机互动性:创意社群是特定群体与相关创意生产经营、推广和消费之间的有机联系,这种联系不是单向的线性连接,也不存在行政上的隶属关系和管理关系,而是彼此的融合与互动,同一个创意社群可以同时与不同的创意

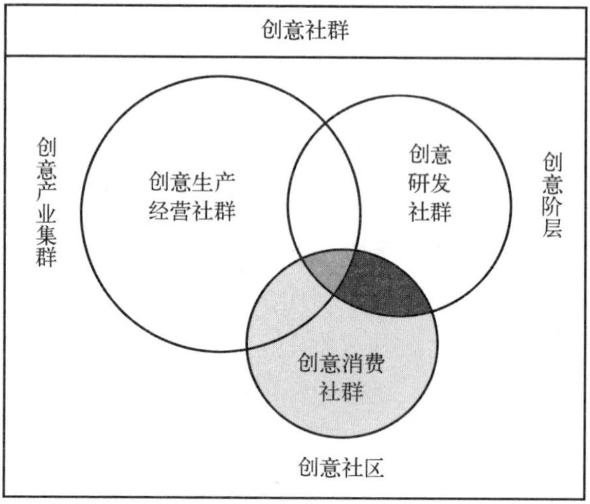

图 1　创意产业集群、创意阶层和创意社区的关系示意图

产业集群、创意阶层和创意社区之间进行互动融合;(2) 网络松散性:组成创意社群的人员可以来自全球的任何地方,不同年龄、种族、职业的人可以是同一创意社群的成员,组织结构松散,以网络为载体,创意社群成员之间具有进行充分交流的自由空间,拥有能够及时反馈修正的畅通渠道;(3) 主题活动性:兴趣、项目或事件通常是创意社群形成的最初诱因,如美国电视剧《越狱》的热播,以"越狱"为主题的创意社群就随之建立起来,一群对《越狱》感兴趣的人走到一起,他们参与剧情的创意,为《越狱》中的主角命运设计不同的结局。此外,诸如"代码源开放运动"的开发者、"奥运会"的志愿创意者、各类体育、娱乐明星的"粉丝团"等也是如此,各类主题活动反映了创意社群的特色内容和个性特征,这些多元化的创意社群构成了丰富多彩的创意社会。

从创意社群的视角探讨创意产业,可以有效把握创意产业的社会特性和区域文化特性。第一,人的创造力和文化艺术是创意产业的核心产业资本[11],其社会属性决定了创意产业的有机性,其生存、发展、成长需要适宜的文化生态和社会生态,而有创造力、经营力和消费力的创意社群则是构成良好创意生态环境的基本组织单元,从这个意义上来说,创意社群是创意产业的组织细胞;第二,作为创意产业组织细胞的创意社群,由于与当地文化资源、资本、网络紧密联系,因此具有个性化的区域特征,是创意产业的“DNA”;第三,创意产业的动态特征和活态资源也能够通过创意社群客观有效地表现和释放,是创意产业的动态载体和产生创新的源头;第四,创意社群是创意产业的“比特”,比特为信息产业提供能量,创意社群则为创意产业提供持续发展的活力。

二、创意社群的酶效应:创意产业持续发展的活力源泉

生命有机体新陈代谢所包括的各种各样的物质变化和能量变化都是在酶的作用下进行的,酶的参与使得生物体内的化学反应以极高的效率协调进行。作为创意产业活态细胞体的创意社群对于创意产业具有天然的酶效应,其特有的聚合力、催化力和融合力为创意产业的持续发展注入了源源不断的创新活力,不仅促使创意产业成长壮大,也潜移默化地更新和塑造新的社会形态。

1. 创意社群促进创意产业持续成长

第一,创意社群为创意产业提供要素聚合力,促进创意产业资本的集聚。创意社群通常首先在城市特定空间集中、集聚和互动,然后逐渐形成扩散和辐射效应,带动整个城市和区域的社会经济转型。不同创意社群间的有机互动有利于集聚创意产业的各类资源要素,如人才、企业和资本,也会对当地社区形成溢出效应。上海卢湾区的田子坊和八号桥便是很好的例证,在创意社群活跃和要素集聚的影响下,周围地价上升,居民文化素质和生活水平都有所提升。

创意社群集聚创意产业资本的有效方式是主题要素集聚,即主题化的节日(如电影节、艺术节、狂欢节等),活动(如奥运会、世界博览会等)的策划,平台与网络的建设,品牌的宣传和推广,并以此带动相关产业的发展。以法国戛纳国际电影节为例,自 1947 年创办以来,戛纳已从一个海滨小城逐渐变成世界上对商业团体和个体游客最具吸引力

的城市之一。戛纳电影节每年吸引至少6万名电影界专业人士和20万名游客。通过场租、旅馆、餐饮、交通、服装、百货、旅游纪念品、摄像器材等业务，11天内创造的直接经济收入为2亿欧元，间接受益高达7亿欧元。更为重要的是，在电影节的带动下，戛纳逐渐形成以商业展销为主体、以吸引游客为目的的经济模式。目前，戛纳每年有300天都在举办各种大型展销活动，其内容涉及电影、电视、手机、汽车、船舶、珠宝、IT、旅游、建筑等各个领域。

第二，创意社群为创意产业提供创新催化力，促进创意产业竞争力的提升。创意产业竞争力来自知识创新、自主产权，以及对商标、品牌等符号价值的开发和运营，而这一切均来自人的创造力和新思想，各类主题交流或创作型的创意社群也是相应领域的创新源头，这些不断涌现的新思想和新观念通过网络社群传播和辐射，渗透到社会经济的方方面面。

创意社群所产生的创新催化力在现实社会形成隐性和显性两种不同的效应，以不同的形式和路径直接或间接促进创意产业竞争力的提升：

一是社会价值观引领的隐性效应。非商业化的创新创意交流网络、平台和活动，定期或不定期通过各种形式就相关的主题进行思想的交流和交锋，这些主题活动的创意成果本身是摸不着看不见的无形资源，但却可能成为人们的新价值取向，成为产业发展的风向标，其裂变效应甚至可能对世界经济社会的发展走向产生深刻的影响。以非官方的“世界经济论坛”（World Economic Forum，简称WEF）为例，这是一个商界、政界、学界和各界领袖开展全球性合作的平台，从1971年以来，每年在瑞士小镇达沃斯举办，被誉为“经济联合国”，这是一个主题明确、平等交流的“创意社群”。每年有来自全球的2 400多位各国政界、商界重量级人物集聚在此，讨论影响世界的重大话题，如石油危机、气候变暖、金融风险等。在WEF上，每个人只有一个身份——参会者，任何与会者只能一人进入会场，不得带助手入内，无论是大公司的

CEO、亿万富翁，还是当红明星，都要自己提行李入住、排队存衣服、倒水、领会议资料；在晚宴前的鸡尾酒会上，国家总理也和其他出席者一样，端着杯子在人群中挤来挤去；在会场上，无论是不是名人，都没有指定座席；开大会时由于人多，无论是谁，来晚的人都要站在过道上听；发言时大家机会平等，争论也好，讨论也罢，可以畅所欲言。这种平等参与和交流还体现在吸引更多普通民众参与讨论重大问题并给出自己的观点。在 WEF 的官方网站上，人们可以就“你认为对于国家、公司和个人来说，怎么做才能在 2008 年让世界变得更好”这一问题，提交视频给出自己的答案，WEF 的与会者则观看支持率最高的视频，回答来自网民的问题，形成了交流和互动。WEF 创始人施瓦布教授有多重身份，他本人最认可的是“艺术家或者创造者”，将自己归入创意一族。

二是商业模式创新的显性效应。创意团队的成果经过商业化运作，直接与精神消费需求对接，与产业衔接，文化艺术的符号价值有效转化为社会效益和市场效益。以张艺谋为领军人物的创意团队，其“印象山水系列”的创意成果已经在市场上产生品牌效应，并带来了经济收益。从《印象·刘三姐》《印象·丽江》到《印象·西湖》《印象·武隆》，再到越南的《印象·下龙湾》，“印象山水系列”已经走出国门，实现了品牌输出，其文化符号价值极大地提升了当地的产业竞争力，为社会经济发展带来新的发展动力。以《印象·刘三姐》为例，此项目自 2004 年上演以来，演出景区的商业景气和人文价值快速提高，景区周边的土地增值平均达到 5 倍以上，为所在地阳朔县带来了 1∶5以上的经济拉动效益，该县的旅游收入每年以亿元的速度增长。

第三，创意社群为创意产业提供跨界融合力，促进创意产业链的黏接。创意产业的巨大影响力来自创意产业链的形成和创意成果的再投入，关键需要创意经营人才把文化艺术创意、金融资本和产品生产、市场营销等进行有机链接，创意经营社群和创意消费社群为文化艺术、科技、商业与人之间形成有机联系体提供融合力，有助于完善创意产业价值链，带动相关产业的发展。

创意产业是个巨大的产业群，创意成果往往还成为其他产业的要素投入。如米老鼠、芭比娃娃、哈利·波特、流氓兔、哈罗凯蒂等都是创意产业的成果，形成品牌后广泛渗透到玩具、文具、服饰、箱包、食品等行业，大大提高了这些产业的附加值。音乐也可以录入芯片，融合到某些商品中提高它们的价值。比如打开酒瓶就会听到“祝酒歌”。创意策划几乎有助于一切传统产业去开创“蓝海”①，并带动一批相关产业的发展。这些都需要创意社群提供跨界融合力，促进创意产业链的黏结。

创意经营类社群和创意消费类社群是形成创意产业跨界融合力的主体，不同的创意成果和不同的市场都有相对应的专业经营和消费服务，如个体经纪人、专业经纪公司、会展组织机构等即是典型的营利性创意经营者，他们利用自身和社会的人脉关系，通过创意策划，把文化艺术创意、资本、产品、市场进行整合链接，形成创意产业链。还有一些是非营利性的创意成果推广社群，如创意产业协会、创意城市网络联盟、公共文化艺术营销活动组织等，他们以第三方机制促进创意产业与相关产业的融合发展和渗透扩张。

2. 创意产业驱动社会经济系统的更新

创意产业驱动社会经济系统的更新主要体现在大众创意的激发力、新生活方式的引领力和就业机会的拓展力等方面。

第一，大众创意的激发力。创意产业鼓励普通大众参与创造。创意社群利用便捷的沟通网络，给每个有创新力的人提供发挥才能，创造财富的机会，并促生了创意阶层。事实上创意产业不仅是精英文化，也是大众文化的天地。创意不是大师的专利，如网络影视的发展，使得人

① 2005年，韩国钱·金和美国勒妮·莫博涅出版《蓝海战略》，倡导企业把视线从供方转向需方，从关注和比超竞争对手转向为买方提供新的（现有产业未提供的）价值元素，并剔除和减少某些旧元素，从而摆脱血腥竞争的市场——“红海”，开创新的市场空间——“蓝海”。“蓝海战略”的基石是价值创新。

人都可当编剧、导演和演员。在土豆网上可以看到许多来自草根的作品如《牛人歪传》《我们没有隐私》等，都很受网民的喜爱。从胡戈的"馒头频道"到钱锋的"牵手网"，可以看到年轻的创意阶层正在兴起。草根阶层可以改变自我，成为创意一族，在推动社会进步的同时实现自身价值。

第二，新生活方式的引领力。创意产业通过促进消费者的需求升级，推动社会的进步和发展。以富有创意的消费品吸引眼球，文化赋予产品新的观念价值，不仅引导了新的消费时尚和潮流，也引领了新的生活方式。一部好电影、好小说都可能引致某种时尚消费的潮流，比如，韩剧热播引起的韩流便是一例。又如，伦敦西区是和纽约的百老汇齐名的表演艺术中心，到伦敦的外地游客中约有3/4的人会到西区看演出。上海新天地建成后，到那里走走看看，休闲泡吧也成了一种生活方式，不久后全国许多城市里都可以看到相仿的以"某某新天地"命名的场所。此外，创意产业为普通民众提供了丰富多彩和愉悦精神的体验产品，提升了居民的生活品质。例如，上海的众多创意园区中，入驻的企业为市民提供了许多创新设计的时尚产品和新奇美观的工艺品、纪念品，文化活动和艺术氛围也使得园区成为都市旅游休闲的新场所。

第三，就业机会的拓展力。创意产业包含的专业领域很广，能容纳大量的劳动人口，而通过发展创意产业形成的一些新型行业，可以创造大量就业岗位。比如，上海近年来创意产业的发展不仅为大学生创业提供了一个大舞台，而且催生了众多新型职业。2007年上海第三季度（大学生就业高峰时段）劳动力市场分析报告指出，为适应人们追求个性和时尚，各类创意职业应运而生，如形象设计、首饰设计制作、景观设计、数字视频策划与制作、家具、家居、玩具、家纺、花艺环境、陶瓷等设计岗位招聘数达1 200个，相关专业电话咨询岗位1 500个。来自数字内容产业的报告指出，2006年行业从业人员达13.94万人，是2002年的2.9倍。

三、创意社群的成长生态：积累创意性社会资本

1. 构建创意性社会结构

创意性社会结构由理查德·佛罗里达提出，共有三个组成部分：第一是适合科技创意的新体系，例如投资创意产业的金融体系、高科技的开发公司、持续增长的研发费用等；第二是创新以及塑造更为有效的商品与服务生产模式，例如，让员工能够发挥创意的工作环境、弹性的生产方式、便利的交流展示平台等；第三是有利于创意生产的社会、文化与地理氛围，例如，吸引创意人才的生活风格，宽容的社会氛围，或是鼓励前卫艺术的文化制度等。

理查德·佛罗里达认为，创意性社会结构是创意经济繁荣的关键，他指出美国创意经济之所以发达，是因为其有强大的创意社会结构作为支撑，我们把这种创意社会结构称为"创意产业的社会生态"，创意社群是创意产业生态系统中的基本单元，各个不同层次的创意社群构成了创意产业的"社会生态链"，创意产业在其中生根、成长、壮大，良好的社会生态不仅是创意产业发展的基本条件，也是创意社群蓬勃兴起的必要基础。理查德·佛罗里达的3T，即技术、人才与宽容是创意产业生态中不可或缺的要素。

实践中，创意经济发达的地区往往具有创意人才集聚与高科技产业集中的特点，同时也有宽容的文化。一般而言，创意阶层选择具有包容性和多元化的城市作为自己生活、工作的地方。创意阶层首先选择合适的居住地，然后再开始寻找工作。因此，一个城市创意经济是否繁荣，并不取决于优惠的税收政策，也不是靠廉价的电力。Google公司在技术、人才、宽容的原则下创造了一种尽量让员工快乐工作的环境。多年来，公司不仅为所有员工提供免费的三餐，免费的零售和多种饮料，免费的医疗、美发、洗衣等服务；而且在办公楼里还备有台球桌、桌上足球、按摩椅等供休息时健身娱乐，放松心情。每个员工还能获得100美元布置自己的空间。在办公楼里，设有两块约10米长的白板，供员工

书写、绘制各种异想天开的“计划”。虽然其中一些设想注定不会实现,但也有一些已经变成了现实。公司为每一位员工提供了20%可以自主支配的时间;许多令Google引以为豪的产品,如Gmail和Google News,就是工程师们在20%的时间里创造的。工程师可以选择到自己感兴趣的小组工作,也可以同时加入好几个产品的开发过程。正是这种管理方式上的灵活性更好地激发了大家的创新意识。

创意性社会结构为创意社群的成长提供良好的社会生态。因此,无论城市、地区,还是企业,要发展创意经济,必须营造出舒适的工作生活环境、宽容的文化氛围,让创意人才乐意在这里工作,并能自由充分地发挥创意。过去是企业吸引人才,现在是创意人才吸引企业和金融资本。城市的竞争力取决于是否拥有完善的创意性社会结构及其配套的基础设施,这对城市政策制定者提出新的要求和挑战。例如,柏林为创意活动提供了卓越的基础设施和活动空间,各类创意人才如设计师、服装设计师、摄影师和建筑师等,在此很容易找到他们的艺术自由、办公空间,较低的居住成本、便捷的网络、公共交流平台,以及包豪斯博物馆、维特拉设计博物馆等极具竞争力的文化条件。优良的环境吸引了大量的设计人才和各个领域的创意企业。同时柏林还十分重视设计人才的培养。目前约有来自世界各地的5 000名学生在柏林学习与设计相关的专业,在欧洲几乎没有其他城市能为学生提供如此大的选择空间。正是优秀人才的集聚和不断成长使柏林成为著名的设计之都。

2. *厚植创意社会资本*

创意社会资本的积累是创意产业和创意经济迈向创意社会的基础,各类创意社群的蓬勃兴起助推创意社会的形成,创意消费类社群、创意教育类社群、创意培育和促进类社群都对创意产业的发展、创意经济的兴旺和创意社会的形成有着积极推进意义。厚植关键性、战略性的创意社会资本是为创意社群的持续成长提供土壤和养分。

(1) 消费者资本。在创意经济时代,消费者已经成为一种生产资本,是创意产业链的有机组成。按照创意产品的研发、生产、传播和销售的一般流程，消费者资本在研发和销售两端进行投入，并形成创意产业链的反馈机制。创意产业不仅仅围绕消费需求组织生产与销售，更将消费者自身的资源开发成为产业资本，成为创意产业价值实现的新源泉。

消费者成为引导创新的巨大力量，特别是随着数字互动技术的发展与普及，一些非职业人员和普通消费者可以直接参与创意活动，消费者的创意反馈进入未来的商业开发和产品生产，典型的如开放源代码运动、工业设计中的一对一定制、电脑游戏的内容产业，甚至是电视连续剧的结局设计等。再如电视“真人秀”节目的火爆，其背后是不同类型的消费者个性化的选择和自我认同的表达，而短信和互联网等传媒渠道为这种个性化的表达提供了大众化的廉价通道。同样各种“粉丝团”的风靡，表面上是追星，实际上是消费者对其所认同的价值观的一种投入，有时甚至显得疯狂，却大大助推了创意产业的发展。

（2）教育资本。创意人才的培养不是一蹴而就的，对未来创意人才的投资，需要空前强大的教育基础设施、创造性教育的新机制、鼓励终身教育的新政策，这些都是促进创意产业和创意经济发展的教育资本，也是构成创意社会的基础。

设立创意性教育基础设施主要包括：成为新型创意人才的培养基地，成为新入行创意雇员的培训之地，成为新艺术形式和新产品的试验场所，成为来自各行业的新老艺术家的表演场地。构建适应新型创意社会的教育体制，实施多渠道、多形式的内容，包括为每个人提供创意教育的机会、开发个人的创造力和潜力、提供更多的与艺术家交流和工作的实践活动，等等。提供创意人才终身教育的政策是积累创意教育资本的关键。如美国纽约市之所以成为世界创意中心，与其拥有大量顶级的、高度专业化的教育培训机构是分不开的：全球艺术名校——茱丽亚音乐学院为舞蹈演员、音乐家和演员提供了世界上最好的专业训练；视觉艺术方面有全美最优秀的美术学院——纽约大学蒂什文科学院、视觉艺术学院和派特学院；对舞者来讲，有美国芭蕾舞学院；时尚设计师可以选择著名的纽约时装技术学院和帕森斯设计学院，建筑师可以选择如建筑联盟、纽约市艺术协会和纽约市建筑中心这样的高水准机构。

(3) 非营利组织资本。非营利组织也是创意社会资本的关键元素之一。建立创意社会不需要组织严密的机构或中央集权，而是需要各种各样的不同群体有机地阐述他们自己的愿景，不懈工作和解决问题。世界各国的经验表明，创意产业领域非营利组织的数量多少、活跃程度和参与度是一个区域创意产业发达与否的标志之一。

第一，非营利组织天生就是有着特定愿景和使命的“社群”组织，其特有的组织运作机制决定了参与人的积极性非常高，他们为了某种共同目标相聚在一起，是为了追求自身价值实现的事业伙伴，这种“自愿者”式的自觉和执着是一般的经济组织难以比拟的。

第二，非营利组织通过组织社会的力量来解决面临的问题，目标不是追求利润最大化，而是组织愿景的实现，创造的是社会财富，积累的是社会资本，充分利用非营利组织的社会成果是建立创意社会资本的重要途径。例如，上海这几年创意产业的发展，非营利组织就发挥了很大的作用，主要有一个协会——创意产业协会、两个中心——上海创意产业中心和上海社会科学院创意产业研究中心。协会协助政府和企业整合资源、协调各方和交流信息；创意产业中心务实操作、规划园区、协助招商；研究中心总结经验、创新理论、宣教推广。三方努力合作举办了许多重大而有影响的活动，如国际创意产业论坛、创意产业国际活动周、创意设计比赛等；加强了国际、国内的交流，凝聚了一大批创意人才，在促进上海创意产业迅速发展和创意社群形成的同时，也为国内许多城市的创意产业发展提供咨询、策划、讲座和培训服务。创意产业是世界经济进入后工业社会的新型产业经济形态，相对于土地、机器、厂房等硬要素驱动的传统产业而言，人的创造力、文化、品牌、知识产权等软要素是发展的主要驱动力。“创意社群”能否有效运转，直接关系到创意产业的发展。创意社群不仅为创意产业的可持续发展提供原动力,也是未来社会组织变革和社会转型的引擎。培育、扶持和引导具有旺盛生命活力的创意社群是发展创意产业的有效之举,创意性社会结构和创意社会资本可以助力于创意社群发展,成为创意产业政策的着力点。

参考文献

[1] 厉无畏,王慧敏. 创意产业促进经济增长方式转变——机理·模式·路径[J]. 中国工业经济,2006(11).

[2] http://www. culture. gov. uk/creative industries/default. htm.

[3] 约翰·霍金斯. 创意经济: 如何点石头成金[M]. 洪庆福,孙薇薇,刘茂玲,译. 上海: 上海三联书店,2006.

[4] 王慧敏. 旅游产业的新发展观: 5C 模式[J]. 中国工业经济,2007(6).

[5] 厉无畏,王慧敏. 创意产业: 一种发展模式的创新[N]. 文汇报,2007-03-12.

[6] Landry C. *The Creative City: A Toolkit for Urban Innovators*[M]. Earthscan Publications Ltd., 2000.

[7] Florida R. *The Rise of the Creative Class*, Basic Books, 2002.

[8] Swaback V. *The Creative Community: Designing for Life*[M]. Images Publishing, 2003.

[9] Hartley J. "Creative industries", in Hartley J. (ed.), *Creative industries*[M]. Carlton: Blackwell Publishing, 2005.

[10] 约翰·M·埃格. 创意社群——建立艺术文化、商业及社群的联系[R]. 美国圣地亚哥大学加州智能社群研究所,2003.

[11] 厉无畏,王慧敏,等. 创意产业: 转变发展方式的策动力[M]. 上海: 上海社会科学院出版社,2008: 4.

(原载于《社会科学》2009 年第 7 期,与王慧敏合作)

关于我国文化创意产业发展的思考

当前,中国经济结构矛盾的根本性问题亟待解决,新的消费市场亟待拓展,新的需求热点亟待创造;在国际金融危机的冲击下,中国经济发展既要解决内外部的结构失衡问题,又要形成新的增长引擎,而创新发展思路、大力发展文化创意产业则可为中国经济转型升级提供一条有效路径。

一、在国际金融危机背景下,发展我国文化创意产业的重要意义

从产业发展的角度来看,目前实现中国经济增长转型的重要渠道有两方面:一是通过传统产业的升级、创新和结构调整提高中国制造业的附加值;二是通过推进新兴产业的崛起和发展形成中国经济的新亮点。文化创意产业在这两方面都能发挥积极的作用。大力发展创意产业,不仅能够引领我国经济走出金融危机的影响,创新传统产业,而且能够转变经济发展模式,助力创新型国家建设。

1. 创意产业是促进传统产业创新先导产业之一

在金融危机中,创意产业能够找到自身发展的机会,如国际市场上的"口红效应",20 世纪 80 年代日本动画王国的崛起,90 年代"韩流"的风靡等。这些经验表明,创意产业的发展是带领经济走出危机的先导产业,并能够促进一些新兴产业的发展。但对于中国经济的发展而言,其积极意义不只是一个新兴产业的概念,也不仅仅是文化创意产品

的生产和出口，而在于创意产业对传统产业创新的推动，以及在更广泛领域的系统性创新。

在当前全球性金融危机的形势下，传统产业的创新已成为一项十分迫切和重要的工程。目前，我国总的对外技术依赖率超过 50%，工业产品的新开发技术有 70% 属外源性技术。而且随着日益加重的资源环境的压力，我国制造业必须提高自主创新能力，改变低附加值、高消耗、高污染的生产方式。因而我国是急需创新精神的国度。创意产业超越了传统文化产业的范畴，是将文化资本重新组合引入经济系统的新业态，其特点就在于把文化、技术、产品（服务）和市场有机地结合起来。各行各业都可借助创意产业的发展，或应用其成果，更新产品和服务的设计与策划，开辟新的“蓝海战略”、“品牌战略”和“营销战略”，从而促进整个经济系统的升级。比如：传统产业可以通过创意的融入，附加更多的文化内涵，开辟“蓝海战略”，实现差异化竞争；或塑造有特色的品牌，从而提升竞争力；在各类产品设计以及城市建设中都可融入文化创意，包括以色彩调节人们的心情、以结构满足人体的舒适和方便人员的操作、以独特的造型给人们以丰富的想象等，都可有效地提升产品的附加值；在市场营销中融入文化创意，引起消费者的文化认同，产生共鸣或好奇心，可激发顾客的购买欲望，从而有助于拓展市场，也是启动内需的有效切入点。

2. 创意产业是“两高一低”的发展模式，是中国经济由投资驱动向创新驱动转型的有效战略

从长远看，克服金融危机的影响，实现经济持续、稳定、快速发展的根本措施在于遵循科学发展观，坚持以人为本，不断优化调整产业结构，转变经济发展方式。而创意产业正是以人为本的新发展模式，其发展将有助于实现从投资驱动向创新驱动的转型，促进中国制造向中国创造的跨越。

第一，人的创造力是最宝贵的资源，也是可再生资源，发展创意产业是开发人类自身的主体资源，较少消耗自然资源，属于“两高一低”

(高增长、高附加值、低消耗)的发展模式,不仅能给每个有创造力的人提供发挥才能、创造财富的机会,而且能够促进整个中华民族创新能力的提升,推动创意阶层的崛起。

第二,中国是一个文明古国,有丰富多彩的文化资源,通过创意加以开发,可为人们提供文化含量较高的产品和服务,也可以将中国丰富的文化资源转化为经济资源。与此同时,创意产业在有效刺激消费,扩大内需,创造出更多财富和就业机会的同时,也能够以大众化的文化消费品为载体,引领和传播新观念,提升群众的文化素质,促进人的自身发展。

第三,文化创意具有较强的渗透力和融合力,通过现代技术的嫁接,与科技创新形成合力,几乎可以融入各行各业,使各行各业的产品和服务都成为一定文化的载体,从而实现传统产业的价值创新,推动中国制造走向中国创造。

3. 创意产业的发展能够有效提升国家软实力

在全球金融危机的影响下,中国经济依然保持了较快的增长,中国国际地位不断提高,国际影响日益扩大,国际上汉学升温。值得注意的是:美国人利用中国的文化开发了“花木兰”、“功夫熊猫”等,赚了大把的钱;日本人利用“西游记”、“三国演义”拍动画,编游戏。外国人都在借中国文化发财,我们岂甘落后?以中华文化之精华为基础,注入时代元素,融入产品与服务中;把文化创意、高新技术和市场需求有机结合起来,大力发展文化创意产业,并借势开拓国际市场,必将有效提升国家软实力。

创业产业发展将有助于富含中国文化内涵的产品和服务走向国际市场,一方面可以为中国传统制造业打开新的市场空间;另一方面还能够加快我国新媒体、动漫、网游等新兴产业的发展。更为重要的是,这些产业的发展也是弘扬中华文化、输出中国价值观的有效载体,让世界更客观地了解中国,提升我国国际形象,增强国家的软实力。

二、国外文化创意产业发展的有关情况及鼓励措施

1. 发达国家都有发达的文化创意产业，但各具特色，发展模式不尽相同

创意产业的核心要素是创意人才和文化资源，这两个要素都具有鲜明的地方个性特色，因此，世界各国创意产业的发展具有明显的地域差异。一般而言，发达国家都拥有发达的文化创意产业，但因各地经济文化基础不同，没有统一的发展模式。

比如英国，由于历史上殖民文化形成的语言、宗教和价值观念泛世界化，所以其传统文化符号和体系以整个世界为市场，比如莎士比亚、狄更斯、摇滚、足球、大不列颠百科、牛津词典等。而美国创意产业发展则借助两大驱动力：一是在其效率经济模式的基础上，文化得以传播，成为世界时尚，比如好莱坞、牛仔裤、芭比娃娃等；二是在技术领域的创造力，以硅谷、波音、微软、谷歌等为代表。法国、德国、意大利的特点是利用其历史文化影响力，比如文化遗产、音乐、美术和时尚。日本的创意经济是随着经济增长而兴起的，作为世界上影响最大的非主流文化体，日本的机器人、动漫、工业设计均体现了人类卓越的创造力。韩国尾随日本，在政府强力主导的推动下，日益增强其创意产业的影响。其他如拉美、非洲以及亚洲其他经济体，除了满足其自身的需要之外，基本上以“异域文化”的面目出现于世界创意产品市场。

2. 发达国家创意产业的发展已超越一般文化产业层面，进入创意经济的系统创新阶段

国外创意产业的发展以英国为先驱，自20世纪90年代后半期开始已经历了十几年，从当初注重发展与文化含量高的相关产业部门（如英国政府划定的13个产业部门，其中大部分为文化艺术产业门类）已经逐步发展到包括“版权、专利、商标和设计”等在内的整个经济系统的层面，进入了创意经济的新阶段。创意成果已经成为一种新的投入要素渗透和融合到各行各业，产业间的界限趋于模糊，触发了整个

经济的系统性创新。在创意经济的新阶段，由于创意产业已经超越传统意义上文化产业的单一产业层面，因此各国政府在实际操作中，也跳出了初期主要依靠文化部门促进创意产业发展的局限，由具有综合协调职能的部门负责创意经济的推进。比如，英国、德国、新加坡等国均采取了高层的综合推进机制，为适应新的发展；德国等欧洲国家也改变了原先将创意产业等同于文化产业的提法，成立了诸如“创意柏林”的社团组织，今年《德国》杂志出了介绍德国创意产业的专辑，德国外交部印制了介绍德国创意产业的年历，翻译成多国文字，由各驻外使馆向全世界散发宣传。

3. 政府采取各种扶持措施积极协助开拓国际市场

创意产业的快速发展，除了政策、人才、资金等条件之外，市场规模的扩大是不可忽视的重要因素。各国政府都非常支持文化创意产品走向世界，积极通过各种方式宣扬、推介本国的创意产业和产品，包括制定创意产品出口相关保障、税收优惠、贷款支持等政策；在海内外组织开展各种创意活动，鼓励、引导创意企业、创意产品走向世界。比如日本，自 2004 年起完善了东京内容产品国际交易市场（TIFFCOM），今后的目标是使其成为亚洲最大的国际市场，以支持日本的内容产业进行海外扩张。同时实施“视频内容产品国际合作制作基础设施整备项目（J-Pitch 事业）”，该项目包括两方面的内容：一是设立“综合信息中心”为国内外企业、业者合作提供信息、牵线搭桥；二是在世界各国举办工作展示会，促进剧本开发，建立人脉网络。

4. 鼓励各类民间组织直接参与本国创意产业的发展

国外政府在创意产业发展中十分重视发挥协会、大学、研究机构等民间组织的桥梁、中介作用，使政府不必直接与企业打交道，可从繁杂琐事中抽出身来制定法规、宏观政策、计划与目标。比如英国，设立了各种形式的中介组织，政府向它们购买服务，这些中介组织主要发挥政府与企业间的桥梁作用，帮助和指导创意企业，将它们的创意产品推向市场。英国政府不直接干预市场及企业行为，从创意企业的培育、审核、认定、监督到人才、资金支持，全部由民间组织负责实施，政府只对其进行资格认定、下达任务指标，并实行指导、监督。

5. 重视中小创意企业的发展，出台一系列扶持政策措施

创意产业发展的主体实际上是广大中小企业，因此各国都很重视扶持中小企业，直接对中小创意企业（不仅仅是园区内企业）实施从资金支持、减免税到技术、人才、市场开拓支持等积极的扶持政策和措施，建立信用担保和价值评估体系、官民合作投融资体制、银行贷款优惠政策、出口风险保障制度、提供公共服务平台、政府采购制度等措施。比如日本，在投融资方面，由政府与民间合作成立投资基金，以投融资、参股、参与经营等多种形式支持中小企业创业、经营；在保险方面，对出口内容产品签订知识产权转让合同后由于战争、买方企业倒闭、外汇汇款限制等原因而导致的不能回收货款进行广泛补偿；在税收方面，规定中小企业进行设备投资时，其购买设备经费可减免7%的税额，或特别冲抵30%。

6. 出台激活和培育本国创造力的长期战略性政策

创意产业的核心资本是人的创造力，各国创意产业的可持续发展和竞争优势的确立都取决于创意人才及其才能的发挥，所以各国在创意产业的长远发展战略上都注重加大投入，出台激活和培育创造力的长期政策。如英国2008年2月发布的“新经济下创意英国的新人才”战略报告，提出了要激发每个人的创意才能，缔造一流的创意企业、培养一流的创意人才，报告确定了26条详细行动计划和相应目标。第一条就是从儿童教育抓起，尽早发现个人的创意才能，并分别对青少年、成人创意才能的培养，创意人才的就业等提供诸多帮助和有效通道。日韩都在高等院校新开设了创意产业相关学科，韩国对于急需的高级复合型创意人才，采取了集中培养的方式。去年为应对危机，新加坡政府出资一千亿新元实施提高企业设计能力的培训计划。

三、借鉴国际经验,加快发展我国文化创意产业

1. 将发展创意产业列入国家创新计划

科技创新和文化创意是推动经济持续发展的两大引擎,它理应成为国家创新战略中的一个重要内容。为此建议尽快出台与“科技创新”并驾齐驱的“中国创意产业发展的中长期发展规划纲要”和近期行动计划,还要进一步解放思想、更新观念。发展创意产业是解放文化生产力的重要举措,不仅要推进文化产业,还要推进产业的文化化,使各行各业的产品与服务都成为一定文化的载体;同时要整合各种文化资源,通过应用技术的嫁接为各产业的创新服务。

2. 营造宽松宽容的文化氛围,鼓励各类创意产业非营利组织的发展

文化创意的繁荣需要宽松宽容的文化氛围,对各种文化创意,只要无害就应允许其存在。同时创意产业的发展还需要多元文化的交流,交流可以促进创新。另一方面要积极发挥社会组织的力量推动创意产业的发展,重点推进包括协会、研究机构、大学等非营利组织的建设,这既有利于突破条块分割的弊端,也有利于更广泛地开展国际交流。为此建议:尽快成立全国性创意产业协会,整合社会各界力量,协助政府推进创意产业的发展;建立国家创意产业品牌促进中心,定期举办展会活动,设立国家级的创意产业大奖,为创意企业和产品提供信息、展示、推介等公共服务。

3. 制定促进创意产业发展的政策

建立跨部门的创意产业推动机构,建立协调机制,制定相关产业政策。包括:建立创意产业的投资基金、担保基金,鼓励创新的奖励计划和文化创意产品走出去的财政支持政策等;制定支持中小创意企业的发展政策,包括促进投融资与风险分担的机制、知识产权的保护与运作、加强与创意产业相关的人才培养等;出台“中国创意产业统计指标体系”的指导性意见,以便各级政府部门在实际操作中能够规范并有

效地落实国家发展创意产业的各项鼓励政策。

4. *以2010年举办上海世博会为契机，推进中国创意城市的建设*

世界创意产业的发展已经从产业层面的第一阶段发展到创意经济的第二阶段，一些发达的国际大都市已进一步向“创意社会”第三阶段发展。我国可以以2010年上海世博会为契机，推进中国创意城市的建设，在北京、上海、深圳等条件成熟的地区开展“创意示范城区”的试点建设，跳出单纯的“创意产业园区”建设的局限，结合城市规划、旅游休闲等，采取特殊政策，实现创意硬软件的互动，在街区、社区的地理范围内真实地展示中国文化创意的成果，逐步推进我国创意城市的建设工作。

（本文原载于《光明日报》2009年11月23日）

创意城市的全球化趋向

在全球化趋势不断加强、国际间竞争日益激烈的今天，以文化和创意为核心的创意产业的发展规模，已经成为衡量一个城市综合竞争力高低的一个重要标志。创意产业与城市发展的互融互动和互促效应日趋显著，创意城市也因此成为全球的发展热点。了解创意城市的特征和精彩纷呈的国际创意城市，对我国城市经济的转型，尤其像北京、上海这样的大都市无疑有很大帮助。

一、精彩纷呈的国际创意城市

创意产业与创意城市是一对共同成长的孪生儿，城市因为有创意产业的营养滋润脱胎重生为"创意城市"，创意产业因为城市适宜土壤的培育破茧而出，成为撩动城市脉搏的美丽蝴蝶。混沌理论的蝴蝶效应似乎在创意产业中得到了印证，"英国伦敦一只创意蝴蝶偶然扇动翅膀，全世界就掀起一场创意产业龙卷风"。虽然世界级的大都市已有相当发达的创意产业，但在21世纪它们都把"创意城市"作为发展的战略目标。

纽约：美国的创意产业中心。全美约8.3%的创意产业部门员工集中在纽约。截至2002年，纽约市创意产业部门就业总人数约为30.9万，约占纽约下属5个行政区总就业人口的8.1%以上。纽约苏荷区是最早的艺术家集聚区，"苏荷"也因此成为早期创意产业的代名词。它创造了"艺术家+旧厂房"的模式，为创意产业的萌芽提供了特殊的环境和条件。纽约的出版业占了全美的70%，还有世界顶级的博物馆和百老汇。如今纽约从城市未来发展的角度,提出了“高度的融合力、卓越的创造力、强大的竞争力、非凡的应变力”的城市精神。

伦敦:英国的创意之都。创意产业的艺术基础设施占了全国的40%,英国1/3以上的设计机构都位于伦敦,产值占设计产业总产值的50%以上;伦敦的音乐产业产值也达到15多亿英镑,约占英国音乐产业产值的一半;广播与电视产业一半以上的雇员在伦敦工作,人数达25 000多;伦敦还拥有全英国85%以上的时尚设计师、全英国36%的出版产业产值、英国电影产业中2/3以上的全职工作,并包揽了全国73%的电影后期制作活动。面向新世纪伦敦提出的目标是“世界卓越的创意和文化中心”。

巴黎:号称时尚之都。其创意产业重点行业之一是设计业,涵盖领域主要包括:产品设计、服装设计、时间设计、企业形象设计、视觉传达设计、环境设计、包装设计、设计研究等。法国绝大部分的设计公司位于巴黎。据法国工业设计促进协会的统计,巴黎聚集了全国55%的设计公司,提供了全国76%的创意设计工作岗位。

柏林:联合国教科文组织认定其为设计之都。柏林向来有设计传统,在世界设计领域成就非凡,其设计传统和当代创意影响到整个国家和国际相关领域的运作。以设计为核心的文化创意产业已经成为城市支柱产业,据统计,2005年,柏林的文化创意产业创造了97.2亿美元的经济收入,约占整个城市GDP的11%。设计企业在柏林高度集聚。整座城市大约有6 700家设计公司,约117 000人在时尚、产品及家具设计、建筑、摄影以及视觉艺术等领域工作。柏林文化创意活动活跃频繁,每天都有许多文化活动或事件,如“设计5月”、“柏林电影节”、“时尚漫步”、“柏林造型设计”、“跨媒体电子艺术音乐”、“国际流行音乐及娱乐展”等。

二、创意城市的概念与特征

创意城市不是严格的学术概念,而是一种推动城市复兴和重生的模式。它强调消费引导经济、以科技创新和文化创意双轮驱动经济发展。在全球性竞争日趋激烈、资源环境的约束日渐增强的形势下,它使地方城市从主要依赖自然客体资源的发展转向着重开发人类主体资源,努力解放文化生产力,重塑城市形象,再获生机,实现持续发展的战略转型。具体而言,创意城市具有以下一些特征:

具有发达的创意产业,同时以创意产业支持和推进更为广泛的经济领域的创新。如前所述,那些名列世界前茅的国际大城市无不具有发达的创意产业,而更重要的是那里的创意产业还支持了其他产业的创新。如2005年欧洲工商管理学院的钱·金教授和勒妮·莫博涅教授出版了《蓝海战略》一书,强调企业应把视线从供方转向需方,从关注和比超竞争对手转向为买方提供新的价值元素,并剔除和减少某些旧的价值元素,从而跃出"红海"——血腥竞争的市场,闯入"蓝海"——可以纵情驰骋浩瀚无垠的新市场。"蓝海战略"的基石是价值创新,并且尽可能降低成本。在前述创意城市里不仅创意产业是个巨大的产业群,创意成果往往还成为其他产业的要素投入,向消费者提供新的价值元素。

如米老鼠、芭比娃娃、哈利·波特、流氓兔、哈罗凯蒂等都是创意产业的成果,形成品牌后被广泛渗透到玩具、文具、服装、服饰、箱包、食品等行业,大大提高了这些产业的附加值。音乐也可以录入芯片,融合到某些商品中提高它们的价值。比如打开生日卡片可听到"祝你生日快乐"的歌声;打开酒瓶,就会唱"饮酒歌"。而创意策划几乎有助于一切传统产业去开创"蓝海",并带动一批相关产业的发展。更重要的是,由于创意产业的发展,人们文化水平大大提高,观念更新,创意涌动,使各行各业都有无数的创新出现。

具有良好的经济和技术基础,支持创意产业的发展。首先,任何产业的发展都需要一定的资金支持,创意产业要"无中生有、有了变优",更需要资金支持,因而需要有良好的经济基础以提供必要的资金支持。在当今各创意城市里,不仅有政府提供的文化发展基金,还有许多民间提供的公益性基金支持科技和文化的发展,有较发达的金融服务提供产业投资、创业投资、风险投资等服务。再就是科技支持。创意产业本身就是文化、科技、产业和市场的完美结合,没有现代信息技术的支持,哈利·波特怎能在全球通过电影、电视、动漫游戏等获得数亿英镑的价值收入?没有科技支持,迪士尼乐园又怎能吸引那么多游客?只要有好的创意是不愁找不到资金支持的。

具有适宜创意人才生存发展的优良生态,不仅集聚一批优秀的创意人才和经营人才,而且重视创意产业相关人才的培养。例如,柏林为创意活动的开展提供了卓越的基础设施和活动空间,各类创意人才如设计师、摄影师和建筑师等很容易在此找到他们的艺术自由、发展空间,较低的居住成本、便捷的网络、在设计方面的公共交流平台以及诸如包豪斯博物馆、维特拉设计博物馆等极具竞争力的条件吸引了大量的设计人才和各个领域的创意企业。另一方面柏林还十分重视设计人才的培养。目前约有来自世界各地的5 000名学生在柏林学习与设计相关的专业,在欧洲,能为学生提供那么多设计方面的学习选择几乎无出其右。

具有良好的文化氛围,不仅宽松包容,允许多样化的文化存在与发展,而且具有一定数量和水平的受众,使创意活动得以顺利开展。包容性对创意城市的意义在于能够吸引创意人才并能容忍各种奇思妙想,而多样化的文化交流更有利于创新。这样的文化氛围就可以吸引更多的创意人才和公司,产生更多的创新。另一方面任何产业的发展都需要一定规模的市场,对创意产业而言,其受众已不仅是消费者,他们与生产者的互动不仅引导着创新,甚至也会参与创意的生产。因此具有一定数量和较高水平的受众也是促进创意城市成长和发展的重要力量。

三、努力迈向创意城市

目前许多大城市都提出了向创意城市发展的目标。然而,从实际情况看，尽管创意产业在上海已取得长足的发展，但在整合社会创意资源、积累创意资本促进创意产业的发展方面还显不足，尤其是其发展尚未超越单纯产业层面，使之成为推动经济发展方式转变，带动更广泛经济领域创新，以及促进社会协调发展的重要力量和手段。为此，需在以下几方面进一步提高认识并作出努力。

构建创意产业完善的价值系统和发展模式。我们已认识到文化创意的成果为消费者提供了新的价值元素即观念价值。从产业角度看还必须实现其价值，而从效益角度看更需努力实现其价值的最大化。为此就需要把创意、技术、产品、市场有机结合起来，并努力挖掘其潜在价值，尽可能多地利用其增值作用，延伸其产业链，构建起完善的价值系统，形成包括核心产业、支持产业、配套产业和衍生产业的产业群；不仅让人们充分享受价值创新的成果，而且能实现文化创意的产业化和价值的最大化。这里所谓核心产业乃是不断生产创意成果的企业，主导价值链的分配；支持产业是直接支持创意产品的制作、发展和传播的企业群，包括相关的科技、金融、媒体、广告等；配套产业虽非创意产品生产的直接支持者，但为整个创意产业的发展，包括人才的吸引和成长、产品的推介和促销，提供良好环境和氛围的企业群，如旅游、餐饮、酒吧、娱乐、培训等。衍生产业则是以核心创意成果为要素投入的其他企业群，如玩具、文具、服装、服饰、箱包、食品、纪念品等。这正是创意产业创新的产业发展的基本模式。

必须让各行各业都认识到创意产业发展将支持和带动它们的创新。在技术迅速扩散和普及的时代，产品创新转向价值创新，创意设计、创意策划以及创意成果的多重使用都有助于实现价值的创新。因此，借助于创意产业可帮助企业开启蓝海战略。从转变经济增长方式的角度来看，创意产业通过价值提升、资源转换、市场拓展和结构优化四个路径推动着经济增长方式的转变。党的十七大报告提出要解放文化生产力，创意产业的发展正是解放文化生产力的重要途径。如同科技生产力一样，文化生产力不能局限于文化产业，必须渗透到一切产业里。所以各行各业都应关注创意产业的发展,并借鉴其发展模式和利用各种创意成果推进自己的创新。由于创意产业分属几个不同的部门,因此需要政府高层予以协调。

创造良好的文化氛围,并努力积累创意社会资本。首先是消费者资本。在创意经济时代,消费者已经成为一种生产资本,是创意产业链的有机组成。按照创意产品的研发、生产、传播和销售的一般流程,消费者资本在研发和销售两端进行投入,并形成创意产业链的反馈机制,创意产业不仅仅围绕消费需求组织生产与销售,更将消费者自身的资源开发成为产业资本,成为创意产业价值实现的新源泉。不仅随着数字互动技术的发展与普及,一些非职业人员和普通消费者可以直接参与创新和创意活动,而且消费者追求自身价值实现,表达自我创意价值观时的投入,最终也会成为创意产业的价值增值。

如电视"真人秀"节目的火爆,其背后是不同类型的消费者个性化的选择,自我认同的表达,而短信和互联网等多媒体传媒渠道为这种个性化的表达提供了大众化的廉价通道。所以建设创意城市不仅是少数创意人才和企业的事,也是全体消费者的事。其次是教育资本。这是形成创意性社会基础结构的奠基石。创意人才并非一蹴而就、立马可待的,对未来创意人才的投资,需要强大的教育基础设施、培育创造力的教育新机制、鼓励终身教育的新政策,提高全民文化素质的普及宣传等。

最后是非营利组织资本。非营利组织是一个有着特定愿景和使命的"社群"组织,是为了促进社会进步而设立的,他们是一群为了某种事业和共同的目标相聚在一起的伙伴,而非经济利益关系,这种"自愿者"式的自觉和执著是一般的经济组织难以比拟的。他们通过组织社会的力量来解决面临的问题,各种功能不同的社会团体或"社群"成为"经济社会"向"创意社会"转型的动力。非营利组织的目标不是追求利润最大化,而是组织愿景的实现,是从社会利益最大化的角度自觉付出努力、实施行动，创造的是社会财富，积累的是社会资本，充分利用非营利组织的社会成果是建立创意社会资本的重要途径。

（本文原载于《科学导报》2009 年 12 月 7 日第 014 版）

金融危机下的中国
创意产业发展

2008年以来,由美国次贷危机引发的全球金融危机不断蔓延,严重影响了全球经济的发展,中国也难以幸免。受全球金融危机的影响,2008年中国出口增长同比回落8.5%,并带动GDP增长回落和许多产业增长速度下滑,其中第四季度经济增长降至6.6%,工业增长降至5.8%。但在如此严峻的形势下,创意产业却能逆势而上,成为当前经济寒冬中一股令人振奋的暖流。

为应对全球金融危机的影响,中共中央、国务院已及时果断调整政策,出台了一系列刺激经济、扩大内需的措施,并强调增强自主创新能力、优化产业结构、加快发展方式的转变。从历次金融危机引起的经济萧条情况看,只有实现经济创新的国家才能迅速走出危机,而创意产业就是推动经济创新的一支重要力量。

创意产业是开发人类创造力、解放文化生产力、提升产业竞争力、增强国家软实力的有效手段。创意产业强调创意和创新,强调将文化、技术、产品(服务)和市场有机结合起来,这不仅能为人们提供文化含量较高的产品和服务,满足人们的精神需求,从而有效刺激内需,形成新的消费市场,更重要的,还可以同其他产业融合发展,从而促进产业创新和结构优化,有效地推动经济发展方式的转变。

一、创意产业发展逆势而上的原因

在金融危机下,中国的创意产业蓬勃发展。根据《2009年中国广播电影电视发展报告》(广电蓝皮书),2008 年全国广播电影电视总收入(含财政补助收入)比上一年增长 20.49%;据《光明日报》的最新报道,2008 年中国电影票房收入增长超过 35%,2009 年一二月份则比去年同期增长 110%,呈现出爆发式增长的态势;动漫游戏产业在 2008 年也增长了 97%,将近翻了一番。近年来,不少地方创意产业的增长速度普遍高于当地的经济增幅。比如 2007 年,北京、上海、深圳 GDP 的增长率分别为 12.3%、13.3%和 15.0%,而三市的创意产业增长率则分别达到 19.4%、22.8%和 25.9%。

在众多产业的竞争中,创意产业从金融危机中脱颖而出的原因在于从消费者的需求出发,开启"蓝海"战略,为消费者创造观念价值。长期以来,竞争和竞争优势一直是企业战略管理所关注的核心问题。在迈克尔·波特竞争战略思想的指导下,企业选择的战略或是"差异化",或是"成本领先",目的是打败对手,占有更大的市场份额。如今在全球化和信息化推动下,技术扩散速度越来越快,大量的同质产品充斥市场,竞争白热化。如果企业拼抢的市场仅仅停留在已有的市场空间,低价血拼的结果必然是利润空间日益狭小,这种血腥竞争的市场便是所谓的"红海"。2005 年欧洲工商管理学院的钱·金教授和勒妮·莫博涅教授出版了《蓝海战略》一书,畅销全球,引起巨大反响。"蓝海战略"要求企业把视线从供方转向需方,从关注和比超竞争对手的所作所为转向为买方提供新的(现有产业未提供的)价值元素,并剔除和减少某些旧的价值元素,从而摆脱血腥竞争的市场——"红海",开创一片新的市场空间——"蓝海",以较低成本为买方提供价值上的突破。书中指出,"蓝海战略"的基石是价值创新,并尽可能降低成本。

如何向消费者提供新的价值元素呢?当前蓬勃兴起的创意产业不断向各种产业渗透与融合,为消费者提供新的价值元素。可以说创意产业是实现"蓝海战略"的手段,为此,我们先要研究对消费者而言,产品或服务的价值构成。

价值是与需求联系的,需求是推动价值形成的原动力。企业提供的产品或服务，被消费者认可实现销售后便实现了价值——商品的市场价值，同时也转化为企业收益。从消费者角度看，产品的市场价值由功能价值和观念价值两部分构成。功能价值是消费者为满足基本需要时愿意给商品物理属性支付的价格部分，它由科技创造而成，是商品的物质基础。观念价值是指人们在消费商品物理属性的同时，因商品内在的文化属性、象征意义以及个人因消费商品所带来的感受和体验等方面的差异而愿意多支付的价格部分。观念价值是商品中包含的能与一些社会群体的精神追求或文化崇尚产生"共鸣"的无形附加物，譬如品位、意味、风尚、情趣等。观念价值是主观的、是可以体会和感受的无形附加物，因文化创意渗透而生，所以是附加的文化观念。全球金融危机引发的生产过剩的矛盾需要通过扩大内需，调整产品结构，开拓市场，加强品牌建设等措施化解，这一实施过程将促进创意设计、广告会展、咨询策划等行业的发展。如2007年上海创意设计和咨询策划业比2005年分别增长50.1%和96.7%。改革开放的前沿城市——深圳抓住机遇，努力以创意产业的发展推动产业转型，取得了良好的效果。2008年12月联合国教科文组织授予深圳"设计之都"称号，深圳成为中国第一个进入全球创意城市网络的城市，通过创意产业的发展把产品设计和品牌运营紧密结合起来，使产业发展获得了新的动力。

另一方面，由于全球金融危机的影响，人们对于未来生活的担心转变为程度不同的心理压力，十分需要疏解。以需求为导向的创意产业，则可以非常"善解人意"地为公众制造一个疏解现实生活压力与苦闷的"欢乐世界"；还可以用自己丰富多彩的文化创意为公众构筑一个宽阔的追逐自我愿望的平台，形成新的消费热点；社会也需要文化创意产业提供有助于重振民众对未来发展信心的产品。由于创意产业的特点能符合金融危机中人们的心理需要，即使在经济不景气时期也同样能找到新的发展机会，电影、动漫、网络游戏才会如此快速地发展。目前，文化创意产业已成为投资和贸易的新热点，今年5月在深圳举办的文化创意产业博览会盛况空前，参观者超过350万人次，比去年增加近

90 万人次，各类项目成交金额达 877 亿元，比去年增加 175 亿元。

二、新形势下发展创意产业对中国经济的作用

（一）推动产业的创新

创意产业是推动传统产业加快自主创新进程的重要力量。面对全球金融危机的冲击，中国首要的任务是加强自主研发能力，加快自主创新进程，尽早拥有自己的品牌和核心技术，从而尽量减少对外经济的依存度。目前，中国总的对外技术依赖率超过 50%，工业产品的新开发技术中有 65% 属外源性技术，在世界上叫得响的品牌寥寥无几。这些现象的背后，反映了我国的不少企业缺乏自主创新能力。因此，提倡创新精神，鼓励自主创新，成为走出危机的必由之路。在这个过程中，传统产业可以通过技术创新和文化创意两大引擎，推动产业的创新。一是通过创意的融入，附加更多的文化内涵，实现差异化竞争，塑造有特色的品牌，以提升产品的竞争力。上海的石库门建筑本是 19 世纪末一种独具地方特色的建筑模式，也是凝聚着上海海派文化的建筑符号，在现代城市改造中不少已被拆除，但作为一种文化符号却被越来越多地运用到其他产业领域，以增加产品的文化内涵，培养一种亲切而熟悉的情感，促进产品的推广，从而实现从文化资源到经营资源的成功转换。生产石库门老酒的上海金枫酒业公司诞生于 1939 年，原来生产的“金枫”牌黄酒，虽然品质不错，但通常被用作烧菜的料酒，一瓶酒售价约两三元，后来，通过嫁接石库门这一文化符号，成功地推出了石库门老酒品牌，由于包装设计精美，配方合理，口感良好，酒瓶造型新颖，融合了中西文化及海派文化的底蕴，产品一上市就受到消费者的青睐。在与消费者的互动选择上，石库门老酒还根据石库门建筑的发展历史，设计了“1939”和“2001”两个不同品种，用不同年份区分不同酒基酿制的老酒，打破了传统的“五年陈”、“十年陈”等叫法，新的名称分别为“红标”和“黑标”。目前市场上石库门老酒的最低售价分别为红标 21 元/瓶、黑标 31 元/瓶。

二是在产品设计中融入文化创意,用不同的表现形式给予人们丰富的想象,以实现产品的价值增值。比如在利用生物科技手段改变农产品形状、色彩和口味等物理功能的同时,融入文化元素,增加农产品的文化艺术含量,并根据市场需求把农产品变为艺术品,设计生产“来自泥土的原生态作品”。上海奉贤创意农业园生产的一篮五颜六色的小南瓜、茄子和西葫芦,色彩斑斓,形状可爱,命名为“缤纷年华”,使原来非常普通的瓜果、蔬菜一下子“身价百倍”,每篮价值 300 多元。此外,通过艺术加工,也可将农业生产中的一些废弃物,诸如麦秸、玉米壳、蛋壳等变为工艺品,化腐朽为神奇。

三是可以在营销中融入文化创意,引起消费者的文化认同,使之产生共鸣或好奇心,以拓展市场。2008 年中国的电影贺岁片《非诚勿扰》中有许多商家用植入式广告的形式开拓市场,四川剑南春酒厂在地震中受到重创,正是由于影片中的主角爱喝剑南春酒,该影片热播后剑南春酒的销量大幅度上升。又如,成都一家婚庆礼仪公司为帮助玩具商促销遥控直升机玩具,在一场婚庆活动中策划了“喜从天降”场景,当新郎要给新娘钻戒时,幕后人操纵一架直升机绕场飞来,降到新郎手上,送来一枚从香港购来的钻戒,真是“喜从天降”、“天赐良缘”啊。自此遥控直升机在年轻人中火爆热销,不仅为婚礼增添了欢乐和吉祥的气氛,以后有了孩子也可给孩子玩。还比如,老子故里河南鹿邑,该县由于卓有成效的老子文化创意开发工作,激活了旅游产业,拉动了城市建设,壮大了县域经济的发展,慕名前往老子故里旅游观光、寻根谒祖的海内外人士络绎不绝。2009 年一季度,该县接待各类游客上百万人次,同比增长 21%。

(二)优化经济结构促进发展方式转变

改革开放以来,中国经济保持了高速增长,加速了工业化进程,消除了短缺,在生产能力和产量方面大大缩小了与发达国家之间的差距。但是,伴随着经济的高速增长,问题和矛盾也日益显现出来,比如内需不足、产业结构不合理和粗放型的发展方式等。而发展创意产业则可以有效地扩大内需、促使产业结构升级换代和发展方式的转变。

1. 优化经济结构

首先,发展创意产业有利于扩大内需。投资、消费和出口是拉动经济的三驾马车,目前中国经济结构的不协调在于经济增长过多地依赖于投资和外贸出口,其投资和消费不平衡,突出表现在固定资产投资的增长幅度仍处高位,且大大高于消费。受全球金融危机的影响,目前外贸出口迅速滑坡,因此,中国经济近期的走势是以扩大内需来刺激经济增长。目前扩大内需主要是要启动居民消费,消费是经济增长的原动力。消费分为生存消费、享受消费和发展消费三种,后两种消费都与创意产业密切相关。

创意产业是经济社会发展到一定阶段的产物,是文化、科技和产品的结合,需要消费者具有一定的鉴赏能力才可领悟潜藏在产品中的文化。这一切只有当人们的物质需求被满足后,才会有更高的精神文化层面的需求。美国著名未来学家约翰·奈斯比特指出,在高科技为主导的现代社会中,人除了温饱和安全需要之外,更迫切要寻找的是人生的意义,追求更高、更深、更远的东西。而创意产业借助科技的支撑,可以提供日益丰富的文化产品,满足人们日益增多、日益迫切的文化需求和精神需求。中国的消费层次处在已解决温饱,正向小康和富裕小康迈进阶段,创意产业的发展会加速这一进程的步伐,同时有效地扩大内需。

其次,发展创意产业有利于促使产业结构的升级换代。从长期的发展趋势看,中国三大产业之间的比例关系有了明显的改善,产业结构正向合理化方向变化:第一产业在GDP中的比重呈现持续下降的态势;第二产业的比重经历了不断波动的过程,但长期稳定保持在40%-60%之间;第三产业在国民经济中的比重处于不断上升的进程中,增加值比重由1990年的17.3%大幅上升至2007年的42.3%。但是,和发达国家相比,中国产业结构中的第三产业比例还严重偏低,必须尽快实现三、二、一产业结构所占比例排序的转变。

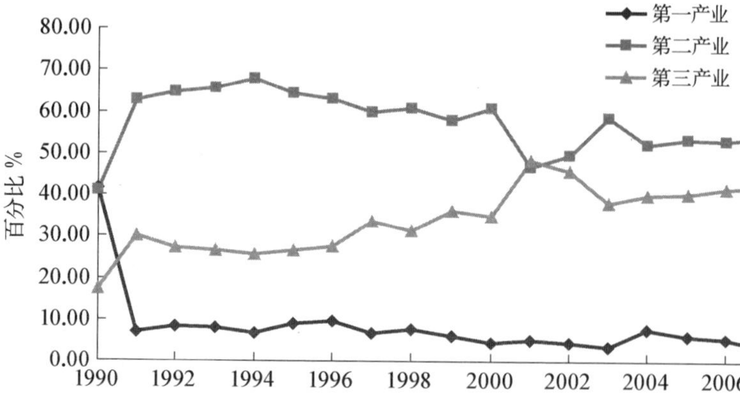

图 1　1990－2007 年中国三次产业结构变动

数据来源：参见《2008 中国统计年鉴》第 48 页

发展创意产业有利于中国产业结构的升级换代。创意产业的发展注重产业整体价值的提升，属于“新木桶”思维，区别于旧木桶理论补短板的思路，将自身的长板与他人（或他区）的长板进行组合，形成更大的木桶空间。更重要的是，创意产业可以通过应用技术的嫁接，比较深入地融入传统产业，实现传统产业结构的升级换代，这种融合主要通过以下两条途径实现产业升级：

一是创意产业通过与其他产业的融合，可为传统产业（包括农业、制造业、服务业等）注入新的文化信息要素，使各种产品或服务都能成为一定文化的载体，从而优化传统产业结构。在各行各业的发展中，只要各个产业都能根据市场需求不断融入文化与时尚的元素，就能获得新的生命力，提升自身的附加值，开辟新的市场。比如音乐可以录入芯片植入各种玩具、贺卡、纪念品、酒瓶等，使人们在消费使用这些商品时还能欣赏到美妙的歌声或营造欢乐的氛围。

二是在产业链的上、中、下游各个环节不断进行文化创意投入。具体指在文化市场上衍生相关的出版和影视产品、游戏软件以及同其他业态的组合，比如同服饰行业、旅游休闲行业、娱乐主题公园行业和媒体的组合及其营销手段创新。在大连有人种玉米时按照迷宫图案种植，当玉米长高后就为农家乐旅游增加了“勇者之旅”走迷宫的活动。在河南嵩山少林寺观光时还可欣赏一场大型实景音乐舞蹈剧——禅宗少林。

2. 转变经济发展方式

前几年，中国经济一直保持着10%以上的增长速度，但是这种高速增长是以高能耗和高污染为代价的，需要转变经济发展方式，强调以人为本和可持续的科学发展理念。2006年中国GDP总量占世界总量的5.5%左右，但是中国为此消耗的标准煤、钢材和水泥，分别约占全世界消耗量的15%、30%和54%。中国依靠高投入、高消耗带来的粗放型增长，导致了高排放和高污染，以致环境污染状况已经十分严重，甚至在有些地区生态已遭到破坏和退化。松花江水污染、淮河污染、太湖蓝藻事件等，越来越多的环境污染事件为中国经济敲响了警钟。

由于创意产业开发的是人类的主体资源，通过满足人的精神需求而产生社会效益和经济效益，较少消耗自然资源，因此，可以认为创意产业是一个以人为本，高文化附加值、低消耗高产出的环保型新兴绿色产业。从图2可以看出，大力发展创意产业，有利于单位产出的能耗下

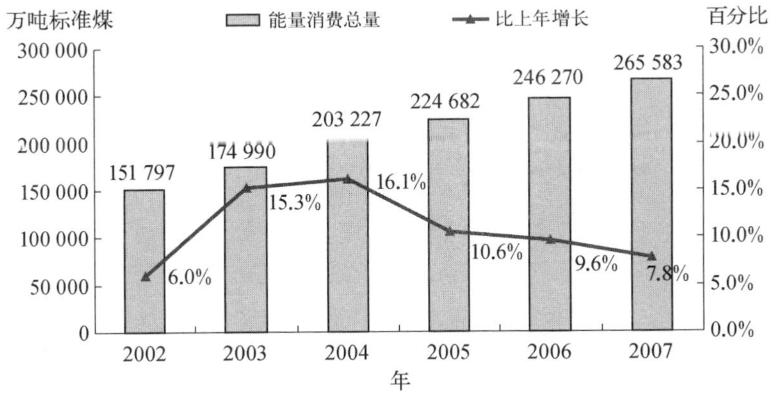

图2 2002－2007年中国能源消耗总量及其增长速度

数据来源：参见《2008中国统计年鉴》第243页

降（能耗增长低于经济增长）。同时创意产业能够开发人的创造力和潜能，给每个有创新力的人提供发挥才能、创造财富的机会，推动创意阶层的形成。此外，创意产业还将为中国创造新的就业渠道，一方面创意产业本身包含的专业领域很广，能容纳大量的劳动人口；另一方面，通过发展创意产业形成的一些新型产业，可以为社会提供大量新的就业岗位。去年虽然许多行业不增人，甚至裁员，但在创意产业领域增加的就业人数却超过15%。由此可见，大力发展创意产业可以改变中国经济的发展方式。

三、跨越式发展创意产业的对策

在当前世界经济出现危机、中国经济出现暂时困难时期，应当及时抓住机遇，大力发展创意产业。但是，由于中国创意产业发展起步较晚，面临诸多瓶颈，包括对创意产业发展的定位还不很明确；创意人才严重不足，远远跟不上创意产业发展的需要；部门分割的管理体制尚需加强协调等。要实现创意产业的跨越式发展，应着手以下几方面工作：

第一，在观念上对创意产业加强认识，明确定位。从20世纪90年代末期开始，创意产业作为一个独立的产业在发达国家和地区逐渐被人们所重视；而在中国，由于引入创意产业的时间并不长，从某种程度上讲，甚至还是一个新生事物，无论是理论界还是实际决策部门，对于创意产业在知识经济时代的地位和作用都缺乏应有的认识，因此要深入探讨，进一步加深对发展创意产业的重要性和迫切性的认识，把创意产业作为中国新一轮发展中的战略性支柱产业。2009年的政府工作报告中首次提出要积极发展文化创意产业，这为创意产业确立了战略性支柱产业的地位。

第二，营造良好的文化氛围，努力积累创意社会资本。创意产业发展不仅要创造宽松包容的文化氛围，还必须厚积创意社会资本。宽松包容的文化氛围和创意社会资本的积累是中国迈向创意社会的基础，这不仅包括创意阶层、创意产业集聚群，还包括创意产品的消费者（受众)、各类相关的非营利组织以及相应的创意人才教育培训等。比如在培育消费者资本方面,按照创意产品的研发、生产、传播和销售的一般流程,消费者资本在研发和销售两端进行投入,并形成创意产业链的反馈机制,创意产业不仅围绕消费需求组织生产与销售,更将消费者自身资源开发为产业资本,成为创意产业价值实现的新源泉。

第三,大力培育创意阶层壮大与发展。目前中国发展创意产业最缺乏的就是人才。据统计,在国际大都市,如纽约,文化创意产业人才占工作人口总数的12%;伦敦是14%;东京是15%;而目前上海创意产业从业人员占总就业人口的比例还不到1%。创意人才培育并非一蹴而就,对未来中国创意人才的投资,需要强大的教育基础设施、富有创造力的教育新机制、鼓励终身教育的新政策,普及宣传提高全民文化素质的意义等。

第四,借鉴发达国家的经验,制定长远规划及系统的扶持政策。目前世界上不少发达国家和地区都把创意产业作为一个新兴的战略性支柱产业,英国、新加坡、澳大利亚、中国台湾地区等相继颁布了创意产业发展战略,确立了创意产业发展的近期目标和长远规划,并以此积极推动创意产业的发展,提高本国或本地区在知识创新时代的国际竞争力。中国政府在2009年7月出台了振兴文化产业的规划纲要,决定在投融资、税收、进出口、人才培训等方面对文化创意产业的发展予以适当的优惠或政策扶持,同时制定并正在努力实施知识产权战略,以进一步加强对知识产权的保护。

从当前中国文化创意产业发展趋势和政府对该产业积极支持的姿态看,中国的文化创意产业必将迎来一个快速发展的时期,并推动其他领域的经济创新,引领中国经济走出危机。

(本文原载于《社会科学研究》2010年第1期)

精彩的“创意之旅”

提及上海马戏城的多媒体梦幻剧——《时空之旅》，想必很多人对该剧中所表现出来的高超的杂技和舞蹈艺术、具有独特创意的表现手法、浓郁的中国元素以及梦幻般的舞台艺术效果留下了深刻的印象。眼前出的这本《时空战略——“时空之旅”带给中国文化产业的启示》一书则让人们进一步了解到，在短短几年的时间里，《时空之旅》已经取得了巨大的成功，特别是在演出场次、票房收入、观众人数等几方面不断突破国内同类演出市场的纪录，到 2009 年 9 月底，《时空之旅》已经演出 1 600 多场，170 万人次观看，票房 1.7 亿多元。这一现象已经引起了国内外众多学者、媒体、研究机构以及业界同行的广泛关注。

一、《时空之旅》：科技创新与文化创意的有机结合

近年来，伴随着中国各地文化创意产业的发展，《时空之旅》之所以能够在短短的四年时间内成为上海乃至全国文化创意产业的一张亮丽的“名片”，甚至被人们誉为“亚洲最好的舞台晚会”，至少在以下几个方面体现出它与其他同类产品相比较为独特的特色或竞争优势：

第一，具有国际化视野的实力强大的创意团队。从创意产业经济学的角度来看，内容创意在整个创意产业的价值链中居于最高端，它直接决定了一个创意产品的核心竞争力。据了解，《时空之旅》由世界公认的最具实力的加拿大一流艺术创作人员担任主创班底，创意总监、总导演、编导、作曲、舞美、灯光、音响均由世界著名娱乐秀编创奇才担纲，这使得该剧从一开始就打上了国际化的烙印，也为今后的成功市场运

作和推广奠定了良好的基础。

第二,强强联合、优势互补的营销、传播和推广平台。由于文化创意产品本身的特殊性,与其他产品相比,文化创意产品价值的挖掘和实现更多地依赖于媒体、策划人、经纪人等专业中介机构,如果没有有效、畅通的传播渠道,再好的创意内容也无法转化成产品,更谈不上赢利。在这一点上,《时空之旅》确实走在了同类项目和品牌的前列。《时空之旅》正是汇集了京沪两地最具实力的专业机构而共同打造出来的一个高端舞台演艺品牌。作为中国最大的媒体集团之一的上海文广新闻传媒集团,集广播、电视、报刊、网络等于一体,拥有最广阔、最多样的传播渠道;中国对外文化集团公司是全球最大的中国演出供应商、中国境内最大的国际演出运营商;上海马戏城(上海杂技团)则早已享誉海内外。在这三方合作中,传媒娱乐资源、海外演出运作资源、演员及演出场所资源得到了高效融合,共同打造出《时空之旅》这一特色品牌。

第三,科技创新与文化创意的有机结合。在知识经济条件下,科技创新和文化创意已经成为一个国家或城市提升产业附加值和竞争力的两大引擎,同样,从国内外的经验来看,把科技创新和文化创意有机结合起来往往也是一个舞台演艺品牌走向成功的主要原因之一。《时空之旅》的成功在很大程度上也体现出这一特点。《时空之旅》一方面以中国传统的杂技艺术为基础,运用高科技手段打造充满惊奇和魔幻的神奇效果,采用特殊装置以及声、光、电、水幕、烟雾、特效等现代化手段,使舞台立体化、多维化,其独创的大型水幕、全息投影、多媒体应用等带给观众穿越时空的独特经历;另一方面,该剧又深入挖掘和利用中国特别是江南特有的民族艺术元素,综合杂技、音乐、现场乐队、舞蹈、武术等,以时空交错为表现手法,艺术地展现昨天、今天、明天,展示中华民族悠悠历史、灿烂文明,展示迈向伟大复兴的中华民族精神风貌,展示上海开放、包容的都市风情,从而使全剧充溢着浓浓的中国文化元素。现代高科技手段与中国传统文化艺术的融合,给观众以强大的视觉冲击力和美妙的艺术享受。

二、大胆创新“走出”国门

《时空之旅》在推出后的短短四年时间就能够得到市场的广泛肯定,并在国内外建立了一定的品牌知名度,这确实值得充分肯定。然而,另一方面,随着各地培育和扶持文化创意产业政策力度的逐步加大,随着对外开放后一批国外知名演艺娱乐品牌快速进入中国市场,《时空之旅》面临的市场竞争压力也越来越大,因此需要在现有的基础上有所突破,再上一个新台阶。

首先,对《时空之旅》现象进行深入地剖析,确立今后的发展目标和方向。应该组织有关的专家、学者对《时空之旅》的成功模式以及面临的困难、瓶颈进行认真地总结、归纳和研究,制定未来的发展规划,这不仅可以为《时空之旅》今后的长远发展确立一个可行的战略目标和方向,同时,这个过程本身也构成了《时空之旅》项目品牌营销和推广的一个重要组成部分,因而也是十分必要和有意义的。

其次,继续大胆探索和创新。创新是一个民族进步的灵魂,是国家兴旺发达的不竭动力。同样,对于一个演艺娱乐项目而言,只有根据社会需求的变化不断地创新才能使其常演常新,并保持其品牌生命力和影响力。所以,我认为应该从产业链的各个环节出发,对《时空之旅》的内容创意、节目编排、舞美设计、营销推广等方面继续完善和创新,力争在每一个环节上都做精做细,逐步把《时空之旅》真正打造为国内外演艺娱乐产业的一个精品品牌。积极地“走出去”,进一步扩大《时空之旅》的品牌知名度和辐射力。

从目前来看,《时空之旅》虽然在上海及长三角地区有一定的知名度,但其主要的市场和观众基本上还是集中在上海地区,这对于一个以打造国际著名演艺娱乐品牌为目标的舞台剧来说,还是远远不够的。《时空之旅》下一步应该充分挖掘和利用自身的品牌、渠道等优势,不断扩大市场占有率和覆盖面,着力于走出上海,特别要在走出国门、开拓国际市场上进行积极而大胆的尝试和探索,为提升中国文化创意产业的国际影响力、竞争力和辐射力做出应有的努力。

而后延伸、完善产业链，逐步拓展衍生产业和产品。众多国内外经验表明，对于一个文化创意产业品牌来说，产业链越长，其品牌价值的开发和实现就越充分，其品牌效应就越能够得到真正的体现，“迪士尼”就是一个明显的例证。

目前《时空之旅》已经具备了从产品经营逐步向品牌运作过渡的基本条件，今后可以向产业链的上下游拓展，进一步提升《时空之旅》的品牌附加值，为今后的多元化发展打下坚实的基础。

（本文原载于《人民日报（海外版）》2010 年 1 月 14 日第 007 版）

石库门：海派文化符号的世博前景

2010 年上海世博会正在向我们走来，同时，关于历史文化遗产的保护问题，也伴随着世博建设的高潮引发出了更多的思考。其中，既有建设者指出，世博会应该以展示我国科技进步成果为主题，同时积极提供一个国际先进生活理念交流的宏大平台；也有人文学者强调，世博会是人类文明的集大成者，应该利用上海世博会的舞台，充分地向世界展示我国传承物质文明、历史遗产和展开国际文化交流的决心与成果。本文则以具有上海地域、历史和文化交流特点的“石库门开发性保护”为例，参与这一话题的讨论。

一、百年屋忠实记录时代变迁，说不尽风云人物人情世故

众所周知，石库门里弄在最多的时候有 9 000 多处，曾占上海市区全部住宅面积的六成以上。单纯从建筑的角度出发，石库门是特定历史时期的产物，走过一百多年的历史，一方面有些石库门的空间结构已不适合现代人的居住观念，因此拆除是正常的；但另一方面，石库门又是一片又一片充满怀旧风情的老房子，是上海独有的“建筑艺术品”。

石库门作为特定历史时期的民宅，是大上海社会的一个缩影。在漫长的岁月里，大上海的小市民曾在此辛苦度日，革命者曾在此秘密活动（1921 年，中国共产党第一次代表大会就是在一所石库门房子里召开的）。文人、学者、艺术家曾在此孕育他们的作品。旧时在石库门里还曾开设有工厂、银行、旅馆、货栈、报社、学校、赌台等，可谓无所不包，

无奇不有。

如今,上海市区仍有约三分之一的人住在石库门里,编织着他们新时代的故事。石库门凝聚着上海人的回忆,积聚着上海人的邻里情份。石库门住宅构成了私密空间与公共空间交错的里弄社区。一排连着一排的石库门组成了庞大的弄堂,许多弄堂口处都装有大门,晚间将门一关,一条弄堂就是一个独立的单位。居民在享受个人空间的同时,也较容易培养出更融洽更亲密的邻里关系。随着居住密度的不断增强,居民便逐渐把本属家庭内的活动移师到了弄内的公共空间进行,更加固了原有的邻里亲密度。可以说,具有中西风格融合的石库门建筑本身就是东西文化交流的产物,同时也已经成了海派文化的一个核心符号。

二、新天地转身为沪上新地标,怀旧外表时尚休闲内功能

随着石库门建筑的陆续拆除,石库门的文化资源并没有因此而废弃。反之,石库门作为一种独具地方特色的建筑模式,作为一个凝聚着上海海派文化的建筑符号,却被越来越多地运用到其他产业领域,以增加产品的文化内涵,培养一种亲切而熟悉的情感,促进产品的推广,从而实现从文化资源到经营资源的成功转换。这在世博会前夕表现得非常明显,也极为成功。这方面的一个大手笔就是成为上海新地标的新天地。

具体而言,上海新天地就是以上海独特的石库门建筑为基础,将上海传统的石库门里弄与充满现代感的新建筑结合起来,集历史、文化、旅游、餐饮、商业、娱乐、住宅等于一体。不仅是一个展现上海历史文化风貌的都市旅游景点,更是领略上海历史文化和现代生活形态的最佳场所。从外观上看,新天地具有浓厚的“海派”风格,是一个具有上海历史文化风貌的娱乐购物热点。上海新天地改写了石库门的历史,为本已走向历史文物的石库门注入了新的生命力。如今新天地已经成为上海的新地标。这片占地三万平方米,建筑面积六万平方米的石库门建筑群以中西融合、新旧结合为基调,保留了当年的砖墙、屋瓦,将上海

传统的石库门里弄与充满现代感的新建筑融为一体。从功能上看，新天地改变了石库门原有的居住功能，赋予其商业经营功能，把这片反映了上海历史和文化的老房子改造成集国际水平的餐饮、购物、演艺等功能的时尚、休闲文化娱乐中心。在怀古的外表下面，每座建筑的内部，则按照21世纪现代都市人的生活方式、生活节奏、情感世界度身定做，无一不体现出现代休闲生活的气氛。漫步新天地，仿佛时光倒流，有如置身于20世纪二三十年代的上海，而一旦跨进每座建筑内部，却是非常现代和时尚。

三、保护性开发融入文化创意，世博会前后应当大力推广

相信上海世博会期间，新天地不仅会是一个人气旺盛、效益突出的著名景点，而且直接能够展示我们传承文明和建筑保护技术领域的最新成就。笔者认为，保护性开发作为一种文化创意手段，融传统、时尚于一体，是世博会前夕应该坚持、世博会之后应该推广的一个原则。而从石库门文化符号在餐饮、旅游、娱乐、住宿等方面的成功运用，我们不难看出，文化创意品牌更多地源自一种丰厚的文化底蕴，是这种文化的张扬与发展。文化创意品牌注重性格与个性色彩，强调感情的投入，同时激发出更多的联想与想象。当然，原生态存在的历史资源所蕴含的文化需要张扬与发展，要与时俱进才更能为现代消费者接受。因此，仿古不能泥古，在开发利用历史文化资源中必须适当注入现代元素，并与世博会倡导和展示的现代科技最新成果结合，才能达到推陈出新的效果。此外，还需要指出的是，世博会倡导知识产权保护，而创意产业也强调要通过知识产权创造财富和就业。这一方面是因为文化创意的成果更具外在表现性，因而也更容易被模仿，因此它更需要有知识产权的保护；另一方面知识产权还是商业运作的工具。因此，在开发利用历史文化资源时创建并管理好知识产权是十分重要的。

总之，我们要大力挖掘和整合利用文化资源，从而解放文化生产力，推动文化资源向经营资源的转化。在众多资源的转化类别中，通过

创意将文化资源转变为经营资源，是一种非常典型的模式。从文化资源到经营资源的转化，不仅能够促进经济全面协调可持续发展，而且还可以打造民族文化品牌，弘扬民族文化，进而提高自身的综合竞争实力。

（本文原载于《文汇报》2010 年 2 月 10 日）

历史文化资源的开发利用

创意产业作为一种新兴产业，之所以能在知识经济时代应运而生并蓬勃发展，其原因之一，便是创意产业能够通过资源的转化推进经济的发展。它基于对资源特性的认识、人的创造力的发挥和市场的把握，在具体实践中需要经过从资源到资本再到市场的多重转化，创意产业也在这些转化中兴起和发展，并促进了经济发展方式的转变。通过创意将文化资源转变为经营资本，不仅能够促进经济全面协调可持续发展，而且还可以打造民族文化品牌，弘扬民族文化，进而提高自身的综合竞争实力。

创意产业在我国的兴起和发展，虽只有短短几年时间，却表现出蓬勃成长的态势。总体而言，创意产业在城市的经济结构转型中，获得了积极发展的机遇和空间，并成为城市经济发展中的一个亮点，也是未来城市发展的一个重点。

由美国次贷危机引发的全球金融风暴，进一步促使我国加快了经济结构转型的步伐，也促进了创意产业的快速发展。2008 年，我国电影票房收入增长超过 35%，2009 年继续大幅增长，呈现出爆发式增长的态势；动漫游戏产业在 2008 年也增长了 97%，接近翻番。在不少地方，创意产业的增幅普遍高于当地的总体经济增幅。2009 年上半年，全国经济增长了 7.7%，而文化创意产业的增长高达 17%。实践证明，创意产业已成为新的经济增长点，有力地推动着经济发展方式的转变和产业结构的调整，在保增长、扩内需、促就业过程中做出了重要贡献，是引领经济走出危机的先导产业之一。因此，2009 年政府工作报告首次提出要积极发展文化创意产业,7 月国务院发布了《文化产业振兴规划》,这标志着发展文化创意产业已上升到国家战略的层面。目前,全国各地区,尤其是大中型城市都在积极探索发展文化创意产业的路径,并努力挖掘本地历史文化资源,保护传承和开发利用并举,以创意来实现文化资源向经营资本的转化,既推动经济增长、产业升级和结构调整,也促进社会的全面协调和可持续发展。

如何开发利用历史文化资源,并通过创意和市场将文化资源转化为经营资本,是发展创意产业需要研究的一个重要课题。

创意产业作为一种新兴产业,之所以能在知识经济时代应运而生并蓬勃发展,其原因之一,便是创意产业能够通过资源的转化推进经济的发展。具体而言,在传统粗放型的经济发展模式中,通常要消耗大量的物质资源,特别是能源,其增长的代价是自然资源逐渐消失和环境的不断恶化,因此,资源约束和资本约束越来越成为经济发展的瓶颈。而创意产业最显著的特征是鼓励个人创造力的无穷释放,这种释放创造了新的产品和新的市场需求,冲破了传统资源的硬约束。通过创意和市场,能够将各种资源转化为经营资本,为经济发展打开了新的通道和空间,这是创意产业促进经济增长方式转变的特有模式。这种模式基于对资源特性的认识、人的创造力的发挥和市场的把握,在具体实践中需要经过从资源到资本再到市场的多重转化,创意产业也在这些转化中兴起和发展,并促进了经济发展方式的转变。通过创意将文化资源转变为经营资本,不仅能够促进经济全面协调可持续发展,而且还可以打造民族文化品牌,弘扬民族文化,进而提高自身的综合竞争实力。

一、资源概念的拓展

在知识经济时代,经济发展过程中主导性资源出现了划时代的变化,即人力资源和知识成为主导资源和驱动力。当人的创造力成为主体资源,资源的内涵和外延就得到了更深刻更广泛的拓展。

资源是一切可被人类开发和利用的物质、能量和信息的总称,它广泛存在于自然界和人类社会中。或者说,资源是指自然界和人类社会中一种可以用来创造物质财富和精神财富的、具有一定数量积累的客观存在形态,如土地资源、矿产资源、森林资源、海洋资源、石油资源、人力资源、信息资源等。从经济学角度看,资源的概念包含以下几方面的内容:

首先,资源必须是能够创造出财富或资产的各种要素的组合。这意味着只要是被用来创造财富或资产的要素,包括物质的、精神的、体制的,或者人的知识与能力,社会的资本、科技与文化等都属于资源。不管作为资源的要素,其本身是自然的产物还是人类劳动的结果,只要是用于生产过程以创造财富的要素,都属于资源范围。

其次,资源转化为财富是经过人类劳动实现的。资源是经由劳动的加工而形成可供人们满足需要的财富的。就财富或资产而言,它的形成取决于两个条件:一是资源,一是劳动。这就在两个方面界定了资源的范围。一方面,只有同财富形成有关的要素才可能成为资源;另一方面,一些要素即使同财富形成有关,也须经由劳动(体力的或脑力的,简单的或复杂的劳动)才能创造出可供人们消费使用的资产或财富。

第三,资源是已经存在、并且有条件开发利用的各种要素的总和。资源以三种形式存在着:废弃资源,它们是一种过时的资源;现实资源,即当前有条件开发利用以及正在开发利用的资源;潜在资源,指那些目前尚无条件开发而在将来却能够被利用来创造财富的种种要素,这是一种非现实资源。人类对于资源的开发利用总是受着社会历史条件的限制,对于资源的运用是相对确定的,每一个时代的人们所能实际利用的资源只能是它的现实形态,即现实资源。资源不仅有各种物质形态,也包括知识、经验、技术等非物质的信息形态资源。

资源是经济赖以发展的基本要素,由于一定资源对象总是与一定生产力相协同才成为现实有用的资源,不同的发展阶段,各种资源的利用率和对于经济增长的贡献率会发生变化,主导性资源会被更替、扩充。可见，资源具有动态演化特征。在传统经济中，劳动力、自然资源和资本占据经济增长的主要贡献地位，人力资本的发挥更多地依赖于其他资源的存在与应用。在知识经济时代，经济发展过程中主导性资源出现了划时代的变化，即人力资源和知识成为主导资源和驱动力。当人的创造力成为主体资源，资源的内涵和外延就得到了更深刻更广泛的拓展，一些具有历史积淀的物质载体（如哥德堡号沉船、上海的石库门建筑等），民间传说（如南海观音、牛郎织女等），民俗风尚（如节庆祭祀、对歌等），小说故事（如《西游记》、《聊斋志异》等），均可纳入资源的范畴，加以开发和利用，成为对促进经济增长有用的资源。这种开发和利用的效果则取决于人们创意的发挥。

二、开发利用文化资源的模式

历史文化资源的成功开发利用既源自一种丰厚的文化底蕴，更是这种文化的张扬与发展。

（一）景观化——在保护历史文化资源的条件下开发旅游景观

我国有数千年历史，文化遗传十分丰富，但历经战乱动荡和自然灾害，也受到不少破坏，需要大量投入以保护和修复。为解决投入的回报，建立自身的造血机制，结合旅游业的发展适当开发为旅游景观已成为较普遍采用的一种模式。如江南水乡古镇周庄、乌镇、西塘、朱家角等都已开发成为旅游胜景。

上海对石库门住宅的开发利用，是旧城改造中的一个成功案例。石库门在传统江南民居的基础上，继承了传统中国式建筑以中轴线为对称布局的特点，同时吸收了西方人称为"联排房屋"的建筑形式，是上海近代史上中国传统建筑装饰和西方的建筑细部融合而成的独特的时代产物。20 世纪 90 年代以来，石库门建筑在上海城市改造中被逐步拆除。从建筑的角度看，石库门是特定历史时期的产物，走过一百多年的历史，而且有些石库门的空间结构也已不适合现代人的居住观念，因此拆除是正常的。但另一方面，石库门又是充满怀旧风情的老房子，是上海独有的“建筑艺术品”。全都拆了，就等于中断历史，因此需要保留一部分，以传承历史文化。上海新天地以上海独特的石库门建筑为基础，保留了当年的砖墙、屋瓦，将上海传统的石库门里弄与充满现代感的新建筑结合起来，集历史、文化、旅游、餐饮、商业、娱乐、住宅等于一体。不仅是一个展现上海历史文化风貌的都市旅游景点，而且是领略上海历史文化和现代生活形态的最佳场所。新天地改变了石库门原有的居住功能，赋予其商业经营功能，把这片反映了上海历史和文化的老房子改造成集国际水准的餐饮、购物、演艺等功能于一体的时尚、休闲文化娱乐中心。在怀古的外表下面，每座建筑的内部，则按照21世纪现代都市人的生活方式、生活节奏、情感世界度身定做，无一不体现出现代休闲生活的气氛。漫步新天地，我们感觉仿佛时光倒流，犹如置身于20世纪二三十年代的上海。但当我们跨进每座建筑内部，则感觉非常现代、时尚。新天地的外观是仿古建筑群，但在功能上没有泥古，而是既具有海派文化的底蕴，又具有强烈的时尚气息。因此，无论是老年人、青年人、中国人、外国人，都会对新天地产生一种情感上的认同感，都愿意亲身体验这里的东西文化交融和古今文化交汇。

类似的案例很多，如西安的大唐芙蓉园再现盛唐京城场景，也加入了当代的时尚元素；成都的锦里再现老成都风情，而又不失为现代时尚的休闲景点。瑞典打捞出18世纪的哥德堡号沉船，重新再造了一艘，保持原来外观，但内部机械都已现代化了，并沿原来的贸易航线再航行，经西班牙到我国广州、上海，不仅促进了贸易，还增加了旅游收入。

（二）以故事力活化资源，以艺术秀增强感染力

我国历史文化源远流长，民间传说、民俗风情丰富多彩，可以编撰演绎各种故事，开发利用历史文化资源就要以故事力来活化这些资源。另一方面，当我们全面建设小康社会、并进入体验经济时代时，“秀”已成为产品和服务的一种重要表现形式，开发利用历史文化资源就要以“秀”增强感染力，从而吸引消费者。如广西有脍炙人口的壮族民歌和关于刘三姐的传说，经过创意策划，开发了以风景名胜漓江山水为背景的“印象·刘三姐”大型歌舞剧,在2004年至2006年的三年里接待了160万观众,获得1.2亿多元门票收入,有力地拉动了旅游业。在这三年里,阳朔县的旅游总收入增加了6亿多元,同时景区和县城土地平均增值5倍多。类似的情况还有嵩山少林寺开发的“禅宗少林”音乐大典、张家界将民间传说“刘海砍樵”结合土家族民歌改编成大型实景歌舞剧《天门狐仙》,吸引了大批旅游者,更出现了一票难求的盛况。目前,许多地方都在挖掘本地历史文化资源,通过编撰故事、策划“艺术秀”来吸引消费者。山西开发晋商文化,编演了话剧《立秋》;成都考古挖掘出金沙遗址,编演了音乐剧《金沙》,不仅在当地演出,还到外地巡演,既扩大了市场,也通过文化传播增强了吸引力。

(三)凸显文化特色,策划项目,吸引社会资本

许多地区经济建设发展面临资金瓶颈和招商引资的难题,利用历史文化资源,通过创意策划和市场运作,在吸引社会资本联合开发上,往往会取得良好的效果。海南三亚市南山佛教文化苑的发展就是一个很好的例子。

三亚市的南山区本是一个比较荒凉的渔区,其发展的难题是缺乏资本。南山文化旅游开发公司利用传统文化中“南海观音”和“福如东海、寿比南山”的传说,将该区打造成了一个文化旅游区。南山区的开发理念是“大生态、大文化、大教育、大旅游”,即以生态建设为基础,以文化建设为核心,将南山建成具有中国特色和国际水准的生态文化旅游示范基地。他们以文化为魂,借助南山(寿比南山)和南海(南海观音)的传说,规划了数个主题景区,将传统文化和生态文化深深植根于每个项目、每个景观之中,并运用现代技术来提高其文化层次和品位。绝妙的创意和精细的策划引来了大量投资和社会捐赠。目前,南山佛教文化苑已建成“一寺一佛一谷一湾”的主体景观群,主要标志性建筑群有:南山寺、108米的南海观音、不二法门、吉祥如意园、观音文化苑、梵钟苑、福寿街等等。8年来,南山获得了社会效益和经济效益双丰收:年均游客量200多万,平均营业收入1.4亿元,成为海南省的纳税大户。

又如在成都的锦江之上,有一座年久失修的廊桥,当地政府缺乏翻建资金。然而通过创意策划,决定将廊桥建成两层,下层维持原貌,仍然免费通行;上层则新增数千平方米的空间供投资商用作营业场所。结果是,不但廊桥的翻修没花政府一分钱,而且上层开设的饭店(廊桥饭店)借助廊桥的历史文化氛围和优美的锦江风光成为成都上好的一处用餐场所,吸引客人纷至沓来,提升了餐饮服务的附加值。这种政府与投资商的"双赢",依靠的就是对资源的有效经营。

(四)提炼文化符号,塑造品牌

利用符号意义创造价值和知识产权保护,是构成创意产业的重要核心元素。因此,提炼文化符号、塑造品牌也是开发利用历史文化资源创造价值的一种重要模式。如生产"石库门"老酒的上海金枫酒业公司,诞生于1939年,原来生产的是"金枫"牌黄酒,虽然品质不错,但通常被用作烧菜的料酒,价格不高,一瓶售价约两三元。后来,酒厂借助石库门的文化符号,成功推出了"石库门"老酒,以现代独具创意的理念重新打造品牌。全新概念的包装设计精美,配方合理,口感良好,酒瓶造型新颖,具有中西文化交融及海派文化底蕴,更容易捕获消费者的猎奇目光,一上市就为消费者所接受和青睐。这是因为,"石库门"老酒卖的不仅是酒,还有酒的文化,还有上海人的石库门生活情结,符合现代人的怀旧时尚。

从以上案例不难看出,历史文化资源的成功开发利用既源自一种丰厚的文化底蕴,更是这种文化的张扬与发展。

三、创意转化资源应把握的要点

我国文化资源极其丰富,这是发展创意产业得天独厚的重要条件。对文化资源来说,谁占有它固然重要,但更重要的是谁率先将其开发成文化产品,谁才真正把资源变成了财富。

当我们用创意开发利用历史文化资源,将其转化为经营资源时,应把握以下要点：

第一，仿古必须融今才能实现推陈出新。原生态存在的历史资源中蕴含的文化，需要张扬与发展，要与时俱进，才更能为现代消费者接受。如果新天地没有融入现代元素，就难以吸引众多的消费者。因此，仿古不能泥古，在开发利用历史文化资源中，必须适当注入现代元素，并与现代科技结合，达到推陈出新的效果。

第二，应以故事力活化和整合历史文化资源。历史文化资源的背后往往有许多故事，以多种形式宣传、演绎这些故事可更好地张扬其文化内涵，吸引消费者。也可以编故事，或用创意将各种原生态存在的、等待开发与利用的、有市场增值潜能的资源整合到一起，赋以新的价值，活化这些资源。石库门老酒便是用创意把历史文化、酒文化和音乐融合到一起，支持了品牌的建设。有关石库门文化的故事还有待进一步挖掘和创造。

第三，创造情感资源。情感是人类的灵魂，创意给产品赋予了灵魂，消费者对一个产品和品牌从认知到最后购买的过程，是一个情感不断变化的过程，打动消费者、让消费者产生购买行为，是每个企业实现资源转化的"最惊险的一跃"，这一跃中，创意推动情感常常起到关键的作用。

著名市场营销学家菲利普·科特勒把人们的消费行为大致分为三个阶段：第一阶段是量的消费阶段，第二阶段是质的消费阶段，第三阶段是情感消费阶段。在现阶段，商品的大量过剩和严重同质化，使不同品牌之间的同类产品很难在质量、性能上区分开来，消费者更容易被附加在商品或品牌上的情感附加值所打动，这就是情感消费阶段。情感消费阶段需要创意表达情感。情感创意是以情感为主线，通过人类最基本的感情打动受众，以期通过情绪与情感的唤起而在情感与品牌之间建立积极的联系。它们侧重于感情表达，而更少直接表述产品或服务的信息。

创意源于生活，好的创意必须要洞悉目标消费者的心理，尤其是情感需求，然后将产品或品牌跟情感联系起来。需要捕捉到产品与情感之间的关联点，这样的情感创意才能收到预期效果。石库门系列的成功就是恰当运用了消费者的怀旧心理以及对海派文化的认同与依恋，才获得了巨大的成功。

第四，创建知识产权，既可保护权益，也可用于运作。创意产业强调要通过知识产权创造财富和就业。一方面，由于文化创意的成果更具表现性，因而也更容易被模仿，因此它更需要有知识产权的保护；另一方面，知识产权还是商业运作的工具。因此在开发利用历史文化资源时，创建并管理好知识产权是十分重要的。建立起知识产权，不仅应有的权益能得到保护，而且各种特许经营、加盟商店、贴牌生产、交易转让等经营活动才能得以进行。

第五，必须树立"整合观"、"品牌观"和"体验观"三大观念。历史文化资源的开发是一项涉及范围较广的系统工程，不仅要规划先行，从长计议，统筹开发，还要树立融合开发观，在市级层面加大资源整合力度，实行多元文化和多种功能的融合，才能打造完善的产业链，创造并实现更大的市场价值。为此，要努力形成政府、社会、企业、百姓等各方利益主体齐心协力推进发展的格局。

品牌意味着信赖度高，附加值高，不仅是商品、产品在竞争中取胜的市场策略，也是城市持续创新发展、取得优势资源的法宝。在全球化、市场化、信息化的大背景下，城市发展也已进入了品牌竞争时代。品牌建设需要根据文化特质进行设计，也需要在受众中广泛传播，树立品牌观，从而有利于培育根植于本土文化的一系列品牌产品、品牌活动、品牌园区……为城市的高品质发展创造基础条件。

"城市，让生活更美好"，这是大家熟悉的上海世博会主题。同样，一个地方开发历史文化资源的最终目的，也应该是为了让人们的生活更加美好，让人们有更好的生活、学习、工作环境和体验城市文化的机会。美好的生活需要经济作基础，在发展文化的同时，也要发展经济。现代消费经济已经步入体验经济时代，也有人称之为"玩经济"时代，是否能够吸引消费者，很大程度上取决于是否好玩、是否能够参与体验。因此，无论是文化发展还是经济发展，“体验”都至关重要，在开发利用历史文化资源时，就要将“体验观”自始至终地贯彻其中。

我国文化资源极其丰富，这是发展创意产业得天独厚的重要条件。对文化资源来说，谁占有它固然重要，但更重要的是谁率先将其开发成文化产品，谁才真正把资源变成了财富。因此，我们要大力挖掘和整合利用文化资源，从而解放文化生产力，以创意推动文化资源向经营资源的转化。

（本文原载于《文汇报》2010 年 6 月 26 日。《学习与探索》2010 年第 4 期转载）

创意产业：城市文化的创新与实践

一、城市是人类文明的集中表述

本届世博会的主题是“城市，让生活更美好”。纵观人类数百万年的历史，人类的生活与城市结合在一起，最多也不过6 000多年，也就是说，到目前为止，人类社会99.5%以上的时间是在没有城市的环境中生存和缓慢发展的。毋庸置疑的是，城市的出现是人类社会的伟大进步，而人类社会现代化的过程，在很大程度上表现为城市化与城市现代化的过程。在这个意义上，城市不仅仅是人们生活的空间维度和地域概念，而且是人们的精神家园，是对人类创造文明过程的集中表述。城市是人类文明的标志，是社会发展的缩影，它不仅是一个国家或地区的经济中心，更是文化的集中地和创新发展之地；城市既积累历史文明，又承载现代文明。因此，当我们在思考“城市，让生活更美好”这一主题的时候，就不能忽略一座城市的灵魂和内涵，即“城市文化”所发挥的重要作用。

城市在长期的发展过程中，经过积累、沉淀、改造与创新，形成特有的城市文化，并成为支撑城市发展的无形力量。城市文化体现着一座城市的城市精神，是城市的品格象征。在新经济时代，城市文化的作用不仅仅体现在为城市综合实力的提升提供精神动力和智力支持，还体现在创造城市经济价值、增强城市服务功能和提升城市形象等方面。城市文化的这些功能，在很大程度上都是通过创意产业来实现的。

二、创意产业促进城市文化的创新

创意产业最早起源于欧洲和美国，时至今日，创意经济已被视为一种全球现象。综观全球，那些在国际上有影响的大城市几乎无一例外都是创意产业最集中、最发达的地区，这些城市也以富有特色的创意产业而闻名遐迩。国际大都市的地位之所以与创意产业的繁荣有如此紧密的联系，这与创意产业对城市文化创新的促进作用密切相关。

创意产业促进城市文化的创新主要体现在以下五个方面：

（一）文化内容的创新

创意产业促进城市文化内容的创新，是全球化浪潮下的必然。在全球化的进程中，世界各国、各地区的经济、政治、文化等领域超越国界，扩大联系，在全球范围内展现着全方位的沟通、联系和相互影响。在文化领域，全球化的表现一方面是多元文化交流增加，各国城市一体化的趋势进一步加强；另一方面，全球化进程也导致甚至强化了对本土文化以及民族身份或同一性的自觉和反思。因此，全球化导致了各国城市文化既一体化又异质化的趋势。

在这种情况下，创意产业以创意为核心，很好地促进了城市文化内容的创新。创意产业的发展及国际间的经济性扩张入侵，使各国文化市场上的大量产品出现了主题、内容、风格的趋同性，文化产品和文化消费以及世界性文化命题的审美标准逐渐趋于同一性，这就为一座城市的文化带来了越来越多的多元因素，使一座城市的文化内容越来越丰富，越来越具有全球化的色彩。

同时，文化的全球化并不意味着一切民族本土文化的彻底消亡和一种无地域差别、无民族差异的大一统的世界文化的建立，它需要各民族文化通过交流、融合、互渗和互补，不断突破本民族文化地域和模式的局限，将本民族的文化资源转变为人类共享、共有的资源。创意产业正是将新的创意注入传统文化之中，让传统文化得以继承和发展。因此，发展创意产业既能够吸收各种先进文化，实现创新，又使本土文化得以张扬。

总之,创意产业对城市文化内容的创新是着眼于现实意义的继承性创新。在文化内容创新过程中,无论是吸收和弘扬中国传统文化,还是借鉴其他民族优秀文化成分,通过对其现实价值的积极挖掘,都可以很好地为城市文化的发展建设服务,满足城市居民生活的实际需要。

(二) 文化形式的创新

创意产业借助于技术的进步,将文化产品和服务以越来越多的形式呈现在城市居民面前,促进了城市文化形式的创新。

当代科学技术的发展日新月异,极大地影响了人们的生产、生活和消费,也为文化创意的开发和消费提供了广阔的发展空间。以数字信息技术革命为代表的高科技进步,为激活文化创意资源、实现空前规模的产业整合准备了条件。文化创意和科技创新结合在一起,为市民提供了前所未有的新的文化形式体验。创意产业促进了传统艺术方式的升级换代和现代更新,传统唱片升级为 MP3,传统出版业拓展到网络出版,报刊书籍制作过程全部数字化,传统摄影、电影向数字摄影、电影发展,广播进入数字音频广播新阶段,电视也全面迈进数字高清晰度电视新阶段,以文化创意为内容的数字技术新产品层出不穷,基于数字化的各种发明也使人们目不暇接。例如,上海杂技团在传统杂技的基础上,应用多媒体声光音响技术,融合现代音乐舞蹈,并以"秀一个上海给世界看"为主题,推出了多媒体梦幻剧《ERA——时空之旅》,其形式令人耳目一新,更是创出了连演 1 500 多场、票房过亿的优秀业绩。

(三) 文化载体的创新

传统的文化载体,即普遍意义上的文化承载物,多为单纯的文化产品,如书籍、电影、电视、艺术品等。创意产业的发展,特别是创意产业向传统制造业的渗透,使文化载体的范围大大拓展了。在创意经济时代,可以毫不夸张地说,任何一项蕴含着创意的商品或服务都是文化的载体。

创意产业是以经济的高度发展为前提的。只有在物质需求获得满足时,人们才会有更高的精神文化需求。随着经济的发展,人们的精神文化需求增长十分迅速,各类体现文化创意的物质产品正拥有越来越多的消费群体。消费者往往不再满足于商品本身的使用价值,而更关注于商品中的观念价值,即其中被注入的新的文化要素,如观念、情感和品位等。创意产业正是通过观念、情感和品位的传达,赋予传统意义的商品某种独特的"象征意义",提升其文化附加值,从而使传统的商品转变成承载文化的载体。可以说各行各业的产品和服务都能成为一定文化的载体,并因此而提升其价值。

当人们把传统产业的产品投向市场的时候,不仅需要前期的创意设计,而且还需要在广告促销中进行新颖的创意包装,为各种产品打上体现青春、活泼、典雅、精致等不同特征的文化标记,从而使各方面的消费群体能够在选择中找到符合自己个性品位追求的文化特征,以此来增强产品在市场上的竞争力。在这一过程中,文化创意起着主导性的作用。

如今,激烈的全球性竞争已经为市场经济确立了新的扩张重点,即"体验销售"。当人们的物质生活被极大地满足时,他们追求的就不再是物质层面的享受。因此,当技术未有突破性革新时,产品的理化特性或是相伴的服务已不再能够为产品本身产生更高的价值。我们迈向的是一个由体验产生最大价值的新经济,愈来愈多的公司重新调整战略,专注于顾客的情绪与价值认同,并以此来重新设计和包装产品。在很多领域中,设计管理、故事述说以及品牌经营等都加入了传统的服务管理、品牌管理、知识管理的行列。

(四)文化体制的创新

创意产业的发展大体上有两个方向,除了前文提到的将传统的产品通过文化创意内涵来提高附加值,即把商品变成文化之外,还可以将文化创意变成商品。在文化产业化的过程中,创意产业不仅开发了文化的商业价值,而且还促进了文化体制的创新。文化产业化是以文化为资本，运用市场化手段或工业化手段，对文化产品进行生产、加工、流通、分配、消费的过程，最大限度地满足人的精神文化需求。文化产业化的实质就是实现文化产业市场化。对一个国家而言，文化可以创造生产力、提高竞争力、增强吸引力、形成凝聚力。它事关立国之本、治国之道、兴国之路。文化产业化已经成为我国文化建设与发展、文化体制改革中的一个重要方向与手段。

在过去相当长一个时期内，我国一直把文化仅仅当作公益事业来运作，混淆了文化事业与文化产业的关系，既没有采取合理的市场化战略，也没有引进竞争机制，文化产业的市场化程度很低。正是创意产业的发展，促使文化体制进行改革，促进文化体制的创新，从而使传统的文化资源通过市场运作和商业包装获得了新的生命，同时也使文化产业获得了新的价值增长点。通过发展创意产业，我们努力建设健康文明的文化市场秩序，妥善解决文化产业发展中遇到的体制性难题，并通过文化产业化的运作，把丰富的文化资源变成一种竞争力和一种综合国力。

此外，创意产业的高度融合性和渗透性，一方面促进了不同行业、部门间的联合，比如深圳成立了文体旅游局，绍兴成立了文化体育局等，推进了政府管理体制的创新；另一方面，随着文化创意产业的勃兴，应运而生的各类非营利组织也打破了城市原有文化产业组织的格局，出现了多元并进的繁荣态势。

目前，我国各城市在发展文化产业方面都制订了各自的方针。上海走“集约化经营，规模化发展，集中力量办大事”之路，北京提倡“民营国营同台竞争，多元主体优势互补”，广州的路子是“坚持市场导向，凸显产业属性”，深圳的路子是“文化资源和企业资本结合，可持续发展和制度创新互动”。创意产业的发展促进了文化体制的创新，发展了先进的生产经营方式、完备的法律体系，推动了对不同民族文化资源的吸收创新，使得艺术想象力和创造力不断激发，创造精神和探索精神得以发扬。

(五) 文化传播手段的创新

技术的发展不仅为文化创意提供了更丰富的表现形式,同时也提供了更多的传播手段。创意产业与新技术结合在一起,促进了文化传播手段的创新。

现代高新科技越来越多地渗入文化领域,文化产品和文化服务的科技含量越来越高,高新科技手段为创意产品的生产和传播提供了强大的支撑。创意产业采用现代高新科技的成果,大力推进了文化交流和传播手段的升级换代,改造了传统的文化生产经营和传播模式,推进了图书报刊的出版、广播影视制作技术升级,促进原来的纸质传媒交流向更多运用现代大众电子传媒转变,同时借助广播、电视、手机和网络来推介创意产品。

三、创意产业的创新实践

发展创意产业对城市文化的创新起着重要的作用,创意产业的创新实践主要体现在以下三个方面:

(一) 在保护和传承中以创意将历史文化资源转化为经营资源

将历史文化资源转化为经营资源,既有利于城市经济发展、有利于促进文化创新,同时也有利于传统文化的发展和张扬。开发利用文化资源可以将文化资源景观化,即在保护历史文化资源的条件下开发旅游景观;也可以以"故事力"活化资源,以"艺术秀"增强感染力;还可以凸显文化特色,策划项目,吸引社会资本;更可以提炼文化符号,塑造品牌。

历史文化资源的成功开发和利用,既源于一种丰厚的文化底蕴,又是这种文化的发展与张扬。因此,我们用创意开发利用历史文化资源将其转化为经营资源时应把握以下要点:

第一,仿古必须融今才能实现推陈出新。原生态存在的历史资源所蕴含的文化需要发展与张扬,要与时俱进才能被现代消费者广为接受。因此,仿古不能泥古,我们在开发利用历史文化资源时必须适当注入现代元素,并将其与现代科技结合,才能达到推陈出新的效果。

第二,应以“故事力”活化和整合历史文化资源。历史文化资源的背后往往有许多故事,以多种形式宣传、演绎这些故事可以更好地张扬其文化内涵,吸引消费者。可以用创意将各种原生态存在的、等待开发与利用的、有市场增值潜能的资源整合到一起,赋以新的价值,活化这些资源。例如,唐代大诗人白居易的叙事诗《长恨歌》就已被创意性地开发为旅游产品,诗中故事的发生地——西安华清池景区实地表演了舞剧,将长恨歌的故事以山水实景为背景演绎给观众,让“躺着的历史”在华清池九龙湖畔“站了起来”。这部大型实景历史舞剧把历史、诗歌、歌舞、科技融为一体,成为陕西文化旅游的金名片,吸引了各地旅游者,大大增加了当地的旅游收入。

第三,创造情感资源。情感是人类的灵魂,创意赋予产品以灵魂,消费者对一个产品和品牌从认知到最后购买的过程是一个情感不断变化的过程,打动消费者、让消费者产生购买行为是每家企业实现资源转化的“最惊险的一跃”,在这一跃中,创意推动情感常常起到关键的作用。

第四,创建知识产权,既可保护权益,也可用于运作。创意产业强调要通过知识产权创造财富和就业,一方面由于文化创意的成果更具表现性,因而也更容易被模仿,因此它更需要有知识产权的保护;另一方面知识产权还是商业运作的工具。因此,在开发利用历史文化资源时,创建并管理好知识产权是十分重要的。建立起知识产权,不仅应有的权益可以得到保护,而且各种特许经营、加盟商店、贴牌生产、交易转让等经营活动也得以进行。

第五,必须树立“整合观”、“品牌观”和“体验观”三大观念。历史文化资源的开发是一项涉及范围较广的系统工程,不仅要规划先行,从长计议,统筹开发,还要树立“融合开发观”,在市级层面加大资源整合力度,实行多元文化和多种功能的融合,打造完善的产业链,创造并实现更大的市场价值。品牌意味着信赖度高、附加值高,它不仅是商品、产品在竞争中取胜的市场策略,也是城市持续创新发展、取得优势资源的法宝。上海石库门老酒便是发挥创意把历史文化、酒文化和音乐融合到一起打造出的一个品牌,进而推出了“石库门酒家”和“石库门酒店”,不仅树立了品牌,取得了良好的经营效果,同时也张扬了海派文化。美好的生活需要以经济为基础,目前,现代消费经济已经步入体验经济时代。因此,无论是文化发展还是经济发展,“体验”都至关重要,在开发利用历史文化资源时,要将“体验观”自始至终地贯彻其中。

(二) 将文化创意融入各行各业,与技术、产品(服务)和市场有机地结合起来

将文化创意融入各行各业,与技术、产品(服务)和市场有机地结合起来,为人们提供文化含量高的产品和服务,满足其精神文化需求,感受生活的美好。

创意产业是推动传统产业加快自主创新进程的重要力量,具体表现为:

第一,可以通过文化创意的融入,附加更多的文化内涵,实现差异化竞争,塑造出有特色的品牌,提升产品的竞争力。比如,上海的石库门建筑,本是19世纪末一种独具地方特色的建筑模式,是凝聚着上海海派文化的建筑符号,虽然在现代城市改造中不少石库门建筑已被拆除,但作为一种文化符号却被越来越多地运用到其他产业领域,以增加产品的文化内涵,培养一种亲切而熟悉的情感,促进产品的推广,从而实现从文化资源到经营资源的成功转换。生产石库门老酒的上海金枫酒业公司诞生于1939年,该公司原来生产“金枫”牌黄酒,虽然品质不错,但通常被用作烧菜的料酒。后来,通过嫁接石库门这一文化符号,该厂成功推出了石库门老酒的品牌。由于其包装设计精美,酒瓶造型新颖,同时产品配方合理,口感良好,更重要的是融合了中西文化及海派文化的意蕴,因此一上市就受到了消费者的青睐。

第二,可以在产品设计中融入文化创意,用不同的表现形式给人们以丰富的想象,实现产品的价值创新。比如,在利用生物科技手段改变农产品形状、色彩和口味等物理功能的同时，融入文化元素，增加农产品的文化艺术含量，并根据市场需求把农产品变为艺术品，设计生产出“来自泥土的原生态作品”。例如，上海奉贤创意农业园生产的名为“缤纷年华”的五颜六色的小南瓜、茄子和西葫芦，色彩斑斓，形状可爱，每篮价值300多元。可见，文化创意的融入能使原来非常普通的瓜果蔬菜一下子身价倍增。此外，通过艺术加工，也可将农业生产中的一些废弃物，诸如麦秸、玉米壳、蛋壳等变为工艺品，化腐朽为神奇。

第三，可以在营销中融入文化创意，引起消费者的文化认同，使之产生共鸣或好奇心，以拓展市场。比如，2008年中国的电影贺岁片《非诚勿扰》中有许多商家用植入式广告的形式开拓市场，其中四川剑南春酒厂在当年汶川地震中遭受重创，由于影片主角爱喝剑南春酒，该影片热播后剑南春酒的销量大幅度上升。又如，成都一家婚庆礼仪公司为帮助厂商促销遥控直升机，在一场婚庆活动中策划了“喜从天降”场景，当新郎要给新娘戴钻戒时，幕后人操纵一架遥控直升机绕场飞来，降到新郎手上，送来一枚从香港购来的钻戒，真是“喜从天降”、“天赐良缘”啊。自此以后，遥控直升机在当地新人中火爆热销。

（三）保护环境，利用废弃老厂的空间资源发展创意产业

创意产业是知识密集型产业，具有无污染的特点，与对土地、资源有巨大需求的传统制造业相比，能够不受土地、资源相对稀缺的限制，低投入、高回报，消耗物质能源少，取得效益大。在环境日益恶化的今天，创意产业对协调经济发展和环境保护来说具有独一无二的优势，它显然是最有利于实施可持续发展战略的产业。

创意产业界是新兴的，创业者大多年纪较轻，经济实力较弱，因此他们往往把城市中将被废弃的旧区作为创业的基地，将其改造成充满性格的创意园区，进而形成文化创意产业的集聚地，为城市的旧区带来了新的生命力。国际上很多重要的创意产业园区都和旧区重建有关，如英国伦敦的泰晤士河南岸和著名的时尚景点泰德艺术馆、德国柏林的哈克欣区、加拿大温哥华的哥兰桂岛、日本北海道的小樽运河以及美国纽约的苏荷区等。

旧式建筑保留着城市的人文遗存，把城市旧区改造成充满活力和个性的文化创意园区，唤醒了人们的怀旧情结，这种对人文、历史的召唤，有弥足珍贵的社会意义。这些创意产业集聚区，不仅利用现有建筑创造了文化创意产业发展的平台，而且保护了历史文化财产。工业老厂房、老仓库运用新的模式进行设计和改造，为历史的留存注入了时尚、创意的元素，使曾经的旧厂房成为现代城市景观的新景象，也促进了文化创意产业链的形成，是承接城市历史与未来的良好典范。

文化创意园区与城市旧区的有机结合，可以避免城市文脉的中断，不仅保留了具有历史文化价值的建筑，而且通过历史与未来、传统与现代、东方与西方、经典与流行在这里的交叉融会，为城市增添了历史与现代交融的文化景观，对城市经济的发展产生了巨大的推动作用。

从经济上看，利用老厂房、旧仓库发展文化创意产业，改造成本低，产生的附加值高，不仅为城市增添了历史与现代交融的文化景观，而且对城市经济发展产生了巨大的推动作用。可以说，创意产业保护了现有的环境，保护了历史，是经济可持续发展的重要推动力。

上海世博会园区横跨黄浦江两岸，沿江规划区内汇聚着众多近现代工业文明遗迹和厂房。园区内约两万平方米的历史建筑和超过四十万平方米的工业建筑遗产都受到有效保护和积极利用（例如，1865 年洋务运动时期就已问世的江南造船厂船坞、矗立了近百年的上钢三厂五金仓库等），总面积达到世博会园区总建筑面积的五分之一。传承历史文脉与追求城市新生活在这里实现了完美的对接。对老建筑进行如此大规模的保护和后续利用，在世博会园区建设史上还是第一次。这些老建筑被作为展馆、管理办公楼、临江餐馆、博物馆等，不仅大幅度降低了建设费用，也完成了从工业厂房到博览业之间的转换。保留老建筑群不仅仅是对古建筑的珍藏，节约了建筑经费，更让人们体会到一座城市的成熟心态。

四、创意产业让城市生活更美好

创意产业促进城市文化创新,主要体现在文化内容、形式、载体、体制和传播手段五个方面。在一座城市的发展过程中,文化创新同制度创新、科技创新以及其他各方面的创新相辅相成、紧密联系,形成有机的整体,共同构成了建设创新型城市的基本内容。在现代城市中,随着文化自身的经济、社会、政治功能的放大,其与科学技术的结合更加紧密,已经具有了生产力的内涵,成为城市核心竞争力的重要因素。

创意产业促进了城市文化内容和形式的创新,产生了一批形式多样、体现和传承民族文化特点的优秀的创意产品;创意产业的发展能够促进文化体制的改革,形成文化创新管理体制和文化创新产业格局,培育文化创新市场体系,塑造文化创新市场主体;通过文化载体的创新,不断推出具有创意的商品,以满足市民日益增长的需求;通过文化传播手段的创新,实现了文化传播技术的创新、传播渠道的创新和传播体系的创新。这一切,将不断增强城市的文化软实力和综合竞争力。

发展创意产业促进城市经济转型和文化创新,可以让人们分享创意成果,生活得更轻松愉快。创意产业的发展满足了人们的精神文化需求,也挖掘、拓展、提升着人们对精神文化的需求。人们的精神文化需求愈丰富、愈多样,创意产业的发展就愈具有深厚的社会基础和广阔的市场空间。在这一意义上,我们可以说,创意产业让城市的生活更美好。

参考文献

[1] 顾伯平.论文化创新[J].求是,2003(12).
[2] 黄樾.文化产业研究中的上海经验[N].社会科学报,2005-03-17.
[3] 厉无畏.石库门:海派文化符号的世博前景[N].文汇报,2010-02-10.
[4] 厉无畏.创意改变中国[M].北京:新华出版社,2009.

[5] 厉无畏,等.创意产业：转变经济发展方式的策动力[M].上海：上海社会科学院出版社,2008.

[6] 李振宇.城市·住宅·城市——柏林与上海住宅建筑发展比较[M].南京：东南大学出版社,2004.

[7] 约翰·奈斯比特.高科技·高思维：科技与人性意义的追寻[M].尹萍,译.北京：新华出版社,2000.

[8] 申维辰.文化创新是城市发展的引擎[J].求是,2009(12).

[9] 张林中.文化创新与创新文化[N].光明日报,2009-09-24.

（本文原载于《毛泽东邓小平理论研究》2010年第7期）

将创意产业培育成中国经济新亮点

如今，创意产业在中国神州大地上风起云涌，成为经济发展中的新亮点，比如2008年，上海创意产业实现总产出3 413.55亿元，总产出增加值为1 048.75亿元，比上一年增长了18.3%，创意产业增加值占地区生产总值的比重达7.66%。北京、深圳、武汉、天津、成都等地的创意产业也在金融危机期间逆势上扬。在2009年我国经济增长为8.7%，文化创意产业增长达17%，为保增长作出了重要的贡献。创意产业蕴藏着巨大的发展潜力，发展创意产业可加快转变中国经济的发展方式。

党的十七大报告指出，加快转变经济发展方式，推动产业结构优化升级。要坚持走中国特色新型工业化道路，坚持扩大国内需求特别是消费需求的方针促进经济增长由主要依靠投资、出口拉动向依靠消费、投资、出口协调拉动转变；由主要依靠第二产业带动向依靠第一、第二、第三产业协同带动转变，由主要依靠由物质资料消耗向主要依靠科技进步、劳动者素质提高、管理创新转变。

创意产业是开发人类创造力、解放文化生产力、提升产业竞争力、增强国家软实力的有效手段。它强调创意和创新，强调把文化、技术、产品（服务）和市场有机结合起来，不仅能为人们提供文化含量较高的产品和服务，满足人们的精神需求，从而有效刺激内需，形成新的消费市场，更重要的是还可以与其他产业融合发展，促进产业创新和结构优化，有效地推动中国经济发展方式的转变。

第一,发展创意产业有利于扩大内需。投资、消费和出口是拉动经济的三驾马车。目前中国经济结构的不协调在于经济增长过多地依赖于投资和外贸出口。其主要矛盾在于投资和消费的不平衡,突出表现在固定资产投资的增长幅度仍处高位,且大大高于消费。受金融危机的影响,去年外贸出口大幅滑坡,因此中国经济的发展应是以扩大内需来刺激经济的增长,扩大内需主要是指启动居民消费。消费是经济增长的原动力,消费可分为生存消费、享受消费和发展消费三种。随着人们生活水平的逐渐提高,享受消费和发展消费将占有越来越大的比重,而这两类消费都和创意产业密切相关。

创意产业以经济的较高发展为前提,是文化、技术和产品的结合。需要消费者具有一定的鉴赏能力才可领悟潜藏在产品中的文化内涵。只有当人们的物质需求被满足后,才会有更高的精神文化层面的需求。美国著名未来学家约翰·奈斯比特指出,在以高科技为主导的现代社会中,人除了温饱和安全之外,更迫切地要寻找人生的意义,要追求更高、更深、更远的东西。而创意产业正是可以提供丰富的文化产品,来满足人们日益增长的精神文化需求。目前中国的消费层次是解决了温饱,正向全面小康迈进。创意产业的发展会加速这个进程的步伐,并能有效扩大内需。

第二,发展创意产业有利于促使产业结构的优化升级。从长期的发展趋势来看,中国三个产业之间比例关系有了明显的改善,产业结构正向合理化方向变化。第一产业在 GDP 中的比重呈现持续下降的态势;第二产业的比重经历了不断波动的过程,但长期稳定保持在 40%-60% 之间;第三产业在国民经济中的比重处于不断上升的过程之中,由 1990 年的 17.3% 大幅上升至 2008 年的 41.8%。但是和发达国家相比,中国产业结构中的第三产业比例依然偏小,必须加快服务业的发展,实现产业结构的合理转变与优化升级。

发展创意产业有利于中国产业结构的优化升级。不仅创意产业本身是现代服务业的重要组成部分,其发展自然增大了服务业的比重,更重要的是它可以通过应用技术的嫁接,比较深入地融入传统产业,实现传统产业的升级。具体而言,创意产业通过以下两条路径推动传统产业的升级:

一是在所有产业中(包括农业、制造业、服务业等)注入新的文化信息要素,从而优化传统产业结构。在各行各业的发展中,各个产业只有根据市场的需求不断融入文化与时尚的元素才能获得新的生命力,提升自身的附加值。在实践中,不仅工业产品可通过创意设计提升其附加值(观念价值);农业、旅游业等传统产业也都可以融入文化创意开辟新的市场和创新发展模式,形成创意农业和创意旅游业的发展。

二是在产业链的上、中、下游各个环节中不断进行文化创意投入。具体指在文化市场上衍生相关出版和影视产品、动漫和游戏,以及和其他业态和媒体的组合,创新营销策略等。比如和服饰行业、旅游休闲业、娱乐主题公园行业及和媒体的组合方式及营销创新手段。如常州中华恐龙园为吸引游客,拍了动画片“奇奇科科历险记”,塑造了两个可爱的小恐龙,还建立起品牌,促进了旅游和衍生产业的发展。目前上海为促进滴水湖的旅游也正在创作“滴水精灵”的动漫故事。

第三,由于创意产业是“以人为本”的朝阳产业,发展创意产业可以提高劳动者的素质和提供创造财富的机会。由于创意产业是开发人类的主体资源,通过满足人的精神需求而产生经济效益和社会效益,较少消耗自然资源。可以说是一个以人为本,高文化附加值、低消耗高产出的环保型新兴绿色产业。发展创意产业能够开发人的创造力和潜能,给每个有创新力的人提供发挥才能,推动创意阶层的形成,从而有利于中国国民的整体创新素质的提高。创意产业还将为中国创造新的就业渠道,一方面创意产业本身包含的专业领域很广,能容纳大量的劳动人口;另一方面,通过发展创意产业形成的一些新兴产业,可以为社会提供大量新的就业岗位。

可见,发展创意产业可加快转变中国经济的发展方式。现阶段创意产业作为一个新兴的产业,发展势头非常迅猛,但是如果作为加快转变经济发展方式的重要支柱产业来看,它占我国经济的比重还是偏小。将创意产业真正培育成为中国经济的新亮点,还需要作以下的努力:

(1) 要转变观念,突破行业界限,推进文化创意的跨界融合,促进各行各业的结构升级和创新。创意产业的发展有三个阶段,即从单个产业层面到经济层面再到社会层面。过去我们主要还停留在单个产业层面的发展,比较局限于文化领域,目前要促进经济发展方式的转变,就要努力推进向经济层面和社会层面的发展。

(2) 做好创意产业发展的规划和管理。各地区发展创意产业必须从当地的文化底蕴和特色出发,结合产业技术基础制定发展的目标,整合资源,聚焦重点行业,完善产业链和支持配套的产业体系,并着力于品牌建设。

(3) 不断完善服务体系。包括信息服务、展示交易、投资融资、教育培训、国际交流、建立公共技术服务平台和完善知识产权服务,扶持中小创意企业的发展。

(4) 加强非营利组织的作用。国际经验表明,创意产业越是发达的地区,社会非营利组织,包括相关的行业协会、大学和研究机构等发挥的作用越大。它们不仅有助于协助政府整合社会各界力量,推进创意产业的发展;还在总结经验、推广宣传、理论指导、培训人才等方面做出重要贡献。

(5) 努力营造创新氛围。创意的繁荣需要宽松宽容的文化氛围,对各种文化创意,只要无害就应允许其存在。同时创意产业的发展还需要多元文化的交流,多元文化交流可以促进创新。

(本文原载于《创意产业》2010 年第 4 期)

建设“美食之都”，促进城市发展转型

成都于2010年2月被联合国教科文组织授予“美食之都”的称号，成为世界创意城市联盟中第二个以美食为主题的创意城市，在当前大力推进经济发展方式转变之际，成都成功申请为“美食之都”，加入世界创意城市网络，意义非凡。它不仅是一个美丽的称号，大大提高了成都的国际声誉，也不只局限于有发达的美食行业，它意味着文化创意和科技进步将成为城市发展的重要要素，意味着城市将具有和谐的人文环境、发达的经济，以及放大的、完善的多元化美食产业体系。我们一定要抓住机遇，以建设“美食之都”为契机，推进创新性城市建设，促进城市发展的转型。

一、全面理解“美食之都”的内涵

所谓“美食之都”是联合国全球创意城市网络成员的一个称号，对获选加盟资格的城市而言，这不仅仅是肯定其在美食行业上所取得的成就，更让人们通过这一产业能感受到该城市深厚浓郁的文化底蕴，并意味着该城市在促进文化创意产业发展方面要有更多的责任、更高的要求和更广阔的视野。

1. “美食之都”首先是创意城市，应是城市发展的新模式、新品牌

“美食之都”作为联合国全球创意城市网络中的一员，当然应该是个创意城市，美食是其中具有特色的一个重要产业。作为创意城市，其发展最重要的资源是知识和人才，要发挥人的智慧力、创造力和鉴赏

力，所以发展的新模式就要为创意人才创造良好的软环境，并以文化创意和科技进步为主推动城市发展。在全球化、市场化、信息化的大背景下，城市发展也已经进入了品牌竞争时代。如今成都获得“美食之都”称号，进入全球创意城市网络，这就是成都的新品牌，并可以此聚集更多的创意资源，激活本土文化资源，推进城市转型发展。

2. “美食之都”是全球创意城市网络中的一员，要有全球视野

“美食之都”是全球创意城市网络中的一员，成都加盟其中意味着要遵守国际规则，与成员国共同探讨、分享创意发展的经验，承担发展、推广美食的义务，更为重要的是成都要有全球的视野，要树立国际化的理念，借助网络联盟的资源，一方面加快集聚创意资源，包括国际化人才、技术、资本等产业要素；另一方面要扩大成都美食及其相关产业，以及本土文化的国际影响力，通过举办各类国际性的以美食美景、健康休闲等为主题的创意活动，营销成都城市品牌，推广相关的创意企业和创意人才。

3. 放大美食产业体系，不局限于单一产业层面

建设“美食之都”要突破传统美食产业的时空界限。就产业发展而言，要放大产业体系，一方面要沿产业链的上下游延伸，从原料的生产、加工、配送到烹饪、餐饮服务等；另一方面要完善产业体系，与美食相关的配套产业、支持产业和衍生产业，如餐具、烹饪器械、旅游、娱乐、宣传推广、技术培训、环境氛围等。不同的文化氛围配以相关的菜肴，可创造各种主题餐饮，如农家菜、知青餐、红楼宴、清宫宴等。更广泛而言，要在成都社会、经济、文化的方方面面推进创意城市建设的理念和战略。把建设“美食之都”与推进城市发展转型结合起来，与建设创新性城市结合起来。

二、完善美食之都的建设

当前经济转型是城市发展的大势所趋，也是“十二五”期间的一项重点任务，“美食之都”是成都迈向创新型城市，实现经济发展华丽转

型的突破口和综合抓手。要立足城市转型的要求,实现跨界联动,着力培育城市的创意基础、创意环境和创意氛围,赋予城市以新的活力和创造力。另外,根据联合国教科文组织的规定,创意城市的称号并不是终身制,因此我们要有忧患意识。虽然成都在创意城市建设方面取得了阶段性成果,使这一轮申请获得了成功,但和国际创意城市相比在许多方面仍存在一定差距,必须进一步完善美食之都的建设,为保持称号、维护城市品牌奠定基础。

1. 延伸产业链,做强美食产业体系

如前所说,建设“美食之都”要突破传统美食产业的时空界限。不仅要发展餐饮和食品产业,弘扬我国餐饮文化,开发各种美食。而且要延伸产业链,构建完善的支持配套产业体系。比如,其上游可追溯到农业生产,如在美国就把食品工业置于农业部管辖。成都为完善“美食之都”建设,也要积极引导周边地区创意农业的发展,不仅可提供优质的原料,也可以观光农业吸引更多消费人群,并提高农民收入,扩大消费。要通过应用技术把文化创意融入农业生产、食品的加工保鲜包装、餐具炊具的设计制造等。还要加强技术研发,以支持上述产业的发展;以文化传媒帮助树立品牌,扩大影响,拓展市场;发展职业教育,输送人才等。此外,要积极发展旅游观光、休闲娱乐业以吸引消费人群。

2. 打造城市品牌,使文化创意和科技进步成为城市发展的重要要素

如前所说,“美食之都”首先是创意城市,要从城市发展战略的高度认识文化创意对提升城市竞争力的积极意义,要转变发展观念,学习和了解创意时代城市的发展规律和发展特征,让全体市民形成文化创意和科技进步是城市发展的重要要素的共识。美食产业体系是成都作为创意城市中的一个富有特色的产业,其特色就在于该体系中的各行业的创意发展,不仅有创意的餐饮文化,还有创意农业、创意旅游、创意设计的包装、餐具、炊具等。成都要以建设“美食之都”为契机,树立起“美食美景、健康休闲,文化多元、创意无限”的品牌内涵,并以此集聚

创意资源,发展创意产业,推进创意城市建设。这既是建设“美食之都”的口号,也是全体市民创意大动员的口号。

3. 举办多种文化创意活动,并在广泛的国际交流中实现城市文化的创新与张扬

首先要围绕“美食之都”的内涵举办丰富多彩的文化创意活动,不仅有常设的美食节庆、烹饪比赛、相关论坛等活动,还可以多种形式的文艺表演,秀一个“美食之都”给世界看。迪士尼的“美食总动员”,上海电视台曾连续播映的“名菜典故”节目,以及小说“美食家”等,这些案例从内容到形式应能给我们很好的启发。比如塑造一个可爱的形象,编个动人的故事:“辣妹漫游美食城”或“美食王国奇遇记”,既可推进品牌建设,又可张扬我国饮食文化。美国学者刘易斯·芒福德指出,“城市是文化的容器”,打造创意城市就要挖掘本土文化,在传承中创新,并以多种形式展示。另外,在全球化背景下,多元文化的交流促进了城市文化的创新,同时也使本土文化能突破地域和模式的局限,将本民族的文化资源变成人类共享、共有的资源。作为全球创意城市网络的一员,更要通过请进来、走出去,在广泛的国际交流中实现本城市文化的创新与张扬。

4. 加强综合规划,完善服务体系,实行跨界联动

世界著名的创意城市建设的经验启发我们,能否建成创意城市的关键在于是否具备创意土壤、创意氛围及有利于创意人才和创意企业、创意产业生存、发展的空间、基础设施与制度环境,即创意城市的软环境机制。我们要围绕支撑创意城市发展的核心要素,加强综合规划,完善创意产业发展的制度环境、文化环境和公共服务体系。同时要树立跨界融合发展的观念。“美食之都”的建设客观上要求跨界联动,需要文化界、科技界、企业界联动,需要商贸、旅游、金融、农业、食品加工等各相关专业人士的协同创新,因此,要建立相适应的推进机构,落实和实施相关任务。如伦敦及联合国设计之都蒙特利尔、神户和名古屋都成立了专门推进创意城市建设的组织机构和运营机构。在上海也为建

设“设计之都”成立了创意产业领导小组，以便协调各部门，整合资源推进创意城市建设。当前正在制定“十二五”规划，就应该把完善“美食之都”建设纳入“十二五”规划。

总之，成都一定要抓住加入世界创意城市网络的机遇，进一步整合资源，完善“美食之都”的建设，树立起“美食美景、健康休闲、文化多元、创意无限”的城市新品牌，推进创新型城市建设，实现城市发展的华丽转型。

（本文原载于《经理日报》2010 年 9 月 13 日）

以创意产业推动文化创新

党的十七大报告中明确指出，提高自主创新能力，建设创新型国家，是国家发展战略的核心，是提高综合国力的关键。建设创新型国家战略的提出是顺应经济发展规律的要求的，而在当前来看更是应对金融危机、转变经济发展方式的关键之举。世界经济发展经验表明：一个国家或地区人均GDP达3 000－4 000美元时，就应进入创新驱动发展阶段。目前我国人均GDP已达3 700多美元，经历了要素驱动和投资驱动的快速发展阶段，也面临着资源、环境的约束；加上国际金融危机的影响，如不加快提高自主创新能力、转变经济发展方式，就会犯严重的战略性错误。

建设创新型国家，城市尤其是中心城市是关键。由于中心城市区域往往是国家实现产业创新和经济增长的核心空间，其科技教育发展水平高，人才资源相对集中，创新环境较好，研发投入能力较强。因此建设创新型国家的任务首先是要把中心城市建设成创新型城市，让中心城市更多地承担起经济创新的角色。可以说建设创新型城市是建设创新型国家的重要载体和核心依托。

建设创新型城市的重要任务就是要构建创新体系，它由政府、企业、产业集群、中介服务体系等多个主体构成。由于创意产业是将文化资本重新组合引入经济系统的新兴产业，其特点就在于把文化、技术、产品（服务）和市场有机地结合起来。创意产业实际上已超越了文化产业的含义，它还推动着各个领域的经济创新，促进了体制创新，提高了人民群众的文化素质和创造力，从而为建设创新型城市奠定良好的基础。

一、创意产业发展推动城市文化的创新

创意经济已被视为一种全球现象。综观全球,那些国际上有影响的大城市几乎无一例外都是创意产业最集中、最发达的地区,也以富有特色的创意产业而闻名遐迩。国际大都市的地位之所以与创意产业的繁荣有如此紧密的联系,正是因为创意产业极大地促进了城市文化的创新。

创意产业促进了城市文化内容的创新。创意产业是将新的创意注入了传统文化之中,让传统文化得以继承和发展。同时,发展创意产业既能够吸收各种先进文化,实现创新,又让本土文化不被中断而得以张扬。对城市文化内容的创新是着眼于现实意义的继承性创新。在文化内容创新过程中,无论是吸收和弘扬中国传统文化,还是借鉴其他民族优秀文化成分,通过对其现实价值的积极挖掘,都可以很好地为城市文化的发展建设服务,满足城市居民生活的实际需要。

创意产业促进了文化形式的创新。创意产业借助于技术的进步,将文化产品和服务以越来越多的形式呈现在城市居民面前,促进了城市文化形式的创新。文化创意和科技创新结合在一起,为市民提供了前所未有的新的文化形式体验。创意产业的发展促进了传统艺术方式的升级换代,如传统唱片升级为MP3,传统出版业拓展为网络出版和电子书,传统舞台美术与多媒体技术的结合大大增强了视觉效果,以文化创意为内容的数字技术新产品层出不穷,基于数字化的各种发明也使人目不暇接。

创意产业促进了文化载体的创新。传统的文化载体,多为单纯的文化产品,如书籍、电影、电视、艺术品等。创意产业的发展,特别是创意产业向传统制造业的渗透,使文化载体的范围大大拓展了,在创意经济时代,可以不夸张地说,任何一个蕴含着创意的商品和服务都是文化的载体。创意产业是通过观念、情感和品位的传达,赋予传统意义的商

品某种独特的“象征意义”，提升其文化附加值，从而使传统的商品转变成了承载文化的载体。可以说各行各业的产品和服务都能成为一定文化的载体，并因此而提升其价值。

创意产业促进了传播手段的创新。技术的发展不仅为文化创意提供了更丰富的表现形式，同时也提供了更多的传播手段。创意产业与新技术结合在一起，促进了文化传播手段的创新。创意产业采用现代高新科技的成果，大力推进了文化交流和传播手段的升级换代，改造了传统文化生产经营和传播模式，例如借助广播、电视、手机和网络来推介创意产品。

二、发展创意产业可有效地促进产业创新

强调创意和创新，强调把文化、技术、产品（服务）和市场有机结合起来，一方面能为人们提供文化含量较高的产品和服务，满足人们的精神需求，从而有效刺激内需，形成新的消费市场；另一方面还可以与其他产业融合发展，促进产业创新和结构优化。实际上，各行各业都可借助创意产业的发展，或应用其成果，更新产品和服务的设计与策划，开辟新的“蓝海战略”、“品牌战略”和“营销战略”。

传统产业可以通过文化创意的融入，附加更多的文化内涵，开辟“蓝海战略”，实现差异化竞争，或塑造有特色的品牌，从而提升竞争力。

在产品设计中融入文化创意，如以色彩调节人们的心情、以结构满足人体的舒适感或操作的方便、以独特的造型给人们以丰富的想象，从而实现产品的价值创新。

在营销中融入文化创意，引起消费者的文化认同，产生共鸣或好奇心，从而有助于拓展市场。不仅精心策划的广告、会展有助于促销，优秀文艺作品也可能帮助扩大市场，比如电影《非诚勿扰》的热播极大地促进了杭州西溪湿地和日本北海道的旅游。

传统产业都可以利用创意产业的思维逻辑和发展模式来改造自身

的发展模式，实现产业的创新。如创意旅游、创意农业都是用创意产业的思维方式和发展模式，整合相关的资源，融合文化创意创新相关产品和服务，锻造产业链和构建起完善的价值实现系统，实现了传统产业的创新。

三、发展创意产业促进了体制创新

创意产业的发展大体上有两个方向，即文化的产业化和产业的文化化，前者是把文化创意变成商品，后者是在传统产业中融入文化，使之增值，或者说把商品做成文化。

文化产业化是以文化为资本，运用市场化手段或工业化手段，对文化产品进行生产、加工、流通、分配、消费的过程，最大限度地满足人的精神文化需求。在过去相当长一个时期内，我国一直把文化仅仅当作是公益事业来运作，混淆了文化事业与文化产业的关系，既没有采取合理的市场化战略，也没有引进竞争机制，文化产业的市场化程度很低。正是创意产业的发展，促使文化体制进行改革，促进文化体制的创新，从而使传统的文化资源通过市场的运作和商业的包装获得了新的生命，同时也使文化产业获得了新的增长点。通过发展创意产业，我们努力建设一个健康的文化市场秩序，妥善解决文化产业发展中遇到的体制性难题，并通过文化产业化的运作，把丰富的文化资源变成一种竞争力，变成一种综合国力。

此外，由于创意产业的高度融合性和渗透性，一方面促进了不同行业、部门间的联合，比如在深圳成立了文体旅游局，绍兴成立了文化体育局等，推进了政府管理体制的创新；另一方面，随着文化创意产业的勃兴，应运而生的各类非营利组织也打破了城市原有文化产业组织的格局，出现了多元并进的繁荣态势。此外，创意产业的发展需要金融的支持，也促进了风险投资基金、创业投资基金和知识产权交易的发展。

目前，我国各城市在发展文化产业方面都制定了各自的方针。上海走“集约化经营，规模化发展，集中力量办大事”之路；北京提倡“民营国营同台竞争,多元主体优势互补”;广州的路子是“坚持市场导向,凸显产业属性”;深圳则是“文化资源和企业资本结合,可持续发展和制度创新互动”。创意产业的发展促进了文化体制的创新,发展了先进的生产经营方式、完备的法律体系,推动了对不同民族文化资源的吸收创新,使得艺术想象力和创造力、创造精神和探索精神得以发展。

四、发展创意产业有助于提高人民的文化素质和创造力

现代创意产业的发展已经超越单一的经济发展层面,正逐渐深入到通过解放人的创造力塑造新阶层和解放文化生产力更新社会的发展阶段。有关创意产业与社会发展实现良性互动的研究表明创意产业“最重要的地方在于在普通大众中鼓励知识的增长和创造性参与”,创意产业与一般物质性有形产业在发展模式和路径上存在着差异,其价值的创造依赖于创意阶层的崛起,其价值的实现有赖于消费者的认同,这两者都与人这个具有社会属性的群体密切相关,因此创意产业的发展和人本身的发展密切相关。

首先是大众创意的激发力。创意产业鼓励普通大众参与创造。创意社群利用便捷的沟通网络,聚合了各个阶层的民众,给每个有创新力的人提供发挥才能,创造财富的机会,并造就了创意阶层的形成。事实上创意产业不仅是精英文化,也是大众文化的天地。创意不是大师的专利,如网络影视的发展,人人都可当编剧、导演和演员。在土豆网上可以看到许多来自草根的作品如《牛人歪传》《我们没有隐私》等,都很受网民的喜爱。从胡戈的“馒头频道”到钱峰的“牵手网”,还可以看到这些年轻人如何通过发挥才能去创造财富。企业里的普通员工在创意产业发展的潜移默化下也都可以发挥想象力为产品的设计改进提供创意。

其次是社会价值观的引领和先进文化的张扬与普及,使广大受众在消费中不断提高自身的文化素质,并有利于社会主义核心价值体系的建设。优秀的文化产品不仅潜移默化地影响着人们的思想观念、价

值判断和道德情操，张扬和普及了文化知识，而且五彩缤纷富含创意的各类产品，也将激发人们的创新意识和提供创意启发，并有利于在全社会树立以改革创新为核心的时代精神。人民群众文化素质的提高，也就为创新型城市建设奠定了坚实良好的基础。

（本文原载于《人民日报》2010 年 9 月 17 日）

加快设计之都建设，实现经济发展转型

上海于2010年2月被授予“设计之都”称号，成为联合国创意城市网络中第7个以设计为主题的创意城市，在世博会召开前夕，上海申请成功“设计之都”的意义非凡。根据联合国教科文组织的规定，创意城市的称号并不是终身制，因此上海必须要有忧患意识。虽然这一轮申请获得了成功，但和其他已经申请成功的设计之都如柏林、首尔等城市相比，上海还需在许多方面向别的城市学习。要学习其他设计之都的先进做法，加快设计之都的建设，实现经济发展的华丽转型，并为下一轮的重新评定（审核）做好准备。

一、设计之都的内涵

所谓“设计之都”是联合国全球创意城市网络成员的一个称号，对获选加盟资格的城市而言，这不仅仅是肯定其在设计方面所取得的成就，而是意味着该城市在促进创意设计发展方面要有更多的责任、更高的要求和更广阔的视野。

1.“设计之都”首先是创意城市，是上海城市的新战略、新模式和新品牌

“设计之都”是以设计为发展主题和发展定位的创意城市，强调要将设计理念融入城市社会经济文化发展的方方面面，“设计之都”是上海迈向创意城市的新战略、新模式和新品牌。

(1)“设计之都”是上海城市的转型新战略

经过30多年改革开放的高速增长和规模扩张之后,上海城市正步入从“效率城市”走向“创意城市”的转型发展之路,“设计之都”的建设恰恰为这种转型提供了一种新的战略思路:“以设计引领转型”。正在成功举办的上海世博会是人类创意设计理念、创意设计技术、创意设计产品的大汇聚、大舞台,这不仅为上海城市建设“设计之都”提供了世界性的资源要素、先进经验、人才网络和产业通道,也为实现“以设计引领转型”的城市战略提供了千载难逢的契机和各项基础条件,有利于延续和放大后世博效益,促进上海城市的持续发展。

(2)“设计之都”是上海城市的发展新模式

“设计之都”的发展需要一种全新的城市发展理念与思维方式。设计的本质是对各类资源进行优化与重构,这个过程中最重要的主体资源是人,人的智慧力、思想力、创造力和鉴赏力是实现设计的关键要素,因此,“设计之都”的发展重心首先要聚焦到创意设计人才,改变重硬件轻软件的制造业发展模式,在资金投入、政策扶持等方面为创意人才创造更好的软环境,只有充分重视发挥人的积极作用,“设计之都”才会具有蓬勃发展的生命活力。

(3)“设计之都”是上海城市的文化新品牌

上海已经明确了建设国际大都市的战略目标,在全球化背景下,国际大都市的城市形态、基础设施、经济运行、行为方式等效率基础结构日趋雷同,只有城市文化保持各自独特的面貌,文化也因此成为城市提升竞争力的关键要素。而“设计之都”的建设不仅能够为上海集聚更多的创意设计资源,激活更多的本土文化资源,还能够塑造具有上海文化特色的城市品牌,成为上海在世界舞台上展示海派文化和推广海派品牌的一张靓丽名片。

2.“设计之都”是全球创意城市网络中的一员,要有全球视野

“设计之都”是全球创意城市网络中的一员,上海加盟其中意味着要遵守国际规则,与成员国共同分享发展设计的经验,承担推广设计发

展的义务，更为重要的是上海要有全球的视野，要树立国际化的理念，借助网络联盟的资源，一方面加快集聚设计产业的国际化人才、技术、资本等产业要素；另一方面要扩大上海设计产业的国际影响力，通过举办各类国际性创意设计主题活动，营销上海创意设计品牌，推广上海创意设计企业和创意设计人才。

3. 要有大设计的概念，不局限于单一产业

创意设计没有时空领域的界限，上海“设计之都”的建设要有大设计的概念，要跳出局限于单一的设计产业，在上海城市社会经济文化等更广泛的领域推进设计发展的理念与战略部署。2008 年在“设计之都”首尔举办的“设计奥林匹克”展会上，韩国提出了“设计就是空气”的概念，指出设计要变得像空气一样融合在生活里，与人共存，在这一发展理念下，韩国人能将普通塑料饭盒创意设计为畅销 100 多个国家的“乐扣乐扣”，众多韩国时尚产品在国际市场上形成了滚滚的“韩流”，不仅为韩国带来巨大的经济利益，而且极大地提升了知名度和国家形象，同时也为曾经深处东南亚金融危机重灾区的韩国经济注入了一支强心剂，使其迅速恢复了元气，走上了经济振兴的道路。又如“设计之都”日本的神户，提出了从“空间的设计”、“经济的设计”和“文化的设计”三个方面实施设计之都发展战略，并以此来“提高城市生活层次”、“发挥城市个性与魅力”、“培育并传承城市精神文化”。

二、设计之都与城市经济转型

经济转型是上海城市发展的大势所趋，也是上海“十二五”的重点任务，设计之都是上海经济发展实现华丽转型的突破口和综合抓手。大力发展设计产业，不仅能够带动一批新兴产业的发展，也能够促进传统产业的升级；不仅能够扩大消费规模，培育消费群体，也能够促进市场创新和品牌创新；不仅能够放大世博效益，形成新的文化竞争力，还能够为后世博上海城市注入持续活力。

1. 通过应用技术将文化内涵融入传统产业的产品与服务中提升其附加值

上海建设“设计之都”不需要照搬外国模式，而是应当从自身的文化积淀和产业基础中探索适合自己的发展道路。在“设计之都”城市品牌的运作下，实现海派文化与设计产业链的重组和延伸，为传统产业的转型升级服务，也为上海打造成国际金融中心和航运中心服务。

设计之都建设要与提升上海传统产业的附加值紧密结合，带动一批制造业企业向设计企业的转型，实现上海从加工制造基地向创意设计基地的升级转型。首先，通过创意设计和应用技术与传统产业的融合，可以把传统产品变成时尚产品，实现从卖产品到卖设计的转型。比如会唱歌的酒瓶、会变色的咖啡杯、会说话的电饭煲等，上海有着发达的轻工制造业，通过新材料、新技术的设计应用，廉价的传统服装业就能够变成高附加值的时装产业，有助于加快上海轻纺等传统产业的转型。其次，通过海派文化元素融入传统产品的包装设计，还能够大大地提升产品附加值，形成上海特色的品牌效应。如上海金枫酒业公司原来生产的“金枫”牌黄酒，被用作烧菜的料酒，一瓶酒售价约两三元，也就是“卖酒瓶的价格”。2001 年通过创意设计，在黄酒中融入上海地方文化的元素，推出了“石库门上海老酒”的品牌，曾经两三元一瓶的黄酒，现在数十元一瓶，步入了高档宴会厅，文化设计极大地提升了传统黄酒的附加值，实际上，新的“石库门”上海老酒卖的也不仅仅是酒，卖的是酒文化，是上海人石库门生活的情结，是现代人怀旧的时尚。再次，产业链的形成与延伸也是创意设计的重点内容。受市场青睐的产品，不仅需要产业链前端的创意设计，而且还需要产业链中端的制造和后端的市场营销的创意设计，在快速变化的市场中，需要将文化、技术、市场、产品等不同的要素进行整合设计，有机对接，才能获得市场认同的设计价值。这方面，苹果的经验值得借鉴，除了时尚的外形，跨界整合设计也是苹果产品赢得高端市场的法宝，以 iPod 为例，没有发明特别的新技术，只是将现代的数字音乐、科技美学、网络技术与传统的唱片公司、音乐商店等不同市场的资源通过设计，整合在一个便携器中，即创造了一个新市场，在为人们带来移动音乐享受的同时，也形成了新型的音乐产业链，并带动了传统音乐产业的发展。

2. 服务于长三角制造业转型，促进消费结构升级

上海"设计之都"发展的重点任务是加快促进形成服务经济为主的产业结构，实现城市发展从投资拉动向消费拉动的转型，具体从两方面推进：

一是大力鼓励设计产业的发展，特别是第三方设计业的发展，把设计产业作为现代服务业发展，更好地为长三角乃至全国服务。广告设计、工业设计、建筑设计、会展设计、时尚设计等设计业是上海潜力巨大的优势创意产业，不仅要为上海的相关产业提供设计服务，还要为长三角区域服务，通过设计之都的建设，建立起辐射长三角的跨区域"创意设计-加工制造"产业链，利用专业化分工，以上海设计提升长三角制造业的附加值，加快长三角区域的整体转型。比如，诸暨的淡水珍珠产业，产量在世界上占了90%，因缺乏设计和品牌，只创造了10%的市场价值，在上海社科院创意产业研究中心帮助下，他们提出了通过文化创意设计提升附加值的发展思路，以及"借珍珠之光彩，创诸暨之辉煌"的发展思路。此外，长三角区域众多的产业制造基地，如柯桥的纺织面料产业、宁海的文具产业等，都可以通过与上海设计产业的联动发展，提升产业能级。

二是通过设计产业的发展，扩大内需，促进消费结构的升级。设计产业的一大功能是能够实现消费者与制造者之间的互动，市场需求导向的设计不仅能够扩大消费规模，培育消费群体，也能够促进市场创新和品牌创新。成功的设计能够满足现代人生活需求的创意化、时尚化、特色化，在提升生活品质的同时，促进消费结构的升级，也能带动一大批高附加值消费产业的崛起，还能够创造出新的消费市场、新的产品品牌。目前在我们生活中离不开的汽车并不是新发明，而是为了满足出行的便捷，通过内燃机的设计应用形成的设计产品，这一设计创造了巨

大的汽车产业；又如手机，同样也是为了满足人们联系方便的需求，通过对移动通讯等技术的整合而形成的设计产品，这些均形成了巨大的市场，促进了消费。

3. 结合世博会城市最佳实践区的新成果，促进上海经济的绿色低碳转型

设计的魅力在于能够广泛应用已有的新发明、新技术、新工具，不消耗更多的资源，不污染自然环境，就能够为城市创造新的社会经济价值，为人们创造美好的生活环境。上海世博会向人们展现了来自世界各地精彩纷呈的城市新理念、新技术与新产品，为上海建设“设计之都”留下了丰富的世博遗产，以此为契机，上海可加快设计之都的建设步伐，结合世博会城市最佳实践区的新成果，学习先进国家和地区在绿色生态、节能环保、低碳技术等方面的应用设计，促进上海经济的绿色低碳转型。

一是将上海世博园区中的各种节能生态技术通过设计应用到上海城市建设的方方面面和各个产业领域。如：太阳能的开发利用、清洁能源车辆、江水源和地源热泵技术、半导体照明和节能设备、生态节能建筑技术，最新信息科技的应用以及垃圾减量化、无害化、资源化技术等。这些技术具有前瞻性，代表了未来节能环保技术的发展方向，是上海城市实现绿色低碳转型的技术驱动力，特别是一些已经成功应用到城市发展中的最佳实践案例，值得借鉴和推广。

二是世博绿色建筑设计的推广和应用。上海世博盛会展示的绿色建筑以及低碳概念对未来城市的发展影响深远，上海城市处于大规模的开发建设期，以绿色低碳设计理念引领上海城市规划、建筑业、房地产业、交通业是上海设计之都的重任，把设计业与新材料、新能源在城市中的推广和利用紧密结合，让更多的绿色设计为城市中的人们带来健康与舒适的生活。

4. 在广泛的国际交流中实现城市文化的创新与张扬

美国学者刘易斯·芒福德指出，“城市是文化的容器”，而设计正

是将城市变成精美“文化容器”最有效的手段和工具，上海“设计之都”的建设承担着传播、传承上海城市文化的重任，我们要在广泛的国际交流中实现上海城市文化的创新与张扬。

首先，举办丰富多彩的国际化创意设计活动，通过请进来，走出去，建设国际化的设计交流平台，建立国际化的设计营销网络，为上海本土设计品牌、设计人才的国际化创造条件，尤其要重点鼓励培育年轻创意设计人才，为他们提供国际化发展的舞台和通道。

其次，要把创意设计产品的出口作为上海“设计之都”建设的重点任务。创意设计产品也是文化的载体，通过鼓励文化创意含量高、具有自主品牌的设计产品走出去，不仅能够创造更高的附加值，还能够传播中国文化，上海特色，重塑中国制造的国际形象，逐步改变中国产业处于价值链低端的国际分工格局，实现从中国制造到中国创造的跨越。

三、进一步完善设计之都建设的措施

上海的创意产业发展已取得阶段性成果，为建设创意城市、构建“设计之都”奠定了重要基础。创意城市的发展涉及社会、经济、文化等各个领域，是一个城市全方位的创新与实践。上海创意城市的建设要在创意产业发展和创意园区集聚的基础上，将创意理念融合到城市建设的方方面面，要立足上海城市转型的要求，实现跨界联动，着力培育城市的创意基础、创意环境和创意氛围，赋予上海城市新的活力和创造力。

1. 转变观念，强化城市发展的设计理念

“设计之都”首先是创意城市，要从城市战略的高度认识设计的积极意义，我们要彻底转变发展观念，学习和了解创意时代城市的发展规律和发展特征，建立健全适应“设计之都”发展要求的各项政策举措。为此建议：

树立城市建设的大设计概念。把设计的理念从产业和产品设计领域扩展到商业设计、文化设计、空间设计、生活设计等各个方面，将设计成果运用于城市规划和城市建设之中。如“设计之都”蒙特利尔鼓励实施能够促进生活环境质量提升和可持续发展以及城市景观改善的设计项目；神户提出了城市空间设计、城市道路交通的无障碍设计（Barrier Free Design）、城市设施的多功能、多用途万能设计（Universal Design）等建设项目。

树立跨界融合发展的观念。“设计之都”的建设客观上要求跨界联动，需要文化界、科技界、企业界、商业界、金融界、法律界、设计产业界、设计教育界等相关各界的协同创新，因此，要建立相适应的推进机构，落实和实施相关任务。如伦敦及联合国“设计之都”蒙特利尔、神户和名古屋都成立了专门推进创意城市建设的组织机构和运营机构。

树立设计服务和设计应用的观念。通过鼓励广泛应用设计，鼓励设计服务于相关产业，来体现和实现设计的价值，同时要明确优秀设计的衡量标准，鼓励发展能够提供解决问题方案的设计，以及具有文化审美观的设计，有利于全面提升城市社会经济文化水平的设计。

2. 加强综合规划，完善服务体系

世界著名的创意城市建设的经验启发我们，能否建成创意城市的关键在于是否具备创意土壤、创意氛围及有利于创意人才和创意企业、创意产业生存、发展的空间、基础设施与制度环境，即创意城市的软环境机制。我们要围绕支撑上海创意城市发展的核心要素，加强综合规划，完善“设计之都”发展的制度环境、文化环境和公共服务体系。建议：

论证制定《上海创意城市发展纲要》，以城市战略的高度，明确上海创意城市建设的战略、目标、体制，将建设世界级的“创意中心”作为上海未来城市发展的目标，同时制定“设计之都”近期和中远期建设规划。

借助于“创意城市网络”这一国际化平台网络和资源，加快完善上海“设计之都”的公共服务体系。一是依托企业、高等院校、科研院所、行业协会、创意产业集聚区等建立行业性的专业化公共服务平台；二是政府以购买、授权、委托等多种形式鼓励加快建设一批设计产业的公共技术研发、信息咨询、投融资、知识产权、人才培训、展示交易、成果转化、国际交流的公共服务平台；三是支持服务于创意企业的中介机构和行业组织的发展。

3. 营造良好环境，扩大对外交流合作，吸引人才，鼓励创新创业

创意城市的本质就是培育、吸引、留住具有各种各样才能的人才。创意城市就是创意人才的“磁石”，构建具有上海特色的“人才磁石”组织体制机制构架，发挥创意设计人才的巨大潜力，营造强大的创意设计生产和创意设计消费“磁场”是上海建设设计之都的政策聚焦点。为此建议：

营造多元文化的氛围，为创意设计人才的工作、生活和学习提供良好的环境，为创意设计者和消费者提供交互体验平台；鼓励创新创业，以创业带动就业，为年轻设计人才及其设计产品的市场化提供机会和支持；设立“上海设计”的常设论坛、“上海设计”的节庆活动、“上海设计”的展示交易活动和“上海设计”的大奖赛，将“上海设计”培育成为上海在世界舞台上的新品牌、新形象，成为上海集聚国际设计资源的大平台；鼓励各行业、各部门、各机构开展各种以创意设计为核心的主题活动，营造创新氛围，并使之经常化、大众化和国际化，形成创意设计发展的社会推动力。

4. 发挥金融中心作用，支持创意产业的发展

发挥上海金融中心的作用，构建创意城市投融资服务体系。一是建立各种专项基金，如创意种子基金、设计之都基金、文化创新基金、创意创业风险投资基金等，用于支持创意设计企业的创业和发展；二是构建多元化投融资机制。鼓励社会资金、金融机构投入创意设计业，为中小型创意设计企业、项目以及创意成果转化提供融资服务；三是鼓励银行和其他金融机构对创意设计企业开展知识产权质押业务，支持和引导担保机构为创意设计企业的融资提供担保。为创意设计企业在国内外资本市场融资创造条件。

（本文原载于《创意产业》2010 年第 5 期）

开拓创意金融 助推创意产业

2008年国际金融危机爆发以来，我国外贸出口和制造业受到很大冲击，增长速度大幅回落，当年第四季度工业增长降到5.8%，全年出口下降了8.5%。在如此严峻的形势下，文化创意产业却逆势上扬。如电影票房收入增长达30%以上，动漫、游戏产业增长达46%。2009年在国家一系列刺激经济发展的政策指导下，经济迅速回升，增长达9.2%，而文化创意产业的增长达17%，为保增长做出了重要贡献。中央及时抓住机遇，不仅在政府工作报告中首次提出要积极发展文化创意产业，同时还出台了《文化产业振兴规划》和《关于金融支持文化产业振兴和发展繁荣的指导意见》等指导性文件。在国家"十二五"规划中也将提出大力发展文化创意产业的政策，这说明积极发展文化创意产业已上升为国家战略，迎来了发展的巨大机会。

我国人口众多，在迈向全面小康的建设过程中，文化创意产业的发展有着巨大的市场空间。以电影市场为例，2009年我国城市电影票房总收入为62.06亿元，而2010年上半年，城市电影票房总收入48.41亿元，预测今年全年电影票房有望突破100亿元，然而和发达国家相比，我国人均观影次数仍然很少，仅为美国的1/13，英国的1/10，日本的1/3。其他文化创意产业的潜在市场空间也非常巨大。如企业转型需要产品设计和拓展市场，对创意设计和策划也有很大的需求。上海近两年都以20%以上的速度在增长，为长三角企业提供了大量服务，并被联合国教科文组织授予"设计之都"称号，成功加入全球创意城市网络。目前我国已有三个城市加入该网络。全国各中心城市都在积极挖掘本土文化，结合当地产业特点积极发展文化创意产业。

当前我国发展文化创意产业的政策环境和市场时机都已经成熟，虽然文化创意产业有高收益，但它也是高风险的产业。正确的投、融资决策是发展文化创意产业的关键，而正确的投、融资决策是基于对文化创意产业的风险与收益的正确认识。为促进文化创意产业健康发展，我们需要金融的支持，需要清醒地分析投资文化创意产业的风险与收益，并在此基础上创新金融，支持文化创意产业的健康发展。

一、文化创意产业的风险收益特点

文化创意公司的价值由其拥有的文化创意产品以及团队决定，而影响文化创意产品价值的因素众多，不确定性很大。虽然创意产业具有高收益性，但同时也有高风险。对其风险的产生和特征要有充分的认识：

（1）受众对创意产品的价值认识有一个过程。不仅许多创意的生产者根据自己的主观价值判断进行创作，而受众也是根据主观的判断去评价创意产品，尤其是具有创新意义的作品。人们对其价值的认识有一个过程，这一过程就会带来一定的风险。比如画家创作一幅画，社会对其评价不一，印象派、抽象派问世时社会评价褒贬不一，在20世纪50年代我们也曾批判过，但后来又接受了。女子十二乐坊刚问世时也遭遇过批评，而后出走海外，在日本、韩国走红后再“出口转内销”。

（2）创意产品具有需求的不确定性。文化创意产品的需求，与工业产品如电饭锅、电视机等不同，这类产品因其功能而被消费者购买。对因为使用功能需要而购买的产品，相对容易预测其需求。而文化创意产品重在观念价值和精神需求，因此，对这类产品的市场需求就比较难以预测。例如，对电饭锅、电视机可根据家庭人口数量和收入因素，以及市场保有量和产能等数据，大致能推算出其市场需求。而要预测一部电影的观众人数和票房收入就很困难。因为一方面电影不是生活必需消费品；另一方面观众选择看一部电影的因素太多，在预测观众人数时，几乎都是根据行业过去的增长去推算，其准确性往往不高。

（3）文化创意的易复制性。一般而言，文化创意产品主要以符号体现其价值，比较显性，和新技术产品相比更容易被仿制。而且在现代技术水平下其传播的成本也很低。比如，一个新型设计很容易被模仿销售。又如创作一个好的电影剧本很难，但是，这个剧本很容易被人模仿和传播。电影、音乐、美术作品在现代技术条件下都是一串数字符号，复制、传播都很方便，成本也很低。如果没有完善的保密制度和保密环境，以及严格的知识产权保护，创意容易被其他人剽窃、复制，创意的原创人员就得不到应有的回报。因此，知识产权的保护非常重要。例如电影《阿凡达》的制作花费了 3 亿美元的成本，整个拍摄制作过程长达 12 年，使用无数电脑特技加工合成。而《阿凡达》电影光盘的复制成本几乎可以忽略不计。

综上所述，可见文化创意产业的潜在收益虽然很大，但是风险也可能很高。虽然预测《阿凡达》能够为投资者带来总计 10 亿美元的收入，但是有些高投入未必能够获得高回报。比如，在中国电影市场中，每年约有 100 - 120 部电影能上院线；其中，30% 赚钱，40% 持平，30% 赔钱。世界各地电影市场的状况也大致类似。如同“股市有风险，投资需谨慎”，投资文化创意产业也一样。

正是因为文化创意产业存在较大的不确定性和市场风险，其发展需要针对其风险特征采取一定的扶持政策，一方面可在财政、税收方面对新办文化创意企业给以一定的扶持，并加强知识产权保护，创造良好的宽容的文化氛围，构建完善的公共服务平台等；另一方面也需要创新金融，更好地支持创意产业发展。政府应制定一定政策，培育文化创意产业保险市场、营造包括贷款贴息、保费补贴、投资基金、风险投资等配套机制，以利企业迅速度过成长期。

二、发展创意产业需要投资创新与融资创新

文化创意产业的风险特征与传统产业有巨大的不同。因此，传统的融资工具（银行信贷、债券、股票等）一般不大适合文化创意产品的

融资需求,因为银行信贷、债券的收益相对比较低,适合风险相对小的产品。而文化创意产品的高风险特征,使得股权融资也不是很顺畅。从实际情况看,从事文化创意产业的企业多为中小企业,自身的资金相对有限,而创意产品的风险很高,银行又较难评估其价值和风险,因此以版权等无形资产做抵押物很难申请银行贷款。另外,不少从事文化创意产业的企业虽然在创意生产方面有能力和经验,但往往缺乏为创意生产融资和进行资本运作的经验,因此,发展文化创意产业,需要创新金融帮助文化创意企业进行投资、融资。

首先是投资创新。专注于创意产业的私募股权(PE)基金可以作为文化创意产业的投资主体之一。创意产业基金可以吸引拥有资金、与文化创意产业风险收益偏好一致的投资者在文化创意产业投资,满足文化创意产品的各种融资需求。目前已经出现一些专业的创意产业基金,如擎辉投资基金(PE),并且已经开始准备在创意产业进行投资。

例如,私募股权(PE)基金已经开始投资中国影视业,私募股权基金不仅可以为影视企业引入资金,还帮助影视企业建立一整套制片预算方案、审计和财务管理制度,并且通过监管资金的使用,保证了严格的成本控制。

目前活跃在中国影视界的PE主要有:IDC新媒体基金、由中影集团等发起的中华电影基金、红杉资本、软银、A3国际亚洲电影基金、韦恩斯坦(TWC)亚洲电影基金、“铁池”私募电影基金,此外,汉能、易凯等私募股权基金以及海外的影业公司和大型投行也在密切关注其中的投资机会。

中国电影基金概况

基金名称	简　　介
IDG中国媒体基金	2007年5月由中影集团和IDG(国际数据集团)建立,用于投资中国电影,《胡同里的阳光》是首个项目

续　表

基金名称	简　　介
A3 国际电影基金	由香港著名制片人施南生、保利博纳总裁于冬联合日本、韩国、香港三位制片人及一名前摩根斯坦利投资银行家共同发起，预期募集1亿美元，计划在5年内投资30部亚洲电影，重点是中国、日本和韩国的合拍片
韦恩斯坦亚洲电影基金	共2.85亿美元，计划超过50%的资金投资给中国电影

另外，也可以设立专注于创意产业的私募债权基金投资文化创意产业，或者商业银行也可以通过贷款创新来投资文化创业产业。

其次，文化创意产业当然也可以上市融资。以国内电影业为例。由于国内电影产业迅猛发展，影视企业的融资需求巨大，华谊兄弟通过上市就募集资金6.2亿。

当然，也可以有其他多样化的融资模式，以电影产业为例（见下表）。

多方合拍	不仅可以降低片方的投资金额，也有助于影片在合资方所在地发行。如《赤壁》《梅兰芳》都是多方投资
预售版权	影片上映之前，片商通过向海内外的发行公司和放映公司预售发行权、放映权，收取定金或"宝地发行金"以支持影片制作
拓展电影后衍生品市场	电影的著作权保护期有50年，因此，电影后衍生品开发可以很丰富。版权交易市场巨大
贴片广告和植入式广告收入	由于受众巨大，电影及相关场所是很好的广告载体。如《爱情呼叫转移2：爱情左右》的植入式广告的成功案例，广州本田支付巨额广告费，降低了投资风险
政府支持	来自政府的资金，如文化发展基金等

近年来在政府鼓励下，同时也因危机爆发后大多传统产业产能过

剩，增长回落，而创意产业逆势上扬；金融资本扶持文化创意产业有较大增加。例如，北京银行就抓住金融危机下文化创意产业发展的机遇，加大了对文化产业的支持：

2009 年 6 月 25 日，北京银行与北京 CBD 国际传媒产业集聚区、中国（怀柔）影视基地、国家新媒体产业基地等 3 家文化创意集聚区代表签署战略合作协议，并为大地时代文化传播（北京）有限公司等 7 家文化创意企业发放总计 3 亿元的文化创意贷款。

2010 年 4 月 9 日，北京市广播电影电视局与北京银行正式签署《支持北京市广播电影电视产业发展全面战略合作协议》，北京银行将在未来三年内向以首都广播、电影、电视为代表的文化创意企业提供意向性专项授信额度 100 亿元人民币。

同年 6 月 2 日，北京银行为北京东方雍和国际版权交易中心金融信贷服务对象，包含影视、出版、动漫、游戏等领域内的文化创意企业提供意向性专项授信额度 100 亿元人民币。中国动画研究院、北京中联华盟文化传媒投资有限公司、红色天空国际文化传媒（北京）有限公司、中凯世纪国际文化传媒（北京）有限公司等四家文化创意企业和机构，通过国际版权交易中心的银行信贷服务获得北京银行共计 3 100 万元人民币贷款支持。

同年 6 月 7 日，文化中国传播集团有限公司获得北京银行专项授信 10 亿元人民币。用以支持文化中国传播集团旗下精品影视制作、传统传媒运营、手机电视等新媒体运营、手机网络游戏及无线增值服务等重点业务板块的发展。

第三，在促进文化创意产业快速发展的同时，也不应该忘记文化创意产业的高风险特性。比如，自 2002 年开始，中国电影产量便高速增长，其中，2007 年电影产量 402 部，2008 年电影产量 406 部，2009 年电影产量达 456 部。但是，2009 年院线放映国产影片约 130 部，约 326 部影片没能在影院放映。

《阿凡达》在中国市场获得了 13.5 亿元的票房，这让很多外部资金开始做起了“电影投资梦”。但是,约有60%的电影投资在亏钱(其中有一部分属非营利的公益性文化)。例如:完美时空投资《刺陵》,尽管《刺陵》总投资高达9 000万元,但在内地仅收回6 700万元的票房,制片方的票房分成仅为2 881万元,亏损6 119万元。

可见,文化创意产业的投资风险很大,为促进文化创意产业快速发展,适当的风险控制就很重要。

一是政府层面的风险控制。政府控制创意产业发展的风险,应该集中在制度建设和适当的扶持政策,并进一步完善市场机制。通过政府引导,让市场发挥积极作用。比如在建立各种基金(如种子基金、风险投资、私募股权基金等)时,政府可出一小部分资金(母基金)以吸引社会资金加入,而在基金运营成功后也可择时退出。

文化创意产业发展的软环境建设,是控制文化创意产业发展风险的最重要方面。政府应该在建立信息平台、法制环境方面发挥作用。良好的信息平台,有助于减少信息不对称,减少文化创意企业融资时的逆向选择问题,使得优秀的创意文化企业能先得到资金、优先发展。同时,政府还可以借助政府担保或部分担保的形式,优先促进特定的文化创意企业取得融资。政府在扶持文化创意产业时,需要时刻关注市场发展的规模,避免重蹈过去在其他产业发展中出现的低水平重复、浪费社会资源的状况。这就需要政府在产业发展布局和政策扶持产业发展时,时刻关注产业规模问题。在建设创意产业园区、打造创意产业链时都应让市场需求决定创意产业的发展规模。

二是投融资的风险控制。首先需要对项目作科学客观的价值评估,各种投资基金一般都有自己的评估专家,也可借助社会中介机构和专业的第三方评估机构进行评估。要充分利用潜在的政府资源,并尽可能与融资之间信息对称。还可以在投资策略上做适当选择,降低投资失败风险。比如,如果以私募股权基金形式投资,应将基金分别投在不同的项目上,最好是这些项目的风险不是正相关。有时,也可以以可转债的形式投资文化创业产业,最后,可以根据投资的结果选择股权或者债权。

文化创意产业的项目融资为控制风险，可以通过吸引多方参与投资的形式实现。例如，电影业的“联合摄制模式”就是通过吸引各方参与，并以投资协议来确定各方对影片版权收益的分配。就《阿凡达》而言，私募股权基金的加入，无疑加强了福克斯财务的灵活性，分散了风险。在中国，如《集结号》《非诚勿扰》等也是采用了“联合摄制模式”。

在过去十几年间，在私募基金和避险基金的追逐下，好莱坞电影制作透过第三方股本融资逐渐普遍，改变了以往主要透过贷款融资的状况。据估计，在好莱坞有超过30%的制片成本现在是通过第三方股本融资。

三是市场和交易的风险控制。如前所述，人们对某些文化创意产品的价值认识有个过程，为让受众尽快认识该产品的价值，需要媒体帮助进行宣传和推介。比如上海京粹艺术品发展有限公司早期投资刘令华的油画时，便在为他开画展的同时请专家在媒体上介绍其画作的特点，让人们了解其艺术特点和价值。电影《哈利·波特》每集上映前，各大媒体都在介绍本集即将上映，有何特点等。同样新产品的设计也需要推介，尽快让广大消费者了解新创意的特点和文化内涵。提高受众对创意产品价值的认识程度，缩短认识过程都有助于降低风险。因此，发展创意产业要舍得为推介创意产品投资。上海大剧院就投资兴办了“艺术课堂”，针对要上演的节目邀请专家来进行讲解点评，以提高听众欣赏能力，500人的场地每次都坐满。提高受众鉴赏力就降低了市场风险。如最近要上演歌剧《尼伯龙根的指环》，由于事前七场讲座的指点，有3 200人听了有关指环的课，不仅大大提高观众的欣赏水平，也大大提高了票房收入。

由于创意产品的市场具有不确定性，其市场交易的顺利进行往往需要风险投资介入。例如，这次国际金融危机爆发后，浙江文具之乡宁海市的360户文具生产企业（多为民营中小企业）急需更新产品设计，结队到上海购买创意设计。在上海创意产业中心帮助下，由一批专业设计企业为他们提供了许多新的设计。然而在交易中就遇到了市场风险的问题：文具企业认为新的设计是否受市场欢迎不很确定，花钱购买新设计存在较大风险；而设计企业也担心新的设计创意泄露后被复制，知识产权得不到保护的风险。此时上海创意产业投资公司的风险资本及时介入，由它出资一半，企业出一半将创意设计版权买下，企业生产销售的收益和风险双方共担，如果企业认为市场较好，再将另一半产权购回。于是交易顺利完成。

总之，目前我国创意产业的发展正面临良好的机遇，我们一定要抓住机遇，完善政策、创新金融，积极支持创意产业的健康发展，并为建设创新型国家、实现经济发展方式的转变作出贡献。

（本文原载于《创意产业》2010 年第 6 期）

论文化资本在创意产业中的作用

当前，我国许多地区纷纷举起了"文化图强"的大旗，旨在通过加强文化建设来寻找经济发展的新力量，以推动经济持续、快速、健康发展。如广东省、江苏省、山东省、河南省、河北省、浙江省、四川省、云南省、贵州省、湖南省、甘肃省、广西壮族自治区等都先后打出了建设"文化大省"的旗帜。同时，北京、上海、重庆、武汉、成都、深圳和厦门等城市都提出或者正在打造"创意之都"，确立了发展创意产业的目标，并采取一系列有针对性的措施来助推创意产业的发展，这也是很好的势头。面对着文化大省和创意之都的打造，为厘清文化资本在创意产业中的作用，本文认为文化资本是创意产业发展的主导因素之一，进而对文化资本推动创意产业的发展路径分析提出了新的思考。

一、文化资本推动创意产业发展

创意产业，又叫创意工业、创造性产业、创意经济、文化创意产业等。创意产业的出现是知识、文化在经济发展中地位日益增强的结果。英国把创意产业定义为"源于个人的创意、技巧和才能，通过智慧财产权的生成与利用，而有潜力创造财富和就业机会的产业"（1998 年）；其内涵的关键是强调创意和创新，从广义上讲，凡是由创意推动的产业均属于创意产业，通常我们把以创意为核心增长要素的产业或缺少创意就无法生存的相关产业称为创意产业。[1]

由于工业化、城市化和现代化进程不同，以及经济发展水平和文化传统的差异，各个国家和地区对创意产业的理解和界定都不一样。如英国当初界定的创意产业主要是以文化传媒为主体，确立了包括广告、电影、音乐等13类的创意产业分类体系；美国以知识产权为核心，把创意产业称之为“版权产业”；日本以内容产业为主；新加坡突出设计业的重要地位，大力推进设计创意产业发展。我国对创意产业进行分类和确立发展重点时结合中国国情，同时充分借鉴了欧美、亚太等国家和地区的创意产业分类体系，比如上海的创意产业主要包括研发设计、建筑设计、文化传媒、咨询策划和时尚消费五大类。

创意产业作为一个概念，于1998年才首次被提出来。而如今，创意产业发展突飞猛进。据统计，目前全球创意产业（2005年）每天创造的产值高达220亿美元，并以每年5%左右的速度扩张。一些发达国家增长的速度更快，美国达14%，英国为12%，早在2000年，创意产业就已经成为英国的第二大产业，仅次于金融服务业。从国内的情况看，最近几年创意产业迅速崛起，北京、上海等地涌现出一批各具特色的创意产业集聚区。据统计，2009年上海创意产业实现总产出3 900.57亿元，比上一年增长了9.5%，创意产业增加值占地区生产总值的比重达7.7%。[2]创意产业已经成为上海经济发展中的新亮点。

在创意产业的发展中，文化资本、人力资本和社会资本是主要的元素，其中文化资本是基本要因素之一。David Throsby将文化资本定义为一种资产，它除了拥有经济价值外，还内含、贮藏或提供文化价值。一般地说，文化资本是以财富的形式表现出来的文化价值的积累，这种积累引起了物品和服务的不断流动，与此同时，也形成了本身具有文化价值和经济价值的商品。有形的文化资本积累存在于被赋予了文化意义的建筑、遗址、艺术品和诸如油画、雕塑及其他以私人物品形式而存在的人工制品之中；无形的文化资本包括一系列与既定人群相符的思想、实践、信念、传统和价值。[3]

文化资本是创意产业发展的主导因素。创意产业的所有产品都是创意者对文化的再创造和新展示，文化的独创性与多样性构成了创意产业的本质特征和无穷魅力。价值是与需求联系的,需求是推动价值形成的原动力。企业提供的产品或服务,被消费者认可,实现销售后便实现了价值——商品的市场价值,同时转化为企业收益。

文化资本通过观念价值的渗透作用主导创意产业发展。从消费者的角度看,产品的市场价值由功能价值(Function Value)和观念价值(Concept Value)两个部分构成。功能价值是消费者为满足自己基本需要而愿意给商品物理属性支付的价格部分。它由科技创造而成,是商品的物质基础。观念价值是指人们在消费商品物理属性的同时,因商品内在的文化属性、象征意义以及个人因消费商品所带来的感受和体验等方面的差异而愿意多支付的价格部分。观念价值是商品中包含的能与一些社会群体的精神追求或文化崇尚,产生"共鸣"的无形附加物,譬如品位、意味、风尚、情趣、故事等。观念价值是主观的、可以体会和感受的无形附加物,它因文化渗透而生,是附加的文化资本。[4]

第一,观念价值是消费者感知价值的最高层次。从右图可见,消费者感知价值可分为三个不同的层次,从下至上分别为:功能价值、体验价值和观念价值。功能价值指消费者感知的商品使用价值,如一支笔的写字功能,一块手表的时间显示功能等。体验价值指消费者主观上的感受,包括视觉、触觉等感受,如笔、手表的色彩、造型、光滑度等,此种感受通常与消费者的个人偏好相关。观念价值是指消费者感受到的自我身份、情感寄托等方面的认同,如印有史努比图案的笔、瑞士名表、题有艺术大师书画作品的限量杯子等。可见,观念价值创造的出发点和归属点是消费者的感受,创造的是消费者感知价值,通过满足消费者的体验需求、文化需求,从而实现价值创新。

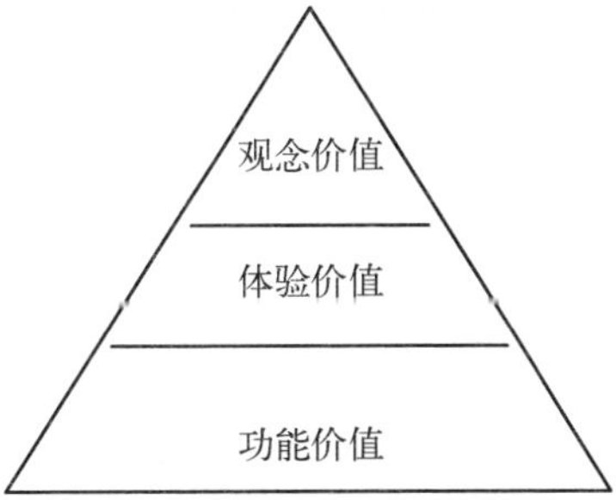

消费者价值感知分层

第二,消费者价值感知的满足趋势是从功能价值到体验价值,再到观念价值。经济发展和收入水平的不断提高，促进产品价值增值和消费者认可程度提高的基本趋势便沿着从功能价值到体验价值，再到观念价值的路径展开。这是因为一方面在信息化和全球化的背景下，技术扩散迅速，产品趋于同质化，并导致已知市场的饱和。对消费者而言，物质产品日益丰富，以功能价值为基础的基本需求已得到满足。而另一方面，经济发展了，解决了温饱，人们的需求更倾向于精神和文化方面。于是生产者将大量的故事内容、符号与象征元素（如品牌等）运用在产品的生产与消费过程中，让产品成为文化意义的承载者，也就大大提高了产品的观念价值。

在知识经济社会，产品竞争的实质是通过产品所倡导或体现的文化来影响或迎合公众的意识形态、价值观念、生活习惯等，从而使公众来接受某种产品。正是由于产品所包含的文化价值、文化意义，才促使这一产品在一定的消费市场中增值、走俏和辐射。可以说，文化资本是创意产品进入市场的权威“准入证”。

二、文化资本推动创意产业发展的形式

文化资本可以对创意产业进行渗透和辐射，从而推动创意产业与任何一个产业结合，产生强大的生命力，而不会破坏已有的产业，只会在很大程度上促进既有产业的发展，给原来单纯的产业集体带来高额增加值。文化资本推进创意产业发展的形式主要有以下两种：

（一）在所有产业中（包括农业、制造业和服务业）注入新的文化信息要素，发展创意产业，从而优化传统产业结构

在各行各业的发展中，文化资本都能够找到发展的空间，各个产业只有根据市场的需求不断融入文化与时尚的元素，才能获得新的生命力，提升自身的附加值。在实践中，农业、医疗业、音乐等传统产业都可以通过创意开辟新的市场。

农业是一个较难提升附加值的传统产业，而在利用生物科技手段改变农产品形状、色彩和口味等物理功能的同时，融入文化元素，增加

农产品的文化艺术含量,并根据市场需求,运用新理念把农产品变为艺术品,设计生产出“来自泥土的原生态作品”,可大大提高农产品的附加值。

医药服务业也是较难发挥创意的产业,在台湾新竹县竹北市,有一家医院主题餐厅,服务员们打扮成护士模样,所有设备都来自医院器材,盛满酒的盐水瓶吊在空中,酒水沿着滴管流入酒杯,让人玩味不已。

传统民族音乐对现代人的吸引力逐步减小,运用时尚元素,可以重现昔日的辉煌。如女子十二乐坊,这个诞生于2001年6月的乐队,是一支将中国传统的乐器组合与现代流行音乐表演形式有机结合的流行艺术团体。通过对中国的民族音乐进行重新包装,以扩大其欣赏群体为出发点,创造了一种全新的民乐表演形式,受到了市场的青睐。

(二)在产业链的上、中、下游各个环节中不断进行文化创意投入

实际上,“对创意产业的理解应该将对制造业特别是服务业的B2B创意投入包括进去”。在产业的设计、生产和销售每个环节都可以通过创意投入实现附加值的增加,或创造新的需求并扩大市场。文化与时尚元素的投入来自个人创造,但可以是C2B或B2B多重形式。典型的如制造业,产品的设计研发、产品的制造和产品的销售可以进行拆分,围绕着研发、设计、生产制造和销售等价值链环节在商品生产过程中形成的若干个横向产业;处于不同文化背景中的创意主体可以根据自身的特点,选择适合的价值切入点,注入创意思想与文化内涵;让众多类似的价值活动通过聚集与重新整合,形成专门化的、以提升顾客价值为目标的创意产业群落。

把上、中、下游各个环节的创新开发结合起来,形成一条前后联动的产业链,是创意产业的取胜之道。比如,《哈利·波特》小说的作者从一名接受救济的贫困者一跃成为可与英国女王相匹敌的女富翁,获得经营权的美国时代华纳公司从中赚取了上百亿美元。《哈利·波特》的成功关键在于文化创意内容与现代营销和现代科技相结合,并进行产业化运作，衍生出多种系列产品，彼此间形成产业链，满足了不同层次消费者的需求。如运用高科技展示其内容的电影、DVD、游戏等数字产品；玩具、服装等日用品。据统计，由《哈利·波特》带动的相关产业已经达到2 000多亿美元。

三、文化资本推动创意产业发展的路径分析

在当前的知识经济时代，由于信息、智力、知识在经济结构中的地位逐渐重要，文化资本正在不断扩张，强力渗透到经济中，并参与经济循环，推动创意产业的发展。文化资本经由以下路径来推动创意产业的发展：

（一）将文化创意或艺术的元素融入物质产品的生产中

人们不再仅仅追求商品的实用性，而是更重视产品的外观设计、包装、品牌以及产品所传达的品位、观念、情感、故事等，即追求产品的观念价值。人们愈富裕，在休闲活动、娱乐、文化和健康方面的消费模式就愈不讲求实用。消费者逐渐在搜寻能够赋予个人意义或位置的产品。

随着生活水平的提高，人们对文化消费品的需求量越来越大，因此对物质产品中文化含量的要求越来越高。消费不再是解决温饱问题的手段，而是已经逐渐成为某种文化宣言，一种能够表达个人价值观的方法。小到一个背包，大到一辆汽车，其中所蕴含的文化元素无不是影响消费者做出选择的重要内容。因此，将文化融入传统产业，即在设计创意、题材构思、选题策划、生产工艺、销售模式等环节突出文化的引导和增值作用，不仅可以极大提升传统产业的竞争力，而且可以通过各种各样蕴含文化元素，特别是创新的具有传统文化特色元素的产品消费，实现文化的传播与发展，进而增强物质产品的吸引力。

（二）将文化资源转化为推动产业发展的资本

随着经济发展方式的转变，文化资源逐渐成为经济增长的主导资

源，资源的内涵和外延也随之得到了更深刻更广泛的拓展。比如，石库门是上海历史的“标本”，有着深深的历史烙印：19世纪中叶，反对清朝的太平天国农民起义军曾三次进军上海，导致居于江浙一带的老百姓涌入上海租界。为迎合居民追求安全的需要，租界内的中外开发商在住房的“门”上大做文章，以一对乌漆大门、两个铜质大吊环显示不可侵犯之势，门框采用花岗岩，既坚固又显身份。其风格中西合璧，称之为“石库门”，成为上海近代史上一个独特的时代产物。石库门作为一种独具地方特色的建筑模式，作为一个凝聚着上海海派文化的建筑符号，却被越来越多地运用到其他产业领域，增加产品的文化内涵，培养一种亲切而熟悉的情感，促进产品的推广，从而实现从文化资源到经营资源的成功转换。[5]

一般而言，经典的文化资本犹如陈年佳酿，藏得越久，越有价值。发展创意产业，需要的正是将文化创意和传统产品结合在一起，通过文化内涵来提升产品的价值，利用文化的强辐射力来拓展产品的市场。文化资源转化为资本，是对于传统经济发展模式的颠覆，它以一种新的思维方式提供了新的发展模式，实现了产业的创新。而其中所蕴含的文化资源，通过产业的形式得以传播和发扬，是发展和繁荣文化的有效路径。

（三）利用文化元素来完善产业链

文化具有强辐射性，文化元素一旦渗透到传统产品的生产中，就成了产品之魂，不仅可以提高产品的竞争力，而且可以有效地延伸产业链，从而推动产业更好地发展。以创意农业为例，一方面可以利用农村的生产、生活、生态“三生”资源，发挥创意、创新构思，设计出具有当地文化特色的创意农产品、农耕文化博览和相关文化活动，开发特色农业文化园区，成为创意农业的核心内容；另一方面可以依托其中的文化特色大力发展创意农业的支持产业、配套产业和衍生产业的产业群，将科研、策划、加工、金融、广告、餐饮、娱乐、休闲、培训、时尚消费等一系列经济文化活动连接起来，形成创意农业庞大的产业体系。在这一体系中，文化特色是纽带，是核心，因此，在完善创意产业链的过程中，增加产业的文化含量是重要的抓手，只有这样，才能获得更大的经济和社会效益。[6]

（四）拥有世界的眼光和包容的胸怀

古往今来，各个民族都有着自己辉煌的历史和灿烂的文化。越是民族的，就越是世界的，民族的情感体验恰恰是包孕在对世界文化的关怀之中。所有成功创意产业的例子说明，只有保持不断开放的文化姿态，相互融合，才能够推陈出新，在民族形式、当代生活和世界情感之间搭建起通向艺术真善美的桥梁。在全球化时代，我们必须要以世界公民的审美要求为基点来开发创意产品和市场。

多元包容的环境对一个社会的发展是一股无形的有利资本。在衡量一个社会创意产业发展的支持性环境方面，美国卡耐基梅隆大学教授 Florida 和 Tinagli 提出了著名的 3T（Talent 人才，Technology 技术和 Tolerant 包容）指标理论。[7]人才指标衡量了两个因素：学位持有者的人口和科研工作者及工程师的数量，而技术指标衡量了一个国家专利申请的数量和研发支出在 GDP 中所占的百分比，包容指标则衡量了人们的价值观和态度。一个越是包容的社会，文化发展越是多元化，就会促发成更多的创意。

参考文献

[1] 厉无畏. 创意产业导论[M]. 上海：学林出版社，2006：4.

[2] 王荣华. 2010 上海创意产业发展报告[R]. 上海：上海创意产业中心，2010：2.

[3] David Throsby. Culture Capital [J]. Journal of Cultural Economics, 1999(23)：9.

[4] 厉无畏. 创意产业开启蓝海战略的钥匙[N]. 文汇报（论苑），2007-09-03.

[5] 厉无畏. 石库门的符号变迁：从文化资源到经营资源[N]. 解放日报，2009-05-24.

[6] 厉无畏，于雪梅. 发展创意产业，解放文化生产力[N]. 文汇报（论苑），

2008－02－26.

［7］厉无畏，王如忠. 创意产业——城市发展的新引擎［M］. 上海：上海社会科学院出版社，2005：43.

（本文原载于《中国地质大学学报》（社会科学版）2011 年第 2 期）

大力发展文化创意产业

文化创意产业强调创意和创新，强调把文化、技术、产品（服务）与市场有机结合起来，能够有效推进文化内容、文化形式、文化载体和传播手段创新。文化创意产业不仅能为人们提供文化含量较高的产品和服务，满足人们的精神需求，从而有效刺激内需，形成新的消费市场，更重要的是还可以与其他产业融合发展，促进产业创新和结构优化，有效地推动经济结构调整和经济发展方式的转变。

从我国当前的情况来看，文化创意产业得到快速发展，全国有不少中心城市都在结合当地产业特点积极发展文化创意产业，因而其发展有着巨大的市场空间。但是，由于我国创意产业发展起步较晚等因素的制约，文化创意产业的发展尚面临不少困难。大力发展文化创意产业，一是要进一步加深对发展文化创意产业的重要性和迫切性的认识；二是要做好创意产业发展规划和管理；三是要营造良好的文化氛围。四是要大力培育创意人才；五是要借鉴发达国家的经验，制定长远规划及系统的扶持政策。

文化创意产业虽然有高收益，但它也是高风险的产业，正确的投、融资决策是发展文化创意产业的关键。促进文化创意产业健康发展，需要清醒地分析投资文化创意产业的风险与收益，并在此基础上创新金融。

一、文化创意产业能够有效推进文化创新

实践证明，文化创意产业有利于促进文化内容的创新，有利于促进

文化形式的创新，有利于促进文化载体的创新，有利于促进传播手段的创新。我们应当大力发展文化创意产业，把丰厚的文化资源优势转化为文化产业优势。

文化是民族凝聚力和创造力的重要源泉，是综合国力竞争的重要因素，是经济社会发展的重要支撑。改革开放以来，我国文化建设加快发展、文化日益繁荣，开创了中国特色社会主义文化建设新局面。当前，我们要适应群众文化需求新变化、新要求，积极推进文化创新，使精神文化产品和社会文化生活更加丰富多彩。实践证明，大力发展文化创意产业，能够有效推进文化创新，把丰厚的文化资源优势转化为文化产业优势。综观全球，那些国际上有影响的大城市几乎无一例外都是创意产业集中而发达的地区，也以富有特色的创意产业而闻名遐迩。国际大都市的地位之所以与创意产业的繁荣有如此紧密的联系，正是因为创意产业极大地促进了城市文化的创新。

第一，文化创意产业促进了城市文化内容的创新。创意产业是将新的创意注入了传统文化之中，才让传统文化得以继承和发展。同时，发展创意产业既能够吸收各种先进文化，实现创新，又让本土文化不致中断且得以张扬。对城市文化内容的创新是着眼于现实意义的继承性创新。在文化内容创新过程中，可以很好地为城市文化的发展建设服务，满足城市居民生活的实际需要。

第二，文化创意产业促进了文化形式的创新。创意产业借助于技术的进步，将文化产品和服务以越来越多的形式呈现在人们面前，促进了文化形式的创新。文化创意和科技创新结合在一起，为人们提供了前所未有的新的文化体验形式。创意产业的发展促进了传统艺术方式的升级换代，如传统唱片升级为MP3，传统出版业拓展为网络出版和电子书，传统舞台美术与多媒体技术的结合大大增强了视觉效果，以文化创意为内容的数字技术新产品层出不穷，基于数字化的各种发明也使人目不暇接。

第三，文化创意产业促进了文化载体的创新。传统的文化载体多为单纯的文化产品，如书籍、电影、电视、艺术品等。创意产业的发展，特别是创意产业向传统制造业的渗透，使文化载体的范围大大拓展了。创意产业是通过观念、感情和品位的传达，赋予传统意义的商品某种独特的“象征意义”，提升其文化附加值，从而使传统的商品转变成了承载文化的载体。可以说，各行各业的产品和服务都能成为一定文化的载体，并因此而提升其价值。

第四，文化创意产业促进了传播手段的创新。技术的发展不仅为文化创意提供了更丰富的表现形式，同时也提供了更多的传播手段。创意产业与新技术结合在一起，促进了文化传播手段的创新。创意产业采用现代高新科技的成果，大力推进了文化交流和传播手段的升级换代，改造了传统文化生产经营和传播模式。例如，借助手机和网络来推介创意产品等。

二、文化创意产业是推动经济结构调整的重要着力点

文化创意产业不仅能为人们提供文化含量较高的产品和服务，从而有效刺激内需，形成新的消费市场，更重要的是还可以与其他产业融合发展，促进产业创新和结构优化，有效地推动经济结构调整和发展方式的转变。

文化创意产业强调创意和创新，强调把文化、技术、产品（服务）与市场有机结合起来，不仅能为人们提供文化含量较高的产品和服务，满足人们的精神需求，从而有效刺激内需，形成新的消费市场，更重要的是还可以与其他产业融合发展，促进产业创新和结构优化，有效推动经济结构调整和经济发展方式的转变。

首先，大力发展文化创意产业有利于培育新的消费热点，增强消费拉动力。消费分为生存消费、享受消费和发展消费，后两种消费都与创意产业密切相关。创意产业是经济社会发展到一定阶段的产物，是文化、科技和产品的结合。创意产业借助科技的支撑，可以提供日益丰富的文化产品，来满足人们日益增多、日益迫切的文化需求和精神需求，

提高文化消费意识，有效扩大消费需求。

其次，发展创意产业有利于促进产业结构的升级换代。创意产业可以通过应用技术的嫁接，比较深入地融入传统产业，实现产业结构的升级换代。实际上，很多行业都可借助创意产业的发展，或应用其成果，更新产品和服务的设计与策划，开辟新的“品牌战略”和“营销战略”。一是传统产业可以通过文化创意的融入，附加更多的文化内涵，实现差异化竞争，或塑造有特色的品牌，从而提升竞争力；二是在产品设计中融入文化创意，比如，以色彩调节人们的心情、以独特的造型给人们以丰富的想象，从而实现产品的价值创新；三是在营销中融入文化创意，引起消费者的文化认同并产生共鸣，从而有助于拓展市场。不仅精心策划的广告、会展有助于促销，优秀文艺作品也可能帮助扩大市场。比如，一部电影的热播就可能促进一些地方的旅游；四是传统产业可以利用创意产业的思维方式和发展模式来改造自身的发展模式，实现产业的创新。比如，创意旅游就是用创意产业的思维方式和发展模式，整合相关的资源，融合文化创意创新相关产品和服务，从而实现了传统产业的创新。而且，由于创意产业是通过满足人的精神需求而产生社会效益和经济效益的，较少消耗自然资源，可以说是一个高文化附加值、低消耗、高产出的环保型新兴绿色产业。大力发展文化创意产业，有利于单位产出的能耗下降。另外，文化创意产业还能够带动更多的人实现创业和就业。创意产业能够开发人的创造力和潜能，给人们提供发挥才能的机会，从而能够创造新的就业渠道。一方面，创意产业本身包含的专业领域很广，能容纳大量的劳动人口；另一方面，通过发展创意产业形成的一些新型产业，也可以为社会提供大量新的就业岗位。

三、文化创意产业潜力巨大任重道远

我国文化创意产业发展有巨大的市场空间，加快文化创意产业的发展，需要进一步加深对发展文化创意产业的重要性和迫切性的认识，并在做好发展规划和管理、营造良好文化氛围、培育创意人才等方面加大力度。从我国当前的情况来看,文化创意产业得到快速发展,全国有不少中心城市都在结合当地产业特点积极发展文化创意产业。我国人口众多,在全面建设小康社会的进程中,文化创意产业的发展有着巨大的市场空间。以电影市场为例,据报道,2010 年全国电影票房收入达到 101.72 亿元,在 2009 年电影票房增幅达 42.96% 的基础上,又增长了 63.9% 。然而,和发达国家相比,我国人均观影次数仍然较少,大约仅为美国的 1/13、英国的 1/10、日本的 1/3。此外,其他文化创意产业的潜在市场空间也非常巨大。比如,企业转型需要产品设计和拓展市场,对创意设计和策划也有很大需求。

但是,由于我国创意产业发展起步较晚等因素的制约,文化创意产业的发展尚面临不少困难,比如,创意人才严重不足,还远远跟不上创意产业发展的需要等。而且,文化创意产业除了在一些大城市里已经发展得比较好外,总体来说,它的比重还不是很大。进一步加快文化创意产业的发展,推动发展方式转变,还有许多工作要做,应从以下几个方面着手: 一是要进一步加深对发展文化创意产业的重要性和迫切性的认识;二是要做好文化创意产业发展规划和管理。每一个地方在发展文化创意产业的时候,必须结合本地的文化特色和文化底蕴,同时需要结合自己的产业基础来制定发展的规划,特别是要聚焦一些重点的产业,创造一些好的品牌;三是要营造一个良好的文化氛围,促进创新;四是要大力培育创意人才。发展文化创意产业离不开人才,目前我国发展文化创意产业最缺乏的就是人才。据统计,在一些国际大都市中,文化创意产业人才占所有工作人口总数的 10% 以上,而目前我国有些大城市中创意产业从业人员占总就业人口的比例还不到 1% 。创意人才培植不可能一蹴而就,对未来我国创意人才的投资,需要强大的教育基础设施、培育创造力的教育新机制等;五是要借鉴发达国家的经验,制定长远规划及系统的扶持政策。目前,世界上不少发达国家和地区都把文化创意产业作为一个新兴的战略性支柱产业,确立了创意产业发展的近期目标和长远规划,并以此来积极推动创意产业的发展,提高本国或本地区的竞争力。我国也已出台了《文化产业振兴规划》,将在投融资、税收等方面对文化创意产业的发展予以适当的扶持。

四、文化创意产业的投融资和风险控制

当前,我国发展文化创意产业的政策环境和市场时机都已经比较成熟。文化创意产业虽然有高收益,但也是高风险的产业,正确的投、融资决策是发展文化创意产业的关键。促进文化创意产业健康发展,需要金融的支持,需要清醒地分析投资文化创意产业的风险与收益,并在此基础上创新金融。

一般来说,文化创意公司的价值由其拥有的文化创意产品以及团队决定,而影响文化创意产品价值的因素众多,不确定性很大,对其风险的产生和特征要有充分的认识。一是受众对创意产品的价值认识有一个过程。不仅许多创意的生产者根据自己的主观价值判断进行创作,而且受众也是根据主观的判断去评价创意产品。尤其是具有创新意义的作品,人们对其价值的认识有一个过程,这一过程就会带来一定的风险;二是创意产品具有需求的不确定性。文化创意产品的需求,与工业产品如电视机、电冰箱等不同,工业产品因其使用功能明确而被消费者购买,对因为使用功能需要而购买的产品,相对容易预测其需求。而文化创意产品重在观念价值和精神需求,对这类产品的市场需求就比较难以预测。例如,预测一部电影的观众人数和票房收入就很困难;三是文化创意的易复制性。一般而言,文化创意产品主要以符号体现其价值,与新技术产品相比更容易被仿制,而且在现代技术水平下其传播的代价不高。例如,电影、音乐、美术作品在现代技术条件下都是一串数字符号,复制、传播都很方便,成本也很低。如果没有完善的保密制度和保密环境,以及严格的知识产权保护措施,则创意容易被其他人剽窃、复制,创意的原创人员就得不到应有的回报。因此,知识产权的保护非常重要。

正是因为文化创意产业存在较大的不确定性和市场风险,其发展

需要针对其风险特征采取一定的扶持政策。比如,加强知识产权保护,创造良好的宽容的文化氛围,构建完善的公共服务平台等。同时,还需要创新金融,更好地支持文化创意产业发展。

由于文化创意产业的风险特征与传统产业有很大不同,传统的融资工具一般不大适合文化创意产品的融资需求。解决文化创意产业融资难问题,需要不断完善相关政策措施,以帮助文化创意企业进行投资、融资。例如,专注于创意产业的私募股权(PE)基金,就可以作为文化创意产业的投资主体之一。创意产业基金可以吸引拥有资金、与文化创意产业风险收益偏好一致的投资者投资,满足文化创意产品的各种融资需求。当前,为实现金融资本与文化创意产业的有效对接,不少金融机构都在进行积极的探索和创新。

在促进文化创意产业快速发展的同时,也不应该忘记文化创意产业的高风险特性。文化创意产业发展的软环境建设,是控制文化创意产业发展风险的重要方面。比如,建立良好的信息平台,有助于减少信息不对称,使得优秀的创意文化企业优先得到资金、优先发展。在扶持文化创意产业时,还需要时刻关注市场发展的规模,避免出现过去在其他产业发展中出现的低水平重复建设、浪费社会资源的状况。

对于投融资的风险控制,一方面,需要对项目作科学客观的价值评估。各种投资基金一般都有自己的评估专家,也可借助社会中介机构和专业的第三方评估机构进行评估;另一方面,还可以在投资策略上做适当选择,降低投资失败的风险。

此外,在市场和交易的风险控制方面,由于人们对某些文化创意产品的价值认识有个过程,为让受众尽快认识该产品的价值,需要媒体帮助进行宣传和推介,并舍得为推介创意产品投资。例如,上海大剧院就兴办了"艺术课堂",针对要上演的节目邀请专家来进行讲解点评,以提高听众欣赏能力,同时也就降低了市场风险。

(本文原载于《经济日报》2011 年 4 月 19 日)

后危机时代世界文化创意产业发展趋势和中国的发展

一、后危机时代世界文化创意产业的发展趋势

经济规律表明,世界经济的发展将从投资驱动转向创新驱动,产业结构也趋于服务化。在知识经济的背景下,创意已成为改变世界的重要力量。2008 年以来,由于全球金融危机的产生和蔓延,各国经济都受到了不同程度的冲击,为应对危机促进经济复苏,各国都在积极推进创新和调整产业结构。本次危机后,各发达国家都力图在能源技术、生物技术、环保技术、航天技术、信息技术等领域实现创新,开发新的增长点,引领经济复苏。与此同时,积极发展文化创意产业,也是世界各国推进产业转型的重点领域。

由于各个国家和地区的经济社会发展阶段以及文化背景的不同,对文化创意产业内涵与外延界定存在一定的差异。比较公认的定义是:文化创意产业指依靠创意人的智慧、技能和天赋,借助现代科技手段对文化资源进行创造与提升,通过知识产权的开发和运用,产生出高附加值产品,具有创造财富和就业潜力的产业。[1]

美国的金融中心纽约也正在进行着经济结构的调整和转型。在此次金融危机前以金融、保险和房地产(The Finance, Insurance and Real Estate, FIRE)为支柱产业,2005 年上半年 FIRE 占纽约所有产业中工资支出的 84%。[2] 由于 FIRE 发展过火而失控,引发了金融危机。金融危机爆发后,纽约吸取教训,转向智力、文化和教育(Intellectual, Cultural & Educational, ICE)为代表的产业。从总体上看,美国整体经济也在从

FIRE 转向 ICE。这还包括信息(Information)、创意(Creative)、能源和环境(Energy & Environment)等领域。

美国是文化创意产业大国,对内一直实行“无为而治”(即提供宽松的外部环境和法律保护)(Non-activity, Non-regulation),对外推行扩张的基本战略。金融危机之后,美国更加重视了文化创意产业的发展。从总量上看,2009 年美国的国内生产总值为 14 万亿美元,美国的文化创意产业约占国内生产总值的 27%。[3] 在后危机时代,尽管联邦政府没有扶持文化创意产业的政策,但美国一些地方政府着眼于本地经济,出台了减少税收、提供经营活动便利等措施支持文化创意产业。例如,洛杉矶市议会设立了专门委员会协调当地政府与好莱坞影视娱乐业的关系。该市不久前推出一揽子计划,包括提供税收优惠、停车便利以及在闹市区设立供摄制组使用的配电装置等,以“挽留”好莱坞影视摄制组,保住影视娱乐业创造的本地工作岗位。

英国是文化创意产业的发源地,也是全球最早开始重视文化创意产业发展的国家。后危机时代,英国正在努力将文化创意产业发展为驱动经济的新引擎。2008 年 3 月英国国家科技艺术基金会(NESTA)专门就创意产业支持并推动其他领域的经济创新进行了调研,并发表了研究报告。英国政府还发布了“新经济下创意英国的新人才”战略报告,提出了要激发每个人的创意才能,缔造一流的文化创意企业、培养一流的文化创意人才,报告确定了 26 条详细行动计划和相应目标。在英国政府的引导下,英国文化创意产业发展迅速,并与金融业一起成为英国知识经济的两大支柱性产业。据统计,过去 10 年英国整体经济增长 70%,而文化创意产业增长了 93%。[4] 文化创意产业在英国的影响非常大,全国 53% 的人参与创意活动。文化创意产业正成为英国的“新名片”。

英国的伦敦和曼彻斯特已成为欧洲最大的两个创意中心。伦敦曾经是世界工业中心,它在最近 20 年间完成了华丽的转身。利用人才资源和大都会的优势,扶持和推动了高附加值、可持续的文化创意产业的发展。伦敦如今已经赢得全球三大广告产业中心之一、全球三大最繁忙的电影制作中心之一和国际设计之都的称号。文化创意产业也让伦敦名利双收。一方面,它被评为全球最“酷”的城市;另一方面,每年210亿英镑的产值使得文化创意产业成为伦敦第二大支柱产业。到2012年,伦敦的文化创意产业产值可达300亿英镑,将超过金融服务业而成为最大的产业部门。[5]

日本始终将文化创意产业定位于立国、强国的高度。因为日本认为,21世纪是文化力的时代,文化创意产业的发展与文化力的提升具有相辅相成的关系,文化创意产业借助文化力的提升而获得不竭的源泉,从而促进了经济的发展。

2008年日本文化创意产业占GDP的16%,是世界第三大文化创意产业生产国。金融危机之后,日本完善了东京内容产品国际交易市场(TIFFCOM),目标是使其成为亚洲最大的国际市场,以支持日本的内容产业进行海外扩张。同时实施“视频内容产品国际合作制作基础设施整备项目(J-Pitch事业)”。日本还在文化创意产业领域更加重视人才的培育和高科技的运用。为了鼓励优秀人才脱颖而出,日本非常重视为青年文化创意人才提供机会。比如,在2010年的东京动漫节,就特别为日本青年动漫作家提供了展台。[6]日本的文化产业反映着相关科学技术进步的历程,而其现代的数字内容产业更是一次高科技化产业的革命。现在日本各大游戏公司已经纷纷将开发重点转向了网络游戏。

在后危机时代,诞生“创意阶层”理念的德国认为文化创意产业对促进经济复苏具有显著作用。2008年,德国文化创意产业增加值为634亿欧元,占经济总量2.5%,销售额达1 317亿欧元。增加值已超过化工业,仅低于机械制造和汽车业,在国民经济中占有举足轻重的地位。2009年2月德国也发表了关于文化与创意经济的调研报告,外交部还印制了介绍德国创意产业的年历,翻译成多国文字,由驻外使馆在世界各国广为散发、宣传。

德国首都柏林是著名的"设计之都",这座城市作为"创意火车头"引领着全国创意经济的发展。柏林市政府2008年初发表的文化创意产业报告显示,超过1/10的柏林从业人员供职于文化创意产业,创意经济占柏林GDP的比重已高达21%。

1998年亚洲金融危机爆发后,韩国正式提出"文化立国"战略。到2007年,韩文化创意产业产值约为650亿美元,连续5年年均增长达到9%以上,文化创意产业占GDP的比重近7%;韩文化产品出口达100亿美元,占世界文化市场5%的份额,为世界第五大文化创意产业强国。韩国政府采取了一系列行之有效的措施,2009年,韩国政府确定文化创意产业为绿色增长产业,为经济增长的主要动力,政府加强了对文化创意产业的支持。2010年,文化产业振兴院计划完成200个项目,政府预算2 000亿韩币。[7]2010年延续了2009年的趋势,特别是在开拓海外市场方面成为韩国文化创意企业的关注点。现在是开拓海外市场的转换期,韩国文化产业振兴院将以美国和中国市场为重点,对进入这两个市场的韩国企业进行支持。

在"文化立国"战略中,影视业被视为"重中之重"。韩国现在已经较少提"韩流"了,"韩流"过后,韩国提出了"打造亚洲文化"的概念。韩国政府目前最大的文化工程是要在光州建立一个"亚洲文化殿堂",工程时间是从2004年到2023年。[7]这个大型文化产业园是韩国建国以来最大的文化项目,其规划是想成为亚洲某些原始文化的发祥地、各国文化的展示地和新兴文化的诞生地。

二、中国文化创意产业发展的阶段性特征

无论在国际市场上还是在国内,中国的文化创意产业都在快速发展。据联合国贸发会议公布的调研数据显示,在2000年至2005年间,中国文化创意产业出口平均年增长幅度高达17.6%,即占国际市场的份额高达18%,已经成为全球第一大文化创意产业出口国。[8]文化创意产业也越来越受到中国政府的重视。在2011年召开的十一届全国

人大四次会议上,温家宝总理在政府工作报告中提出“推动文化产业成为国民经济支柱性产业”。如今,文化创意产业也正在神州大地上风起云涌,成为经济发展中的新亮点,比如2009年中国经济增长8.7%,文化创意产业增长达17%,为保增长做出了重要的贡献。

发展文化创意产业可加快转变中国经济的发展方式,因此中国的文化创意产业发展具有阶段性的特征。现阶段,中国经济发展的主线是转变经济发展方式,从发展高科技角度来讲,中国除了扶持七大新兴产业外,将大力发展文化创意产业。党的十七大报告指出,加快转变经济发展方式,推动产业结构优化升级。要坚持走中国特色新型工业化道路,坚持扩大国内需求特别是消费需求的方针促进经济增长由主要依靠投资、出口拉动向依靠消费、投资、出口协调拉动转变;由主要依靠第二产业带动向依靠第一、第二、第三产业协同带动转变,由主要依靠由物质资料消耗向主要依靠科技进步、劳动者素质提高、管理创新转变。

文化创意产业是开发人类创造力、解放文化生产力、提升产业竞争力、增强国家软实力的有效手段。它强调创意和创新,强调把文化、技术、产品(服务)和市场有机结合起来,不仅能为人们提供文化含量较高的产品和服务,满足人们的精神需求,从而有效刺激内需,形成新的消费市场,更重要的是还可以与其他产业融合发展,促进产业创新和结构优化,有效地推动中国经济发展方式的转变。

首先,发展文化创意产业有利于扩大内需。投资、消费和出口是拉动经济的三驾马车。目前中国经济结构的不协调在于经济增长过多地依赖于投资和外贸出口。其主要矛盾在于投资和消费的不平衡,突出表现在固定资产投资的增长幅度仍处高位,且大大高于消费。受金融危机的影响,去年外贸出口大幅滑坡,因此中国经济的发展应是以扩大内需来刺激经济的增长,扩大内需主要是指启动居民消费。消费是经济增长的原动力,可分为生存消费、享受消费和发展消费三种。随着人们生活水平的逐渐提高,享受消费和发展消费将占有越来越大的比重,而这两类消费都和文化创意产业密切相关。

文化创意产业以经济的较高发展为前提,是文化、技术和产品的结合,需要消费者具有一定的鉴赏能力才可领悟潜藏在产品中的文化内涵。只有当人们的物质需求被满足后,才会有更高的精神文化层面的需求。美国著名未来学家约翰·奈斯比特指出,在高科技为主导的现代社会中,人除了温饱和安全之外,更迫切地要寻找人生的意义,要追求更高、更深、更远的东西。而文化创意产业正可以提供丰富的文化产品,来满足人们日益增长的精神文化需求。目前中国的消费层次是解决了温饱,正向全面小康迈进。文化创意产业的发展会加速这个进程的步伐,并能有效扩大内需。

其次,发展文化创意产业有利于促使产业结构的优化升级。从长期的发展趋势来看,中国三次产业之间比例关系有了明显的改善,产业结构正向合理化方向变化。第一产业在 GDP 中的比重呈现持续下降的态势;第二产业的比重经历了不断波动的过程,但长期稳定保持在 40%-60%之间;第三产业在国民经济中的比重处于不断上升的过程之中,增加值比重由 1990 年的 17.3% 大幅上升至 2008 年的 41.8%。但是和发达国家相比,中国产业结构中的第三产业比例依然偏小,必须加快服务业的发展,实现产业结构的合理转变与优化升级。[9]

发展文化创意产业有利于中国产业结构的优化升级。不仅文化创意产业本身是现代服务业的重要组成部分,其发展自然增大了服务业的比重。更重要的是它可以通过应用技术的嫁接,比较深入地融入传统产业,实现传统产业的升级。具体而言,文化创意产业通过以下两条路径推动传统产业的升级:

一是在所有产业中(包括农业、制造业、服务业等)注入新的文化信息要素,从而优化传统产业结构。在各行各业的发展中,各个产业只有根据市场的需求不断融入文化与时尚的元素才能获得新的生命力,提升自身的附加值。在实践中,不仅工业产品可通过文化创意设计提升其附加值(观念价值);农业,旅游等传统产业也都可以融入文化创意开辟新的市场和创新发展模式，形成创意农业和创意旅游的发展。

二是在产业链的上、中、下游各个环节中不断进行文化创意投入。具体指在文化市场上衍生相关出版和影视产品、动漫和游戏，以及和其他业态和媒体的组合，创新营销策略等。比如和服饰行业、旅游休闲业、娱乐主题公园行业及和媒体的组合方式及营销创新手段。[10] 如常州中华恐龙园为吸引游客，拍了动画片“奇奇科科历险记”，塑造了两个可爱的小恐龙，还建立起品牌，促进了旅游和衍生产业的发展。目前上海为促进滴水湖的旅游也正在创作“滴水精灵”的动漫故事。

第三，由于文化创意产业是“以人为本”的朝阳产业，发展文化创意产业可以提高劳动者的素质和提供创造财富的机会。因为文化创意产业是开发人类的主体资源，通过满足人的精神需求而产生经济效益和社会效益，较少消耗自然资源，可以说是一个以人为本，高文化附加值、低消耗高产出的环保型新兴绿色产业。发展文化创意产业能够开发人的创造力和潜能，给每个有创新力的人发挥才能，推动创意阶层的形成，从而有利于中国国民的整体创新素质的提高。文化创意产业还将为中国创造新的就业渠道，一方面文化创意产业本身包含的专业领域很广，能容纳大量的劳动人口；另一方面，通过发展文化创意产业形成的一些新型产业，可以为社会提供大量新的就业岗位。

虽然发展文化创意产业对于中国来说具有很深远的意义，但是距离成为支柱性产业仍然任重道远。产业经济学理论认为，支柱产业需具备几个特点，一是生产规模较大，占 GDP 的 5% 以上；二是发展较快，市场需求高；三是就业涵盖广；四是产业关联度大，能带动众多产业的发展；五是节约资源和能源。根据目前的发展状况看，虽然近几年中国的文化创意产业发展较快，在一些大城市如北京、上海、杭州、深圳等，文化创意产业占 GDP 的比重已大大超过 5%。但从全国看，目前文化创意产业增加值占同期 GDP 的比重还不足 3%。因此其年增长速度要保持在 20% 以上，才能在未来五年内成为支柱性产业。需要指出的是文化创意产业作为创意经济的初级阶段，关注重点产业、园区发展和投入产出，在成为我国的支柱性产业之后，将注重带动其他产业的发展。从各国近十多年创意产业的发展和探索中，我们可以看到从创意产业→创意经济→创意社会的不断演进过程。可以说发展文化创意产业成为支柱性产业也就是向创意经济发展的过程。

三、中国文化创意产业发展的国际合作

目前，中国已成为全球文化创意产业增长速度最快的国家，成为全球瞩目的文化创意产业大市场。中国的文化创意产品在陆续走上国际舞台，近年比较热门的有：中国的“女子十二乐坊”在日本出道成名，现在连日本出品的电玩游戏也采用了该团体的演奏作品；上海今日动画公司出品的“东方小子”风靡欧洲市场；河南的杂技已在美国迪士尼乐园上演了 8 年等。

在世界范围内，为缓解金融危机影响，实现经济复苏，区域合作、抱团取暖也日益频繁，呈现出新的活力。文化创意产业逆势上扬，也成为引领经济复苏的先导产业。中国政府和企业都在积极地推动和改善中国为其他国家提供相关贸易服务的水平，并努力和文化创意产业大国进行国际交流与合作。文化创意产业大国以其丰富的文化创意人才资源、完善的产业机制和成熟先进的理念，将帮助两国文化创意产业的企业和人才建立长久稳固的合作关系，从而创造出一股新的经济力量，并对全球文化创意产业做出更大的贡献。除了企业层面的合作之外，中国文化创意产业领域的国际合作形式还有巡回演出、联合举办博览会，举办论坛等。其中，很关键的一项是中国正在加入联合国教科文组织的全球创意城市联盟，深圳、成都、上海已经加入，杭州正在申请加入手工艺和民间艺术之都。

创意城市联盟成立于2004 年10 月，由联合国教科文组织的第170次执行委员会提议并发起。它的目的是帮助发掘由地方维持的文化产业的创意、社会和经济潜力，从而促进教科文组织文化多样性的目标。

创意城市联盟的前身是文化多样性全球联盟，由联合国教科文组

织在2002年建立。其目标是使公私合作伙伴以及民间社会联系在一起,以帮助发展文化创意产业并创建新的国际合作形式。这一联盟是围绕七个主题构建的,城市可以根据自身的特点进行选择。而如何选择特定的创意产业领域,就需要城市奉献出其全部才智和力量。创意产业城市可选择申报下列领域之一：文学、电影、音乐、手工艺和民间艺术、设计、媒体艺术和美食。[11]

深圳于2008年12月被联合国教科文组织授予"设计之都"称号,成为中国第一个、全球第六个获此殊荣的城市。拥有"设计之都"称号源于深圳自主创新战略和以创新推动城市发展的理念。深圳在设计产业方面拥有巩固的地位,无论在平面设计、工业设计,还是包装设计等均享有特别的声誉。深圳还把设计当作战略工具指导城市转型,同时与社会文化相关领域协调。成为"设计之都"将帮助深圳加入国际一流创意城市俱乐部,深圳可以在国际舞台上与世界顶尖创意城市交流和合作。深圳也因此加入了国际文化产品营销网,进入了全球文化市场和产品供应链。深圳的文化创意产业在国际舞台上有了新的发展空间。

成都于2010年2月被联合国教科文组织授予"美食之都"的称号,成为世界创意城市联盟中第2个以美食为主题的创意城市,在当前大力推进经济发展方式转变之际,成都成功申请为"美食之都",加入世界创意城市网络,意义非凡。它不仅是一个美丽的称号,大大提高了成都的国际声誉,也不只局限于发达的美食行业,它意味着文化创意和科技进步将成为城市发展的重要要素,意味着城市将具有和谐的人文环境、发达的经济,以及放大的、完善的多元化美食产业体系。我们一定要抓住机遇,以建设"美食之都"为契机,推进创新性城市建设,促进城市发展的转型。[12]

上海于2010年2月被授予"设计之都"称号,成为联合国创意城市网络中第7个以设计为主题的创意城市,在世博会召开前夕,上海申请成功"设计之都"的意义非凡。根据联合国教科文组织的规定,创意城市的称号并不是终身制，因此上海必须要有忧患意识。虽然这一轮申请获得了成功，但和其他已经申请成功的“设计之都”如柏林、首尔等城市相比，上海还有许多方面需要学习。要学习其他“设计之都”的先进做法，加快设计之都的建设，实现经济发展的华丽转型，并为下一轮的重新评定（审核）做好准备。

参考文献

[1] 厉无畏. 创意产业导论[M]. 上海：学林出版社，2006：4.

[2] Kent Gardner. SOLUTIONS FOR NEW YORK [M]. www.cgr.org, July 2006.

[3] 王冠群. 美国文化产业现状与经验[J]. 文化产业，2010(6)：2.

[4] 梁燕君. 英国创意产业对我国的启示[J]. 中文企业文化，2009(10)：39.

[5] 赵海建. “英国制造”脱胎换骨创意产业成经济引擎[N]. 广州日报，2010-07-10.

[6] 李海霞. 日本文化产业的主要特点探析[J]. 天府新论，2010(6)：118.

[7] 蒋林. 韩国文化产业“名利双收”新一轮“韩流”蓄势待发[J]广州日报，2010-07-13.

[8] 马志春. 文化创意产业的产权交易[EB/OL]. http://www.sina.net. 2010-06-02.

[9] 厉无畏. 金融危机下的中国创意产业发展[J]. 社会科学研究，2010(1).

[10] 厉无畏. 论文化资本在创意产业中的作用[J]. 中国地质大学学报，2011(2).

[11] What is the Creative City Network? [EB/OL]. http://portal.unesco.org/culture/en/ev.

[12] 厉无畏. 建设“美食之都”，促进城市发展转型[N]. 经理日报，2010-09-13.

（本文原载于《国际关系研究》2011 年第 2 期）

文化产业渐成支柱性产业

刚刚落幕的十一届全国人大四次会议上，温家宝总理在政府工作报告中提出“推动文化产业成为国民经济支柱性产业”。新时期发展文化产业对我国具有很深远的意义，无论对于企业、组织或者某个区域来说，发展文化产业都可以提升其整体附加值进而增强核心竞争力。但是文化产业要成为我国的支柱性产业仍然任重而道远。

正如文化的定义一样，关于文化产业的定义，据统计也有上百种之多。联合国教科文组织将文化产业定义为：通过开发利用文化内容和知识产权，生产有形或无形的艺术产品和创意产品（或服务）的新兴产业。具体来说，我国发展文化产业具有以下四个作用：

首先，可以传承我国悠久的历史文化。中国是一个有着五千年文明历史的国家，中华民族是一个富有创新精神的民族。中华民族的祖先在长期的生产实践、社会实践及思维实践中，创造了灿烂的中华文化，形成了优秀的文化传统。它不仅成为凝聚中华民族的精神纽带和中华儿女的精神家园，而且对东方文明的形成和发展，产生了广泛而深刻的影响，对人类文明做出了重大贡献。然而随着现代化进程的加快，许多传统文化濒临灭绝，而文化产业则通过高科技和多媒体等新手段将传统文化中的精髓部分较完好的沿续下来，并有所创新和发展。比如桂林市阳朔县的“印象·刘三姐”，嵩山少林寺的“禅宗少林·音乐大典”，开封清明上河园的“大宋东京梦华”，泰山的“封禅大典”等全球首创的山水实景演出文化产业项目就挖掘出了当地的历史文化遗产，在传承历史文化的基础上实现了创新，使中华文化得以发扬光大。

其次,可以丰富人们的精神生活。随着生活水平的提高和温饱问题的解决,人们对精神生活的需求越来越高,对文化消费的多样化需求也就越来越大。比如眼下电视节目为满足各层次人们的精神需求,正在进行频道专业化的产业运作。因为电视消费者多样化的消费目标和消费方式决定了电视市场多层次的消费空间,这种消费潮流需要多样化的电视频道来满足。电视人在研究受众心理、收视需要的过程中,根据不同收视群体的需求增开了新闻频道、经济频道、体育频道、电影频道、戏曲频道、科教频道等。电视节目内容越来越丰富,栏目分得越来越细,功能定位也就越来越明确,从而丰富了人们的业余生活。

再次,可以带动相关产业的发展。因为文化具有高融合、高渗透的特点,文化产业不仅可以直接产生经济效益,而且可以通过各种各样的附加值,形成对社会的贡献。从全球来看,文化产业的附加值和生产效率等比制造业和传统服务业要高得多,文化产业内很多行业的规模超过了制造业,如动画产业比造船业的规模还大。目前国产电视动画《喜羊羊与灰太狼》为了多方位地进入动画产业市场,尤其注重产业链的开发,开发动画片衍生产品、拓展产业市场,衍生产品已渗透到音像制品、漫画小说、连环画册、卡通服装、食品包装、文具玩具、体育用品等各个产业。

最后,可以形成区域经济的新增长点。由于文化产业是一种主要利用人的创意和服务,通过产业化的组织形态,不断开发文化资源,大量提供文化产品和文化服务的经济形态。这个特性决定文化产业必然会成为小到一个农村,大到一个国家的区域经济的新增长点。比如浙江省金华市东阳的横店镇地处浙西山区,丘陵起伏,既无名山大川,也无文化名胜,原来是一个偏远的农村小镇。因为横店影视城的文化产业项目运作,横店已成了中国新农村建设的典范。还比如美国文化产业的产值已占 GDP 总量的 18%-25%,位居军事之后,是第二大产业。在美国 400 家最富有的公司中,有 72 家是文化企业,其中音像业已超过航天工业居出口贸易的第一位。

虽然发展文化产业对于我国来说具有很深远的意义，但是距离成为支柱性产业仍然任重道远。产业经济学理论认为，支柱产业需具备几个特点，一是生产规模较大，占 GDP 的 5% 以上；二是发展较快，市场需求高；三是就业涵盖广；四是产业关联度大，能带动众多产业的发展；五是节约资源和能源。根据目前的发展状况看，虽然近几年我国的文化产业发展较快，在一些大城市如北京、上海、杭州、深圳等，文化产业占 GDP 的比重已大大超过 5%。但从全国看，目前文化产业增加值占同期 GDP 的比重还不足 3%。因此其年增长速度要保持在 20% 以上，才能在五六年里成为支柱性产业。需要指出的是文化产业作为创意经济的初级阶段，关注重点产业、园区发展和投入产出，在成为我国的支柱性产业之后，将注重带动其他产业的发展。在文化产业成为支柱性产业之前，我国急需做以下三件主要的事情：

（一）向文化产业的先进国家学习成功经验。文化产业的先进国家有美国、日本、韩国等，这些国家在发展文化产业过程中有很多值得我国学习和借鉴的地方。比如品牌授权，我国尚处于起步阶段，品牌授权是国际流行的商业经营方式，它的基本原理在于：一个强大的品牌能够唤起消费者的联想，也可以让消费者对后续产品形成巨大的需求。为了利用这种市场效应，品牌的拥有者授权它的名称、标识或者其他关于品牌的特征给被授权人，用在他的产品或服务上。例如迪士尼的产品越来越多样化，从铅笔、玩具，枕头、手巾、包袋直到价值 2 万美元的手表，迪士尼集团每年从迪士尼品牌授权开发方面获得的收入就超过 6 亿美元。发达国家在文化产业政策法规、公共服务平台、投融资体系、人才培育方面还有很多值得我国学习的地方。

（二）增强我国文化产业的原创力。因为文化产业是内容产业，原创力是文化产业最宝贵的资源，是文化产业的核心竞争力。中国目前文化产业的原创力不容乐观，具体表现为文化产品在国内市场上严重缺失，美日发达国家的文化产品长期占据着中国市场。不仅文化传播市场几乎全为发达国家的文化产品，产业的各个环节也多数是发达国家文化产品的后续产品。为此，首先要普及知识信息，加强传统素质教育。国民素质的提升和在各大设立文化产业专业的院校加强中国传统元素的普及是增强中国文化产业原创力最根本的途径。此外，还要利用好我国丰富的文化资源、创新内容故事改编的模式，用全球的视野努力开发文化作品的后期市场。

（三）协调发展我国文化产业发展的区域不平衡。由于我国地域广大，文化产业发展的区域不平衡现象比较明显。突出表现在东部沿海地区文化市场较发达，中部地区较不发达，而文化资源是中西部地区发达，东部沿海地区较匮乏。协调这种不平衡现象，首先要因地制宜，发挥地区优势。我国东部沿海地区的消费水平较高、高技术人才较多，可以发展高技术含量和资本密集型的文化产业，比如软件游戏产业。中部地区民间文化艺术资源较丰富，可发展传统技能含量高的文化产业项目，比如山西可立足晋文化特色，将区内的神话、耕读、边塞、佛教、道教、晋商整合打造为休闲文化产业。西部地区的民族文化资源较丰富，可注重民族和自然文化遗产的市场开发，比如，目前云南省正力推的“聂耳音乐品牌”、“七彩云南品牌”、“香格里拉”和“茶马古道”四大文化品牌是很好的尝试。其次要发挥重大项目的带动作用。比如深圳华侨城集团的欢乐谷项目，除了深圳、北京和上海等城市之外，成都的欢乐谷能更好地带动中西部地区发展文化产业。

（本文原载于《创意产业》2011 年第 3 期）

以创意产业带动地区产业结构转型升级

经过30年的改革开放和发展，我国已经成为世界工业生产大国之一，制造业产出规模占世界总量的6%。但从我国自身情况看，劳动力成本上升、人民币升值以及环境、资源等瓶颈的约束让中国的低端制造模式走到了尽头，中国的传统制造业正面临一场转型和升级的严峻考验。“十二五”规划的主线就是要优化调整结构，转变经济发展方式。而积极发展创意产业正是实现创新驱动转型发展的一条重要路径。

胡锦涛总书记多次指出要积极发展创意产业。2010年1月，他在上海视察了“八号桥”创意产业园区后对上海领导同志说：“创意产业蕴藏着巨大的发展潜力。要进一步做好园区规划，不断完善服务体系，努力营造创新氛围，真正把创意产业培育成上海经济发展的新亮点。”如今，上海创意产业取得了蓬勃发展，并带动了传统产业的转型升级。2011年胡锦涛总书记又先后视察了海南和广东的几个创意产业园区，再次指出：创意产业是一个发展前景广阔的新兴产业。创意产业的生命力在于体制机制创新和科学技术支撑，发展创意产业说到底要依靠创新人才。广东省抓紧推进创意产业向传统产业渗透的理论与政策研究，推动民间力量运用创意经济规律尽快实现广东的经济发展方式转变。

创意产业从20世纪90年代由英国率先倡导以来，在全球取得了蓬勃发展。创意产业是开发人类创造力、解放文化生产力、提升产业竞争力和增强国家软实力的有效手段。它强调创意和创新，强调把文化、技术、产品(服务)和市场有机结合起来;它不仅能为人们提供文化含量较高的产品和服务,满足人们的精神需求,从而有效地刺激内需,形成新的消费市场;更重要的是它还可以与其他产业融合发展,促进产业创新和结构优化,有效地推动我国经济发展方式的转变。

目前,创意产业发展已经超越了单一产业层面,深入到各行各业,开始进入了创意经济的新阶段,其特征就是创意成果可以作为一种新的投入要素深入到各行各业,促进该产业的升级发展。反之,各个产业,无论是农业、制造业还是服务业都可借助创意产业的思维逻辑创新发展模式,或与创意产业融合发展产生明显的效益。

创意产业是经济社会发展到一定阶段的产物,并在科技进步的支撑下迅速发展起来。著名未来学家约翰·奈斯比特在20世纪90年代就指出,在高科技为主导的现代社会中,人除了温饱和安全之外,更迫切地要寻找人生的意义,要追求更高、更深、更远的东西。他在《亚洲大趋势》一书中指出:21世纪产业结构调整的一个重要趋势就是推进文化的产业化和产业的文化化。如今创意产业在全球的迅速发展正是这一趋势的表现。对文化的产业化要有正确的理解,这里的“化”是指转化的过程,并非是指文化全部都是产业。正如我们说推进城市化一样,绝不是说全部农村都要成为城市。文化中的精神、价值观不是产业,但通过创意塑造一个可敬可爱的人物,叙述一个生动感人的故事,就可以做成产业。这和科技产业的发展相似,科学是发现规律,那些科学定理、公式等也不是产业,只有通过研发,形成技术(产品或生产工艺)才能做成产业。文化的产业化就是要通过创意把文化资源转化成经营资源,并借助科技的支撑为人民提供日益丰富的文化产品,满足人们日益增多的文化需求。所以一些国家和地区把文化产业称为文化创意产业。另一方面创意产业的发展向传统制造业的渗透,使文化载体的范围大大拓展了。在创意经济时代,可以毫不夸张地说,任何一个蕴含着创意的商品和服务都是文化的载体。创意产业是通过观念、情感和品位的传达,赋予传统意义的商品某种独特的“象征意义”,提升其文化附加值,从而使传统的商品转变成了承载文化的载体。可以说各行各业的产品和服务都能成为一定文化的载体,并因此提升其价值。这也许就是奈斯比特所说的产业文化化的含义。发展创意产业也正是通过推进文化的产业化和产业的文化化来实现产业结构的优化调整,同时它也符合低消耗、少污染的绿色发展理念。

实际上,各行各业都可借助创意产业的发展,或应用其成果,更新产品和服务的设计与策划,开辟新的“蓝海战略”、“品牌战略”和“营销战略”。

一是传统产业可以通过文化创意的融入,附加更多的文化内涵,开辟“蓝海战略”,实现差异化竞争,或塑造有特色的品牌,从而提升竞争力;二是在产品设计中融入文化创意,如以色彩调节人们的心情,以结构满足人体的舒适感或操作使用的方便,以独特的造型给人们以丰富的想象,从而实现产品的价值创新;三是在营销中融入文化创意,引起消费者的文化认同、产生共鸣或好奇心,从而有助于拓展市场。不仅精心策划的广告、会展有助于促销,优秀文艺作品也可能帮助扩大市场,比如电影《非诚勿扰》的热播极大地促进了杭州西溪湿地和日本北海道的旅游;四是传统产业可以利用创意产业的思维逻辑和发展模式来改造自身的发展模式,实现产业的创新。如创意旅游、创意农业都是用创意产业的思维方式和发展模式,整合相关的资源,融合文化创意创新相关的产品和服务,锻造产业链和构建起完善的价值实现系统,从而实现传统产业的创新。

国际经验表明:创意产业发达与否的关键在于城市是否具备创意土壤、创意氛围及有利于创意人才和创意企业、创意产业生存、发展的空间,是否具备创意产业基础设施与制度环境,即创意生态。相对于制造业,创意产业是一种“软产业”,投入的是“软要素”,体现的是“软实力”,产业主体大多是中小企业,具有高技术、轻资产,抗风险能力弱等特点,尤其需要营造一个高品质的创意生态环境。可从以下几方面着手:

一是着力建设文化创意产业的公共服务体系。如建立多样化的网络信息、投资咨询和技术服务平台等,以降低文化创意企业的运营成本。政府可以购买、授权、委托等多种形式鼓励文化创意企业的发展和人才培训、展示交易、成果转化、消费体验、国际交流的公共服务平台的建设。

要创新投融资机制,构建文化创意产业的多元化投融资服务体系。包括通过政府资金引导建立各种专项基金,用于支持文化创意企业的发展;鼓励银行开展知识产权质押业务,支持和引导担保机构为创意企业的融资提供担保,为创意企业在国内外资本市场融资创造条件。要尽快建立适应海内外各类创意人才集聚的环境,加快推进我国文化创意产业的发展。

二是营造包容和多元的文化氛围。要走包容性增长和发展之路,包容性增长的基本含义是要公平合理的增长,要实现机会平等,让国有企业、民营企业、大中小型企业都能平等地享受国家支持创新的政策;同时要包容短期利益和长期利益,包容本土化和全球化,包容成功与失败,特别要包容文化的多样性。要推进开放的文化政策,把对传统文化的继承、对外来文化的包容,以及对文化的全球性共享列入政策内容。要推进文化多元化的组织建设,培育具有多样性和包容性的创意社区和创意社群,为文化创意提供生存空间、活动场所和多元文化的展示舞台,并积极鼓励和支持文化创意产业走出去。

三是推进创造性的教育体制。要注重创新型人才的培育,建立多层次的创造性教育体制,包括在中小学加强发挥想象力与合作精神的教育,建立终身教育体制,营造良好的成人及继续教育氛围。如创办社区学院,开放式大学、成人教育中心等,为社会成员提供能在任何时间和地点获得方便学习的机会。

推动我国制造业的升级换代是大势所趋,而且迫在眉睫。创意经济正在改变中国的传统制造业,这是中国“转型”的新亮点。产业是“根”,创意是“魂”。中国庞大的制造业基础,将为创意产业发展提供强有力的市场支撑。我们期待着创意产业成为地区发展的新亮点,成为推动地区经济转型升级的引擎,为我国西部大开发作出巨大的贡献。

(本文原载于《经济体制改革》2012 年第 1 期)

创意产业是中国经济振兴的新动力

创意产业在世界上发展得相当快，已经成为21世纪全球经济发展的未来趋势和关注焦点。著名的未来学家约翰·奈斯比特就在他的著作《亚洲大趋势》里指出：21世纪产业结构的调整的一个重要趋势就是推进文化产业化和产业文化化。这实际上就是创意产业的发展。

著名的经济学家霍金斯在他的《创意经济》这本书里面指出，全世界的创意经济每天创造220亿美元，并且以每年5%的速度在递增，这本书是20世纪90年代写的。现在美国的增长速度是14%，英国的增长速度是12%。我们根据联合国贸发委的统计，2004年全球文化创意产业占GDP总量的11%，而且每年以10%的速度在增长。即使在金融危机的情况下也是逆势高速增长，所以发展创意产业已经成为世界经济的新潮流，许多国家在经济转型时都将文化创意产业作为战略选择。

城市也面临着转型。过去可能是生产加工，然后逐步发展成为服务，提供各种各样的服务和创新。这样就要塑造一个环境，为这些产业的孵化提供良好的环境，也就是提供土壤，还要为这些产业的发展壮大提供资金支持。

在世界上，很多城市建立创意城市，无论是文化之都还是创意城市，都是工业化发展到一定阶段，在全球竞争日趋激烈，资源环境约束日益增强的形势下，城市转型要采取的战略和模式。这个战略和模式最主要的是要改变过去依赖自然客体资源的发展模式，着重开发人类主体资源,也就是人的创造力,解放文化生产力,提高竞争软实力,从而实现持续发展的战略转型。

比如,最早实现工业化的欧洲,在20世纪80年代中期提出“文化之都”概念,每年评选出一个欧洲“文化之都”,金融危机期间也不间断。如2008年英国第二大海港城市利物浦经过十年申请转型成为欧洲“文化之都”。2009年奥地利第三大城市重工业中心林茨经过二十多年的转型也被评为“文化之都”。到了2010年,德国最重要的煤炭和钢铁工业基地鲁尔区,因为煤炭挖光了,钢铁逐步衰退,在这个情况下,鲁尔区逐步成为“文化之都”。

创意产业的概念最早是英国提出来的。因为英国是最早实现工业革命的国家,也是最先提出发展创意产业和建设创意城市的国家。如今世界大城市都是发达的创意城市,无论是伦敦、纽约、巴黎、东京都是独具特色的创意产业。2002年联合国教科文组织开始建立世界创意城市网络,为各个国家的城市转型发展助力。

现在我们全国有三个城市加入了这个网络,深圳、上海是两个设计之都,成都是美食之都。所以创意产业的发展在世界上是由于人们的需求升级了,我们知道经济发展到一定阶段,物质阶段得到了一定的满足,也就是越过温饱阶段之后对文化需求增加了,产品需求需要个性化、多样化和丰富、多样的形式,这样创意产业发展有了社会基础和广阔的市场空间。

为什么对这一块有需求呢?我们知道人类的需求可以分为三个等级:生存型消费、享受型消费和发展型消费,享受型和发展型的消费都和创意产业密切相关。所以在创意产业这一块上,在经过了温饱阶段进入小康社会以后,我们就要开始发展这一块,因为可以增加、扩大我们的内需消费。而转型当中,中国的方式转变很重要一块是扩大内需,我们只有发展创意产业提供享受型、发展型的消费,才可以扩大内需。如果同样的服装、同样的皮包,享受型消费就要有一定的品牌了。

另外,创意产业的发展也得到科技进步的支持,那就是科学技术的发展，特别是现在信息技术的发展创造了崭新的艺术形式，数码产品对传统产业就带来一定的冲击。它还开拓了新型领域，比如说过去的出版业是纸质出版，现在是网络出版、电子书大量出现。所以科技进步也支持了创意产业的发展。从这里就可以说明一下，我们从文化产业说到创意产业，其实这当中的转变在于我们讲创意产业，更强调它和科技的结合，和其他产业的结合。在讲文化产业的时候，可能开始的时候比较局限在文化领域，现在大家也明白这一点，要真正做成支柱性产业，必须和高科技结合，必须与其他产业融合发展。这样就提出创意产业的概念。因为我们知道创意产业就是要特别强调创新这一块。

科技进步使得创意产业的产品更适合在网络或者移动通信工具上进行生产、流通、销售、消费，这是科技进步领域对创意产业带来的支持。它不仅提供新的形式、新的传播渠道，而且也带来很多新的消费形式。

一、创意产业在中国的发展

在20世纪90年代引入了创意产业这个概念，因为当时英国政府在政府文件当中提出来，而我国真正提出发展还是在进入21世纪，因为我们在20世纪人均GDP还不到1 000美元，处于温饱阶段。所以，尽管国际上已经开始提出了，但我们没有很快地发展这一块。但进入新世纪以后我们开始发展，发展阶段的初期我们对它的认识还比较陌生、比较模糊，就像刚刚所说的，对创意产业和文化产业过去比较局限于小的范围，现在认识逐步扩大了。同时，因为创意产业的内容和形式也非常多，内部是相互渗透的，也就是说它是无边界的产业，可以与各行各业结合。开始的时候因为我们国家的体制往往是条块分割的情况之下，所以对这一块的认识还不够清楚。我是在上海一直在推动这个产业的发展，一直强调我们一定要有一个跨界融合的概念。

进入21世纪，特别是在这一次金融危机爆发以后，我们的创意产业发展就非常迅猛了。这个迅猛表现在成为推动经济增长的一个新引擎和新的亮点,我们知道金融危机爆发以后其他很多产业都受到金融危机的影响,但是唯独创意产业逆势增长。近几年文化产业发展非常快,因为金融危机爆发以后,当年的 GDP 到了 3 500 美元,去年实际上已经超过 5 000 美元。所以从这个情况来看,正好是一个快速发展的阶段。根据国家统计局发布的数字来看,从 2003 年至 2010 年,文化产业的年均增长达到 23%,大城市文化创意产业占 GDP 的比重超过了 5%,5% 的概念作为支柱产业必须超过 5%,北京达到 12.3%,上海达到 10%,深圳最高的时候达到 7.6%。这里我要说明一下,文化产业和创意产业统计口径有些区别。现在提出要成为支柱产业,就要带动众多产业的发展。创意产业到了 5% 毕竟还是一小块,一定要带动一大批产业的发展。

我们说房地产也好,汽车产业也好,往往能够带动十几个产业的发展。文化产业的发展要带动其他产业的发展,要求通过文化和其他产业的融合来发展,必须进入到文化产业与高科技发展的新阶段。中央几次提出要把文化产业和科技结合起来,要把文化产业和其他产业融合发展。如何让创意产业成为产业升级,走出金融危机的阴影?如何挖掘创意产业的经济潜力?如何激励创业产业实现可持续发展的爆发力?这都是我们要进行的战略思考。在这当中我们也知道,金融危机爆发以后,我们需要转型。很多传统的产业需要改造,传统产业的升级改造,这当中既需要高科技,也需要文化创意。因为我们通过设计提供新的产品,就能够提升原来的产业结构。另外,创意产业的潜力在于它开发的是各种各样的文化资源,文化资源开发也能够成为增长的动力。要实现可持续发展就要节能、减排,而文化创意产业确确实实能够用比较少的自然资源来发展,同时它的污染也相对少,这是我们转型当中要思考的一些问题。

从发展的方向来讲就是要实施知识产权战略,因为创意产业强调的是通过知识产权的建立来创造财富,在英国给创意产业下的定义就是个人的创造力和技能,建立知识产权,创造财富和就业。所以知识产权非常重要，在很多新的创意出来以后要想办法变成知识产权，变成知识产权以后才可以通过经营的手段创造财富和就业。因为你有了知识产权，你就可以进行各种各样的交易和经营。

发展方向当中的第二个就是我们必须要有创意内容的设计能力。这里所说的“设计”不仅仅是产品外观的设计，还包括整个价格综合设计和策划。现在经常会看到这样一个词，顶层设计。不管你发展什么，你首先要搞好顶层设计。实际上就是整个规划，或者说策划，这就是一个设计。所以这里我们讲设计之都，它是一个大设计的概念。不仅仅是产品的设计，工业设计只是一部分，建筑设计也是一部分，还有时尚设计、软件设计，都是我们原来讲的设计。但现在还包括创意策划。要发展一个城市，比如说刚刚提到的前海规划发展，这也是需要设计的。这个设计就是所谓的顶层设计，如果这个设计做得好，将来就发展得好。如果设计没有做好，包括政策等各方面的条件都要进行设计和策划。

三是要有品牌意识。品牌就是创意，因为知识产权技术等等都要靠品牌来增加它的附加值，所以资金投入要投在看得见的东西上，这个观念就严重束缚了创意产业的发展，有时候我们投入是为了建立一个品牌。我前几天参观一个企业的时间发现，发展创意产业要有整合观，把资源通过创意整合起来。整合的创新在科技上叫作集成创新，但文化上是整合各方面的资源。还要有品牌观，树立了品牌附加值更高，同时还有持续发展的能力。除了品牌观以外还有体验观，让消费者体验到产品的特色。通过各种形式让消费者有所体验。

四是培养人才。我们需要高素质的创意人才，而真正的创意人才就要理解技术、熟悉市场消费，明了整个产业的趋势。需要培养、引进一大批复合型人才，在发展文化产业这一块不仅仅要有文化创意的人才，还要有善于经营的人才，一个持续发展的产业必须要有善于经营的人才。在与高科技结合当中要理解技术、熟悉市场消息才能善于经营，要培养一批复合型人才。

五是走包容性增长和发展之路。在 2009 年亚洲高峰论坛的时候胡主席专门说到我们要走包容性增长的道路,包容性增长的基本含义是要公平合理的增长,与科学发展观是一致的。从各国经验看,创意产业发展过程中,中小企业居多,势单力薄。在融资发展方面,需要适当照顾,由于中小企业在开始的时候势单力薄,需要适当的照顾。包容还有一个含义,就是要包容各种各样文化,包容长期利益和短期利益,要包容成功和失败,这样创意产业才能发展。我们可以看到世界上许多文化特别发达的国家往往有多样化的文化发展。像女子十二乐坊,一开始的时候传统民乐家不赞成,说民乐怎么能够跑来跑去的拉?后来就跑出去了,跑到韩国、日本发展成功了,现在又回来了。我们要反过来想,如果开始的能够更包容一些,就不需要把人家赶出去,让他们在我们自己这里也能够树立起品牌。

美术也是这样,一开始都是写实画派,后来出现梵高、毕加索,很多画家反对,说这个东西画得不像,不是写实主义。这样一来经历了很多年的摩擦,等到梵高死了,他的画反倒出名了,成了一个非常成功的画派。在这当中我们需要有包容性,只要这个东西是无害的,一开始的时候要包容。

二、深圳模式

2003 年深圳率先确立“文化立市”的战略,年均增速接近 25%,去年增加值 726 亿元,位居全国城市前列,现在排名是北京、上海、深圳,占全市 GDP 比重逐步提高,创造了文化 + 科技的新模式。

深圳的创意产业要跨越式发展,就要走一条以科技型的龙头行业、龙头企业高效集聚的路径,以科技优势、金融优势为依托,因为创意产业刚刚发展的时候需要金融的支持,以数字内容为主体,以自主知识产权为核心形成科技 + 创意 + 高效集聚的发展之路,这就是创意产业发展、繁荣的必由之路。

从整个发展来看,设计的发展有利于建立产业结构,完善产业链。

因为我们扶持高端的原创，这样就有利于创意的发展，提高中间的组织和集约化成程度，还要加强终端营销的能力，拓展市场，这就需要加强的措施。

从创意经济的角度来说，深圳发展创意产业还是有一些优势，因为我们讲创意产业的发展要形成对整个经济的推动，它必然有核心产业、支持产业、配套产业和衍生产业形成一个整体的、完善的产业系统。核心产业就像创意设计、动漫和物联网、数字视频、影视制作、新媒体等等，深圳作为改革开放的前沿城市，往往是勇于创新。所以我们给深圳的定位是成为创意先锋，是走在前面的。而作为支持产业来讲科技、金融、传媒、媒体宣传都是支持创意产业的发展，这些行业深圳也处于前列。因为深圳是改革开放前沿城市，所以还是走在比较前面的。

配套产业是帮助核心产业吸引人才、留住人才，吸引消费者的，包括旅游、餐饮、娱乐业，这在深圳也是方兴未艾的。它的衍生产业就是文化再注入其他产业当中，包括礼品、纪念品、服装、玩具等都在很快的发展。有了这样一个产业系统，我们发展创意产业就能具有一定的优势。而且深圳已经是联合国教科文卫组织颁布的设计之都，作为创意城市还需要适当发展创意产业集聚区，完善创意产业园区建设，汇集更多创意资源，扩大创意服务，促进结构优化和发展方式的转变。现在深圳正在大力建设深港前海合作区，在前海建设发展中当然也要发展创意产业，这个道理不用解说了，符合国际产业发展的趋势。据说要建立中国创意产业(南方)总部基地，这也是一个不错的设想。另外，作为深港合作，也可以加强与香港在设计方面的合作。现在在建设当中不管发展什么创意产业的集聚区，都要结合本地的产业基础来发展。脱离了本地产业的特点，有时候就会偏离。既要结合本地产业基础，还要考虑整个环境，就是刚刚我们讲的，它作为产业系统怎么配套。

胡总书记先后在上海、广东、海南等地的创意产业园区视察的时候都指出，创意产业是一个很有发展前景的新兴产业。我们如果要发展好必须要做好园区的服务，把创意产业培养为经济增长的新亮点。总书记这么说，我们建设前海也要把创意产业园区培养为发展的新亮点，能不能做成？这就是一个方向。

刚刚提到的“中国创意谷”，从产业发展来讲要完善产业链，提高科技含量，提升产业层次，培养一批国际化的文化企业。从产业发展的趋势来看，需要做到完善产业链，要和高科技结合，还要提升产业层次。从战略层面来讲要争取制定一个目标，成为文化强国建设的示范基地。

完善产业集聚区应该构建一个完善的创意产业价值系统。核心产业是提供创意产品和一定的创意服务，这是它的核心。为了要支持核心产业的发展，可能需要有金融、科技、媒体的支持，因为金融是在资金上的支持，科技是在手段方面的支持，媒体是在宣传、扩大市场方面的支持。所以这些方面不仅要支持，还要配套产业的酒吧、旅游业、娱乐业，然后再衍生产业。衍生产业就是你的创意成果可以变成一种生产要素，再进入到其他产业，像玩具、文具、服装、纪念品形成一个系统才能带动整个区域经济的发展。

创意产业园区还要做好服务，要搭建好服务平台。前海就有深港创意资源整合中心，提供这样一种合作平台。深港研发设计中心，要提供这样一个服务平台。还要引进一些高科技的装备，从技术上支持，有了创意怎么变成产品？还要有一个成果转化，因为你要推进成果应用，这和媒体有关系，和我们提供的服务也有关系。联系各方面的企业，有了创意成果以后哪些企业可以应用，应用过程中还要注重知识产权的保护。还要注重营销展示中心，我们知道展示也是非常重要的，新成果展示以后对别人也有新的启发。还有所谓的会展业，会展业往往可以汇集文化资源，拓展我们的产业空间。

（本文原载于《执行官》2012 年第 6 期）

建设创意城市与发展会展业

继20世纪末世界各地掀起创意产业发展浪潮之后，创意城市正成为当今全球发展的新热点。人的创造力、文化、知识等无形资源正取代有形物质资源，成为城市经济增长与财富创造的主要源泉，城市进入了由创意全面驱动的新阶段。当前，构建创意城市已经成为许多国家和城市的重点战略，各大城市纷纷提出建设“创意之都”的发展目标。纽约提出了“高度的融合力、卓越的创造力、强大的竞争力、非凡的应变力”的城市精神；伦敦确立了“世界卓越的创意和文化中心”的发展目标；东京制定了“充满创造性的文化都市”的发展战略。亚洲的一些中心城市也开始了迈向创意城市之旅：新加坡确定了“新亚洲创意中心”、“全球文化和设计业的中心”的发展方向；香港则着力打造“开放多元的国际文化都会”。2004年联合国教科文组织成立了“全球创意城市联盟”(The Creative Cities Network)，在全球范围内力推创意城市的发展，目前已吸纳了25座城市为成员，文学创意之都、电影创意之都、音乐创意之都、设计创意之都、媒体艺术创意之都、民间艺术创意之都和烹饪美食创意之都等各类主题的创意城市异彩纷呈。在我国实现创新驱动、转型发展的关键时期，创意城市也成为各地“十二五”发展的新战略和新目标，会展业则逐渐成为各大城市竞相发展的新兴产业。北京奥运会、上海世博会、西安园艺会、深圳大运会、博鳌论坛、大连夏季达沃斯论坛等世界级节事、展览和会议等相继举办，创意城市与会展业呈现出蓬勃发展的互动态势。会展业既是推进创意城市发展的重要战略，也是建设创意城市的主要内容，更是增强创意城市吸引力和辐射力的有效手段。

一、创意城市的基本特征与会展业发展

创意城市不是严格意义上的学术概念，它是指在全球竞争日趋激烈、资源环境约束日渐增强的背景下，地方城市从主要依赖自然客体资源的发展转向开发人类主体资源的发展，从主要依赖有形的、物质性硬要素转向充分利用无形的、文化性软要素的发展。它既是推动城市复兴和再生的一种发展模式，也是实现城市持续发展的一种转型战略。创意城市的崛起为城市重塑形象、重获生机开辟了新的通道和空间，引发了全球城市在发展理念上的重新思考，带来了在发展模式和发展路径等不同方面的创新与实践。

首先，创意城市拥有发达的创意产业，是创意产业的集聚地。全球有影响力的世界级城市，无一不是创意产业最集中、最发达的地区，都以独具特色的创意产业而闻名，同时也都是本国创意产业最集中的地区。纽约是美国的创意产业中心，全美约 8.3% 的创意产业部门员工集中在纽约；伦敦是英国的创意之都，创意产业的艺术基础设施占了全国的 40%，英国 1/3 以上的设计机构位于伦敦，音乐产业产值约占英国的一半，伦敦还拥有全英国 85% 以上的时尚设计师，以及全英国 36% 的出版产业产值、73% 的电影后期制作活动；巴黎聚集了法国 55% 的设计公司，提供了法国 76% 的创意设计工作岗位；日本动画制作公司有 80% 集中在东京。可见，城市特别是国际大都市是创意产业的集聚区，正是发达的创意产业大大增强了城市的竞争力和辐射功能，造就了世界级城市。

其次，创意城市具有先进的创意性社会结构。创意性社会包括多样的文化，数量众多的创意阶层、创新的观念和实践经验，有效的运行机制和相应的扶持政策等。

从某种意义上来看，创意城市就是创意人才愿意居住和工作的地方，国际一流创意城市无不集聚了大量创意人才。东京集聚了全日本

50%以上的创意产业从业人员，其中动漫产业的72%、信息服务业的73%、音像制作业的79%、游戏和软件业的50%、出版业的67%、时尚设计业的47%、演艺业的54%从业人员均集聚于东京。

浓郁的文化创意氛围也是创意城市区别于其他城市的一大主要特征，创意城市最表面化的表现形式是大量集聚的工作室、画廊、饭店、酒吧，这些场所是多元文化交融和展示的集聚地，其特有的文化氛围有利于培育富于个性、创新性和创造力的创意人才，有利于营造适于创意人才和企业生存发展的优良环境，形成巨大的创意产品消费市场，从而完善城市的创意社会基础，提升软实力，大大增强城市的创新驱动力。

第三，创意城市具有鲜明的城市形象和文化品牌。创意城市根植于本地文化，而文化都是有地方特色的，不难发现，世界各地的创意城市都富有个性。在全球化背景下，国际大都市的城市形态、基础设施、经济运行等基础结构日趋雷同，只有城市文化保持各自独特的面貌，因此，文化成为当今城市提升竞争力的关键要素。创意城市以数量众多的文化品牌活动彰显城市个性形象，集聚更多的创意资源。伦敦每年举办200多个一定规模的创意文化活动，不仅树立了城市文化品牌，还大大激发了城市的创新创意活力。主题文化塑造城市个性也是创意城市的一大特色，美国的圣达菲是获联合国全球创意城市"民间艺术之都"称号的城市，以其民间传统手工艺开发而闻名。圣达菲城内所有的新建筑都表现出西班牙村庄风格，门窗装饰得异常鲜艳，整个城市犹如一件艺术品，该市也因此成为美国最美的城镇之一。美景吸引了来自世界各地的民间艺术家、设计师扎根，"圣达菲风格"已经成为全球公认的艺术和工艺标准。目前，圣达菲有七万个团体从事文化事业，艺术和文化产业每年在圣达菲的经济收益中占到40%。

"创意城市就是人们想要去的地方"，建设创意城市就是通过发展创意产业、构筑创意社会基础、营造城市独特的文化氛围和形象，增强城市的吸引力、辐射力和创新发展的驱动力，使城市成为"人们想要去的地方"，而发展会展业有助于实现这一目标。具有创意策划、文化主题和活动体验的会展业犹如一个巨大的“磁石”,不但能够成为城市创意产业的重要支撑,更是创意城市集聚创意资源和创意人才的有效战略路径。

二、以会展业促进创意城市建设

会展业主要由展览、会议、节事活动和奖励旅游等组成,被誉为“城市经济的助推器”、“城市的面包”、“走向世界的窗口”;而作为创意产业的重要内容之一,会展业是促进创意城市建设的创新路径。当今世界会展业除了呈现出品牌化、专业化、市场化的发展态势,创意化发展成为最新的潮流。从理论上来看,创意策划在会展业中承担“研发”功能,处于产业链的上游,是附加值最高的环节,好的会展策划有强大的吸引力,可以汇集人才、信息、资金、技术等各类资源,通过交流合作促进创新并扩大市场,产生溢出效应,社会和企业亦可分享其成效,惠及周边地区,增强城市的辐射力。会展业是促进创意城市建设的强大推进器,具体有以下功能:

(一)促进创意城市形成发达的创意产业体系

在现代产业分类体系中,会展业通常归属于创意产业范畴,会展业本身的发展也就是促进创意产业体系形成的过程。事实上,会展业已经成为创意城市的重要支撑产业,会展业的关联效应、扩散效应和集聚效应都很强,产业链条长,可以带动城市旅游、餐饮、设计、金融保险、航空、物流、建筑等产业的发展,具有较强的经济带动作用。一位美国市长在形容会议旅游的魅力时说:“如果在我这个城市召开一个国际会议,就好比有一架飞机在我们头顶上撒美元。”据统计,会展业的利润通常在25%左右。一年两次的伦敦时装周,每年为伦敦市拉动消费达2 000 万-5 000 万英镑,促进了英国2/3 时装产品的出口。瑞士是一个只有700 万人口的小国,但平均每年举办的国际会议超过2 000 个,吸引外国游客超过3 000 万人,大大促进了旅游产业的发展,使瑞士成为旅游发达国家。

会展业与产业创新升级形成良性互动，能够促进创意产业与相关产业的融合。一方面，产业发展萌芽初期，会展业以论坛研讨等形式助推，当产业发展到一定阶段，会展业以展览展示的形成为其助力；另一方面，产业的繁荣和发展又能促进相关会展业的兴盛和壮大。放眼世界，瑞士钟表产业之于巴塞尔钟表展、美国电子信息产业之于电子展、意大利服装之于米兰时装展，中国文化产业之于文博会等，莫不如此。

（二）促进创意城市增强吸引力和辐射力

会展业的两大功能是“汇集创意资源，拓展创意空间”。一个成功的会展，能够汇集来自世界各地的创意资源，为城市带来丰富的创新理念、创意人才和创意产品。这些资源的大量集聚一方面可以为城市带来相应的信息、资金、技术等生产要素的集聚，增强城市自身的吸引力；另一方面为各类创意产品拓展了新的市场空间，促进了创意成果的交流、开发和利用，具有创意扩散功能，有利于城市辐射力的提升。

以深圳文博会为例，自2005年首届参观人数50万人次、成交356.86亿元，到2011年参观人数达354.05万人次、成交额达1 245.49亿元，短短7年时间，参与人数增长了7倍，交易额增长了3.4倍。深圳是我国第一个加入联合国创意城市网络的“设计之都”，其设计产业发展与会展业形成互融互动格局，目前深圳的四大支柱产业是高科技、物流、金融和文化，分别对应着四个专业的展会：高交会、物博会、金博会和文博会。这些大型展会发挥了集聚资源的功能，吸引了更多的展会在深圳举办。据统计，2010年深圳会展中心举办的展会数目首次突破100个，会展业收入达20亿元。发达的会展业既丰富了深圳创意产业的文化内涵，促进了相关产业体系的构建，又为深圳建设创意城市、形成产业链网络体系奠定了坚实的基础，增强了城市的吸引力和辐射力。

（三）促进创意城市构建完善的创意社会体系

现代会展业在历经百年后已成为当今世界各国展示成果、促进贸易、集聚人才、引进技术、吸引外资、塑造形象、获取信息的重要手段，它不仅使产业活动的载体自身获得效益，体现出较高的经济价值，更重要的还在于能够在较长时期内促进城市文化创意的发展和繁荣。为城市培育创意社会资本，体现出创新性的社会价值和人文价值，被视为评价城市现代化程度的主要内容之一。

从促进创意城市建设的角度，会展业通过“展示创意成果”，引入新的理念、新的产品、新的技术，能够创新城市发展模式，实现城市的转型发展。比如2010年上海世博会倡导的“绿色低碳”理念促进了“低碳城市”的发展，世博会展示的各类新兴信息技术促进了“智慧城市”的发展。

会展业还能够发挥“共享创意生活”的社会功能，通过倡导新的生活方式，直接惠及城市百姓，使其认识、体验和分享最新的创意成果，为其创造更美好的新生活。与此同时，会展业通过创新展会组织能够为创意城市积累社会资本，创造良好的人文环境，提高城市的文明水平。比如北京奥运会的志愿者，在实践“绿色奥运、科技奥运、人文奥运”理念的同时，奥运会不仅是运动员的盛会，也是志愿者的盛会，147万北京奥运会志愿者们优质的服务获得了全世界的好评，国际奥委会首次在闭幕式上增加了向志愿者代表献花的仪式，志愿者的微笑成为北京最好的名片、北京奥运会的亮点，为北京赢得了世界的尊敬，市民文明素质和创新能力也得到同步提高，涌现了一批创新创意人才。可见，具有创意策划的会展，能够激发普通百姓的创意创新活力，激活城市的创意潜能，也能够为城市积累更多的创意社会资本。

（四）促进创意城市塑造独特的文化品牌形象

独特的城市文化不仅塑造与众不同的城市特色，也是城市创意产业赖以发展的资源禀赋，更是构建创意城市的基本要素，文化创意会展能有效诠释城市个性特色，围绕会展举办进行的硬件设施建设、软性文化活动等为创意城市塑造独特的文化品牌形象提供了必要的基础条件。

从硬件来看，为举办国际会议和展览而兴建的场馆、交通设施、物流中心等,成为城市基础设施建设的重要组成部分,加快促进了城市现代化、国际化水平的提高。会展设施本身就是城市的文化景观和特色地标,比如,1889 年法国巴黎世博会建造的埃菲尔铁塔已成为法国和巴黎的象征,2010 年世博会的中国馆则成为上海文化的新地标。

从软件来看,创意性节庆节事则能让人感受城市文化的独特脉搏。每天在城市各地举办的各类主题文化的博览会、运动会、时尚秀、专业性节庆、民俗节庆等等都是文化创意的载体。成功的文化创意节庆会展是城市文化的品牌与象征,如至今已经拥有 120 多年历史的美国玫瑰花车大游行,是世界上知名度最高、娱乐性最强的年度节日庆典,每年都吸引着来自全球各地逾百万的观众,同步向 120 多个国家电视转播盛况,全球约有五亿多人通过现场电视直播观赏,"玫瑰花车"也成为举办地帕萨迪纳市的城市主题文化。

三、以创意提升我国会展业的新内涵

(一) 我国当前会展业的基本情况

从世界范围来看,近几年中国会展业发展十分迅速,展会面积和展出总面积位居世界前列。以商展为例,在 2010 世界商展百强排行榜上(见表 1),中国入选展会数量为 14 个,仅次于会展业世界强国德国,名列第二,展会平均面积为 13.29 万平方米,位居第七。

表 1　2010 世界商展百强前 3 名

	入选展会数量(个)	展出面积(万平方米)	总面积占比	展会平均面积(万平方米)
德　国	58	1 145.1	62.7%	19.74
中　国	14	186.1	10.2%	13.29
意大利	8	168.4	9.2%	21.05

从全国范围来看,上海、北京、广州举办规模以上会展的数量居全国前三甲,2010 年上海总展出面积达 800 多万平方米,展会数量 448

个。有关资料显示，目前，中国有30多个城市定位为“会展中心城市”或“会展名城”。到2015年，全国会展的数量将从2010年的5 040个增加到7 000个，会展面积从5 050万平方米增加到1亿平方米，会展行业产值从1 453亿元增加到3 000亿元。

从发展态势来看，会展业被列入国家“十二五”规划，目前全国各地掀起了发展会展业的新热潮，各大城市纷纷在城市基础设施、会展软环境建设、品牌展会培植方面加大投入，展览城市之间的竞争日渐激烈。

（二）我国当前会展业存在的问题

20世纪80年代以来，我国会展业以平均每年20%的速度递增，会展数量虽然增长很快，但规模、质量和效益与世界先进水平差距比较大。主要问题有以下几方面：

一是重数量轻质量。首先表现在展会数量过多、质量太差。一些会议、展览的题材价位雷同，业内专家指出：“一个城市通常会有几个相同的展会，全国可能会有上百个相同的展会，以至于参展商无从入手，不知该参加哪个展会。”造成同行业间的恶性竞争，市场秩序混乱。其次是缺少知名会展品牌，虽然我国拥有广州“广交会”、深圳“高交会”、大连“服装节”和杭州“西博会”等国内外知名的展会，但总体上缺少品牌会展，关键是缺乏独特的展示题材和前期的创意策划。

二是重硬件轻软件。普遍存在忽视会展的内容策划、人才培养储备、组织管理等软件建设的问题。表现在：第一，全国各地热衷于大兴土木建展览场馆，把硬件建设作为发展会展业的重点内容。据估计，全国“十一五”期间建设展馆的投资总额500亿−1 000亿之间，不少新建展馆面积超过10万平方米，出现一些城市的展馆普遍面临使用率不高的困局。第二，高端会展创意人才缺乏。比如上海世博会的主题演绎和展示设计以国外公司为主，主题策划及创意设计类顶尖人才的“软肋”凸显。第三，会展业组织与管理模式落后，目前我国还没有一个统一的会展管理部门,办展审批渠道多,政出多门,易造成市场秩序混乱。

三是重眼前轻长远。目前国内不少城市把会展业作为招商引资的重点,树立城市形象和扩大影响力的抓手。各地形成了争相举办各类大型国际会展的热潮,争夺有限的会展资源,一旦成功申办,政府则倾力投入、大包大揽,甚至不惜影响和损害其他部门和地区的正常发展,只重视眼前利益和局部政策红利,缺乏对场馆的后续利用和城市会展业整体发展的长远科学规划,一方面造成各大城市会展业定位不清、专业化不强;另一方面造成一阵热闹之后的荒凉、闲置和浪费,不利于城市的长远发展。

四是重投入轻产出。会展业市场化程度较低,成本效益分析不足也是我国会展业普遍存在的问题。国内许多城市把建设展览场馆作为城市形象工程来抓,许多大型会议或展览都由政府主办,以财政投入为主,不重视对市场前景和效益产出的前期研究和预测。政府的过度参与,不仅经济效益差,难以收回投入成本,而且阻碍了会展市场的发育和成长,难以造就真正有实力的会展企业。资料显示,全国论坛市场化运作的比例不到10%,90%的论坛依靠政府财政投入维持开支。此外,会展市场开放度低,市场主体以国有企业为主,民营企业和外资进入门槛高,会展企业的国际竞争力较低。

(三)以创意提升我国会展业的几点建议

1. 重视前期创意策划,结合城市自身产业特色和市场需求选好会展主题,形成专业化发展的格局。国际经验表明,只有提高专业化水平,立足细分市场,明确会展主题,并做足内容的创意策划,才能形成吸引力,取得经济效益和社会效益的双丰收。世界会展第一强国德国通过专业会展的做强,形成了品牌,做大了城市会展业,并有效带动了相关产业的发展。目前德国的每个会展城市都根据自身特色实现专业化发展,并形成了世界级的品牌,法兰克福的汽车展,科隆的家具展、五金展,杜塞尔多夫的橡塑展、印刷展等都享誉世界。每个会展城市的世界级品牌展达到10－15个，这些专业化程度较高的博览会，不仅成为该行业信息、技术、人才、设备的汇集发布和展示平台，同时还吸引了大批来自世界各地的专业人士参观展览，国外观众的比例高达30%。这既扩大了城市的影响力和辐射力，也为城市带来了大量的旅游消费和经济收益。因此，我们要借鉴其他国家的先进经验，做好会展业的设计和创意策划，改变我国城市会展业“大而全”的发展思路，倡导“小而精”、“专而强”，走适合自身资源禀赋条件和产业特色的创意发展之路。

2. 增强会展业的文化内涵，以文化创新促进会展业发展，形成会展业的文化特色和品牌效应。文化节事活动是会展业的重要组成部分，我们要在会展业的发展中发挥文化创新的强大魅力，形成“展”、“会”与“节事活动”之间的良性互动。加强文化与会展业的融合发展，是世界各大城市促进会展业发展、形成城市主题文化的主要举措。世界时装之都巴黎，以时装文化为主题，每年举办的世界时装节、时装季、时装周活动，各种服装展会与时尚文化活动有机互动，让世界数以亿计的人们涌向巴黎，造就了巴黎“世界时尚之都”的顶级会展品牌。我国具有丰富的地域文化资源，充分挖掘城市的地脉文化，通过创意创新传承，将文化元素注入现代会展业，可大大增强城市的文化吸引力、形成独具特色的城市会展品牌。

3. 政府鼓励和支持的手段要有科学态度，必须重视投入的实际效果效益。我国会展业的发展初期普遍依靠政府的投入和扶持，但政府不能长期只投入没产出，不利于会展业可持续性发展；要大大提高我国会展业的市场化水平，政府应该将更多的财力和物力投入到会展产业发展的环境建设，包括城市社会的、文化的、经济的、法制的等诸多方面，营造城市会展业的“磁场”；同时充分发挥协会等中介组织的自律、规范和协调作用，加快会展业市场化的发展进程，比如建立全国性的会展行业组织，制定全国性的会展业产业标准和指导意见等，建立行业规范、完善公共服务体系，促进有序的市场竞争。

参考文献

[1] 黄彬. 会展经济与城市品牌联动效应研究[J]. 现代城市,2011(1).

[2] 金元浦. 上海世博会文化创意产业发展的重要契机[J]. 探索与争鸣,2009(4).

[3] 李敬银. 会展模式创新与城市发展——以济南为例[J]. 生产力研究,2010(7).

[4] 厉无畏. 创意产业导论[M]. 上海: 学林出版社,2006.

[5] 厉无畏. 创意改变中国[M]. 北京: 新华出版社,2006.

[6] 厉无畏. 迈向创意城市[J]. 理论前沿,2009(4).

[7] 刘海莹. 中国会展业要明确市场定位、加强专业化[OL]. http://news.hexun.com/2011-05-26/129993777.html.

[8] 龙飞宇. 我国会展业发展对策探讨[J]. 商业经济,2011(4).

[9] 任兴洲. 我国会展业发展方式转变势在必行[EB/OL]. http://news.xinmin.cn/rollnews/2011/03/21/9851766.html.

[10] 王慧敏. 创意城市的创新理念、模式与路径[J]. 社会科学,2010(11).

[11] 郇公弟. 德国因何成为全球会展业“头号强国”? [N]. 经济参考报,2010.

[12] 张敏,傅懿瑾. 后技术时代的展示艺术——基于世博会展示空间的理论探讨[J]. 艺术百家,2010(5).

(本文原载于《国际经贸探索》2012 年 8 月第 28 卷)

文化创意产业促进科学发展的路径分析

科学发展观是中国特色社会主义理论体系的重要组成部分，是对当代中国发展的一种理念和方法论。科学发展观坚持“以人为本，树立全面、协调、可持续的发展观，促进经济社会和人的全面发展，按照统筹城乡发展、统筹区域发展、统筹经济社会发展、统筹人与自然和谐发展、统筹国内发展和对外开放”的要求推进各项事业的改革和发展。

党的第十七届六中全会对推进文化改革发展作出了部署，强调要推动文化产业成为国民经济支柱性产业。新时期发展文化创意产业对我国具有很深远的意义，因为它是以人为本的产业，发展文化创意产业可促进全面发展、和谐发展和可持续发展。无论对于企业、组织或者某个区域来说，发展文化创意产业都可以提升其整体附加值进而增强核心竞争力。中国的文化创意产业正蓬勃发展，并将成为一个朝阳产业。

1. 文化创意产业以人为本

文化创意产业坚持以人为本的宗旨，因为文化创意产业的核心是人。其一，文化创意产业的主体是人，要靠创新型人才即正在兴起的创意阶层才可发展文化创意产业。其二，文化创意产业发展的目的是为了人，是为了满足人民群众物质和精神生活的需求，而在产品和服务中注入新的文化要素。

(1) 文化创意产业的生产主体是创意阶层

所谓创意阶层就是创造文化创意产品或提供创意服务的人才。在文化创意产业的产业链生成中，创意占据着最高端的位置，可以说，一个文化创意产品成败的关键是创意。因此,在文化创意产业的生产过程中,创意是核心,而提高效率、创造价值的关键在于创意阶层的聪明和才智。

创意阶层是文化创意产业的核心竞争力。因为创新的首要因素是人才,所以我们就要从培养人才的角度来考虑。英国在金融危机爆发以后,特别强调要培育创新人才。在中小学的教育中,从小就开始,他们的教育是发现人的才能,同时会引导从小就要培养创造性的思维、合作精神。特别是现在强调文化创意与科技相结合,以及与各类产业融合发展的背景下,很多创新需要多方合作才能成功,所以在人才培养方面要有合作精神。

文化创意人才可以根据在产业链上的作用和分工的不同,分为文化创意的生产者、文化创意活动的组织引导者,以及文化创意成果的经营者。

① 文化创意的生产者

文化创意的生产者也就是原创人员,既可以是艺术大师,也可以是平民百姓,只要具备合适的空气和土壤,人人都可以产生富有价值的创意。文化创意的生产者是文化内容的提供者,既包括艺术家,如画家(漫画家)、作家、编剧、词曲作家、乐队指挥、演员、演奏、摄影、摄像、动画、魔术等艺术创作人员,也包括设计师,如服装设计、建筑设计、装潢设计、动漫设计、游戏设计、广告设计等。无论是专家大师或草根群众,只要能够为文化创意企业提供有价值的文化内容,就可以被看作是文化创意的生产者。

文化创意的生产者位于文化创意产业价值链的最高端,因为文化创意产品的主要增值部分就在其原创性的知识含量中。文化创意生产者们所从事的创造价值的这种活动,既改变了过去必须要有实体生产才能成为产业与创造价值的观念,而将抽象的、无形的文化创意活动当作产业链的一环。同时也极大扩大了文化载体的范围,各行各业的产品和服务都能成为一定文化的载体。

② 文化创意活动的组织引导者

文化创意活动的组织引导者在文化创意产业链上具有举足轻重的作用。文化创意活动要成为产业就离不开市场，这就不仅要对社会的文化需求进行预测，对文化创意活动进行系统的策划和设计；还要对各种文化创意资源进行整合，营造良好的文化氛围，拓展创意的空间，激发人们的创意，这就要创意活动的组织引导者，如导演，策划人（原创策划人、广告活动策划、项目策划），策展人等。

文化创意和经济、技术的融合大大拓展了文化创意产业的发展空间，也导致文化创意产品越来越复杂，从而更需要对文化创意活动进行有效的组织和引导。由于文化创意产业具有高风险性和需求的不确定性，因此文化创意活动的组织引导者需要在生产前期进行周密的策划，并在整个生产过程中，适时地进行协调和引导。

③ 文化创意成果的经营者

文化创意成果的经营者负责文化创意产品的经营，实现文化创意成果的价值，是推动文化创意产业化的关键力量。他们不仅要精通经营之道，而且还要深刻认识文化创意产品的文化属性和商品属性，掌握文化发展规律，他们是既通晓文化创意产业内容又擅长经营的专门人才。

文化创意产品的经营者包括公司经理、项目经理、拍卖师、评估师、经纪人、中介人、制片人、画廊经理、书商等从事经营活动的人才。在文化创意产品的商品化过程中，文化创意成果的经营者的作用至关重要。文化创意产品的产生，并不一定意味着文化创意商品的产生。文化创意产品的经营者要有多方面的知识和技能。同时，文化创意产业要走向国际，就需要经营者用国际化的营销理念和市场运作能力来实现产品的国际化销售。[1]

（2）文化创意产业丰富了大众的生活需求

随着经济发展，人们精神文化需求增长迅速，各类体现文化创意的物质产品正拥有越来越多的消费群体。消费者往往不再满足于商品本身的使用价值，而更关注于商品中的观念价值，即其中被注入的新的文化要素，如观念、情感和品位等因素。文化创意产业就是要让人们更多地享受先进的文化成果，为人的全面发展提供精神食粮和各种营养。

从消费者角度看，产品价值系统由功能价值和观念价值两部分构成。功能价值是消费者为满足基本需要时愿意给商品物理属性支付的价格部分。它由科技创造而成，是商品的物质基础。观念价值是指人们在消费商品物理属性的同时，因商品内在的文化属性、象征意义以及个人因消费商品所带来的感受和体验等方面的差异而愿意多支付的价格部分。观念价值是商品中包含的能与一些社会群体的精神追求或文化崇尚产生“共鸣”的无形附加物，譬如品位、意味、风尚、情趣、故事等。

随着人们生活水平的不断提高，促进产品价值增值和消费者认可程度提高的基本趋势，是沿着从功能价值到观念价值的路径展开的。这是因为，一方面技术扩散迅速，产品趋于同质化，并导致已知市场的饱和，对消费者而言，以功能价值为基础的基本需求已得到满足。另一方面，经济发展了，物质产品日益丰富，人们的需求更倾向于精神和文化方面。于是生产者将大量的个性化体验、故事内容、符号与象征元素（如品牌等）等文化要素运用在产品的生产与消费过程中，让产品成为文化意义的承载者，也就大大提高了产品的观念价值。[2]

文化创意产业正是通过观念、情感和品位的传达，赋予传统意义的商品某种独特的“象征意义”，提升其文化附加值，从而使传统的商品转变成了承载文化的载体，从而满足人们的精神需求。

（3）文化创意产业激发大众创新热忱，并增加新的就业渠道

一方面，发展文化创意产业能够开发人的创造力和潜能，给每个有创新力的人提供发挥才能、创造财富的机会，推动创意阶层的形成。文化创意产业激发了大众的创意和创新意识。随着创意经济的到来，创意已不仅属于大师的专利，普通大众也参与创意。如网络影视的发展，人人都可当编剧、导演和演员。在土豆网上可以看到许多来自草根的

作品如《牛人歪传》《我们没有隐私》等，都很受网民的喜爱。

又比如上海把握后世博的机遇，于2010年8月到10月举行了市民生活创意设计作品大赛，本次创意活动参与者最高年龄87岁，最小才10岁，收到实物作品350余件。2011年10月又举办了“创意产业博览会”活动，收到创意作品300多件，展示了50多件市民生活创意作品。创意大赛的举行不仅激发了大众的创新意识，还唤起了大众对美好生活的追求。

另一方面，文化创意产业还将创造新的就业渠道。文化创意产业本身包含的专业领域很广，能容纳大量的劳动人口，比如，上海将文化创意产业划分为文化创意服务业和文化创意相关产业两大部分，下分媒体业、艺术业、工业设计、建筑设计、网络信息业、软件与计算机服务业、咨询服务业、广告及会展服务、休闲娱乐服务、文化创意相关产业等10个大类，同时依照产业链和上下层分类关系又分为28个中类和102个小类。由于专业领域广泛，2010年，上海文化创意产业从业人员为108.94万人。通过发展文化创意产业还可以形成一些新型产业，比如咨询服务业，可以为社会提供大量新的就业岗位。2009年虽然我国许多行业不增人，甚至裁员，但在文化创意产业领域增加的就业人数却超过15%。[3]

2. 文化创意产业促进全面发展

自从改革开放以来，经过30多年的发展，我国制造业大国地位已初步确立，200多种工业品产量居世界第一位。但要从制造大国向制造业强国转变，需要科技创新和文化创意的双提升。通过发展文化创意产业植入民族文化“基因”，将会提高我国物质产品附加值，为调整结构、加快转变经济发展方式开辟新的途径，从而促进社会的全面发展。

（1）有利于加快中国的经济创新

第一，文化创意是走出危机的先导产业，是加快发展的新战略。

经济规律表明，世界经济的发展将从投资驱动转向创新驱动，产业结构也趋于服务化。在知识经济的背景下，创意已成为改变世界的重要力量。2008年以来，由于全球金融危机的发生和蔓延，各国经济都受到了不同程度的冲击，为应对危机促进经济复苏，各国都在积极推进创新和调整产业结构。本次危机后，各发达国家都力图在能源技术、生物技术、环保技术、航天技术、信息技术等领域实现创新，开发新的增长点，引领经济复苏。与此同时，积极发展文化创意产业，也是世界各国推进产业转型的重点领域。

在后危机时代，美、英、德、日、韩等发达国家和地区在经历着产业的转型，将文化创意产业视为一个新兴的战略性支柱产业，以尽快实现经济的复苏和发展。比如，美国的金融中心纽约也正在进行着经济结构的调整和转型。在此次金融危机前以金融、保险和房地产 the Finance, Insurance and Real Estate（FIRE）为支柱产业，2005年上半年FIRE占纽约所有产业中工资支出的84%。由于FIRE发展过火而失控，引发了金融危机。金融危机爆发后，纽约吸取教训，转向智力、文化和教育 Intellectual, Cultural & Educational（ICE）为代表的产业。从总体上看，美国整体经济也在从FIRE转向ICE，包括信息（Information）、创意（Creative）、能源和环境（Energy & Environment）等领域。[4]

在后危机时代，中国的文化创意产业蓬勃发展。文化创意产业正在成为中国当下最热门的词汇之一，它已成为经济发展中的新亮点，比如2009年中国经济增长8.7%，文化创意产业增长达17%，为保增长做出了重要的贡献。无论在国际市场上还是在国内，中国的文化创意产业都在快速发展。据联合国贸发会议公布的调研数据显示，2008年中国创意经济产品出口值达848亿美元，占全球市场的20.8%，相比较2002年的323亿美元，6年间年增长率达到16.9%。中国创意经济产品出口在近些年来一直处于世界第一的位置。[5]

文化创意产业也越来越受到中国政府的重视。一是国家层面，2011年3月，十一届全国人大四次会议上，温家宝总理在政府工作报告中提出“推动文化产业成为国民经济支柱性产业”；2011年10月，在中共第十七届六中全会上提出建设社会主义文化强国的目标；二是地方政府，一些经济发展的前沿城市，视文化创意产业为新兴战略性产业，比如北京、上海、深圳、杭州等发达城市，文化创意产业占其 GDP 已接近或超过 10%。虽然政府日益重视发展文化创意产业，但从全国看，目前文化创意产业增加值占同期 GDP 的比重只占 3% 左右。因此其年增长速度要保持在 20% 以上，才能在四五年里成为支柱性产业，因为支柱性产业的第一大特征是占 GDP 达 5% 以上。目前，文化创意产业关注重点产业和园区建设，在成为支柱性产业之后，将注重带动其他产业的发展。建设文化强国客观上也要求重点发展文化创意产业。

文化创意产业对中国经济的作用，首先体现在可以使传统产业通过技术创新和文化创意两大引擎，推动产业的创新；其次文化创意产业通过应用技术的嫁接，可以比较深入地融入传统产业，实现传统产业结构的升级换代，从而优化经济结构，促进发展方式转变的进程，有效地扩大内需。

第二，文化创意是促进产业转型的重要途径，有利于实现从制造到创造的新跨越。

传统的产业发展模式注重有形资源和客体资源的开发和利用，在资本的构成中硬性资本占据了主要地位，驱动其发展的主导要素是自然资源、土地、资金、机器等；文化创意产业则强调无形资源和主体资源的开发和利用，高级人力资本、知识产权资本、技术资本和文化资本等软性资本成为其核心驱动要素，将文化资源融入现代产业的发展过程中。因此，发展文化创意产业有利于传统产业的转型和升级，并实现从中国制造到中国创造的新跨越。

中国经过三十多年的改革开放和发展，已经是生产大国之一，制造业产出规模占世界总量的 6%。但从中国自身情况看，劳动力成本上升、人民币升值以及环境、资源等瓶颈的约束让中国的低端制造模式走到了劲头，中国的传统制造业正面临一场转型和升级的严峻考验。

文化创意产业是开发人类创造力、解放文化生产力、提升产业竞争力、增强国家软实力的有效手段。它强调创意和创新,强调把文化、技术、产品和市场有机结合起来,不仅能够为人们提供文化含量较高的产品和服务,满足人们的精神需求,有效的刺激内需,形成新的消费市场,更重要的是它还可以和其他产业融合发展,促进产业创新和结构的优化,有效地推动中国的经济转型和经济创新。

(2) 有利于增加文化资本,提升社会软实力

第一,提升中华文化的创新力。

文化创新力包括内容与形式的创新,要有对本土传统文化的传承力和对外来文化的吸收力。随着现代化进程的加快,许多传统文化濒临灭绝,而文化创意产业利用高科技和多媒体等创新手段将传统文化中的精髓延续下来,既有效地传承,又在内容或形式上有所创新。如"印象·刘三姐"将现代声、光、电技术表现手法与人物表演和桂林山水背景结合,延续并发展了当地的山歌文化。

文化创意产业的融合性特点,可促进我们对外来文化的吸收力。融合性不仅体现在产业运作上,还体现在对文化内容的重新编码和整合上。比如香港的凤凰卫视在传播理念中就引入了西方文化的精髓。我们发展文化创意产业,将在吸收世界先进文化的基础上促进文化创新。

第二,扩大中华文化传播的影响力。

文化传播的影响力主要体现在市场消费上。在营销中融入文化创意,引起消费者的文化认同,产生共鸣或好奇心,从而有助于拓展市场。不仅精心策划的广告、会展有助于促销,优秀文艺作品也可能帮助扩大市场,比如电影《非诚勿扰》的热播极大地促进了杭州西溪湿地的旅游。

发展文化创意产业还增强了城市文化的影响力。文化创意产业与旧城区改造的有机互动性,有利于历史文化遗产的保护和提升城市文化品位。上海的近 100 个创意产业集聚区中有 2/3 都是由 19 世纪制造业大发展时建造的厂房、仓库改造而成,比如 M50、8 号桥、田子坊、

红坊等。

文化创意产业与旧城区改造的有机结合，可以避免城市文脉的中断，不仅保留了具有历史文化价值的建筑，而且通过历史与未来、传统与现代、东方与西洋、经典与流行在这里的交叉融会，为城市增添了历史与现代交融的文化景观，不仅对城市经济的发展产生了巨大的推动作用，而且使城市更具魅力，给人以城市的繁华感、文化底蕴的厚重感和时代的生机感。可见文化创意产业的发展还大大增强了城市文化的影响力。[6]

第三，丰富大众的精神文化生活。

从内容上我们可将文化分为精英文化、主流文化和大众文化。大众文化的时尚性、娱乐性、复制性和商品性，使它成为传统文化产业的主体。

文化创意产业的发展可促进大众文化的创新。随着生活水平的提高和温饱问题的解决，人们对精神生活的需求越来越高，对文化消费的多样化需求也就越来越大。比如眼下大陆电视节目为满足各层次人们的精神需求，正在进行频道专业化的产业运作。因为电视消费者多样化的消费目标和消费方式决定了电视市场多层次的消费空间，这种消费潮流需要多样化的电视频道来满足。电视人在研究受众心理、收视需要的过程中，根据不同收视群体的需求增开了新闻频道、经济频道、体育频道、电影频道、戏曲频道、科教频道等。电视节目内容越来越丰富，栏目分得越来越细，功能定位也就越来越明确，从而丰富了大众的业余生活。

（3）有利于人的全面发展

文化创意产业的发展必将带来大量高素质的文化人士和创意阶层的集聚效应，这不仅在整体上提升人们的素质与形象，而且对人的全面发展起着良好的示范效应。同时，由于文化活动和创意劳动的特殊性，促进了政治与管理向更为柔性、更为宽松、更为人性化方向发展，从而提升整个社会的品位和包容性，为人的全面发展创造良好的社会氛围。

人类基于自身的某种需要在一定的社会关系中不断地进行自由的自觉的创造性的社会实践活动。在这种实践活动中，人类在改造世界的同时也改造了自身。文化创意产业的兴起正是人类自身所拥有的自由的自觉的创造性活动的具体体现，也必将引起现存社会的一系列变化。而在这一变化过程中人自身的思想、观念得到了更新，人的智力得了挖掘和开发，人文素养得到了提升，价值观念也得到了重塑。

3．文化创意产业促进和谐发展

和谐发展就是根据社会生态系统的特性和演替动力，遵照自然法则和社会发展规律，利用现代科学技术和系统自身控制规律，合理分配资源，积极协调社会关系和生态关系，以实现生物圈的稳定和繁荣。文化创意产业作为市场经济条件下的新型形态，对构建社会的和谐发展具有特殊意义。

（1）有利于统筹城乡和谐发展

从宏观上看，我国国土辽阔，各地农村的情况千差万别，要发展农村经济，发展文化产业是新型而有效的一种方式，它将促进农村产业结构的调整，充分利用民族文化资源、少占耕地、少耗能源，稳定增加农民收入；可以加快农村现代化和城乡一体化的进程；还可以提升农民的素质和丰富农民的精神生活。

农村所面对的问题，不仅是增加农民收入，而且要按照现代化和城市化的要求，改变农村的生产力布局和城乡生活布局，全面推动社会进步。发展文化创意产业，可以加快城乡一体化建设，按照“生产发展、生活宽裕、乡风文明、村容整洁、管理民主”的要求，形成新型的农村社会格局。比如浙江省金华市东阳的横店影视城文化产业项目的开发和运作为我国建设社会主义新农村的和谐社会树立起了一个典范。

在农村大力发展文化创意产业，既带动了农村经济的发展，又会培养和造就大批有文化、懂技术、会经营的新型农民，切实提高农民整体素质，实现农民的知识化、现代化。新农村建设必须依靠新农民，只有农民整体素质提高和自主发展能力增强才有可能实现农村经济社会全面进步，才能实现整个社会的和谐发展。

（2）有利于统筹区域和谐发展

文化创意产业链条的延伸是无边界的，具有跨区域空间协作的特性，这将有助于跨区域合作，促进我国区域经济一体化的进程。文化创意产业是经济的文化学，是文化的经济学，融合高科技的元素，辐射能力强。文化创意产业的发展注重区域经济整体价值的提升，属于“新木桶”思维，即区别于旧木桶理论补短板的思路，将自身的长板与他人（或他区）的长板进行组合，形成更大的木桶空间。比如，浙江的宁海县是“文具之都”，具有生产的优势，但是缺少设计人才，于是到上海寻求到了好的文化创意设计人才，从而实现了从文具制造向文具创造的嬗变。文化创意产业通过在空间上的延伸，实现跨行政区域的联动，在更大的地理范围内优化配置各种产业资源，形成跨行政区的文化创意产业链。

比如，推动区域合作，加快长三角经济一体化是国家战略，长三角一体化的本质体现在“过程”的一体化和“内容”的一体化。过程的一体化是我们可见到的，比如现在长三角城市正在进行着道路运输网络的接轨，基础设施的建设。内容的一体化体现为长三角市场不断融为一体，区域内资源配置越来越明显地在流动。文化创意产业的发展，有利于长三角市场一体化局面的形成。苏浙沪三地文化创意产业进一步发挥各自优势，扩大多层次、多渠道合作，推进创作、创造、制作、营销、展示、传播、交流等环节的一体联动，就能够在拓展创意产业市场空间、延伸创意产业链方面形成共赢的格局。比如杭州拱墅区的A8艺术公社里在进行着绘画原创，同时在上海的M50创意园里进行相关产品的设计，在长三角其他地方进行产品开发和生产，如此互补相融，将促进长三角统一大市场的形成，进而促进长三角的一体化。

（3）有利于统筹人与自然和谐发展

前几年，中国经济一直保持着10%以上的增长速度，但是这种高速增长是以高能耗和高污染为代价的，需要转变经济发展方式，强调可持续的科学发展理念。2006 年中国 GDP 总量占世界总量的 5.5% 左右，但是中国为此消耗的标准煤、钢材和水泥，分别约占全世界消耗量的 15%、30% 和 54%。中国依靠高投入、高消耗带来的粗放型增长，导致了高排放和高污染，环境污染状况已经十分严重，甚至在有些地区生态已遭到破坏和退化。松花江水污染、淮河污染、太湖蓝藻事件等，越来越多的环境危机为中国经济敲响了警钟。

由于文化创意产业开发的是人类的主体资源，即人的创造力和历史文化资源；通过满足人的精神需求而产生社会效益和经济效益，较少消耗自然资源。因此，可以认为文化创意产业是一个以人为本，高文化附加值、低消耗高产出的环保型新兴绿色产业。发展文化创意产业将有利于统筹人与自然的和谐发展。

（4）有利于国内市场和对外开放和谐发展

目前，中国已成为全球文化创意产业增长速度最快的国家，成为全球瞩目的文化创意产业大市场。中国的文化创意产品在陆续走上国际舞台，近年比较热门的有：中国的“女子十二乐坊”在日本出道成名，现在连日本出品的电玩游戏也采用了该团体的演奏作品；上海今日动画公司出品的“东方小子”风靡欧洲市场；河南的杂技已在美国迪士尼乐园上演了 8 年等。

文化创意产业实施“走出去”战略会有利于国内市场和对外开放的和谐发展。因为文化所具有的亲近感和认同感，文化创意产业“走出去”会形成巨大的聚合效应和辐射效应，带动我国其他非文化产品和服务走出去，从而对增强我国的整体经济实力起到巨大的推动作用。

国际上对中国文化创意产业存在着庞大的市场需求。比如，伴随着全球的“汉语热”，“孔子学院”在全球范围内遍地开花，现在全球共有孔子学院和孔子课堂 600 多所。在这股“汉语热”中，除了推出高质量的教材外，更重要的是输出带有中国元素的影视文化产品。在这股“汉语热”的潮流之中，国外市场的繁荣会唤起国人对汉语的热情，从而助推国内市场的发展。

参考文献

[1] 厉无畏,于雪梅. 培育创意人才完善创意产业链[J]. 上海戏剧学院学报,2007(1):27.

[2] 厉无畏. 创意产业开启"蓝海"战略的钥匙[N]. 文汇报,2007-09-03.

[3] 厉无畏. 金融危机下的中国创意产业发展[J]. 社会科学研究,2010(1):24.

[4] Kent Gardner. SOLUTIONS FOR NEW YORK [M]. www.cgr.org, July 2006.

[5] 孙宇挺. 联合国报告:中国创意经济产品出口世界第一[EB/OL]. 中国新闻网. http://www.chinanews.com/cj/2011/04-01/2944908.shtml,2011-04-01.

[6] 厉无畏. 建设文化强国的重要推动力[N]. 解放日报,2012-02-05.

(本文原载于《毛泽东邓小平理论研究》2012 年第 11 期,与蒋莉莉合作)

论文化创意推进品牌建设

——兼论我国中小企业应对金融危机的生存之道

1. 金融危机迫使中小企业加快转型

目前,我国实体经济还处于全球性金融危机的影响下。从危机的根源和实质看,对我国和美国的冲击效应不尽相同,需要解决的矛盾也不同。就美国而言,近期要解决的主要问题是化解金融领域的毒资产,降低金融杠杆化比例,对虚拟经济进行"瘦身";而从长期看,他们在加强科技创新,特别是能源技术和生物技术,并利用其科技优势加强实体经济,同时提出利用巧实力,即以科技创新为代表的硬实力与以文化创意为代表的软实力巧妙结合的概念。

而对我国而言,经济失衡的表现为实体经济的"臃肿",产业结构的不适应。所以我们要解决的问题近期是要"消肿",压缩落后的过剩产能,并消化存货;长期看则必须调整产业结构和市场结构,转变经济发展方式,从主要依靠外需和资源消耗的发展转向依靠内需和创新驱动转变。

据调查在这次金融危机中,凡是拥有自主知识产权、自主品牌的企业,不仅受到冲击较小,而且赢得了新的发展空间。如湖州市吴兴区织里镇童装逆势增长,2008 年童装销售收入同比增长 40%,国内市场占有份额从 2006 年的 25% 上升为如今的 30% 以上。这些企业加强设计中心、品牌建设和营销战略,认为别人的危机是我们的机会,对手倒下我们可以扩张,关键在于创新和升级。

目前中国中小企业占全国企业总数的 99.8% 以上,其创造的最终产品和服务价值占国内生产总值的60%左右，上缴税收约为国家税收总额的50%，提供了75%以上的城镇就业岗位。可见，中小企业对我国在繁荣市场、创造效益、吸纳就业等方面发挥了重要作用。而在金融危机的影响下，国际市场的总容量下降，中小企业出口额的下降在所难免，但要力求保住份额，这样在经济复苏时才能获得增长。因此，目前还处在较困难时期的中小企业要练好内功，包括进行员工培训，调整产品结构，以技术创新和文化创意双创战略促进发展和加强品牌建设。

2. 品牌建设的核心在于品质和文化创意

（1）品牌的内涵

关于品牌有几种定义，比如：美国市场营销协会对品牌定义如下："品牌是一种名称、术语、标记、符号或设计，或是它们的组合运用，其目的是借以辨认某个销售者或某群销售者的产品或服务，并使之同竞争对手和服务区别开来。"

广告先驱大卫·奥格威曾给品牌下过定义："品牌是一种错综复杂的象征——它是产品属性、名称、包装、价格、历史声誉、广告方式的无形总和，品牌同时也因消费者对其使用的印象以及自身的经验而有所界定。"

品牌专家梁中国认为："品牌是凝聚着企业所有要素的载体，是受众在各种相关信息综合性的影响作用下，对某种事或物形成的概念与印象。它包含着产品质量、附加值、历史以及消费者的判断。在品牌消费时代，赢得消费者的心远比生产本身重要，品牌形象远比产品和服务本身重要。"[1]

20世纪90年代以来，人们越来越青睐名牌产品。畅销世界的产品，无一例外的均为名牌产品。难怪有人惊呼：谁拥有了世界名牌，谁就拥有了世界市场！随着品牌竞争的发展，文化被推向品牌竞争的前台。透过品牌的文化力去赢得消费者和社会公众对品牌的认同和亲合力，已经成为当今市场竞争的一种深层次、高水平、智慧型的竞争。

品牌的知名度体现在广为人知，名牌的美誉程度就体现在给消费者留下的美好印象上，名牌蕴含着文化，通过广告宣传来宣扬产品的个性、价值，最重要的是要在广告中展现产品的文化，富有文化内涵的品牌，价值远远超出商品本身的实际价值，比如：可口可乐除了口感好之外，更深层地阐述了它作为一种运动饮料是充满动力、积极进取、奋发拼搏的象征；麦当劳叔叔的形象让人们铭记在心，它以独特的方式承载着美国社会规范、科学、卫生、时效的观念。[2] 所以，我们推销的不仅是商品，也包含了文化，文化可以体现公司的原则和发展目标，文化可以完善管理策略，体现产品质量和服务意识，这就要求我们的设计师不能只为设计而设计，不仅要在外在表现形式上吸引众人眼球，更重要的是要把企业的精神内涵融入其中，做到表里如一。

（2）品牌建设的核心在于其品质和文化创意

一方面品牌应具备优良的品质，即具备良好的质量、款式、外形和技术含量等。在市场竞争激烈的今天，品质良好的品牌能够拉近与消费者的距离，产生巨大的消费影响力和号召力，从而最大程度激起目标消费者的购买欲望和热情，最终在竞争中立于不败之地；另一方面品牌建设应拥有根据市场和消费者需求变化的创新延伸能力，即不断进行文化创意。因为产品的本质是个动态的概念，即使产品本身的品质没有发生变化，消费者的购买力水平和消费观念发生了变化，产品的市场美誉度也会发生变化。从这一点说.品牌建设是动态的，它随着市场的变化而变化，要不断进行文化创意适应时代发展的要求，适时反映消费者的审美偏好和价值观念。

目前我国中小企业里有相当一部分生产的是传统产品，在经济不景气时，日常消费品受影响比较小，竞争较激烈。实际上受价格和资金投入的限制，中小企业技术上在短期里难有重大突破，但在文化创意上相对较容易取得成效。因为中小企业规模小，科技开发能力较低，开拓市场的能力较弱，单纯以降低价格的战略去求生存、求发展，往往是行不通的。[3] 正确的办法是加强品牌建设，提高消费者对品牌的忠诚度，并较低的成本为消费者提供新的价值。如这次金融危机爆发以来，江苏双灯家纺公司为应对血腥的降价竞争，在出口浴袍上加了一些客户喜欢的小花边、小饰品，2009 年 3 月的订单已排到 6 月，其市场售价还比同类产品稍高些。类似现象同样发生在国际市场。由于美国次贷危机的蔓延，整个欧洲经济迅速进入了衰退期，欧洲不少国家的出口企业面临巨大困境。然而被称为“中小企业王国”的意大利，其出口企业却独树一帜，在全球经济出现萧条的情况下，因为注重品牌形象依然保持较好的发展势头，机械、纺织和装饰装潢三大重点行业成绩显著，获得大量国际订单。对这类中小企业来说技术上主要在于保证质量，同时以文化创意来提供新价值。

3. 文化创意的生成路径

品牌的塑造必须明确该品牌区别于其他品牌独具优势的核心竞争力或叫核心价值，即文化创意的生成。品牌的核心价值则要求产品的创作者能用承载自己体悟的作品不断引发目标市场的认同与共鸣。就一个文化创意生成而言，可以经由两个路径：

（1）对原有文化的挖掘，从历史的、民族的、民间的、全球的各种人文奇观中发掘出具有深厚文化内涵与底蕴的文化品牌。

中国是一个有着五千年文明历史的国家，中华民族是一个富有创新精神的民族。中华民族的祖先在长期的生产实践、社会实践及思维实践中，创造了灿烂的中华文化，形成了优秀的文化传统。它不仅成为凝聚中华民族的精神纽带和中华儿女的精神家园，而且对东方文明的形成和发展，产生了广泛而深刻的影响，对人类文明做出了重大贡献。传统文化是进行现代创意的酵母，通常对传统文化进行品牌创意有以下两种方式：

① 根据现代需求重新诠释本民族经典作品内容的创意产品

主要通过不同的方式再现优秀的文化创意旅游作品，回顾经典，展示和传承传统文化创意资源，如以电影、音乐、多媒体、戏剧、网络等传统和现代的多种形式和渠道，再现传统历史文化创意旅游精品的内容。比如广西桂林市阳朔县的“印象 · 刘三姐”创造性采用了“全景式，大舞台，总调度”的构思，采用了历史悠久的当地民歌，利用世界著名旅游风景，把山、水、天、景、服饰、歌、乐、舞、光、人、鹰、畜、桥、浮岛等各种要素组合起来，把著名艺术家的创意与现代企业制度结合起来，把建设优秀的表演团队与资助贫困地区少年儿童结合起来；把开发旅游演艺产业，与帮助当地农民和渔民就业结合起来，成为目前全球唯一的优秀的大型山水常年实景演出项目，获得了持续增长的市场效益和良好的人文价值，2006 年的票房销售超过 1 亿元人民币。[4] 它为发展中国家发展文化创意产业、推动现代化提供了宝贵的经验。

② 开发全球市场中的地方资源

在经济全球化浪潮汹涌澎湃的今天，文化创意市场上的大量产品出现了主题、内容、风格的趋同性，文化创意产品和文化创意消费的全球化趋势已不可避免，导致全球化进程中世界性文化创意命题的审美标准逐渐趋于同一性。发达国家文化创意产业的跨国公司比较早地认识到了既要重视全球化的普遍文化创意倾向，适应全球文化创意市场的消费需求，又要开发各种民族文化创意的独特资源。

纵观国际上文化创意产业的强国，美国、日本、韩国、法国、英国、荷兰等国发展文化创意产业，都有着向异域扩张的强烈冲动。比如，美国是一个典型的人文历史短浅、文化创意资源不算富足的国家，但却是当今世界上首屈一指的文化创意产业大国。美国纽约麦哈顿的百老汇是最吸引世界各地人们的一个旅游目的地，百老汇诞生了很多经典的音乐剧，比如《歌剧魅影》是百老汇最经典的音乐剧之一，从 1986 年首演至今 21 年，仍然火爆上演，是舞台上的一棵常青树。而歌剧是根据法国作家盖斯东 · 勒鲁的同名小说改编的。百老汇红极一时的音乐剧《阿依达》的灵感则来源于中国“牛郎织女”的故事。

(2) 创立一个前所未有的、全新的、富有现代气息和风尚的文化创意品牌

文化创意资源完全由创意者发明，或创意经营者创造的内容价值。它一般能够与现代消费观相契合，典型的如动漫及其衍生品、韩剧及其

“韩流”等，通过影响人们的观念，或培养人们的偏好，实现文化创意旅游产品的增值。

“哈利·波特”现象正是一个无中生有的典型例子。《哈利·波特》小说的作者从一名接受救济的贫困者一跃成为可与英国女王相匹敌的女富翁，获得经营权的美国时代华纳公司从中赚取了上百亿美元。《哈利·波特》的成功关键在于文化创意内容与现代营销和现代科技相结合，并进行产业化运作，衍生出多种系列产品，彼此间形成产业链，满足了不同层次消费者的需求。如运用高科技展示其内容的电影、DVD、游戏等数字产品；形成品牌衍生出玩具、服装等日用品。据统计，由《哈利·波特》带动的相关产业已经达到2 000多亿美元。因为迄今为止电影《哈利·波特》六大系列的上演，剧中苏格兰爱丁堡的Alnwick古堡是霍格沃兹魔法学校的主要取景场地，伦敦、格洛斯特与牛津这三个在电影里非常重要的取景城市，都成了吸引游客的热点。英国最新公布的一项调查结果显示，那些在各种影片中出现过或是畅销小说里描绘过的地点，最近成了旅游者的“新宠”。由于“外景地爱好者”纷至沓来，最近这些地方的游客人数猛增了30%。[5]此外，美国还正在建立和迪士尼相媲美的哈利·波特主题公园。

4. 文化创意推进品牌建设的路径分析

根据比较优势理论，一个品牌没有必要也不可能在各个方面都处于领先水平，但是一定要强化自己的比较优势。[6]这个比较优势来自企业商品或服务的品牌建设，即通过品牌文化创意展现品牌内涵，提升品牌附加值，为产品竞争力提供原动力，也就是品牌建设的核心。目前我国中小企业的品牌建设现状不容乐观，部分企业没有认识到品牌的重要性，没有品牌定位，没有专门的品牌管理部门，更没有品牌战略。只有抓住文化创意这项品牌建设核心要素，才可切实加快我国中小企业的品牌建设进程。文化创意推进品牌建设的路径主要有以下四点：

（1）设计中融入文化创意，提供新的观念价值，主要是在结构、造型和色彩上迎合消费者的需求。主要是对产品的外观进行概念、定位，诉求于包装，结合产品特质和功效明确产品的集中服务对象，更快更多更好地满足消费者的各种需求。

比如，日本一家冰淇淋企业，发现吃完冰淇淋后喉咙发黏，喝口水可以缓解，但不可能同时卖一口水，如加冰块又怕被指责偷工减料。于是制造商就想出了一个办法，把小冰块做成各种颜色的宝石镶嵌在冰淇淋上，十分漂亮，并命名为“宝石箱冰淇淋”，结果销量大增。

还比如，产于宁波象山的手臂型枕头可以使睡觉时手臂不会发麻，更主要的是手臂型枕头还可以给人一种依靠的力量。午休时垫在桌子上，可以靠在上面休息，使用时方便，只要吹气就可，放气折叠后只有手掌大小，容易收藏。再如，“举一反三”说的是出自山西汾酒集团设计的酒杯，该酒杯型如竹筒，中有隔层，上下各含有一个小酒杯，用此酒杯敬酒，正倒一杯是一杯，反过来倒一杯顶三杯，故称“举一反三”。此杯巧用成语隐含酒文化，颇受酒友欢迎。

（2）利用文化资源，融入感情因素，赢得消费者认同。品牌的缔造需经历一个从质量支撑到文化支撑的过程。具有高品位文化含量的名牌产品，可以使消费者在享受产品本身物理价值时获得额外心理价值的精神享受；同时还可以有效形成一种存在时间长、不易被突破的竞争壁垒。

比如，上海的石库门建筑，具有海派文化特色，有着深深的历史烙印：19世纪中叶，反对清朝的太平天国农民起义军曾三次进军上海，导致居于江浙一带的老百姓涌入上海租界。为迎合居民追求安全的需要，租界内的中外开发商在住房的“门”上大做文章，以一对乌漆大门、两个铜质大吊环显示不可侵犯之势，门框采用花岗岩，既坚固又显身份。其风格为中西合璧，称之为“石库门”，成为上海近代史上一个独特的时代产物。石库门作为一种独具地方特色的建筑模式，作为一个凝聚着上海海派文化的建筑符号，被越来越多地运用到其他产业领域，增加产品的文化内涵，培养一种亲切而熟悉的情感，促进产品的推广，从而实现从文化资源到经营资源的成功转换。[7]

生产石库门老酒的上海金枫酒业公司诞生于1939年。原来生产“金枫”牌黄酒，虽然品质不错，但通常被用作烧菜的料酒，一瓶酒售价约两三元。后来，通过嫁接石库门这一文化符号，该厂成功推出了石库门老酒的品牌。由于包装设计精美，配方合理，口感良好，酒瓶造型新颖，融合了中西文化及海派文化的底蕴，产品一上市就受到了消费者的青睐。另外，在与消费者的互动选择上，石库门老酒根据石库门建筑的发展历史，推出了“1939”和“2001”两个不同概念，用不同年份区分不同酒基酿制的老酒，打破了传统的“五年陈”、“十年陈”等叫法，新的名称为“红标”和“黑标”。目前市场上石库门老酒的最低售价分别为红标20元左右、黑标30元左右。石库门作为品牌还衍生出以上海菜为主的石库门连锁酒家和温馨如家的连锁旅馆。

利用石库门文化，2000年6月，同济大学建筑学院及瑞安集团共同打造成“上海新天地”。在以中共“一大”会址为中心的旧石库门建筑老区内出现了一个以文化、历史、餐饮、娱乐、休闲为内容的全新石库门“上海新天地”。如今，“上海新天地”成了中国其他城市学习的典范，并成为国内首批文化产业示范基地。

又如重庆利用《三国演义》中张飞大战张辽获胜后犒劳将士饮酒吃牛肉的故事，创立张飞牛肉品牌。绍兴则利用鲁迅的小说创建咸亨酒店集团，还打造出孔乙己品牌的黄酒和茴香豆，都取得了良好的市场效果。

(3) 重视信息传递和消费者沟通，让人们理解商品和品牌所承载的文化意义。有效的品牌传播包括：一是在视觉识别上要与时俱进；二是品牌传播媒介作为沟通品牌和目标顾客的中心环节，一直是行为识别的重中之重；三是理念识别一直是品牌运作的核心，也是品牌延续和发展的原动力。

在“零点调查”所选取的我国排名前十六位的老字号品牌中，认知广度和深度俱佳的，只有北京的“全聚德”和“同仁堂”，而上海的“张小泉”与“上海城隍庙”以及天津的“狗不理”则仅限于具有认知广度的品牌,其余品牌则在这两方面都不够强。这说明在浩瀚的“中华老字号”中,真正具有跨地域覆盖能力又能达到品牌有效传播的很少。这说明我国品牌在信息传播已多维化的今天,原有“酒香不怕巷子深”的“坐商”思想已经过时。[8]

中小企业应使用正确文化来传播品牌形象,将文化融入品牌的传播中。一段优秀的广告往往被人竞相传送,让不同群体的人笑成一团,这就是在分享共同的价值观。这就是模式创新,在宣传造势,媒介渠道、促销手段上既要吸引眼球,又要充分调动消费者和潜在消费者的积极性。

比如,光明乳业在 2008 年圣诞节特别推出的畅优“优酪乳酸牛奶”推介活动,即光明酸奶帮你大扫除。这次活动设立在浦东正大广场,主题为光明“畅优行动,7 天大挑战”,展开健身房跳操和抽奖等活动,引来了很多白领参与。活动从诠释“7 天能通畅”的调节肠胃功能到演绎“7 天全通畅”的健康生活态度,光明畅优优酪乳不仅有效传播了品牌,还着意进一步树立城市白领人群的健康观,把健康、通畅的理念真正融入城市人群的生活中。

(4) 加强营销策划,扩大市场份额。现代意义的品牌又是指消费者和产品之间的全部体验,包括物质体验和精神体验。品牌向消费者传递一种生活方式,被赋予一种象征性的意义。品牌会使人产生信任与安全感,使消费者购买商品的风险降到最低,这就是品牌的最终价值。一个企业应当意识到产品能否为消费者服务,消费者是否喜欢产品,产品是品牌最终的价值归属,只有产品是消费者喜爱和需要的,才会在无形中得到传播。所以应建立以消费者为导向的现代营销意识,来扩大市场份额。

比如,在广州正在热销的喜从天降遥控直升机。它突破传统的对戒交换仪式,由高度安全的遥控直升机将戒指送到新人手上,为整个婚礼仪式创造出更为新颖和时尚的气氛,真正体现出“喜从天降”和“天赐良缘”。这一独特的营销策划为遥控直升机赢得了无数消费者的青睐,从而扩大了市场份额。

5. 文化创意推进品牌建设的对策分析

全球金融危机直接冲击着中小企业的生存与发展,只有升级转型并实施品牌战略,才能不断提高经营水平并应对全球经济危机。当前,加快中小企业品牌建设需要注意以下几点:

(1) 树立信心,转变观念。金融危机不仅带来了挑战,还给我国中小企业带来了发展和转型的机遇,因此要树立信心。企业还需确立两个新观念,即“产品是工厂里生产的东西,品牌是消费者所购买的东西;产品可以被仿制,品牌却独一无二;产品很快会过时,而成功的品牌却可永生”和“为产品定个品牌是一回事,塑造名牌则是另一回事”。

(2) 建立中小企业中介服务机构,帮助中小企业创新设计以加快品牌建设。目前,上海已有专门的中介机构为中小企业创立品牌牵线搭桥。比如上海中小企业品牌促进中心,充分总结老品牌发展中的经验教训,给新企业以咨询,帮助其成长。自2005年以来,该中心已连续举办了三届上海市中小企业“品牌企业”和“品牌产品”推荐活动,共推荐了260家“品牌企业”和611项“品牌产品”。经过培育,其中的36家企业被推荐为上海市名牌,11家获得上海市著名商标称号,1家被推荐为全国名牌。

(3) 实施自主知识产权战略,因为自主知识产权是中小企业品牌升级的内在核心驱动力。自主知识产权是通过培育发挥出来的拥有自主知识产权的经济优势,是相对于比较优势、竞争优势而言的第三种优势,突出了技术和品牌优势。从提供企业研发能力和专利保护意识着手,研制、开发拥有自主知识产权的核心技术,或者通过引进专利并在此基础上进行引进、吸收,最终形成自主知识产权的经济优势。[9]品牌价值反映的是设计、生产、工艺、广告和营销的综合实力。因此,实施拥有自主知识产权的品牌战略是中小企业品牌升级的内在核心驱动力,其中包括设计创新、技术创新、开发拥有专利权的产品等。

（4）积极支持发展设计业和咨询策划业。设计创新是中小企业品牌升级的核心驱动力之一。优秀的产品设计不仅可以对消费者形成视觉上的冲击，而且能够打动消费者的购买欲望，并使之在使用时体会到现代科技和精湛工艺的工业美感，从而大大提高产品与品牌的价值。比如三星集团能够迅速崛起的重要原因正是得益于其强大的设计力量，以及基于“全球化设计远景”的品牌战略。三星成为世界知名品牌的前提，就是能够很好地为各种文化背景的消费者提供反映和体现世界各种文化精髓及价值的现代工业产品。2008 年，三星集团在电子产品领域超过了索尼，品牌价值达到三百多亿美元。[10]可见，设计创新在三星集团实施的品牌战略中体现出了惊人的力量。由于广大中小企业自身设计力量较弱，需要专业设计和策划业帮助提供服务。因此为推进经济发展方式的转变，政府应鼓励和扶持设计业和咨询策划业的发展。例如，上海近年来在政府支持下这两个行业获得迅速发展，尽管国际金融危机使许多产业受到冲击增速下降，但设计业和咨询策划业的增长率却达到 20% 以上。为长三角地区的大量中小企业提供服务，如 2009 年浙江宁海 360 家文具企业到上海团购创意设计。上海也因设计业的发展被联合国教科文组织授予“设计之都”的称号。

参考文献

[1] 余明阳. 品牌传播学[M]. 上海：上海交通大学出版社，2005：5.

[2] 田甜，王蓬，瑚叶方. 广告塑造品牌[J]. 黑龙江科技信息，2008(1)：89.

[3] 陈丽金. 金融危机对我国中小企业的影响和对策分析[J]. 改革与发展，2009(6)：87.

[4] 容小宁，李格训，花建，等. 印象 · 刘三姐文化产业新视野[M]. 上海：上海文艺出版总社百家出版社，2007：3 - 4.

[5] 电影外景地成旅游者新宠. 中国旅游营销网. http://www.aatrip.com/xinwen/dongtai/lvyouye/200508/1105.html.

[6] Mc William G. Building stronger brands [J]. Sloan Management View, Spring 2000.

[7] 厉无畏. 石库门的符号变迁：从文化资源到经营资源[N]. 解放日报，

2009－05－24.

［8］冷志明.“中华老字号”品牌发展滞后原因及其对策研究［J］. 北京工商大学学报：社会科学版,2004(1)：56.

［9］刘仁豪,张学权,姜启安. 区域知识产权战略［M］. 北京：知识产权出版社,2005.

［10］周胜,段淳林. 中小企业品牌升级的内外驱动力研究［J］. 黑龙江社会科学,2009(2)：77.

（本文原载于《上海文化》2013 年第 1 期）

创新金融服务，支持文化创意产业发展

刚刚闭幕的十八届三中全会提出：完善人民币汇率市场化形成机制，加快推进利率市场化，健全反映市场供求关系的国债收益率曲线；推动资本市场双向开放，有序提高跨境资本和金融交易可兑换程度，建立健全宏观审慎管理框架下的外债和资本流动管理体系，加快实现人民币资本项目可兑换等方面的改革蓝图，为下一步金融体制改革和金融创新指出了方向。本文就创新金融服务，支持文化创意产业发展的两个方面问题进行阐发。这两个方面是：第一，从文化创意产业的产业特点、投融资需求与传统金融服务的风险收益偏好的非对称性角度，探讨金融服务文化创意产业为什么要创新？第二，基于三中全会精神、金融体制改革方向以及上海自贸区制度创新的趋势，探讨金融服务文化创意产业应该怎样创新？

一、金融服务文化创意产业为什么要创新

文化产业，在国家“十二五”规划中已经被列为国民经济的支柱产业，近年来实现了较快增长，在国民经济中的重要性也越发凸显。据统计，2012 年，我国文化产业法人单位实现增加值 18 071 亿元，按同口径和现价计算，比上年增长 16.5%，比同期 GDP 现价增速高 6.8 个百分点；与 GDP 的比值为 3.48%，按同口径计算，比上年增加 0.2 个百分点；文化产业对当年经济总量增长的贡献为 5.5%。上海文化创意产业的发展一直走在全国前列，对上海经济增长以及产业结构调整转型

的贡献作用也越来越显著。2012 年，上海文化创意产业实现增加值 2 269.76 亿元，按可比价格计算，比上年增长 10.8%，高于全市生产总值增幅 3.3 个百分点；占全市生产总值的比重为 11.29%，比上年提高 0.42 个百分点；对上海经济增长的贡献率达到 20.2%。其中，文化产业增加值达 1 188.43 亿元，占生产总值比重 5.91%。

但是，文化创意产业的发展并非一帆风顺，由于其产业的特殊性，在传统金融服务体系下，其投融资不占有优势，投资风险大、融资困难问题依然制约着文化创意产业进一步壮大繁荣，面临着金融创新的巨大需求。这主要表现在：

1. 创意价值的实现需要较长认识过程，与传统金融服务风险收益偏好不匹配

文化创意公司的价值由其拥有的文化创意产品及其团队决定，而影响文化创意产品价值的因素众多，不确定性很大。虽然创意产业具有高收益性，但同时也有高风险性，许多创意的生产者是根据自己的主观价值判断进行创作的，而社会受众也是根据自己的主观判断去评价创意产品的。人们对创意产品价值的认识有一个过程，这一过程会带来一定的风险。比如，画家创作一幅画，社会对其评价不一；印象派、抽象派问世时社会评价褒贬不一；女子十二乐坊刚问世时遭受过批评，而后出走海外，在日本、韩国走红后再出口转内销。从传统的银行贷款服务来说，社会受众对创意产品价值认识过程隐含的风险，与银行风险收益的偏好很难匹配。如 2009－2010 年，北京地区通过供应链融资、项目打包贷款等方式共向 11 部电影发放贷款金额 2.45 亿，但是这 11 部电影最终成功的凤毛麟角，银行贷款无法获得正常的利息回报。正是由于文化创意产业资金回报期长，产品投产后现金流不稳定，银行很难依赖财务报表对企业的还款能力做出评估，因而银行“异贷”也在所难免。

2. 创意产品的市场需求具有不确定性，与传统金融服务奉献控制体系不匹配

文化创意产品的需求，与工业产品如电饭锅、电视机等不同。工业

产品因其功能而被消费者购买,对因为使用功能需要而购买的产品,相对容易预测其需求。而文化创意产品重在观念价值和精神需求,因此对这类产品的市场需求较难以预测。例如,对电饭锅、电视机等工业产品可根据家庭人口数量和收入因素,以及市场保有量和产能等数据,大致推算出市场需求。而要预测一部电影的观众人数和票房收入就很困难。一方面,电影不是生活必需消费品;另一方面,观众选择看一部电影的因素较多,在预测观众人数时,几乎都是根据行业过去的增长去推算,其准确性往往不高。从银行贷款服务的风险控制系统来说,文化创意产业的企业大都属于中小微型、轻资产模式运营,没有足够的抵押品,单纯依靠信用必须对创意产品的未来市场进行专业性的判断和筛选,但由于目前这方面的专业机构和人才相对缺乏,面对收益和风险不确定性的创意产品只能让银行望而却步了。

3. 创意产品的创意具有易复制性,与传统金融服务物权质押要求不匹配

一般而言,文化创意产品主要以符号体现其价值,比较显性,与新技术产品相比更容易被仿制,而且在现代技术水平下其传播的成本也很低。比如,一个新型设计很容易被模仿销售;又如,创作一部好的电影剧本很难,但是,这部剧本很容易被模仿和传播。电影、音乐、美术作品在现代技术条件下都是一串数字符号,因此复制、传播都很方便,成本也很低。电影《阿凡达》的制作花费了5亿美元的成本,整个拍摄制作过程长达12年,而《阿凡达》电影光盘的复制成本几乎可以忽略不计。如果没有完善的保密制度和保密环境以及严格的知识产权保护,创意很容易被他人剽窃、复制,创意的投资就得不到应有的回报。因此,在创意知识产权没有得到较好保护的前提下,银行贷款的知识产权或版权等质押几乎暴露在风险敞口之下,与银行金融服务的要求很难匹配。

可见,文化创意产业的潜在收益可能很大,将会迎来巨大的发展机会,也面临着巨大的投融资需求,但风险也可能很高,有些高投入未必

能够获得高回报，文化创意产业与传统金融服务体系之间的资金供需矛盾依然突出，需要用创新的方法加以解决。

二、金融服务文化创意产业应该怎样创新

首先，加大文化创意产业知识产权保护，优化金融服务创新的法律环境。文化创意产业间接融资的质押物大多为知识产权等无形资产，对于知识产权的法律保护程度成为投资风险衡量的一个重要指标。我国相关法律体系对于知识产权的保护还不够严密，盗版问题依然存在，使文化创意企业贷款风险加大，导致各类金融、投资机构降低了对文化企业注入资金的意愿。因此，应完善知识产权法律法规体系，着力完善《知识产权保护法》《商标法》《专利法》《著作权法》等与知识产权相关的法律法规，加大各类文化创意产品侵权案件的处理力度，降低文化创意产业投融资环境的风险，提高文化创意产业的收益预期。

其次，针对文化创意产业收益和风险的特殊性，创新传统金融服务模式。文化创意企业的收益和风险具有高度的不确定性，并且大都资产规模小、信用级别低，有些企业各项财务指标与银行信贷风险控制的基本要求还有很大差距。这是文化创意企业融资面临的核心问题。解决这个难题，应鼓励银行服务创新，设计适合文化创意产业特征的金融产品。银行业应从自身角度出发，积极转变经营方式、提升管理理念，对文化创意产业的资信评估应改变原来物权控制的传统理念转向未来现金流控制，积极探索开发各种知识产权、收益权质押等融资工具，通过与担保公司的合作，设计多元化、多层次的信贷产品，拓宽对文化创意产业的信贷范围。如，上海东方惠金文化产业担保公司针对文化企业注册资本小、无有效实物资产和稳定销售收入等实际情况，专门设计了门票收益质押的贷款方案，以公司信用为担保，企业未来门票收入由银行直接收取后转保证金作为还款来源，让文化创意企业获得了银行贷款支持，实现了良性发展。

第三，加强文化创意企业自身建设，鼓励参与多层次资本市场直接

融资。化解文化创意产业投融资的困境，不仅有赖于文化创意企业自身的完善和发展，也有赖于资本市场的进一步创新。一方面，文化创意企业应利用所处领域的各自优势，提高文化创意产品的研发水平，增加文化创意产品的附加值，扩大产品的社会认知度、市场占有率，打造自身品牌，塑造清晰、独特、积极的企业文化，建立完善的现代企业制度，通过加强企业自身内部环境的建设，增强企业参与直接融资的能力；另一方面，政府应适当降低资本市场准入门槛，鼓励文化创意企业参与股票市场、债券市场、票据市场等多层次资本市场直接融资。无论是主板市场，还是创业板市场，对于上市企业的资质要求相对于大多数文化创意企业来讲还是过高。建议适当降低对财务性指标的门槛，增加对企业成长性、科技含量、产品知名度等方面的测度，支持处于成熟期、经营较为稳定的文化创意企业在主板市场上市，鼓励已上市的文化创意企业通过公开增发、定向增发等再融资方式进行并购和重组，加强适合于创业板市场的中小文化创意企业项目的筛选，支持其完善条件上市融资。此外，还应鼓励文化创意企业利用短期融资债券、中期票据、集合票据等多种债券融资工具，扩大资金来源渠道。

第四，积极引导多方面资金进入，鼓励股权投资基金投资文化创意产业。在风险可控的前提下，鼓励保险公司投资文化企业的债权和股权，引导符合条件的保险公司参与文化产业投资基金。适当放宽准入条件，鼓励风险投资基金（VC）、私募股权基金（PE）等风险偏好型投资者积极进入处于初创阶段、市场前景广阔的新兴文化创意业态。通过私募股权基金和风险投资基金，可以吸引那些拥有资金、与文化创意产业风险收益偏好一致的广大投资者对文化创意产业投资，拓宽文化创意企业资金来源渠道，满足文化创意产业的各种融资需求。目前已经出现一些专业的文化创意产业基金，对文化创意产业特别是影视业进行投资并取得了良好的业绩。如，华人文化产业投资基金是我国第一个在国家发改委获得备案通过的文化产业私募股权基金。正是在华人文化产业投资基金的支持下，“中国好声音”才能红遍全国。不过，虽然近几年我国 VC 和 PE 业取得了迅速发展，但还是存在着项目选择短视、管理能力滞后、退出机制不健全等问题。从 VC 和 PE 业对我国文化创意产业的投资规模来看，与欧美和日韩相比还有相当的差距。因此，应继续鼓励我国 VC 和 PE 业投资文化创意产业的发展。

第五，发挥上海自贸区制度创新优势，拓展文化创意企业国际化金融服务。上海自贸区的建设，释放出文化领域深化开放的信号。自挂牌以来，佳士得、华谊兄弟、中国图书进出口公司、百视通、盛大网络等中外 20 多家龙头企业入驻国家对外文化贸易基地，自贸区入驻各类文化企业合计已经超过 150 家。从创新的角度来说，自贸区最大的创新是制度创新，制度创新的重点是金融服务的创新。随着金融创新的推进，在风险可控前提下，在自贸区内可实现人民币资本项目可兑换、金融市场利率市场化、人民币跨境使用等创新，建立与自由贸易试验区相适应的外汇管理体制。显然，上海自贸区在制度上的创新，为文化创意产业国际化投融资、文化创意产品货物贸易和服务贸易提供了前所未有的便利。今后，应充分发挥自贸区的创新优势，依托国家对外文化贸易基地，拓展文化创意企业走出去的国际化金融服务，降低商务费用与成本，加速资金流通与周转，规避资金风险。一要继续完善文化创意企业外汇管理，提高文化产业投融资便利程度，满足文化创意企业跨境融资和投资等合理用汇需求，简化优化外汇管理业务流程，降低文化创意企业财务成本，提高文化创意企业核心竞争力；二要利用自贸区金融创新措施，在促进文化创意产品货物贸易的同时，大力推进文化创意产业服务贸易的发展，特别是基于离岸金融的创新，加快拓展文化创意产业离岸服务贸易的发展；三要基于入驻的“上海文化产权交易所”，为文化创意企业牵线搭桥，帮助其寻找优秀的国内外合作伙伴和投资人，解决入驻文化创意企业投融资和产权交易的问题。

最后，控制文化创意产业投资风险，实现产业发展和投资获益共赢愿景。在投资风险可控下，实现产业发展和投资获益共赢，是资金供需双方美好的愿景。如何控制文化创意产业投资风险？从投资环境来说，政府部门应重视制度建设和扶持政策的制定，通过政府引导，让市场发挥积极作用。比如，在建立种子基金、风险投资基金或私募股权基金时，政府可先出一部分资金作为母基金，以吸引社会资金加入，而在基金运营成功后择时退出。另外，政府应该在建立信息平台、法制环境方面发挥作用，降低信息不对称，减少文化创意企业融资时的逆向选择问题。从投融资环节来说，需要通过投资基金内部评估专家，或借助社会中介机构和专业的第三方评估机构，对文化创意项目进行科学客观的价值评估。充分利用潜在的政府资源，尽可能减少投融资方之间信息不对称。在投资策略上作适当选择，降低投资风险。比如，如果以私募股权基金形式投资，应将基金分别投在不同的项目上，最好这些项目的风险不是正相关。也可用可转债的形式投资文化创意产业，最后根据投资的结果选择股权或者债权投资。从市场交易环节来说，需要借助媒体进行宣传和推介，尽快让广大消费者了解新创意的特点和文化内涵，尽快提高受众对创意产品价值的认识程度，降低市场交易风险和提升创意产品的市场价值。比如，电影《哈利·波特》每集上映前，各大媒体都会介绍该集即将上映，有何特点等。这不仅大大提高了观众的欣赏水平，也大大增加了票房收入，降低了市场风险。

当前，我国文化创意产业的发展正面临良好的机遇。我们一定要抓住机遇，完善政策，创新金融服务，积极支持文化创意产业的健康发展，为建设创新型国家、实现经济发展方式的转型作出贡献。

参考文献

[1] 阿里夫·德里克，庄俊举. 全球化境遇下的社会主义和马克思主义若干问题研究[J]. 当代世界与社会主义，2007(5).

[2] 马克思恩格斯文集：第1卷[M]. 北京：人民出版社，2009.

[3] 列宁全集：第33卷[M]. 北京：人民出版社，1985.

[4] 列宁选集：第3卷[M]. 北京：人民出版社，2012.

[5] 毛泽东选集：第3卷[M]. 北京：人民出版社，1991.

[6] 毛泽东. 关于正确处理人民内部矛盾的问题[N]. 人民日报，1957 -

06－19.

［7］邓小平文选：第3卷［M］. 北京,人民出版社,1993.

［8］十六大以来重要文献选编(上)［M］. 北京：中央文献出版社,2005.

［9］毛泽东选集：第1卷［M］. 北京：人民出版社,1991.

（本文原载于《中国浦东干部管理学院学报》2014年第1期）

上海自贸区与宁波发展新机遇

上海自贸区正式运营后,对上海及长三角地区经济将起到推动作用。

一、贸易自由化对上海及长三角地区经济的推动作用

一是进出口贸易总量增加的新形势:进出口贸易企业的机会——需要兼顾新兴产业产生、过剩产能消化(产业链再造);二是进出口贸易结构变化的新形势:进出口贸易企业的机会——新兴产业产生、过剩产能消化(产业链再造);三是离岸贸易、转口贸易带来的物流需求新形势:物流业升级;四是离岸贸易、转口贸易带来的相应服务需求新形势:相关服务业升级与发展;五是相关产业新需求:众多现代生产型和生活型服务性行业,以及与自由货物贸易相关的服务贸易,配套国际大宗商品交易平台以及航运金融交易平台。

二、投资自由化对上海及长三角地区经济的推动作用

一是投资自由化带来的国际国内投资机会。海外投资机会增加,国内企业全球资源配置;二是利用投资自由化消化过剩产能。产业链升级:劳动密集型产业、服务业、传统产业改造升级以及绿色环保等领域;三是利用投资自由化进行制造业产业升级。新兴产业链:先进制造业、战略性新兴产业、现代信息技术产业和信息消费;四是利用投资自由化进行物流业、服务业产业升级。国内外投资打通,必将导致国内外产业链再造,由此而产生的机会。

三、金融自由化对上海及长三角地区经济的推动作用

一是金融机构大发展机会。私募股权投资基金、民营银行、金融租赁公司和消费金融公司等金融机构的设立便利和业务创新便利；二是金融产品(服务)大发展机会,包括人民币利率、汇率市场化；三是利用金融自由化引导贸易资源配置、投资资源配置、国际资源配置；四是利用金融自由化实践,“观摩”、“演练”自由金融对实体经济的影响、金融风险的影响。

四、行政精简化对上海及长三角地区经济的推动作用

为上海及长三角地区的政府行为边界制定提供经验,包括贸易自由化经验、投资自由化经验以及金融自由化经验。

未来,上海自贸区建设将助推中国经济结构调整、促进经济发展模式转变,对中国经济未来10年以至30年产生重大影响。无论过去和现在宁波外向型经济结构的特征如何,目前都需要利用宁波作为上海国际航运中心的主要组成部分和全国性物流节点的地缘优势,需要抓住这次机会。

五、贸易自由化给宁波带来的机会

服务上海作为离岸贸易中心地位,适应自由贸易的新贸易形势变化。宁波属上海国际航运中心的一部分,作为自由货物贸易的中心之一,有利于宁波企业借道自贸区。现在,很多宁波外贸企业都选择在香港做一些离岸结算,如果以后在上海自贸区也能够开展同类业务的话,对于企业来说无疑是很大的便利。上海自贸区的新进企业需要到周边地区开辟产业基地,上海自贸区在吸引境外资源上无疑具有洼地效应,而这种洼地效应也会辐射宁波。企业总部设在上海,产业基地就极有可能搬到宁波,在其周边地区发展配套的加工基地、制造基地或者销售基地、培训基地。上海自贸区建设短期内可能会产生“虹吸效应”,吸

引宁波的部分资源到自贸区，但长期来看会产生溢出效应——产业链整合。宁波提升口岸便利化服务水平、推动服务业对外开放、推动民营企业进行产业运作，进出口企业降低成本。享受到物流以及通关等便利，加快企业从境内采购料件、向区外销售成品的通关速度。宁波可以推进区域性国际会展之都建设，大力发展进口会展。培育跨境贸易电子商务平台、进口贸易市场，各国各地区自由承揽工程和劳务合作项目。

六、投资自由化给宁波带来的机会

企业可发挥自身优势到境外开展投资合作，创新方式走出去开展绿地投资、并购投资、证券投资、联合投资等。

七、金融自由化给宁波带来的机会

包括民营金融企业（特别是银行）牌照，民营资本运作的机会，PE、VC 基金更多的投资机会等。行政精简化给宁波带来的机会。以保税功能园区为基础，整合相关区域，提升功能拓展水平，来提高行政管理效能，提升区域贸易便利化水平。

（本文原载于《浙江经济》2014 年第 2 期）

文化创意产业集聚区建设

——以中国文化创意产业先行区上海为例

党的十八届三中全会指出，“深化文化体制改革，加快完善文化管理体制和文化生产经营体制，建立健全现代公共文化服务体系、现代文化市场体系，推动社会主义文化的发展繁荣”，文化创意产业是以现代文化市场体系推动文化建设的典范，对文化和经济发展的双生共赢具有举足轻重的作用。

近年来，上海文化创意产业集聚区的建设是文化创意产业业界研究的热点，也渐成了国内许多城市发展文化创意产业的借鉴模式。国际上研究文化创意产业的著名学府如英国的里兹大学、澳大利亚的昆士兰大学也曾对上海文化创意产业集聚区的建设做过大量的研究。本文针对上海文化创意产业集聚区的发展现状和建设进行评析，以期能对我国文化产业发展对策进行研究。

一、上海文化创意产业集聚区发展的背景和现状

文化创意产业，又叫创意工业、创造性产业、创意经济、创意产业等。一般认为，其是以文化（人类的集体精神活动及其产物）与创意（个体性的精神活动及其产物）为核心价值并形成价值链与产值的经济部门的统称。随着知识、文化在经济发展中地位的日益增强，文化创意产业应运而生，并发挥着越来越大的作用。

上海文化创意产业是我国文化创意产业的先行者。其发展过程又展现出其较为独特的面貌，那就是以园区为主要形式的集聚化发展。

所谓集聚化，指的是某个特定产业中相互关联并且在地理位置上相对集中的若干企业和机构的集合。一般来看，集聚化能够形成群体竞争优势和规模效应，发达国家文化创意产业集聚区的成长速度惊人，从1980年到2001年，美国文化创意产业集聚区数量从12个迅速上升到900个以上。

上海文化创意产业集聚区在全国起步较早，从发展历程来看，其产生源于第一次城市产业结构调整。1997年，上海市第七次党代会首次提出要积极发展城市型工业的口号，以推动经济增长方式和城市功能的转变，实现二、三产业融合和产业结构的升级；之后，上海市政府正式明确了"都市型工业"新概念，并于2000年确定了"两个优先"的发展方针，即600平方千米的中心城区优先发展现代服务业、6 000平方千米的郊区优先发展先进制造业的布局。由此，原本在中心城区的老工业向郊区转移后，在中心城区形成大量空置的老工业建筑，而为了盘活国有存量资产，上海借鉴国际经验，文化创意产业集聚区应运而生。由四行仓库领衔旧貌换新颜，被率先打造成"创意仓库"，紧接着田子坊、M50等上海最早的几个文化创意产业集聚区逐渐形成，这些文化创意高地经过创业者、特别是极具个性化的创意群体的一番改造，原先的老工业建筑都成了生机盎然的集聚区。

近年来，上海创意产业集聚区更呈现出数量激增、规模扩张、影响扩大的重要特征。授牌的文化产业园由原来的15家增长到了2011年底的54家；截至2006年年底，历经四次授牌，上海创意产业集聚区总数已达75家；据2010年统计，80家授牌创意产业集聚区的建筑总面积超过了268万平方米，入驻企业6 110家，从业人员11.47万人，营业总收入422.2亿元，总税收25.35亿元。而目前，授牌和未授牌的创意产业集聚区总数已达100家左右。上海俨然成为全球文化创意产业集聚区数量最多的城市，其中涉及的产业门类包括工业设计创意、文化传媒创意、时尚消费创意和咨询策划创意等重要领域。

上海文化创意产业集聚区可以概括为以下4种类型，这些类型事实上也可以概括全国文化创意产业集聚区的各大种类。

（一）校企合作性

作为建立在院校品牌之上的一种延伸服务，这种运作模式凭借高等院校的智力优势背景，通过整合资源对老厂房进行统一改造。虹桥软件园创意产业集聚区是该模式的典型代表。作为由上海市科学技术委员会、徐汇区政府和上海交通大学联合组建，由上海慧谷高科技创业中心直接运作的社会公益性科技服务机构，该中心立足于科技创新，促进科技成果转化，培育高科技企业和企业家。目前中心拥有 3 个孵化基地（均位于徐家汇科技密集区），面积 4.3 万平方米，其中虹桥路基地1.5 万平方米、南丹东路基地 8 000 平方米、乐山路基地 2 万平方米，在孵企业已超过 170 家，其中 70% 以上是 IT 企业，从业人数达 3 153 人。慧谷高科技创业中心的成功运作获得了国家的认可，也赢得了社会各界肯定，先后被国家科技部授予“国家高新技术创业服务中心”、中国火炬计划十五周年“先进高新技术创业服务中心”，被誉为“上海国际企业孵化器”、“上海市高新技术成果转化孵化基地”、“上海市都市型工业集聚区”、“上海市级软件产业基地”。此外，凭借同济大学建筑设计专业优势打造的环同济现代建筑设计园（一条街）及依托东华大学（原纺织大学）时尚设计专业和园区合作打造的长宁区天山路时尚产业园也是经典之作。

（二）依托老建筑改造

作为我国近代工业的发源地，上海拥有大量优秀历史工业建筑，它们记录了上海城市和工业文明发展的历程，浓缩了中国工业从起步到发展、壮大的发展史。然而众多老厂房、老仓库、旧楼宇在产业结构升级与城市功能转换的发展过程中逐渐空置或废弃，为了更加充分地诠释和延伸这些工业老建筑所特有的历史底蕴和文化内涵，上海市经济委员会与各区政府进行了保护性开发，将新的产业元素注入这些老仓库和老大楼，为上海文化创意产业的发展提供了得天独厚的优势资源。以开发老厂房、老仓库和老大楼而形成文化创意产业集聚区已占集聚区总量的2/3以上，如光复路的创意仓库、泰康路艺术街、八号桥、田子坊、1933老场坊等。

（三）依托传统布局型

将相应的文化创意产业基地建立在现有的产业结构上，依靠传统布局也是上海文化创意产业的发展途径之一。比如位于上海城市广场（黄浦区河南南路33号）的上海市旅游纪念品产业发展中心，首期就吸引了15家业内知名企业进驻，汇集了一批优秀的旅游纪念品设计师。该中心位于豫园商圈，这里历来是上海小商品、旅游纪念品的展示及交易中心。凭借地理优势，该集聚区不仅提升了上海旅游纪念品的层次和质量，而且融入了新的创意元素的旅游纪念品迅速走向市场，增强了自身的影响力和辐射力，形成创意与交易的良性循环。

（四）全新创新型

虽然旧厂房、旧仓库或传统社区为文化创意产业集聚区的发展提供了有利的外部条件，但并不意味着文化创意产业的发展必须依托旧建筑。位于浦东的上海张江国家自主创新示范区便是利用开发区的优势，全新打造的文化创意园区。影视制作、游戏软件、动漫制作等是该集聚区的主要产业，并带动了相关的中介、展示及版权交易平台的发展。此外，紧随其后进驻集聚区的中国美术学院上海设计分院、上海电影艺术学院、上海戏剧学院创意分院等文化艺术类院校为该文化创意集聚区带来了源源不断的创意和人才。该示范区兼具了地域广阔、空间延伸余地大、大学及科研机构支撑的优势，文化创意产业发展优势明显。示范区注重文化和科技融合发展，2012年5月，该示范区成为由科技部、中宣部、文化部、广电总局、新闻出版总署等五部门联合发布的首批16家国家级文化和科技融合示范基地之一。此外，比如杨浦区上海创意设计园等这些新的创意集聚区，辐射作用日益增强，有效提升了周边社区的文化品位。

以往上海文化创意产业集聚区主要是围绕着中心城区发展。根据2007年年初上海创意产业中心调查，徐汇区、虹口区、长宁区的文化创意产业集聚区数量全部超过10家，数量最多，同时占总数96%的72家文化创意产业集聚区分布在10个中心城区。可见，文化创意企业的发展在中心城区具有很强的生命力。

如今上海文化创意产业集聚区出现了郊区化的新特点。比如，在嘉定区出现了集聚全世界著名广告企业的集聚区，在浦东金桥出现了集聚视频网络文化企业的集聚区，在松江出现了以文化旅游为特色的泰晤士小镇等。作为市中心的文化创意产业集聚区应该凸显文化创意产业展示与市场对接的功能，而郊区应该发挥文化创意产业生产性的功能。

二、上海文化创意产业集聚区发展的优势条件

文化创意产业集聚区发展需要良好的经济基础和文化土壤。而上海良好的经济发展基础，长三角的广阔腹地，崇尚创新、激励原创的大气候和2010年中国上海世博会举办的重大契机不仅满足了文化创意产业发展的需求，而且极大地推动了上海文化创意产业朝更高水平、更优的结构快速发展。上海发展文化创意产业以集聚区为路径，具有得天独厚的优势。

第一，雄厚的工业产业基础。作为我国工业发展的摇篮，上海拥有众多的工业门类。上海的经济发展日新月异，总体趋势是从建立在物质原材料基础上的旧产业模式转变到创意经济模式。上海拥有电子、通讯、汽车、造船、航空、航天、电站成套设备、冶金、化工等产业，在全国占有举足轻重的地位。在经济转型大背景下，创意是传统产业升级的关键，由此决定了上海文化创意产业的重点主要集中在为工业提升能级的创意设计和与建筑相关的创意设计，前者如工业设计、工艺美术品设计、广告设计、软件设计等，后者如室内装潢设计、建筑设计、环境设计、城市设计等。

丰富的工业文化历史遗产也是上海发展文化创意产业集聚区的一大优势。大量空置的老厂房、老建筑见证了19世纪40年代以来上海

城市和工业文明的发展，形成了独特的文化空间，为文化创意产业集聚区的发展提供了绝佳的平台。

第二，丰富的文化创意资源。文化创意产业的所有产品都是创意者对文化的再创造和新展示，文化是其灵魂。作为一个文化创意产业集聚区，最重要的竞争力是它的文化内涵、文化理念和氛围，这种理念和氛围要有利于艺术家们创造出优秀作品，如此，文化创意产业才有长久生存的土壤。

上海为文化创意产业集聚区进行文化的挖掘、利用、整合，进行二次创造和新展示提供了丰富的文化资源。从历史角度看，作为吴越文化的融会者、江南文化最具代表性的继承弘扬和开发者，上海充分传承和表达了江南文化绵柔悠长、敦厚诚实的稻作文化特质。而上海开埠以来又在江南文化的基础上融入世界文化的新元素，形成上海特有的海派文化，展现了海纳百川、大气谦和的气魄与精神。因此，海派文化对上海文化创意产业集聚区发展所提供的支持既有文化环境方面的，也有精神层面的。

第三，创新型城市氛围。上海的城市功能正随着城市化进程的推进逐渐发生根本性的转变，创新在其中的作用逐步加强。最近，有人提出在“四个中心”的基础上再增加一个中心，即向“五个中心”发展，在坚持国际经济中心、国际金融中心、国际贸易中心及国际航运中心建设的同时，全面构筑城市创新体系，进行国际创新中心建设。

作为推动上海文化创意产业集群发展的催化剂，创新型城市的建设有利于形成宽松的社会氛围和政策环境，促进政府职能的转变，增强社会各层面的亲和力，增进对多样文化的包容性。同时，创新城市建设还有利于新型产品研发、生产、流通和知识产权保护与开发体系的构建，这些与文化创意产业发展相关的基础设施建设的不断完善对于文化创意产业集群的形成和产业价值链的打造意义重大，也必将对文化创意产业的未来发展产生深远影响。

第四，广阔的长三角腹地。2007 年年初，长三角被国务院初步定位为我国综合实力最强的经济中心、亚太地区重要国际门户、全球重要的先进制造业基地、我国率先跻身世界城市群的地区。从国家战略层面看，推动区域合作，加快长三角经济一体化势在必行，而上海作为长三角区域中心城市，在区域一体化发展中扮演着重要角色。

近年来，文化创意产业集聚区在江浙两省取得飞速发展，杭州仅拱墅区就有多家远近闻名的文化创意产业集聚区——LOFT49、A8 艺术公社和唐尚 433 文化创意中心。江浙与上海的文化创意产业集聚区发挥各自优势，进行多层次、多渠道合作，推进创作、创造、制作、营销、展示、传播、交流等环节的互动，三地文化创意产业集聚区的联动效应逐渐增强，在拓展创意产业市场空间、延伸文化创意产业链方面形成共赢。

第五，世博会的契机。2010 年世博会为上海提升服务功能，推进区域合作，扩大国际影响力，走向国际化大都市提供了良好机遇。上海的城市形象因世博会的举办得到极大改善，上海的城市品牌效应不断溢出并且持续升温，世博会的举办对城市服务经济产生的积极影响更是不言而喻，这些都直接促进了上海文化创意产业集群化、规模化发展。作为会展经济的一种，世博会涉及广泛的文化创意产业领域，包括创意产业研发设计、城市规划、建筑设计、环境艺术与生态设计、文化艺术传媒、策划咨询和时尚消费行业等重点领域；此外，在后世博时代，以文化创意产业集聚区建设为切入点，进一步深化国际、国内、长三角区域协作是正确的选择。

因此，以上海情况来看，并不是每个区域和城市都适宜发展文化创意产业，并以集聚区作为路径。上海文化创意产业形成及其聚集区建设与上海自身条件有着重要关联。但是上海文化创意产业发展，也给予我们重要启示，那就是发展文化创意产业，推进集聚区建设一定要把握好条件，一方面，各地应根据不同资源寻找比较优势，进而推进相机抉择；另一方面，面向文化创意产业作为新兴产业模式，一旦条件、资源具备，就应当抓住条件全力推进。

三、上海创意产业集聚区发展初见效益

发展文化创意产业需要形成一定的效益，只有形成效益才能调动起相关主体的积极性，从而形成内在驱动力。上海创意产业集聚区的实践表明，在这方面，上海创意产业集聚区发展成效已初显。上海创意产业中心对75家前四批授牌的创意产业集聚区进行了统计，又对个别典型集聚区及入驻企业作抽样调查，经过综合调查得出上海创意产业集聚区的基本效益：

(1) 建筑面积：2 213 314 平方米　　75 家（前四批）；
(2) 总产值：1 916 662 万元　　48 家（前三批）；
(3) 税收总量：25 645.8 万元　　18 家（前一批）；
(4) 总从业人数：27 043 人　　48 家（前三批）；
(5) 总入驻企业数：3 574 家　　48 家（前三批）；
(6) 企业入驻率：65%　　48 家（前三批）；
(7) 集聚区开发总投资：292 842 万元　　48 家（前三批）；
(8) 投资强度（开发建设）：0.243 3 万元/平方米　　18 家（前一批）；
(9) 投资强度（入驻企业）：0.607 8 万元/平方米　　18 家（前一批）；
(10) 单位产出率：0.957 7 万元/平方米　　48 家（前三批）；
(11) 人均产出率：60.21 万元/人　　48 家（前三批）。

调查结果显示，前三批48家创意产业集聚区总投资29.3亿元，建筑面积119.6万平方米，按照平均租价2.5元/（平方米·天）计算，每年集聚区租金收入约为10.9亿元，约2年零8个月收回成本。上海文化创意产业集聚区的建设发展不仅取得了经济效益，同时所带来的社会效益更加明显，主要体现在以下几个方面。

（一）资源所有者的收益

大量的老厂房多数产权在国有控股集团手里，在经过产业结构调整后，原有老厂房空闲，只能以低廉的租金出租给一些低端生产企业，经济收入维持在较低水平。而通过合作改造成创意产业集聚区之后，

提高了经济收入，不仅解决了部分就业问题，而且实现了国有资产的增值保值。

（二）投资运行者的收益

文化创意产业集聚区改造的平均投资回报率约在15%－25%之间，而上海一般建设项目的年投资回报率为10%以下，较高的投资回报率调动了投资者的积极性，这也是上海文化创意产业集聚区发展速度较快的原因之一。另外，一些投资者在开发建设文化创意产业集聚区的同时，紧紧围绕本企业的主产业进行定位，这样不仅使投资者在集聚区建设上得到回报，同时对本企业的主产业也起到了带动作用。

（三）入驻企业的收益

调查显示，2005年上海市甲级办公楼平均租金为6.72元/（平方米·天），其中浦东小陆家嘴地区平均租金超过8元/（平方米·天），浦西南京西路平均租金为8.32元/（平方米·天），而且近年来，平均租金仍在以每年15%左右的速度上涨。其主要原因是，甲级办公楼新增供应量有所减少，而中外企事业机构对高档办公楼的需求却很旺盛。相比之下，上海文化创意产业集聚区2元/（平方米·天）左右的平均租金[少数也不超过2.5元/（平方米·天）]，远远低于商务楼的租金水平，在市场竞争激烈的今天，降低企业办公租赁费用已经成为企业生产成本降低的有效途径。同时，老厂房高大的空间也是吸引文化创意产业企业入驻的主要原因。

（四）地方政府的税收

原有厂房租赁运作模式带来的经济效益很低，地方政府从中获得的税收很少，但经过改造后的集聚区为地方创造了可观的税收收入。比如，8号桥属于第一批授牌的创意产业集聚区，2005年8号桥的税收为380万元，地方税收为199万元；2006年税收730万元，增加了92%，地方税收为380万元，增加了91%；2007年1至4月税收近400万元，同比增长170%。

（五）社会就业的扩大

原有老厂房的产业机构相对滞后，新的就业人员很难被吸收，但经过改造后许多新的就业岗位被创造出来，极大地缓解了新增劳动力就业难的问题。据上海创意产业中心的调查，前三批48家创意产业集聚区总从业人数近2.7万人，以此估算，如果75家创意产业集聚区入驻率达到100%，届时可以使近5万人就业。

（六）园区的产业升级

原有老厂房的入驻企业大多是低端的生产企业，生产能级低下，如印刷公司、货运公司、安装制作公司等，文化创意产业集聚区以创意设计公司、建筑设计公司、多媒体和软件公司、动漫和游戏公司、时尚设计公司、工业设计公司、影视制作公司、技术含量高的印刷公司等为主，改造后的集聚区为老产房带来了极大的经济附加值，使得园区的产业能级得到了较大提升。

（七）周边环境的改善

房屋破败不堪，道路坑坑洼洼，与周边高楼大厦格格不入，这是原有老厂房呈现的样子，但是经过重新设计改造的老厂焕然一新，呈现给参观者的是其或优雅现代或古朴庄严的设计外观，其中有一些集聚区还被选为全国文化创意产业旅游示范基地，大大提升了城市的文化风貌和影响力。

（八）历史建筑的保护

作为中国近代工业的发源地，上海拥有许多优秀的工业历史建筑，它们体现了上海工业文明的精神，是宝贵的文化遗产，如四行仓库、8号桥、田子坊、2577大院等。这些工业遗产的建筑如何利用，是上海城市发展中的一个重大课题。经过文化创意产业集聚区的探索与实践，这些工业遗产获得了良好的保护性开发建设（原有外立面不变，主要结构不变），赢得了业内人士以及其他各界人士的认可。

应该说，目前，加快建设文化创意产业集聚区，已经成为上海文化大都市和“创意之都”建设的重要内容，也是上海现代服务业发展的重要组成部分。我们相信，对于上海而言，文化创意产业和文化创意产业集聚区的建设，必将在上海提高自主创新能力，转变经济增长方式，促进经济文化协调发展中发挥更加重要的作用。同时，创意产业及其聚集区的经济效益也必将成为全国其他地区转变经济发展方式，寻找培育经济新的增长点的重要选择。

四、上海文化创意产业集聚区发展的不利因素

上海文化创意产业集聚区的建设走在全国前列，但应当说目前仍处于起步阶段。从上海文化大都市对上海文化创意产业发展的要求看，目前上海文化创意产业集聚区建设，仍然存在不少问题，而且可以说这些问题也将是其他地区推进文化创意产业中极易遇到的问题，主要反映在发展集聚区的观念、体制、机制、政策、人才等方面。

第一，同质化倾向严重。文化创意产业集聚区的出现，是现代服务经济发展的客观要求，它体现了文化产业化和产业文化化，它的发展有其固有的规律性。目前，上海各级政府积极发展文化创意产业，试图以此为手段调整和优化产业结构，但在缺乏明确的主题和充分的内容的情况下一哄而上，极易导致集聚区的开发和管理陷入物业性的窠臼，单纯注重集聚区的硬件形态，不能充分体现文化创意产业的丰富内涵与外延，集聚区之间同质性、趋同化等倾向明显。

第二，政策及配套服务脱节。文化创意产业的公共服务平台正在逐步形成，诸如信息服务。展示交易、投资咨询、教育培训、国际交流、研发设计及知识产权平台已经初具规模，上海创投公司仍在积极构筑和完善这些平台。虽然这一系列支持系统的建设具有宏观的前瞻性，但是由于并未完全与集聚区的运作契合，这些平台在实际应用中还未发挥其应有的作用。

目前上海文化创意产业集聚区里，中小型企业的对接。市场培育、融资等效果并不明显。比如，职业教育培训无法适应市场的变化发展，一些国外的设计公司对本地高端文化创意人才的需求得不到满足。据

悉 2010 年的上海世博会对文化创意人才的需求很大,但本地创意人才供给有限,仅多媒体设计人才缺口就高达 8 万,而此方面的领军人物更为稀少。因此,如何导入健康的市场运营机制。在教育培训方面加强运作是上海文化创意产业公共服务平台建设的当务之急。

第三,创意成果开发保护不力。自创品牌在上海文化创意产业集聚区极为稀缺,以动漫产业为例,其盈利模式有三:一是动漫产品;二是音像制品市场;三是衍生产品市场,包括服装、玩具、饮料和儿童用品等。有调查显示,上海 14 至 25 岁的青少年,喜爱卡通的比例达到九成,有五六成的人在过去半年内为自己喜欢的卡通购买过杂志、碟影、玩具、服装和饰品等相关产品,但是这些相关产品中 90% 以上是欧、美、日等国的舶来品。缺乏原创性是上海文化创意产业集聚区发展的一大障碍,加之不同类型市场渠道对营销策略的要求不同,盗版和仿制等侵犯知识产权的行为普遍存在,且阻碍了文化创意成果的转化、推广与价值实现。

第四,产业链尚未形成。从形态制造到业态转型的过程中,文化创意产业集聚区需要一次升级,原先简单粗放的单纯招商、招租获利的做法已经无法适应经济发展新阶段的要求,产业结构的转型优化要求文化创意产业集聚区内要形成一种全新模式的产业链,要实现技术、资金、市场客户、劳动力及信息资源的共享,要过渡成具备产业运行业态的聚集区。而在这个过程中,上海的文化创意产业集聚区的产业链缺乏完整性。同时,文化创意产业的关键之处在于相关领域和产业的产品、技术、理念的动态开发与升级,这是实现产业增值的途径。上海文化创意产业的盈利模式并没有随着传统产业向现代服务业的转型而发生真正改变,市场培育尚处于初级阶段,还有很长的路要走。大企业和大产业的合作与反哺少之又少,文化创意的产业化尚未形成。

五、上海文化创意产业集聚区发展的对策

争当全国改革的先行者和排头兵是中央对上海的要求。为了实现

上海文化大都市的梦想，适应“创意之都”的发展需要，上海文化创意产业集聚区必须加快实现从规模和数量扩张向活力和素质提升转变，确保创意产业集聚区长期可持续发展。以此不仅推动上海文化产业自身发展，同时也为全国文化创意产业发展提供示范，主要对策如下。

（一）宏观发展和政策层面

1. 设立文化创意产业集聚区的门槛

上海文化创意产业集聚区的建设和扩张不能仅着眼于数量和规模，更要重视内在的质量，因此，设立门槛准入制度，加强授牌管理已迫在眉睫。成立一个由政府部门、行业协会、专家等组织的综合评估委员会，对入驻企业进行准入评估，吸引和推动优质的小型化创意企业入驻，同时，通过市场的自发调节、优胜劣汰，真正起到集聚区的“固本强身”作用。为了避免“一窝蜂”式的园区建设热潮，防止出现大面积空壳园区现象，可以在有条件的大学周边，设立面向社会开放式“产、学、研”相结合的文化创意产业集聚区。

2. 逐渐完善文化创意产业集聚区的公共服务平台

国家和不少地区由政府牵头，在投融资、税收、进出口、人才培训等方面，对文化创意产业集聚区的发展提供优惠和支持。目前上海扶持文化创意产业集聚区发展的产业政策体系尚未正式形成。因此要建立多种形式的文化创意产业发展基金、对自主创新技术项目要进行扶持，还要形成文化创意产业的政府采购机制。目前各级政府手中掌握着80%的具备文化创意产业要素的各类项目，可实现政府采购和政府订单，用项目引导文化创意产业集聚区的发展。

3. 扶持多种模式并存，实施分类指导

在文化创意产业集聚区的初级阶段，政府的政策导向与行政指令宜粗不宜细，宜缓不宜急。要鼓励产业投资主体的多元化、合作形式的多样化，避免“一刀切”，保证集聚区的多种发展模式能够并存共生。政府对每一个集聚区的指导应体现分类原则，实现同步动态优化的持续化和针对性指导，支持集聚区的个性化发展，不能企图以“一刀切”

的方法实现一劳永逸。因为文化创意产业的独特个性，每类产品市场都会有不同的特点，需要不同的政策，在制定产业政策时建议设立“一市一策”的方针，即针对每一个文化创意的分类市场，建立一套有针对性的统计评估指标，形成一套行之有效的政策办法。

4. 强化对集聚区企业的孵化功能

上海文化创意集聚区对企业的孵化认识不足，分工非常模糊。而美国的文化创意产业集聚区建设层次非常分明，分工非常明确，分为一级项目孵化器、二级企业孵化器、三级企业升级孵化器、四级跨国孵化器。孵化器主要从政策、资金和人才三个方面着手，依据企业不同需求弥补其所缺资源，快速推进文化创意产业类企业从无到有的健康发展。

（二）微观操作层面

1. 争创优秀创意文化，营造宽容氛围

文化创意产业集聚区的本质在于兼具优质智慧资源，人力资源是集聚区的核心。只有宽容的文化氛围和良好的艺术创造环境才能吸引更多优秀的创意人才，才能产生无限的创造和活力。而这种文化的竞争必须融合到集聚区的每一个细节，包括土地、交通、环境、景观、建筑与建筑体的建筑符号、物业管理文化等多方面，只有完善好各个细节才能制造出创意的文化氛围。同时要营造出多元的文化生态环境，对各种文化创意活动的尊重，才能体现宽容的氛围。

2. 集聚人才资源，解决人才瓶颈

发展文化创意产业的关键是人才，一是要用优惠的政策和宽容的氛围大力吸引各地创意人才聚集到上海来；二是要用事业留住人心，用激励的机制将现有的文化创意人才留住；三是要走合作办学的路径，目前上海已和英国、日本、中国香港等国家和地区达成了合作办学的意向，以培养更多创意产业界的紧缺人才和综合实用人才。

3. 加快建立和完善上海文化创意产业集聚区发展的法规体系

由于上海文化创意产业集聚区的发展尚在初级阶段，同质性竞争比较严重，所以要完善集聚区发展的法规体系。一方面，要大力推进文化创意产业的知识产权立法和执法力度;另一方面,要组建和完善集登记、展示、发布、保护、策划、交易和服务等功能为一体的上海版权中心。

4. 完善产业链建设

文化创意产业集聚区是文化服务交易与配送中心,最终以服务的输出来实现自身价值。良性运转和循环的经营方式、完善的服务体系等产业链要素,在相当程度上决定着文化创意产业集聚区的生命力。上海文化创意产业的发展将经历3种模式,目前主要是以"旧厂房吸引艺术家"为特征的模式,未来还将探索具备文化创意产业要素的集聚区模式,最终将培育若干文化创意产业大项目,形成完善的产业链。

笔者认为上述对策虽依托于上海,但也不仅局限于上海,全国各地只要勇于打破条条框框的限制,以创新的勇气,优化环境,聚集要素,叠加资源,进行持续创新,中国文化创意产业的未来一定会更加美好。

参考文献

[1] 巍鹏举. 文化创意产业导论[M]. 北京: 中国人民大学出版社,2010.

[2] 厉无畏. 创意产业导论[M]. 上海: 学林出版社,2006.

[3] 王静. 美国文化创意产业园区模式探析[J]. 文化创意产业参考,2007(8).

[4] 上海评选创意产业示范集聚区[N]. 解放日报,2010-06-16(7).

[5] 汪敏华. 上海创意产业集聚区调查: 人丁兴旺　财源茂盛[N]. 解放日报,2007-03-18(6).

[6] 鲍宗豪. "文化自觉"与上海文化精神[N]. 文汇报,2004-08-02.

[7] 姚展雄. 为中国"动漫"把脉[J]. 中外文化交流,2003(7): 4-7.

[8] 何增强,花建. 创意都市——上海创意产业的发展之路[M]. 上海: 上海文艺出版总社百家出版社,2007.

(本文原载于《甘肃社会科学》2014年第3期)

后危机时代两岸文化产业合作展望

放眼全球，金融危机后各国都在积极调整经济结构，明显出现以下特征：

1. 强化科技创新，抢占制高点。例如，美国就提出要重振美国科技辉煌，并承诺把研发投入的GDP提升到3%以上的历史最高水平，力图在新能源、基础科学、生物经济和航天科技等领域引领世界潮流。

2. 创意产业逆势上扬，也成为引领经济复苏的先导产业。

3. 走绿色低碳的发展道路。为应对全球气候变化和解决资源环境的问题，各国纷纷提出了绿色经济、低碳经济、循环经济等概念。

4. 为缓解危机影响，实现经济复苏，区域合作、抱团取暖也日益频繁，呈现出新的活力。

一、文创产业拥有在危机中突进的基因

2008年危机爆发以来，各国在应对金融危机的共同目的的驱动下，寻求区域经济合作成为共识。欧洲国家增强了合作意识，2009年底《里斯本条约》生效，一体化进程推进了一步；非洲增强了联合自强共渡难关的意识，2008年正式启动了南共体自由贸易区；拉美国家加强了摆脱美国经济金融影响和联合自强的意愿，考虑建立没有美国参加的西半球地区组织；亚太地区在国际金融危机的冲击中也加快了区域合作的步伐，东盟和中日韩的“10+3”合作，澳大利亚的亚太共同体设想也应运而生。目前，我国参与的具有实质内容的国际区域经济合

作有亚太经合组织、澜沧江—湄公河次区域合作、中国与中亚次区域合作、图们江区域合作、上海合作组织、中国—东盟自由贸易区、曼谷协定等。也积极参与了各类具有论坛性质的国际区域经济合作组织，如亚欧会议、中非合作论坛、东亚—拉美合作论坛、中国与加勒比经贸合作论坛等。多层次地参与国际区域合作，增加对外交流，增强了我国经济活力，优化了外贸国别结构，缓解了外贸压力，对我国经济率先复苏起到了积极的作用。

回顾历史可见历次经济危机中都有创意产业的突进。

20 世纪 30 年代经济大萧条，崛起了好莱坞和迪士尼。在经济萧条的美国，人们并不愿意在虚幻的世界中再次经历不幸。于是无厘头的搞笑片、歌舞片以及充满幻想的作品等市场前景看好。歌舞片《绿野仙踪》、卓别林系列喜剧、米老鼠动画等都是成功典范，好莱坞、迪斯尼的崛起推进了美国经济的增长。

20 世纪 70 年代，石油危机重创日本经济，结果出现了日本动漫王国。“铁臂阿童木”、“机器猫”、“聪明的一休”等取得良好市场，一些动漫形象如哈喽凯蒂、蜡笔小新等为日本企业赚取了大笔利润。日本的动画片占领了欧洲市场的 60%。

1997 年亚洲金融危机造成韩国经济的衰退，但韩流即风靡了。那时由于失业率激增，失业者整天无所事事，购买一张“星际争霸”的光盘就可以打发无聊时光。“优秀的作品带给了他们廉价的快乐”，韩国政府抓住这一机会，鼓励本国动漫游戏产业努力发展。与此同时，韩国的影视、流行音乐也乘势而起。政府为韩剧的出口，免费提供翻译，使韩剧在亚洲热播，掀起了一股“韩流”，形成一批“哈韩族”，从而带动了韩国产品的出口和旅游业的发展。文创产业的发展为韩国经济较快复苏立下了汗马功劳。

虽然这次金融危机对中国经济的冲击也很严重，而实质上乃是对不合理的经济发展方式的冲击。而文创产业未受冲击，相反还获得了更为广阔的发展空间。比如 2009 年中国经济增长 8.7%，文化创意产业增长达17%，为保增长做出了重要贡献。

每一次经济危机都是一次大的洗牌过程，都会引发经济结构的深刻调整。这次危机后美国的金融中心纽约也正在进行着经济结构的调整和转型。提出要从FIRE产业转向ICE产业。此次金融危机前以金融、保险和房地产 the Finance, Insurance and Real Estate(FIRE)为支柱产业，2005年上半年FIRE占纽约所有产业中工资支出的84%。由于FIRE发展过火而失控，引发了金融危机。金融危机爆发后，要吸取教训，转向智力、文化和教育 Intellectual, Cultural & Educational(ICE)为代表的产业。从总体上看，美国整体经济也在从FIRE转向ICE。这还包括信息(Information)创意(Creative)能源和环境(Energy & Environment)等领域。而在中国，发展文创产业也是推进城市经济实现创新驱动、转型发展和产业升级、结构优化调整的一项战略选择。

文创产业是21世纪国家软实力竞争的制高点，它是当今世界基于一定文化资源，不断萌发新颖创意而繁荣兴盛的产业，比起一般的经济增长因素，文创产业是在一个社会、一个经济体中更为基础、更为内在的增长原动力。就世界范围来看，文创产业已经成为西方发达国家的支柱产业，其产值能占到GDP的1/5。目前全世界创意经济现在每天创造220亿美元产值，是所有产业中增长最快的产业，文创产业为金融危机后的全球经济复苏拓开了持续可行的发展路径。

二、文创产业已成两岸发展重点

如今，文创产业已成为两岸新兴产业的发展重点，也是两岸未来合作的重要领域之一。目前，台湾地区文创产业的产值占GDP比重已达到4.9%；2015年，大陆预计文创产业的产值至少占GDP的5%。我们可以看到，无论是台湾地区的“黄金十年”政策还是大陆方面的“十二五规划”，均将文创产业列为未来经济发展的重点。

而在两岸的文创产业发展又各具特色，互有优势——台湾地区文创产业起步较早，从 2002 年开始，以“创意台湾”为发展目标，推动文创产业发展计划，将艺术创作和商业机制相互结合，在创造特色文化产品、增强台湾民众文化认同的同时，进一步增加文创产业的附加价值。经过多年积累，依托文化多元、社会民主、国际通路等优势，文创产业发展取得了显著成绩，培育了众多知名品牌。在创意、研发、营销及人才培养等方面颇显优势。而大陆地区的文创产业虽然起步较迟，2009 年 7 月，国务院正式出台“文化产业振兴规划”，到 2010 年 10 月，中共十七届五中全会通过的《中共中央关于制定国民经济和社会发展第十二个五年规划的建议》中提出“推动文化产业成为国民经济支柱性产业”，自此文创产业在大陆转而加速发展，出现了党委主导、政府引领、文人参与、企业踊跃的“文化产业热”，近年来大陆文化产业增加值年均增长速度超过 20%，在国民经济中所占比重逐步增加。2012 年仅文化产业法人单位创造的增加值就突破 1.8 万亿元，占 GDP 的比重达 3.48%。就目前而言，我们完全可以用增长势头强劲、出口增加、集群化趋势明显、多元化投资格局形成、并推进产业升级、结构优化调整等来概括大陆文创产业现状。所以大陆在市场规模、政策支持、园区规划等方面略占上风。

随着大陆文创产业逐步走向成熟，两岸文创产业的交流状态也逐渐由台湾单向输入转为两岸互频繁动——不仅大陆地区不少文创产业个中翘楚更是以逆袭之势登陆台岛，台湾文创产业同人也开始集体“北漂”，甚至台湾“文案大师”李欣都在感叹：现在谁不往北京跑？

在几年之前，大陆的年轻人还热衷于类似“康熙来了”的台湾综艺节目，但这几年，“中国好声音”和“我是歌手”也在台湾引起了空前的关注，又如当年大陆观众每到假期必能看到各台重播的《还珠格格》等琼瑶剧如今大陆剧在台湾也连番重播。继隔海延烧的《步步惊心》后，《甄嬛传》在台湾热播也很受岛内观众喜欢。大陆深厚的文化底蕴和制作精良的团队，是大陆影视剧受欢迎的原因。

三、两岸文创产业存在互动基础

两岸同根同源，在大中华文化背景下，虽然在文创产业的发展背景、发展历程及发展程度上存在差异；但其无与伦比的互补性，势必促使两岸在文创产业领域形成颇为强劲的协同效应。

早在2010年9月，当时台湾中华文化总会会长刘兆玄就曾对媒体明确表示，“中华文化是两岸之间的最大公约数”。2011年8月，前任海基会董事长江丙坤也表示，中华文化成了两岸最大公约数，希望两岸取长补短，再创中华文化辉煌。加强两岸文创产业互动完全是建立在两岸文创产业发展的现实需求基础上的。

1. 加强这一互动是两岸布局国际、抢占先机的重要途径，也是经济转型升级的内在需求——通过历时5年的实地调查和对1 250多位产业领袖和文化精英等的访谈，法国学者马特尔指出：世界文化大战已经爆发，各大国之间为了国家利益已不复采用传统意义上的军事手段，而是通过电影、电视、流行音乐、时尚服饰、餐饮、媒体等各种文创产业的手段展开博弈和竞争。文创产业已被两岸定义为加快推动经济发展、提升整体实力、增强国际竞争力的新引擎。它不光符合大陆地区加快转变发展方式、积极推进经济结构调整的战略布局，同时也切合台湾地区服务业和高附加值制造业的加速转型历程。大陆方面“十二五”规划将文创产业列为七大战略性新兴产业之一，而台湾方面“黄金十年”也将文创产业定为未来经济发展重点。不仅如此，两岸在文创产业发展中呈现出在人才培养、市场规模、营销思维等方面的互补性，更是基于两岸生产要素的丰缺差异。这样，既能促进各自文创产业发展，又可加速转型升级进程，还可将对方优势为己所用，并为各自布局国际、抢占先机提供保障，可谓双赢甚而多赢合作。

2. 加强这一互动是两岸修炼各自“软实力”，有利于和平发展的现实手段——约瑟夫·奈伊认为，“‘软实力’主要来自三种资源：文化（在能对他国产生吸引力的地方起作用）、政治价值观（当它在海内外都能真正实践这些价值时）及外交政策（当政策被视为具有合法性及威信时）。”由此可见，文化之于软实力提升的重要性，所以也就不可忽视两岸在文创产业的交流与合作中所蕴含的政治影响力。无论是中共十七大报告中关于“提高国家文化软实力”、“增强中国文化国际影响力”以及“大力发展文化产业、繁荣文化市场、增强国际竞争力”的表述，还是2008年马英九当选台湾地区领导人后对培植、提升和展示台湾“软实力”的再三强调，都可以看出双方均欲通过“软实力”的构建，增强自身影响力，促进两岸共同和平发展的意向。

3. 加强这一互动是应对西方文化冲击，提升中华文化聚合力、影响力的重要途径——在当前经济、文化全球化趋势下，西方文化的冲击不可避免，拥有共同文化母体的两岸，如何在进一步增进民族认同感的同时，获得文化与经济的双赢，是两岸同样需要思考的问题。毕竟文化向来是大中华地区血脉相连的纽带，如果说经济合作是手拉手，那么文化交流就是心连心。两岸文创产业的交流与合作将开辟中华民族共同创造和积累财富的新路径，也将为区域和谐发展、民族文化复兴奠定坚实基础；更可在携手合作、优势互补、迈向世界的过程中，通过生动的表现形式和独特的传播方式，以鲜活的文创产品为载体，在国际舞台上展示大中华地区的崭新形象。

4. 加强这一互动是解除两岸经贸僵局，优化未来经贸关系的破冰利器——2013年两岸进出口贸易总额超过1 972.81亿美元，较去年同比上升16.7%。据台湾“经济部投资审议委员会”最新统计，2013年“陆资”赴台投资金额3.6亿美元，比2012年增长10%，为2009年6月台湾开放“陆资”赴台以来新高。由于台湾选期将近，台湾内部对《两岸服贸协议》及后续“货贸协议”与“投资协议”的认知有不同，两岸经贸关系发展前景就可能具有一定的不确定性。平心而论，台商在大陆最大的优势便是“合作”。当代经济发展的核心是产业分工，台商需要从产业链的角度思考未来发展。台湾经济体在若干领域具有优势，但因体量较小，只有寻求合作才能扩大优势，稳固产业链中的地位。

而同根同源的大陆地区显然是最佳合作对象。

四、两岸文创产业合作互动共荣

回顾两岸文化交流的历史进程，从1987年起两岸的文化交流与合作日渐频繁，2008年在“九二共识”的基础上恢复了制度化协商，到2009年两岸全面实现直接双向“三通”促进两岸产业合作圈的形成，再到2010年签订《海峡两岸经济合作框架协议》(ECFA)标志着两岸关系和平发展大框架中经济领域取得突破性的进展，又到2012年首届“两岸文创产业合作论坛”就未来两岸文创产业合作的交流机制、搭建平台及设计实验区方面达成共识，并于2013年3月，国务院台湾事务办公室批复命名杭州市为国内首个“两岸文创产业合作实验区”在进一步整合优质资源的基础上，建立互动合作机制，搭建两岸文创品牌的展示推广平台、两岸文创成果转化平台、两岸文创人才培育开发平台，加快推进两岸文创产业发展。

进入2014年，两岸文创产业互动再现利好——在2014年1月22日国民党中常会上台湾地区领导人马英九也明确表示，两岸的历史文化有许多共同之处，台湾应该善用大陆广大市场，增加两岸的文化交流，让台湾文创产业能有进一步发展的空间；未来如何善用大陆市场，将是台湾文创产业的重要课题。应民众要求，台湾文化部门负责人龙应台在今年5月8日表示，两岸文化主管部门正在建立“公权力对公权力的讨论及解决平台”，盼望9月可在台北举行“两岸文化前瞻论坛”。对此，国台办积极回应称，“两岸文化前瞻论坛”是两岸文化界民间性的沟通交流、凝聚共识的平台。希望通过举办论坛，为加强两岸文化交流，共同弘扬中华文化发挥积极的作用。国台办发言人杨毅还表示，希望台湾方面能够务实对待、求同存异，以利于论坛的顺利举办。

在此大背景下，业内人士普遍认为，当今两岸的经济、贸易和文化的交流愈加频繁，更需要通过文化创意产业共同向西方世界展示一个“有文化的中国人的生活方式”。随着两岸文化交流的广泛深入，两岸在文化创意产业领域方面也展开了涉及文艺、学术、教育等多个领域以及人员交流、演出、展览、研讨、联谊等多种形式的合作,合作的领域不断扩大、内容和形式逐渐多样化、交流渠道和层级也不断拓展提升,已从侧重文化交流逐渐走向了产业合作,并也取得了令人瞩目、具有开拓性意味的成绩。

展望未来,尚处于后危机时代的两岸文创产业的发展可从以下几方面着力,以期获得更令人满意的成果:

加强民间互动,促进互通互信——从近期台湾地区对于服贸协定的激烈反应,可以看出两岸民众之间仍然缺乏了解,更无从谈论建立完全的互信机制。同时,由于大陆地区文创产业政府推动占主导,如果缺乏如台湾地区这般贴近民众的生活化、日常化,恐将难续目前的迅猛态势。因此,未来两岸仍应继续通过对共同文化资源的开发,联络情感,凝聚民心,以同宗同源的中华文化为根基,以当前国际范围内掀起的“中国风”为契机,携手开发中华文化资源,利用现代科学技术、具有国际视野的营销手段,共同打造文创产业链,打造大中华品牌,以增强两岸文创产业在国际舞台上的竞争力、扩大其影响力。

构建互动机制,完善服务支持——目前两岸的文创产业交流与合作处于民间自发阶段,两岸产业在海基会、海协会、中华文化促进会,台湾中华两岸文化创意产业发展协会、两岸发展研究基金会、中华动漫交流促进会等多个机构的推动下进行着交流与合作,但两岸有必要着手建立一个统一的针对文化创意产业合作而设置的相对固定的互动机制以及可发挥两岸沟通桥梁作用并规避目前存在的政策障碍的交流平台,由双方文化及经济主管部门、科研院校、企业界人士共同商讨相应事项,并通过咨询、中介、会展等功能为两岸文创产业的发展提供强大且具持续性的服务和支持。

注重人才培养,保障持续发展——不可否认,文创产业是以人的创造力为核心的产业。而台湾地区目前文创人才的培养机制就已经相当完善,大陆地区完全可以以对方为参照蓝本进行相应的人才培养机制设计。与此同时，两岸高校及科研机构的交流沟通更是必要，可以通过联合进行科研活动及“插班生”等形式共同搭建人才培养平台。此外，应以更为开放的知识吸纳对方的文创人才，并开拓自身的国际视野，力争实现文创人才国际化与本土化的完美结合。

完善法制建设，通过特区对接——政策与法律的密切性在大陆文化创意产业法律上体现非常明显，但大陆现有文化创意产业相关法律不完善、法制意识有待提高、法律环境不尽完善的现实不应成为阻碍两岸文创产业互动的因素。台湾文创产业从业者不仅应立足基点，全面了解大陆文化产业法律，主动利用大陆法定的优惠条件，开拓文化市场，更应该放眼大陆文化产业法律转好预期，推动两岸法律对接。大陆方面，在遵循 WTO 规则制定涉外文化产业法律时，应加强政策法制化，全方位建立并完善具体文化产业法律，提升现有法律层次，立足基点，提升台湾地区文化产业主体法律地位，进一步增强两岸归属感。期望两岸携起手来，共建法律适用“特区”，实现文创产业法律对接。正如前台湾行政机构“农委会”主委办公室主任、“客委会”副主任委员庄锦华女士所说，“当你觉得骄傲的时候你才会觉得珍惜”，“地方有地方的故事，每个人有自己祖先的故事，这种故事的传承，这种相连是斩不断的”。共有的中华文化将两岸同胞的心连在了一起，这种联系是割不断、斩不开的。现在两岸文创交流合作已有官方支持、产学配合，若能以中华文化为根，不断加深两岸同胞对中华文化的认同感、归属感，从“心”开始、从“心”出发，两岸文创产业将会把手握紧共同走向更融和、璀璨的未来！

（本文原载于《上海经济》2014 年第 7 期，与陈嘉欢、汪杨合作）

“一带一路”将改变中国区域经济发展版图

在世界经济复苏乏力，发达经济体货币政策走向分化，很多国家的经济面临困境的背景下，如何找到新的经济增长点、实施新的经济发展引领战略是当务之急。中国国家主席习近平适时顺势提出“一带一路”即丝绸之路经济带战略和21世纪海上丝绸之路经济带战略，不仅是中国中长期最为重要的国家战略发展战略，也是推动区域经济一体化乃至欧亚大陆经济融合，实现国际合作、互利共赢之中国最高国家战略的包容性体现。仅就国内经济而言，“一带一路”的实施，对解决中国过剩产能的市场、资源的获取、战略纵深的开拓和国家安全的强化及贸易主导这几个重要的战略问题大有裨益。

改革开放30多年来，我国对外开放取得了举世瞩目的伟大成就，但受地理区位、资源禀赋、发展基础等因素影响，对外开放总体呈现东快西慢、海强陆弱格局。“一带一路”将构筑新一轮对外开放的“一体两翼”，在提升向东开放水平的同时加快向西开放步伐，助推内陆沿边地区由对外开放的边缘迈向前沿，推动经济转型，促使我国经济增长动力从出口、投资转向内需，将改变我国区域经济发展版图，对于构建开放型经济新体制、形成全方位对外开放新格局，全面建成小康社会、实现中华民族伟大复兴的中国梦，具有重大深远的意义。

中国经济的发展，是一个不断开拓创新和寻求突破的过程，从沿海地区向西部内陆不断推进，“一带一路”建设将为全面深化改革和持续发展创造前提条件，在区域经济发展与合作新格局中寻找未来新的着力点和突破口，以统领全局，区域协作，重点突破，共同繁荣。

第一，“一带一路”应依靠中国与有关国家既有的双多边机制，陆续推出基建、交通的互联互通及贸易投资的便利化等措施，依循“丝绸之路”经济、人文、商贸的千年传承，并赋予其新的合作意义，首先惠及我国部分省市区，涵盖河南、陕西、甘肃、青海、宁夏、新疆、重庆、四川、云南、广西等西部9省区市和江苏、浙江、广东、福建、海南等东部5省，其文化、旅游、贸易、金融、交通、基建将首先获益。

第二，“一带一路”建设策动城市之间发挥各自优势，在地域分工基础上构建不同层次的带状经济合作区域，进而形成东西互济、双向开放的新格局。面对这一宏伟目标，地方政府也表现出极大的热情，这有利于该战略的具体落实。因此应该抓好重大项目，发挥示范效应，推动产业深度对接，加强能源资源、现代农业、先进制造业、现代服务业、海洋经济等领域合作。要突出核心理念，促进互利共赢，建设利益共同体、命运共同体和责任共同体。要抓住重大机遇，做到远近结合，培育新的经济增长点，推动经济社会持续健康发展。

第三，产能过剩已经成为中国经济发展的瓶颈之一，“一带一路”建设是系统性解决此问题的最好抓手。从现实来说，考虑到西部基础设施薄弱，为了更好的外联内应，打通顺畅的交通动脉是第一位的，也符合“一带一路”的题义，即首先着手的必将是通路、通航。“一带”主要是从通路着手，通路所推进的地区基础设施薄弱，提升空间更大，其对接的是西部广阔的腹地，将在交通设施建设和油气管道建设上发力。

应该看到，中国传统的出口较为单一和狭窄，这些传统的出口市场已经开拓得较为充分，增量空间已经不大，国内的过剩产能很难通过它们进行消化，在国内消费加速启动难以推进的情况下，通过“一带一路”建设来开辟新的出口市场是很好的抓手。中国不仅有过剩产能还有过剩外汇资产；而新兴市场国家和欠发达国家的基础设施建设仍然欠缺，中国利用积累的外汇储备作为拉动全球增长的资本金，同时通过资本输出带动消化过剩产能。

第四，就是“互联互通”，既涉及道路等基础设施的“硬联通”，也包括规章制度方面的“软联通”，还将推动人员流动的“人联通”，正如习近平总书记所说：“我们要建设的互联互通，不仅是修路架桥，不光是平面化和单线条的联通，而更应该是基础设施、制度规章、人员交流三位一体，应该是政策沟通、设施联通、贸易畅通、资金融通、民心相通五大领域齐头并进。这是全方位、立体化、网络状的大联通，是生机勃勃、群策群力的开放系统。”因此可以说“一带一路”直击了中国的三个重要的战略问题，而通路、通航和通商则是“一带一路”解决战略问题的发力点。

第五，统筹好部门和地区关系，各部门和各地区加强分工合作、形成合力，是“一带一路”建设关键要素之一。必须充分认识到，“一带一路”建设是一项长期工程，务必做好统筹协调工作，正确处理政府和市场的关系，发挥市场机制作用，鼓励国有企业、民营企业等各类企业参与，同时发挥好政府作用。

第六，“一带一路”将打破原有点状、块状的区域发展模式，横向看，贯穿中国东部、中部和西部，纵向看，连接主要沿海港口城市，并且不断向中亚、东盟延伸。这将改变中国区域发展版图，更多强调省区之间的互联互通，产业承接与转移，有利于加快我国经济转型升级。

第七，“一带一路”建设将给创意经济和文化产业实现飞跃式发展提供良机。创意经济强调文化资源与其他生产要素紧密结合，促进文化、科技与经济互相渗透、互相交融、互为条件、优化发展，并以提高国民福祉，推进世界文化的多样性和交流融合为己任。近年来兴起的创意城市和创意城市网络就是为适应全球性竞争日趋激烈、资源环境的约束日渐增强的形势，实现经济社会持续发展的战略转型。

创意城市使地方城市从主要依赖自然客体资源的发展转向着重开发人类主体资源，努力解放文化生产力，重塑城市形象，再获生机。全球创意城市网络（Creative Cities Network），是联合国教科文组织于2004年推出的一个项目，旨在通过对成员城市促进当地文化发展的经验进行认可和交流，达到在全球化环境下倡导和维护文化多样性的目标，从而使全球的城市之间能够建立起一种学习和交流的关系，推进发达国家和发展中国家的城市社会、经济和文化的发展。

创意产业注重资源的转化和资源融合，也是一种人员、技术、产品和市场的“互联互通”，如把历史文化资源、旅游风光资源转化为经营资源，地区之间以及国与国之间均可实现这种转化与互通，以此促进文化消费，推动经济发展，还可以强化国际间的文化经济交流与合作，形成资源和利益的共享。将于今年 11 月下旬上映的首部中国和斐济合作拍摄的电影《斐济 99°C 爱情》就是一个很好的例证。该片编剧、导演由中国人担纲，男女主角分别由韩国和中国影视明星张佑赫、姚星彤饰演，外景地选在太平洋岛国斐济。影片讲述了几对“80 后”“90 后”的年轻“恐婚”情侣在斐济发生的浪漫爱情故事，展示了斐济美如天堂的风景。同时，由于斐济政府有为制作方提供返利的政策，既为制作方节约了经费，又为中国电影走出国门提供了契机，可以说是旅游资源转化为经营资源和人员、技术、文化市场开发互动融合、利益共享的生动写照。

“一带一路”建设的跨地域、开放包容，不限国别范围，不搞封闭机制，恰为创意经济的发展开拓了无限空间，为文化产业向纵深发展提供了先决条件，对推动我国经济发展方式转变，促进国家间经济文化交流具有重要作用。

通过“一带一路”建设，无论是“东出海”还是“西挺进”，都将使我国与周边国家形成“三位一体”和“五通”，即基础设施、制度规章、人员交流三位一体，政策沟通、设施联通、贸易畅通、资金融通、民心相通五大领域齐头并进。“一带一路”战略合作中，经贸合作是基石。遵循和平合作、开放包容、互学互鉴、互利共赢的丝路精神，中国与沿线各国在交通基础设施、贸易与投资、能源合作、区域一体化、人民币国际化等领域，必将迎来一个共创共享的新时代。

（本文原载于《创意中原》2014 年第 3 期）

提高文化创意产业竞争力

近些年来，文化创意产业在各地蓬勃发展，但整体竞争力与英国等西方发达国家相比仍有很大差距，与周边新兴国家如日本、韩国、新加坡相比也明显处于劣势。这些差距不仅表现在创意人才的数量和质量上，还表现在对该产业的资金投入、技术支撑、市场运作能力、资源转化能力和创新能力等方面。

当前发展文化创意产业的核心问题即在于提高文化创意产业竞争力。而文化创意产业竞争力是资源和生产要素状况、需求情况、企业战略和治理结构、政府行为等多种因素综合作用的结果，是一个系统化工程，需要从提升我国文化创意产业发展的一些关键性环节入手，实施以下提升策略：一是体制改革、完善市场；二是挖掘资源、塑造品牌；三是推进产业融合；四是深化创新金融；五是加强人才培养；六是鼓励“走出去”，加强交流合作。

一、推进文化体制改革，完善文化市场

文化创意产业属于消费驱动型产业，其健康发展取决于文化市场的健全和完善，十八届三中全会提出了“建立健全现代文化市场体系”的系列论述，从完善文化市场准入和退出机制、推动文化企业兼并重组、建立多层次文化产品和要素市场、健全文化产品评价体系等方面进行了全面阐述和部署，为我国文化创意产业的创新发展提供了坚实的理论基础。目前，我国文化创意产业发展正处于升级转型的关键时期，在实践中发展并完善文化市场，我们必须努力实现三个转变：一是从

以政府主导向以市场决定为主导的转变；二是从以规模增长为目标向以质量效益为目标的转变；三是从文化产业自身发展小循环向国民经济体系整体发展大循环的转变。

而实现这三个转变的关键在于改革，即文化体制改革所释放的红利，如何改革体制机制，实现文化创意产业资源的自由流动、优化配置，形成有质量、有效益的发展格局是摆在我们面前的重要课题。一方面需要增强自内而外的发展动力。文化市场的发展动力分为内生驱动力和外生驱动力。近10年来，我国文化创意产业在政府推动下方兴未艾，《文化产业振兴规划》、十七届六中全会的《中共中央关于深化文化体制改革、推动社会主义文化大发展大繁荣若干重大问题的决定》，为文化创意产业发展提供了强大的外生驱动力，促进了我国文化创意产业的快速发展，十八届三中全会提出要使市场在资源配置中起决定性作用，在市场机制作用下，文化创意产业亦将走向内生式发展道路，增强产业发展的内驱动力是必然选择；另一方面要增强自下而上的发展动力。所谓文化是“以文化人”，从文化创意产业的发展规律来看，文化市场的形成、文化创意消费的实现都是基于个体的动机与选择，是一种自下而上的路径。长期以来，我国文化市场的发展依赖于政府的支持，包括政府的规划、政府的投资、财政扶持，部分地区甚至形成了自上而下的路径依赖，由于缺少接地气的市场意识，以至于不少文化创意产品无法转化为市场价值，丧失了持续发展的动力。因此，要转变观念，根据市场消费需求，大力倡导自下而上的发展模式，形成可持续发展的动力机制。2013年北京举办了“惠民文化消费季”，推出了九大专项活动、九大展销板块和16个区县专题活动，发放了100万张文化惠民消费卡，消费季不仅拉近了企业与消费者的距离，为企业带来客流，还带动潜在的消费市场。比如100万人持卡的背后是100万个家庭、数百万消费者，更是文化消费习惯的养成，当文化消费成为百姓的刚性需求，就会形成自下而上的发展动力。

二、开发传统文化资源，塑造品牌价值

当人的创造力成为经济增长主导资源时，资源的内涵和外延得到了更深刻和广泛的拓展，一些具有历史积淀的物质载体、一则神奇的民间传说、一些社会生活中的元素等均可纳入资源的范畴，可以加以开发和利用，成为促进经济增长有用的资源。同时，人通过自身主体智力资源的开发，即创意的运用，能够将各种自然和人文、有形和无形的资源有效地转化为经济发展的资本，同时促进各类资本（经济、文化和社会等）之间的相互转化，使经济发展能够更多地依靠文化资本和社会资本等软性要素的驱动，实现增长方式的转变。如，一些历史文化资源也可以通过经营转化为经济资本。在成都锦江上有一座年久失修的廊桥，缺乏翻建资金，通过市场策划，决定将廊桥建成两层，下层维持原有功能，上层新增加 6 000 平方米作为投资商的营业场所，结果，不但廊桥不花政府一分钱重建起来，上层开设的饭店也成为当地风景最好的用餐地，客人纷至沓来。这种政府与投资商的双赢，就是依靠对资源的有效经营。

通过创意将文化资源转变为经营资本，不仅能够促进经济全面协调可持续发展，而且还可以打造民族文化品牌，弘扬民族文化，进而提高自身的综合竞争实力。比如，2013 年联合国教科文组织正式将韩国“腌制越冬泡菜文化”和日本“和食”列入教科文组织人类非物质文化遗产名录。韩国泡菜不仅仅是普通的腌菜，韩国人把真正的韩国泡菜称为“妈妈的味道”，腌制越冬泡菜并不是被特定人群，而是被全体国民在日常生活中传承的文化；同样日本“和食”的食材新鲜多样，装盘贴合自然风物，体现了日本的四季分明、地理多样性以及日本人尊重自然的精神，与正月、插秧等传统节庆也密切相关，和食文化代表了日本独有的价值观、生活样式和社会传统。反观中国，是世界著名的美食烹饪大国。有八大菜系，四川就有泡菜，东北也有一种类似的酸菜，其制作工序与韩国泡菜都很相似，但由于缺乏文化诠释和演绎的意识，都没

有列入世界非遗，失去了许多创新发展的机会，类似的如《花木兰》《功夫熊猫》等中国传统文化资源均被美国人所开发和利用。可见，传统文化资源的传承与创新需要不断地挖掘、演绎，以故事力活化资源、以艺术秀增强感染力，还需要与现代市场的对话与对接，仿古融今才能为现代消费者所接受。这其中最为关键的在于资源开发过程中对文化符号的提炼和品牌的塑造。近年来，加强传统经典产品或老字号产品与现代时尚元素的结合激活原有企业活力的例子并不鲜见。比如上海家化在向时尚产业转型的战略中，利用中医药文化概念推出中高端护肤品，并选用了消费者熟悉的“太极”“阴阳”等传统文化元素进行时尚设计，打开了中国品牌的世界市场。此外，上海的老凤祥、回力、敦煌等一大批老品牌，以时尚设计为引领，结合新材料、新技术、新工艺设计研发出适应市场消费者所需的产品，在引领国内时尚消费潮流的同时，焕发了老品牌的青春。

三、加强产业联动，促进各类跨界融合

首先，科技创新与文化创意的融合发展可以促进产业创新。2012年，国家科技部会同中宣部、财政部、文化部、广电总局、新闻出版总署，联合出台了《国家文化科技创新工程纲要》，标志着我国科技创新与文化创意的融合发展已经作为国家战略付诸实施。由数字技术和网络信息技术掀起的高科技浪潮改造和提升了传统文化产业，新技术还催生了一大批新的文化形态和文化业态，科技与文化融合已成为现代产业发展的显著特征，并不断开辟新的消费市场。比如第一部采用3D技术的电影大片《阿凡达》在全球放映不到半年，就追平了《泰坦尼克号》18年来全球累计的票房18亿美元，创造了一个全新的IMAX电影市场。3D和多媒体等数字技术在文化旅游产业领域的应用，如灯光秀、实景演艺舞台等，形成了丰富多彩的文化创意旅游演艺产品，开辟了一个夜间文化旅游消费市场，据统计，目前全国各地的实景演出剧品达到200多台，大大丰富了旅游景区文化产品的表现形式，同时还促进了舞

台设计、道具制作、灯光音响制造等各种与文化演艺配套用品的现代化和规模化。

更重要的是文化创意产业还可以与其他产业融合发展,促进产业创新和结构优化,有效推动经济发展方式的转变。如果文化创意产业的发展仅局限于文化领域,其经济效益比较有限,只有融入各行各业带动一批产业的创新发展才能成为支柱性产业。比如文化创意融入制造业的能级提升,同样的产品,它们在功能以及制造成本相同的情况下,却可能由于设计的差异而导致售价相差数十倍。正如英国设计家保罗·雷莱斯指出的:“在竞争性增长的世界里,工业化国家进入几乎用同样的原材料生产同一类产品的阶段,这时,设计就成为了决定性因素。”文化创意产品的生产还能带动相关文化载体、文化用品、文化器材、文化产业道具、设备等文化制造业的发展与升级。此外,还有文化创意与农业、与旅游业的深度融合形成创意农业、创意旅游业的新兴业态。

在促进产业跨界融合的进程中,协同推进文化创意产业体系规划形成政策合力至关重要。应在国民经济体系的大框架内设计产业规划,出台综合性的一揽子政策,为市场各类企业主体提供便捷的政策服务平台和渠道。这方面台湾有成熟的政策可以借鉴,以诚品书店为例,这个具有知名度的书店,实际上是一个综合性的休闲文化平台,除了卖书,还出售百货,并提供咖啡、餐饮等配套服务。在政策上,台湾文化部门与税收部门给予了一揽子政策优惠,规定在诚品书店卖书免税,而诚品书店销售的其他产品及其商业配套服务,只上缴同业税收的50%。在这些综合配套政策扶持下,诚品书店实现了快速发展,品牌效应也显现,并在大陆开出分店,2015年诚品书店将进驻上海最高的建筑——“上海中心”。

四、创新金融,支持文化创意健康发展

在传统金融服务体系下,文化创意产业的投融资不占有优势,投资

风险大、融资困难问题依然制约着文化创意产业进一步壮大繁荣，面临着金融创新的巨大需求。一是创意价值的实现需要较长认识过程，与传统金融服务风险收益偏好不匹配。虽然创意产业具有高收益性，但同时也有高风险性，许多创意的生产者是根据自己的主观价值判断进行创作的，而社会受众也是根据自己的主观判断去评价创意产品的。人们对创意产品价值的认识有一个过程，这一过程会带来一定的风险；二是创意产品的市场需求具有不确定性，与传统金融服务风险控制体系不匹配。文化创意产品的需求，与工业产品如电饭锅、电视机等不同。文化创意产品重在观念价值和精神需求，因此对这类产品的市场需求较难以预测。从银行贷款服务的风险控制系统来说，文化创意产业的企业大都属于中小微型、轻资产模式运营，没有足够的抵押品，单纯依靠信用必须对创意产品的未来市场进行专业性的判断和筛选，但由于目前这方面的专业机构和人才相对缺乏，面对收益和风险不确定性的创意产品银行只能"望而却步"；三是创意产品的创意具有易复制性，与传统金融服务物权质押要求不匹配。一般而言，文化创意产品主要以符号体现其价值，比较显性，与新技术产品相比更容易被仿制，而且在现代技术水平下其传播的成本也很低。

可见，文化创意产业与传统金融服务体系之间的资金供需矛盾依然突出，需要用创新的方法加以解决。首先，针对文化创意产业收益和风险的特殊性，创新传统金融服务模式。应鼓励银行服务创新，设计适合文化创意产业特征的金融产品。银行业应从自身角度出发，积极转变经营方式、提升管理理念，对文化创意产业的资信评估应改变原来"物权控制"的传统理念，转向"未来现金流"控制，积极探索开发各种知识产权、收益权质押等融资工具，通过与担保公司的合作，设计多元化、多层次的信贷产品，拓宽对文化创意产业的信贷范围。其次，加强文化创意企业自身建设，鼓励参与多层次资本市场直接融资。一方面，文化创意企业应提高研发水平，增加文化创意产品的附加值，通过加强企业自身内部环境的建设,增强企业参与直接融资的能力;另一方面,政府应适当降低资本市场准入门槛,鼓励文化创意企业参与股票市场、债券市场、票据市场等多层次资本市场直接融资。第三,积极引导多方面资金进入,鼓励股权投资基金投资文化创意产业。在风险可控的前提下,鼓励保险公司投资文化企业的债权和股权,引导符合条件的保险公司参与文化产业投资基金。适当放宽准入条件,鼓励风险投资基金(VC)、私募股权基金(PE)等风险偏好型投资者积极进入处于初创阶段、市场前景广阔的新兴文化创意业态。第四,发挥上海自贸区制度创新优势,拓展文化创意企业国际化金融服务。上海自贸区的建设,释放了文化领域深化开放的信号。自挂牌以来,佳士得、华谊兄弟、中国图书进出口公司、百视通、盛大网络等中外20多家龙头企业入驻国家对外文化贸易基地,自贸区入驻各类文化企业合计已经超过150家。今后,应充分发挥自贸区的创新优势,依托国家对外文化贸易基地,拓展文化创意企业走出去的国际化金融服务,降低商务费用与成本,加速资金流通与周转,规避资金风险。最后,控制文化创意产业投资风险,实现产业发展和投资获益共赢愿景。从投资环境来说,政府部门应重视制度建设和扶持政策的制订,通过政府引导,让市场发挥积极作用。比如,在建立种子基金、风险投资基金或私募股权基金时,政府可先出一部分资金作为母基金,以吸引社会资金加入,而在基金运营成功后择时退出。另外,政府应该在建立信息平台、法制环境方面发挥作用,降低信息不对称,减少文化创意企业融资时的逆向选择问题。从投融资环节来说,需要通过投资基金内部评估专家,或借助社会中介机构和专业的第三方评估机构,对文化创意项目进行科学客观的价值评估。充分利用潜在的政府资源,尽可能减少投融资方之间信息不对称。在投资策略上作适当选择,降低投资风险。从市场交易环节来说,需要借助媒体进行宣传和推介,尽快让广大消费者了解新创意的特点和文化内涵,尽快提高受众对创意产品价值的认识程度,降低市场交易风险和提升创意产品的市场价值。

五、创新培养模式，完善创意人才链

提高文化创意产业的竞争力，需要从源头——创意人才的培养抓起。根据在产业链上的作用和分工的不同，创意人才分为创意的生产者、创意生产的引导者和创意产品的经营者。创意的生产者是文化内容的提供者，既包括艺术家，如画家（漫画家）、作家、编剧、词曲作家、乐队指挥、演员、演奏、摄影、摄像、动画、魔术等艺术创作人员；也包括设计师，如服装设计、建筑设计、装潢设计、动漫设计、游戏设计、广告设计等，当然还包括所谓的草根，只要能够为创意企业提供有价值的文化内容，就可以被看作是创意的生产者。创意生产的引导者包括导演、策划人（原创策划人、广告活动策划，项目策划）、策展人等。创意生产的引导者不仅要有专业技能和创意灵感，而且要思路清晰，有独立分析和制定策略的能力，具备市场研究、项目定位、推广包装和提案能力等良好的市场感觉。创意产品的经营者包括公司经理、项目经理、拍卖师、评估师、经纪人、中介人、制片人、画廊经理、书商等从事经营活动的人才。他们不仅要精通经营之道，而且还要能够深刻认识创意产品的文化属性和商品属性，掌握文化发展规律，他们是既通晓创意产业内容又擅长经营的专门人才。

完善创意人才链，需要针对产业链上不同人才的不同特点而采取不同的方式。培养创意的生产者可以创造机会促使他们头脑中的火花碰撞，促进他们开拓性的思维，增加交流与沟通，营造宽松而多元的氛围。在我国台湾有一种新的职业，叫作“创意思路引导师（Creativity Facilitator）”，专门从事创意的激发，特别是在跨专业、跨领域的情况下进行创意的激发。对于创意生产的引导者来说，首要的是要培养他们的市场意识和对文化创意产品的敏感性。创意产品的经营者要具备先进的经营推广理念，要学会挖掘专门化的信息渠道并拥有成熟的市场开拓方法。目前，我国的创意产业不仅缺少原创人才，更缺少创意生产的引导者和创意产品的经营者，即缺少擅长将创意作品“产业化”和

“市场化”的人才。这直接导致了在创意产品的推广、衍生产业的发展、品牌的建立、价值的挖掘等方面都相当薄弱。以动漫业为例，我国的动漫企业并不缺乏普通的电脑制作人员，难觅的是创意设计人才和营销策划人才。目前，虽然全国已有170多家高校设立了动漫专业。但这些院系大多在动漫技术方面着力较多，培养方向多为技术型人才，动漫创意人才和营销人才相对稀缺，直接导致仍有相当数量的动漫企业、影视企业继续扮演着“世界动画加工车间”的角色。

六、鼓励文化“走出去”，增进合作共识

文化企业积极走出国门、进入世界市场，才能真正意义上体现出竞争力。2009年出台的第一份文化产业专项规划——《文化产业振兴规划》旗帜鲜明地鼓励文化企业以多种形式开展对外投资实现落地经营，明确地支持文化企业参加国际展会和文化活动等有利于发展文化贸易的活动。在这一政策利好刺激之下，从2009年到2012年的短短4年时间中，我国文化、体育和娱乐业的对外直接投资净额增长了10倍，从2009年的1 976万美元增长到2012年的19 634万美元。2012年万达收购AMC的交易就是我国产业政策支持文化企业“走出去”的重要体现。万达并购AMC的总资金需求为31亿美元，其中26亿美元是并购资金，5亿美元是补充流动资金，共计折合196亿人民币，占万达集团2011年度2 200亿元总资产的9%，如果没有我国银行业的大力支持，这次交易将难以成功。我国的银行通过直接发放境内并购贷款和以内保外贷方式帮助万达取得境外贷款的方式为本次收购提供了全面的资金支持。万达收购AMC后就可以利用AMC的5 028块银幕帮助更多的中国电影登上美国影院的银幕，美国的观众就有机会通过中国电影对中国和中国文化产生更全面更深入的认识。

作为全球第一的外汇储备大国，我国庞大的外汇储备是我国文化企业走出去的坚强经济后盾。人民币升值使得我国文化企业境外投资

的成本降低。我国的专业服务机构开始在全球布局并逐渐成熟壮大，这不仅增加了我国文化企业走出去的机会，而且为我国文化企业走出去提供了交易保障，降低了文化企业的交易成本和交易风险。举例而言，如果没有中国银行国际分支机构的支持，万达并购 AMC 的境外融资将变得艰难。而以中国国际金融有限公司（简称“中金公司”）为代表的中国金融专业服务机构的发展壮大将为我国文化企业的境外并购带来更专业更高效的财务顾问服务。

在鼓励文化“走出去”，向世界传播中国传统文化的进程中，还需要加强交流合作，充分发挥全球华人的推广力。当前，全球范围的产业结构、生产方式与国际分工正面临着大调整、大变革，围绕市场、资源、人才、技术、标准等方面的竞争更加激烈，文化成为提升区域软实力、获取竞争优势的关键要素。通过历时 5 年的实地调查和对1 250多位产业领袖和文化精英等的访谈，法国学者马特尔指出：世界文化大战已经爆发，各大国之间为了国家利益已然不复动用传统意义上的军事手段，而是通过电影、电视、流行音乐、时尚服饰、餐饮、媒体等各种文化创意产业的手段展开博弈和竞争。比如美国通过销售好莱坞大片、米老鼠卡通、百老汇歌剧、NBA 篮球，以及星巴克、麦当劳、可口可乐等传播美国文化和价值观。因此，大中华地区发展文化创意产业，在国际市场上营销“中华牌”文化创意产品，不仅能够提升本区制造业和产品附加值，在全球产业分工体系中占据优势地位，其意义还在于能够输出中华文化品牌，形成持续的区域竞争优势。由于同根同源以及在文化上的亲近性，华人的推广在我国文化贸易中的作用不容小视。根据《世界华商发展报告》中指出，在 2000 年时海外华侨华人约为 400 万人，2009 年约为 4 400 万人，最新统计可能已达 4 800 万人，增速惊人。其中自改革开放以来，直接从中国大陆移居海外的新华侨华人共达 600 万人，这些新移民使世界华商结构发生重大变化，他们陆续移居，一些华侨将企业经营范围拓展至北美、西欧、澳大利亚、日本等发达国家和地区。这些华人中从事实业和商务贸易活动的人数正在显著增加，有利于拓展文化贸易的广度和深度。我国文化贸易要想在世界市场占据一定位置，华人的推广作用值得加以好好利用。

（本文原载于《上海经济》2015 年第 2/3 期）

文化创意产业促进实现美丽“中国梦”

党的十八大以来，我国上下掀起了一股建设“中国梦”的热潮，美丽“中国梦”成了华夏大地的高频词汇。一般来讲，美丽中国梦仅指环境美，但笔者认为，美丽中国梦包括环境美、生活美和心灵美三个方面。

由于文化创意产业是一个绿色的朝阳产业，其着重关注美丽的表达形式、注重精神内涵及尊重人们个性的发展，并可新增就业渠道，因此它以其独特的产业特性可助推美丽中国梦的构筑。文化创意产业的发展有利于形成社会和生态的环境美、生活美和心灵美，从而实现美丽“中国梦”。

一、美丽“中国梦”的由来和内涵

“中国梦”是以习近平同志为代表的中国第五代国家领导人提出来的治国方略，是马克思主义中国化的最新理论成果。从宏观角度来讲，中国梦是以实现中华民族伟大复兴为目标的深刻理论体系，它还包括强国梦和人民梦。从微观角度来讲，中国梦的内容包括强盛、法制、文明、和谐和美丽中国梦。美丽“中国梦”来源于中国梦，属于中国梦丰富内涵的一部分。

在中国梦的理论体系中，美丽中国梦指的是美丽的生态环境。然而，笔者认为，从个人角度来说，美丽中国梦主要指社会和生态的环境美、生活美和心灵美；它们构成了个人生存状态的全部内容，为个体幸福生活的基础;人民的幸福生活是中国梦的一个有机组成部分。因此,美丽中国梦是构成伟大中国梦的一个有机单元。

首先,美丽中国梦指拥有一个美好的环境。客观上,人们均向往绿树成荫、红花绿叶、蓝天碧海、空气清新、水质甜美及动物与人和谐共处的生态环境。然而,在我国的一些地区,由于资源过度开发、环境破坏严重,导致了常出现的雾霾、个别地区的草原沙漠化和癌症村等,从而影响国民经济的可持续发展。美丽中国梦是要使中国拥有一个健康、美丽的生态环境,要把那些高污染、高能耗的产业转向低消耗、无污染的环保型的产业,推进循环经济的发展;同时在产业结构调整中还要扩大现代服务业的比重。

第二,美丽中国梦还应包括美丽的生活。随着我国经济的发展、综合国力的增强、物质的丰富,除了个人健康之外,人们逐步开始关注自身的生活品质,即从关注物质生活、身体健康向充实的精神生活过度。所以生活美既要有美丽时尚的生活用品,还要有娱乐活动。随着人们的休息、业余时间越来越宽裕,于是旅游、游戏和影视表演等活动均不断增加。比如,2014 年,国内旅游超过 36 亿人次,增长 10%。全年旅游总收入约 3.25 万亿元人民币,增长 11%。全国各地为推进旅游业的发展做了很多努力。2011 年电影票房收入达 130 多亿元,比 2006 年翻了两番。网络游戏也有很大增长。

此外,美丽中国梦还指社会个体拥有美丽的心灵。从社会价值观的角度看,心灵美主要是指精神美、品格美、智慧美的有效统一。从形态上来说,心灵美往往会通过人的精神面貌、体态和气质表现出来。心灵在人性范畴之内,由于善是美的前提,因此人性是善的,心灵才是美的。随着经济的发展,整体上全民受教育程度增加,民族素质的普遍提高,使得我国在继承和发扬中华民族的忠、孝、仁、义、礼、信等传统美德方面有了坚实的基础。例如,2015 年初一场在澳大利亚举行的亚洲杯足球比赛之后,有一群中国观众自发留下来清理看台上的垃圾,受到了世界媒体的广泛关注。

二、文化创意产业促进实现美丽中国梦的产业特点分析

文化创意产业是指依靠人的智慧、技能和天赋，借助于高科技对文化资源进行创造与提升，通过知识产权的开发和运用，产生出高附加值产品，具有创造财富和就业潜力的产业。目前，我国的文化创意产业正蓬勃发展。一些经济发展的前沿城市，视文化创意产业为新兴战略性产业。比如，北京、上海、深圳、杭州等发达城市，文化创意产业已接近或超过其GDP的10%。客观上，文化创意产业拥有促进实现美丽中国梦的三个产业特征：

其一，文化创意产业是绿色的朝阳产业。文化创意产业依靠人的创造力和想象力来开发文化资源，人是主体资源，其以人为本，这种资源不会污染环境及消耗能量。首先，文化创意产业可促进产业结构的升级换代。它具有高度融合性的特点，其发展对传统产业的结构升级是一大推手。其次，发展文化创意产业可有效扩大内需。新时期，有效刺激内需是拉动中国经济发展的一大动力。再次，文化创意产业是以人为本的产业。因为无论作为产业的主体创意阶层还是产业的受体消费者都是人。最后，发展文化创意产业还有利于增强人们的创新、品牌、知识产权保护等意识，能有效增加新的就业渠道。因此，它有着巨大潜力成为绿色、环保的朝阳产业，代替高污染、高能耗的产业，支撑国民经济的发展，使中国既保持经济增长，也可实现美丽的中国梦。

其二，文化创意产业以挖掘美为己任。美感是一种形式，它所依附、蕴含的是文化资源。文化创意产业以开发文化资源为主，展现的是美的形式。这种美感既可体现为无形思想产生的共鸣，也可体现为现代化声、光、色等科技手段的展现。因此，文化创意产业如何开发和利用文化资源，就是挖掘美的过程。比如，濮阳市利用传统杂技文化资源成功地开发了《水秀》剧目。这台剧目以水为主题，将水中芭蕾与体操、舞蹈、跳水、魔术等行为艺术相结合，演员们好像云中天使和水中精灵，给观众留下了无限的美感空间。

其三,文化创意产业以内容取胜。文化创意产品特别强调追求人文内涵,具有启迪理想的功能。文化创意产业是新兴产业,在此概念出现之前,更多的提法是文化产业或创意产业。传统上认为,文化产业仅指信息传播,是以媒介传播为主的内容产业。这是狭义上的文化产业。广义上,文化产业和文化创意产业的内涵和外延都超出了内容产业的界定。大致而言,文化创意产业的内容主要包括四种元素。一是思想元素。深刻而厚重的思想内涵,是文化创意产业进行内容创意的基石;二是文艺元素。文艺元素在文化创意产品中具体表现的是审美元素的大量融入,会为文化创意产品增加感染力和竞争力。比如,在桂林阳朔常年可观看的《印象·刘三姐》这台山水实景演出,其中色彩非常具有感染力。演出时,渔民演员拉着长长的红绸从水面左边出来,红色渲染了整个水面,演出与桂林山水融为一体,体现了人与自然的和谐。近年来,阳朔出现了一些新的社会现象和特点,比如许多外国人在此定居,与当地居民结婚生子;三是娱乐元素。随着现代人生活压力的逐渐加大,人们难免会感到日常生活中的苦闷与空虚,因此需要注入娱乐元素、缓解压力;四是科技元素。文化创意产业与科技元素结合在一起,促进了传播手段的创新。

三、文化创意产业促进实现美丽中国梦的路径分析

首先,发展文化创意产业可促进打造美丽的环境,包括改善工作环境和休闲环境。从宏观着眼,文化创意产业有利于生态环境的改善。当下,我国正在建设的创意农业项目,就是利用文化创意的元素,改善了传统的农业业态,从而打造了良好的生态环境。然而,从微观来看,现代人的生活环境可以分为工作环境和休闲环境。作为上海文化创意产业的地标性集聚区——8 号桥,就是通过文化创意产业促进打造环境美的典型代表。在工作区,8 号桥以独特的公共空间,比如咖啡吧等,为员工创造出宽松、多元的文化创意氛围。在员工的休闲区,8 号桥以灵活的制度同样创造出了优美、独特、宽松的氛围。比如,区内实

行 24 小时开放办公，员工如需临时返回或加班都不必向保安申请。文化创意集聚区是文化创意产业打造环境美的典型代表，像 8 号桥这样的集聚区在上海已有 100 多家。这些集聚区以其独特的环境美不仅吸引了众多文化创意企业的入驻，还吸引了无数国内外游客前来观光旅游，它们已成为上海文化创意旅游业的新地标。

其次，发展文化创意产业可促进打造生活美，包括日常生活和时尚生活的美化。文化创意产业通过设计可有效美化人们的日常生活用品，提升产品的品质。比如，人们午休时用的一种“臂形抱枕”，通过精巧的设计不仅方便人们靠睡，还会给人温暖和安全的感觉。此外，创意设计同样可以改善人们的时尚生活。巴黎素有国际时尚之都的美誉，其中设计发挥了很大的作用，主要体现在各品牌时装上、日用品及各化妆品包括香水品牌上。

最后，发展文化创意产业可促进打造心灵美，包括价值观的打造和个人素质提升。优秀文化创意产品的传播不仅可普及知识，还可重塑人们的价值观。从 1997 年央视引进首部韩剧《爱情是什么》到 21 世纪初的《浪漫满屋》，再到 2005 年火爆于中国荧幕的《大长今》，家喻户晓的韩国优秀电视剧在不断翻新。优秀的韩国电视连续剧，不仅美化了当下中国人的生活，无形中更是美化了心灵。剧中再现了“忠、孝、仁、义、礼、信”的儒家文化，这些优秀的传统儒家价值观所引发的行为会激起人们思考和效仿，无形中提升了个人的素质。随着韩剧在中国的播出，刺激了人们对韩国服饰、美食等方面的追逐，在中国形成了阵阵“韩流”。

由此可见，文化创意产业可实现美丽的中国梦，包括美丽的环境、美丽的生活和美丽的心灵。

（本文原载于《创意产业》2015 年第 2 期）

上海文化发展基金会图书出版专项基金资助项目

厉无畏
学术文集

3

上海科学技术文献出版社
Shanghai Scientific and Technological Literature Press

目　录

控制人口的目标能够实现

——我国人口增长曲线分析

胡耀邦同志在党的十二大报告中指出:“在我国经济和社会的发展中,人口问题始终是极为重要的问题。实行计划生育,是我国的一项基本国策。到20世纪末,必须力争把我国人口控制在十二亿以内。”这是根据我国长期来在人口问题上的经验教训和人口现状而作出的重大战略决策。人口问题之所以极为重要,因为它可以“促进或者延缓社会的发展”。[1]例如,1953年至1978年间,我国消费基金虽然增长了2.8倍,但人口增加了66.7%,结果每人消费额只增加了1.3倍,新增消费额的58%要用于满足新增人口的需要。这样,剩下用于提高人口消费水平的部分就只有42%了。由此可见,人口增长过快不利于人民生活水平的提高。目前,对我国来说,大陆29个省、市、自治区的人口能否在1985年年底控制在10.6亿左右,到2000年控制在12亿以内,是促进或者延缓“四化”建设和实现经济建设总的奋斗目标的一个重要条件。它关系到我国经济和社会的发展,关系到国家、民族以及子孙万代的根本利益和长远利益。应该看到,控制人口增长速度、掌握人口发展动态也是国家搞好经济的依据,是各部门和各条战线制定规划的出发点。控制论专家宋健等同志曾应用控制论方法对我国人口增长进行了大量的研究,并作出了在平均生育胎数下的人口预测。这对于制定我国的人口政策,特别是计划生育政策和控制人口适度增长都具有十分重大的意义。然而,我们需要知道的是在现行人口政策下,或者说在近二十年来我国人口发展的趋势下,未来的十八年里人口增长究竟能控制到什么程度,即到20世纪末能否把我国人口控制在12亿以内?

纵观世界人口和各国人口发展的历史,大多都经历过一个人口增长速度由慢到快,再逐渐减缓的过程。这个过程用数学语言来描述的话,大致符合逻辑曲线的增长趋势(图1)。该曲线是比利时数学家P. F. Verhulst 首先发现的,以后 P. Pearl 和 L. J. Reed 曾把它应用于人口增长的研究中,因此该曲线又叫 Pearl-Reed 增长曲线,并被广泛应用于经济预测中。

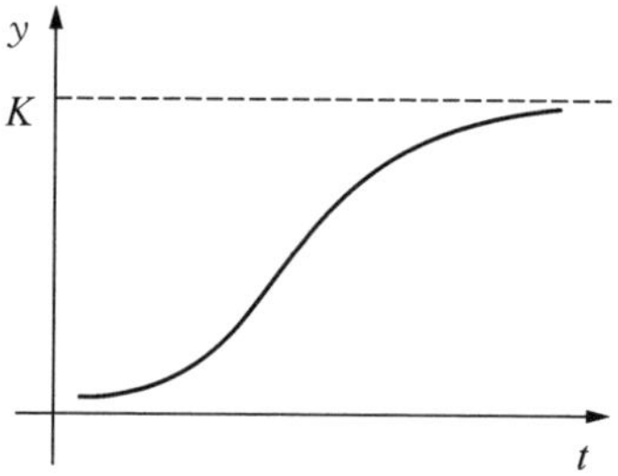

图1

增长曲线的最简形式是:

$$y = \frac{k}{1 + be^{-at}}$$

其中 t 表示时间,y 表示人口总数,a、b、k 是参数。由图1可以看出它有如下特点:(1)随时间的推进而递增;(2)在初始阶段增长速度较慢,中间增长较快,而后又逐渐减慢;(3)具有上渐近线,$y = k$,亦即增长有极限。人类的发展在18世纪中叶以前,增长速度极为缓慢,以后逐年加速。自19世纪50年代后,便进入了一个空前大发展的时期,但人类不能永远无节制地增长下去。恩格斯曾说过:"人类数量增多到必须为其增长规定一个限度的这种抽象可能性当然是存在的。但是,如果说共产主义社会在将来某个时候不得不像已经对物的生产进行调整那样,同时也对人的生产进行调整,那么正是那个社会,而且只有那个社会才能毫无困难地做到这点"。[2] 今天,控制人口增长已经不是抽象的可能性,而是我们面临的一个现实。许多迹象已经表明,目前世界人口增长的速度正在逐渐减慢。因此,逻辑曲线颇适合于在特定的社会历史条件下描述人口的增长过程。

新中国成立后30年来的人口增长过程大致也符合这样一个趋势。

我们选取1961－1981年的年末人口总数(不包括台湾省和港澳地区)为样本进行了拟合。这里舍弃了50年代的数据,原因是明显的,因为60年代后,实行了计划生育,并逐渐取得巨大成效,从而使近二十年来的人口增长速度出现了减缓的趋势,基本上控制了人口迅猛增长的势头。

根据21年的数据,以1961年为基数,拟合得增长曲线方程:

$$Y = 13.360\,9/1 + 1.081c^{-0.05648t}$$

为了验证拟合的效果,将用该模型求出的1961～1981年间5个年份的人口总数列于表1的第3行,对比实际数,其误差之小令人叹服。在21年的内插检验中,相对误差最大未超过1.55%(1964),而近几年的预测误差甚至未超过0.5%。可见该模型的拟合优度是很高的。我们试用它对未来的人口增长进行预测,看看“六五”计划期间和到20世纪末,我国控制人口的目标能否实现?现将结果列于表2中,并与宋健等同志的预测结果对比如下:

表1　我国人口实际数与预测数对照表

年度 t	1961	1966	1971	1976	1981
y_t(亿)	65 859	74 206	84 779	93 267	99 622
$\hat{y}_t$(亿)	66 056	75 276	84 179	92 466	99 920
相对误差(%)	0.30	1.42	－0.71	－0.870	0.30

注:y_t 为年末人口总数,$\hat{y}_t$ 为人口预测总数。

表2　我国未来人口增长部分预测结果　　(单位:亿)

年　度	1982	1985	1990	2000
预测人口总数	10.129 8	11.091 2	11.567 2	11.956 1
$\alpha=1.5$	—	10.12	10.48	11.30
$\beta=2.0$	—	10.28	10.88	12.22

注:β 表示妇女平均生育数。按人口发展方程,$\beta=1.5$ 是指从1978年 $\beta=2.3$ 逐年匀速下降0.16,到 $\beta=1.5$ 后一直保持下去。$\beta=2.0$ 是指从1978年 $\beta=2.3$,下降两年后开始取 $\beta=2.0$ 并保持下去。

1982 年的预测结果与全国第三次人口普查的总数 10.0818 亿相比，仅差0.048 亿，相对误差为0.5%。由于普查是1982 年7 月1 日零时的数据，与模型结果的时间尚相差半年。倘以 1982 年年中（$t=21.5$）计算，则预测数为 10.0614 亿，其绝对误差 0.02 亿，相对误差未超过0.2%。由此可见，该模型的预测能力是比较强的。

在今后的十八年中，如果能继续保持近十年来人口增长速度减缓的趋势，那么由模型可知，到 1985 年年底，全国 29 个省、市、自治区的人口总数预计为 10.519 9 亿，可完成“六五”计划期间要求把人口控制在 10.6 亿左右的指标。到20 世纪末，我国人口总数约为 11.956 1 亿，与十二大提出的控制目标不谋而合。这正说明中央是在全面考虑了我国的实际情况后才提出了这些既适应国民经济建设需要，又切实可行的符合我国国情的控制人口增长的指标。

值得注意的是，该预测模型是以近二十年来人口发展趋势，即 60 年代以来提倡计划生育的结果为前提的，因此，该模型预测的结果并不是人口自然发展的结果，而是在严格控制人口增长政策下的预测数。如果放松计划生育，任其自流，那么就不能继续保持人口增长速度递减的趋势，会使模型失效、人口失控。然而，由于该预测模型没有考虑人口的各种内在的构成，尤其是没有考虑育龄妇女当中各个年龄人数比例的变动，因而是一种趋势外推的匡算方法。尽管模型未能给出控制变量，但是它明显有如下优点：（1）计算简便，所需统计资料较少，仅需要各年末人口总数，便可建立预测模型进行预测，各省区都可进行试算；（2）发展趋势清晰，并能直接给出未来十八年中各年的较为确定的预测数，而且误差较小，可以作为国民经济计划的参考数；（3）表 2 给出的预测结果还可以作为各个五年计划人口控制指标的参考数。如能按此分阶段实现人口控制，就能保证在 20 世纪末将人口控制在 12 亿以内。

表 2 的预测结果清楚地告诉我们：在今后的十八年内，计划生育工作丝毫不能放松。当前，人口增加正面临着第三次生育回升高峰，要

保持预测模型所绘出的发展趋势是相当艰难的，因此需要进一步加强计划生育工作，摒弃封建陋习。树立生育新风，严格控制人口增长，特别要重视在农村中进行深入细致的思想教育，大力提倡晚婚、晚育，一对夫妇只生育一个孩子，严格控制二胎，坚决杜绝三胎，只有这样才能保持上述模型预测的发展趋势。也就是说，只要我们把计划生育工作做好了，那么到1985年将全国人口控制在10.6亿左右，到20世纪末将人口控制在12亿以内的目标是能够达到的。

参考文献

[1] 论辩证唯物主义和历史唯物主义. 列宁主义问题，第644页.

[2] 恩格斯致乐尔·考茨基. 马克思恩格斯全集，第35卷，第146页.

（本文原载于《社会科学》1983年第4期，与沈安安合作）

参数指标体系刍议

统计指标是社会经济现象在一定时间、空间和条件下的数量记录。经济指标以经济活动为对象，应当全面反映经济活动的条件、过程和效果。完整的经济指标体系不单纯是描述性的，还必须揭示各种经济因素内在的数量变化规律，从而成为经济分析、政策和计划的有效工具。随着管理科学的发展，人们越来越重视信息的作用，这就对统计指标的深度和广度提出了新的要求。一般的绝对指标和相对指标已不能满足需要，人们开始使用一些参数指标来研究经济问题和用于指导决策。本文试对参数指标的概念、特点和分类和作用做一初步探讨，为建立科学适用的参数指标体系提供参考。

一、参数指标的定义

在经济运动中，各种经济现象都在不断地发生数量变化。但是，对于一定的经济环境和条件，这种变化又往往表现出一定的规律性。例如，一个国家每年的国民收入和居民消费都不相同，但是一定时期里收入变动引起消费变动的比例关系，从大量观察来看还是比较稳定的；又如对某一行业的投资会引起许多相关行业的投资，而这一系列的相关投资又为所有这些行业带来一连串的收益。尽管各个行业每年的投资与收益都在变化，但在一定经济技术条件下，不仅一个行业的投资收益率是比较稳定的，而且一个行业投资所引起的全社会的投资收益率也是比较稳定的。我们把在一定经济环境里经济运动中的这种相对稳定的因素全体称为经济结构，而把描述经济结构的数量特征指标称为参数指标。

参数指标是对绝对指标加工后得到的一种派生指标。但是,与一般的相对指标不同,它不是绝对指标的简单对比,而是包含了一定的经济运动过程,因此,常常需要经过比较复杂的运算才能得到。例如前述某行业的相关投资收益率,不仅反映了一定条件下投资与收益的技术关系,而且还反映了一定经济结构下各生产部门之间的关联性,并追踪了整个中间生产过程。正因为如此,参数指标在经济分析与决策中更有其独特的作用。

二、参数指标的分类

在目前的经济研究、决策和计划中,人们已经使用了一些参数指标,我们把这些常用的参数指标初步归纳为以下几类:

1. 边际指标(或称增量指标)。如边际收益、边际成本、生产要素的边际替代率等。它们反映了在一定条件下,两个经济变量之间的联系,即当一个经济变量变化时,另一个经济变量相应发生的变化。设一个变量为 X,另一个变量为 Y,则边际指标:

$$MY = \frac{\Delta Y_t}{\Delta X_t} = \frac{Y_t - Y_0}{X_t - X_0}$$

在上式中,若 X 表示产出,Y 表示生产的成本,则 MY 就是边际成本,它表示增加一单位产出所要增加的成本。在技术经济评价中常用的投资效果系数,也是一个边际指标,这时 Y 表示年国民收入(或净产值),ΔY_t 就表示投资后增加的国民收入;X 表示累计投资额,ΔX_t 就表示 t 时期的投资额。

例如,上海市1979 年的国民收入是262.57 亿元,1982 年的国民收入为 294.99 亿元,1980 ~ 1982 年这三年剔除宝钢一期工程和金山二期工程的全市固定资产投资总额(包括全民所有制企业基本建设项目和 5 万元以上的技术措施项目以及集体所有制企业自筹资金)为

71.27 亿元，由此可计算出这一时期的投资效果系数是 0.455，它表示每一元投资的边际收益为 0.455 元。

在上面的公式中，如果 X 是一个连续变量，则当 ΔX 趋于零时，边际指标就是 Y 对 X 的一阶导数，即：

$$MY = \lim_{\Delta x \to 0} \frac{\Delta Y}{\Delta X} = \frac{dY}{dX}$$

2. 弹性指标。如需求的价格弹性系数、收入弹性系数和能源需求弹性系数等。如果经济变量 X 与 Y 相关，即 X 的变动会引起 Y 的相应的变动，则称 X 对 Y 的弹性系数为：

$$E_x = \frac{\Delta Y/Y}{\Delta X/X} = \frac{(Y_t - Y_0)/Y_0}{(X_t - X_0)/X_0}$$

可见弹性系数实际上是两个相关经济变量的变化率的对比。有时，考虑到弹性系数是变化的，也用下式来求基期到报告期这一区间内的平均弹性，即：

$$E_x = \frac{(Y_t - Y_0)/\frac{1}{2}(Y_t + Y_0)}{(X_t - X_0)/\frac{1}{2}(X_t + X_0)} = \frac{Y_t - Y_0}{Y_t + Y_0} \cdot \frac{X_t + X_0}{X_t - X_0}$$

例如，某地 1977 年工业总产值为 469 亿元，耗能为 950.3 万吨标准煤，1980 年的工业总产值为 600 亿元，耗能为 1 037.1 万吨标准煤，应用上式便可求得该地 1977、1980 年平均的能源需求弹性为：

$$E_x = \frac{1\,037.1 - 950.3}{1\,037.1 + 950.3} \times \frac{600 + 469}{600 - 469} = 0.36$$

它说明该地区在这一时期里，当工业总产值增长 1% 时，对能源的需求量将增长 0.36%。

由于对变化率的不同近似，弹性系数又可以分为弧弹性系数和点弹性系数。前面两式是弧弹性系数的计算公式,它表示变量在一个区间中变化的平均弹性。当这个区间很小并趋于零时,前式的极限便是点弹性系数:

$$E_x = \lim_{\Delta x \to 0} \frac{\Delta Y/Y}{\Delta X/X} = \frac{\mathrm{d}Y}{\mathrm{d}X} \cdot \frac{X}{Y}$$

3. 乘数指标。“乘数”概念源于投资对收入产生的放大作用的理论,表明一单位投资最终导致国民收入增加的倍数。推而广之,在金融学中有信贷乘数,在投入产出分析中又有列昂节夫乘数等。这里说的乘数既包括简单系统在时间过程中的连锁关系,如投资乘数,也包括复杂系统在空间范围内的连锁关系,如完全消耗系数。乘数指标的一般形式是:

$$M = (1 - \lambda)^{-1} (0 < \lambda < 1)$$

其中 λ 为一边际指标。

按照宏观经济学理论,年国民收入 Y 为当年消费 C 和投资 I 的总和:$Y = C + I$。

如果边际消费倾向,即每一单位收入中用于消费的部分:

$$\frac{\Delta C}{\Delta Y} = \lambda \text{ 则 } Y = \lambda Y + I$$

将上式变换后就得到:$Y = (1 - \lambda)^{-1} I$

式中 $(1 - \lambda)^{-1}$ 就称作投资乘数。由于 λ 是小于或至多等于 1 的正数,所以投资乘数必然大于 1。其经济意义在于,如果每个人都将收入中 λ 部分用于消费支出,从而形成其他人的收入,那么最初一个单位收入,就会由于这种连锁反应,而使得社会总收入增加。与最初发生的收入相比,社会总收入最终扩大的倍数为 $(1 - \lambda)^{-1}$。

乘数分析不仅在理论上,而且在实践中具有重要意义。在我国,很多经济工作实际上是同乘数有关的,只不过人们没有明确认识这一点。

例如，研究货币投放时需要测算市场购买力与商品供应量之间的关系。根据经验知道，每增加 1 元购买力，就要相应增加 7 元商品，这就反映了货币购买力在市场上的放大作用。再如人民银行信托部在信贷业务中采用“存一货三”的办法，即客户存入 1 元，可货款 3 元。这个办法，相当于按 33% 的准备金率开展信贷业务，因此每 1 元存款最终可以放大为 3 元的贷款。这些例子说明，乘数并不是什么难以理解的东西，在经济工作的实践中，人们已经在不少地方应用这一工具了。

投入产出分析中的列昂节夫逆阵也是一种乘数，它的表达式是：

$$R = (I - A)^{-1}$$

式中 R 为列昂节夫逆阵，A 为直接消耗系数矩阵，I 为单位矩阵。而直接消耗系数是国民经济各部门相互间的边际投入。R 阵中的元素称为列昂节夫乘数，表示为了提供一单位最终产品，各部门所必须生产的总产品。在列昂节夫乘数 r_{ij} 中不仅包含第 i 部门与第 j 部门的直接联系，而且包含通过其他部门为中介而发生的一系列间接联系。

根据列昂节夫乘数，我们可以进一步计算国民经济的相关投资和相关投资收益等指标。令 j 部门的投资系数为 $K_j(j = 1, 2, \cdots n)$，则社会生产的完全相关投资额为：

$$TK_j = \sum_{i=1}^{n} K_i r_{ij}$$

若第 j 个部门的产值利润为 P_j，则由上述投资引起的社会完全相关收益为

$$TP_j = \sum_{i=1}^{n} P_i r_{ij}$$

于是由 j 部门增长一单位产出，引起的社会相关投资收益率：

$$TE_j = \frac{TK_j}{TP_j}$$

4. 综合评价指标如技术进步率、综合生产率等。这类指标是对一

定条件下经济发展的效率或某种特征的一种综合评价。技术进步率是对生产总投入要素的效率的一种测度,它包括除了劳动和资本的增长以外一切促使生产增长的因素,其中最主要的是科学技术的进步、管理水平的提高和教育投入。令生产的增长率为 V_Q,资本与劳动的增长率分别为 V_K 和 V_L,则技术进步率:

$$\lambda = V_Q - \alpha V_K - \beta V_L$$

其中 α、β 分别为资本与劳动的产出弹性。技术进步因素在促进生产增长中的作用可定义为 $\frac{\lambda}{V_Q} \times 100\%$。

综合生产率不同于劳动生产率,它反映了劳动与资本按一定比例有机联合起来的生产效率。设综合生产率为 PC,则:

$$PC = \frac{Q}{\alpha K + \beta L}$$

其中 K 是投入生产的资本,L 是劳动。

三、参数指标的特点

综上所述,参数指标与传统的统计指标既有共同之处,也有相区别的特点。

1. 参数指标是从描述性指标中提炼出来的一种信息,它反映了一定时期和条件下经济现象数变化的规律,因此参数指标的含义一般要比描述指标更深刻、更广泛。

2. 由于参数指标是描述经济结构的特征数,因此在计算时往往要借助于一定的经济计量模型。例如:边际成本与生产的成本函数有关;价格和入的弹性系数与需求函数有关,完全消耗系数来投入产出模型;而技术进步率则要从生产函数推导等。但是,参数指标也不一定都要通过建立模型来求得。从第二节中列出的一些公式便可以看到一点,不过它的计算比一般的相对指标复杂。

3. 各类参数指标之间也有密切的联系，可以自成体系。例如，弹性指标可以由边际指标求得：

$$E_Y = \frac{\Delta Y/Y}{\Delta X/X} = \frac{\Delta Y}{\Delta X} \cdot \frac{X}{Y} = MY \cdot \frac{X}{Y}$$

而综合评价指标则常常要借助于弹性指标和乘数指标。例如，综合生产率指标中的 α 和 β 就分别是资本和劳动的产出弹性系数；对社会相关投资效果的评价则利用了乘数指标。

4. 参数指标在一定时期里具有相对稳定性，这一特点使它成为经济预测、决策和计划的重要工具。但是，由于它所描述与刻画的经济现象比传统的指标更深刻、更广泛，因而受到随机因素的干扰也比较大，从统计上来说，它又不如传统指标来得精确。因此，对于经济决策来说，参数指标又只能具有重要的参考价值。

四、尽快建立一套科学适用的参数指标体系

在进行经济分析和研究、进行预测和决策以及制定经济发展计划时，参数指标有重要的意义。一个企业的领导者如果要对是否接受一批订货或代外单位加工一批零件等问题作出正确的决策，他所要参考的指标就不仅是加工一个产品或零件的平均成本和单位利润，更重要的是要了解加工这个产品或零件的边际成本和边际利润。只要价格大于边际成本，或者边际利润大于零的话，企业总是有利可图的。又如我们测算出某种消费品需求的价格弹性与收入弹性，就能对这种消费品的需求量作出短期的预测。同时还可以证明，当某种消费品的需求价格弹性大于 1 时，降价有利于提高销售额，而当价格弹性小于 1 时，降价不会带来更多的销售收入。

从宏观经济角度来看，参数指标的作用更为重要。因为越涉及宏观范围，经济关系越复杂，也就越难从描述性指标中来认识经济结构。然而参数指标，特别是乘数指标则提供了非常重要的信息。例如，要增

加一亿元的纺织产品，就纺织部门来说，只需有0.58亿元的投资便可以达到这一目标。但在做出决策时，应当考虑到全社会的相关投资将是1.5亿元左右，并且还要增加约0.62亿元的流动资金；再如，要减少1亿元纺织品的出口，其结果并不仅仅是减少了纺织行业约0.3亿元的利税，由于相关效益的作用，全社会最终将减少利税约0.73亿元。经济系统就像一个放大器，投资和效益在系统运行中都被放大了。

参数指标在决策指标中占据重要的地位。对于决策者来说，尤其是高层决策者，不可能掌握众多的描述性指标，即使掌握了，也未必有多大用处。而参数指标作为经济结构的反映，是一种高层次的指标。它所提供的信息，特点就在于少而精，可以直接满足决策的需要。因而，研究决策指标体系，首先应加强对参数指标的研究。

在经济研究和管理的实践中，人们已经使用了不少的参数指标。然而，由于参数指标计算比较复杂，随机性较大，计算方法也不尽相同，从而使同一指标缺乏可比性，也使一些人对它的作用持怀疑态度。例如，关于弹性系数的估计，就有两三个公式可循，这是不符合统计指标设立原则的。参数指标作为统计指标来说，必须有统一的计算方法与范围，并要注意其实用性和可行性。为了解决当前存在的“需要用”与“不统一”的矛盾，我们建议：1. 进行调查研究，以了解当前对参数指标的计算与使用情况；2. 尽快建立一套科学适用的参数指标体系，统一计算的公式和范围；3. 通过有关经济统计的刊物和举办学习班，对参数指标的意义、作用和计算方法进行介绍，以便让广大经济工作者掌握；4. 可以由统计局或经济研究单位根据统计年鉴公布的数据，定期计算一些常用的参数指标，供有关部门参考。

（本文原载于《财经研究》1985年第3期，与孙恒志、葛谦合作）

东西方投入产出体系比较分析

投入产出法是结合经济理论、数学方法统计技术的一种分析经济的工具，目前它已成为经济统计的一部分，也是数量经济学的一个重要内容。自30年代列昂节夫编制了美国经济的第一张投入产出表以后，随着现代电子计算机和信息处理技术的发展和完善化，这个方法在全世界范围内得到了迅速推广，目前约有一百多个国家和地区运用投入产出法来分析自己的经济结构。我国自60年代以来也开始了对投入产出分析的研究，在十年浩劫中一度中断，但近年来在中央和有关领导的关心和重视下，这一研究又获得了迅速的发展，不仅试编了全国80多个部门、140多种产品的投入产出表，而且许多省市，如上海、天津、山西、黑龙江、广东等地区投入产出表也相继编成，取得了一定的经验和效果。但是，在各地区试编的过程中，都出现了一些问题和困难，而各地的处理方法也不尽相同。如何进一步把投入产出分析与经济统计的指标体系结合起来，在全国范围内统一表式和编制，推进投入产出的应用，有必要对国内外的投入产出分析体系做一对比分析，进一步研究和完善我国的统计经济指标体系服务。

一、东西方投入产出分析的主要区别

目前世界上关于投入产出分析可以分为两大体系，即主要为西方资本主义国家（包括亚洲部分国家）采用的国民经济核算系统（SNA投入产出体系）和主要为计划经济体制国家（包括苏联、东欧和我国）采用的物质产品平衡表体系（MPS 投入产出体系）。

两大体系在建表的理论基础上存在原则分歧。

西方体系，以列昂节夫的投入产出表为代表。列昂节夫建立的投入产出表平衡式是建立在魁奈的经济表和瓦尔拉的一般均衡论基础上的。其平衡式的含义是生产某种产品的总投入等于原始投入与中间投入之和；该种产品的总产出等于中间产品与最终产品之和。总投入与总产出彼此相等。原始投入是以劳动、资本、土地的价格计算的，这种分析体现了资产阶级庸俗经济学的“三位一体”理论。此外，在投入产出表指标内容与部门分类上，不区分生产性劳动和非生产性劳动，也不区分物质生产部门和非物质生产部门，而是按“国民生产总值”这一指标口径和“三次产业”的顺序来划分的，即归纳为：（1）农渔狩猎业；（2）采掘业；（3）制造业；（4）公用事业和运输业；（5）贸易和服务业。目前的西方体系都沿用了列昂节夫的投入产出平衡表，虽然各国都有一些发展，但基本理论是一致的。

苏联在 20 年代曾尝试采用棋盘表的形式来编制国民经济计划平衡表，50 年代后期又接受了列昂节夫投入产出分析的模型方法，逐步发展形成了一套部门间产品生产和分配平衡表体系。苏联及其他社会主义国家的投入产出分析（部门间平衡分析）是以马克思主义经济理论为基础的。首先，对平衡式的解释依据马克思的劳动价值论和再生产理论，即物质生产总过程，从价值方面考察，包括物化劳动的转移、活劳动的补偿和剩余劳动的形成；而从实物方面考察，劳动成果表现为中间产品和最终产品两部分。因此，投入产出平衡式代表同一过程的两个方面。其次，编制平衡表时，区分了生产性劳动与非生产性劳动，区分了物质生产部门的收入与非物质生产部门的收入。在平衡表中只包括物质生产部门之间的经济联系，而把非物质生产部门的收入作为国民收入再分配的结果，不考虑其投入产出关系。

两大体系的另一重大区别是由经济体制引起的，采用西方体系的国家大多是市场经济体制，而采用东方体系的大多是计划经济体制国家；因此，它们在编表的目的和应用也是有所不同的。西方把投入产出体系作为国民经济核算体系的一部分，主要是为了进行经济核算、分析和模拟而编制的，这样，其基本模型是和“账户”关系相对应的。而在计划经济体制下，投入产出模型是进行计划工作的一种工具，主要用于平衡和论证计划的，并且已在计划方法体系中占据主要地位。例如，苏联已将投入产出表作为自动计算系统的核心。尽管两种体系的基本出发点都是投入＝产出的平衡关系，但是，理论上和应用目的上的不同终于导致了从编表形式到数据收集处理上的一系列区别。兹将两种体系的主要区别列成下表，以便对照（见文末）。

二、我国应用投入产出分析的问题

从我国已编制的全国或地区的投入产出表来看，虽然各地区在具体方法上有些不同，但基本模式都是属于物质产品平衡体系的（即MPS）。这主要是基于理论上对物质生产和非物质生产的划分和对生产性劳动与非生产性劳动的划分来设计表式的。三十年来，在统计理论研究和实际工作中，就这两个区分问题展开了多次争论，各种观点都从马克思主义的经典著作中找到了自己的理论依据。本文并不打算在这个理论问题上展开讨论，而仅就我们所希望建立的投入产出指标体系的目标、功能、实施和发展几方面对目前的应用情况提出问题和看法。

1. 关于目标。要对目前的投入产出模型进行评价，首先要确定我们希望建立的投入产出模型的目的是什么？或者说系统的目标是什么？不明确这一点，评价就失去了依据，问题也就永远争论不清。

如果我们的目标是要反映物质生产的过程和物质生产部门之间的联系，那么现行的投入产出表基本上是有效的。它不仅可用于从最终产品出发制定协调的物质生产发展计划，而且也可用于分析物质生产部门的结构，研究商品价格的合理制定等问题。但是，如果我们的目标还不仅于此，而是希望投入产出分析全面地反映整个国民经济的结构和内部联系,完整地反映社会再生产的全过程,那么目前所用的投入产出表就显得功能不足了。

国民经济系统,无可否认地既包括物质生产部门,也包括非物质生产部门,非物质生产部门,如金融、服务、科学、教育、文化、卫生及政府机关等,对于社会物质生产全过程中生产、分配、交换、消费这四个基本环节都具有非常重要的作用。将非物质生产部门排斥于投入产出表之外也就割断了非物质生产部门与物质生产部门之间的有机联系,无法反映社会生产的全貌。西方体系在这方面有它的长处,但是由于混淆物质生产与非物质生产的界限,也造成了一些混乱。我们应当吸收西方体系的长处,摈弃它的不合理部分,改进和扩展东方的体系,设计出既符合马克思主义基本原则,又能较全面地反映国民经济综合平衡的投入产出表式。

2. 关于投入产出表的功能和在国民经济指标体系中的地位问题。投入产出表具有经济模拟、结构分析、计划平衡和信息反馈等主要功能。就我国的应用情况来看,主要是把它作为计划和预测的工具,在综合平衡和计划论证中有较重要的作用,这是社会主义计划经济的需要,也是西方资本主义国家所不能相比的。依据平衡表计算的直接消耗系数矩阵,可以形成一个参数指标体系,为经济决策提供大量重要的信息。因此,我们认为投入产出分析应当成为国民经济指标体系的核心。

但是,目前的投入产出平衡表还不能与国民经济核算体系衔接起来,这就削弱了平衡表在经济模拟和信息反馈方面的功能。这方面既有表式设计的问题,也有统计数据上的问题。在表式上,西方体系的长处是一方面与国民经济账户相对应,可以直接获得统计资料,并可成为国民经济核算体系的一个组成部分;另一方面,它通过双重交叉分类,形成投入和制造两个子模型,依据这两个子模型提供的数据,运用电子计算机,在产品工艺或部门工艺假定原则下,可以编制产品×产品的投入产出表,其计算速度快,大大减少人工分解与组合的工作量,缩短编表时间,有利于投入产出表的编制和使用。在统计数据上,我国由于会计、统计、业务三种核算不统一,各部门的统计口径也不一致,造成了数据收集上的困难,也就难以使投入产出表与国民经济核算体系一致起来。

因此,为了提高投入产出分析的功能,我们也应当吸收SNA模型的长处,改进目前的模型,以便把计划工作与核算体系直接联系起来,只有这样,投入产出分析的指标体系才能成为国民经济指标体系的核心。

3. 关于投入产出表的编制问题(系统实施)。作为统计指标来说,必须要有统一性,即统一的口径和统一的计算方法。因此,如果要把投入产出的指标体系与社会经济指标体系结合起来,并使之成为社会经济统计指标体系的核心,就要解决以下两个问题:

第一,全国要制订统一的目录。现在各地区目录不一致,各部门的目录也不一致。如工业、商业、外贸对同一项指标的口径差别很大,给编制投入产出表造成严重障碍。有了统一目录,就便于比较、换算和加总等工作的进行。统一目录可以分为三个层次:全国的、地方的、部门的,相互衔接起来。

第二,统一编制投入产出表的方法。现在各地都在编制投入产出表,但各地采用的方法又不一样。例如,天津、广东采取的是联合国介绍的UV表方法,山西和黑龙江采取的是苏联的编表方法,上海则是两种并用。另外,对各种项目的处理方法,如折旧、进口、库存等,也应当统一。有了统一目录,还要有统一方法,才能收到较好的效果。

4. 加强研究(系统发展)。作为统计工作的内容,投入产出表的目录、编制方法等应当统一,甚至可以通过法令、指示等形式加以规定。但是,这种统一不能排斥在许多方面和更深入发展的方向进行研究探讨,相反应当加以鼓励。例如,关于动态投入产出分析,关于消耗系数的修正,以及编表方法和项目处理方法上的探讨等都应加强研究,有了新的成果,并被证明是切实可行的,则可充实和发展已制订的体系。

附：表 1　两种投入产出表式

SNA 投入产出表

	商品 1、2…n	产业部门 1、2…m	最终需求	总　计
商品 1 2 ⋮ n		$X(U)$	f	q
产业部门 1 2 ⋮ m	$M(V)$			g
原始投入		y'		η
总计	q'	g'	η	

MPS 投入产出表

	产业部门 1、2…n	最终需求	总　计
产品部门 1 2 ⋮ n	X	f	q
国民收入	$m+v$		
总计	q'		

表 2　东、西方投入产出模型对比简表

对比项目	西 方 体 系	东 方 体 系
理论基础	魁奈的经济表、瓦尔拉的一般均衡论	马克思主义经济理论，主要是劳动价值论和再生产理论
平衡式	总收入 = 原始投入 + 中间投入 = 总产出 = 中间产品 + 最终产品	物化劳动转移 + 活劳动补偿 + 剩余劳动 = 中间产品 + 最终产品

续　表

对比项目	西 方 体 系	东 方 体 系
部门分类	按三次产业划分为农渔狩猎业、矿业、制造业、公用事业、运输业以及贸易与服务业	按物质生产部门划分为工业、农业、建筑业交通运输业和商业，不包括非物质生产部门
统计体系和指标范围	国民经济核算体系(SNA)，其指标范围是国民生产总值(GNP)	物质生产体系(MPS)指标范围是社会总产值
表式设计	矩形表式，采取部门和产品的双重交叉分类，包括两个矩形子模型 $X(U)$ 和 $M(V)$。在产品或部门工艺假定下计算流量	按产品划分成纯部门，构成方形表，直接填入流量
在国民经济中所处地位	是国民经济核算体系的重要组成部分	是计划经济的工具，在计划方法体系中占据主要地位
资料收集	由于投入产出表与国民经济核算体系相衔接，部门分类与平衡账户相对应，故直接利用现有统计资料	由于表中纯部门与实际部门不统一，会计、统计、业务三种核算又不相一致，因此须通过全面普查或抽样调查获得资料
价格标准	采用生产者价格	采用消费者价格(商业流通价未剔除)
进口处理	区分竞争性进口和非竞争性进口	假设全部都是竞争性进口

（本文原载于《社会科学》1985年第7期，与孙恒志、葛谦合作）

动态回归分析探讨及其应用

——上海市工业用水量预测

近年来,随着工业的迅速发展,城市自来水供应已成为一大问题、上海虽说是一个临江靠海的城市,由于自来水用量的不断上升,供不应求的情况也时有发生。对上海的自来水量进行科学预测,不仅能为上海城市发展规划、水源规划与下水道布局提供重要依据,而且对于其他工业城市,特别是内地缺乏水资源的地区做好用水预测,也有一定的参考价值。

上海市自来水用量基本可分成工业用水量与生活用水量两大部分,本文在对上海市的工业用水量及其相关因素进行分析的基础上,不仅建立了上海市工业用水量的动态预测模型,而且在建模过程中还探讨了改进一般动态回归分析模型的方法。

一、一般回归分析模型

由简单的因果关系分析可知一个城市的工业用水量与其工业总产值总是密切相关的,为了证实这一关系,根据表 1 所列的数据,令 x 为上海市工业总产值,y 为上海市工业用水量,用最小二乘法即可求得它们之间的简单的线性回归方程:

$$y = 3\,344.62 + 60.83x \qquad (1)$$

其相关系数 $R = 0.961\,8$,当样本容量 =33 时,这一相关数值大大高于 0.01 水平上的临界值,这就说明在工业产值与工业用水之间是存

在着密切的因果关系的。但是,方程(1)的其他指标却并不理想,其中

$$\frac{S}{Y}\times 100\% = 19.4\% \qquad D\cdot W = 0.15$$

都不能通过统计检验。

表1　1951－1983年历年上海市工业用水量与工业总产值

年　度	上海市工业总产值 X(亿元)	上海市工业用水量 Y(万吨)
51	55.69	2 553
52	68.06	3 191
53	93.16	4 435
54	97.99	5 244
55	95.24	4 932
56	127.86	6 779
57	134.15	7 503
58	200.90	9 993
59	291.39	15 062
60	350.49	17 138
61	214.64	14 096
62	169.76	14 773
63	191.71	16 587
64	229.79	22 249
65	284.81	29 346
66	330.92	32 223
67	298.95	30 571
68	343.74	29 602
69	403.15	34 327

续　表

年　度	上海市工业总产值 X(亿元)	上海市工业用水量 Y(万吨)
70	462.75	35 826
71	506.48	37 398
72	540.30	40 158
73	588.21	43 331
74	624.78	46 118
75	658.26	50 392
76	671.16	50 859
77	729.30	51 387
78	816.99	54 170
79	885.35	56 544
80	939.24	56 345
81	971.31	57 608
82	1 018.72	57 936
83	1 085.73	57 999

$S=\sqrt{\frac{1}{n}\sum_{i=1}^{n}(\hat{y}i-yi)^2}$，根据预测经验，当 $\frac{S}{Y}\times 100\%$ 小于10% ~15% 时才有较好的预测效果。(参见《管理数学》下册，P112)结合根据表 1 绘制的散点图(图 1)。

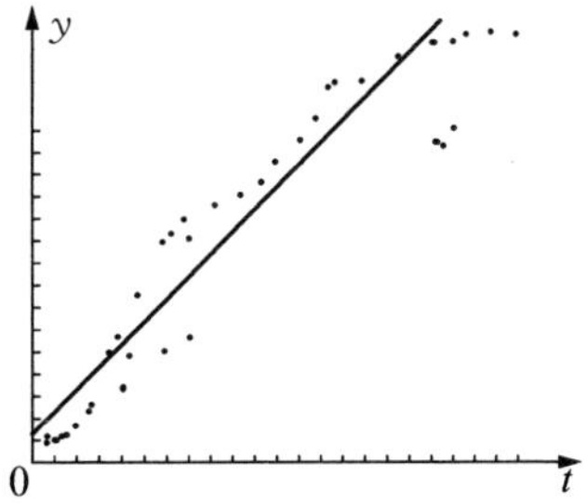

图 1

资料来源：1983 年上海市统计年鉴，其中产值均按 1952 年不变价格计算，显见由(1)式作趋势外推来进行预测是难以令人信服的。在单回归变量的

情况下，$D \cdot W$ 统计量如此小，可以认为模型(1)可能忽略了应该考虑的因素。事实上，从图 1 中可以看到，由于近年来工业产品的更新换代、内部行业结构的调整以及新技术、新工艺的应用等因素已使单位产值增长的边际用水量不断下降，从而使曲线的斜率发生变化。这在中、长期预测中显然是不能被忽略的。然而，这些因素不仅难以定量化并且也得不到足够的数据资料，于是，我们考虑用时间变量 t 来概括这些因素。为此，先将 Y 与 t、x 作二元线性回归以便观察，得方程

$$y = -4\,760.71 + 1\,593.29t + 11.35x \qquad (2)\ (t = \text{年度} - 1950)$$

相关系数 $R = 0.989\,3$，$\frac{S}{Y} \times 100\% = 10.5\%$，$D \cdot W = 0.414$，

(2)式与(1)式相比有了较明显的改进，但 $D \cdot W$ 的值仍然很小。仔细分析一下(2)式，发现即使 x 不变，y 仍将以每年 1 593(万吨)的速率递增，可见用(2)式做预测还是靠不住的。

二、动态回归分析模型

由于引入时间变量模型，已有明显改进，这对我们无疑是一种鼓舞。在数据比较充足的情况下，我们考虑用动态回归分析的方法是有利的。所谓动态回归分析，实质是将线性模型 $y = \alpha + \beta x$ 的参数 α、β 认为是 t 的函数，即

$$y = \alpha(t) + \beta(t)x \qquad (3)$$

夏安邦同志在《预测》杂志上介绍了一种求 $\alpha(t)$、$\beta(t)$ 的方法，先利用限定记忆法，求得 $\alpha(t)$ 及 $\beta(t)$ 的一组“观察”数据，然后再分别对 $\alpha(t)$、$\beta(t)$ 进行拟合。显然这一统计思想是富有启发性的。但是我们感到其中还有一些疑问，按(1)介绍的方法，当我们用最小二乘法来估算 $\alpha(t)$ 时，并未考虑到 $\beta(t)$ 的变化，同样在估计 $\beta(t)$ 时也未必考虑 $\alpha(t)$ 相应变化，因此将分别单独估计得的 $\alpha(t)$、$\beta(t)$ 代入模型(3)得

到的 $Y = \alpha(i) + \beta(t)x$。

表 2

t	$\alpha(t)$	$\beta(t)$
1	-2 887	88.67
2	-2 268	85.09
3	-1 652	82.20
4	-820	79.06
5	-102	76.69
6	390	75.60
7	1 132	74.02
8	2 556	70.48
9	4 912	65.16
10	7 188	60.56
11	9 678	55.89
12	12 039	51.57
13	14 442	47.33
14	17 442	42.43

是否仍然具有在某种意义下方差最小呢？(1)中曾用了一个例子来说明这一方法能使 S 有所下降，而并未研究其方差的特性。

在(1)介绍的动态回归分析的基础上，我们考虑作一些改进，具体方法如：

1. 利用限定记忆法（利用表 1，记忆时段为 20 年）计算出 $\{\alpha(t)\}$、$\{\beta(t)\}$ 序列，列为表 2。

2. 根据表 2 的数据分别绘制 $\{\alpha(t)\}$、$\{\beta(t)\}$ 的散点图（见图 2、图 3）。观察散点图，可见 $\beta(t)$ 有较明显的线性下降趋势，而 $\alpha(t)$ 的变化显然是非线性的，它大致上可用二次抛物线来描述，由此可建立

$\alpha(t)\beta(t)$的模型

$$\alpha(t) = a + bt^2$$
$$\beta(t) = c + dt \tag{4}$$

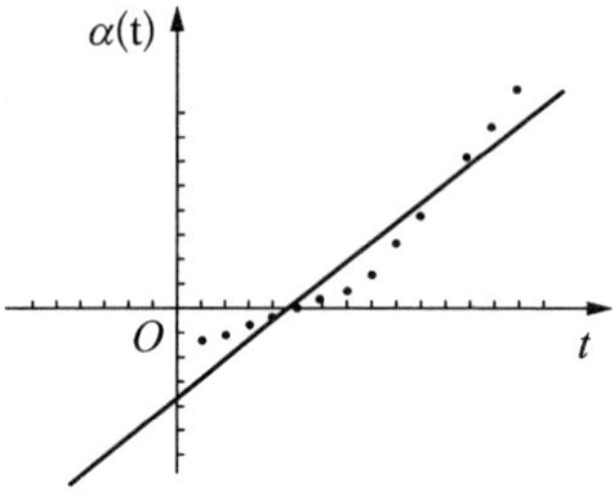

图 2

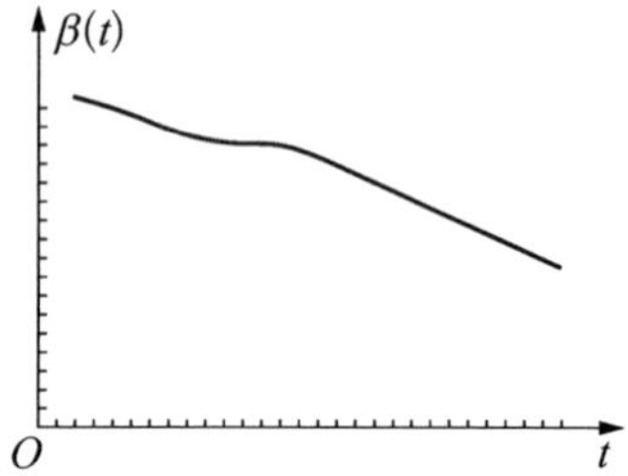

图 3

3. 将关系式(4) 代入模型(3)

$$\begin{aligned} y &= a + bt^2 + (c + dt)x \\ &= a + bt^2 + cx + d(tx) \end{aligned}$$

令 $x_1 = t^2$，$x_2 = x$，$x_3 = tx$，上式即构成一个新的多元线性回归模型

$$Y = a + bx_1 + cx_2 + dx_3 \tag{5}$$

利用表 1 后 20 年数据(即取 t = 年度 -1963)进行逐次回归，得

$$\hat{y} = 6\,090.47 + 260.11t^2 + 86.24x - 6.67tx \tag{6}$$

在逐次回归中，x_1、x_2、x_3都没有被筛除，相关系数 $R = 0.99$，$\frac{S}{Y} \times 100\% = 3.9\%$，$D \cdot W = 1.6$。它比(2)式的相应指标都有很大改进，而且从 Gauss-Mowkov 理论大致可以认为$(6\,069.47, 260.11, 86.24, -6.67)^T$与$(a、b、c、d)T$ 的其他线性无偏估计相比有较小的方差。

为了回答本节一开始提出的问题，按(1)中介绍的方法，利用表 2 分别进行回归，得到

$$\hat{\alpha}(t) = -3\,035.86 + 103t^2$$
$$\hat{\beta}(t) = 94.80 - 3.45t$$

代入(3),就得

$$\hat{Y} = -3\,035.86 + 103t^2 + 94.08x - 3.45tx(7)$$

计算 $\frac{S}{Y}\times 100\% = 8.5\%$,虽然它优于(2)式,但比(6)式相比却大得多,注意到(7) 和(6)式都是模型(5) 的估计式,不仅可以看出(7)式并不是最佳的,而且对于(7)式除了计算$\frac{S}{Y}$外,就难以再从其他的统计角度来评价它的优劣了。其实,$\alpha(t)$和$\beta(t)$的变化是相互制约的,因此分别估计就不能保证$\hat{Y}$具有最小的误差平方和,而我们仅仅运用$\alpha(t)$、$\beta(t)$的信息来构造模型(5),然后再从整体上来估计就克服了这一缺点,从而改进了一般动态回归分析的结果。

三、结果的分析与推广

(6)式从拟合角度来看无疑是令人满意的,为了判断它的持续能力,需进一步分析模型(6),将(6)式分别关于 t 和 x 求偏导数,得

$$\frac{\partial Y}{\partial t} = 520.22t - 6.67x \quad (8)$$

$$\frac{\partial Y}{\partial x} = 86.24 - 6.67t \quad (9)$$

(8)式说明在时间推移过程中,某一时期工业用水的增长量与该时期的工业基础 x 有关,当工业基础越大时,增量就越小。这是因为当工业基础增大时,技术进步的作用越大,从而使用水量下降。(9)式则说明当产量增长时,其边际用水量呈下降趋势。显然这两点都符合经济发展的客观情况,因此,从经济意义上看模型是合理的。在建立模型时,我们留出了 1984 年的数据以供外推预测检验之用,现把分别用

(2)、(6)与(7)式预测 1984 年的结果列于下表。

表 3

1984 年实际数		按(2)式预测	
工业总产值	工业用水量	预测数	相对误差(%)
1 191.05	59 351	42 216.8	-28.9
按(7)式预测		按(6)式预测	
预测数	相对误差(%)	预测数	相对误差(%)
68 149.55	14.8	56 684.75	4.5

由此可见,模型(6)在实际预测能力上也是优于模型(7)和(2)的。

由上述讨论可见改进的动态回归分析还是具有相当合理性,而且当 $\alpha(t)$、$\beta(t)$ 取整式函数式可做完全类似的讨论,然而在 $\alpha(t)$ 或 $\beta(t)$ 取分式函数时,因分母有待估的未知参数使问题复杂化,下面我们对 $\alpha(t)$ 或 $\beta(t)$ 取有理分式的情况进行了讨论。

若 $\alpha(t) = \dfrac{\Delta at + b}{ct + 1}, \beta(t) = \dfrac{\Delta dt + e}{ft + 1}$,

1. 若 $c = f = 1$, 那么模型(3)为

$$\begin{aligned} y &= \frac{at + b}{t + 1} + \frac{dt + e}{t + 1}x \\ &= \alpha + (b - a)\frac{1}{t + 1} + dx + (e - d)\frac{x}{t + 1} \end{aligned}$$

令 $x_1 = \dfrac{1}{t + 1}$, $x_2 = x$, $x_3 = \dfrac{x}{t + 1}$; $a_9 = a$,

$a_1 = b - a$, $a_2 = d$, $a_3 = e - d$, 即化为模型(5)

$$y = a_0 + a_1x_1 + a_2x_2 + a_3x_3$$

2. 一般,若 $c \neq 1$、$f \neq 1$, 我们可以将限定记忆法求得 $\alpha(t)$ 的值骤类平均,因 α 有三个未知参数,故只需三个平均值即可通过解方程组

求得 c 的估算值 $\tilde{c}$，类似可估算 f，这样代入模型(3)，有

$$y = \frac{at + b}{\tilde{c}t + 1} + \frac{dt + e}{\tilde{f}t + 1}x$$

$$= \frac{a}{\tilde{c}} + \left(b - \frac{a}{\tilde{c}}\right)\frac{1}{\tilde{c}t + 1} + \frac{d}{\tilde{f}}x + \left(e - \frac{d}{\tilde{f}}\right)\frac{x}{\tilde{f}t + 1}$$

经变量代换，即可化为模型(5)。关于推广情况的应用问题，限于篇幅留待以后再讨论。

（本文原载于《预测》1986 年第 1 期，与王贻志合作）

乡镇企业股份制研究

一、股份制是社会主义初级阶段的必然产物

为什么要推行股份制？它是否符合社会主义的基本原则？这是试行股份制首先遇到的一个理论问题，也已在理论界引起了较大的争论。我们认为，对这个问题必须联系社会主义初级阶段的理论与实践来分析，才能有较为完整的正确认识。

1. 股份制是适应社会主义初级阶段生产力的发展要求，对目前的所有制形式与结构进行调整和改革的产物

社会主义初级阶段的主要任务是发展社会生产力。过去由于“左”的思想干扰，在所有制问题上，我们曾盲目地强调越大越好，以为这样就能形成先进的生产关系，可以促进生产力的发展。然而，实践证明并非如此。在不少地方，尤其是乡镇企业中还出现了一些相反的情况，即全民企业未必比集体企业经营得好，大集体甚至落后于小集体。多层次的生产力发展水平必然要求有多种所有制的生产关系与之相适应。在广大农村地区，生产力水平相对于城市更为落后，乡（镇）村企业的发展也更不平衡。因此，对这种从公社化时期延续下来的集体所有制形式也必须进行改革和调整，股份合作制正是在这种改革中应运而生的。

有人怀疑把集体所有制的企业变成了由公股（乡、镇所有），集体股（企业集体所有）和个人股混合的股份制企业是否是一种“倒退”，是否会改变社会主义性质？回答当然是否定的。首先，判断生产关系是进步还是倒退的标准是看它是否更有利于生产力的发展，人类从原始

公有制进入私有制社会并不是社会的倒退。所以,我们不能因为在公有制企业中参有了劳动者私人的股份,而认为是一种“倒退”。其次,既然社会主义初级阶段需要并允许多种所有制并存,共同发展社会主义生产力,就没有理由否定在一个企业中可以有多种所有制并存,以一定的方式结合起来共同发展生产。何况企业中公股和集体股占有较大的比例,并不改变其社会主义性质。第三,在社会主义条件下,劳动者个体合股的企业,它和资本主义的股份制有显著的区别。在后文,我们将说明这是一种过渡形式,是属于社会主义初级阶段的事物。

我们在调查中发现,正是这种被怀疑为带有“非社会主义性质”的股份合作制,巩固并发展了集体经济。在邛崃县平落镇有几家镇属集体企业,由于积累资金被平调,职工纷纷离厂自谋出路,使集体企业人财两失,几乎解体。试行股份制后,离厂的人全都自动回来了,并且投资入股解决了资金困难。由此可知,股份制使企业又复活兴旺起来。

2. 股份合作制是多种经济成分并存的必然产物

首先,由于社会主义初级阶段存在着多种经济成分,或者说存在多种所有制,这就使它们之间存在着一定的利益关系。在社会主义初级阶段,既然允许多种所有制并存,就没有理由像过去一样在多种所有制之间搞无偿平调,而必须承认它们原来的所有权。既然如此,在同一企业中就有不同所有者的资产参与共同经营。它客观上已形成了合股经营的基础,仅等我们去确认其产权,并保护它们的利益。在我们调查的大多数乡镇企业中,试行股份制都是从清产核资、确认产权开始的。这一做法既是试行股份制,也是对过去“平调”错误的纠正。其次,由于多种所有制并存,其间就不可避免地会发生各种经济关系。股份制就是多种经济成分之间的合作经营关系和利益分配关系的必然产物。在社会主义初级阶段,为了加速社会生产力的发展,需要实行各种经济联合,以实现生产经营上的功能互补和优势叠加。然而多种经济成分的存在就要求在联合中能保护各方的产权和利益,加强各方对联合经营的责任感，这就必然导致股份合作制。目前在乡镇企业中涌现的许多集体与集体、个体与个体以及集体与个体、全民与集体的股份联合企业都是这样产生的。

3. 多种所有制并存要求多种分配形式，股份制的按股分红是对目前分配形式的补充

股份制中出现的按股分红是一种非劳动所得，但它是社会主义初级阶段允许的，也是必需的，决不会因此而改变我国的社会主义性质。事实上我国三十多年来所实行的分配制度从来就没有到达过纯粹的社会主义原则。“吃大锅饭”就不能说是“按劳分配”的。如果承认我国在社会主义初级阶段还不是很纯的社会主义，那么在分配制度上也不可能很纯。分配制度是与所有制相适应的，以公有制为基础多种所有制并存就必然要求以按劳分配为主的多种分配形式并存。

从调查的情况来看，虽然职工收入中增加了按股分红的内容，但从总体上来看，这部分收入与劳动收入相比是很微小的。平落镇 14 个股份企业的年人均分红仅 48.5 元，不到职工年人均劳动收入的 1/11，这显然不会改变分配上的社会主义性质。相反，我们应当看到这种按股分红是对原有分配形式的一种补充。它直接地把职工利益和企业经济效益挂起钩来，从分配机制上使职工摆脱了只关心自己劳动成果的局限性，进一步关心企业整体的经营效果，包括集体劳动成果的价值实现。毫无疑问，为了发展生产力，这种补充不仅是有益的，而且是必需的。

4. 资产股份化是商品经济发展的必然产物，也是资源合理配置的要求

在社会主义初级阶段还要大力发展商品经济。而在商品生产中，企业的资产也是商品的构成部分，它本身也要商品化。

资产的股份化是资产商品化的一种手段，它使资产可以直接进入市场，并在地区和部门间流动，从而可以较方便地实现资源的合理配置。另一方面资产股份化也使联合经营有更为灵活的形式。资金、劳

务、技术、设备乃至土地都可以以其价格形态参与入股,从而能在更大范围内集中资金,实现商品生产的联合,发展社会化大生产和发挥规模经济效益。

我国农村地区原来大多处于半自然经济的落后状况,资金短缺、技术落后,许多事业如资源开发、技术改造等建设都难以办成。试行股份制后便可逐步去完成它们。例如福建永安出现了乡村合股联办的股份电站,广州的街道集体企业、个体户通过集股办起了信用社等。这不仅说明股份制有利于集中资金,而且预示这种集中将会在农村中形成新的现代产业组织——乡镇企业集团,从而发挥联合效益,大大加速社会生产力的发展。

5. 股份制是向社会主义现代化过渡的新形式

股份制是一种社会化大生产的经营组织形式,它本身并不只代表某一种所有制。在资本主义国家里,股份公司也常常同时具有国家的股份和私人的股份。例如,在联邦德国,国家参与多数股份的企业已占全国所有股份公司的1/7。在社会主义初级阶段的股份公司是在社会主义前提下联合起来的生产者的财产。这种股份制可以成为由社会主义初级阶段向更完善的高级阶段过渡的一种形式。一方面,在社会主义初级阶段还存在许多个体户、专业户和私人雇工经营的小企业,通过职工入股参与经营,就可以逐步把他们从私人雇工经营转化为集体合作经营,把分散的个人资产转化为联合起来的社会主义劳动者的资产。另一方面,在包括个人、集体以至全民所有的股份合作企业中,通过公股的作用,既保证了企业发展的社会主义方向,又能引导私股走社会主义道路,引导小集体向大集体过渡,为向社会主义高级阶段过渡奠定基础。四川邛崃县实行股份制进一步巩固了集体经济的事实便是一个明证。这种过渡形式显然比50年代末的“穷过渡”和70年代初“割资本主义尾巴”的做法根本不同,因为它更有利于生产力的发展,是在发展商品经济的基础上的过渡。

综上可见,股份合作制是社会主义初级阶段的必然产物,试行股份制不仅是发展商品经济的需要，也是大力发展社会主义生产力的需要。

二、乡镇企业推行股份制的形式与做法

乡镇企业推行股份制，从企业资产股权所属的角度划分，主要可分为以下几种类型：

1. 折股到户，还权于民

许多社队企业为适应改革中出现的家庭承包生产责任制以及政社分设的新形势，采取了折股到户的股份形式。陕西省勉县的做法是：在清产核资的基础上，将乡(村)所有企业的固定资产和流动资产统一折成若干股，其中一部分作为“公股”由乡、村政权掌握，其余分给全乡或全村农户(有的企业把股份分成公股、集体股和个人股)，并向每户农民颁发股金证，每年凭股金证参与分红，同时规定，股金不能退，但可继承。企业可以发展新股，不受地区范围的控制。折股的做法使乡镇企业在很大程度上摆脱了“官办”的痕迹，变成了乡、村农民群众共有的股份合作企业，无疑有其积极作用。

2. 原有资产折股归“公”，吸收企业职工入股

这是一种将企业“公股”与职工带资入股相结合的股份形式。陕西省西安市浦桥区许多集体企业分别将原有的资产折成若干股，将其作为集体股，同时吸收本企业职工入股。不少企业还规定，凡在厂职工必须入股，股数多少不限。这种让职工拥有股份的目的除了为企业发展筹资外，更重要的是为了使职工与企业有直接的利益关系，提高职工参与企业生产与经营的积极性。

四川省邛崃县平落镇乡镇企业在要求职工带资入股的同时，还把企业历年积累按3∶4∶3比例划作公股、企业股和职工股。如果企业经营得好，新增的积累每2－3年再划分一次，各类股又可增加。对于有特殊贡献的职工，还能得到从积累中划出的劳动贡献股。显然，这种做法要比上面提到的灞桥区的做法更能调动职工积极性。

3. 出售部分股权，兴办新的企业

这是开办新企业时采用的股份制形式。陕西省韩城市赵村将原有企业的资产折股，其中一半股份留给集体，另一半出售给承包人，企业将收回的资金作为对另一新办企业的投资，再以同样办法吸收农民投资入股。这种形式的特点是：企业的一半股金归集体，即仍属全乡（村）农民共同所有，另一半则归入股的农民所有，集体和个人股金同样参加分红，使企业经济效益和承包者的责任捆在一起。

4. 招股联营

在企业原有资产不动，也不一定折股的前提下，进行重新集资入股联营。西安市未央区通过专营集资的乡级经济组织出面负责按股筹集资金，再分别投放有关企业，有偿使用；四川邛崃县是由企业直接对外集资入股联营，股金入股后分红的红利多少视企业经营情况而定。在广东、福建沿海一带也有吸收外资入股的中外合资企业。招股联营的办法可以不断壮大企业生产和经营力量，也是横向经济联合的一种有效形式。

5. 个体企业吸收职工入股，变雇工经营为劳动群众合股经营

四川邛崃君乐酒厂、陕西大荔县青年化工厂原来都是个体企业，基本上都是雇工经营，在股份制的吸引下，也都采用吸收职工参股认购的办法，将个体企业转化为合作企业。福建仙游县的几家个体企业不仅吸收职工群众入股，还与乡村集体企业合股联营，走上了合作经营道路。个体企业实行股份合作经营，既能吸收社会闲散资金扩大生产，也改善了业主与职工之间的关系，同时还能发挥规模效益的作用，从长期发展来看，这是个体企业经营发展的“希望之路”。

三、国内外企业股份制的比较

股份制是商品经济发展到一定阶段的产物。西方企业股份化已有将近四百年的历史，最早的股份企业可以追溯到公元1602年成立的荷兰东印度公司。以后随着股票的正式发行、股票市场的建立以及股份

企业内部管理制度定型化和完善化,股份制逐渐成为西方国家经济中渗透最深,也最带有普遍性的制度。反观我国乡镇企业中的股份企业,虽然在我国各类企业股份化趋势出现得最早,但发展迄今也不过只有五六年的历史,企业股份制的各种内外部条件尚未十分成熟。与国外典型意义上的股份制相比,同是股份企业,双方在某些做法上虽有近似之处,但在程度和性质上却有明显的差异。

1. 从成立股份企业的动因看

一般地说,国外企业实行股份制的主要目的是为了从社会上筹措到更多的资本来扩展企业规模,增加企业的实力和地位。而我国乡镇企业实行股份制的动因要复杂一些,一部分乡镇企业股份化的目的同样也是为了筹资扩大企业规模,或创办新企业。但在股份化初期,乡镇企业实行股份制的动因更主要的却是受非生产发展需要所影响的。例如,随着人民公社的解散,原有社队企业的产权所有对象也需要作相应调整,其目的是为了打破原来体制下政企不分、产权不清的状况,也有的乡镇企业为了把职工和企业利益紧密联系起来,使企业具有活力,而将企业资产折股拿出一定比例的股份分给本企业的职工。在这两种动因下成立的股份企业,其形式与国外典型意义的股份企业有较明显的差别:后者是集多个分散资本兴办大企业,而前者则是将现在企业分散为公股、集体股和个人股,然后再合起来经营。这样做,对企业扩充资金没有作用,只是把企业的产权归属作了明确的划分。在处理股份和利益分配上,也因此与国外股份企业的做法有较大的差别。

2. 从股权凭证来看

国外股份企业以股票作为股东拥有股权的凭证,凭借股票,股东有权分享企业的利润,有权通过股东大会(或董事会)参与企业经营决策,同时也得承担经营亏损的风险。股票分为上市股票和不上市股票两大类。不上市股票只在限定范围内(通常是企业内部)发行,不能上市参加流通,其买卖转让要受到一系列限制。上市股票是最具典型意义的股票,它通过股票发行市场(也叫一级市场)公开发行。一级市场上交易的双方是发行者和投资者,他们通过证券公司为中介作买卖。上市股票还能进入股票流通市场(又叫二级市场),在二级市场上参加交易的双方都是投资者,他们通过证券交易所买进新股票,卖出原持有的股票。

在我国乡镇股份企业中,发放股权凭证的形式较多,如股票、股金证、记账或开单据为凭等。采用股票形式的主要是一些以筹资为目的的股份企业,它们通过向企业内部职工或向社会上发售股票来募集生产所需资金。这种股票的特点是:(1)面向职工发行的大多数不许转让,面向社会的可以转让、继承,但不许中途退股,股票也不能买卖。从这点看,我国乡镇企业的股票性质与国外不上市股票比较接近。(2)股票发行后,企业对股东一般实行保本保息的做法,因此企业发行股票后到手的资金是企业的负债;而国外股份企业发行股票后,对股东没有还本的期限和义务,发行后到手的资金是企业的自有资本。从这点看,我国乡镇企业发行的股票并不是真正意义上的股票,毋宁说更像是企业的债券。至于股金证和记账单据等形式,则与真正的股票差距更远,这也说明我国乡镇企业的股份制只是处于股份经济的雏形阶段。

3. 从利润的分配看

国外股份企业的股东要承担投资风险,股息、红利视企业生产经营情况而定,股息由企业税后留利中列支;企业经营不好股票要贬值,企业倒闭时股票作废,股本的损失由股东自负。而我国乡镇企业发行的股票不承担风险,有的事先定好股息率、红利率,利息进成本不管经营成果如何,对股东实行保本付息,一定期限后还允许退股。

此外,我国乡镇企业股包括两种情况,一种是企业间的互相持股,另一种是企业自我持股。而国外没有哪个企业是自我持股的。出现这种股的原因一是维持了集体所有制的形式,二是想保证企业今后能在经营成果中分享到一定的份额以满足企业发展需要。

四、试行股份制的初步成效

从各地调查的情况来看,大多数试行股份制的乡镇企业都取得了

良好的效果。归纳起来,主要有以下几方面:

1. 有效地推动了乡镇企业的政企分开,增强了企业的活力

实行股份制后,首先明确了产权,保障了企业集体和职工个人的权益,也明确了乡、村集体的权益(即乡、村公股股权和红利),乡(村)行政机构对企业的权力也就被限于作为股东代表所应有的一份。其次,由于企业属于全体股东所有,因而全体村民、企业职工成了企业时真正的主人,由他们选出的代表或董事会来代表他们的意愿,而不是由乡、村行政机构来代表,从而使企业能摆脱行政机构的干预。如江苏省海门县中兴村的乡村企业建立了股份联合公司,实行了董事会领导下的经理负责制,经理、厂长由董事会聘任,企业与村行政机构彻底脱钩,实现了政企分开,使企业充满了生机。

2. 增强了企业职工的主人翁责任感,大大调动了职工的积极性

实行股份制后,明确了产权,使职工意识到自己既是劳动者,又是企业的主人。从而改变了多年以来的"雇佣观念"。另一方面建立了股东代表大会,选出董事会,厂长向董事会承包,对全体股东(包括乡村集体和全体职工)负责。而职工作为企业的主人进行民主参与管理和监督,充分发挥了积极性。例如,在邛崃县试行股份制的企业中就普遍出现了"五多五少"的新气象,即超龄劳动的多了,旷工迟到的少了;提合理化建议的多了,怕得罪人见事不管的少了;关心企业集体经营的多了,只顾个人得失的少了;钻研技术争作贡献的多了,得过且过无所用心的少了;爱护集体财产的多了,丢失、乱拿公有财物的少了。

3. 促进了横向经济联合

股份合作制并不改变合作各方原来的所有制性质,因而有利于在不同所有制的企业之间进行联合。另一方面资产股份化使合作各方的投资形式也更为灵活,资金、技术、劳务、物资、土地等都可以折价入股。这不仅扩大了合作范围,也易于冲破条块分割,实现跨地区、跨部门的经济联合。此外,采取股份合作形式易于处理利益分配上的矛盾。在经济合作中,特别是国有企业和乡镇企业的合作中,采用股份合作制各

方的权利和义务是一致的，从而使各种分外要求受到制约，有利于促进联合。例如，实行股份制后，四川邛崃就出现了乡镇企业与县办企业合股经营的邛崃造纸六厂，出现了酒厂与茶园的工农劳务合作；江苏常熟市还出现了联产合股经营的农工商联合体，走上了农工商综合发展的道路；广东还出现了吸收外资的中外合资经营有限公司（企业）。由此可见，实行股份制推动了多层次、多形式、跨地区、跨部门的经济联合。

4. 集中资金力量，解决了目前乡镇企业资金不足的困难。从而巩固和发展了集体经济，也促进了乡镇企业的技术进步

在目前许多地区的乡镇区都把试行股份制作为一种集资的手段，用来解决发展生产和技术改造的资金不足问题。如浙江泰顺县原龙山区贫困县，为了振兴经济，发挥山区高岭土和小水电资源的优势决定兴建泰顺陶厂，但是缺乏资金。结果他们采取集资入股和抵押贷款的办法解决了资金困难，生产的产品被评为最佳温州货，畅销全国 13 个省市自治区。在四川邛崃县，有些集体企业因资金短缺人才外流，已濒临解体；实行股份制后，七个企业的职工集资十二万余元，使集体经济得到了巩固和发展。此外，一些小集体和个体经营者也都通过集资入股的办法集中了较大的资金（资产）去扩大经营，发挥了规模效益的作用，促进了乡镇企业的技术进步。

5. 改变了目前企业行为短期化的弊病

在乡镇企业的承包制中最难处理的就是短期利益与长期利益的关系。承包者常常以追求承包期的利润为行为准则，职工也希望能从这种短期利益中得到较多的实惠。因此企业往往牺牲长期利益而换取短期利益，这是一种消耗未来的行为。究其原因，主要是在集体积累与个人收入之间没有建立明确、直接的联系；同时由于职工缺乏主人翁意识，对企业的关心也局限于个人收入分配方面。实行股份制后则不同，新增加的积累成了增发股票的源泉，使职工产生增加积累的内在要求。如江苏海门县中兴村五个厂成立股份公司后积累占到税后利润的 62%－70%，超过了实行股份制前的积累比例。在四川邛崃和河南密

县的乡村股份企业中，都自愿提留相当比例的生产发展基金，用于技术改造和新产品的开发，有效地改变了企业行为短期化的弊病。

6. 提高了经济效益，保证了国家、集体和个人利益的稳步增长

据调查，大多数乡镇企业实行股份制后，年利润都有较大幅度的增长，使乡镇财政收入、企业留利和职工个人收入都有相应的提高。例如，四川邛崃县平落镇14个试行股份制的企业，当年利润增长达33.9%；与此同时，镇的财政收入增长了25%，14个企业的留利增长29%，而职工个人除了增加了工资和奖金外，人均还多得了股份红利四十余元。

在江苏常熟市，我们对几种不同形式的乡镇企业的经济效益进行了比较，充分说明股份制企业有较高的经济效益，有力证明了它是促进乡镇企业发展的较好形式。

表1　常熟市各类乡镇企业经济效益比较表

企业类型		产值利润率(%)	人均产值(元)	人均利润(元)
乡镇集体企业		3.33	9 800	332.6
联营企业		6.16	12 500	771.3
股份企业	混合型（企业股）	10.68	15 500	1 680.0
	单一型(民间个人集资)	10.50	14 500	1 522.0

五、问题与对策

虽然股份合作制有许多优越性，几年试行的实践也取得了不少的成效。但是，在推行乡镇企业股份制的过程中，还产生和存在一些问题。它正需要我们去研究，采取必要的对策予以指导和改进，使乡村企业股份制能顺利健康地发展起来。

1. 关于股份制形式问题

从各地情况来看，目前很少有乡镇企业利用金融机构公开发行股

票，进行招股办厂。而多数股份制形式，是采取资产折股，村民（或职工）重新认股与带资入股的做法。这种做法，严格说还是属于合伙企业的性质，其在商品经济不甚发达的地区尤为普遍，那么现在是不是都要采用发行股票的形式呢？我们认为，在内部条件和外部条件尚未具备的前提下，必须区别不同情况分别对待。这就是：苏南、东南沿海以及其他经济比较发达的地区，可以在一些实力较强的企业进行试点，运用金融机构公开向社会发行股票，筹资集股，创造经验，为推行股份制度准备条件。内地地区，可以采取以企业为单位，吸收本企业职工带资入股为基础，逐步地发展其他企业参股或企业与企业联合，形成个体与集体、集体与集体以至集体与全民之间的股份合作经济实体。这种形式，有利于合作双方增强责任感，扩大生产经营规模，提高企业经济效益，并容易创造条件向真正股份经济发展。

2. 关于股权问题

企业的资产折股后股权如何分配，这是关系到政企能否分离的关键。有些企业在实施过程中，把乡、村政权作为公股持有者，实质上承认它们对企业仍拥有控制权。有相当一部分股份企业的董事长、总经理由乡长、书记担任，必然会形成行政插手企业，造成政企欲分而不能的局面。公股顾名思义为全乡村人民所有，它交给企业或股份公司经营，其红利部分可用于村镇公共事业开支。乡村政权不应作为公股持有者而插手企业经营，应当规定乡长、书记不能兼任董事长和总经理，乡村政权对企业只宜负有指导和帮助的责任。股权中的私股部分，有些企业发给农户，有些企业发给职工。发给农户，农户众多，股权分散，股息红利少，无从调动农民积极性，对企业发展作用不大。发给职工，可使职工利益与企业利益相连，从而调动职工积极性。但是，无论是发给农民或是发给职工，对于企业筹资都不起作用。因此，对原有资产作价折股的企业，不宜将这部分股权无偿分给个人，可以通过出售的方式，既为企业筹集到资金，又可使职工和农民与企业有共同利害关系。但考虑到职工在这部分资产积累中的贡献，在售给职工时可给予一定的优惠。

3. 关于股息和红利分配问题

分配问题关系到股权所有者的利益。从目前情况看，企业之间红利分配水平高低不等，约占税后利润比例的20%－60%。有的企业股金分红采取固定利率的15%，这对股东的利益有了保障，但在企业经营状况不良时，会使企业无力支付而陷于困境，有的企业股金分红是随经营状况上下浮动，这要求股东与企业共担风险，在目前推行还有一定困难。究竟如何处理？从宏观角度考虑，让企业自行决定也许是最好的办法，其他机构不要加以干涉。因为企业实行股份制，必然会改变过去企业行为短期化的弊端，而站在股东、企业和劳动者三者长期利益的立场上进行自动调节，使分配关系达到最优平衡。从发展商品经济角度来看，股东应与企业共担风险、共享红利，保底封顶是不可取的。但在推行股份制的初期，人们还缺乏风险意识，可以有两种办法并存，由企业根据具体情况选择。但应注意一点，税后利润一分为四后，即分为生产发展基金、职工福利基金、奖励基金及分红基金后，不能为保股东利益而挤占其他基金。目前有些企业往往挪用奖励基金弥补分红的不足，这是不允许的，因为职工与股东并非同一主体。

4. 关于投股面的问题

同一个股份制企业中，在现金投股上，有的农户或职工购买股票多，有的少，有的则没买，由此产生了一些副作用，如少数持股较多的农户或职工，凭藉现金股分红的优势，出现不愿干活的苗头，而未买股票的农户或职工对企业生产和经营状况的态度就显得相对冷漠。这种由于投股面不均而出现的一些问题在股份经济发展的初始阶段应该引起注意。调节的一个办法是征收个人所得税，建议设立一种独立的适合股份企业实情的税制，例如规定一年分红利超过一定限额后将累进征收个人所得税，税金可在发放红利时扣除，这将有利于调节投股面，也便于征税。

5. 缺乏必要的外部条件

股份制的建立和完善需要有一个相应的外部环境，但目前这一条件还不具备。首先是缺乏必要的立法工作。不少股份企业不知道招股集资需要具备什么条件,承担哪些义务,不知道经营亏损以至破产倒闭债务如何清偿,甚至对入股的报酬、期限、双方的权利和责任等,如何确定也不清楚。在这种情况下,有关部门应当制订出关于推行股份制的法律条文和详细准则,其内容不仅包括实施标准、方法,还应对红利的发放,股票的性质、作用、种类,发行与流通等作出具体规定,使企业有章可循;其次是没有形成长期资金市场,资金入股未票据化和流通化,使得投资者不能自由转移资金,选择较佳的投资机会或把股票变为现金,由此产生普遍存在的能否退股和如何退股的问题。因此,必须努力于形成证券市场。目前少数地区已在银行设立证券交易柜台,从事证券交易业务,但在价格上采取限制的方法。这种做法限制了股票流通,使股市活跃不起来,在当前股票供不应求的情况下尤其如此。因此,在推行股份制已有一定基础的地区,可考虑设立证券发行和交易的机构,并允许自由喊价,真正做到股票价格随行就市。

6. 关于思想认识问题

虽然乡镇企业的股份制在实践中已显示出其旺盛的生命力,但是在乡村干部和群众中对股份制的认识不足,特别是干部的思想认识问题已成为进一步推广和深化乡镇企业股份制的阻力。在现阶段反映出来的问题主要有以下几方面:(1) 由于中央政策不明确,理论界对股份制尚有不同的看法,因此有些乡村干部担心政策多变,怕担责任而不敢积极试行。十三大以后,政策比较明确,但仍因无制度法律保障,使部分干部不敢放手推行。(2) 由于股份制推进了政企分开,原来被当作乡村行政机构的“小金库”的乡村企业摆脱了行政控制,必然会触动部分干部的切身利益。他们害怕失控、失权和失利,因此推行也就不积极、不主动。(3) 由于股份制企业具有更大的活力,经济效益较高,竞争能力较强,因此,有些乡村干部担心股份企业会击垮原来的乡村两级企业,有的乡(镇)政府就规定股份企业不得经营其他乡村两级企业所经营的业务。这就限制了股份制的发展和推广。(4) 有些乡(镇)领导担心，股份制企业效益高，职工收益多，这样将会影响干部的积极性，也使其他乡村两级企业的职工不安心。因此，对股份企业在贷款上不予支持，并巧立名目增收各种管理费、服务费、支农费等，以此来缩小收益上的差距。

此外，还有不少干部对股份制的性质、作用还不是很了解，并且在传统体制下，缺乏风险意识、金融观念，更不懂证券交易。凡此种种都是进一步推广和深化股份制的障碍。因此，为了引导股份制的健康发展，必须加强对各级干部的教育和培训。

虽然目前乡镇企业的股份制还不完善，存在着这样那样的问题，但可以预见，如果我们能采取一些必要的措施使之逐步完善的话，它的推广和深化将给乡镇企业的发展带来新的动力，使乡镇企业的发展进入一个崭新的阶段。

（本文原载于《上海社会科学院学术季刊》1988 年第 3 期，与王秉森、韩华林合作）

20 世纪 90 年代：上海经济发展战略新调整

当上海经济步入 20 世纪 90 年代时，人们感到，无论是工业生产、内外贸易，还是财政、金融方面，上海都面临着重重困难。但是，开放浦东、开发浦东终于被推到了前台，这又给上海经济的振兴带来了新的机会和希望。90 年代上海经济可能有怎样的发展？应该有怎样的发展？对此，必须在对上海经济发展战略的实施加以回顾与反思，以及对 90 年代面临的经济环境做出正确判断的基础上，进行必要的战略调整。

一、对上海经济发展战略实施情况的反思

如果将 1984 年提出的上海经济发展战略和这几年实施的情况加以对照的话，我们大致可得出如下的回顾和反思：1984 年，上海经济发展战略中的数量型目标已基本实现，如国民生产总值翻一番、第三产业的比重、主要工业部门的产值构成、出口依存度和出口商品构成等，而战略设想中的质量型目标则还远未达到，如贸易中心和金融中心功能的形成，传统工业的技术改造、机电、电子、化工产品的国际竞争能力等。事实上，只有基于这种判断，我们才可能认清上海经济发展面临一系列困难的真正原因。

经济发展战略的实施效果与所处的政策和体制背景密切相关，因此，上海经济发展战略设想中的质量型目标难以达到的原因主要应当从政策和体制中去寻找。

就金融中心的形成而言,在中央计划还未丧失其在生产和投资活动中的主导地位时,对资金的控制权是其执行自身职能的主要支柱。因此,中央金融机构业不期望在地方上出现一个真正的金融中心。在金融实行划块分级管理的体制下,各省政府事实上对中央银行各省分行以及各专业银行地方分行的金融活动具有很强的干预力。由于省级政府在本省范围的生产和投资活动中执行着类似于中央政府的职能,因此它也必然要对属于自己控制额度内的资金的流出严加防范。

就贸易中心的形成而言,在现行体制下,中央计划的另一主要支柱是对实物(即重要的投入品和消费品)的控制。近几年虽已迅速扩大了计划外的实物比重,但在地方财政承包的背景下,各省政府在处理省际贸易关系时,既不能容忍地区间贸易冲击省辖工业的生产与投资活动,也不允许地区贸易冲击本省的商品市场。从长期来看,即使是在地区分权体制稳固化的条件下,各省的经济发展本身仍会形成对扩大省际贸易量和贸易领域的需求;但从短期来看,资源省区和发展水平相对较低的地区对于地区分权体制的第一反应则是立即割断于己不利的部分贸易联系,在本省范围内构筑一个具有封闭倾向的产业循环体系,这样,留给省际贸易的空间就显得比较狭窄,形成真正贸易中心的道路就变得十分漫长。

1987 年,对战略又作了补充调整,提出走“国际大循环”的道路。但联系现实来看,这一设想对以下困难缺乏足够的估计。

首先,从对上海经济增长的带动作用来看,目前内向扩张作用比出口扩张作用要大得多。我们应用一个回归模型研究了国内销售、调出市外及出口三者对上海国民生产总值增长的影响,结果表明出口增长1%对 GNP 增长的影响仅为0.134%,而内销及调出的影响要大得多,两者之和为0.872%。运用1987 年的投入产出表加以分析,也得到大致相同的结果。这既表明上海经济基本上是内向的,也说明在现有水平下依靠出口扩张对经济成长的带动作用是较小的,要形成外向循环尚需一较长的过程。①

其次,从短期来看,这种循环会带来巨大的财政压力。从长期来看,越要促进出口,就越需要在国内筹措原材料和中间产品,否则其对经济发展的带动作用是微小的。日本亚洲经济研究所在研究亚洲各出口加工区的经验时也得出了这样的结论。

此外,“大进大出”面对的是国际市场,它必然要求经济运行机制尽可能与国际经济接轨,要求外贸、金融及企业营运等方面都有灵活的市场反应。目前内、外市场的分离,条块分制的体制以及外贸垄断等都不能适应“大进大出”的要求。

以上分析表明,上海经济发展战略本身有它的历史意义,其基本设想是合理的,问题在于现实的政策和体制背景未能很好地配合战略的实施。

二、对90年代发展背景的估计

上海在面临原材料短缺,资金匮乏和国内市场疲软的困难情况下;着力于经济的外向发展,并逐步把发展重点转向新区的开发上,也许是唯一能走出困境、带来成功希望的道路。在90年代,上海经济发展所处的体制背景会有多大的变化?上海经济外向发展的机会及其在国际经济发展格局中的位置如何?上海又能在多大的程度上发挥自己的优势?

进入90年代的第一件关系到上海未来发展的大事,就是中央已看到上海在改革开放中的地位、作用和目前所面临的困难,决定开放浦东、开发浦东。然而,上海经济的发展状况对全国的影响重大,加之在“诸侯经济”形成的格局下,中央又不得不考虑地区的利益平衡,因此,

---

① 上海经济增长率为 g,X_1、X_2、X_3分别表示国内纯销售、调出市外及出口的增长率,根据1980年以来统计资料拟合得

$$g = 0.482X_1 + 0.390X_2 + 0.134X_3 \quad (R^2 = 0.8)$$
$$(0.099) \quad (0.102) \quad (0.078)。$$

中央在同意上海进一步扩大开放、深化改革时，又必然持十分谨慎的态度。中央既不可能在财政上作出更大的让步，也不允许浦东开放对其他地区的经济利益带来冲击。

显然，上海只能走外向型发展道路，只能以出口导向为主要的战略方针，成功的关键在于扩大开放、深化改革。分析中央批准的十条政策，在建立保税区、允许外商投资基础设施建设和第三产业，以及同意扩大股份制试点和建立证券交易所等方面已有所突破。虽然这些政策是为浦东开发制订的，但是它必将波及浦西，给整个上海的改革开放带来巨大变化。当浦东的经济运行机制逐步向国际通行机制靠拢时，浦西的市场调节范围和程度也就会不断扩大和加深。深圳、珠海作为特区有其边界，但其市场观念和运行机制的影响波及了整个广东省。在开发浦东的过程中，我们必须同时研究如何去改革浦西的运行机制以适应浦东开发，尽可能向新体制靠拢。

从国内的体制环境来看，“诸侯经济”的局面一时尚难改变。地方财政承包制在近期内尚不可能由分税制取代，市场机制的发展与完善、规范化的统一市场秩序的建立尚需时日。至少在“八五”期间省际贸易的壁垒尚难消除，而在面临市场疲软的状况下，这种壁垒甚至还会加强。

由于我国地区经济发展极不平衡，在近期内中央也许还难以采取果断措施和进行必要的立法来消除省际贸易障碍，而经济的发展又必然要求扩大省际贸易的规模与领域，在这种情况下，“诸侯经济”的发展很可能导致国内市场的分割与重组，出现类似国际经济中的区域化趋势。当沿海地区在扩大开放和对外经济合作中获得跳跃性发展，并形成对国内市场的强大竞争力时，发展水平相对较差的中西部一些地区，便开始在酝酿地区联合的共同市场(或称为区域性大市场)了。例如，湘、鄂、赣、皖部分地区以九江为中心的区域性大市场已初具雏形。不研究此种趋势与对策，将会给目前对国内市场尚有很大依赖的上海经济增加新的困难。

然而,我们也应看到浦东开发的决策已引起全国各地的关注。一些地区正在观望,试看上海能争取到何种优惠政策,而后争取仿效移植,并与上海展开新的竞争;另一些地区则希望在与上海的合作方面有所进展,希望通过合作而利益均沾。既然上海的发展离不开国内的支持,在70年代(甚至更长一些时期)尚不可能实现脱离国内市场的“大进大出”、“大循环”,那就必须考虑如何在“诸侯经济”格局中加强与部分省区的互惠互利的合作,以拓宽发展的空间和增强外向发展的竞争能力。

上海在做出外向型经济发展的战略调整时,一个重要前提是要在对国际经济环境分析的基础上,正确确立上海在国际经济发展格局中的位置。当前亚太地区产业结构与竞争关系的变化给上海介入亚太经济国际分工提供了新的机遇。

就产业选择而言,上海若过早地把重点置于高技术领域,去与美、日强大的对手竞争是不现实的;而仍然停留在以劳动密集为主的轻、纺加工业上,不仅与上海的地位不相称,也并没有多大的优势,或者说在东南亚及我国沿海省区的竞争压力下现有的一点优势也保持不了多久。上海的优势在于具有一定规模和技术基础的机电工业和化工工业,包括造船、电站设备、成套机械、医药、化工等劳动力较多的资金密集产业。在这些领域,其技术力量强于沿海省区和东南亚一些发展中国家;而其基于“两山”的资源基础,则优于亚洲“四小”。这些产业通过引进资金技术,嫁接改造,是可以与亚洲“四小”一争短长的。就市场来看,轻纺产品的重点在欧美、日本与苏联等发达工业国,而后向发展中国家扩张;机电化工产品的目标市场则在发展中国家,特别是东南亚、中东和非洲,而后逐步向次发达和发达国家扩张。目前,西方一些国家对我们的制裁已有松动,在浦东开发树立起更为开放与稳定的国际形象后,在贸易上的影响就会小得多。苏东形势的变化似有不利之处,即引起国际资本的分流,但是在90年代,它们尚无法克服多年积累的各种矛盾,当西方资金大量流入苏东时,将会刺激消费的急剧上升,从而在它们未能完成产业结构转换时提供新的市场机会。东南亚、非洲和中东尚有巨大的市场,而上海在80年代还未很好去开发,如对非贸易从80年代初的3.2亿美元降到1988年的1.66亿。因此,总的来看市场机会也并不少,问题是我们能否在正确定位的基础上调整自己的目标和策略。

三、战略调整的基本思路

1. 以“出口导向”作为制定发展政策的首要准则

这不仅是对浦东新区而言,也是对整个上海经济而言。无论体制改革、产业结构调整,还是投资与技术改造、利用外资,都要考虑有利于促进出口。以出口导向为首要准则并非是要放弃进口替代和割断国内的经济联系,而是把它们置于从属地位,为促进出口服务。

为促进出口,应明确以下一些策略:

(1) 出口的重点产业是轻纺和机电产品。虽然目前轻纺产品仍是出口创汇的主力,但扶植机电产品出口,特别是装备工业产品的出口应视为90年代的重点,产业结构的调整和技术的改造应以此为依据。

(2) 制订鼓励政策,应考虑采取“行业特区”办法,即对于产品附加价值达到一定比率,或年净创汇达到自有资产的一定比率的企业,可享有类似三资企业的优惠待遇。对已进入“行业特区”的企业,若两年达不到标准可予以取消。在市财政承包体制下,可由市里统筹上交基数,当这些出口企业提高附加价值和净创汇时,从总体上看也不会减少上交。

(3) 在中央同意建立“保税区”的基础上,扩大区内三资外贸公司的转口贸易范围。即允许它们收购区外内资企业(主要是上海)的产品出口,但要制订允许经营的产品目录,并规定以外汇收购。换言之,任何企业,只要具有出口竞争能力,其产品属于规定范围,都可通过区内外贸公司代理出口。

(4) 在普遍推广外贸代理制的基础上,逐步打破内外贸市场隔离的局面。要改变内销外销产品不一样、内销企业不介入外销的局面。应使任何企业生产的产品，只要国际市场需要就可随时找外贸公司代理出口，改变“出口转内销”为“内销转出口”的局面。同时，应给一些实力雄厚、具有较高信誉的商业企业以出口经营权。

（5）在确立目标市场的基础上制订开拓计划，近期的重点是开发第三世界市场。要利用香港的国际营销经验和网络，努力发展上海的海外经销、加工和信息网络，并根据市场主攻目标，培养国际经贸人才。1988 年年底，我国台湾在确立扩大对日出口方针后便拟定了“关于加强对日经贸作战的计划”，其中最引人注目的就是斥资 2 亿新台币替工商界培训对日经贸人才，内容除日语和经贸专业知识外，还包括日本的经济、社会、民俗风情、人文地理常识等。上海在开发浦东、促进出口上也应有这方面的准备。

2. 积极发展金融市场，实现金融体系完备化，为真正形成上海的金融中心做准备

虽然上海要形成全国性和国际性的金融中心尚有赖于全国金融体制的根本转轨，有赖于产权制度的改革和资本市场的形成，这在 90 年代也许尚不成熟。但是，浦东新区的开发，扩大股份制的试点和证券交易所的建立使上海在扩展金融功能、完善金融体系方面有了更大的活动余地。而从现实发展的需要来看，也必须把金融业和金融市场的发展作为 90 年代战略调整的重点。这有两方面的原因：一是浦东开发、旧城改造和企业技术改造需要大量的资金，在中央财政不可能给予更多支持时，只有通过金融市场来筹集资金并合理地分配资金；二是发展外向型经济需要调整产业结构，也需要扩大与外省市，特别是与资源供给省区的合作与贸易，这就必然要求更大量的资本流动，从而需要完善的金融市场来促进资本的合理流动。因此，上海在 90 年代需要也有可能扩展其金融和实现金融体系的完备化。其主要任务有：

（1）积极发展现代股份制企业，并进行产权制度的调整和改革。将大部分中外合资企业改建成股份有限公司，在浦东新区新建的企业

都可实行股份制，也允许浦西和外省市企业参股联营，同时在浦西选择部分国营企业试行股份制，向社会出售一定比率的股权。企业持有的股份可在企业之间转让，个人持有的则可在个人之间转让。也鼓励有实力的企业集团、公司到外省市以股份制形式兴办合资企业，建立新的生产基地和原材料基地。

（2）建立证券交易所，增设证券公司，发展证券市场，形成通过市场筹集和分配资金的运行系统。允许企事业单位以自有资金进行证券投资和交易，发展一批证券经纪人，经审核批准后发给执照。

（3）增设外资金融机构，并逐步适当地扩大其经营业务范围。可有控制地逐步批准设立一批外资银行总行、分行，中外合资银行，中外合资保险公司和中外合资财政公司，并视条件成熟程度，逐步扩大它们的业务经营范围。与此同时，要不失时机地推进国内金融机构的体制改革，实行专业银行的企业化经营和综合性经营，给它们以平等的竞争条件，让它们逐步与国际通行的金融活动方式接轨。

3. 培育市场机制，扩大与兄弟省区的经贸合作，在竞争与联合中发展上海经济

当上海由于开放浦东、开发浦东而引起市场调节范围和市场机制作用逐步扩大时，要想更多地依赖中央计划的保障是不现实的，这不仅会引起资源省区的反对，也不符合商品经济发展的要求。而上海经济在向外向型转化的过程中还将主要地依赖国内资源与市场；即使初步形成良性的国际循环，上海也不可能成为国内的经济孤岛。相反，促进出口的战略成功意味着将扩大对内筹集资源和中间产品的需求。因此，在面临资源封锁和贸易壁垒的困难时，应努力设法解决和改善省际贸易关系。由于上海只能在合作与竞争中发展外向经济，因此，培育市场机制、扩大对内经贸合作也是90年代战略调整中必须重点考虑的一个问题。

（1）培养企业的竞争意识，提倡在竞争中发展，而不是在中央计划保障下发展。自治理整顿以来，依赖中央计划保障和政策倾斜谋求发

展已在不少企业中成为一种倾向，但是，外向型经济是不可能在保护下健康成长的。一般地说，凡以进口替代为主的战略都是基于保护国内工业的方针，而凡以出口导向为主的战略则都倾向于自由贸易。既然上海确立以出口导向为主，那么培育市场机制，提倡适度竞争是重要的。上海的企业必须学会适应在中央计划保障逐步减少的情况下去发展。要让企业在竞争中淘汰、兼并、重组和成长，以适应国际、国内的竞争环境。

(2) 积极向中央建议利用治理整顿的时机，尽早制订有关反对封锁和垄断、保护省际贸易、保护联营和投资的法规，创造公平竞争的市场环境。事实上整顿市场秩序就是要建立起统一的、规范化的市场规则，而不是把改革中已发展起来的市场整掉或收小。

(3) 培育市场机制还应适时地、不断地推进价格改革，逐步让价格真正成为调节资源配置的主导性信号。人为地将价格控制在较低的水准上，只会导致国民收入的流失，使上海的商品、物资、技术、资金、人才市场缺乏吸引力，从而使上海难以形成贸易中心的地位，也使价格调节市场活动的功能无法有效发挥。

(4) 采取多种形式，积极主动地与和上海经济具有互补性的省区合作，参与并推动形成区域性联合市场，以减少因市场割据和地方封锁对本市经济造成的危害，并为形成全国的统一市场而努力。

(5) 通过资本、技术和管理的输出，以互相参股的形式到外省市去建立新的合作生产基地，或取得原料和初级加工品、半成品和组装件，到上海经过精加工后包装出口，也可以直接取得出口货源。上海不仅要提高出口加工的深度，也要考虑提高出口加工的起点。

（本文原载于《社会科学》1991 年第 1 期，与陈家海合作，原题为《90 年代：上海经济发展战略面临新的调整》）

结构调整与改革

目前关于治理整顿是否到位在理论界尚有较大的争议，但可以肯定一点，即治理整顿已接触到了经济体制的深层次问题——我国经济的结构性矛盾和运行机制问题。一方面是长期存在的加工工业发展过快与基础工业、能源交通和原材料工业相对不足的矛盾；另一方面是新的宏观调控机制尚未建立，而微观上市场机制还很不成熟，企业的自我膨胀机制仍未消除。因此，我国的经济仍未能摆脱“一放就乱，一收就死”的反复循环状况。不难看出，认为治理整顿尚未到位的观点往往是出于对“一放就乱”的担心，而认为治理整顿已经到位，甚至越位的观点则往往是出于对“一收就死”的忧虑。显然，问题并不在到位不到位，而在于如何在治理整顿中推进改革，以加速结构调整并培育起新的宏观调控机制和完善市场机制。这才是我国经济走出当前困境，转上持续、稳定、协调发展的根本出路。

一、结构调整的难点

其实，自 80 年代以来，几乎就没有中止过关于调整结构的议论。从产业结构看，工农业发展不平衡，农业发展的相对缓慢不能适应工业的急速发展；工业内部的加工业发展又与基础工业相脱节；交通运输与能源产业长期落后于整个经济的发展，成为国民经济的瓶颈。从产品结构来看，品种与质量都还不能适应需求的变化；而组织结构上政企不分、机构臃肿、条块割据也是多年形成的顽症，规模效益难以发挥。不少经济学者早就指出，结构问题是我国经济难以走上良性循环的关键问题之一。

虽然我们早已认识调整结构的重要性,也一再强调要调整结构,但长期以来其实际进展是十分缓慢的。因为在有计划的商品经济条件下,结构调整绝非是依靠行政命令所能很快解决的,它必然涉及市场、价格、投资和利益分配等方面的问题。分析我国经济现状,当前的结构调整主要有以下三方面的困难:

(1)价格体制不合理,价格信号扭曲无法引导企业准确调整其产业方向和产品结构。在承包压力和利益驱动下,无论企业还是地方政府在产业与产品的选择中总是优先考虑投资的回收和获利的高低。近年来一些加工业的急剧膨胀,如家电、化妆品等无不与偏高的价格有关,而如煤气、住宅、交通,则因价格偏低无利可图,甚至赔本,因此,尽管上海住房和煤气十分紧缺,而目前水泥压库、煤炭供应缓和,也难以迅速发展。

(2)结构调整必然要求生产要素在地区之间、部门之间和企业之间有更大的流动性,但我国条块分割的管理体制和缺乏弹性的劳动就业制度使资本与劳动力的流动都比较困难。近年来在地方分权和层层承包的推动下更强化了封锁行为,稍有发展的横向经济联系也被迫中断。此外,资本市场、劳务市场都尚未形成,因而使要素存量的调整既难以通过计划指令来实现,也难以通过市场来实现。价格不合理和要素流动受阻已使许多地区的产业结构趋同发展,不仅造成同构摩擦,也加大了结构调整的难度。

(3)剩下的只有通过要素的投入增量来调整结构。然而在财政、信贷双紧方针下,企业资金十分困难,何况企业留利本来就不多,投入增量也不可能增加。目前在市场疲软的状况下,企业流动资金大部分被成品积压占用。去年一季度企业成品资金占用率已达66.5%。政府为启动市场投入的启动资金不是成为新的成品积压,就是化为新的三角债。企业经济效益大幅下降,因而技术改造、调整产品结构也只能在很小的范围里进行。

上述因素使调整结构的活动空间十分狭小,从而使调整过程变得十分漫长。虽然目前已采取降低存贷利率、适当放宽信贷、清理三角债等措施,也取得了一定的效果,使1990年八九月份的生产出现了回升景象。但就经济发展而言目前仍未可乐观。因为这些措施并不能解决机制上深层次的问题,生产的回升也并不等于经济就此进入了持续、稳定、协调发展的轨道。

二、当前改革的要点

显然,要解决上述问题必须依靠深化改革来完成。事实上治理整顿与深化改革的统一在于不失时机地推进改革,并通过改革来解决治理整顿中暴露的深层矛盾,达成治理整顿的目的。顺着上述思路,以下一些改革措施应在近期的治理整顿中推进。

(1) 适时地、不断地推进价格改革,发挥价格调节市场活动的功能,逐步让价格真正成为调节资源配置的主导性信号。事实上,在这两年多的治理整理中价格调整也在悄悄地进行。1990年一季度尽管市场相当疲软,但名酒价格的较大幅度下调,也使其销售量成倍地上升了。彩电降价后,销售虽有短暂的停滞,但很快就回升了。那种担心"买涨不买落",担心影响财政收入企业利润的想法是不必要的。另一方面交通、邮政、能源等也适当地提了价,使十分困难的财政减轻了一点负担,也使这些部门得到一点发展机会。目前居民的消费结构也在发生变化。住宅、煤气、电话都十分短缺,正成为新的消费热点。适当调高价格不仅有利于扩大这些商品的供给,也能大量吸收消费资金。从整体结构看,这类商品的提价和部分工业品的降价表现为利润在行业间的转移,但实质上它在引导着资源配置的改变,是一种有效的结构调整手段。

问题是目前改革价格的条件如何,是否会引起物价轮番上涨,使通货膨胀再度升高,并引起社会的不安定?应该承认,价格改革总是有一定风险的。但自1984年以来,目前可以说是改革风险较小的时机。首先，去年农业丰收，预计粮食总产和单产均可创历史纪录，农业是基础，农业丰收就大大提高了对价格改革风险的承受能力。其次，经过持续的市场疲软后，各种商品、物资库存充足，在适当控制信贷规模和货币发行量的情况下，物价轮番上涨的可能性也大大减小。第三，居民消费结构的变化及证券投资意识的加强使社会游资分流，也大大减轻了对市场的冲击力。因此说当前是推进价格改革的一个较为有利的时机。

然而，在加快价格改革的同时，仍需协调好价格变动与财政收入、居民可支配收入之间的关系。在考虑价格改革出台顺序时，应改变"什么短缺、管死什么"的做法，而采取"什么短缺，先改什么"的做法，让价格波动逐步能表达市场供求的变化方向和强度。此外，还应加强市场管理，防止人为哄抬和腐败现象。

（2）扩大股份制试点，并为发展社会主义的新型股份制创造条件——完善金融市场。实行股份制，进行产权制度的调整与改革的主要好处是：① 在国有企业中引进市场机制，有利于政企分开，并让企业在一定的竞争环境中淘汰、兼并、重组和成长，推动企业组织结构的改革；② 资产股份化，有利于推动资本的横向流动，促进各种功能互补和优势叠加的横向经济联合，有利于规模效益的发挥和产业结构的调整；③ 发展股票证券市场，以形成通过市场筹集和分配资金的运行系统。这不仅有助于拓宽资金筹集渠道，克服当前资金不足的困难，更重要的是改变了资金使用的无风险性和低成本，从而使企业的自我扩张机制受到约束。

目前，关于股份制的理论还有不少争论，根本的分歧在于国有企业转让少部分股权是否会"侵蚀"国家资产，是否会改变企业的社会主义方向？几年来试行股份制的实践已证明这种担心是不必要的。谁也不会认为，也没有理由认为上海的电器公司、豫园商场等股份制试点企业已改变了社会主义性质；相反，在公股占绝对优势的情况下，它们真正体现了公有制的主导作用，引导着个人股份走社会主义道路。不妨想一想，个人的一笔资金投资于个体经济（这在社会主义阶段是允许的）

和投资于像上海电器公司那样的股份企业，哪一种更有利于社会主义经济的发展？而在公股占主导地位的条件下，国有企业转让少部分股权只是资产形式的转变，即把少量资产转变成生产发展资金，这怎么能说是“侵蚀”国家资产呢？当企业因资金短缺陷于困境时，把部分资产转为生产资金，使企业得到发展，资金得以增值，其结果是更加壮大了国营资产。

顺便说明一下，股份制与承包制并不是对立的，而是互补的。承包制主要处理的是所有权的关系问题，而股份制主要是处理不同所有权之间的关系问题。目前在完善承包制中较困难的问题是改变企业行为短期化倾向和打破地区部门之间分割与封锁的状况，而股份制对解决这两个问题显然是有积极作用的。从这个意义上看，在承包经营的基础上引进股份制也可以说是完善承包制的一个补充手段。

（3）建立社会保险制度，为改革劳动就业制度，促进劳动力合理流动创造条件。劳动力的合理流动不仅是结构调整的需要，而且它对于提高效率和维持社会的稳定都有重要的作用。在市场走势疲软时，许多企业不得不减产、停产，但是人员却无法精简、转移；而另一方面，作为启动市场的一项措施，适当扩大公共工程建设时，却又不能利用企业中的冗员，要增加农民工来进行。这就使经济难以迅速复苏。

然而，在形成社会人员的合理流动中不可避免地会出现一定的待业和失业现象，当这个数量超过一定的限度时，就可能引起社会的不安定。必须说明的是社会人员流动性与社会安定所能容纳的待业、失业量是密切相关的。流动性越小，其容纳量也越小。如果没有流动，1%的失业率就可能很不安定。上海如有几万人长期失业，并对就业缺乏希望的话，显然难以保持社会的安定。但如果流动性很大的话，4%－5%的失业率也不会造成不安定。因为对个人而言，失业只是暂时现象。在流动中一个人在两年里承受个把月的失业并不算什么。

为了促进劳动力的流动还必须建立相应的社会保险制度，使暂时失业人员的基本生活有所保证，并把原来由企业负担的离退休人员转为由社会统筹负担。这样把企业与社会的功能区分开来，将有效发挥它们各自的作用。这不仅有利于减轻企业负担，使企业能集中力量发展生产，而且有利于形成一定的劳务市场和就业竞争，从而有利于提高整个经济效率并促进社会的安定和发展。

（本文原载于《上海经济研究》1991 年第 2 期）

台商在大陆投资的分析与展望

自1979年实行改革开放政策以及全国人大常委会发表《告台湾同胞书》以来，海峡两岸关系已发生了重要变化。这表现在政治上关系逐渐缓和，和平统一呼声高涨；经济上间接贸易、间接投资、技术合作、劳务合作等多种形式的经贸关系得到迅速发展。1989年，两岸经香港转口贸易总额已达34.43亿美元，到该年年底，台商在大陆的累计投资总额已超过10亿美元。90年代，大陆经济进入稳定协调的发展阶段，随着经济的发展和改革的深入，投资环境进一步改善，而在1991年5月，台湾当局宣布终止“动员戡乱时期”，结束了两岸军事对峙的局面。民间交流又有了进一步的发展，该年两岸转口贸易总额达55亿美元，台商在大陆投资累计已达30亿美元。这一发展不仅对两岸的经济发展和和平统一具有重要意义，而且对东亚地区的经济合作与发展也产生了一定的影响。本文试对台商到大陆投资的动因、发展与前景作一概略的分析。

一、两岸经贸交流发展的动因

1. 和平与发展的国际大环境和世界经济区域化、集团化发展趋势，是促进两岸经贸发展的重要外在条件

80年代以来，东西方关系逐渐从紧张走向缓和，从对抗走向对话，和平与发展成为当今世界的主要潮流。在这种缓和的气氛中，两岸关系也开始缓和。从而使台湾与大陆的经贸往来成为可能，并得以迅速

发展。

在经济上，世界经济一体化趋势日益明显。发达国家为了赢得比较利益，加速资本输出。发展中国家为了发展本国经济，纷纷推行开放政策，引进资本技术，发展对外贸易。这一全球性的资本、技术和商品流动密切了国家与国家、地区与地区之间的经济联系。国际分工与合作使参与者可通过国际市场的调节，取长补短，获得比较利益。在这种情况下任何闭关自守的政策都难以为继。大陆与台湾自然也被卷入其中，并寻找各自适当的位置和合作对象。因而建立并加强两岸的经贸交往也是合乎历史潮流的必然趋势。

另一方面，经济和科技领域的竞争日益剧烈。为了在竞争中取胜，迎接未来世纪的挑战，许多国家纷纷联合起来，以增强竞争力。欧洲统一市场的即将形成、美加自由贸易协定的签订，已形成未来区域化、集团化的世界经济新格局。其他国家和地区也纷纷采取行动，试图建立类似的区域性经济合作组织。台、港、澳和大陆的一些学者也提出了建立"中国经济圈"、"华人共同市场"等设想，以加强经济合作，与美加自由贸易区、欧洲统一市场及日本相抗衡。尽管这种构想与现实尚有距离，但多少也暗示了世界经济区域化、集团化趋势是促使海峡两岸经贸关系发展的重要外因之一。

2. 大陆、台湾政治上的松动，是促使台商来大陆投资的最重要原因

海峡两岸的中国人正是由于政治上的原因而被分离30年。严重的政治对立使两岸间的一切交往都无法正常进行，因此只有在政治关系缓和的情况下，才可能产生经贸往来。当中国政治确立了和平统一、振兴中华的方针后，自然希望通过旅游、贸易和吸引台资等经济交流来化解敌意，增加两岸人民的相互了解和取得共识，从而促使两岸早日实现"三通（通商、通邮、通航）"以利于祖国的和平统一。台湾当局尽管在政治上与大陆有很大分歧，但在"统一纲领"中也表示了协商统一的意愿，并试图借助贸易与投资向大陆宣传"台湾经验"和"促使中共转

化”。正因为如此,两岸经贸关系与政治关系有明显的互动因素,使投资与贸易的发展难免带有一定的政治意图和政治敏感性。

3. 经济上的互补与互利是两岸经贸关系迅速发展的直接动力

近几年台湾对大陆的投资之所以能迅速增长关键还在于经济利益。应该看到,一切经济活动都有其特有属性,当它进行到一定程度后,往往可能超越政治的制约。

台湾经济在60年代和70年代曾经飞速发展。然而,到80年代中期以后,岛内外的经济环境都发生了变化。对外贸易,特别是对美贸易连年巨额顺差,外汇储备大量积存,台币在美国的压力下不断升值。而随着经济的发展,劳工短缺,劳力成本不断上升,岛内土地资源稀缺,地价飞涨,从而降低了台湾产品的出口竞争能力。

另一方面,80年代后期,世界经济持续不景气,发达资本主义国家普遍加强了贸易保护,使台湾的出口遇到了很大的困难。与此同时,一些发展中国家也开始推行出口发展战略,以更为低廉的生产成本优势角逐国际市场,对台湾经济构成很大威胁。这些内外因素的变化使台湾的出口型经济面临严重困难。移出部分传统的劳力密集型产业,释放出土地劳力,支持新兴产业的发展,实现产业升级则是经济发展的必然选择。而岛内投资环境恶化则加速了这类产业的移出。

就大陆而言,其幅员辽阔,自然资源较丰富,劳动力充足,劳工成本低廉,潜在市场庞大。但是资金、外汇则比较短缺,生产技术与营销管理相对落后。而且当农村改革释放出大量劳动力,就业压力日益沉重。因此,大陆需要引进资金、技术及营销管理经验,以加速现代化建设的进程,这正与台湾经济形成互补的局面。有趣的是台湾近几年对美贸易顺差的下降大致等于大陆对美贸易顺差的上升。

更重要的是,80年代期间大陆的经济改革取得了举世瞩目的成效。在这十年里平均经济增长率达9%,对外经贸迅速发展,出口平均增长率达13%,虽然1988年年末出现了较大的通胀压力。但经过三年治理整顿,政治稳定,经济步入稳定协调增长阶段,去年虽遭严重自然灾害，但农业仍获得了丰收，物价稳定、市场回升，经济改革正在进一步向市场化发展。同时，大陆也采取了一系列的优惠政策来吸引台资，使台商感到有利可图，从而形成台商在大陆投资的迅速增长。

二、台商投资大陆的概况与特点

自第一家台资企业 1981 年 9 月在广东建立以来，台商在大陆的投资发展大致可分为三个阶段：

第一阶段从 1981 – 1987 年是解冻时期。这期间大陆开始实行开放政策，两岸关系开始解冻，而台湾正值对东南亚投资的成长时期，台商带着试探的心理来大陆投资。估计这一时期台商在大陆的投资总额约为 1 亿美元。虽然这一时期投资总额并不多，但它毕竟有了一个良好的开端。由于初期投资的成功鼓励了更多的台商来大陆投资设厂，它一方面促使台湾当局不得不考虑民间的要求，采取一些增加弹性的措施，另一方面也使大陆积累了一些经验，了解台商的要求，不断改善投资环境和研究吸引台资的有关政策与法规，从而为日后的发展打下良好基础。

第二阶段从 1988 – 1990 年年底，是台商对大陆投资的初步成长阶段。1987 年 10 月，台湾开放了民众赴大陆探亲，于 1989 年又公开宣布对大陆的间接投资。而大陆则在 1988 年 7 月颁布了《国务院关于鼓励台湾同胞投资的规定》，明确了对台商前来投资的一系列优惠政策。在两岸关系进一步缓和的情况下，前来大陆考察投资环境的台商络绎不绝。据估计，到大陆考察过的台商已占 70% – 80%。这一期间台商在大陆投资 2 000 多项，协议总额达 20 亿美元。1990 年，台湾已上升成为大陆的第二大海外投资者，仅次于港澳，该年全年投资 1 103 项，协议总额为 8.92 亿美元。

第三阶段自 1991 年起，这样划分主要是因为两岸关系出现了一些新的变化。1991 年 5 月台湾当局宣布终止“动员戡乱时期”，这意味着两岸军事对峙的局面的结束，民间经贸活动将取得一定的合法地位，而大陆在这一年基本上实现了治理整顿的目标，经济进入稳定协调发展阶段。国务院关于开发和开放浦东的决定标志着改革开放的进一步发展。与此同时，台湾成立了“海峡基金会”，大陆成立了“海峡两岸关系协会”以处理民间交流事务，从而使两岸经贸交流有了比较稳定的渠道，可以预计台商到大陆投资会有一个比较稳定的发展时期。1991 年在上海浦东开发开放的吸引下，台商在上海的投资迅速增加，到 1990 年年底台湾在上海累计投资 213 项，协议总额达 3. 36 亿美元；其中约一半是在 1991 年投资的，而且投资规模和技术层次都有所提高。此外，台商也开始向内地伸展，四川、陕西分别都有数千万美元的投资。据估计，1991 年台商在大陆投资总额约为 12 亿美元，比 1990 年增加了 30% 以上。然而，这一阶段还刚刚开始，关于投资发展的有利与不利因素将在本文第四节中进行分析。

总的来说，台商在大陆投资大致有以下一些特点：

（1）投资的单项规模较小、期限短、收效快。早期台商投资的大多为几十万美元的小项目，近两年已呈扩大趋势，但总的单项平均规模在 100 万美元左右。由于规模较小，也由于大陆的优惠政策，许多项目都是当年签约，当年获利。据对开业两年以上的台资企业调查，95% 以上都获利。其生产成本比在台湾低 20% - 30%，平均毛利率在 24% 左右。由于中小企业投资的成功，目前投资项目已呈现规模大和长期化的趋势。不仅有 20% 左右的台资企业希望增资，而且在沿海一带已有若干千万美元以上的投资项目，最大的项目已达 2 亿美元。

（2）投资产业以劳动密集型为主。台商投资大多集中在服装、制鞋、玩具、制伞、塑料制品等行业。其产品设计与制造比大陆略胜一筹，随着大陆工业制造水平的提高和这些行业中的竞争加剧，近年来也发展了一些技术水平较高的投资项目，如化工、建材、汽车、光学器材、家用电脑、电子元件等。同时也向第三产业扩展。

（3）投资方式正向多样化发展。早期台商投资大多采取合资、合作的经营方式，目前则倾向于独资经营。早期取合资、合作形式的目的在于分担风险，当看到在大陆投资风险较小、盈利有把握时，则希望独资经营，这样还可以避免合资双方可能产生的矛盾。

此外，由于大陆给台商投资者特殊的待遇，允许他们购买国内企业的股票、债券和房产等，也可以从事土地的开发经营。因此，台商在大陆的投资方式比其他海外投资者更灵活多样。许多台商成团结伙批租成片土地，进行资源、交通和工业区的综合开发经营，这在福建沿海一带较为突出，而在上海和深圳，台商正在向证券、金融业迈进。

(4)投资模式基本上是香港接定单，台湾出资金、技术，大陆出厂房和劳动力。这也许会成为大陆、台、港澳经济合作主要方式之一，在一定程度上发挥了三方的优势。因此，台资企业的产品出口率高，其产品平均出口比率在 80% 以上，远高于其他三资企业 27% 的平均出口率。

(5) 投资地域以福建、广东为主，逐步向其他沿海地带扩展，这一方面是因为沿海地带开放较早，技术、经济相对发达，另一方面则是地理位置较近，亲缘关系较多的缘故。近两年投资已开始向内地进发，1991 年到四川投资的台商已有 55 家，到陕西投资已有 21 家，这主要是瞄准了内地的资源和具有比沿海地区更低廉的劳动成本。

三、台资对大陆经济的影响

台商在大陆投资的日益增加，必然会对大陆的经济发展带来一定的影响。这大致表现在以下五个方面：

(1) 对增加资本积累和外汇收入起到一定作用。台湾在大陆的投资增长较快，1989 年还只占外来直接投资的 3.3%，到 1991 年，已占 10% 以上。它在大陆的固定资产投资总额中约占 1.2%。虽然这一比例还很小，但对于缓解大陆资金短缺仍起到一定作用，特别是对沿海一些台资比较集中的地区，这一作用是比较大的。例如，在福建省，近两年来台资约占外来投资的 55%，已占全省固定资产投资总值的 9% 左右。至于外汇收入，由于台资企业出口率高，因而也起到增加外汇收入的作用。1989 年台资企业出口产品约 4 亿美元，估计到去年已达 7 亿-8 亿美元，约占全国出口总额的 1.2% 左右。而在福建省，台资企业出口额已占全省的 10%。然而，由于台商 80% 以上采取“两头在外”的经营方式，再扣除利润的汇出，台资企业的外汇收入对于大陆国际收支水平的贡献还是十分有限的。

（2）对于提高中小企业，特别是乡镇企业进步有较大作用。虽然目前台资企业的技术层次并不高，但其引进的大多为适用技术，并适应中小企业吸收消化，因此见效快。而且，台资企业的合作对象大多为乡镇企业，因此这对提高乡镇企业的生产技术水平有较大作用，从而有利于缩小大陆城乡工业的技术差距。据 1990 年对福建省 70 家台资企业的调查，其设备技术水平平均高于国内企业，其中 61 家引进了技术，实用技术占 46 家，技术专利和诀窍占 18 家。近年来，已有合资企业引进了一些技术较高的生产项目，但总体金额不大，时间不长，技术效应尚不显著。

（3）扩大就业效果比较明显。由于台资企业大多为劳动密集产业，因此，台资的引入对于扩大就业、吸收剩余劳动力的效果较资本、外汇收入增加的效果更明显。1989 年全国台资企业的人数约为 24 万人，约占全国职工总数的 0.17%。虽然这一比重很小，但从增量来看，其对减轻就业压力的作用是明显的。大陆在 80 年代期间平均每年要增加 300 万职工就业，按平均每亿美元投资可吸收 2.5 万人就业测算的话，近两年台资每年增加 8 亿-10 亿美元，可吸收 20 万-25 万人就业，将占就业总量的 6.6%-8.3%。

（4）在某些领域中，台资企业的迅速增加已引起与国内原有企业的竞争。这种竞争首先表现在出口市场上。据外经贸部调查，台资企业与国内同类企业出口竞争产品种类在美国有 295 种，在日本有 88 种，在香港有 246 种。虽然只要引进海外直接投资，只要三资企业扩大出口，这种竞争总难避免，并且在一定程度上也有利于提高国内企业的竞争能力。但是，问题在于台商主要集中在劳动密集行业，将纤维制品和鞋类等有配额的产品集中出口到美国,会刺激美国对大陆的贸易保护主义,从而影响大陆企业对美国的出口。同时,过度的竞争将会削弱出口创汇能力。例如折伞的出口,1988 年时离岸价为每打 20 美元,最近已降到 12 美元,利润已十分微薄。

另一种竞争是争夺技术人才的竞争。由于台资企业工资较高,工作环境较好,因此,它比国内企业更吸引熟练工人和技术人才。一些国内企业已在抱怨有不少熟练工人、有经验的技术人员和管理人员跳槽到台资企业或其他三资企业去了,从而削弱了他们的竞争能力。虽然,人员流动对于劳动人事制度的改革有一定促进作用,但在目前,国内企业尚不能大幅度提高工资福利待遇的情况下,这种人才竞争的负面影响是较大的。

(5) 产业关联的带动作用不大,但从长期看有增强的趋势。目前台资企业大多采取“两头在外”的经营方式,并且又比较集中在劳动密集的产业。因此,其生产、经营活动对大陆产品市场影响不大,在带动相关产业发展方面的作用也较小。但从长期来看,其对经济的带动作用会逐渐增大。随着台资企业的增加以及大陆工业技术水平的提高,为了降低成本、扩大市场,必然要求从国内增加提供原材料和中间产品。同时,为了吸引技术水平较高、规模较大的台资项目,大陆的市场会逐步开放,因而会扩大产业关联的带动作用。就目前来说,台商投资的增加对于扩大旅游业的客源和收入是有较明显作用的,一方面来大陆考察投资环境和进行商务活动的人员增加,另一方面通过他们扩大了旅游探亲的人数。1991 年台商对大陆投资比 1990 年增加了 30% 以上,而台湾来大陆的旅游探亲人数也增加了 30% 以上。据报道,大陆去年全年接待台湾来客约 100 万人次。

四、台商在大陆投资的发展展望

从近年来两岸经贸交流的发展来看,台商对大陆投资的继续增长是大势所趋、民心所向。目前,不仅许多已在大陆投资的企业意图增资，而且据台湾的一项民意调查表明，约有 82% 的企业认为当局应进一步开放企业到大陆投资，有 40% 以上企业考虑在两年内来大陆投资。因此，大多数专家对两岸经贸合作前景看好，其有利因素如下：

（1）大陆政治稳定、经济稳定，改革正在深化，并在努力完善各类市场、培育市场机制，同时加快基础设施的建设，整个投资环境将进一步改善，从而增加对台湾投资者的吸引力。例如，发展金融市场，开放证券交易，扩大股份制试点，引进外资银行，完善外汇调剂市场，以及逐步放宽外汇管制等。不仅体现了中国经济改革的活力，增强了台商投资的信心，而且也使台商投资更加方便灵活。可以说中国经济体制改革和效果将在很大程度上决定了利用外资和台资的程度和效果。

（2）出于对台湾经济利益的考虑以及民间对经贸交流的要求，台湾当局也将采取一些“增加弹性”的措施，从而使民间交流取得一定合法地位，并减少两岸交流的障碍。目前台湾海基会和大陆海协会的相继成立，已为民间扩大交流提供了新的稳定的渠道。例如，目前两岸尚无条件签订投资保护协定，会使台商心存疑虑，有了民间的渠道，则有可能通过民间组织协商处理有关经贸交往的事宜。

（3）实现三通的可能性增大。虽然台湾当局将“三通”列为中程目标，未说明具体时日，但是因为：① 广大台商要求早日“三通”，以降低两岸经贸活动的成本，而随着投资的增加，这种要求将会日益强烈；② 1997 年香港将归还中国，那时拒绝直接经贸和“三通”已无意义，除非台湾准备放弃在港利益，这显然是不可能的，因为目前台湾对港出口约占输出总额的 15%，加上转口输往大陆，这一比率将超过 20%。与其到时被动接受“三通”，还不如早作准备，争取主动。因此，有人认为开放两岸直接经贸，快则 1－2 年，最迟亦不会超过 6 年。

（4）在世界经济一体化趋势的影响下，亚太地区多层次的区域合作正在加强，60 年代后期成立的“东南亚国家联盟”、70 年代初成立的“南太平洋论坛”以及澳大利亚和新西兰的合作关系都有进一步的发展，目前提出的新方案有“东北亚经济圈”和“中国经济圈”。后者是以大陆、台湾和港澳的合作为基础，它不仅根植于血浓于水的民族意识和地缘关系，而且也是面对国际竞争争取发展的需要。事实上，三方面近来都在调整自己的政策，逐步相互适应。1997 年后，港澳相继回归祖国，并在“一国两制”下保持原有的社会经济制度，从而可能出现新的分工与合作的局面。虽然那时台湾与大陆的政治关系可能仍然维持现状，但也出于竞争与发展的需要，经济合作关系必然会有较大的发展，从而将把中国经济圈的合作推向新的阶段。

因此，只要台湾当局不对民间经贸交流设置障碍，只要大陆进一步改革开放，改善投资环境，并对台资的投向适当引导，台商在大陆投资必将有一个稳定的发展时期，并对两岸的经济发展带来良好的影响。

（本文原载于《世界经济研究》1992 年第 3 期）

云南边境贸易考察报告

一、发展概况

90 年代,我国改革开放形势正迅猛地从沿海向沿江、沿边地区推进。过境贸易是沿边开放的重要内容,正从小规模、分散型的边民互市向具有一定规模的地区贸易或转口贸易发展,并推动了以劳务、技术输出为特征的国际经济技术合作;同时,它还将吸引其他省市共同参与开发边境,带动边境旅游服务业的发展,从而实现边境的政治稳定和经济繁荣。

云南省是一个少数民族集居、资源丰富、经济发展相对落后的地区。该省与越南、老挝、缅甸三国接壤,边境线长达 4 060 公里,约占全国边境线的 1/6。因此,边贸对云南省经济发展具有十分重要的意义。1985 年省府进一步放宽了边贸政策,突破小额、短途的限制,并由少数国营商号独营发展到多渠道经营的局面;1988 年后,还先后与缅甸、老挝建立了政府间的地方贸易关系。目前,云南边贸已形成了以全国市场为依托,以周边三国为重点,向东南亚、南亚国家纵深拓展的新格局。近年来边贸的年递增率在 20% 以上。1992 年全省边贸进出口总额达 22.7 亿元,比 1980 年增长 79 倍,1993 年上半年边贸已完成 12.04 亿元,比上年同期增长 30.2%。其中出口 8.84 亿元,比上年同期增长 48.8%;进口 3.2 亿元,比上年略有下降。1993 年 8 月“昆交会”期间,成交的边贸进出口额便达 8.36 亿元。按此趋势,预计到 1995 年全省边贸可望突破 50 亿元。

云南边贸进出口商品结构是以进口原料性初级产品和出口中低档

加工产品为主的。由于周边国家经济相对更不发达，地方工业产品结构目前大致能满足其消费水平，因此，边贸为地方工业的发展提供了广阔的市场，也为以劳务、技术出口为主的国际经济技术合作提供了许多机会。

由于周边国家外汇短缺，支付困难，因此云南边贸以易货贸易为主，并以人民币为货币结算单位。随着我国经济的发展和周边地区的政经稳定，人民币已成为硬通货且币值坚挺。近年来，人民币对越南盾的兑换率已由1:1 200上升到1:2 000，对缅币的汇率则由1:1.67上升到1:12.5。由于边贸大量使用人民币现金，而我国银行又不办理外国商号的存款和收付业务，致使人民币大量出境。估计当地边民手持现金在2亿元以上。带来的问题一是用现金交易限制了边贸规模的扩大，二是一旦预期通货膨胀形成，它们将首先冲击云南市场。

随着边贸公司和商行的迅速发展，虽然扩大了规模，但也出现了宏观管理与协调跟不上的情况。主要问题一是有些单位多头办、重复办商行，既管不了，也管不好；二是商行林立，各自为战，盲目竞争，协调困难，效益不理想；三是少数出口商品质量下降影响声誉，如1992年就查处假冒伪劣商品86批，价值480万元；四是口岸机构虽已建立并起到一定作用，但关系尚未理顺，程序增加效率不高，各种收费名目繁多，使边贸企业不堪负担。如木材进口税费就有20项之多；五是边贸经营管理人才短缺，经营机制也不完善，许多商行经营业务雷同，经营思路狭隘，市场适应能力较差。以上问题已引起州、省有关部门的注意，并正在采取措施予以克服。

从云南边贸发展得到的启示是：边贸发展不应局限于边境小额贸易和边民互市上，必须向更高层次发展，并以此为契机推进区域性国际经济合作，为边境地区的开发开放作先导。

二、历史的机遇

目前东南亚诸国的国内形势趋向和平稳定，缅甸、老挝、越南已开始实行改革和开放，除了政治上与我国重修旧好外，经济上也主动要求与我国进行经济技术合作。如缅甸现总理丹瑞上将较其前任更开明一些，曾率军事友好代表团访问过我国，加之其夫人是华人，对我国较友好，不久前缅政府已恢复了驻昆明的总领事馆。这些都有利于两国的友好往来与经贸发展。越南总理杜梅访问了中国，实现了中越关系正常化。老挝总理凯山·丰威汉也访问了北京，使中老关系进一步改善。周边的政治安定已为边贸发展创造了良好条件。

在中南半岛中，泰国经济发展较为活跃，将是继“亚洲四小龙”之后的第五条小龙。由于边界三国经济落后，外汇支付困难，云南边贸及西南开放之目标应通过与泰国的交往，从而推进转口贸易的发展，并与东盟自由贸易区衔接。当“澜沧江—湄公河联合开发战略研究”课题组的专家提出开展小区域国际经济合作的意向时，泰国反应十分迅速，提出了把“金三角”改造为“黄金四角”（包括云南景洪、思茅地区）和“五清沟通计划”（傣语“清”同“景”，指清迈、清莱、清孔、景栋、景洪），并采取了若干有效行动；亚行等国际机构也准备采取具体行动以支持云南与东南亚和南亚交通联网。这对于我国西南开放、发展小区域和次区域国际经济合作提供了十分有利的外部环境。

开放西南大门，发展与周边国家合作符合我国“立足亚太，搞好周边”的外交方针，中央许多领导人都先后来云南视察并考察了边贸发展，也给予了充分的评价。钱其琛副总理还提出这个小区域的国际合作应“成为南—南合作的样板”。云南省府也采取了一系列措施扩大开放，促进边贸发展。如云南已有 3 个边境开放城市和 17 个国家级、省级口岸，并加强了边贸出口商品的产地质量检验，确立了“贸易先导、产业联动、外引内联双向推进”的方针。今年，在云南召开了“六省七方”会议，进一步拓宽了内引外联的渠道，也增强了边贸带动经济发展的辐射力。中央与省政府的支持为边贸发展、西南开发开放以及小区域的国际合作创造了良好的内部条件和坚实的政治保障。

目前国际上对东南亚的发展也十分重视。美、加、日、韩、新、泰等国家和中国香港、台湾地区正在向缅、老、越、泰等国输出资本、技术和商品，进行资源开发和市场开发。如缅甸已在石油天然气、林业、海洋渔业、交通、通信、矿产和旅游业等开发建设方面与上述诸国和地区签订了高达150亿美元的经贸合同；越南也与韩国、中国台湾签订了约20亿美元的投资合同。外资已在中南半岛立足，并起重要作用。这固然对我国形成某种竞争态势，但也为云南的经济延伸提供了良好机遇，它将增强周边诸国的支付能力，并给劳务、技术输出与贸易合作提供了新的市场机会。这就要求云南的边贸发展更上一个新台阶。

综上所述，无论从内部或外部条件来看，我国西南地区的开发开放都面临着难得的历史机遇。以边贸发展为先导，以深化改革、扩大开放为动力，加强小区域国际经济合作，实现西南的开发开放，振兴民族经济，缩小东西部差距正当其时。

三、建议与设想

确立新的、长远的西南开发战略，首先是以沿边开放和边贸发展为先导，进一步打开南门，发展中、老、缅、泰毗邻小区域的国际经济技术合作，然后进一步扩大合作范围，实现与中南半岛和东盟自由贸易区的衔接，发展次区域性国际合作。最后，以东盟市场为对象和中介，推动云南经济以及西南地区与发达国家市场的连接，实现西南经济的振兴。

战略的实施不仅是一个经济问题，也是关系到社会稳定和民族团结的政治问题。80年代实行沿海经济发展战略，使之获得了更为迅速的发展，从而拉开了东西部的差距。它在经济上、社会上乃至政治上和人们的心理上都造成了新的不平衡，潜伏了一些不稳定因素。人们迫切期待着西南地区的开发开放。

90年代机遇终于来了，以云南为基地，打开南门，实施西南开发战略是消除不稳定因素、实现边区稳定、民族团结、共同富裕的重要举措。进一步开发开放西南地区的关键是突破交通的阻隔。因此，首先必须以交通先行，实现水、陆、空与东南亚的交通联网，推进中、老、缅、泰毗邻地区的经济技术合作。

水路：开通澜沧江—湄公河国际航运的国际合作已经提上各国政府的议事日程。要抓紧航道治理，并与老、缅、泰正式签订通航协议，组建联合航运管理机构，争取将澜沧江—湄公河建成“中南半岛的多瑙河”。

陆路：经亚洲开发银行研究，并拟请国家帮助立项的有2条公路和1条铁路。公路一是将昆（明）瑞（丽）公路改造成二级以上高等级公路，与缅甸腊戌相连，进而与亚洲公路联网；二是改造昆打洛公路为二级公路，经缅甸景栋到大其力，达泰国美赛，进而与中南半岛公路联网。铁路是广（通）大（理）铁路沿澜沧江东侧向南延伸，经景洪从勐腊出境，经老挝南塔、会晒，跨湄公河到泰国清孔、清莱，从而与马来西亚、新加坡接轨。

航空：一是将昆明机场改造成面向东南亚和南亚的国际空港。二是批准已建的景洪、思茅机场为口岸机场，并及早开通景洪、思茅直接与东部沿海大城市的航线。目前景洪机场一天仅三个航班，约有60%的外国旅游团因航班不足而被取消或改向。

其次，进一步放宽政策，通过改革金融、扩大开放，多渠道、多形式地筹集资金解决基础设施建设之需。一是争取国际援助。由于这一区域的经济合作与发展既涉及不发达国家和地区，也与生态环境保护密切有关，同时将新产业代替毒品种植又是国际社会关注的问题，因此，可望获得国际组织的支持与帮助。二是拓宽利用外资渠道，如允许引进外资开发建设澜沧江中下游地区水电、航道、码头、公路、铁路等基础设施项目。方式上除贷款、合资、合营外，还可探索BOT方式，给予沿途房地产开发权或一定期限的运输公司经营权等补偿办法来吸引投资。三是允许外资银行在昆明和沿边主要开放城市设立办事处或分支机构，开展存贷业务。同时我国银行在沿边地区的分行也应为从事边贸的外国商号开放存款和收支结算业务，吸纳流散在外的人民币。四是允许采取股份制集资、发行债券的方式进行交通建设，研究建立澜沧江—湄公河中下游开发基金会,向国内外集资。五是可以考虑让云南省成立地方发展银行为沿边开发和边贸发展提供融资、信贷和结算等方面的服务。

再次,加强东西部地区的横向经济联系,以提高云南工业技术水平,并吸引沿海企业集团来滇合作开发利用资源。这样既有助于全国统一市场的形成,克服东西部的矛盾,又可提高云南企业在东南半岛市场的竞争能力。必须看到,随着小区域合作的推进和其他国家对中南半岛资本技术的输入,市场竞争将会日益剧烈。接受沿海工业的辐射将能更有效地发挥云南的资源丰富和劳力成本较低的优势,提高出口产品的质量与档次。

最后,为进一步推进小区域的国际经济合作,开发云南建成向南开放的基地,中央一方面应扩大云南的开放度和云南省政府与毗邻国家开展经济技术合作的权限,另一方面也要配合经济技术合作,加强政治外交工作,将国际合作推向预定目标。如加强与国际组织的联络,争取国际支持和援助;批准景洪、思茅为对外开放城市;组建国家控股的综合开发公司,赋予对外经贸权、融资权,并允许在多国注册,以便通过企业机制去发展国际合作,实现政府的战略意图;此外,为方便人员往来,通过外交途径与毗邻诸国协商解决放宽经贸业务、技术和旅游人员的往来限制也是十分重要的一环。

(本文原载于《上海经济研究》1993 年 12 期)

关于中国经济发展反差现象的思考

改革开放以来我国经济增长迅速,在80年代里国民生产总值翻了一番多,进入90年代年增长率达10%以上。与此同时,人民的生活水平也大大提高了,市场繁荣、购买力旺盛便是明证。但是国民经济的支柱——国有工业却出现了经济效益连年下降的现象,企业亏损面达1/3左右,每年对亏损企业的补贴高达500亿元以上。何以会出现这种经济高速增长与国有工业经济效益连年下降的反差现象呢?研究其中的规律将有助于改革的深化。

其实,这种反差现象的产生,在我国从计划经济走向市场经济、实现经济结构调整的过程中有其必然性。准确地说,国有工业的效益并不是下降,而是发生了转移,不然就不会有国民经济的高速发展和人民生活水平的大幅度提高。

工业效益的转移主要是向原材料和基础产业、第三产业以及个人分配三个方面转移,而且这种转移可能要持续到我国建立起社会主义市场经济体制才会稳定。

首先是效益向原材料和基础产业转移,包括能源、交通和基础设施部门。这一趋势在80年代后期变得更为明显了。以上海为例,国有工业可比产品在80年代末因原料材料价格上涨多支出约80亿元,而产品调价增加的收入约70亿,即有10亿多元利润(约占总利润10.4%)转移出去了。此外,连同能源交通提价、征收能源交通基金、基础设施使用收费等,估计国有工业15%-20%的利润转移到原材料和基础产业部门。这一转移的结果促进了原材料工业和基础设施的较快发展。

其次是向第三产业转移,尤其是转向金融、保险、房地产业和中介服务部门。仍以上海国有工业为例,80 年代中期每年支付银行的利息不足 1 亿元,到 90 年代则达 20 亿元以上。此外,广告宣传、土地有偿使用、房地产增值提价、教育附加费提高、对文化事业的资助等都使企业效益转向第三产业,估计这部分转移占利润总额 30% 以上。这一转移的结果显然有利于第三产业的发展。去年,上海第三产业占国民经济比重已达 38% ,而十年前为 25% 左右。

第三是向个人分配转移。由于过去长期实行低工资制,改革以来进行了分配制度的改革,使 80 年代平均工资的增长率高于劳动生产率的增长。此外,为调动人的积极性,局部实行了工效挂钩,如经营者按承包利润提成,推销员按销售额提成,设计员按设计费提成等,也在一定程度上使分配向个人倾斜。效益向个人分配转移的结果促进了消费结构的变化,从而引导工业结构和产品结构的调整,并使产品附加值有所提高。而让一部分人先富起来也为所有制结构的调整创造了条件,如民营经济、股份制的发展等。

回顾 50 年代和 60 年代,工业经济效益较高的原因恰恰与当前发生的转移相反,那时为了迅速实现工业化,通过计划经济的手段把效益集中到工业领域:原材料、农产品、能源交通的价格都压得很低;基础设施、土地、资金的使用成本很低,甚至不收费;职工的工资也很低;从而保证国有工业有较高效益,使工业得以迅速发展起来。然而,经过 30 年,基础产业的瓶颈、第三产业的衰退、消费结构单一、消费水平不高日益成为经济迅速发展的制约因素。因此,当我们向市场经济过渡,要调整经济结构时,市场这一无形的手就必然会调整利益分配格局,并通过利益结构的调整促进经济结构的合理化,进而促进经济的高速增长。所以说,上述国有工业效益的转移是我国经济进行市场化改革和结构调整的必然趋势。

然而问题在于我国原来建立的国有企业是一个小社会,它承担了大量的社会责任和社会负担，职工对企业的依附性较强，无论衣食住行、生老病死均依赖于某个具体企业。在各方效益向国有工业集中时，企业能够承担，甚至引以为优越性。但当效益向其他方面转移时，企业并未能将其过渡的社会责任和负担转给社会。因此，越是老企业困难也就越大。此外，由于政府对国有企业干预过多，产权也不明确，企业对消化效益转移的积极性也不高。这种状况显然给建立现代企业制度和转移企业经营机制带来了困难。

为解决上述问题，促进国有企业经营机制的转换，一是要从宏观调控上把握工业效益转移的度的界限，有效制止政府部门和社会对企业的摊派；二是加速社会保障体系的建立，包括建立医疗、待业、养老保险制度和推进住房商品化的改革等；三是要切实转变政府管理经济的职能，把主要精力放到降低经济的不确定性和组织社会服务上，不再介入企业经营和风险。让企业轻装上阵，自主经营，在竞争中优胜劣汰。只有这样才有可能实现国有企业经营机制的转换和建立现代企业制度。

（本文原载于《中国改革》1994 年第 5 期）

上海经济发展的因素分析与趋势判断

一、百年来上海经济变迁

自 1843 年 11 月 17 日上海正式向西方世界开埠以来,上海经济的发展以及她在中国乃至远东的经济地位几经沉浮,这为探索上海经济的发展规律提供了丰富的史料。对上海经济近百年的发展历程可简要地归结为 5 个发展阶段:

(1) 贸易兴市,成为全国最大的贸易口岸(1843 - 1895)。上海开埠以后,对外贸易和国内转口贸易迅速发展。在以外贸为先导的推动下,形成了从内地城乡—上海口岸—海外市场的较完备的贸易网络,从而使上海成为全国最大、最重要的贸易口岸。

(2) 远东经济中心地位的形成(1895 - 1937)。20 世纪初,上海成为中国近代工业的中心,城市规模不断扩大。随着国际资本不断流入,工业、贸易的迅速发展,上海的金融业务辐射面和融资量不断扩大,各类金融市场逐步发育成熟,至 20 世纪二三十年代,上海不仅成为中国的以金融、贸易为主的经济中心,而且还是国际资本在远东的汇聚点以及世界市场的东亚枢纽。

(3) 经济中心地位丧失(1937 - 1949),抗日战争以后,特别是太平洋战争以后,国际政治、经济环境发生了激烈变化,上海作为远东经济中心的地位已不复存在。

(4) 功能再造:从老工业基地到中国最重要的工业中心(1949 - 1984)。50 年代以后,中国经济纳入了计划经济的轨道,上海也逐步由市场经济下多功能的经济中心转为计划经济体制下的最重要的工业中心。

（5）调整结构，向多功能、外向型方向发展（1984至今）。1984年，上海制定了向多功能、外向型方向发展的战略方针。进入90年代，中央批准了开发开放浦东的计划，把上海推到改革开放的前沿。这一时期市场经济对资源配置的作用逐步增大，使上海的经济结构有所改善。在浦东开发的带动下，大规模城市基础设施建设与旧城改造正在进行，生产资料、金融、外汇、房地产、技术、劳动力等各类要素市场也在相继建立，城市多种经济功能开始恢复。

（6）小结

从上海经济发展的历史过程来看，其功能结构经历了一系列变化，可用如下页简表表明：

① 从产业发展过程看：贸易发展→工业发展→金融、贸易、服务、综合发展→衰退→工业发展→综合发展（进行中）；

② 从城市功能看：单功能（贸易）→多功能（工业、贸易、金融、服务）→单功能（工业）→多功能；

③ 从产业技术结构看：说明：关于产业技术结构的分析，引用了日本东京情报大学关满博教授提出的技术累积结构分析模式，其基本思想是将技术分为三个层次，即基础技术（基本加工技术），中间技术（产品设计、生产、组合技术）和高新技术（尖端技术、特殊技术）。在产业不断发展过程中，技术累积形成一个金字塔形结构（如表中之△）。△底部越宽，表示基础技术的齐全与坚实，△的高度则表示技术水准的高度（虚线则表示这部分技术很弱）。从上海的发展过程中可见三四十年代底部较窄而顶部较虚，五六十年代主要是拓宽了底部，形成了一个技术配套较全、门类较广的基础，同时也充实了顶部。七八十年代则主要提升了△的高度。

表1

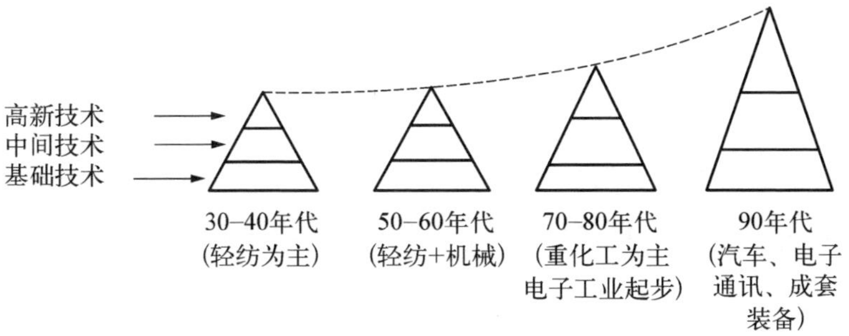

二、影响上海经济发展的因素分析

对一个地区的经济发展来说,地理区位条件和人文社会条件的作用是重要的。相对经济变化来说,这些因素随时间的推移变化较小,地区发展所处的外部经济环境(包括国际和国内)、制度条件(包括政治制度和经济体制)则是不断变化的,在这层意义上,它们对经济的影响,可认为是更重要的。值得注意的是:上海作为中国的一个重要的城市,她的发展与功能转变,在更大程度上不是主动抉择的结果,而是在外部客观条件下内部发展规律的体现。

1. 地理区位

上海位于中国最大的河流——长江的入海口,又正好处在太平洋西岸南北岸线的中点,她的背腹是富饶的长江三角洲和整个长江流域,流经上海的黄浦江具有优良的港湾条件。这种有利的地理区位条件赋予了上海开展贸易和发展经济的巨大潜力。

虽然地理位置是不会变的,但相对的区位优势仍可能因现代化交通的发展而发生变化。一方面以上海为枢纽的铁路、公路网络的建立,进一步加强了上海对腹地的引力;但另一方面原有优势也有被削弱之处,主要是:(1)上海周围港口的建设与发展,如宁波北仑深水港、张家港等,可能形成某种竞争;(2)京广线以及规划中的四川到北海港的铁路与公路建成后,将提供长江中上游地区出海的新选择;(3)三峡水库的建设也许会削弱长江黄金水道的运力。因此,对未来发展的估计必须有新的审视。

2. 社会与人文因素

近代上海所处的特定的政治、经济环境,使她具有“移民城市”、“全面开放”的特点,形成了开放的现代观念和“进取、竞争”的社会观念,孕育了一大批“肯吃苦耐劳”、“职业素质比较好”、“遵守纪律”的员工队伍和富有“开拓”、“创新”、“进取”精神的企业家队伍,这对于近代上海经济中心的形成发挥了极为重要的推动作用。然而,50年代以来沿袭的户籍制度大大降低了人口的流动性和原有的冒险、进取精神。因此,采取更为灵活的地区性人口政策,创造条件吸引外省市乃至海外人才的进入,对上海未来发展是至关重要的。

3. 制度因素

从上海经济发展和城市功能变迁的过程,可以发现制度因素的根本作用。以下我们从两个历史片断来看这种作用。

近代上海租界是半殖民地、半封建社会的一个特殊产物,它的存在客观上为近代上海提供了一种特别的制度条件。它客观上导致:(1)使上海完全处于一种自由经济的环境;(2)使国内的政治动荡、内战不断对上海经济的冲击降到最低的程度;(3)当时旧上海出现了多国投资、多国贸易、多国争的局面,世界各种主要势力在上海处于一种“均势”状态,有利于中外投资者形成上海政治、经济稳定的预期,也对上海形成国际化都市创造了条件。因此,在20世纪二三十年代,上海成为国内和国际资本在中国的最佳投资场所。据统计,当时外国资本在中国金融业的投资上海占79%,进出口贸易占80%,不动产占70%,工业占67%。当然,这并不是对殖民经济制度的肯定,而是说明当时这种制度所形成的相对稳定的政治、经济环境对上海经济发展的影响。50年代以后,中国经济转向中央集权型计划经济体制。由经济体制转变所直接引发的变化包括:(1)由于用产品分配计划和国营商业调拨体系取代了原有的按市场原则形成的商业网络,大量的贸易中介机构“歇业清理”，上海作为国内最大贸易中心的功能萎缩；(2) 金融体制转向计划经济的框架，商业银行、非银行金融机构及其业务在上海基本消失；最高金融管理机构选址北京，上海不再是金融决策的中心，作为金融中心的地位也随之丧失；(3) 上海的经济发展方向被规定为充分发挥老工业基地的作用，产业结构从以金融、贸易为主转变为以工业为主，经济功能由多功能向工业生产单一功能转化。

4. 外部经济环境

影响经济的外部环境在某种程度上取决于制度因素。

上海历史上存在多国租界的问题，是在非常特殊的一个制度条件下的产物。在这一历史时期，国内的政治、经济影响对上海来说往往不是直接的，而是间接的；作为当时高度开放的口岸城市来说，国际环境变化的影响则更为重要。例如，在第一次世界大战期间，各国列强忙于战争，上海的民族工业便进入了一个被称为“黄金时期”的发展阶段。20 年代末，西方资本主义世界爆发了严重的经济危机，各帝国主义国家急需寻求海外新市场，于是上海便成为列强进入中国市场的跳板，使上海成为远东的金融贸易中心。

在集中计划经济的体制下，实行相对封闭的经济政策，国际环境的影响相对处于次要的地位，而国内的政治、经济影响则显得重要；随着改革开放的逐步推进，处于改革开放前沿的上海，国际环境变化的影响又提高了。

5. 结论

一个值得探讨的问题是，历史上上海何以能远离政治中心(北京、南京)而成为金融、贸易中心。从上海发展的变迁，并结合制度因素与国际国内经济环境因素来看，可以判断有两个重要前提，一是经济的开放程度，二是政府对经济的干预方式和强度。如果开放度大，政府干预较少，且是间接的，那么经济中心才有可能选择其他更有利的区位而与政治中心分开。美国是一个典型的例子。因此，上海能否在 21 世纪再度成为远东经济、金融、贸易中心之一，在很大程度上将取决于上海的开放度和政府对经济干预的方式和强度。

三、上海成为“三中心”的机遇与挑战

本节针对第二节中讨论的那些可变因素，主要通过与二三十年代的比较分析，来看上海成为“三中心”的机遇与挑战。

1. 国际经济环境

石油危机以后，西方工业化国家经济进入了低速增长的时期。随着苏联、东欧的解体，东西方冷战已让位于美、日、欧的经济抗战。欧洲一体化和北美自由贸易区的形成使全球性区域一体化的趋势日渐明朗。目前，“区域一体化”已被认为是“在区内实行自由贸易，对区外产品进入实行歧视”的贸易保护的一种新形式。

今天，发展中国家工业化所需要的世界贸易空间日益狭小，经济成长最快的亚洲地区，特别是东南亚国家（或地区）对“一体化”趋势抱戒备的态度是十分自然的。尽管东亚地区目前还未形成名义上的区域性经济联盟，但是这种“一体化”趋势会成为亚洲国家（或地区）加强区域经济合作的动力，从而促进亚洲的区域分工

2. 亚洲的区域分工格局

国家或地区之间资本、技术构成的不同是形成垂直分工的基础，这种差异在某种意义上可通过工业化所处的阶段来反映；那些处于相同发展阶段的国家（或地区），可以通过专业化生产实行互补性的水平分工。

参考著名发展经济学家钱纳里和爱德华·陈的产业分类，我们将全部产业划分为：早期阶段的产业（如食品、纺织和皮革制品），中期阶段的产业（如化学、石油提炼等），后期阶段的产业（如耐用消费品、资本品和中间产品）以及高技术产业的第四阶段。我们认为：经过近几年的发展，中国目前处于中期和后期阶段的状态，这可以通过对产业结构和制造业结构的比较分析得到有力的支持。

80 年代提出的“雁行结构”，仍适用于说明 90 年代东亚国家（或地区）的区域分工，即日本是领头雁，新兴工业国家（或地区）紧随其后，

接着是东盟四国。中国虽然不是其中的一只雁,但对于雁队中处在不同位置上的大雁,中国都具有互补性和竞争的潜力。这表明中国可以在不同的发展层次参与区域的水平分工。

3. 沿海地区参与区域分工的格局

自80年代中国沿海地带对外开放以来,我国东部沿海地区已初步形成了多元化的对外开放的新格局。即环渤海湾地区,以上海为中心的长江三角洲地区以及珠江三角洲地区。

珠江三角洲的发展以及参与区域分工的模式已经明朗。随着80年代中期深圳等地区的开发,大量外部资金以直接投资的形式流入珠江三角洲,以香港为主的资金、标准化的技术与当地充裕的劳力资源相结合。珠江三角洲经济迅速崛起,已成功地完成了以出口劳动密集型制成品为主的出口导向的第一阶段,逐渐向出口导向第二阶段(以出口技术密集型产品为主的阶段)过渡。

随着1997年香港的回归,大陆和台湾经济交往的发展,港、台、大陆南部将可能形成"三位一体"的分工与发展格局。在未来10年里,港台工业化程度大致处于由产业的后期阶段向高技术阶段转移的过程。港、台所转移的产业大体可定位在2.5左右(高技术、后期阶段、中期阶段、早期阶段的产业定位分别为1-4)。目前,珠江三角洲地区产业定位约在3左右。这种区域分工将会促进该地区工业从出口向第二阶段过渡。

尽管目前还不容易马上对渤海湾地区参与区域分工和发展的模式作出判断,但是这两年日本、韩国资金大量进入这一地区,估计不久该地区很可能与日本、韩国之间建立更为密切的区域经济合作关系。日、韩在技术能力方面领先于港、台地区。转移的产业层次也会略高于港、台,而渤海湾地区主要城市原有的工业基础也略高于珠江三角洲地区。所以,估计渤海湾地区参与分工的产业定位大约在2左右。

从目前来看,以上海为龙头的长江三角洲地区还没有出现明显的参与区域合作的模式,这也体现了上海的历史使命。上海具有全国最完整的工业配套体系,拥有大量受过良好专业训练的科技人才与熟练员工，教育普及程度和科技研究、开发水平在全国处于领先，综合服务配套能力强，这些条件表明上海在参与区域分工中应该实施技术赶超战略，应该以引进、开发美国和日本的先进技术作为产业发展的目标，将产业发展目标定位在1.5的水平。不仅有利于抓住国际市场的机遇，加快中国工业化的步伐，同时，也能使沿海地区在参与区域分工中保持一个合理的内部发展结构，促进地区之间的经济合作。

应用前述的产业技术累积模式来分析三大区域的结构状况，也可从一个侧面看出三个区域之间的互补关系，以及以上海为中心的长江三角洲地区在全国的地位。

4. 制度条件

在国际性大都市的形成过程中，政府的作用是十分重要的。中央决定开发浦东并支持上海以“三中心”为目标的战略转轨，其影响是决定性的。上海恢复金融中心和贸易中心的地位，必须在中央的支持下，再造上海“三中心”的地位。

表2

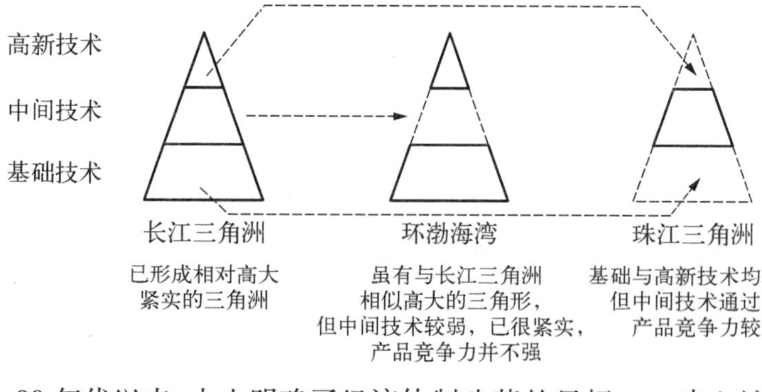

90年代以来，中央明确了经济体制改革的目标——建立社会主义的市场经济，这为上海重新恢复金融和贸易中心的功能与地位提供了必要的制度前提。然而，我们必须认识到上述的体制转变是一个逐步的过程，在这个转轨的过程中，原有体制仍会在不同程度上产生影响。这种影响主要包括：（1）对资金的计划调控与对金融的划块分级管理

仍继续发挥它的主导作用，这种管理体制会阻碍资本跨地区、跨行业的合理流动，从而就很难在地方上形成一个真正的金融活动中心。这种状况将会随着今年开始的投资体制改革和金融体制改革的深入而逐步得到改变。(2) 在地方财政包干的背景下，地区经济发展的动机被强化，对于扩大省际贸易和形成全国统一市场在客观上产生了负效应。以分税制为主的财税改革和外贸体制改革会有利于改善这种体制弊端，但是，我们需要明了新的改革举措真正产生作用需要经历一个新旧体制的磨合阶段，地区性贸易壁垒在这期间仍会存在，并对全国性的实物(重要的投入品和消费品)流动造成障碍。(3) 以上所讨论的经济体制对金融和贸易的影响主要是在管理层次上进行的。事实上，另一重要的基础是经营体制，其实质又是一个产权制度的问题。目前所进行的产权制度改革和建立现代企业制度，都是为了创造社会主义市场经济的基础，使企业成为独立经营、行为规范的投资者和经营者。

最后，我们将以上讨论以列表的形式与二三十年代的情况作一个对照，作为这一节的小结。

表 3　上海经济发展环境的比较分析(20－30 年代与 90 年代)

因　　素	20－30 年代	90 年代
1. 制度 政治 经济	半殖民地半封建 完全自由经济	社会主义初级阶段 混合型经济
2. 国际环境 经济 亚洲经济中心	西方经济危机、资本、商品输出上海	西方低速增长，全球化区域抗争东京、香港、新加坡
3. 国内环境	孤岛繁荣	多元化开放格局

四、上海经济未来的发展趋势

在对上海经济变迁作了历史分析的基础上，本节对未来 15 年(至

2010 年)上海经济的发展趋势作一个概述。

1. 保持技术领先的地位

80 年代以前,上海获得国家投资是有限的。在相当一个时期,上海的制造业失去了借助于投资活动而取得技术进步的机会,削弱了上海技术领先的地位。上海要形成经济中心,保持技术领先将是十分重要的。在未来的发展中,通过引进美国和日本的先进技术,将形成若干支柱产业和高新技术产业。

2. 以金融为"启动"产业的特点

历史上,上海曾经历了这样一个发展过程:"贸易兴市—工业发展—金融中心。"一些国际大都市也经历了通过贸易发展来带动工业和金融业发展的过程。根据目前上海的发展状况,经济、金融、贸易三个中心不可能同时形成,可能的发展趋势是:通过工业(结构调整和技术进步)和金融业的发展,带动贸易的发展。为何上海未来的发展趋势会与其历史的发展和一些国际大都市有所不同,通过发展金融来促进贸易的发展呢?理由分析如下:

(1) 随着以推进社会主义市场经济为目标的经济体制改革的深化,左右商业物流的最主要的力量已为经济利益,而不是任何形式的行政干预,也就是说政府欲通过政策扶持来塑造一个贸易中心已不现实。

(2) 长江以及长江中下游密布的内河水系始终是上海发展贸易的地理区位优势,随着我国内陆铁路、公路网络的发展,长江中上游一些经济发展较快的内陆省份(如四川、湖南、湖北等),与我国沿海其他贸易口岸城市的经济联系日益密切,这种经济联系的分流,造成上海在传统意义下经济腹地范围的缩减,加上自 80 年代以来,我国沿海出现的多元化对外开放的新格局,以及地区贸易自由化的倾向,上海客观上已不可能像 20 世纪二三十年代那样成为全国贸易的集散中心。

(3) 由上述分析可见,上海很难成为一个贸易物流的中心,未来的贸易中心应是商流形式的中心。目前尽管上海在市场信息、配套服务、市场秩序、人才等方面有优势,但假如上海不具备全国最大的融资中心的条件,要形成商流中心仍是相当困难的。

(4) 在上海形成金融中心,不仅有利于整个长江流域的经济发展,还会对我国在高产业层次上参与国际分工产生重要的作用。因此,在这个问题上中央与地方的利益是一致的。

(5) 以社会主义市场经济为目标的经济体制改革,为政治中心和金融中心的分离创造了制度条件,而目前集中管理乃是我国金融管理的基本特征,中央政府决策对调整金融管理格局的作用是带决定性的。即在支持上海成为金融中心方面,中央政府具有政策选择的余地。一种可能的政策选择是:上海可首先形成全国性金融市场的中心,在条件成熟的时候,将全国金融最高决策机构迁设到上海,从而成为金融决策中心,逐渐成为金融中心。

3. "三中心"形成的阶段性

上海成为国际经济、金融和贸易中心,需要有一个发展过程。第一阶段:上海成为全国的金融市场中心,在这一阶段取得中央政府的政策支持是最重要的。第二阶段:上海成为全国金融、贸易中心的阶段,在这一阶段最基本的条件是"要素的充分流动"。第三阶段:上海成为国际经济、金融、贸易中心的阶段,在这个阶段"高度的对外开放"则是基本的条件。

4. 上海要建成"一个龙头三个中心",必须对全国经济,特别是对长江经济带的兴起提供有力的支持与服务

任何国家的一个大城市的兴起都将对该国的经济承担更多的责任与义务,这不仅表现为对财政的贡献,更重要的是对其他地区经济振兴的带动,这也符合"共同富裕"的目标。未来上海在产业转型,技术进一步提高的过程中,后一种支援将更重要。上海必须加强综合服务功能,通过扩大开放,吸收海外技术、资金、信息,经过管理创新、技术创新和制度创新,进一步为内地省市提供投资、融资服务,技术、信息服务,管理和人才培训服务,运输贸易服务,并在扩大服务中发挥自己的人

才、技术优势。只有在上海的综合服务功能得以充分发挥时，上海“一个龙头三个中心”的地位才能确立；广大的腹地才能成为上海走向国际的强有力的支持。

（本文原载于《上海经济》1994年9月刊，与王贻志合作）

当前中国通货膨胀的特征与治理

今年以来中国的零售物价指数攀升，一季度上升 20.1%，二季度上升 19.5%，七月达 21.4%，八月达 20.4%。控制通胀已成为当前政府与百姓最为关心的问题。

回顾去年，伴随经济高速增长，一度出现投资膨胀、金融秩序混乱和通货膨胀三大问题。为此中央采取了严厉的整肃金融和紧缩措施，使投资膨胀受到抑制，金融秩序渐趋稳定，但通胀势头并未控制住。

何以旨在反通胀的宏观紧缩未能奏效？这说明去年形成的通胀虽有投资膨胀的原因，也有成本推动的作用，而且后者可能是主要的。因此，虽然投资增长幅度在宏观调控下已有回落。如今年上半年全社会投资增长率已从去年的 50.6% 降至 25.2%，但物价仍在继续上涨。相反，如紧缩过度，则会导致生产下滑，影响有效供给，从而进一步刺激物价上涨。因此中央不得不在去年底又适当放松银根，特别是加强对农业的投入，以避免"滞胀"产生。

为什么成本上扬难以制止呢？这往往与市场化的改革有关。这次经济高涨主要借助于改革开放的推动，在加大市场化改革的力度时，企业成本不可避免地大幅度上升了。一方面原来并不反映市场供求关系的生产要素一旦进入市场，就不得不调整价格以适应供求变化。而在中国长期以来形成的工农产品剪刀差和基础产业与加工业的剪刀差必然通过价格波动释放出来。去年农副产品价格上升了 12%（由企业给职工补贴），企业购入的原料和能源上涨了 30%，交通运输价格上涨40%。

另一方面扩大开放意味着对国际、国内两个市场、两种资源的充分利用。随着开放度的扩大,两个市场日渐沟通、相互影响,价格也将靠拢。同时,扩大开放还要求人民币汇率主要由市场决定;因此,原来高估的汇率也必然在市场作用下下跌,从而提高了进口原材料与设备的成本。此外,为建立社会主义市场经济体制必须建立社会保障体系。无论是筹集失业保险、养老保险或医疗保险基金,抑或是提高住房租金、推进住房商品化的改革,均将增加企业的负担。凡此种种,企业一时消化不了,只得提高产品价格。因此,去年企业产品出厂价平均上升了24%。而今年尽管投资增长已受控制,但成本推动价格上涨的压力未减。

从今年的物价上涨结构来看,涨幅最大的仍然集中于农产品(主要是粮食与副食品)和基础产业(主要是水、电、煤气和交通)。这两大类的价格上涨约占整个物价上涨的80%。由于这两类产品的需求弹性较小,紧缩银根对抑制其需求的作用不大。因此,去年以来的紧缩政策并未能抑制这两类产品的价格涨势。

从农业来看,今年6月提高了粮油价格,从而带动猪肉、禽、蛋价格上升。同时由于去年房地产过热造成城郊菜地锐减,影响蔬菜供给致使菜价居高不下。而基础产业,尤其是能源、交通和城市公用事业长期落后于加工业的发展,一直是中国经济发展的瓶颈,在经济发展加速时供求矛盾就更显突出。

因此,要控制物价必须增加有效供给。一是加强对农业的投入,努力提高农业劳动生产率和组织好农产品的流通;二是改善基础设施,加强基础产业,并使之进入投入—产出的良性循环。从日本和亚洲四小龙经济起飞的经验来看,都是从“绿色革命”和大规模基础设施建设开始的,而中国在推行农村承包制后,尚未能在规模经营与科技进步上有所突破;对基础设施、基础产业的重视还是近两三年的事,但因尚未能形成投入—产出的良性循环,使矛盾难以缓解。

目前,中国宏观经济形势对控制通胀已出现了一些有利因素:一是宏观调控取得成效,投资增幅趋于正常,金融形势稳定,上半年城乡居民储蓄增长达139%,货币回笼情况良好;二是财政收入增长,上半年税收增加了35.3%,收支基本平衡;三是出口形势喜人,贸易逆差基本消除,外汇储备比年初增加了140多亿美元,人民币汇率稳中有升;四是增加了农业投入,各大中城市均重视了副食品生产与流通,第四季度的供给将会有所好转;五是近期的价格上涨已使部分农副产品与基础设施价格接近国际水平,有利于农业科技的推广应用和基础产业的良性循环,如城郊蔬菜进暖棚不仅增加产量,且将减少季节影响;六是电费上涨已使外商有意来华投资办电厂。

综上所述,可以预期在继续加强宏观调控下,明年通胀将会明显下降。

(本文原载于《上海经济》1994年第12期)

法国的新区建设和低租金住房

一、城市新区开发

在法国为了开发新区通常要先成立一个公共建设发展公司(EPA),它是政府指导下的一个工商实体,在法律范围内独立运作,承担该地区的开发任务。公司资本可以是国家投资,也可以是国家和私人合资。如巴黎的德方斯新区(约7.5 km^2)的EPA是由国家投资,其管委会中,中央和地方政府的派员各占一半。而里昂国际新城(约1.05 km^2)的EPA中,国家与私人的投资分别占30%和70%。

然而EPA公司与一般工商企业不同,第一,它不是一个单纯以盈利为目标的企业,而以实现政府对新区开发的要求为目标。如德方斯新区的目标是要建成欧洲最大的商业园区(Business Park);里昂国际新城则要求建成一个把文化与商务活动结合起来,能提供高质量的会议、展览、通信和文化服务的小区。第二,EPA的任务是代表中央和地方政府实施城市规划研究和负责安排主要基础设施的建设,它并不参与营建,而是向投资者出售建设权,也即按规划要求批租土地。第三,当新区开发完成后,EPA公司也就结束。如德方斯的EPA公司原订目标是30年(1958-1988),由于70年代中期的衰退和80年代后期新区开发计划的扩大,才又延长运行。

法国建设新区的做法有些是值得我们借鉴和思考的:

一是新区总体规划制订十分周密细致,既考虑有利于新区功能的充分发挥,也考虑居民的生活方便、就业机会和环境保护等,同时还考虑整体的艺术创新、协调和美感。进入德方斯新区犹如进入了一个建筑艺术博览会，每幢楼，甚至烟囱、排风口、垃圾房等都设计得非常精美，令人赞叹不已。对许多重要的建筑还开展了设计竞赛，以获得最佳设计方案。建筑师可以提出他们的设计思想和方案，经评审入选后，便可实施。例如1981年密特朗总统要求EPA组织一次新凯旋门（La Grande Arche）设计竞赛，结果一位名不见经传的丹麦建筑师提出的方案入选。现在气势恢宏的新凯旋门便是按他的方案建设起来的，如今成了20世纪巴黎的标志性建筑，成为新的旅游名胜。

二是为了使EPA公司贯彻政府开发新区的意图，并注意到长期的动态效益和社会效益，政府并不要求公司以盈利为目标，只要求公司维持开发期间的财政平衡，即出售建设权的收入能与土地成本、公司营运费用和贷款利息平衡或略有盈余。因此，当几家公司竞争某个建设权（或竞批某块地）时，EPA并不一定把建设权售给出价最高的公司，有时有些小公司为了挤入新区出价甚至比一些著名跨国公司高两三成。但EPA最后还是宁可减少收入而把地批租给著名的大公司。他们认为地价只是一次性收入，多收两三成费用是很有限的，而大公司公众形象好，实力雄厚，进入后会带来较多商业机会，提供更多就业岗位，并增加今后的税收收入，其长期动态效益高得多。如果EPA公司只考虑自身盈利的话，就可能失去很多动态效益，而且会助长地价上涨过快，从而埋下衰退的种子。

三是控制地价，防止投机。法国著名土地经济专家雷纳德教授认为，由于资本流动很方便，很容易出现土地投机和地价的大起大落。地价上涨虽有好处，但要控制有序，使之随经济发展逐步上升。如果上涨过快，往往会带来灾难。新区开发时，受远期目标之鼓舞及基础设施的日渐改善，地价必然看涨。如稍事炒作，地价便会上涨过快，从而刺激通胀和恶化投资环境，一遇风吹草动，便可能会大跌，从而造成经济衰退。日本、美国均有此教训。

德方斯新区开发也有过一段萧条的经历。自1965年建起第一幢大楼后，新区开发比较顺利，75万m^2办公楼，9 000套居民住宅和工业小区相继建成,地价自然也上涨了。与 EPA 购进时相比涨了近十倍。然而,在 70 年代石油危机冲击下,形势急转直下。自 1974 - 1978 年间,EPA 公司未能售出任何一项建设权,建起的商务楼宇大多空关,许多楼宇项目不得不暂停或撤销计划。EPA 不仅用空了早期的盈利,还背负了 6.8 亿法郎的债务,直到 80 年代才开始复苏。

戴高乐将军曾经说过,“地价的上涨应有利于整个地区的发展。因此,国家应进入土地市场与投机作斗争”。所以 60 年代法国便通过了一些法令,给政府在土地市场中以优先权,并保障地方政府能在辖区内控制土地价上涨。到 70 年代,还建立了土地储备系统。政府控制地价上涨主要是控制地价与房产的关系及地价与经济发展的关系。目前国际上通行的衡量指标有两个,一是看在别墅(或某种楼宇)中,地价占成本之比例,如东京占 80%,巴黎占 50%,鹿特丹占 20%。二是职工年均收入可购买多少地。如东京可购 1.5 m^2,巴黎可购 8 m^2,荷兰则可购 100 m^2。由于各地价格水平、经济发展水平及商业机会都不相同,因此不能用土地的绝对价格来比较。按这两个指标来分析,上海的地价已不低于巴黎和纽约。目前巴黎有 12% 的办公楼租不出去,纽约有 20% 的办公室长期空关,应引起上海的注意。

经过 30 年的开发,德方斯已实现了当初的开发目标,该区有 1 200 个大公司,雇用了 11 万人在工作,总销售收入相当于法国国民经济预算的一半。法国最大的 20 个公司中有 14 个总部设在这里,世界排名前 50 家大公司中有 13 家已进驻德方斯。因此它已堪称欧洲最大的商务园区,其经济力量已为全世界所知。

二、关于低租金住房

法国的低租金住房解决得较好,法国人常以成功的低租金住房部(HLM)为骄傲。人们称低租金住房部是大规模住房的建设者,是社会稳定的协调者,资产管理的代理人,也是建筑市场中的设计者和建筑技术的革新者。当经济高涨时,它为房产市场提供更多选择,引导家庭购房，吸纳投资；而当经济衰退时，它以灵活的机制为社会的中低阶层提供低租金住房，并扩大投资，启动市场。可见该部门在法国社会发展中起着十分重要的作用。目前法国拥有一千多家营造、管理低租金住房的机构，每年6.5万套，仍不能满足需要。在所有的住房中约有1/4是低租金住房。我们在Cergy新区看到的低租金公寓，其标准相当于上海的外销商品房。

国家对低租金住房建设的补贴有两个方面，一是给低租金住房营造机构提供12.5%的投资，资金来源主要是公积金和税收；二是低租金住房营造机构还可从公积金储蓄所获得低息贷款，利率比一般商业贷款低2－3个百分点。

另外国家还对低收入居民购房、租房提供以下优惠条件：(1)对低收入居民购房一次性付款的给予10%的优惠，分期付款的利息仅比居民的存款利率高0.5－1个百分点，并且规定每月的付款额不能超过月收入的1/3。(2)银行提供两种住房储蓄，一种是住房储蓄账户，居民用2 000法郎开户，以后每月存入500法郎，存款的利率为2.75%，18个月后便可申请获得15万法郎的购房贷款，为期2－15年，贷款的利率4.25%；另一种是住房储蓄计划，居民以1 500法郎开户，以后每月存入300法郎，满4年可以申请获得60万法郎的贷款购房，期限也是2－15年，其存款利率较高为6%，贷款利率为6.32环。(3)对低收入居民租房给以一定补贴，例如对失业者，其月收入(失业救济金)为2 600法郎，其住房租金则可能要500－600法郎，政府则给以优惠，将其租金减免为100法郎，但若找到工作后则不再给此优惠。

政府对低收入住户购房的补贴也成为一种调控手段，增加补贴，购房人就多，减少补贴，购房人就少，从而可以在一定程度上调节房产市场。

尽管法国低租金住房解决得较好，但在实施中也存在一些问题，主要是：

(1)技术问题。低租金住房要求造价低，因此为控制成本常常影响建房质量，如漏水、隔热、隔音较差等。所以 HLM 每年都要花不少力量研究改进技术，降低成本，久而久之成为建筑技术的革新者。

（2）社区问题。通常低租金住宅区人口密度大，居民大多为低收入者，教育程度相对低，且其中失业率也较高。因此社区的治安、管理和文化均成问题，需要政府投入资金加以改善。

（3）供求矛盾。低租金住房成为一种福利，虽然有规定只有收入低于某水平的才可享受，但目前年轻人均要求与家庭独立，因此大学生都申请要房，尽管其父母可能是高收入阶层，但法律仍然允许独立的成年子女申请低租金住房。目前提出申请都要等待 2－2.5 年才能获得房子。当他购得低租金房后，也许过不了几年便进入中等收入或高收入阶层。但住房已到手，优惠也享受过了。看来还需要制订一个办法，使获得优惠的人在成为高收入者时能对低租金住房的建设有所回报，从而减轻国家的负担（实则是减轻纳税人的负担）。

（本文原载于《上海经济》1995 年第 2 期）

金融改革与上海的金融中心地位

——学习邓小平同志关于金融改革与发展论述的体会

一、社会主义市场经济与金融改革

推进金融体制改革、建立并发展金融市场是我国建立社会主义市场经济的一项重要任务，邓小平同志说："金融很重要，是现代经济的核心。金融搞好了，一着棋活，全盘皆活。"这段话精辟地概括了金融改革在我国经济体制改革中的重要地位。

从微观经济来看，市场经济的基本特征是商品的生产与交换，在"公平竞争、等价交换"的原则下，通过市场手段实现资源的优化配置。因此，作为一般等价物的货币，它的融通和运动便反映了包括各种生产要素在内的一切商品的流通和运动。而金融是指与货币流通和银行信用有关的一切活动，它在商品生产和交换中自然起着十分重要的作用，成为市场经济的核心。

从宏观经济管理来看，市场经济并不是一种自由放任的经济，它需要运用经济的、法律的和行政的手段对经济进行管理和调控，以避免经济发展偏离我们的目标。因此，当我国从集中的计划经济体制转向社会主义市场经济体制时，并不是放弃对经济的管理，而是要求对经济的管理从实物型管理转向价值型的管理；并不是要削弱宏观经济调控，而是要求从以行政手段为主的直接调控转向以经济手段为主的间接调控。显然这两个转变主要通过金融来实现。因此，改革金融体制、发展并完善金融市场便成为我国市场化改革的重要环节。

1992 年，中央确立了建立社会主义市场经济体制的改革目标后，在市场化改革和大规模投资的带动下，中国经济进入了新一轮发展高潮。然而到1993年，当人们惊叹我国经济高速增长的同时，也发现宏观金融形势趋紧、金融秩序混乱等问题，如违章拆借、乱集资和挪用资金进入证券交易和房地产炒作等。诸多经济问题之所以会集中反映到金融领域里来，正是因为市场经济发展使金融地位日益显要。在信贷额度控制下，银行有钱不能贷出，它自然设法通过拆借将钱贷出，以求增值；在银行利率低于通胀率时，人们自然愿意加入有较高回报的企业集资行列；当专业银行要转向企业化经营时，资金自然会贷向效益较高的行业，这才会有大笔资金被投入到证券业和房地产业。因此，当人们批评金融秩序混乱时，自然要抨击旧的金融体制，它已显然滞后于正在迅速发展的市场经济。金融秩序混乱的教训终于使人们意识到金融在发展市场经济中的重要地位和中国金融改革已刻不容缓。

其实，邓小平同志早在1986年年底听取几位中央领导同志汇报经济情况和改革设想时就指出："金融改革的步子要迈大一些。要把银行真正办成银行。"1991年在上海视察时又说了本文开头所引的话。联系前两年实践的教训就不难明白这个道理，即要发展社会主义市场经济，要实现持续、快速、稳定的经济增长，就必须抓住金融这个核心，加快金融改革，发展并完善金融市场。

二、金融改革支持了上海经济的高速增长

回顾过去的三年，上海正是遵循邓小平同志的思路，通过"搞好金融"促成了"全盘皆活"的局面。1992－1994年的三年里，上海GDP的增长率达到14.8%、14.9%和14.3%，首次超过了全国的平均增长速度，实现了社会经济和城市面貌"三年大变样"的宏伟目标。虽然，这三年能取得如此巨大的成就是由多种因素促成的，但金融改革和金融市场的发展无疑是最重要的因素之一。三年来，上海在改革金融上获得了较大的进展，主要有以下几个方面：

（1）积极发展多种金融机构，形成了以中央银行为指导，各大专业

银行为主体，实行业务交叉，并与外资银行、地方银行、城市信用社以及非银行金融机构、金融服务机构并存的金融体系，以适应市场经济的发展。1992 年 8 月建立了首家上海地方银行——浦东发展银行；同年 12 月成立了首家中外合资银行——上海巴黎国际银行；陆续开办了 122 家外地证券公司、28 家城市信用社，建立了若干租赁公司、财务公司、外资保险公司等非银行金融机构，以及各种为金融配套服务的机构，如东方公估行、保险公司同业公会、上海证券中央登记结算公司等，到 1994 年年底上海已有各类金融机构和金融服务机构 2 000 多家，其中包括 33 家外资金融机构和 87 家外资银行代表处。与此同时，为探索专业银行商业化的路子，上海还率先在浦东新区试行比例管理和指导性计划相结合的信贷管理方式，并运用经济手段鼓励和促进各银行利用贴现、拆借等办法调整信贷结构，筹措临时资金，提高信贷质量和效益。

（2）积极发展金融市场，创新金融工具，开辟融资新渠道。三年来，按照邓小平同志关于证券、股市要“允许看，但要坚决地试”，以及“必须大胆吸收和借鉴人类社会创造的一切文明成果，吸收和借鉴当今世界各国包括资本主义发达国家的一切反映现代社会化生产规律的先进经营方式、管理方法”的指示，上海在发展金融市场、借鉴和创新金融工具上作出了努力。证券市场、拆借市场、贴现市场、外汇市场、保险市场、期货市场均有长足的发展，达到一定的规模。从表 1 大致可以看出三年来上海各类金融市场的发展。

表 1　1992－1994 年上海各类金融市场的发展

年　　度	1992	1993	1994
证券交易额（亿元）	760	5 200	254 82
短期资金拆借额（亿元）	1 697.3	2 329.5	2 190
票据再贴现金额（亿元）	200	220	…
外汇交易额（亿美元）	35.7	55.94	568 *

续 表

年　　度	1992	1993	1994
各类存款增加额(亿元)	259	331.6	958.7
各类贷款增加额(亿元)	139	278.3	481.6
存贷差额(亿元)	66	53.3	473.3
保险收入(亿元)	10.33	15.3	21.03
保险赔偿(亿元)	3.9	6.79	7.46

* 1994 年 4 月 1 日成立全国外汇交易中心,这一数字是 1994.4.1 - 1995.3.31 外汇交易中心的成交额。

此外,上海也积极通过学习借鉴和创新金融工具来开辟新的融资渠道。如开办同城外币票据交换业务,推出国债期货和回购交易,按国外商业银行的通行做法进入新加坡、美国金融市场发行美元债券,组织银团贷款和银社联合贷款,推出美元和土地使用权等多种抵押贷款、建立了金龙、宝鼎、建业三个信托投资基金等,不仅大大增强了通过市场筹资融资的能力,也提高了信贷资金的效益。

(3) 加强金融监管,规范金融市场。发展金融市场必须建立规范,完善法制,这样才能使宏观调控得到有效实施。正如邓小平同志所说:"还是要靠法制,搞法制靠得住些。"从总体上看,我国有关金融发展与市场规范的法制建设还有滞后现象,还跟不上市场经济发展的需要。但上海在国家尚未来得及立法时,率先制定了一些管理办法和规范,如颁发了《理顺本市银行与证券经营机构关系的通知》《异地证券经营机构上海业务部、营业部管理办法》《外资银行监管手册》《关于制止在证券发行业务中进行不公平竞争的规定》等文件,使金融市场的发展有规可循。从实践来看,在这三年大发展中,上海保持了较好的金融秩序,在中央整顿秩序的检查中,上海违章的金额仅占拆借总额的1.3%,较好的金融秩序保证了金融市场的健康发展。

(4) 加快金融现代化建设。现代金融要求准确、高效、快速地处理大量信息，因此，它需要现代电子技术来武装。三年来，上海在金融电子化上取得了较大进展，如设计了对外资银行和外汇业务管理的软件系统；推出了多功能磁卡；建立了工商银行的大型计算机管理系统，到1994年年底工行的电子化营业网点已达380个，占其全部网点的76%；上海证券交易已采用了先进的计算机管理系统，并建立了集中高效的中央登记结算运作系统，达到国际先进水平。电子化使上海的金融市场在较高的起点上发展，也为与国际市场接轨奠定了良好基础。

走好金融这步棋，对上海三年大变样的发展起了十分重要的作用。首先，它使上海的资金比较宽松。为了实现三年大变样，大规模的城市改造和经济高速增长都需要投入大量资金。三年来上海全社会固定资产投资总额高达2 122.5亿元，没有金融市场的支持这显然是难以做到的。其次，金融市场的建立使经营得好的优势企业能通过市场融资筹资获得新的发展，迅速壮大。如上海开开实业公司在1987年年底时净资产只有20万元，通过建立股份制，从市场筹资发展，到1994年，公司的净资产已扩大到1亿2千万元。金融市场使有限资金得到了优化配置。第三，金融市场的发展还增强了上海经济的抗波动能力。80年代前，只要宏观经济一紧，上海经济便首当其冲大幅回落。但这几年里，不仅在整顿金融秩序中没有发生波动，且在去年的紧缩中，全国经济回落1.8个百分点时，上海仅回落0.6个百分点。金融市场加快了信贷资金的周转，改善了信贷结构，提高了资金效率，从而弥补了信贷紧缩带来的困难。第四，金融业的发展带动了第三产业的成长。在上海国民生产总值的结构中，第三产业比重已从1991年的31.6%上升到1994年的40%，使上海的经济结构进一步改善。

三、重建上海国际金融中心地位

上海发展的实践已证明了邓小平同志关于金融改革的论述的正确性。其实，从邓小平的一系列讲话中，我们还可以理出这样一条思路，即要建立社会主义市场经济，必须抓住金融这一“现代经济的核心”，加快金融改革、发展金融市场。而“中国在金融方面取得国际地位，首先要靠上海”，因此要求把上海“搞得更快一点”，建成国际金融中心，以利用上海在人才、技术和管理方面明显的优势和辐射面宽的特点，带动长江流域，服务于全国。所以他说：“上海是我们的王牌，把上海搞起来是一条捷径。”

为此，邓小平同志还特别指出：“上海过去是金融中心，是货币自由兑换的地方，今后也要这样搞。”回顾总结 20 世纪 30 年代上海形成金融中心的重要特征与标志，对于重建上海金融中心地位是很有参考意义的。30 年代，上海成为金融中心的主要特征是：

（1）中外多种金融机构并存；形成了开放的、多元化金融体系。抗战前夕的上海已有华资银行 80 家、外资银行 28 家、钱庄 40 余家和钱兑业 70 余家，形成华资银行、外资银行和钱庄三大金融势力并存的局面，业务上各有侧重，又有一定竞争。在当时存款总额中，三大势力分别占 40%、25% 和 33%。抗战结束时，上海已拥有中外金融机构、保险公司、信托公司等 440 多家，集中了全国社会资本的 40% 以上。

（2）较多的金融机构的总部或总管理处集中于上海，使上海成为金融决策和结算中心。不仅南京国民政府设置的国家银行系统的“四行二局”的总行或总管理处设在上海，且 80 余家华资银行中有 52 家总行也设在上海，而保险公司的总公司几乎都设在上海。

（3）各类金融市场基本发育成熟，并在全国乃至远东地区占有重要地位。20 世纪 30 年代，上海不仅短期货币市场和长期资本市场都已初具规模，而且黄金、外汇市场也相当发达。总行设于上海的中央银行挂牌汇率成为全国统一官定汇率，当时中国国际收支的绝大部分都在上海实现。在上海进行的黄金交易量，1926 年便已达到 6 232 万条标金，使上海成为世界上仅次于伦敦和纽约的第三大黄金交易中心。

发达的金融市场使上海成为近代中国的融资中心，成为中国金融业的龙头，也是远东最大的金融中心。其行情的起落、信用的张弛都影响全国的经济局势。

历史的经验表明，形成金融中心的基础是要有发达的金融市场，而发达的金融市场的建立必须有一批真正的商业化金融机构和具备必要的金融决策、调控与管理的功能。如今上海要实现重建金融中心的目标，自然需要在上述三方面作出努力。而且，随着世界经济与金融的不断发展，在迈向21世纪的时代，上海还必须在金融现代化方面作出努力。在过去的三年里，上海已沿此思路进行了一些改革，取得了不少进展，但从金融中心的要求来看，显然还有很大差距。

首先，上海虽已发展了不少金融机构，初步形成了多元化的金融体系，但这一体系中的主体——国家专业银行尚未实现向商业银行的转化，也还未形成自主经营、自负盈亏的营运机制；而引进的外资金融机构虽已有一定数量，但其业务范围还受到很大限制；此外非银行金融机构、民营金融机构还刚刚起步，故还未形成一定的竞争态势。因此，在未来的若干年里必须加快专业银行向商业银行的转化，"要把银行真正办成银行"应在划分政策性业务与商业性业务的基础上尽快将专业银行的政策性业务划归政策性银行，逐步缩小计划体制下形成的限额管理，强化资产风险与负债成本的管理，并最终实现规范的资产与负债比例管理。与此同时，在继续引进外资银行和非银行金融机构的同时，应有步骤地放宽其业务范围，允许它们有限制地经营人民币业务。此外，还应继续组建一批中资的非银行金融机构和民营金融机构，真正形成开放的、多元化的金融体系。

其次，为使上海具有必要的金融决策和调控、管理的功能，需要中央对上海的金融发展继续给以必要的政策支持，包括将一部分商业银行的总部迁往上海，将中央银行公开市场业务的操作中心放到上海，强化上海作为宏观调控政策的实施中心地位，同时给上海一定的区域性金融管辖权。

第三，还要进一步发展和完善各类金融市场。目前上海的短期资金市场、长期资本市场和外汇市场均已初步形成，还必须按国际惯例加强规范化建设，并在此基础上不断扩大规模和辐射面。此外，还应抓住时机,利用外高桥保税区兴建离岸金融市场,启动黄金市场,进一步发展保险市场,从而使上海具有发达完善的金融市场体系。

最后,为了加快金融现代化的步伐,一方面要加速金融电子化的建设,另一方面必须建立起一支精通现代金融业务、具有开拓进取精神的金融人才队伍。国际金融中心必然是在国际竞争中建立起来的,而任何竞争归根结底是人才的竞争。邓小平同志说:“国力的强弱,经济发展后劲的大小,越来越取决于劳动者的素质,取决于知识分子的数量和质量。”显然,上海要在国际竞争中站稳脚跟,要重建国际金融中心地位将取决于人才的数量与质量,必须在吸引人才、培养人才上下功夫。

邓小平同志说:“上海,目前完全有条件搞得更快一点。”相信在中央和全国的支持下,21 世纪的上海完全有可能重建国际金融中心的地位。

(本文原载于《毛泽东邓小平理论研究》1995 年第 3 期)

住房福利何不显性化

国际经济发展经验表明，迈向工业化和城市化时期，房地产必然是国民经济发展的支柱产业之一。美、日的崛起，四小龙的起飞，都是这样。这是因为房地产业作为新区开发建设和旧区改造重建的先导产业，不仅有较广的产业关联，可以带动一大批相关产业的发展，启动市场活跃经济，而且可以吸纳大量从农业生产释放出来的剩余劳动力。此外，它还是提高人民生活质量的一项重要措施。进入90年代，我国工业化和城市化逐渐推开，房地产业在国民经济中的地位也日益凸显。事实上1992年以来的高速增长已体现了房地产业的先导作用。以上海为例，如果没有大规模的房地产开发，就不会有三年大变样。近年来上海的房屋年竣工面积约1 000万平方米，以每平方米平均售价2 500元计，总值达250亿元，超过了作为上海支柱产业的轿车工业（年产15万辆，产值约225亿元）。有人作过估计，在未来三年里各类外销商品房和商住楼的竣工面积将达2 400万平方米。若平均售价为2 500美元/米^{2}的话，总值约600亿美元，相当于上海一年的出口总额，房地产业的地位是不言而喻的。此外，与上海如此大量的房地产相适应的物业管理业，也将成为上海经济的又一个新增长点。

然而遗憾的是房地产业在我国，乃至在上海，至今尚未被视作支柱产业而予以支持，从而未能充分发挥发展经济和调节经济的功能。住房体制改革的严重滞后使房地产业难以成为真正的支柱产业。住房福利的隐性化，依附于单位的分配制以及极不合理的房屋租售价格比，不仅阻碍了住宅建设的良性循环，甚至使它成为一个严重的社会负担。

上海曾出现过这种奇怪的现象，造了房子谁也不想要产权，必须花一大笔钱才能将产权送给房管部门。换言之，即使能筹资建房，要想“安居”也不易。

其实，住房也是一种最终消费品，和其他消费品生产一样，唯有抓住有效需求，并形成投入产出的良性循环，才能成为一种兴旺发达的产业。只有当大批个人具有购房能力，并愿意购买时，这一产业才会兴旺发达。

然而，目前的住房体制恰恰相反，不是去创造有效需求，而是在抑制有效需求。住房的单位分配制，往往使有支付能力的无须购房，而需要购房的却又无支付能力。不合理的租售比，使人们不愿花1万−2万元购买自住公房，但却愿花2万−3万元对所住公房进行装修。现行住房体制不改革，住房建设就不可能进入良性循环，房地产业也就难以成为真正的支柱产业，成为经济发展的推动器和宏观调控的调节器。

目前上海职工年均收入约为8 000元，购一套60平方米的住房要15万元（按2 500元/平方米计）。相当于双职工家庭年收入的9倍，在这种情况下，要职工自动购房是困难的。但是，目前企事业单位（除亏损困难企业外）通常每年要买几套房子作为福利分给职工，若将福利显性化、货币化的话，每个职工的福利平均收入也有数千至万元之数。如中国出口商品基地建设上海公司内部改革福利制度，根据职工工龄、职级和绩效将福利量化到人，实行记账管理（不发现金），平均每个职工每年可得一万多元，并随公司发展而逐渐递增。据此公司将福利性分房改为职工用福利金购房，每年将可供分配房源信息公布于众、由职工选购，若发生争购现象，则采取拍卖方法。职工福利金不够买房的话可以预借，但限借10万元，超过部分需用现金补。所借购房款用今后的福利金还本付息。这一改革使职工住房在公司内部商品化了，而公司建房则逐步进入良性循环。尽管这一改革并不适用于所有企业，但它提供了一条改革思路，即提高职工购房支付能力是住房建设进入良性循环的关键，而提高支付能力的途径：一是随着经济发展逐步提高职工收入;二是福利分配的显性化和货币化;三是由银行提供购房按揭贷款,并开设居民住房储蓄账户。对一般双职工三口之家而言,如年工资福利总收入达 4 万元的话,在银行贷款支持下,购买一套 60 平方米住房将不会很困难。这也正是上海在 20 世纪末奔向小康的目标。

(本文原载于《上海经济》1995 年第 5 期)

上海超市：问题与比较

连锁自选商场的迅速发展已成为上海街头一大景观，它表明上海零售商业的一次革命已在悄然兴起。然而如同一切新生事物那样，上海超市在一拥而上的发展中也存在着不少问题，在各大公司的雄心勃勃中也显示出幼稚和不成熟的一面。

发展超市需要研究超市技术及其特征。从社会经济发展过程来看，超市技术是在社会、经济、文化等种种外部环境影响下，供应商和消费者之间相互关系与作用的复杂组合。它包含两大类因素，即超市本身的经营技术因素和社会文化因素。根据海外学者的研究，可将这两类因素大致列于下表中：

表1　超市技术特征

经营技术因素	社会文化因素
自我服务机制 大量采购（配货中心，与供应商关系） 大量销售，一站购物（One-stop shopping） 较低的成本与价格 便利居民的地理位置 店铺与货架陈列的设计 宽松、舒适的购物环境 齐全多样的商品系列和品牌 积极的促销技术 特殊的硬件设备和装置	便捷的交通，小汽车的利用 饮食习惯和食品零售结构 社会经济发展提供可利用的技术 （信息处理、包装、冷冻等）购物 方式与习惯 城市化水平 生活水平 居住条件

一、超市发展的社会经济因素分析

从表1所列的两类因素来看，社会因素对超市发展战略有着重要影响。香港中文大学何淑贞教授在研究香港超市的发展时，曾对美国和香港地区的有关超市社会因素作过比较，可简单归纳为表2。

表2　美国、香港地区超市发展的社会文化因素比较

因　素	美　国	香港地区
饮食习惯	以肉类为主，习惯冷冻食品	海鲜、肉类与蔬菜，习惯新鲜食品
购物方式	购物要省时，不常购，每次量较大	经常购物，每次数量不大
交　通	交通便捷，私人汽车多	方便，但私人汽车较少
生活条件	收入较高，住房宽敞，拥有冰箱	平均收入比美国稍低，住房较拥挤，冰箱较小
人口密度	稀	密

表中所列的差别使香港地区的超市未能像欧美发达国家那样，得到充分的发展。例如，由于购物方式和交通因素的影响，香港超市的消费半径较小，其平均规模相对于欧美也小得多，而网点相对要多一些。而从食品类的消费来看，在欧美发达国家里，居民购买的食品中约70%－90%购自超市，而香港地区只有24%购自超市。

就以上一些因素的比较来看，上海的情况类似香港。但还有一些因素，上海与香港也还有不少差别。主要是：

（1）居民收入水平比较低。经济理论证明，在收入水平较低时，居民食品消费在整个消费中所占比重（即恩格尔系数）较大。目前上海的恩格尔系数大于0.5，香港地区和西方发达国家的恩格尔系数在0.3以下。因此，上海超市销售的主要商品还是食品，据对几个商场的调查，在总销售额中，食品类占49.6%。但目前上海大多数超市中副食品并不多,新鲜果、菜几乎没有。从而影响到销售额的提高。

另一方面,为适应自选购物,需对食品类商品进行标准化和规范化的处理,从而增加了包装、处理的成本。这对收入不高的居民来说还难以承受。如自选商场出售的牛奶需经超高温消毒和真空包装处理,以使保质期可达 1 个月,其价格比普通消毒牛奶高两倍,所以大多数中低收入家庭仍以订购普通消毒牛奶为主。

(2) 交通运输状况落后。交通拥挤不仅限制了超市的消费半径和居民一次的购物数量,而且还给超市公司的配送货系统带来困难。如华联超市的配货中心要为 40 个门店配送商品,但远的门店往返一次差不多要一天,近的也要半天。因此,许多超市公司的配送中心都难以为各门店及时补充商品。为解决这一困难,有的只能减少配送频率,增加门店存货,从而降低资金周转效率;有的则将大部分商品交由门店自己到公司指定的厂商那里去订货,月底向总部统一结账。这样不仅增加了交易成本,也难免出现同一超市公司的不同门店中有的货源充足,有的经常缺货的情况。

(3) 社会经济发展提供的可利用技术并不普及。如包装的标准化、规范化和条码化均未推广,普及率很低。超市商品上柜还需要大量工作进行再包装、贴标签等繁琐工序,使经营成本难以下降。

由以上对社会因素的比较分析可见,上海超市要获得充分的发展也许还有一个过程,包括居民饮食习惯的适应过程、居民生活水平与居住条件的改善过程,以及促进有关应用技术的推广普及过程。倘只注重发展门店,而忽视各种社会经济因素的配合,一拥而上造成过度的竞争,其结果必然难以达到超市发展应有的效益,甚至是低效益的。

二、超市的经营技术因素分析

一家国际著名的超市公司经理,在考察上海超市的经营状况后说,上海超市基本上还是杂货店的经营水平,可以说大多数商家还不大懂得超市技术。如果让国际超市公司进来,在同等条件下竞争的话,用不了几年都得关门,或者被兼并掉。他的话虽然说得有点过头,但是,上海超市在迅速发展过程中,其经营技术水平相对滞后是毋庸讳言的。

(1) 经营观念问题。如前所说,超市技术是供应商与消费者相互关系和作用的复杂组合。上海超市发展不是忽视了消费者的利益,便是忽视了供应商的利益。早期超市价格大多高于普通商店,忽视了消费者利益。而目前又忽视了供应商利益。一些商家公然认为连锁门店多了,对生产企业的抗力增强,压价能力提高,在生产厂家面前趾高气扬,服务意识全无。八佰伴一位经理说,如果我们给消费者让利 2%,那么我们和生产者各要设法降低 1% 的成本。对厂家来说,让利的回报是我们的促销服务。但上海一些国营超市很少具有这样的观念。他们对厂家征收数百到数千元的"进场费",但促销服务却并不周到。

例如,八佰伴超市发现食品保质期快到时,主动将这些食品放置于降价销售的柜台;厂家发票开出后,一律在 45 天之内通过银行自动转账至厂方。但国营超市往往在保质期到时,一个电话给厂方,令其自己来处理、调换,而对货款结账往往长达半年以上。久而久之,国营超市得不到价廉质优的热销商品是不足为怪的。

(2) 现代化管理手段与水平问题。连锁经营要求各门店与总部保持快捷、通畅、准确的联系,以便总部及时准确地掌握交易信息。虽然目前由于工业生产尚未能提供条码化包装,但重视信息动态管理也并非无可作为。上海八佰伴联农超市和百佳超市(沪港合作)同样没有条码化的包装和阅读系统,但它们都通过电脑汇总动态信息,八佰伴每 2 小时用传真或特快专递向总部及时报告,百佳门店则与总部电脑联网。而其他超市的商店进出统计、财务管理、库存动态多数还沿用繁琐缓慢的人工处理,基本上要隔天上报。管理效率低得多。

(3) 商场布置与商品品种问题。进入八佰伴和百佳超市,货架整理整齐,间距保持 2 米左右,购物环境宽敞舒适,商品品种齐全,特别是副食品。如地处瑞金路巨鹿路口的百佳超市,果、蔬、副食品应有尽有,占了商场 1/4 以上的面积。而国营超市不愿多进这类商品,因为它们容易腐烂需要投入更多的精力管理。我们随意浏览了几家国营超市，发现均仅存放了少量土豆、青椒、豆制品点缀门面，品种少吸引不了顾客，而品种越少越卖不掉，越易腐烂，形成恶性循环。此外，大多数国营超市货架间距仅1米左右，给人狭小的压抑之感。

（4）促销与服务问题。由于经营观念上的差异，上海有些超市认为促销是厂家的事，销售风险也由厂方承担，有些超市则对促销并不精通。对比国际超市和合资超市的促销，上海还比较落后。进入八佰伴联农（合资）超市，每天都可以看到特别的指示牌，指示今日有哪几种商品价格特别优惠，顾客购买这几种商品可得多少利益。虽然只有极少的几种商品降价，但他们认为顾客可能冲着优惠商品而来，但进入商场后未必只买这几种优惠商品。

优质服务是一种重要的促销手段。进入八佰伴联农超市，一声声“欢迎光临”、“欢迎下次再来”的礼貌用语使顾客心情愉快。付款后，服务生总是帮你将商品分类包装好。售出商品后，顾客若以为不合适也可以调换。若有顾客反映该超市某商品售价高于其他店，核查属实后，即使亏本，该商品的价格也要下降直至低过其他店。虽然这些都是细微小事，但它确实起了促销的作用。

（5）员工培训问题。与传统零售业相比，超市的专业技术性更强，对员工素质要求更高。因此，国际著名的超市公司都十分重视对员工的上岗培训。八佰伴联农超市继承了日本八佰伴的传统，每个员工上岗前必须接受为期一周的培训，内容除超市管理知识和基本技能外，还特别强调企业精神的教育，让每个员工懂得：“公司是个大家庭，公司就是自己的家。”上岗以后，还被要求按期回培训中心接受再培训，教员将针对员工实际工作中碰到的问题进行解答和讨论，并重申企业精神，力图使之成为员工的行为哲学，融于他们的日常工作与生活中。与此相反，上海的国营超市开新店速度很快，但对员工的培训却草草了事，通常只有1－2天，而且也没有再培训的要求。因此员工素质常常达不到要求。笔者在调查中曾去某国营超市购物，虽然收银员很空闲，全店只有三四个顾客,但她收款后只丢给客人一个马夹袋让其“自我服务”。

从以上对经营技术因素的分析,就不难理解,为什么别人要说上海超市难以与国际超市公司竞争了。目前上海的超市竞争正日趋激烈,已可以看到一些国营超市败下阵来。如瑞金路巨鹿路口的百佳超市,开张仅半年便把附近另外两家超市的生意抢去了大半。某天中午笔者去现场观看,这两家商场内几乎无人光顾,而 20 米外的百佳超市却人头攒动。同样,在广灵路的八佰伴联农超市,某天下午,四个收银员前都有顾客排着小队等候付款;而就在斜对面的一家国营超市却门可罗雀,仅一个收银员还在等候着顾客选购。

看来上海超市的发展,不仅是要多开几个连锁门店的问题,更重要的是要学习超市技术,借鉴国际经验,提高经营水平。

(本文原载于《上海经济研究》1996 年第 Z1 期,与王玉梅合作)

上海市国有资产管理体制改革的现状与对策

一、上海市国有资产管理改革的现状

遵照国有资产实行国家统一所有、政府分级监管、企业自主经营的原则，上海市从1993年7月起着手对国有资产管理体制进行改革，目前已初步建立起国有资产管理体系的基本框架，并取得一定的进展和成效。

国有资产管理体制改革要有利于搞好企业、搞活经济，有利于产品结构、产业结构和企业组织结构的调整，有利于国有资产的保值增值。在这“三有利于”的思想指导下，确立了本市国有资产管理体制改革的目标为：

（1）实现“三个转变”，即对国有资产管理要从以实物形态管理为主向以价值形态管理为主转变，从静态的凝固化的管理向动态的流动化的管理转变，从行政权和资产权“两权合一”的条条管理向分层次的专司管理转变。

（2）实现“三个分离”，即政府的社会经济管理职能和国有资产所有者职能分离；在资产所有者职能中，国有资产行政管理同国有资产营运分离；在资产经营运行中，国有资产所有权和企业法人财产权分离。

为了实现以上目标，本市已构造了三个层次的国有资产管理体系以及独立于该体系以外的社会中介服务结构。

第一层次：上海市国有资产管理委员会及其办事机构——上海国有资产管理办公室。

上海市国有资产管理委员会是上海市所管辖的国有资产所有权的总代表,依法对本市国有资产进行管理,并对其行使占有、使用、处置、收益等四项权能,负责组建市级国有资产经营机构,即组建市级国有资产经营公司和向大型企业集团进行国有资产授权经营。

上海市国有资产管理办公室贯彻执行上海市国资委的重大决策,承担对本市国有资产管理体制改革的具体组织协调职责,是国有资产管理的专门机构,代表市政府对全市国有资产行使政府的管理职能。这一机构的建立从组织形式上实现了政府社会经济管理职能与国有资产所有者职能的分离。

第二层次:市级国有资产经营机构和区县国有资产管理委员会。

市级国有资产产权经营机构是由本市国资委授权行使国有资产经营职能的机构,它可以有两种形式,即单纯从事国有资产经营的控股公司,或实现生产经营与资产经营相结合的企业集团公司。资产经营机构作为国有资产的投资主体,把授权经营的国有资产分别投入到各生产经营性企业,形成其全资子公司、控股子公司和参股公司,并享有全部或部分的资产收益权、重大决策权和选择经营者等出资者权利,同时承担有限的责任和相应的义务。这一机构的成立从组织上实现了资产管理与资产经营的职能分离。

按照"两级政府、两级管理"的原则,上海市国有资产管理委员会对本市各区、县的国有资产管理委员会进行综合授权,委托其行使本区、县所辖范围内的国有资产所有者职能。区、县国有资产管理办公室同样为区、县国资委的办事机构,代表区、县级政府行使区、县级国有资产管理职能。其下所形成的区、县国资管理体系的结构大致与市国资管理体系相同,成为市国资管理体系的子系统。

第三层次:市属国有企业和区县级国有资产经营机构。

市属各类国有独资、控股或参股企业都是国家通过国有资产经营公司投资的企业,它们是具有独立法人地位的市场竞争主体,拥有法人财产权,在符合出资者重大决策的前提下,实行自主经营、自负盈亏,同时对出资者承担资产保值增值的职责,对政府履行纳税的义务。对企业作这样的改组是为了实现出资者所有权和企业法人财产权的分离。

独立于以上三个层次之外并为国有资产管理、经营服务的社会中介机构应有资产评估机构、产权转让中介机构和企业托管公司等,但目前除资产评估机构外,其他的都尚未建立。

自 1993 年 7 月上海市建立了市国资委、国资办,按预先设想的方案进行改革,经过两年的努力已取得了不少进展。

(1) 结合机构改革,上海市将原来的专业行政主管局陆续改组成国有资产经营机构。

1993 年下半年上海市直接对纺织、仪电两局进行改制试点,将行政管理、资产管理和社会管理职能一分为三,即保留局的建制,成立国资控股公司,同时建立中介机构。纺织、仪电这两家公司是单纯资产经营型的国资公司。1994 年,结合机构改革,上海市先撤销建工、建材两局,将行政管理职能转到委办,成立集团公司,再对集团公司授权,成为混合型的经营控股公司。1995 年上半年,又完成了冶金、机电、商业等局改组改制和授权经营工作。迄今上海已将全市的专业行政主管局改制完成。

(2) 对大型企业集团进行授权经营。到 1995 年 6 月,已对全市 27 家大型企业集团进行了国有资产授权经营。这些集团公司均属混合型的经营控股公司。

(3) 区、县国有资产管理体制改革也已启动。1994 年黄浦区首先建立了区国资委和区国资办,并开始对区内的国资管理体制进行改革试点;1995 年各区县均已相继成立了国资委、办。宝山、南市已在区商委支持下研制了商业(国有资产)投资公司的改制方案。两级管理体系的框架也已初步形成。

(4) 建立了资产评估机构,对本市的国有资产基本情况进行清产核资,并为国有资产的授权经营作好前期服务工作。在授权前的清产核资工作中也查出了一些公司虚报、瞒报和亏损国有资产的情况,如市五金公司亏损的国有资产达 1.4 亿元,其中有许多是因过去虚报造成的。

(5) 积极研究和制定加强国有资产管理的办法,如制定了对国有资产保值增值的考核指标体系,受全国人大委托对《中华人民共和国国有资产法(草案)》提出了修改意见,着手建立国有资产的信息库等。

经过近两年的实践,上海市国有资产管理体制改革已取得了初步成效和经验。主要是:

(1) 在一定程度上实现了国有资产所有者管理职能和国有资产经营职能的分离,建立国资委和国资办,专司国有资产所有者的管理职能,而通过对国有资产经营控股公司进行授权,将国有资产的经营职能从政府部门中分离出去,从而实现了国有资产所有者管理职能与资产经营职能的分离。例如,上海市机电控股公司在组建过程中,按照政企分开的原则,对原政府部门的行政管理职能在分析事权、明确职责的基础上转移到市经委内设的(机电)行业办;行业管理职能原则上先过渡到行业办,在健全和完善全市性机械行业管理协会的基础上,可将部分行业管理职能转移给行业协会。由于此项改革还在试点之中,整个社会原有体制仍在运行,甚至起着主要作用,因此,目前这种职能分离还只是一定程度上的分离。如纺织局改为控股集团公司后,在对外交往中有些单位和部门并不认集团公司的章,一定要纺织局的图章才行,所以还不得不暂时保留局的建制。

(2) 基本上理顺了集团公司与成员企业的关系由模糊的行政、经济关系(人、财、物、产、供、销等传统纽带)明晰为纵向控股的产权关系(母公司与子公司间的产权纽带),在此基础上所形成的企业集团组织结构更加符合现代企业制度的要求。

机电控股公司主要管资产经营,具有投资、融资、管理、开发、信息等功能,对其下属企业管理限于股权管理范围内,包括考核、监督、重大资产经营决策,及对全资子公司、控股子公司委派董事和任免经营者等。为避免直接的行政干预,公司规定各部一律不得向企业发号施令,只对公司总裁负责，为公司目标服务。

（3）在一定程度上盘活了存量资产，优化了资本结构，企业从单纯的商品经营转向商品与资产的混合经营。国有资产授权经营不是简单的资产行政划转，也不是给集团的成员企业换一个行政主管，而是以理顺产权关系，强化产权纽带为契机，进一步调整集团资本结构、产品结构、组织结构，达到管理功能合理分层（投资中心、利润中心、成本中心），发挥优势，实现规模经营，促进国有资产的优化配置。目前集团公司的投资管理功能已开始发挥作用，不少企业已从单纯的商品经营走向商品经营与资产经营相结合的道路。例如，本市仪电控股公司积极推进布局结构调整，发掘土地潜在效益，充分发挥部分工厂所处地段的土地级差优势，把好地段置换出来。开发所得应用于企业产品、产业结构调整，采取兼并、分立、重组等方式，盘活了部分存量资产。上海三枪集团也发挥了名牌优势，在1995年兼并了著名的亏损大户百达针织厂，使亏损50年，负债率高达113%的百达厂在四个月里停止了亏损，出现转机。

二、改革深化中暴露的问题与对策思路

国有资产管理体制的改革是要建立一套全新的、适应社会主义市场经济发展的国有资产管理体制，它涉及企业制度、行政机构、人事制度、利益分配和社会保障等多方面的改革，必然要面对大量的旧体制遗留的问题，处理不当就会使改革受阻，或者使改革流于形式。对调查情况加以归纳，主要有以下一些问题：

1. 企业对国资管理体制改革动力不足

自80年代以来，国有企业已经历了放权让利、承包经营、股份制、转换经营机制等数次改革，而每次改革企业都可直接从中看到企业的得益。而这次改革从企业角度看似乎无益可得。不少厂长、经理们认为，拆局改建国资经营公司是“去了一个婆婆，来了一个妈妈，不仅她要管，还要我养她”。产生这些想法并不奇怪。在历次改革中，企业自

主权扩大了，代表企业的厂长、经理们往往以为自己就是国有资产所有者的代表。现在进行国有资产管理体制改革，又走出来另一个所有权代表，并要维护所有者权益，这自然使厂长、经理们感到对企业、对他们都没有好处。

其实，国有资产管理体制改革对企业也是有益的。只是它并不像历次改革那样，企业得益是短期可见的。企业最大的好处是落实法人财产权，其利益需要一个过程才能体现。不仅眼下采取的增资减债、减少行政干预、减轻社会负担等措施将给企业创造宽松的经营环境，而且从长远看，资产经营与生产经营相结合，企业得利的机会更多。

当然，我们也要看到，国资改革起步伊始，从行政机构转变而来的资产经营公司难免还沿袭了传统的观念和做法，而且政府其他部门的职能也还未有相应的转变，对一些问题的处理并不符合改革的方向，从而使企业感到难以应付。要克服由动力不足而产生的改革障碍，一是要规范国资经营机构的行为，并搞好配套改革，特别是政府机构改革和实现职能的转变；二是加强宣传、教育和引导，要让企业领导真正明白改革的意义，认清国资改革是建立现代企业制度的基础，并懂得用长远的眼光来看问题；三是要妥善处理有关权力、责任和利益的调整问题。

2　*在建立国有资产管理体系的过程中，有关的职能分离和职能到位存在困难*

从政府层次上看，在现行体制下，政府的社会经济管理职能和国有资产所有者职能没有分开，政府众多的管理部门都以所有者身份行使所有权，有的部门负责批项目，有的部门负责收缴收益，有的部门负责经营者的任务，造成国有资产所有权代表多元化。在改革过程中，虽然成立了国资委和国资办，设想由该部门统一行使所有权，对国有资产进行专职管理，但由于认识不一致，和对既得利益的不放弃，政府各部门的两种职能难以分离，国有资产管理部门的职能也迟迟不能到位，如对经营者的任免，对资产收益的处置等。

从中间层次看，目前国有资产经营机构多为行政主管局（专业局）

改组组成,它们与各委办之间仍保持着原有的关系,仍承担了大量的政府职能和行业协调管理职能。根据专业局、资产经营机构的职能和事权进行综合整理,分解成政府行政职能、国资经营与监管职能和行业协调管理职能三部分。从目前情况看,有关的政府职能和行业协调管理职能还难以分离出去。

职能分离问题已造成一些不良后果,一是企业不得不接受重复职能的行使,既使企业感到"难以应付",削弱了它们面对市场波动的灵活反应能力,也造成管理上的浪费和低效率;二是所有权被肢解而难以统一有效的行使,并难以进入企业的内部,形成内在的所有权约束机制;三是多元化经营的发展已突破了原来专业局的范围,已使原来的专业局并不对应于某个行业,而企业可能也不只属于某个行业,由资产经营机构承担行业协调和管理的职能,不仅管不好,协调不了,而且还为跨行业的资源优化配置设置了障碍。此外,政府主管部门或资产经营公司同时执行双重职能,追求双重目标,常常会顾此失彼。作为社会经济管理者,面对的是全社会,要创造公平竞争环境,维护市场秩序,并努力实现社会的稳定和国民经济的协调发展;而作为国有资产所有者,面对的是国有经济,追求资产的增值或收益的最大化。在现实经济中牺牲公平竞争和协调发展而追求资产增值,或者牺牲资产增值而求稳定的现象并不少见。

职能分离和职能到位困难的症结在于旧体制尚有巨大的惯性,众多政府部门手中还握有一定的代表所有者的财权和人事权,可以制约企业的生产和经营。职能分离意味着放弃这部分既得利益,而职能到位正需要掌握这一部分财权和人事权。而对事权的分解现在还不很明确,有些事权确实一时也无适当地方可转。因此解决这个问题要从多方面入手:

(1) 将政府财政预算与竞争类国有资产的经营收益分开,建立相应的资产收益与再投入预算系统,交由国资委管理。对这一问题在今后还将进一步讨论。

(2) 建立与资产管理相统一的人事管理制度。即管资产的机构应同时管资产的代表和经营者。按照党管干部的原则,可以由市委组织部与市国资办共同管理,采取国资办(国资经营机构)推荐、组织部考察,以及组织部建立国资代表和经营者的人才库,向国资办推荐,由国资办挑选两相结合的办法进行选派。

(3) 国资经营公司、国家独资与控股的企业,其董事长是国有资产所有者的代表,必须与总经理分开,其组织人事关系与工资关系应留在(或转入)委派单位,由委派单位根据其业绩进行奖励。任职企业仅提供一定标准的津贴和车马费。这将有利于在企业内部形成所有权的约束机制,也有利于资产与人事管理的统一。

(4) 对政府专业管理部门的职能与事权进行综合分析分解,把属于国资管理的职能转出去,而把资产经营机构的政府职能接过来,必要时连人带事权一起转。

(5) 尽快组建行业协会,并由政府委托行使行业协调管理的职能,将资产经营公司的这方面职能转出去。行业协会不能只由一个专业局构成。

3. 收缴国有资产收益与财政的关系问题

长期以来,我们对国有资产经营收支没有设立单独预算管理,而是与政府的公共预算混在一起,混收、混支、混管,如目前国有企业税后利润的15%仍上缴财政。这种不分资金性质的做法,国有资本积累基金充作经营性预算收入用于公共开支,导致政府的短期预算平衡目标冲击国有资产增值目标,制约了国有企业的发展。

根据社会主义市场经济的要求,国有企业应当享有包括国家投资在内所形成的全部法人财产权,成为自主经营、自负盈亏的独立法人。国有企业和非国有企业一样,照章纳税,在市场上平等竞争。资产所有者按出资额大小享有相应的所有者权益。原有体制下,国有资产投资主体不明确,财政顺理成章成了国有资产收益权的代表,享有国有资产收益。财政的首要目标就是实现政府的财政预算平衡目标,在财政预算平衡目标与国有资产经营预算目标发生矛盾而难以兼顾时,往往重前者而轻后者,影响了国有资产的增值目标。既然国有资产管理体制改革要求把政府的社会经济管理职能与国有资产经营管理职能分开,那么与这两种职能相联系的资金运行和预算体系也应相应的分离,否则正如上述,职能分离和职能到位将是困难的,从而使改革流于形式。

在这次国有资产管理体制改革中,方案的特色就在于把国资管理体系和财政部门分开了。这一思路得到了中央的肯定。问题是随着改革的深化,国有资产经营收益的归属与处置及其与财政预算的关系问题就会凸显出来。例如,目前对一些股份公司中国家股红利的归属与处置便已产生了争议,财政部门、行政主管部门、企业本身以及新建立的国资经营公司都有相当的理由认为应归自己掌握处置。

为了解决上述问题,应将政府的财政预算和竞争类国有企业资产经营的收益分开,并理顺两者之间的关系:

(1) 竞争类企业的税收作为财政部门公共预算的资金来源。税后利润中的国有资产收益部分,以及资产转让的增值收入均应由国有资产专职管理部门作为国有资产再投入的资金来源,真正实现税利分流、税利分收、分管、分用。使国有资产的收益分配及投资形成独立的运转体系。

(2) 属于国家政策需要扶持的项目,例如,某些高技术产业和支柱产业的发展,经批准可由财政拨款支持,但应通过国有资产经营公司进行投资,国资办相应作增加授权国有资产总额的处理。同样,在特殊情况下,如重大市政建设资金不足,或发生灾害、战争,财政需要时,经一定程序批准,也可由国资办调集部分收益划拨财政。

(3) 鉴于目前国有企业比较困难,暂将全部资产收益留给企业发展使用是合理的。但是必须明确:资产收益是属于投资者的,应由国有资产经营公司调配使用,国资委(办)保留处置权并应纳入国有资产收益与投资的预算中去。随着经济的发展和市场的变化,国资经营也可将不需要再发展的企业资产收上来,投入到其他需要发展的企业里。

(4) 资产经营公司的运行费用实际上是资产经营的成本,应由资产经营的收益支付。但目前有些资产经营公司系专业局改组而成,为不增加企业负担,实现平稳过渡,暂不改变财政拨款渠道是适宜的,今后可随收益的增长逐步减少拨款比例。但是,由于国资经营公司接受政府委托,承担部分社会行政和行业管理的职能,如安置破产企业职工和下岗人员等,因此仍应保持一定比例的财政支持。

4. 国有企业资本金不到位,收缴国有资产收益可能侵蚀企业法人利益

据统计,本市 1994 年国有工业企业资产负债率平均达 78.7%。按国际上市场经济国家的平均水平来看,企业的资产负债率通常在 50%左右,大型企业略高些。我国 1987 年 3 月 1 日公布的《关于中外合资经营企业注册资本与投资总额比例暂行规定》中也规定:投资总额在 300 万美元以下的,其注册资本应不低于投资总额的 70%;投资总额在 300 万-1 000 万美元的,则不低于 50%;投资总额在 1 000 万-3 000万美元的不低于 40%等。由此可见,我市国有企业资本金严重不足。有相当一部分国有企业实收资本低于注册资本,有的企业甚至达不到法律规定的企业(公司)法人登记注册资本的最低要求,甚至有的企业实收资本金为负数。

企业资本金不到位,债务利息全部由企业法人承担。这种情况实际上是所有者权益侵蚀了企业法人利益。用一个简单的例子可以说明这一点:假设一中外合资企业注册资本金为 100 万元,外商负担 50 万元,如果外商只有 40 万元,那么他就要借 10 万元,而这 10 万元的利息必须由出资者——外商自己负担,而非企业法人承担。由此可见国有企业资本金不足部分所形成的债务利息应由出资者承担,即从资产收益中扣除。这样才不致于侵蚀企业法人利益,才真正落实法人财产权。

造成国有企业资本金不足的原因是多方面的:一是自 1983 年后国家逐步对国有企业的投资实行"拨改贷";二是旧体制下企业并无法人财产权,在经营过程中没有坚持资本保全原则;三是在缺乏外部制约

和内部约束的机制下，企业在经营发展中未能注意适度负债，以致取得了与其偿债能力不符的巨额债务，但并没有及时补充与庞大的资产总规模适应的资本金；四是在缺乏完善的风险、约束机制下，投资冲动和经营管理不善，使不少项目的投资决策带有较大的盲目性，从而造成资产闲置和经济效益低下。高负债加上高利率，债务就越滚越大。

目前，国有企业增资减债的问题不仅是国有企业改革深化的焦点，也是整个国有资产管理体制改革的焦点，根据目前提出的“六个一块”的思路，结合实践与操作，可采取以下一些措施：

（1）将基本建设“拨改贷”的资金转为国家的投资，补充国有企业的资本金。虽然从统计上看，“拨改贷”资金仅占国有企业债务的4%左右，但它所扶持的基建项目主要是那些符合国家产业政策的基础产业和支柱产业，对搞活国有经济实际意义较大。

（2）对国有企业存量资产进行流动和重组，产权转让收入首先用于补充那些符合国家产业政策，而又非由“拨改贷”引起资本金不足的企业的资本金。对存量国有资产的重组，主要是让国有资本退出那些并非必须保持国有性质的领域，去充实那些关系国家经济命脉的基础产业和支柱产业。

可以认为，国有资产产权的流动与重组是实现国有企业增资减债的最主要的一项措施。从“六个一块”来看，政策扶持补一块和企业发展增一块都是非常有限的，而存量盘活调一块、主体多元吸一块、债权转股换一块、兼并破产活一块的有效运作都与产权流动有关。

（3）开展债权转股权的试点运作。目前企业债务80%以上是欠银行的，要想大面积转为银行持股是行不通的。因为银行决不愿意将业绩差的企业所负债务转成股权而造成自身资产质量的下降。即使将专业银行分解为商业银行部和投资银行部也是不合适的，它使我们辛辛苦苦建起的控股公司下属的控股企业大多数变成了投资银行的控股，不仅银行管不好，而且有可能导致金融垄断和产业垄断，误导资源配置方向，并使国家宏观调控难度加大。

可行的办法是由国有资产经营公司向银行借款，将所得款项作为对下属企业的资本注入，被注入资金的企业用此款抵偿银行债务，使负债率降至合理水平。可参考合资企业的办法，对不同规模企业分别制定。这样企业的部分银行债务便转给了资产经营公司（即把该由老板负的债全转还给老板）。公司可以向非银行金融机构、外商投资者以及国内各类企业售出部分企业产权或股权，综合利用产权转让收入和资产经营收益来偿债。而社会公众储蓄可以通过金融中介机构（如基金）转换成对企业的投资。这个办法的优点是具有大规模实现债权转股权的有效性，有利于实现产权主体多元化，而且风险非常小，可进可退不影响经济发展。由于资产升值，国资经营公司还可获利。实现这个方案的关键是要建立起规范的国有资产产权交易市场，同时发展直接融资市场，吸收居民存款、培育机构投资者。

（4）在今后三五年里，对工业发展应尽量不铺新摊子，而让企业通过市场进行兼并来发展生产。而财政准备铺新摊子的投资，尽可能通过一定的国资经营公司去购买企业来实现。

5. 国有资产产权转让行为不规范和局限性使大量存量资产难以盘活，使国有资产以另一种方式流失

归纳目前的"存量盘活"措施，可见其局限性，一是大多数还是局限于吃土地级差效益，二是基本上还局限于行业内部（其实是主管部门内部）。而国有资产产权交易的不规范表现，一是产权主体不明确，致使产权转让中转让主体不明确，甚至出现企业自己卖企业；二是出现了行业主管部门在行业内搞以富带贫，强拉硬并，使产权转让蒙上浓厚的行政色彩，同时又为跨行业产权流动设置重重障碍；三是既无规范交易市场，又无完善的规章可循；四是转让收入处置不规范，由于产权主体不明确，造成收缴部门不同，使用单位各异，缺乏监督和规范。如不能突破局限性，不建立规范性，就难以盘活大量的国有资产存量，提高资源配置效率，甚至难免国有资产进一步流失。因此，建立规范的产权交易市场，实现产权流动市场化乃是盘活巨额资产存量，实现国有企业

增资减债和国有资产保值增值的关键措施。

（1）明确国有企业投资主体和产权转让主体的统一。只有国家授权的投资机构，或投资部门才有权出让国有企业的产权。

（2）建立产权转让的法定程序，即履行必要的审批手续，由国资管理部门负责，可以按转让规模大小，授权分级审批。审批的内容主要是转让主体资格，受让对象是否属禁止或限制之例，是否经过公正、客观的资产评估。转让价格可以围绕评估价值，按市场情况在一定范围内浮动。

（3）建立规范的、有形的产权交易市场，规定国有资产产权转让必须进场交易，以防止损公肥私的非法交易行为。产权交易市场应为产权转让双方提供充分的信息、合法的场所、公平的交易和公正的监督。

（4）建立国有企业的托管机构，开展企业托管业务。企业托管是通过契约形式，受托方在一定条件、一定期限内，接受委托管理、经营委托方的资产（企业），借以有效地实现资产经营的最佳效益。简言之，即对托管企业进行适当的改造，使之成为符合上市要求的企业，在资产重组处置、产权转让出售或企业法人主体变更中能获得最佳效益。

企业托管中的受托方必须是具备接受企业资产托管的经营能力和权力的独立企业法人，可以是按现代企业制度建立的企业托管公司、国有资产经营公司，也可以是外商投资的企业、机构。被改造的企业可以是经营不善的亏损企业，也可以是盈利企业。

（5）加强对产权转让收入的监督管理。产权转让收入应归产权主体，并纳入国有资产经营预算体系。对产权转让收入的使用原则和范围，以及再投资的审批程序，可由国资办制定一个条例，便于各资产经营公司操作执行。

（6）把握产权流动与重组的契机，在盘活存量国有资产的同时，培育多元化投资主体。为此，可采取多种转让方式并举，如可以整体，也可以部分转让，还可以把企业划成产权单位转让。

6. 每个专业行政主管局改组为一个控股公司与市场经济发展要求突破传统的部门(行业)阻隔的矛盾

上海的专业行政主管部门的管理历来是比较强的,因此当市场经济发展要求突破条块分隔,使资本、人员和技术等生产要素能进行跨行业跨地区的流动时,它们的阻力也就比较大。在国有资产管理体制的改革中,为照顾部门既得利益,便于平稳过渡和操作,采取了直接由局翻牌改组成控股公司的做法。因而不仅未能突破行业阻隔,从某种意义上说可能强化了这种阻隔,其不良后果一是使国有资产的优化配置只能在一个狭小的范围里进行。二是造成资源的浪费,增加交易成本。比如商业与工业的分隔,已使一些工业部门另谋销售渠道,造成交易成本上升。三是由于控股公司的管理人员本身受原专业知识的限制,难以指导下属企业开展多角化经营和自身向更广的领域进行开拓。四是"一对一"的改制还可能形成产业垄断,既不利于公平竞争,也不利于实现企业产权主体多元化的目标。五是将各种绩优与绩差企业并入一个控股公司可能会影响整体效益。因此,改革的深化必须要突破这种行业的分隔。在下一阶段应考虑的主要措施是:

(1) 在对专业局改组改制的基础上进一步组建规模更大的集团公司,如将工业、商业、贸易,甚至非银行金融机构合并改组,成为综合性的集团控股公司。

(2) 在现有各控股公司之间进行适当的股权交换,形成环形持股的状态。特别是要促成工业性和商贸性的公司之间的换股,以促进相互的合作与支持。

(3) 将企业的部分债务转到控股公司,从而给控股公司以某种偿债压力,使它必须将下属企业的部分股权转让给公司以外的公司或机构才能收回资金偿债,从而形成产权的跨行业流动。

(4) 参考商业局改组"一对三"的做法,至少要形成竞争,也便于今后将其中各个资产经营公司分别与其他行业的公司合并改组。

目前,国有资产管理体制的基本框架已建成,整个改革正在向纵深发展，它将涉及方方面面的利益调整，会遇到各种复杂的问题和阻力，它绝不是国有资产管理体制改革单兵突进所能解决的。在以上对主要一些问题的分析中已可看到，它必须有企业制度、投资体制、金融体制、财政体制、人事制度和行政机构等多方面改革的配套才能顺利实现预定的目标。由于有些内容可能已超出了本专题的范围故未一一详加讨论。此外，本报告也还未涉及非经营性和资源性国有资产的管理问题，这有待于进一步的研究。

（本文原载于《上海社会科学院学术季刊》1996 年，与韩华林、周冯琦合作）

中德贸易与德国在华投资现状

一、1992 年以来的中德贸易与德国在华投资

1. 贸易现状及其贸易结构特征

1992 年以来,中国经济在市场化的推动下进入了新一轮高速增长期,与此同时,对外贸易的发展则比经济增长更为迅速。1992 – 1994 年的 3 年里,中国经济年均增长率高达 12.5%,而进出口贸易总额的平均增长率则超过了 20%。到 1994 年年底,中国已成为世界上第 11 大贸易国。

中国经济的高速成长及其巨大的市场潜力引起了巨大的比较利益。德国在经历了统一后的调整和对中国 1989 年政治风波的观望后,也开始重视对亚洲,特别是对中国市场的开发。从表中可以看出这一趋势。双边贸易在 1988 – 1990 年几乎没有多少增长,1990 – 1992 年年均增长 14.02%,1993 – 1994 年年均增长率达 36.03%,而 1995 年上半年又比 1994 年同期增长了 32.2%。德国正日益成为中国的重要贸易伙伴。

分析中德贸易的结构,可以看到以下三个明显的特征:

(1) 中德贸易的发展是非均衡的。中国向德国的出口额远小于从德国的进口额,而且中国对德贸易的逆差往往在中国经济高涨时有较大的比率,如 1988 年和 1992 年,逆差率分别高达 11.3% 和 63.4%。但随着经济的发展,中国正在努力降低这种逆差。

(2) 中国对外贸易的发展主要集中于广东及其他沿海开放地区,因为这些地区的区位条件和经济基础较好。1994 年中国各省市进出

口贸易额排前九位的依次为广东、上海、江苏、福建、北京、山东、辽宁、浙江和天津。除北京因政治因素而具有特殊的地位外，其余均是沿海省市。以上六省三市的进出口总额1993年占全国外贸的81.9%，1994年占83.2%。因此，中德贸易主要也集中在这些省市。

(3)从中国的进出口贸易结构来看，明显具有发展中国家走向工业化过程中的特征。在工业制成品的贸易中轻纺产品出口增长迅速，出口大于进口，而化工类和机械、运输设备类则是进口远大于出口。这一特征使中德贸易具有较大的互补性。

2. 中德贸易在两国经济发展中的地位中国和德国在世界上都是引人瞩目的大国

就贸易而言，德国一直稳居世界第二位，其进出口总额占世界贸易的11.3%强。而中国在改革开放的推动下已成为世界经济增长最快的国家，进出口贸易总额也已上升到世界第11位，占世界贸易总量的3%。其迅速发展的趋势和巨大的市场潜力已引起世界的关注，尤其在西方国家经济不景气的情况下，扩大亚洲，特别是对中国的贸易已成为各国经济发展的重要战略措施之一。因此，尽管中德贸易额目前在德国的对外贸易中所占份额甚小，但德国必将日益扩大对华的贸易交往。

目前，中国对外贸易的主要伙伴顺次为日本、中国香港、美国、中国台湾和德国，在中国进出口贸易总额中它们所占的份额分别为19.9%、16.6%、14.1%、7.4%和5.1%。德国在中国外贸中的地位已相当重要，从发展的眼光来看，其地位与份额还会日益上升。这是因为，香港1997年后将回归中国，从而加强中国的经济实力，并促使中国发展新的贸易伙伴，以填补因香港回归而导致的进出口额减少。此外，由于岛内"台独"势力的活动，两岸贸易易受政治影响而波动。美国一直是中国积极发展的贸易伙伴，但由于中美贸易中美国出现较大逆差，以及美国在人权问题、台湾问题以及中国加入WTO等方面屡屡向中国发难，制造贸易摩擦，因此中国为避免过多依赖于美国，加快了贸易市场多元化的推进，将高度重视对欧共体的贸易往来。这样，作为世界第二大贸易国的德国自然是中国理想的贸易发展伙伴。

3. 德国在华投资的发展概况及地位

德国在华投资始于1981年，到1994年年底累计批准892个项目，协议投资金额为27亿美元。德商对华投资的发展情况大致与中国利用外商直接投资的发展趋势同步。1992年以来，德国加快了对华投资的步伐，但与其他发达国家相比，德国企业对华投资的态度仍是比较谨慎的。因此，在中国实际利用外资总额中，来自德国的贷款和投资比重，1993年仅0.7%，1994年虽有所回升，但仍不到1%。不仅远低于日本和美国，也低于英国、法国和意大利。

德国对华投资不多的原因主要是两国相距较远，历史、文化背景和社会经济制度差异很大，历史上两国交往也不如美国、英国和日本，因此德国企业界对中国的了解也较浅，从而对华投资更为谨慎。此外，德国中小企业较多，占企业总数的98%，由于德国政府对中小企业支持不够，因此来华投资较少。

这一因素也成为德国在华投资单项平均规模较大的原因。据对1979年以来批准的在华外商投资企业协议金额计算，平均单项规模约为127万美元，而德商投资企业的平均规模约为300万美元，远大于其他国家在华的平均投资规模。

从实际投资和协议投资的比例来看，德国企业的资金到位率也高于平均水平。1989－1993年间，中国外商投资的实际金额为协议金额的25.8%，但德商投资企业的这一比例为39.8%。实际金额比率高说明协议的履约率和资金到位率较高，这既有利于提高合作者信心，也说明企业的经营成功率较高。尽管从投资金额来看，德资在中国引进的外商投资总额中的比例不足1%，似乎并不重要。但由于：

（1）德国跨国公司较多，且伴随投资引进了较为先进的技术和管理经验，对促进中国产业技术进步的作用较大；

（2）大部分德国投资的产业符合中国产业结构的调整方向，对形成新的支柱产业，如汽车、通信和精细化工等有较大贡献；而且德资企业产业关联度大，可以带动一批相关产业、配套产业的发展；

（3）德资企业履约率、资金到位率和成功率都比较高，受到合作者的欢迎。

因此，中国一直十分重视对德之经贸合作，把德国作为引进资金和技术的重要来源地和实施贸易多元化战略的重要合作伙伴。

从德国方面看，德国是典型的欧洲国家，长期以来其对外经贸交往的重点在欧洲。截至 1993 年年末，德国对外投资中，欧盟占 53%，其他欧洲发达国家占 12%，而所有发展中国家仅占 10%。显然，对中国和亚洲投资在德国的对外投资中并不占重要地位，然而，近年来亚洲国家经济的高速增长以及亚太地区在国际政治、经济格局中的地位迅速上升，德国政府在 1993 年制定了新的亚洲政策，加强与亚洲，特别是中国的合作。另一方面，经过统一后的调整，德国的综合实力和国际地位大大提高。为了进一步发挥自己在国际政治、经济中的作用，德国也需要在多方面获得包括中国在内的国际主要政治力量的支持。因此可以预计，在未来的德国对外经贸关系中，中国的地位也将迅速得到提升。

二、影响中德经贸发展的主要因素

1. 国际竞争因素

目前，世界经济正处于一个调整阶段。西方发达国家的经济在经历了较长时期的衰退后，开始进入缓慢的增长复苏状态，但高失业率和低增长率仍是困扰西方各国政府的两大难题。与此形成鲜明对比的是，以中国、东盟和新兴工业化地区为主的亚洲经济在近年来却保持了高速增长势头。因此，重视亚洲、争夺亚洲市场便成为各发达国家政府的重要政策选择。

在亚洲，中国巨大的市场潜力和诱人的商业机会预示着各发达国家将为扩大在中国的市场份额而展开激烈的竞争。另一方面，东南亚其他发展中国家和地区，正处于经济转型过程中的俄罗斯、东欧国家，以及面临产业升级的新兴工业化地区，为了自身的发展，也将同中国争夺来自包括德国在内的发达国家的资本、技术和出口市场。这两种竞争力量无疑都会对中德两国的经贸往来产生重要的影响。

（1）日本。目前，日本不仅是中国最大的贸易伙伴，也是中国吸引外资的主要来源国。1994 年中日贸易总额达 478.9 亿美元，是 1992 年的 1.89 倍，年均增长率高达 37.4%。从贷款方面看，日本是向中国提供资金最多的国家；从直接投资的协议金额来看，日本虽然在总量上次于中国香港、台湾地区和美国，但其资金到位率最高，投资项目的平均规模、技术和成功率也较港、台高得多。中日经贸关系在中国对外经济交往中仍将占据重要地位。从日本方面看，日本已把亚太地区作为今后经贸发展的重点，从而使以日本为中心的亚太区域内部贸易发展迅速；日本将不断增加从亚洲其他国家和地区的进口，加快产业转移和直接投资的步伐。可以预见，日本将是德国进入中国市场的最有力的竞争对手。

（2）美国。目前，美国是中国的第三大贸易伙伴，同时它也是中国引进资本与技术的主要来源国。1994 年双边贸易额达 354.3 亿美元，比 1992 年增长了 1 倍，年增长率超过了中日贸易的发展。然而，最近一段时期两国关系中出现了裂痕。美国在两国经贸关系中设置了许多障碍，如对中国的“复关”提出一些使中国难以接受的条件，在最惠国待遇、纺织品贸易、反倾销、知识产权保护和对华技术出口等问题上对中国采取歧视性政策。此外，两国在人权问题和台湾问题上都还存在着较大的分歧。因而，从现实出发，中国将更积极地推进国际市场多元化的战略，这也许会给中德经贸关系的进一步发展提供新的机遇。

（3）欧洲。欧洲在中国对外贸易最大的前 10 名伙伴中占有 4 名。去年的欧盟各成员国一致同意尽快制定新的亚洲战略，而中国必然是这一战略中的重点之一。同样，由于欧洲既是中国进口技术和设备的主要来源地，也是中国产品的重要出口市场，因而成为中国实施贸易多元化战略的重点之一。

虽然德国目前是中国在欧洲的最大贸易伙伴，但英、法正在紧紧追赶。去年法国同中国关系的正常化为法国进军亚洲市场,特别是中国市场开辟了道路。法国计划在未来 5 年里把本国产品在亚洲市场的份额从 1993 年的 2% 提高到 7%,把对亚洲的出口额从占总额的 7% 提高到 10%。英国也于去年重新审定了亚洲政策,计划帮助中小企业参与亚太地区经济活动,并表示要在亚洲获得“新的位置”。虽然香港问题可能是阻碍中英两国关系进一步巩固发展的主要因素,但随着 1997 年的到来,围绕香港相关问题的顺利解决,中英经贸关系可能进入一个新的发展阶段。

(4) 亚洲新兴工业化地区、东南亚和南亚。德国政府提出的“新亚洲政策”,并非仅针对中国,还包括亚洲新兴工业化地区(MES)、东南亚和南亚的主要国家。它们也各具优势,必将在争取引进资金、技术和出口市场上成为中国强有力的竞争对手。1993 年,德国对这一地区的贸易额增长了 16.5%,1994 年又有 20% 以上的增长,可见这一竞争已经全面展开。亚洲新兴工业化地区主要是中国香港、韩国、新加坡和中国台湾,它们正将劳动密集型产业转移到中国大陆和东南亚国家,希望借助全球跨国公司进军亚洲之际推动自身产业结构的升级,并扩大在欧洲的市场。

南亚和东南亚国家中,印度、马来西亚和泰国近年来发展也较快,它们不仅资源丰富,市场潜力不小,劳动力成本也比较低,而且在体制、文化和信息沟通上比中国更接近西方,加上美国为遏制中国,加强了对这一地区的支持,使之形成与中国的竞争格局。越南虽然起步较晚,但劳动力成本更低廉,且在贸易自由化和货币自由兑换上比中国进展快,因而增强了对发达国家和新兴工业化地区的投资吸引力。

由此可见,中德经贸的发展在很大程度上将取决于中国改革开放的进展和投资环境的改善。

2. 中国方面的因素

中国的改革开放政策以及中国的经济增长实力是推动中国和包括

德国在内的发达国家在投资和贸易领域合作发展的最重要因素。

（1）体制改革与开放政策。1992 年，中国正式确立了建立新社会主义市场经济体制的改革目标，同时，为适应国际经济的发展和“复关”的要求，中国在贸易与投资方面采取了一系列重大改革措施，主要是：

——1994 年实行了人民币官方汇率与调节汇率的并轨，初步形成了由市场决定汇率的机制；

——放宽外汇管制，实行人民币在经常项目下有条件的可兑换；

——取消出口补贴和外贸的指令性计划；

——扩大外商投资进入领域，有限制地对外商开放金融、保险、商业零售、咨询服务、航空、港口、运输等领域的投资；

——增加贸易和投资政策的透明度，1994 年 7 月起正式施行对外贸易法，取消了一批内部规定；

——大幅降低关税：1992 年关税总水平下降了 7.3%，1993 年 12 月 31 日再次调减 2 988 个税目的生产率，使关税总水平再次下降了 8.6%；

——减少许可证管理的进出口商品种类，公开配额商品目录和管理办法，并试行配额招标；

——取消非许可证管理的商品进口审批，实行自动登记，同时，取消全部进口替代清单；

——调整了吸引海外投资的政策，主要是从对国内地区开放的倾斜转向对外商投资的产业导向政策；对外商的鼓励政策从以税收优惠为主转向逐步开放市场，以市场换取资金和技术；取消对港澳台同胞前来投资的特殊政策，对一切来华投资的国家与地区一视同仁并统一税制，为实行国民待遇创造条件；

——结合现代企业制度改革，组建工贸结合的企业集团，实行以产权为纽带的跨地区、跨行业的联合，以增强竞争力，并建立和发展海外经销网络。

以上这些措施极大地推动了中国对外经贸的发展。从近两年进出口贸易和外商投资的大幅增长来看,汇率因素和投资贸易的互动因素是十分明显的。

(2) 市场因素。就资本品市场来看,1988 - 1994 年间,中国全社会固定资产投资平均每年增长 23.5%。巨大的投资需要大量的原材料和机械电气设备。因此,从进口商品的结构来看,对原材料、机械设备和化工产品的需求大大增加,其中化工、医药、机床和成套设备、运输设备等均是德国出口的强项,而且德国在华投资项目大多符合中国的产业导向政策,因此,在中国投资增长的同时也扩大了从德国的进口。

就消费品市场来看,尽管目前中国仍属低收入国家,然而中国是世界上人口最多的国家,人均收入在改革开放中每年都有较大的提高,1994 年城镇居民和农村居民的人均收入分别是 1990 年的 1.8 倍和 2.3 倍,扣除物价因素,也分别增加了 23% 和 52%。而且目前已有 10% 左右的城镇居民和 5% 左右的农村居民走上了富裕道路,他们的消费水平已相当于中等发达国家的水平。从全国城镇居民家庭耐用消费品的拥有状况来看,电视机、收录机、洗衣机、电炊具等家用电器的普及率已相当高,而新一代高档耐用消费品,如组合家具、电话、空调、钢琴、电脑、摄像机、汽车、摩托车等也已步入家庭。值得注意的是中国城镇家庭约有 9 000 多万户,各种耐用消费品拥有率增加一个百分点,就增加 90 多万件,足见中国市场容量之大。

(3) 地区发展格局。中国是一个大国,各地区地理条件、经济发达程度和人均收入水平有很大的差异。进入 90 年代,中国开始注意到对中西部地区的发展,整修开放战略从沿海向沿江、沿边和内陆城市发展,大致上形成由以北京、天津为核心的环海经济区,与以上海为核心的长江三角洲经济区及以珠江、闽江为核心的华南经济区向以武汉为核心的长江中游经济区和以重庆为核心的长江上游经济发展的区域发展格局。

在前几年,中国贸易与投资主要集中在沿海三大经济圈里,主要是因为这三个地区经济技术水平、基础设施较好,开放程度高。为了缩小东西部的经济差距,国家增强了对中西部地区的基础设施投资。武汉第二长江大桥、京九铁路的建造将使长江中游地区交通大为便利;长江三峡工程和重庆—北海的铁路已在规划之中,巨额的投资将使长江上游地区市场活跃起来,而且武汉和重庆也都是中国的重化工业基础。因此,在未来的几年里,中德经贸合作沿江而上的机会将会有所增加。

(4) 有待改善的问题。由于中国的市场化改革采取的是渐进的方式,因此,尽管1992年以来改革的步伐已经加快,但残留的计划体制仍然在某些领域制约着对外经贸合作的发展。目前,比较突出的矛盾主要有:

其一是外汇平衡问题。德国对华投资在基础产业、高新技术产业以及机械电子化工等支柱产业方面具有优势。但这类项目主要面向中国国内市场,在人民币还不是可自由兑换的货币时,就给企业平衡外汇带来一定的困难。此外,有些大公司可能在中国投资于几个地方,而中国条块分割的体制往往使投资者难以用甲地的外汇盈余来平衡乙地外汇不足。

其二是贸易管制问题。迄今为止,外贸领域仍然是计划管制较多的领域。有些外国公司希望能通过购买中国其他企业的产品出口,以此取得外汇平衡,但往往得不到批准。此外,有关部门对外商投资企业的经营范围往往限制较严、较窄。在来华投资的德国公司中大公司较多,这不符合它们多角化经营的方针。

(5) 金融服务问题。中国的专业银行基本上还未脱离计划体制,央行对各地银行仍实行额度管理。当宏观紧缩时,额度不够用。银行又必须优先考虑国家重点项目和国有企业的贷款,外商投资企业就很难获得贷款支持。而外资银行到目前为止又未获批准经营本币(人民币)业务。此外,中国的银行也还跟不上现代化的要求,一张票据托收往往等一个月才兑现,影响企业资金运转效率。

（6）法制不完善问题。近几年中国在经济立法上已作出了极大的努力，但仍然未能满足需要。一些德国的跨国公司已在华投资了多个企业，要求在华建立控股公司，以利管理在华投资经营活动，但中国目前尚无相关法律可依。另外，中国除了法律外，还有许多管理部门的规定，但这些规定或者没有公布，或者没有准确的外文译本。因此，外商并不了解，而在执行时往往又有很大的弹性。

3. 德国方面的因素

从现状来看，虽然中德两国的经贸合作有了稳步发展，但这种发展还未达到理想的程度。无论是对华贸易还是对华投资，德国都还落后于美国和日本。特别是对华投资，似乎还过于谨慎，总体上还落后于英、法、意。这除了中国方面的问题，在德国方面也存在一些值得研究的问题：

（1）欧盟仍视中国为“国营贸易国家”，对中国出口商品实行严格的配额和数量限制。因此，当中国出口增加时，对中国出口商品实行的反倾销调查和征收高额反倾销税的案例也大增。德国是欧盟的重要成员，欧盟的上述措施自然也影响了中德经贸的进一步发展。

（2）德国产品价格高，融资条件差，仍是德国发展对华出口和扩大投资合作的主要障碍。与日本、美国及西欧国家比较，有很大差距。因此，尽管德国对中国出口近几年有显著增加，但与日本、美国和其他一些国家比较，进展速度并不快。

（3）德国政府对企业，尤其是中小企业支持力度不够。德国的大公司实力雄厚，进入中国市场一般无须政府太多帮助，但占德国企业总数98%的中小企业则由于对中国了解甚少、资金有限，因此来华投资者甚少。

三、中德经贸合作发展趋势的展望

1. 中德贸易发展趋势

从总体上看，中德贸易在未来几年里仍将保持稳定的增长，预计到

20 世纪末，中德贸易总额可达 250 亿美元。在进出口方面，进口物品大多是德国的出口强项；而中国对德出口的商品主要是轻纺工业，因受到贸易限制颇多，竞争激烈，要继续扩大比较困难。因此，在未来两年的中德贸易增长中，德国对华的出口可能将快于中国对德出口。

从地区分布来看，贸易仍将比较集中在长江三角洲、珠江三角洲和环渤海湾地区，但中国的沿江开放战略也将吸引外商进入长江中上游地区。值得注意的是长江三峡工程是中国最大的工程项目，其巨额投资将会带动重庆、武汉一带的经济迅速发展，其中贸易机会也会大大增加。

香港因素值得重视。在过去的 10 年里，中国地区和香港地区的贸易合作成功地扩大了中国新产品在德国的市场，但与美、日相比，德国利用中国香港因素扩大对中国的出口并不很成功。1997 年香港回归中国将增强中国的国际竞争力，从而有利于扩大对德的出口。

另外，中国将进一步开放技术贸易和服务贸易，从而为德商提供了新的机会。

从国际竞争来看，欧共体除德国外的其他国家今年上半年都加强了对华贸易攻势，它们对华贸易比去年同期增长了 37.7%，比德国对华贸易 32.2% 的增长率高出 5.5 个百分点，前几年英、法、意等国在贷款和投资上的优势已显露，从而成为德国在中国市场上的有力竞争对手。在中美贸易中，美国为改变巨额逆差将施加压力迫使中国扩大从美国进口，中国为避免失去美国市场，将会适当扩大由美国的进口。此外，美商比德商更了解中国，考虑到中国在医药、农用化学、运输设备等方面的需要，近来就此类项目的合作洽谈已迅速增加起来。这都可能影响到德国对华投资的增长。

2. 德国对华投资趋势

——在利用外资政策上，中国将对不符合中国发展战略和产业政策的外商投资采取一定的限制措施，而对符合中国产业政策、有利于提高技术水平和促进出口的外商投资仍将给以鼓励。这些政策将更有利于德国跨国公司的投资进入，因此预计在今后几年里将会有增长。

——从行业分布来看，机械、电子、化工、医药、农用化学等领域将会有更多的合作机会。过去，德国对服务业投资较少，现在考虑到综合效益，一些跨国公司将会涉足金融保险、咨询服务、运输和科研教育等领域。

——从地区分布来看，尽管中国三个沿海经济区仍是德商的重要投资地区，但预计沿江而上的武汉、重庆也将会是德国一些公司较好的选择。

——从投资方式来看，中国日渐发展起来的产权交易将为德国提供新的投资机会和方式。

——德国中小企业众多，技术也较先进适用，而中国乡镇企业发展迅速，机制灵活、成本低廉。双方应有不少合作机会。在中德双方政府支持下，建立投资中介服务机构将有利于促进德国中小企业的来华投资。

（本文原载于《世界经济研究》1996年6月刊，与王如忠合作）

乡镇企业的结构调整与现代化

乡镇企业今后发展的历史使命将分解成两个部分，即农村工业化与工业现代化。前者是指为农业中仍然剩余的劳动力继续提供适宜的就业机会，主要是资本密集度低，宜于农业劳动力进入的非农业部门。后者是指现有的乡镇企业必须从"准现代部门"向"现代部门"转换，加深中国二元经济结构转换的彻底性，同时抑制二元工业结构的逆向发展，扩大现代工业的比重。

乡镇企业的现代化是一个结构调整的过程。随着乡镇企业的逐步成长和成熟，其产业、产品、技术和组织结构都将经历一个逐步优化的过程，陈旧落后的部分被逐步淘汰，现代先进的成分不断扩张，最后成长为具有现代水平的企业群体。

一、结构调整的重点

乡镇企业的结构调整包括众多内容。根据当前存在的一些突出问题，其结构调整的重点应放在产业结构调整、组织结构调整和布局调整三个方面。

1. 产业结构调整

乡镇企业产业结构目前存在三个层次的矛盾：一是由于与城市工业的结构相似性而引发的"争挤"矛盾。据统计，乡村工业内部 34 个行业的产值结构，与全国及县以上工业 34 个行业产值结构的相似系数高达 0.824 1。由于存在这样高度的同构性，城乡工业之间的原料矛盾是不可避免的。二是由于各地乡镇企业内部重复建设，导致对能源、原材料和产品销售的低水平过度竞争。三是由于资金不足和技术落后，产品普遍存在“三多三少”现象，即老产品多，新产品少；中低档产品多，高档产品少；知名度低的产品多，名特优产品少。

对乡镇企业进行产业结构调整，就是要缓解上述三个层次的矛盾。这一调整既涉及全国工业格局的调整，也涉及区域性的产业结构调整和企业产品结构调整。

现在有一种较为普遍的观点，认为为了减少城乡之间的“争挤”，应该合理划分乡镇企业与国有企业的资源利用范围和利用层次。这一观点有其一定的道理，但在现实中，试图用非常明确的产业、产品分工界限来框定城乡工业各自的发展领地，既不可能做到，也无必要。因为中国是一个地区差异性较大的大国，各个省、市，甚至各个县、乡都有其不同的情况。如中西部省份有比较丰富的自然资源，但乡镇企业起步较迟，农业劳动力剩余矛盾还比较突出，这类地区的乡镇企业着重于劳动密集型产业和资源的初加工，是必然的选择。而东部沿海地区和大中城市郊区的情况与上述地区有很大的不同，自然资源相对于它的产业需求，是极其稀缺的，如果乡镇企业仍然停留在劳动密集型产业和资源的初级加工上，满足于国内市场，无疑给自己设定了发展的框框，同时必将加剧同中西部地区的原料矛盾和市场矛盾。

2. 组织结构调整

乡镇企业组织结构调整的着眼点首先是企业规模经济。企业经营规模的大小直接影响企业的经济效益状况，对于不同的部门，或同一部门而生产力不同，适度规模的临界点也不同，但无论何种企业，都存在一个适度规模问题，也就是企业内部各要素和企业外部环境等的最佳组合问题。

由于乡镇企业的投资主体分散为乡（镇）、村、组等不同层次，各投资主体经济实力有限，加上区域内生产要素市场尚未发育，联合办厂困难重重，这就注定主要依靠乡村政府和农民的经济力量兴办起来的乡镇企业，不论在产值、人员，还是固定资产拥有量上均有小型化、微型化的趋向。小企业对有些产品具有一定的适应性,但在很多情况下对资源浪费严重,产品成本高、质量低,缺乏市场竞争力。因此,乡镇企业的发展一方面要选择适宜小规模生产的产品发挥小企业的优势,另一方面要有计划有步骤地推行适度规模。

实现适度规模的关键是要健全生产要素市场,促使生产要素在乡村之间、企业之间进行合理的流动和重组。在生产要素已经被大量小企业分割的情况下,可以通过兼并、租赁和拍卖等形式,对现有企业进行重组,把分散的生产要素向优势企业集中,以便在现有的资产规模上迅速提高规模效益。

乡镇企业组织结构调整的另一重要内容是组建和培育企业集团,这是增强乡镇企业在国内外市场中竞争能力的一种有效组织形式。主要有两种类型:一是充分利用城市大工业和外贸部门的技术、信息和管理优势,直接加盟城市企业集团,特别是那些已经与城市大工业和外贸部门有协作关系的乡镇企业,要通过加盟城市企业集团,把以往松散型的联合逐步推向紧密型的联合,并且使城乡工业在组织方面也逐步趋向融洽。二是以区域内的乡镇企业为龙头,把有内在经济联系的乡镇企业紧密联合起来,通过专业化分工协作,形成各种形式的乡镇企业集团。

3. 布局调整

乡镇企业分散设厂,特别是村和村以下兴办的各种企业大部分分散在我国广大农村的自然村落中。这样一种布局有它的必然性,迎合了农民依恋土地的心理,也符合农民充分利用季节性剩余时间的要求。

但这种分散设厂也带来了农民们始料不及的无穷后患,如动力能源要么无保障,要么成本过高,许多企业不得不办成全能厂;妨碍了劳动力的流动和劳动力要素市场的形成,同时也就阻碍了农民到外面去长见识的门路。

调整乡镇企业布局的可行办法是依托现有的县属镇、乡集镇建立工业小区,这样既有利于解决能源动力供应、生产服务及运输等一系列问题，也有利于开展环境污染的治理工作，实现乡镇企业的集聚规模效益。同时，工业小区建设要与集镇城市化问题同步考虑，在集聚工业的同时，也要促使人口集聚和第三产业的发展。

二、结构调整面临的障碍及其对策

乡镇企业结构调整包括增量调整和存量调整。相对来说，如果建有一套完整合理的投资政策并有效执行，就比较容易实现增量调整目标。难点是存量调整。因为结构不合理的矛盾是由存量反映出来的，存量越大，惯性越大，其结构调整的难度也就越大。同时，存量结构是旧体制下的综合产物，调整存量实际就是变革旧体制的过程，也就必然牵涉各种社会经济利益的调整，这又是存量调整无法回避的一大难题。

关键是存量调整，即只有通过对现有企业的转产、改造、兼并、破产等，才能实现产业结构的合理化，加快其现代化进程。

进一步分析，存量调整主要面临四方面障碍：

（1）乡镇企业为乡村社区所有，资产重组必然受行政界限的阻滞；同时企业盈利为全社区共享，积累能力比较脆弱。乡镇企业的基本存在形式是“本乡本村，自办自有”，其中乡村政府在动员本地资源兴办乡镇企业中充当着投资者和资产所有者的身份，对企业决策，尤其是涉及资产流转、收益分配等重大问题的决策有很大的发言权和决定权。在社区利益的支配下，乡村政府一般来说是不大愿意下属企业脱离它的直接领导而允许其跨出本乡本村实行大范围的资产重组，这样给乡镇企业组织结构的调整造成了一道道所有制方面的阻碍。由于企业盈利必须服从全社区的需要，因此，为了发展本社区的福利事业和农业生产，扶持亏损企业，兴办新企业，效益好的企业必须作出最大的贡献，其实际留利水平往往很低，不具有自我改造、自我扩大的能力。

（2）农村信贷机构受当地政府和地方利益的影响，其信贷行为具有明显的乡土圈子倾向，使信贷杠杆的宏观调节功能弱化。乡镇企业的高速增长，在很大程度上得力于信贷规模的迅速扩张。但乡镇企业出现的各种结构性矛盾与农村信贷机构的信贷行为是有直接关系的。尽管它实行从上到下的纵向管理机制，但由于其干部职工大多来自并生活在本地，自然与本乡政府建有一种互相熟识和信任的关系，倾向于协助乡政府支持本地的工业建设；同时农村信贷机构的存贷款业务离不开本乡政府的支持和协助，反过来乡政府可以影响甚至干预其信贷业务。其结果，农村信贷机构的信贷行为与当地政府的行为往往会达成一致，使调整信贷结构的设想实际上很难操作，而且还难以形成统一的资金融通市场。

(3) 现行承包制仅仅赋予乡镇企业用好现有资产的动力，却没有把企业追求利润的动力有效地传导到技术进步上来，使结构调整这一事关长期发展的工作往往得不到企业的积极响应和支持。承包制的实行初步分离了所有权和经营权，使企业基本具备完成和超额完成承包指标，追求利润最大化的动力。但由于承包期限较短，加上乡村政府对乡镇企业的软预算约束，因而导致企业行为的短期化，承包经营者往往只重视产品质量、现有设备和人员的利用，以及供销渠道畅通等直接与当年生产有密切联系的环节和措施，而不愿意在新产品开发、设备更新、技术引进等方面倾注较多的精力投资，对承包者来说，这是必然的理性选择，但这种选择却增加了结构调整的难度。

(4) 乡镇企业从业人员基本上都是从农民转化而来的，科技人才较少，使技术创新受到极大限制。乡镇企业前一阶段的迅速发展与城市大工业成熟技术的梯度转移有密切关系。但一旦乡镇企业进入技术的开发与创新阶段，“借腹怀胎”会受到行业的限制，而直接购买专利与技术产品，又会遇到开发与消化上的困难，从而造成未来发展的严重障碍。

要取得比较好的结构调整效果，必须把着力点放在如何消除或减轻上述各种障碍因素对乡镇企业结构调整工作的阻滞上。有关这方面的手段和政策主要集中在三个方面：

(1) 深入改革乡镇企业的产权制度，淡化乡镇企业的社区特征，增强其技术进步的行动力。较好的改革方案是在承包经营产值和负债进行清理和估价，尽管不可能搞得十分准确，也应有一个大体的划分，然后以企业股票或企业债券形式归入应属的各方。在这个基础上，企业根据资产和负债的变动、盈利等状况，给予持有债务凭证的债权人以应得的报酬。有了这一改革，乡村政府和乡镇企业的关系可以演变成相对简单的债务关系，乡村政府不能无规则地平调乡镇企业的收益和有形资产，乡镇企业则可以在更大的范围内进行筹资融资。同时，对承包者的激励和约束将集中在资产收益和资产增值方面，责、权、利更加明确。

（2）健全宏观调控机制，正确引导乡镇企业的结构调整和投资行为。宏观调控主要是围绕国家的产业政策和结构调整的一些基本原则，借助经济、行政、法律等手段，保证乡镇企业的发展与国家产业发展战略保持一致。健全宏观调控机制包括制定一套科学合理的政策，包括资源分配、信贷、税收、环保、项目审批、许可证发放等在内的各项政策的贯彻执行。有关乡镇企业的各项新政策，既要为乡镇企业创造更加公平的竞争环境，如不同所有制企业的公平税负、公平交易和取消价格上的双轨制等，又要有倾斜地支持重点产业、名特优新产品及企业资产重组和规模化。各宏观调控部门必须克服狭隘的地方主义思想，加强政策操作中的独立性。尤其是行政部门，要保证资金市场、物资市场、商品市场、技术市场的正常开放，内外左右，一律平等，消除地方、部门之间的行政壁垒。

（3）推行城乡企业的紧密型联合，弥补乡镇企业技术和管理方面的不足，并为城乡经济一体化创造组织基础。乡镇企业改善自身技术状况的有效途径是与城市企业建立紧密型的经济联合，甚至包括组织形态上的合而为一，把自身的发展完全融入城市大工业的发展中去。如果乡镇企业仍然游离于以往一般性的加工协作配套，由于其并不完全属于城市企业的组织体系，因而只能享受到成熟技术的梯度转移，不可能直接获得最新技术，除非它支付高昂的技术转让费。这对绝大多数乡镇企业来说往往是做不到的。推行城乡企业的紧密型联系，需要借助于股份制形式来改变现有城乡乡镇企业的产权制度，冲破所有制方面的城乡界限，逐步以产业、产品为纽带组建各种形式的企业集团或企业公司。集团内部实行统一经营、分级管理。到那时，很多乡镇企业将被城市现代企业同化而成为现代大工业不可分割的一部分，城乡经济一体化也将越来越成为现实。

（本文原载于《乡镇企业研究》1996 年第 4 期，与韩华林合作）

关于“贷改投”和“债权转股权”的思考

目前国有企业面临的一个重要困难是资产负债结构不合理，资本金严重不足，负债比率过高，大多数国有企业资产负债率在70%以上。而“拨改贷”常常被认为是企业高负债的主要原因。但据经贸委的一项统计，“拨改贷”资金占国有企业总负债的比例不过4%。据统计，国家预算内投资占国有单位固定资产总投资的比例1991年为10.2%，1992年为6.3%，1993年为6.0%。即使国家预算内资金全面“拨”给企业，企业负债率也不会降低多少。因此，从总体数量上看，在企业增资减债的措施中，“贷改投”所能起的作用并不是主要的。为此，人们寄希望于“债权转股权”。

要解决“债权转股权”必须研究以下四个问题：第一，各债务人（企业与其投资主体）债务界限的划定；第二，谁是最终的债权人；第三，谁作为投资主体来接受转过来的股权是合适的；第四，如何实现这一转股过程，即操作方法。

一、真正的债务人：不只是企业，而应是企业和其投资主体

按国际上市场经济国家的平均水平来看，企业的资产负债率通常在50%-60%，大型企业略高一些。我国1987年3月1日公布的《关于中外合资经营企业注册资本与投资总额比例暂行规定》中也规定：投资总额在300万美元以下的，其注册资本应不低于投资总额的

70%：投资总额在 300 万－1 000 万美元，则不应低于 50%：投资总额在 1 000 万－3 000 万美元的不低于 40% 等。由此规定可以看出，目前我国国有大中型企业注册资本金严重不足，所有者权益侵蚀了企业法人财产权的权益。举个简单的例子，假设一中外合资企业注册资本金为 100 万元，其中 50 万元应由外商承担，而该外商只有 30 万元，另外 20 万元要从银行借款，这 20 万元的本息均应由外商自己承担，而非由企业负担，而我国国有企业随着企业规模的扩大，国家并未补充相应的资本金，高额的负债完全由企业承担，显然是所有者（投资主体）侵蚀了企业法人财产权的权益。为此有必要划定国有企业与其投资主体之间的债务界限。属于注册资本金不足部分的负债债务人应是国有企业的投资主体国有资产经营公司，而非企业；其余部分负债，债务人是企业。

二、最终的债权人：居民个人

国民收入的分配结构随着改革的进行已发生了较大的变化，居民储蓄逐步取代政府预算成为资本积累的主要来源。改革前，居民个人收入在扣除消费支出后所剩无几，居民储蓄占社会积累的比例微乎其微，那时财政预算几乎是社会投资资金的唯一来源。改革以后在收入分配格局方面的一个重要变化是居民个人收入占国民收入中的比例持续稳定上升，政府和企业均成为净赤字部门。因此财政预算资金在企业债务中的比重逐渐减少。

由于体制上的原因，居民与企业之间融资渠道并不畅通。居民储蓄除用于购买国库券、存入国家银行之外，没有其他渠道流向企业。银行信贷几乎成为将居民储蓄转化为企业投资的唯一通道，致使银行对居民高负债和企业对银行高负债。企业负债中 80% 是欠银行的债。而银行资金中 60% 以上来自居民存款。由此可见，企业债务的最终债权人不是银行，更不是财政，而是城乡居民个人。

三、可供选择的多元化的投资主体

要实现"债权转股权",在明确了债权人的基础上还必须明确将股权转给谁,即投资主体的问题。从目前情况看,将国有企业的一部分负债直接转化为银行或财政对企业的股权是不可取的。

首先,国家银行政企不分以及国家银行同国家财政、国有企业三位一体的体制尚未根本改变。在这种情况下,银行对企业控股或持股,将使企业的所有者权益和负债界限更混淆不清,银行债权更无人承担责任,银行对自己拥有所有者权益的企业将更弱化信用约束,从而促使企业更依赖银行,且银行信贷业务将无法避免政府行政干预,给银行商业化带来新的阻力。其次,在巨额不良债权和财政无限期占用信贷资金的重负下,国家银行自身事实上也存在着资本不足问题。这样银行如果再靠负债去对企业控股或持股,一旦发生信用危机,将引发对经济社会难以预料的危险。第三,即使将专业银行改组为商业银行部和投资银行部也是不合适的,在目前进行的国有资产管理体制改革中,我们花了很大的精力组建了国有资产经营公司(控股公司),结果其控股的企业中多数又变成了银行的控股企业,不仅银行管不好,而且还可能造成金融垄断和产业垄断,误导资源配置方向,并使国家宏观调控难度加大。因此目前条件下将企业债权直接转为银行股权并不可取。

目前条件下,将企业负债转为财政(国家)对企业的股权亦不可行。首先,将企业负债转为财政对企业的股权,又将造成企业投资主体不明确,与建立现代企业制度明晰的产权主体要求相违背。其次,财政自身无如此大的财力,而只能向银行借钱来"购买"企业的股权,这样一方面使财政赤字大大扩大,从而给通货膨胀带来巨大压力;另一方面,它可能给企业一个信号,即国有企业的呆滞债务最终都会由国家财政承揽,从而使企业财政约束进一步软化。因此,可供选择的投资主体有:

1. 居民个人

从城乡居民存款来看,1994 年年底余额已超过 2 万亿元,比上年净增6 000多亿元,到今年底可能达到2.8万亿元。且居民的投资愿望也很强烈。目前我国约3.5万亿元的国有企业资产中(假设资产负债率为70%),负债额为2.4万亿元,只要吸收居民存款余额的20%,即5 600亿元,就可将企业的资产负债率降低23%。由此可见将债权转为居民对企业的股权是可行的。

但目前非国有资本的持股者几乎全是散户。国际经验表明,股权过分分散会弱化股东对公司经营者的监控,因为相对于个人投资收益而言,股权分散的个人股东对公司实施监控的成本显然过高。为此发展直接融资市场,吸收居民的存款,培育机构投资者如独立的信托投资公司、共同基金等对国有企业持股,一方面可能降低企业过高的资产负债率,另一方面又形成产权界限明晰、投资主体多元化的符合现代企业制度的企业。

2. 外商

从外商投资情况来看,1994年外商直接投资的实际金额为338亿美元,今后可能会少一些,倘若每年能引导其中一部分对国有企业参股改造,比如50亿美元,那么每年也可投入四百多亿元人民币,且为国有企业带来新的投资主体,企业就会有新的活力。

3. 效益好的国有大中型企业

虽然我国国有企业资金比较紧,但统计数据表明企业存款上升。1994年年底国家银行中企业存款金额为11 467亿元,比1993年年末增长了2 735亿元,净增31.3%。而且近年来一直有巨额游资充斥市场,寻求出路。因此一些效益好的国有大中型企业有潜在的投资能力,可能成为法人投资主体。

四、"债权转股权"的操作方法

1. 债务重组

比照《公司法》划定国有企业与其投资主体——国有资产经营公司债务界限的前提下,进行债务重组。由国资公司向银行借款归还企业不到位的部分注册资本金。企业再把这笔资金还给银行。由此形成新的债务格局。对国有企业而言，其资本金达到法定注册资本金，资产负债率降低到合理的比率。对国资公司而言，其总资产增加，在企业中的所有者权益增加，净资产不变，成为银行新的债务人。对银行而言，债权总数额没有变化，只是债务人有所变动。此步骤操作简便，实际上即是账务上的划转，即企业对银行的部分负债转化为国资公司对银行的负债。

2. 资产流动与重组，多元化投资主体的形成

我国巨额的国有资产存量经过多年的经营已有一定增值。但是增值的国有资产唯有在资产流动的市场中才能实现。上海城乡产权交易所提供了很好的例证。据对198家已成交的企业统计，其账面资产为9 315万元，评估后总值11 926万元，已升值28%；成交价格总计12 879万元，高于账面价值33.9%，也高于评估价值8.9%。这里成交的企业均为城乡集体企业，且都是陷入长期微利或亏损的企业，经过资产流动，实现了资产增值及资源的优化配置，促进了产权主体多元化的进程。同样，国有资产产权也只能在流动重组中才能实现升值和优化配置。目前已建立起国有企业的投资主体——国有资产经营公司，它理所当然地是国有企业产权转让的主体，它可以通过产权交易市场，将那些并非必须保持国有性质的企业的产权转让出去。上市企业可以是整个产权的转让，也可以是部分产权的转让，还可以将企业划分为股份单位进行转让，以利于形成多元化的投资主体。国资公司通过对上市企业的转让，既盘活了存量国有资产，实现了国有资产增值，又形成了多元化的投资主体。

其转让收入扣除交易成本后首先用于偿还国资公司对银行的负债，剩余部分按国有资产转让收入规定的使用办法处理。

3. “债权转股权”的最终实现

为了使以上步骤能顺利实现，必须建立起规范的国有资产交易市场。主要措施是：

(1) 明确国有资产的投资主体和产权转让主体的统一。只有国家授权的投资机构、投资部门才有权出让国有企业的产权。

(2) 制订产权转让的法定程序,即履行必要的审批手续,由国资管理部门负责,可以按转让规模大小,授权分级审批。审批内容主要是转让主体资格,受让对象是否属禁止或限制之例,是否经过公正、客观地评估。转让价格可以围绕评估价值,按市场情况在一定范围里浮动。

(3) 建立有形的国有资产产权交易市场。规定国有企业产权转让必须进场交易,以防止损公肥私的非法交易行为。交易市场应为产权转让双方提供充分的信息、合法的场所、公平的交易和公正的监督。

(4) 建立国有企业托管机构,开展企业托管业务。企业托管是通过契约形式,受托方在一定条件、一定期限内,接受委托管理、经营委托方的资产(企业),借以有效地实现资产经营的最佳效益。简言之,即对托管企业进行适当的改造,使之成为符合上市要求的企业,在资产重组处置、产权转让出售或企业法人变更中能获得最佳效益。

企业托管中的托管方必须是具备接受企业资产托管的经营能力和权力的独立企业法人,可以是按现代企业制度建立的企业托管公司、国有资产经营公司,也可以是外商投资的企业、机构。被改造的企业可以是经营不善的亏损企业,也可以是盈利企业。

开展企业托管有许多好处,它可以避免破产和购并中的难点,从而有利于推进国有企业的改革:它可研究海外跨国公司和投资机构的发展意向,并据以对企业进行适当包装,从而有利于拓宽引进外资渠道;而且它还有利于产业资本和金融资本的结合,从根本上壮大国有经济。

(5) 在今后三五年里,对工业发展应尽量不铺新摊子,而让企业通过市场进行兼并收购来发展生产。而财政准备铺新摊子的投资,应尽可能通过某个国有资产经营公司去购买企业来实现。

经过以上的债权转移和产权交易两个步骤后,最终债权人的部分债权便转换成了股权。即国资公司用一部分转让收入归还银行,银行又将其还给最终债权人——居民个人,而这时居民个人、外商或其他国有企业已成为原企业的新的投资主体,对其控股或参股,由此而实现了“债权转股权”。

五、实施方案的优点

1. 安全性

安全为该方案的最大优点,由于该方案无须动用财政或银行的资金,不会引发经济和社会震荡。而且实施该方案可进可退,即使在遇到意想不到的问题时,也不会出现覆水难收的局面。

2. 企业有动力

该方案的实施为企业补充了一定量的资本金,降低了资产负债率,同时又真正保障了企业法人财产权的权益。因此,它使国有企业增加了建立现代企业制度和国有资产管理体制改革的动力。

3. 国资公司有压力

对国有资产经营公司来说,该方案给其带来新的压力,促使其盘活存量国有资产,实现国有资产增值。国资公司为了还清自己的债务,必须尽力使国有资产增值,从而促使其对全资子公司、控股子公司、参股子公司进行更有效的监控,以确保国有资产增值。

4. 国有资产流动少阻力

国有资产的增值只有在流动中才得以实现。各国资公司为了偿还银行债务,必须努力促进国有资产的流动,尤其是跨行业国有资产的流动。因为只有将所属企业的产权转让给本公司本行业以外的投资者,才有可能实现资产的增值,并用转让收入去还债。所以该方案的实施会使国有资产流动的阻力减少,使国有资产能在更大范围内进行优化配置,并促进企业产权主体的多元化。

5. 可行性

实施该方案使上市转让的企业成为补足了资本金的企业,不再是高负债率的企业,因而对投资者来说更具吸引力,从而可获得比较高的资产经营效益。

6. 合理性

实施该方案的结果,形成企业资本金到位,产权关系明晰、投资主体多元化、产权流动市场化等都符合现代企业制度和社会主义市场经济的要求,因而该方案具有合理性。

以上探索和分析,清楚地告诉我们,“贷改投”不是企业高负债的主要原因。而要解决企业资产负债结构不合理,资本金严重不足,负债比率过高,主要应寄希望于“债权转股权”,因为这是问题的核心,只要抓住这一主要问题,一切矛盾就会迎刃而解。

(本文原载于《社会科学》1997 年第 8 期,与周冯琦合作)

中国区域经济发展政策分析

中国是一个地大人多,但人均资源占有并不丰富的发展中国家。由于各地区的自然环境、资源条件和经济基础存在很大差异。因此,地区之间的经济发展很不平衡。如何处理好区域间发展的均衡与效率问题,一直是人们关注的问题,也是中国经济发展政策所考虑的一个重要内容。

众所周知,任何一项政策都有其特定的背景和目标,为便于研究中国区域发展政策,本文将从传统的计划经济体制到建立社会主义市场经济体制的过程,按其不同的背景,大致分为三个阶段,并分别对三个阶段的政策、目标、措施和实施效果作一简要分析,从中可以看到区域发展政策在体制转轨中的演变特点。

一、传统计划经济时代:均衡发展的区域政策

在实行经济体制改革以前,中央政府的区域发展政策目标在于实现区域发展的均衡化,并考虑到在“冷战”时期“备战”的需要,加快内陆地区的工业发展。在传统的计划经济体制下,中央政府易于通过计划指令来实现地区间的均衡发展。主要政策手段一是要求沿海发达地区上交较高比例的财政收入,并对中西部财政入不敷出的欠发达地区给以财政补贴。如上海和江苏每年财政收入的85%-87%要上交中央。二是国家基本建设投资和布局向中西部地区倾斜。从表1可见在1980年以前,国家对内陆地区的基本建设投资比重高于沿海地区。这一政策限制了沿海地区的经济发展,使中西部经济增长率略高于东部。1953-1978年间东中西三大地区GDP的年均增长率为5.75∶5.73∶

6.18。从而使东西部地区的经济发展差距逐渐缩小。

表1　沿海与内地基本建设投资比重(以投资总额为100)

年　度	沿海地区	内陆地区	中　部	西　部	沿海/内陆
1978	40.1	50.1	30.6	20.4	0.79
1980	44.5	49.8	29.5	20.3	0.89
1985	48.4	45.0	28.2	16.8	1.08
1990	50.9	40.1	23.2	16.8	1.27
1991	48.7	41.5	24.4	17.1	1.17
1992	50.2	41.2	24.7	16.5	1.22
1993	53.0	38.0	23.1	14.9	1.39
1994	55.0	36.0	22.3	13.7	1.53
1995	54.9	37.9	22.7	15.2	1.45
1996	53.8	38.2	23.8	14.4	1.41

资料来源：根据中国统计年鉴(各年)计算。

然而,由于中西部地区自然环境和经济基础较差,投资回报率明显低于沿海地区。以工业为例,1980年的资金利税率东部分别是中西部的1.93倍和2.53(见表2)。1980年沿海地区投资比重占44.5%,但GDP却占52.75%,工业总产值占60.77%。可见,这种强调均衡发展的政策在很大程度上牺牲了整体经济发展的效率。

表2　三大地区独立核算工业企业资金利税率比较

年　度	全　国	东　部	中　部	西　部
1980	25.2	34.9	18.1	13.8
1985	20.7	25.8	16.1	15.1
1990	12.2	13.2	10.1	12.7
1994	10.21	10.26	10.05	10.26

资料来源：《中国工业发展报告(1996年)》第180页,经济管理出版社1996。

二、1980－1994 年：以效益为中心的区域发展政策

1980 年后，中国的地区发展政策转向以经济效益为中心、兼顾公平。虽然，从中国经济发展的长期目标来看仍然是要缩小地区差别，实现共同富裕。但在处理沿海与内地发展关系上若采取牺牲效率的“平均主义”同步发展，结果会延缓发展，造成共同贫穷。因此，必须调整政策，要以效益为中心，让一部分地区先富起来，以迅速提高国家综合经济实力，然后再通过财政转移支付和技术合作，扶持落后地区发展逐步实现共同富裕。

为加速沿海地区的经济发展，主要采取的政策是：

（1）国家基本建设投资向沿海地区倾斜。从表 1 的数据可见，自 1980 年后，对沿海地区投资的比重逐步增大，这一趋势一直延续到 1994 年。

（2）对沿海地区率先实行开放政策。中国的对外开放是逐步由南向北、由东向西推进的。开放主要是在外资准入和税收、金融方面给以优惠，从而有利于吸引外商投资，加速发展。从表 3 给出的地区开放时间表，可见一直到 1991 年才对内陆的边境城市、省会城市和沿江城市实行开放。这一政策的直接效果是使沿海地区吸引了大量外商投资而迅速提高了工业技术水平。1980－1994 年，全国累计外商直接投资 1 300 多亿美元，其中 88% 投资在东部沿海地区。

表 3　中国地区对外开放时间表

1979 年	对广东、福建采取特殊政策，率先进行放权让利的地区经济管理体制改革
1980 年	建立深圳、珠海、汕头、厦门四个经济特区
1984 年	开放沿海 14 个城市
1985 年	扩大为沿海经济开放区（253 个县市）
1988 年	建立海南经济特区

续 表

1990 年	开放上海浦东新区(按特区政策对待)
1991 年	开放 13 个内陆边境城市、5 个沿江城市和所有内陆省会城市

(3) 放权让利的财政政策使沿海地区受益较大。在 1994 年税制改革以前所进行的地区经济管理体制改革一直是以放权让利为主的。虽然这一政策使各地区都有所受益,但相比之下沿海发展地区受益较大。如 1986 年后,在各地逐步推行财政承包体制,由于沿海地区经济增长较快,其上交中央财政基数基本不变,因而留在本地发展的资金有较大增长。如上海的地方财政收入在 1980 年上交比例为 86%,到 1993 年已下降到 55%,而对中西部欠发达地区而言,虽然中央继续给以财政补贴,但其经济增长较慢,且中央补贴在财政收入中比例逐年下降,因而受益较少。而且,在地方财政承包体制下,形成了地方政府之间的经济竞争,这显然不利于自然环境和经济基础较差的中西部地区。

此外,由于中国经济体制改革是逐步市场化的改革,要素也是逐步走向市场的。随着市场经济的发展会有更多的资金、人才通过市场流向经济效益较高的东部沿海地区。这一趋势在 1992 年邓小平南巡讲话以后,由于市场经济加快发展而变得更为明显。从表 4 所列全社会固定资产投资增长率来看,在 1991 年三大地区的增长率差距还不很大,但 1992 - 1994 年,东部地区的增长率便大大高于中西部地区了。如 1993 年东部投资增长率分别比中西部高出 23 个百分点。有人估计 1993 - 1994 年国家为扶持中西部贫困地区的乡镇企业的发展向这一地区增拨的 150 亿贷款,约有 40% 又通过资金市场流到了东部地区。

表 4 全社会固定资产投资的地区分布及变动(1991 - 1996)

年度	东部地区		中部地区		西部地区	
	占全国比重	年增长率	占全国比重	年增长率	占全国比重	年增长率
1991	57.04	24.41	24.21	20.34	14.68	24.91
1992	59.72	49.51	22.91	34.96	13.83	34.35

续 表

年度	东部地区		中部地区		西部地区	
	占全国比重	年增长率	占全国比重	年增长率	占全国比重	年增长率
1993	62.87	67.34	21.08	46.21	12.40	42.49
1994	63.35	34.87	20.85	27.15	12.04	21.59
1995	63.80	18.30	21.03	18.47	11.95	16.57
1996	62.21	11.91	22.16	20.93	12.54	20.45

资料来源：按各年《中国统计年鉴》计算。

以效益为中心的地区发展政策加速了沿海地区的经济发展，从而也迅速提高了全国的综合经济实力。由表5的比较，可见1979－1994年的GDP、工业总产值和居民消费水平年均增长率比1953－1978年要快4.0、6.9和5.4个百分点。造成这一结果有很大原因，但区域发展政策显然也是其中一个重要因素。

表5　GDP、工业总产值和居民消费水平年平均增长率比较(%)

年　份	1953－1978年	1979－1994年
GDP	5.8	9.8
工业总产值	8.0	14.9
居民消费水平	2.0	7.4

资料来源：根据《中国统计年鉴》(各年)计算。

虽然在这一时期中西部地区的经济增长率也比改革前有较大提高。但是由于东部发展更快，它使中国的东西部差距也迅速扩大。1980－1994年，东、中、西三大地区年均增长率之比为10.69∶8.72∶8.68，这使东部地区的GDP和工业总产值占全国的比重分别从52.75%和60.77%上升到59.91%和67.0%(见表6)，而三大地区人均GDP之比则从1980年的1.81∶1.21∶1变为1994年2.31∶1.24∶1。东西部经济差距的迅速扩大在经济上、政治上和民族心理上都造成了很大的不平衡，并引发了一些社会不安全因素。伴随着1993年下半年开始的宏观经济调控，区域发展政策的调整也提到议事日程上了。

表6　三大地区国内生产总值与工业总产值占全国的比重(%)

年度	东　部		中　部		西　部	
	GDP	工业	GDP	工业	GDP	工业
1980	52.75	60.77	31.13	25.94	16.12	13.29
1985	52.66	59.58	31.26	26.76	16.08	13.66
1990	53.78	62.73	29.92	25.36	16.30	11.91
1991	55.09	63.74	28.70	24.52	16.21	11.74
1992	56.63	65.73	27.94	23.28	15.43	10.99
1993	57.89	67.07	27.23	22.34	14.88	10.59
1994	58.45	67.01	27.16	22.60	14.30	10.39
1995	58.57	66.39	27.44	23.43	13.99	10.18
1996	57.92	65.41	27.98	25.35	14.10	9.24

资料来源：1980年和1985年采用国民收入计算GDP比重。
1990－1996年GDP比重用1994年、1997年《中国统计年鉴》各地区国内生产总值计算。

三、向市场经济体制转变：区域协调发展政策

市场经济的发展会促进资源向经济效益好的地区流动，它必然有利于自然条件和经济基础较好的地区的发展，使地区间的经济差距扩大。因此，随着社会主义市场经济体制的确立，国家的区域发展政策没有必要再向沿海地区倾斜，而应着眼于促进地区间的协调发展，并逐步缩小地区间发展差距。因此，自1993年下半年开始的宏观调控以及在制订国家“九五”计划和2010年远景目标纲要时，中央对地区发展政策进行了调整。调整的主要政策是：

（1）国家投资与布局政策：优先在中西部地区安排资源开发和基础设施建设项目，调整加工工业的地区布局，引导资源加工型和劳动密集型产业向中西部转移。从国家预算内基本建设投资分布来看（表7），自1993年以来已逐步提高了对内陆地区的投资比重，到1995年内陆地区的比重已占48.84%，比1993年提高了7.3个百分点。在1994年安排的151个重点项目中，中西部占了91项。由于投资体制的改革国家预算内投资在全社会固定资产投资总额中的比重逐年下降，到1994年仅占3.3%。因此，这种倾斜对东部沿海地区投资总量的直接影响并不大。

表7 国家预算内基本建设投资地区分布（%）

年　度	东部沿海地区	内陆地区		
		合　计	中　部	西　部
1993	37.64	41.54	24.40	17.14
1994	40.75	42.66	25.82	16.84
1995	38.76	48.84	28.62	20.22

资料来源：根据《中国统计年鉴》各年计算。

注：全国统一购置的飞机、车辆、船舶和国防投资等不分地区，故三地区之和少于100%。

从全社会固定资产投资分布来看虽然东部地区比重仍然在上升。但到1995年其增长率与中西部已十分接近，1996年已低于中西部地区。它表明国家引导政策已开始产生效果。实际上，由于沿海地区80年代以来的大规模投资已引起工业投资的边际报酬下降。由表2可见到1994年东、中、西三大地区工业企业的资金利税率已趋接近。在土地和劳动力成本大幅上升的压力下，沿海地区劳动密集型产业和一般资源加工型产业开始向中西部转移。

（2）财政政策：实行规范的中央财政转移支付制度，逐步增加对中西部地区的财政支持。1994年全国进行税制改革，实行分税制。新税制改变了中央与地方的收入分配格局，增强了中央财政的调控能力。

1993 年的全国财政收入中中央和地方之比为 22%：78%；1994 年新税制后这一比例为 55.7%：44.3%。这使地方财政支出在不同程度上需要依靠中央税收的返还，从而有利于中央通过财政转支付来协调地区之间的不平衡问题。对中西部地区而言，中央方面将资源税（除海洋石油资源税外）全部留给地方，另一方面在确定各地区增值税、消费税增长时，采取按全国平均增长速度挂钩返还给地方的作法，这在一定程度上有利于中西部地区的发展。

（3）开放政策：加快中西部地区改革开放步伐，引导外资更多地投向中西部地区。目前，中西部地区大部分城市也已开放。同时，税制改革后，吸引外资的政策也有所调整，主要是对国内各地区开放的政策区别将转向对外商投资的产业导向政策。即各地区在税收优惠方面的政策逐步拉平，而对外投资于出口导向、进口替代的项目，或投资于农业、原材料工业、基础设施、高新技术的项目给以优惠，包括适当减税和开放市场。这就有利于中西部地区发挥资源优势、土地和劳动力成本较低的优势，同时也有利于中西部地区的市场开发。此外，中央还决定，国际金融组织和外国政府贷款的 60% 以上要用于中西部地区。

（4）区域合作政策：鼓励并加强东部沿海地区和中西部地区的经济、技术合作。1995 年国务院批准实施《乡镇企业东西合作示范工程》，目的在于促进东部地区较先进的技术、管理和较强的资本实力与中西部地区较丰富的原材料、能源和劳动力资源相结合，加速中西部乡镇企业的发展。两年多来已签订东西部合作项目协议三万多个，这些项目都将建在中西部地区，并从东部地区引进投资额达 350 亿元，可吸收农村转移劳动力 200 多万人。

另一措施是实行东部发达省市和内陆落后省区的对口支援和协作。如上海对口帮助云南和三峡库区、江苏帮助贵州、浙江支援四川等。对口帮助包括合作投资项目、提供技术服务和培训人才等。如到 1997 年 6 月底，上海已与云南省签订合作项目协议 81 项，投资总额达 25 亿元。这种合作对沿海地区来说，也是有利的，因为沿海地区经过十多年的发展，土地和劳动力成本大幅上升，面临产业升级和结构转型，也需要将一部分产业向中西部地区转移。

（5）扶贫政策：加大对贫困地区的扶持力度，扶贫方式则从救济型转向开发型。1994 年国家制定了“八七”扶贫攻坚计划，力争在 20 世纪末基本消除中西部地区的贫困现象。为此，国家每年在原有基础上再增加 10 亿扶贫拨款和 10 亿扶贫贴息贷款。

以上区域协调发展政策实施时间还不长，但已取得初步效果，加快了中西部地区的经济发展步伐。1996 年中西部的投资增长率已快于东部地区，经济增长速度也已接近东部。该年工业增长最快的三个省安徽、湖北和江西都在中部地区，增长率分别为 20.9%、20.4% 和 19.7%。这使中部 GDP 的增长率比东部约高 2 个百分点。可以预见这些政策的实施将逐步缩小东西部经济发展差距。而这种协调发展的结果并不以牺牲东部地区的效率为代价。

四、结论

从中国区域发展政策的演变来看，是从均衡发展到效率优先，再到协调发展，这一演变过程与我国经济体制的转变密切相关。中国向社会主义市场经济体制转变是渐近的改革过程，且是政府主导、逐步推动改革进程的。在向市场经济体制转变的初期，市场机制并不完善，在引导资源配置中的作用还很小，因此，需要政府通过效率优先的政策引导资源向效率高、效益好的方向流动，使之与市场配置资源的方向逐步一致起来，从而可减少建立市场机制的障碍。然而当要素市场形成，并逐步发挥出其在资源配置中的基础作用时，它自然将逐步取代政策的这种效率优先引导作用。80 年代后期，人才、资金大量向东南沿海一带流动已显示出市场的导向趋势。因此，政府的政策没有必要再来强化这一导向，而需要转向协调发展的目标。从理论上说，在市场经济体制下，政府的政策应着眼于解决那些市场本身难以解决的问题。就区域发展问题而言，应由市场去实现效率优先的导向作用，而通过政策去实现区域的协调发展，以便最终达到走向共同富裕的目标。

另一方面，我们要看到在传统计划经济体制下的均衡发展政策与社会主义市场经济条件下的协调发展政策虽然在政策目标上有相同之处，即逐步缩小地区差距，实现共同富裕，但它们的前提与手段是有根本区别的。均衡发展政策在资源配置上不以效率优先的市场导向为前提，它主要依靠计划指令来实现计划设定的均衡发展目标；而协调发展政策是在效率优先的市场导向基础上，通过建立较为公平的统一市场规则和利益的协调来实现协调的发展的目标，如统一税制、理顺价格，特别是资源、原材料和加工品的价格，以及帮助落后地区发挥比较优势、引导发达地区和不发达地区间互惠互利的经济合作、把沿海地区的产业升级和向中西部地区的产业转移结合起来等，这样的协调发展才能不以牺牲整体效率为代价。

然而，由于中国经济尚处在由计划经济体制向社会主义市场经济体制的转换过程中，市场机制尚不完善，而且，广大中西部地区在交通、信息等基础设施和金融方面比沿海地区落后得多，不仅市场不成熟，人均所得也较低，其比较优势的发挥在较大程度上还需要依靠政府的开发计划予以帮助。因此，目前的协调政策中仍需要政府加强对中西部资源开发、基础设施建设和人才培训方面的投资，而在比较优势得以充分发挥之前，沿海地区与内地的差距仍可能继续扩大。

（本文原载于《社会科学》1998 年第 3 期）

我国的金融风险源在哪里

去年7月爆发的东南亚金融危机引起了全球的关注。防范金融风险、保持经济稳定增长成为当前经济研究之热点。虽然我国因成功地实现了宏观调控目标及资本市场尚未开放而避免了这次危机的冲击，但必须看到，我国同样存在金融风险，并且在逐步累积。当前如何汲取教训，并采取适当对策化解风险，对保持经济的稳定增长十分重要。笔者对此有如下观点：

一、有一种侥幸的观点，认为东南亚金融危机是过早开放金融市场的恶果，因此只要不开放金融市场就可以保持稳定，这是不正确的

其实，所谓“过早开放”的本质还是金融市场不规范、不完善的结果，如利率、汇率脱离国际市场及政府过多干预银行业务等。我国开放金融市场是迟早的事。因为1999年3月将实现全球金融自由化，我国最多可争取到发展中国家一般可享有的5年保护期。因此，必须加快金融市场化的改革，促进金融市场的成熟与规范，为开放作好准备。

二、目前国内金融风险的根源并不全在金融业内，国有企业的实际困难和社会信用的危机也许是更主要的风险源

消化大量的银行不良贷款不可能仅靠财政支持和银行准备金，主要靠国有资产本身，即在国有资产经营过程中利用资产的增值偿还部

分债务，抑或让国有经济从部分领域退让，以强化基础性和战略性产业，并以此化解部分不良贷款。应考虑将一部分国有企业的债务划归国有资产经营(控股)公司承担，由国资公司在对企业产权的转让、置换等经营中偿还。在国有资产管理体制改革中，我们已经塑造了国有企业的投资主体——国有资产经营公司，那就应该让它承担起投资者的责任。由于资本金不足而形成的债务，理应划归投资者偿还。这种债务划转不会引起宏观经济的震动，而只会促进国资公司进行跨地区、跨部门和跨所有制的资产经营与重组。

三、必须加快资本市场、产权市场及房地产市场的规范建设和发展

从金融风险角度看，为降低风险进行的抵押贷款是以资产的流动性为前提的。资产的流动性越小，金融风险就越大。例如企业以法人股或房地产为抵押，若抵押物不能转让、变现，则抵押是无效的。因此，规范并发展资本市场、产权市场、房地产市场对防范金融风险具有十分重要的意义。应考虑允许社会募集和转配的法人股流通，并把不流通的发起人法人股和国家股改造为优先股，这既有利于规范资本市场，也有利于化解金融风险，并重建社会信用。当前宁可少发一些新股，也要设法逐步解决历史遗留的不规范的问题。目前国有企业负债率因房地产的注入而有所降低，但对此还不能太乐观。因为企业流动资产比例太小，资产流动性小，其支付能力并不强，仍然会造成风险的累积。

四、要吸取韩国的教训，必须理清政府、银行和企业的关系

韩国采取政府指示、银行注资、企业扩张的办法虽可逞一时之雄，但使风险剧增，并可能造成官员腐败、企业低效和银行坏账。前不久召开的中央金融工作会议已明确地方政府不得干预银行业务，并将实行

大区管理,这是十分明智的决策。目前正在进行的兼并联合、抓少、放小的资产重组,方向是正确的,但必须按市场规律进行,要防止过多的行政干预和只为做大而强拉硬并。有效的兼并联合在于降低内向交易成本,提高外向竞争能力,从而扩大市场占有率,提高资产回报率。强拉硬并未必能达到上述目的,相反可能因内部摩擦的增加而降低效率。

目前存在两种误解,一是以为集团规模大就可以形成规模经济效应;二是以为企业合并后就可以集中资金办大事。实际上规模经济的形成并不一定在大集团中,重要的是要形成良好的社会分工和专业化协作。中小企业在合理的社会分工和专业化协作下同样可以形成规模经济效益。如台湾资讯产业在发展过程中企业规模并不大,但将电脑零部件进行层层分解后,于生产过程中形成了规模经济效应。所以,大而全的企业集团,若无合理的社会分工与专业化协作,往往徒有经济规模而无规模经济效益。虽然企业合并后经济规模大了,在集中资金方面有优势,但应看到,没有良好运作的资本市场,规模再大的企业同样也办不成大事。美国硅谷的一些高技术企业从中小企业起步,依托发达的资本市场,却成就了大事业。

五、对国有资产的增值要有合理的分析,账面资产的扩大并不等于资产增值

资产的价值在于盈利能力,盲目追求账面资产的扩大往往会造成账面泡沫,即资产的实际价值日益低于账面价值。低水平的重复建设与投资便是这样。譬如100万元资产的生产能力正可满足市场需求,还可盈利10万元;如果扩大到120万元资产的生产能力,市场没有扩大,就会造成20万资产的闲置,那么结果并不是100万资产增值到120万,而是120万资产贬值到100万。这种账面资产泡沫在资产经营与重组中就可能被挤掉。因此,我们在分析国有资产保值增值指标时,必须注意其现实的和潜在的盈利能力。

六、扩大内需，启动市场

受东南亚金融危机影响，我国出口增长可能减缓，而进口增长会适当增加，同时在一段时期里外资进入也会有所减少。由此而引起的是外汇储备的增长幅度会明显下降，从而要求扩大信贷，以避免银行出现流动性危机。然而扩大信贷需要有良好的市场前景，否则扩大信贷就会增加不良贷款。为此必须扩大内需，启动市场。目前我国经济形势比较稳定，通胀率低、工资上涨慢、下岗待业人员多，通过扩大对基础设施、公用事业以及高新技术产业化等方面的投资来扩大内需正是一个较好的时机；另一方面在信贷政策上，对非国有经济采取公平待遇，扩大对民营企业的贷款，促进多种所有制共同发展也正当其时。

（本文原载于《探索与争鸣》1998 年第 4 期）

企业经营新战略——机会管理

随着中国经济由短缺经济向剩余经济转变,买方市场开始形成,市场竞争日趋激烈。层出不穷的竞争对手追逐着有限的市场份额,使企业防不胜防。当代著名的未来学家阿尔文·托夫勒说:“如今所有国家都面对一个逃不了的规律——最快者生存。”在当今国际市场上,竞争力的强弱首先体现在时间竞赛方面,从经济学角度来看,时间就是金钱。然而,危险与机遇并存,不利和有利同在。无限商机,就蕴藏在纷繁复杂、激烈竞争的市场中。由此,抢先一步,抓住机会,成为企业商战制胜的法宝。从而也形成了企业市场经营的新战略——机会管理。

一、机会管理的特征及目标

机会管理的特征:随时随地深入挖掘、及时把握、锐意创造商业机会,以顾客的满意程度为企业的指针,从而提高产品市场占有率。其指导思想是,以顾客的观点而非企业本身的观点来定义消费者需求,并据此开发产品,开辟新市场;且在定价、促销、分销售后服务等环节以便利顾客为原则,最大限度地提高顾客对商品、品牌及企业的满意度,使企业在竞争中处于有利地位。

机会管理的最终目标:采取先发制人,主动攻击市场的策略,在产品的功能、造型、特色上超越对手的水平,使对手在相当长时间内无法争锋,从而独占市场;在市场范围、占有率上,企业的产品要进入更新、更大的领域,在更广阔范围内的规模竞争中,摆脱竞争对手的追赶,始终抢先一步打入可能进入的地区和领域。

机会管理提供给人们这样一种理念：危险与机遇是一个事物的两个方面，通过有效化解，问题和困难将转化成走向胜利的难得机会。往往越是困难重重、一筹莫展、别无良策时，越预示着另辟蹊径、突出重围、跃出危境机会的到来。其关键是，人们能不能突破原有的思维定式，换个脑筋想问题，调个角度看世界。

东南亚金融危机使周边国家货币贬值，给我国外贸出口带来一定压力，但这场危机也同时在向我们展现机会：如今东南亚各国（地区）及韩国，对外国资本进入的条件都大大放宽，并且它们的资产价值又大幅度减低，正是国内企业低成本拓展海外市场，实行跨国经营的大好机会。东南亚各国普遍汇市、股市、房市、企业价格、要素价格降至最低程度，中国企业可趁低收购，日后其经济复苏之际恐难有佳机。威海市就抓住机遇巧做东南亚文章，利用转手贸易赚大钱。威海一家公司从韩国进口 500 吨橡胶，每吨价格 600 美元。进口当天，国内市场的橡胶价格是 800 美元，原料尚未加工，钱已赚定。它们还乘便宜购买先进设备，购买丘市企业，借壳上市，扩大国际融资渠道；借品牌，实行转口贸易；低价聘请洋经理来威海“上岗”，传授国外先进的企业管理经验。

同样，近几年我国家电市场竞争日趋白热化。家电产品的生产能力已远远超出国内需求。国际著名家电大企业又都把中国市场作为战略扩张的首选和争夺焦点之一。绝大多数国际品牌已经或正在络绎不绝地来此抢滩登陆，更给原已竞争激烈的市场火上浇油。面对如此严峻的态势，国内有些企业束手无策，感到日暮穷途。而“创维”彩电则放眼世界，研究国外市场，发现了巨大潜力。仅以俄罗斯为例，该国家电市场进口货占有率相当高，其中彩电 91%、电冰箱 54%、录像机高达 96%，而且价格逐年上扬。所以，在其他同行无计可施时，“创维”则乘风扬帆，冲出国门，抢占了国外市场。前不久，“创维”彩电在轻工业发达的瑞士被评为 97 最佳彩电机型，并登上该国彩电销售冠军宝座。

二、机会管理的要点

1．战略市场预测

市场是一切经营活动的出发点和归宿，因此必须设法去占领它并不断扩大占有率。为此，首先要实施机会管理的战略市场预测。

随着市场争夺不断加剧，竞争手段已不再限于价格而涉及产品、服务、促销等非价格领域，越来越多的企业意识到，要驾驭如此纷繁多变的市场，必须充分了解掌握有关的市场信息，才能最大限度地减少决策的不确定性，提高正确性，从而在市场竞争中处于主动地位。战略市场预测不仅为企业制定计划提供依据，更重要的是为了开发市场，为决策人提供市场动态分析，从中挖掘商业机会。为了适时掌握市场实际动态，企业宜采用以下措施：

（1）按产品分类作好统计数据的整理工作。

（2）仔细研究同行业协会发布的信息和资料。综合分析同业生产、销售、库存情况，比较本公司与其他同行业公司的增长率和市场占有率，并绘制出比较图表。应用同业资料在竞争中获胜的事例很多。如日本索尼公司刚刚推出研制成功的录像机时，松下公司从同业资料中了解到索尼录像机因生产成本高、质量不稳定而导致市场占有率不高时，遂决定趁对手在市场上立足未稳，集中一批优秀设计人员，几个月内就试制了改进型录像机；同时通过大批量生产降低了成本。这样，松下公司抓住机遇后来居上，占领了半数以上的市场份额。待索尼公司发现松下的意图时，为时已晚。

（3）根据外销统计资料，按年、月分析全国、本公司、其他公司对世界各地的输出动向及出口占有率，以便本公司采取对策。

（4）掌握进口情况，对进口产品的型号、性能、产地及制造厂家进行调查并统计，计算进出量与全国销售量的比例。

战略市场预测为企业提供了市场特性、趋势研究和长、短期预测及国内外市场的潜在需要量、地区分布、市场占有率分析，使企业处于主动地位。

2. 结合高科技,经营多元化,创造新机会

随着市场疲软,竞争加剧,企业应把创造市场机会与开发高科技、多元化经营相结合,进入更广阔的经营领域。

现代企业的竞争是高科技的竞争,靠科技来创造市场,靠科技领先来引导消费,已成为市场竞争的必然。海尔洗衣机就以领先一步的高科技优势,在市场上形成步步占先的旺销势头。其研制开发的螺旋飓风神童王全自动洗衣机,采用“中空洗涤,无孔脱水”专利技术,代表了目前国内涡轮机的最高水平,充分满足了消费者节水、节电、节时的需求。投放市场,立即抢购一空。

前不久,上海空调大战硝烟滚滚,在众厂家茫然不知所措时,空调生产大户“春兰”和“华宝”分别推出了强制热新品和一拖三的新机,令上海空调市场为之震动。“春兰”的强制热,可节电 40%,“华宝”的一拖三,适合了市民新居大房间多的特点。这两个产品,由于科技含量高,一般厂家受技术力量的限制,短时间内无法开发,故能在相当长的时间里保持一枝独秀。传统的微波炉,底盘是固定的,造成加热不均匀。LG 公司解决了这个难题,开发出底盘可升降的新产品,一跃成为微波炉销售大户。可见,增加科研力量的投入,提高产品的科技含量,是创造商业机会的重要方面,由此创造的市场机会优势成倍增加。

市场多元化,属机动防御策略。在商标多样化、扩大产品系列等措施辅助下,把重点从现有的产品转到基础的、一般的需求上。例如,生产摩托车的公司,为满足一般消费者的需求,有可能生产自行车、小型汽车等摩托车以外的相关交通工具。即进行灵活机动的防御,使企业适应比摩托车更广泛的市场,拥有更多的“东方不亮西方亮”的机会,使自己处于更有利的主导地位。

机会管理促使企业开拓迄今未被满足的市场,创造市场,从中捕捉商业机会。从许多产业的发展史来看,在其处于未成熟的时候,也正是最能有所作为的时候。

中国目前60岁以上的老年人口已达1.2亿，并以每年3%的速度递增，预计到2030年老年人口将超过欧洲人口之和。因此随着老年医疗服务需求上升，老年医疗保健用品市场潜力无限。开设家庭病床、送药上门、组建传呼医疗队等方便老年人治病的医疗方式将有很大发展。在未来的相关产业中，第一产业将出现为老年人饮食特需的农副产品；第二产业将出现老年人专用商品；第三产业将出现照料老年人生活的特殊行业；信息产业中还会出现为老年人提供精神慰藉的服务。老龄化带来巨大商机，据测算，仅其市场消费每年至少在3 000亿元以上。如此庞大而丰富的市场，就看谁能抢先一步，便可独占先机。

3. 注意区域经济发展动态，捕捉机会，抢先进入新市场

开发新产品不仅要捕捉机会，还要有新技术的支持。相比之下，开辟新的区域市场要简单多了。它需要的是敏锐的眼光，捕捉到机会便可捷足先登，而后来者要想居上，可能就要付出更大的代价。中国地广人多，区域经济发展极为不平衡，消费需求极富层次性，而且是动态的，每年、每月甚至每天都在变化，从而使市场机会也在不断地出现。若放眼世界，机会就更多了。因此，企业的机会管理必须时刻关注各地与本企业产品和服务相关的发展动态，研究地区生产、投资、建设及收入、消费的结构变化与发展动态，一旦去关注就会发现机会已经悄悄到来。

锦江旅游集团得知成渝高速公路即将竣工，他们研究认为，从成都到重庆高速公路客运3小时，比火车快。而飞机虽然仅1小时航程，但加上提前登机和机场到市区的时间，也要3小时，而票价却是汽车的3-4倍。新的机会来了。他们投入6辆豪华巴士，开辟成渝高速客运。投入营运不到一年便收回全部投资。上海铁路局赶在沪杭高速公路通车之前开辟梅陇到杭州的公交式火车客运，将时间缩短至1.5小时，目的就在抢先占领市场。上海牛奶公司发现内蒙牛奶丰收，价廉物美，迅即奔赴内蒙，输出技术和管理，合建奶制品厂，生产光明牌奶粉，既降低了成本，又扩大了市场。与此相比，一些商家跑至苏州观前街大战，结果损兵折将，何不研究一下新兴市场在哪里？

4. 异化产品功能，增强服务竞争

产品性能的开发是无止境的，为了抗衡竞争产品，企业要从拓展产品的新用途着手以巩固自己的竞争地位。被誉为行业领头雁的海尔洗衣机，在普通的带烘干滚筒洗衣机盛行之时，推出了顶开盖式带烘干滚筒洗衣机，只在盖子上做了小小的改进，却满足了人们取放衣物无须弯腰，洗涤过程中可随时添加衣物的要求，符合中国消费者的生活习惯，不仅国内第一，而且国际领先。目前随着彩电、VCD影碟机在家庭的普及，电影院门可罗雀，上座率普遍较低。电影院就不能再像以前那样经营了，它的功能应该异化、嬗变，成为人们歇脚、聊天、娱乐、喝茶、孵暖(冷)气、谈生意的公共场所。这样才能把失去的顾客重新吸引回来。过时的经营方式，要因时代的发展而改变其功能，重新定位。

产品功能的异化固然给企业带来无限商机，然而，激烈的市场竞争已把企业从产品性能竞争转向质量竞争、服务竞争乃至企业整体形象的竞争。单纯开发新品、改进产品外观，已难以在竞争市场上稳操胜券。因此，商机处处，就看企业是否独具慧眼。在国际市场上自动扶梯产销量第一的跨国公司迅达集团，推行“服务优于生产”的经营观念，其在上海的合资公司，劳动力比例中67%从事服务，33%从事制造，这在以前国有企业的产品制造业中，闻所未闻。但正是这“服务主导”的先进方法，使该公司成为同行中的佼佼者。我国某机床厂近十年来，始终坚持全方位销售服务，赢得了卓越的声誉和广阔的市场。他们成立以技术厂长为首的用户领导小组，设置了用户技术服务处。在售前服务方面，根据不同地区、不同用户的要求，编制相应的培训讲义，改变过去车床行业只提供产品不搞用户技术培训的传统作法，受到广大用户的欢迎。在售后服务方面，他们分地区、分产品建立用户档案，跟踪访问和服务，主动为用户排忧解难，不仅及时满足了用户的需要，而且还为改进产品质量、开发新产品提供了不少有价值的信息，从而使该厂在激烈的市场竞争中如顺水行舟，得心应手。

创造奇迹的关键是抓住机遇，而机遇往往与风险并存又稍纵即逝，经营者要善于在纷繁复杂的环境中发现机会、创造机会,驾驭风险,置风险于控制之中。

机会管理让企业在市场缝隙里自由翱翔,使企业奇迹迭现。以机会管理为企业市场经营战略,将使企业永立不败之地。

(本文原载于《上海管理科学》1998 年第 4 期,与王玉梅合作)

论东亚金融危机

东亚金融危机是因索罗斯等人所掌握的一些国际性的投资基金机构联手在泰国进行投机套利的炒作引起,然后又对东亚其他国家进行各个击破,风潮越卷越大。这些投机者交替运用期货与现货的手段在汇市和股市上轮番炒作,从中牟取暴利。从表面上看,这似乎是酿成东亚金融危机的主要原因,其实,索罗斯等的炒作不过是一条导火线,东亚国家的金融早已潜伏着极大隐患。

酿成东亚金融危机的原因错综复杂。从外部因素而言,与世界经济发展的周期性变化及国际资本流动变化有一定关联。80 年代,欧美发达国家提高了利率,投资成本较高,市场又不景气;而东亚国家经济蓬勃发展,投资成本较低,于是,大量国际资本流入东亚国家。至 90 年代初,发达国家经过经济结构的调整及信息技术的突破,带动信息产业的迅猛发展,摆脱了经济低速发展的局面,出现较好的增长势头;而东亚国家在经历了长达十余年的经济高速增长后,传统产业的生产能力已经过剩,投资成本大大提高,同时经济中的泡沫成分也越积越多,国际资本的回流自然不可避免。

虽然国际资本的回流对东亚国家形成金融危机有一定影响,但只是一种外部条件,酿成东亚金融危机的主要原因还在于这些国家自身经济所存在的一系列问题:

其一,有些国家未能根据现有经济发展水平深化金融改革,其中泰国比较典型。泰国在经济发展到一定的水平后,在金融市场化不充分的情况下,过早开放了资本市场,一方面让国际资本自由出入;另一方面其汇率、利率却不能适应国际市场及时浮动,无论是现代金融运作能力还是金融监管体制都相当脆弱。这种不健全的金融机制,抗风险能力极差,自然成为国际金融炒家的首选目标。

其二,在经历了经济高速增长后,未能及时调整经济结构,在某些领域已出现生产能力过剩和投资过度、经济结构失衡、竞争力减退以及经济中泡沫成分过大,一旦受到冲击,资本外逃,泡沫破灭,危机就不可避免。

其三,东亚国家在经济发展中,推行的是政府主导下的市场经济,重视发挥政府的主导作用,而没有让市场机制充分发挥作用。这种社会经济运行在一国经济发展初期有利于调动资源,集中国力,加速经济发展。但发展到一定阶段,就应该充分发挥市场机制的作用,通过市场来调节生产、配置资源,引导经济结构的调整。如果仍然坚持政府推动就会压抑市场功能的发挥,难以对失衡的经济结构及时进行调整,致使金融风险不断累积与加深。

同时,东亚国家尤其是泰国、韩国政府对市场指导作用的决策咨询,往往依赖于一些背靠金融机构的民间咨询研究机构。在经济发展初期,由政府主导、银行注资、推动企业扩张对经济发展起到较为有效的作用。此时,这些咨询研究机构由于利益的趋同,对政府的决策往往提出了一些较为合理的建议,从而有效地推动经济发展;但到国家经济发展到一定的水平后,尤其在金融业不断发展扩张时,为维护自身的利益,不可能促使政府调整经济结构、抑制金融泡沫膨胀。而政府主导、银行注资、企业扩张到一定的阶段,就会出现官员腐败、企业低效、银行坏账的现象,使金融危机的风险越积越大。如在韩国,其垄断性大企业已有30多家跨入世界500强,表面上一片繁荣,实际上往往因生产能力过剩,出现了高成本、低效益,负债累累。据统计,至1997年年底,韩国最大的300家企业资产负债平均已高达400%,而银行坏账比率高达14%,终于导致一批大企业破产倒闭,银行亏空,信用崩塌。

其四,关键时刻政策选择失当,决策错误。1996年国际货币基金组织就已对泰国等东亚国家提出了警告，指出要防止出现墨西哥那样的金融危机。著名华人经济学家刘遵义在一次国际经济研讨会上曾指出，导致墨西哥金融危机的十大要素中，菲律宾已占8项，泰国已有6项。预言东亚国家近期内可能爆发金融危机，泰、菲可能首当其冲。美国经济学家保罗·克鲁格曼也指出："亚洲经济发展中的缺点是缺乏对提高生产效率的实质性投资。"这些警告未引起泰国等东亚国家的重视。泰国在1996年仍提高利率以遏制工资的上涨，维持钉住汇率，使得企业货款转向国际商业贷款，短期外债大幅上升、加大了金融隐患。更为严重的是，在1997年年初，国际投资基金的各种投机机构已开始向泰国进击时，泰国反应极其迟钝。当索罗斯等人买卖汇市期货的同时，泰国的银行却发行了150亿美元的汇市期货合同，这是一个致命的错误决策。这些期货合同绝大部分落到投机者手中，使他们完全操纵了汇市。1997年5月中旬泰国政府意识到错误，紧急采取提高利率的措施，但为时已晚，终于导致7月份泰铢大幅贬值。

印尼、菲律宾也都有类似情况。

东亚金融风暴使泰国、印尼、马来西亚、菲律宾、韩国等东亚国家经济遭受到沉重的打击，导致这些国家的本币大幅下跌、股市狂泻、外资抽离、投资停滞、经济衰退。自去年7月至今，印尼盾贬值跌幅超过70%，泰铢与韩元超过50%，马林吉特与菲比索也超过了40%。货币的贬值致使外债本息大幅增加，股市的狂泻又导致币值大跌。于是，这些国家拥有的数以百亿计的美元储备霎时化为乌有，市场萎缩，经济增长大幅下降。泰国的经济增长已下降到3%，韩国亦下降到3%左右。这次金融风暴至今仍未完全平息，人们预计，东亚国家的经济复苏至少需要2-3年。

八九十年代最活跃的东亚地区经济的衰退，肯定会给整个世界经济带来负面影响，至于影响程度如何，还需要经过一段时日，才能全部显现，估计会使整个世界经济增长放缓。

从目前情况来看，东亚金融危机对我国经济虽未构成直接影响，但间接的影响仍然存在。目前我国金融走势基本稳定。去年,我国出口贸易增长迅速,取得300多亿美元的顺差。至今年1月份,我国已拥有1 399亿美元外汇储备,外汇供大于求。外债1 186亿美元,其中长期外债占88.5%,短期外债仅占11.5%,结构比较合理。外债主要用于生产性基础项目,用于房地产等非生产项目较少。去年投放货币200亿人民币,货币的增长与发行均较为正常。1996年我国对非银行金融机构进行了整顿。在今年1月份又召开了全国金融会议,研究加强金融监管,以防范风险,制定与颁布了一系列措施,取消了对商业银行货款的额度管理,准备下调存款准备金,并将调整中央银行与商业银行的关系,银行实行大区管理,加强央行独立性、权威性和专业性的措施亦将出台。央行还授权外汇管理局负责审批境内机构借贷国际商业贷款,以加强对有关资本项目的外汇收支活动的管理。

我国的金融形势相当稳定,目前在我国资本市场上,经常性项目已逐步开放,但资本项目尚未开放。外资包括国际投机牟利的机构在我国资本市场的活动范围,仅限于我国在境外上市的股票和境内发行的B股,不能经营我国国债。而境外发行的股票与B股盘子并不大,B股与境外发行的股票虽然跌幅较大,但资产流出的规模比较小。况且我国有相对封闭的外汇管理体制,引进的外资大部分是直接投资,转化为游资的可能性极少,决不能从我国货币市场上快进快出。此外,我国已实行四次降息,目前存贷款利率比较合理,与国际利率比较接近,投机者难以套利得益。国际投机牟利机构亦无合法渠道取得人民币,无法组织对中国外汇市场的冲击。因此,不会出现因东亚金融风暴的冲击而导致的人民币大幅贬值,决不会由此出现金融危机。

从进出口贸易角度来看,东亚金融风暴导致东亚国家本币大幅贬值,对我国会构成一定影响。东亚国家货币贬值后,出口竞争能力有所加强,中国与东南亚国家的同构性出口至欧美的产品,诸如玩具、鞋类、纺织品、家用电器与农产品会受到一定影响。虽然我国可以采取进一步降低生产成本,提高出口退税来弥补,但出口仍面临严峻挑战。至于近年来我国对韩国出口不断上升的势头也因韩国经济衰退会大幅下降。煤炭、钢材、水泥、铜是我国向东亚地区出口的大宗工业产品，在 1997 年 1 - 10 月，对东亚地区出口量分别占我国这些物资出口总量的 65%、74%、86%、88%。现由于东亚国家资金短缺，采取紧缩政策，投资项目的停建或缓建，生产企业陷于停顿，对这些产品需求将大大减少，因此我国这类工业产品出口将会明显下降。在农产品出口方面，根据海关的统计数据，我国 20 种主要农产品出口至泰国、马来西亚、印尼、菲律宾、日本、韩国和中国香港等地合计为 38.98 亿美元，占我国这些产品出口总额的 71%，而从 1997 年 11 月份起有较大的滑坡，预计今年会有明显下降。相对来说，对我国原料、销售两头在外的出口加工产品影响并不大，这类产品出口金额占我国总出口金额将近 50% 左右，因为东南亚国家一些生产企业面临资金匮乏、生产停顿，将会导致今年我国的加工产品出口有所增加。总之，受东亚金融风暴影响，我国出口会有一定程度的减少，贸易顺差亦会有所减少。

从吸收国外投资的角度来看，我国的外来直接投资有 70% 来自海外华人，这次东亚金融危机使华人在东南亚国家投资损失很大，中国香港、泰国、印尼等地的华人资本在股市损失更为惨重，这就势必使海外华人到我国投资减少。同时在我国投资最多的国家与地区是日本、香港。近年来，韩国对我国的投资不断上升，已居投资的第 11 位。而这些国家与地区由于受到东亚金融风暴影响，投资肯定有所收缩，特别是韩国受创甚大，经济已经开始紧缩，对华投资会有不同程度减少。来自欧美的跨国公司投资，也会有一些机构因东南亚金融风暴而持观望态度，但大多数跨国公司不会轻易放弃中国这个世界上最大的潜在市场，因此，将继续对我国进行战略性的投资。在投资者对东南亚国家丧失信心的情况下，我国经济稳定增长。最近，为鼓励外商投资，除某些限制发展的行业外，政府对外商投资企业进口设备免征关税和进口增值税，这一政策势必会吸引一定份额的投资。因此，估计今年我国吸引外资不会出现大幅下降。

我国金融形势比较稳定，但必须防止金融风险的发生。目前有一些现象十分值得警惕：

（1）不良贷款比例较高。据报道，我国银行不良货款比率已高达25%，大部分是呆滞贷款，约有5%-6%的贷款已无法收回。而在房地产市场不景气的情况下，全国约有6 600多万平方米房产空置，沉淀资金有数千亿元，其中不少是从银行借贷来的。至于企业性的经营贷款也有很多资金呆滞，一部分经营不善、效益低下的企业通过借新债来还旧债，甚至有一些资不抵债的企业在地方政府干预下，旧债未清，又借新债。这些不良贷款可能成为金融危机的“干柴”。

（2）金融市场不规范，非银行金融机构遗留问题多。我国有些地方出现了一些未经央行批准的乱办金融、违法开展存贷业务的金融机构，严重扰乱了金融的秩序。对一些信托投资机构和农村信用社也缺乏严格监管。不少农村信用社放贷到期不能收回，又不能保证存款提现，有些信托投资机构投资房地产被套住，只得破产，这些债务最终都将由国家承担。此外在股市上，有一些证券公司违规操作也扰乱了金融秩序。

（3）投资增加而效益低下，效益增长率低于投资增长率。地方政府由于急于发展地方经济，违反中央有关规定，盲目上项目，至今犹未刹住。

（4）国有企业处境艰难。有一大批国有企业经营情况不好，企业难以从银行贷款，唯一选择是抵押房地产，但房地产市场的不景气又造成银行资金的呆滞，因此商业银行不敢轻易贷款。于是出现了一方面企业缺乏资金，而另一方面却有闲置资金放贷不出的矛盾现象。去年上海的资金市场就有1050亿元贷不出去。

虽然我国避免了东亚金融危机的冲击，但必须看到，我国同样存在金融风险，并且在逐步累积。东南亚金融危机对我国经济发展的影响也将逐步显现出来。对此，必须应对有术：

1. 加快金融市场化的改革,促进金融市场的规范与成熟

东亚一些国家是在金融极不规范的情况下,完全开放金融市场而酿成苦果的。然而全球金融自由化又是必然的发展趋势,各个国家迟早都要走向金融自由化道路,所以我国必须进行金融改革,为开放金融创造条件。这些条件是:(1)金融机制健全、法规完整、资本市场成熟稳定;(2)本国产品出口竞争力较强,国际收支的经常性项目处于良好状态;(3)央行有很强的管理与运作能力;(4)有充足的外汇储备。

2. 要减少不良贷款,重建社会信用

要加快国有企业改革,通过资产经营与资产重组调整产业结构,实现增值,偿还债务。要防止由政府干预通过银行注资促使企业盲目扩张。企业的兼并与联合必须立足于降低成本、提高竞争力、扩大市场占有率,实现经济规模效益。要避免一提到企业兼并就一哄而上建立集团。那些没有合理社会分工与专业化协作的集团,只会造成徒有规模却无效益。韩国为体现其经济实力,不考虑实际效益,为占领国际市场,拼命扩张,建立一大批企业集团。结果负债累累,纷纷破产。

3. 加快资本市场、产权市场及房地产市场的规范和发展

从金融风险的角度而言,为降低风险的抵押资产,是以流动性为前提的,抵押资产流动性越小,金融风险就越大。如企业将法人股或房地产作抵押,而这些抵押物却不能转让或不能变现,这种抵押就无效。因此可以考虑发展资本市场,通过严格的规范,允许社会募集和转配的法人股流通,并将不能流通的发起人法人股和国家股改造为优先股。同时,在目前资本市场不发达,金融衍生工具不多,间接融资又较困难的情况下,适当扩大直接融资的比例也是一种很好的选择。加快资本市场、产权市场规范的发展将有利于化解金融风险。

4. 建立金融机构联合存款保险制度

市场经济发展需要分散风险,要避免政府承担银行坏账而导致财

政损失，可考虑对四大专业银行进行股份制改造，并适当吸收一些中小金融机构，建立由可以经营吸收存款的金融机构参加的联合存款制度，以分散风险。

（本文原载于《上海经济》1998 年第 3 期，与陈建豪合作）

探索新公有制实现形式

新的公有制实现形式,解放和发展生产力,是当前我国经济生活中一个迫切需要解决的重大理论和实践问题。江泽民总书记在党的十五大报告中指出:“努力寻找能够极大促进生产力发展的公有制实现形式”,其目的就是要在市场经济条件下完善和发展公有制经济,使公有制与市场经济有机结合起来,从而大大促进生产力的进一步发展。

一、公有制实现形式可以而且应当多样化

(一) 促进生产力发展,是公有制实现形式多样化的根本目标

随着市场经济的发展,传统的公有制实现形式不适应我国社会主义初级阶段多层次生产力发展的问题已日益显露。其主要问题有三:一是传统的公有制实现形式在单一化、非市场化的产权关系下使国有企业难以成为市场竞争的主体,也难以形成对市场反应灵敏的、自负盈亏的微观经营机制;二是传统的公有制实现形式导致政企不分,是产生“企业办社会”、行政垄断、重复建设等问题的根源;三是传统的公有制实现形式下的实物型、凝固化的资产管理方式,导致国有资产结构僵化,难以盘活存量资产和优化资产结构。因此,必须转变传统的单一化、绝对化的实现形式,根据生产力多层次发展的要求,采取与之相应的、灵活的、多样化的实现形式,即既可在竞争性行业、领域建立国资参股的股份有限公司,也可在关系到国民经济命脉的重要行业以及社会公共利益突出的行业建立国有独资或控股的公司;既可在大型企业实

行股份公司制,也可在中小企业建立股份合作制或租赁制;国有资本可以和集体资本、社会公共基金合作,也可和外资、民间资本合作。

(二)经济效率决定了不同生产规模需要不同的企业制度,是公有制实现形式多样化的内在要求

从生产规模与企业制度的历史发展过程来看,由于生产规模扩大,虽然先后出现过与之相应的业主制、合伙制和现代企业制度,但是,综观当今发达市场经济国家的企业制度,并没有出现后者取代和排挤前者的情况,仍然存在着大量业主制和合伙制企业,呈现出多样化企业制度并存的结构。这种多样化企业制度结构,说明了一个问题,就是不同的企业制度适应的正是不同的生产规模企业。其原因是经济效率即生产效率和管理效率在起作用。当企业规模不断扩大时,业主制以及合伙制的企业如果不改变企业制度,就很难保证不降低管理效率,由此决定了它们只适合于小规模企业。而现代企业制度,由于两权分离,它可以聘用具有管理大型企业能力的人才来管理企业,并在所有者监督、制约下以尽可能少的管理费用来获得尽可能好的管理效果,从而保证企业管理的高效率。但是,大企业投入的管理费用,对小企业来说是一笔很大的支出。如果简单地将现代企业制度移植到中小企业,同样也会出现不符合经济效率原则的现象。因为,小企业拥有的资金较少,如果要付出大量的管理费用,势必挤掉生产资金利用量,降低生产效果。而且大企业的管理资金在小企业里往往得不到充分利用,从而也降低了管理资金的利用效率。在这种情况下,还不如所有者自己管理来得合算,更有经济效率,这就是为什么现今发达市场经济国家仍然存在大量业主制和合伙制企业,并且占有很高比例的原因。我国目前公有制企业的规模千差万别。有的拥有几百亿资产,有的只有几万元资产。尽管是这样,但都需要以经济效率为原则,建立适应于不同规模企业的多样化的公有制实现形式,即既需要有适应大规模企业的现代企业制度,也需要有适应小规模企业的股份合作制和租赁制。

（三）既要追求经济效益又要追求社会效益，是经济发展和社会进步赋予国有企业的使命。为此，根据不同的效益目标建立不同的企业制度，是公有制实现形式多样化的特殊要求

在建立社会主义市场经济体制过程中，我们要清醒地看到，有些问题是市场机制难以解决的。如提供公共产品的企业如何协调其经济效益与社会效益的矛盾；如何防止具有垄断地位的企业在追求自身利益时可能损害社会公共利益的问题等。所以，为了使经济持续健康发展和社会不断进步，在现代经济中，不仅需要“看不见的手”的积极作用，而且还需要“看得见的手”来维护和促进经济和社会协调发展。追求经济效益和社会效益，都是国有企业的使命，为此必须根据不同的效益目标建立不同的企业制度与之相适应，这已成为各国建立国有企业的重要依据。毫无疑问，我国在推进社会主义市场经济发展过程中，也必须处理好国有企业的定位问题并建立与之相应的企业制度。在关系国家安全和国民经济命脉的部门、垄断性较强的部门以及公共产品提供部门，应以国有独资和国有控股为主，以保证这些领域中的经济活动能够充分满足全社会的总体需要。而在追求经济效益为主的竞争性领域，则应以市场原则建立两权分离的混合所有制的公有经济企业，以保证公有资本高效率运作，提高经济效益。

二、建立现代企业制度是国有大中型企业改革和发展的方向

（一）现代企业制度的建立，是对传统的国有企业制度的变革，有助于国有大中型企业成为适应市场的法人实体和竞争主体，推动政企分开和企业经营机制转换

企业制度的历史发展过程和我国实践告诉我们，在市场经济条件下，单一的产权关系的企业制度，只适合于所有权与经营权相结合的企业，而不适合于所有权与经营权相分离的企业。我国国有企业的唯一所有者——国家，它不可能在市场经济条件下直接管理所有的国有企

业，从而不可避免地要推行两权分离。但是，在不改变产权制度的条件下，国家作为唯一所有者权利难以通过两权分离得到维护和保证。从而出现了“两难困境”：为了维护所有者利益，就不得不依赖庞大的国家行政管理部门和地方政府，进行管理、监督，形成“条为主、块为辅”或“块为主、条为辅”的多级代理制度，于是出现了多级代理的低效率和违背国家所有者权益的问题。更严重的是，它使企业成为各部门、各地方政府的附属物，无法形成“自主经营、自负盈亏、自我发展和自我约束”的企业经营机制。然而，在以“放权让利”为主的改革中，在扩大企业自主权的同时，却又无法形成有效的制约企业，背离所有者利益的机制。所谓“内部人控制”问题的日益突出，“包盈不包亏”问题的普遍存在，说明了试图通过“放权让利”来解决“政企不分”和企业经营机制转换，是十分困难的。为从根本上解决这种“两难”问题，自然而然地把建立多元化产权关系的企业制度推上了当前深化国企改革的前沿。第一，建立多元化产权关系制度，就是在公有制为主导的基础上使企业所有者多元化，并在多元主体关注和追求自身利益下形成相互制约、相互兼容和相互协调的所有者与经营者之间权利关系，从而落实和维护所有者权利。第二，建立多元化产权关系制度，使企业的唯一产权主体国家转变为企业多元产权主体中的一分子，并在多元产权主体利益的对立统一中形成企业应有的“自主经营、自负盈亏、自我发展和自我约束”的经营机制，使国家随意干预企业的行为，得到来自其他所有者行使权利的限制，从而使“政企分开”得以实现。

（二）现代企业制度的建立，是对传统的资产管理方式的改革，有助于实现国有资产的合理配置，提高资本运作效率，推动国有大中型企业实现经济增长方式的转变

建立现代企业制度与传统的资产管理方式是对立的。不改变传统的资产管理方式，就无法建立现代企业制度，也无法使现代企业制度的功能发挥出来。第一，现代企业制度要求资产是可流动的，而非凝固化的。因为在现代企业制度下，资产的形成和运作，是以满足各所有者利益为先决条件的。一旦资产处于低效率而无法实现所有者利益时,各所有者就会自觉地将资产转移到高效率部门和行业,以实现其利益。第二,现代企业制度要求资产管理的方式是价值化的,而非实物型的。因为在现代企业制度下,资产的形成和运作,是以市场价值来衡量其效率和效益的,并把它作为资产所有者和经营者的行为准则。不会有人去问津毫无市场价值的资产,并对它恋恋不舍。第三,现代企业制度要求资产管理的方式,是开放式的,而非封闭化的。因为在现代企业制度下,资产的运动表现为资产的保值增值,资产的积累、集中和不断扩张。因此,对资产的管理必然是开放式的,其运作将冲破部门和地区乃至国界的限制,在更大的空间里追求资产的不断增值。

集约型经济增长的核心问题,是寻求资源的优化配置。这种优化配置,只能在开放的运动状态中实现。而在传统的国有资产管理方式下,只有增量配置处于动态之中,大量存量资产是静止的,所以资源合理配置的空间十分狭小。当传统的资产管理方式转变为价值化的、流动的、开放的资产管理方式时,增量配置和存量配置都处于动态之中,就为资源优化配置提供了更大的空间,从而推动了国有大中型企业的经济增长方式从粗放型向集约型转变。

(二)现代企业制度的建立,有助于以资本为纽带,通过市场形成具有较强竞争力的跨地区、跨行业、跨所有制和跨国经营的大企业集团,使国有大中型企业走上现代化企业发展轨道

“对外开放是一项长期的基本国策。面对经济、科技全球化趋势,我们要以更加积极的姿态走向世界,完善全方位、多层次、宽领域的对外开放格局,发展开放型经济,增强国际竞争力,促进经济结构优化和国民经济素质提高。”这是江泽民同志在十五大报告中对当前对外开放提出的要求,也是我国经济逐步走向国际化,接受挑战,谋求合作,求生存求发展而必须做到的要求。进入 90 年代中期,我国的对外开放已初步形成全方位、多层次、宽领域的格局,国际竞争开始进入国内市场。国有大中型企业面临的竞争对手已不是乡镇企业和以港澳台投资为主的三资企业，而是国际跨国公司。唯一的出路，就是要求我们以更加积极的姿态加快现代企业制度的建立，迎接挑战，谋求生存和发展。

建立现代企业制度，可使国有大中型企业的潜在优势充分发挥出来，从而完全有可能形成具有较强的国际竞争力的大型企业集团，走上现代化企业发展道路。这是因为：第一，现代企业制度的建立，使企业可以通过重组资产、兼并联合，广泛吸引社会闲散资金，形成跨地区、跨行业、跨所有制和跨国经营的“混合所有制”大型企业，增强国有经济的控制力，进一步发挥潜在优势。第二，我国市场已日益成为世界市场的重要组成部分，对外商投资具有极大吸引力，以市场换取资金和技术为国有大中型企业利用外资和先进技术、提高竞争力提供了有利条件。第三，现代企业制度的建立，使国有大中型企业拥有了宽阔的、灵活的、开放的发展机制，不仅可凭借拥有本国的人力、物资以及制度优势，而且还可通过对外投资拥有和利用他国的人力、资源和技术，谋求发展。

三、对其他几种公有制实现形式的探讨

（一）国有独资企业

国有独资企业，是指以国家作为唯一出资人建立的企业。目前，我国大多数国有企业是国有独资企业。企业分布过广，企业功能也不明确，应在改革过程中逐步改变。我们这里所讲的国有独资企业，其功能是以追求和维护社会公共效益和利益为主的。它主要存在于提供公共产品的、关系到国民经济命脉的、居于支配地位的、垄断性较强的产业和领域。这类企业主要有以下几种情况：第一，由于公共产品存在着明显的效益外部化，产生的社会公共效益要大于企业的经济效益，追求经济效益的企业一般不愿意生产或进入这一领域，因此由国家来解决。建立提供公共产品的国有独资企业，以满足社会对公共产品的需求，如基础设施建设、能源开发、生态环境保护、空间技术开发等。第二，由于关系到国民经济命脉的属于支配地位的产业和企业，其产业的影响和作用，已远远超出了一般产业和企业。由国家控制和支配这些产业和

企业，也控制和支配了整个国民经济的运行和发展，产生的社会效益就在于为其他产业和企业创造稳定、健康的经济环境，使国民经济沿着社会主义市场经济方向发展。第三，由于居于垄断地位的企业，会受自身利益驱使，追求利润最大化，结果可能出现产出减少，价格提高，使消费者利益受损。这类企业成为国有独资企业（也可以成为国家绝对控股的混合所有制企业）后，可以从社会福利角度来安排生产，即扩大产出，提高资源利用效率，降低价格，使社会公共效益得到维护和提高。

由于国有独资企业以社会效益为主要追求目标，对其就不能按一般企业的要求来经营管理：(1) 价格由国家根据社会效益和生产成本来制定和调整，因此，企业利润并不是决定性目标。(2) 资源由国家计划配置，主要是根据社会公共利益的要求和财力的可能决定配置的多寡。(3) 对企业考核的指标，主要由产出指标、资源利用效率和成本指标等组成。(4) 管理方面可以比照现代企业制度。

（二）股份合作制企业

股份合作制是我国经济的实践者们从我国改革的特殊条件和特殊情况出发创造的新事物，是适合于小规模的国有企业和乡镇集体企业的一种公有制实现形式。其特征为：将企业净资产折成股份，按照自愿的原则，平等地出售给本企业职工，股份不能随便转让给企业以外的投资者，投资者既是企业的所有者，又是企业的劳动者，构成一种劳动者的劳动联合和资本联合相结合的集体经济。股份合作制在当前小规模公有企业改制中得到广泛应用，得益于如下几点：(1) 促进了企业效率提高。股份合作制使劳动和资本双重联合，极大地调动了劳动者监督和管理企业的自觉性和积极性，有助于改变过去管理不严和经营不善的局面。(2) 推动了政企分开。实行股份合作制以后，以往长期一直没有很好解决的政企分开问题，终于有了突破性进展，形成新型政企关系。企业盈利，政府收税；企业亏损，政府不补；企业破产，政府同情。(3) 所有者权益的明确和落实，促进了企业经营机制的转换。目前国有企业亏损，主要集中于小企业，其原因在于企业经营机制的缺陷。造成这种缺陷的是所有者权益不明确和管理效率低。这种小企业改制为股份合作制后，劳动者成为所有者，所有者权益明确化并人格化；同时，在劳动者兼所有者行使权利下，企业能形成自主经营、自负盈亏、自我发展和自我约束的经营机制并提高管理效率和经营效益，从而使许多小企业焕发出勃勃生机。(4) 劳动者就业问题得到较好解决。在企业改制中，最困难的是劳动力安置问题，尤其是劳动密集型企业。股份合作制，恰在这些问题上通过劳动和资本的联合得以缓解。所以，股份合作制改制，不仅企业职工积极性较高，而且地方政府和相关部门也全力支持，出现了上下合力的可喜现象。

股份合作制是改革中出现的新事物，目前还处于完善与发展过程之中，正如十五大报告指出，"目前城乡大量出现的多种多样的股份合作制经济，是改革中的新事物，要支持和引导，不断总结经验，使之逐步完善"。就目前情况来看，主要反映出三个问题：第一，如何实现资本重组和资源重新配置；第二，如何使劳动力自由流动；第三，如何避免高分红而产生的资本积累水平过低。毫无疑问，这些问题能不能得到有效解决，将影响甚至危及股份合作制企业日后的发展。解决这些问题，必须坚持"三个有利于"的原则，因势利导。从今后发展来看，在坚持劳动联合和资本联合的基本特征前提下，在职工必须持有最低限额的股份数额规定下，可以允许余额股份转让流动，这样可在一定程度上减少资本重组和资源重新配置的障碍；降低劳动力进入或退出的成本，减少劳动力自由流动的障碍；也可在一定程度上强化所有者权益，维护资本利益(资本扩张)。

(三) 社会公共基金

社会公共基金，是指通过吸收社会居民资金而形成的一种经济组织。其特征是：(1) 由广泛的投资者共同拥有资产，是一种可操作的社会公有制；(2) 采取股份制组织形式，产权明晰，实行两权分离，由基金管理公司受托经营，接受基金公会、信托人及投资者大会的检查和监督；(3) 投资者具有广泛的社会性，投资组合多样化、综合化；(4) 基金一般由专家进行经营管理;(5) 投资基金者按拥有基金份额分红,并可以在市场上买卖转让基金股份。

社会公共基金是一种可以大力发展的新型公有制实现形式,因为:(1) 它有助于集中社会居民的闲散资金,投入企业,使产业资本社会化,并可弥补国家资金的不足。(2) 它有利于推动国有企业转制。目前在国有企业转制过程中必须解决的是,将单一化国家投资主体转变为多元化投资主体。建立多种多样的社会公共基金,无疑为多元化投资主体的形成创造了条件。虽然社会公共基金由分散的社会居民投资形成,但基金组织是法人实体,对外作为独立的投资主体,拥有其他投资主体相同的权利,承担相同的责任和义务。(3) 基金法人投资控股企业,但不是私人控股,既不会出现被控股企业私有化,也不会出现收入分配的两极分化,符合社会主义市场经济发展的要求。(4) 有助于国有股和法人股的上市流通,完善证券市场。一方面,可以避免股权过于集中于私人;另一方面,有助于缓解国有股上市引起的股价波动,也有助于实现国有资产流通、变化、回购、增值和规避风险等功能,并为国有经济战略改组创造有利条件。

(本文原载于《毛泽东邓小平理论研究》1998 年第 3 期,与鲍杰合作)

生财有脑——知识经济带来管理变革

作为影响当今世界发展的大趋势之一,知识经济正在向我们逼近。

以现代科学技术为核心,建立在知识和信息的生产、存储、使用和消费上的知识经济,与以往其他经济形态相比,最突出的特征为:它的繁荣不是直接取决于资源、资本、硬件技术的数量、规模和增量,而是直接依赖于知识或有效信息的积累和利用。它将改变传统经济的特点:由于知识具有更大的共有性和外部性,企业的组织形式、企业间的关系、竞争或联合的方式、市场结构将发生变化;基于更加完备的知识、信息和网络手段,供需双方的关系及交易方式、渠道将发生新的变革。知识经济是以创新的速度、方向决定成败的经济,它一改过去那种资源、资本的总量或增量的决定模式,使创新成为企业生命力和竞争力的永不枯竭的源泉。

"头脑"成为最大的股份

知识经济时代里,金融资本和其他传统"生产要素"已成了商品,而"智力资本"成为创造收益的实际推动力,智力成分取代市场份额成为衡量企业成功的重要标准。如何确保拥有一批具备优秀头脑的专家,如何有效地开发利用这些专家们的脑力,成为企业经营管理中头等重要的课题。

在以知识为核心的社会里,个人在知识开发中的独创性将倍受重视。由于知识创造需要较大的自由发挥空间,所以传统的"金字塔"形等级结构,将被相对独立呈网络化的组织结构,即企业结构由巨型"航空母舰"向"联合舰队"转变,从而更有效地为脑力劳动提供自由创造的空间。

二、有效利用信息成为企业命脉

随着信息量的迅速增加,对信息进行筛选、分享及利用的困难越来越突出。在现代商战中,谁获得了市场,谁就获得了发展壮大的机会。而机会来自信息,信息的有效利用将使企业发现环境机会,并把它转化成经营机会,从而占据市场的有利地位。有效地利用信息、占领市场,已成为企业生生不息的命脉。

信息和机遇是客观存在的,关键在于管理者主观上对信息是否敏感、重视,是否有充分把握的能力。知识经济使创新优势可弥补资源、资本上的劣势。加强创新,就可以在市场竞争中掌握主动。速度越来越快的信息传递,使得科技不断推陈出新,新产品的研制开发过程越来越短,产品生命周期大幅度缩短,市场竞争更趋白热化。有效利用信息,研制开发新品成为企业生命攸关的决定性因素。因此管理者要将目光拓展到国际网络所创造出来的以信息为主题的市场,认清信息本身就是高附加值的商品,这样才能不断使企业再生,创造出更高的利润。

三、知识投入居主导地位

在知识经济时代,知识等"软件"企业生产谋求的不是"经济规模化",而是"规模经济化",不是看计算机和从业人员的多少,而是看是否充分利用好了这些资源的智力及潜力。

在工业经济时代,资本和劳动力必须按比例投入,若资本投入过多,就会造成收益递减。而在信息经济社会,对知识投入得越多,产生的社会财富就越大,产品开发后的价值随着应用范围的扩大以几何级数增长。因此,知识区别于一般劳动力、资本、材料、能源和其他经济要素，既有重复使用、其价值不会削弱的特点，又有利润回报递增的优势。

四、敏捷生产带来柔性化经营

知识经济是体现个性化的经济，消费者将根据自己的价值观念和判断标准作出独立选择的倾向。现代消费趋势越来越瞬息万变，消费需求极度分散和多样。因此，对生产厂商来说，迅速、经济、合理地提供多种多样的产品，已成为具有重大现实意义的挑战。

敏捷生产、柔性化经营以人为中心，将消费者居于生产程序的起点，并直接进入产品设计阶段，而不像传统生产那样把顾客放在生产程序的终点。敏捷生产带来柔性设计、柔性生产和柔性销售。即根据顾客需求具备设计上的变化能力；为达到柔性设计的要求，使生产制造环节柔性化，由电脑控制适时调节生产细节；将产品小批、更加快速地分售出去，更快地从销售渠道得到信息反馈，及时调整策略，从而进一步降低在流通领域的费用。柔性化经营战略能在极短的时间内设计生产出不同型号的新产品，所以能在最短的时间内满足不同消费者的不同需求，因而，实施这一战略能使产品最大限度地占领和覆盖市场。

（本文原载于《上海经济》1998 年第 4 期）

转型期上海城市基础设施投资问题研究

城市基础设施是城市空间分布的主要组成部分,又是城市生存和发展的基本物质条件。因此,是城市发展和管理中的重大问题。一般来说,城市基础设施主要包括:道路、桥梁、交通、港口、机场、给排水、供电、供气、邮政通信、环境保护等。上海是一个特大型的现代城市,基础设施问题尤为重要,引起人们的普遍关注。

80 年代以后,上海开始了改革开放。与此同时,对城市基础设施也进行了大规模的投资改造。尤其是 90 年代以来,在计划经济向市场经济的转型过程中,取得了巨大成就,为世人注目。上海城市基础设施的建设任重道远,在相当长的一段时期内,还需要大规模的投入,面临着资金来源的重大问题。本研究试图通过对上海在转型期间,城市基础设施投资建设的回顾,分析其中存在的问题和经验,寻找世纪之交上海进一步搞好基础设施投资建设的有效方法。本研究所讲的投资管理,包括资金的筹集和投资方式两个方面。

一、80－90 年代上半叶上海城市基础设施投资的转型和创新

80－90 年代上海城市基础设施建设取得了巨大的成就,这同资金上的大量投入是分不开的,在此作进一步分析。由表 1 可知,80 年代第一个 5 年上海城市基础设施投资总额,比 70 年代后一个 5 年几乎翻了一番,而 80 年代后 5 年又比前 5 年增长了两倍多,到了 90 年代第一

个5年又比前5年增长了3.6倍。这种投资量上的大幅度上升可以从资金量的角度说明，为何80年代和90年代上半叶，上海城市基础设施建设突飞猛进地发展。

表1　1976－1995年上海城市基础设施投资比较

年　　度	金额(亿元)	比上期增长(%)
1976—1980	约28.60	……
1981—1985	55.62	94.48
1986—1990	178.31	220.59
1991—1995	825.61	363.02

资料来源：参见各年《上海统计年鉴》。其中1976－1977年两年的投资总额估计为8亿元。

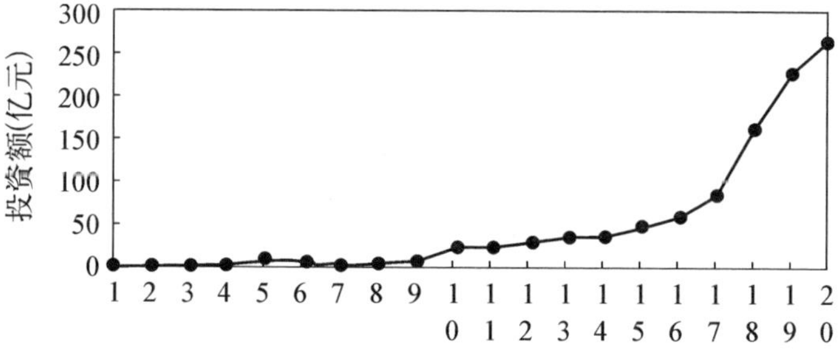

图1　1976－1995年投资额曲线

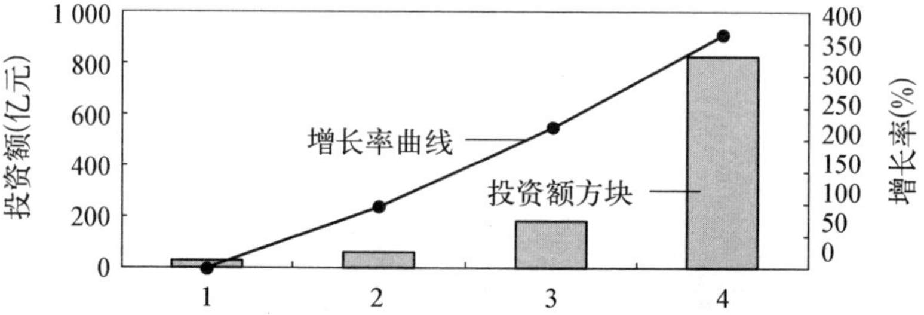

图2　1976－1995年上海城市基础设施投资比较

不过,人们会提出一个问题:为何在这两个时期投资额会大幅度上升,这些资金又是从何而来,其中又发生了哪些深刻的变化?以下,分80年代以前、80年代和90年代上半叶三个时期,分别予以说明。

80年代以前,上海城市基础设施的投资上有许多不利因素:

(1)在计划经济体制下,上海地方政府的财力薄弱。改革开放以前,上海同全国一样,实行计划经济管理,城市基础设施投资完全由地方政府财政拨款解决。可是,建国以来,上海作为全国最重要的经济中心,理所当然地担负了国家钱袋子的重任。在统收统支的全国财政体制的制约下,留给上海的财力是极其有限的,大体上勉强维持城市基础设施日常运行的一般开支,或者还有些小的发展;之后,再也无力进行结构性的大调整和大发展。

(2)上海城市公用事业的长期亏损。上海城市基础设施建成以后,无偿提供给社会使用。其中的水、煤气、公共交通等公用事业,虽已实施有偿使用,但在非经济观点的影响下,收费大大低于成本,亏损部分由财政补贴解决,给财政留下了极其沉重的负担,抑制了财政对它们的继续投资。

(3)存在着对上海城市基础设施进一步建设是否有必要的怀疑。80年代以前,国内对于上海有一种莫名其妙的看法,认为上海已经是全国最发达的城市,大大超过了国内其他城市,似乎不需要在城市建设上再投入什么了。这也从心理上抑制了上海对于城市基础设施的投资建设。

由于上述原因,上海就在城市基础设施落后及超负荷运转的巨大压力下,长期地坚持着、艰难地支撑着。总之,在计划经济体制下,无力为城市基础设施的建设提供充分的或必要的资金。其实,这不仅在上海是如此,在全国也是如此。

80年代开始,为适应改革开放和搞活经济,改善上海城市基础设施的问题自然地提上了议事日程。但是,80年代初,上海在全国的经济角色没有改变,也没有改革开放的先发优势;相反,改革开放所造成的经济利益转移,使上海的地方财政状况更加困难,可用于城市基础设施的投资越来越少。这就迫使人们去革新,去开拓新的资金来源及新的投资方式。于是,就开始摸索政府和社会、企业共同负担,多途径多层次的筹资和投资方式。采取的主要措施有:

(1) 引进数量可观的国际资金,并将城市基础设施同赢利性的工业项目结合起来,试图待项目建成以后,用工业项目的利润来归还基础设施的投资贷款。1986 年 9 月,经国务院批准和担保,上海可以直接在国际金融市场上筹措资金。总额达到几十亿美元,以用于上海城市基础设施、工业技术改造等项目。其中,就包括了上海第一条地下铁路、第一条跨越中心城区黄浦江段的南浦大桥和通向长江口的合流污水工程三个城市基础设施的巨大项目。从中,可以看到上海城市基础设施资金筹集的国际性趋势。投资不仅依靠政府财政,而且开始重视资金市场;同时,又是国际资金市场。这对于上海,具有突破性的意义。

(2) 开发区的水电、道路、下水道、通信工程的配套建设资金,由政府授权的开发公司统筹建设、自己负担。所需投资,在纳税以前从利润中支出。如上海桃浦工业区、漕河泾技术开发区、闵行经济技术开发区、虹桥经济贸易开发区的基础设施建设,就是采取这种方法解决的。从中,可以看到上海城市基础设施投资的分散性趋势。

(3) 加大对基础设施有偿使用的收费力度。80 年代开始,不仅分步提高煤气、自来水和电力收费,设定了大桥过桥费、隧道过江附加费、排水费、煤水电的增容费等。从中,可以看到上海重视了城市基础设施投资的回报问题,显示了基础设施使用的商业性趋势。

(4) 建立上海城市建设基金会,统筹市一级基础设施建设资金的筹集、使用和管理。

以上措施显示了四个结合的趋势,即:一是资金筹集的国内和国际相结合;二是资金筹集中的财政和市场的结合;三是投资的集中和分散相结合;四是投资回报的无偿和有偿及提高相结合。总而言之,开始了灵活多样筹资投资方式,而且具有了市场取向,是基础设施投资向市场化方向的转变。这是受 80 年代市场调节辅助论和随后的社会主义商品经济论的影响,是一种积极的变化。但是,当时关于中国经济体制的改革,仍然没有跳出计划经济的束缚,市场化的转变也是有限的。在城市基础设施投资问题上,受计划经济的束缚更多。上海还没有自觉地意识到市场化转变这一正确方向的根本性,大体上是作为一种对策性的具体措施来推出。因此,还有较大的局限性。

90 年代开始,尤其是 1992 年以后,中国在邓小平理论的指导下,要建立社会主义市场经济体制,人们的思想大解放,上海城市基础设施投资管理有了突破性的进展。主要的措施有:

（1）成立上海市城市建设投资开发总公司,统筹上海城市重大基础设施建设资金的筹措、投资和管理。凡是无法取得收入的公益性的项目,继续由政府财政拨款建设。凡是可取得收入的经营性项目,由开发公司自行筹集资金,自筹自还。从中,可以明确地看到基础设施投资的企业化经营趋势。

（2）进一步扩大资金的筹集渠道。除了传统的政府财政拨款以外,全面运用以下措施:出台政策性收费、使用部分城市土地批租收入、利用外资、发行建设债券、银行贷款、利用股份公司的股金、盘活现有基础设施的存量等。由于多渠道、多元化筹资,1992 年筹集了 64 亿元,1993 年筹集了 75 亿元,1994 年筹集了 96 亿元,1995 年筹集了 104 亿元,为 90 年代前 5 年上海城市基础设施建设的迅猛发展提供了充分的资金保证。从中,可能看到资金筹集上的全方位和市场化。比较 80 年代,有了全面的发展。

（3）由市以下区县政府承担区域性的基础设施投资管理。90 年代开始,上海的城市行政管理实行了“两级政府,三级管理”的改革,区县政府有了独立的财政预算。因此,也有可能将纯属区域性的基础设施建设,由区县政府承担。这减轻了市一级政府的负担,也加快了全市基础设施建设。从中可以看到继续了 80 年代投资分散化的趋势。

（4）迈出了国际企业直接参与上海城市基础设施建设和经营的步

伐。其中有两种形式：一是将现有的基础设施存量出让给国际企业有限期经营,迅速收回投资,以便投入新的基础设施项目。如1994年向外商出让“两桥一隧”(杨浦大桥、南浦大桥、打浦路越江隧道)的有期限专营权。由此获得资金24.75亿元,再投资开发徐浦大桥。另一种形式是,1995年直接向外资出让延安西路高架道路的有限期建设和专营权。其实,两种形式都是BOT。区别在于,前者已由上海建成,外商支付了投资款后取得专营权,是BOT的变形。这是上海首次采用BOT的形式进行基础设施建设,是具有历史意义的。但其意义不局限于此。更重要的是,上海市开始了让外商直接参与城市基础设施建设,这是前所未有,具有开创性的意义。

总结90年代前5年的经验,可以看出,上海城市基础设施投资建设取得了辉煌成就,是因为自觉地坚持了多样化、分散化和市场化的投资道路,尤其是坚定不移地利用了市场机制。同80年代相比,在向市场化方向的转变上有共同之处。但80年代是不自觉的,而90年代上半叶是自觉的。因此,基础设施的投资建设成就也更大。尽管其中还有不少问题,但只要坚持这一主要方向,上海城市基础设施的投资建设一定会后劲无穷、大有可为。

二、未来10年上海城市基础设施建设投资的主要困难和出路

当前上海已经面临着城市基础设施的还款问题,是一件并不轻松的事,而更为艰巨的基础设施投资任务又摆在上海的面前。

根据国家的战略要求,2000年前后,上海要基本建成国际化大都市的框架。适应这种需要,上海城市基础设施还有大批的项目需要建设,如第二国际机场、信息港、浦东铁路、苏州河改造、铁路南方客站、市内轻轨、几条黄浦江地下隧道、几条地下铁路等,预计需要投入人民币几千亿元。但是,资金来源仍然不能肯定,前景很难乐观。如果不能解决资金的来源问题,将严重影响上海城市基础设施未来的建设,影响上

海在20世纪末21世纪初基本建成国际化大都市框架的目标,也影响21世纪上海社会经济的全面发展。因此,要进一步总结以前基础设施投资的经验和教训、困难;同时,借鉴海内外的经验,坚持向多元化和市场化的转型方向前进,提出全面的解决办法。主要有以下几个方面:

(1)扩大上海财政对于基础设施投资的总量,维持或扩大基础设施投资在上海财政中的比重;同时,安排一个定向的财政增量用于基础设施投资。

90年代上半期,上海财政收入的增长是迅速的、健康的。可以相信,90年代下半期以后相当长的一段时期中,这种增长态势基本可以保持。这为世纪之交上海城市基础设施的投资增长,奠定了良好的基础。这是令人鼓舞的。但是,靠财政收入总量的提高一般性地扩张基础设施投资,还是不够的。应该要考虑专门安排一个定向的财政增量用于基础设施投资,只有这样,才能确保基础设施投资中财政来源的稳定增长,甚至加速增长。

这种设想的实现,有赖于两项措施:一要规定,在每年的财政增量中,必须有一个确定的比例用于基础设施投资;二是要开拓一个新的财政来源予以保证。后一措施根据海外的经验,可以向利润丰厚的垄断性行业或缺乏竞争性的行业收取特许专营费。如香港在1995－1996财政年度预算,因专营权而交纳的专利物权税达17.91亿港币,占当年政府财政收入的0.99%。在上海,目前还没有收取该项费用。这些行业包括银行、证券、期货、保险、机场、港口、航空、航运、客运、电力、邮政、通信、旅游、涉外宾馆、烟草、酒类、电视、报业等,潜力是很大的。

(2)上海财政对于基础设施的投资方向,应主要限于并正确选择具有广泛社会价值而又无法直接取得经济回报或无法取得充分经济回报的有限项目。这些项目建成以后还有运行的问题,还要财政支付经常性的费用。这对财政的长期压力不小,而且总量愈来愈大,负担愈来愈重,浪费现象也难避免。为使财政资金得到有效使用,借鉴海外经验,对于财政项目的投资可行性,要向社会广泛地公开地征询意见,然后再作投资决策，以防决策失误浪费投资；对这些项目建成以后的运行管理，也要置于社会的公开监督之下，以防非经济运行和费用浪费。在这些问题上，要形成规范的制度和习惯，其意义是很深远的。

（3）继续重视在国际国内资金市场上融资，进行自主建设，但对采用融资手段、投资项目的选择上，必须要选择有充分经济回报或联合经济回报的项目，以免发生类似于目前存在的还款障碍问题。

（4）对于大部分有较好经济回报前景的项目，要尽量采用民营化和商业化的方法来操作。所谓民营化和商业化办法，即将拟建的基础设施项目交由民间机构（企业）竞标建设，由政府赋予专营权，保证其投资回报，并监督其经营。对其中涉及社会经济发展的战略性项目，或政府控股，或采用 BOT 方式。在这方面，香港的经验可资借鉴。香港特区政府实施尽量让民间企业担任基础设施及公用事业开发中的重要角色，发挥巨大的作用。香港特区政府一贯主张让民间企业发挥更多的作用。因此，在许多重大城市基础设施（港口、隧道）的兴建中和大量公用事业项目上（尤以电力为典型），完全让民间企业承担。有些项目以其重要性而言，是应该由特区政府来投资兴建的。但是特区政府让民间企业参与，而且经营管理得很好（当然其中还有特区政府的监管政策起作用）。如香港在建设投资庞大的新机场时，曾广泛地采用民营性商业性的办法吸收投资。其中，新机场的配套工程——西区海底隧道，建造成本高达 75 亿港元，就采用 BOT 的形式交由民间机构承担，经营 30 年。对依赖机场经营的其他附设项目，如货运、行李和维修等，也交由民间机构经营，并收取可观的专营费。香港特区政府的这些指导思想及做法都是值得上海借鉴的。

上海城市基础设施建设资金长期不足，应当把眼光转向民营。在这个问题上，上海市政府的思想要有大的突破，行动上要有大的突破。要突破民营资本不能参与城市基础设施投资建设的老框框。只要城市的主体经济命脉和基础设施中的大部分掌握在自己手上，民间的参与不会喧宾夺主、妨碍大局；反而会减轻负担、增加投资，起到积极的补充作用。关于这一点,只要看一看十几年来在制造业中吸收外资的成功经验,就是清楚的证明。

对基础设施项目实行商业化操作方法时,要保障使用者的利益。为此,政府要对商业性项目实行监督管理。根据香港经验,政府同受监管的民间机构订立监管(或管制)协议,协议的主要内容一般有以下部分:① 保证向公众提供数量充足、质量良好、价格合理和高效率的服务;② 价格或收费调整的方法;③ 准许利润获得的数额及比率;④ 公司筹资应同政府磋商及发展基金使用的规定等。

(5) 在基础设施投资建设的民营化和商业化上,还要面向世界,加大国际化的力度。所谓国际化,即容许国外(境外)企业的直接参与。1994－1995 年,上海已经有所尝试,但是力度较小,而且某些项目的国际含金量不高,不是真正的国外(境外)企业参与,而是内资出国变相的外资企业。显然,这里有某些思想障碍在束缚着手脚。

应该讲,从中央政府来看,已经没有政策上的障碍。1994 年 10 月 26 日,李鹏同志在会见中国基础设施发展战略国际会议的外方代表时指出:基础设施是中国经济建设的重点,中外在这一领域的合作前景广阔,外国在华投资可以有多种模式,只要符合中国国情的产业结构,并对双方有利,中国都欢迎。1994 年 1 月 30 日,国家主席江泽民在会见中国外商投资企业协会第三次代表大会时指出,我国的基础产业、基础设施和高新技术产业还比较落后,我国特别欢迎外商在这些领域扩大投资,进行长期合作。随之,国家计委外资司、建设部、外经贸部、邮电部、民航总局、农业部、电力部、铁道部等部门负责人,相继发表欢迎外商直接投资基础设施的谈话。

在这种形势下,中外(国家或地区)合资十余亿美元的广深高速公路、合资六十余亿人民币的阳(江)湛(江)高速公路、合资五十余亿人民币的四川 3 条高速公路、美商独资三亿多美元的蓬莱新港、合资一亿多美元的厦门国际机场管理项目等,外商直接投资的大量的基础设施项目相继签约、开工或竣工，取得了实际成效。由此可见，上海市在吸引外资直接投资基础设施方面，应该解除思想障碍，大胆行动。

（本文原载于《社会科学》1998年第7期，与张泓铭合作）

肩负时代重任　笑迎世纪挑战

20 年前，具有重要历史意义的党的十一届三中全会召开了，从此，我国走上了改革开放的道路。

在这 20 年里，我国一步一步地推进了从封闭性的传统计划经济体制向开放型的社会主义市场经济体制的改革，实现了从乡村型农业经济向城市化工业经济的转变，取得了年均约 10% 的经济增长率。在此期间，尽管有过起伏，但从总体上看，我国既取得了较长时期的经济高速增长，又有效地抑制了通货膨胀，在世界经济史上可说是罕见的。如今我国的综合国力已大大增强：仅有世界 7% 的耕地却使占世界 1/4 的人口实现了温饱，正向小康迈进；一些重要工业产品的生产能力已雄踞世界前列；终于摆脱了短缺经济的困扰，形成了买方市场；已成为世界第九大贸易国，第二大资本输入国。在最近席卷东亚的金融风暴中，我国又成功地保持了人民币汇率的稳定，为东亚经济的复苏和稳定作出了重大贡献。所有这些成就，是在一个相当贫穷落后的基础上取得的，是在突破传统生产方式和传统经济体制束缚的过程中实现的。实践证明，我们已找到并走出了一条符合自己国情的改革与发展之路。

形势在变化，时代在进步。当前，东亚金融危机的影响已使国际经济环境变得动荡不定，经济发展的不确定性进一步增大；我国的改革正在深化，进入攻坚阶段，传统计划经济体制遗留的深层矛盾已尖锐地暴露出来，需要在深化改革中解决；特大洪涝灾害之后不仅受灾地区需要重建家园，经过认真反思，从中央到地方都深刻认识到必须为社会经济的可持续发展建立牢固的基础;21 世纪知识经济时代正在向我们逼近,对我国的发展提出了新的要求和挑战。我们必须作好准备,适应历史的要求,笑迎时代的挑战。可见,在这世纪之交的历史时刻,我们的任务更加繁重艰巨。

面对未来,我们满怀信心。这是因为:第一,经过 20 年的改革与发展,我们已有一个相当坚实强大的物质经济基础,大大增强了我们抵御风险的能力和进一步发展的实力;第二,我们有邓小平理论的指导,找到了一条建设有中国特色社会主义的发展之路,并且已有 20 年的实践经验;第三,以江泽民同志为核心的中央领导集体经受锻炼,坚强成熟,无论在应付国际风云变幻,还是在驾驭市场经济、进行宏观调控上都表现出了非凡的能力。有这样的领导集体,就一定能把全国各族人民的智慧和力量凝聚到党的十五大确定的任务上来。

今年以来,由于东亚金融危机和我国国有经济改革改组的影响,经济发展出现了一定的困难,主要是需求不足、增长减缓、通货紧缩、下岗增加。为此,中央采取了一系列积极措施,综合运用货币政策(如降低利率、扩大信贷、取消贷款额度管理),财政政策(如增加预算、增发国债、扩大公共投资、调整和清理税费)和整顿市场秩序(如打击走私、打击假冒商品、禁止军队和司法部门办公司、制止乱收费)等手段,以扩大内需,激活企业,促进经济增长。8 月份以来,宏观经济已出现了一些积极的变化:工业生产增长加快,国有单位投资稳定增加,工业产品销售回升。今年 1－7 月,工业增加值增长率为 7.8%,9 月提高到10.2%;工业产品产销率从 95.1% 提高到 97.84%。1－7 月国有单位投资增长率为 15.6%,社会商品零售总额增长为 7.0%,到 8 月份,这两项指标分别提高到 26.9% 和 9.3%。可以说,经济增长正处于从下行到上升的转折阶段。按此趋势,今年我国经济增长完全有可能实现8%的目标,并可望在明年下半年出现新的稳定增长局面。

总之,只要我们充满信心,坚定不移地贯彻和落实党的十五大提出的路线、方针、政策和任务，就一定能保持国民经济持续、稳定、健康的发展。

（本文原载于《上海经济》1998 年第 12 期）

积极推进农业产业化经营

从世界范围特别是从发达国家的实践来看,农业产业化经营是实现农业现代化过程中的普遍现象和基本趋向。几乎所有发达国家都把产业化经营作为农业的主要发展形式。

一、农业产业化经营的形式与重点

农业产业化经营按其内容,纵向上是农业或农业生产单位与农业关联部门或企业,在经济上或组织上结为一体的过程与结果,即一种农产品的产、加、销一体化经营;横向上则表现为资金、技术、人才等生产要素的联合。按形式分析,农业产业化经营可划分为三种基本类型:(1) 公司制一体化,即农产品加工企业或销售企业直接投资参与农业生产,通常是大公司直接拥有土地或租用土地,兴办农场,从事大规模农业生产,并将农业生产同产品的储运、加工、销售结合起来,形成一个相当完整的经济体系;(2) 合同制一体化,即农产品加工企业或销售企业以合同订购的方式与作为生产者的农户建立产、加、销之间的协作,主要是大公司与各类农场签订合同,各类农场接收公司为它们提供的生产资料或贷款,它们的农产品则全部出售给公司;(3) 合作制一体化,即作为生产者的农户在农业生产的同一阶段或不同阶段或农产品的加工、销售阶段建立的联合。

农业产业化经营的不同形式,适合于不同的农业生产部门或农业的不同生产阶段。例如,垂直性的公司制和合同制一体化较多适用于禽、畜、蔬、果等具有较大加工空间或加工链的农产品,水平性的合作制一体化较多适合于谷物、棉花等大宗农产品。

农业产业化经营形式不同，地位与作用也有很大不同。从演进看，由于直接进行农业经营一般获利不大，并且由于“大而全”方式缺乏灵活性，也有较大的市场风险，因而公司制一体化形式在战后初期虽有一定发展，但已不占主要地位。相比之下，合同制和合作制一体化经营是当前最具活力的两种主要形式。发达国家75%以上的农户通过合作社购买农用物资、销售农产品或得到所需要的服务，而合同制经营则由于有助于农业生产突破单纯依靠自身发展的单一形式，更多、更直接地借助外部的资金、技术与市场力量，以及由于具有更大的灵活性和适用性，已成为农产品产、加、销结合和工商企业介入农业生产的主要手段。在许多发达国家，合同制经营已使得一些重要农产品特别是加工型农产品几乎从公开的市场竞争中脱离出来，大大促进了农业的稳定发展和现代化进程。

二、培育主导型农业企业和引导农民的联合

借鉴国际的经验和依据我国的实际，在全国推进农业产业化经营进程中，应当重点加快与加大合同制和合作制一体化形式的发展。为此，可以从两方面着手，一方面是大力扶植和培育主导型农业企业。工商业企业通过合同方式介入和参与农业生产是现代农业的一个重要标志，在我国，农业也是目前最薄弱同时也是最具潜力的一个方面。依托工商企业推动农业发展的关键，是必须发展一批具有一定地域优势、加工优势、品牌优势、市场优势、规模优势及其技术优势，能够在某一农产品加工与流通中起“主导”或“龙头”作用的公司型农业企业。通过这种主导型企业建立与农户协作，克服或缓解缺技术、缺资金、缺经销能力的小农经营缺陷，为农业生产质的提高提供基础。主导型企业可以是流通型，即直接买卖农产品；也可以是加工型，即转化初级农产品。发展主导型农业企业，应当打破地域界限、行业限制和所有制制约，并参照对农业的扶持政策，在融资规模、融资渠道、税收减免等方面给予

优惠与倾斜。为鼓励城市工商企业集团参与和投资农业经营,应给予与乡镇农业企业的同等优惠待遇。

另一方面是积极引导和鼓励农民之间的联合与合作。这是农业产业化经营能否实现和达到有利于农民、有利于农业的前提与关键。农户之间的合作与联合,是农业产业化经营的一种重要形式和内容,也是农业产业化经营的重要基础和条件。农民参与农业产业化经营,除了农民之间的合作制一体化形式,也可以通过合同制下与工商业企业协作的方式。但应当看到,在市场经济的条件下,合同制一体化形式的发展要受到平均利润率规律的制约与导向,而且工商业企业与农户的协作总是以一定的而又各不相同的利益为前提,从而也就蕴含着由利益不同产生矛盾与冲突的可能,特别是由于农业内在的自然风险和市场风险,这种利益摩擦往往不可避免,以致影响协作;同时,在合同制一体化中,单个的农户依然将处于不平等的谈判与交易地位,通常只能是一个被动的接收者和承担者。因此,在社会主义市场经济条件下发展农业产业化经营,客观上要求农民再次走上合作的道路,即农民在经营上自己组织起来,按照生产的需要组织不同形式、不同内容和不同程度的合作经营组织。这种合作经营组织与50年代的合作社运动不同,它是建立在农业家庭联产承包经营责任制基础上的合作,是以契约或股份合作为主要形式的一种生产力组织方式。这种方式,有利于提高农民经营的自组织程度,培育农民自己的合作制公司、合作制企业,联合起来直接参与市场活动,使农民自身在一定程度上能够主导农产品流通;有利于建立农民与外部盈利性工商企业的平等协作关系,改善农民在这种协作中的地位和利益;有利于市场经济条件下保护和改善农民经济利益,巩固和进一步发展农村集体经济。

引导和鼓励农民联合起来参与农业产业化经营,应当坚持自愿原则;应当打破集体经济地域或行政界限,允许农户跨区域、跨集体经济范围组建或加入合作组织,合作组织可以以集体所有制的公司为主组建,也可以由几家农户为主组建;应当探索股份合作制形式,加强参与者之间的合作及其利益共享。政府对农业的合作经营组织应当给予必要的帮助、支持与扶植。例如,明确允许农民合作经营组织可以从事农产品的加工、储运、销售以及农业生产资料购销等业务或相关活动;组织、鼓励农民自行组建各类合作经营组织的试点,制定、颁布有关农业合作经营组织的规定、条例,给予必要的规范;在税收、信贷等方面对农民合作经营组织实行特惠政策。

三、完善农产品市场体系与交易方式

农业产业化经营的重要目的,是试图解决农业在市场经济体制下客观存在的"小生产、大市场"之间的矛盾,即农户或农业生产与市场的衔接问题,提高农业生产的收益和稳定性,合同制或合作制一体化不过是实现农户与市场有机结合的两种不同方式。但另一方面,在市场经济条件下,无论农户自行组织起来进行农产品的加工、销售,抑或依赖于同大企业建立合同关系,都必须遵循市场准则,符合市场规律,采用市场的运作方式。因此,农业产业化经营包含着重要的市场因素,既以市场为前提,又以市场为手段。市场的完善与否直接影响农业产业化经营的效率和效益。营造完善的市场环境、市场体系及其交易方式,是全面推进农业产业化经营的基础与条件。

世界农产品市场体系与交易方式发展到现代阶段,表现出两个基本特点,一是从市场形态看,在粮食、棉花等大宗农产品方面,传统的现货批发市场地位下降,在流通过程中发挥着重要作用的是期货市场。以美国为代表,主要粮食产品交易的90%是由合作社、私人粮商、食品加工商、饲料商以及投机商通过期货市场进行。二是从交易方式看,非现货交易日趋重要,期货合同交易制、协议合同交易制开始普遍取代传统的现货交易,交易活动与现货流通趋于分开,由此节省了流通费用,又使交易双方达到套期保值的效果,稳定了生产,也稳定了销售。

从我国农产品市场体系看,总的情况是,零售市场的发展快于批发市场,现货市场的发展快于期货市场。中国的农产品批发市场大多还处于区域内自我循环状态，仅仅起着地区内调剂余缺的作用，缺乏跨区域或全国性的、大规模的、辐射面广、能够充分利用国内外供求渠道的大型批发市场，尚未真正建立起竞争、开放、统一的全国农产品批发市场体系。中国的农产品期货市场更是处于萌芽状态，无论是规模、品种还是地位都是微弱的，风险转移与价格发现的作用远未发挥，特别是受制于对参与者条件的限制和参与者结构不尽合理，投机气氛偏重。与此相应的是，以期货合同、远期合同等各种合同为核心的现代交易手段发展滞后，运用有限。这些问题表明，我国当前农产品市场体系及其相应的交易方式的状况，既与农业产业化经营的要求不相适应，也与世界农产品市场方式的演进存在相当差距。因此，在强化调控、加强规范的基础上，应当加快我国农产品市场体制改革与建设步伐，积极引进和采取有利于农业发展的现代市场形态和交易方式，推动农业产业化经营迅速发展，使之发挥理想的作用。

（本文原载于《上海人大月刊》1999年第1期）

知识营销是知识经济发展的必然要求

知识经济是指建立在知识和信息的生产、存储、使用和消费上的一种社会经济形态,其基本特征是经济的发展主要取决于知识和有效信息的积累与利用。它强调产品和服务的数字化、网络化、智能化与个性化,主张敏捷生产和柔性经营。知识经济时代的到来必将在很大程度上改变人们的生产方式和生活方式。知识不仅是重要的生产要素,也是重要的消费资料。因此,企业管理的重点将从生产转向研究开发,从对有形资本的管理转向对知识的管理。与此同时,企业营销方式也必然会转向更高层次,即知识营销将成为企业获得市场成功的一种重要的营销方式。

所谓知识营销至少包含以下一些内涵:增加营销活动的知识含量;更注重与顾客建立结构层次上的营销关系;以培训为中介,使营销更适应产品技术、文化含量的提高及智能化、个性化的要求。

1. 挖掘产品文化内涵,增加营销活动的知识含量,并注重与消费者形成共鸣的观念价值

知识经济时代,知识也是一种重要的消费资料,企业和个人都把学习知识作为一项必不可少的活动内容。美国总统克林顿在 1998 年年初的演讲中说,在 21 世纪知识经济时代,判断一个人的价值不是看他拥有什么,而是看他知道什么以及他能学会什么。因此,在营销活动中尽量使消费者能从中学到更多的知识,将使消费者感到同样的付出而获益更多,从而有助于销售。一个明显的例子是导游的解说。许多原本平淡无奇的山石花草、沟壑溪流、亭台楼阁因有动人的传说、艺术的

想象，才使之变得富有神韵和魅力。优秀的导游以生动的语言、丰富的知识向旅游者讲解各个景点，无疑大大增加了旅游者购买的旅游商品的价值，因为他们在游玩观赏中还获得了知识，增添了文化享受。

另一方面，随着经济的发展，物质生活的丰裕，消费者在购买商品时已不仅只考虑其使用价值，而且关注它所带来的观念价值。即日益注重商品与服务背后的文化内涵，购买的是与之有共鸣的价值取向。例如，“佐丹奴”衫裤系列倡导的是青春、活泼、休闲及无拘无束的精神生活，与许多青少年的价值追求相吻合，因此，青少年成为它最大的消费群体。而“海螺”衬衫则打出“正式场合穿海螺”的广告语，言简意赅地展示其高雅、庄重、严谨的风范，与一些专业人士的价值取向形成共鸣，获得了这部分消费者的青睐。

2. 注重与消费者建立起结构层次上的营销关系，使顾客成为自己产品忠实的消费者

营销关系一般可分为三个层次：一是财务层次，即以价格折扣、回扣、金钱奖励等形式回报顾客。这是最低层次的竞争手段，也是最容易仿效的手段。这种竞争的恶果是两败俱伤，甚至会导致产品与服务质量的下降。二是社交层次，即与客户建立友谊或各种社交关系。这是目前比较流行的一种方式，但过分的使用也会带来拉关系、走后门甚至腐败的现象。而最高层次是结构层次上的营销关系，即产品与顾客之间在技术结构、知识结构、习惯结构上建立起稳固的关系，从而使顾客成为产品的长期、忠实消费者。例如，80 年代日本人以低价提供给东南亚及我国电视机组装生产线，使引进该生产线的企业在技术结构上与日本的产品相同。日后，尽管配件价格持续上升，这些企业也不得不购买他们的产品，因为要改变结构绝非易事。

随着产品技术含量的不断提高，建立这种结构关系便更显重要。某仪表厂主动到大专院校把仪表专业的大学生请来实习，并派工程师予以指导，使学生对该厂各类仪表十分熟悉。而一旦这些学生踏上工作岗位，决定选购仪表时，首先考虑的自然是他所熟悉的产品，因为这

时他的知识结构与这家仪表厂产品的技术结构相同,要改变也非短期内可一蹴而就。该厂的这一做法正是知识营销的一种方式。

3. 加强营销队伍建设,以培训知识为中介,使营销活动更适应高文化技术含量产品的推销,更适应产品智能化与个性化的发展要求

产品的文化技术含量越高,就越需要用知识去赢得顾客。比如电脑及软件的销售,首先就要让顾客了解并懂得如何使用以及使用后所带来的好处。因此在高技术含量和智能化产品的营销中,常常要以培训顾客为媒介,让越来越多的人了解使用知识,明白使用效益,从而扩大销售。另一方面,产品的个性化也是知识经济时代的特点,营销策略要针对不同类型的顾客进行特定的设计,使推销的产品、服务适应顾客的消费特点、文化品位和价值观念。要做到这些,也需要营销人员运用丰富的专业知识来促销。如保健品、化妆品市场,营销人员必须根据消费者不同的身体状况或皮肤特征推销不同的产品,向顾客做详尽的解释,从而大大提高消费者对产品的满意度,增加顾客对本企业的信赖度。例如,交大昂立公司为了扩大销售,进入社区举办培训,让顾客了解保健的原理、产品的保健功能,甚至根据不同年龄、身体状况推出相应的保健服务,大大促进了销售。1997 年该公司完成销售额 1 亿多元,1998 年上半年通过知识营销实现销售额 3 亿元,这与他们营销手段的成功密不可分。

然而,用知识赢得顾客的前提是营销人员本身必须充分掌握专业知识。过去我们从事营销的人员大多对专业知识了解甚少,这已不适应知识经济时代的要求,因此加强营销队伍的建设是企业一项紧迫的任务。

综上所述,可见知识营销是一种以知识为主要手段的高层次营销方式,是知识经济发展的必然要求。从当前的情况来看,鼓励和推广知识营销,既可避免恶性的价格大战,也可减少腐败的滋生,同时又以知识创造市场,是企业竞争取胜的有效策略。

(本文原载于《企业经济》1999 年第 1 期)

营造企业优胜劣汰的良性生态环境

自主经营、自负盈亏是现代企业制度最基本的激励与约束机制。在社会主义市场经济体制下，所有企业，不论公有、私有、外资、内资、规模大小、技术优劣，凡从事同类行业产品和服务的生产经营的企业，均在同样的市场环境、游戏规则和价格条件下平等有序地竞争，适者生存，优胜劣汰。我们认为，建立企业竞争性优胜劣汰的机制应从以下几方面着手：

一、创造公平的市场竞争环境

党的十五大报告中指出“实行鼓励兼并、规范破产、下岗分流、减员增效和再就业工程，形成企业优胜劣汰的竞争机制”。企业竞争性优胜劣汰机制是社会主义市场经济体制下，决定企业在一个行业产品或服务领域的市场上的进入、退出和生存发展的机制。要在社会主义市场经济条件下形成这一机制，首先要创造公平的市场竞争环境，即在竞争性领域里，对各类企业在市场准入、取得资源和税费负担上均应采取公平待遇，既不歧视也无特权，以尽可能地减少妨碍企业进行竞争的阻力。

就国有企业的改革而言，就是要创造一种使国有企业能与其他类型企业在同一起跑线上进行竞争的条件，否则能够承担这种重负去进行竞争的国有企业恐怕是十分有限的。在严峻的市场竞争格局中，企业的竞争力和发展除了受制于产权机制的制约，还在相当程度上受制于历史包袱的约束。尽管一些企业在改革和发展下有所进步,但过去的政企不分、企业办社会等问题的制约使其改革的进展十分缓慢。这是转型经济中传统体制对改革发展的牵制关系,如不解决这些问题,那么这种逐步适应市场的改革过程可能是长期的。在这种适应过程中国有企业可能就已经因承受不了负担而亏损破产了。如若能较快地稳妥地解决这问题,那么对于国有企业来说无疑是更快的实行市场化的重要一步,否则在这一过程中很可能又会出现预算约束软化的现象。因为当企业消化这些问题有困难时,企业不得不依赖于政府而难以成为独立化的市场主体,企业不得不诉诸行政关系方面的帮助,而无法摆脱行政控制。这使得一部分企业仍然可以依赖于其先天有利条件在市场竞争中享有优势,而不必致力于市场化改革来促进市场竞争;另一部分企业则会强调其历史包袱和先天不利条件,向政府寻求各种保护来免于竞争的不利,或由于这些不利条件而使其改革的成效无法充分显示出来,因而使改革的成果得不到巩固和发展。

在创造公平的市场竞争环境中,政府转变观念和管理职能是十分重要的。对于竞争市场类型的企业,只要能够解决一定的就业目标,满足政府的税收需要和其他要素的市场收益要求,就可认为它们是成功的。也就是说,这类企业完全可以依赖其充分的市场约束来运行,政府没有必要在已有市场约束的基础上再加上不适当的行政约束。这样只会适得其反,不仅使原先的基本目标无法实现,而且还会背上一系列沉重的财政包袱。所以建立公平的市场竞争环境,需要政府尽可能地减少对企业的干预和约束,使得企业无法利用某种不合理的垄断性来获利,而必须依靠自身的、在创新机制基础上产生的活力去竞争。总之,政府的主要职责是统一税负、拆除条块分割的行政围墙、制定竞争规则、加强市场约束并使其不断完善化,尽可能形成企业之间公平争的市场环境,才能更有效地促进企业的发展。

二、企业优胜劣汰机制必须建立在国有企业产权的可流动性之上

企业发展的主要目标是利润最大化或股东权益最大化，当企业内部的资产结构和要素组合方式不能适应外部环境或市场要求时，就要求企业内部经济资源流动和资产重新组合，直至达到企业发展目标要求为止，这是“优胜劣汰”的市场原则所使然的。

产权是各种生产要素的共有属性。在一定的市场环境下，由于企业支配调度生产资源的能力是既定的，市场竞争的压力迫使企业必须根据市场规则办事，合理配置资源，提高资源利用效率。但是，在实际生活中，企业经营和发展不可避免地会碰到各种困难，处理不当就会在竞争中处于劣势，甚至为竞争所淘汰。当一个企业在竞争中失利，遭到市场淘汰时，它显然处于被动地位，在这种情况下，企业的资源配置必然要进行调整，通过产权的流动重组化被动为主动，以产权流动重组主动退出原有行业并进入新的领域。在这个过程中，会发生企业之间的兼并、收购行为，使企业的产权关系在社会范围内重组，打破原来的资源配置格局和产权关系。被兼并、被收购方的主动退出与兼并方、收购方的主动进入相互并存，都要面临市场竞争的压力，选择主动退出行为是化被动为主动的重要手段。兼并收购行为以企业的全部产权或部分产权为交易对象，使企业产权作为商品进入市场，发挥市场对资源配置的基础作用，使资源向效率高的方向流动，使优势企业可在竞争获胜中达到集中更多的资源，进一步扩大生产，扩大市场和提高效益的目标。因此优胜劣汰的市场竞争机制必须建立在企业产权可流动的基础上。

从社会消费结构升级、生产技术结构和产业结构升级角度考察，企业的生产经营活动要求不断地开拓市场、开发新的技术，从而进入新的投资领域和新的市场。与此相伴随的就是根据技术发展规律主动放弃传统落后的生产技术，淘汰夕阳产业，从这些产业领域退出，腾出人力、物力转向新的领域，使既有的生产资源产出水平得到提高。作为市场

主体活动的企业，为了在激烈的市场竞争中保持自身活力，提高竞争实力，必须主动选择进入、退出动作，并对两者在时间、资本数量、技术力量、市场范围等方面作出自觉的安排。同样企业进入、退出某行业也是以企业的产权可流动为前提的。当前东亚金融危机的影响正在显露、蔓延，我们必须加快结构调整的步伐，尽快将一批国有资产存量变现，以便腾出力量加快新一轮基础设施的建设和高新技术的产业化发展，摆脱东亚金融危机的阴影。

为实现企业产权的流动，需要培育和发展各类要素市场，特别是资本市场和产权交易市场，以发挥市场对资源配置的基础作用。虽然通过政府的调拨和撮合，在一定程度上也可能达到资源向优势企业集中或调整资产结构的目的。但这样做是危险的。这一方面是因为政府的目标和企业目标不同，因而对资源流向的判断标准不同，从而出现误导，如市场考虑效率优先，而政府往往考虑“公平”和“协调”，于是“劫富济贫”现象产生。另一方面政府是市场规则的制订者，又是裁判员，它的直接介入不仅会扰乱了市场竞争秩序，而且会掩盖企业效率低下的问题。因此产权的流动必须以市场为基础。

三、规范破产是形成企业优胜劣汰机制的关键

自主经营、自负盈亏是现代企业制度最基本的激励与约束机制。其中破产机制对于企业乃至社会而言，其约束效果是实实在在的。对于所有者，企业破产就意味着颗粒无收。这将促使所有者更科学地把握资金投向，审慎地选择经营者；对于经营者，企业破产使经营者的信誉和个人在经营者市场上的价值下降，为了使自己免于被市场淘汰，经营者就必须高度重视经营管理，增强企业竞争力；对于债权人，企业破产可使其从血本无归的窘境中摆脱出来，使已发生的损失降低到最低程度；对于债务人，企业破产意味着一种解脱，无论是清算破产或和解整顿，债务人都可以在一定程度上摆脱或者减轻负担，从而给那些诚实而不幸的债务人一个重新参与竞争的机会。破产对于单个企业是消

亡,而对企业整体是优化;当然破产企业的职工是无辜的,但破产对其的影响却是深刻的。也只有这时,职工才能真正产生一种与企业荣辱与共的切身体验。而这种体验形成的约束机制是现代企业制度所不可或缺的。相反,如果企业只生不死,那势必又将造成企业约束软化,盈亏对企业来说无关紧要,亏损照样可以吃国家大锅饭的局面。如此既无劣汰,那也就无优胜机制可言了。

国有企业,特别是国有大中型企业,是我国国民经济的重要支柱和主要财源。然而从总体上看,目前国有企业还难以适应改革与发展的要求,效益欠佳、亏损较重的现状还未能得到有效遏制。解决这一问题的办法有两种,一是消灭企业亏损,二是消灭亏损企业。应该说两种办法同样重要,运用哪种办法要因企业而异。对多数企业是采取措施消灭企业亏损,但对已无生存价值的企业,实施破产可能是最现实的选择。我国第一家试行破产制度的全民所有制企业是武汉无线电三厂。该厂有职工近千人,固定资产净值 348 万元,从 1982 年到 1985 年 6 月,累计亏损 258 万元,加上待处理损失、物资过期损失、应收呆账损失 264 万元,共计损失 522 万元,各项负债高达 632 万元。无论从哪方面来计算,该厂都是早已陷入破产境地了。1985 年 6 月该厂限期整改,此时,企业的生存、人们的“饭碗”问题很现实地摆在全厂职工面前,淘汰的现实威胁和潜在威胁,使该厂职工、领导不能不萌生自强、竞争的意识。人们纷纷献计献策,努力改善企业经营管理,提高生产技术和产品质量。破产淘汰制度激发了人们的巨大潜力,该厂在经历了“死亡”磨难后起死回生。这或许可以反映出:在市场经济条件下,在激烈的市场竞争中,“置之死地而后生”仍然是有效的。

但实施破产必须规范,防止借破产之机侵蚀国有资产。规范破产必须解决以下问题:一是要依法破产,保护债权人的利益。实施破产一定要遵循法律、法规和政策;一定要依照法律程序办事一定要听取方方面面特别是债权人的意见,防止假破产、真逃债。二是银行要有一定的准备金,做好呆账冲销工作。三是要解决好破产企业职工的安置工作,企业处置抵押财产和无抵押财产,其转让所得首先要用于破产企业职工的安置,对剩余部分抵押权人有权优先受偿。

(本文原载于《上海经济》1999 年第 1 期,与周冯琦合作)

做好资产重组这篇大文章

在这世纪之交的历史时刻，面对亚洲金融危机的深刻影响，面对21世纪知识经济逼近的挑战，面对当前国内通货紧缩、需求不旺的困难，调整经济结构、促进产业升级和深化国企改革，搞好国有经济对保持上海经济的持续、快速、稳定增长具有关键意义。这是因为：(1)上海国有经济占有较大比重，国企改革的成效对经济增长关系重大。(2)在经过连续七年的高速增长之后，市场供需结构均已发生了较大的变化。从供给看，要素成本已大幅上升，使大多数传统产业效益下降，在市场上无论与后期的发展中国家或与内地省市相比已无明显优势；而从需求看，在人均GDP超过3 000美元后，人们的消费结构已发生了很大的变化。因此，没有产业结构的调整就无法适应市场经济的发展。(3)从知识经济的发展来看，作为国际化的大都市及长江经济带的龙头，上海也应率先一步发展高新技术产业，促进产业的技术进步。

然而调整经济结构、促进产业升级和深化国企改革、搞好国有经济两者有着密切联系，并都以资产重组为重要手段。经济结构调整意味着对生产要素的重新优化配置。而要搞好国有经济，必须从战略上调整国有经济的布局，要有所为有所不为。因此，资产重组便成为把调整经济结构和搞好国有经济结合起来的主要抓手，从而也是当前上海经济再上新台阶的关键措施之一。

回顾1998年，上海经济之所以能在亚洲金融危机影响和国内通货紧缩的困难中，在投资增长相对较低的条件下取得10.1%的增长率，与上海经济结构的调整是分不开的。在过去一年里,上海在探索资产重组方面迈出了重要的步伐。如汽车集团参股改组广电,使广电集团得以改造,重获新生;宝钢与上钢的联合,大大增强了上海冶金工业的实力;烟草公司参股重组冠生园集团,不仅使冠生园获得大笔资金,且可利用烟草专卖在全国的销售网络拓展市场;梅林正广和与上海食品进出口公司统一品牌,联合开拓国际市场;轻工控股集团与联合利华对双方在沪投资的 5 个企业进行重组,形成资产超过 15 亿元,销售近 20 亿元的集团等一系列资产重组的举措,既实现了国有企业产权主体多元化的改组,壮大了规模,也取得了优势互补、增强竞争能力的成效,同时还促进了上海的产业结构调整。

然而,在国有资产重组中还存在不少困难和问题,有待于克服改进,主要是:

(1) 观念问题。主要是对国有资产变现的意义认识不清,错过不少机会。实际上国有资产既包括实物资产,也包括货币资产。在资产重组中必然伴有资产形态的变换,只有通过资产形态的变换,才能盘活存量、实现资产的优化配置。面对亚洲金融危机的影响,我们必须加快结构调整的步伐,尽快将一部分国有资产变现,以便腾出力量加快新一轮基础设施的建设和高新技术的产业化,跳出亚洲金融危机的阴影。回顾 80 年代末,美国经济大萧条时代日资大举进入美国收购企业和房地产。当象征美国经济繁荣的摩天大厦——洛克菲勒中心被日资收购时,曾引起不少美国人的忧虑:“美国会被卖掉吗?”然而正是日资帮了美国的忙,使美国能将一批存量资产变现,投入到新一轮基础设施——信息高速公路建设中去,投入到高新技术产业中去,从而加快了结构调整和升级,带来了持续 9 年的高速增长。如今他们又轻松地把一些卖掉的企业买回来了。这是值得我们思考的。

还必须看到,货币资产是一种优质资产,在当前通货紧缩中尤其如此。由于物价的持续下跌,企业实物资产实际上已大大“缩水”,货币资产不仅可保值升值,而且便于捕捉各种市场机会。从这个意义上说,资产变现是把存量资产变换为优质资产。因此,从优化资产结构来看,在资产重组中必须重视其中的现金流量。

有人担心资产形态的转换会造成资产流失。其实,只要交易是公平公开的,流失就不会产生。真正的流失是在交易之前产生的。账面上的净资产价值并不是资产的实际价值,并未经过市场的检验,交易只是把已产生的流失暴露出来而已,观念之差使我们常常在“避免国有资产流失”的口号下,流失了大量的资产,也失去了一次次优化重组的机会。

(2) 体制问题。在计划经济条件下形成的条块分割体制是资产优化重组的一大障碍。一方面资产重组空间范围的大小与优化配置的效果相关,在地区和部门(行业)的行政牵制下,使资产重组局限于一个狭小范围内,从而限制了优化效果的发挥,并增加了重组的成本。另一方面,有些部门(行业)在结构调整中本属于国有资产应当退出的领域,局限在内部的资产重组,只能反而使更多的国有资产沉淀在该领域内,而不能注入需要加强的战略性或基础性产业,从而无助于从整体上优化国有资产的配置。事实上,条块分割体制已把许多原本统一的品牌、商号人为地分割在不同的部门或地区里,既造成了市场竞争中的力量抵消,也在各自行政主管驱使下的规模扩张中加剧了重复建设和结构趋同。

当前我国经济体制改革的深化已从体制外转入体制内,从单项突破的改革进入综合改革的整体推进,从利益诱导方式转向法制规范的方式,突破条块分割体制已成必然趋势。因此,在新的一年里应结合政府机构的改革,并配合税收政策和干部制度的改革来突破条块分割体制的障碍,促进跨地区、跨部门和跨所有制的资产重组。

(3) 社会环境问题。企业资产重组涉及社会许多方面的问题,需要在良好的社会环境中运作,特别是要有良好的市场机制和社会保障体系的支持。但目前社会环境方面的支持还远不能满足资产重组的要求。

一是产权交易、资本市场与社会中介服务等尚处于发展的初级阶段，企业的经营者还不适应、不习惯市场的规范化操作，大量的购并活动是通过政府撮合来进行的，通过市场进行的产权交易也往往千方百计避开市场的监督，以图个人或小团体的眼前利益。虽然在国有资产重组的起步阶段，政府的推动是必要的，但随着市场经济的发展和国资经营(控股)公司的建立，应将资本经营与资产重组的职能交给国资经营公司，同时为促使它们积极搞好资本经营与资产重组，可考虑将部分国有企业资本金不足形成的债务转给国资经营公司负担，由它们在资产重组的经营中去偿还，这对减轻企业负担也是有利的。同时，为加速市场培育和市场规范的建设，可考虑规定国有企业的产权必须进场交易，以避免代理人出卖所有者利益；也可规定购并方必须委托有资质的产权经纪公司或投资咨询公司代理，以便于规范操作和避免各种欺诈行为发生。

二是社会保障体系和劳动力市场的问题。国有企业冗员较多，在资产重组中将被大量释放出来，由于保障体系和劳动市场尚不健全，往往要求企业自行消化，这一方面会使一些企业望而却步，放弃购并重组，另一方面使重组的企业不得不谋求多种经营来安置冗员，这既影响企业主业的发展，还可能迫使企业重新走上"大而全"、"小而全"的道路。因此，完善社会保障体系和加快劳动力市场化建设，是推进国有企业结构调整和资产优化重组必不可少的措施。

(4) 关于中小企业的问题。上海在前阶段的资产重组中，常常把一个领域里的大大小小企业统统并入一个集团，将资产重组等同于企业产权的联合，认为通过产权纽带便可解决企业的规模发展、效率效益和合作等各种问题，这实在是一种误解。市场经济中最重要的纽带是契约，可以说市场经济是一种契约化的经济。凡是可以通过契约解决的问题就不要扯到产权里去。当大企业需要中小企业协作配套时，完全可以用合同分包的方式进行。这更有利于形成竞争，不仅可以促进中小企业的技术进步和面向市场的发展，而且也有利于提高大企业的效率和效益。如果把这类中小企业都并入大企业集团,由于缺乏选择和竞争,既增加了中小企业对大企业的依赖性,又分散了大企业的管理力量,最终必然降低整个集团的效率和效益。前几年上海家电行业在竞争中失利的教训值得深思。在发达工业国家中大公司与中小企业的协作形式是多样的,如定牌生产、合同分包、特许经营等都不是以产权联合为主要方式的。其实,资产重组未必都是资产联合,把一些中小企业从大集团中剥离出来,也是一种重组。由于独立的中小企业在市场中处于不利的地位,因此政府应当制定一些相应政策,扶持中小企业的发展。比如,在发达的工业国家中大多规定在政府采购中必须有一定比例的产品向中小企业订货。所以,上海也应当尽快制定扶持中小企业发展的有关政策,以配合资产重组中“放小”的需要。

当前,资产重组已成为经济改革中的一个热门话题,它关系到经济结构的调整和国有企业的改革,又涉及社会经济的许多方面,以此为抓手,做好这篇大文章,必将大大促进上海经济的持续、稳定、快速的发展。

(本文原载于《上海经济》1999 年第 2 期)

完善社会服务体系
促进中小企业发展

中小企业的健康发展，关系到整个国民经济的发展，是国民经济中最具活力的增长点。在当前我国经济面临通货紧缩、需求不旺、就业压力巨大的困难情况下，发展并搞活中小企业对于启动经济、扩大就业和提高整体经济效率更具有特殊的意义。而从建立社会主义市场经济体制的角度看，支持和发展中小企业成为我国经济发展的一项长期、稳定的基本政策。

在发达的市场经济国家中也是如此。1991 年盎格鲁—日耳曼基金会支持的一项研究——《欧洲的中小企业》的研究报告指出：英国经济活力不如德国的一个重要原因便是德国中小企业对社会、经济的贡献比英国大得多。德国人认为中小企业的重要性不仅是它们对 GNP 的直接贡献，还在于它们作为竞争者和分包者对提高大企业的效率和整个社会的经济效益做出的贡献。但是英国人认为中小企业是工业化初期的事物，不合乎现代经济潮流。政府为追求想象中的经济效益，在政策上长期向集中化和大企业倾斜。结果适得其反，使英国落后于德国和日本。从中小企业在 GNP 中的份额来看，德、日分别占 47% 和 52%，而英国只占 30%。美国在战后有过两次高失业期，即萧条的 50 年代和 70 年代末到 80 年代初的滞胀。他们都把发展和支持中小企业作为解决就业和启动经济的一项重要政策。1953 年，联邦政府颁布了旨在保护中小企业自由竞争的《小企业法》，并设立了小企业管理局（SBA），为中小企业提供金融及经营管理方面的服务。而 70 年代末的高闭业和高失业使联邦政府意识到仅靠保护政策还不足以维护中小企业的生存,必须培育企业的竞争能力。为此,在80年代初又陆续颁布了《小企业技术创新开发法》《小企业经济政策法》等一系列法律和政策,服务重点转向提高竞争能力和敢于挑战先进技术的风险事业(Innovantion Venrure)。硅谷便是得益于这些政策成长起来的。

日本的情况更为明显,可以说日本在战后能迅速恢复经济,成为世界第二大经济国,是和该国的中小企业发展分不开的。1947年日本制定了《禁止垄断法》,1948年成立了中小企业厅,设立了政府系统的中小企业专门金融机构,以金融、组织协会、诊断—指导为三大服务重点,支持中小企业发展。进入高速增长期后,于是1963年颁布了以"实现中小企业高度化"和"消除事业活动的不利因素"为基点的《中小企业基本法》。

发达市场经济国家的经验给我们三点重要启示:(1)发展市场经济必须重视中小企业的发展,虽然中小企业作为个体,其经济力量不大,但作为一个整体,其作用是巨大的。(2)中小企业的发展必须有政策的支持和较完善的社会服务体系。中小企业的优势在于小而精、小而专、小而活,它不可能自我服务和自我完善,而一旦自我完善服务,走上小而全的路,也就失去了优势,从而走上了死路。(3)发展中小企业是对付高失业和经济萧条的有效措施。因为中小企业投资小,社会风险小,其经济灵活,更易于进攻市场空隙,同时它吸收就业多,有利于启动经济。促进中小企业的健康发展应是当前启动经济的重要措施之一,而建立较完善的服务体系则是发挥中小企业优势,促进其健康发展的必要条件。

为此首先要明确中小企业服务体系的目标与功能。根据国内外的经验,这一服务体系的基本宗旨就是保护与扶持中小企业的健康发展,并促进改革、改制实现经济体制的转变。前者是发达市场经济国家普遍采取的目标,而后者是我国经济转型期特定的目标。根据这两个目标,该服务体系的功能就是要为中小企业的改制与发展创造更为有利的外部环境,并通过政策法规和各种服务来弥补中小企业的先天缺陷,如资金不足、技术与管理落后、人才缺乏、市场地位不利等,从而使中小企业易于生存和发展。具体归纳为以下五方面:

(1) 提供技术服务,使中小企业能更好地进行产品创新,为产业结构的优化升级作出贡献。

(2) 提供市场化的改革服务,使中小企业能顺利实现转制、转轨,方便其产权的转让与流动,帮助它们实现国际化发展。

(3) 提供融资与创业指导服务,使中小企业更好地发挥稳定的作用,创造更多的就业机会。

(4) 提供咨询和信息服务,更好地发挥中小企业攻市场空隙、满足多样化需求的作用。

(5) 提供协调与法律服务,保证中小企业在市场竞争中处于平等的地位。

由于中小企业面广量大,层次各异,因此,以中小企业为对象的服务体系必然是多层次、多渠道、多形态、多方位的社会系统。从实施层看,有国家、省市、区县乡镇之分;从构成主体看,有官方、半官方和民间之分;从组织形态看,有政府机构、社团法人、市场中介机构、行业协会、金融机构等;从涉及内容看,则有金融、财政、科技开发、政府采购、贸易、诊断、指导、培训、会计、法律、信息咨询、海外投资、创业、就业诸多方面。联系我国的实际情况,中小企业社会服务体系的基本框架应由中央政府专门机构、地方机构、政府指导下组建的地区社团、综合的和专业的各类专门机构,以及地区或行业内的中小企业协会等构成,形成一个以省市级地方政府为主的服务网络。因为在摆脱传统计划经济体制的管理后,只有通过这样一个网络,政府才能实施有效的产业引导、金融财政的援助,中小企业才能保持与政府的沟通,获得来自各方面的服务,并避免盲目发展和重复建设。由于中小企业均属地方企业,这直接关系到地区经济的发展。因此扶持、搞活中小企业的责任也就主要落在地方政府身上。

近年来，在中央关于放开搞活中小企业的方针指导下，各地区、各部门加快了中小企业的改革步伐，取得了一定的成绩。但是，在完善中小企业社会服务体系上仍存在不少问题，特别是在法律保护、政策扶持、金融服务、技术开发与组织化服务等方面与发达市场经济国家相比还有很大差距，从而影响到中小企业的健康发展，所以应尽快予以解决。为此建议：

（1）制定有关保护与扶持中小企业的政策与法律，并建立省、市级的指导与管理机构。通过经济立法保护与扶持中小企业的发展是市场经济国家通行的做法。我国在向社会主义市场经济体制转轨，应尽早制定诸如“中小企业法”及有关促进中小企业技术进步等方面的法规，给中小企业的发展创造一个宽松、公平的环境。据悉，国家经贸委已设立了中小企业司，既然放开搞活中小企业的主要责任在地方政府，应在省市一级政府内设置相应的管理与指导机构。其主要任务是根据国家产业政策和放开搞活中小企业的方针，结合本地区的实际情况，适时制定具体的扶持政策，并推动社会服务体系的建立与完善。

（2）改善中小企业的融资环境。应将政策对中小企业的金融支持纳入金融体制改革的内容，设立由财政、银行、企业共同出资组成的为中小企业服务的信用担保基金、风险投资基金、创业基金及科技发展基金等。要尽快开放第二板块股市，积极发展并搞活中小企业产权交易市场，既为科技型中小企业提供融资的方便，也使各类基金能通过“投资-扶持-转让-再投资”的循环，实现滚动发展。

（3）强化科技服务、经营咨询和诊断指导。今年地方政府也将陆续进行机构改革，应鼓励分流干部创建为中小企业服务的各类中介机构，为中小企业提供改革改制，市场信息、产品开发、技术推广、经营策划、诊断指导、协调公关等方面的服务。建议将省级以下的科委（地、县级科委）改组成主要为中小企业服务的生产力促进中心。

（4）健全组织化服务。即由政府推动，将中小企业组织起来，形成以区县级地方协会和多种行业协会为基础的全国分级会员网络，促进中小企业间互助，提供信息，组织培训，协调与社会各方的关系，改变中小企业在市场上势单力薄的不利地位，并保证政府宏观管理与调控的贯彻。

（本文原载于《上海管理科学》1999 年第 2 期）

企业经营新方式：
资源整合　市场组装

一、拓宽企业经营概念

当前，我国企业改革和经济增长新的一轮周期即将到来。正处在世纪之交的企业面临着许多机遇和挑战。企业能否通过改革，抓住机遇，还有待于企业的经营创新。

其实经营这个概念，本身就包含着创新的过程。

80 年代，我国企业经历了从产品生产到商品经营的转变，由于当时我国还处在短缺经济的情况下，企业只要原材料有了保证，产品质量合格、适销对路，就一定能获得价值的增加。因此，那时的经营的创新主要体现在商品的生产组织与推销过程中，人们对经营概念也还局限在商品经营的范围里。

90 年代以来，要素市场建立，并确立了建设社会主义市场经济体制的改革目标，企业又经历了从商品经营向资产经营的转变。许多企业通过资本市场筹资，通过对资产的置换、转让、重组，实现资产的增值。于是，经营的创新还体现在对企业资产的运作过程中。然而，许多人对经营概念的理解仍有一定的局限性，即局限于对企业自己拥有的有形与无形的资产进行经营。

其实，经营应有更广泛的含义，它既包含商品经营，又包含资产经营；不仅是对企业拥有的资产进行经营、也应是对社会上一切可利用的资源进行经营。譬如，他人的生产能力、销售渠道、社会关系也可为你所用；不仅包括对物质资源的经营，也包括对人力资源、知识信息资源的经营。譬如国外有些经纪人在包装、炒作影星、歌星、球星，就是对人力资本的经营。

如果说企业从商品经营向资产经营的转变是一次跳跃，那么，也许现在，企业经营将面临又一次跳跃：即由自身资产的经营转向对社会资源的经营。

因此，经营的概念应该是以尽可能少的资本投入，调动起更多的社会资源，经过一定的创新活动，如设计、加工、制造、包装、重组、交易、置换等使之增值，并实现增值：所谓商品经营、资产经营都可以用这个概念予以解释。经营概念的拓宽可以大大拓宽企业的经营思路。

在当前社会供给相对过剩、社会生产能力利用不足的情况下，许多企业感到压力很大，不知所措。然而，用新的经营观念来看，生产相对过剩的另一面是社会闲置资源或者说可利用的资源相对丰富，从而，更有可能以较小的资本投入调动起很大一块社会资源，通过一定的创新使之增值、并实现增值，从而取得相当可观的产出效益。这种经营方式要求已由商品经营者转变为资产经营者的企业，成为资源整合者，要求企业经营变为经营企业、经营资源。

二、资源整合、市场组装：一种新的经营方式

顺应拓宽的经营思路，资源整合、市场组装这种新的经营方式应运而生。

资源整合、市场组装指的是一切可以利用的社会资源，经过企业的创新活动，如设计、策划、重组，通过市场化的运作实现增值，这是在目前需求不足、社会闲置资源丰富、经济结构亟待调整的情况下，市场给投资者提供的潜在机遇。现在服装界有一个著名品牌“佐丹奴”，它在两年里销售额从200万元变成了2亿元，在服装界异军突起，其取胜之道就是成功地进行了资源整合、市场组装。“佐丹奴”利用的第一大资源是处于生产环节的加盟制造商。中国的服装加工业，在改革开放后的20年间，为POLO、NIKE等许多国际知名品牌加工生产，积累了技术

和经验,却在亚洲金融风暴后外单锐减的情况下失去了用武之地。这些过剩的生产力,是极其珍贵的资源。

第二大资源是我国一些具有经销国际名牌服装的经验和能力的专卖店和代理商,由于市场不景气,他们的生产能力也过剩了。“佐丹奴”巧妙地把这两块可利用的闲置资源组合起来,先请一流的服装设计师来设计,然后请这些生产能力过剩的企业来加工,再委托那些做过专卖、代理的专业人员来推销,利用其原有的销售网络和娴熟的销售经验,将产品推向市场。这样,生产由过剩的制造商来完成,销售采用特许经营的方式与加盟商合作,形成了利益共享,风险均担的组合。“佐丹奴”只用很少的资金就树立起自己的品牌,组合了一个很大的市场,这是资源的整合和再利用,是智慧型的经营。

同样,河北省的旭日升冰茶也是一个很好的案例。他们开发了冰茶系列产品,树立了品牌,广泛利用全国各地过剩的饮料生产线和原有的销售渠道,整合成生产和销售冰茶的网络,迅速扩张。去年销售额达到了 15 亿元。

因此,在经济走向全球化的今天,对于企业来说,已经没有什么国内与国际市场之分,世界成为一个统一的大市场,资源在国际间空前自由地流动。谁能创造性地整合资源,为我所用,谁就将在竞争中独占鳌头。

尤其在当前生产能力相对过剩的情况下,企业并不需要样样事情自己做,完全可以利用市场上现有的资源进行组装、整合,从资源优化组合上获取经营收益。例如,很多电脑公司自己并不生产电脑,而是把英特尔的芯片、中国台湾的主板、韩国的显示器和中国大陆的硬盘组装在一起,推向市场,这正迎合了消费者渴望以最低的价格得到最好的产品和服务的心理要求,因此大受欢迎,企业也获得高额利润。

由此看来,企业的竞争已不再局限于研究和开发某一产品、某一技术或某一特定资本运营的价值,而是要善于研究和比较利用某一资源的机会成本和边际收益,从而发现它的价值,并以企业所能提供的一切智力服务加以包装、整合，使这种价值达到最优化，最终实现这种价值：据专家统计，美国平均一个项目是用28%的资本运作100%的生意，东南亚国家是用50%的资本运作100%的生意，而我国则要用80%的资本来运作。所以，对我国企业而言，重要的不仅是要善于有效管理企业内部资源，更要善于吸纳整合外部资源，动员社会资源投入自己的经营，把一切资源变成企业赚取利润、增加积累的手段通过资源的有效配置和重组，靠知识智慧加少量资本进行经营的资源整合、市场组装，将比传统的经营方式更能实现“以小搏大”。

三、资源整合、市场组装的特点

1. 用知识与智慧整合社会资源

资源整合、市场组装给企业带来巨大的经济效益，同时也对企业经营提出了更高的要求：要求企业掌握丰富的信息、具备敏锐的洞察力和创新的思维，具有整合资源的知识与智慧。

如果没有丰富翔实的相关社会资源的信息资料，企业根本无从确定最优的可利用资源，资源整合就成为无米之炊；如果不善于发现机会，也许机遇就从身边悄悄溜走了；如果没有过人的智慧、大胆的创意，就无法有效整合资源。因为它不是随意的组合，而是精心设计的整体系统，要指挥企业去发掘和利用某些社会资源，指挥企业以某种组织形态去实施既定策略，这是一种高知识含量的经营方式。

2. 必须根据市场需求进行资源组合

我们曾热衷于借助行政手段实现企业的外延式扩张，意欲造就一批能和跨国公司相抗衡的企业，但由于没有遵循市场规律，强扭的瓜不甜，结果是企业规模大了，体制却虚弱了，没有内在整合的企业，管理混乱、竞争力下降；但另一方面，如果我们试图通过企业自身积累来发展壮大，那么，也许还未等羽翼丰满，就被扼杀在摇篮中了。由于历史的原因，我国的企业相对来说规模较小，竞争力较弱，内部资源较为贫乏，核心能力也很难与国际大公司相抗衡。而随着我国加入世贸组织的步伐加快，企业面临的对手中将出现大量的“经济恐龙”，竞争环境将更加激烈化、复杂化：通过市场化运作，整合多方面的优势资源，是我国企业能在较短的时间里提升竞争力的有效途径。它能使企业实现核心能力互补和各种资源的共享，最大程度地降低成本和风险，以保持长久的竞争优势，取得规模经济效益。

3．必须具有广泛真诚的协作精神

广泛利用社会资源，进行资源整合，必然涉及许多不同的利益主体。因此，没有广泛、真诚的协作精神将难以处理好各种利益矛盾，从而导致资源整合难以实现。实际上，在激烈的市场竞争中，大多数企业已经认识到：对付激烈竞争的最佳手段是合作，与其在两败俱伤的激烈竞争中倒下，不如在利益分享中合作共进，做大市场。企业不怕缺少资金、技术、人才，因为这些都可以通过各种合作予以解决。去年《财富》杂志曾对100多家成功的大企业进行调查，有一半以上的企业认为获得成功最重要的企业文化要素是协作精神，正是这种协作精神，使它们能更广泛地去整合社会资源，拓展市场。从我国具体情况来看，突破条块分割体制，实现跨地区、跨部门、跨所有制的合作显得更为重要。在竞争环境越来越复杂、迅速提升竞争力成为企业制胜唯一途径的今天，突破传统的经营概念的资源整合、市场组装，为我们展现了一片柳暗花明的天地。

（本文原载于《上海国资》1999年第12期）

促进国债市场发展
恢复国债期货交易

国债期货是利率期货的一种，是当今世界上成交量最大的期货品种之一。在西方发达市场经济国家，国债期货市场和国债现货一级、二级市场相互衔接，为国债交易提供了规模、流动性和效率基础，使国债期货市场的价格能正确反映未来市场利率的变动趋势，同时为广大企业提供了一个规避市场利率风险的工具和场所。目前国债期货市场已成为主要市场经济国家的经济生活中不可或缺的一个组成部分。

1993 年 10 月，上海证交所试点开放国债期货交易，使疲软的国债市场开始活跃，两个月里国债交易量猛增，达 41.5 亿元，占全年总量的 47.7%。1995 年 5 月，由于 3·27 事件的严重违规，中央针对当时金融秩序混乱的情况，决定停止国债期货交易，并进行清理整顿，迄今已近五年。期间我国国民经济保持了平稳快速的增长，金融体制改革取得了重大进展，宏观经济环境也发生了较大变化，适时恢复国债期货交易具有重要意义：

1. 恢复国债期货交易有利于拓展国债的发行空间，扩大内衡，刺激经济增长

自 1997 年至今，我国物价总水平已经经历了连续 20 多个月的下跌，国民经济面临着通货紧缩的压力。因此，1998 年年以来，我国政府开始利用积极的财政政策来刺激经济增长，包括适当增发国债，扩大政府投资，确保经济增长目标的实现。从技术角度看，根据我国目前的债

务总量和结构，扩大国债发行规模也是可行的。1998 年年底，我国国债余额为 8 700 亿元左右，占当年国内生产总值（79 553 亿元）的比重约为 10%，即使按国际通行标准（占 GDP 的 15%－30%）的下限来看，我国国债发行也还有较大的空间。1999 年经人大批准，我国的国债发行规模为 3 415 亿元。然而，由于我国国债二级市场流动性较差，以及在连续七次降息后，未来的利率风险不断增大，而市场又缺乏相应的风险规避机制，从而使国债的发行受阻。1999 年三期国债（七年期）的发行就是一例。当时该期国债的发行计划是 120 亿元，但最后实际仅完成 94 亿元。如能适时恢复国债期货交易，发挥其特有的价格发现和规避利率风险的功能，在很大程度上可解决目前我国国债现货市场存在的问题，从而扩大社会对国债的需求。

2. 恢复国债期货交易有利于我国的利率市场化进程

利率市场化是我国金融体制改革的重要目标之一，也是我国社会主义市场经济中价格体系的重要组成部分。在探索合理的市场化利率体系过程中，国债期货能够发挥重要的作用。因为国债期货作为一种利率期货，其在交易过程中形成的收益率就是市场利率。不同期限的国债期货的收益率代表了不同期限的市场利率水平，从而形成了一个从短期到长期的完整的利率体系。而在一个仅有现货的国债市场上，要形成完整合理的利率体系是十分困难的。因为现货交易方式决定了国债现货交易具有以下局限性：一是交易成本高，市场对利率的反应不敏感；二是由于市场较分散，形成的利率具有较强的地域性，缺乏权威性和指导性；三是利率单调，其交易形成的收益率只能反映当期利率，无法对未来的利率水平进行合理的预测，难以形成一个利率体系；四是现货交易的特点决定了国债现货交易的目的是为了取得资金或者债券的所有权，过于强烈的目的性常常会扭曲价格。例如，《证券法》实施后，一些违规资金急于撤出股市，上海证券交易所上市的 9703 券在 1999 年 8 月份有几个交易日的收盘价竟高于其到期兑付价，就是一个明显的例子。

3. 恢复国债期货交易可以为广大企业和社会公众提供一个规避利率风险的工具

随着我国经济体制改革的深入和利率市场化的发展,我国广大企业和居民面临着越来越大的利率风险,有时这种风险已经达到难以承受的程度。如 1997 年 10 月 23 日,中国人民银行宣布第三次降息后,全国出现了保险抢购风潮,给中国保险业带来 50 多亿元损失。1999 年 6 月 10 日,中国人民银行宣布第七次降息,中国保监会吸取了教训,为避免再度受损,当即通知从事寿险业务的各保险公司立即停止销售所有预定利率高于 2.5% 的保险品种。人们戏称这是中国保险业的"休克疗法"。保险业面对没有避险机制的市场只能出此下策。事实上,在市场经济条件下,利率风险无处不在,每一个企业、每一个居民都时时刻刻面临着利率风险,恢复国债期货交易,为广大企业和社会公众提供一个规避利率风险的工具,对于建设社会主义市场经济是十分重要的。

4. 恢复国债期货交易有利于中央银行开展公开市场业务操作

公开市场业务操作是指中央银行通过国债、外汇及其他金融工具的买卖,用以影响社会货币流通量和利率变动的政策手段,是中央银行执行货币政策的常用工具之一。1996 年 4 月 9 日,中国人民银行首次通过中央国债登记结算公司向 14 家商业银行总行买进 2.9 亿元国债,表明我国央行公开市场业务操作的正式启动,标志着我国金融体制改革进入了一个新的阶段。公开市场业务操作顺利开展的一个重要条件是具有运转良好的国债现货市场和国债期货市场相配合,否则公开市场业务的政策效果将无法实现。国债期货市场形成的利率指标体系可以为央行的公开市场业务操作提供参照,央行也可以直接在国债期货市场上进行操作,影响国债的收益率水平进而影响利率,从而达到公开市场业务操作的目标。

从 1995 年暂停国债期货交易至今,我国宏观经济环境发生了巨大变化,我国成功地遏止了通货膨胀,利率几经下调已处于相对较低的水平。同时,我国期货市场经过近几年的清理整顿,规范化程度已有很大提高。1998 年 8 月,国家对期货交易所进行撤并改组,形成了上海期货交易所、大连商品交易所和郑州商品交易所三家期货交易所和 200 余家经纪公司的市场格局。并先后出台了《期货交易管理暂行条例》等一系列规范性文件,使期货市场的法制建设取得了较大发展。如今,我国期货市场的监管水平已有很大提高,市场风险的防御能力也显著增强,在管理上已能满足开展国债期货交易的要求。

从国债的现货市场来看,目前的国债余额已是 5 年前的 3 倍多。在继续实施积极的财政政策指导下,今后国债的发行规模还会逐年扩大,这就为开展国债期货交易提供了雄厚的现货市场基础。从应对我国“入世”的挑战来看,我国金融业防范风险也不能只停留在“加强监管”的层面上,更重要的是要加强业务训练,特别是要学会熟练运用各种现代金融工具。否则一旦开放有关业务,国内机构操作经验不足,面对的风险就更大。因此,我们应不失时机地恢复国债期货交易,让国内的机构与人员在有限的过渡期中得到充分的实际锻炼。

综上所述,目前恢复国债期货交易不仅具有重要意义,而且条件也已成熟,时机也正适当,不应再迟疑了。当然,开展国债期货交易也会带来一些新的风险,并引发一些投机行为。其实这正如我们使用汽车可能带来一些车祸一样,我们仍然要使用汽车,并制定各种规则以防止和减少车祸发生。所以只要我们科学设计合约,规范交易制度,加强监管措施,开展国债期货交易必然利大于弊,迟开不如早开,以免对我国的经济发展带来不利影响。

(本文原载于《上海经济》2000 年第 2 期)

加快建立与健全小企业社会化服务体系

一、小企业发挥了大作用

改革开放以来政府出台的很多经济政策,在很大程度上体现了政府对小企业问题的重视和支持,只是在所有制框架下,这些政策更多从属于农村政策、民营经济政策,而没有发展成相对独立的小企业政策。如80年代对乡镇企业问题的重视以及政策倾斜,90年代以来为民营经济不断营造更加宽松的发展环境,都着重于培育、扶持小企业的成长,并取得了积极的成效。1978年至1998年,全国乡镇企业数量从152.42万户增加到2 003.93万户,扩大了12.2倍,从业人员从2 826.56万人增加到12 536.55万人,扩大了3.4倍,其中乡镇工业产值占全国的工业产值的比重从9.1%上升到58.7%,1998年时乡镇企业实现增加值达到22 186亿元,占国内生产总值的27.9%。1989年至1997年,全国民营企业数从9.06万户增加到96.07万户,扩大了9.6倍,从业人员从164万人增加到1 349万人,增加了7.2倍,总产值从大约7亿元增加到3 923亿元,扩大了559.4倍。

正是有了乡镇企业、民营企业的发展,计划经济时期形成的产业结构与产业组织结构的偏差问题才得到了有效的纠正,而且还较好地解决了农村改革过程中暴露出来的农业劳动力剩余问题,以及经济增长的动力问题、市场机制的发育问题。改革开放以来,有1亿多农业劳动者转移到非农业就业,使农业就业比重不断趋于下降,1998年农业实际就业人数占全国就业人数的比重为49.8%,比1980年下降19个百分点;1980 年以来,乡镇工业企业的年增长速度几乎一直领先国有工业一倍以上,可以说乡镇企业的迅速发展在一定程度上弥补了国有经济增长减缓对整个国民经济增长的影响。1989－1997 年间,民营企业总产值的年均增长率为 58.8%,更是远远超过全国经济的年均增长率。

二、从时代的高度认识小企业

当我们今天进一步提出小企业发展问题时,还具有更加深刻的时代意义:

首先,经历了二十年的改革开放和理论总结,我们发现小企业同样也是国民经济的重要基础与增长源泉。不可否认,大企业是国民经济的基础,是国家实力的代表,但小企业在整个国民经济中已经占有的份额也非常清楚地表明,它同样是国民经济的基础,而且更加具有广泛的社会影响。根据 1997 年全国企业摸底调查统计,全国大约有 1 000 万户中小企业,占全国企业总数的 99% 以上。1997 年全国独立核算工业企业中,小企业已经达到 44.5 万户,占企业总数的 94.9%,小企业工业总产值 491.8 亿元,占全部工业总产值的 46.07%。

其次,随着企业改革的深化,小企业已越来越显示出大企业所无法替代的增加就业、稳定社会的功效。推进国有企业改革最大的障碍就是职工下岗以后的再就业问题。1999 年全国国有企业下岗的人员累计达 1 200 万人,同时这些下岗职工还要面对 600 多万城镇失业人口和大量来自农村的流动人口的就业竞争。在这样的就业压力下,长期以来并不非常重视小企业发展的各个城市政府部门开始意识到发展小企业对于推进国有企业改革、稳定社会就业所具有的重要价值。上海市政府出台的一整套小企业政策实际上是以解决国有企业下岗再就业问题为主要背景的,并明确提出要大力扶持科技创业型、都市工业型、社区服务型三种类型的小企业。其中社区服务型小企业的功能就在于能够有效地为下岗职工解决再就业问题。如上海在 1999 年一年中仅仅在绿化、保安、物业管理等方面就提供了 6 万个工作岗位。另据调查,全国 7 大城市社区服务可以吸收 2 000 万名就业人员,而日前实际从事这一行业的就业人员只有 1 000 万名,还有相当大的潜力。

再次,对于高新技术的产业化,小企业已经成为极其重要的推进力量。舒马赫 1974 年出版的《小的是美好的》,从理论上说明了小企业的发展优势,这些优势在当今高新技术产业兴起的背景下已表现得越来越明显。据美国小企业管理局的统计,美国小企业的技术创新成果在数量上占到 55% 以上;据初步统计,1998 年科技型中小企业已超过 7 万户,职工 330 万人,全年技工贸总收入超过 6 000 亿元,上缴税金 260 亿元,出口创汇 100 亿美元,分别比 1992 年增长 20 倍、15 倍、23 倍和 50 倍。尤其像北大方正、联想、远大、四通、东大阿派、上海复兴等高科技产业集团,从科技创新起步,在短短的十几年内就从一家家小企业迅速成长为全国闻名的大企业,显示出小企业在高新技术产业化过程中既具有不亚于大企业的发展优势,又具有成长为大企业的发展前景。

从单纯的搞活经济,为农业剩余劳动力提供就业出路,到经济增长的动力源泉,增加就业,稳定社会的特殊功效,再到高新技术产业化的推进力量,体现了我们对小企业发展问题认识的升华。小企业是个大问题,同时从我国社会经济的长期持续稳定发展的角度看,小企业更是其中的一项大战略。只有小企业得到健康发展,才能实现整个国家的宏伟目标。

三、建立健全小企业社会化服务体系的战略意义

一方面小企业在社会经济发展中具有举足轻重的影响,另一方面又存在着这样那样的先天不足。因此对于小企业的发展,除了需要确立特殊的扶持政策之外,还需要在政府的组织、协调下建立健全社会化的服务体系,推动其健康发展。从理论与现实来说,建立健全小企业服务体系的意义具体表现在以下三个方面:第一,小企业的特性。与大企业相比,小企业因为规模狭小,资源有限,不可能在企业内部建立小

而全的部门设置，所以更依重于社会的分工，其他部门的协作；小企业通常市场占有份额较低，其所处的市场环境几乎属于完全竞争，时刻存在着被市场淘汰的可能，所以企业发展的稳定性较差，员工就业的稳定性也较弱；小企业在与大企业、银行和其他商业性机构的交易过程中，由于上述两方面的原因，交易条件明显不利，如在价格谈判、技术引进中容易受到大企业的利益损害，在申请贷款时容易受到银行的信用歧视等。这样一些特性决定了小企业即使具有灵活的机制、顽强的生存心理，但靠其自身却是难以改变其市场弱者形象的。因此如何帮助小企业弥补或消除种种先天不足就成为需要政府和社会予以特别关心的重要课题。

第二，国外的经验。从国外成熟的经验看，大多数国家在对小企业采取积极政策支持的同时，还建立了专门的服务体系为小企业提供各种社会化的服务。即使是那些自由竞争程度较高的发达国家，也不同程度地对小企业的发展采取了政策性的扶持。这是基于这样的政策理念，即任何经济总是存在“市场的失灵”现象，如果忽视这些现象，必然会对经济的发展与社会福利的提高带来不利的影响。对于小企业，由于存在天然的底气不足，如信用能力低、技术薄弱、交易条件差等，如果单以市场来调节，不仅不可能解决各个企业遇到的经营困难，而且容易导致不同规模企业的不公平竞争或过度竞争。

很多发达国家不仅建立了发达的民间商业性服务体系，还建立了非常完整的具有政府色彩的服务体系。后者包括了专门的行政服务系统，如美国有小企业管理局，日本有中小企业厅和中小企业事业团；金融系统，如日本与小企业相关的政府系统金融机构就有五家，还建立了专事信用保险的中小企业信用保险公库；社团法人系统，如日本有商会、商工会议所、中小企业信用保证协会。德国有工业联合会、工商联合会、商工会议所联合会。美国有小企业发展中心等；公共服务系统，如日本各地都建有小企业指导中心、情报中心等。特别是围绕高新技术的产业化，发达国家都建立了许多企业孵化器，如美国有 600 多家，英国有 1 314 家，德国有 191 家。企业孵化器帮助创业者把发明和成果尽快形成商品进入市场，帮助新兴的小企业成长壮大，形成经济规模，并为社会培养成功的企业和企业家，这种服务形式已被世界各国广为采用。

第三，政府机构的转型。很多地方政府对于政府机构的改革与职能调整，提出的一个方针是“构筑服务高地”。这里的服务包括为居民的服务和为企业的服务。但庞大的政府机构必须精简，同时考虑到社会的稳定等因素也不可能采取诸如国有企业职工下岗的方式，所以比较理想的途径就是借助于当前小企业对社会化服务的需要，对部分政府机构进行重组并转型，转化为小企业服务机构，进而推进整个政府机构的改革。

（本文原载于《上海管理科学》2000 年第 4 期，与王振合作）

价值链的分解与整合

——提升企业竞争力的战略措施

一、价值链的形成与分解

企业的任务就是不断地创造价值。企业创造价值的过程,是由一系列互不相同但又相互联系的增值活动组成的,它包括研究开发、设计试制、原材料与设备采购、产品生产、运输、仓储、营销、服务等环节,形成一个完整的链状网络结构,即价值链。

随着技术的不断进步,产品加工程度提高,市场范围扩大,社会分工更加细化,使价值链的增值环节变得越来越多,结构也更复杂。一种产品从开发、生产到营销、运输所形成的价值链过程已很少能由一家企业来完成,除非企业具有非常充分的资金和十分全面的能力。于是价值链开始分解,一些新的企业加入了价值链,并在某个环节上建立起新的竞争优势。这种竞争优势表现为在该环节上具有成熟、精湛的技术和较低的成本。它们的进入使一些大而全、小而全的企业在竞争中处于劣势,迫使它们不得不放弃某些增值环节,从自己的比较优势出发,选择若干环节培育并增强其竞争能力,也即核心竞争能力,重新建立起自己的优势地位。这种状况在技术较密集的行业,如电子、电信、电脑、制药、汽车、航空等行业尤为明显。

价值链的不断分解,使市场上出现了许许多多相对独立的且具有一定比较优势的增值环节。这些原本属于某个价值链的环节一旦独立出来,就未必只对应于某个特定的价值链,它也有可能加入到其他相关的价值链中去。于是出现了新的市场机会——价值链的整合。即可以设计一个新的价值链，通过市场选择最优的环节，把它们联结起来，创造出新的价值。在生产能力相对过剩、市场竞争激烈的情况下，这种整合的机会也就越多。例如，在家用电脑市场上，尽管竞争十分激烈，但仍然不断有新的电脑商出现，他们根据顾客的需要，选择英特尔的芯片、中国台湾地区的主板、韩国的显示器和中国大陆的硬盘等，把它们组装起来，推向市场，迎合了消费者的需要，获得了新的增值效益。

从以上分析可见，价值链分解与整合已成为一种经营战略，几家甚至多家企业在一个完整的价值链中，各自选取能发挥自己最大比较优势的环节，携手合作，共同完成价值链的全过程，从而最大幅度地降低最终产品成本，实现更高的增值效益。企业经营的核心，是用最小的投入获得最大收益，价值链的分解与整合战略能保证企业获得最大的投入产出比。

二、价值链分解与整合战略产生的背景和意义

价值链的分解与整合，是以社会分工的深化和细化为基础的。和一般研究社会分工的区别在于，它把社会分工和价值的形成过程联系起来，并把它作为一种经营战略来研究。虽然对社会分工的研究已有很长的历史，但价值链的分解与整合战略的提出并受到广泛的重视和应用，还只是近十多年的事，这是因为社会经济发展提出了新的要求，也提供了新的条件。

1．市场竞争日趋激烈，成本成为决定因素

优胜劣汰的市场机制和追逐利润最大化的根本动机，使企业间的竞争日趋白热化。当今世界，一方面，信息技术的迅猛发展，特别是全球范围的互联网的兴起，使得知识、技术和信息在世界范围内的广泛传播和共享成为可能。这极大地促进了企业经营的全球化进程，企业的经营资源，包括资本、原材料、设备、劳动力、知识、技术等，已不再局限于某一部门、地区及国家内流动，而是根据收益原则和价值规律（价格

机制）在全球范围内进行配置；企业的产品和服务也将延伸至遍布全球各地的目标顾客；经济全球化要求贸易自由化，它进一步使国际竞争国内化，于是成本就成为竞争成败的决定因素。另一方面，生产能力过剩，也带来价格的激烈竞争。它迫使企业不得不千方百计地去降低成本，打赢这场价格大战。而价值链的分解与整合战略将帮助企业达到这一目的。

2. 速度已成为取胜的关键

随着经济的发展，科技的进步，人们的消费观念、消费需求等也在不断变化和转换，且变化与更新的速度越来越快，与之相对应的则是产品的生命周期越来越短。产品生命周期的缩短，使得经济发展初中级阶段的简单仿效策略失效，“后发制人”的优势锐减（这从近几年来日本企业的衰退和美国企业的重新崛起便可看出），在市场机会稍纵即逝的经营环境中，速度已成为决定企业成败的关键因素。快速反应，分秒必争，真正成了企业发展的现实需要。企业既要建立面对市场的快速反应机制，又要建立面对技术进步的快速创新机制，还要建立快速决策机制。价值链分解与整合战略能够使企业在最短的时间内推出为市场认可的产品。

3. 产品技术结构复杂化，“全能”企业难以生存

随着科学技术的突飞猛进，产品的技术含量不断提高，生产加工日益高度化和复杂化。一项技术复杂的新产品的完成，涉及越来越多的生产环节，从研究开发到产品的完成，乃至增产的实现和市场渠道的开拓，已表现为规模越来越大的战略工程。而这种战略工程是任何企业都难以在短期内独立完成的。同时，由于科技的不断进步，新行业、新领域不断产生，技术环境从过去的相对稳定和可预料变得动荡多变、难以预测。这一时期的技术发展主要呈现出两个方面的特征：一方面，产品生命周期不断缩短；另一方面，投入成本不断增大。所以，企业不会再愚蠢地去追求这种全能的过程，而是集中兵力于若干环节，培育并增强自己的核心竞争能力。

4. 全球化趋势提供更大的布局空间

经济全球化趋势弱化了国家之间、地区之间进行经济联系的障碍，使企业能较方便地实施全球化战略，即，在全球范围内组织研究开发，寻找合作伙伴，以及调整其生产布局和市场布局。显然，这种布局空间的扩大，给企业实施价值链的分解与整合战略提供了良好的条件。

三、价值链分解与整合战略的应用

经济全球化是大势所趋，中国加入世界贸易组织也已指日可待。为迎接挑战，国内企业的兼并重组，地区内的产业整合都已拉开序幕，正在积极进行。每个企业均应更多地从积极参与国际和国内分工的角度，来考虑自己的生产调整和发展问题。面对日益激烈的竞争，为了生存和发展，企业必须努力做到能比别人以更低的成本提供更高价值的产品（或服务），在当今剩余经济时代尤其如此。因此，在新形势下，每个企业都应根据自身的特点和市场的变化，建立并优化新的价值链分解与整合战略。

1. 分解：强调做精做强，而非做大做全

企业应重新审视自己所参与的价值链过程，从功能与成本的比较中，研究在哪些环节上自己具有比较优势，或有可能建立起竞争优势，集中力量培育并发展这种优势；从维护企业品牌角度研究哪些是重要的、核心的环节，保留并增强这些环节上的能力，把不具有优势的或非核心的一些环节分离出去，利用市场寻求合作伙伴，共同完成整个价值链的全过程。

2. 整合：设计新的价值链，广泛利用社会资源

如前所说，在生产能力相对过剩的情况下，市场上就会存在许许多多相对独立的且具有一定比较优势的增值环节。对企业家来说，这些都是可利用的社会资源。然而，要让这些分散环节创造出新价值，必须要设计一个价值链把它们有机地串联起来。这就要求我们的企业家掌握丰富的信息、具有创新的观念和敏锐的眼光，并具备相关的知识和经

营智慧。

3. “中场产业”：值得关注的关键环节

“中场产业”，指能提供高性能材料和高性能零部件等中间性关键性的产业群，在整个价值链中，处于原材料工业与装配工业之间，是技术含量较高，增值量较大的环节。如同足球运动中的中场队员，起着承前启后的作用，是全场的核心一样，“中场产业”是价值链的核心环节。其优势在于，它与特定产品之间并无明确的对应关系，可参与多个价值链的形成，因此具有相对较稳定的市场，更适应国际分工格局；而且这一产业群里的技术革新比较活跃，应用高新技术易使其成为附加值较高的产业。在当前产业结构和产品结构调整的过程中值得业界关注。例如，前几年上海家电行业在激烈的竞争中一度落后，整机几乎全无优势。实际上，在整个价值链的形成过程中，许多环节由于劳动力成本和房地产成本的上升，上海已无比较优势可言。因此，放弃一些环节，把注意力转向中场，如大屏幕彩色显像管、压缩机、集成电路等，不仅获得了稳定的市场和较高的市场占有率，还带来很好的经济效益。

4. 增强服务：从单纯的制造业向与服务业相结合的发展方向转变

信息技术的发展和经济全球化的趋势，已突破了传统的三次产业的界限，出现了三次产业交相融合的发展趋势。优秀的企业不仅能输出高质量的产品，还能输出高质量的服务。即使是在单纯的制造业里，也必然存在许多服务功能，包括为生产服务和为顾客服务的功能。从价值链的角度看，由于这些服务是本企业所设计的价值链中的一环，它们很可能受企业自身规模的限制，不能充分发挥它们的效用。但它们被分解出来后，必然有许多环节也可以加入其他的价值链，为企业带来额外的效益。价值链分解战略提出了加以利用的可能性。于是企业的技术、管理模式、营销手段、营销网络、商誉品牌、运输仓储、维修网络等，都可以包装成服务产品输出，让它们参与更多的价值链过程，从而为企业创造更多的效益，使企业成为制造业和服务业融合发展的新型企业。在互联网时代，企业更应利用网络技术来提供优质服务。

（本文原载于《经济管理》2001 年第 3 期，与王玉梅合作）

上海参与西部大开发的战略研究

西部大开发已经进入实质性启动阶段,它不只是一项解决西部地区贫困问题,进而缩短东西部差距的战略安排,还是一项事关中国经济长期发展、全面实现经济起飞的重要战略抉择。正是由于战略意义重大,对上海来说,"积极参与开发"不仅是责任与义务,更大程度上也是为了把握机遇,谋求自身的长远发展。

一、上海参与西部大开发的战略方针

上海是东部沿海地区最大的经济中心,同时又在国家的区域发展战略中被定位为"一个龙头,三个中心",因此在东西合作、开发西部的行动中理应担当起引导者的角色。结合中央的战略部署以及上海的战略需要和西部地区的实际情况,我们认为上海在西部大开发中应确立"投资、服务、援助"的战略方针。

1. 投资:配合中央的战略部署,结合提升上海产业竞争力的需要,扩大面向西部地区的直接投资规模

西部大开发需要大量投资,其中国家投资将重点分配于基础设施建设和生态环境保护,主要发挥其投资的诱导作用。更多的投资,尤其是能够为西部地区的经济增长、结构调整、技术与管理创新等提供直接贡献的可能是来自东部沿海地区和外国的投资。所以在已经颁布的有关西部大开发政策中,有关吸引东部沿海地区投资的优惠政策和扩大对外开放的政策占据重要的部分。

上海应该积极利用中央赋予西部地区的优惠政策扩大对西部地区

的直接投资。直接投资更多表现为一种商业性投资，具有比较完善的利益机制，可以实现资源的有效配置。更为重要的是，直接投资将直接带动产品与技术的转移，由此可以使西部地区大大节约进入市场、开发技术的成本，快速引进西部大开发中最为短缺的人力资本和知识资本，获得所谓的“溢出效应”。从上海的角度看，在产业结构升级过程中一些传统性行业或原有的支柱性行业中必然出现一部分剩余资本。由于高新技术产业投资风险较大，而且又有新的国外直接投资进入，这部分剩余资本或者变成了银行储蓄，或者不断地加入一些容易进入的行业试图分得一份微利，或者少部分进入了证券市场。产业资本一旦离开原来的产业而进入新的领域，不仅将大大降低其资本的价值，而且还将面临更大的投资风险。发达国家或地区之所以选择向发展中国家进行直接投资和产业转移的方式，其主要的道理就在于此。同时上海的银行业有很强的融资能力，但也因为传统产业信用需求相对不足，而高新技术产业信用风险相对较大，其信用资金也存在相对剩余的情况。因此上海产业资本与金融资本的相对富余状况表明上海具备向西部地区扩大直接投资的能力。

随着上海经济进入工业化的中后期阶段以及中国加入 WTO 的推动，利用直接投资形式推进“走进去”和“走出去”战略已经成为上海经济发展的客观需要，并将成为上海经济新的增长点。“走进去”就是走向中西部，“走出去”就是走向国外。日本、韩国和我国台湾地区能够保持长期的持续增长，其中通过直接投资形式不断转移竞争力逐步退化的产业，以此为基础再不断地引进、培育更具竞争力的新兴产业是一条极其重要的经验。上海的经济走到今天的阶段，也将自然地步入这些国家和地区曾经走过的道路。当然从目前的实际出发，“走出去”还有一定的难度，而大举“走进去”的条件已经成熟。上海首先要把扩大面向西部地区的直接投资作为重点，在把国家的西部大开发战略付诸具体行动的同时，积极利用西部大开发的机遇推进产业的跨地区转移。

2. 服务：发挥上海的第三产业优势，为西部大开发提供配套性服务，促进上海经济的服务化过程

西部大开发启动阶段的种种情况已经显示，西部各个省份对于上海都有比较多的期望，其中既有直接投资、技术转移方面的期望，也有利用上海这一全国最大的对外窗口和资金积聚中心进行招商引资，以及利用上海的教育、科技优势培养紧缺人才，获取实用技术等方面的期望。也就是说，西部大开发需要上海的产业“西进”，也需要上海在进一步对内开放中成为西部各个省市的前方窗口与后方基地。

上海把服务定位为城市发展的基本功能，又以服务全国为宗旨构筑第三产业的框架体系。从90年代前期起上海就明确提出并实施了优先发展第三产业的产业方针，90年代后期又进一步确定了第三产业的六个重点行业，即金融保险、商业贸易、交通运输、房地产、信息咨询和旅游业，从而在大大推进第三产业发展的同时，改善了第三产业结构，培育了证券、期货、航运、产权、人才、技术、外汇、房地产等一批国家级市场，形成了“五流（商品流、资金流、技术流、信息流、人才流）汇海”的态势，具备了服务全国的基本条件。为了培育第三产业的竞争能力，提高其服务水平，上海在第三产业方面也积极实施对外开放的政策。目前在金融业已有60多家营业性外资金融机构、250多家代表处和10家外资保险机构。到1999年，上海第三产业累计引进的外商直接投资实际金额达到126.6亿美元，其中1999年引进14.5亿元，占全部外商直接投资额的47.5%。通过对外开放和国际性竞争，上海的第三产业已在相当的程度上与国际接轨，并具有领先于全国的服务能力和水平。此外，上海的第三产业具有成长性特点，知识含量高的新兴行业已经发育成型，并显示出增长的潜力。如1999年上海信息、咨询服务业已有5万人的正式从业人员，如果加上各个大学、科研部门的相关人员，拥有近15万人的庞大队伍；另外在教育、科技、文化、卫生等领域，上海具有很强的优势，随着产业进程的推进，这些领域将成为上海第三产业的新增长点。上海要为本地企业进军西部，为西部地区来沪招商引资、挖

掘可利用资源积极提供配套性服务。上海还应该打开大门,让西部地区的服务型企业比较容易地进入上海,并利用上海已经形成的各种服务资源为这些企业的所在地提供服务,真正成为全国经济发展的龙头与中心。

3. 援助:继续开展对口扶贫工作,减轻西部地区的贫困负担

目前全国没有解决温饱问题的农村贫困人口还有 4 000 万人,其中大部分分布在西部地区。由于自然条件恶劣,生态环境脆弱,脱贫的难度很大。西部大开发将为这部分人口的脱贫致富带来希望,但至少在启动阶段,或者是更长的一个时期内还不可能带来显著的效果。因为西部大开发首先将从一些重点地区开始,如重庆、西安等,那么最先得益的也将是这些地区,而真正的贫困人口几乎都远离这些开发中心,它们的得益要打上很大的折扣。另外,西部大开发的启动阶段以基础设施建设和生态环境保护为中心,这样的建设投入一方面不可能迅速增加大量的就业机会,一方面也不可能在短期内就取得好的经济效益,有些投入甚至只有社会效益而没有经济效益。减缓西部地区的贫困程度仍将是一项长期的艰巨工作,在很大程度上还需要发达的东部地区继续执行中央的对口扶贫政策,采取援助的方式切切实实地减轻西部地区的贫困负担,也从间接的方面帮助西部地区集中精力和财力投入开发。

为西部地区提供道义性援助是上海义不容辞的义务和责任。上海能够取得今天的发展成就,其中也有西部地区的一份贡献。为了上海的明天,帮助西部地区的贫困人口脱贫致富,不仅具有经济上的意义,还具有社会稳定的意义。

二、上海参与西部大开发的战略框架

西部大开发将为上海提供进一步发展的后劲,这些后劲有的比较直接、明了,有的却是看不见的、无形的。我们必须深刻认识到西部大开发对上海的战略意义,充分发挥上海的优势,更大程度地介入西部地

区的开发。同时西部大开发是一项巨大的长期的工程，涉及十个省市，因此首先需要构筑比较科学合理的战略框架，以指导各级政府和各类企业的参与行动。在积极西进的总体战略指导思想下，上海参与西部大开发的战略框架具体包括以下四个方面的内容：

（一）制造业转移战略

所谓制造业转移战略，也就是上海利用西部大开发的机遇，进一步向内地转移扩散那些在上海已没有多少竞争力，或者说竞争力受到限制的制造业项目。这一转移并不是简单地放弃，而是通过资本、设备、技术的转移实现上海制造业的跨地区发展，并且帮助西部地区制造业实现跳跃式发展。

制造业的转移就其涉及的行业可分为四种类型。第一类是劳动密集型制造业的转移，包括服装鞋帽业、皮革制品业、文教体育用品业、塑料制品业、日用杂货制造业等。目前这些行业的总产值约占上海工业全体的14%左右。第二类是资源密集型制造业的转移，包括纺织业、木材加工业、造纸业、非金属矿物制品业等。最近几年这些行业已经有一部分项目转移到了新疆、内蒙古等地，今后还要进一步地转移。第三类是组装型制造业的转移，主要是家用电器和文化、办公机械制造业，甚至包括汽车制造业等。从家用电器的情况看，四川长虹之所以能够迅速崛起，利用当地极其廉价的劳动力是其中一个非常重要的因素。因为很多现代化流水线往往普通的劳动者就可以胜任，在流水线与技术大体上都是从国外引进的情况下，劳动力成本的重要性就显得更加突出了。第四类是技术密集型制造业的转移，包括电子及通信设备制造业、生物化学与现代医药业、现代材料加工业等。现在各个发达国家为了推进高新技术产业的发展，也积极采取国际分工的做法，将高新技术产业的部分技术开发和部分生产过程转移到发展中国家，充分利用这些国家高科技人才廉价的优势降低其技术开发成本和产业化成本。上海可以借用这种做法，把一些高新技术产业转移到西部部分高校和科研单位比较集中的地区，分享分工的利益。

从西部各个地区的特点来看，上海应该对不同的地区实施不同的制造业转移战略，以充分发挥各地的资源优势。就劳动密集型制造业而言，劳动成本和市场是两大主要决定因素，因此应该考虑将其转移到人口相对密集、农村劳动力剩余状况比较严重，但同时需求市场也比较大的西南地区，特别是四川、云南等地。对于资源密集型制造业，应该考虑将其转移到资源条件比较优越的西北地区，特别是新疆、内蒙古、青海、宁夏等地。说到组装型制造业和技术密集型制造业，则除了市场和劳动力成本因素，技术条件也是一个比较重要的因素，因此应该多考虑将其转移到高校集中、科技实力比较强的西安、重庆、成都、绵阳、兰州等地。

制造业转移的实现途径有四种方式，即独资、合资、合作和转让。采取何种方式要视企业的资金实力、项目大小和行业特点而定。对于中小规模的转移项目，应该鼓励企业更多采取独资，或者是合资控大股的方式，以保证经营管理权的集中，提高企业的运行效率。随着西部投资环境的逐步改善，这样两种方式可能会成为今后外来投资的主流。这一点可以从外国直接投资最近几年越来越倾向于独资方式得到印证。对于规模大的项目，特别是涉及资源开发利用的项目，采取合资或合作的方式可能会更加有效。因为这类项目的动机是要利用西部的资源和部分科技优势，这些优势在一定程度上具有地方独享性，只有通过合资、合作，建立互利互惠的基础，才能使项目的转移取得比较理想的效果。对于有些上海已没有什么优势，但西部地区却已形成优势的项目，如纺织、食品业中的初加工项目、中低档服装加工项目、低档家用电器等，上海应该采取转让的方式转移给西部地区，并退出这一生产领域。

（二）服务战略

服务战略就是要把上海已经形成的服务优势转化为西部大开发的可利用条件，同时利用西部大开发的机遇进一步推进上海服务全国的功能建设，在对内对外开放中形成更加完备、更具优势的服务体系。

上海服务西部大开发的战略应该由三部分组成。一是对内开放战略,就是要为进沪的西部各类企业,或来沪招商引资、寻求各种合作机会的西部地区各级政府和各类企业提供服务,还要为西部地区的服务类企业进驻上海、共享上海的服务资源提供服务;二是服务业延伸战略,如同制造业的转移,服务业也要积极向西部地区转移延伸,在跨地区发展中为西部地区提供高效服务;三是配套跟进战略,即配合制造业的西进行动,为在西部的上海企业提供服务,形成团队优势。

对内开放战略:对于已经面向全国的服务行业,如证券交易、期货交易和旅游等,要为各方面条件都还相对较弱的西部地区提供重点服务;对于一些地方色彩还比较浓的服务行业,如物流、信息、咨询、教育、科技、文化、卫生等,要进一步对内开放,其服务对象要从本地为主转向本地与外地相互兼顾,提高为外省市服务的比重;其经营主体要从本地性转向多元性,欢迎各地服务类企业加入上海的服务业,并为其进入上海提供政策方面的支持。目前重点要放在西部大开发中比较薄弱,但上海又具有特别优势的部门,如物流、信息、咨询、教育和科技等。

服务业延伸战略:服务业的延伸包括市场体系的延伸和服务企业的跨地区发展。上海要推动在沪的各个国家级或者目前还是区域级的要素市场向西部地区扩张,通过设立分支机构,制定运行规则,帮助西部地区建立开放型的、与东部地区接轨的要素市场体系,并与上海乃至整个东部地区形成统一的要素市场网络。商贸、信息服务、咨询类企业以及一些中介性质的企业要利用西部大开发创造的商机,进军西部市场。如商贸企业可以通过独资、合营、合资、合股、控股、参股等形式在西部地区建立新的子公司,然后与上海的母体共同组成跨地区的集总经销、总代理和展示、批发、零售为一体的综合商贸集团,并借助综合商贸集团推进商贸流通的一体化。信息服务和咨询类企业要充分利用西部大开发初期阶段西部地区信息、咨询服务供求远远跟不上需求的时机,尽快进入西部填补空缺,在为西部大开发提供优质、高效服务的同时,发展自己,形成规模,增强与国内外同类企业竞争的能力。

配套跟进战略：为了使西进的企业能在参与西部大开发中得到较好的服务，要积极推进与这些企业建有长期配套合作关系的服务类企业或机构同步西进。日本企业到国外发展，经常采取团队方式，由国内的核心企业领头，然后带动上游、下游的配套企业实行全面出击，在国际竞争中形成了鲜明的特色。这种方式的优点除了整体优势明显之外，很重要的一点是由于配套企业间相互熟识、合作时间长，可以大大降低寻找新的合作企业可能带来的信用与配套水平方面的风险。这种团队方式值得借鉴。

（三）市场开拓战略

所谓市场开拓战略，是指上海必须把握西部大开发将形成巨大的需求市场，以及西部大开发后西部地区的市场运行将越来越与沿海以及国际接轨这样的机遇，积极开发西部市场，扩大上海产品在西部市场的份额。

西部大开发以大开放与国家基本建设重点投资为前提，以工业化、城市化为过程，以缩短东西差距、提高西部地区的人均收入水平和消费水平为结果。因此西部大开发首先将对建筑业形成大的需求，然后是各种装备类产品，再是各种消费类产品。上海的建筑企业、设备制造企业、名品企业都应该清楚地看到西部大开发将形成大开放的局面，都应该积极进军西部地区，抢占西部市场，为今后的发展奠定基础。

要进军西部地区的建筑市场。随着上海城市基本建设进入稳定期，“八五”、“九五”时期因大规模城市基本建设需要形成的建筑能力面临过剩的压力。如何消化相对剩余的供给能力，以及进一步形成规模经济，是上海必须完成的一项战略性调整任务，而其最好的调整策略就是提升上海建筑业开发内地市场的能力，通过市场扩展来消化剩余能力，并谋求新的发展。因此，上海要鼓励建筑企业积极参与西部地区的重大基础设施建设和重大项目的投资、建设和管理，发挥上海在大规模城市现代化建设和改造中形成的工程队伍优势和技术优势。

要扩大西部地区的装备类产品市场。装备工业曾经是上海的支柱产业,尤其成套设备制造更是上海曾经独占市场的强项。但在最近十来年中,由于作为设备需求大户的东部沿海地区有很多企业直接从国外进口设备,大大减少了国内需求,使得上海的装备工业相对处于停滞阶段。西部大开发需要从国外进口一定量的设备,但更多的设备需求将留在国内。理由有三点:一是装备工业本身经过改造与升级,尤其是利用外资和进口设备,制造能力取得了明显的提高,可以满足国内企业的大部分需求;二是西部地区的大部分开发项目将是来自东部沿海地区的转移项目,或者是东部沿海地区已经拥有成熟技术的项目,而与这些项目相关的机械设备制造经过多年的消化吸收,也已经趋于成熟;三是国内的机械设备价格较低,与国外的同类产品相比具有竞争优势。装备工业水平代表着一个国家或一个地区的实际工业水平和技术水平。中国在经过了大规模进口阶段后必然会逐步走向进口替代阶段,作为全国装备工业基地的上海更需要先行一步,推进装备工业的发展,为进入进口替代阶段作好准备。西部大开发将为上海重整装备工业提供良机。而在市场经济条件下,上海必须主动出击。一方面要把握西部各地区的开发情况和实际需要,积极开辟市场;另一方面要进一步改进技术,保证质量,降低成本,满足西部市场的需要。

要进一步提高上海消费类产品在西部地区的市场份额。在西部地区的消费品市场,上海并未占有比较理想的份额。其中的原因,一是上海的制造成本相对较高,缺少价格方面的竞争优势;二是西部地区市场比较分散,消费层次相对较低,因此上海也没有下功夫开拓西部市场;三是与东部其他省市相比,缺乏大举开拓西部市场的勇气和创新精神,在激烈的竞争中退出市场。上海制造的消费品因其质量、信誉和长期形成的上海品牌,在西部市场仍有相当的竞争能力,即使是制造成本,通过使用外来民工,扩大规模,仍有下降的余地。今后的重点是市场开拓,要扎扎实实地在西部地区建立销售网络,这些销售网络不应只是销售上海产品的网络,也应是帮助西部企业扩大销售的网络,是上海输出服务的一个组成部分;要充分利用流通业中的私营企业和个体户力量;要坚持双赢原则,保证西部地区的合作方取得较好的利益。

(四)开发区战略

所谓开发区战略,就是上海要积极利用多年来积累下来的开发区开发经验和地方政府的财政实力,与西部地区共建“上海开发区”(或上海—某地合作开发区),并积极参与管理。一方面为西部地区创造“增长极”和高水准的开发样板,一方面为上海企业进军西部创造更加容易适应的投资环境。

西部大开发,除了基础设施,另一个重点将是开发区的设立与运作。而上海进入西部直接参与开发区的开发,将是西部各个省市极为欢迎的一种参与形式。因为这样的开发区可以大大提高西部地区招商引资的效率和开发效率,加快西部与东部、与海外接轨的步伐,实现飞跃式开发。上海具有投资管理开发区的经验,熟知国际惯例,并且经过多年的实践与总结,已经形成一套比较完整、比较规范的招商与管理制度,这些都是西部大开发初期阶段最最缺少、需要重点建设的方面。上海企业群集,对外经贸关系发达,是西部地区需要倚重的招商引资窗口。但西部与上海毕竟相隔较远,即使具备较好的信息传播条件,作为外来者要完全、及时地掌握上海方方面面的信息,并不是一件容易的事情。而“上海开发区”与上海是一种直接的关系,是上海产业的延伸,在这里信息是完全的、通畅的,与西部地区的其他开发区相比具有得天独厚的优势。

在西部设立“上海开发区”,对上海来说也具有重要意义,不仅可以形成声势,而且可以实实在在地推动企业加入西进的行列。西进的主体是企业,但目前很多企业,特别是民营企业,因为担心西部的软件条件不够理想,并且远离本土,缺少安全感,处于一种想进又不知怎么进,或者不敢进的状态。“上海开发区”是上海与西部地区双方政府合作的结果,通过政府之间的沟通,可以更加有效地解决西进企业可能遇到的各种问题。“上海开发区”按照上海企业熟知的一套规则运行,并建立政府和民间相结合的服务体系,可以大大缩短上海企业与西部地区的距离,得到他们所需的各种服务。对市场经济比较敏感、民营企业比较多的广东省在这方面便已先行一步,正在海南岛与当地政府合作筹建广东开发区,值得我们借鉴。

“上海开发区”比较合适的设立地点可能是重庆、西安、成都、昆明和石河子等城市。西部大开发启动阶段将像当初的沿海开放一样,会选择重点地区进行重点开发,然后通过这些重点地区再去带动次一层的重点地区开发。重庆和西安将是国家级的重点开发地区。这两个城市的共同特点是科技力量比较集中,工业发展也有相当基础,尤其是高新技术产业已经获得一定的发展,分别是西南和西北的中心城市。成都更靠近大西南,市场广阔,高校和科研机构也比较集中,而且在其周边还分布着绵阳、德阳等重要的工业和科技基地。昆明是云南的省会城市,背靠整个云南,矿产资源、旅游资源和特种农业品资源极其丰富,而且地理位置独特,从这里可以打通东南亚地区,进而打通具有广阔市场前景的南亚地区。石河子是新疆建设兵团的所在地,经过几十年的努力,已达到一定的开发程度,而且背靠新疆,农产品资源和矿产资源油气资源优势独特,另外从这里可以打通中亚通道,进而进入俄罗斯等国。

进一步考虑的话,为了突出重点,并与上海的战略更加紧密地结合起来,我们认为现阶段最合适的地点可能是重庆、昆明和石河子。重庆是长江流域极为重要的城市,与上海可以形成首尾呼应的格局,并且借助重庆,既可以兼顾到四川乃至整个西南地区,还可以加快实现整个长江流域的共同发展。昆明是上海对口扶贫省份——云南省的省会,长期以来两地之间已经形成非常密切的地区合作关系,有较好的投资软条件,而且借助昆明的开发,将推进上海“走出去”战略的实施。与昆明的情况比较相近,通过对石河子的开发投入,也将推进上海“走出去”战略的实施,同时在新疆建设兵团目前还有2万多名上海籍的职工,同样具有较好的投资软条件。

三、上海参与西部大开发的政策建议

根据“积极参与开发,在开发中发展自己”的原则,上海参与西部大开发的政策要起到贯彻执行中央的有关政策精神,并对企业的西进行动予以积极指导与支持的目的。这套政策应包括以下六个方面的内容:

(一)鼓励本市企业进军西部的优惠政策

参与西部大开发,企业是主体。要推动企业向西部地区转移制造业项目,要鼓励企业到西部开拓新的市场,需要创造一些政策上的优惠条件。比如税收方面除了保证企业西进的部分可以充分享受西部地区的特殊优惠之外,对于在上海的母体企业,也应给予一定的优惠,甚至参照西部地区将要实施的比上海目前的政策还要优惠的政策予以特别鼓励。又如对于西进企业在西部地区招聘的人才,应该给予上海待遇,并且在企业需要将其调入上海时,应允许申报上海户口。另外在融资方面,要放宽西进企业上市的条件限制,还要积极提供信用方面的担保,帮助他们解决资金方面的困难,对于一些大的项目,要在上海组成银团贷款,解决可能遇到的资金瓶颈。

(二)在西部地区创办上海开发区的政策

由于是跨地区开发,所以必须制定专项政策,确立其运作的组织方式与机制以及与当地政府的协调关系。这方面要充分借鉴上海各个开发区的经验,还要考察苏州新加坡工业园区的经验和广东省在海南省设立开发区的经验;要在财政方面形成专项资金进行启动,并发挥诱导作用;要鼓励民间资本,尤其是上海各个开发区的开发(或管理)公司的资本参与开发区投资;要争取从资本市场上进行直接融资,解决初期投入的资金问题;要与西部的当地政府形成明确的责任关系和利益分配关系,形成具有法律约束力的政策条文。

（三）西部地区在沪各类机构的支持政策

上海为了吸引外省市企业来上海发展，已经制定了相关的专项政策(24 条)。针对西部大开发的特殊需要，还要出台更加积极的政策，包括税收、人员进沪、工商管理、融资担保等方面，除了充分给予上海待遇外，还要让这些机构在上海享受到西部所能享受到的政策待遇。

（四）信息服务体系建设政策

上海的一些公共研究机构虽然已高度关注西部大开发问题，但由于缺乏长期的积累，以及收集西部信息的成本相对较高，基本还不能为西进的企业提供能够满足需要的信息服务。正是因为相隔较远，所以企业对信息的要求也就越高。为此需要建立专门的机构，或在相关的机构中设立专门的部门从事西部大开发的信息收集与处理，进而为上海的企业提供针对性强、时效性强的信息服务。这一机构或部门可以以现在的协作系统为基础，并在各地沪办增加信息收集方面的人员与功能。

（五）人才培养与人力资源开发政策

上海的高校在扩大招生名额时应适当增加西部地区的名额。政府应设立专项补助金鼓励上海的高校和社会办学力量开办面向西部地区的人才培训班，尤其是工商管理方面的高级培训班，为西部企业，也为西进的上海企业培养具有现代工商管理能力的经营管理人才。要鼓励上海的各个高校直接走进西部，通过开办分校、联合办学、合作办班等形式为西部地区培育人才；同时要借助产业化的方式积聚教育开发资金，提高办学的效率。

（六）政府间关系协调政策

要强化政府间的协调关系，保护西进企业的基本权益。由于西部地区的市场化程度、人的观念等都要落后于东部沿海地区，西进的企业难免会遇到各种难题，这需要通过当地的政府予以解决。目前阻碍企业西进的障碍之一就是很多企业担心自己的权益在外地得不到保障，或风险较大。为了增强企业西进的信心,上海应该加强与西部地区政府间的协作与协调,建立畅通的联系渠道,并力争形成相关条文使有关事项的处理做到有法可依,有文可查。

(本文原载于《毛泽东邓小平理论研究》2001 年第 1 期,与王振,王玉梅合作)

增强上海产业的国际竞争力

21 世纪已经到来，我国经济建设跨入了一个新的发展阶段，正向小平同志提出的第三步战略目标迈进。面向新世纪，世界经济、科技、社会正在发生巨大的变化。我们面临的国际经济环境变得更为复杂；经济全球化的趋势日益明显；科技进步不断加快，知识经济在向我们逼近；我国即将加入 WTO，参与全球化进程。这些变化将对我国经济体制和结构产生重要的影响，意味着我国改革开放也将进入一个新的阶段，即建立开放型的市场经济体制，意味着中国经济与国际经济的全面接轨。这个阶段的一个显著特点就是：我国的产业发展从半封闭的“高速增长”时代进入大开放的“国际竞争”时代。于是，增强产业的国际竞争力日益受到人们的关注，“立足于比较优势，创造竞争优势”必然成为新阶段产业发展的基本战略。

比较优势和竞争优势是两个既相区别又有联系的概念。比较优势主要研究各国（或地区）不同产业间的关系，指出一国（或地区）产业发展的潜在优势，研究产业的国际竞争力间的国际（或地区）合理分工问题；其最终依据是该地区的资源禀赋或产业发展的有利条件。竞争优势则侧重于各国（或地区）同类产业的关系，或者说是可替代产品间的关系，强调的是产业发展的现实优势，研究国家（或地区）间的产业冲突和替代的因果关系；其依据更强调企业的策略行为和创新能力。显然，比较优势是形成竞争优势的重要基础，而比较优势需要通过竞争优势才能充分体现。

在工业化的初级阶段，任何国家或地区必然要从比较优势出发建立其发展战略,以便在国际市场上迅速占领一席之地。而当工业化进入新的阶段,需要推进产业升级时,就必须考虑把比较优势转化为竞争优势,以获得更大的发展空间。我国的发展也是如此,过去我们主要依靠资源上的比较优势,即廉价的劳动力、土地和原材料,生产技术含量并不很高,但价格竞争力较强的产品打入国际市场。由于我国的生产结构与消费结构和其他工业国之间有较大差距,从而在工业生产上具有较强的比较利益优势。这一战略是成功的,也使我们获得了十多年的快速增长。20 世纪 90 年代中期,我国已摆脱短缺经济的困扰,并成为一个工业生产大国,市场成为进一步发展的关键,于是竞争变得越来越强烈。一方面产业升级和技术扩散导致我国工业产品与其他工业国逐步接近,导致竞争性日益增强;另一方面,随着经济发展和国民收入的提高,原来的比较优势逐步削弱,特别是劳动力和土地的低成本优势将逐步被后起的发展中国家取代。

加上"入世"后我国市场的全面开放,国际跨国公司的进入,争夺市场的国际竞争将达到白热化的程度。因此,立足比较优势,创造竞争优势,增强产业国际竞争力必然成为我国新一轮发展的重要战略之一。

上海是我国最大的经济中心城市,20 世纪 90 年代我们提出了要率先建立市场经济体制的目标。毫无疑问,入世后上海必然要率先与国际市场接轨,上海的产业必然率先面对激烈国际竞争的挑战,这样,上海对增强产业的国际竞争力更应有率先的考虑。目前,产业界对如何增强产业的国际竞争力的研究比较侧重于科技创新方面,这无疑是重要的,但我们如果忽视观念、体制和经营管理理念的创新,仍然难以取得良好的成效。从产业经济理论和上海的实际情况来看,以下几个问题值得我们思考和重视:

第一,形成有效竞争的市场结构和产业组织结构是增强产业竞争力最关键的因素。竞争力只有在竞争过程中才能形成并增强,这是实践已经证明的经济规律。目前我国家电产业的竞争力比较强,主要得益于家电市场开放较早和产业组织的非垄断性。而竞争力最差的产业大多是具有行政性垄断保护的产业，如航空、铁路、电信、电力、金融、保险等，一些国有大企业竞争力不强也与垄断性的产业组织有关，如造船、石化等。因此，为增强产业竞争力首要考虑的是确立打破垄断、鼓励竞争的产业组织政策。比如，在所有制结构调整中，必须消除不平等竞争的现象，才能真正提升国有企业的竞争力：在资产重组、组建大型集团过程中，必须考虑避免垄断和形成大中小型企业共同发展的产业政策。

第二，广泛合作是迅速提升产业竞争力的有效手段。合作是对付竞争的最佳手段，这是企业发展的至理名言。在技术进步突飞猛进和经济全球化趋势的新形势下，靠自我奋斗、孤军奋战已难以赢得市场成功。于是，合作研究、联合开发，共享信息、互补优势，协同竞争、分享利益成为取得竞争优势的有效手段。目前，我国入世已指日可待，"入世"表明我国将积极参与经济全球化过程，意味着我国改革开放将进一步适应国际规则，从而更有利于发展国际经济合作，有利于广泛利用国际资源和吸引跨国公司来华投资。我们应抓住机遇，利用跨国公司的全球采购网络打入国际市场，吸收消化它们的先进技术和管理经验，提升产业竞争力。从国内情况来看，重复建设、生产能力过剩已造成企业间，甚至地区间的恶性竞争。这不仅耗尽企业精力，并有可能导致新的重复建设。一旦市场进一步开放，极易被各个击破。因此，在新一轮发展中，更应考虑走合作发展、协同竞争之路，依靠信息共享、资产重组和资源整合来创造新的竞争优势。此外，经济、科技的发展日益突破产业间的界限，学科之间互相渗透，产业之间互相融合，部门之间互为补充。因此，鼓励跨部门、跨行业的合作，形成功能互补、优势叠加的发展合力也是我们政策考虑的一个重点。如商业与工业、农业的联合，产学研的合作等。

第三，发挥自己的比较优势，增强企业的核心竞争能力，建立并优化新的价值链分解与整合战略。在当今技术进步加快、加工程度提高、市场范围扩大的时代，一种产品从开发、生产到营销、运输所形成的价值链过程已很少能由一家企业来完成，除非企业具有非常充分的资金和全面的能力。于是价值链开始分解，一些新的企业加入了价值链，并在某个环节上建立起新的竞争优势。这种竞争优势表现为在该环节上具有成熟、精湛的技术和较低的成本，这在技术较密集的行业，如电子、电信、电脑、制药、汽车、航空等行业尤为明显。在价值链分解过程中，企业只有从自己的比较优势出发，培育并增强核心竞争能力，才能建立起自己的优势地位。价值链的分解也提供了整合的机会。设计一个新的价值链，通过市场选择最优的环节，把它们联结起来，也是竞争取胜的一种战略。

从上海的实际情况看，虽然已确立了主导产业和支柱产业，但还应进一步研究在这些产业的价值链中应关注什么。抓住“中场产业”是可取的战略。所谓“中场产业”是指能提供高性能材料和高功能零部件的产业群，它在整个价值链中处于原材料工业和装配工业之间，是技术含量较高、增值量较大的环节。如同足球运动中的中场队员，是全场的核心。“中场产业”是整个价值链的核心。其优势在于它可参与多个价值链的形成，因而具有较稳定的市场，更适应国际分工格局；而且这一产业群里技术革新较活跃，应用高新技术以使其成为附加值较高的产业。例如，前几年上海家电行业在激烈的竞争中一度落后，整机几乎全无优势。实际上，在整个价值链的形成过程中，许多环节由于劳动力和房地产成本的上升，上海已无比较优势可言。转向中场产业，抓住大屏幕彩管、压缩机、集成电路、成品钢材等，不仅获得了较稳定的市场和较高的市场占有率，还取得了较好的经济效益。此外，在当前生产能力相对过剩的情况下，上海更应该利用管理和技术的优势，实施价值链的整合战略，通过资产重组和新价值链的设计与串联，把周边地区的产业整合起来，增强整个地区的产业国际竞争力。

第四，跳出狭隘的地方经济观念，在全国乃至全球调整自己的市场战略和生产布局。就结构调整优化而言，调整的空间范围越大，则优化的效果越好。如上海光明乳业，20 世纪 80 年代生产布局调整仅限于上海地区，90 年代到内蒙、黑龙江乳源较丰富的地区建立生产基地，扩大了生产并降低了成本；最近，经过考察调研，正在和澳大利亚、新西兰、爱尔兰等国的乳业厂商探讨合作项目，以逐步实施其新的全球发展战略。光明乳业正是跳出上海才有可能成为中国的乳业巨头。目前，我国西部大开发战略已经启动。上海应抓住这一机遇，把参与西部大开发战略和本市产业结构调整结合起来，通过合资合作、控股参股、收购兼并、技术合作以及连锁经营等方式实施产业转移、资源开发和市场开发战略。此外，制定政策，鼓励企业“走出去”，到海外去发展，特别是向境外后起的发展中国家转移长线生产能力，这不仅有利于上海的产业结构升级，还可推动企业经营的国际化，在国际化的过程中增强国际竞争力。

第五，从单纯的制造业发展向与服务业相融合的发展方向转变。信息技术的发展和经济全球化的趋势已突破了传统的三次产业的界限，出现了三次产业相融合的发展趋势。优秀的企业不仅能输出高质量的产品，还能输出高质量的服务。服务不仅是产品的组成部分，也是企业与外部联系的一个接口，起到接受外部创造性意见的作用；同时还是提高效率和扩展市场的一种手段。企业的专门技术、管理模式、营销手段、商誉品牌、服务网络乃至客户关系，都可以变成知识产权输出，或包装服务产品输出。在互联网时代，企业更应利用网络技术来提供优质服务和提高效率。上海梅林正广和公司把互联网和送水服务网络结合起来，不仅提高了服务水平，而且这一服务网络本身还可为其他企业提供服务，从而大大提高了效率并展示出一种新经济时代的企业形象。

（本文原载于《探索与争鸣》2001 年第 4 期）

规范并发展职工持股制度

我国对职工持股的实践始于90年代初。随着国有企业改革的深化，特别是在国有经济战略调整、抓大放小、国有股减持，以及深化对劳动价值论的认识，推行以按劳分配为主与按要素分配相结合的分配方式等改革方针的逐步推行下，全国各地职工持股迅速发展，并出现了各具特点的多种形式。按持股主体划分，有职工全员参与，以自然人形式持股的股份合作制；有全员参与，以持股会社团法人形式持股的职工持股会；有经营管理人员或科技人员以自然人形式的持股；也有经营管理人员共同参与的经营者群体持股（以经营者名义持股）。从出资形式来看，有以现金认购、工龄折算、技术入股，也有公司赠予的虚股（干股）、期股和期权等，体现了企业职工的改革创新精神。

应当肯定实行职工持股制度是一项具有积极作用和深远意义的改革措施。这是因为：

（1）职工持股是调整和完善所有制结构的积极措施，有利于实现企业资产重组，塑造多元投资主体和实现企业产权的社会化（公有制的基本特点之一）。它符合党的十五大提出的调整和完善所有制结构，公有制实现形式可以而且应当多样化的改革方针以及当前国有股减持的政策精神。

（2）职工持股是实现经济民主的有效途径之一，它使劳动者和所有者身份有机结合，从而增强职工的民主意识，增强职工对企业经营管理的关切度、参与度，并能促进企业内部监督约束机制作用的有效发挥。

(3) 促进我国转型期收入分配制度的改革与完善。职工持股实现劳动者参与利润分配,并与企业共担风险,从而增强企业内部凝聚力,有效激励和发挥职工的积极性和创造性。

(4) 职工持股制度使职工可以通过持股的积累增加未来的养老保障收入,有助于完善社会养老保障体系;同时也有利于引导一部分消费基金向生产发展资金转移,补充企业发展资金的不足。

虽然,我国这几年职工持股的实践取得了一定的成效,但由于缺乏规范,在实践中许多矛盾和问题也日益凸显,主要是:

(1) 政出多门,认识不一。目前我国几乎每个省市都有若干个有关职工持股的"规范性"文件,内容和政策各异,操作形式多样。甚至同一地区的体改、国资、工商、工会等部门的意见也不一致,使企业改制无所适从。

(2) 操作不规范,职工利益无法保证。虽然许多省市都设立了审批制度,但往往是重事前审批,轻事后监管。企业在运作中随意性较大,并不按照相关章程和规定办。如有的企业以"入股"为上岗条件,强迫职工购股,或因职工持股而使劳动合同、人员流动难以实施;有的企业经营管理层采用暗箱操作,侵占国家和职工的利益;也有政府相关部门的不合理干预,严重挫伤了经营者或经营层的积极性;有的企业改制后职工的参与权并未得到保证;有的企业将职工持股视作向职工集资的手段;甚至有名为职工持股,实为外人持股的做法等,情况颇为复杂。随着时间推移其负面影响日显突出。近年来,职工因持股问题上访、诉讼时有发生。

(3) 缺乏必要的政策支持,职工持股。发展后劲不足。目前我国对改制实施职工持股的企业缺乏必要的政策支持。应当看到,许多企业职工是因改革的需要不得已而出资入股,为国家减轻了负担,国家应当作出相应的补偿。比如,在所得税上像对外商投资企业那样给以一定的减免,或给以一定的贴息贷款,使改制的企业能较快地走出困境,在市场上站住脚。可惜实践中这些政策问题一直难以解决,对此职工呼声很高。

(4) 职工持股会的法律地位尚不明确。公司法规定有限责任公司的投资主体为2－50个,所以当职工人数超过50人时必须通过持股会的形式来解决职工持股问题。此外,持股会也是一种小股东联合制,有利于保护小股东的利益。然而持股会的法律地位尚不明确,使许多企业对职工持股实践尚有顾虑。

综上所述,推行职工持股还存在不少问题,有的是试点改制中的问题,有的是发展中的问题。如果说前几年职工持股实践是摸着石头过河,那么现在是到了应该架桥的时候了。基于稳定和发展的考虑,当前对企业改制实施职工持股需要的是建立一定的制度规范和给以必要的政策支持,而不是随意的试点。

就职工持股制度的规范建设而言,首先要明确职工持股的有效形式和性质界定,特别是要明确职工持股会的法律地位;其次要明确职工持股的设立原则、条件和运作的民主程序,尤其对经营者或经营层持股也应有一定的操作规范;第三要明确职工行使股权的规则,包括职工股权的调剂、转让规则和职工退休、调离或劳动合同期满后股份处置或兑现的保障机制;第四是要设立专门的职工持股监管机构,保证企业转制、职工持股的规范进行和相关政策的落实。

就促进职工持股的政策而言,可借鉴国际上的经验,运用税收杠杆和信贷手段来激励职工持股。例如,对改制企业实施职工持股的(持股职工占60%以上),可给以一定期限的所得税减免;金融机构若为这类企业提供贷款,其所获利息的所得税也可有相应的减免;职工入股分得的红利可减半交纳,对退休或劳动合同期满离岗后兑现的股金不再征税;进一步放宽贷款政策,为职工持股提供低息贷款等。相信规范的建立和扶持政策的实施,必将有效促进职工持股的健康发展,加快企业的改制改造和资本结构优化的步伐,从而推进国有经济有进有退的战略调整。

(本文原载于《中国经贸导刊》2001年第6期)

产业竞争力论

经济全球化的浪潮正席卷着世界各地,复杂激烈的国际竞争正成为当今及未来时代的基本特征。在统一的世界市场正在形成的国际经济环境中,竞争力不仅将成为衡量一个国家或地区经济实力的主要因素,而且是决定一个国家或地区生存和发展的唯一因素。因此,产业竞争力是一国综合竞争力的重要组成部分,将成为我国能否较好实现新一轮经济增长的关键问题。

一、竞争力的内涵

产业是一个介于微观经济的细胞(企业)和宏观经济的整体(国民经济)之间的"集合概念",它是指具有相同属性的企业群(集合)。产业是由许许多多相同属性的企业组成的,因而一个产业的竞争力是通过该产业内企业的竞争力体现出来的,而企业的竞争力又是通过企业所生产的产品或提供的服务的竞争力表现出来的。那么,什么是竞争力呢？对这一概念的争论一直十分激烈。

诺贝尔经济学奖获得者、竞争理论大师乔治·斯蒂格勒在《新帕尔格雷夫经济学大辞典》中写道:"竞争系个人(或集团或国家)间的角逐;凡两方或多方力图取得并非各方均能获得的某些东西时,就会有竞争。"把竞争力定义为竞争主体争夺某种东西或资源时的能力,它从根本上决定了资源的配置格局和效率。世界经济论坛1994年的《国际竞争力报告》把国际竞争力定义为"一国一公司在世界市场上均衡地生产出比其竞争对手更多财富的能力"。这主要是从微观的角度作出的定义，把国际竞争力理解为企业的国际竞争力。美国《关于产业竞争力的总统委员会报告》则认为："国际竞争力是在自由良好的市场条件下，能够在国际市场上提供好的产品、好的服务的同时又能提高本国人民生活水平的能力。"这显然是从宏观的角度来定义国际竞争力，把国际竞争力等同于国家的国际竞争力。我国有学者将国际竞争力定义为"在国际间自由贸易条件下（或排除了贸易壁垒的假设条件下），一国某特定产业的产品所具有的开拓市场、占据市场并以此获得利润的能力"。"国际竞争力的核心就是比较生产力，国际竞争的实质就是比较生产力的竞争"。这主要是从中观的角度来定义国际竞争力的，这里所说的国际竞争力，实际上就是产业的国际竞争力。我们把竞争力定义为行为主体间争夺资源与市场的能力。根据这一定义，行为主体间争夺国内资源和国内市场的能力，就称为国内竞争力，同样地，行为个体间争夺国际资源和国际市场的能力，就称为国际竞争力。根据行为主体的不同，可以把竞争力分为不同的层次，小到个人（产品），大到国家，都存在竞争力的问题，因而竞争力可分为个人（产品）竞争力、企业竞争力、产业竞争力、区域（城市）竞争力和国家竞争力等几个层次。

按照国际竞争力专家波特的观点，国家竞争力就是国家生产力，即能够生产适应市场检验且扩大国民收入的商品和服务的能力或程度。基于这种考虑，瑞士日内瓦世界经济论坛（简称 WEF）将一国的开放程度、政府、金融、基础设施、技术、管理、劳动、法规制度等 8 项生产力要素指标作为衡量一国整体竞争力的基础。王与君在《中国经济国际竞争力》一书中，将国家竞争力定义为一个国家在参与国际竞争中所表现出来的整体竞争能力，以及国家为本国企业在国际市场上竞争提供一种有效的环境支持能力。城市竞争力，我们把它定义为一个城市在一定区域范围内集散资源、提供产品和服务的能力。产业竞争力是指一地区范围内之产业与其他地区同类产业的竞争，它取决于以下因素：生产因素、需求条件、相关产业和支持产业的表现。企业竞争对手企业竞争力是基于企业一系列特殊资源而形成的相对于竞争对手的获得长期利润的能力。产品的竞争力是一项产品或服务由于其特殊性或价格(成本)优势而形成的占有市场、获得长期利润的能力。

尽管不同层次的竞争力所涵盖的内容不一样,但其中起决定作用的是产业的竞争力。而产业竞争力的核心是竞争优势的形成及发挥。竞争优势是一个与比较优势既有联系又有区别的概念,由于产业所处的国内国际环境的变化,产业的比较优势也会发生变化,客观上要求产业必须创造新的竞争优势。竞争优势与比较优势的区别在于:比较优势主要研究各国(或地区)不同产业间的关系,指出一国(或地区)某个(或某些)产业发展较他国(或地区)的潜在优势,研究不同产业间的国际(或地区间)合理分工的问题;其最终依据是该地区的资源财富或产业发展的有利条件。比较优势强调的是在国际或地区间产业分工的优势及产业互补的关系具体到某一个产业来讲,就是该产业的资源状况如何,有何优势等。而竞争优势则侧重于各国(或地区)同类产业间或可替代产品间的关系;强调的是不同国家(或地区)间发展同一产业时某一(些)国家(或地区)较他国(或地区)所存在的现实优势;研究不同国家(或地区)间的产业冲突和替代的因果关系;其依据是更强调企业的策略行为和创新能力。

比较优势与竞争优势的联系主要表现在以下几个方面:一是在一国(或一地区)经济发展过程中,只要发生对外经济关系,那么比较优势和竞争优势就会同时发生作用。任何一个国家或地区,都不可能在所有产业中都拥有竞争优势,而只能在部分产业中拥有竞争优势,在另一些产业则缺乏竞争优势,也就是说,竞争优势不可能完全替代或消除比较优势。二是比较优势和竞争优势是可以相互转化的、一国或一地区如果有比较优势的产业,往往比较容易形成较强的竞争优势。也就是说,比较优势可以成为竞争优势的一个内在因素,对有关产业竞争力的提高起到巨大的促进作用。三是一国或地区产业的比较优势只有通过竞争优势才能得到体现。即便是那些其有比较优势的产业,如果缺乏竞争优势,则其比较优势还是无法实现的。反之,一国或地区明显缺乏比较优势的那些产业,也往往难以形成和保持其竞争优势。概括而言,比较优势是形成竞争优势的重要基础,且需要通过竞争优势才能得到充分体现。

在经济生活中,产业并不是孤立存在的,各个产业之间存在着相互促进、相互影响、相互依赖、相互制约的关系。各产业在产业链中所处的位置不同,其竞争优势的位势也不同。所谓竞争优势的位势是指一产业在价值链中所处的位置,它是由产业本身的特性所决定的,比如,劳动密集型产业在价值链中处于较低的层次,而技术密集型产业和资本密集型产业在价值链中处于较高的层次,因而,劳动密集型产业竞争优势的位势明显低于技术密集型产业和资本密集型产业竞争优势的位势,然而,竞争优势的位势高低并不影响产业竞争优势的发挥,相反,由于各产业竞争优势的位势不同,使得各产业的竞争优势的发挥空间更大。一个产业竞争优势发挥的程度越大,该产业的竞争力就越强。

二、产业竞争优势的因素分析

产业的竞争力是由产业的竞争优势决定的,而产业的竞争优势又是由一系列因素决定的,这些因素主要有产业组织效率、投入要素的数量和质量、学习和创新能力、合作的效率、文化力量以及产业政策的作用等。

1. *产业组织效率*

产业的竞争优势与该产业的组织效率有很大的关系,产业组织效率从两个方面来影响产业的竞争优势。一是竞争性组织结构,二是规模经济。理论与实践业已证明,有效竞争的市场结构和产业组织结构是增强产业竞争力的关键因素。市场结构的特征之一就是竞争,产业竞争力来源于竞争环境的创造,这是一条普遍的规律。要增强产业竞争优势就必须进入市场去参与竞争,只有适于竞争结构的产业组织才具有市场竞争力,而这种竞争力也只有在竞争过程中才能加强,同时使市场形成有效的竞争结构。从我国产业的实际状况来看,家电产业是国际竞争力较强的产业,这主要得益于家电市场开放得较早和产业组织的非垄断性。所以尽管我国的家电产业起步较晚,现在却在世界上具有较强的竞争地位。现在是既不怕外国电视机、电冰箱打进来,也不怕到国外市场上去参与竞争。而保护产业或垄断产业如电力、汽车、航空、金融、保险等产业发展缓慢,效率和效益低下,竞争力最弱。一些大型国有企业的竞争力不强也与其缺乏竞争性的组织结构有关。可以说,垄断性越强的产业,国际竞争力就越弱。同时,垄断的存在还导致了产业组织结构的不合理,不利于形成大中小企业共存的"生态环境",产业的竞争力必然难以提高。例如石化,全国就一个石化总公司。造船,全国也就一个造船总公司,在垄断的保护下,这些产业的竞争力怎么强得起来呢?所以,提高产业竞争力,必须打破垄断和保护,放开竞争,特别是开放市场,进行国际竞争,这是培育和增强我国产业的竞争优势,提高我国产业国际竞争力的根本方向。

规模经济也是影响产业竞争优势的主要因素之一。产业规模经济是通过产业内企业的规模经济表现出来的,企业的规模经济分为企业内部的规模经济和企业外部的规模经济。企业内部的规模经济是指由于企业内部的组织结构及专业化分工,以及固定成本的存在和固定投资的不可分割性,生产规模的扩大能带来成本的节约。而企业的外部规模经济是指随着产业而不是企业本身的规模增大而给企业带来的利益,比如成本的降低、生产与交易费用的降低而导致总费用的节约、产业的技术进步、管理效率的提高等。可见,在存在外部规模经济的条件下,产业内的企业通过专业化分工与合作,既共享产业的技术、信息及管理经验等,又相互竞争,促进了企业效率的提高。这样,产业的规模可能很大,规模效益十分明显,而企业的规模大小却无关紧要。在外部规模经济明显的产业中,中小企业的竞争优势同样明显,其表现出来的竞争力也很出色。日本电器产业的组织结构及其所表现出来的竞争优势充分说明了这一点。

2. 投入要素的数量与质量

任何产业的发展都离不开生产要素的投入,生产要素包括劳动要素、资本要素、自然要素、管理要素等。一地区生产要素的数量和质量对该地区产业的竞争优势有着很重要的影响。生产要素对产业竞争优势的影响主要是通过两条途径实现的,一是要素投入的增加,二是综合要素生产率的提高。而在生产要素中,最重要的是人力资本要素,这是因为由生产要素所形成的竞争优势,除了取决于生产要素的数量和质量外,还取决于生产要素的配置效率和利用效率。对大部分产业来说,其先天的要素禀赋固然重要,但更重要的是其创造要素的能力,而这种能力必须通过人力资本加以体现。如果没有充足的人力资本投入,其他要素投入的增加很可能是无效的。在知识与资本日益对等甚至是知识雇佣资本的时代,人力资本对产业竞争力的作用已毋庸置疑。我国改革开放以来,上海、深圳等地的经济快速发展,除了政策因素之外,在很大程度上是由于这些地区吸引了一大批高素质的人才。在信息产业、电子产业、计算机产业等高新技术产业领域,正是拥有了一大批高水平的科技人才,为这些产业的发展提供宝贵的人力资源,提升了这些产业的竞争力。在知识经济时代,人的决策能力、人的效率和创新能力、人的运营能力决定着一个产业的生存和发展。

我国的人力资本状况不容乐观。1995 年在被考察的 44 个国家和地区中国民素质单项排名第 36 位,1996 年,在被考察的 46 个国家和地区中国民素质单项排名第 35 位,1997 年排名进一步上升为 31 位,1998 年又提高到 24 位。但在这些与产业竞争力直接相关的指标中,中国处于非常不利的地位,例如,人才外流状况、教育体系满足有竞争力的经济需要度,高等教育(20 - 24 岁人口参加比例),经济知识的普及程度,人文发展指数(经济、社会与教育),本国人民对新挑战的灵活性和适应性,社会价值观对提高竞争力的有利程度等指标在世界 46 个国家和地区中的排名分别为第 41 位、第 40 位、第 44 位、第 41 位、第 44 位、第 46 位、第 34 位。因此,改善我国的人力资源状况以适应日趋激烈的国际竞争，是一项长期而又艰巨的任务。

3. 学习与创新能力

学习与创新能力是影响产业竞争优势的又一个重要因素。只有学习，才能创新；只有创新，才会有竞争力，因此，培育创新能力是增强产业竞争力，特别是产业可持续发展的竞争力的基础。

根据波特的观点，一国产业参与国际竞争的过程可以划分为要素驱动、投资驱动、创新驱动和财富驱动四个依次递进的阶段。同样，一地区产业在参与国际国内市场竞争的过程中也存在着这四个不同的阶段。由此可见创新在产业竞争中的重要作用。创新的重要性不仅表现在它作为一个竞争阶段所起的作用，而且表现为它在产业竞争的各个阶段也同样发挥着作用。在当今不断加速的竞争节奏中，竞争优势不但来自成本、质量和资源状况，更重要的是产业的创新能力，即产业内企业创造新产品和新市场的能力。这种创新能力是企业竞争优势最重要的来源，它比降低成本等单纯优势的获得更有意义。在产业的创新能力中，最重要的是产业的技术创新能力，因为产业的竞争力从根本上说取决于其产品的竞争力，而产品的竞争力则取决于产品的性能价格比，即性能价格比越大，产业的竞争力就越强。而要提高产品的性能价格比，显然技术创新是最主要的途径。特别是在国际国内市场竞争日趋激烈的今天，只有通过技术创新，不断推出新产品，降低产品成本，产业才能不断发展壮大，才能在激烈的市场竞争中立于不败之地。产业界对这个问题已取得共识。然而，问题在于如何才能创造出高技术的先进产品呢？这就要鼓励创造、创新，并通过建立国家创新体系等种种措施来增强创新能力。但如果我们忽视观念、体制和经营战略上的创新，就仍然难以取得良好成效。因此，培育创新能力涉及政治、经济、社会、科技等多方面的因素，它应形成一个体系。从我国当前情况来看重点在于：深化企业体制改革以完善创新主体；改革科技体制和教育体制，以提高劳动力素质，并建立产、学、研合作的有效模式；深化金融体制改革，为科技创新和成果的产业化提供资金支持；改革政府管理体制,精简政府机构、转变政府职能、提高行政效率、实施依法治市;改革人事管理和分配制度,充分释放人力资源在创新中的决定作用。

4. 合作的效率

合作是对付竞争的最佳手段,这是企业发展的至理名言。通过合作可以提高产业的竞争优势,这是迅速提升产业竞争力的有效手段。在今日突飞猛进的世界上可以说有了合作什么东西都能够做出来。因此在经济全球化的趋势之下,合作研究、联合开发、信息共享、优势互补、协同竞争与利润分享,已日益普遍。事实上,合作已成为取得竞争优势的有效手段。因此,经营企业的人就经常通过合作来对付竞争。谁再要孤军奋战,搞什么"肥水不流外人田",谁就注定要失败。美国DEC公司的总裁简·霍普兰德和管理学家罗杰·奈格尔最早提出了战略联盟的概念,指的就是两个或两个以上的企业,为达到共同拥有市场、共同使用资源等战略目标,通过各种契约而结成的优势互补、风险共担、要素双向或多向流动的松散型网络组织。其目的就是通过合作对付竞争,增强竞争优势。国际上大公司之间通过战略联盟而取得成功的案例比比皆是,GM公司与丰田公司以降低成本为主要目标的汽车联盟、GTE公司与富士通以降低成本、改进营销为目标的通信工具联盟、美国钢铁公司与博焊钢铁公司以融资、扩大市场为目标的钢铁联盟、西屋与通用电气公司以降低成本、改进营销为目标的电力半导体联盟,均取得了巨大的成功。加入WTO以后,我国的产业面临着必须按国际规则办事,必须适应国外产业的激烈竞争,这为我国产业的合作提供了机会,也提出了挑战。一方面,将有利于发展国际经济合作,有利于广泛利用国际资源和吸引跨国公司的投资;有利于引进跨国公司的先进技术和管理经验,提升我国产业的竞争力。另一方面,激烈的竞争又迫使我国的企业加强合作,既要加强与国际的合作,又要加强与国内的合作。如果仍按条块分割体制来发展企业,东一个西一个,搞小规模经营、搞重复建设,必将造成生产能力的过剩,致使在企业间、甚至地区间发生恶性竞争。这不仅将浪费企业的宝贵资源,而且势必在国际竞争中更易于被各个击破。

此外，由于经济、科技的发展日益突破产业间的界限，学科之间互相渗透，产业之间互相融合，部门之间互为补充，因此，鼓励跨地区、跨行业的合作，如商业与工业、农业的联合，产学研的合作等形成功能互补、优势叠加的发展合力就显得更加重要。总之，面对新环境、新趋势，我国的企业必须善于合作，要通过合作来增强竞争优势，提高竞争力。

5. 文化因素

产业竞争力与文化的发展密切相关，一方面，文化的特色体现了产业的特点，另一方面，文化的发展又有助于增强产业的竞争力。经济越发展，文化的作用就越大；特别是在经济全球化成为一种趋势，知识经济向我们逼近的时代，文化的特色与发展对增强产业竞争力的作用就更日益凸显。随着经济的发展，我们摆脱了短缺的困扰，物质生活日益丰富，人们的需求转向心理和精神方面。即使在物质消费上，也从对使用价值的关注，转向对观念价值（如时尚、品位、品牌等）的重视。于是，提供的商品与服务中的文化含量将大大增加。消费者在消费商品或服务时只有在接受能引起其共鸣的文化价值观念后才实现了真正意义上的满足。当走向知识经济时，生产以体力劳动为主逐渐转向以脑力劳动为主，管理转向以人为本，更体现人性化的特点。因此，市场、社区、企业更需要商业文化、社区文化和企业文化的支撑。在经济全球化的大趋势下，国家之间、地区之间、产业之间、企业之间争夺资源和市场的竞争日益激烈，已深入到个性，文化则成为一种强有力的武器。一些著名企业家从自己多年的创业发展中体会到竞争逐步深入的三个阶段：第一阶段是资源、技术和资本的竞争；第二阶段是市场、管理和人力资源的竞争；第三阶段则是文化的竞争。我国加入 WTO 以后，我国产业所面临着的是国外产业、世界顶级跨国公司的激烈竞争，必将深入到文化层次。

我国的文化正处于转型期，人们的价值观念和行为准则正经历着巨大的变化。现有的经营理念、经营方式和行为规范等都将对产业的竞争力产生强大的影响。当务之急是要倡导健康的企业文化，建立具有特色的企业文化战略,调整人们的行为规范,以文化来推进产业竞争力的提高。值得一提的是,文化本身也是一个产业,而且是个覆盖面广、渗透力和辐射力极强的大产业,也是高科技和高文化相结合的产业,还是21世纪最具发展前景的朝阳产业之一。一个国家或地区,若没有强大的文化产业,就难有强大的综合竞争力。我国的文化产业,与国际上一些以文化经营为主的跨国公司相比显得十分弱小。单一的投资主体,使文化产业得不到充足的发展资金;条块分割的管理体制和严格的分业经营,不仅导致管理的内耗,难以形成规模优势,也削弱了文化产业的渗透力和辐射力;过多的行政干预和垄断性的产业组织,削弱了文化产业发展的活力和文化创新能力,从而使整个文化产业缺乏国际竞争力。因此,打破垄断,吸引多元投资,突破分业管理模式,推进产业间的融合发展建立如同时代华纳、迪士尼那样的以一业为主、多种经营的跨行业、跨地区的大集团,不仅是发展文化产业的需要,也是提升其他产业竞争力的需要。

6. 产业政策的作用

产业政策是政府将宏观管理深入到社会再生产过程之内,用于指导产业发展方向,规划产业发展目标,调节各个产业之间的相互关系,引导微观经济活动的一系列政策体系,包括产业的结构政策、产业的组织政策、产业的技术政策、产业的布局政策、本国产业与国际产业关系的政策、产业促进和限制政策等,其最终目的是优化资源配置,提高产业竞争力。可见,产业政策对产业竞争力有着十分重要的影响。与一国或一地区产业政策相符合的产业,可以得到政府的各种优惠政策的扶持,生产要素也会向该产业聚集,从而使该产业迅速发展壮大,其竞争力也得到了提升;反之,与一国或一地区产业政策不相符合的产业,非但得不到政策扶持,反而还会受到种种限制与干预,从而逐渐走向衰退,竞争力自然薄弱。

(本文原载于《上海经济》2001年第6期,与王秀治合作)

发展跨国经营　培育跨国公司

全球化浪潮是当前世界经济发展的一大趋势。中国进入世界贸易组织,表明中国将积极参与经济全球化的过程,经济结构将在全球化视野下进行战略调整,产业发展将参与全球范围的国际分工,企业经营必将进入跨国经营时代。

回顾改革开放20多年的历程,我国经济取得了举世瞩目的快速增长,对外贸易迅速发展,已成为世界第九大贸易国。我国的国有企业也在摆脱对政府的依赖、面向市场自主经营、建立现代企业制度和进行资产重组等方面迈出了改革的步伐,取得了一定的成效。去年,我国已有11家公司跻身于世界500强行列。然而,遗憾的是我国还没有真正意义上的跨国公司。进入500强的主要是国家银行和能源公司,是国家垄断下的国内公司。除了资产总量和员工总数较大外,其经营绩效和国际竞争能力与国际跨国公司还相去甚远,如人均营业额和人均利润只是500强平均水平的1/7。

众所周知,经济全球化的载体是跨国公司、目前全球6万个跨国公司及其所属50万个分支机构的产值已占世界总产值的1/4;它们控制着世界贸易的主要流向,其内部和外部的贸易约占世界贸易总量的80%;其对外直接投资占到世界对外直接投资总量的90%;它们还拥有世界80%以上的新技术专利,掌握了全球70%以上的技术转让。可见推动全球化进程的主体是跨国公司,而不是国家。中国要参与全球化过程,就必须培育自己的跨国公司;否则就会处于被动的、落后的地位。

发展跨国公司首先要发展跨国经营。所谓跨国经营是指企业的生产经营活动跨越行业、地区和国家的界限,与国际资源、国际市场直接联系起来的经营方式。自实施开放政策以来,我国在利用国际资本、发展国际贸易方面取得了巨大进步。截至2001年8月底,全国共批准外商投资企业38.07万户,合同外资金额为7 204.7亿美元,实际利用外资3 760.6亿美元。1990－2000年间,我国对外贸易总额年均增长15.2%,其中出口年均增长12.1%。从而使我国成为世界上第九大贸易国和第二大资本输入国。尽管如此,我们并不能认为企业的跨国经营已有较大的发展,只能说是刚刚起步。就利用国际资源来看,我们主要是“请进来”,还未能“走出去”。截至2000年年底,我国企业对外投资协议总额仅76亿美元,只是引进外商直接投资的2%。就利用国际市场发展出口而言,大量贸易依靠外国代理商,缺乏自己的国际营销网络,所以利润大部分被外商赚去了。

外商对华直接投资的增长在促进我国经济增长、扩大出口、推动技术进步、增加就业、调整产业结构等方面起了积极的作用。然而,随着全球化进程的加快和外商投资的大幅增加,特别是跨国公司的介入,在促进我国经济发展和改革开放的同时,也带来一些负面影响,并积累起一定的风险。如一些发达国家向我国转移“夕阳工业”大量消耗自然资源或污染环境,增加了我国环境治理的难度;加工业大量发展带来原产地问题,给某些国家找到借口制造贸易摩擦,实行贸易保护主义,增加了我国出口的困难;外商投资企业还可能采取转移价格等手段以获取更多利益,而让我国承担反倾销投诉的责任;此外,进一步的开放还可增加金融风险、增加跨国公司制约我国经济的可能性。因此,我们不能满足于单向的“请进来”,必须考虑发展“走出去”,实行双向交流。

根据国际投资理论和我国经济的实际情况来看,当前积极发展海外投资,实施“走出去”的战略具有重要意义。首先,走出去可利用国际资源,发展资源开发项目,如石油、铁矿的勘探、开采;林场、农场的经营等,从而有利于缓解国内资源不足的矛盾。我国虽然号称“地大物博”，但我国人口众多，人均自然资源占有就很贫乏；如人均耕地、人均矿藏等都只有世界平均的1/3左右，不利用国际资源就难有长期稳定的增长。其次，走出去可扩大境外加工贸易，既可向境外转移过剩的生产能力，带动商品和半成品的出口，拓展企业发展空间，也有利于绕过某些关税壁垒，或利用某些区域性共同市场的便利，进一步扩大市场。第三，走出去还可利用各国经济发展周期的不同，分散市场风险。例如，80年代日本和亚洲四小龙经济发展较好，90年代美国经济走强，而目前美、日经济均有衰退迹象，但苏联和东欧各国经过十年动荡，开始复苏。所以走出去实现全球化布局可分散风险，保持国内经济稳定。此外，走出去可在更大的范围内进行产业结构的优化调整，并有利于培育我国的跨国公司，应对经济全球化的挑战。

而就我国当前经济发展状况而言，也具备一定的条件可以发展海外投资。根据国际生产折中理论，当人均GDP在400－1 500美元时利用外资增加，有少量对外投资；在2 000－3 000美元时利用外资和对外投资都加速增加，但仍以利用外资为主；超过3 000美元后，对外投资将进一步增加，渐居主导地位。目前，我国总体上尚处于利用外资增加、有少量对外投资阶段。但我国是大国，经济发展不平衡，在沿海许多地区人均GDP已超过3 000美元，上海去年已达4 180美元。因此，这些地区可以适当发展对外投资。其次，我国这几年贸易增长较快，已有一定国际市场基础；同时，经常项目和资本项目都有较大的顺差，目前外汇储备已达2 000亿美元，有能力适度发展对外投资，并可减轻人民币的升值压力。第三，经过多年的发展和改组改造，我国已形成了一批有实力的企业集团，拥有较高和较成熟的技术，如宝钢、海尔、中粮、中油、联想等已具有对外投资的能力；而自90年代中期开始，国内许多产业已出现生产能力的过剩，因此向海外扩张，拓展新的投资市场是必然的选择。由此可见，发展跨国经营，培育我国自己的跨国公司正当其时。

近几年，特别是东南亚金融风暴以后，我国企业开始重视发展海外投资和跨国经营。以上海为例,海外投资已从过去以贸易为主扩展到资源开发、加工制造、交通运输、宾馆旅游、远洋渔业、工程咨询和研究开发等领域。境外加工制造开始涉足多种行业,规模也呈扩大态势。"八五"期间,上海对外生产性投资项目的平均规模约为70万美元,到"九五"期间,平均规模已扩大到160万美元。然而,从总体上看,我国海外投资的发展不仅数量上和经济增长水平及国际资本输入不相适应,质量上也还不尽如人意。从效益上看只有45%的投资项目盈利,而55%的项目亏损。

我国海外投资发展不理想主要有以下一些因素:

(1) 体制因素。政企不分是我国国有企业的大弊病,在对外投资的决策上,政府的行政上干预过多,不仅审批过程繁复,耗时耗力,甚至耗财,而且较大的投资项目的选择往往并非真正的市场选择,也非企业的决策,而是政府官员考察访问、洽谈决定后企业去操作,走程序。缺乏有效的市场调查和可行性研究,因此投资风险大大增加。其次是条块分割的体制,难以形成集金融、贸易、生产、技术开发和投资为一体的跨国公司和综合优势。此外,国有企业机制不活,对海外经营人员既缺乏足够的激励措施和有效的选拔机制,也难以实行有效监管。

(2) 政策因素。由于宏观上尚未真正认识经济全球化的要求和发展跨国经营的重要意义,不仅政府尚未形成系统的促进海外投资和跨国经营的政策与措施,社会上也缺乏为企业海外投资发展提供诸如信息咨询、市场调研、法律顾问、联络协调等服务的组织体系。从而使企业发展跨国经营孤军奋战,困难重重。

(3) 企业因素。我国企业大多实力不足,尚缺少具有一定规模,拥有一定的人才、技术和资本优势的跨国公司。虽然近几年经过资产重组和技术改造也形成了若干具有一定资产规模的集团公司,但由于资产流动性小,投资能力仍然明显不足。而从经营和技术因素看,产品差异化能力和无形资产优势是对外投资成功的前提,但我国具有这种能力和优势的企业可谓凤毛麟角。此外,不熟悉国际经营,对国外的市场、法律乃至社会、文化环境了解肤浅等，都是导致投资失败或经营不善的重要原因。

根据产业发展和对外投资理论，以及全球化背景下国际跨国公司的发展趋势，结合我国企业跨国经营的实际问题，我国沿海发达地区，特别是上海应采取更加积极的措施，深化改革，培育自己的跨国公司，并以进入世贸组织为契机，适当发展海外投资和跨国经营，充分利用国际国内两种资源、两个市场，在全球范围内优化资源配置，实现经济的国际化和产业结构的优化升级。

（1）积极培育和组建大型跨国公司。虽然我们已组建了一批企业集团，但在条块分割体制下，这些集团公司往往局限于一个地区或一个部门，在产业融合发展的新趋势下，它们为降低交易成本不得不另起炉灶向其他行业和地区发展，结果造成重复建设和资源的浪费，而且发展也必然较慢。如外贸和商业部门另外布点生产，而生产部门又另建销售网络。因此，当前的重点是要突破条块分割的体制，通过政府协调和市场化的操作，推进跨地区、跨部门的资产重组，建立起若干集科技、生产、商贸和金融为一体的大型跨国公司，形成一定的规模和内部化优势。而首选的扶持对象应是投资主体多元化、资本结构较优、无形资产价值较高、国际营销基础较好的集团公司。

（2）建立发展海外投资和跨国经营的战略和系统的促进政策。首先从观念上要把对外投资作为长期发展的战略来考虑；不要因为当前外资大量涌入和强调扩大内需而忽视对外投资的发展。实际上，国际双向投资往往更易发生在外资进入多的地区和行业。因为大量外资的进入一方面可使这一地区或行业的企业获得产品差异化的生产能力，而另一方面也易使该领域的国内市场趋于饱和。如沿海地区纺织业在开放之初利用外资较多，而后电子、家电成为引进外资大户；因此这些行业更具有向外投资的动因和能力，也是对外投资比较成功的领域。而对外投资也可带动对国内生产设备和半成品的需求。其次为促进对外投资的顺利发展，应采取一些必要的扶持政策，如建立海外投资基金，给企业以融资担保的便利和税赋的优惠；进一步放宽外汇管制，帮助有条件的企业直接到国际资本市场上进行融资；选择适当地区设立境外投资贸易咨询公司，并取得使领馆的积极配合和支持，提供对外联系、信息咨询、规划协调、市场调研、法律顾问等服务，形成海外企业的服务体系。

（3）从企业优势和国际市场的区位优势分析出发进行海外投资的分类指导和综合规划。我国企业规模较小，不具有资本优势，故可进行一些小规模制造投资，以小批量、多品种的生产避开与强大跨国公司的直接竞争，这是一般发展中国家的优势。当前特别应鼓励民营企业向外发展，它们虽然规模还不大，但机制灵活，适应性强。在投资方式上可更多采用收购兼并的办法，与当地公司合资、合作，这样可更好地利用当地原有的资源，包括资金、技术、人才和销售渠道等，易于推行本土化战略。在区位选择上，应将具有成熟技术的制造业投向发展中国家，特别是东南亚地区，这一地区与我国有较接近的文化，不少国家的发展落后于我国沿海地区，人口也较密集，有一定市场前景，且在金融危机后这些地区相继出台了吸引投资的优惠条件，正可加以利用。另一值得注意的地区是苏联和东欧一些国家，经过十年动荡，近两年已开始复苏，社会也比较稳定，技术基础也比较好，可进行轻工等劳动密集型产业的投资。自然资源密集型产业和资源开发的投资则可考虑非洲和南美自然资源丰富的而经济技术还不很发达的地区。而对高新技术产业则应考虑到发达国家和新兴工业国建立研究开发中心，学习它们的先进技术、利用那里的人才、技术和信息资源等。

（4）加快我国社会经济的信息化建设。以信息化推动工业化是我国现阶段经济发展的一项重要方针，应抓紧时机积极发展电子商务和现代物流，推进金融电子化建设，努力培养一批精通国际贸易、国际金融和电子商务的人才，使我国企业在发展跨国经营中能更充分有效地应用现代信息技术，实现与国际跨国公司经营的接轨，提高效率，增强竞争力。总之，在经济全球化和我国即将进入世界贸易组织的背景下，我们必须坚定不移地发展跨国经营,加快培育跨国公司,并把它作为我国新一轮经济增长的重要战略之一。只有这样,才能保证我国经济的持续、稳定和快速的增长。

（本文原载于《上海经济》2001 年第 6 期）

国际产业发展的三大趋势分析

在世界第三次新技术革命的推动下，经济全球化的浪潮日益高涨，其冲击力和影响力不仅直接波及世界各个国家和地区经济的发展，更给21世纪全球经济的发展带来了深刻的变化，世界经济也因此步入了一个崭新的发展时代。在此背景下，国际产业的发展也呈现出了新的特征，如各具特色的产业群落在世界各地迅速崛起；跨产业的企业兼并层出不穷；产业经济循环发展模式方兴未艾等。这些特征不但清晰地勾画出了当今国际产业发展的新轮廓，同时也显现出了未来国际产业发展的三大趋势：簇群化、融合化和生态化。

一、簇群化——产业发展的集聚趋势

簇群化是21世纪国际产业发展的一大趋势，表现为产业呈现区域集聚发展的态势，各类产业簇群在世界各地迅速崛起。

所谓产业簇群（Industry Clusters）是指在某个特定产业中相互关联的、在地理位置上相对集中的若干企业和机构的集合。其外部形态表现为由一大群特定领域的企业与企业间、政府机构与企业间、科研院校与企业间、社区机构与企业间的各种组织所形成的具有一定规模的产业群落。我们通常所说的“园区”、“一条街”等实际上就是产业簇群的一种形式。

产业簇群最早出现在19世纪初期，在手工业时代就出现了一些基于地理环境、资源禀赋和历史文化原因所形成的产业簇群，如法国波尔多的葡萄业、瑞士的钟表业、中国景德镇的瓷器业等。到了工业化中期的大机器时代，则涌现出了以大企业为核心的产业簇群，如美国底特律的汽车制造业、匹兹堡的钢铁工业、克罗地区(前南斯拉夫)亚德里亚海的造船业等。在工业化后期的信息时代，竞争成为时代的主旋律，世界各地的产业簇群大量崛起，试图利用簇群所特有的专业化分工与相互协作功能，加强自身的竞争力，参与全球经济的分工体系，在全球化的市场中占据一席之地。至此，国际产业发展的簇群化趋势日益凸显。

目前世界上已形成了许多著名的产业簇群。在美国，有硅谷的微电子、生物技术、风险资本业簇群，好莱坞的影视娱乐业簇群，纽约的金融服务、广告、出版、多媒体产业簇群，匹兹堡的新材料、新能源业簇群，底特律的汽车设备及零部件簇群，普拉特的毛纺业簇群，卡驼莱的眼镜业簇群；菩阿莱之阿和培沙罗的家具业簇群等；在德国，有法兰克福的化工业簇群，慕尼黑的汽车业簇群等；在我国有台湾新竹工业园电子业簇群，北京中关村电子信息业簇群和武汉光谷等。有关数据显示，目前美国各地有大大小小的簇群200多个，意大利是世界上小型产业簇群最多的国家之一，据意大利统计局的评判标准，全意大利有各类产业簇群199个，分布在15个州，其产品主要是日用品，其中，纺织品业簇群69个、制鞋业27个、家具业39个、机械业32个、食品业17个，此外，还有金属制品业簇群1个、化学制品簇群4个、造纸与印刷业簇群6个、首饰业簇群4个。

产业簇群的形式多种多样，没有统一和固定的模式，目前世界上的产业簇群大致有以下几种形式：

一是由产业纵向关联而形成的产业簇群，簇群中的企业同属于一个产业的上、中、下游企业，彼此间存在着生产过程的联系，产业链成为维系簇群生存与发展的动力，每个企业都在产业链上占据合适的位置，形成一种合理的分工和协作状态。在这类产业簇群中，通常还会产生为每一个生产环节提供服务的外围联系，如供电、供水、运输、社会服务和产业服务等。

二是由产业横向关联而形成的产业簇群，这类簇群通常以区域内某一主导产业为核心，通过企业间的横向联系，外部形成多层次的产业群体，由于这些群体之间相互享受着彼此所带来的外部经济效应，因而充满了活力。如位于美国加利福尼亚州的酒业簇群就是典型的横向关联簇群，它以酿酒业为主导产业，在其外围形成第二层次的辅助性产业，如葡萄种植业、酿酒设备加工业等，其第三层次是服务性产业，如专为酿酒业设置的科研机构、专业教育和人员培训、产业咨询服务机构等，在最外部则是新产业的聚集，如旅游业、中介服务、金融服务等。

三是由区位优势指向而形成的产业簇群，这类簇群通常是由同一产业或不同产业的众多中小企业组成，它们充分利用区位优势，如廉价劳动力集中地、信息和技术发达地、原料或燃料集中地、产品的主要市场地、交通运输枢纽地等，形成各类专业化的小型产业簇群。如意大利众多的产业簇群即属此类。

综观世界产业簇群的发展，不难发现，产业簇群具有共生性、互动性和柔韧性 3 大特性，这是其既能得到各国政府和地区的大力推崇，同时又能得到企业一致青睐的缘由。

共生性：产业簇群是围绕某个特定领域和产业所形成的企业集合，区内众多的企业在产业上具有关联性，能够共享诸多产业要素，以及专业人才、市场、技术和信息，一些互补产业则可以产生共生效应，簇群内的企业因此获得规模经济和外部经济的双重效益。

互动性：产业簇群内的企业既有竞争又有合作，既有分工又有协作，彼此间形成一种互动性的关联，由这种互动形成的竞争压力、潜在压力有利于构成簇群内企业持续的创新动力，并由此带来一系列的产品创新，促进产业升级的加快。

柔韧性：产业簇群内集聚了大量的经济资源和众多的企业，一方面高度聚集的资源和生产要素处于随时可以利用的状态，为产业簇群内的企业提供了极大的便利，并降低了企业的交易成本，另一方面大量企业的存在也使簇群内的经济要素和资源的配置效率得以提高，达到效益的极大化。产业簇群内自发形成的这种经济资源与企业效益的良性运作，增强了簇群适应外界变化和竞争的能力，使得产业簇群具有一般经济形态所不可比拟的柔韧性，造就了产业簇群得以持续繁荣不衰的优势。

经济全球化的走势不可逆转，竞争日趋激烈，而以知识经济为特征的新经济和以信息技术为核心的技术革命对此又起到了推波助澜的作用，加剧了市场竞争的激烈程度，产业簇群的崛起实际上是产业适应经济发展新趋势，并创造竞争优势而形成的一种产业空间组织形式，这种产业空间组织形式是一个国家在工业化或后工业化的社会进程中产业发展的外部表象，而产业簇群衍生为国际产业发展趋势的内在驱动力则是产业簇群所具有的群体竞争优势和产业集聚发展的规模效益。

近几年产业簇群化的趋势已引起我国政府和企业界的关注，各地都涌现出一批产业簇群，有政府规划扶持的各种工业园区，如上海于1996年规划启动的漕河泾化学工业园区，政府投入大量资金围海造地，兴建基础设施，招商引资。目前已吸引了国际著名的跨国公司，如BP公司、拜尔和巴斯夫等公司前来投资，总投资达70亿美元的项目已签约启动。到"十五"计划完成时，漕河泾化学工业园区将成为亚洲最大的石油化工区。也有民间自发形成的产业簇群，如温州的皮鞋、打火机和低压电器的小型群落，形成以私营企业、家庭工业为主，集制造、营销和配套服务于一体的簇群。虽然这些企业单个规模都较小，但集聚成群大大提高了温州产业的竞争力。我国产业簇群化的趋势尚在不断地发展，并将在调整、兼并、重组和合作中成长壮大。

可以预言，未来的全球村经济就是由若干个产业簇群构成，国家经济、区域经济、都市经济或城镇经济，要么包含若干个产业簇群，要么就是某个簇群或某个簇群中的一部分。

二、融合化——产业发展的相互渗透趋势

融合化是21世纪国际产业发展的又一趋势。近年来世界上跨行业、跨区域的企业并购浪潮一浪高过一浪，这就是产业融合发展趋势在

企业层面给人们最直观的显现。

产业融合(Industry Amalgamation)是指不同产业或同一产业内的不同行业通过相互渗透、相互交叉,最终融为一体,逐步形成新产业的动态发展过程。高新技术及其产业的作用是产业融合的强大助推器,1 +1 >2 的生产效率和经济效益则是产业融合的高能发动机。

以信息技术为核心的新技术革命,正以前所未有的力度冲击全球社会经济的发展,以始料不及的速度重塑人们的生活方式,给世界带来了一个全新的信息时代。而作为经济发展主体的创新科技革命也向我们走来。始于 20 世纪 70 年代的通信技术革新(光缆、无线通信、宇宙卫星等的利用及普及)和信息处理技术的革新的迅速展开,推进了通信、邮政、广播、报刊等传媒间的相互合作,产业融合发展的趋势初见端倪。20 世纪 90 年代以来,由于通信技术的进一步革新(数字通信网的发展)和个人电脑的普及所带来的互联网的广泛应用,又推进了出版、电影、音乐、广告、教育等产业的融合浪潮。2000 年 1 月引人注目的世界最大的互联网服务公司——美国在线公司收购世界上最大的媒体公司——时代华纳公司,交易额达 1 840 亿美元,成为历史上最大的并购案,这一被称为“天作之合”的购并,造就了新的美国在线时代华纳,代表着传统媒体产业和网络产业的融合,同时也成为国际产业融合化发展的标志性事件,至此,国际产业融合化发展的趋势日显明朗。

产业融合表现为产业间的渗透发展,你中有我,我中有你,产业界限趋于模糊,新兴产业不断产生。产业融合的主要方式有 3 种:

高新技术的渗透融合:这是产业融合的主要方式。高新技术及其相关产业作为一种手段和方式,向其他产业渗透,产生了两个或多个产业的融合并形成新的产业。如发生在 20 世纪 90 年代后信息和生物技术对传统工业的渗透融合,产生了诸如机械电子、航空电子、生物电子等新型产业。又如电子商务,它是电子网络技术向传统商业领域渗透而产生的新型产业;高新技术向汽车制造业的渗透将产生光机电一体化的新产业等。2001 年 10 月世界著名的家电企业索尼宣布与从事手机生产的爱立信公司联合成立手机公司，就是通信产业向传统的家电产业渗透，实现产业融合的实例。此外，高新技术间的相互渗透也是产业融合的一种新方式，如生物技术与信息技术的融合产生的DNA芯片计算机即是新技术相互融合最典型的例子，又如2001年6月联想与西门子签署进军手机技术领域的战略协议，将电脑技术与无线通信技术相结合，融合出集无线通信于一体的笔记本电脑新产品。

产业间的延伸融合：这是产业融合的另一种形式，通过产业间的功能互补和延伸实现产业间的融合，这类融合通过赋予原有产业新的附加功能和更强的竞争力，形成融合型的产业新体系。这种融合更多地表现为服务业向第一产业和第二产业的延伸和渗透，如第三产业中相关的服务业正加速向第二产业的生产前期研究、生产中期设计和生产后期的信息反馈过程展开全方位的渗透，金融、法律、管理、培训、研发、设计、客户服务、技术创新、贮存、运输、批发、广告等服务在第二产业中的比重和作用日趋加大，两者之间融合成为不分彼此的新型产业体系。

现代化农业生产服务体系的形成即是这一新型产业体系的综合体现，是第一产业加快与第二、三产业融合的产物。现代农业依靠土地资源，面向世界市场，集中并优化配置土地、资金、劳动力、技术等生产要素，形成优势农产品，实现农业生产、加工、销售、服务一体化经营体系，在这一体系中，第一、二、三产业的界限消失了。产业间的延伸融合在新兴产业中也尽显无遗，旅游业是新兴的朝阳产业，也是产业融合程度最深的产业之一。目前世界上兴起的工业旅游、观光农业、体育旅游、康复旅游、科技旅游等专项旅游代表着旅游产业发展的一种趋势，其实质也是旅游业与其他产业广泛的融合发展。

产业内部的重组融合：这一方式主要发生在各个产业内部的重组和整合过程中，工业、农业、服务业内部相关的产业通过融合提高竞争力，适应市场新需求。如农业为适应新发展而重新整合，通过生物链把产业内部的种植业、养殖业与畜牧业融合起来，形成生态农业的新业态，既适应了市场需求，又提高了农业生产率。工业内部的产业调整也有类似的融合，通过供应链把上、中、下游相关联的产业联系在一起，与一般的产业纵向一体化不同的是，这种融合最终产生了新的产业形态，其过程既包括技术创新，又包括体制和制度创新，其结果是促进了产业的升级换代。有人称产业融合为挡不住的趋势，在这挡不住的背后实际上是产业发展的内在规律这只“看不见的手”在挥舞着指挥棒。

产业发展遵循经济发展的一般规律，即追求利润最大化、成本最低化。产业融合是在经济全球化、高新技术迅速发展的大背景下产业提高生产率和竞争力的一种发展模式和产业组织形式。产业实现融合化发展，可以突破产业间的条块分割，加强产业间的竞争合作关系，减少产业间的进入壁垒，降低交易成本，最终形成持续的竞争优势。

产业结构有着从低级向高级的演进规律，随着经济的发展，产业结构总是趋向不断优化。根据产业结构理论，在工业化后期，从高加工工业向高新技术阶段过渡时，产业存在软化趋势，这种软化实际上就是产业趋向混合发展，非物质部门的产业逐渐向物质产业部门渗透，软化率越高，它在生产总值中所占的比例也越来越大，一定程度之后，产业间的界限模糊，彼此相互融合。如资金密集型产业与金融服务相互融合，大型装备工业与物流业相互融合，技术密集型产业与科技、教育产业相融合等，可见，产业融合是产业发展内在规律的在现阶段的具体体现。产业创新也直接促进了产业融合发展。在产业融合基础上形成的新产业、新产品加快了产业创新的步伐，缩短了产业结构升级的周期，企业也因此获得更多的商机和市场，从而带动了整个经济的持续繁荣。

产业融合是社会生产力进步和产业结构高度化的必然趋势，产业间的关联性和对效益最大化的追求是产业融合发展的内在动力，而技术创新和技术融合则是当今产业融合化发展的催化剂。在这一轮新技术革命中，技术进步与传播的速度明显加快，技术应用的范围显著扩大，技术融合的程度不断加深，这些特征在宏观上导致了国际经济结构的加速重组和整合，在产业层面上则导致了产业融合发展的新趋势。

产业融合新趋势对我国经济新一轮的发展有重要意义。首先，产业融合是提升传统产业，促进产业升级的有效途径。产业融合通过高新技术产业嫁接传统产业，使传统产业优化升级，具有较强的生命力，美国经济的持续繁荣很大程度上就是得益于有效地解决了高新技术产业与传统产业的融合，顺利地实现了产业结构的升级。其次，产业融合为企业发展和壮大提供了良机。产业融合的主体是企业，在产业融合的过程中，企业可以获得更多的市场机会，可以发展壮大自身，可以提高企业生产经营水平和管理技能。

三、生态化——产业发展的持续趋势

生态化是21世纪国际产业发展的3大趋势之一，这是人类构筑经济社会与自然界和谐发展、实现良性循环的新型产业模式，是产业发展的高级形态。

所谓生态产业(Eco-industry)是指产业依据自然生态的有机循环原理建立发展模式，将不同的工业企业、不同类别的产业之间形成类似于自然生态链的关系，从而达到充分利用资源、减少废物产生，物质循环利用，消除环境破坏，达到提高经济发展规模和质量的目的。因此，也有人称产业生态化为循环经济(Circulate Economy)。

生态产业发展的理论基础是自然生态学，大量研究表明，产业发展系统和自然生态系统中的各种物质一样，在一定的条件下可以存在相互关联作用，产业链如同生物链，能量和物质在产业链中可以实现类似生物链的逐级传递，由低级到高级，又由高级到低级循环往复流动，要素在循环流动中耦合，一个企业产生的“废物”或副产品是另一个企业的“营养物”或原料。例如，以前在化工区，我们常常看到高大的烟囱顶端燃烧着永远不灭的熊熊大火，滚滚的浓烟给蔚蓝的天空抹上极不协调的黑色，在这里，能源被浪费，空气被污染，而在生态产业发展系统中，这些热能就是另一企业的燃料，或另一企业的原料，能量得到充分的再利用，不同企业的发展通过产业链构成清洁的封闭式的循环，不仅如此，产业系统在循环中还得到整体经济的增值效应，就如同自然界中金龟子利用野牛等的粪便作食物，既消除了草场上的污染，又喂肥了自己。

20 世纪 90 年代，随着可持续发展战略在世界范围内的普遍实施，产业的生态发展开始在发达国家渐成潮流，从宏观层次的国家产业发展的战略选择、管理立法，中观层次区域产业园区的建设、布局，到微观层面企业的生产技术改造、管理实践，生态化的概念始终是贯穿其中的主线。这一发展趋势在三次产业的工业、农业和第三产业中都有所体现，如生态工业、生态农业、生态旅游业等。产业生态在实践中有许多成功例子：

在企业层面上，最典型的实例是杜邦化学公司采用的“减量化、再使用、再循环”3R 制造法。又如 20 世纪 90 年代在国外兴起的绿色饭店建设热潮，就是在饭店的经营、管理各个环节上实施 3R 法，并将之与客人的消费过程有机地联系起来。如把卫生间的一次性小肥皂改为悬挂式的取皂器，减少资源的消费（Reduce）；将一次性的塑料洗衣袋更换成布质的，或用柳藤筐替代，以便重新使用（Reuse）；将废弃的软木塞收集起来加工拼装成新的弹性地板，实现循环利用（Recycle）等。

在区域层面上，各种产业生态园区不断兴起，如生态工业园区、生态农业园区、生态旅游区、甚至生态居住区等。在成功的生态旅游区内，生物状态、生存状态、生活状态这 3 个不同的圈层达到一种完美的和谐。

在国家层面上，欧盟国家、北美国家、日本等发达国家分别制定了旨在鼓励二手副产品回收、绿色包装等法律，同时规定了包装废弃物的回收、复用或再生的具体指标。

产业的生态化具有全新的含义，循环性、群落性、增值性是其区别于传统生态环境保护的显著特征。

循环性：生态产业是按照自然生态学原理而建立的产业体系，具有循环的特征。传统的产业生产活动是由“资源—产品—废物”所构成的物质单向流动的生产过程，是一种线性经济发展模式。这种线性经济发展模式是以高物耗、高污染、低效率为其特征的发展模式，是一种不可持续的发展模式。生态产业则具有循环经济的特点，以物质闭环流动为特例特征，运用生态学规律把经济活动重构组织成一个“资源—产品—再生资源—再生产品”的反馈式流程和“低开采、高利用、低排放”的循环利用模式，使得经济系统和谐地纳入到自然生态系统的物质循环过程中。在这个产业发展模式中，没有了废物的概念，每一个生产过程产生的废物都变成下一生产过程的原料，所有的物质都得到了循环往复的利用。这种模式是可持续发展模式。例如我国首个国家生态工业（制糖）示范园区，于 2001 年 8 月在广西贵港市成立，该园区以上市公司贵糖（集团）股份有限公司为核心，形成以蔗田系统、制糖系统、酒精系统、造纸系统、热电联产系统、环境综合处理系统等 6 大系统为框架的生态链，各系统之间通过中间产品和废弃物的相互变换而相互衔接，其中甘蔗—制糖—蔗渣造纸生态链、制糖—糖蜜制酒精—酒精废液制复合肥生态链以及制糖（有机糖）—低聚果糖生态链这 3 条园区内的主要生态链，相互间构成了横向耦合的关系，这种互动的产业生态链使园区内的产业资源得到充分共享和循环利用。

群落性：生态产业具有类似于生物群落的群落特征，它是一种由多个彼此相关联的企业共同组成的产业共生系统，群落内的企业互相进行合作，特别是相互利用废料，使群落内的总体资源得到最优化利用。在外部形态上，生态产业常常表现为一定地理范围内的大小有别、分别处于产业链上、中、下游不同位置的一群企业的松散结合，如各种类型的产业生态园区。

增值性：发达国家一些成功的产业生态共生系统，其形成是一个自发过程，是在商业基础上逐渐形成的，系统内所有企业都从中得到好处，取得增值效应。生态产业摒弃了传统产业发展中把经济与环保分离，使两者之间产生矛盾冲突的弊端。生态产业通过把不同阶段产生的废物利用在不同阶段的生产过程中，使污染在生产过程中即被清除掉，真正使发展经济与防治污染保护环境有机地结合起来，实现了两者的双赢，这种共生系统所产生的高质环境和经济效率是其得到推崇的根本原因。

生态园区是产业生态化发展的主要载体。目前在发达国家兴起的生态工业示范园区是当今工业生态化发展的新形式。与经济开发区和高新技术开发区相比，生态工业示范园区具有以下特征：(1) 不同产业或企业间存在着物质和能量的关联和互动的关系，这种关联和互动构成了各产业或企业间的工业生态链或生态网络，从而形成生态工业体系；(2) 在工业生态链或工业生态网络中，物质和能量逐级传递，并实现闭路循环，不向体系外排出废物；(3) 生态园区不是一个地理上的概念，而是多个企业或产业之间相互关联的概念，因此，它不受地域的限制，也没有明确的地域界线，只要存在工业生态关系，这个企业无论在什么地方都可成为生态工业系统中的一个环节；(4) 生态园区不单纯着眼于经济的发展，而是着眼于工业生态关系的连接，把保护环境融合于经济活动过程中，实现了环境与经济的统一和协调发展。同时可以实现区域性的清洁生产和区域性的经济规模化发展。

实现人与自然的和谐发展是经济发展中永恒的主题，产业生态化发展为此提供了一个全新的思路和运作模式，同时也为产业自身的持续发展注入了不衰的动力。

四、几点思考

1. 产业发展的簇群化、融合化和生态化三大趋势互相关联

簇群化、融合化和生态化是21世纪国际产业发展的新趋势，这三大趋势是产业内在发展规律在实践中的具体体现，也是产业发展对当今国际经济新特征和新变化的一种动态诠释。三者之间既相互独立，又相互联系（详见下图）。

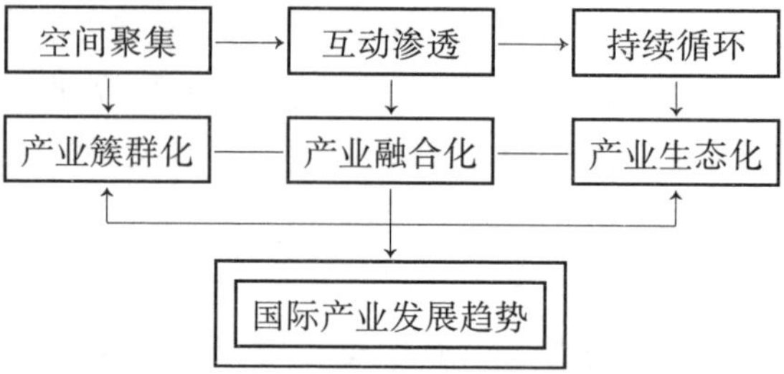

簇群化是产业在空间上呈现聚集形态的组织形式，这种聚集对产业融合和渗透发展有着促进作用，而在一定区域内高密度的产业融合和渗透则可能产生新的产业簇群，产业生态化中资源持续循环的特征将贯穿未来的产业族群和产业融合的发展之中，产业簇群和产业融合也因生态化而显示出强大的生命力。

具有产业融合化和生态化特征的产业簇群，具有簇群形态的产业融合和生态产业系统，以及具有生态化特征的产业融合将共同谱写21世纪产业发展的“交响曲”。

2. 把握产业发展趋势，提高我国产业国际竞争力

随着我国加入世界贸易组织，中国的产业发展也融入了国际经济的大潮中，正确认识和把握国际产业的发展趋势，有利于找准我国产业在经济全球化中保持竞争优势的切入点，通过在新一轮的产业结构调整中实施产业簇群化、产业融合化和产业生态化的发展战略，将有利于达到增强我国产业国际竞争力和可持续发展的目的。

3. 突破条块分割的管理体制，引导我国产业顺应国际趋势健康发展

虽然产业发展的这三大趋势近年来在我国已有所显露，但除了产业簇群化比较明显，进展较快，产业融合化和产业生态化的发展还与国际上有较大差距。除了认识不足，主要是受我国传统管理体制的制约。不同行业的企业可分属不同部门管辖，商委、经委、科委等都有各自管辖的企业，有各自的利益；在这种管理体制下的企业又受经营范围的严格限制，从而使产业的融合发展变得难以协调。如我国在当前网络经

济的发展中欲图“三网合一”就面临协调的困难。又如,我国每年要对环保投入大量资金,但产业生态化的发展往往难以得到必要的资金支持。此外,由于地区分割,使我国产业簇群发展过于分散,达不到应有的规模效益。因此,提高对国际产业发展新趋势的认识,突破条块分割的管理体制乃是促进我国产业顺应国际趋势健康发展的关键。

(本文原载于《上海社会科学院学术季刊》2002 年第 2 期,与王慧敏合作)

上海与日本经贸合作的回顾与展望

日本是上海的传统外贸市场,也是重要的经济合作伙伴。在中日邦交实现正常化30周年之际,回顾上海与日本经济贸易合作历程,对于我们研究现实问题,展望今后发展,是一项具有积极意义的工作,本文试图对此作一探索。

一、上海对日贸易的增长及商品结构变化

上海具有悠久的对外贸易的历史,在20世纪30年代就曾经是远东地区最大的国际贸易中心。中华人民共和国成立后,中日经济关系就是从贸易往来开始的。日本是中国,尤其是上海的传统外贸市场。中国实行改革开放以前,两国贸易水平不高,发展缓慢。20世纪80年代以后,进入了一个稳定、迅速、全面发展的新时期。上海与日本之间的贸易发展大致也经历了这样一个过程,并呈现以下几个特点:

1. 历史悠久,近年发展迅猛

早在新中国成立之际,上海与日本之间就有了民间的贸易往来。从1949年至1979年的30年间,上海从日本进口累计总额为5.57亿美元,平均年进口额只有0.19亿美元;对日本出口累计总额为23.65亿美元,平均年出口额也只有0.79亿美元。在这30年中,上海与日本的贸易均表现为日方逆差。据统计,日方逆差累计总额达18.08亿美元。

从1979年起,伴随着中国的改革开放,上海加强了对外经济贸易

事业的发展，特别是进入90年代后，开始实施开发浦东和建设上海为国际经济、金融、贸易中心的战略。通过积极推进对外贸易体制的改革，逐步开放市场，努力扩大与各国的贸易往来等措施，上海终于在20世纪的最后10年中，迎来了对外经贸合作崭新的发展时期。中日两国贸易也有了更加快速的发展。

如果以“亿美元”为单位划分，上海从日本的进口额，在1981年进入了一位数，1993年又上升到了两位数，2000年达到历史最高纪录，为70.43亿美元，1980年至2000年期间，上海从日本的进口额年均增长率为24.2%。2001年由于受世界经济不景气的影响，上海对日出口为63.88亿美元。上海对日本的出口额，早在1972年就进入了“亿美元”的一位数，20年后的1992年上升到两位数，2000年上海的出口额同样达到了历史最高纪录，为60.81亿美元，1980－2000年期间，出口年均增长率为15.04%。

2. 上海对日贸易从顺差转向逆差

在70年代，上海对日本的进出口贸易曾出现大幅的顺差。80年代开始，随着中国市场的逐步开放，中日两国贸易关系的全面发展，日本对上海的出口大幅增加，顺差得以缩小。90年代中期，因受到亚洲金融危机的影响，我国总体上未敢轻易扩大进口，日本也减少了出口量，因此，上海对日贸易又一度出现较大的顺差。1998年之后发生了明显变化，一方面是上海积极推进产业结构升级，扩大了技术引进，同时，也推进消费市场的国际化发展，使上海的进口额大幅增长；另一方面，由于日商自1995年起扩大了在上海的直接投资，1995－1997年三年中，日商投资的合同金额达52亿美元，自然带动后三年日本对上海的出口。因此，上海与日本之间的贸易也从顺差转向了逆差。

1980－2000年的21年间，上海与日本之间的贸易基本保持了平衡。上海出口累计为384.88亿美元，平均年出口18.33亿美元；进口累计为316.08亿美元，年平均进口15.05亿美元，21年中，上海累计顺差68.8亿美元。

3. 日本是上海重要的贸易伙伴

日本在设计开发及资本方面具有明显的优势,其钢铁、汽车、电机、电子电器、机械设备等产品拥有国际竞争的优势,但这些产品受到国内市场规模的限制,因而必须依赖出口才能发挥规模经济的效益,促进国内经济的增长。而上海正处于高速发展阶段,对这些产品有较大的需求;而且上海又是进入中国市场的桥梁,自然成为日商拓展市场的必争之地。另一方面上海劳动力资源丰富,过去轻纺工业产品又具有优势,因此,长期以来主要的出口商品就是劳动密集型的产品。近年来,上海的制造业水平有很大提高,与日商的资本、技术结合,使加工贸易有长足的发展。这种互补关系,加上日本与上海距离较近,运输成本低,从而使上海和日本建立了极其重要的贸易伙伴关系。上海与日本的贸易量在上海对外贸易的总量中,始终保持着1/3至1/4的比例。

90年代中后期,为防止亚洲金融危机的影响,上海采取了贸易多元化战略,调整了外贸市场的结构,并积极开拓南美、中东、南非和俄罗斯等新的市场。1998年,对亚洲市场的出口减少了6.87%,对欧洲的出口增加了25.56%,对拉丁美洲增加了27.41%,对大洋洲地区增加了7.85%。经调整后,上海口岸对美国的出口比重从1996年的17.21%提高至2000年的20.85%,对欧洲的出口从1996年的17.68%提高到2000年的20.69%。对日本的出口则从1996年的26.80%下降到2000年的22.26%。尽管如此,但从上海口岸进出口额的地区构成来看,2000年对日本的进口和出口仍然都位居第一,领先美国和欧洲。

4. 商品贸易结构由“垂直”趋向“水平”变化

中日贸易长期以来表现出典型的“垂直分工”特征,即上海从日本进口的商品绝大部分为工业制成品,而对日本出口的商品则主要为初级产品和劳动密集型的工业制成品以及原料制成品。但是在不同时期上海从日本进口的工业制成品以及对日本出口的初级产品的内部构成却有很大不同,特别是在90年代以后,上海全面进行了产业结构的调整，又由于在沪外资企业的出口增加，因此对日本的出口商品结构也发生了显著变化，即高加工度产品和高附加值产品的出口比重逐年提高。

仅以1999年为例，上海向日本出口的商品中，初级产品占4.5%，比1998年下降了1.5个百分点。工业制成品中，化学成品和按原料分类的制成品如棉纱、钢铁、有色金属等也分别降低了近1.5个百分点，而机电、音像设备及零部件、服装、运输设备等都上升了1.5－2个百分点。从日本进口商品中，初级产品占2.93%，比1998年下降了1.28个百分点。工业制成品中，化学成品及有关产品占14.59%，机电及零部件占14.57%，分别增加了3.6%和1.66%。

二、日本企业在上海的直接投资与效果

1. 投资的数目与主要产业

1978年年底，中国开始经济改革和对外开放，但直到1985年以后，外资企业对上海的投资才有明显增加。1985年全年，进入上海的外资合同项目数共有125件，合同金额为7.59亿美元，其中日本投资项目为14件，合同金额为1.48亿美元。

1992年浦东开发启动后，世界各国企业相继进入上海，上海由此迎来了外商投资的高峰期。自改革开放至1996年年底，累计外商直接投资合同项目数共达18 089件，合同金额为590.61亿美元，实际利用外资金额为271.76亿美元。其中日本投资项目为1 967件，合同金额为49.64亿美元，实际利用外资金额为16.08亿美元。

从下页表中可以看到，1996年最高峰之后，外商投资合同项目和合同金额明显有所回落。分年度来看，由于亚洲金融危机的影响，日本对上海投资的波动较大，合同金额由1997年的11.32亿美元剧降到1998年的2.58亿美元，1999年又进一步降到2.35亿美元。2000年开始回升，当年合同利用外资为7.05亿美元，增加了2倍多。2000年仅上半年已签约9.45亿美元。

截至2001年6月底，日本在上海投资项目共2 948件，经调整后的

合同金额为60.79亿美元，占全市合同外资的12.30%，继中国香港、美国之后，排名第三。其中，合资项目1 392件，合同外资28.25亿美元；合作477件，合同外资7.14亿美元；独资1 079件，合同外资25.41亿美元。

从投资的行业来看，日本在上海的投资涉及农业、工业、运输、贸易、房产、社会服务业、卫生等行业，其中以第二产业、第三产业为主，第二产业合同外资为45.84亿美元，占日本来沪投资的75.93%，第三产业合同外资14.14亿美元，占日本来沪投资的23.26%。

上海外商直接投资比较 单位(件、亿美元)

年份	外商直接投资签订合同项目	其中：日本签订合同项目	外商直接投资签订合同投资额	其中：日本签订合同投资额	外商直接投资实际金额	其中：日本投资实际金额
1990	203	33	2.14	0.24	1.77	0.49
1991	365	49	2.79	1.32	1.75	0.43
1992	2 012	163	18.60	2.81	12.59	0.56
1993	3 650	298	37.57	3.7	23.18	1.76
1994	3 802	492	53.47	7.27	32.31	1.89
1995	2 845	510	53.60	13.4	32.50	2.38
1996	2 106	330	58.08	17.15	47.16	6.26
1997	1 802	266	53.20	11.32	48.08	4.61
1998	1 490	160	58.48	2.58	36.38	3.74
1999	1 472	144	41.04	2.35	30.48	2.65
2000	1 814	237	63.90	7.05	31.60	4.48
1990－2000年底累计	22 270	2 782	454.23	51.57	309.93	36.10

2. 投资的效果与影响

1984年3月，邓小平在会见来访的日本首相中曾根康弘时，曾指出，对于中日关系要看得远些广些，有利于我们之间的合作。这种合作不是只对一方有利，而是对双方、对两国、对两国人民都有利。实践证明，日商在中国投资，对中、日双方都带来较大利益，形成了一种经济互补、合作发展的机制。

从中国方面看，引进外商直接投资具有引进资金、发展贸易、促进技术进步、提高管理水平和培养人才等好处。

资金短缺是长期制约我国经济发展的一个重要因素，上海当然也不例外。虽然我国国民储蓄率比较高，但是由于经济不发达，投资需求量大，资金总量仍显不足。而上海还要承担较高的财政上缴比例，因此，为实现工业化和推进产业结构的优化升级，需要引进外资。

外商投资企业的发展也促进了贸易的增长。如2000年，上海外贸出口总额中，外商投资企业出口占了56.25%，持续保持匀速高幅增长，已成为上海出口的主力。上海外贸出口额最大的50家企业中，日本投资的企业就占了7家。

引进技术是中国引进外资的一个重要目标。80年代，中国主要通过购买技术专利、购买成套设备、购买生产线等方式引进国外先进技术，以提高中国企业的生产能力和竞争能力。90年代，通过与外商合资引进技术成为主流，如上海欧姆龙自动化有限公司引进了曾受巴黎统筹委员会管制的小型PLC(可变过程控制器)生产技术，上海华虹NEC引进了大规模集成电路生产技术，这些都填补了中国国内的产品空白。近年来，设立研发(R&D)机构又成为跨国公司海外投资的新趋势，如日本NEC投资的华虹设计中心等。通过合资、合作，引进技术，吸收消化，再创新，大大促进了上海的工业技术进步。

中国目前正处在从计划经济体制向社会主义市场经济体制转型的阶段，这种转型既是生产方式的转变，也是经济体制的转变。随着中国改革开放的不断深入和扩大，日本和其他发达国家的一大批大型跨国公司进入了中国，中国企业对外国企业管理的学习，已经从单纯的企业生产管理上升到了建立现代企业制度、实施企业综合战略管理，包括企业的投融资机制、高新产品的研究开发机制、生产经营销售机制等诸多方面的管理。如日本的精益生产方式(JIT 方式)已在上海一些企业中得到推广。

日本企业进入中国后,为应对激烈的竞争,谋求长期的发展,大多积极推进当地化战略,包括生产当地化、技术开发当地化、原料零部件当地化和人力资源开发当地化。其中的关键是人力资源开发当地化。因此,上海的日资企业都制定了适应自己需要的人才培训计划。

从日本方面看,在上海投资也取得了降低成本、扩大市场的利益,同时也获得了新的发展机会。

就降低成本的情况看,90 年代上海的开放与发展,为日本提供了对外投资的新机会。如上表所示,截至 2000 年年底,日本在上海投资项目共 2 782 件,合同金额为 51.57 亿美元,占上海合同总额的 11.35%。

日商投资上海的动机大致有两点,一是扩大中国市场,因为上海是中国最大的经济中心城市,其产品在中国有良好信誉,通过上海可以辐射全国。目前,国内耐用消费品市场中,上海的日资企业产品大多有较高的市场占有率。如上海夏普和日立两家的空调就一度占了上海家用空调市场的 51%;二是以低成本的竞争优势,将商品返销本国或是进入第三国。其中最典型的就是家电、集成电路以及电子部件行业。这对于刺激日本国内经济发展,摆脱长期处于低迷状态的困境来说是十分重要的。

80 年代中后期在日元大幅升值的推动下大批日资涌向美国,收购房地产和企业,结果美国经济转型,新经济蓬勃发展,而日资大约亏损了一半。90 年代初期日商转向投资东南亚,结果一场金融危机,使日资又亏损了一半。然而在中国的投资,特别是在上海的投资却取得了良好的经济效益。1999 年全国按销售额排名的 500 强外商投资企业中,有 99 家在上海,其中 1/4 是日资企业。根据日本贸易振兴会海外调查部 2000 年的调查,目前在上海的日资企业(307 家企业)1999 年收益为黑字的有57.9%，收支均衡的有10%。2000年预测收支为黑字的有70.8%，保持均衡的有9.8%。对于今后事业的发展，72%的日企将扩大规模，26.6%的将维持现状。可见大多数日资企业对在上海投资是满怀信心的。

三、中国入世后沪日经贸合作展望

1. 不可忽视的日本动向

上海和日本长期的经贸合作给双方都带来了显著的效益，并且正呈现着进一步扩大的趋势。但是，我们对于近期在日本出现的一些观点和动向必须加以关注，其中主要有：

(1) 中国日益发展强大，是否会在经济上构成对日本的威胁。在世界经济增长减缓的同时，日本以及东亚东南亚的经济形势也处于相当严峻状态。2001年度上半期，日本贸易收支净出口黑字同比减少43%，亚洲同比减少59.5%。日本专家学者指出，中国经过20年的改革开放，几乎所有产品的质量已和日本产品相差无几，在日本正逐步树起了“价廉物美”的形象。因此，在日本国内也出现了“随着中国等国的进口剧增，日本有可能在2004年转为贸易赤字”这样的担心。

日本企业为了确保国际竞争力，正不断加速生产据点的海外转移，这样不仅扩大了日本海外企业向日本本国的产品返销，导致日本进口增大，而且更严重的是加剧了日本产业的“空洞化”。其结果，一方面是日本海外直接投资的不断增加，另一方面是日本国内企业的大量关闭、减产、减员。同时，也使就业问题更为突出，目前日本国内完全失业率已超过5%，为战后最高。所以在日本有相当一部分观点认为，大量中国产品的进口，大量日本企业向中国的转移，客观上已在经济上对日本形成了一种威胁，使日本更难从长期低迷的困境中摆脱出来。

此外，据《日本经济新闻》报道，日本经济产业省已于最近成立了中国对策研究组，专门研究如何与加入WTO之后的中国共存的问题。在该省内甚至已出现了“应该要求日本企业自律对中投资行为”这样极端的呼声。日本外务省也在去年10月22日基本确定了缩小对中国提供政府开发援助(ODA)的新计划。这些都表明了不仅在日本学术界、经济界,而且在日本政府中都存在着“中国威胁论”的观点。

(2)关于人民币汇率近期和长期的变化趋势。日本的经济界对人民币汇率今后的变化趋势也显得十分关心,因为这关系到日本产业调整、对外贸易发展的问题。最近外汇市场上持续出现购入美元、抛售日元的行情,也诱发了抛售亚洲货币的动向,这是亚洲各国为扩大出口而采取的“追贬”措施。当看到中国出口因美国恐怖事件以及EU、日本、东南亚各国经济不振受到较大的压力,2001年1-9月的出口明显减速时,因而担心中国近期会不会有可能采取人民币贬值的措施以促进出口。日本根据自身的经验,预测在2008年北京奥运会之前会实现人民币资本项目的完全自由化,此时将会出现人民币的升值。而目前,在日本、在国际市场上要求人民币升值的呼声则越来越强烈。

(3)中国近期提出的关于建立东南亚经济自由贸易区的设想是否对中国较为有利。有日本学者认为,中国提出建立经济自由贸易区的设想对中国较为有利。其理由是,东盟诸国对此考虑尚不成熟,准备尚不完善,更主要的是随着中国在世界经济中影响力的增强,发达国家在不断加大对中国投资的同时,正在逐步削减对东盟的投资,甚至将原先设在东盟诸国的生产据点转移至中国。此外,日美等发达国家对东盟的政府援助也因本国经济低迷而有所缩小,这样就有可能形成中国一家独赢的局面,动摇乃至削弱日本在东亚地区的地位。

(4)日元贬值——一个值得注意的动向。诱导日元贬值则可能是出自上述观点而采取的一个对策。自2001年以来,日元对美元汇率大幅贬值了15.8%,仅12月,日元汇率就下跌了6%以上。而日本政府对此却一再宣称,日元贬值是市场力量的结果,政府对市场的选择无能为力。日本政府的这种说法实在难以让人信服,因为去年日本政府多次入市干预,压低日元已是不容否认的事实。

根据国际价值贸易理论我们知道,在一国市场内,等价交换原则不会导致价值量的增加或减少，但是在世界市场上，国际等价交换却导致了国民价值的增加，而国际等价交换的前提是必须有一个能够实现一国货币与另一国货币交换的价格，即汇率。在日本财政政策和货币政策、结构改革均难奏效之时，只好再次动用日元贬值手段，其动机就是希望通过日元汇率下跌扩大出口，有助日本累积贸易盈余，增加本国的国民价值。同时，通过汇率下跌增加进口成本，从而达到提高日本国内物价水平，走出通货紧缩的恶性循环的目的。再从长远的角度看，日元贬值的目的显然是要阻碍中国和东南亚建立自由贸易区。

由此，我们有理由认为，日本政府采取诱导日元贬值的做法实质是基于上述的一些观点而采取的一种被视为有效的经济振兴对策。近来，受日元快速贬值的影响，亚洲一些货币已开始追贬。日元的持续贬值不仅可能会给本已困难重重的东亚经济形成一定压力，而且有可能触发新一轮的贬值竞争，引发区域性经济的衰退。考虑到日元持续贬值也有可能会给今后上海与日本的经贸合作带来一定的负面影响，因此对日本的动向我们不能不加以关注。

2. 对于新世纪上海与日本经贸合作的条件分析

中国和日本都是东亚的重要国家，中日两国进行经贸友好合作对于21世纪的东亚、整个亚洲乃至整个世界实现和平与发展都是十分重要的。我们有理由相信，在新世纪中，只要两国政府、两国人民共同努力，上海与日本之间的经济贸易合作将会得到更大的发展。这不仅是我们良好的愿望，而且也具备了实现的条件。

第一，根据英国经济学家邓宁的国际生产折中理论和日本经济学家小岛清的比较优势理论，我们将直接投资、国际贸易、区位选择等综合起来加以考虑，可以看到，在全球经济增长明显减缓的情况下，上海和全中国一样，国民经济持续稳定发展，主要经济指标大幅增长，尤其是 APEC 会议在上海的顺利召开，中国加入世贸组织的成功，更使上海成为世界上最有魅力、最安全的城市，因而也吸引了更多的外商投资上海。据统计，2001 年上海吸引合同外资 73.73 亿美元，比 2000 年的

63.90亿美元增长了15.4%，批准外商投资项目2 458件，比2000年的1 814件增长了35.5%。日资企业则以平均每天落户一家的速度进入上海。

第二，上海出口产品与日本没有直接竞争关系。尽管近来上海在一些产品的生产方面取得了长足的进展，如家电、半导体元器件、办公用机器等，但出口产品仍以纺织、食品和其他科技含量中低档的产品为主，且上海的劳动成本只有日本的10%左右，因此，无论日元汇率出现多大的跌幅，都难以抹去中国相对于日本拥有的成本优势。

第三，中国政府已经制定了面向21世纪宏伟的经济发展目标，并且已经把坚持对外开放作为我国的一项长期的基本国策。世界正朝着经济全球化方向发展，中国已经打开的国门将会对一切愿意与中国友好往来的国家和朋友们敞开，欢迎与中国进行贸易投资交流。

第四，中国已在去年加入世界贸易组织，这意味着中国与日本、与其他所有的国家将按照共同的贸易规则进行交易。为此，中国也将会进一步降低关税、放宽贸易和投资限制。目前，中国全国人大已经修改了“外商投资企业法”，今后，还将按世贸原则对其他相关的法律政策进行修订。上海是中国的门户和口岸，将率先与世界经济接轨。

第五，中国政府已在去年6月又推出了关系国民经济发展的228个重大项目，欢迎外商来华参加直接投资。相应地，上海市政府也推出了一大批项目。此外，中国外经贸部还宣布，未来5年中国将进口1.4万亿元的设备、技术和产品，这对日商显然是很好的机会。

第六，上海为了加速向国际化、现代化大都市的目标发展，将进一步改善投资环境，完善贸易体制。同时，努力改善城市基础设施，提高政府工作效率和服务质量，消除各种制约贸易投资发展的障碍。

第七，上海的日资企业普遍对入世以后的上海充满信心。随着入世后，中国对一些服务行业的市场准入的放宽，上海将欢迎外商投资发展服务业，如金融、证券、贸易、物流、咨询、会计师事务所等。事实上，有些日资企业现在就在做准备，伺机进入。

总之,和东亚其他经济体比较,日元贬值对中国的影响实际上是有限的。应该看到,中日两国经贸合作有着广阔的前景,只要我们两国人民共同努力,消除前进道路上的障碍,一定会取得更大的发展。上海作为中国最大的经济中心城市,也是通向中国内陆的桥梁,必将在发展中日经贸关系中发挥重要的作用,为促进亚洲经济共同繁荣而积极努力。

(本文原载于《世界经济研究》2002 年第 2 期,与王虎合作)

深化认识劳动价值理论
改革收入分配制度

江泽民同志在“七一”讲话中明确指出:“现在,我们发展社会主义市场经济,与马克思主义创始人当时所面对和研究的情况有很大不同,我们应该结合新的实际,深化对社会主义劳动和劳动价值论的研究和认识”,这是事关如何认识当代中国社会主义基本特征的一件大事,对我们理性地分析和研究当前收入分配的现状与改革思路具有重要的指导意义。

时代在发展,任何理论都要发展,劳动价值理论也同样如此。一个多世纪以前,马克思在批判地继承英国古典政治经济学的基础上,创立了科学的劳动价值理论,从而改变了人类历史的发展进程。然而,经过一百多年的发展,科技进步、社会变革,世界已发生了翻天覆地的变化。比如,随着科技的迅猛发展,一方面社会财富迅速增加,而另一方面社会产品中的活劳动含量却日益减少;又如,社会生产要素的内涵变得更加丰富了,不仅是传统的劳动、土地、资本三要素,知识、技术、信息和企业家才能等也都成为生产要素,而且它们在生产经营中的重要性与日俱增;再如,原来意义上的非物质生产部门在加速发展,第三产业已成为不少国家经济发展的主导产业,特别是科技教育、金融保险、信息咨询,以及各种为生产和生活服务的产业在国民经济中的比重显著提高。显然,在新的历史条件下,马克思的劳动价值理论也要发展。比如,当前一些研究指出:对生产劳动范围的认识必须相应发展,许多非物质生产的服务性劳动也是生产劳动的重要组成部分,不仅科技劳动、教育劳动是生产劳动,企业家的经营管理也是一种重要的生产劳动,并获得了人们的共识。

因此,为了进一步推进我国收入分配制度的改革,我们必须在准确把握马克思主义劳动价值论真谛的基础上,联系新的历史条件深化对这一理论的认识,发展其现实内涵,并用于指导我们的改革实践。

一、对劳动价值论的几点新认识

1. 对知识劳动的认识

马克思曾指出,只有生产性劳动才是价值的源泉。这无疑是正确的。但目前的问题是如何界定生产性劳动的范围。传统的政治经济学往往把生产性劳动局限于物质生产部门,甚至局限于其中的体力劳动。这主要是因为在马克思研究的时代里,知识劳动还不普遍,知识也还未成为重要的生产要素。但历史发展到今天,知识经济向我们逼近,一种以知识创新为特征的新经济正在深刻地改变着人们的生产和生活方式,生产性劳动的形式已经发生了巨大的变化:一方面劳动已不仅仅是体力的支出,甚至已不再主要是体力的支出,而主要是脑力的支出;另一方面知识日益成为重要的生产要素,生产知识的劳动成为生产要素的劳动——如科学研究、技术开发便是推进"第一生产力"的劳动,文化、教育、体育、卫生则是生产劳动力要素的劳动,所以,它们也是一种生产劳动。作为一种高度复杂的智能劳动,知识劳动等于"自乘的"、"多倍的"简单劳动,能够创造出巨大的价值。因此,我们对按劳分配中"劳动"的含义要有新的认识,从事复杂的知识劳动者理应得到较高的报酬。

2. 对物化劳动和知识化劳动的认识

物化劳动来自社会劳动,是劳动者创造的劳动成果。知识同样也是人类劳动的成果。为便于分析,我们可作这样的抽象分类,即活劳动可以物化为有形的物质成果(如日用品、机器设备等),或知识化为无形的知识成果(如科学理论、技术诀窍等)。当然,在现实生活中物化劳动里总包含有一定的知识化劳动,而知识化了的劳动往往要以物化劳动为载体,但这并不影响我们的分析。马克思认为,活劳动创造价值是在与非活劳动因素的结合中实现的。这里非活劳动因素包括物化和知识化了的劳动,但两者在创造价值的过程中有着不同的作用。被消耗的物化劳动转移了它的价值,而无形的知识化了的劳动能够多处、反复地使用,却不会被消耗。表面上看似乎没有消耗就没有转移价值(或者说使用n次,每次转移1/n的价值,而当n趋于无穷大时,转移价值趋于0)。但劳动者因为掌握了它,并在生产中使用它,其劳动才变成了复杂劳动。而马克思认为复杂劳动可以创造数倍于简单劳动创造的价值。这增加了的数倍价值是从哪里来的呢?显然其中有知识化了的劳动的贡献。因此也可以说,知识化了的劳动是通过活劳动间接地创造了新的价值。由此可见,知识化了的劳动在创造价值的过程中发挥了极为重要的作用。因此,我们在考虑收入分配问题时,就不能不考虑知识产权的问题。

3. 对各生产要素互相不可替代作用的认识

马克思在强调活劳动是价值的唯一源泉的同时,还指出"它只有在另一部分,即劳动的生产条件也被预付的情况下,才会创造出剩余价值"。而且马克思、恩格斯也一再批评"劳动是财富的唯一源泉"的说法。在生产过程中,劳动力、资本、土地、技术、信息等都是生产要素,发挥着互相不可替代的作用,并且对物质财富的创造作出了各自的贡献。因此,各种要素的所有者自然应按照各要素投入的数量、质量和贡献程度参与分配。注意这里的收入分配是财富的分配,并不等同于价值的创造。此外,在生产中实现要素转移价值的前提是要素的合理配置和使用,为此要素所有者需要对要素的合理配置进行管理,对要素的使用进行监督。要素所有者进行的这类活动也是一种劳动,而且是与物质生产有关的劳动,也是比较复杂的劳动。因此,按生产要素分配中有一部分应该是对这类劳动的补偿,也可以理解为是间接的按劳分配。比如,企业使用银行贷款所支付的利息中就有一部分是对这类劳动的补偿，因为银行对贷款项目要进行评估，还要在许多项目中进行挑选和分配。但从事这部分劳动的人并不在使用银行贷款的企业里领工资，只能在按要素贡献分配获得的收入中领取。对这一问题的认识有助于我们理解按劳分配和按生产要素分配相结合的合理性和必要性。

4. 对价值规律调节各生产要素参与分配的认识

根据马克思的价值规律学说，价值是价格的基础，价格是价值的表现形式。而在市场经济条件下，由价值规律调节的市场价格，是反映各种生产要素所作的实际贡献，并决定其相应报酬的衡量依据。市场价格的高低，还在一定程度上反映了各种生产要素的相对稀缺程度和供求关系，它一方面会刺激较稀缺的生产要素的投入，另一方面也会促使各种生产要素流向最需要的、有发展前景的产业，或流向成本低、效益好的产业。所以通过市场价格和供求杠杆，不仅最能真实地反映价值，而且还能引导生产要素的优化配置。从我国实际情况看，资本和技术（包括经营管理的技术）以及区位条件较好的土地都是相对较稀缺的资源，实行按劳分配和按生产要素分配相结合的政策有利于鼓励民间资本的投入，有利于促进技术和管理的创新，也有利于土地的合理开发和使用。

二、改革我国收入分配制度

基于以上对马克思劳动价值理论的再认识，我们认为，收入分配上的差距是必然的、正常的；但从社会主义共同富裕的目标来看，必须追求一个合理的度。然而，从现实情况来看，收入分配差距过大和过小的不合理状况都依然存在，如机关企事业单位中由于旧体制的惯性作用，平均主义分配仍有较大市场，该拉开的收入差距并未被拉开；一些垄断行业，利用其垄断地位，获得超常利润，并转化为个人收入，使非市场因素的收入差异增大，出现不该拉开的被拉开了。研究证明，收入分配的理想结构应该是“两头小、中间大”的“橄榄型”结构，这既有利于促进效率的提高，也符合“共同富裕”的原则。

为此，我们提出改革收入分配制度的几点建议：

（一）政府应把宏观调控政策调整到“促进中等收入层成长”的目标上来

政府应继续采取各种政策措施，“抓两端促中间”，用战略眼光来策划做大中等收入队伍的每一个步骤。应扩大中等收入层涵盖的范围，国家公务员、各类企事业的管理人员、专业人员，以及熟练技工、自由职业者等应成为中等收入层的重要组成部分；此外还应包括尽可能多的企事业单位的职工在内。目前，我们的工作重心，就是要在稳定现有中等收入层队伍的基础上，采取有力的措施，使低收入群体中相当一部分人能提高收入，向中等收入层靠拢。由前文分析可知，目前收入差距的形成除了体制因素外，主要是知识差距，即技术技能、文化教育的差距。因此从长远发展看，提高教育水平，加强职业培训，促进知识交流将大大有助于提高低收入群体的收入和缩小整体的收入差距。

（二）真正把按科学技术和经营管理的分配作为按要素分配的主要突破口

既然科学技术和经营管理成为重要的生产要素，这方面的创新能促进劳动生产率的极大提高，迅速增加社会财富。因此，对科技工作者和经营管理者的收入分配应有别于普通的按劳分配。目前，这一人群的收入状况总体上有所改善，但尚未能按其价值获得应有的报酬。为此，一是要按照投入的数量、质量以及所作的贡献，拉大专业技术人员、经营管理者与一般劳动者之间，专业技术人员之间，经营管理者之间的收入差距。要强调使用价值优先的原则，破除只重视价值而忽视使用价值的片面倾向，以更好地体现按劳分配原则和实现人力资源的优化配置。二是要根据生产要素参与分配的原则和要求，支持探索经营管理要素和知识技术要素参与分配的新形式（例如期权期股、技术入股等）。

（三）努力把按劳分配与按生产要素分配结合起来，作为改善普通劳动者收入水平的主要途径，建立健全按劳分配与按要素分配相结合的机制，以公平合理地提高普通劳动者的收入水平

我们认为，按劳分配与按要素分配的结合，是普通劳动者提高收入水平的主要途径。为此，一是要加强对劳动者职业内外的培训，以提高劳动力要素的质量，从而提高劳动者在劳动力市场上的竞争能力，使之能获得较高的劳动力价格。二是要让劳动者既能通过劳动按劳取酬，同时又可以通过人力资本投资，即按劳动者自身价值和贡献大小，合理地折成一定股份（如员工持股计划），与资金股、技术股共同参与利润分配。马克思主义认为，劳动力产权属于劳动者本身，而收益权正是劳动力产权所有的必然结果。普通劳动者依据劳动力的产权所有，不仅可以获得补偿劳动力的价值，即必要价值部分，同时还可以参与剩余价值的分割，这对公平合理处理普通劳动者的收入分配，以及改善他们的现有收入水平，无疑是一个重要尝试。目前，在一些企业中实施的职工对税后利润的分红实践，就是一种探索的形式。

（四）切实把强化收入再分配作为收入分配中实现社会公平和总体目标的主要举措

我们认为，初次分配必须适当拉开差距，这样，社会才会有效率；但为了避免差距过大而产生的负面影响，必须通过第二次分配来达到社会收入的相对均衡。应该明白，目前社会收入差距如有过大的表现，虽是初次分配造成的，但症结却在于再分配的软弱无力。所以，要缩小社会收入差距，实现收入分配的相对公平，就要强化国民收入的再分配。这样不仅可以限制高收入，而且可以通过收入转移减少贫困。其直接效果，是将高低收入两类人群都往中间收入层挤赶，从而实现做大中间收入层的总体目标。

完善所得税制是国民收入再分配的主要手段。目前可供选择的措施：一是要提高现行税制的起征点，适当调整累进税率，使低收入者能减轻税负，而让高收入者适当多作贡献。二是试行“负所得税制”，即个人所得税起征点以上部分实行累进税,起征点至最低生活保障标准之间收入实行免税,最低生活标准以下,将自动从所得税中得到补偿。三是开征遗产税和赠予税,从中提取一部分用于社会保障。同时,完善所得税制还必须与严格执法、加强征管相结合,以防止税收流失,削弱再分配的力度。

此外,在改革社会保障体制的过程中,还应进一步强化互助互济的功能,这同样是国民收入再分配中可以利用的一个重要渠道。目前,除了逐年增加对社会保障的财政支持外,还可适当调整社会保险的筹资制度,使之更趋公平合理。如可在现有基础上适当调高上限和下限,让高收入者多交一点保险费,而困难的低收入者可从调高筹资下限中获得实惠。

总之,对劳动价值理论的再认识,不仅是一个理论上的问题,更是一个实践上的问题。只有不断解放思想、与时俱进,进行理论创新,并勇于实践,在理论的指导下实践,在实践的基础上创新,才能不断地促进问题的解决。

(本文原载于《毛泽东邓小平理论研究》2002 年第 2 期,与郭时征合作)

产业融合与产业创新

在世界第三次新技术革命的推动下，经济全球化的浪潮日益高涨，其冲击力和影响力不仅直接波及世界各个国家和地区经济的发展，更给21世纪全球经济的发展带来了深刻的变化，世界经济也因此步入了一个崭新的发展时代。在此背景下，国际产业的发展也呈现出了一些新的趋势和特征，产业的融合发展与产业创新便是其中一个重要的趋势。

近年来世界上跨行业、跨区域的企业并购浪潮一浪高过一浪，这就是产业融合发展趋势在企业层面给人们最直观的显现。

一、产业融合的概念

产业融合最初是从产业合并（Industry Convergence）引中而得的一个概念。过去，经济学家习惯于用三次产业划分的方法来研究产业结构的变化。然而，在现实经济中，一方面由于科技进步，特别是信息技术的迅猛发展，已使三次产业的界限趋于模糊；另一个方面企业兼并的浪潮也突破了地区和行业的界限，从而出现了产业融合发展的趋势。各国学者从不同的角度对这一趋势进行研究，给出了不同的定义。日本学者植草益认为产业融合是通过技术革新和放宽限制来降低行业间的壁垒，加强各行业间的竞争合作关系。美国学者Greenstei和Khanna则认为产业融合是为了适应产业增长而发生的产业边界的收缩或消失。中国学者卢东斌则强调产业融合是高新技术及其产业作用于传统产业，使得两种（或多种）产业合成一体，逐步成为新产业。综合各种观点，从更广泛的视野看，所谓产业融合是指不同产业或同一产业内的不同行业通过相互渗透、相互交叉、最终融为一体，逐步形成新产业的动态发展过程。其特征在于融合的结果出现了新的产业或新的增长点；这一现象如同不同学科的交叉融合会产生新的学科一样。高新科技及其产业的作用是产业融合发展的强大助推器，1 +1 >2 的生产效率和较高的经济效益则是产业融合发展追求的目标。

以信息技术为核心的新技术革命，正以前所未有的力度冲击全球社会经济的发展，以始料不及的速度重塑人们的生活方式，给世界带来了一个全新的信息时代，而作为经济发展主体的产业在这些变动中必然进行适应性的调整，战略性的整合、产业融合就是在这样的背景下伴随着新科技革命的步伐向我们走来的。始于20世纪70年代的通信技术革新（光缆、无线通信、宇宙卫星等的利用及普及）和信息处理技术的革新的迅速展开，推进了通信、邮政、广播、报刊等传媒间的相互合作，产业融合发展的趋势初见端倪。20世纪90年代以来，由于通信技术的进一步革新（数字通信网的发展）和个人电脑的普及所带来的互联网的广泛应用，又推进了出版、电影、音乐、广告、教育等产业的融合浪潮，2000年1月引人注目的世界最大的互联网服务公司——美国在线公司收购世界上最大的媒体公司——时代华纳，交易额达1 840亿美元，成为历史上最大的并购案，这一被称为“天作之合”的购并，造就了新的美国在线时代华纳，代表着传统媒体产业和网络产业的融合，同时也成为国际产业融合化发展的标志性事件，至此，国际产业融合化发展的趋势日显明朗。

二、产业融合的主要方式

产业融合表现为产业间的渗透发展，你中有我，我中有你，产业界限趋于模糊，新兴产业不断产生。

产业融合的主要方式有三种：

（1）高新技术的渗透融合。这是产业融合的主要方式。高新技术及其相关产业作为一种手段和方式,向其他产业渗透,产生了两个或多个产业的融合并形成新的产业。如发生在90年代后期信息和生物技术对传统工业的渗透融合,产生了诸如机械电子、航空电子、生物电子等新型产业。又如电子商务,它是电子网络技术向传统商业领域渗透而产生的新型产业:高新技术向汽车制造业的渗透将产生光机电一体化的新产业等。2001年10月世界著名的家电企业索尼宣布与从事手机生产的爱立信公司联合成立手机公司,就是通信产业向传统的家电产业渗透,实现产业融合的实例。此外,高新技术间的相互渗透也是产业融合的一种新方式,如生物技术与信息技术的融合产生的DNA芯片计算机即是新技术相互融合最典型的例子;又如2001年6月联想与西门子签署进军手机技术领域的战略协议,将电脑技术与无线通信技术相结合,融合出无线通信于一体的笔记本电脑新产品。

(2)产业间的延伸融合。这是产业融合的另一种形式,通过产业间的功能互补和延伸实现产业间的融合,这类融合通过赋予原有产业新的附加功能和更强的竞争力,形成融合型的产业新体系。这种融合更多地表现为服务业向第一产业和第二产业的延伸和渗透,如第三产业中相关方位的渗透,金融、法律、管理、培训、研发、设计、客户服务、技术创新、贮存、运输、批发、广告等服务在第二产业中的比重和作用日趋加大,两者之间融合成为不分彼此的新型产业体系。现代化农业生产服务体系的形成即是这一新型产业体系的综合体现,是第一产业加快与第二、三产业融合的产物,现代农业依靠土地资源,面向世界市场,集中并优化配置土地、资金、劳动力、技术等生产要素,形成优势农产品,实现农业生产、加工、销售、服务一体化经营体系,在这一体系中,第一、二、三产业的界限消失了。产业间的延伸融合在新兴产业中尽显无遗,旅游业是新兴的朝阳产业,也是产业融合程度最深的产业之一。目前世界上兴起的一种趋势,其实质也是旅游业与其他产业广泛的融合发展。

(3)产业内部的重组融合。这一方式主要发生在各个产业内部的重组和整合过程中，工业、农业、服务业内部相关联的产业通过融合提高竞争力，适应市场新需求。如农业为适应新发展而重新整合，通过生物链把产业内部的种植业、养殖业与畜牧业融合起来，形成生态农业的新业态，既适应了市场需求，又提高了农业生产率。工业内部的产业调整也有类似的融合，通过供应链把上、中、下游相关联的产业联系在一起，与一般的产业纵向一体化不同的是，这种融合最终产生了新的产业形态，其过程既包括技术创新，又包括体制和制度创新，其结果是促进了产业的升级换代。

三、产业融合发展的动因

有人称产业融合为挡不住的趋势，在这挡不住的背后实际上是产业发展的内在规律这只“看不见的手”在挥舞着指挥棒。

产业发展遵循经济发展的一般规律，即追求利润最大化，成本最低化。产业融合是在经济全球化、高新技术迅速发展的大背景下产业提高生产率和竞争力的一种发展模式和产业组织形式。产业实现融合化发展，可以突破产业间条块分割，加强产业间的竞争合作关系，减少产业间进入壁垒，降低交易成本，最终形成持续的竞争优势。

产业结构有着从低级向高级的演进规律，随着经济的发展，产业结构总是趋向不断优化。根据产业结构理论，在工业化后期，从高加工工业向高新技术阶段过渡时，产业结构存在软化趋势，这种软化实际上就是产业趋向混合发展，非物质部门的产业逐渐向物质产业部门渗透，软化率越高，它在生产总值中所占的比例也越来越大，一定程度之后，产业间的界限模糊，彼此相互融合。如资金密集型产业与金融服务业相互融合，装备工业与物流业相互融合，技术密集型产业与科技、教育产业相融合，等等。可见，产业融合是产业发展内在规律的在现阶段的具体体现。

产业创新也直接促进了产业融合发展。在产业融合基础上形成的新的产业、新产品加快了产业创新的步伐，缩短了产业结构升级的周期,企业也因此获得更多的商机和市场,从而带动了整个经济的持续繁荣,如任天堂把电子技术应用于传统的玩具行业,开发出多种电子游戏机,创造了一个新产业,便是产业追求创新促进了产业融合,由产业融合带来产业创新的典型例子。

产业融合是社会生产力进步和产业结构高度化的必然趋势,产业间的关联性和对效益最大化的追求是产业融合发展的内在动力,而技术创新和技术融合则是当今产业融合化发展的催化剂。在这一轮新技术革命中,技术进步与传播的速度明显加快,技术应用的范围显著扩大,技术融合的程度不断加深,这些特征在宏观上导致了国际经济结构的加速重组和整合,在产业层面上则导致了产业融合发展的新趋势。

在产业融合发展的过程中,跨国公司起了十分重要的作用,可以说,跨国公司是推动产业融合发展的主要载体。从科技层面看,跨国公司加大对科技开发的投入,加快了科技发明转化为生产力的速度,与此同时也运用了科技创新推动了产业的融合发展。他们向其他公司输出技术,向其他行业广泛渗透,推动了新技术产业与传统产业的融合。从经营层面看,跨国公司的一体化经营模式本身就体现了产业的融合发展。跨国公司按整体利益最大化原则,对从研究开发到加工制造,到销售服务整个价值链的各个环节,在全球范围内优化布局,从而把国际分工转变为企业内部分工,使产业细分转化为产业融合。从发展战略看,跨国公司为适应世界经济全球化的大趋势,大多实施企业联盟、技术联盟和收购兼并的发展战略,这种联盟和兼并活动发生在不同的行业间,自然推进了产业的融合发展。

四、促进产业融合以实现产业创新和培育新的增长点

产业融合新趋势对我国经济新一轮的发展有重要意义。首先,产业融合是提升传统产业,促进产业升级的有效途径。产业融合通过最新技术产业嫁接传统产业,使传统产业优化升级,具有较强的生命力,美国经济的持续繁荣很大程度上就是得益于有效地解决了高新技术产

业与传统产业的融合,顺利地实现了产业结构的升级。其次,产业融合为企业发展和壮大提供了良机。产业融合的主体是企业,在产业融合的过程中,企业可以获得更多的市场机会,培育出新的增长点,可以发展壮大自身,并不断提高企业生产经营水平和管理技能。在当前我国出现生产相对过剩的情况下,许多企业找不到新的增长点,产业融合发展正给我们提示了一条创新发展的新思路,因此,理解并把握产业融合发展的内涵,采取有效措施促进产业的融合发展,对实现产业创新和培育新的增长点具有重要的现实意义。

虽然我国也出现了产业融合发展的现象,但与一些发达国家相比还有较大的差距。一方面是认识不足,没有认识到不同产业间相互融合发展的重要意义,因此在不同产业间就会产生一定的排斥力,而政府也因认识不足而未采取必要措施去促进产业的融合发展。另一方面是受我国传统管理体制的制约,不同行业的企业可能分属不同部门管辖,商委、经委、科委等都有各自管辖的企业,有各自的利益;在这种管理体制下的企业又受到经营乏味的严格限制,从而使产业的融合发展变得难以协调。如我国在当前网络经济的发展中欲图“三网合一”就面临协调的困难。

因此,为了促进产业融合,实现产业创新,需要建立起以下一些必要的促进机制:

(1) 促进产业融合的组织协调机制。为了促进产业融合,首先要打破条块分割的管理体制,使原来分属不同部门、不同地区的资源能按产业融合的需要得到重组与整合,这一方面需要上级组织从全局上进行指导和协调不同部门间的关系;另一方面又需要依靠市场机制对资源进行有效的配置,只有在对相互融合的必要性取得共识,利益关系达到协调时,产业融合才能顺利实现,并取得 1 +1 >2 的成效。

(2) 实现产业融合的企业主体机制。企业是实现产业融合的主体,无论是拓展经营范围,实现技术创新,或是收购兼并行动,其主体都是企业,政府只能起指导和协调的作用。因此,采取相应的政策措施鼓励企业创新、培育多元化经营的大型企业集团、发展并完善产权交易市场、支持企业的并购活动等将有利于推动产业的融合发展和产业创新。

（3）为产业融合提供服务的中介机制。产业的融合发展需要社会中介服务的支持，包括投融资、市场调研（产业融合将形成新的产业，面对一个新的市场）、产权交易、信息、技术和法律等服务的支持，这些服务需要较精深的专业知识和技能，而政府和原来的企业并不具有这方面的优势，因此建立并完善更适应产业融合需要的中介服务体系是十分重要的。

总之，政府应为这三大机制的建立创造良好的制度和政策环境。

（本文原载于《上海管理科学》2002 年第 4 期）

产业发展的趋势研判与理性思考

在全球经济一体化、信息化、市场化的大背景下，国际产业的发展也呈现出了新的特征，产业的集聚发展、相互间渗透发展以及产业持续发展构成了当今产业发展的主旋律。把握国际产业的发展趋势，可以在我国产业战略调整中通过簇群化进一步提高我国产业的国际竞争力；通过融合化实现产业创新和培育新的增长点；通过生态化促进我国经济的可持续发展。

一、产业发展的趋势研判

1. 簇群化——产业发展的集聚趋势

簇群化是产业呈现区域集聚发展的态势。所谓产业簇群，是指在某个特定产业中相互关联的、在地理位置上相对集中的若干企业和机构的集合。我们通常所说的“园区”、“一条街”等实际上就是产业簇群的一种形式。

产业簇群的崛起是产业发展适应经济全球化和竞争日益激烈的新趋势，为创造竞争优势而形成的一种产业空间组织形式，它具有的群体竞争优势和集聚发展的规模效益是其他形式难以相比的。产业簇群最早出现在19世纪初期，在手工业时代就出现了一些基于地理环境、资源禀赋和历史文化原因所形成的产业簇群，如法国波尔多的葡萄业、瑞士的钟表业、中国景德镇的瓷器业等。到了工业化中期的大机器时代，则涌现出了以大企业为核心的产业簇群，如美国底特律的汽车制造业、匹兹堡的钢铁工业、克罗地亚(前南斯拉夫)亚德里亚海的造船业等。在工业化后期的信息时代,竞争成为时代的主旋律,世界各地的产业簇群大量崛起,试图利用簇群所特有的专业化分工与相互协作功能,加强自身的竞争力,参与全球经济的分工体系,在全球化的市场中占据一席之地。至此,国际产业发展的簇群化趋势日益凸显。

产业簇群的形式多种多样,没有统一和固定的模式,目前世界上的产业簇群大致有以下几种形式:由产业纵向关联而形成的产业簇群,簇群中的企业同属于一个产业的上、中、下游企业,彼此间存在着生产过程的投入产出联系,产业链成为维系簇群生存与发展的动力,每个企业都在产业链上占据合适的位置,形成一种合理的分工和协作状态。在这类产业簇群中,通常还会产生为每一个生产环节提供服务的外围联系,如供电、供水、运输、社会服务和产业服务等。由产业横向关联而形成的产业簇群,这类簇群通常以区域内某一主导产业为核心,通过企业间的横向联系,外部形成多层次的产业群体,由于这些群体之间相互享受着彼此带来的外部经济效应,因而充满了活力。如位于美国加利福利亚州的酒业簇群就是典型的横向关联簇群,它以酿酒业为主导产业,在其外围形成第二层次的辅助性产业,如葡萄种植业、酿酒设备加工业等,其第三层次是服务性产业,如专为酿酒业设置的科研机构、专业教育和人员培训、产业咨询服务机构等,在最外部则是新产业的聚集,如旅游业、中介服务、金融服务等。由区位优势指向而形成的产业簇群,这类簇群通常是由同一产业或不同产业的众多中小企业组成,它们充分利用区位优势,如廉价劳动力集中地、信息和技术发达地、原料或燃料集中地、产品的主要市场地、交通运输枢纽地等,形成各类专业化的小型产业簇群。如意大利众多的产业簇群即属此类。

产业簇群化之所以能提高产业的竞争力,是因为产业簇群具有共生性、互动性和柔韧性三大特性。共生性是指产业簇群内众多的企业在产业上具有关联性,能共享诸多产业要素,包括专业人才、市场、技术和信息等,一些互补产业则可以产生共生效应,簇群内的企业因此获得规模经济和外部经济的双重效益。互动性是指产业簇群内的企业既有竞争又有合作,既有分工又有协作,彼此间形成一种互动性的关联,由这种互动形成的竞争压力、潜在压力有利于构成簇群内企业持续的创新动力,并由此带来一系列的产品创新,促进产业升级的加快。柔韧性则是由于簇群内集聚了大量的经济资源和众多的企业,一方面高度聚集的资源和生产要素处于随时可以利用的状态,为簇群内的企业提供了极大的便利,降低了企业的交易成本;另一方面大量企业的存在也使簇群内的经济要素和资源的配置效率得以提高,达到效益的极大化。产业簇群内自发形成的这种经济资源与企业效益的良性运作,增强了簇群适应外界变化的能力,使产业簇群具有一般经济形态不可比拟的柔韧性,造就了产业簇群持续繁荣不衰的优势。

近几年来,产业簇群化的趋势已引起我国政府和业界的关注,各地都涌现出一批产业簇群,有政府规划扶持的各种工业园区,如上海1996年规划启动的漕泾化学工业园区,目前已吸引了国际上著名的跨国公司(BP公司、拜尔和巴斯夫公司等)前来投资,总投资达70亿美元的项目已签约启动;也有民间自发形成的产业簇群,如温州的皮鞋、打火机和低压电器等小型群落,形成以私营企业、家庭工业为主,集制造、营销和配套服务于一体的簇群。虽然这些企业单个规模都较小,但集聚成群大大提高了他们的竞争力。

2. 融合化——产业发展的相互渗透趋势

融合化是国际产业发展的又一趋势。产业融合是指不同产业或同一产业内的不同行业相互渗透、相互交叉,最终融为一体,逐步形成新产业的动态发展过程。高新技术及其产业的发展是产业融合的强大助推器,1 + 1 > 2 的生产效率和经济效益则是产业融合的高能发动机。

以信息技术为核心的新技术革命,正以前所未有的力度冲击全球社会经济的发展,以始料不及的速度重塑人们的生活方式,给世界带来了一个全新的信息时代,而作为经济发展主体的产业在这些大变动中必然进行适应性调整和战略性整合。产业融合就是在这样的背景下伴随着新技术革命的步伐向我们走来的。始于20世纪70年代的通信技术革新(光缆、无线通信、宇宙卫星等的利用及普及)和信息处理技术的革新,推进了通信、邮政、广播、报刊等传媒间的相互合作,产业融合发展的趋势初见端倪。20世纪90年代以来,由于通信技术的进一步革新(数字通信网的发展)和个人电脑的普及所带来的互联网的广泛应用,又推进了出版、电影、音乐、广告、教育等产业的融合。2000年1月,引人注目的世界最大的互联网服务公司——美国在线公司收购世界上最大的媒体公司——时代华纳公司,造就了新的美国在线时代华纳,代表着传统媒体产业和网络产业的融合,同时也成为国际产业融合化发展的标志性事件,至此,国际产业融合化发展的趋势日显明朗。

产业融合表现为产业间的渗透发展,你中有我,我中有你,产业界限趋于模糊,新兴产业不断产生。产业融合的主要方式有三种:高新技术的渗透融合,即高新技术及其相关产业,向其他产业渗透、融合并形成新的产业。如发生在20世纪90年代后期的信息和生物技术对传统工业的渗透融合,产生了诸如机械电子、航空电子、生物电子等新型产业。又如电子网络技术向传统商业、运输业渗透而产生的电子商务、物流业等新型产业;高新技术向汽车制造业的渗透将产生光机电一体化的新产业等。产业间的延伸融合,即通过产业间的功能互补和延伸实现产业间的融合,这类融合通过赋予原有产业新的附加功能和更强的竞争力,形成融合型的产业新体系。这种融合更多地表现为服务业向第一产业和第二产业的延伸和渗透,如第三产业中相关的服务业正加速向第二产业的生产前期研究、生产中期设计和生产后期的信息反馈过程展开全方位的渗透,金融、法律、管理、培训、研发、设计、客户服务、技术创新、贮存、运输、批发、广告等服务在第二产业中的比重和作用日趋加大,相互之间融合成不分彼此的新型产业体系。现代化农业生产服务体系的形成即是这一新型产业体系的综合体现,是第一产业加快与第二、三产业融合的产物。在这一体系中,第一、二、三产业的界限消失了。产业间的延伸融合在新兴产业中也尽显无遗,旅游业是新兴的朝阳产业，也是产业融合程度最深的产业之一。目前世界上兴起的工业旅游、观光农业、体育旅游、康复旅游、科技旅游等专项旅游代表着旅游产业发展的一种趋势，其实质也是旅游业与其他产业广泛的融合发展。产业内部的重组融合。工业、农业、服务业内部相关联的产业通过融合提高竞争力，适应市场新需求。如农业为适应新发展而重新整合，通过生物链把产业内部的种植业、养殖业与畜牧业融合起来，形成生态农业的新业态，既适应了市场需求，又提高了农业生产率。工业内部的产业调整也有类似的融合，通过供应链把上、中、下游相关联的产业联系在一起，与一般的产业纵向一体化不同的是，这种融合最终产生了新的产业形态，其过程既包括技术创新，又包括体制和制度创新，其结果是促进了产业的升级换代。

产业融合是社会生产力进步和产业结构高度化的必然趋势，产业间的关联性和对效益最大化的追求是产业融合发展的内在动力，而技术创新和技术融合则是当今产业融合化发展的催化剂。在这一轮新技术革命中，技术进步与传播的速度明显加快，技术应用的范围显著扩大，技术融合的程度不断加深，这些特征在宏观上导致了国际经济结构的加速重组和整合，在产业层面上则导致了产业融合发展的新趋势。产业融合发展直接促进了产业创新。在产业融合基础上形成的新产业、新产品成为经济发展的新增长点，它加快了产业结构升级的步伐，也使企业获得更多的商机和市场，从而带动了整个经济的持续繁荣。因此，产业融合的新趋势对我国经济新一轮的发展具有重要意义。

3. 生态化——产业发展的持续趋势

生态化是指产业依据自然生态的有机循环原理建立发展模式，将不同的工业企业、不同类别的产业之间形成类似于自然生态链的关系，从而达到充分利用资源，减少废物产生，物质循环利用，消除环境破坏，提高经济发展规模和质量的目的。因此，也有人称产业生态化为循环经济。

20 世纪 90 年代，随着可持续发展战略在世界范围内的普遍实施，产业的生态化发展在发达国家渐成潮流,从宏观层次的国家产业发展战略的选择、管理立法,中观层次的区域产业园区的建设、布局,到微观层面的企业的生产技术改造、管理实践,生态化的概念始终是贯穿其中的主线。这一发展趋势在三次产业的工业、农业和第三产业中都有所体现,如生态工业、生态农业、生态旅游业等。在企业层面上,最典型的实例是杜邦化学公司采用的"减量化、再使用、再循环"3R 制造法。又如 20 世纪 90 年代在国外兴起的绿色饭店建设热潮,就是在饭店的经营、管理各个环节上实施 3R 法,并将之与客人的消费过程有机地联系起来。如把卫生间的一次性小肥皂改为悬挂式的取皂器,减少资源的消费(Reduce);将一次性的塑料洗衣袋更换成布质的,或用柳藤筐替代,以便重新使用(Reuse);将废弃的软木塞收集起来加工拼装成新的弹性地板,实现循环利用(Reclycle)等。

在区域层面上,各种产业生态园区不断兴起,如生态工业园区、生态农业园区、生态旅游区、甚至生态居住区等。在成功的生态旅游区内,生物状态、生存状态、生活状态这三个不同的圈层达到一种完美的和谐。

在国家层面上,欧盟、北美、日本等发达国家和地区分别制定了旨在鼓励二手副产品回收、绿色包装等法律,同时规定了包装废弃物的回收、复用或再生的具体指标。如德国于 1991 年和 1996 年分别颁布了《包装废弃物处理法》和《循环经济和废物管理法》,明确规定,自 1995 年 7 月 1 日起玻璃、马口铁、铝、纸板和塑料等包装材料的回收率全部达到 80%。日本则是这方面立法最全面的国家,先后制定了七项相关法律,于 2001 年 4 月开始实施,其目标是建立一个资源"循环型社会"。

产业的生态化具有全新的含义,循环性、群落性、增值性是其区别于传统生态环境保护的显著特征。① 循环性,即按照自然生态学原理而建立的产业体系,具有循环的特征。它运用生态学规律,把传统的由"资源—产品—废物"构成的物质单向流动的生产过程,重构组织成一个“资源—产品—再生资源—再生产品”的反馈式流程和“低开采、高利用、低排放”的循环利用模式，使经济系统和谐地纳入到自然生态系统的物质循环过程中。在这个产业发展模式中，没有了废物的概念，每一个生产过程产生的废物都变成下一生产过程的原料，所有的物质都得到了循环往复的利用。这种模式是可持续发展模式。例如我国首个国家生态工业（制糖）示范园区，于 2001 年 8 月在广西贵港市成立，该园区以上市公司贵糖（集团）股份有限公司为核心，形成以蔗田系统、制糖系统、酒精系统、造纸系统、热电联产系统、环境综合处理系统等六大系统为框架的生态链，各系统之间通过中间产品和废弃物的相互变换而相互衔接，其中甘蔗—制糖—蔗渣造纸生态链、制糖—糖蜜制酒精—酒精废液制复合肥生态链以及制糖（有机糖）—低聚果糖生态链，这三条园区内的主要生态链，相互间构成了横向耦合的关系，这种互动的产业生态链使园区内的产业资源得到充分共享和循环利用。群落性，生态产业具有类似于生物群落的群落特征，它是一种由多个彼此相关联的企业共同组成的产业共生系统，群落内的企业互相进行合作，特别是相互利用废料，使群落内的总体资源得到最优化利用。在外部形态上，生态产业常常表现为一定地理范围内的大小有别，分别处于产业链上、中、下游不同位置的一群企业的松散结合，如各种类型的产业生态园区。增值性，发达国家一些成功的产业生态共生系统，其形成是一个自发过程，是在商业基础上逐渐形成的，系统内所有企业都从中得到好处，取得增值效应。生态产业摒弃了传统产业发展中把经济与环保分离，使两者之间产生矛盾冲突的弊端。真正使发展经济与防治污染保护环境有机地结合起来，实现了两者的双赢，这种共生系统所产生的高质环境和经济效率是其得到推崇的根本原因。

二、产业发展趋势形成的内在动因与机制分析

产业发展的簇群化、融合化和生态化是 21 世纪国际产业发展的新趋势，这三大趋势是产业内在发展规律在实践中的具体体现，也是产业

发展对当今国际经济新特征和新变化的一种动态注释。三者之间既相互独立，又相互联系（详见图1）：

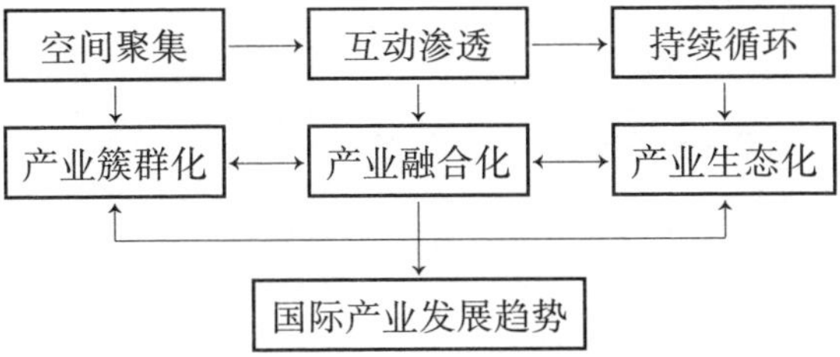

图1　国际产业发展趋势

簇群化是产业在空间上呈现集聚形态的组织形式，这种集聚对产业融合和渗透发展有着促进作用，而在一定区域内高密度的产业融合和渗透则可能产生新的产业簇群，产业生态化中资源持续循环的特征将贯穿未来的产业簇群和产业融合的发展之中，产业簇群和产业融合也因生态化而显示出强大的生命力。这些相互关联的新型产业形态的形成，既有产业自身发展内在规律的驱动，也有具有时代特征的科技创新、全球化竞争等外部因素的催生，同时还有国家和地区产业政策的引导与推动。

1. 产业效率的驱动

产业发展遵循经济发展的一般规律，即追求经济收益的最大化，而产业收益最大化常常是通过提高产业效率来实现的。这里的产业效率包括两层含义，一是产业结构效率，二是产业组织效率。高效率意味着高收益，当前产业发展中呈现出簇群化、融合化、生态化等发展趋势，尽管形态各异，方式不同，但在提高产业效率上却殊途同归，都是以取得最大的产业投资收益为目的，因而产业效率最大化既是产业发展内在规律的作用结果，也是产业簇群化、融合化和生态化形成的内在驱动力。

产业效率的提高主要是通过宏观上的产业结构和微观上的产业组织的双重优化机制而得以实现的，簇群化、融合化和生态化就是在这双重优化机制中产生并不断发展的产业新形态,同时产业簇群化、融合化和生态化的发展又促进了产业结构和产业组织的进一步优化,两者的互动构成了产业效率的最大化。如在世界各国或地区的产业结构调整和升级过程中,出现了许多新兴的产业簇群,美国硅谷、公路128、台湾地区新竹工业园区等高新技术产业簇群的崛起,某种意义上即是产业结构优化的产物;又如美国通过产业融合的方式成功地将高新技术产业嫁接于传统产业,顺利地实现了产业结构的升级,造就了20世纪90年代美国经济神话般的持续繁荣。

无论是产业簇群化、融合化,还是产业生态化,其本身即是一种适应时代发展的高效率的产业组织形式,簇群是产业聚集的空间组织形式,融合是产业相互渗透的一体化组织形式,而生态化则是产业持续的循环组织形式。在上文对此有较多的阐述,这里强调的是,产业效率是这些组织形式得以形成的根本原动力,而这些组织形式与产业效率之间又有着双向的互动关联效应。如产业融合通过企业间的兼并,改善了原有的竞争关系,促进了产业组织的优化;对利益和产业效率的追逐,又驱动产业间打破原有的壁垒,进行相互的融合与渗透,使产业融合得到深化发展。

2. 科技创新的推动

技术进步是产业变革和进化的核心力量,新技术的广泛应用不仅会形成新的产业群体,同时还会产生与此相适应的产业组织形态。产业的簇群化、融合化和生态化就是在第三次世界新技术革命的推动下,国际产业呈现出来的与其相适应的组织形态。

这次以信息技术为核心的科技革命对产业发展的影响,更多地是体现在加快了产业创新和企业创新的步伐。一方面,新兴产业从萌芽到形成壮大的周期大大缩短,产业的兴衰更替呈加速度趋势;另一方面,传统产业由于高新技术的融入使其生命周期得到延长,产业的适应能力得到加强,产业的高度分化和高度整合并存。这两方面的合力成为产业簇群化、融合化和生态化发展的强大推动力。

产业在簇群化、融合化和生态化的发展过程中也深深地烙上了科技创新的印记。如尖端的环保技术、生物工程技术等的发展和应用,增加了产业生态化发展的科技含量;智能机械在传统制造业中的广泛应用,电子信息技术在传统服务业中的应用等则促进了产业融合的发展,加快了产业创新的步伐;大量新兴产业群的形成又为新型产业簇群的发展创造了良好条件。随着技术进步对产业发展的贡献率越来越大,科技创新对产业簇群化、融合化和生态化的推进亦将越来越强有力。

3. 产业竞争的促进

全球范围内产业竞争的加剧是推动产业发展呈现簇群化、融合化和生态化发展趋势的重要因素。产业的全球化发展使产业结构在世界范围内调整和升级,产业组织在世界范围内竞争和垄断,产业要素在全球范围内自由流动,国际产业链在全球范围内延伸,国际产业体系在全球范围内形成,在这样的大背景下,要提高产业的国际竞争力,必须积极优化资源配置,主动参与国际产业体系的分工和协作,同时采取有效的产业组织形式,确立自身的竞争优势。而产业簇群所具有的共生性、互动性和柔韧性,产业融合所具有的创新性,以及产业生态化的持续性,为创造产业的国际竞争优势提供了一个可供操作的发展模式。产业竞争机制对簇群化、融合化和生态化推动的过程,也是产业创造新的竞争优势的过程,两者密不可分。

4. 产业政策的引导

成功的产业政策可以弥补市场自动调节失灵的缺陷,达到有效配置资源,提高产业竞争力的目的。当今世界上各具特色的产业群落迅速崛起,跨产业的企业兼并层出不穷,产业经济循环发展模式方兴未艾,除了市场规律的作用外,产业政策的引导是不可忽视的重要因素。例如美国、加拿大、澳大利亚等国政府专门成立了产业簇群促进委员会,采取优惠的投资或补贴政策,鼓励发展有竞争力的产业簇群;日本等国通过制定有关的法律法规,加大产业生态化发展的干预力度;上海目前也在加快产业的融合发展，对构筑新型产业体系进行前期研究工作等，这些都为产业的簇群化、融合化和生态化的健康发展提供了有力的政策支持。

三、促进我国产业结构优化升级的理性思考

1. 打造新型产业簇群，提升产业国际竞争力

培育和构建产业簇群已成为各国参与全球竞争，提高产业国际竞争力的有效手段。在我国新一轮的产业结构优化调整中，可以借鉴发达国家产业簇群的运作机制和经验，结合自身特色大力培育有竞争力的新型产业簇群。如上所述，近年来我国也产生了一些产业簇群，有自发的，也有政府主导的，有些簇群在国际上有一定的竞争力，但大多数簇群缺乏升级与可持续发展的能力，如一些政府主导的产业簇群明显带有计划经济的色彩，行政分割严重，造成行业布局雷同而区域布局过于分散的格局，难以形成产业簇群所特有的规模效益与竞争优势；而一些自发形成的小簇群，多为低层次的加工工业，缺乏技术含量和人才与信息优势，并且由于体制与政策的限制，产业要素得不到合理配置，显得后劲不足。因而打造符合国际产业发展趋势的新型产业簇群，是提升我国产业国际竞争力的当务之急。

新型产业簇群的构建应着眼于国际竞争优势的培育，并与我国产业结构的优化升级和区域经济结构的调整相结合。所谓新型主要体现在两个方面：产业簇群要具备自我不断创新的潜力。具体而言，必须具有优化的产业要素配置，具有最佳的产业规模效益，具有特色资源与技术的支撑，具有竞争与合作、分工与协作的体制支持，具有自增强和自发展的运作机制，能够在不断变化的市场中通过自我创新保持竞争优势。产业簇群能实现自身的可持续发展。也就是说，要构建一种生态型或产业融合型的优势产业簇群，顺应产业融合化和生态化的趋势，使簇群内不同的产业、上中下游产业彼此间能够形成高效运行的共生系统，如通过高新技术嫁接传统产业簇群，实现传统产业簇群的持续发

展;通过在现有产业簇群内推行循环经济模式,进行产业链接,建立起相关工业企业间的生态平衡关系,实现产业簇群的可持续发展。

2. 建立产业融合机制,促进产业创新发展

产业融合能形成新的产业体系,直接促进产业的创新。而我国产业融合化的发展状况与国际上有较大差距。除了认识不足,主要是受我国传统管理体制的制约。不同行业的企业可能分属不同部门管辖,商委、经委、科委等都有各自管辖的企业,有各自的利益;在这种管理体制下的企业又受经营范围的严格限制,从而使产业的融合发展变得难以协调。如我国在当前网络经济的发展中欲图"三网合一"就面临协调的困难,造成了资源浪费和效率低下。因而必须打破条块分割,尽快建立适应产业融合发展和产业创新的推动机制。产业融合机制应包括促成产业融合的组织协调机制、实现产业融合的企业主体机制、为产业融合提供服务的中介机制等。这些机制在实践中没有统一的运作模式,政府应为这三大机制的建立创造良好的制度和政策环境。

3. 推进产业生态化进程,实现产业持续繁荣

产业生态化在我国的发展较为薄弱,这种集经济、技术和社会于一体的新型的产业形态是一项系统工程,涉及的行业和部门较多,不仅需要一定的投入,更需要有相应的协调机制和政策法规的保障。我国目前虽然已经开始启动基于循环经济理念的生态工业示范园区,但与世界发达国家相比还有很大的差距。这里既有观念上的差距、技术上的差距,也有体制上的差距,因而在我国推进产业生态化进程,必须从多方面着手,需要政府、企业、科技界、公众形成共识,还需要强有力的法律保障。

根据发达国家的经验和实践,我国应尽快建立一整套产业生态化发展的保障制度体系,从国家、区域、企业三个层次上全面推进产业生态化进程。这套保障制度应包括资源制度、市场制度、技术制度、生产制度、消费制度和贸易制度等,同时还应有相应的经济激励制度,包括财政制度、金融制度、税收制度和投资制度等。

根据生态产业的增值效应，可建立以市场为导向、企业为主体的产业生态化实现机制，取得经济发展与环境保护的双赢，政府则通过引导绿色需求和绿色消费加快推进产业生态化的步伐，最终实现产业的持续繁荣和增长。

（本文原载于《中国工业经济》2002 年第 4 期）

走新型工业化道路

一、经济发展离不开工业的迅速进步

江泽民同志在党的十六大报告中指出，“走新型工业化道路”这是一条全面建设小康社会的必由之路。自1990年以来，我国经济保持了年均9.3%的增长速度。特别是从20世纪90年代中后期起，我国以往一般性消费品和生产资料普遍供不应求的状况基本结束，全面“买方”市场格局初步形成。在此基础上，我国基本解决温饱问题，人民逐步走向富裕，在总体上开始迈入小康社会。所有这些，都与我国工业的迅速发展、壮大密不可分。

但是，我国的工业化进程也存在着经济分布过密，整体素质不高；技术创新能力不强，低水平生产能力过剩，供给结构不能适应需求结构变化；大企业国际竞争力不强，中小企业“专、精、特、新”优势尚未形成等一系列突出的问题。很显然，这些问题不解决，我国就难以实现“全面建设小康社会”的奋斗目标。正是在这个意义上，党的十六大报告指出：“全面建设小康社会，最根本的是坚持以经济建设为中心，不断解放和发展社会生产力。”

正如我国自20世纪40年代末尤其是90年代初以来，几乎所有的经济发展都离不开工业的迅速进步一样，要实现上述奋斗目标，我们仍然需要加快我国的工业化进程，加快我国由工业大国向工业强国的转变。所不同的是，这一次的工业化进程，必须走新型工业化道路，这是我们党对50余年来我国走工业化道路的科学总结，也是“全面建设小康社会”的必由之路。

二、新型工业化道路的基本构成和主要特点

十六大报告提出的“新型工业化道路”的基本构成和主要特点，也都围绕着“全面建设小康社会”的奋斗目标。

其一，目前我国的工业化发展，以及“全面小康”目标的实现，都遇到了知识经济和信息化浪潮的严峻挑战。要缩短我国与发达国家工业化水平之间的差距，参与并取胜于全球经济竞争，进而实现“全面小康”的战略目标，我国当前和今后的工业化，就一定要走“科技含量高”的新路子。

其二，我国在以往50余年的工业化发展过程中，曾较多看重低成本的劳动资源优势，而忽略了提高效率这个关键因素。统计数据表明，目前我国冶金、石化、纺织等行业工人的平均工资为西方发达国家工人人均工资的1/8，而我们的人均劳动效率往往低于这些国家的1/8。还应看到，由于科技含量低及效率低下等因素的限制，我国劳动力以往所拥有的成本低廉等优势已不明显，甚至已经丧失。所以，在继续推进工业化、实现“全面小康”的过程中，我们也一定要走“经济效益好”的新路子，以此增强自己在全球经济格局中的竞争力，最终让我们的人民得到更多的实惠。

其三，“全面建设小康社会”，并不是一件很快、很容易就能完成的事情；即使这个目标实现了，我们国家、我们民族还会有新的发展目标，还要继续建设下去；而一个国家要实现自己长远的发展目标，在很大程度上要看这个国家的能源、环境资源等，能否给予其足够的可持续发展的支撑。但从实际情况看，目前我国资源不足和环境污染的情况比较严重，已经成了制约我国工业化进程的两大突出矛盾。例如，虽然我国煤炭的储量比较丰富，但森林、矿藏和石油等储量并不高。其中，我国的森林、矿产、水资源的人均占有率不及世界平均水平的1/3或1/4；我国石油资源的人均占有量则更低。还如，目前我国每100美元的产值要消耗1.2公斤标准煤，而世界发达国家平均只消耗0.8公斤标准

煤。再加上众多分布过宽、技术落后、产品质量很差、安全生产系数很低的小玻璃厂、小水泥厂、小炼油厂、小火电厂、小炼钢厂等“五小”企业对森林、水等资源的浪费和对自然生态环境的破坏,上述资源不足和污染严重的情况就更突出。对此,我国有关部门及企业近年来已采取了一系列得力措施。例如,针对我国能源贫乏的现状,这些年来,我国有关部门及企业一方面加强了能源资源的保护和有效开发利用,另一方面则开始积极开发利用国际能源资源。如我国中油公司就已与中亚五国部分石油企业签署了石油开发合作协议,并已取得明显成效。再如,为了扼住资源紧张和环境污染状况日趋严重的势头,自“九五”时期以来,我国对纺织、煤炭、冶金、建材、石化、烟草和电力等 7 个行业采取了控制总量、限产压库等政策,并关闭了 4 万余家“五小”企业。同时,我国正着力构造“生态化产业链”,如国家有关部门正在广西一些制糖企业进行这方面的试验,即将甘蔗制成糖后,再分别将其产生的工业废水变为农业肥料,将甘蔗废渣变为造纸原料,取得了很好成果。这些都说明,我国在推进工业化时,非常有必要按照“可持续发展”战略,坚定不移地走“资源消耗低、环境污染少”的新路子。

其四,由于我国目前正面临着新的就业高峰期,再加上经济结构调整时期在所难免的下岗失业现象,目前各地的就业压力都很重。因此,在推进工业化进程、全面建设小康社会的过程中,一定要从我国的国情出发,既要大力发展高科技产业,也要充分发挥我国劳动力成本较低和劳动力资源丰富的优势;既要大力兴建高自动化程度的企业群,也要适当发展在吸纳劳动力等方面具有优势的传统产业和传统企业,走充分发挥“人力资源优势”的工业化新路子。同时,还要注意克服我国劳动力综合素质还不高的缺点,使其跟上工业化新进程的需要,为“走充分发挥人力资源优势”的新型工业道路提供坚实的人力资源支撑。

三、走新型工业化道路已有坚实的基础

在党中央、国务院的领导下,上海同全国许多地方一样,已较早地

预见到大力改变传统工业化发展路子的必要性，并已为此做了大量工作。例如，上海从20世纪90年代初起，就按照"增量集中，存量优化"的原则，加大了经济改革和结构调整的力度，从而大大优化了自身工业布局结构、产业结构、企业所有制结构及其内部组织结构、技术结构和劳动力结构，为提高上海工业的高科技含量、经济效益并降低污染程度创造了有利条件。从20世纪90年代末，尤其是进入新世纪起，上海继续大力推进这一重要进程，加紧建设微电子产业带、国际汽车城、化学工业区、精品钢材等四大产业基地，以便进一步构筑工业新高地，进一步提高上海城市的综合竞争力，进一步提高上海工业的经济效益。与此同时，上海也在积极改革、改造老企业，大力兴办都市工业，使其在加快技术进步、优化产业结构和提高效率的同时，继续发挥其在充分利用人力优势方面的积极作用。现在，党的十六大明确提出要"走新型工业化道路"，这就为上海进一步指明了前进方向。上海在保持现有发展方向和发展势头的同时还可大力发展连锁加盟和规模经济，以进一步改变以往单个企业受其规模限制，而造成其制造、管理、运输、交易等成本居高不下的不良状况，尽力提高企业以至整个工业的管理水平和经济效益；还要加强资本运作，充分发挥资本的增值效应，以便在更高层面上提高上海工业的经济效益。

按照党的十六大指引的"走新型工业化道路"，既有十分紧迫的必要性，也有现实的可能性。而更加现实的是，广大职工群众可以在积极参与这一伟大进程中进一步实现历史赋予中国工人阶级的庄严使命，同时也进一步实现自己的切身利益，因为我们党所领导的"全面建设小康"，本身就是要"惠及十几亿人口的更高水平的小康社会"。

（本文原载于《工会理论研究·上海工会管理干部学院学报》2003年第2期）

金融创新与金融风险关系研究

人类社会已经越过 21 世纪的门槛，伴随着世纪交替，人类文明也经历着重大的转折，整个世界呈现出前所未有的精彩和无法摆脱的无奈。在这纷呈的精彩和无奈中，最为引人注目的恐怕是经济领域，尤其是以金融全球化为先导的经济全球化趋势已成为新世纪的一个明显特征。

市场经济条件下，一个国家的稳定很大程度上取决于经济的稳定，而经济的稳定在很大程度上则依赖于金融的稳定。金融正日益成为经济体系的核心，通过金融系统的渗透和融合使各国间经济联系更趋紧密。与此同时，在金融自由化浪潮的推动下，金融创新不断为金融全球化提供联系全球市场的金融工具，增强金融市场的全球一体化水平。这种金融大融合与大创新无疑会加速全球资本的流动，优化全球资源的配置。同时，对于金融监管造成的困难是毋庸置疑的。而增大了的金融风险也不可估量，这种风险又会直接影响经济的良好运行。金融与经济的不可分性形成了金融风险的杠杆效应，金融体系产生的风险殃及的不仅是金融体系本身或某个局部，而且将波及国民经济的整体。更为严重的是，在经济全球化的现代社会，一国金融体系出了问题，往往会通过各种传导机制波及他国，其影响之大，时间之久，已在 20 世纪 90 年代以来的多次金融危机中得到印证，它给世界政治、经济、文化、科技、社会生活带来了难以估量的影响和冲击。

中国的改革开放亟须金融创新与风险规避，同时亟须理论先导。

中国是一个发展中的大国,中国经济正在不断融入世界经济,中国的经济改革取得了举世瞩目的成效,这已是不争的事实,但我们又不得不看到随着中国渐进式改革的深入,一些深层次的矛盾、问题和困难相继浮出水面,其中金融改革相对滞后的矛盾最为突出。脱胎于计划经济体制的中国金融体系面对市场经济,在结构、市场、监管等方面存在诸多矛盾和障碍,这些矛盾和障碍都必须通过金融创新来克服。而加入世界贸易组织以后的中国金融业首当其冲地面对更多的挑战与机遇。世界经济一体化进程加快,中国入世承诺的切实履行,金融市场的开放,WTO 的规则主导,DSB 的强制管辖权,凡此种种均给金融创新带来了外在的压力。由政府主导和市场主导的多种金融创新将不断涌现,这些金融创新在为改革金融制度、结构等带来经济效益和社会效益的同时,也不可避免地使金融业面临诸多新的风险,金融创新与金融风险相伴相生。

当然,金融创新与金融风险是两个不同的金融范畴,其内涵和外延都有着很大的区别。金融风险和金融创新表现出的相关性以及它们之间的对立性,使得人们不得不思考这样一些问题:金融创新与金融风险的渊源何在?金融创新与金融风险是怎样的关系?表现在哪些层面?本文就此作了探索性研究。

一、金融创新与金融风险的逻辑联系

20 世纪五六十年代以来,国际金融领域内出现了一系列金融创新,特别是 20 世纪 70 年代中期以来,形成了金融创新的浪潮,金融创新也因此而倍受关注和重视。但是,金融创新在 20 世纪 70 年代以来的密集性发生,并不意味着金融创新是经济发展到这一阶段的特殊产物,事实上,金融发展的每一步,都离不开新的金融事物的出现,从而也就离不开金融创新。一部金融发展史,就是一部金融创新史。同时,又何尝不是一部惊心动魄的金融风险史呢?金融风险种类繁多,成因复杂,其发生可能会带来严重的社会和经济影响,危害深重,所以备受各国金融监管当局、金融机构和社会各界的关注。

金融创新促进了金融发展，而金融风险从另一个角度也迫使金融向前发展。金融创新与金融风险两者之间又是一种相互促进、相互发展的关系。近代金融创新的目的之一就是规避金融风险。通过各种软技术创新，如早期的统计、概率以及后来的金融工程、数学金融，人们对金融风险进行规划和安排。同时通过各种硬技术创新，如计算机、各种现代通信手段，人们可以更快、更有效地对风险进行记录和管理。金融创新，特别是以金融工程形式出现的金融创新，为管理和控制金融风险做出了巨大贡献。但是，金融创新本身在规避了某些风险的同时也带来了新的风险。特别是金融工程在很大程度上只是将一种金融风险转化为另一种金融风险，有些金融创新在初期能够有效地规避金融风险，当其成熟以后反而会带来更多的风险。金融创新与金融风险的逻辑联系有如下一些方面。

1. 金融创新规避金融风险并不具有全面涵盖性

不是所有的金融风险都可以用金融创新来规避，有些金融风险可以依靠金融创新来管理，有些金融风险则只能依靠管理或其他的手段来规避。例如，银行等金融机构内部工作人员自己作案或内外勾结共同作案，进行贪污、挪用、诈骗、侵吞、盗窃等违法犯罪活动，会给金融机构的运作带来很大的金融风险。这类金融风险是没有办法依靠金融创新来解决的，只有依靠制度创新以及其他的法律手段来加以解决。例如，加强金融机构内部和外部的监督管理，改革金融企业的治理结构，加强对金融业职工的政治思想教育，完善相应的法律制度等。

2. 金融创新与金融风险并不具有完全相关性

不是所有的金融创新都是用来规避金融风险的，金融创新有不同的动因，有的是为了提高效率，有的是为了规避管制，也有的规避了金融风险以外其他的风险，当然也有相当一部分的金融创新的确是用来规避金融风险的，因此，不是所有的金融创新都肩负着规避或消除金融风险的职责。例如，在现代商业银行创新中为规避风险而设计的产品有“浮动利率贷款”和“浮动利率负债”等；为开拓资金来源而设计的产品有“货币市场存款账户”和“货币市场存单”；为满足大众理财需要而设计的产品有“货币市场共同基金”和“现金管理账户”；为规避金融法规制约而设计的产品有“可转让支付命令账户”、“超级可转让支付命令账户”和“大额可转让存单”等。所以，不同的金融创新的目的是不同的，并不是所有的金融创新都与金融风险有直接的关系，或直接针对金融风险而产生。

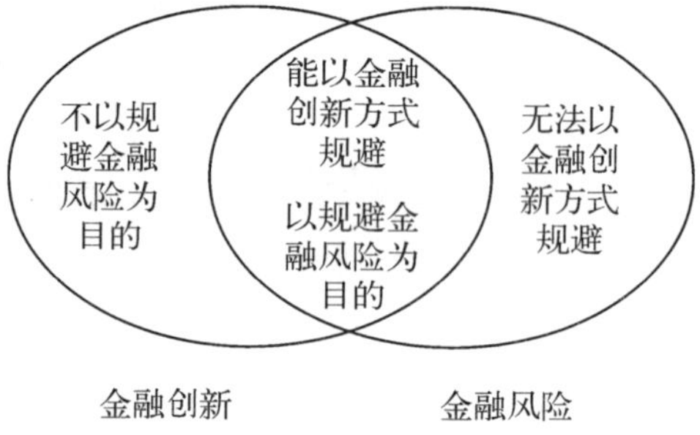

图 1　金融创新与金融风险的外延关系

3. 金融创新增强了各主体规避金融风险的各种能力

在规避直接风险方面，承担金融风险的主体可以适当地使用金融创新来减少损失。在规避间接风险方面，由于直接风险的规避，所引起的间接金融风险必然会减少，所以金融创新也能帮助规避间接金融风险。例如，在国外发达市场，蓝筹股较高的中长期投资价值已为广大投资者所认同，并出现了许多专门投资于蓝筹股的机构和个人群体。国外市场上投资基金将大量的投资目标锁定在蓝筹股。蓝筹股出色的市场表现，赢得投资者的青睐，也带动了相关金融创新品种的产生和发展，蓝筹股基金、股指期货、指数基金、教育储蓄投资基金、养老基金和保险基金等金融创新产品不断推出，它们多数投资于蓝筹股或者基于蓝筹股的衍生产品。如蓝筹股指数，以其投资风险相对较小，市场形象好，吸引了大量投资者。投资于这类金融创新产品可以规避大量的股市市场风险,减少投资损失。再如,在20世纪五六十年代诞生于美国的资产证券化,今天已成为发达国家规避银行贷款风险的普遍做法。

4. 金融风险促进了金融创新的发展

从金融创新的起源来讲,最初的金融创新就是为了规避金融风险。金融创新的发展过程证明,金融创新发展最迅速的时期也就是金融风险表现最激烈的时期。纵观商业银行的发展史,没有任何一个时期比20世纪60年代以来的金融创新更广泛、持久、深刻。金融创新产生的原因是多方面的,它与金融风险的加剧有着直接的关系。这一时期的金融创新主要包括金融业务、金融组织结构和金融制度创新三大方面。一是金融业务创新。计算机技术和网络技术在金融领域的广泛运用,使传统的银行业务发生了质的飞跃,银行实现了业务处理的电子化、信息处理的电子化、交易活动的电子化,存、贷、汇业务转向多种新型负债和资产业务,中间业务特别是表外业务的比重日益加大。适合投资、投机、保值等需求的金融工具大量产生,特别是20世纪90年代以来通过远期合约、期货、期权、互换等方式组合成的金融衍生工具异军突起。这些金融工具、金融衍生工具在很大程度上是为了规避金融风险而产生的。二是金融组织结构创新。例如,金融业的混业经营后产生的全能银行等。再如,1995年10月以美国"安全第一网络银行"的诞生为标志,网络银行得到了迅速的发展,银行呈现虚拟化的发展趋势等。三是金融制度创新。最引人注目的莫过于国际货币制度的创新,20世纪70年代以美元和固定汇率制维系的布雷顿森林体系崩溃,建立了以浮动汇率制为核心的新型国际货币制度。另外,区域化的货币一体化也是货币制度创新的重要内容,如20世纪末欧元区的出现,1972年阿拉伯货币基金组织(AMF)的成立都是货币一体化的表现。所以,从金融业务创新来看,保值金融工具以及金融衍生工具都与规避金融风险有关;从金融组织结构创新来看,全能银行的产生除了获利目的外,与金融业增强抵抗金融风险能力的要求也密不可分;从金融制度创新来看,国际货币体系的改革与发展的道路就是一条不断探索规避各国货币政策和汇率波动的风险，寻求更稳定的国际货币秩序的道路。

5. 在规避金融风险的同时，金融创新也带来了新的风险

从20世纪80年代开始到现在，金融创新与金融风险加剧一直是国际金融市场最为鲜明的发展特征。20世纪90年代以来，全球几乎每一场金融风暴都与金融创新有关。在众所周知的巴林银行风波前后，国际上曾发生过多起因金融创新工具交易失败造成巨额损失的事件。以1997年亚洲金融危机为例，从泰国放弃泰珠与美元挂钩开始，由于金融衍生工具的联动作用，亚洲一些国家和地区的外汇市场、资本市场相继出现大幅波动。菲律宾比索、马来西亚林吉特、印度尼西亚盾等都开始自由浮动。10月台湾省新台币贬值，市场对香港联系汇率制的信心也开始动摇，短短几天内，恒生指数暴跌30%。统计资料表明，1998年受金融危机影响的各国GDP增长都为历史最低水平。

6. 在促进金融创新的同时，金融风险又制约了金融创新发展

这种制约有直接结果和间接结果，有宏观方面的也有微观方面的，有有利的方面和不利的方面。例如，以网络银行为代表的技术创新，要面临技术投资风险、系统安全性风险，而在运行中则面临系统安全风险。由于网络银行等技术创新需要投入大量的人力、财力、物力，但网络本身却飞速发展，一些具有前瞻性的软硬件开发很快就可能被淘汰，从而形成技术投资风险。同时，网上银行服务等创新的资产和负债表现为银行和客户的信息，这些信息一旦泄漏或被篡改，将会直接给双方造成损失。特别是利用互联网络进行金融服务，银行的系统暴露在所有互联网用户面前，系统自身的安全受到全球性的挑战，银行和客户信息泄漏、被篡改的风险加大，形成网上银行的系统安全性风险。

图2　金融创新与金融风险的相互作用

可以看出，金融创新与金融风险之间除了一一对应的方面，还存在着许多矛盾和冲突。对于金融创新在金融风险方面的作用问题不可一

概而论，“金融创新无用论”或“金融创新万能论”都是片面的，而应该具体情况具体分析。同样，在金融风险对于金融创新的作用上也不能一概而论，只是突出“金融风险有害论”或“金融风险有益论”，也是片面的。在分析金融风险和金融创新的关系及影响时，应该针对它们的具体的功能和作用，即根据具体的情况作具体分析，在某个节点上关注金融风险与金融创新的关系及优劣，而不是简单地下定论。同时，任何具体的理论都有它适用的范围，超出这个范围，就不能解释相应的问题，甚至会得出错误的结论。对待金融创新也是如此。某项金融创新之所以有效，乃至长期起作用，是因为其适用的条件未发生大的改变。当某项金融创新工具，特别是一些用以规避金融风险的金融创新工具或手段不再适用，或不再能得到原先的有效结果时，即有可能是因为该金融创新工具或手段所使用的条件发生了变化。这时的无效或低效，可能是由于基本经济环境的变化，诸如参与者的博弈能力的增强，管理成本上升等。

二、金融创新与金融风险表现形式之间的联系与区别

1. 金融创新与金融风险之间的联系

（1）金融创新与金融风险层次在结构上的联系。金融创新包括三个层次，金融产品和服务创新、金融市场创新和金融制度创新。金融风险也可以分成三个层次金融产品和业务的风险、金融市场的风险和金融制度的风险。

首先，金融创新与金融风险在三个相对应层次上会发生相互的关系。例如，金融制度创新会引发本轮制度创新所带来的金融制度的风险，而该金融制度风险又会促进新一轮的金融制度创新，形成一个良性循环。例如，布雷顿森林体系的建立是国际金融制度的一次创新，它规避了由于国际货币体系的不统一所带来的各国货币的汇率急剧波动的风险。但是，布雷顿森林体系以美元为中心的“双挂钩”安排无法解决“特里芬难题”。如果美国国际收支保持顺差，那么国际货币储备资产

就不能满足国际贸易发展的需要，各国由于缺乏美元作为国际支付手段，就会产生美元供不应求的短缺现象；如果美国的国际收支长期保持逆差，那么国际储备资产就会发生过剩现象，造成美元泛滥，各国由于对美元的币值缺乏信心从而将美元兑换黄金，进而导致美国黄金外流，黄金储备枯竭，引发美元危机，并危及布雷顿森林体系。由于金融制度风险的积聚和不断发展，又促进了新一轮的金融制度创新，即“牙买加体系”的建立。但是牙买加体系也并非最优，它又带来了许多新的金融制度风险，而这些风险又促进了新制度的改革和发展。如此循环往复，金融制度才会不断适应经济和社会发展的需要，充分发挥现代经济的核心作用。在另外两个层次上金融创新与金融风险的关系也大致如此。

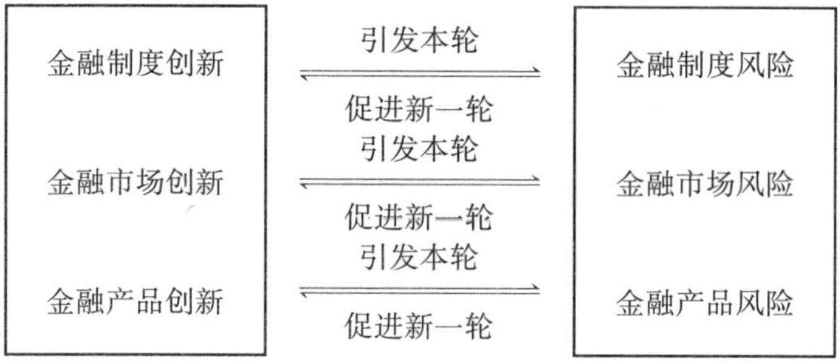

图3　金融创新与金融风险在层次上的对应关系

其次，从金融创新和金融风险各自三个不同层次的递进关系来看，金融创新从金融产品创新、金融市场创新到金融制度创新在难度、成本和影响上是不断增加和扩大的。在难度上，金融产品创新的主体较为自由，在金融法规允许的范围内可以根据不同的需求进行创新；创新所涉及的范围也较小。相比之下，金融市场创新和金融制度创新由于涉及的面越来越广，相关的主体也越来越多，难度也就越来越大。国际金融制度创新之所以进展缓慢，时有反复，就是因为难度太大，牵涉层面太宽。从成本上看，金融创新主体的成本主要包括研究开发成本和运行成本，而对于整个社会而言，金融创新的成本还包括监管成本。金融产品创新的研究开发成本较小，同时运行成本也较小。相比之下，金融市场乃至金融制度创新的研究开发成本要大得多。一项新的金融制度要被贯彻执行，并顺利运转，需要方方面面共同的努力，成本不可谓不大。同样的道理，金融制度创新的影响也要比金融市场创新和金融产品创新更深远。金融风险从金融产品风险、金融市场风险到金融制度风险在范围、造成的损失和影响上也是不断增加和扩大的。仅从风险承担者的角度分析，金融产品风险的承担者只是单个或多个主体，金融市场风险的承担者是该市场内的所有主体，而金融制度风险的承担者将是该制度下的所有主体。单个主体承担的风险毕竟有限，对于整个金融体系的影响也不会太大。即使是近年来多次由于操作衍生金融工具而爆发的奥兰治县破产案、巴林银行破产案与 20 世纪 90 年代由于国际金融制度的风险而造成的几次区域性或世界性金融危机带来的影响相比还是“小巫见大巫”。

图 4　金融创新与金融风险在层次上的递进关系

（2）金融创新与金融风险在作用和影响上的联系。首先，金融创新与金融风险对金融业的发展都有促进和制约作用。但是，一般认为金融创新对金融业的促进作用要远远大于金融风险的促进作用，而金融风险对金融业的制约作用要远远大于金融创新的制约作用。其次，金融创新和金融风险的影响范围十分相似，包括国内金融和国际金融两大块。在国内金融方面分别包括政府、企业（金融企业与非金融企业）、居民和国内金融市场；在国际金融方面分别包括各国国家、国际金融机构和组织、离岸金融交易者和国际金融市场。国内金融创新可再细分为金融产品创新、金融市场创新和金融制度创新，一般来讲都是与该国的特征和具体情况相适应的。国内金融风险也可再细分为金融产品风险、金融市场风险和金融制度风险，一般来讲也是由于该国的一些特殊原因造成的。金融创新的另一大块就是国际金融创新，而金融风险的另一大块则是国际金融风险。这两大块也可以再分别进行细分，并相互对应。

2. 金融创新与金融风险之间的区别

(1) 金融创新与金融风险是两个不对等的概念。考察金融创新和金融风险概念内涵我们发现，金融创新与金融风险是两个不对等的概念。金融创新是一种过程，其结果是新的金融产品与服务、新的金融市场和新的金融制度。金融创新的主对立面是“金融保守”、“金融克隆”、“金融复制”。

金融风险是一种损失的可能，其结果是带来金融、经济，乃至社会、政治的损失。金融风险的反义是金融安全，也有学者认为是金融收益。

(2) 金融创新与金融风险的运作机制不同。首先，一般而言，金融创新是金融活动的主体主动开展的，是有意识的活动，而金融风险的传导则是金融活动的主体无意的或被迫的一种传递。其次，金融创新一般都会有一定的模仿者，这些模仿者对于金融的发展会起一定的促进作用。金融风险在传导的过程中也会有一些金融活动主体模仿他人的行为，这种模仿行为是一种“从众行为”，这种从众行为对于金融风险的传导会起到一种推波助澜的作用，对于整个金融体系而言将是一种伤害。再次，金融创新作为一种创造性的活动，并不一定有明确的方法和轨迹，金融创新过程需要一种灵感和创造性的思维。而金融风险的传导机制是客观的、确定的，金融风险可能的流向也是确定的，只要金融监管能力足够强，对于金融风险的预警将是可能的。

三、金融创新与金融风险的时代特征

1. 金融创新与金融风险所具有的相似时代特征

金融创新与金融风险所具有的相似时代特征,有的是由于它们各自发展特点决定的,有的则是当代金融运作特征在金融创新和金融风险上的体现。

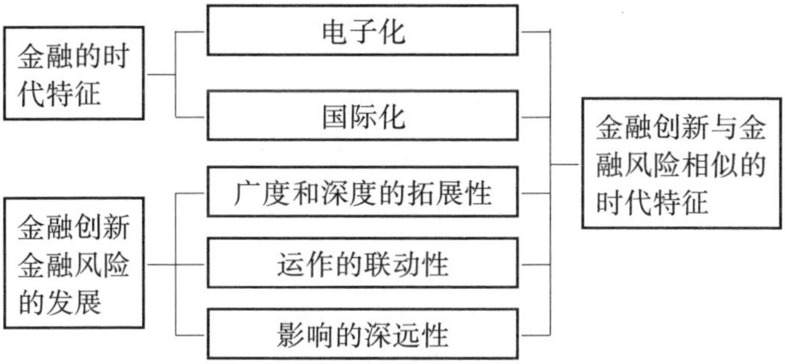

图 5　金融创新与金融风险特征及特征来源

(1) 广度和深度的拓展性。金融创新广度和深度的拓展性首先体现在涉及的主体不断增加,形式也向纵深发展。以金融租赁为例,金融租赁主要有三种形式,即直接租赁(Direct Lease)、转租租赁(Sale Lease)和加租租赁(Sale-Lease)。而随着融资租赁的发展,出现了第三者权益租赁和营业收入合成租赁等新的金融租赁形式。这项金融创新在广度和深度上为融资租赁的使用提供了新的空间。另外,20 世纪 80 年代中后期西方发达国家"金融工程"的出现,也使金融创新的广度和深度获得了极大的推动。金融风险的广度和深度也体现在风险主体的不断增加,风险结构的纵深发展。亚洲金融危机蔓延的广度、深度及其影响程度,超出了人们的预料。同时,由于各国经济体制,特别是金融体系向更深层次的制度结构发展,金融风险的深度与广度往往随之而增加。

(2) 运作的联动性。金融创新的联动性体现在运用金融创新工具时各金融市场的联动性，也体现在金融市场、金融制度创新时相关主体由于直接或间接、有形或无形的相互关系而彼此互动。例如，我国的综合业务系统就是最初级的联动。其特点就是业务处理的综合性，打破了原有的业务流程和运行模式，以柜员制为出发点，将临柜业务和非临柜业务整合为一体，使原来条块分割的业务可以联动起来。

从金融风险的联动性来看，主要体现在金融产品风险和金融市场风险之间的联动。例如，实行混业经营的国家或地区，货币市场和资本市场之间是联动的。在亚洲金融危机中，由于风险的联动性，不仅受灾地区本地的经济受到重创，对整个世界经济带来了深刻影响。从泰国到印尼，从韩国到日本，从俄罗斯到巴西，从美国到欧洲，全球金融市场之间相互影响，形成联动效应，引起了全球性的金融动荡，也进一步展示了国际经济间深刻的依存关系。

（3）影响的深远性。从宏观来看金融创新对金融发展、金融监管有着深远影响；从微观来看金融创新对于人们金融消费行为的塑造和引导，对于企业的金融观点转变等也有着深远的影响。同样，金融风险在宏观上对金融发展、金融监管产生了深远的影响；在微观方面对于企业及个人风险意识的培养、防范风险的自觉性都起了相当大的引导作用。

（4）电子化、网络化、国际化。当代金融所处的时代最基本的特征是电子化和国际化，而这正是金融创新的天然环境。在互联网时代，金融创新都必然以电子化、网络化为依托，借助现代科技降低成本，控制风险，超越国家范围，以获得更广阔的发展空间。事实上，有很多新兴企业利用互联网技术开展业务，开拓创新，在短期内直超传统业者，成为行业龙头的成功案例。嘉信理财 1999 年年底的股票市值已经超越美国最大的传统证券经纪商——美林，就是一个典型。同时，在互联网时代，金融风险也通过电子化和网络达到了无国界、零距离的传播。通过计算机与网络，可以在瞬间将巨额资金从地球的这一端传送到地球的另一端。大量资金的突然转移加剧了金融市场的波动性，而网络的快速传播特征，会使这种波动迅速蔓延，造成整个金融体系的不稳定。例如，大量资金短期涌入某个国家，会造成该国汇率和利率的大幅波动，引起该国本币的急剧升值或贬值，甚至会影响该国的货币信用，造成该国金融市场的剧烈波动。而这种波动又会通过网络迅速蔓延到其他国家，造成整个金融市场动荡，甚至引发全球经济动荡，金融风险演变成金融危机。网络银行资金的大规模快速流动还将导致中央银行难以准确了解其资产的实际情况，造成信息不对称，使风险集中，速度加快，风险形式更加多样化。

2. 金融创新与金融风险所具有的不同的时代特征

（1）高建设性和高破坏性。金融创新的迅速发展对当代金融的发展有较大的建设性，而金融风险则对当代金融有较大的破坏性，这是金融创新与金融风险的当代特征中最大的区别。金融创新和金融风险一个主要充当建设者，一个在大多数情况下是破坏者。虽然建设者有时也会建一些“违章建筑”或者“豆腐渣工程”，但是总的来看还是功大于过。同样，虽然破坏者有时也会将过时、不适应潮流发展的建筑破坏掉，或者揭示出建筑本身的脆弱性，而且使破坏后的重建带来了新的发展和契机。

（2）模仿性和传染性。金融创新在世界范围内的扩展，依靠的是其模仿性。随着信息的高速流通和市场的相互关联，一个市场或一个国家内的金融创新很快会被另一个市场或国家所模仿。这种模仿是出于各个市场和各个国家发展的必然要求。从经济角度来看，战后日本的工业技术大多是依赖进口，但日本人总是第一件产品进口，第二件产品仿造，第三件产品就出口。经常是从美国进口的技术，很快就在消化该技术的基础上加以提高和改进，制造出的产品出口到美国，和美国的原技术输出商直接竞争。将这一原理引申到金融领域，各国相互模仿金融创新也是先进行模仿性金融创新，后进行原生性的金融创新，从而促使金融创新在世界范围内不断进步和发展。金融风险在世界范围内的扩展则是由于它的高传染性，具体体现在传染的高速和高度。高度可从传染的深刻化角度论述，而高速则可从传播的快速化角度论述。金融创新的模仿性带来的是世界范围内金融和经济飞速、有效的发展，而金融风险的高传染性带来的则是金融或经济的破坏乃至倒退。

3. 金融创新与金融风险时代特征中的内在联系

（1）金融创新的时代特征带来的金融风险的特征。首先，金融创新的电子化、网络化，导致金融风险的电子化、网络化。如果离开了网络和现代电子技术，世界各国的金融联系不会像现在这样发达，金融创新也就不会发展得这么快速而又彻底，金融风险也不会通过金融信息网络如此快速地传播，甚至会无法传播。但是，时代在发展，技术在进步，金融创新借助于网络化和电子化，带来了更多的收益和便利，必然会带来金融风险的网络化和电子化。其次，金融创新广度和深度的拓展，导致金融风险广度和深度的拓展。金融活动总是会伴随着金融风险。由于金融创新的金融活动向纵深发展，伴随而来的就是金融风险的纵深发展。

（2）金融风险的时代特征带来的金融创新的时代特征。首先，金融风险的国际化，也促使金融创新不断的国际化，以满足国际化规避风险的要求。例如针对国际汇率波动、国际借债风险等一系列的金融创新，特别是金融国际化监管的一系列尝试。其次，金融风险在深度和广度上的拓展性，也促进了金融创新更进一步地向纵深发展。金融创新本身具有在深度和广度上的拓展性，金融风险本身也有这种拓展性。同时，这两种拓展性又相互影响，循环往复。

金融是现代经济的核心，政府通过金融调节、控制和管理整个国民经济的运行，金融发展对社会经济的影响是巨大的。从金融发展史看，金融创新始终是主要的动力源，没有创新推动，只能出现同一级别或同等水平上的数量扩张，而不可能形成层次逐渐提升的金融发展。但是，伴随着金融创新而产生的风险又是一种必然。从国际环境看，经济全球化和国际金融的一体化使各国的经济日益相互交织、相互依存和相互融合，因此，金融风险和金融危机在任何一个国家和地区的出现都会波及整个世界。在金融全球化和自由化的进程中,金融创新正以令人难以置信的速度涌现,为经济的发展提供了不竭的动力。

参考文献

[1] 陈岱孙,厉以宁. 国际金融学说史[M]. 北京: 中国金融出版社,1991.

[2] 斯科特·梅森,罗伯特·默顿. 金融工程学案例——金融创新的应用研究[M]. 大连: 东北财经大学出版社,2001.

[3] 青木昌彦. 比较制度分析[M]. 上海: 上海远东出版社,2001.

[4] Kindleberger P. A Finaneial History of Western Europe. George Allen & Unwin, 1995.

[5] Allen and Gale. Finaial Innovation and Risk Sharing. MIT Press, 1994.

[6] Molynenx P. Financial Innovation. John Wiley & Sons, Inc. , 1999.

[7] John Geanuareos, Bill Millan. The Power of Financial Innovation Happer Collins Publisher, 1994.

(本文原载于《上海市经济管理干部学院学报》2004 年第 2 卷第 1 期,与朱淑珍合作)

对经济形势与宏观调控的认识

去年，我国的经济建设取得了比预期好的成绩，经济增长率达到了9.1%，投资增长26.7%，进出口贸易增长37.1%，财政收入长14.6%，增加了1 200多万就业。今年一季度，国民经济继续保持了良好的发展态势：经济增长9.8%，经济效益也比较好，规模以上工业企业实现利润增长45.7%（1－4月），城镇居民人均收入增加11.9%，农村人均收入增加13.2%（是8年来的最高）。

然而，在经济高速增长的背后，也出现了不少新的问题。尽管关于经济是否过热在经济学界尚有争论，但投资增长过快、规模过大、结构分布不合理则是不争的事实。如去年总的投资增长是27.6%，但在钢铁行业的投资增长达96%，铝合金是92%，水泥121%，汽车87.2%，显然过高了。而在农业和一些社会事业领域的投资就显得过低。今年1－4月固定资产投资增长42.8%，显然是过快了。它已带来重要原材料、能源和交通运输的紧张，引起重要生产资料价格上涨，特别是一些进口原材料，如石油、铁矿石、有色金属、租船费等价格都有较大幅度的上扬，导致今年一季度出现84亿美元的贸易逆差。而出口产品由于内部竞争，自相残杀，价格不断下跌。进口价格涨，出口价格下跌，显示出我国的贸易条件在恶化。

投资过热、重复建设、结构不合理的后果是多方面的。原材料、能源价格的上涨，将引起下游产品成本增加。今年一季度全国消费价格已上涨3%。目前居民存款已变成负利率，老百姓利益蒙受损失。更重要的是增加了金融风险。虽然在市场经济条件下，重复投资难以避免，一定的重复投资会带来竞争，有利于提高产业的竞争力；但过多的重复就会引发金融风险。

以钢铁为例，去年我国钢产量已达2.1亿吨；而在钢铁领域的投资项目将使我国两年后的产能达3.3亿-3.5亿吨。那时必然有相当一些生产能力要放空，从而使投资难以回收，于是银行的不良贷款将进一步增加。目前我国银行的不良贷款率在20%左右，风险已经很高。如果再增加的话，后果难以预料。

投资结构不合理还表现为经济增长的高消耗。中国其实是一个人均资源贫乏的国家，如就人均拥有量而言，淡水资源仅为世界平均量的1/4，矿产资料是世界平均量的1/3，石油是1/5，耕地也不足1/3等。以每美元GDP的能源消耗为例，我国比世界平均水平高50%，是日本的3倍多。今年人大分组讨论时，江主席提出一个值得思考的问题，他说既然钢铁产业收益很高，为什么美、欧等发达工业国不搞钢铁，而我们大搞？显然这里既有劳动力成本原因，也有能源高消耗的原因。因此我们对钢铁、电解铝等高能耗产业的发展应适可而止了。此外，由于各地大搞开发区，占用耕地过多，已使粮食减产5.8%，油料作物减产3.2%。开发商占据而未开发的土地达70多万亩。我们资源不丰富，但又很浪费，以水为例，在农业生产上仍是大水漫灌，大部分白白漏掉了；在工业生产中，我国循环用水的比例只有30%－40%，而国际上为70%－80%。每年废弃的旧钢铁达50万吨、有色金属20万吨、废纸上百万吨。另一方面，在高速发展中，由于不重视环境问题，已使生态环境破坏较严重：河流污染，森林覆盖率减少，水土流失，土地荒漠化、沙化严重。目前，每年土地荒漠化的面积达4 000多平方千米。显然，建立在资源和环境高消耗基础上的快速发展是难以持续的。因此，必须积极调整结构，构建循环经济，走资源节约型的发展道路。

面对上述问题，我们必须加强宏观调控。科学发展观要求我们要适时适度地进行宏观调控。适时就是要把握好时机，适度就是不能"一刀切"或"急刹车"。从财政政策看，东南亚金融风暴之后，世界经济低迷,我国采取的是积极财政政策,即扩张性的财政政策：通过政府举债,扩大基础设施建设的投资,拉动需求,促进增长。如今投资增长已较快,财政金融风险的累积也较大,我国的各类债务累计已超过GDP的50%;如继续采用扩张性的财政政策,会使风险更大。因此适时淡出扩张性的财政政策,采用供应学派的理论,通过给企业减负,或适当减税,以鼓励民间投资,增加供给来发展。今年已将国债发行量减至9 000亿元,同时,提出了税制改革的原则是“简税制、宽税基、低税率、严征管”。实际上我国的名义税率是比较高的,减负有一定空间。目前考虑的办法是把生产型的增值税改为消费型的增值税,并先在东北老工业基地试点;这一政策有利于企业投资于技术改造,也有利于配合振兴东北老工业基地战略的实施。另外,分5年逐步取消农业税。虽然农业税在整个税收中的比例不大,但这一措施既有经济效应,又有较大的政治和心理效应,对促进农业生产有巨大的积极影响。有人担心减税会减少财政收入增加财政困难。从我国沿海改革开放的实践来看,初期提供的税收优惠并没有导致沿海开放地区的税收减少,相反促进了这一地区的快速发展,从而增加了税收。增值税转型计划先在东北老工业基地试点取得经验和成效后再逐步推广,正是为了避免政策实施初期可能造成财政收入的波动。

从货币政策看,主要是调高了银行的存款准备金率,实施总量控制,以遏制投资增长过快;同时,加强银行审贷,调整和优化投资结构,坚决控制盲目投资和重复建设的少数行业,如钢铁、电解铝、汽车、水泥和房地产等,提高这些行业投资资本金的比例;而对有市场、有效益的项目和需要加强的领域则给以支持,特别是对农业,以及教育、科技、文化和卫生等社会事业和服务业等领域的投资还需适当增加。

此次调控的难度是难以应用利率、汇率等经济杠杆来调节经济。按理去年商品零售价格上涨2.2%,消费价格上涨3.2%;今年1-4月消费价格又上涨了3%,居民存款已是负利率,提高利率既有利于控制投资膨胀,也可保障居民的存款利益。但是目前国外特别是美国利率都较低，如果我们提高利率，不仅会增加企业负担，而且难免外资潜入套利，冲击我国金融市场，增加货币供应。如果美联储在下半年加息，我们的压力将减轻。至于汇率，因为我国就业压力很大，提高汇率将影响出口增长，不利于扩大就业，同时，汇率一动，形成人民币升值预期，可能引起国际游资进入冲击我国金融市场。但如继续和美元挂钩，则因美元的贬值，将使我国进口价格上涨，贸易条件趋于恶化。例如，去年以来石油价格对我国而言已上涨了50%多，而对欧盟而言，只涨了10%。所以汇率对我们是两难选择，目前还是保持稳定为好。

从我国实际情况看，深化国有资产管理体制的改革，也可在宏观调控中产生作用。对国资管理的目的不能局限于保值、增值。保值、增值是一切资本的属性，国资有别于民资和外资就在于它受国家掌控，应是保证国计民生的基础，同时还应具有引导投资和宏观调控的功能。所谓引导，即国资不应孤军奋战，而要调动社会资本的积极性，共同促进经济的稳定发展。

所谓调控，即在经济衰退时，它要进入以维持经济的稳定增长；而当经济过热时，应适时退出，这不仅可降低未来的风险，而且能以较好的价格变现。去年，民资对投资钢铁行业积极性甚高，国有的南京钢铁公司转让给民营的复兴集团既发挥了民营资本的积极性，也避免了风险。若让复兴集团另起炉灶，重复投资又有何益？实际上，我国每次“经济过热”、“投资过热”，都和国有企业、地方政府的行为有关，这两个术语在发达市场经济国家里是很少见的。截至今年一季度，报发改委审批的钢铁投资项目共170余项，其中140项是国企想要投资的。所以，就宏观调控而言，深化国有资产管理体制的改革，调整国有企业的结构布局也是其中应有之义。试想，在去年投资热时，将一部分国有资产适时变现，那么现在宏观调控趋紧时，手持现金是优质资产，就非常有利。须知每次宏观调控之后，必然有较大规模的企业兼并重组，掌握现金就掌握了资产重组、整合资源的主动权。目前，进一步完善产权交易和资本运作平台，降低国有资本流动的交易成本，提出一批国资退出的项目向民资转让，也将有利于宏观调控目标的实现。

综上所述，可见虽然当前我国经济出现了投资过热的情况，但经济总体发展态势还是比较好的，只要我们正确把握宏观调控的政策和力度，相信中国经济能实现软着陆，并继续保持稳定的发展。

（本文原载于《上海企业》2004 年第 7 期）

关于上海现代服务业短腿的思考

世界经济服务业的发展自20世纪80年代以来,全球服务业产出的比重呈持续上升态势。服务业逐渐成为世界经济增长的重要引擎,其兴旺发达成为经济现代化的重要标志。1980－2000年期间,全球服务业增加值占GDP比重由56%升至63%,主要发达国家达71%,中等收入国家为61%,低收入国家为43%。除低收入国家外,全球产业结构呈现出“工业型经济”向“服务型经济”转型的总趋势。

从发达国家的大都市来看,服务业对经济的贡献均已占主导地位,其中GDP的70%、就业人口的70%都集中在现代服务业。如纽约、伦敦的服务业占GDP的比重均超过85%,服务业就业人数占总就业人数的比例也在70%以上;服务贸易占到贸易总额的1/4,并以比货物贸易更快的速度在增长;服务消费占到所有消费的1/2左右。

服务业发展中另一个值得注意的趋势是在服务业内部结构中,生产性服务比重增大,主要工业国已达50%以上。生产性服务的发展大大提高了一产和二产的效率。资金密集型和技术密集型的现代服务业成为服务业增长中的“主导”行业,如金融、保险、证券、信息技术、房地产、中介组织、文化、教育、旅游等。

据调查,1997年美国年收入在8 000万美元以上的公司,其服务开支增加了26%,信息技术服务占全部费用的30%,人力资源服务占16%,市场和销售服务占14%,金融服务占11%。在英国、法国和意大利,对信息技术服务的开支成为企业增长最快的支出。由此可见,服务业在全球经济及就业中均据重要地位。而在大城市,服务业更成为支撑其经济增长和带动周边地区发展的主要动力。

一、上海服务业的短腿

上海的城市定位是国际经济、金融、贸易、航运中心之一,战略目标是世界级的城市。在四个中心的定位中,金融、贸易、航运均属于服务业。应该说,上海正在努力构建符合世界经济发展大趋势的服务型大都市,2000 年上海第三产业占 GDP 的比重已从 1995 年的 37.5% 上升到 50.6%,而后速度减缓,到 2002 年为 51%。2003 年出现了逆转,降为 48.4%,2004 年上半年进一步降到 46.9%。尽管我们可以找到诸如国际制造业转移等理由来解释,但服务业发展的滞后显然将影响上海战略目标的实现,也在很大程度上影响制造业效率的提高。近年来,虽然上海制造业发展较快,但上海制造业的附加值率并不高,甚至低于全国平均水平。难怪胡锦涛主席在视察上海时也指出,现代服务业是上海发展的短腿。

和国际大城市相比,上海服务业短腿不仅表现在其增加值占 GDP 的比重较小,与制造业发展不相适应,还表现在服务业内部结构层次较低、市场化程度较低和服务管理水平较低。从结构看,世界服务业的结构也在不断升级。附加值高的知识密集型和技术密集型的服务产品主导了服务业的发展潮流,创造了更多的产出。以纽约为例,从 20 世纪 70 年代起,面向生产消费和以提高经营管理和科技文化水平为目的的生产性服务业迅速发展,形成了包括金融、保险、房地产、工程和管理服务、法律、开发研究、设计、咨询、培训、文化创意、会展等在内的各种产业集群。2000 年纽约就业人口中有 62% 从事生产性服务业,1999 年纽约知识服务业的总收益达到了 520.9 亿美元。而上海主要还是传统的交通运输、商业餐饮等,不仅金融业落后,在知识、信息、文化等服务方面也难以和国际大城市相比。2002 年,上海信息咨询、教育和综合技术服务三大部门占 GDP 的比例仅分别为 1.64%、1.55% 和 1%。从市场化程度看，一些服务业还属于福利型和国家垄断型，尚未进入市场，缺少竞争机制；不少生产服务还是企业自我服务，效率低下；部分服务价格主要由政府定价，不仅抑制了服务的有效供给，也限制了消费者的选择。从管理水平看，由于服务产品的生产过程与消费过程是同时进行的，因而服务的管理就显得十分重要。在发达国家，服务业的管理主要是通过制定各类标准来实施的，国际标准化组织(ISO)于 1996 年就提出了推行服务标准化的建议。如法国，目前已制定了 40 项服务标准，有 18 个服务行业通过了服务企业质量认证，由法国标准化协会颁发“NF 标志”(法国质量认证合格标志)。而我们这项工作才刚刚起步。因服务质量引起的大量投诉和纠纷折射出服务管理尚处于一个较低的水平。

上海服务业的滞后将成为制约上海未来发展的瓶颈，但上海服务业与世界的差距亦让我们看到了其巨大的发展空间。因此，“大力发展现代服务业”应是上海经济进一步发展的重要战略。实现向服务经济的转型是国际大城市产业发展的一般规律，也是上海经济保持持续增长的关键。上海的资源条件决定了其必须把高端的技术开发和现代服务业作为其产业发展的战略方向。它不仅有助于提高一产和二产的效率，拉动消费，增加就业，促进社会的全面发展；而且，通过现代服务业体系的建立，尤其是以金融、物流、信息等为主的生产性服务业的发展，可以优化大都市的集散功能、资源配置功能和创新功能，增强大都市的辐射能力，更好地服务于周边地区，服务于全国。

二、发展上海现代服务业的思考

上海发展现代服务业的基本思路应是：立足于建设“四个中心”和世界级城市的目标，立足于产业发展的现实基础，把握产业服务化的大趋势，实施开放战略、集群战略和融合战略，构筑起公共服务业、生产与市场服务业，以及个人消费服务业三大服务体系。

所谓产业服务化主要体现在产业发展过程中信息服务、技术服务和金融服务等变得日益重要，不仅生产活动中与服务相关的业务比重不断增加，包括信息管理、研究开发、融资理财、综合计划、市场推广、售后服务等；而且，在整个价值链中与服务相关环节的价值含量也增高，如出售商标、加盟品牌、输出管理、转让专利等。产业服务化导致企业将各种提高效率和竞争力的活动外置(Outsourcing)，从而催生了大量的第三方专业服务企业，使得现代服务业迅速崛起并日益繁荣。与此同时，由服务赚取的利润也大大高于制造过程。如在欧美发达国家，整个汽车产业80%左右的利润来自服务过程，包括设计、广告、信贷、经销、租赁、按揭、保险、维修、保养、二手车市场、报废等；而制造过程只获得了约20%的利润。把握产业服务化趋势，可为上海发展现代服务业找到突破口。

开放战略是指进一步对内对外开放服务业，打破垄断，放宽准入，提高市场化程度。服务业是全球化程度最高的产业，20世纪90年代以来，服务业的跨国投资占全球总投资的60%；而我国服务业的市场化程度和对外开放度是所有产业中最低的。服务业44个大行业中，除零售、商业代理、房地产代理、旅馆、旅行社、娱乐、计算机服务等7个行业外，其他行业外商投资占总投资的比重都不到5%，有20个行业的外资比重尚不足1%。事实上，开放度低的产业往往是竞争力较弱的产业。以旅游业为例，我国酒店业是最早对外开放的行业，旅行社业则是开放程度最低的行业，至今仍然有许多限制。结果是：我国的酒店业的设施和管理水平达到了先进国家的水平，而旅行社业则是竞争力最差的行业。我国现有13 361家旅行社，全行业的总业务量还不及美国最大的旅行社运通公司的1/2，而且我国旅行社受到消费者的投诉也特别多。因此，上海发展现代服务业应该采取开放的战略，积极参与国际竞争，通过开放提高服务业的竞争力，在服务种类、服务质量、服务创新、服务管理等多个方面跟上世界的步伐。加入WTO和CEPA的实施都将加快上海服务业的对外开放和市场化步伐。实施对外开放当然先要对内开放，降低准入门槛，让国有的、民营的、本地的、外省的投资者能更自由的进入创业，形成多元投资、多种行业、多层次竞合发展的局面，推进服务业的资源配置由政府为主转向市场为主。

集群战略是指以产业集群的形式发展现代服务业，集群内的服务企业不仅为其他产业部门、个人、政府和企业提供不同的服务，它们之间既有竞争，也有一定的服务联系，可相互提供所需的服务。这种竞争互动关系使其内部结构能够自我升级不断优化。以产业集群的形式发展现代服务业，可形成规模效应、集聚效应，形成相互间的互动共生和竞争，最终形成适应国际大都市发展需要的多层次的服务业体系。不难发现，国际性大都市中，都有相对集中和完善的服务业集群，如市政服务业、商业服务业、会展服务业、咨询服务业、金融服务业、娱乐服务业、文化服务业等，这些产业群共同构成了整个社会的“大服务”系统。在区域布局上，服务产业群也有聚集的特点，中央商务区（CBD）、中央休闲区（CRD）通常是服务业产业群的聚集地。因而，上海也应考虑打造不同层次和特色的 CBD、CRD，通过集聚效应带动整个服务业的兴旺。

融合战略是基于对上海目前经济发展阶段和产业结构的考虑。发展现代服务业是要实现产业结构由工业主导型向服务主导型的跨越，但又不能脱离上海的现实，放弃先进的制造业。尤其在向服务经济转型的初期，要选择适应现有产业结构和资源要素水平的转型之路。2003 年上海人均 GDP 为 5 642 美元，属于工业化的中期，制造业仍是上海经济增长的主要动力。在现代服务业的发展中，可采取服务业与制造业融合发展的战略，一方面鼓励有条件的企业集团向服务业延伸，发展生产性服务业，并面向社会；另一方面促使服务业向农业、制造业的生产过程中渗透服务活动，增加农产品和工业产品中服务的附加值，使产品与服务一体化，逐步实现产业服务化。

通过以上三个战略的实施，上海就能逐步建立起现代服务业的三大体系，一是保证上海都市功能正常发挥、城市机器正常运转的公共服务业，这是城市现代服务业的基础；二是提高生产效率、促进上海从制造业中心向服务业中心转变的生产与市场服务业，这是上海现代服务业的主要支撑；三是提高人民生活水平和质量、有助于实现人的全面发展的个人消费服务业，这是现代服务业中发展潜力最大、创新空间最大的领域。

上海公共服务业体系中的公共管理服务、基础教育、公共卫生、医疗服务、交通服务、通信服务等服务领域大部分属于政府机关、事业单位，是国有经济比重大、垄断程度高的行业，多数单位尚未从传统计划经济体制内脱离出来，进入产业化、市场化的轨道，其经营方式和管理水平缺少现代服务业与时俱进的动态特征，服务的有效供给不足，难以满足社会多层次的需求。以医院为例，高质量的治疗服务和护理服务的供给均明显不足，如看专家门诊需要长时间的排队等候，甚至还要开后门托关系；住院的病人普遍抱怨医院里的饭菜欠佳，只好家家户户自己往医院送饭送菜。又如中小学学生的午餐问题始终没有得到很好解决，几乎没有学生愿意在学校就餐等。在公共服务业中普遍存在服务质量差、效率低的现象，关键是体制的壁垒没有打破，缺少竞争机制，没有充分发挥市场配置资源的基础性作用。要加快公共服务业的发展，必须放宽市场准入，让多种成分参与竞争，由政府担任规则的制定和监管，产业要素的调节和配置则交给市场这只“无形的手”。

生产和市场服务业是当今世界发展最快的服务业门类，也是上海现代服务业的重点和突破口。上海生产和市场服务业已经形成了一定的规模，如金融保险业、房地产业、管理咨询业、中介代理业等，与公共服务业相比，其市场化的程度也较高，但专业化程度不高，如第三方的现代化专业服务公司不够强大，许多制造业企业都是自己办服务业企业，自我服务，一些政府部门、事业单位也都办自我服务企业，政府、企事业单位内部俨然像一个小社会，造成了资源的严重浪费，效率低下，甚至于腐败。此外，上海生产和市场服务业与制造业的融合化程度不高，服务业的价值比重低。目前上海生产性服务业价值总量约占制造业比重的1/5左右，国外的比重是60%左右。上海大力发展现代生产和市场服务业要充分利用制造业企业活动外置化和专业服务外置化提供的服务空间，加强服务的专业化和融合化，形成一个内部联系紧密的服务产业集群，从生产和市场活动的各个环节包括咨询、研发、投资、人力资源配置、生产、营销、物流、财务、技术、法律、中介等提供全方位的服务。同时，拓展新的服务领域，建立面向长三角的跨区域服务体系；近期可选择产业链长、关联带动效应显著的新兴产业作为发展上海现代生产和市场服务业的重点，加以扶持。

现代物流业：通过现代化的物流手段，搭起连接产品的生产与消费之间的桥梁，能大大提高企业的生产和经营效率。作为中国经济中心的上海，有巨大的物流量，通过信息和网络技术、先进管理手段发展现代物流业，为农业、工业和市场提供高效率的供应服务，有着极大的需求和广阔的市场前景。

设备租赁服务业：大力发展专业化的设备租赁服务业，不仅可以有效地配置设备资源，还可以发挥租赁公司规模采购、集中服务的优势，降低经济运行成本。利用租赁公司的商业信用和对承租人租赁信用的控制，还可以扩大银行的信贷批发业务，控制银行信贷风险。银行支持专业化租赁公司发展，可以解决中小企业融资难，促进再就业。目前上海是设备的制造中心，发展设备租赁服务业具有得天独厚的条件，可率先成立面向全国市场的专业性租赁营销服务企业，向规模化、产业化方向发展。

知识型服务业：属于具有高增值、高带动性、高成长性的服务产业，包括管理咨询、工程咨询、专业服务、形象策划、中介服务等行业。信息经济时代，经济的一大特征就是形成了以知识为核心的各个产业之间的新关联关系，知识型服务业逐渐成为服务业发展中的主流和支持经济不断发展的动力。上海是人才高地、知识高地，可加快发展有竞争力的知识型服务业。

环境服务业：一种新型的服务业，主要包括：污染控制、监测、垃圾处理、污染净化和废物治理的技术服务。环境是全世界都非常关注的问题，环境服务业具有长期的可持续发展性。

电子商务业：上海定位为国际贸易中心，电子商务业则是一种利用现代信息网络的商贸交易方式。网上交易、网上支付、网上交流等新兴的电子交易方式具有广泛的应用领域，已成为国际贸易发展的新趋势。电子商务业将成为上海向信息化社会发展的重要支柱产业。

个人消费服务业是上海现代服务业中潜力最大、创新空间最大的服务领域。2003 年上海的最终消费率为 44.5%，其中居民消费率为 33.8%，远低于美国的 82% 的最终消费率和 68% 的居民家庭消费率，个人消费对服务的要求趋于多样化和个性化，因而个人消费服务业不仅要提供一般性的大众化服务产品，还要善于创新，提供针对特殊群体的个性化服务产品，甚至是一对一的定制产品。上海目前的个人消费服务业总体上还是有效供给不足，特别是个性化服务产品供给不足，如家政服务业，普通的家政服务员在淡季过剩，而针对产妇市场的“月子保姆”一直供不应求；普通的上海地图常常过期了也卖不掉，而上海公厕地图、上海公共绿地地图等专业地图，即使价格稍高，也会卖得脱销；更有甚者，一些人愿意出高价也买不到优质服务产品等。要改变上海个人消费服务业中有效供给的不足，适应社会发展的新需求，应该在创新中寻求突破和制造亮点，在新兴的产业中挖掘潜在的需求，参照国际经验，目前可考虑在以下产业中培育上海个人消费服务业的优势产品。

教育培训业：基础教育之外的各项教育和培训。当今科学技术发展迅速，知识更新加快，继续学习、企业培训、再就业培训、职业教育、专业技术教育等需求量日益增大，不少外国培训机构也进驻上海，抢占市场，教育产业化很早就提出来了，但目前上海教育培训市场上鱼龙混杂，市场还有待进一步规范。

健康服务业：健康消费越来越为人们重视，在国外，健康投资是一项重要开支，在上海的发展潜力很大。

文化产业：文化产业在发达国家发展很快，其出版物、音乐、电影、电视等文化产品几乎渗透到世界的各个角落，已经成为服务贸易中的主角。如美国2001年娱乐业创利达到4 800亿美元。1995年英国文化产业收入占GDP的4%，超过了任何一种传统制造业创造的价值。上海的文化产业还很弱小，市场化程度不高，必须大力扶持和发展。

旅游业：旅游消费在居民个人消费中的比例越来越高，世界旅游组织的数据显示，旅游业早在1992年就已经成为世界第一大产业。上海每年接待8 000万的游客，如果每人能增加100元消费，就能给上海增加80亿元收入。创造良好的旅游环境，提供吸引游客的个性化旅游产品，增加游客的逗留时间，就为上海创造更多的财富。

通过现代服务业三大体系的建立与相关重点产业的发展，必将有力促进上海经济的持续、稳定增长和社会的全面发展。

（本文原载于《上海经济》2004年第S1期）

世界产业服务化与发展上海现代服务业的战略思考

一、世界产业服务化的发展趋势分析

从世界范围来看,服务业正成为经济增长的重要引擎,是现代经济持续快速发展的主要原动力,其兴旺发达已经成为经济现代化的重要标志。自20世纪60年代初,世界主要发达国家经济重心开始转向服务业,服务业在就业和国内生产总值中的比重不断加大。20世纪80年代全球经济呈现出从“工业型经济”向“服务型经济”转型的总趋势,产业发展则呈现出服务化的新趋势。具体体现在以下几方面:

1. 产业结构服务化

所谓产业结构服务化是指在三次产业的构成中,服务业的产出和就业人数占据了主导地位,成为全球经济增长的主导产业。从全球GDP增长的贡献率来看,自20世纪60年代开始,主要发达国家的服务业在整个国民经济当中的比重超过了50%,美国在20世纪50年代就超过了50%。此后,在世界各个国家服务业都呈现了增长的趋势,服务业的增加值占GDP的比重不断上升。1980－2000年期间,全球服务业增加值占GDP比重由56%升至63%,主要发达国家达到71%,中等收入国家达到61%,低收入国家达到43%。

全球服务业就业的比重也稳步增加,西方发达国家服务业就业比重普遍达到70%左右,少数发达国家达到80%以上。1999年,大部分发展中国家就业劳动力占全部就业劳动力的比重平均达到40%以上。在发达国家的大都市产业结构服务化的特征尤为明显,其

GDP 的 70%、就业人口的 70% 都集中在现代服务业。如纽约、伦敦的服务业占 GDP 的比重均超过 85%，服务业就业人数占总就业人数达到 70% 以上，服务贸易占到贸易总额的 1/4，服务消费占到所有消费的 1/2 左右。由于服务业的发达，国际化大都市通常均是国际服务中心。

产业投资结构的变化也从另一个侧面反映了产业结构服务化的趋势。20 世纪 50 年代初服务业占对外直接投资的比重不到 20%，在 20 世纪 70 年代初也只有 25%。到了 20 世纪 80 年代中期，在世界对外投资约 7 000 亿美元总存量中，投资于服务行业的已达到 3 000 亿美元，占 40% 左右。1990 年，服务业吸收的外商直接投资超过了第一、第二产业之和，在跨国投资总额中所占比重达到了 50.1%。20 世纪 90 年代以来，服务业外商直接投资在投资总额中一直占据一半以上的份额。

2. *产业活动服务化*

产业活动服务化主要体现在农业、制造业发展过程中信息服务、技术服务和金融服务等服务功能变得日益重要，不仅生产活动中与服务相关的业务比重不断增加，包括信息管理、研究开发、融资理财、综合计划、市场推广、售后服务等；而且，在整个价值链中与服务相关环节的价值含量也增高，如出售商标、加盟品牌、输出管理、转让专利等。体现在服务业内部结构中，是生产性服务比重大幅度提高，目前世界主要工业国生产性服务业的比例达到 50% 以上。与此同时，在产业活动中由服务赚取的利润也大大高于制造过程。如在欧美发达国家，整个汽车产业 80% 左右的利润来自服务过程，包括设计、广告、信贷、经销、租赁、按揭、保险、维修、保养、报废等；而制造过程只获得了约 20% 的利润。产业服务化导致企业将各种提高效率和竞争力的活动外置，从而催生了大量的第三方专业服务企业，使得现代服务业迅速崛起并日益繁荣，资金密集型和技术密集型的现代服务业成为服务业增长中的“主导”行业，如金融、保险、证券、信息技术、房地产、中介组织、教育、旅游等。据调查数据，1997 年美国年收入在 8 000 万美元以上的公司，其服务开支增加了26%,信息技术服务占全部费用的30%,人力资源服务占16%,市场和销售服务占14%,金融服务占11%。在欧洲的英国、法国和意大利,对信息技术服务的开支成为企业增长最快的支出。

3. 产业组织服务化

产业组织服务化最显著的特征是服务型跨国公司的全球性扩张和垄断经营格局的形成。20世纪90年代以后,服务业成为全球产业转移的新兴领域,在全球服务业中增长最快的是国际服务贸易,1980-2000年期间,世界服务贸易额增长了近400%,年均增长率为7.1%;而货物贸易额增长不到300%,年均增长仅5%。制造业类的跨国公司服务部门业务出现向发展中国家转移的趋势,如世界著名的微软、IBM、惠普、甲骨文、朗讯等高科技企业均把部分后勤保障部门转移到了亚洲。一些发展中国家正在从"世界工厂"变为"世界办公室"。服务型的跨国公司利用其在资金、技术、信息、品牌和网络上的巨大优势,在全球范围内配置资源,抢占发展中国家的服务市场。部分发展中国家的区域中心城市因此逐步显现"总部经济"效应。随着服务业市场壁垒的进一步降低,全球将掀起以服务业为主导的新一轮国际产业转移的浪潮。

为了能够向遍布世界各地的消费者提供优质服务,全球网络型组织构架成为目前许多服务型跨国公司所采用的组织形式,如跨国性的旅游酒店集团、商业零售商店等。项目外包则成为跨国公司广泛应用的经营形式。据统计,国际项目外包市场2003年达到5.1万亿美元的规模,涉及产品制造服务、IT服务、人力资源管理、金融、保险、会计服务等多个服务领域,并以每年约20%的速度增长。与服务经济相适应的是,制造业生产企业的组织模式也发生了从大规模生产(Mass Production)向大规模客服化(Mass Customization)转变的趋势,客户满意度导向、供应链管理和企业群层面的竞争等服务含量高的领域成为企业赢得市场的主要环节,通过国际服务质量标准认证也成为企业立足市场的基本条件。

二、上海现代服务业的“短腿”现象分析

1. 上海服务经济发展水平与世界发达地区差距较大

上海的城市定位是国际经济、金融、贸易、航运中心之一，战略目标是世界级的城市。在四个中心的定位中，金融、贸易、航运均属于服务业。应该说，上海正在努力构建符合世界经济发展大趋势的服务型大都市。但与世界发达地区相比，上海服务经济的发展水平存在明显的“短腿”现象。主要表现在以下几方面：

第一，服务业的经济总量低。体现在服务业的增加值总量小，占GDP的比重少。发达国家大城市服务业增加值占GDP的比重一般都在70%－80%。以纽约为例，2000年服务业增加值占GDP的比重为84%，制造业比重仅为10%；而上海2003年服务业增加值占GDP的比重仅为4.84%，与三年前的纽约相差36个百分点，应该说是一个不小的差距。如果说上海与纽约的差距是由处于不同的经济发展阶段造成的（根据GDP的总量，上海处于库兹涅茨定义的工业化的中期，而纽约则已步入后工业化社会，即知识经济时代），那么与中等发达国家平均60%的比重相比，上海的服务业仍然处于一个较低的水平。目前上海服务业的增加值只相当于香港的1/5。表1是部分国际大城市三次产业结构的构成，从中我们可以看出上海的服务业明显落后。

表1　三次产业结构的国际比较　（单位：%）

	上海 2003年	纽约 1997年	香港 2002年	大阪 1997年	汉城 1998年	新加坡 1999年
第一产业	1.5	0.45	0.1	0.008	0.54	0.2
第二产业	50.1	11.94	15.2	25.89	8.96	35.8
第三产业	48.4	87.6	87.5	73.31	90.50	64.1

资料来源：根据《上海统计年鉴》1995－2002年，上海统计网相关数据整理。

第二，服务业的增长率低。自1996年以来，上海服务业增加值占

GDP 的比重每年以 1－2 个百分点的速度上升，2001 年达到了 50.7%，2003 年出现了逆转，降为 48.4%，其增长率甚至低于第二产业。2004 年上半年，服务业增加值占 GDP 的比重进一步下降到46.9%。与此同时，第三产业增加值的增长率也从 1996 年的 25.9% 下降到 2003 年的 9.8%，明显放慢了增长的速度（见表 2）。

表 2　1996－2003 年上海第二、三产业增加值的发展表

（单位：亿元）

年份	第二产业	第三产业	GDP	第二产业占 GDP 比重	第三产业占 GDP 比重	第二产业增长率	第三产业增长率
1996	1 582.50	1 248.12	2 902.20	54.5%	43.0%	12.2%	25.9%
2001	2 355.53	2 509.81	4 950.84	47.6%	50.7%	8.9%	8.9%
2003	3 130.72	3 027.11	6 250.81	50.1%	48.4%	22.1%	9.8%

资料来源：上海统计网、www. info. gov. hk、《国际统计年鉴》2001 年等有关数据整理。

第三，服务业的结构层次低。如前所述，世界服务业不仅发展速度加快，服务业的结构也在不断升级，附加值高的知识密集型和技术密集型的服务产品主导了服务业的发展潮流，创造了更多的产出。统计显示，很多发达国家为生产和市场服务的服务产出比重占到了整个服务业的 50% 以上，而中国仅为 28%。

以纽约为例，从 20 世纪 70 年代起，面向生产消费和以提高经营管理和全社会科学教育文化水平为目的的生产性服务业迅速发展，形成了一个包括金融、保险、房地产业、各种商业服务、工程和管理服务、法律服务、开发研究、咨询等在内的生产性服务业的产业集群，新兴服务企业如银行、交易所、律师楼、贸易公司、广告公司、会计公司、设计中心、交通通信服务公司等大量涌现。2000 年纽约就业人口中有 62% 是从事生产性服务业，1999 年纽约的知识服务业总收益达到了 520.9 亿美元。2002 年，上海信息咨询、教育和综合技术服务三大部门占 GDP 的比例仅分别为 1.64%、1.55% 和 1%。根据上海统计局公布的上海第三产业增加值构成数据（见表 3），我们也能看出交通运输、仓储和邮政业，批发和零售等传统服务业的比重较高，分别为 18.80% 和 18.20%，而附加值高的信息传输、计算机服务和软件业的比重仅为 7.40%。

表 3 上海第三产业增加值构成数据 （单位：%）

	交通运输、仓储和邮政业	批发和零售	信息传输、计算机服务和软件业	金融业	房地产业	合计
2003	10.30	18.80	7.40	20.80	15.30	100
2004.1－6	11.60	18.20	7.70	23.00	15	100

资料来源：根据上海统计网相关数据整理。

第四，服务业的市场化程度低。在国际上，服务业属于竞争性行业，市场化程度很高；目前已经出现了服务业的全球化趋势，服务产品开始从发达国家向发展中国家转移，服务贸易额快速增长，并且这些服务产品的价格是由市场按供求关系来确定的。相比之下，我国服务业的市场化程度较低，一些服务产业属于国家福利型、国家垄断型，尚未进入市场，缺少竞争机制；一些服务业的产品价格主要由国家制定，如证券、保险、教育、通信等行业，抑制了服务的有效供给，也限制了消费者的选择。整个服务业的产业化发育程度不高，直接制约了服务业的经济增长。

第五，服务管理水平的差距。服务产品与一般的制造业产品最大的差别在于，它是一种无形的产品，生产过程与消费过程是同时进行的，因而服务的管理就显得十分重要。在发达国家，服务业的管理主要是通过制定各类标准来实施的，如国际标准化组织（ISO）从 1996 年就提出了推行服务标准化的建议；近年来，欧洲标准化委员会（CEN）已成立了 6 个服务标准化工作委员会，还召开了以服务标准化为主题的“21 世纪的标准化”研讨会。目前，由德、法、英等国制定的国家标准，很多已上升为欧盟标准。法国目前已制定了 40 项服务标准，有 18 个服务行业通过了服务企业质量认证，由法国标准化协会颁发“NF 标志”(法国质量认证合格标志)。在我国,这项工作虽然已经起步,但因服务质量引起的大量投诉纠纷,折射出服务管理尚处于一个较低的水平。

2. 实现向服务经济的转型是上海经济持续发展的关键

上海经济多年来一直连续保持强劲的增长势头,目前人均GDP已达到5 000美元的水平。统计数据显示,上海经济增长是制造业和服务业双引擎的共同拉动。近年来,制造业的发展势头更加迅猛,对GDP的贡献更大,服务业的贡献则略有下降。在上海新一轮的发展中,由谁来承担支撑经济增长的主导产业,曾引起大讨论。笔者认为,实现向服务经济的转型,迎接国际新一轮的服务业转移,是上海经济保持持续增长的关键。

首先,服务经济取代工业经济是产业发展的一般规律。上海的资源条件决定了其必须把高端的技术开发和现代服务业作为其产业发展的战略方向。上海的设备资源、人才资源、信息资源和高水平的管理,使其在发展现代服务业方面在全国具有领先优势,而上海在同发展传统加工业有关的土地成本、人力资源成本以及管理成本等方面,则已经难以同国内其他地区进行竞争。值得注意的是,上海工业产值中制造业产品的利润率和附加值逐年下降,产业的发展空间越来越小。因此,通过在制造业中融入服务经济的元素,增加产品的服务功能、技术含量和文化性,实现制造业与服务业的有机融合,从而提高工业制成品的附加值,是走出一条适应上海制造业成功转型的有效途径。

其次,上海作为国际大都市、长江三角洲的龙头,通过现代服务业体系的建立,尤其是以金融、物流、信息等为主的生产性服务业的发展,可以优化大都市的集散功能、资源配置功能和创新功能,为新兴产业发展和经济新增长点的培育创造良好的环境;可以支配与控制区域内的物资流、技术流、资金流、信息流,占领产业链的价值高端,从而提升城市的能级和竞争力,增强大都市的辐射能力,扩大区域影响力,有助于早日实现四个中心的战略目标。

第三,服务资源对促进第一产业和第二产业的现代化至关重要。传统产业通过自我升级实现现代化是产业发展的必然。在这一过程中,服务业的作用不可或缺。新型工业化实际上依赖于信息服务业的发展程度,而现代制造业的发展也离不开金融业、保险业、物流业、商务服务、科研服务等服务业的支撑。此外,服务经济具有较强的渗透性,能优化传统产业资源的配置。

第四,服务业能直接拉动消费,促进经济增长。长期以来,我国经济的快速增长是由投资推动的,而消费对经济的拉动作用则不强。如果增长靠投资推动的状况不改变,消费率长期偏低,会使快速增长的投资最终失去需求的支撑,形成生产过剩,甚至导致银行坏账,持续长期的增长格局亦将难以维持。服务业是面对生产、市场、人民的直接消费产业,在需求链上处于末端,属于最终需求,对经济增长有直接拉动作用。

第五,服务业能增加就业,促进社会的全面发展。在工业化时代,世界上不少地区经济的发展一直面临"失业型"增长的难题和困扰。在提倡科学发展观的今天,应"以人为本",增加就业本应是现代经济发展的重要目的。服务业是吸纳就业的"蓄水池"。以旅游业为例,一个直接旅游就业机会可以创造 5 个间接岗位,目前上海通过发展旅游业而解决的直接和间接就业人口达到了 110 万人。可见,上海实现向服务经济的成功转型不仅有利于经济的持续增长,同时对社会的全面协调发展也有着积极意义。

三、上海现代服务业的发展思路与体系构筑

1. 上海现代服务业的发展思路

服务经济主导了当今世界经济的发展。在全球化的大背景下,上海服务业的滞后,有可能成为制约上海未来进一步发展的瓶颈,但上海服务业与世界的差距,亦让我们看到了其巨大的发展空间。"大力发展现代服务业"是目前上海经济发展的客观需要。然而,在拓展服务

业发展空间的过程中，在制定相关产业政策的过程中，在具体的行动实施中，我们都面临着怎样确定和选择导向。笔者认为，上海现代服务业的立足点是上海世界级城市的功能定位和产业发展的现实基础，着眼点是服务业国际竞争力的提高。具体而言，要匹配两个目标，实施三种战略。

两个目标是指上海实现“四个中心”和“世界级城市”的目标。上海现代服务业的发展要与上海的发展目标紧密结合起来，能够充分体现国际中心和大都市的综合服务功能，有助于合理配置庞大的信息流、物流、资金流、人流等；能够发挥强大的集聚效应和辐射功能，要重点发展与建设经济、金融、贸易和航运中心相适应的服务产业。在构建与“两个目标”相匹配的现代服务业的过程中，要有前瞻性的眼光，不仅考虑建立对“两个目标”具备强有力支撑作用的服务产业体系，还要着力培育能提升城市能级和竞争力的新型服务产业。

三种战略是指开放战略、集群战略和融合战略。这三种发展战略的确定是建立在对现代服务业特征认识和判断基础之上，也是面对上海发展现实的一种可行性选择。

开放战略在全球化的背景下，所有的区域和城市都处于开放的全球大市场之中，成为全球网络中的一个节点，所有的产业也都是全球产业价值链中的一个环节。服务业是全球化程度最高的产业，20 世纪 90 年代以来，服务业的跨国投资占全球总投资的 60%，现代服务性公司能够利用网络向全球任何地区的客户提供服务。恰恰相反，我国服务业的市场化程度和对外开放度是所有产业中最低的，服务业 44 个大行业中，除零售、商业代理、房地产代理、旅馆、旅行社、娱乐、计算机服务 7 个行业外，其他行业外商投资占总投资比重都不到 5%，其中 20 个行业的外资比重尚不足 1%。事实说明，开放度低的产业往往是竞争力最弱的产业。以中国旅游业为例，旅游酒店业是最早对外开放的行业，旅行社业则是开放程度最低的行业，至今仍然有许多限制。结果十分明显：我国的旅游酒店业的设施和管理水平达到世界先进国家的水平，而我国的旅行社业则是竞争力最差的行业。我国现有13 361家旅行社，全行业的总业务量加在一起还不到美国最大的旅行社运通公司的1/2。上海发展现代服务业应该采取开放的战略，积极参与国际竞争，融入世界大市场和产业分工体系之中，争取通过开放提高服务业的竞争力，在服务种类、服务质量、服务创新、服务管理等多个方面跟上世界的步伐。加入WTO和CEPA的实施都将加快上海服务业的对外开放和市场化。实施对外开放当然先要对内开放，降低准入门槛，让国有的、民营的、本地的、外省的投资者能更自由的进入创业，形成多元投资、多种行业、多层次竞合发展的局面，推进服务业的资源配置由政府为主转向市场为主。

集群战略如前所述，现代服务业是一个产业群的概念，它们不但为其他产业部门、市场、个人、政府和企业等提供不同的服务活动，其内部不同的产业之间也有着天然的服务关系，彼此间相互提供所需的服务，有着产业集群的组织特征，其内部结构能够通过自我升级不断优化。以产业集群的形式发展上海的现代服务业，形成规模效应、集聚效应，形成相互间的互动共生和竞争，最终形成适应国际大都市发展需要的多层次的服务业产业体系。我们不难发现，国际性大都市中，都有十分集中和完善的服务业集群。如市政服务业、公务服务业、商业服务业、会展服务业、咨询服务业、交通服务业、金融服务业、保险服务业、通信服务业、娱乐服务业、医疗服务业、教育服务业、文化服务业、体育服务业等。这些产业群共同构成了整个社会的“大服务”系统。在区域布局上，服务产业群也有聚集的特点，中央商务区（CBD）、中央休闲区（CRD）通常是服务业产业群的聚集地，纽约曼哈顿就是一个典型的例子。因而，上海现代服务业的发展可以考虑打造不同层次和特色的CBD、CRD，通过集聚效应带动整个服务业的兴旺。实施集群战略是遵循现代服务业发展特征和国际经验的战略思路。

融合战略是基于对上海目前经济发展阶段和产业结构的考虑。发展现代服务业是要实现产业结构由工业主导向服务主导的跨越，但不是脱离上海的现实,放弃先进的制造业,尤其在向服务经济转型的初期,要选择适应现有产业结构与资源要素水平的转型之路。2003 年,上海人均 GDP 为 5 642 美元,属于工业化的中期,制造业仍然是上海的优势产业。在现代服务业的发展中,可采取服务业与制造业融合发展的战略,大力发展生产型服务业,一方面鼓励有条件的企业集团向服务业延伸,发展生产性服务业,加强制造业两端的服务,包括前端研发、设计等,以及后端的销售、市场推广等服务,并将部分内部服务剥离成独立的第三方服务企业,面向社会;另一方面促使服务业向农业、制造业的生产过程中渗透服务活动,增加农产品和工业产品中服务的附加值,使产品与服务一体化,逐步实现产业服务化。

2. 构筑上海现代服务业的三大体系

通过以上三个战略的实施,上海就能逐步建立起现代服务业的三大体系:一是保证上海都市功能正常发挥、城市机器正常运转的公共服务业,这是城市现代服务业的基础;二是提高生产效率、促进上海从制造业中心向服务业中心转变的生产与市场服务业,这是上海现代服务业的主要支撑;三是提高人民生活水平和质量、有助于实现人的全面发展的个人消费服务业,这是现代服务业中发展潜力最大、创新空间最大的领域。现代服务业三大体系的建立与发展必将有力促进上海经济的持续、稳定增长和社会的全面发展。

(1) 上海公共服务业体系中的公共管理服务、基础教育、公共卫生、医疗服务、交通服务、通信服务等服务领域大部分属于政府机关、事业单位,是国有经济比重大、垄断程度高的行业,多数单位尚未从传统计划经济体制内脱离出来,进入产业化、市场化的轨道,其经营方式和管理水平缺少现代服务业与时俱进的动态特征,服务的有效供给不足,难以满足社会多层次的需求。以医院为例,高质量的治疗服务和护理服务的供给均明显不足,如看专家门诊需要长时间的排队等候,甚至还要开后门托关系;住院的病人普遍抱怨医院里的饭菜欠佳,只好家家户户自己往医院送饭送菜。又如中小学学生的午餐问题始终没有得到很好解决，几乎没有学生愿意在学校就餐等。在公共服务业中普遍存在服务质量差、效率低的现象，关键是体制的壁垒没有打破，缺少竞争机制，没有充分发挥市场配置资源的基础性作用。要加快公共服务业的发展，必须放宽市场准入，让多种成分参与竞争，由政府担任规则的制定和监管，产业要素的调节和配置则交给市场这只“无形的手”。

（2）生产和市场服务业是当今世界发展最快的服务业门类，也是上海现代服务业的重点和突破口。上海生产和市场服务业已经形成了一定的规模，如金融保险业、房地产业、管理咨询业、中介代理业等。与公共服务业相比，其市场化的程度也较高，但专业化程度不高，如第三方的现代化专业服务公司不够强大，许多制造业企业都是自己办服务业企业以自我服务，一些政府部门、事业单位也都办自我服务企业，政府、企事业单位内部俨然像一个小社会，造成了资源的严重浪费，效率低下，甚至于腐败。此外，上海生产和市场服务业与制造业的融合化程度不高，服务业的价值比重低。目前，上海生产性服务业价值总量约占制造业比重的1/5左右，国外的比重是60%左右。

上海大力发展现代生产和市场服务业，要充分利用制造业企业活动外置化和专业服务外置化提供的服务空间，加强服务的专业化和融合化，形成一个内部联系紧密的服务产业集群，在生产和市场活动的各个环节，包括咨询、研发、投资、人力资源配置、生产、营销、物流、财务、技术、法律、中介等提供全方位的服务。同时，拓展新的服务领域，建立面向长三角的跨区域服务体系。近期可选择以下产业链长、关联带动效应显著的新兴产业，作为发展上海现代生产和市场服务业的重点，加以扶持。

现代物流业——通过现代化的物流手段，搭起连接产品的生产与消费之间的桥梁，能大大提高企业的生产和经营效率。作为中国经济中心的上海，有巨大的物流量，通过信息和网络技术、先进管理手段发展现代物流业，为农业、工业和市场提供高效率的供应服务，有着极大的需求和广阔的市场前景。

设备租赁服务业——大力发展专业化的设备租赁服务业，不仅可以有效地配置设备资源，还可以发挥租赁公司规模采购、集中服务的优势，降低经济运行成本。利用租赁公司的商业信用和对承租人租赁信用的控制，还可以扩大银行的信贷批发业务，控制银行信贷风险。银行支持专业化租赁公司发展，可以解决中小企业融资难，促进再就业。目前上海是设备的制造中心，发展设备租赁服务业具有得天独厚的条件，可率先成立面向全国市场的专业性租赁营销服务企业，向规模化、产业化方向发展。知识型服务业属于具有高增值、高带动性、高成长性的服务产业，包括管理咨询、工程咨询、专业服务、形象策划、中介服务等行业。信息经济时代，经济的一大特征就是形成了以知识为核心的各个产业之间的新关联关系，知识型服务业逐渐成为服务业发展中的主流和支持经济不断发展的动力。上海是人才高地、知识高地，可加快发展有竞争力的知识型服务业。

环境服务业——一种新型的服务业，主要包括：污染控制、监测、垃圾处理、污染净化和废物治理的技术服务。环境是全世界都非常关注的问题，环境服务业具有长期的可持续发展性。

电子商务业——上海定位为国际的贸易中心，电子商务业则是一种利用现代信息网络的商贸交易方式。网上交易、网上支付、网上交流等新兴的电子交易方式具有广泛的应用领域，已成为国际贸易发展的新趋势。电子商务业将成为上海向信息化社会发展的重要支柱产业。

（3）个人消费服务业是上海现代服务业中潜力最大、创新空间最大的服务领域。2003 年上海的最终消费率为 44.5%，其中居民消费率为 33.8%，远低于美国的 82% 的最终消费率和 68% 的居民家庭消费率。个人消费对服务的要求趋于多样化和个性化，因而个人消费服务业不仅要提供一般性的大众化服务产品，还要善于创新，提供针对特殊群体的个性化服务产品，甚至是一对一的定制产品。要改变上海个人消费服务业中有效供给的不足，适应社会发展的新需求，应该在创新中寻求突破和制造亮点，在新兴的产业中挖掘潜在的需求，参照国际经验，目前可考虑在以下产业中培育上海个人消费服务业的优势产品。

教育培训业——基础教育之外的各项教育和培训。当今科学技术发展迅速，知识更新加快，继续学习、企业培训、再就业培训、职业教育、专业技术教育等需求量日益增大，不少外国培训机构也进驻上海，抢占市场，教育产业化很早就提出来了，但目前上海教育培训市场上鱼龙混杂，市场还有待进一步规范。

健康服务业——健康消费越来越为人们重视，在国外，健康投资是一项重要开支，在上海的发展潜力很大。

文化产业——文化产业在发达国家发展很快，其出版物、音乐、电影、电视等文化产品几乎渗透到世界的各个角落，已经成为服务贸易中的主角。如美国2001年娱乐业创利达到4 800亿美元。1995年英国文化产业收入占GDP的4%，超过了任何一种传统制造业创造的价值。上海的文化产业还很弱小，市场化程度不高，必须大力扶持和发展。

旅游业——旅游消费在居民个人消费中的比例越来越高，世界旅游组织的数据显示，旅游业早在1992年就已经成为世界第一大产业。上海每年接待8 000万的游客，如果每人能增加100元消费，就能给上海增加80亿元收入。所以，创造良好的旅游环境，提供吸引游客的个性化旅游产品，增加游客的逗留时间，就能为上海创造更多的财富。

四、发展上海现代服务业的几点建议

1. 以市场化推进上海现代服务业的发展

服务业是一个产业，只有按照市场化的方式运作，引入竞争机制，才能实现产业规模的扩大和产业效率的提高。首先，放宽市场准入，允许不同经济主体参与竞争，推进服务业的资源配置由政府为主向市场为主的转变，促进有效供给；其次，制定市场规则和行业标准，保持良好的市场秩序和环境，加强消费者权益保护，促进有效需求。

2. 优化服务业的产业组织结构

产业的竞争力来源于企业，而服务企业的竞争力更多地依赖于企业跨区域的网络和品牌的建立，上海要着力培育具有国际竞争力的大型综合服务企业，打破行政分割，为服务企业能够跨区域、跨行业、跨所有制发展创造条件。同时，要支持企业创立服务品牌，鼓励管理输出、品牌特许连锁经营等。

3. 完善促进现代服务业发展的政策体系

尽快制定有利于现代服务业发展的相关政策，在市场准入、融资拓宽、人才培养、法制建设、收入分配、服务标准制定等方面出台新政策，如允许民间资本进入新兴服务业，扩大外资进入的领域，加快国有服务企业的收入分配改革等。

参考文献

[1] 李善同.凸现新经济特点——世界服务业发展趋势[J].国际贸易，2002(3).

[2] 黄少军.服务业与经济增长[M].北京：经济科学出版社，2000.

[3] 哈特韦尔.服务业革命：现代经济中服务业的革命[M]//欧洲经济史.北京：商务印书馆，1989.

[4] 华而诚.论服务业在国民经济发展中的战略性地位[J].经济研究，2001(12).

[5] Hoekman B, Brga C A P. Portecrion and Trade in Service [J]. Open Economic Review, 1997, 8(3).

[6] Mundell. International Trade and Faeotr Mobility [J]. American Economic Review, 1995(6).

（本文原载于《世界经济研究》2005年第1期，与王慧敏合作）

当前若干经济热点问题

一、资源环境问题

我国人口多,虽然资源总量不少,但按人均计算当属匮乏,可谓"地大人多物不博"。而我国经济快速发展中资源消耗却很大,我们创造了全球约6%的经济总量,但消耗了约30%多的能源和钢铁;因此必须转变增长方式,走"低消耗"、集约型可持续发展的道路,以解决资源环境问题。为此,必须抓好以下几方面工作:

(1) 调整产业结构。要"压"高消耗的产业,发展资源消耗比较少的产业。国际经济正在进行着结构调整和产业转移,一些发达国家在产业转移中,将高能耗和高消耗的产业或工序转向发展中国家,这就造成了发展中国家产业的消耗高而附加值低的局面。所以我国新一轮发展必须落实科学发展观,积极调整产业结构,大力发展高端产业和现代服务业,降低产值能耗水平。

(2) 实行科教兴国战略,通过科技创新和文化创意来提高产品的附加值。

(3) 发展循环经济,实现资源利用的减量化、无害化和再生利用。

(4) 善于利用世界资源。全球资源的分布是不平衡的,我们要学会利用国际资源来发展自己,实施"走出去"的战略,开发两个市场、利用两种资源,即国内市场和国际市场、国内资源和国际资源。如今我们已有一定的产业技术基础和6 000多亿美元外汇储备,已具有"走出去"的条件。

(5) 开发新的能源。中国的能源结构不太合理,不可再生的能源

（例如煤炭和石油）消耗大，而其他新型可再生能源开发利用的比例小。可再生能源主要有太阳能、风能和生物质能。我国西部地区有丰富的太阳能，风能也很丰富，但是这两种能源的利用率相对较低、生物质能就上海而言，主要是利用农业废弃物和城市垃圾。目前在浦东已经建立了一个大型垃圾焚烧厂，通过焚烧垃圾来发电。预计 2020 年，我国利用生物质能发电的装机容量可以达到 2 000 万千瓦，这相当于燃烧 1 500 吨煤的发电量。应用新能源的关键一是技术，二是体制。目前这方面的技术已基本成熟，但体制问题尚待克服。比如利用风能和生物质能发电，需要解决发电上网和电价如何分摊的问题。为此，国务院不久前已下发关于鼓励可再生能源的开发利用的文件，内容包括对发电项目贷款的财政贴息、允许就近上网、超平均电价部分由电网分摊、合理利润的保证等，与此相关的立法也在审议中。

二、就业问题

就业问题是困扰我国经济发展的大问题，要从战略高度看待这一问题，目前就业压力主要源于：

（1）农村剩余劳动力。农业的劳动生产率不断提高，农村剩余劳动力就日益增多。据估算，未来 15 年里将有近 2 亿农村剩余劳动力要转向非农产业。

（2）国有企业的下岗职工。1990 年以来，随着技术进步，劳动生产率的提高和产业结构调整，国有企业职工下岗累计约 1 500 万，通过各种努力，安置了近千万人。在今后的结构调整中还会有富余劳动力需要再就业，这一情况在东北老工业地区较为严重。

（3）我国人口继续增长。目前城镇地区每年新增劳动力约有六七百万，就业压力大。解决就业问题的根本出路在于发展生产，首先要大力发展制造业。虽然制造业的技术越先进，其所需劳动力就越少，但是我们还是要发展制造业以创造新就业岗位。其次要大力发展服务业。目前我国城市的服务业并不发达，有人曾经做过调查，中国 7 大城市的社区服务业可吸纳劳动力达2 000 万人,但目前这些城市中只有1 000多万人在从事社区服务,也就是说还有近千万的岗位潜力可挖。此外,制造业发展对服务的需求也大大增加。目前工业化国家的产业发展已出现服务化趋势,即在产业链中服务环节创造的价值所占比重越来越大,吸收就业所占的比重也越来越大。例如,在美国汽车业中,制造过程所获得的利润只占到总利润的20%左右,而其配套的产前、产中和产后服务所获得的利润近80%,并吸收了大量就业。再次要大力发展中小企业和民营企业。从企业的生态环境来看,大中小企业能够形成一个生态圈,一个大企业可以有很多小企业为其服务,这些中小企业用较少的资本就可以吸收更多的劳动力。

我们还要发展劳动力市场,让劳动力流动起来。劳动力的流动性越小,失业问题就越难解决。从社会稳定的角度来看,劳动力的流动性和社会稳定是正相关的。设想7%的失业率在完全流动的和完全不流动的情况下对社会稳定的压力是不一样的。前者是每个人100天中有7天找不到工作,后者是100个人中有7个人长期找不到工作。显然后者对社会的压力大于前者。虽然这是两个极端的事例,它不可能出现。但是我们可以从中得出一个结论,就是劳动力流动性越大,社会对失业率的承受能力就越大。

三、收入分配问题

目前我国居民收入的差距在逐渐拉大,衡量收入分配不均的基尼系数已达国际公认的警戒线0.4,这将严重影响社会安定,并在社会上产生一种“仇富”的心态。收入分配不均的原因有两个:一是中国经济结构长期处于二元结构状态:东西部地区经济发展不平衡,城市和农村经济发展也有差距;二是行业之间的差异。

为解决收入差距扩大问题要从三次分配考虑,即:

(1) 初次分配讲效率,劳动收入由企业效益和市场共同“说了算”。因此,员工工资应该由市场决定,同类工作,付出差不多的劳动,应有比较接近的工资。这样可避免劳动力的不合理配置,也不会出现因行业垄断导致职工收入高的不合理状况。

(2)二次分配讲公平,即通过财政转移支付来解决收入差距的问题。但是二次分配有一定局限性:首先,不宜以过高的税收来解决贫富差距问题,因为对个人和企业征收很高的税就会抑制经济增长,影响效率,影响个人创造财富的积极性。其次,国家的财力有限。我国毕竟还是发展中国家,整体经济水平不高,中央和地方的转移支付能力都很有限,在二次分配中国家还难以保证公平。

(3)实现社会收入的"第三次分配",又叫社会收入的转移支付。通俗地讲,就是让富人多出钱,穷人少出钱。例如住房问题,穷人可以少付钱住廉租屋,而让富人多出钱去买商品房。再如高校收费的问题,高校收费低,未必就公平,收费高也不一定就不公平。实际上,穷人和富人都收一样的学费是不公平的。在欧美国家,学费高达15 000-20 000美元/年,但20世纪80年代我国有很多留学生在那里学习都没有付费,因为有富人付了高学费,学校可以给穷学生免费,甚至发奖学金。此外,在这些国家还有各种各样的基金可供人们申请。这就是社会的转移支付。所以我们应鼓励已发财致富的人捐款建立各种公益性或慈善性的社会基金,国家给以免税的支持,并让他们自己命名。基金一旦建立便成为社会资产,将由专门的基金管理委员会按照基金的章程来管理。

四、房地产问题

对上海的房地产市场要全面来看:

(1)经济增长必然带动房地产价格的上涨,这是规律。有句话讲:"租房不如买房,买车不如租车。"讲的就是这个道理:汽车会随技术进步而降价,房地产则随经济增长而涨价。因为土地是不可再生的资源,而且在大城市里土地还是稀缺资源。在一个地区里,其经济产出越大,土地的价格就越高。所以房地产的价格和人均GDP正相关。受日益完善的基础设施、土地资源稀缺等因素影响,上海的房价随着经济的快速发展而上涨是必然的。我们要控制的是房价的涨幅不要超过人均GDP的增幅。近三年房价的涨幅过大,确有一定泡沫。但要判断是否达到“泡沫经济”的程度,需要看较长一段时期的价格变动。因为前几年房价涨幅小,甚至有徘徊下跌的时候,平均来看,和人均GDP增幅也还差不多。

(2)上海是开放型的国际大都市,不能以国内区域城市的标准来看问题。目前,境外资本到上海购房的较多,而美元贬值,与之挂钩的人民币也随之(对欧元、日元等)贬值,房价相对升值的货币而言涨幅很小,甚至没涨。要警惕的是国际游资的进入是期望人民币升值;他们购房是考虑如果人民币不升值,房价必涨。所以,只要中国经济持续增长,无论人民币升不升值,他们都有钱赚。

(3)应考虑到中国转型经济的现实。有人认为上海家庭收入和房价比为1∶14,高于国际发展中国家1∶10的标准,从而认为上海房地产泡沫过大。他们忽视了一个事实,上海实行房改前居民享受计划经济的福利分房,房改启动时人均居住面积约6.2平方米(约合建筑面积11平方米)。房改时以很低的价格卖给个人,如将这部分计算进去,上海的家庭收入和房价比不会高于1∶10。问题在于福利分房是不平衡的,没有享受或较少享受到福利分房的人自然感到购房困难。综上所述,可见上海房地产市场的发展虽有泡沫,但总体上还比较平稳,结构上矛盾较大。因此,需要考虑的是,增加中低价房和廉租屋的供应,规范房地产交易,抑制投机等,以避免房价过快上涨。

(本文原载于《沪港经济》2005年3月刊)

正本清源,实现股市健康发展

4 月 29 日中国证监会发布了《关于上市公司股权分置改革试点有关问题的通知》,随后第一批四家企业试点方案公布,通过非流通股股东向流通股股东支付对价的方式实现全流通,此举本意在于通过推行解决股权分置这一历史遗留问题的重大改革举措,给投资者以信心,促进市场平稳回暖,但始料不及的是股市出现了大跌,投资者“用脚投票”对这一举措予以否定。

就目前全流通的解决方式而言,无疑试点企业的投资者将获得一定补偿,但市场却不认同,这暴露了试点方案本身存在的缺陷。通过非流通股股东向流通股股东支付对价的全流通方案,只能解决部分上市公司的全流通问题。如果公司的基本面比较好,而同时非流通股股东,例如某些民营企业和地方国企等,又存在动机去获取流通权,且愿意支付足够的代价,这些上市公司的股权流通改革才可以顺利进行。但是,这类企业目前只有少数,对于大部分国有企业,其母公司对转让股权的动力往往比较有限,对于那些投资价值有限的公司,或者估值过高的公司,流通股东期望得到的补偿也相对较高,与非流通股东的谈判就非常艰难。目前的方案之所以让投资者失望,深层原因还在于管理层认识上仍然存在误区和偏差,导致制订政策时偏离市场。这集中表现在两个方面:

其一,全流通改革中非流通股对流通股“补偿”的本质。

这次试点 4 家公司的方案是以非流通股东通过向流通股东送股的方式(清华同方采用以公积金向流通股送股,将来可能还有其他方式,但本质上等同于送股）获得流通权，方案都由流通股股东提出，流通股股东参与协商和表决。由于非流通股股东是大股东，谈判主体地位不平等，结果总是有利于非流通股股东，以前送股比例在10送2.5到10送3.5之间，相关公司的大股东认为这已是“很大的让利”了，并一再宣称这“已经是底线”，但流通股股东却认为送股比例太低。

造成双方分歧的原因在于对全流通改革中流通股与非流通股的利益关系的不同认识。流通股股东由于一直置身市场之中，清楚自己付出的成本，因而明白自己“亏”吃在哪里，而非流通股股东这些年来置身市场之外，他们很少考虑流通与不流通的差异，从市场募集到低成本资金后就很少考虑投资者的付出了。这次试点只是响应国家政策号召而采取的“顾全大局”之举，已经作出了不少“牺牲”。许多公司尤其是优质公司参与试点的积极性不高。

解决双方的分歧需要追溯考察我国股票市场的渊源和股票流通权的本质。我国证券市场的重要特征之一是流通股与非流通股并存，上市公司发行股票的前提是原来股份不上市流通，这是股票得以高溢价发行的根本原因。虽然不同时期上市公司发行股票的政策有差异，但绝大多数发行价格都远高于原每股净资产（大多在2－10倍，平均为3倍左右），发行市盈率都在20倍以上，有的甚至高达50倍以上（如桂冠电力发行时市盈率为88倍），几乎是全球最高的，从而造成我国股市长期以来流通股价格高起。这种高起的价格是以大量（约占2/3）非流通股的存在为前提，其实是包含了相对于非流通股的流通权价格，即流通股为获得流通权向非流通股支付了额外成本。现在，非流通股也要流通，就意味着双方的股权完全一致了，流通股不再存在相对于原来非流通股的额外流通权了。因此，非流通股应该归还流通股过去为流通权支付的额外成本。所以说，全流通改革本质上不是非流通股“让利”，也不是“补偿”，而是非流通股向流通股“偿还”。

依据这一原则，就可以确定在这次全流通改革中，非流通股由于获得流通权应该向流通股偿还多少。虽然不同公司由于经营状况不同，在发行时有不同的价格水平，不能一概而论，具体上市公司发行价格中多少属于流通股过去为流通权支付的额外成本，因而也不能制订统一的“偿还”标准。但从总体上看，上市公司发行股票的平均价格应该在每股净资产附近。从我国上市公司法人股转让情况来看，成交价格大多在每股净资产的100%－130%之间，若通过拍卖方式成交的股份价格还要低些。而流通股发行的价格平均为每股净资产的3倍左右，其超出的170%－200%部分可视为流通股股东为获得流通权的额外支付。因此，全流通改革就必须让流通股的这种额外支付得到偿还。也就是说，应该由非流通股向流通股采取10送13至16股之间（1.7/1.3≈1.3，2.0/1.3≈1.6），而不是现在几家试点企业的10送3左右。至于具体公司应有的送股比例，可依据这一原则结合公司的质量和发行价格水平确定。

其二，关于国有资产流失。

影响全流通改革方案具体实施的另一个因素是关于国有资产流失问题认识上的偏差。我国大多数上市公司中国家股是大股东，代表国家股的国资委有很大的话语权。在清华同方非流通股股东与流通股股东的协商会上，当投资者提出要提高“补偿”标准时，有关负责人就多次表示，国资委一直参与其试点方案的制订，底线是确保国有资产不流失。该公司董事长甚至坚持全流通后公司股价不得低于5.2元（因为公司每股净资产是5.2元）。正是这种似是而非的“底线”，导致现有试点方案让投资者失望，也是下一步全流通改革的隐患。

我们一直将账面净资产作为国有资产转让的价格底线。若转让价格低于账面净资产，就意味着国有资产流失，那可意味着政治责任，谁能承担得起？因而导致了大量国有资产丧失流动性。在这次全流通改革中，同样因为这一问题，使得许多上市公司非流通股不能向流通股提供足够的“补偿”。正确的说法是偿还，甚至无法“补偿”（如股价低于每股净资产的公司）。殊不知流动性是构成资产价值的一部分，这种做法正是剥夺了许多国有资产的流动性价值,也是一种国有资产流失。

将账面净资产作为国有资产转让的价格底线在理论上是站不住脚的。首先,账面净资产只是一种按某一标准会计方法核算的结果,而转让或交易行为发生在具体的个体之间,不同个体有不同的需求特点和价值评判标准,交易价格只能由市场决定。清华同方董事长坚持全流通后公司股价不得低于 5.2 元的说法就违背了市场规律。其次,企业的价值不同于企业资产的价值,不同企业即使资产相当,但盈利能力却可能悬殊,其价值和购买者愿意支付的价格自然不同。第三,从我国上市公司的实际情况来看,普遍盈利能力差,大多数公司的净资产收益率低于同期一年期银行贷款利率,年分红水平仅为 1% 左右,即盈利水平远低于社会资金成本。马克思曾指出股票价格 = 红利/社会平均利润率。若一年期银行贷款利率反映了社会平均利润率,那么市场对这些公司总体上有折价交易的要求。

追溯我国证券市场的发展,我们就会发现我国上市公司的账面净资产中相当一部分是流通股股东贡献的,即流通股为获得流通权的额外支付所作的贡献。既然现在取消了流通股独有的流通权,就应偿还这种额外支付。我们可将这种额外支付看作“预收款”,现在不能“交货”,那就“退款”,将“预收款”计入净资产,显然是不合理的。根据中国证监会网站统计,中国 A 股一级市场,从 1991 年至今共筹资 8 500 亿左右,约占上市公司净资产总额的一半,但目前流通股比例仅占 1/3 左右,这表明目前上市公司的全部净资产中,约有 1/6 是流通股股东为流通权的额外支付所贡献的,但被非流通股东占有。

因此,基于教条的片面认识,为所谓国有资产不流失,却牺牲和侵害广大流通股股东利益,是极不公平的做法。我们必须历史地看待股权分置问题,基于公平原则,真正以民为本(而不是以国有资产为本)妥善推进全流通改革。

澄清了以上两个问题,我们就会发现:目前全流通改革的关键在于非流通股对流通股的合理“偿还”,而 4 家企业试点方案的问题在于

“补偿”太少，因而导致股市下跌。下一步完善股权分置解决方案、推进全流通改革的关键在于从“偿还”的角度，以科学、公平的方式确定合理的“偿还”标准。为此建议：

（1）由国资委、证监会联合下发关于“偿还”标准的指导性意见，要求具体公司在确定“偿还”标准时要充分考虑公司股票的发行情况。除特殊情况外，非流通股向流通股送股的比例一般应在10送5至13之间。

（2）对全流通进行明确的时间规划，可限定在两到三年之内解决股权分置，对在规定时间内不解决股权分置的公司，采取取消其再融资资格或禁止协议转让等强制性措施。这可使投资者形成稳定的预期，减少不确定性对市场造成的冲击。

（3）率先推出一批优质行业龙头公司试点，使市场形成良好预期，而对目前价格高于净资产，且未来盈利预期较好的绩优公司，给予流通股东补偿的全流通解决方案，这样无疑会增加股票的吸引力。如选择中国石化、宝钢、华能国际等公司，推出对流通股相对公平的方案，必然形成重大利好效应。当前股票市场形势严峻，只有下决心采取果断措施才能扭转局面，保持经济持续、健康、稳定的增长。

（本文原载于《上海企业》2005年第8期，题目为《正本清源，积极稳妥解决股权分置　实现股市健康发展》）

企业社会责任：是机会还是限制

自20世纪60年代以来，企业社会责任（Corporate Social Responsibility, CSR）问题就引起了西方经济学界的广泛关注和讨论。随着全球化时代和信息时代的到来，企业社会责任日益成为全球关注的焦点问题，并逐步演化成全球性的CSR运动。同样，企业社会责任也已成为我国企业参与全球经济所必须面对的一个现实问题。那么，什么是企业社会责任？它给我国企业带来的到底是新的机会，还是一种限制呢？

一、如何理解企业社会责任

企业社会责任是指一个企业对自己的股东和股东以外的企业利益相关者的责任。企业的利益相关者是指与企业有着各种社会联系的群体或个人，包括企业的股东、债权人、雇员、消费者、供应商等交易伙伴，也包括政府部门、本地居民、当地社区、媒体、环保主义者等压力集团，甚至还包括自然环境、人类后代、非人物种等受到企业经营活动直接或间接影响的客体。

企业社会责任概念和利益相关者理论从一开始就受到主流企业理论的猛烈抨击，比如美国经济学家米尔顿·弗里德曼曾指出："只要企业仍旧遵从其游戏规则，也就是说，从事于自由开放的竞争而不存在欺骗和舞弊现象，那么就仅仅存在一种企业社会责任，即运用其资源并从事于能够增加其利润的活动……无论是否值得批评，运用社会责任这一伪装……确实明显伤害了一个自由社会的基础。”双方的根本分歧是：前者认为企业应该对其利益相关者承担起包括经济、法律、道德责任和慈善责任在内的多项社会责任，而后者则强调企业经营唯一的任务就是在法律许可的范围内追求利润最大化，过多地关注社会责任会使企业经营迷失方向。

后者局限于静态分析，没有从社会经济发展的角度来考虑问题。我们应该从动态的角度对企业社会责任进行理解。随着社会经济的不断进步，在现代竞争的市场环境下，企业的经营环境已经从传统的投资—生产—销售—赚取利润的单向循环环境转变为受企业利益相关者影响的多元环境。同时，随着企业活动对社会、环境产生的巨大影响日益显现并为人们所认识，社会对企业责任使命的期望进一步增加，履行多种社会责任已成为企业的应有之义。

正如管理学家斯蒂芬·罗宾斯认为的，在市场经济发展的不同阶段，企业承担的社会责任是不同的。他将企业社会责任的扩展分为四阶段（见下表），可见，随着现代市场经济的发展和成熟，企业将承担更为广泛的社会责任。

企业社会责任扩展的四阶段

阶段	第一阶段	第二阶段	第三阶段	第四阶段
市场经济发展程度	市场经济初始发展，现代企业组织形式初始出现	市场经济发展，市场法律不断健全，投资者权益得到有效保证	市场经济进一步发展，市场竞争激烈，健全保障消费者利益的法律	现代市场经济成熟，法律制度约束完善
企业社会责任对象	所有者与管理者	员工	顾客、供应商等利益相关者	更广阔的社会
企业社会责任表现	股东利益最大化	改善工人工作条件，扩大雇员权力，增加工作保障	替顾客创造价值，企业承担对利益相关者的责任	更为广泛的企业社会责任

续　表

阶段	第一阶段	第二阶段	第三阶段	第四阶段
企业社会责任大小	最小	小	大	最大

二、企业社会责任对中国企业的影响：机会与限制并存

以1991年美国牛仔裤品牌商Levi Strauss的产品被揭露是在“血汗工厂”生产并被迫率先制定“生产守则”为开端，在多种社会因素作用下，到20世纪90年代中期形成了CSR运动。CSR运动要求企业在营利的同时，承担一定社会责任，企业发展要合乎社会道德规范，以最终实现可持续发展。

国际上这股CSR潮流同样影响到我国企业，首当其冲的是我国进入欧美公司供应链的企业，这些跨国公司零售集团已经开始在深圳、东莞、莆田等地设立劳工监督部门。据美国商会组织的有关调查显示，目前有50%以上的跨国公司和外资企业表示，随着SA8000（由美国“国际社会责任组织”制定）等标准的实施，将重新与我国企业签订采购合同，这意味着我国出口到欧美国家的服装、玩具、鞋类、家具、运动器材及日用五金等产品都已经或必将遭遇SA8000标准审核。

但是，目前我国CSR执行状况令人担忧，如少数企业不择手段地追求短期经济利益，导致环境污染愈发严重，假冒伪劣产品屡禁不止，企业偷税、漏税现象时有发生，职工安全与健康得不到有效保护，消费者利益得不到保证等。因此，我国企业有推行CSR的迫切性和必要性。CSR对我国企业的积极作用体现在：首先，企业对社会责任采取积极的态度会提高企业的成功机会。如果企业的社会责任工作做得十分出色，将会带来更多的订单和贸易机会，促进企业竞争力的增强和效益的提高。其次，CSR是我国企业进入国际市场的通行证。不要消极地把CSR看作是贸易壁垒和市场壁垒，而要借此力量来提高我国企业

素质,快速提升我国企业品牌形象,提升企业的长期盈利能力。第三,强化 CSR 是企业管理发展的必然。CSR 体现了“以人为本”的管理潮流,运用 CSR 先进的经营管理理念和管理模式,是我国企业健康发展的方向,也为我国企业实现转型和提升提供了新的机会。最后,推行 CSR 也是依法行政、治理市场的需要。SAS000 标准并不高于我国劳动法的内容,只是在细节上有些差异,推行 CSR 有助于完善我国的相关法律规定。

但是,社会责任是一把“双刃剑”,在推动企业和社会发展的同时,如果实施的策略和方式不当,同样会带来负面的影响:一是可能损害我国企业利益。在全球采购的过程中,有些跨国公司以其垄断竞争优势,实施双重要求,既要求供应商提供廉价和低成本的产品,又要求供应商执行发达国家的社会责任标准。这种做法的结果是压低价格、提高成本,从而损害了我国企业的利益。另外,有些跨国公司通过多家认证机构执行检查,由于频繁的检查次数和多家机构检查,在一定程度上会影响厂商的正常生产,使生产厂商的利益受到损害。二是脱离我国经济发展水平推行较高的社会责任标准,会使一些企业经营困难。社会责任标准越高,企业增加的生产成本也越多。特别是对于一些劳动力密集型的加工企业,要达到跨国公司的要求,将增加 20% - 30% 的成本。这会导致这些企业经营困难,严重的可能面临破产危机。三是要防止经济问题政治化。国际人权组织通过跨国公司在对我国企业进行社会责任标准检查时,将个别企业违反劳动法律的情况,扩大为中国的人权问题,把经济商业问题上升为政治问题,将对我国的国际贸易和国际关系产生负面影响。

三、如何建设 CSR

随着经济全球化趋势的加速和我国加入 WTO,我国不可避免地会受到 CSR 这一国际运动的影响。

在机遇和挑战并存的情况下,面对国际社会责任运动的冲击,我国政府和企业应采取积极应对、稳步推进的策略,趋利避害,为我所用。

第一,政府要创造良好环境,积极引导企业。CSR 的推行离不开政府的积极介入和引导。为此,(1) 政府要积极参与社会责任国际标准化活动,使未来制定的社会责任国际标准尽可能避免与我国政治法律制度相违背或与国情不符的内容。(2) 要用法律手段来落实 CSR,建议制定《企业责任法》,对那些渎职、做假账、侵犯员工权益等触犯企业责任法律规定的企业主管给予制裁,提高民众对中国企业的信心。(3) 领导和组织有关方面专家开展相关对策研究,包括制定我国社会责任国家标准的可行性研究。(4) 要加强国家对企业的监管,包括:打击假冒伪劣、反欺诈、反贿赂、取缔不符合基本安全生产条件的企业等,建立良好健康的社会经济秩序。(5) 要加快建立贸易壁垒预警机制,向企业传达有关信息,并进一步规范产品认证认可体系,确保其公正性和权威性。

第二,推行 CSR 的关键是提高企业竞争力。我国大多数企业规模偏小,利润微薄,普遍存在着企业责任能力欠缺的问题。解决这一难题的关键在于提高中国企业的竞争力。为此,一要将 CSR 活动与企业竞争环境改善紧密结合起来,实现企业社会责任与经济目标的兼容,提高劳动生产率。企业竞争力在很大程度上依赖于企业竞争环境,即劳动力素质、基础设施条件、区域市场规模和完善程度以及政府效率等。而企业 CSR 行为常常可以改善企业竞争环境。企业控制污染和浪费能直接提高要素生产率,企业通过捐赠改善教育与基础设施等,是以间接的方式推进要素生产率的提高。二要建立企业社会责任管理体系。企业社会责任管理体系包括预测计划、核算报告、控制监督和分析考核四方面。三要改变生产模式,转换企业竞争手段。中国企业“低成本,低价格”的竞争方式本质上是难以为继的。中国产品的低成本竞争力来源于劳动力优势,但随着“劳工标准”在国际贸易中的日显重要,这种优势可能迅速转变为劣势。中国企业应该尽快改变生产模式和竞争手段,重点是要有效提高劳动生产率,依靠技术、产品和服务的创新来保持和提高企业竞争力。四要加强企业人力资源建设。现代企业的竞争归根结蒂是人力资源的竞争，每一个员工都是企业竞争力的有效组成部分。

第三，营造社会氛围，构筑中国 CSR 价值体系。只有当履行企业社会责任的企业能从中获取更大的竞争优势时，推行 CSR 才会具有强有力的经济动力。因此，我们要倡导关爱社会弱势群体、关心环境，增强社会公益事业的企业公民意识，在全社会弘扬“只知道赚钱的企业是可耻的，有社会责任感的企业是光荣的”这一观念，营造出强烈的道德社会氛围，提高企业履行 CSR 的积极性。要鼓励产业内的领军企业在履行 CSR 中起带头作用，同时，要积极寻求企业之间的合作，以获取企业社会责任活动的集体行动效应。最终构筑出一个符合我国文化传统和国情的企业社会责任价值体系。

（本文原载于《上海企业》2005 年第 11 期，与虞震合作）

上海在振兴东北老工业基地中的地位与作用

东北是我国自然资源最丰富的地区之一，也是我国重要的老工业基地，在我国具有重要的战略地位。东三省主要经济总量指标占全国的比重大致在10%左右，一些主要工业经济指标在15%左右，部分重要工业品产量占20%以上。东北老工业基地是未来中国经济增长的重要一极，具有十分重要的战略地位。然而，在迈向市场经济后，用计划手段建立起来的东北国企群体，以及依靠行政调拨和国家指令运行的东北经济，出现了严重的不适应症，与全国大市场的联系纽带开始断裂，60%的企业亏损，亏损额上百亿元，大批职工下岗，致使东北国有经济陷入困境。

进入21世纪，世界产业转移重点转向了装备制造业和重化工业。由于中国东北具有良好的装备制造业基础、低廉的劳动力成本，有望成为承接新一轮产业转移的最佳区域，从而为老工业基地振兴带来难得发展机遇。东北雄厚的科技人才实力和高素质的产业技术人员和产业工人是承接世界制造业转移的优势，因此说，2003年国家从全面建设小康社会的战略决策出发，提出振兴东北工业基地的战略正当其时。

上海与东北虽相距遥远，但联系密切，经济互补优势明显，合作前景广阔。两地应该进一步相互支持、携手并进，在坚持走新型工业化道路中联动发展，特别是在改造传统制造业、发展现代装备业、开拓俄罗斯市场等方面加强合作，在金融、科技、人才等方面加强交流，共同探索推进区域协调发展新路，在更高层面实现优势互补、联动发展、共进双赢。

一、东北老工业基地的特点及与上海的关系

1. 东北老工业基地的特点

由于东北老工业基地观念老、机制老、设备老，制造不出市场需求的产品，“东北制造”逐渐失去市场，东北与长三角两大经济区域在市场对接上出现“断裂”。长时期计划经济的影响，不仅使东北地区与全国大市场的联系出现断裂，也使东三省的工业经济形成了以下特点：重工业比重大，高新技术产业比重小；国有工业比重大，外资、私营工业比重小；企业亏损面大，负债率和劳动生产率与全国水平相比有高有低。

2. 上海与东北老工业基地的关系

“南有上海，北有辽宁”这是20世纪中叶后，很长一段时间里人们对南北两个老工业基地的赞誉，说明了上海与辽宁在国家经济建设中的地位。资源短缺的上海当年之所以能成为我国最大的轻工业制造中心、能源化工基地，多亏东北的支持，长期以来，以上海为龙头的长三角和东三省有着密切的联系和协作。

新中国成立后，国家斥巨资300多亿元，把156个重点项目中的58个摆在了东北，创建了东北“装备部”，使东三省成为国家工业化的“发动机”，其重工业撑起了国家建设的大梁。新中国成立以来一直到改革开放初期，资源丰富、采掘业发达的东北曾为上海的资源消耗型工业提供了坚强后盾，上海的轻工产品由此名闻遐迩，满足着群众的物质生活需要。

从20世纪50年代到80年代，东北源源不断地调出上千种工业产品、上百万台机械设备支援包括上海在内的全国各地，仅钢材一项就达5亿多吨。大庆油田40多年来累计生产原油17亿多吨，接近全国陆上原油总产量的一半，上缴税金4 000多亿元，近90倍回报于当初国家的投资。东北不竭的原油供应，使上海摆脱了资源短缺状态，建起了

化工基地。

上海与东三省的人才流动当年也十分频繁。长春建设一汽时,上海支援了上千名专业技术人才和高级技工;改革开放后,上海建设宝钢时,鞍钢培养出来的数千名技术人员、管理人员发挥了重要作用。许多大企业的总经理、厂长、总工程师,都有过辗转两地任职的履历。有资料显示,到改革开放前,东北累计为全国输出近200万各类人才,其中有相当一部分流到了长三角地区。上海的数十万知识青年也曾奔赴北疆,在黑土地上留下了青春的印记。正是这种人才、技术和资源上的互相支持、协作,促进了两地的建设和发展。

二、上海在振兴东北老工业基地中的作用

上海作为长三角的龙头城市,其综合竞争力在全国大城市中排名居前,从地理位置及经济联系来看,作为中国最具效率的城市之一,上海带状的腹地,可以将它的经济影响力、渗透力沿着长江一直延伸到中国的西部。随着中央关于实施振兴东北老工业基地的战略决策的推行,上海坚持"立足大局、扩大开放、服务全国、互融共进",大力支持振兴东北地区等老工业基地建设,发挥了很大的作用。2004年全年与东北地区签订各类经济技术合作项目32项,总金额48.33亿元。具体地讲,上海在以下几个方面对振兴东北老工业基地起到或即将起很大的作用。

1. "走出去"配置资源

老工业基地改造与振兴的最大难点在于资金的筹集和运用。目前单纯依靠国家财政进行反哺是不现实的,也不符合改革的大方向,资金的筹集更多应通过市场运作的方式来达到。上海作为国际金融中心,资金比较充裕,许多企业有资金闲置,需要寻找投资方向和投资项目。在市场经济条件下,资源总是向着收益率高的地区和项目流动,最终达到资源配置的优化。东北老工业基地的改造,是存在着资金不足的问题,但东北老工业基地有较好的产业基础和资源条件,如果能够拿出一

部分优势产业和项目，用以吸引外部资金，就可以部分解决资金不足的问题。而上海资源紧缺、土地面积小、发展掣肘多，需要走出上海，上海企业闲置的资金需要与其他生产要素结合，才能发挥作用。因此，通过适当引导，上海企业的闲置资金就会参与到东北老工业基地的改造和振兴上，从而把上海的资金优势充分发挥出来，与东北老工业基地的其他要素资源结合起来，提高资源的利用效率和配置效率。

东北三省教育比较发达，科技实力雄厚，具有较高的科研开发和成果转化能力。雄厚的科技实力和较好的人力资源，为东北三省发展高技术产业和传统产业的改造提供了现实基础，也为上海企业走出去配置资源提供良好的技术支撑。

2. 上海企业直接投资到东三省

上海企业大力支持振兴东北老工业基地，积极投资、直接参与东北的经济建设项目，为东北的振兴做出自己应有的贡献。自 2003 年下半年以来，上海企业直接参与东三省的经济建设项目，投资额超过 5 000 万元的企业约有 70 多家，总投资额 272 亿元，投资领域涉及房地产业、商业、农林畜牧业、制造业、物流业等行业。投资规模较大的企业有：上海大众交通集团股份有限公司开发哈尔滨“大众新城”工程，投资额 29 亿元；上海百联（集团）有限公司开发建设哈尔滨道里区商贸一条街“上海街”项目，投资额 27 亿元；上海绿地房地产集团在长春市绿园区投资建造“长春上海城”，投资额 42 亿元；上海兆丰国际有限公司开发延边洲和平旅游度假区项目，投资额 20 亿元；上海四方公司建设佳和房地产开发项目，投资额 16 亿元；上海宝钢集团投资沈阳市大东区建宝钢（二期）钢材深加工项目，投资额 7 亿元；上汽集团、上海通用汽车有限公司与一汽金杯合作，整体改造金杯项目，投资额 3.3 亿元；上海光明乳业公司在投资黑龙江光明松鹤乳业有限责任公司后建黑龙江光明乳业二厂，投资额 2.5 亿元。据不完全统计，仅在黑龙江的上海企业已发展到 60 多家。随着中央振兴东北老工业基地战略的制定，越来越多的上海企业正纷纷北上，抢滩黑土地。这些企业的投资切实体现了

"在全国实现小康社会进程中,上海应以自身发展的成果更好地服务全国,并在融入全国、服务全国中更快地推进自身发展"的理念,既有利于振兴东北,促进区域经济的协调发展,也为上海企业自身实现规模扩张,拓展了发展空间。

3. 立足上海,大力发展设备租赁业

与发达国家相比,我国租赁业还处于起步阶段,其在服务业中所占比重、对国民经济的贡献率、市场渗透率较低,租赁业所潜藏着的商机和潜力还远未发掘出来。随着上海四大中心的建成,租赁业的发展有着巨大的市场空间和良好的发展前景,特别是作为重要金融工具之一的金融租赁业,将随着我国金融服务领域的逐步开放而成为国内外机构瞄准的一个行业。

东北地区的机械工业、交通运输设备制造业、通信设备制造业等所占比重较大,但库存积压也比较严重,如果东北地区的企业能够立足上海这一大市场,借助上海的信息优势、区位优势、管理优势和服务优势,大力发展设备租赁业,抓住金融服务领域全面开放之前的过渡时期,抢先在国内租赁市场上占有一席之地,对东北地区这些传统优势产业的发展将具有很大的作用。

融资租赁在西方发达国家已经是仅次于银行信贷的金融工具,是发达国家商品流通的主渠道,目前全球近 1/3 的投资是通过这种方式完成的。据《世界租赁年报》数据:2000 年全球租赁总额为 4 989.5 亿美元,前四名分别是美国、日本、德国和英国,而这四个国家也是全球 GDP 排序最高的四个国家,其中美国租赁总额高达 2 600 亿美元,占全球租赁总额的 45%,市场渗透率高达 31.7%。但在我国,由于投资理念、经营观念、信用消费观念以及信用环境的影响,租赁业发展缓慢,即便在上海,租赁业的发展也仅处于初级阶段,东北地区的企业可以与上海的企业合作发展租赁业,如果能把这些设备租赁出去,既可以减少库存,还会派生出其他需求,如技术服务、管理等,从而获得长期稳定的收益,比单纯卖设备收益高。在国外,80% 以上的设备是靠租赁得以流通的。

4. 以战略投资者的身份参与东北老工业基地的改造

从所有制角度来看，东北地区工业以国有企业为主，国有工业企业户数占40%左右，这些国有工业企业面临着改组、改制的问题；从工业行业结构来看，东北地区工业除了以本地资源开发为主的传统产业外，主要行业是机械工业。机械工业是国民经济的装备产业，是“手段性”的基础产业，它是经济增长方式由粗放型向集约型转变的关键，国民经济各部门的技术水平、发展速度和规模都将在一定程度上取决于机械工业的发展。东北机械工业的发展，关键是要提高技术等级，延伸产业链，增强产业竞争优势。交通运输设备制造业也是东北三省尤其是吉林省具有比较优势的工业部门。长春的汽车和铁路客车制造、齐齐哈尔的铁路车辆制造、大连的船舶制造、沈阳和哈尔滨的飞机制造等，堪称国内领先。但与其他先进企业比，不论技术还是管理，还存在较大差距。在未来的发展中，这些企业要加大技术投入力度，也可以与其他先进企业结成技术研发战略联盟；另一方面，这些企业主要为中央企业或中央企业的子公司，东北三省可充分利用国务院国有资产监督管理委员会推进国有企业资产重组，引进战略投资者，实现股权结构多元化，在体制上保证这些企业具有较为完整的经营自主权。上海的企业在资金、管理、技术及市场上有较大的优势，可以以战略投资者的身份参与东北老工业基地的改造，拓宽发展的空间。

黑龙江省目前正在加紧实施国有企业的产权制度改革，改革的主要方式是开放式招商，引进战略投资者，以实现体制和机制创新。鼓励企业以参股、控股或独资等形式进入一些有发展前景的行业，如石油、木材、装备制造等行业，这对上海的企业来讲也是一次难得的机遇。

三、上海的经验对振兴东北老工业基地的启示

东北老工业基地的振兴，首先在于观念的转变和体制的创新。可从上海企业的经验和做法中取得借鉴，重振昔日雄风。

1. 体制的改革和创新

东北老工业基地最大、最核心的难题是，国有经济比重高，企业制度相对落后，市场化程度低，企业缺乏活力和竞争力。因此，振兴东北老工业基地首先要解决的问题是体制、机制问题，建立起内在经济发展机制。

（1）产权体制改革。要改革国有资产管理体制，发展混合所有制经济。十六大提出了深化国有资产管理体制改革的要求，按照这一要求，国务院成立了国有资产监督管理委员会，颁布了《企业国有资产监督管理暂行条例》。国有资产管理体制改革的意义，决不仅仅是建个独立的机构，搞一支专门的队伍，而是要落实国有资本出资人代表，维护国家作为资本所有者的权益，搞活国有资本经营。这中间，涉及政府社会公共管理职能与国有企业出资人职能分开、政企分开、所有权与经营权分离；涉及中央和地方国有资产的划分、国有资产运营体制建设；更涉及国有经济的战略性调整，公有制尤其是国有制多种有效实现形式的拓展以及现代企业制度建设等，这将为各个地方实施国有企业改制改组提供广阔的空间。

（2）市场体制的改革。通过要素市场实现资源的优化配置，实现资源向资本的转化，并降低交易成本，杜绝寻租现象，为老工业基地的国有企业改制改组创造良好的市场环境。从全国看，东北等老工业基地与西部地区一样，市场化程度特别是要素市场发育相对比较滞后，制约了国有资本布局的战略性调整和国有企业的改制改组。要抓住重点，加快东北等老工业基地市场体系建设。一是加快资本市场建设；二是进一步规范发展产权交易市场；三是规范发展土地市场；四是大力推进流通现代化。

（3）加快政府职能转变，创造有利于投资、创业、发展的体制和政策环境。政府职能转变是东北老工业基地改造和振兴中的关键一环，是当前和今后改革的重心，这对于需要创造良好软硬件环境的东北老工业基地来讲尤为重要。政府的主要职能是制定规则，规范市场，要管市场解决不了的事情，为企业发展创造一个良好的环境，这比给企业优惠政策重要得多，其效应也大得多。

2. 振兴东北老工业基地要形成六大机制

（1）创新机制。我国从1978年开始改革开放，改革的主要内容是经济制度。开放市场，引进外资，逐步实行市场经济体制，利用市场来实现资源配置。企业引进了先进的技术和管理制度（属于制度范畴），增强了企业的竞争力。另外由于相关制度的改革，技术创新能力得到了提高，这也是制度创新对技术创新支撑的结果。中国改革开放以来所取得的经济增长很大程度上是制度创新引起的。在工业企业中，东北国有企业约占70%左右，大大高于全国平均水平。制度创新是结构调整和技术创新的内在动力。市场化是一个渐进的过程，直到现在中国的市场化程度还没有达到成熟的程度，对于东北老工业基地来讲尤为突出。所谓“市场化”是对我们正在进行的从计划经济向市场经济进行体制转轨的过程。在1999年中国各省、直辖市、自治区市场进程的排序中，辽宁、吉林和黑龙江的排名分别为第13、21、24位，整体水平较低。因此，对于东北老工业基地的企业来说，创新机制的形成和树立尤其重要。

（2）企业竞争优胜劣汰机制。企业是区域经济发展的最终决定力量。企业的动力、活力、创新精神、制约机制和由此形成的市场竞争力，是区域经济内在增长机制的核心。在市场经济法则下，只有那些能适应市场要求的、有竞争力的优势企业，才能在剧烈的市场竞争中生存并发展壮大，而那些没有竞争优势的企业必将被市场所淘汰。对于东北老工业基地的企业来说，必须树立起市场经济的观念，形成优胜劣汰的企业竞争机制，主动培育企业竞争优势，让优势企业在竞争中不断发展壮大，让劣势企业能够顺利地退出市场，始终保持企业的活力和竞争力。

（3）国有资产保值增值机制。对于东北老工业基地的大多数国有企业来说，政企不分、国有资本出资人制度不完善、国有资产保值增值机制远未形成、国有企业经营主体缺位，国企改革的动力机制和新的利益主体还没有真正形成。尽快形成国有资产保值增值机制，不仅是国有企业改革的需要，更是振兴东北老工业基地的需要，是区域经济协调发展的需要。对东北老工业基地来讲，重点是通过资产重组、产权改革、收购兼并、多元经营等方式，激活存量资产，吸引增量资产，增加工业就业，培育新的经济增长点。

（4）职工能进能出机制。目前东北老工业基地的一个突出问题就是企业办社会这种职工保障方式，使国有职工以厂为家，不能流动，这已经成为捆死国有企业的一条绳索。要搞活东北老工业基地的企业，必须尽快形成以政府为主导，企业、社会中介组织共同努力，完善社会保障体制，形成人员可以流动的机制。

（5）覆盖面广的与经济发展水平相适应的社会保障机制。目前东北老工业基地调整、改造面临最困难和敏感的问题，就是“人往哪里去”，既包括下岗职工的再就业、新增劳动力的就业，也包括国有企业职工的身份转换及社会保障问题。因此，必须尽快建立覆盖面广的、与经济发展水平相适应的社会保障机制。

（6）经营者择优录用、竞争上岗的机制。在各种生产要素中，人是最活跃的因素，尤其是企业的高层管理人员承担着组织、协调企业内部生产经营活动的重任，其主动性和积极性发挥如何，在很大程度上决定着企业的前途和命运，决定着地区经济的兴衰。因此，要积极创造条件，大力推进骨干国有企业产权的多元化，推动企业建立和完善相互制衡、相互监督的法人治理结构。通过重塑市场需求，加快经理人市场建设步伐，真正形成“能者上、庸者下”，凭能力和业绩表现竞争企业高层管理职位的局面。应进一步深化事业单位改革，打破单位限制、部门限制和地区限制的框框，鼓励大学、科研机构和企业开展形式多样的合作，加快科技成果向现实生产力转化的步伐，加速人才向高效益项目和企业流动。

3. 实施产业集群的发展战略

东北老工业基地具备实施产业集群战略形成我国重要的制造业基

地的良好基础。具体来说,正在形成中的“中国制造”提供了巨大的国际市场需求,而正在走新型工业化道路迈向全面小康社会的我国现阶段经济发展为装备制造业、船舶制造业、汽车制造业、钢铁制造业等提供了巨大的国内需求,东北地区自然资源丰富、区位条件优越、科研基础雄厚、人力资源充足,为产业集群发展提供了一定的生产要素;东北老工业基地中现有的众多大型制造业企业是发展制造业集群的坚实基础;东北老工业基地的一些制造业如装备制造业、船舶制造业、汽车制造业、医药制造业、军品制造业、钢铁工业、石化工业、光机电一体化制造业、软件业与农产品深加工业等都有一定的比较优势且可能发展成为具有较强竞争优势的产业群。

4. 加强诚信与社会信用建设,建立诚信社会

资金是经济运行的血液,老工业基地振兴稀缺的资金,就全国来说并不短缺。资金在各类要素中最具流动性,而且总是流往安全方向。从这一角度来讲,加强东北地区诚信和社会信用建设,是吸引资金、创造良好投资环境的关键因素之一。由于旧体制问题的积累,老工业基地的很多企业不仅资产负债率比较高,重要的是资产质量比较低,企业资产获利能力不足,使银行不良贷款比例保持在较高的水平。加上一些金融证券公司经营不善、上市公司市场表现不佳、企业的职工集资款难按时归还、企业间担保难执行等问题,使金融风险上升。政府、企业和银行要齐心协力改变这个局面,要大力增强诚信意识,积极稳妥处理不良债务,使失信者付出高昂代价,增强金融机构和投资者的安全感和信心。处理不良债务,必须注意两个方面,一是如何化解;一是如何防止再发生,即花钱处理不良债务必须形成不再发生的新机制,而后者更具有本质意义。

5. 振兴东北老工业基地必须走新型工业化的道路

东北老工业基地虽然重化工业份额较高,但多数城市主导产业并不明晰,专业化、社会化分工体系不清晰,重点发展方向不明确。因此,老工业基地改造与振兴不能走全面开花、全方位发展的老路,而应该实

行围绕主导产业和优势产品倾斜发展的新战略。从主导产业角度看，要选择所占比重大、综合效益高、增长潜力大、能带动本地区经济增长，推动产业结构向高度化演进的产业，如汽车、石化、食品、电子、医药等优势行业，部分具有优势的高新技术产业和能高容量吸纳就业的产业，加以支持。在此基础上，进一步确定优势产品，特别是能拉长上下游产业链的优势产品，分解到企业加以落实。科技革命带来了迎头赶上的机会，老工业基地可以越过传统工业化的某些阶段，用高新技术和先进使用技术改造传统产业，推进产业结构升级，发展高新技术产业，实现超越式发展。走出一条科技含量高、经济效益好、资源消耗低、环境污染小、人力资源优势得到充分发挥的新型工业化道路。

6. 抓住机遇，用好政策，实现东北经济振兴

为促进东北地区等老工业基地振兴，中国政府制定了一系列政策措施。目前国家已出台一些优惠政策，中央已经提出，把东北建设成拥有现代化水平的装备制造业基地和重要原材料工业基地。调整国债资金使用结构，加大对东北等老工业基地技术改造支持力度，国家要重点支持一批能够起关键作用和带动力强的重大技术改造项目。研究建立资源开发的补偿机制和衰退产业的援助机制，并准备把东北地区的治理放在国债投资项目中，继续做好阜新市经济转型试点工作。在辽宁完善社会保障体系试点工作的基础上，吉林和黑龙江两省扩大试点范围，国家要支付一部分改革成本。还包括在东北地区率先进行免征农业税、增值税转型、完善城镇社会保障体系、企业分离办社会职能等改革的试点，对部分行业和企业在税收、银行贷款、项目核准、投资支持等方面采取灵活优惠的政策等。这些政策为东北老工业基地调整改造进一步指明了方向，创造了条件。如果这些政策落实，就能较好地克服或缓解目前困扰东北老工业基地振兴的资金性障碍和体制性障碍，提高经济的整体素质和竞争力，并为东北地区今后的全面、协调和可持续发展奠定基础。东北老工业基地要发展，要振兴，必须抓住这一历史机遇，运用好这些政策。

参考文献

[1] 常樵. 按照先进生产力发展要求调整改造东北老工业基地[J]. 红旗,2003(23).

[2] 张迎新. 东北振兴要用市场的力量[N]. 中国经济时报.

[3] 范恒山. 体制创新与老工业基地发展[J]. 经济社会体制比较,2003(6).

[4] 任淑玉,贾中海,王洪. 振兴东北老工业基地的难点及时策[J]. 宏观经济研究,2003(10).

[5] 陈永杰. 东北基本情况调查报告[J]. 经济研究参考,2003(77).

[6] 钱平凡. 我国产业集群发展的状况、特点与问题[J]. 调查研究报告,2003(1).

[7] 钱平凡. 大力发展产业集群,振兴东北老工业基地以辽宁省为例[J]. 调查研究报告,2003(127).

(本文原载于《上海经济》2005 年第 S1 期,与王秀治合作)

开发区转型期之困

我国的开发区根据它们不同的功能定位，分为经济特区、经济技术开发区、高新技术产业开发区、出口加工区、保税区、国家旅游度假区、台商投资区等。经过约20年的发展历程，这些开发区的数量在不断增加，规模在逐步扩大，随着一些骨干企业的崛起，开发区的经济基础日益强大，已经成为高科技企业和出口加工企业的集聚基地，引领各地的产业升级。

然而，处于转型期中的开发区建设，仍然存在一些问题，不容小觑。

一、转型期中开发区建设存在的问题

首先，相当数量的开发区尚未形成真正的产业集聚。成功的开发区可以举出若干的例子，但实际仍有相当数量的开发区真正的产业集聚尚未形成。不少开发区在招商引资时，什么都招，只要进来投资就行，所以进区的企业关联度并不高，缺少相互支援、相互依存的专业化分工网络。更有甚者，有的地方没有进行科学的论证与规划就盲目地设立开发区，脱离了当地经济发展的实际情况，造成一哄而起、过多过滥的局面，以致大量的耕地浪费。而盲目的圈占土地也诱发了不少社会矛盾，例如失地农民的安置问题。1994年以来，国家陆续对全国各类开发区进行整顿和清理，关闭了一批不合格的开发区，并加强了对新设立开发区的审批。但是，由于在吸引投资、上缴税收、解决就业等方面的利益吸引，仍然有地方政府采取各种方式设立名目繁多的各类开发区。

其次，开发区产业集聚对优惠政策的依赖性较强，企业的植根性较弱。我国开发区大多通过依靠土地和优惠政策来吸引企业进驻，由于这种模式对企业的集聚并不重视其内在机制的建立，使得这些在空间上已形成一定集聚的企业并未显现出强烈的植根于开发区的倾向。

随着改革开放的进一步扩大，地区政策上的差距日益缩小，这种空间上的集聚就表现出相当的脆弱。当某开发区的土地成本、劳动力价格等区位优势及税收优惠政策相比其他开发区有所弱化的时候，或者其他开发区采取更加优惠的政策时，区内的一些企业就会考虑向那些更加优惠的开发区迁移，即使不迁移，也有可能将新的投资移向更加优惠的开发区。这种流动最终导致各开发区之间产业结构乃至形态上的趋同，从而带来各开发区之间在低水平上的恶性竞争，进而导致优惠政策的底线一破再破。从宏观层面看，业已存在的低层次产业同构现象在更高的层次上重演，产业布局矛盾更加深刻。

再者，相当数量的开发区研发能力不够强，尤其"产学研"合作机制比较欠缺，创新能力受到制约。虽然有些高新技术开发区邻近大学或者研究机构，但由于缺乏良好的合作机制，这些大学或者研究机构并未很好的成为高新区创新的重要外溢来源。究其原因，一方面与大学和科研机构管理体制改革的滞后有很大关系；另一方面则是合作机制中的各方之间的互动模式尚未建立。

从开发区的内在机制上来看，多数开发区缺乏高新技术产业成长的区域文化。高新技术产业的创新具有高风险的特征，因此它需要敢冒风险的创新氛围。此外，高新技术产业的创新具有高度的不确定性，它的成功在相当程度上依赖于各种信息的迅速收集与处理，以及对各种资源的快速整合，而非等级制度带来灵活的高流动率和讲求合作及重视非正式交流所导致的信息与技术的快速扩散，则明显有助于这种快速整合。开发区高新技术产业的成长有赖于这种异质文化的发扬。

但问题是，在我国目前的开发区，无论是鼓励冒险的企业家精神，还是那种重视合作与非正式交流的社团文化，都是相当匮乏的。

此外,开发区现在面临的发展环境与20世纪80年代、90年代相比也已发生很大的变化。比如外部环境,80年代初全国只有4个经济特区,很多地方还处在封闭状态。而现在不同,开发区遍布全国各地,各地政策不断趋同,而且市场也相当开放。特别是加入世贸组织后,我国的国际化进程大大加快,各个开发区在政策方面的优势会因此而逐渐衰减。另外,随着经济体制改革的深入和市场机制的日益完善,开发区内外之间原先存在的体制差距正在逐渐缩小,开发区的体制优势也随之逐步消失。

二、如何化解开发区转型期“阵痛”

面对国际国内形势的变化,以及转型期的“阵痛”,各地开发区应该积极采取应对策略,站在新起点,谋划新发展。

第一,开发区的政策目标应该从招商引资上升到促进产业集群的建立和发展上来,淡化政策优惠导向,强化服务和产业链的导向。综观国内外开发区的发展,一些成功的开发区都是专业化的园区,即入驻园区内的企业之间存在着某种产业联系,从而形成了一种产业集群。如印度的班加罗尔软件园区、我国台湾地区的新竹园区与北京的中关村高新技术园区等,莫不如此。事实上,产业集群就是某产业相同、相近、相关的企业在某地域的集中,它本身就是一个专业化的产业区。工业园区不一定是产业集群,而产业集群却一定可以成为一个工业园区。因此,我国众多的工业园区需要借助于产业集群战略予以调整,从而获得较快的发展。

首先,开发区要有主业,坚持以分工协作、本地结网形成产业集群来安排项目。对于开发区已有的产业发展要重视相关产业的网络体系的建立,努力形成大中小企业紧密配合、专业分工与协作完善的网络体系。针对现在开发区内产业配套能力弱的现状,可以以大中型高新技术企业或企业集团为龙头,通过产业链的延伸和分解衍生出一批具有分工与协作关系的关联企业。这种模式既可以大量增加开发区的新增企业数,又可以加强企业的植根性和竞争优势。

其次,要建立一个良好的产业集群,需要健全的服务体系。为此,在开发区内必须大力培育和规范各种咨询和中介服务机构,如市场调查公司、技术咨询公司、科技成果交易中心、知识产权事务中心、风险投资公司等,为区内企业的发展提供全方位的服务支撑。

此外,还要制定一系列的综合配套政策,推动企业间建立分工协作的互动关系、推动集群的建立。应积极进行政府体制改革,使政府控制职能逐步让位于引导服务职能。

第二,随着经济总量上升和产业结构提升,开发区的土地利用将从粗放外延式开发转向集约内涵式开发。目前,在基础设施基本配套、建设土地已经具有一定规模的条件下,应该坚持区域开发与功能开发并重,着重挖掘土地利用潜力,通过盘活存量用地减轻增量扩张需求压力,提高使用效率。另外,在开发区审批权限问题上,权力要适当上收,并合理划分中央和地方土地审批权限,建立有效的具有可操作性的监督制度,才能实现开发区的规范有序和经济的可持续发展。

第三,增强大学和研究机构进入开发区发展的动力,完善“产学研”合作机制。要积极创造条件使更多的开发区内企业同当地大学、科研机构的相关实验室建立定向联系。开发区要在产地方面、经费方面创造条件支持大学和科研机构到开发区设立分院、分所,鼓励大学、科研机构与当地高新技术产业组建联合实验室或开发合作研究计划。

与此同时,要加大对大学和科研机构以及其他与集群发展有关的专业基础设施投资,大力培养产业发展所需的高级专门人才和创造出高水平的研究成果。我国的大学、科研机构目前仍旧主要依靠国家或地方财政来支撑其运作,这种经费上的依靠所衍生出的规章制度不利于产学研的互动,如科技成果归属之界定,不允许员工到外面去兼职和创业等。显然,成功的产学研互动模式的建立,在很大程度上有赖于高校、科研机构的传统定位,改变它们单一来源的经费模式,放宽研究人员兼职和创业的限制,尊重知识产权,鼓励研究成果的尽快转移与扩散，形成开发区的产业发展与高校、科研机构的研究开发活动互动、互补和利益共享。

第四，努力构筑一个有助于促进高新技术产业集聚发展的区域文化。开发区应该大力宣扬、鼓励敢冒风险、富于进取的企业家精神。

由于高新技术产业是高风险型产业，失败的几率很高，因此必须鼓励冒险也要接受和容忍失败。信用不足已成为影响我国经济生活正常发展的严重制约因素，但竞争激烈的高新技术产业的发展又十分需要信任与合作。所以，理应特别重视信任与合作文化的建立，树立“合作是对付竞争的最佳手段”的理念，培养专业忠诚而非仅仅企业忠诚的观念，促进人员的合理流动。这种区域文化的构建需要舆论的积极宣传和耐心引导，需要政府有力的支持，更需要一些制度上的创新。

（本文原载于《人民论坛》2006年第7期）

打造游艇经济核心竞争优势

——奉贤发展游艇经济的思考

一、世界游艇业发展的特征与趋势

游艇产业是我国的新兴产业，游艇经济则是一个内涵丰富的概念，综观世界游艇业的发展，有以下几个显著特征。

游艇产业新一轮的国际转移已经形成，中国游艇业发展迅速。现代游艇工业始于20世纪50年代，此后，随着生产力的发展和社会的进步，国际游艇市场需求趋旺；70年代，亚太地区游艇制造业迅速崛起，日本、中国台湾和美国一起成为世界三大游艇出口商；80年代世界游艇业进入高速发展时期，其工业产品的零售总额达250亿美元的历史最高纪录，超过同期世界海船的总销售额；80年代末90年代初，由于海湾战争及某些国家产业政策调整的影响，世界游艇市场虽一度有所下滑，但很快就得到复苏。进入21世纪，游艇产业发展的一个显著特征是在世界范围内出现了新一轮的产业转移，中国正成为游艇制造业主要的转移基地。据统计，截至2005年，中国从事游艇制造维修的相关企业近300家，年销售额达到27亿人民币，每年出口额6 400万美元。

中国沿海各省市在新一轮的发展规划中几乎同时都提出要大力发展游艇业，把游艇业作为产业升级的新型替代产业，有关资料显示，以环渤海湾、长江三角洲和珠江三角洲为核心的三大游艇制造集聚区已初见雏形，这三个地区2004年的游艇出口金额占全国总金额的80%。本文基于产业发展的视角，结合奉贤的区域经济特点谈几点认识。

1. 游艇制造业——从价值链的视角增强产业竞争力

产业的利润由其在价值链中所处的地位决定,在制造业领域著名的“微笑曲线”形象地说明了利润分配取决于产业附加值的大小,占领产业价值链的高端是增强产业竞争力的根本。一般而言,研发设计、品牌营销环节比生产加工环节边际效益高,服务业比制造业边际效益高。

同样,游艇业也有一个完整的产业链:从游艇的设计、制造、销售到游艇俱乐部的服务再到与游艇相关的度假休闲及各种商务活动,包括游艇驾照培训和考核、专用码头建设、游艇维修、俱乐部建设和管理、零配件制造、内部环境装修、专业保险等许多内容。大型豪华游艇因其技术与品牌优势,比一般标准游艇的制造业具有更高的附加值,也更具竞争力。

台湾游艇制造业从兴到衰,并再度崛起的经验给了我们有益的启示。历经30多年的发展历史,曾经是岛内成长幅度最大的产业之一,然而20世纪90年代种种大环境的不利因素使台湾游艇产业快速没落,近几年,台湾的游艇业全面复苏,其中最关键的成功经验是1989年至1999年的十年间,台湾游艇产业朝提升附加价值的精致化路线转型。游艇厂舍弃9至12米的低价小型游艇,转而承接18米以上的高价中大型豪华游艇。2005年台湾游艇的平均单价约达94万美元,是1988年游艇出口最高峰时的7.5倍。

2. 游艇服务业——从顾客需求的视角培育新市场

游艇服务业是游艇经济的重要组成部分,也是提高游艇产业附加值空间最大的部分,对提升游艇产业的竞争力至关重要。顾客导向是当今产业发展的新理念,游艇服务业作为一个新兴行业有必要从顾客需求的视角进行市场培育,把潜在的市场转化为现实的市场。

从顾客的角度来看,不利于游艇消费市场形成的因素主要有以下几方面:

一是游艇后期的消费成本高。有研究报告显示,一艘大型游艇的游艇主可能每年在维护及保养方面花掉游艇本身价格的10%,再加上泊位费、牌照费、航道使用费等，支出数额可观。

二是中国消费者对海洋文化的不认同。中国的传统文化是农耕文化，对海洋文化缺少西方人的消费热情和消费习惯，也缺乏对航行知识的了解和技术的掌握。

三是政策的制约。如中国新增了游艇消费税，游艇的关税高达43%，航道管理行政分割带来的诸多制约等。

四是将游艇定位在奢侈消费品这一认识上的误区。事实上，游艇不仅是奢侈消费品，也可以是大众娱乐产品。游艇分很多种，有海钓船、休闲游艇以及豪华游艇等。休闲游艇一半以上的游艇都小于25英尺，很多游艇并不昂贵，比如迪士尼乐园常见的“水老鼠”情侣艇才3万多元。游艇不是仅局限于有钱人的享乐，它可以走大众化市场，如游艇可作为健康的户外运动载体，作为爱好航海的年轻人学习和实习的载体。

对任何一个产业和企业而言，拥有市场，拥有忠实的消费者是其确立竞争优势的根本保证。一些国外游艇企业深谙其道，已经在中国推行培育消费市场的策略。如美国水星公司在美国，只卖船，并不组织游艇俱乐部。在中国则组建了游艇俱乐部，其目的就是培育中国的游艇市场，并且表示即使现在亏本，也要把市场先培养起来。

二、奉贤发展游艇经济的具体建议

对于奉贤发展游艇经济的S(优势)W(劣势)O(机会)T(威胁)的认识要立足于中国整体区域发展的大背景，才能有正确的判断和有效建议。由于缺乏深入的调研，这里谈几点不成熟的看法。

1. 汲取台湾经验，发展附加值高的游艇制造业

如前所述，台湾游艇产业走高附加值的产业道路得到了复苏，摆脱了困境，成为世界游艇制造业的强区。奉贤游艇工业园区的建设也应该着眼于国际竞争力的提高，贯彻“科教兴市”的主战略，通过加强自主创新、集成创新，发展附加值高的游艇制造业。相对于其他地区，上海在这方面有一定的优势，这里有全国最好的游艇建造技术基础，还是

中国的人才聚集高地，同时上海的综合配套设施也在全国占有优势。

游艇产业集聚区是我国发展游艇工业的主要产业组织形式。以产业园区的形式发展游艇产业，主要目的是形成规模优势，根据国际经验，游艇业很难像汽车产业那样形成规模效益，游艇产业利润的取得主要来自具有技术和品牌优势的一些高附加值游艇产品，而非依靠规模。因此，高技术、高附加值的游艇产业道路应该是中国游艇制造业的努力方向，不能仅停留在以来单加工为主的初级发展阶段，游艇产业集聚区的主要功能在于促进游艇产业链的形成、区内的配套和服务的完善，其竞争力并非体现在招商引资的力度和企业集聚的数量。

2. 锻造游艇产业链，大力发展游艇娱乐服务业

游艇产业，既可以在“艇”上做文章，也可在“游”上做文章。尽管奉贤区内水系景观的自然条件优势不明显，没有蔚蓝的海水、金色的沙滩和举目可见的山峰海岛，但奉贤的区位条件却得天独厚，位于中国最大的客源地上海，市场条件优越。根据上海旅游委的统计，上海每年来访的国内旅游者有近 9 000 万，海外旅游者 270 多万，上海周边旅游城市的游客主要来自上海本地，以及由上海所辐射的访沪游客，而奉贤则有近水楼台之优势。

如何从游客的需求设计相关的游艇娱乐项目和服务产品是奉贤发展游艇经济的重要一环。如可以将现有的陆地休闲项目转移到海上(水上)，开发“海上度假会议”、“滑水训练活动”、“海上垂钓”、“海岛度假”项目，从而引发游艇消费。娱乐服务的配套设施也很重要，如码头的建设、游艇的维护、航道的管理等。此外，创建游艇俱乐部是培育消费市场的通常举措。通过游艇俱乐部的会员招募及对非会员的服务，向会员提供游艇租售、维修养护、驾驶培训、领航开航及配套休闲娱乐等服务，可以有效聚集各种消费人群，促进游艇业的发展。

3. 突破各种制约因素的束缚，壮大游艇经济规模

游艇娱乐服务业在我国是新兴产业，这一领域存在政策的障碍、法律的空白、管理体制的不畅等诸多问题。如游艇需要能够通江达海，才

能吸引消费人群，这就涉及内河航运规则、海事法规、出入境管理、航行安全、驾照考核、航道管理、船舶检验标准等一系列问题，在这些方面目前国内还缺乏经验。壮大游艇经济规模需要把市场潜力转化为有效的市场需求，需要突破一系列制约因素的束缚。在如何突破体制、政策等障碍方面，奉贤已经做了有效的工作，成为我国的先行先试区，奉贤可抓住这一机遇，积累经验，成为国内游艇管理和服务的示范区。

4. 抓住机遇，实现区域联动

奉贤游艇经济的发展有许多可以利用的机遇，如世博会的召开，奉贤可以成为水上南大门，通过黄浦江与世博园区直接相联，与奉贤的游艇业形成互动。对此，奉贤已经做了不少有关的研究。另一个比较大的机遇是在国家的旅游“十一五”发展战略中提出重点打造跨行政区的旅游目的地，长三角是其中的重点旅游目的地，定位为世界著名的旅游目的地。目前我们受江、浙、沪三地旅游管理部门委托正在进行长三角区域旅游发展规划的战略研究，初步考虑建立环杭州湾地区的旅游带，奉贤作为其中的重点区域，可以通过游艇旅游产品与周边景点合作，通过资源共享、市场共享和品牌共享，形成区域联动效应。

5. 制定推进游艇经济发展的行动计划

对于游艇经济的发展，既要有长期的发展战略规划，也需要实实在在的行动推进，建议奉贤制定发展游艇经济的行动计划。目前奉贤发展游艇经济可分三步走：首先是创造一个概念，通过游艇概念，结合杭州湾畔的“碧海金沙”、海湾国家森林公园等景点发展奉贤的旅游业；第二步是培育一个市场，通过水上休闲运动的开展，培养中国消费者对海洋文化的亲近，逐步改变有闲有钱阶层的休闲方式，把潜在的市场转化为现实的市场；第三步是形成游艇产业链，将游艇制造业、游艇娱乐业、游艇体育赛事、游艇服务、维修、培训、研发等有机结合起来，凸显游艇经济的关联效应。

（本文原载于《上海企业》2006 年第 11 期，与王慧敏合作）

上海文化发展基金会图书出版专项基金资助项目

厉无畏学术文集

4

上海科学技术文献出版社
Shanghai Scientific and Technological Literature Press

目　录

人类社会将从信息经济逐步转向生物经济

农业革命解决了人类生存的基本条件,工业革命减轻了人类的劳动强度,信息革命为人类提供了新的生产手段。下一轮革命,人类将充当“上帝之手”改造生物界的生物包括人类自己。这就是以生物技术为核心的,结合信息技术、化学技术和新材料技术运用的生物技术革命……

一、基因将成为新的国际竞争的核心要素

有关统计表明,全球生物技术产业的销售额约每5年翻一番,增长率高达25%-30%,是世界经济增长率的10倍左右。美国《时代》周刊预言,2020年世界将进入生物经济时代,革命性的市场投放阶段预计将在2025年后到来,到21世纪中叶,当生物经济进入成熟阶段时,生物应用技术将渗透到我们生活中许多与生物无关的角落。不久的将来,生物经济将10倍于信息经济。

有远见的国家已经将生物技术产业列为战略性产业,并纷纷开始部署和落实发展规划。如美国已确立生物与医药产业为新的增长点,投入生物技术的研发费用高达380多亿美元;英国政府于2005年宣布,在未来3年里将在生物技术领域投入10亿英镑,以维持英国在该领域的优势地位;日本提出了“生物技术产业立国”的口号,制定了十年生命科学研究计划,出台了创造生物技术产业的基本方针;欧盟于2002年用于生物技术研究的费用达175亿欧元,计划用十年的时间超

过美国。因此，我们对生物技术革命的影响，必须有充分的认识，要准确进行战略规划，正确宣传和引导，并以市场为导向，找到发展的突破口。

二、生物经济从基因检测突破

从以人为本和构建社会主义和谐社会的理念出发，努力改善群众健康状况显然是我们的重要任务。全民健康工程作为一项与13亿人口密切相关的产业，产业规模巨大，仅医疗服务一项，年销售收入已经接近7 000亿元，而且仍在以较快的速度增长。与此同时，健康产业的内涵也因生物技术的突破而不断扩展。比如，在动物身上进行人体器官培植已取得了很大的进展，通过可编程的生物零件将能制造出传统化学手段无法制造的药物；此外，通过基因研究，许多严重危害人类健康的疾病将得到更有效的防治，从而诞生了一门新的医学——预测医学。

预测医学的出现应当归功于近年来取得突破性进展的人类基因组学，这个学科被称为生物学界的“登月计划”，全面检测了人类基因，并找出大量与疾病相关的基因，积累了巨大的人类基因数据库。相信通过全球科学家的共同努力，人类最终能揭示所有疾病在基因上的表现。到那个时候，人们不仅可以通过基因检测来预测疾病发生的可能性，也可以通过基因检测来辅助诊断，用基因诱变来进行疾病治疗。据英国《每日电讯报》和《卫报》2007年6月7日报道，由英国最大医学研究组织韦尔科姆基金会病例控制协会资助，耗资900万英镑，组织了200名研究员分50个小组进行的一项基因研究中发现了10种与心脏病、高血压、糖尿病等7种常见病症有关的基因，为这些疾病的防治突破性地打开了大门。目前在英国患这7种疾病的人有2 000万，其中仅冠心病每年就夺走了10.5万人的生命。可见，预测医学的发展将可造福数以千万计的病人。我国是人口大国，更应重视发展预测医学。

目前正在悄然升温的基因检测是预测医学的基本手段之一。近年来一些生物科技企业已经开始运用基因检测开展疾病预测工作。它的基本方法是借助基因芯片等技术寻找受检测者体内隐藏的缺陷基因（疾病易感基因），这种缺陷基因就好像是埋藏在体内的定时炸弹，我们可以及时采取措施进行直接的医学干预，或及早改变生活习惯，避开可能“引爆”缺陷基因的条件，从而预防疾病的发生。从整个健康产业看，基因检测仅仅是其中很小的一部分，但却是关键的一小部分，它正在引导预测医学的发展，并从根本上改变着医疗产业的形态，也将改变整个健康产业的形态。随着基因检测的推广，一个新的健康概念——个人健康规划被提出来了，因为我们将有可能实现根据个人自身基因及其表达的情况，为自己制定一个健康规划。那时，人们将不再是被动地治疗疾病，而是主动地根据自身情况规划自己的健康人生。

健康规划从优生开始。它通过检测父本和母本的基因情况，指导人们如何减少遗传疾病的发生。人从出生时开始，就可以定期进行基因检测，找出遗传性和非遗传性疾病的相关基因，并积极预防。保健不再为中老年人专有，而是从婴儿开始。同时，基因检测可以帮助检测每个病人对何种药物较为敏感，而何种药物对该病人没有效果，从而改变临床医学上常见的“以人试药”的尴尬，这就是个性化的医疗方案和个性化的用药指导。

为此，去年科技部正式批准立项，设立《中国人口健康基因检测科学社会工程》项目，在全国范围开展基因检测工作，许多科研机构和企业参与了这个项目。生物医学界专家推测：基因检测及其相关产业将会形成100亿元的市场，成为健康产业的一个重要分支，并带动健康产业进入一个新阶段。美国从几年前开始推广基因检测工作，2005年已经有500多万人次接受了基因检测，创造了30亿美元的产值。欧洲及其他发达国家和地区的基因检测工作也在迅速升温。中国的基因检测工作基本上和发达国家同步，这也印证了前不久在北京召开的生物经济高峰论坛中专家们提到的一个观点：生物技术是所有高科技领域中我国与发达国家差距最小的一个领域，中国可能成为正在兴起的生物经济的世界中心之一。

三、未来生物技术产业的发展思路

目前，对于生物技术产业尤其是基因工程可能带来的负面影响，应当有足够的认识，但是不宜夸张宣传。对一些利用 DNA 检测技术进行“科学算命”的现象，也要正确引导，既不能让群众迷信，也不能在舆论导向上全盘否定，因为这方面已经有大量成功的案例。科学的发展需要积累，只有不断纠正谬误，才能达到正确。世界上一些国家对于生物技术产业以及基因工程都制定了一些规范，让其在一定的范围内健康发展。这是我们需要学习的做法，要正确认识、宣传、引导、规范生物技术产业的发展。

在信息经济发展过程中，我们已经落后了。我们只能在应用上赶超先进国家，而在核心技术的把握方面，已经不可能也没有能力去赶超像美国这样的信息技术超级大国。下一轮竞争的核心就是生物技术产业的发展，尤其是基因工程的发展。我国生物资源丰富，在发展生物产业方面具有一定比较优势。我国生物物种在全世界各国中居第三位，生物资源开发利用潜力巨大。

中国有 56 个民族，13 亿人口，拥有最丰富多样的人类遗传资源，通过基因检测在全国范围的推广，还可以极大的丰富我们的基因数据库，不仅能大大推进预测医学的发展，同时也使我们在新一轮生物技术的竞争中尽早占据制高点。目前一些发达国家为抢占制高点，总企图掠夺其他国家的基因资源，进而达到商业或政治的目的。这就是所谓的“基因殖民主义”。所以我们应尽快建立并丰富自己的基因数据库。

产业发展需要国家政策支持，也需要通过市场化发展取得活力和动力源泉。生物技术的应用前景十分宽广。从发展趋势看，今后生物医学保健行业和农业生物技术应用是最有市场发展前景的。随着人类基因组图谱的破译，将有力地促进生物药物的研发。到 2020 年，利用生物技术研制的新药可能达到 3 000 种左右。到 2010 年全球仅生物芯片的市场就将达到600亿美元。突出医药、保健和农用两大发展重点，符合国家的各项政策和总体发展策略，有利于民众，有利于企业，有利于国民经济总体发展。以基因为核心的生物技术研究将为人类健康发展作出重大贡献。

（本文原载于《人民政协报》2008年3月4日第D01版）

推进泛北部湾合作，
打造中国经济第四增长极

当前，经济全球化和区域经济一体化的趋势日益加快，区域间的经济合作已成为国家之间经济竞争与合作的主要形式。2008 年初，国务院批准了《广西北部湾经济区发展规划》，把北部湾经济区开发开放纳入了国家发展战略。随着中国-东盟“10 + 1”合作机制的实施，“两廊一圈”和“一轴两翼”的合作，泛北部湾经济合作已经向更深更高层次逐步推进。作为一项重大的跨国工程，泛北部湾经济合作必须突出两大方向：一是各个国家要做好国内相关区域的开放开发，为泛北部湾经济合作打下基础；二是各个国家要根据达成的共识，协力做好跨国经济的合作，拓展泛北部湾经济合作的空间。对于中国来说，同样面临发展北部湾经济区与推进泛北部湾经济合作的双重任务。我认为，当务之急，北部湾经济区要以实施北部湾经济发展规划的国家战略为契机，依托国内国际两个战略，即沿海开放、中部崛起、西部开发、东北振兴的国内战略和泛北部湾经济合作的国际战略，立足自身区位和产业的优势，大力提升经济区的综合竞争力，努力打造中国经济发展第四增长极，以开放、融合、繁荣的姿态，推动泛北湾经济合作的深入开展。

第一，要抓住打造中国第四增长极的战略机遇。

一是“两角两湾”区域发展格局带来的机遇。改革开放以来，我国区域经济发展经历了非均衡发展的过程，有着区位优势、政策优势和良好发展基础的珠江三角洲、长江三角洲、环渤海湾分别成为中国经济发展三个大的增长极，形成了我国东部沿海经济带的“两角一湾”。北部

湾与环渤海湾在区位优势、交通网络、海洋资源等方面具有相似性，同属于沿海经济带的“一湾”，并且北部湾具有沿海、沿江、沿边三重叠加的独特优势，连通“两角一湾”形成了中国沿海经济带从“两角”到“两湾”的空间布局，具备发展成为中国经济第四增长极的客观条件。另外，随着天津滨海、上海浦东、成渝地区、武汉城市圈、长株潭城市群等改革试验区的相继推出，中国新一轮区域改革试验开始发力，已初步形成了东部发展、西部开发、中部崛起和东北振兴的四大区域经济合作发展的新格局。北部湾经济区处于东部沿海与西部地区的交汇处，既是西部地区重要的出海通道和华南通向西南的战略要道，也是承接东部、带动西部，推动东中西部共同合作发展的独特经济区域，为其打造中国第四经济增长极创造了条件。

二是实施国家战略带来的机遇。《广西北部湾经济区发展规划》的实施是一个国家战略，给北部湾打造中国第四增长极带来了机会。规划要求北部湾经济区建设成为中国-东盟开放合作的物流基地、商贸基地、加工制造基地和信息交流中心，成为带动、支撑西部大开发的战略高地和重要的国际区域经济合作区。

北部湾经济区丰富的港口资源、旅游资源、海洋生物资源、矿产能源资源、动植物资源为国家战略的实施提供了保障。今后立足资源优势和区位优势，服务“三南”（即西南、华南和中南）、沟通东中西、面向东南亚，充分发挥连接多区域重要通道、交流合作平台的优势，可以加快打造中国第四增长极。

三是泛北部湾经济合作带来的机遇。北部湾经济区是促进中国-东盟全面合作的重要桥梁和基地，是我国走向东盟的重要门户和前沿。近年来，随着我国“与邻为善、以邻为伴”的周边外交方针的贯彻实施，东盟“10+1”合作机制运行良好，我国与东盟等周边国家的睦邻友好和务实合作进一步加强，中国-东盟自由贸易区建设加快了步伐，中国-东盟博览会、商务与投资峰会、大湄公河次区域经济合作等一系列合作机制得以推进，泛北部湾经济合作机制逐步建立，深化了中国-东盟合作，为北部湾经济区发挥面向东盟合作前沿和桥头堡作用奠定了基础。这些为北部湾经济区打造中国第四增长极营造了良好的周边国际环境。

第二，要构建开放合作的支撑体系。加强基础设施建设，提升交通、金融、信息等基础设施的共建共享、互联互通能力，形成经济发展和开放合作强有力的支撑体系，是打造经济增长极的前提条件。虽然北部湾经济区的基础设施建设具备了一定的基础，但总体上与增长极发展、泛北部湾区域合作的要求还有一定的差距，综合运输能力、海上运输通道、金融服务平台、信息交流平台等还需要进一步加以完善。

一要加大交通基础设施的建设力度。加大建设投入，提高沿海港口吞吐能力、高等级公路和铁路路网密度、机场吞吐能力和服务水平、出海出边国际通道能力。以规模化、集约化和现代化为目标，推进港口经营一体化发展，建设现代化沿海港口群，打造港口物流中心，加强能源、铁矿石、集装箱运输系统建设，提高沿海港口通过能力。加快推进国道、省道干线路网改造，打通省际通道，提高路网技术等级和整体效率。建设连接沿海港口的高等级公路，加大区域内公路路网密度，形成完善的西南地区公路出海通道网络。构建连接中、东部省市和连接西南地区的高标准铁路通道，建设连接沿海港口的铁路支线和港口集疏运铁路通道，形成连通西南、中南、华南较为完善的铁路通道网络。

二要加大金融、信息等基础设施的建设力度。金融基础设施建设的重点是推进各类金融网点的合理布局，改善金融交易、结算等技术基础设施条件，完善金融服务平台，提高金融服务水平和效率。信息基础设施建设，要继续加强“南北钦防”信息基础设施建设，完善宽带通信网、数字电视网和下一代互联网，积极推进“三网融合”。提高网络覆盖率，利用国家公共通信资源，形成统一的电子政务传输骨干网，推进电子政务、电子商务、远程教育和医疗等信息的综合应用。加快面向企业、行业和区域的第三方电子商务平台建设，深度开发和利用信息资源。

第三，要形成开放合作的产业优势。北部湾经济区内部各港口城市地理位置毗邻，相互之间自然禀赋和经济发展水平相似，产业结构存在着一定的类同，客观上有调整和优化区域产业布局和产业结构的要求，以提高区域经济增长的质量和效益。今后，经济区应加强引导扶持，承接产业转移，推动产业优化升级，不断提高产业整体素质和市场竞争力。

一要加快工业发展，推进工业化步伐。利用港口优势条件和南海丰富油气资源，建设钦州大北部湾东兴港口型炼油基地，发展原油加工等石化产业；利用适宜种植速生林的优势，建设钦州、铁山港大型林浆纸基地，发展林浆纸一体化产业，形成沿海林浆纸一体化产业群；调整钢铁产品结构，推进钢铁企业联合重组，加快淘汰落后钢铁产能，提高产品附加值；发挥铝资源丰富的优势，发展技术含量高、市场竞争力强的铝加工项目，建设南宁铝深加工产业基地；加快科技成果引进、消化、吸收、再创新，重点培育发展电子信息、生物工程、新材料、现代中药、节能环保等高新技术产业；发挥海洋资源优势，培育发展海产品深加工、海洋生物制药、海洋化工等海洋产业。

二要承接产业转移，提升产业结构。为了避免产业结构趋同，构造合理化产业结构，应依照科学的产业政策对承接产业转移的地区和产业进行引导，形成协调有序的产业链。根据区域产业结构的梯度性和互补性实施承接产业转移，实现产业结构优化，发展产业集群，促进区域工业向高水平、宽领域、纵深化方向发展。既要主动承接我国东部发达地区和发达国家及港澳台地区的产业转移，也要主动承接我国中西部地区需要转移到沿海发展的产业，不断扩大区域合作，提高全方位对外开放水平。另外，要借鉴国内外承接产业转移的经验，把园区打造成为承接产业转移的主要平台和载体，努力把科技园区和工业园区建设成为承接产业转移、带动经济区工业发展的龙头。

三要加快服务业发展。依托区位优势和深水良港优势，大力发展海洋运输，加快构建沿海和城市保税物流体系，发展国际经济贸易和服务贸易，建设南宁区域性国际现代物流基地。依托边境贸易、边境出口加工，建设边境商贸物流基地和边境综合保税区，培育现代物流企业集团。加强与国内外物流企业合作，大力发展第三方物流。加快电子口岸建设，形成面向东盟、连接西南、通达珠三角的高效便捷低成本物流服务体系。积极引进各类金融机构，大力发展银行、保险、证券、期货、信托等金融业，加快培育金融市场，组建一批新的投融资公司，探索建立产业投资基金，积极发展创业投资企业，利用资本市场直接融资，加快中小银行重组和改革步伐，构建南宁区域性金融中心，形成现代化金融服务体系。发展信息服务业，增强邮政电信服务能力，推进电子商务和电子政务，积极发展地理信息、动漫等数字内容产业。立足旅游需求，发挥特色优势，依托中国优秀旅游城市，把北部湾经济区培育成为区域性国际旅游目的地和旅游促进中心。

第四，要以开放融合的姿态推进泛北部湾经济合作。打造北部湾增长极，提升北部湾经济区的经济实力和综合竞争力，有利于进一步推进泛北部湾经济合作。前面说过，泛北部湾经济合作是一项大的跨国工程，推进这项跨国工程的实施，需要各国以开放融合、共同发展、互利共赢的姿态逐步推进。

一要建立完善区域战略协调合作机制。去年，论坛已经就成立泛北部湾经济合作的国际组织达成共识，下一步，应着手落实与推进。一方面要构建战略协调机制，联合制定统一的长远规划、战略目标和合作规则，促进区域内要素的合理流动，发挥最佳的整体功能。另一方面，要构建区域合作项目对接机制，形成跨海、跨国、跨市的项目合作与产业链对接的格局。当前可以先行推进区域基础设施项目的建设。譬如，南宁—新加坡现代铁路和高速公路系统项目，是“一轴两翼”合作的重要轴线，可以作为泛北部湾经济合作的重要先导项目。

二要加强泛北部湾区域的贸易合作。近年来，越南、印度尼西亚、新加坡、马来西亚、菲律宾、泰国等东盟国家面临经济调整，重化工产品进口需求加大。北部湾经济区应增加对这些国家的重化工产品和机电产品的出口，重点出口具有优势的基础化学产品、石化产品、钢铁、运输设备、农用机械、家电产品。在北部湾经济区建立专门的出口加工区，满足东盟对化肥、建筑工程、家电、塑料制品、金属制品、建筑用金属和非金属材料、摩托车、轻型汽车、电子产品、电子元器件等产品的进口需求。坚持互利共赢原则，扩大进口东盟各国的原材料产品，在北部湾经济区建立原材料加工基地，为内地来投资的加工企业提供服务。

三要以文化融合促进泛北部湾经济合作。泛北部湾经济合作区具有悠久的历史文化渊源。我国传统文化对越南、新加坡、马来西亚等国家都具有较大的影响，华人在东盟各国人口中占有一定的比重，对传承中国文化与泛北部湾文化的融合作出了贡献。但是各国、各地区之间的政治制度、历史文化等也存在差异，在经济合作中难免会产生因文化差异而带来的不协调。因此，应进一步促进泛北部湾的文化交流，增进融合与发展，提高泛北部湾经济合作的凝聚力。一方面，要树立共赢意识，正确认识和处理发展自身与服务泛北部湾的关系。另一方面，要增进政府、民间的交流与对话，巩固和发展各国、各地区间的传统交往，拓展合作渠道，实现多层次、高水平、宽领域的文化交流与合作。比如，通过各行各业的会议、展览等促进交流。另外，也可以通过发展文化创意旅游，在旅游中加大风土人情、历史文化、特色文化等的宣传力度，促进泛北部湾区域文化的融合，培养文化认同感，让合作共赢的思想引领泛北部湾经济合作的开展。

北部湾经济区发展面临着千载难逢的历史机遇，泛北部湾经济合作赋予北部湾经济区更重要的使命，在努力打造北部湾经济增长极的基础上推进泛北部湾区域经济合作，为中国—东盟的全面合作和繁荣拓展了空间。我们坚信，在不久的将来，北部湾经济区与泛北部湾地区共同发展、中国与东盟国家共同繁荣的局面会呈现在我们的面前！

（本文原载于《团结》2008 年第 4 期）

中国经济改革的回顾与展望

我国的经济改革从1979年开始,至今已有三十年的历程。虽然改革初期并没有马上形成一个非常明确的改革目标模式,但随着经济的对外开放和非国有经济的发展,改革的方向日渐清晰,改革的力度不断加大,社会主义市场经济体制已初步建立,经济实力显著增强,经济改革取得举世瞩目的成就。

一、中国经济改革的三条主线

三十年来的经济改革,采取的是循序渐进的方法,经历了由试验到推广、由点到面、由表及里、由浅入深的渐进式、探索性的过程。渐进式的特征表现在以下几个方面:体制外改革,在计划经济体制之外或者计划经济体制薄弱的边缘领域,给予市场经济一个试验空间;增量改革,在保留计划经济体制、改革计划经济体制的同时,不断引入市场经济体制的因素;双轨制改革,新旧两种体制并存的经济体制;单项突破性改革,集中对部分政策的变革;倾斜式改革,改革选择了那些影响较小又有建立新体制条件的地区作为突破口;普惠制改革,使绝大多数人从改革中受益。

在渐进式改革进程中,有三条推进的主线,即通过发展非公经济突破所有制局限;通过建立市场机制提高经济运行效率;通过对外开放推动国内改革,融入全球经济。

1. 调整所有制结构,发展非公经济,增强经济活力

所有制结构改革是中国经济改革的一条重要主线,它包括两个具

体方面：一是原有国有制、集体所有制等的具体实现形式改革，如在农村实行土地家庭联产承包制的改革，取代了一大二公的人民公社制；在城市对国有工商企业改革从20世纪80年代初的扩权让利开始进展到最近几年的建立健全现代企业制度。二是所有制结构的调整改革，即坚持和完善公有制为主体，鼓励、支持和引导非公经济发展，提高其在经济中的份额，坚持平等保护物权，形成各种所有制经济平等竞争，相互促进新的格局。

所有制结构改革中最有意义的是，随着政策上对个体、私营经济和外商投资限制的不断放宽，非公经济从无到有，从小到大，不断壮大，成为社会主义市场经济的重要组成部分和推进经济发展与改革最有活力的微观经济基础。1978年以来，中国经济以年均9.8%的速度增长，而个体、私营经济的年均增速超过20%，占GDP的比重从1979年的不足1%，发展到2007年超过40%。如果加上港澳台与外商经济这一块，到2007年非公经济占GDP的比重已超过65%。中国经济发展中的增量部分，70%－80%来源于非公经济。非公经济生于市场、长于市场，活跃在市场竞争最激烈的领域，是构筑市场经济体制的微观基础，它的发展为社会主义市场经济创造了一个多元竞争、充满活力的环境。从改革全局看，非公经济的成功发展代表了增量改革的成功，而且更为重要的是，非公经济对传统体制和国有企业形成强大的压力，从而为存量改革提供了非常宝贵的改革动力，为建立市场经济运行机制，推进国有企业改革作出了重大贡献。

2. 突破计划体制、建立市场机制

运行机制改革是与所有制结构改革相对应的另一条重要主线，包括两个具体方面：一是市场体系发育，包括产品（及服务）市场发育和要素市场发育等，使市场成为配置资源的基础手段；二是政府职能转变与调控体系发育，即建立发展市场经济要求的财税体制、金融体制、计划体制、投资体制、工商行政管理体制等，以及进行相应的机构改革。

虽然我国在1992年才明确确立了市场经济改革取向，但在此之前理论界和政府部门就已意识到企业应该成为自主经营、自负盈亏的经济实体,因此从改革之初,国家就开始通过放权和价格双轨制等措施,一点一点地放松和取消政府对各种商品生产数量和价格的管制,引导企业转变经营方式,同时也促进了市场的发育。到1994年,国家已不再控制大部分商品的产、购、销。到2003年,工业品指令性计划就仅限于5种,农业生产方面指令性计划已全部取消,绝大多数的商品和服务价格由市场决定,并基本形成了以大中城市为核心、遍布城乡、多层次的商品市场体系,而且商品市场供给丰富,很多商品对外开放,并出现了买方市场。对于要素市场的培育,具有更加显著的渐进性。如劳动力市场,由固定工向合同工的转变是逐渐试点推广的;对于资本市场,一开始从小范围的试点和摸索为特征,发展到一定程度才由地方政府的管理、调控过渡到中央政府的管理、调控,并推动大型国有企业上市改制。

3. 积极对外开放、获取改革动力

对外开放是中国改革的又一条主线,甚至是最重要的主线。1979年开始,中国在进行国内市场取向改革的同时,大力实施对外开放,并取得丰硕成果,外汇储备居世界首位,从排名第32位的贸易小国,上升为第三大贸易体,外贸依存度逐步上升到一个相当高的水平,并成为引进外资最多的发展中国家。尤其是加入WTO后,充分利用“入世”,借用“入世承诺”这个外部压力,在一步步地履行开放承诺的同时,大力推动自身改革,健全各项法律法规、精简机构、加快投融资体制改革等。全面实行和不断扩大对外开放,意味着国内市场在越来越大的程度上成为国际市场的一部分,经济活动要遵循国际惯例,必然要求改革国内经济体制与之相适应,以便和国际市场经济逐步全面接轨。由于国际协议和国际惯例具有强约束性,在经济活动中优于国内的规则,即所谓国际法优于国内法,因而对外开放能够强有力地促进并规范国内市场取向改革。例如,执行与外国签订的保护知识产权协议有力推动了国内知识产权制度的建立。三十年来,外贸大发展和大量引进国外先进技术、先进管理方式、经营方法和资金，把原来封闭的中国经济逐步推向了世界经济舞台，通过学习、竞争与合作，经历必要的痛苦变革，大大提升了中国经济的素质和实力。

二、中国经济下一步改革的五大重点

社会主义市场经济体制是市场经济同社会主义基本经济制度结合在一起的经济体制，它除了具有市场经济的共性之外，还有自己的特征。一是在所有制结构上，以公有制为主体，多种所有制经济共同发展；二是在分配制度上，以按劳分配为主体，多种分配方式并存，把按劳分配和按生产要素分配结合起来，既鼓励先进，促进效率，合理拉开收入差距，又缓解社会分配不公，防止两极分化，逐步实现共同富裕；三是在宏观调控上，社会主义国家具有强有力的宏观调控能力，能够把人民的当前利益与长远利益、局部利益与整体利益结合起来，把市场调节和宏观调控结合起来。

完善的社会主义市场经济体制是实现科学发展、构建和谐社会的根本保障。加快完善社会主义市场经济体制，要求我们在下一步，特别是“十一五”时期，以更大的决心加快推进改革。中共十六届五中全会通过的《中共中央关于制定国民经济和社会发展第十一个五年规划的建议》提出：以转变政府职能和深化企业、财税、金融等改革为重点，加快完善社会主义市场经济体制。党的十七大进一步强调了科学发展的理念，要统筹经济、社会、文化的协调发展和可持续发展，并对今后改革的重点任务作出了全面部署。这些重点方面的改革任务，关系到改革和发展的全局，涉及经济社会发展中的深层问题。

1. 围绕优化产业结构、转变增长方式推进的改革

从长期发展的角度看，中国经济当前存在两个方面的突出问题：一是经济结构不合理，主要是产业结构层次低，城乡、地区发展不协调，社会事业发展滞后，投资和消费关系失衡；二是经营方式粗放，投入多、消耗高、污染重、效益低，付出的资源和环境代价过大。这种粗放型经

济增长方式，与资源环境的矛盾越来越大，长此以往，难以为继。存在这些问题的原因是多方面的，最根本的是经济体制和机制的弊端没有革除。因此，如何形成促进经济结构调整和增长方式转变的机制，将成为改革的一个重点。其中企业和市场将成为这项改革中的两大重要领域。企业是市场的主体，是优化结构、节约资源、提高效益的基础，因此为民营企业、外资企业发展和国有企业改革创造一个更好的市场体系、法治环境，促进企业产品创新、技术创新和管理创新，促进企业的改组、重组，发展规模经营。要更大程度地发挥市场配置资源的作用，通过价格杠杆和竞争机制的功能，把资源配置到市场需要和效益较好的环节。为此，必须继续推进经济市场化，加强现代市场体系建设，彻底打破行业垄断和地区封锁，完善商品和要素价格形成机制以及竞争机制；加快推进价格改革，形成土地、水、能源等资源价格的市场决定机制，促进生产要素的节约利用，提高资源利用效益。

2. 围绕政府职能转变推进的改革

这是全面深化改革的重点和关键。政府要适应全球化条件下的市场经济，不能不进行较彻底的改革，要按照有效政府和有限政府的观念与模式来改进各项工作，加快从经济建设型政府转变为公共服务型政府。改革的主要内容包括：一是继续推进政企分开、政资分开、政事分开、政府与市场中介组织分开，减少和规范行政审批，充分发挥社会团体、行业协会、商会和中介机构的作用；二是更多地运用经济和法律手段履行政府职能，强化公共服务和社会管理职能；三是深化政府机构改革，依法规范中央和地方经济社会管理的职能和权限，优化政府组织结构，减少行政层级，理顺职责分工，提高行政效率，降低行政成本。四是全面推行依法行政，大力推进政务公开，加强电子政务建设，健全科学民主决策机制和行政监督机制，强化行政问责制。

3. 围绕对外开放推进的改革

统筹国内发展和对外开放，全面提高对外开放水平，以开放促改革、促发展，形成经济全球化条件下参与国际经济合作和竞争新优势。

要坚持“引进来”和“走出去”相结合，“引进来”要提高水平，“走出去”要提高竞争力。通过深化改革，促进对外贸易增长方式的转变，实施互利共赢的开放战略。要着眼于建成更具活力、更加开放的经济体系，深化涉外经济体制改革，完善促进生产要素跨境流动和优化配置的体制与政策，健全对外开放的制度保障，依法管理涉外经济活动，注重防范国际经济风险，形成稳定、透明、公平、安全和可预见的法治环境。

4. 围绕社会保障体系建设推进的改革

提高人民生活水平，着力解决涉及人民群众切身利益的突出问题，维护社会和谐安定，是未来发展的重要任务。解决这些问题，从根本上说，要靠发展社会生产力，同时也要靠深化改革，通过推进体制机制创新，理顺经济社会关系，建立健全与经济发展水平相适应的社会保障体系。这包括：坚持实施积极的就业政策、建立促进和扩大就业的有效机制；进一步建立健全与经济发展水平相适应的社会保障体系，合理确定保障标准和方式；合理调节收入分配，着力提高低收入者收入水平，逐步扩大中等收入者比重，有效调节过高收入，规范个人收入分配秩序，努力缓解部分社会成员收入分配差距扩大的趋势；深化教育体制改革，推动教育事业的更大发展；推进医疗卫生体制改革，认真研究和逐步解决群众看病难看病贵的问题；健全环境监管体制，提高环境监管能力，运用经济、法律手段推进污染治理；落实安全生产责任制，健全安全生产监管体制；正确处理各种利益关系，注重维护公民合法权益，注重促进社会公平和正义等。

5. 围绕社会主义新农村建设推进的改革

发端于中国农村的改革，启动了革新的大幕，而农村问题也始终是中国改革发展进程中的重要问题。经过三十年的历程，改革的关键又回到了农村。刚刚召开的中共十七届三中全会审议通过了《中共中央关于推进农村改革发展若干重大问题的决定》，深化农村改革成为新时期的一项战略任务。土地是农村改革的重点，坚持农村基本经营制度，稳定和完善土地承包关系，按照依法自愿有偿原则，健全土地承包经营权流转市场，尤其是采取转包、租赁、土地使用权入股等方式，促进规模经营。还要进一步推进城乡统筹发展，建立以工促农、以城带乡的长效机制，形成城乡经济社会发展一体化新格局；要继续加强农村基础设施建设，健全农村市场和农业服务体系；要坚持“多予少取放活”，进一步加大支农惠农政策力度，增加农民收入；要大力发展卫生医疗、教育、道路、通信等农村公共事业。

（本文原载于《团结》2008 年第 5 期）

经济增长与科学发展

30 年前开始的改革开放伟业，是中华民族五千年发展史上的一座丰碑。30 年来，改革开放给中国带来的物质财富和精神财富，已经影响到国际格局的重新组合。只是这场改变我们命运的伟大事业，最初也是被迫启动的。因为，当年充满票证的中国经济确实到了接近于崩溃的边缘。

深圳的历史就曾经这样记载：其前身广东省宝安县，1978 年 1 月至 11 月 20 日，全县共外逃 1.38 万人，逃出 7 037 人。其中，8 月份以后外逃 1 万多人，逃出 5 400 多人。全县逃出大、小队干部 121 人，党员 29 人，团员 161 人。另据有关方面不完全统计，这一年在宝安一地堵截收容了外逃人员 4.6 万多人。显然，“宁要社会主义的草，不要资本主义的苗”这一类说教只能是自欺欺人。因为，宝安这边劳动一天的工分只值几角钱，而香港那边打零工一个月赚 2 000 多元港币，差距实在太大。

一、从农村出发的改革

就像中国革命从农村开始的一样，后来被称为第二次革命的改革开放也是从农村开始的。1979 年 3 月，宝安县改为深圳市，深圳从此成为改革开放的象征；而在稍为早些时候，以家庭承包为核心的小岗改制，成为中国农村改革的标本。农村改革，极大地解放了生产力、直接丰富了社会产品的供应。1994 年前后，全国各地陆续取消票证，中国结束了传统意义上的“短缺经济”时代。

农村改革以及乡镇企业的发展,在满足城市需求的同时,也初步改善了农民的生活水平,但这种改善是有限的。进入21世纪以后,“三农”问题开始逐渐突出,所以,农村的改革需要新的突破口。温家宝同志担任总理职务以后,每年都高度关注“三农”问题,在政策设计上屡有创新。其中,取消农业税就是一项了不起的历史进步。一个名叫《变迁中国》的电视短片,就从河北农民贾增文和他的68本日记说起,为我们解剖了一个十分经典的社会变革案例。

电视上出现这样一组镜头——一位老农在朗读:“今早饭后,(弟弟)文校接走母亲,我去(医生)进山家拿合作医疗本,买回7盒地奥心血康45.5元,(加)入合作医疗给了钱,当下只拿药没给钱。”这位一字一顿念日记的就是贾增文,这是他2007年1月19日写的一篇日记。贾增文今年65岁,是河北省藁城市增村镇牛家庄村一个地地道道的农民。祖上三辈都没进过学堂。新中国成立后,他终于有机会上了5年小学。贾增文说,是共产党带领穷人翻了身,他不能忘本,他要把新生活记下来。1959年9月16日,16岁的贾增文在一本16开小学生作业本上,写下他平生的第一篇日记,从此,他几乎一天也没有落过。他的日记记录了中国农村48年来,尤其是改革开放后发生的变迁。电视上还播出了他最早的日记内容——“今天夜晚我去看电影,见到银幕上照着几个人,接着工作组老刘就开始讲他(发现)的偷盗行为,当他讲了之后,我听了十分憎恨这些坏蛋分子。”这些当代中国农村发展的实录,实际上还是极其珍贵的社会学史料和发展样本,其价值并不亚于费孝通的《乡村调查》等著作。

48年来,这68本日记也记录了河北藁城一个普通农村农民的生活变迁。改革开放后,农村实行了包产到户和联产承包责任制。贾增文日记的字里行间,也呈现出一片农村欣欣向荣的景象。党的十六大以来,新一届中央领导集体把加强“三农”工作视为全党工作的重中之重,国家公共财政开始越来越多地向农村倾斜。藁城市增村镇牛家庄村的村民也真真切切地感受到农村近些年的变化。

为了避免孤证，记者还采访了另一位村民贾留锁，他补充说：“农民们免除了（农业税），种地不纳粮了，不纳钱了，这个我觉得是最大的变化，还补助钱，农民种地的积极性现在相当高。”这一补充，使得可信度大大加强。

需要指出的是，最近国际粮食市场风云突变。这是由于发达国家推行的生物能源政策，直接导致人的口粮源源不断地成为汽车能源的加工原料；同时，发展中国家农民长期种地不富，也没有生产的积极性，出现了粮食供应短缺。这样，国际粮价涨势凶猛，又影响到全球解决饥荒问题的努力。而在中国，多年前就实行了积极的农业政策，成功地规避了这次国际性的粮食风险。

对农村改革的背景，短片也作了精到的记录：贾增文亲眼见证了从种地交税到种地领补贴款的变迁。2004 年 5 月 18 日，他在日记里写下自己第一次领种粮补贴的事：今天在大队支地补款（种粮补贴）一亩 13.5 元，我们支 32.3 元，（儿子）书良支 54 元。口袋里的钱多了，于是贾增文去年 9 月花钱买了辆二手机动三轮车。贾增文：“今天上午，清河与俺去南城西看三轮，又去金庄韩振轻家买回一辆金蛙三轮，有倒轴、发电机、柴油机，很好、没杂音，1 600 元当下交清款。”贾增文还说，当前是农民得到实惠最多的时候，政策好，农民的收益好，这要感谢党中央的领导。他在日记中写道：“人民群众都感谢党、胡锦涛、温家宝对农民的好政策，改变了两千多年种地纳粮、种地纳税的历史。”像这样的影像，确实举一反三地见证了时代的进步，可以说是对中国发展动力的经典解读。

二、现代服务业的横空出世

改革开放之前，中国是没有现代服务业概念的。不仅现代服务业是盲区，而且传统服务业也相当短缺。如修理收音机、理发等活动，在学雷锋日很受欢迎，实际上也反映了传统服务业的缺失，给群众生活造成的不便。

20 世纪 80 年代，传统服务业和现代服务业统称为第三产业。第三产业一度还为国有企业劳动用工制度改革提供了人员分流的方向，当然，这些岗位都是较为低档的传统服务业概念，也谈不上人才的发展机会。

现代服务业从一开始，就具有改变生产方式的意义。同时，它也是外资极其关注的领域，中国长达十几年的“复关”和“入世”谈判，都在现代服务业的开放方面多番交涉。现代服务业在 20 世纪 90 年代，为中国尤其是沿海省份提供了发展动力，形成了要素市场。

现代服务业在沿海的发端，也直接提升了中国经济的国际竞争力。中国在现代服务业领域的逐步开放，也意味着外资得以分享中国经济增长的蛋糕。现有研究认为，这对于外资和沿海都是有利的。如浦东的开发开放以及国际金融中心的建设，如果没有外资积极介入现代服务业是很难想象的。

现代服务业，就“十一五”规划而言，是东南沿海地区和大中城市普遍关心和重点投入的支柱产业。它不仅贡献直接的经济价值，还凝聚着冲破旧生产关系的力量。而城市的进步，也无一例外地伴随着现代服务业的集聚、集群和产业分工的进一步明确，并由此提升城市、城市圈或城市群的经济品质和核心竞争力。

从现实利益来看，现代服务业可以使城市经济在有限空间的营运条件下，进一步在国际市场体系中引领分工能力，以实质性地提升城市以及城市群的国际分工地位。这方面，有必要谈一下上海国际航运中心建设问题。根据上海口岸在沿海地区的突出地位，上海港吞吐量要在 2008 年达到世界第一大港的规模，并不是很困难的事情。然而，从现代服务业的眼光而非“制造业”的眼光来看，“制造”出“世界第一大港”并不等于我们就拥有了国际航运中心。有专家就认为上海港应该改变“吞吐量制造业”的色彩，而加大现代服务业对港口发育进程的渗透。

我们也认为，一个国际航运中心的确立，不是由港口设施、吞吐量、造船或港机制造等硬实力决定的，而是由航运服务、信息、研发、教育等相关现代服务业所匹配的软实力所决定的。上海在后一方面的实力尚处于较低水平,还不具备国际竞争力。因此,2008 年以后,上海应该把发展的重心和资源的配置逐步转移到促进推动航运服务、信息、研发、教育等软实力的建设上来。当然,如果上海港的发展目标最终是向伦敦这一公认的国际航运中心看齐的话,还必须在金融市场的国际化和航运交易结算领域取得重大突破。这样,现代服务业也为我区参与上海国际航运中心的建设提供了可能。今后,我区在航运服务、信息、研发、教育等方面的优势将持续表现出来。

对我国经济而言,现代服务业可以使城市在加快发展的进程中,更加健康地催生符合社会发展取向的新兴智力行业。这些行业如软件、研发、咨询、评估、新媒体以及信息服务、文化产业等,近几年出现了密集城区发展的态势,它们不仅处在社会发展的顶端,而且其高级从业人员往往成为中产阶层的主流,其业务发展也会对社会生活产生明显的影响。如经过多年的产业积淀和近年来的高速发展,文化创意产业已经形成一定规模,并影响到青年一代的基本生活。

就目前的认知水平,发展现代服务业主要集中在以下四个方面:

(1) 以利率和汇率为交易神经的金融服务业;

(2) 以商务和品牌营销为主题的“商圈服务业”;

(3) 以满足科技延伸服务需求为主导的生产性服务业;

(4) 以智力和管理为核心竞争力的专业服务业。

限于时间,我们谈一下专业服务业和生产性服务业的价值。

专业服务业,是知识密集型行业,它的积聚也是一个地区经济结构升级的重要标志。会计事务所、律师事务所、咨询公司、评估公司等就是典型的专业服务业品种。其落户的要求往往是:交通和通信等基础条件优良、商务楼等硬件设施一流、区域经济具有未来辐射能力、临近高等院校和科研机构等人才高地、对当地文化有较大的包容性等。

一个典型的例子就是,作为世界著名的会计师事务所——坐落在徐汇区某商务楼宇的安永会计师事务所,近年来在中国,尤其是在上海业务发展十分迅速。2007年9月3日，时任上海市委书记习近平同志还接见了该事务所的全球总裁。有意思的是，该事务所不仅积极实施当地化人才战略，而且执着地注重融入当地的社会习惯和政治文明。如安永伴随着公司人力规模的不断扩大，公司党员数量急速增加。党组织成立近四年来，从支部发展到总支，目前共有13个支部，420多名党员，正在筹备建立党委。同时，安永也是纳税大户，2007年纳税已经超过一亿元。

在科技资源的积聚和科技成果转化的成效方面，漕河泾开发区经过二十年的建设已成为中国科技园区中的典型，而且还涌现了一批代表国家水平的一流研发成果、产业成果，应该说已经形成了可观的规模、相当的实力。上海提出要着力提高自主创新能力，加快建设新型城市，这就是基础，上海完全有条件率先突破。其中，科技服务业就是一种典型的生产性服务业，它往往依托国家级甚至国际级的科研实力，完成战略功能的产业布局，并且能够直接为创新型企业提供孵化服务。由于科技服务业的发展性贡献，2006年漕河泾开发区就已经实现了销售收入和工业产值“双突破”1 000亿元的佳绩，年利税总额超过50亿元，财政资金投入产出比达到了1∶13。可以说，漕河泾开发区正处在发展的黄金周期中，区域的科技服务业发展能力正在释放出来。

在加强自主创新的同时，漕河泾开发区的决策层也在积极促进二、三产业的融合发展。漕河泾开发区抓住国际产业转移和国内高附加值服务业快速发展的机遇，推动内外资大项目延伸产业链，使生产性服务业得到加速发展。2007年，漕河泾开发区新引进项目中，90%以上为研发中心、销售中心、采购中心等知识技术密集型的高附加值服务业项目。而今后一段时间，漕河泾开发区还可能在服务外包领域方面取得重大的进展。

三、从长三角到泛长三角

经济区域一体化发展，几乎伴随着改革开放的全过程。早在1982

年,上海社会科学院就向国务院提交过决策咨询报告——《关于建立和开发长江三角洲经济的建议》。以后,长三角一体化研究,从方案到实践,每隔几年都会有所突破。在这方面,上海市政协也作出了很多历史性的贡献。

当然,长江三角洲区域内还存在着各自为政、局部过度竞争、产业结构趋同、城市功能不明、发展政策差异等区域经济一体化发展的"瓶颈"问题,如要冲破这些障碍,在很大程度上也需要充分发挥政府的协调作用。对此,一方面需要充分发挥市场配置社会经济资源的基础作用,更加突出企业作为市场主体的地位,让市场起到主导作用;另一方面,也更需要各地、各级政府有所作为,让政府起到引导作用。例如,一些体制机制方面存在的问题,当然就需要区域内的各地、各级政府共同协商去进行新的制度创新和政策设计。

由此可见,在当前经济社会转型时期,"无形的手"和"有形的手"都应发挥各自的功能。

因此,市场和政府两股推动力量,不仅应该是相互依存、相互促进的,而且还应该形成合力来共同推动长江三角洲区域经济一体化发展的进程。然而,归根到底,主要还是应该依赖于市场对社会经济资源的配置能力以及由市场来引导区域内的产业发展和经济合作,而政府则应该着力于完善市场体系、制定市场规则、引导市场准入、缩小区域差异,以及构筑大区域化的基础设施网络和共同保护生态环境等。就在长三角一体化进程加快的同时,更加积极的区域发展思想出现了,那就是泛长三角概念的提出。今年1月24日,胡锦涛总书记在安徽视察时指出,安徽要充分发挥区位优势、自然资源优势、劳动力资源优势,积极参与泛长三角区域发展分工。这是中央第一次向国内外正式公开提出"泛长三角"概念,我们认为这是一个具有时代特征和重大现实意义的战略构想。这里根据安徽社会科学院提供的资料做一些简要的说明:

1. *泛长三角概念的界定*

泛长三角是长江三角洲地理概念在区域经济上的延伸。在现有关于泛长三角的各种讨论中，我们认为：(1) 严格意义上的长三角位于镇江以东，运河以南，杭州湾以北，由长江和钱塘江冲积而成的地域。现有的 15 +1 或 2 +1 已经是泛长三角；(2) 3 + N 概念，即苏浙沪加上沿着长江溯源而上的沿江省份，这种划分区域范围过于庞大，经济形态过于复杂，在短期内很难有实质性意义的举措；(3) 泛长三角首先应该是一个区域经济概念。泛的要求是既超出原有的范围，但又受一定规律的约束，且不能无限扩大。具体说就是这些区域内部之间地域相连、人缘相亲、文化相融、经济相通，具有经济要素的组合优势、经济成长的后劲优势、交汇融合的环境优势等，客观上具备为推进区域经济一体化的现实条件与潜在条件。安徽比较倾向于“3 +2”的划分，即上海、江苏、浙江，加上安徽和江西。

2. 日益激烈的国际竞争迫切需要中国打造世界性的大经济区

当代世界经济的格局向着两个方向延伸，一是在新技术革命的推动之下，全球经济一体化的趋势越来越明显，国与国之间、地区与地区之间的联系日益紧密，新技术革命极大地推动了世界范围的人流、物流、资金流、信息流的加速流动；二是为应对全球化的趋势，地缘相近、经济相连的区域日益组建成各种类型的经济联合体，就是经济的区域化色彩愈来愈浓。

在这两大趋势的共同作用下，当今世界国家的经济实力越来越体现为区域经济的竞争力。以大城市群为核心的经济区在世界和国家经济发展中扮演着日益重要的角色。美国大西洋沿岸中部经济区、太平洋沿岸经济区、巴西东南经济区、日本的阪神经济区等，已经成为全球重要的经济增长极。因此，泛长三角概念的提出是对经济全球化和区域一体化趋势带来挑战的一种回应。

3. 日益扩大的区域差异迫切需要构建区域科学发展的大经济区

中国是一个人口众多、幅员辽阔且生产力水平极端不平衡的发展中大国，如何控制经济发展过程中日益扩大的地区差异，实现区域经济协调发展，是当代世界各发展大国还没有解决的难题，没有现成的经验可供借鉴。20世纪末开始，党中央国务院先后实施了“西部大开发”和“振兴东北老工业基地”战略，近年来又开始实施了“中部崛起”战略，所有这些战略目标均是为了防止区域差异过大，促进区域经济协调发展。完成“中部崛起”的伟大使命，仅有中央的积极性还不够，还必须有东部的积极性和中部地区的主动性。改革开放以来，苏浙沪已经发展成为中国的经济高地，已经成为推动和带领中国经济“又好又快”增长的原动力。大力推进苏浙沪与周边地区的分工与合作，是实现我国经济持续而健康发展的有效途径，是建设中国特色社会主义伟大事业的必然选择。因此，泛长三角概念的提出是对区域差异与区域协调发展趋势带来挑战的一种回应。

四、循环经济的历史必然

中国学者中较早认识到可持续发展重要性的，就是经济学大家、20世纪80年代初期担任中国社会科学院副院长职务的许涤新，1986年上海生态经济学会就是在他的号召下成立的。学会成立之时，他也亲自到场祝贺。当时的会长，则是另一位大家——时任上海社会科学院院长的张仲礼。张仲礼后来回忆说：建立生态经济学会的目的是大力提倡“为了子孙后代考虑发展路径”的理念，强调当代人不能为了一时赚钱，而不管将来后代子孙生活的主张。

1989年学会就曾积极开展了促进相关国家立法的理论研究和学术研讨活动，包括对环境保护法、外高桥保税区法以及浦东开发开放中的生态平衡等专项问题研究。该学会成立以来，举办的高层次研讨会主要有：“上海城市生态经济发展战略研讨会”（1988年）、“上海新城开发方案研讨会”（1992年）、“1995上海生态城市建设研讨会”（1995年）、“开发太湖保护太湖——区域生态经济协调发展研讨会”（2000年）、“上海城市可持续发展与生活垃圾处理及资源化研究鉴定会”（2001年）、“上海水源保护研讨会暨上海水源保护生态示范区项目专家咨询会”（2003年）以及“区域城镇生态建设研讨会——东滩生态化建设专题”等。

到了1992年，在全世界范围的学术界、企业界、政界取得共识，召开了地球最高级别的环境与发展大会，明确可持续科学发展战略的推进路径。我国领导也高度重视，在1994年就编制了“21世纪议程”的国家级文件，在全世界属于第一家。经过多年的努力，关于生态、环境、循环经济的概念，社会上谈得已经很普及了，大家口头上也都有了一个共同的家园意识。党的十七大首次提出生态文明的概念，则具有里程碑式的意义。

不过，生态文明和循环经济在实践中还是困难重重，进一步做的话也不是非常容易。目前，面临着新的经济发展时期，保护地球家园和我们生活环境的任务可能更加艰巨。尤其是近几年，上海虽然已经逐步加强了执法的力度，但有些地方，像郊区或者城乡结合部的部分化工企业做得不到位，缺乏监管机制。这些违规的化工企业只顾眼前的利益，将废水废料直接排放，不经过处理，致使周围居民生活受到很大的影响，农作物生长受到极大的抑制。农民种瓜的瓜坏了，养鱼的鱼死了，这些都是真实发生的事件。在这方面，有专家认为上海宝山钢铁公司就是很好的建厂例子，虽然是重工业制造企业，但是公司花费巨大投资在废弃物的处理上，并且有自己的污水处理系统，可以保证周边环境不受到污染，目前也正在向可持续的绿色生产模式发展。而改革开放之初，很多的外国企业主因为发达国家环境管理严格，于是来到中国大陆建厂，借用中国的土地、廉价的劳动力进行生产，他们追求的是效益的最大化，却往往忽略对环境的保护问题。这恰恰是环保人士最忌讳的，所以今后对外资企业的监督不应该局限在建立工会方面，还应包括外资企业的在华环境友好能力和环保、节能等社会责任问题。

有分析报告认为，尽管各国做出了一些努力，全世界环境污染状况仍在以下九个方面继续恶化：(1) 气候变化，温室效应，这可以从南极和北极冰层消融情况中得到证明。有99%的科学家认为，地球气候变化是人类活动因素造成的，主要是消耗能源产生的二氧化碳。全世界所有国家中，美国排放量最大（22%），中国次之（11%），因此美中两国都有设法减少二氧化碳排放的责任。出路在于科技和对再生能源的使用及重视对太阳能、潮汐能等的利用；（2）物种消失，虽然物种消失在历史上也发生过，但现在消失的速度是以前的几倍；（3）臭氧层变稀薄，出现空洞；（4）水资源因污染而缺乏，中国黄河断流，北方沙尘暴天气都和缺水有关；（5）沙漠化；（6）森林面积日趋萎缩；（7）海洋受污染；（8）污染物的跨国家流动；（9）放射性物层污染。由于以上污染的结果，全世界17个海场全面减产，全世界的珊瑚大批死亡。因此，世界环境污染问题也已到了非常严重的地步，国际合作共同走循环经济之路将是一个大趋势。

总之，当今社会，生态正成为文明的重要标志。在经济蓬勃发展的形势下，重视生态经济，促进生态经济的发展，建立健康和可持续的经济增长新模式，已经越来越成为大家的共识。发展循环新经济，创建"节约型社会"，是落实全面协调可持续发展的"科学发展观"的必要要求，体现了以人为本的发展理念，是全面建设小康社会的战略选择，符合当今世界发展潮流。

（本文原载于《联合时报》2008年9月12日第003版联合论坛）

中国产业生态化发展的实现途径

随着科技进步和经济的迅猛发展,人类干预大自然的能力和规模空前增长,传统的产业发展模式带来了严重的资源短缺和环境污染。在人类产业活动与环境之间的重重危机和矛盾背景下,产业生态化概念应运而生。

一、产业生态化的内涵

产业生态化是对"产业生态"术语的动词化。产业生态是指产业与其环境间的相互关系。产业生态化的概念有以下四层含义:

第一,产业生态化是继工业化后 21 世纪的一种新型产业发展模式。在产业领域倡导新的经济规范和行为准则,以实现产业的可持续发展,促进人与自然的协调与和谐。

第二,产业生态化的核心是产业系统的生态化。模仿自然生态系统构造出产业生态系统,即把一个产业、一个行业或整个企业看作一个系统,应用生态系统中物种共生、物质循环再生的原理,利用现代科技和系统工程的方法,通过一系列工艺链与生态链的连接和组合,采用系统工程的最优化方法,设计出多层次利用物质的生产工艺系统。

第三,产业生态化的目标是促进产业与环境的协调发展。在促进自然界良性循环的前提下,通过合理开发利用区域生态系统的环境和资源,使资源在系统内得到循环利用,充分发挥出物质的最大生产潜力,从而减少废物的产生,使产业发展对环境的污染和破坏降到尽可能低的程度，最终实现产业与环境的协调发展。

第四，产业生态化是一个动态变化的过程。产业生态系统的构建如同工业化进程，有一个从低级到高级不断发展、不断完善的演进过程。

二、中国实现产业生态化发展的途径

中国实现产业生态化发展的路径和基本思路应该是：以制度建设和技术创新为保证，以打造生态化的产业体系为主线，以改造传统产业和发展生态产业为重点，加快产业结构的优化升级，使产业发展与资源环境等因素逐步统一协调，提高产业发展的质量。

（一）发展生态产业，构造产业生态系统

生态产业是通过运用产业生态理论对传统产业进行改造而发展起来的，以下将以生态农业、生态工业为例来探讨中国生态产业发展的主要思路。

1. 生态农业的发展思路

根据生态农业的内涵及在生态农业实践中的具体情况，生态农业发展的总体思路是要加强农业的可持续能力建设，走现代集约型生态农业发展之路，同时推动生态农业的产业化。

（1）加强农业的可持续能力建设

加强农业的可持续能力建设，需要在以下三方面努力：第一，加快农业基础设施建设，提高农业的设施装备水平。第二，坚持长期有序的能力建设，突出重点，避免因大开发、大建设而造成新的重复建设，甚至引起新的资源环境大破坏。农业的可持续能力建设的重点和优先支持领域应该是：近5亿亩旱地的农业生态环境治理、黄土高原水土流失治理、长江流域的水土流失治理以及中部农业主产区近10亿亩中低产田综合治理等。第三，确保可持续能力建设的制度供给：① 创新农地制度。在农业市场化进程中，农地制度安排的核心目标是要通过市场机制的作用实现土地要素的优化配置，从而实现土地的适度规模经营，

提高农业综合生产力。② 创建农村经营组织。从各种角度和层面加强农民进入市场的组织化程度，增强农民与市场、政府、企业的交易能力。③ 建设市场体系，完善农业市场的交易规则。④ 转变政府职能，加强对农业的保护、对农户的帮助和对农村基层组织的指导。⑤ 大力发展农村非农产业，促进农村工业的产业升级和合理布局。

（2）走现代集约型的生态农业发展之路

中国的生态农业应该走以“高产、优质、高效、低耗”为宗旨的现代集约型农业发展道路。为此：第一，进一步依靠科技进步，继承和发展传统农业技术精华，并同时吸收现代高新技术，坚持高新技术与常规技术有机结合、优势互补、集成开发的农业科技发展政策，这将是中国走集约型农业之路的重要保证。第二，现阶段农业应以技术密集型与劳动力密集型相结合为主，充分利用平面与立体、时间与空间，实行资源全方位集约开发，达到少投入、多产出和持续增长的目的。第三，开发农业多种功能，发展现代农业的产业体系。大力发展畜牧业、水产业、林业和农产品加工业，发展各类特色农业，立足各地自然和资源优势，因地制宜地发展各种物质、非物质的产业和产品，尤其要重视发展园艺业、手工业、乡村旅游业等，支持发展“一村一品”，加快培养一批特色鲜明、类型多样、竞争力强的专业村和专业乡镇。要高度重视以生物能源、产品和原料为主要内容的生物产业的发展，这是拓展农业功能的新兴产业。要加快开发以农作物秸秆等为原料的生物燃料、肥料、饲料，促进资源的高效利用。第四，切实保证农民收入持续稳定增长。以市场为导向，遵循价值规律，不断调整产业、产品和品种结构，使农产品品种多样化，品质优良化，保证农民收入的稳步提高。第五，培育新型农民，造就现代农业经营主体。要大力发展农业生产技能和市场经济知识培训，加快发展农村职业技术教育和成人教育，使中国农业现代化和农业的可持续发展建立在高素质的人力资本基础之上。

（3）推动中国生态农业的产业化

生态农业产业化是在经济效益和生态效益的约束下，通过种、养、植和深加工，以农工贸并举、供产销一条龙的形式，促使农业的产前、产中和产后形成一个较完整的产业群体。推动中国生态农业产业化进程的具体措施是：第一，要从系统分析和规划的角度认识生态农业的产业化；第二，在生态农业产业化过程中要积极尝试多种经营方式、多种生产类型的发展模式；第三，从不同层次上优化农业和农村经济结构，实行产供销一体和农工商综合经营，以农业的专业化、社会化和商品化带动产业化发展；扶持各类农业龙头企业的发展，吸引和带动广大农民发展生态农业；第四，建立促进生态农业产业化的辅助体系，包括为生态农业产业化提供劳动者的人力资源体系、食物安全和预警系统、资源开发利用监测体系、农业生态工程和环境保护体系、持续性农业科学技术的推广体系、农业知识和技术培训体系等。

2. 中国生态工业的发展路径

中国生态工业的发展主要在三个层次上展开：一是在企业层面积极推行清洁生产；二是在工业集中区建立由共生企业群组成的生态工业园区；三是在区域层面进行区域副产品交换。其中，生态工业园是生态工业的集中体现。进一步推动生态工业发展的路径有三条：一是工业产品的生态化；二是推进企业的清洁生产；三是设计和建设企业、产业及区域各种层面的生态工业园区。

中国发展生态工业的重点是设计和建设各种生态工业园区。在生态工业园区设计中，要对产业定位和现有企业进行详细了解，做总体规划时强调内部循环，通过合理引入与原有企业存在潜在协同和共生关系的产业和企业，完善园区产业生态系统，优化物质、能量和信息流（见图1）。促进生态工业园区建设的重要措施是：（1）运用产业生态理念，对生态工业园进行系统规划和设计。（2）政策引导和支持，以各种优惠政策——金融、培训、税收等——鼓励企业进入生态工业园，并提倡在园区内建立生态产业链，形成工业共生网络。同时，制定必要的法规，采取经济激励和惩罚手段，对生态工业园加以规范。（3）提高资源的使用效率，并鼓励在园区内进行资源的梯次流动。（4）运用先进的生态设计手段，对产品进行生命周期分析，实现园区产品的生态化。(5) 依靠科技进步，鼓励企业采用无害或低害的新工艺、新技术，大力降低原材料和能源的消耗，实现少投入、高产出、低污染，尽可能地把环境污染物的排放消除在生产过程之中。

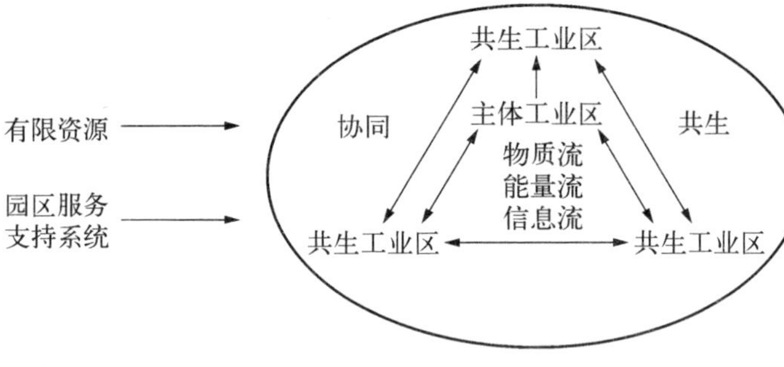

图1　生态工业园区设计示意图

(二) 强化制度保障，创造良好的外部制度条件

为了推进中国产业的生态化发展，必须创造出良好的外部制度条件——包括法律支撑和政策体系建设两方面，同时应该强化制度和政策的导向性和整体性。

1. 中国产业生态化的法律支撑

第一，制定促进产业生态化的配套法规。包括：清洁生产审核办法及相关的生产指南和技术手册，高耗能、高耗水行业的市场准入标准，主要用能设备的能效标准和重点用水行业取水定额标准，强制性产品能效、环保绩效标识制度，生产者责任延伸制度，大宗废旧资源回收处理的收费押金制度，与产业生态化相关的统计报表制度等。

第二，修改有关的法律法规。在修改《节约能源法》《固体废物污染环境防治法》等法规时，要注意增加促进产业生态化发展的内容，强化法律责任部分；在适当时修改宪法，将实施可持续发展战略的内容写进宪法；修改和完善环境保护的法律制度，对"三同时"制度进行修改等；修改预算法和有关的核算监督制度，建立绿色国民经济核算制度；

修改产品责任制度化，扩大产品生产者的环境保护责任。

第三，创设新的法律制度。包括：产业生态化发展的规划制度；产业生态化的科技支撑和示范制度；绿色消费鼓励制度；产品回收利用制度；产业生态化经济激励制度；相关的中介组织服务制度；公众参与制度；规定中央政府和地方政府在促进产业生态化发展中的各项责任；要求重点污染企业必须实施产业生态化。

第四，加大执法力度——建立健全产业生态法律的实施体系和保障支持体系，保证法规的贯彻。一是要加强相关法律法规的宣传和教育，提高全社会法律意识和生态化发展意识。二是要加强执法队伍建设，提高执法能力，重点是增加环境部门的力量，提高其地位，提高环境执法人员的素质，并建立健全基层执法机构。三是要把相关法律实施纳入行政程序，建立政府首长责任制和其他相关制度，保障行政行为符合产业和经济生态化发展的要求。

2. 中国产业生态化的政策体系建设

中国产业生态化的政策体系建设，就是要把产业生态化和可持续发展理论植入产业政策制定和实施的全过程，把建立产业生态系统作为产业发展的目标，明确产业发展的方向。同时通过各种产业政策措施，以利益激励为主导机制，发挥企业作为产业经济活动主体、污染防治主体的积极性、自觉性，真正从源头上控制和治理污染，实现产业发展与环境保护的协调。主要包括产业技术政策和产业组织政策：产业技术政策手段有税收政策、财政政策、金融政策、外贸规章制度及特定制度（如押金制度）等；产业组织政策手段有政府管制与放松管制，利率、税收倾斜，建立组织同业工会等。

要建立促进中国产业生态化发展的政策体系，就要充分利用经济手段和市场机制来实现经济快速增长和保护环境、节约资源等目标，尤其要强化政策的导向性和整体性。具体来说，在产业政策方面，要把各种行业、各种产品的资源消耗和环境影响作为重要的考虑因素，严格限制能源消耗高、资源浪费大、污染严重的企业发展，大力发展质量效益型、科技先导型、资源节约型的产业，积极引导和大力支持环境产业的发展，加强污染防治技术的研究，运用产业技术政策和产业组织政策来促进产业与环境的协调发展；在投资政策方面，要优化投资结构，目前尤其要对可持续农业、清洁生产与环境产业、清洁能源与交通、自然资源保护与利用、环境污染控制等领域进行重点投资；在技术进步政策方面，要大力开发和推广清洁生产技术，利用生态化的高新技术改造传统产业；在财政税收政策方面，要取消或减少与产业生态化目标不相符的各种政策性财政补贴，制定并推行环境税政策，并着手制定自然资源的生态环境补偿收费政策；在信贷政策方面，要在条件成熟时建立国家环境保护基金，以加强国家对污染防治和环保方面的宏观调控能力，对具有良好环境经济效益的工艺或技术的推广应用给予一定补偿；在价格政策方面要改革不合理的价格体系，建立资源有偿使用制度，依靠价值规律和供求关系来调整资源价格。

（三）技术支撑

产业生态化的技术载体是面向环境的技术，或称环境无害化技术和环境友好技术。环境无害化技术主要包括污染治理技术、废物利用技术和清洁生产技术三类，其中，清洁生产技术是核心。为了促进中国产业生态化发展，在技术战略上，首先，应该在系统化的基础上进行技术选择。线性经济和末端治理常常把污染技术与清洁技术对立起来，在产业生态化中这种对立将不复存在。因为只要优化物质和能量流，所有的技术都会倾向于越来越清洁。我们要认识到技术的选择应该在系统化的基础上进行——新的技术战略不能简单地建筑在就单个技术而论的基础之上，不能简单地局限于部门的技术发展视野之内，而应该在整个技术系统的层面上统筹选择。从产业生态化的角度看，人们不可能也不应该列举各种所谓清洁技术的清单，而是要把所有能减少物质消耗、封闭物质流、使能源脱碳的技术作为系统化的思考对象。

其次，技术进步战略应该是多阶段的循序渐进。一般而言，技术创新的战略有增量改进和间断突破两种。增量改进最好的例子是污染治理技术，如汽车大部分装上了催化净化器。但人们有加强现有技术的倾向，而这种小修小补的改进阻碍了更为彻底的技术创新。间断突破则旨在发展那些与现存技术体系割裂的创新，例如以燃料电池或以氢作为汽车的能源载体。产业生态化技术战略提倡的是以技术回归为特点的战略，它要求确定未来需要达到的技术目标，然后指导现有技术向既定方向实现转移。技术回归战略将上述两难选择转化为时间相对较短且经济上可行的多个中间阶段。以能源为例，为了最终达到“氢”经济时代，产业生态化提倡可以先进入一个“甲烷（天然气）”时代作为过渡。最后，产业生态化的技术方法论是从做减法转向做加法。长期以来，人们生产产品的基本思路是做减法，即以某技术方式，最少利用原料，得到所需要的产品。这种减法方法论的实质是人们还不知道在原子和分子层次上对物质施加影响，因此不可避免的结果是废料的产生。如果人们能够在分子和原子层次上掌握物质的运动，那么就能运用加法方法论制造物品，即在最合适的地方再加上所必需的物质（分子和原子），这样，废料产生的概念和问题本身将会消失。事实上，以纳米技术和分子制造为基础的生产技术可以使产业物质消耗大为降低，并控制产品在使用寿命结束后的降解和再循环；另外，信息替代也可以达到减少物质化的目的。

中国产业生态化的重点技术主要包括生态农业技术、能源高效利用和节约技术、绿色制造技术、新能源和可再生能源利用技术、提高资源效率和综合利用技术等。通过这些技术的创新和进步，能够极大地提高资源生产率，提高单位资源消耗的经济产出，使资源消耗从高增长向低增长，再向零增长转变；也可以显著减少废弃物排放，从设计的源头就考虑材料的再利用，使污染排放量从正增长向零增长，再向负增长转变，从而缓解中国经济快速发展和人们生活水平提高对生态环境和地球资源的巨大压力，实现经济与产业的可持续发展。

（本文原载于《绿叶》2008 年第 12 期）

经济全球化与长三角地区发展战略

国务院常务会议上审议并原则通过《进一步推进长江三角洲地区改革开放和经济社会发展的指导意见》，其中对长三角地区的最新定位是：长三角地区是我国综合实力最强的经济中心、亚太地区重要国际门户、全球重要的先进制造业基地、我国率先跻身世界级城市群的地区。

长江三角洲地跨江、浙、沪两省一市，包括上海、南京、苏州、无锡、常州、镇江、扬州、泰州、南通、杭州、宁波、嘉兴、湖州、绍兴、舟山、台州16个城市(包括所辖县)，是中国东部经济最为发达的区域之一，长三角地区仅占全国1%左右的国土面积，集中了全国23%左右的经济总量。

自改革开放以来，长三角地区因其独特的地域优势、相对发达的交通和科技、电讯和金融服务业，以及丰富的文化底蕴吸引了大量的外国直接投资。作为中国经济增长的引擎之一，在经济全球化过程中，长三角地区积极参与世界经济体系的分工和合作，在分享全球要素市场优化和重新配置所创造的各种利益的同时，正面临着全球化带来的严峻挑战和各种风险。

自2007年以来，受美国次级贷款危机的不利影响，欧美等大国经济增长普遍放缓，长三角地区作为全球经济相互依赖中的一个重要组成部分，其主要依赖劳动密集型、投资驱动和出口导向型的经济模式受到了严重冲击，直接影响到该地区未来经济增长的稳定性和可持续性。为此，在当前阶段，必须从国家战略高度来认识长三角地区在中国经济中的地位和作用,以科学发展观角度分析经济全球化对长三角地区的中、长期影响,尽快提出适合中国国情的长三角地区发展模式和远景计划。

一、长三角地区在全国的地位及新的定位

长三角地区在中国经济中具有的举足轻重的地位可以从两个不同的角度加以考量。首先可以通过一组量化的指标清晰地勾勒出长三角地区在中国经济发展中的分量。

1. 长三角地区历史上就是我国经济发达的地区之一

改革开放以来,长三角地区经济持续快速增长,1978 年至 2004 年,按照不变价格计算,上海、江苏、浙江的地区生产总值年均增长速度分别为9.88%、12.42% 和 13.14%,高于全国 9.39% 的平均水平。2006 年,全国人均地区生产总值是 16 084 元,上海、江苏和浙江的这一比例大大高于全国平均水平,分别为 57 695 元、28 814 元和 31 874 元(见图 1)。经济高速增长使长三角地区在全国经济中的地位不断提升,1978 年长三角地区三省市生产总值占全国 GDP 的比重为17.82%,2007 年上升到了 22.64%。

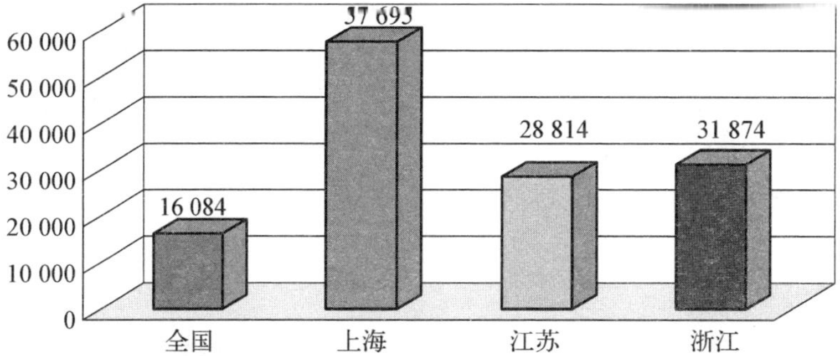

图 1 长三角地区人均生产总值与全国平均水平比较图(2006 年,元/人)

2. 长三角地区是我国最重要的制造业发达地区之一

目前长三角地区形成了一大批优势产业,化学纤维、纺织服装、通

用设备、金属制品、皮革、仪器仪表、电气机械及器材、塑料制品、交通运输设备、通信设备、专用设备等行业在全国市场中均占30%以上，其中，化学纤维高达64.65%，纺织、通用设备和服装接近50%，纱占27.9%，布占40.0%，丝占61.4%，家用洗衣机占51.2%，微型电子计算机占42.0%，集成电路占59.3%。

3. 长三角地区是我国科技资源最为集中、制造业技术创新能力最强的地区之一

2002年，在中国科技发展战略小组对31个省、市、自治区技术创新能力的排序中，上海、江苏和浙江分别列第二、第四和第六位。2006年，长三角地区研发经费支出占全国的28.39%，上海、江苏和浙江新产品开发经费支出分别为39.85亿元、80.56亿元和43.01亿元，占全国新产品开发经费支出的32.05%，同年从事科技活动人员中科学家和工程师的人数为60 643人，占全国总数的22.97%。

4. 长三角地区是我国国际化进程最为迅速和国际化程度最高的地区之一

2005年，长三角外商投资企业货物进出口总额为3 525.59亿美元，占全国同类比重的42.39%。利用外资增长迅速，2005年长三角地区合同外商直接投资项目为14 613个，合同利用外资和实际引进外资分别为756.82亿美元和339.68亿美元。目前世界500强企业中，逾400家在长三角地区投资，其中一些企业的区域总部、研发中心、采购中心也在此落户。

其次，从制度和政策层面上看，长三角地区的发展始终受到中央高层领导的高度重视和关注，凸显了长三角在中国社会转型和发展中的重要战略地位。

长三角作为中国经济快速增长的标杆和对外合作的重要窗口，占有天时（改革开放政策）、地利（地处江海交汇处）、人和（发展和谐世界）的发展机遇，多年来始终受到中央高层和省市地方政府的高度重视，并从政策、制度等诸方面获得了大力的扶持。近一段时期，中央政

府将长三角地区的发展上升到了国家战略高度。在党的十七大上，胡锦涛总书记明确指出，要“继续实施区域发展总体战略，推动区域协调发展，以增强综合承载能力为重点，以特大城市为依托，形成辐射作用大的城市群，培育新的经济增长极”。温家宝总理 2007 年 5 月在上海主持召开“长三角地区经济社会发展座谈会”，对长三角地区实现率先发展、科学发展、协调发展提出了更高的要求，明确要求长三角地区“显著增强综合实力、创新能力、可持续发展能力和国际竞争能力”，为长三角地区协调发展注入了强劲的活力。

2008 年 8 月 6 日在温总理主持召开的国务院常务会议上审议并原则通过《进一步推进长江三角洲地区改革开放和经济社会发展的指导意见》，其中对长三角地区的最新定位是：长三角地区是我国综合实力最强的经济中心、亚太地区重要国际门户、全球重要的先进制造业基地、我国率先跻身世界级城市群的地区。与此同时，中央还明确了配合实现这一目标定位的宏观指导方针，内容涉及调整和优化产业结构、建设国际先进制造业基地、统筹城乡发展、完善提升城市功能、构建具有国际竞争力的区域创新体系、促进经济社会协调发展、加快转变外贸增长方式、提高利用外资质量等多个方面。这些政策措施意味着长三角地区的发展进入了新的战略机调期，在经济全球化加速发展的形势下，应遵循科学发展、和谐发展、率先发展、一体化发展原则，才有利于推动全国改革开放和经济社会的和谐发展。

经济全球化对长三角地区发展的“双刃剑”作用的本质也表明：全球化可以为发展中国家带来新的发展机遇，但发展中国家始终处于世界经济体系的边缘位置，因此，必然要承受全球化带来的各种挑战和风险。因此人们通常将经济全球化形象地比喻为一把“双刃剑”。一方面，它促进了全球生产力的大发展，加速了世界经济增长，为少数发展中国家追赶发达国家提供了一个难得的历史机遇；另一方面，全球化加剧了国际竞争，带来了国际投机，增加了国际风险，并对国家主权和发展中国家民族工业形成巨大冲击。更为严重的是，在经济全球化中，生产要素在全球范围内广泛流动，在实现资源最佳配置的过程中，由于各国实力不同，发达国家和跨国公司将得利最多，而发展中国家所得甚少。因此，发展中国家与发达国家的差距势将进一步拉大，一些最不发达国家将被排除在经济全球化之外，越来越被“边缘化”，甚至成为发达国家和跨国公司的“新技术殖民地”。从中国的发展实践看，中国作为一个发展中国家，随着国力的增强，在赢得全球化带来机遇的同时，也在遭受着全球化带来的各种不利影响。

（一）经济全球化下快速发展的长三角地区

长三角地区作为中国经济发展的领头羊，全球化对该地区的影响正在逐步显现。从最近数十年的全球化实践来看，毋庸置疑，经济全球化对长三角地区发展具有积极作用，明显提升了长三角地区在中国经济中的特殊地位和分量。

1. 长三角地区由中国东部的制造业地区被打造为世界制造业基地

经济全球化促进了全球范围内的产业转移，在这个过程中，发达国家逐步把制造业，例如将鞋业、玩具、日用化工品等产业向中国，尤其是向长三角地区转移。与此同时，发达国家还把高科技产品生产中的低端技术的零部件生产和成品组装线向长三角地区转移，例如，苹果公司、惠普公司等西方大公司在中国进行的电脑附件（如键盘、鼠标等）生产和最后的产品组装，还有诸如摩托罗拉公司、诺基亚公司等国际大公司在中国进行的手机附件生产和最后的产品组装等。从制造业地区提升为世界制造业基地的过程中，长三角地区的制造业规模不断扩大，制造业从初级向高技术等多种门类发展，制造业的国际化程度也随之增加。

目前该地区集中了全国28%的制造业总量（按工业增加值计算）、36%的工业制成品出口总量和39%的外资企业出口总量。制造业的国际化分工和国际贸易的快速发展标志着长三角地区已经成为世界制造业基地。如果按照行业大类来分，长三角地区国际化程度最高的是电子及通信设备制造业、服装及其他纤维制品制造业、电器机械及器材制造业。这三大类工业制成品在2007年10月的出口交货值中占了该地区全部工业品出口的72%。

2. 长三角地区成为吸引外国直接投资的“大磁场”

改革开放之前,长三角地区的经济增长主要是建立在劳动密集型产业基础上的。在计划经济体制下,该地区依靠政府计划调拨获得廉价的能源和原材料,逐步形成了多种门类、相对完整的制造业体系。改革开放后,在计划经济体制向市场经济体制的转型期间,建立在竞争机制上的市场力量得到培育并不断壮大,市场化进程加快,长三角地区以其地域、要素、市场、产业传统等多种突出的比较优势吸引了大批的外国直接投资,经济增长的模式从要素(资源)驱动阶段向投资驱动转型。

20世纪90年代以来,加快了改革开放进程,推动了中国经济更快地融入世界经济体系,我国吸收了大量的外国直接投资。这些投资在中国各地区的分布并不均衡,其中长三角地区凭借其突出的比较优势,成为我国吸引外资最多的地区。其投资主体发生了根本性的转变,从单一依靠政府转向了依靠企业、外资、政府、社会的多元化结构。投资,尤其是外资对经济增长的拉动作用日益明显。作为长三角地区中心的上海市,日益发展成为大公司银行总部和研发中心的所在地,并加快朝着国际经济、金融、贸易和航运四大中心迈进。2007年,长三角地区共完成全社会固定资产投资25 162.01亿元,占全国的18.3%,是珠三角的2.62倍,京、津两市的3.96倍。截至2008年6月底,长三角地区两省一市共有外商投资企业95 745户。累计投资总额8 188.7亿美元,占全国外商投资企业投资总额的37.9%;注册资本4 515.4亿美元,占全国的30.9%;外方认缴3 705.7亿美元,占全国的38.6%。这些资金的流入促进了该地区经济的快速发展,并促进了产业结构的调整和不断优化。

3. 长三角地区由产业积聚向产业集群方向加快发展

近年来长三角地区的产业集群化特征越来越明显,在高科技产业、IT产业、日用、五金等领域已形成了具有一定规模的产业集群。这些产业集群大致可以分为两类:一类是区域传统优势产业和新兴产业发展形成的产业集群。如上海、杭州、苏州等地的汽车、钢铁、医药、石化、丝绸、电子等优势产业和金融、信息技术等产业发展而来的产业集群。另一类是区域自发孕育出许多富有竞争力的产业集群。如上海化工区有30家外资和中外合资企业,总投资金额已经超过80亿美元,世界三大化工巨头英国石油、德国拜耳和巴斯夫公司均有重点项目在这里落户。又如,浙江温州的鞋业、打火机、塑料薄膜、眼镜、低压电器等,宁波的塑料模具、家用电器、服装等,以及绍兴的轻纺、永康的小五金、义乌的小商品、嵊州的领带等。这些集群内部具有完整的产业链,对外拥有较高的市场份额,在国际市场上也有一定的影响力。

4. 长三角地区发展成世界第六大城市群,具有相当的国际影响力

长三角地区经济快速发展,推动了工业化和城市化进程。该地区已经成为中国城市化水平最高的区域,2006 年上海的城镇人口达1 610 万人,占总人口比重的88.7%,是全国城市化率最高的城市。江浙两省的城市化水平也在提高。1998 年至 2005 年,江苏省城镇人口比重由1998 年的31.5%上升到2006 年的51.9%。2006 年浙江省的城市化水平也达到了56.5%。在城市化过程中,长三角地区大量的农民转移到城镇或非农产业,乡村人口的比重仅占全国乡村总人口的8.14%。由上海城市群、南京城市群和杭甬城市群构成的长三角城市群逐渐发展为世界第六大城市群。这三个城市群在经济发展水平、历史文化、区域特性等方面各具特色,相互依存、相互影响。上海城市群包括了以上海市行政区划范围内的城市群和市域行政区外的经济辐射区域,包括江苏的苏州、无锡、南通和浙江的嘉兴、湖州等区域,形成“1 + 5”区域格局。南京城市群,以南京为核心,主要包括南京、扬州、镇江、常州、泰州、马鞍山、滁州、芜湖,形成“1 + 7”的发展格局。杭甬城市群,以杭州、宁波为核心,形成环杭州湾的双核城市群,主要包括杭州、宁波、绍兴、舟山和台州等城市,形成“2 + 3”的发展格局。三个城市群尽管经济发展水平差距不大,但其历史传统、社会文化、语言、风俗习惯等方面存在很大的差异,这些差异体现了长三角地区深厚的历史积淀和文

化的多元性，增添了城市的魅力，吸引了越来越多的国内外游客和投资者。

（二）经济全球化对长三角地区的制约作用逐步显现

经济全球化给长三角地区带来了日新月异的变化，提升了长三角地区在全国的地位和国际竞争能力。与此同时，随着时间的推移，经济全球化给长三角地区造成的负面影响正在不断加深和扩大，影响着长三角地区社会经济的可持续发展。主要的制约因素和问题包括：

1. 长三角地区制造业国际竞争力较弱，缺乏发展的可持续性

国际产业向长三角地区的转移，势必造成新的国际劳动分工。按照普遍规律，发达国家拥有高科技、高利润、省资源、省劳力、对环境污染较少的产品制造业和高科技产品的研发产业，而中国则主要拥有低技术、低利润、耗费资源、耗费劳力、对环境污染较大的产业以及高科技产品中低端技术附件的生产和成品组装。这就导致了目前长三角地区制造业的发展缺乏可持续性：一是长三角地区制造业在国际制造业产业分工中处于产业链的低端，制造业的增长主要靠劳动密集型和资本密集型产品来推动；二是区域内制造业的整体产业结构偏低，产业升级主要依靠外资来启动，经济对外依附性较高；三是区域产业内同构现象严重，利润空间日益狭小。有学者认为，由于长三角地区的制造业依然处于国际产业分工的低端环节，该地区还算不上真正意义上的“国际制造基地”，只能称之为“世界的加工和组装车间”而已。一项针对长三角地区的调查表明：长三角地区生产最终产品的企业达到70%以上，其中80%以上从事贴牌生产（OEM），只有18.3%的企业做ODM。一些专家估计，在贴牌生产中外商获利高达全部利润的90%以上，中国仅获得其中不到10%的利润。例如，美国售价为40美元的Wanda无线鼠标，总部赢利8美元，零售商为15美元，零部件供应商为14美元，苏州基地仅为3美元。上海、江苏外商投资企业出口占各自出口总额的比重都接近70%。长三角地区的企业，除少数以国内市场为导向的企业已形成区域性品牌外，绝大部分本土劳动密集型企业都是在低

附加价值的环节进行国际代加工。相关资料显示：全球每生产4台电脑，就有1台是在中国江苏省完成组装的，但这一台电脑所能够赚取的利润却仅相当于10个苹果的价钱。再如，2006年上海市电子信息产品制造业产值占全市工业总产值的比重为22.9%，而利润和税金占全市比重分别为11.2%和6.2%。其中，在电子信息产品中居于首位的电子计算机制造业销售利润率仅为5.1%，每100元销售收入中上缴税金只有1.4元。这种产品结构使长三角地区制造业发展空间越来越狭小，企业利润越来越少，研发投入也越来越少，直接影响到长三角地区的产业竞争力和发展的可持续性。

2. 经济增长和社会发展以牺牲资源、能源和污染环境为代价

随着长三角地区资源、能源紧缺，环境问题频发，经济全球化对该地区的潜在风险正在逐步显现。政界、学界和商界有更多的人对“中国经济高速增长是以牺牲资源、能源和污染环境为代价的”的内涵有了更为深刻的理解。长三角地区是我国经济发达地区，近年来，能源危机与环境污染对长三角经济发展的制约作用日益凸显，已成为阻碍地区可持续发展的两大难题。该地区正在为快速发展付出巨大代价：

代价一：能源需求缺口拉大，能源供应日趋紧张，加剧了对国内外能源的需求依赖。长三角地区的许多制造业企业属高能耗企业，而长三角地区是我国能源资源比较匮乏的地区，一次能源需求的95%和电力需求的30%需从外部调入。这种高度的外部依赖性，使长三角地区的能源供需平衡取决于国内能源供需关系。随着国际能源价格的持续上涨，国内能源供需关系日趋紧张，长三角地区的能源需求缺口进一步加大，近年来该地区成为我国能源供应最为紧缺的地区，浙江是全国缺电最为严重的省份。

代价二：环境污染问题愈发严重。据中国科学院专家测算，环境污染使中国的发展成本比世界平均水平高出7%，每年因环境污染和生态破坏造成的损失占到中国GDP的15%。“水污染、大气污染、噪声污染和固体废弃物污染”成为四大主要的环境污染问题，危及长三

角地区的经济发展和居民生存。据统计,长三角地区仅占全国面积的1%,其污染排放量却占全国总量的20%。例如,太湖流域面积仅占全国的0.38%,太湖流域70%的河湖受到污染,80%的河流水质达不到国家规定的三类水标准,各种污水排放量却高达32亿吨/年。太湖流域的这种普遍存在的"水质性"缺水问题,导致长三角地区大量开采地下水,上海以及浙江北部、江苏南部的不少城市均出现地面下沉。

二、全球视野下长三角未来可持续发展的对策建议

国务院最近提出的长三角地区最新定位明确了这样一个信息:推动长三角地区未来发展是一项国家的长远战略,其优先目标是提高长三角地区的核心竞争力、创新产业和区域协调发展。为了积极应对经济全球化的各种挑战,充分利用这一新的战略机遇期,推动长三角地区未来可持续性发展,当前亟待关注的几大问题是:

(一)开创创新、创意产业联动时代,增强地区核心竞争力

核心竞争力的形成需要高新技术产业和创意产业的联动。美国次贷危机不断升级,必将对未来数年全球金融秩序和大国经济增长带来负面影响,欧美等大国经济增长已经放缓并有可能进入经济萧条阶段。在这一新的国际经济形势下,长三角地区过分依赖投资和资源要素驱动经济增长的模式将会受到严重冲击,走出这一经济困局的关键在于尽快提高地区创新能力。

在经济社会已进入到知识经济发展阶段的今天,创新的含义大大扩展。创新包括科技创新和文化创意两个方面,不仅是全球经济发展的主动力,也是提升产业附加值和竞争力的两大引擎。科技创新和创意产业是两个功能不同,但彼此相互关联的两个产业概念。推动世界经济发展的多次产业革命,其核心内容是科技创新,科技创新在于改变产品与服务的功能结构,为消费者提供新的更高的使用价值,或改变生产工艺以降低消耗和提高效率。创意产业是一个全新的产业概念,创意产业,又叫创意工业和创意经济(Creative Industries 和 Creative

Economy)。在物质生产还不发达时,人们的需求更关注于使用价值;而随着经济的发展,物质生产日益丰富,人们对观念价值的追求便越来越重视,于是创意产业的发展就有了广泛的市场基础。

进入21世纪以来,为了抢占全球经济增长的制高点,欧美国家开展经济竞争的主要领域已经全面转向“双创”战略,即科技创新和文化创意。欧盟的2000年《里斯本战略》和2005年《里斯本新战略》中均强调科技创新和知识经济在全球化时代的价值,明确提出:争取在2010年前使欧盟成为“以知识为基础的、世界上最具竞争力的经济体”,将科研投入占GDP的比重从2000年的1.9%增加到3%。2003年《伦敦创新战略与行动方案》中指出:“创新不能仅仅局限于科技生产和过程,还要涵盖21世纪欣欣向荣的经济中所有产生附加值的创造性活动和服务部门。”英国创意产业的发展及其成果在欧盟乃至世界产生巨大影响,欧盟将2006年定为文化创意年。创意产业成为世界主要发达国家、新兴工业化国家和地区,以及国际化都市在信息化、知识经济时代的全球性战略选择。根据联合国贸易和发展会议估计,2004年创意产业约占全球生产总值的7%,并以每年10%的平均速度在增长。近年来创意产业在我国一些大城市也风起云涌,迅速发展起来。2007年北京、上海、深圳的经济增长率分别为12.3%、13.3%和15.0%;而这三个城市创意产业的增长率则分别达到19.4%、22.8%和25.9%,远高于其经济增长率。可见创意产业正在成为城市经济新的生长点,也是一个突出的亮点。

科技创新可以提高生产率,促进经济增长,推动社会进步,这一点早已成为常识。但创意产业在我国还是一个新的概念,其无限量的经济价值并未得到人们的普遍认可,相当一部分人对创意产业的概念还模糊不清。目前我国对创意产业的内涵和分类还没有统一的界定,创意产业大致包含三个部分的内容,一是通常所指的文化产业;二是与通信和网络相关的软件、游戏、动漫等内容产业;三是与传统产业相关的各类设计、咨询策划等产业,包括工业设计、建筑设计和会展策划等内容。

然而重要的是创意产业的发展意义已超越作为一个产业的层面，成为转变经济发展方式的策动力。时代的发展要求我们转变思想观念，深度理解创意产业的本质特征。创意产业是无边界产业，通过一定的机制可以和各行各业进行融合。它脱胎于文化产业，又超越文化产业，其本质特征是产业发展的一种创新模式，它强调文化、科技和产品、市场的有机结合，通过价值提升，特别是观念价值的挖掘，实现价值创新，从而开辟新的市场和促进产业升级换代。

长三角地区是人文荟萃之地，在发展创意产业上具备一定的优势，在文化、智慧和市场方面的优势尤为突出：

第一，文化底蕴。两省一市的多元文化特征和较深厚的文化底蕴，为创意产业的发展提供了更多由传统产品纳入文化创意内涵，提升产业附加值和开辟“蓝海战略”的空间，或进而转变成创意产业的发展空间。

第二，创造型人才库。长三角地区是创造型人才的积聚地，经济发展吸引了全国乃至世界各地众多的高科技人才和文化人士，该地区还拥有150多所高等院校、300多所中等专科学校，这些为创意产业的发展壮大提供了智力上的保障。

第三，巨大的创意产品市场。长三角地区2006年城镇居民的可支配收入为18 425元，生活水平的提高，带动了生活消费方式的改变。人们不再追求对资源、能源和农产品的更大消费，而追求时间与智慧的价值，即“知识价值”的大量消费，文化创意产品的消费市场将极大地活跃起来。以南京为例，2004年南京家庭教育文化娱乐服务的平均支出为1 197.75元，2005年接近1 500元。在动漫、网络游戏、音乐、艺术等领域，城市已经拥有了相当规模的消费群体，日益旺盛的文化创意产品需求将为创意产业的发展提供重要的市场支撑。

（二）寻求制度、政策上的创新和突破，推进长三角区域一体化示范区的建设

将长三角地区打造成中国区域一体化发展的示范区，具有特殊的意义。

第一，从行政区划上看，长三角地区与珠三角地区和环渤海地区不同，包括一个直辖市和两个东部省份，在进行区域融合的过程中，可以获得省市之间如何加强经济合作和进行行政协调的实际经验，成为中国东部各省以及东部与西部各个省份之间合作的试点和样板。

第二，加快长三角区域一体化进程可以解决政府行政壁垒所造成的市场分隔、要素利用效率低等问题。目前长三角地区仍旧是一种以行政区经济为主体的发展模式，两省一市的行政职权配置和行政区域归属不同。上海是直辖市，直接隶属于中央政府，南京、苏州等城市在江苏省的行政区划内，杭州、宁波等地隶属于浙江省。行政上的相互独立，使得其中的16个城市在经济、社会政策等方面具有重大差别，不同区域的经济发展战略、组织行为和管理能力缺乏协调性，限制了人才、商品、资本和服务的自由流通，导致生产资源、人力资本、科技力量、创新能力的浪费。

第三，欧洲一体化建设已有成功经验，这为长三角地区整合提供了可资借鉴的经验。欧洲一体化的建设是分步骤、分阶段进行的，其基本轨迹是从资源整合开始，逐渐向关税同盟、社会经济政策的协调方向发展，在这个过程中，通过制度、政策层面上的不断创新，力求达到劳动、资本、商品和服务的四大流通。发展长三角地区作为国家战略之一，其核心内容是打破地方保护主义，建立区域共同市场，进而形成中国统一市场，力争缩小中国在东西部、城乡之间的差别，创造和谐社会。从欧洲的经验来看，加强长三角区域一体化需要政府从制度和政策层面上实现突破和创新。

目前长三角地区在区域融合上已经有了一些进展，但还缺乏实质性的行动。五年前《长三角人才开发一体化共同宣言》正式颁布，此后长三角地区两省一市先后共同签署了《关于建立高层次人才智力共享机制的协议》等10个制度层面上的合作协议。目前长三角地区已有部分职称实现"资格认证"。2007年12月2日，《公司股权出资登记实行办法》和《苏浙沪三省市外商投资企业登记注册合作交流六项措施》出台，标志着三地工商部门率先在拆除行政藩篱、创造地区统一的市场准入环境方面有了较大的突破。然而，资本、服务等领域内的合作方面存在的问题很多，截至2007年6月，大约有7 000家浙江民营企业撤离上海，据称其中一个主要原因是由于上海市对经济资源的获得、市场的准入不够公开、公平，以及金融领域、公共服务市场对民资开放程度太低造成的。再如，在太湖流域水环境系统涉及不同省市和地区，在管理和治理上存在许多局限性。在太湖污染治理问题上，苏州、常州、无锡、湖州之间相互推诿，矛盾不断，致使太湖污染治理长期陷入"囚徒困境"。

为解决行政区划造成的一体化障碍，建议进行大胆的制度创新，设立长三角地区发展高级别协调委员会，下设包括经济、社会等政策协调的多个工作委员会，定期进行磋商，针对具体问题提出相应的解决对策。

（三）建立经济增长、社会转型和环境保护均衡协调的发展模式

从区域经济发展的角度看，一个地区发展的基本路径是：一般是从要素资源驱动开始，然后是投资驱动，进一步再到创新驱动。按照发展现状看，在当前阶段，长三角地区主要以资源、投资驱动为主，经济增长方式依然是粗放式的，更多地依赖于土地、劳动、资本的投入。上海市统计局最新公布的统计资料显示，2008年上半年，该市完成生产总值3 930.64亿元，比去年同期增长10.3%；综合能耗3 799.42万吨标准煤，增长12.4%。其中，全市工业完成增加值1 977.94亿元，增长11.7%；综合能耗2 459.52万吨标准煤，增长11.1%。如果用"每平方千米GDP"来衡量一个城市的资源生产率（或生态效率），目前，上海的水平仅为首尔的61%、纽约的50%、巴黎的43%。这表明，上海现阶段的发展在很大程度上靠的仍是资源消耗。江苏、浙江两省的情况也基本类似。

随着长三角地区环境污染的不断加剧，人们希望尽快改变依靠资源消耗取得经济增长的短视行为，积极寻求经济增长、社会和谐和保护环境均衡协调的发展模式。实现这种良性模式的基本路径：一是加快对高新产业和创意产业的投入，推动各行各业的创新和产品的升级换代；二是积极发展现代服务业，重点是生产性服务业和为实现人的全面发展的服务业，不断优化产业结构；三是重视社会政策，特别是要加快对就业政策、社会福利政策和教育政策的改革和地区协调行动；四是环保成为任何产业中必须优先考虑的重要环节，借助国际合作平台，加快对环保产品的开发和利用，并积极推进循环经济的发展。

（本文原载于《中国城市经济》2009 年第 2 期）

转变观念，拓宽领域，大力推进融资租赁市场发展

随着我国市场经济体制的不断完善，特别是新合同法中融资租赁的法律规定的出台，国外各大银行、金融机构及跨国公司均看好中国融资租赁市场的发展前景。如何在抵御金融危机影响的同时，挖掘融资租赁市场发展的潜力，紧紧抓住融资租赁市场发展的机遇，对于我国完善多层次金融市场体系意义是重大的，对于正在建设国际金融中心的上海市来说，显得更加重要、更加迫切。

走过不平凡的2008年，我们再度面临着严峻的考验。百年一遇的金融危机波及全球经济，已由虚拟经济蔓延至实体经济，世界经济形势更加复杂多变。为应对金融危机，降低危机的负面影响，应充分运用有利条件，积极推进融资租赁市场的发展；这对于保持经济平稳较快发展，加快上海国际金融中心建设，具有重大的意义。

"融资租赁"在国际上并不是个新鲜的名词。早在1952年，世界上第一家融资租赁公司就在美国诞生了。之后，以美国为首的发达经济国家引领着世界融资租赁业的潮流，掀开了现代租赁业的崭新发展历程，融资租赁也逐步成为仅次于银行信贷的第二大融资方式。据统计，全球融资租赁成交额1978年是410亿美元，2005年达到5 791亿美元。占据世界融资租赁排名前五十位的近一半是发达国家，其融资租赁规模占全球融资租赁市场近90%的份额。美国、日本、德国稳居前三位。另外，发达国家的融资租赁业几乎渗透到所有行业和各种类型的设备中，并占有相当大的投资比例。发达国家融资租赁交易总额

占固定资产投资总额的比率(即市场渗透率),一般在15%-30%之间。2005年,美国融资租赁市场渗透率为29.9%,融资租赁业对美国GDP增长的贡献力度已超过了30%。

"融资租赁"引入我国相对较晚,是顺应改革开放政策的产物。1980年,中国民航跨国租赁第一架波音747飞机是我国最早的融资租赁实践。1981年,中国东方租赁公司的创立,标志着我国融资租赁业的诞生。二十多年来,融资租赁市场的发展,在利用外资、引进先进技术、扩大对外开放、开辟新的社会投资领域、增强企业竞争力、为企业提供有效筹资渠道等方面都起到了一定的积极作用。融资租赁是发达国家金融业发展到一定阶段后金融创新的产物,运作机制比较复杂,我国还缺乏融资租赁理论的深入知识和实践经验,对于融资租赁的优势和功能认识模糊,融资租赁市场虽然得到了一定发展,但并不发达,市场规模较小。并且,在行业发展定位、政策扶持、体制保障、信用培育等方面存在诸多不足,曾一度导致大批融资租赁公司因资不抵债而相继倒闭。2005年,我国融资租赁业务规模仅为42.5亿美元左右,与GDP之比仅为0.16%,市场渗透率不到3%。截至去年年底,我国各类融资租赁公司仅150多家。上海融资租赁产业在国内走在了前列,共有融资租赁企业34家,约占全国的1/4,但整体实力仍不强,与上海的经济、金融地位极不相称。

可见,从某种意义上说,"融资租赁"在中国仍然属于新生事物,处于待开发状态,存在巨大的发展空间。随着我国市场经济体制的不断完善,特别是新合同法中融资租赁的法律规定的出台,国外各大银行、金融机构及跨国公司均看好中国融资租赁市场的发展前景。中国是世界上潜在的最大的租赁市场,已经成为西方融资租赁业内人士的共识。如何在抵御金融危机影响的同时,挖掘融资租赁市场发展的潜力,紧紧抓住融资租赁市场发展的机遇,对于我国完善多层次金融市场体系意义重大,对于正在建设国际金融中心的上海市来说,显得更加重要、更加迫切。

一、转变认识观念，是推进融资租赁市场发展的前提基础

（一）要全面地认识大力发展融资租赁市场的意义

融资租赁是集贸易、金融、租赁为一体的一项综合性金融业务，以融物方式实现融资，以融资方式实现融物，实现承租人、出租人、制造商、商业银行共赢的融资方式。通过融资租赁业务的开展，可以帮助承租人节省固定资本投入，提高资金利用效率，规避企业设备和技术陈旧过时的风险，实现更为便利的中长期融资，免去银行信贷的严格审查，降低资本成本；可以帮助出租人保留设备的所有权，享受投资税减免、加速折旧等优惠政策，降低租赁运作成本，提升市场竞争能力；可以帮助制造商促进商品销售，拓展产品营销渠道，捕捉市场供求信息，提高经营决策水平；也可以帮助银行降低信贷存量的风险，缓解固定资产过度信用化，通过融资租赁公司直接参与设备购置，全权控制资金用途，有效地降低中长期债务增量的风险。

（二）要转变重所有权、轻使用权的陈旧观念

长期以来，我们对融资租赁的认识还存在误区，思想观念与世界融资租赁业的蓬勃发展相比落后了许多。脱胎于计划经济的市场经济体制还在完善之中，大而全、小而全的思维模式在企业扩大规模、添置设备的决策中依然占据明显位置，"重买轻租"观念仍很普遍，传统的所有权意识根深蒂固。很多人不愿将资产使用权从资产所有权中分离出来，好像没有设备所有权，就缺乏安全感。防范设备风险的意识相对比较薄弱，对融资租赁缺乏必要的了解和认识，严重制约了融资租赁这一现代租赁业务在我国的发展壮大。因此，应加强融资租赁业务的理论研究，加大融资租赁的宣传力度，帮助企业提高对融资租赁业务的认识，理解所有权与使用权分离在融资租赁多赢格局中的重要意义，摒弃重所有权、轻使用权的陈旧观念。

在发达市场经济国家的 MBA 教学中会告诉学员，房地产是买优于租，而汽车和机器设备是租优于买。因为从长远看，房地产价格将随经

济的发展而上涨，但汽车和机器设备的价格将随经济的发展而下降。所以在欧美发达国家，机器设备70%以上是租的。

（三）要认清大力发展融资租赁市场的挑战与机遇

与发达国家的融资租赁市场的发展历史、业务规模和市场渗透率相比，我国融资租赁市场的发展的确处于刚刚起步的初级阶段。还没有完全明确的融资租赁行业发展定位，在融资租赁市场和公司发展的制度设计上还存在制约，信贷信用与租赁信用还需要经历较长时间的培育，对融资租赁市场的快速发展形成不利的影响。另外，随着改革开放的进一步深入，国外融资租赁业的进入必将成为今后我国融资租赁市场发展的一种趋势，在激烈竞争中寻求我国融资租赁市场的发展、壮大，是当前我们面临的新的挑战。不过，如前所述，我国融资租赁市场存在巨大的发展潜力，蕴涵着巨大的发展空间。只要我们认清形势，加快发展，积极借鉴发达国家融资租赁业的发展经验，在业务方式上不断创新、服务领域上不断拓展，以创新的思维构建我国融资租赁市场的发展战略，利用金融危机中信贷风险高企的现状，抓住机遇，根据国务院办公厅《关于当前金融促进经济发展的若干意见》的精神，勇于创新，敢于创新，实现转危为机、加速发展融资租赁市场完全是可行的。对于上海来说，国际金融中心和国际贸易中心的建设、世博会的举办、向服务型经济结构的转型，都为融资租赁市场的发展提供了难得的机遇。

二、营造宽松环境，是推进融资租赁市场发展的重要保障

（一）要制定扶持融资租赁业务发展的相关政策

政策环境宽松与否，会直接影响融资租赁市场的发展。国外融资租赁市场的发展壮大，与政府的大力提倡和一系列的税收优惠政策密切相关。因此，应借鉴发达国家融资租赁市场的发展经验，对融资租赁市场的发展给予大力扶持。

第一，完善投资减免所得税政策。对出租人投资购买并用于租赁的设备给予减免征税，使出租人直接得到税收优惠，并通过租金优惠使

承租人间接得到税收上的优惠，从而鼓励融资租赁业务的开展。

第二，妥善解决增值税问题。今年1月1日起施行的《中华人民共和国增值税暂行条例》，规定我国由生产型增值税向消费型增值税转型，允许企业抵扣新购入设备所含的增值税，给融资租赁业带来巨大的影响。该条例并未明确融资租赁行为是否属于销售行为，企业通过融资租赁方式购置的设备是否享受增值税抵扣优惠仍悬而未决。

第三，完善折旧优惠政策。通过灵活的折旧政策或加速折旧政策，使承租人享受加速折旧带来的税收好处，降低出租人承担的设备过时风险和通货膨胀损失。

第四，完善融资支持政策。拓宽融资渠道，充实融资租赁公司的资金来源。一方面，在政府支持下，由银行向融资租赁公司提供低息贷款，使融资租赁公司获得低息信贷资金。另一方面，适当扩大融资租赁公司资金来源的业务范围，对实力雄厚、信誉良好、业绩突出的融资租赁公司，允许通过发行债券和股票从资本市场进行直接融资。另外，取消内外资差别待遇。逐步取消外资和内资融资租赁公司差别待遇，促进融资租赁业务主体公平竞争。

（二）要完善融资租赁业务的相关法律法规

国外融资租赁业的发展是以健全、完善的各项法规为前提的，而我国目前尚未颁布融资租赁的专门法律，《中华人民共和国融资租赁法（草案）》虽进入了立法程序，但仍未出台。目前，在处理融资租赁问题时可以依据的法律、法规主要有《金融租赁公司管理办法》《外商投资租赁公司设立管理暂行办法》《企业会计准则——租赁》《中华人民共和国合同法》和《外商投资租赁业管理办法》等，在一定程度上改变了我国融资租赁无法可依的局面，但在适用范围和法律效力上都有一定的局限性，有的法规对融资租赁的规定过于笼统，缺乏可操作性，不可能解决融资租赁业发生的全部问题，对融资租赁业的风险防范、市场准入、租赁合同范本、税收等问题尚没有从立法角度加以解决，未能从根本上改变我国融资租赁业立法滞后的状态，融资租赁各方当事人的合法权益难以得到有效保障,急需融资租赁法尽快出台。

(三)要强化政府在融资租赁市场中的监管服务功能

我国融资租赁业实行的是多头监管。由银监会监管金融租赁公司,由商务部监管中外合资租赁公司和内资租赁公司。融资租赁缺乏统一的行业管理,没有一个统一的协调管理机构,为融资租赁市场的继续发展留下了隐患,不利于统一的政策指导和全行业发展规划。今后,应该改变融资租赁公司多头管理的格局,实行归口管理,强化政府在融资租赁市场发展中的监管服务功能,发挥行业协会的自律和指导作用,让广大融资租赁企业积极参与行业发展的规划和自律,提高融资租赁业整体协调发展的能力。

三、拓宽服务领域,是推进融资租赁市场发展的有效途径

(一)拓展新的租赁业务和租赁市场

融资租赁业发展的关键在于创新。今后,融资租赁公司在继续做好直接租赁的前提下,应积极创新,拓展杠杆租赁、回租租赁、委托租赁、风险租赁、项目融资租赁等业务范围。采用合作租赁、收益百分比租赁等复合式租赁方式,开展一些与租赁业相关的延伸业务,不断拓展融资租赁市场。在鼓励开展国内租赁业务的同时,利用国内制造业的优势积极开展出口租赁业务,如机电设备、船舶、工程机械等,扩大融资租赁市场的发展空间。

(二)在房地产业发展中尝试融资租赁业务

我国房地产业的融资租赁实践最早始于2004年,是由上海新世纪金融租赁公司成功运作的。目前,房地产行业处于调整周期,住房供给与需求的矛盾无法得到协调解决,一批房地产企业出现了资金供给不足、资金链断裂的可能,甚至面临倒闭的风险。建议在国家相关政策允许的范围内,继续扩大融资租赁业务在房地产销售中的探索和尝试。通过融资租赁平台,实现房地产开发企业、融资租赁公司、商业银行、房地产承租方的多方共赢,也可以向普通居民拓展房地产融资租赁业务,

这样既能有效解决住房刚性需求与实际购买力之间的矛盾，也能大大降低房地产企业资金链断裂的风险。

（三）在中小企业发展中破解融资难题

中小企业是我国经济和社会发展的一支重要力量，在确保国民经济稳定增长、缓解就业压力、拉动民间投资、优化经济结构、方便群众生活、保持社会稳定等方面都具有不可替代的地位和作用。但是，中小企业设备落后、技术水平低下较为普遍。并且，中小企业往往信贷信用低、自身融资能力不强，在业务发展中容易陷入资金的困境，完全依靠银行信贷或上市融资解决资金问题，既不可能，也不现实。因此，简便快捷、信用要求相对较低的融资租赁可能成为破解这一难题的重要途径。对于上海来说，不仅仅大飞机、船舶和海洋装备等战略性制造业的发展需要融资租赁业务的参与和创新，中小企业特别是科技型中小企业的发展壮大也离不开融资租赁市场的发展和支持。政府应加强政策导向，制定有利于中小企业融资租赁的相关政策，完善中小企业融资环境，帮助中小企业走出困境。一方面，鼓励融资租赁公司与中小企业合作，必要时可以鼓励注册专门为中小企业服务的融资租赁公司。另一方面，采用融资租赁促进中小企业与大型企业间的互补合作。大型企业有处于闲置或积压状态的生产设备，而这些设备也可能正是中小企业所需要却无经济能力购买的。通过融资租赁，中小企业可在支付低廉成本的情况下，获得理想的生产设备。同时，也帮助大型企业降低设备闲置或积压造成的经济损失。

四、控制租赁风险，是推进融资租赁市场发展的关键环节

（一）规范融资租赁主体行为

正是由于融资租赁的法律体系不够完善，租赁主体法律意识淡薄，行为缺乏明确的硬性制度约束，所以我国融资租赁的信用环境较差，承租企业欠租现象时常发生。据统计，我国承租企业平均欠租比例占其经营总额的15%－30%，严重的可达到60%－70%。因此，既要通过完

善法律、法规来规范融资租赁主体行为，也要通过宣传教育提高租赁主体的法律意识，提高其租赁信用，引导其自觉规范自身行为。

（二）建立租赁信用保险制度

融资租赁业务存在着一定的信用风险、市场风险、金融风险和技术风险，最终风险会转嫁到出租人。因此，为减轻融资租赁公司的压力，保障融资租赁公司的利益，提高融资租赁公司的积极性，可以借鉴发达国家的经验，建立租赁信用保险制度。由国家设立专项基金，当租赁公司开展的租赁业务符合某些条件时，租赁公司可要求与国家相关部门签订信用保险合同。当承租企业无法继续偿还租金时，租赁公司可以从政府设立的专项基金获得剩余租金的一定比例作为赔偿金。政府在开展租赁信用保险时，应该有选择性的确定提供信用保险的对象，对租赁市场上管理制度完善、业务操作规范、经济效益较好、租赁资产质量较高的租赁公司或者对租赁公司开展的符合国家产业政策的租赁业务应优先给予信用保险支持。

虽然我国融资租赁市场存在诸多不完善的方面，面临的困难还较多，市场渗透率还很低，规模还较小，融资租赁的促销与服务功能还未充分开发。但是，只要我们抓住当前的发展机遇，切实转变认识观念，营造更加宽松的租赁环境，通过拓宽租赁服务领域，控制好租赁风险，未来我国融资租赁市场必然展现出其巨大的发展后劲，在化解金融危机影响方面显现出有别于信贷融资的独特作用。

（本文原载于《联合时报》2009 年 4 月 21 日第 A02 版）

从循环经济突破，向绿色经济发展

一、全球低碳时代与我国的经济转型

1. 全球气候问题引发低碳经济新时代

据报道，如果不采取措施，地球21世纪气温可能上升7摄氏度，这个结果一方面会使得海平面上升3米以上，其中海水膨胀为0.5米左右，其余为南北极部分冰原消融带来（仅北极全部冰原消融，可使海平面上升7米），足以将马尔代夫等海岛国家葬入大海；另一方面将会破坏地球的主要生态系统，包括热带雨林消失、珊瑚礁死亡和海洋死区现象（海洋中的高盐度产生的生物灭绝现象，目前已发现405块，面积达25万平方千米，占海洋面积0.7%），导致更多释放二氧化碳的恶性循环局面。

2009年12月在哥本哈根召开的全球气候变化大会，会议试图采取共同的措施，解决上述问题。会议希望共同确定2012－2020年全球应对气候变化的安排，以便与将于2012年失效的《京都协定书》衔接，这个协定书确定了除美国等国家外西方发达国家的强制减排约束。虽然哥本哈根会议未取得根本性的突破，但是各国还是进行了努力，纷纷公布了自愿减排目标——中国提出到2020年，在2005年的基础上碳密度减少40%－45%的目标（印度提出了20%－25%的目标，不过印度现有的密度是我国的三分之一），其他国家分别提出了以1990年为基础的减少碳排放目标，到2020年，欧盟减少20%－30%，俄罗斯减少25%，菲律宾减少50%，日本减少25%（有条件），美国减少17%（2005

年为基础)，南非减少 42%(到 2025 年)等。

2. 低碳与减排引发全球资源、经济和市场的新博弈

哥本哈根会议之争表面上是减排问题，而本质上是各国的当前和长远发展博弈。首先是发达国家和发展中国家的南北矛盾，也是既得利益和发展利益的矛盾，其次是发达国家的内部矛盾，主要是欧盟和环太平洋大国(美国、加拿大、澳大利亚和日本)之间的分歧，再次是发展中国家之间的利益分歧，如海湾国家石油利益、海岛国家的环境利益、77 国集团的共同利益和四国(中国、印度、巴西、南非)的发展利益等。

上述利益的焦点在于：一是碳排的责任在历史、现在和未来的分配与安排，各国均希望以最小责任获得最大利益；二是在利益固化后，全球碳交易市场和各国碳关税壁垒将出现，能源和贸易格局产生新的变化，重新获得市场话语权；三是低碳带来的新的产业格局和技术机会，可以让发达国家在全球经济变化中重新获得有利位置。欧洲和美国更希望以此摆脱金融危机带来的萧条，重新获得先机，比如英国是低碳经济的积极倡导者，他们不仅是为了推动环保和应对气候变化，还希望通过发展、应用和输出低碳技术来创造新的商机和就业机会，以在未来的绿色发展中抢占先机。

3. 低碳经济要求中国经济发展实现新转型

经过改革开放三十年的发展，中国经济已经进入新的转型期，传统的发展模式和增长方式消耗了大量的资源，环境承载力也难以为继，中国 GDP 的全球占比比能耗全球占比要多得多(占全球 5% 的 GDP 和 20% 的能源)，作为外向出口型工业制造国家以及人口大国，中国的能耗大量融入终端产品流向国外，国内居民生活能源消耗占比仅在10%-15% 左右。

为此，我国首次在“十一五”规划中提出了节能约束指标，计划 5 年期间单位 GDP 能耗降低 20%，预计 2010 年年底可以实现这一计划指标。目前，我国已经开始着手制定“十二五”规划，预计节能约束性指标将被减碳约束性指标替代，减碳要求比节能要求更加宽泛和困难，

这一指标涵盖了节能指标，还包括了改善能源结构、增强吸收二氧化碳功能和改善环境等一系列诉求，对中国经济的增长和发展方式带来巨大的影响，机会和挑战并存。

二、理清几个概念：绿色经济、低碳经济和循环经济

概念不清，影响的不仅仅是认识，更是行动。我们现在提到科学发展、可持续发展或绿色发展，具体会说绿色经济、低碳经济、循环经济，比如欧盟提出发展绿色经济，要保持在“绿色技术”领域的领先地位；美国则强调发展“低碳经济”，加大投入开发新能源，建设智能电网；我国在2005年就开始了发展循环经济的试点。这三个概念既有区别又有联系，需要理清，以利行动。

绿色经济是资源节约、环境友好和谐的经济发展模式的总称，也就是我们所说的人与自然和谐关系的目标，它强调的是对生态的保护；循环经济是以资源的高效利用和循环利用为核心，它的目标是要“减量化、再利用、资源化”，所以它必须是“低消耗、低排放、高效率”的一种经济，它是节约发展，符合可持续发展的理念；低碳经济指的是低能耗、低污染、低排放，它的重点，一是能源的效率要提高，二是新能源的开发，特别是要减少对化石能源，也就是高碳能源的消耗。

绿色经济、低碳经济、循环经济三个概念中，绿色经济的范围最广，包含了循环经济和低碳经济，以及相应的技术体系，而循环经济和低碳经济应该是绿色经济的两个分支，它们基本的内涵和目标是一致的，都是强调资源的节约和环境的保护。但是三者也有区别，因为它们针对的对象不同，绿色经济是相对于人类历史上危害自然生态的所谓“黄色”农业革命和大量消耗化石能源的“黑色”工业革命而言的；循环经济是相对于经济系统中物质和能量的流动而言的，过去是单向流动，就是“线性”流动，现在变成“环形”流动了；低碳经济是相对于“高碳”经济的能耗来说的。总体而言，虽然三者针对的对象不同，但是核心内容又是一致的。

绿色发展自20世纪60年代绿色运动兴起后进入人们的视野,但近半个世纪过去了,其实践尚不能说已经成为世界经济的主流。历史上重大趋势,往往有一个契机,在这一轮全球性经济危机中,绿色经济迅速升温,成为世界主要经济体的发展战略,并正在成为全球性的发展潮流。具体到我国,发展循环经济已经成为国家战略,是后危机时代我国结构调整和发展的方向,这不仅符合中国国情,也符合国际发展趋势,所以我国要实现绿色发展应从循环经济突破。

由于实现绿色发展的直接动因是全球性的气候环境变化,全球性问题需要全球性的解决方案,需要全球范围内的制度、政策合作和集体行动,从这个意义上讲,离开世界单独谈绿色发展是很困难的。绿色发展需要绿色理念传播、绿色技术、绿色制度环境和绿色市场,这些要素离开世界独自发展对任何国家来说都不可能获得很好的解决,只能在一定程度上实行绿色发展,其条件是有较完善的绿色制度环境、核心技术和核心零部件生产不依赖外国、绿色产品有足够的市场容量,目前我国这些条件都还不完全具备。另一方面,我国人均碳排低于发达国家,但单位产值的碳排却高于它们,因此就减碳潜力而言,我国重点在生产领域,发达国家重点在消费领域,所以从我国国情出发首先应从循环经济突破,比如关于新能源问题。对太阳能、风能的发展现在有过剩之说,其实是整个系统的配套问题,包括能源价格调整和补贴、电网改造和智能电网建设、核心技术的掌握和成本的降低等问题,这决定了我国新能源的发展和利用还有较长的路要走。相比之下,发展循环经济立足现有技术便可在许多领域先做起来,当然这并不排斥新能源的发展,因为这对拉动经济的发展还需要一段时间,而这期间循环经济的发展还有利于培育绿色理念和完善绿色环境制度。

三、我国循环经济发展存在的问题

为促进循环经济的发展,我国于2005年5月和2007年12月分两批开展了循环经济的示范试点工作，取得了一定的成绩，有了一个良好的开端。但总体来说还存在一些问题，主要是：

1. 循环经济目前主要还是通过试点来进行，仅停留在少数企业、少数产业和少数区域，覆盖面小，还没有形成一定的规模，与我国结构调整和发展循环经济的要求还有较大的距离。

2. 在试点取得的成绩当中，大多数只是所谓的“末端废弃物的资源化”，和循环经济的本质存在一定的差距。循环经济不仅仅是回收利用，而且是取得物质消耗的降低和污染全过程的控制。因为循环经济的原则是以减量化为核心，做到输入端资源投入的减少。只有做到输入端资源投入的减量化和排污的全过程控制，才能从根本上达到缓解资源枯竭与生态环境压力的目的。

3. 循环经济发展尚未形成规模效益。由于工程项目缺乏成本效益分析，再加上促进循环经济发展的经济手段也不足，发展循环经济的成本较高，这就抑制了循环经济规模的扩大。循环经济生产环节中有两个效益的来源：一是废弃物转化为有用的东西，二是减少废弃物和排污的成本。这就涉及产权交易的问题，但是我们现在还没有真正开始实施。举个例子，回收废纸制造再生纸，节约了木材资源和能源，但由于废纸上有油墨，消毒漂白比原生纸麻烦得多，这就使制造成本上升，再生纸在市场上就竞争不过比原生纸。因此，我们做任何事情都要考虑它技术上的先进性和经济的合理性，没有经济的合理性，它就没办法推广。

4. 制度上也存在一些问题。循环经济的实现需要有利于环境的制度保障。尽管我们有了一些法律，比如《节约能源法》《清洁生产促进法》，还有《固体废物污染环境防治法》。但是总体来看，我们在促进资源节约和综合利用方面的法律还是比较薄弱，尤其是对资源再生利用没有什么明确的规定。过去，我们比较重视末端治理而忽视全过程的控制，比如“三同时”制度，虽然对减少污染取得一定成绩，但由于其着力点是末端治理，已不能适应新形势下全过程污染控制和循环经济发展的现实需要。因此,这些制度需要在适当的时机进行修改。再比如在产权制度方面,我们讲产权是在交易过程当中获取一定收益的权力,具有可转让的特征。目前我国自然资源和环境容量没有明确的产权关系,这样就导致了任何人都可以免费地使用环境资源,最终导致自然资源的不合理配置和低效率开发。

5. 技术上的制约。目前我们对循环经济的研究已落后于实践,成为循环经济发展的一大障碍。循环经济的发展要以技术作为支撑,除了在提高资源利用效率方面取得了一些突破外,总体上,我们在这个领域的科技水平和应用水平,与发达国家存在较大的差距。比如,我们在大型燃煤电厂烟气脱硫、高浓度有机废水治理等重要领域的一些关键产品,还没有自己的制造技术;比如在垃圾处理方面,现实中的"垃圾围城"引发的社会矛盾已经越来越大,而现在这方面新的技术还不多,即便有也没有被很好地推广;比如说焚烧垃圾发电产业,由于其规模小,电价成本相对较高,就需要国家政策和资金的支持,国家能不能拿出一些处理垃圾的费用补贴给他们?

四、建议:强化制度保障和技术支撑

1. 针对目前循环经济发展中存在的问题,在迈向绿色发展的道路上我们必须创造良好的制度环境,强化制度和政策的导向性和整体性。要把循环经济和可持续发展理论植入产业政策制定和实施的全过程,把建立产业生态系统(即循环体系)作为产业发展的一个重要目标。同时要通过各种政策措施,以利益激励为主导机制,发挥企业作为产业经济活动主体、污染防治主体的积极性和自觉性,真正按"减量化、再利用、资源化"的要求进行生产,实现"低消耗、低排放、高效率"。

2. 大力开发和应用相关技术,强化技术对循环经济的支撑,并为未来实现绿色发展奠定基础。政府应加大对污染治理技术、废物利用技术、清洁生产技术、能源高效利用、节能技术、新能源利用技术等提高资源效率和综合利用技术的开发、利用和推广的支持力度，鼓励企业积极开发，利用新技术，支持促进循环经济的发展。

（本文原载于《团结》2010 年第 1 期）

经济形势与结构调整

一、当前世界金融危机与结构调整的趋势

对当前世界经济形势的总体判断是：金融市场趋于稳定，世界经济出现积极变化。但世界经济形势好转的基础并不牢固，不确定因素仍然很多，实现全面复苏将是一个缓慢和曲折的过程，其间经济结构的调整起着关键的作用。

国际货币基金组织在2009年10月1日发表的《世界经济展望报告》认为："全球经济衰退正接近尾声，即将结束，全球经济复苏速度将快于先前预期，但金融体系仍然处于受损状态，实体经济和金融市场依然疲弱，复苏过程将是缓慢的，经济活动依然远低于危机前的水平，预计全球经济在2009年收缩1.1%之后，2010年将增长3.1%。其中，发达经济体经济继今年收缩3.4%后，明年将增长1.3%；新兴经济体经济今明两年将分别增长1.7%和5.1%；在主要发达经济体中，美国经济在2009年收缩2.7%之后，2010年将增长1.5%；欧元区经济在今年收缩4.2%后，明年将增长0.3%；英国经济今年将收缩4.4%，明年有望增长0.9%；日本经济今年将下滑5.4%，明年则将增长1.7%；在主要新兴经济体中，中国经济在今明两年将分别增长8.5%和9%；印度今明两年的经济增长率将达到5.4%和6.4%；俄罗斯经济在今年收缩7.5%之后，明年有望增长1.5%；巴西经济今年将下滑0.7%，明年则将增长3.5%。"

七国集团财长和央行行长会议2009年10月3日宣布，近几个月来，全球经济开始出现复苏迹象，开始看到世界经济复苏和金融市场状

况不断改善的迹象，金融市场形势继续好转，但因为增长前景依然脆弱，就业市场形势尚未好转，世界经济增长虽超过预期，但仍有可能发生倒退。20国集团匹兹堡峰会指出，世界经济已出现复苏征兆，但复苏趋势并不是很牢固；尽管世界经济正在走向正常，但目前世界经济面临的主要问题是失业率高、居民消费需求不足。

美国已经持续近两年的经济衰退终于结束了，2009年3季度取得了3.5%的增长；连跌8个多月的美元（2009年3月-10月美元对欧元已贬值18.6%）在10月份有了轻微反弹（美汇指数从74.9升至76.4）；但就业、信贷和住房领域在未来数月内尚难以出现实质性改善。这次复苏将是缓慢而痛苦的，很多行业都会在未来几年中感受到经济下滑的影响。2009年9月，美国失业率达到9.8%，到年底失业率仍居高不下，2010年也很难有明显改善。在截至当年9月30日的2009财政年度里，美国联邦政府财政赤字达到1.42万亿美元，较2008财政年度多出两倍有余，约占美国国内生产总值的10%，是1945年以来的最高水平。奥巴马政府2009年8月曾预计，2010财政年度的赤字将可能超过1.5万亿美元，从而给通胀埋下隐患。

日本经济情况在好转，在海外经济改善等背景下，日本经济有望继续保持好转的态势，但失业率仍居高不下，因此经济形势依然严峻。欧洲央行行长2009年10月8日表示，经济衰退最严重的时期已经过去，欧元区的整体经济形势已出现趋稳迹象。但欧元区经济受国际金融危机冲击最严重，由于个人消费仍然低迷、工业生产不振、失业率居高不下，欧元区经济仍处于不稳定状态。国际货币基金组织10月3日发表的《2009年欧洲经济展望报告》认为，欧洲经济出现企稳迹象，受信心增强和经济活动增加的影响，欧洲经济于2009年年中探底，2010年开始适度复苏，之后开始强劲回升，但复苏将是缓慢和脆弱的。

金融危机推动亚洲经济站上高位。国际社会普遍认为，许多亚洲国家的经济状况都在好转，亚洲经济回升势头比世界其他任何地区都更加“迅速和强劲”。如印度，其经济增长主要依靠内需拉动，在外需因国际金融危机减弱时，这种由内需主导的经济增长显示出很强的弹性。2009年第二季度，印度国内生产总值实际增长6.1%。国际货币基金组织2009年10月1日发表的《世界经济展望报告》指出：在亚洲经济体拉动下，世界新兴和发展中经济体全面向好，发展中经济体预计今年整体实现1.5%的增速，明年整体增长5%。国际货币基金组织还认为，相比亚洲经济体，美国和欧洲经济复苏步伐较为缓慢。亚洲开发银行2009年9月22日发表的《2009年亚洲发展展望更新》报告称，由于中国和印度等区域内经济大国的复苏势头好于预期，亚洲发展中经济体2009年整体增速有望达到3.9%，亚洲各国政府采取的应对国际金融和经济危机的措施及时有效，避免了地区金融体系遭受重创，区域内经济大国的经济回暖较快，将引领全球从经济衰退中复苏。

太平洋经济合作理事会公布的一份报告称，世界经济目前正处于重要转折期，亚洲正在引领全球经济复苏，但要实现可持续增长，就需要各经济体在进行艰难的结构性改革中相互支持，并在经济一体化、发展绿色经济等方面进行更深层次的合作。

目前世界各国一方面注巨资救市，另一方面则采取积极行动调整结构抢占未来发展的制高点。例如，美国奥巴马政府就提出要重振美国科技辉煌，并承诺把研发投入提高到超过GDP 3%这一历史最高水平，力图在新能源、基础科学、生物经济、智慧地球（即互联网+物联网）和航天科技等领域引领世界潮流。欧盟也把提升竞争力的关键定位于推动科技创新。2009年3月，欧盟宣布将在2013年前投资1 050亿欧元支持本地区的“绿色经济”，保持在“绿色技术”领域的世界领先地位。日本正在重点开发能源和环境技术。俄罗斯提出发展“创新型经济”，努力摆脱对能源出口的依赖，发展核工业以巩固和加强俄罗斯在世界核电市场的领先地位，并努力保持在航天领域的强国地位。

除了通过新的技术变革，培育新的主导产业外，创意产业的逆势上扬同样也成为引领经济走出危机的先导产业之一。如20世纪30年代大萧条中好莱坞和迪士尼的崛起,20世纪70年代石油危机后日本动画王国的崛起,20世纪90年代东南亚金融危机后“韩流”的风靡,2008年以来国际市场上的“口红效应”等,这些经验表明,创意产业在金融危机中能找到其发展的机会。在全球金融风暴的严峻形势下,经济复苏仅靠高新技术产业是不够的,传统产业的创新已成为一项十分迫切和重要的工程,制造业将更注重于研发和设计。除了加强科技创新外,文化创意也是推动产业创新和转型的强大引擎。创意产业超越了传统文化产业的范畴,是将文化资本重新组合引入经济系统的新业态,其特点就在于把文化、技术、产品(服务)和市场有机地结合起来。各行业都可借助创意产业的发展,或应用其成果,更新产品和服务的设计与策划,开辟新的“蓝海战略”、“品牌战略”和“营销战略”,从而促进整个经济系统的升级。2008年3月英国国家科技艺术基金会(NESTA)专门就创意产业支持并推动其他领域的经济创新进行了调研,并发表了研究报告。英国还发布了《新经济下创意英国的新人才》战略报告,提出了要激发每个人的创意才能,缔造一流的创意企业、培养一流的创意人才,报告确定了26条详细行动计划和相应目标。为适应新的发展,德国等欧洲国家也改变了原先将创意产业等同于文化产业的提法,成立了诸如“创意柏林”的社团组织;2009年2月德国也发表了关于文化与创意经济的调研报告,外交部还印制了介绍德国创意产业的年历,翻译成多国文字,由驻外使馆在世界各国广为散发、宣传。在亚洲,如日本、韩国、新加坡等都出台了扶持和促进创意产业发展的政策措施。在日本,完善了东京内容产品国际交易市场(TIFFCOM),目标是使其成为亚洲最大的国际市场,以支持日本的内容产业进行海外扩张,同时实施“视频内容产品国际合作制作基础设施整备项目(J-Pitch事业)”。在新加坡,政府在2008年为应对危机,出资1 000亿新元实施提高企业设计能力的培训计划,另外再投资1 200亿新元实施“设计与企业”计划。

二、我国当前经济发展态势

面对国际金融危机带来的严重冲击,党中央、国务院反应迅速,果断有力,于2008年11月5日出台扩大内需、促进经济增长的一揽子经济刺激计划。明确提出,要把保持经济平稳较快发展作为2009年经济工作的首要任务,把保增长、扩内需、调结构更好地结合起来,把推进发展方式转变和结构调整作为应对国内外环境变化、实现可持续发展的根本出路,着力改善民生、促进和谐安定。

包括4万亿元巨大投资计划的一揽子经济刺激方案出台后,紧接着实施十大产业振兴规划。4万亿元的投资主要集中在铁路、公路、交通等基础设施方面,并增加了对企业的创新基金投入。此外还先后出台了大幅度降息、“双扩张”政策、扩内需十项措施、金融三十条、促进房地产健康发展措施等一系列政策,以及旨在全面实施区域发展战略、合理调整生产力布局的珠三角、重庆、西藏、上海、海峡西岸经济区、江苏沿海、横琴、辽宁沿海等多个区域发展规划。继十大产业振兴规划发布后,2009年3月十一届全国人大二次会议的政府工作报告中首次提出了要积极发展创意产业,7月22日,国务院讨论并通过了《文化产业振兴规划》。值得一提的是,中央政府还将改善民生作为保增长的出发点和落脚点,一批惠及民生的政策措施相继推出,如成品油税费改革、医疗体制改革、保障性住房建设、积极的就业政策等,最困难的几个月几乎每周都有新政策出台。

宏观调控有效贯彻了“快、重、准、实”方针,成功挽救了经济形势,重振各方信心,化解了流动性下降影响,避免了由债务收缩导致的内生性紧缩。一揽子经济刺激计划非常及时,也符合中国实际情况。从2009年前三季度的统计数据看,我国经济企稳回升势头正逐步增强,GDP同比增长7.7%,分季度看分别为6.1%、7.9%、8.9%,稳步回升。农业生产稳定,夏粮比2008年增产5.3%。规模以上工业增长8.7%,生产逐季加快,三个季度分别为5.1%、9.1%、12.4%,企业利润降幅减小,1 月至 8 月降幅为 10.6% ,1 月至 5 月的降幅是 22.8% 。在推动经济增长的三驾马车中首先是投资起了重要作用,1 月至 9 月全社会固定资产投资同比增长了 33.4% ,为经济增长贡献了 7.3 个百分点;其次是消费,社会消费品零售总额同比增长 15.1% ,为经济增长贡献了 3.2 个百分点;但出口继续下降,前三季度同比减少 21.3% ,拉低了经济增长 3.6 个百分点。城乡居民收入增长超过了经济增长幅度,城镇增长9.3% ,农村增长 8.5% ,国民收入分配结构正在调整。

在政府实施刺激经济政策一年之后,全年“保八”已无悬念,但十大产业规划旨在先调整后振兴,而当前经济中结构调整并没有多大进展,产业结构依然落后,与国际经济调整趋势还存在较大差距。从各地的投资方向看,不仅产能过剩的传统产业如钢铁、水泥等仍存在盲目扩张的现象,而且在新兴产业如风电设备、多晶硅等领域也因缺乏统筹规划,出现了低水平的重复建设。一些地方的投资冲动借 4 万亿元刺激计划之机再度升温,对项目缺乏充分论证、科学规划,几乎来者不拒,由此导致违法违规审批、未批先建、边批边建的现象较为常见。此外,地方负债规模扩大(估计总债务规模约达 5 万亿元),潜在风险也不容忽视;部分资产价格上涨过快(目前房地产价格回升,均价比 2007 年上涨了约 30%),不仅形成一定的泡沫,也较早地给居民带来通胀预期。这些问题都需要认真加以研究解决,才能更好地实现经济结构的优化调整。

三、中国经济结构的未来调整方向

1. 明确未来经济发展的制高点和重点方向

中国经济长期可持续甚至跨越性发展有赖于能够占领制高点的产业,当前应该利用金融危机所带来的机遇,采取积极措施抢占制高点的产业,而不应只满足于近期的最高经济增长率。否则在世界经济全面复苏后,也只能继续跟在发达国家后面“跑龙套”。争夺世界经济制高点必须先将之作为国家战略重点,然后经过科学论证,确定新兴战略性产业，既符合国际发展方向和中国国情，又具备一定的比较优势和广阔的发展空间。比如在新能源、生物经济、创意产业、环保产业等领域，我国已有一定基础，甚至在部分产业领域已挤入世界前列。进一步的发展需要有系统的规划，并在信贷、财税、投资等政策方面给予更多的扶持，引领更多的社会力量向与此相关领域集聚。同时要摆脱急功近利心态，防止一哄而起，造成新的产能过剩。并真正破解长期存在的自主研发投入低、研发队伍建设不足、研发成果与市场脱节、配套措施跟不上等深层次问题。

此外，中国应将绿色经济作为一个发展方向，及时跟踪国际发展趋势。当前中国发展低碳经济的有效途径是循环经济以及对传统领域进行改造，循环经济在减少碳排放方面比新能源的效果可能更好。事实上，为解决资源利用率低和污染排放高的问题，中国政府近几年一直大力倡导发展循环经济，2009 年 1 月 1 日开始正式实施世界上第一部直接以循环经济冠名的《循环经济促进法》。目前，在空调、汽车等一些传统领域引入节能减排技术、调整产品结构也还有巨大的发展空间，如远大空调以废热或天然气等燃料取代电能驱动压缩机，单位能效比传统空调提高了数倍；深圳比亚迪汽车公司推出了油电混合和纯电动汽车，引领中国绿色汽车研制。更进一步的发展应在打造生态化的产业体系上下功夫，使产业发展与资源环境等因素相协调。

2. 逐渐调整出口导向型的经济发展战略

多年以来，中国实行出口导向型的经济发展战略。GDP 对外贸的依存度一度达到 70%，对出口的依存度达到近 40%。这一经济发展模式曾为中国在 21 世纪初带来了连续 5 年高达两位数的 GDP 增速。然而，中国对外贸的过度依赖相应带来了经济增长结构失衡和产能过剩等问题。金融危机导致外部需求萎缩，出口的巨幅下降在内需无法补上的情况下导致经济不可避免地出现下滑。通过外需市场消化大量过剩产能的出口导向型发展模式将难以为继，经济转型势在必行。在外向型突出的广东东莞市，改革开放以来 GDP 年均增长 18%，2009 年出现了罕见的负增长,许多乡镇厂房的空置率超过10%。尽管随着国际市场的逐步恢复,外贸出口这一驱动力不能放弃,但长远来看我国依靠外需拉动的趋势已经改变,过去10年中国幸运地走了一段依靠外需创造世界奇迹的路径,但同时我们消耗了大量资源和能源,而且劳动力成本超低,制造了物美价廉的商品供应世界,还被别人就贸易顺差等问题大加指责。如果没有金融危机,中国在这条路上还要持续一段时间,危机逼迫我们必须由过分依赖外需向主要依赖内需转变,这应成为我国的一个长期战略。此外,近年来我国投资率持续攀升,消费率却降至改革开放以来的最低水平。1998年亚洲金融危机及2004年宏观经济过热,本来都为我国经济结构调整提供了机会,但我们都错失了。由于国际市场需求较旺盛,以高投资和高出口为主要特征的增长模式反而得到继续强化。

因此,必须抓住"十二五"契机尽快推出"一揽子"转型规划。扭转投资率持续高增长、消费率明显不足的问题,由生产主导型的增长方式逐步向消费主导型的增长方式转变,由投资和外需拉动为主向内需拉动转变。以此为基础,尽快出台"一揽子"战略规划,包括居民消费水平提高、产业转型升级、统筹城乡发展、推动市场化改革、落实推进主体功能区战略等诸多方面,并通过全面推进改革,扫清阻碍经济转型的体制性机制性障碍。

3. 积极促进创意产业的发展,并为各产业的创新服务

我国文化创意产业在金融危机中同样逆势上扬,如2008年动漫游戏产业就增长了97%,将近翻了一番。2009年上半年我国经济增长7.1%,而文化创意产业增长达17%。文化创意产业不仅为保增长做出了重要贡献,而且在促进消费和推动产业创新方面也有很大的贡献。就消费而言,可分为生存消费、享受消费和发展消费三种,后两种消费都与创意产业密切相关。在建设全面小康社会的过程中,创意产业必将发挥越来越大的作用。另外,金融危机引发了我国产能过剩的矛盾,我们需要调整产品结构,开拓市场,加强品牌建设,从而促进创意设计、

广告会展、咨询策划等行业的发展。如2008年上海创意设计和咨询策划业比2006年都增长了50%以上。浙江宁海是文具之乡,其与上海的创意设计业合作,为开拓市场进行创新设计,共渡难关。我国改革开放的前沿城市——深圳抓住机遇,努力以创意产业的发展推动产业转型,取得了良好的效果。2008年12月联合国教科文组织授予深圳“设计之都”称号,成为我国第一个进入全球创意城市网络的城市。深圳通过创意产业的发展把产品设计和品牌运营紧密结合起来,使产业发展获得了新的动力。目前,文化创意产业已成为投资和贸易的新热点,2009年5月在深圳举办的文化创意产业博览会盛况空前,参观者超过了350万人次,比2008年增加近90万人次,各类项目成交金额达877亿元,比2008年增加了175亿元。

因此,我们应借鉴国际经验,加快创意产业的发展,一方面应将发展创意产业纳入国家创新计划,要进一步解放思想、更新观念。发展创意产业是解放文化生产力的重要举措,不仅要推进文化的产业化,还要推进产业的文化化,使各行各业的产品与服务都成为一定文化的载体;同时要整合各种文化资源,通过应用技术的嫁接,为各产业的创新服务。另一方面要采取积极措施鼓励文化创意产品走出去,借助国际金融危机中我国国际地位的不断提升,在国际上掀起一股强大的“汉风”。“汉风”的形成将有助于富含中国文化内涵的产品和服务走向国际市场,可以为中国传统制造业打开新的市场空间,还能够加快我国新媒体、动漫、网游等新兴产业的发展。更为重要的是这些产业的发展也能弘扬中华文化,输出中国价值观,让世界更客观地了解中国,提升我国国际形象,增强国家的软实力。

4. 抛弃单纯以低价竞争占领海外市场的模式

中国频遭贸易摩擦,成为发达国家和发展中国家反倾销反补贴的头号对象,除了由于在金融危机背景下海外一些贸易保护主义势力更为活跃外,一个重要原因是许多中国外贸企业由于过分采取价格竞争而致使出口产品价格过低。高额反倾销税意味着中国政府因出口退税而承担的财政成本或企业本该获得的利润,成了外国政府的财政收入。因而必须彻底抛弃通过单纯的低价竞争去占领海外市场的方式。提升出口产品价格,既有利于堵住海外贸易保护势力的嘴,也能够增加利润,还能够保护环境和提高员工待遇,同时还迫使企业努力创新,增加出口产品的附加值。

中国的经济发展,曾经有过一个低成本发展阶段,包括资源成本、环境成本,以及人力成本,价格都曾非常低廉。在某种意义上,这种低成本的状况给中国企业的成长提供了一种竞争优势。但低成本无疑是把"双刃剑",在给不少企业带来价格竞争力的同时也是在透支未来、牺牲环境。

如今应该认识到,那种依靠低成本、粗放式的增长模式渐渐走到了尽头,中国的未来,必须选择一种更可持续的发展方式。而发展方式的转变,自然或不自然地伴随着发展成本的不断上升,包括环境成本、资源成本和劳动力成本的提高。换言之,提高使用成本,有助于加大对环境的保护力度,并使资源价格更清晰地反映出价值的变化。

当然,短期来看,出口产品的价格提升,会在一定程度上影响到竞争力,"中国制造"的低成本优势不再凸显。但在一个高成本到来的阶段里,转型是一条无法回避的路径。中国企业必须通过制度创新和技术创新,来增加出口产品的附加值。注重产品质量和品牌建设,提高产品竞争力,这是避免贸易保护主义损害的有效途径。

5. 大力发展小额金融服务业

中国应该意识到发展小额金融业务有助于扩大内需特别是低收入人群的市场发展,抵御金融危机的负面影响。我国基层金融业务比较薄弱,已经严重制约了国内需求。

(1) 农村金融弱。我国农村金融市场供给需求失衡非常明显,目前农村中能够享受到贷款服务的多是中等以上富裕农户,而且就全国范围来看,农村金融的发展很不平衡。统计数据显示,在全国

35 000 多个乡镇中，目前有 2 900 多个乡镇没有金融服务网点，其中金融服务空白的乡镇有 700 多个；只有一个金融网点的乡镇有 2 800 个左右。

（2）中小企业融资比较弱。上千万户的小型、微型企业，几千万的个体户，2 亿农民工和城市新增待业大学生难以获得小额金融服务。我国应促进小额金融服务发展，填补基层金融发展的不足。事实上，部分地区已经在试点之中。调查显示，目前有 100 多个社会团体在国家级贫困县和省级贫困县从事小额金融活动，有力地促进了当地的经济发展和金融服务水平的提升。2008 年 6 月，格莱珉银行和海南省农信社建立项目总部。截至 2008 年年底，格莱珉琼中项目部累计向 105 户家庭妇女发放 105 笔只凭信用无须任何抵押担保的贷款，金额 33.5 万元，累收 7.9 万余元，余额 25.5 万元，收息 3 972 元，业务覆盖两个乡镇 11 个村庄，已建立 21 个小额信贷小组，成立了 11 个小额信贷中心。截至目前，所有受贷农户均按期足额还款，收回率达 100%。除"琼中模式"外，海南各地在因地制宜的探索中还开创出屯昌格莱珉模式、三亚政府风险补贴金及全省推广的"一小通"等十多种小额贷款业务模式。

6. 积极促进民间投资，着力于扶持中小企业

在政府实施 4 万亿元投资计划和宽松的货币政策推动下，投资快速增长，促进了经济企稳回升。但是在快速的投资增长中民间投资却偏冷。2009 年上半年，国有和集体的投资增幅达 48.5%，非国有和集体的投资增幅则只有 24.8%，两者相差近一倍。在这种投资发展格局下，经济增长对就业增长的贡献比较小，而且在部分领域国有大企业的垄断性增强，市场活力和创新都可能受限。中小企业因其规模较小，获得的资源少，抵御风险能力较弱，危机使不少有发展潜力的中小企业难以发展，甚至倒闭。然而中小企业却是我国社会经济中投资少、机制活、就业广、创新成果多的生产部门，因此政府应积极促进民间投资，并着力于扶持中小企业的发展。包括进一步扩大市场准入，降低门槛；提

供财税支持和融资服务支持，减轻它们的社会负担，充分发挥它们在创新中的积极作用。

（本文原载于《经济体制改革》2010 年第 1 期）

积极推动长三角区域一体化发展

当前,世界经济全球化与区域化趋势日益显著,以区域化应对全球化、全球化加速区域化、区域化提升全球化的实践及其效应不断深化。20 世纪 90 年代至今,国际区域经济合作组织不断增多和壮大,并形成越来越大的影响[①],其中最值得一提的就是欧盟的形成与发展。

在我国,大区域合作的势头同样异常迅猛,环渤海区域合作、东北区域合作、中部区域合作、长三角区域合作、珠三角区域合作不断加强,对地区协调发展、区域综合竞争力提升的作用十分明显。特别是泛珠三角"9 +2"合作区域的建立和运行,突破了我国传统区域合作的空间界限,引起国内外的广泛关注。[②] 这种大区域合作得以有效推进的主要因素,在于各方都可以从合作中获得发展的机遇。发达地区通过资本与技术的辐射,形成更强的经济实力,欠发达地区则借助发达地区的资本、技术把资源优势变成经济优势。

关于长三角地区的区域一体化发展问题,我们要放在全球化的背景下,放在国际、国内区域合作大区域化的背景下,放在中国经济继续快速发展的背景下,来进一步思考、研究。主要有两个方面的问题：一

---

① 据世界银行统计,174 个国家和地区至少参加了一个(最多达 29 个)区域贸易协议,平均每个国家或地区参加了 5 个。许多世贸组织成员同时又是各区域经济组织成员,有的具有多重区域经济一体化组织成员的身份。全世界近 150 个国家和地区拥有多边贸易体制和区域经济一体化的"双重成员资格"。

② 泛珠三角已运行 6 年,不仅经济发达的广东、香港积极推动,而且内地的相关省份更是以此为契机和载体,积极推进区域合作从邻省到流域以及更大的区域。

是关于长三角地区一体化发展的新基础；二是关于长三角地区一体化发展的新任务。

一、长三角区域一体化发展的新基础

我们必须关注到，经过最近十来年的高速增长和全面发展，长三角地区经济社会发展、基础设施条件和区域合作已经发生了很大的变化，取得了很大的进步。归纳起来，主要体现在三个方面：

（一）长三角地区人均GDP已超过6 000美元，经济社会发展已进入“加速转型阶段”

2003年长三角地区人均GDP超过3 000美元，2008年超过6 000美元，其中浙江省人均GDP为6 078美元、江苏省为5 700美元、上海市达到10 625美元。按照美国经济学家钱纳里曾经提出的划分经济发展阶段标准，长三角地区两省一市已经进入发达经济初级阶段。

根据世界银行发展报告，人均GDP 3 000美元左右被认为是现代化的门槛，这一台阶也正是经济发展的一个新转折点，在这个转折点后，经济将进入起飞阶段，同时经济社会结构将加速转型。中国社会科学院2007年发表的《中国人口与劳动问题报告》提出，中国的二元经济发展正呈现“刘易斯转折点”特征或进入“刘易斯转折点”区间。在这一区间，不仅意味着中国劳动力无限供给特征将逐渐消失，而且在其背后具有丰富的经济发展含义，比如要求转变经济发展方式以获得新的经济增长源泉，要求提高政府再分配效率以对应社会对收入差距容忍程度的变化。

从长三角地区的发展形势看，自2003年开始就逐步感受到这一转折点的到来，最典型的表现就是“民工荒”开始出现，劳工工资开始上涨，特别是劳动密集型产业面临劳动力供给相对不足，劳动成本不断上升的压力。最近几年，长三角地区实现了经济的快速增长，同时社会各项事业也得到了迅速的提升。但同时也面临着转型中的一些新挑战。比如随着劳动力成本的不断上升，加上房地产价格的快速上涨，产业结构开始向节省劳动的方向转型，一批劳动密集型企业从上海郊区、苏南等地向外转移，在这个阶段中，上海、杭州、苏州等城市将面临产业结构调整、转型的压力。又如随着大批农业人口转为非农人口，以及劳动工资的逐步增加，农产品与食品价格将呈现持续上涨的趋势，由此政府将面临提高低收入阶层生活保障的压力。再如民生需求加速升级，特别是对生活质量有重要影响的公共物品，如环保、医疗、治安、交通等，需求更加迫切，质量要求不断提高，从而使公共财政面临更多的支出压力。

（二）长三角地区基础设施建设能力大幅提升，大交通网络基本形成，区域发展进入“同城化”阶段

20 世纪 90 年代，长三角各地的基础设施建设主要集中在开发区的“七平一通”和高等级公路建设等方面。进入 21 世纪以来，一个最显著变化是，基础设施建设呈现大型化趋势，即港口、机场、地铁、高速公路、跨江跨海大桥等现代化的大型交通运输设施成为建设的重点，长三角地区交通运输网络建设突飞猛进，日新月异。这充分反映出长三角地区的基础设施建设能力随着经济的持续快速增长和积累能力的不断增强，有了一个质的根本性变化。特别是杭州湾跨海大桥、苏通大桥、上海长江大桥等跨海跨江大桥的建成，动车组覆盖面的扩大延伸，上海浦东机场、虹桥机场配合 2010 年世博会的扩建，以及正在加速建设中的城际轨道和京沪高铁等，都大大缩短了长三角地区各城市之间的时间距离，并将展现出一幅全新的长三角地区城市群发展全貌。

“快捷”加上“枢纽联结”，进一步强化了长三角地区的“同城化效应”，不仅将加快物流、人流、商务流的流动速度，还将带来产业、人口居住和就业在空间上重大的结构性调整。原来属于交通死角的滨海地区，如南通的沿海地带、宁波的杭州湾南岸，与上海中心城区的直线距离并不遥远，但江海之隔曾经挡住了产业转移的通道，随着跨海跨江工程的建成，这些滨海地带正成为长三角地区重化工产业和出口加工产业新的重要布局基地。

特别值得关注的是,类似日本东京的"通勤"模式正在上海、南京、杭州、苏州等大城市成为一种越来越普遍的现象。有的居住在上海,但工作在苏州、嘉兴、南通等地;有的工作在上海,但居住在周边的苏州、嘉兴、南通等地;还有的工作在更远一点的合肥、南昌、苏北等地,但周末在上海、杭州、南京等大城市生活。这是同城化效应最重要的表现。这种就业、居住的同城化效应必将对我们现行以城市为界的就业、居住、医疗、福利等制度政策带来新的挑战,同时也将带来改革创新和区域一体化发展的新要求,乃至带来具有重大意义的社会结构变革。

(三)长三角地区有形的统一市场体系基本形成,同时各地政府正在努力构建以规则统一为引导的市场体系建设,区域合作已进入"制度阶段"

长三角地区各级政府多年来一直在致力于构建适应市场化、国际化发展的市场体系,除大力推进百货市场、超市、商品城、物流等商品流通市场建设外,更重要的是在要素市场建设上取得了显著的成绩,建成了多种类型的要素市场,如证券市场、资金拆借市场、期货市场、技术市场、产权交易市场、人力资源市场、房地产市场、土地市场等。可以说,长三角地区的市场体系从全国看,框架体系已经比较完整,可以满足经济发展的基本需要。但随着国际化程度的日趋提高,尤其是长三角经济全面融入全球经济,以及市场机制建设的逐步深化,我们发现,由计划经济体制向市场经济体制转轨而建成的市场体系,更多的还是场所的概念、网店的概念,设施是现代化的,但具有统领、合约性的商业规则却是传统的、粗糙的,甚至是反市场的。比如,仿冒产品可以在市场上照样流通而没有强有力的商业制裁手段;要素市场政府背景很重,并被行政区分割;一些交易制度和规定原则性强、细节性差、约束力弱,甚至还有模糊之处等。随着市场化不断深入,长三角地区各地的政府、企业和社会对市场规则的认识也在不断深化,特别是为了融入全球,提升整个地区的国际竞争力,对建立与"国际接轨"的各类市场规则体系,正在达成更多的共识,并开始付诸实际行动。制定三地统一的规则,是三地形成合力的需要，也是实现联动发展的保障和基础，更是长三角地区一体化发展走向成熟的重要标志。

科学发展观特别强调统筹区域协调发展。作为贯彻落实这一方针的重要举措，国家首次编制了长三角地区“十一五”发展规划，2008 年 9 月份，国务院还发布了《关于进一步促进长江三角洲地区改革开放和社会经济发展的指导意见》。由中央层面出台指导关于长三角区域发展的意见还是首次，其核心思想就是要协调长三角两省一市及泛长三角地区的发展，进一步发挥发达地区的先发带动效应，为国家发展战略作出更大贡献。为深入贯彻落实科学发展观，促进区域协调发展，长三角两省一市政府层面的合作主动性明显加强，进而有力地推动着各个层面的联动发展。行业协会的联盟，工商部门、环保部门、知识产权部门的联合执法，科技与信息公共服务平台建设等，都标志着长三角地区的合作在各地政府的积极支持和努力下，在制度层面上取得了新的进展。

二、加快推进长三角区域一体化发展的新任务

要加快推进长三角地区的一体化发展，必须以科学发展观为指导，从国家发展的战略高度，从区域持续发展的现实要求，同时站在改革开放三十年，尤其是最近十年快速发展所取得的巨大成就的基础上，客观分析我们今后面临的国际国内形势，提出新一轮长三角区域一体化发展的目标和任务。2010 年是中国上海世博会的举办年，又是谋划“十二五”发展的规划年。2011 年到 2020 年将是长三角地区又一个新的十年发展期。可以预言，在新一轮的十年发展中，长三角地区必将在一体化发展的诸多重要领域实现新的突破、新的建设。其中有四个方面的推进任务是重要的、关键的。

（一）促进产业链分工，推动大中小城市共同发展、共同繁荣

长三角地区的产业合作可以分为三种类型：一是行业性分工合作，即各个城市有自己的强势产业、特色产业，城市间实现产业间或上

下游分工合作;二是企业间合作,特别是大企业与中小企业的合作、成品企业与零部件企业的合作;三是产业链合作,就是按照价值链高低和区位条件,有的从事产业的中高端,有的从事产业的中低端,相互之间在产业价值的导向下形成分工合作。三种合作类型相比较,第一种类型显然带有比较明显的计划经济色彩,第二种类型属于传统的分工合作,第三种类型代表着未来的发展趋势。

实际上,长三角地区未来的产业分工与合作,将不再表现为行业定位分工、企业大小分工,而是价值链导向下的产业链分工。除了一些环保、资源等特定条件外,地区间的产业合作将分端进行,大城市人才、信息集聚,但商务成本较高,必然从事产业高附加值的部分,包括需要核心技术支撑的研发、制造、高端服务,以及掌握市场的营销环节,中小城市商务成本较低,必然从事产业的中低端部分,尤其是加工、组装。这样,一个产业在空间上将分为若干部分,一个企业在部门上将配置在不同的空间。指导这一空间分工布局的是产业、产品的价值链。

随着交通条件的进一步改善,按产业价值链进行空间分工将成为长三角地区深化产业合作与一体化发展的重要依据和路径。无论是大城市,还是中小城市都要适应并对应这样一种产业的空间布局调整和合作趋势,大城市要积极推动产业转移,并为中小城市承接产业转移提供更好的服务;中小城市要发挥好土地、劳动力成本优势,积极承接产业转移项目,并要充分利用好上海、南京、杭州、苏州、宁波等大城市的商务、资金、人才、科技优势,提升产业竞争力。

上海、杭州、苏南等地要积极推进产业转移,并把产业发展的重点真正调整到高端服务业和高端制造业,通过产业价值链分工,构建以大城市为龙头,中小城市为龙身,强大的、具有国际竞争能力的区域产业集群。

(二)在环境治理上形成大家庭共识,建立共防共治的体制机制

一个是水域污染,一个是空气污染,再一个是土壤污染,是长三角地区快速工业化、城市化所付出的代价。最近几年从中央到社会，对环保的要求越来越高，特别是随着人们收入水平的上升和生活条件的改善，环境也成为其提高生活品质的重要组成部分，人们开始主动关心环境问题，对环境污染的容忍度明显下降。日本的北九州，是日本新日铁的发源地，20世纪60年代末因严重的环境污染而导致当地市民上街游行示威，促使政府和企业下力气治理环境污染。

最近几年国家特别重视环境保护工作，并加强了关于环境保护的政绩考核和督查力度。环境治理已经成为长三角各地政府重要的施政工作。特别是太湖蓝藻事件发生后，如何应对日益严重的流域性污染，实行共防共治，更是成为长三角地区一体化发展的重要议题。共防共治，其内涵包括了共同规划、共同监测、共同处罚、共同建设、共同出资、共同补偿等。

要真正建立起完整的共防共治体系和机制，确实有很多工作要做，尤其在当前的行政区划体制下，还有很多瓶颈障碍需要突破、创新。最重要的任务是，各地政府必须树立两个共识：一是长三角地区要成为发达的富裕地区，区域生活环境的品质是其重要的衡量标准。各个地区都要将保护环境、发展低碳经济、改善环境质量作为贯彻落实科学发展观的重要任务。二是长三角地区的环境保护和治理，是一个共同体。随着人口、物流同城效应日趋明显以及产业的地区合作越来越紧密，城市之间的环境影响也越来越大，越来越明显。上海的一些产业转移到其他地区时，也必然会把部分的污染转移出去，但其他地区存在污染时，通过水流、空气也会延伸到上海，所以在环境保护和治理上，必须摈弃狭隘的地方主义，树立大局观，加强合作并主动合作。

（三）认真研究同城化效应对民生发展的影响，并在民生领域争取更多的突破

对长三角地区来说，当前民生发展最重要的任务，就是不断改善人们的医疗、教育、住房条件，满足就业自由流动的要求。以往长三角地区的合作更多集中在经济领域，随着交通条件的显著改善和就业、房产市场的开放，长三角地区人口的流动性大大增强，围绕人口流动而产生的民生发展正成为新的合作领域。比如医疗，各地本来自有一套医疗保险体系，城市之间互不衔接，这给出行的市民，以及想到其他城市安度晚年的老人都带来了极大的不便。自去年以来，“医保异地结算”在上海及浙江杭州、嘉兴、湖州、安吉、江苏镇江等城市陆续开通，大大方便了这些城市中长期居住在异地的市民医保费报销。还有高等教育机会均衡问题，大城市的学生因为录取名额多，升学机会也多，中小城市和农村的学生要进入大学必须加倍努力，甚至遭到逆淘汰。另外，诸如收入差距、养老金差距、职业培训差距问题等，都是未来长三角地区推进一体化发展需要考虑的新领域。

当前我们要特别关注的是，由于交通的快捷化和大城市生活成本的不断上升，居住、就业两地分离的人群将不断扩大，这对以行政区为界、地区分割的民生保障体制机制提出了加快推进一体化进程的迫切要求。一大批原来集中在大城市的人口转移到周边的中小城市居住或就业，同时一大批各地高收入人才移居到大城市，并在大城市谋取新发展。上述两大趋势将成为常态，且具有非常重要的战略意义。第一个趋势是可以减轻大城市产业结构调整中的就业压力，减轻大城市保障低收入阶层住房的压力，同时可以带动周边中小城市群的人口集中和发展。第二个趋势是可以优化城市人口结构，增强大城市创新活力和消费能力。对应越来越多的居住、就业两地分离现象，必须突破地区分割的民生保障体制机制，除在医疗费结算、保险费转移、公共治安等方面需要实现更多的连接、对接外，还要把就业扶持、退休待遇、公共福利设施建设等纳入到一体化发展的篮子中。要把长三角地区的民生保障一体化列为一体化发展的重要内容。

（四）发挥好政府作用，坚持改革创新，积极推进制度建设和机制建设

长三角区域一体化发展的任务还很重，今后要重点推进产业布局的一体化、基础设施的一体化、科技创新的一体化、生态建设和环境保护一体化、区域市场建设的一体化和社会保障体系的一体化。

今天的长三角地区，市场机制已对资源配置发挥了重要作用，因此长三角地区的一体化发展，也要充分发挥市场机制的作用。当然市场不是万能的，特别是我们现行的市场机制，有很多不成熟的地方，需要政府加以主动引导，特别是要通过制定规则，形成社会各方共同遵守的准绳，以培育成熟、规范的商业社会。

以制订规则、制度建设为重要抓手，进一步推动长三角区域一体化发展，这方面国际上有很多经验可供借鉴。如 WTO 规则、欧盟一体化进程中的法制协调、北美自由贸易协定、美国田纳西河流域管理局法案等。

制定规则，更要监督规则的执行，关键要建立保障机制。首先需要有一个专门机构承担相应的职责，其次要有国家层面的一些赋权予以保障，再次是机构本身要有一套章法保障运行。由国家层面设立专门机构，不现实；由两省一市其中一家设立专门机构，不可行。这里可以借鉴当初欧共体组织的经验，成立一个由当地政府直接支持，但不属于政府系列的专门组织，我们可以称其为“长三角合作与发展委员会”，该委员会的核心职能就是制定规则、评估监督。该委员会不同于现有的 16 城市协调会，要有独立的机构设置和人员配备，并在委员会的领导和指导下运行，特别要设立若干专业委员会开展专业性工作。实现这些设想，需要一个过程，但我们应该有一个逐步推进的战略考虑，特别是各地政府要有一些共识，在共识框架下我们可以不断努力，逐步推进；当条件成熟时，我们就要加快推进，在更多的方面实现一体化发展。

（本文原载于《科学发展》2010 年第 2 期）

西部地区城镇化发展现状和建议

最近召开的中央经济工作会议和中央农村工作会议，都对加快推进城镇化和城乡一体化发展提出了明确的要求，特别是提出了要坚持规划先行，加强政府资金的引导，多渠道筹集资金，推进重点城镇交通、供排水、污水和垃圾处理等基础设施以及医院、学校等公共设施建设，提高城镇承载能力。国家发展改革委还将会同有关部门，积极研究促进农民工在城镇落户的政策措施，推动有条件的城市允许有稳定职业和收入的农民工及其子女转为城镇户口，并纳入城镇社会保障、住房保障等公共服务体系。推进城镇化进程和加快城乡一体化发展步伐，将成为今后一个时期保持经济稳定较快发展的持久动力。

自十五届四中全会提出“西部大开发”战略以来，西部地区的经济社会发展取得了显著的成就，城镇化发展进程不断加快。当前西部地区城镇化发展正面临着前所未有的重要战略机遇期，全面分析西部城镇化发展现状，科学分析西部城镇化发展中存在的问题，按照科学发展观的基本要求，提出促进西部地区城镇化健康发展的政策建议，具有十分重要的意义。

一、西部地区城镇化发展的基本现状

1. 西部地区城镇化发展较快，但与全国差距仍然明显

2008 年年末，我国西部地区常住人口为 3.7 亿人，城镇人口为 1.4 亿人，城镇化水平达 38.32%，比 2005 年年末提高了 3.76 个百分点。高于全国同期城镇化 2.69 个百分点，也高于东部 2.9 个百分点的增长

速度。但是西部地区城镇化发展总体上还远滞后于全国整体水平，2008 年西部城镇化比全国整体水平滞后 7.4 个百分点，比东部滞后 17.9 个百分点，比中部滞后 4.7 个百分点。

（二）大城市发展速度较快

从 2005 年到 2008 年全国 100 万人以上的大城市新增加 8 个，其中 4 个在西部地区，占新增大城市总量的一半，西部地区城市规模有所扩大。总体上来说，西部地区的大城市数量比例相对较高。2008 年，400 万人以上的超大城市，西部有 3 个，占全国同等城市总量的 23.1%；200 万至 400 万人的特大城市西部有 5 个，占全国的17.9%；100 万至 200 万人的特大城市西部有 22 个，占全国的27.2%。西部地区 100 万人以上的特大城市数量占全国同等城市总量的 24.8%，同期西部城镇人口占全国城镇总人口的比重为 23.3%。

（三）农民工流动促进城镇化水平提高

对于广大西部省份来说，农民工跨省流出降低了农村人口的比重，农村人口流出的增多，加快了城镇化发展速度。例如 2007 年，四川、重庆、广西、贵州等省市区，人口净流出量在 100 万人以上，人口流出对当地的城镇化率分别贡献了 2.55、5.97、1.86 和 1.39 个百分点。农村人口进城就业也促进了城镇化的发展，比如广西、陕西、重庆和云南等省市区，农村人口进城对城镇化率的贡献分别为 14.72、12.91、11.45 和 11.78 个百分点。

二、西部地区城镇化发展滞后的原因分析

（一）城镇发展存在导向偏差

中央提出的城镇化发展战略，其核心是解决农村富余劳动力向城镇转移的问题。但西部还有相当一部分地方政府和部门，仍然把城镇化片面地理解为城镇建设，认为城镇化就是城镇建筑的现代化。在这种理念的主导下，许多地方不顾当地现阶段经济和社会发展水平的实际情况，把城镇建设作为推动城镇化发展的主要目标，盲目照抄照搬东

部发达地区和国外发达国家城市的建设模式，大搞政绩工程和形象工程，忽视了城镇化发展中最重要的转移农村人口这一长远目标。其结果是在城镇形象改变的同时，抬高了农民进入城镇的门槛，拉大了城乡差距，大大增加了农民进城就业和定居的成本，实际上延缓甚至阻碍了城镇化进程的加快。

2. 经济发展水平不高制约了城镇化的发展

西部地区经济规模小、总体经济实力弱、产业发展滞后，制约了西部城镇化的发展。2008 年，全国国内生产总值为 30.1 万亿元，人均国内生产总值为 2.3 万元，西部地区国内生产总值为 5.8 万亿元，西部地区人均国内生产总值为 1.6 万元，仅为全国平均水平的 70.5%，不足东部地区的 44%。从产业结构来看，西部产业发展明显滞后，三个产业比为 15.6∶48.1∶36.3，第一产业所占比重高于全国 4.3 个百分点，第二产业所占比重低于全国 0.5 个百分点，第三产业所占比重低于全国 3.8 个百分点。非农产业发展滞后是西部地区城镇化发展水平不高的主要原因。

3. 小城镇发展活力不够

从大城市的数量比重来看，西部地区大城市总量不少，但是从小城镇发展水平来看，西部地区小城镇发展水平不高。在东部沿海地区，广大小城镇是经济最为活跃的地区，但西部地区的广大小城镇经济发展水平显得尤为滞后。比如，2007 年东、中、西部人均一般预算收入之比为 2.8∶1.04∶1，而东、中、西部小城镇人均财政收入比为 7.53∶1.32∶1，企业从业人员比为 4.38∶1.62∶1，企业人均上缴税金比为 9.11∶1.56∶1。小城镇发展滞后是西部城镇化发展滞后的重要原因。

西部小城镇的发展是否能够复制东部地区小城镇发展的路径，这无论从区位条件、发展时机还是政策约束来看，都不乐观。按照农村税费改革的思路，西部地区一般的小城镇都实行乡财县管，改革的重点在于精兵简政，减少负担。但是小城镇作为农村公共服务载体的功能在不断弱化，特别是一些有发展潜力的小城镇，基础设施较差，无法满足可能会大批返乡创业的农民工进小城镇开办小型服务业的设施需求。

三、西部地区城镇化发展面临的机遇和条件

1. 国家区域发展政策为西部城镇化发展创造有利条件

1999年,党的十五届四中全会明确提出“国家要实施西部大开发战略”。2000年,“十五”计划纲要进一步对西部大开发战略作了详细的部署,随后国务院颁布了《实施西部大开发若干政策措施的实施意见》。近年来,中央不断加大对西部地区发展的支持,如实施了成渝统筹城乡改革实验区,出台了促进宁夏等地区经济社会发展的政策性文件,这显示了国家在战略、方针、政策上十分重视西部地区发展。

2. 西部城镇具备接受东部产业转移的条件

产业转移的选择面宽。广东有100多个产业特色明显的“专业镇”,浙江由镇域经济发展起来的“块状经济”更是数量众多,达600多个。随着东部地区产业升级和土地、劳动力成本的不断上升,东部地区产业转移的基本条件已经具备,产业转移的迹象已经显现。在西部地区的一些产业基础较好的城镇,具备与东部地区进行对接、承载转移的可能性。

3. 农民工具有返乡创业愿望

经过十几年时间的积累,许多第一代外出农民工已经有了一定的积蓄,他们具有比较强的返乡创业意愿。据2007年国务院发展研究中心调查显示:农民工回乡创业步伐加快;回乡创业者大多从事非农产业;经营形式以个体私营为主,企业规模较小;回乡农民工的创业和居住地半数选择原籍小城(集)镇。有60.1%的回乡创业者表示,要利用家乡的有利条件和社会关系,发挥自己的优势创业,认为“在家乡发展,受歧视少,能够在一定程度上获得社会承认”。

四、促进西部地区城镇化发展的几点建议

1. 调整城镇化发展思路,适应人口低成本进城的基本需求

西部地区城镇化发展要充分尊重经济发展的客观实际情况,要适

应当前经济发展水平较低，农民收入水平不高的基本情况，千方百计降低农民的进城成本。要引导低成本服务业进入西部小城镇发展，解决进城农民的就业需求。

政府要调整城镇发展思路，重在加强服务，要研究制定科学合理的城镇规划，合理引导资源的有效配置，有序稳定地进行公共资源的投入，防止资源的浪费。规划要注意到西部地区低收入的农村人口进入城镇落户的问题，要防止城镇发展中过多地注重形象工程、政绩工程，防止超标准修建不切实际的大马路、大广场、大公园和政府办公区的倾向；规划要防止盲目建设，抬高城市门槛，拉大城乡差距，限制农民进城。科学的规划引导城镇化建设，就是要针对农村人口低成本向城镇转移的特点，根据西部地区实际的城镇农民工居住区的分布状况，允许城乡结合部的农民工居住区可以以较低水平的基础设施条件，匹配廉价的农民工出租屋，并相应地规划配套的适用的公共基础设施标准，使接纳农民工集中居住的区域逐步向功能完善的现代城市覆盖区过渡。

2. 要把农民工纳入城镇政府的公共服务和管理范畴

相对东部地区，西部城镇吸纳的农民工总量还不大，当前及时解决这个问题可以有效避免农民工流动对经济社会发展的负面影响，同时也要认识到解决进城农民工问题是城镇政府迟早要面对的一个问题，早解决早主动。应当取消政府公共服务对农民工的歧视，取消办理城镇政府有关服务项目中对户籍的限制。城镇要放开所有的就业岗位，允许农民工参与就业竞争。城镇对低收入人口的就业培训计划，应该把进城农民工纳入其中。要加快户籍制度改革，为农民工进城定居和落户创造条件，首先要解决那些举家迁徙长期在城镇就业农民的城镇落户问题。

3. 西部地区大城市要解决好进城农民工的居住问题

西部地区的许多大城市成为吸纳农村劳动力就业的重要渠道。有关调查显示，城乡结合部出租屋是进城农民工居住的主要方式。然而，由于政府投入导向、城镇规划导向和有关政策限制，城乡结合部农民工集聚区的基础设施条件一般都不高，公共服务配套严重不足，这些限制了农民工在城市长期性消费需求，也不利于城镇化的健康发展。建议在西部大城市郊区的小城镇实施农民工居住条件改善工程，改善进城农民工的基本居住条件。可以重点选择一部分农民工已经集中居住的大城市郊区的小城镇，通过中央和地方政府的投资，改善基础设施，把市政工程设施和公共服务网点，向农民工居住密度较高的小城镇和村庄延伸，从而降低农民工的生活居住成本。

要允许本地农民按统一规划和标准在自家宅基地上改建出租屋，并做好相关服务。出租屋能有效解决当前大量进城务工农民的居住问题，改善了农民工的居住条件，弥补了公共廉租房的不足，同时也增加了提供出租屋的农民的收益。因此，对当地农民在集体建设用地上向农民出租的房屋，政府要规划引导，按照统一的安全标准，使他们能够在低成本的前提下改善农民工出租屋的居住条件和设施。

4. 创造条件促进西部地区中心城市产业发展

城市的发展水平最终取决于城市的经济发展水平，城镇化对经济的增长和社会进步的所有贡献都必须通过相应的产业发展落到实处。针对西部地区中心城市非农产业发展滞后的现象，要制定相应的产业发展规划，加快产业发展尤其是加快非农产业的发展，构筑西部中心城市的产业空间体系，促进产业结构的转化与升级，协调产业布局，延伸产业链，使产业布局由分散化向集群化转化，产业协作向纵、横一体化复合发展，从而形成相应的产业集群效应，提升城市经济、社会发展水平，提高中心城市在西部城镇化发展中的辐射带动能力。

政府要创造条件促进低成本就业行业和产业的发展，要发挥多元化市场主体在创造就业和促进产业发展上的作用。既要鼓励大规模投资，发挥其对产业发展的带动作用，也要认识到大量小规模投资对就业创造方面和城镇发展的巨大作用。要允许集体建设用地参与城镇产业发展，并做好相关金融服务，为产业发展创造低成本的机会，千方百计增加就业机会，促进产业发展。

5. 提供条件促进西部农民工返乡创业

地方政府应加强自身的综合配套改革,按财权与事权相统一原则,增强项目镇的公共财政能力,同时转变政府职能,积极创造条件,为返乡创业人员提供工商、财税、融资、劳动用工、社会保障等方面的政策咨询和信息服务。在城乡规划中根据返乡人员创业需要,合理安排必要的场地和设施,优化产业发展环境,在政策上允许农村集体建设用地以参股、租赁、转让等形式参与开发,并给予创业资金补贴和税收优惠,鼓励已经返乡的人员创办小型的劳动密集型企业。

(本文原载于《中国经贸导刊》2010 年第 5 期)

资源型城市与资源型企业的转型发展

我国的资源型城市大多形成于20世纪五六十年代。新中国成立伊始，百业待兴，各种资源供应非常紧张，为了保障国民经济发展，我国建设了一大批以煤炭、石油、天然气、钢铁等资源开发加工为主要职能的城市，这些城市为我国工业体系的建立、城市布局的完善、财政税收的积累等方面作出了重要贡献。但随着市场经济体制的建立、世界经济一体化进程的加快、新材料新能源的广泛应用以及资源的逐渐枯竭，资源型城市所共有的产业结构单一、生态破坏严重、社会矛盾突出等问题逐渐凸显，一些资源型城市特别是资源枯竭城市的发展每况愈下，严重制约了城市的可持续发展。而这些资源型城市在我国的城市群体中占有相当大的比例，据有关资料显示，我国资源型城市共有118座，约占全国城市数量的18%，涉及人口1.54亿人。对此，党中央、国务院高度重视，首先在东北地区的阜新、大庆、伊春、辽源、白山等城市开展了资源枯竭城市经济转型试点，并在2007年下发了我国首个促进资源型城市转型的指导性意见，随后分两批确定了44座全国资源枯竭城市，在国家层面正式启动了资源型城市可持续发展的探索。在各级政府的推动下，这些资源枯竭城市的转型工作已经取得了初步成效。比如，最早启动转型工作的阜新市，采取“产业转换+产业延伸”的复合模式，在继续延伸以煤为基础的深加工产业的基础上，大力培育食品及农产品加工业，使转型取得了阶段性成效。河南省焦作市则以旅游业为龙头，成功实现了对地区经济社会发展的全面带动，有力地推动了焦作经济的腾飞和跨越。资源型城市的经济是以资源型企业为基础发展起来的,因此资源型城市的转型也与资源型企业的转型和可持续发展密切相关。

从山西省平朔煤矿来看,虽然煤矿资源尚未到枯竭的程度,但作为资源型企业也必须考虑可持续发展的问题,不仅资源储量总是有限的,更重要的是在当前转变经济发展方式和绿色发展的大趋势下,实现产业升级转型和可持续发展是必然的选择,也是实现中部崛起的重要战略举措。

一、把握后危机时期国际产业发展趋势

搞好产业转型必须从国际产业发展的大趋势出发,并结合本地区的社会经济条件、科技基础和文化特色进行规划与实施,把推进科技创新、文化创意和扶持创业贯穿于经济转型的始终。

金融危机爆发以来,世界各国都在采取积极行动调整结构抢占未来发展的制高点。例如,美国奥巴马政府就提出要重振美国科技辉煌,并承诺把研发投入提高到超过 GDP 的 3% 这一历史最高水平,力图在新能源、新材料、物联网、生物经济和航天科技等领域引领世界潮流。欧盟也把提升竞争力的关键定位于推动科技创新。2009 年 3 月,欧盟宣布将在 2013 年前投资 1 050 亿欧元支持本地区的“绿色经济”,保持在“绿色技术”领域的世界领先地位。日本正在重点开发能源和环境技术;俄罗斯提出发展“创新型经济”,努力摆脱对能源出口的依赖,发展核工业以巩固和加强俄罗斯在世界核电市场的领先地位,并努力保持在航天领域的强国地位。我国在“十二五”规划中也提出了要加快七大战略性新兴产业(包括新一代信息技术、节能环保、新能源、生物、高端装备制造、新材料、新能源汽车)的发展。

除了通过新的技术变革、培育新的主导产业外,创意产业的逆势上扬同样也成为引领经济走出危机的先导产业之一。如 20 世纪 30 年代大萧条中好莱坞和迪士尼的崛起,20 世纪 70 年代石油危机后日本动

漫王国的崛起,20 世纪 90 年代东南亚金融危机后“韩流”的风靡等,这些都表明,创意产业在金融危机中可以找到其发展的机会。

在全球金融危机的严峻形势下,经济复苏仅靠高新技术产业是不够的,传统产业的创新已成为一项十分迫切和重要的工程,制造业将更注重研发和设计。除了加强科技创新外,文化创意也是推动产业创新和转型的强大引擎。创意产业超越了传统文化产业的范畴,是将文化资本重新组合引入经济系统的新业态,其特点就在于把文化、技术、产品(服务)和市场有机地结合起来。各行业都可借助创意产业的发展,或应用创意产业的成果,更新产品和服务的设计与策划,开辟新的“蓝海战略”、“品牌战略”和“营销战略”,从而促进整个经济系统的升级。2008 年 3 月,英国国家科技艺术基金会(NESTA)专门就创意产业支持并推动其他领域的经济创新进行了调研,并发表了研究报告。英国还发布了《新经济下创意英国的新人才》战略报告,提出了要激发每个人的创意才能,缔造一流的创意企业、培养一流的创意人才,并制定了详细的行动计划和相应目标。为适应新的发展,德国等欧洲国家也改变了原先将创意产业等同于文化产业的提法,成立了诸如“创意柏林”的社团组织;2011 年 2 月,德国也发布了关于文化与创意经济的调研报告,外交部还印制了介绍德国创意产业的年历,并翻译成多国文字,由驻外使馆在世界各国广为散发、宣传。在亚洲,日本、韩国、新加坡等都出台了扶持和促进创意产业发展的政策措施。日本完善了东京内容产品国际交易市场(TIFFCOM),目标是使其成为亚洲最大的国际市场,以支持日本的内容产业进行海外扩张;同时实施“视频内容产品国际合作制作基础设施整备项目(J-Pitch 事业)”。在新加坡,政府为应对 2008 年全球金融危机,出资 1 000 亿新元实施提高企业设计能力的培训计划,另外再投资 1 200 亿新元实施“设计与企业”计划。我国也提出要积极发展文化创意产业,并把它发展为支柱产业。所谓支柱产业,就不仅是其规模要扩大到 GDP 的 5% 以上,而且要能带动一批产业的创新与发展。这就要将文化创意融入其他产业,为产业的创新升级服务。

与此同时，为应对气候变化，走绿色发展道路也已成为全球发展的共识。尽管针对不同的情况，各国有不同的提法，比如绿色经济、低碳经济、循环经济等，但基本内容是一致的。从我国国情出发，我国的提法是走绿色发展道路，研发推广低碳技术，构建循环经济。

二、实施"三创"战略，推进资源型城市和资源型企业的转型

1. 把科技创新贯穿于资源型城市转型始终

科技创新是一个地区可持续发展的核心动力。在计划经济时期，资源型城市由于主要承担资源供给保障的职能，始终处于产业链上游，不能掌握终端产品技术，资源开发利用附加值低，因此发展受到限制。而今，我们实施资源型城市转型，就必须通过技术创新，延伸产业链，进行深加工，提高附加值和资源的利用效率；同时还要在原有基础上培育发展接续替代产业，掌握核心关键技术，并树立品牌。要将科技创新贯穿于资源型城市转型的始终，从而促使资源型城市走上新型工业化的发展路子，切实增强地区的自主发展能力。

在产业链的延伸上，要投入先进装备，挖掘技术潜力，提高资源采收率；按照循环经济理念，规划布局下游产业，大力引进具有核心技术的下游企业和科研机构，着力构建以企业为主体的科技创新体系，努力把资源优势转化为经济优势。例如煤炭企业向煤化工发展，将气化煤气、醇醚燃料和电力联产，开发实施双气头多联产模式（见图1），这样不仅可提高煤的利用效率，增加经济收益，还可节能减排。

在替代产业的引进上，要利用本地区大专院校、科研院所的力量，加强产学研三方合作，共同推动替代产业发展。一方面要关注可再生资源（如新能源、新材料和生物经济）的开发利用；另一方面从产业服务化的发展趋势出发，挖掘和发挥潜在优势，向服务业延伸发展。比如，技术力量强的企业可提供技术服务，发展诸如维修保养服务、成套

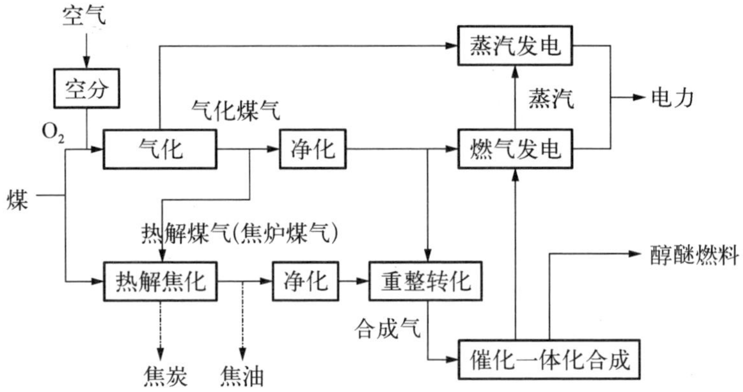

图1　双气头多联产模式

工程安装调试服务、节能环保服务等;装备制造业、汽车行业不仅可提供维修保养服务,还可发展租赁业务,参股保险公司、融资租赁公司,介入运输、旅游业等。

在技术人才的培育上,要通过接续替代产业的发展,吸引一批掌握核心技术的高端人才,并通过他们的言传身教,培养一批中层技术骨干。同时,要大力发展职业教育,加强对工人技术能力的培养以适应产业升级转型的需要。在生态环境的治理上,要借鉴国内外先进技术,切实解决采煤沉陷、脱硫技术、矿坑废水等突出问题。总之,要依靠科技的力量,来实现和推动资源型城市的可持续发展。

2. 把文化创意融入资源型城市转型始终

科技创新和文化创意是现代经济增长的重要引擎,资源型城市和资源型企业的转型都需要文化创意的融入。

首先,要解放思想,转变观念。创意文化的融入可以使广大人民群众接触到更多的新思想、新理念,有助于提高人民群众的文化素质和创造力、想象力,从而实现思想的解放和观念的更新。其次,在产业发展上要整合各种资源,包括旅游资源、文化资源、科技力量和金融力量的支持,在更大的范围内优化调整结构。最后,在城市建设上,要与自身文化相结合,通过城市建筑、雕塑小品、公益设施等彰显独具特色的矿业文化等传统文化，使本土文化得到张扬和创新，不断扩大城市的知名度和影响力，从而更好地促进资源型城市转型。例如，工业革命以来，德国的鲁尔区成为德国的煤炭和钢铁生产基地，支撑了德国长达150年的发展。但鲁尔区在20世纪70年代遭遇了煤炭和钢铁危机，几乎90%的煤炭企业和钢铁企业关门。但废弃的厂区并没有成为锈迹斑斑的“垃圾场”，而是成功地与文化创意产业结合在一起，有的被改造成了景观公园，它就像一本反映煤矿、炼焦和钢铁工业发展的教科书，带领人们游历鲁尔区150年的工业发展史。有的被改造成了设计与艺术中心，比如埃森矿业同盟提出的口号是“擦去脸上的煤灰”，他们利用旧厂房建起的“红点设计”中心和展馆已成为全球最著名的设计中心之一。

3. 把全民创业贯穿于资源型城市转型始终

全民创业是加快经济发展、推动地区转型、解决百姓就业、带动群众致富的有效举措，要通过政策激励，动员全社会大力发展小型、微型企业。对企业而言，在转型中也要鼓励有条件的员工创业，鼓励有能力的人才为公司发展接续产业、衍生产业的子公司。资源型城市转型为推进全民创业需要抓好三点：一要增强创业意识。通过政策激励、宣传引导、现身说法，人民群众要转变依赖政府安排的心态，敢于吃苦，敢于创业。二要培育创业主体。要用好国家和地方的各种政策，支持外出务工人员、城镇下岗职工、企事业单位人员、大中专毕业生、退伍军人等创业主体，发展小型、微型企业，开办经济实体。三要开展创业服务。除了落实国家给予的优惠政策外，地方上还要做好对各种创业行为的扶持和服务。要向群众定期公布创业项目，开展创业培训和创业指导，搭建公共技术服务平台，完善金融服务（包括建立小额贷款公司、担保基金、风险投资基金、私募股权基金等）；并通过中介组织为创业者提供法律维权、政策咨询、市场信息等方面的服务，从而为创业者提供良好的环境。

促进资源型城市和资源型企业的经济转型与可持续发展，是一个复杂的系统工程,各个地区都进行了大胆的探索和实践,取得了一些经验。未来要进一步按照科学发展观的要求,不断总结经验,推进“三创”战略,使资源型城市和资源型企业在转变经济发展方式和可持续发展的道路上取得新的进步。

（本文原载于《毛泽东邓小平理论研究》2012 年第 3 期）

丝绸之路经济带的金融合作与创新

2013 年 9 月 7 日，习近平主席在哈萨克斯坦纳扎尔巴耶夫大学的演讲中首次提出合作重建丝绸之路经济带，随后的中共十八届三中全会上通过了发展丝绸之路经济带的战略决策。我国拟通过三个阶段的发展完成对丝绸之路经济带的战略设想。

丝绸之路经济带的第一阶段发展目标在地理上属于狭义的丝绸之路经济带，以古代丝绸之路为基础，包括我国西部九省市和中亚五国。我国西部九省市指位于西北的陕西、甘肃、宁夏、青海、新疆和位于西南的四川、重庆、云南、贵州。中亚五国指哈萨克斯坦、乌兹别克斯坦、吉尔吉斯斯坦、塔吉克斯坦和土库曼斯坦。除了土库曼斯坦是上海合作组织的参会客人之外，中亚五国中的四个国家均为上海合作组织国成员，中亚五国与中国有着深厚的友谊基础和良好的合作基础。中亚五国地广人稀，资源丰富，是经济相对落后的发展中国家，与我国具有良好的经济互补性。

丝绸之路经济带的第二阶段发展目标是以欧亚大陆桥为基础，在我国境内，丝绸之路经济带将扩展到东至我国连云港的多个东部和中部省份；在我国境外，丝绸之路经济带将扩展到除了欧盟 28 国之外的亚欧 15 国，这一经济带将包括全世界一半以上的人口、一半以上的能源储备和 1/3 以上的土地，而且这些国家都是发展中国家，发展潜力巨大，其中包括了中国、印度和俄罗斯三个经济发展潜力巨大的金砖国家。

丝绸之路经济带的第三阶段发展目标是将丝绸之路经济带扩展到经济发达的欧盟28国。欧盟28国是目前世界最强的经济体,在技术和服务方面具有明显优势,但是资源相对匮乏,与第二阶段建成的丝绸之路经济带具有良好的经济互补性。在第三阶段发展目标建成后,丝绸之路经济带将成为全世界最大的经济长廊。

丝绸之路经济带的第一阶段发展目标是整个丝绸之路经济带大战略的着力点,直接决定着丝绸之路经济带战略能否成功及其实施速度。在下文中,我们将以丝绸之路经济带的第一阶段发展目标作为我们论证的基础。

兵马未动,粮草先行。如何取得建设丝绸之路经济带的资金,是经济带建设伊始的工作重点。作为资金配置的核心机制,金融的重要性不言而喻。笔者将从多个方面尝试论证能够快速为丝绸之路经济带建设提供资金的金融合作与创新机制。

一、建立区域金融中心作为金融合作与创新的重要载体

丝绸之路经济带是区域经济,建设区域经济中心有利于发挥引领作用,带动整个经济带经济的活跃与发展。金融合作与创新离不开载体,区域金融中心能够汇集金融机构、人才和资金,在资金配置的过程中发挥重要作用。相对于中亚五国,我国西部九省市在产业结构、产业规模和金融制度建设方面具有相对优势,因此在丝绸之路经济带的我国境内建设区域经济中心和区域金融中心更具可行性,而西安具备建设成为区域经济中心和区域金融中心的条件。

首先,西安具有建成区域经济中心的天时优势。西安处于丝绸之路经济带和西部开发两大发展战略的区域,可以有机地综合利用丝绸之路经济带战略和西部大开发战略共同推进的政策优惠为本区域的经济发展服务。比如,西安可以抓住西部开发的战略机遇积极承接东部的产业转移尽快实现产业升级,然后结合升级后的产业优势和丝绸之路经济带的区域合作优势引领丝绸之路经济带的发展。这是丝绸之路

经济带第二阶段发展目标中扩展进来的连云港等中东部城市所不具有的优势。

其次,西安具有建成区域经济中心的地利优势。从地理位置上看,西安是丝绸之路经济带上的交通枢纽。西安是古代丝绸之路的起点,也是丝绸之路上商贸物资运输的门户,国内的物资在西安汇聚运往国外,国外的物资在西安汇聚运往国内各地。时至今日,西安在西部的交通枢纽位置仍然无法被替代,西安火车站一直是我国西部最重要的交通枢纽,从西安通往成都的宝成铁路一直是我国运输压力最大的铁路之一。不仅我国丝绸之路经济带上西部九省市之间的物资运输需要在西安中转,我国中东部地区与西部九省市之间的物资运输也需要在西安中转,我国中东部各省和部分西部省份与中亚五国之间的物资运输更需要在西安中转。道路交通是互联互通的基础,西安占据了如此重要的交通位置,自然占尽了发展成为区域经济中心的地利优势。

最后,西安具有建成区域经济中心的人和优势。丝绸之路经济带是一条外向型的经济带,国际间的交流与合作频繁。西安作为古代丝绸之路的起点和著名的历史名城,在国际上和中亚五国均享有良好的声誉。而且,相对于古代丝绸之路上的西北各省,西安林立的高校为西安提供了明显的人才优势。

丝绸之路经济带上的经济贸易特点显著,我国主要从中亚五国进口石油、天然气、煤炭、矿产等资源,主要向中亚五国输出铁路、公路、通信等现代化基础设施,这些贸易都需要大量的资金投入,区域经济中心必然需要承担着区域金融中心的角色,为资金的募集和流转提供支持。因此,具有区域经济中心优势的西安也具有区域金融中心的优势。如何将西安建设成为丝绸之路经济带的区域经济中心和区域金融中心?我们认为,西安应该发挥天时地利人和的优势,尽快实现西安的产业升级,力争将西安建成丝绸之路经济带的自由贸易试验区,然后利用自由贸易试验区的政策优势吸引大量的企业入驻西安,利用金融合作与创新吸引大量的资金汇聚西安。总之,只要西安能够充分发挥经济桥头堡的作用，则区域经济中心和区域金融中心的建成将会水到渠成。

二、发挥自由贸易试验区优势进行金融合作与创新

在丝绸之路经济带的核心位置设立自由贸易试验区，有利于以点带面推进整个经济带的自由贸易化进程。西安具有处于丝绸之路经济带核心位置的地理优势，具有闻名中外的历史优势，并具有高校云集的人才优势，在西安设立自由贸易试验区探索加快互联互通的路径，并在自由贸易试验区内进行金融合作与创新，将有利于加快丝绸之路经济带建设和贸易自由化的进程。

在西安设立自由贸易试验区可以借鉴上海自由贸易试验区在金融创新方面的宝贵经验，因地制宜地开展金融合作与创新。结合上海自由贸易试验区的创新经验和丝绸之路经济带的特点，我们尝试提出在西安自由贸易试验区内进行金融合作与创新的建议：

（一）在更大范围内推进以人民币作为结算货币

在国际贸易中利用本国货币计价，交易和结算有利于规避美元汇率波动的风险。在上海自由贸易试验区内，已经开始尝试以本国货币作为国际贸易结算货币且进展顺利。我国与中亚五国的贸易以我国从中亚五国进口石油和天然气等资源为主，单笔的贸易金额大，若以美元作为结算货币将面临较大的汇率波动风险，因此，以进口国的货币——人民币作为贸易结算货币是非常合理的。此前，我国已经与中亚五国开始尝试以人民币作为贸易结算货币而且进展顺利。因此，在西安自由贸易试验区内可以尝试在更大贸易范围内推进以人民币作为国际贸易结算货币。

（二）简化对外投资审批程序，鼓励用人民币对外投资

丝绸之路经济带的建设百业待兴，中亚五国迫切期待着利用我国的资金帮助其进行铁路、公路、通信、电力等基础设施的建设以实现能源和资源的开采和运输，从而带动中亚五国的经济发展。西安自由贸易试验区可以尝试简化我国企业对中亚五国投资的审批程序，鼓励利

用人民币在中亚五国投资，我国企业在中亚五国设立的子公司利用从我国取得的人民币出资款在我国采购基础建设所需的技术、设备和服务，也可以进一步促进人民币作为国际贸易结算货币。

在西安自由贸易试验区加快尝试用人民币对外投资比上海自由贸易试验区更具有优势。上海自由贸易试验区面向全世界开放，以吸引发达国家的资金流入中国投资为主。西安自由贸易试验区以丝绸之路经济带上的中亚五国为主要开放对象，以中国企业对外投资为主，中国企业在投资经验方面更具优势，充分利用这种有利条件积极探索利用人民币对外投资的管理，有利于加快人民币国际化的步伐。

（三）尝试资本项目项下的开放管理

我国已经实现了贸易项目项下的资本开放管理，但是如何有序实现资本项目项下的资本开放管理是我国一直面临的严峻课题。我国自改革开放以来主要面对的是从发达国家引入资本，这些发达国家具有充裕的资金和高超的金融技术，迫使我国一直对资本项下的资本开放持谨慎的态度。然而，作为一个开放的国家，资本项目项下的开放也是国家开放程度的重要标志，是我国必须要面对并迟早要解决的问题。此前，我国缺乏资本项目项下开放管理的经验，没有把握可以应对通过开放的资本项目项下进入我国的大量国际游资对我国金融市场形成的巨大冲击。

在丝绸之路经济带上，我们面临的是对我们长期友好的中亚五国，而且资本流向以我国输出资本为主，西安自由贸易试验区若能够以此为契机积极探索资本项目项下更开放的资本管理方式，将有利于我国今后逐步放开资本项目项下的资本管理，让我国更有经验和信心逐步面对发达国家开放资本项目项下的资本管理。

三、抓住互联网金融的发展机遇，加强金融合作与创新

互联网给丝绸之路带来了巨大的改变，从古代的“西出阳关无故人”变成了今天的“天下谁人不识君”，互联网带给丝绸之路“天涯若比

邻”的便利也应体现在金融中心的建设上。与传统金融中心相比，西安在传统金融机构的建设和传统金融业务的发展方面相对落后。但是，2013 年兴起的互联网金融给西安带来了追赶和超越传统金融中心的机遇。

2013 年被称为互联网金融元年，但是，时至今日，学术界对于互联网金融的定义仍然莫衷一是。互联网金融是一个宽泛的概念，涉及理财、贷款、股权投资等众多领域，涌现出来的产品更是种类繁多，包括以余额宝等为代表的各类货币基金产品、以淘宝众筹为代表的众筹平台、以拍拍贷为代表的 P2P 个人贷款、以 POS 网贷为代表的 B2B 网络贷款等。

笔者认为，互联网金融的实质就是要利用互联网带来的信息便捷和大数据来创新金融服务，优化金融资产的配置。因此，我们抛开互联网金融形态各异的具体创新形式，从创新的实质出发分析如何利用互联网进行金融创新。

（一）利用互联网的便捷服务为核心的金融合作与创新

2013 年 6 月，支付宝与天弘基金联手推出的余额宝，利用支付宝的 3 亿用户和天弘基金的货币基金产品为用户提供理财服务。支付宝的用户可以将支付宝中的余额转入“余额宝”用于购买天弘基金的货币基金产品享受货币基金的收益。除了可以让本来无收益的资金享有货币基金 4% 以上的收益之外，“余额宝”的核心价值在于便捷服务，便捷服务主要体现在申购资金的低门槛、资金当即到账和申购赎回的操作简单。

首先，相对于申购传统货币基金最低需要 1 000 元的门槛和申购传统银行理财产品最低需要 5 万元的门槛，余额宝最低 1 元钱就可以申购；其次，相对于传统货币基金的 T +1 交易和银行理财产品的 30 天以上锁定期，余额宝可以 T +0 交易，即余额宝可以随时购买、随时赎回，而且赎回时资金可以立即到账，使得用户可以在不给资金使用造成任何负面影响的情况下享有货币基金的收益；最后，余额宝的申购和赎回的操作简单便利，一旦绑定，可以自动操作，没有专门的申购和赎回操作。从功能上区分，支付宝是支付账户，余额宝是理财账户，支付宝有3亿存量用户，余额宝的申购可以通过绑定支付宝和余额宝两个账户，支付宝用户只要有一次简单的绑定操作，以后支付宝的资金会自动转到余额宝申购货币基金，不需要反复操作。支付宝用户可以直接用余额宝的资金对外支付货款，不需要有专门的赎回操作。

正是这样具有颠覆性的便捷性，使得余额宝迅速突破1亿用户并成为中国最大的货币基金，不仅遥遥领先于国内其他货币基金，而且以雷霆之势震动了传统的金融机构，引发了存款搬家的全民大讨论，迫使各大银行相继推出"××宝"业务为其客户提供高效便捷的理财服务。

余额宝的成功固然有以支付宝3亿存量用户为基础这一不可复制的优势，但是，以便捷服务为核心的金融创新可以复制。西安应抓住丝绸之路经济带需要大量资金的机会，深入研究如何利用互联网的便捷服务提高金融产品的吸引力，将资金吸引到西安来，将资金吸引到丝绸之路经济带建设所需要的项目中去。

（二）利用大数据向小微企业发放信用贷款的金融合作与创新

通过对企业交易大数据的分析和挖掘，可以更好地评价小微企业的资金信用状况，银行能够以此作为向小微企业发放信用贷款的依据。而且，银行可以利用对大数据的持续跟踪作为贷款发放后管理的依据，发现异常情况可以提前收回贷款。可见，利用大数据，不仅可以降低银行贷款前期评估和后期管理的人力成本和时间成本，还能有效控制贷款风险。例如，阿里小贷公司利用大数据向淘宝和天猫商户发放小微贷款，自2010年4月取得小额信贷牌照之日起，截至2012年6月底，阿里小贷共计向12.9万个小微企业发放共计260亿元小微贷款，贷款的坏账率低于1%，低于传统商业银行的坏账率。

以真实交易为基础的大数据提供的信用评估是降低贷款成本的关键，是实现长尾效应的基础，然而，掌握交易大数据的机构往往没有资金或者没有发放贷款的资格，而金融机构通常不掌握企业交易的大数据，这就需要不同机构之间的合作与创新。2013 年，银联商务与中信银行合作推出的“天天富”POS 商户网络贷款就是一个成功的合作范例。

银联商务是国内最大的银行卡收单专业化服务机构，通过 300 万台 POS 终端为 200 多万特约商户提供银行卡收单服务，服务网络覆盖全国所有 377 个地级以上城市。特约商户的每一台 POS 终端的每一笔刷卡消费都必须进入银联商务的数据系统，并通过银联商务从中国银联获得刷卡清算所得的资金。为此，银联商务积累了特约商户大量的 POS 终端交易记录，而这些交易记录能够反映出特约商户的现金流状况，从而可以帮助判断该商户的营业状况是否正常、现金流是否良好等信用状况。结合商户入网资质等数据和信息的综合评估，能更为真实地反映商户的信用情况，为银行向这些商户提供的小额短期信用贷款提供数据支持。因此，利用大数据的优势 2013 年银联商务与中信银行签署合作框架协议，双方联手推出“天天富”POS 商户网络贷款。银联商务的 POS 商户向中信银行提出贷款申请后，中信银行后台终端的数据分析模型可以通过对银联商务提供的大量 POS 终端交易数据来分析判断 POS 商户的资信状况，从而确定放贷的额度和期限，申请、审批、提款、还款等手续全部可以在网上完成，最短只需要 2 分钟。

利用大数据进行金融合作与创新，为小微企业提供信用贷款，帮助小微企业发展，能够活跃小微经济，从而奠定经济繁荣的基础。如果西安能够抓住互联网金融的机遇，利用大数据帮助金融机构向小微企业发放贷款，活跃丝绸之路经济带上的小微经济，对于西安发展成为区域经济中心和区域金融中心都是至关重要的。

（三）利用互联网信息交互平台撮合交易的金融合作与创新

利用互联网便利快捷的信息交互技术创建网络平台，在网络平台上公开发布资金需求方的信息，有潜在出资意向的出资方可以在网络平台上获悉一手信息，然后独立判断是否出资，若出资方决定出资则可以从资金需求方取得资金收益，这一交易模式被广泛地应用在P2P网络贷款平台和众筹平台。

P2P网络贷款平台撮合的是个人对个人的借款，提供资金的个人取得利息收入，借款人通常是个体工商户、小微企业主等。众筹平台分为股权众筹平台和债权众筹平台两大主要类别，以股权众筹平台为主。债权众筹平台的模式与P2P平台类似，投资人都是取得利息收入。股权众筹平台撮合的是个人对创业初期项目公司的股权投资，资金提供方获得项目公司的股权，其收益取决于项目公司的经营状况。

自2013年起P2P网络贷款平台呈现爆发式增长。根据《中国互联网金融报告2014》的数据，截至2014年6月，P2P网贷平台数量达到1 263家，半年成交金额接近千亿元人民币，接近2013年全年成交额。预计在2014年年底，行业月成交额将超过300亿元，全年累计成交额将超过3 000亿元。根据《中国人民银行年报2013》，我国众筹平台数量约21家，融资金额约为10亿元。

虽然P2P网络贷款平台和股权众筹平台仍存在规范性问题，但是，在逐步规范的前提下，利用互联网的信息交互技术进行金融创新，吸引公众闲置资金参与实体经济获取收益，不失为解决小微企业贷款和活跃小微经济的一剂良方。因此，在2013年9月招商银行代表传统银行机构也开始试水设立P2P网贷平台，并在平台上线后一个月就实现了1.3亿元的交易额。

利用大数据作为放贷依据的金融创新主要是针对金融机构的创新，帮助金融机构以更低成本和更低风险将资金投放到小微企业。利用互联网信息交互平台撮合资金交易是主要针对个人的闲置资金的创新，帮助个人将闲置资金直接投向小微经济。这两者都是帮助小微企业获得资金和活跃小微经济的重要创新模式。西安应同时重视这两种创新模式，利用互联网金融引导全国的资金用于发展丝绸之路经济带的小微经济，夯实丝绸之路经济带的经济基础。

目前，利用互联网进行金融创新的浪潮刚刚兴起，国内三大互联网巨头百度、阿里巴巴和腾讯纷纷入局参与金融创新。阿里金融不断推陈出新，以余额宝、淘宝众筹等创新产品持续点亮互联网金融创新的热情。腾讯也在2014年春节以微信红包赚足了眼球。不甘落后的百度在与中信建投合作推出“百度财富”这一互联网贷款和理财平台后，又于2014年9月22日高调宣布与广发银行合作尝试利用大数据对传统金融行业进行改造和升级。

总之，随着互联网技术对金融领域的不断渗透，互联网行业与金融行业的合作与创新是大势所趋。踏上互联网金融的浪潮，追赶和超越传统金融中心，将西安建设成为区域金融中心，带动丝绸之路经济带的发展，是西安的历史机遇，也是西安的历史使命。

四、为丝绸之路经济带汇集基础建设资金的金融合作与创新

中亚五国的基础设施相对落后，阻碍了中亚五国的能源开采和运输，阻碍了中亚五国的对外贸易和经济发展，也阻碍了丝绸之路经济带的互联互通。因此，发展丝绸之路经济带的首要任务是帮助中亚五国建设基础设施，同时完成我国境内基础设施与中亚五国基础设施的连接。为这些基础设施提供建设资金，是丝绸之路经济带金融合作与创新的关键任务。政府贷款、BOT、银行开发贷款等基础设施建设的传统融资模式，笔者将不再赘述，而将尝试探讨如何通过金融合作与创新为大规模的基础设施建设提供资金支持。

（一）以保险债权计划为主、信托计划为辅的债权计划吸引保险资金等长期稳定的资金参与丝绸之路经济带的基础设施建设

保险债权计划是由保险资产管理公司作为受托人向保险公司募集保险资金出借给基础设施投资方使用的债权计划。保险债权计划兴起的时间不长，从2006年开始，我国才正式允许保险资金以债权的形式投资交通、能源、市政、环保等国家重点基础设施建设项目。直至2013年，我国将保险资产管理公司发行保险债权计划的门槛从备案制调低

为注册制,促进了保险债权计划的迅猛发展。截至 2013 年年末,12 家保险资产管理机构累计发起设立了 184 项基础设施和不动产债权投资计划,注册资金规模 5 818.6 亿元。其中,2013 年新增注册债权投资计划 90 项,注册资金规模 2 877.6 亿元,注册数量和资金规模相当于过去 7 年的总和。

保险资金具有资金管理机构集中、资金量巨大、投资期限长、资金安全性要求高等特点,是与基础设施建设项目最匹配的资金类型。西安应该与具有发行保险债权计划资质的保险资产管理机构逐一沟通,邀请它们为丝绸之路经济带所需基础设施建设项目发行保险债权计划。

信托计划是由信托公司发行的债权计划,委托人将资金委托给信托公司出借给企业使用一定期限,企业在信托期限届满还本付息,信托公司将所获得的本金和利息在扣除信托费用后交付给信托计划的委托人。信托计划分为单一信托计划和集合信托计划,单一信托计划的委托人只有一个,集合信托计划的委托人为 1 个以上 50 个以下。集合信托计划的信托期限通常为 3 年以内,对于基础建设等投资期限很长,回报周期更长的项目,信托计划虽然也是募集社会资金的一种方式,但是单个项目的募集难度比较高。为了降低募集难度,借款人需要进行结构化设计发行结构化的信托产品,例如,借款人自己出资 20%,80% 资金向公众募集。借款人用自己出资的 20% 来保障公众 80% 出资的安全。即只有在公众的 80% 资金的本金和收益都保障后借款人才能拿回自己出资的 20% 本金及其收益。另外,让政府或者有信誉的大型企业为借款人提供担保也有利于信托计划发行成功,如果能够通过保险债权计划和信托计划吸引大规模保险资金和其他长期稳定的投资资金参与丝绸之路经济带的基础设施建设,将大大促进丝绸之路经济带的建设进程,为丝绸之路经济带的推进和繁荣奠定良好基础。

(二)吸引私募股权基金参与丝绸之路经济带的基础设施建设

公司直接融资的手段包括发行债券和发行股票,发行债券通常需要债券发行人分期支付资金利息。这不适用于投资期很长且投资期没有现金流的基础建设投资公司，而我国目前的公开发行股票制度不允许初设的公司和尚未盈利的公司公开发行股票募集资金。因此，相对而言，对于初设的基础建设投资公司，稀释股权取得私募股权基金是更为可行的选择。

因为私募股权基金的存续期长，而且更看重退出时的一次性收益，不会对投资阶段的基础建设项目造成现金流出压力，为了增加获得私募股权基金的机会，从融资方而言，可以发行结构化的专项基金并保障基金的退出渠道；从政府而言，应吸引更多的私募股权基金落户西安，发起设立结构化专项基金的基本模式是融资方的大股东出资基金总规模的一定比例。

比如大股东出资20%，向社会发起募集融资剩余的80%资金，将该基金100%投资到融资方以换取持有融资方的股权，融资方的大股东以其出资的20%份额保障80%社会投资者的收益。保障基金退出渠道的方式是指融资方的大股东承诺，在一定的期限后如果基金无法变现其持有融资方的股权，融资方的大股东将按照约定的价格回购基金所持融资方的份额，以保障专项基金的收益。

对于政府如何吸引更多的私募股权基金落户西安，西安早在2010年就已经开始尝试与位于上海的海通开元和位于深圳的深创投等专业基金管理公司合作在西安设立私募股权基金，并引导基金投资在陕西境内和投向新能源产业。

陕西省政府引导海通开元在西安设立的基金是西安航天新能源产业基金，该基金总规模为50亿元人民币，首期出资10亿元，陕西省创业投资引导基金出资0.5亿元人民币，海通开元出资3.5亿元人民币，西安航天基地创新投资有限公司出资3.5亿元人民币，陕西省内1位自然人出资1亿元人民币，其余资金由海通开元负责向社会募集。该基金以海通开元为主进行专业化管理，主要投资于航天工业、新能源、清洁技术、新材料等。为了加快丝绸之路经济带的基础建设，西安可以借鉴设立西安航天新能源产业基金的宝贵经验，利用政府引导、专业基金公司主导、国企参与、社会化募集资金的方式来设立私募基金定向投资于丝绸之路经济带的基础建设项目，还可以通过政府投资平台担保基金的基本收益等方式来鼓励社会资金踊跃认购基金。这样的合作模式，既解决了建设资金的来源问题，又解决了社会闲置资金理财的问题，还解决了专业化基金管理公司的项目来源问题，一举多得。更重要的是，通过基础建设私募基金的设立吸引大量专业化基金管理公司入驻西安，能够引导这些专业化基金管理公司所管理的资金投资于丝绸之路经济带的其他实体经济，促进丝绸之路经济带的发展。

（三）综合利用公司债券、企业债券、银行票据和资产证券化等金融工具盘活国有存量资产，为丝绸之路经济带的基础建设提供资金

我国是国有经济主导的社会主义经济体制，对于丝绸之路经济带的基础设施建设，国有经济是当仁不让的主角，直接负责基础设施项目建设的投资主体通常是国有企业新设立的项目公司。国有企业需要为项目公司投入启动资金，这既是国有企业作为项目公司投资人的主要义务，也是项目公司可以获得保险债权计划或信托计划提供的债权融资或者获得私募股权基金股权投资的前提条件，如何获得投向项目公司的启动资金是考验国有企业融资能力的关键。

举例而言，丝绸之路经济带的建设需要新建一条从西安通往哈萨克斯坦的高速公路。建设总投入需要100亿元人民币，该高速公路的投资主体是B公司，B公司的大股东是陕西的一个国有企业A公司，A公司需要向B公司投入10亿元人民币的出资款以启动该项目。A公司拥有一条高速公路及其30年收费权，但这条高速公路已经抵押给银行了，在此情况下A公司应如何获得10亿元以完成对B公司的出资并启动B公司的项目呢？

笔者认为，A公司可以将已经建成的高速公路30年收费权证券化以获得资金；也可以以A公司的净资产为基础，以公路收费取得的现金流作为还款来源发行公司债券、企业债券或者银行票据。公司债券、企业债券和中期票据的发行条件略有差异，但都与以公司的净资产和现金流等为基础的公司信用评级有关，如果A公司信用良好，就可以不用资产抵押增信。

直接发行债券或者银行票据获得资金。高速公路已经抵押给银行并不阻碍A公司获得资金，资产证券化是以公路的收费权为基础资产来发行的证券，并不需要抵押高速公路，因此高速公路已经抵押给银行也不阻碍A公司获得资金。建设丝绸之路经济带是一个宏伟的战略目标。需要持续的投入和努力，金融合作与创新是个永恒的课题，需要我们不断地探索和研究如何利用金融合作与创新服务于丝绸之路经济带的建设。我们今天也只是进行了一些探索和尝试，合作与创新还会不断发展下去。

参考文献

[1] 石俊. 阿里小额信贷总额过260亿单日获利超100万[EB/OL]. http://bank. hexun. com/2012-08-02/144284542. html.

[2] 中信银行联手银联商务推POS网络商户贷款业务[EB/OL]. http://business. sohu. com/20130605/n378099677. shtml.

[3] 2014年6月P2P网贷平台数量达到1 263家[EB/OL]. http://www. chinairn. com/news/20140807/11403084. shtml.

[4] 中国人民银行年报2013[EB/OL]. http://www. pbc. gov. cn/publish/chubanwu/4226/2014/20140611090133132494560/20140611090133132494560_. html.

[5] 银行试水"P2P"招行上线一月揽金近1.3亿[EB/OL]. http://www. cet. com. cn/yhpd/yw/1003900. shtml.

[6] 保险债权投资计划受追捧　监管警示四大潜在风险[EB/OL]. http://www. cs. com. cn/ssgs/bxgs/201403/t20140321_4340893. html.

[7] 省创投引导基金签署西安航天新能源产业基金[EB/OL]. http://www. sndrc. gov. cn/view. jsp? ID=13768.

（本文原载于《毛泽东邓小平理论研究》2014年第10期，与许平合作）

入世，民营企业如何应对

——在“民革全国咨询机构、企业家21世纪首次年会”上的演讲

（2001年11月11日）

重点谈三个方面的问题。第一要有三个认识，第二要有三个学会，第三要有三个转变。

所谓三个认识，实际上是观念的问题。在面向新世纪，知识经济汹涌澎湃之时，我们对企业的许多方面需要重新认识。

第一个认识是：要认识企业本质，企业是经济资本和人力资本的有机组合。

很多民营企业家有个误区：认为我有货币资本，所以我这个企业就可以办好。实际上进入知识经济时代，能与货币资本抗衡的是人力资本。

举一个例子，在电脑出现以后，一个很出名的公司里有位专业电脑工程师，名叫布朗，绰号是“电脑狂人”。他处理电脑出现的各种问题很有办法，他编制了一整套的程序，使一些被淘汰的电脑不仅能恢复功能，甚至还能增强功能。布朗工作非常出色，公司支付他不低的报酬。企业主管要求他把这个程序提供给公司，让公司其他人也能像他一样处理类似问题。但布朗不同意，强调这是他自己发明的，公司则认为这是公司的，是在职务上发明的，是公司的知识产权。布朗说，公司雇用他修理电脑，并付给他薪水，他已完成本职工作，而且很出色。要把他发明的程序变成公司的，公司要付给他代价。这个矛盾很难处理。如

何将员工脑子里的知识、技术用来为公司服务？要么花钱买下他们的知识产权，要么给予一定的资本作为股权。由此产生了一个新的概念，就是知识的资本化。所以，现在知识产权或者说无形资产在整个资产中的比重越来越大，这个趋势我们要认识到。

企业家往往重视控股，却忽视控制。控股不等于控制。就像刚才的例子：尽管老板控制了很大的股份，但掌握知识、具有知识创新能力的人力资本，老板就不一定能控制。所以，控股和控制是不同的概念。通过这个例子，我们提出一个概念，企业是人力资本和货币资本的有机组合。作为民营经济，要面向新世纪，特别是入世以后，面临大量跨国公司的竞争，没有某种创新的能力，就很难站住脚；而如何让具有创新能力的人才为企业服务，让他尽可能多地贡献智慧，有一条道路可行，那就是知识的资本化。

第二个认识是：要认识企业经营，一切可资利用的资源都是可以经营的。

企业都要搞经营，到底什么叫经营？过去我们已经经历过几个阶段，最早叫生产经营，后来提出商品经营，到 20 世纪 90 年代发展社会主义市场经济的时候，又提出资本经营或资产经营。这些概念一个接一个地被提出来。在我们同国外学者的交流过程中，跟他们谈资产经营，他们搞不懂，经营就是经营，怎么会有资产经营、商品经营的区别？广义地说资产也是商品，我们当时对资产经营下了个定义：企业所拥有的有形资产和无形资产都可以通过重组、交换、转让等方式经营，而后获取利润。按这样的解释，我们又提出一个问题，如果这个资产不是你的，可不可以经营？另外，除了资产之外，人才能不能经营？实际上，我们现在已经有人才经营了，猎头公司就是专门经营人才的。再如足球俱乐部经营球星，电影经纪人经营电影明星，这在国外是很普遍的。孙继海从我们的俱乐部到英国去，英国人要给我们钱，孙继海两年以后从英国回来，我们要加倍地付给英国人钱。这个当中就是经营的问题。很明显，孙继海不是英国人，并不是英国足球俱乐部的资产，但他同样可以被经营。所以,一切可资利用的资源都是可以经营的。

大家知道,在新世纪,我们面临的主要问题就是资源问题。现在我们国家的人均资源只有世界人均资源的1/3,按人口平均没有一种是占有优势的。如果只会经营自己的资源,要想持续快速发展很困难。作为一个企业来讲也是如此。面对跨国公司的竞争,能力就显得非常有限。所以,现在我们讲经营,必须要学会整合外部资源,要学会经营社会资源。如果要对经营下个定义,真正经营的概念是:一切可资利用的社会资源经过企业的创新活动使它实现增值。而商品的经营,实际上是把一些原材料,经过设计,加工出新产品,这就是创新活动。然后把它卖出去,实现增值,这就是利润。

现在有些企业领导只看到社会上生产能力过剩。作为企业家,应该看到另一方面的问题,就是现在可以利用的社会资源大大增加,人才也比以前多了,有的高校毕业生一下还找不到工作,国家机关的干部很多,要从岗位上精简下来,转到其他方面去,海外留学生这几年回国的也多起来了。很多企业的生产能力被闲置,没有被充分利用。按照经贸委统计,有60%的生产线生产能力的利用率不到60%。这些闲置生产能力,要想办法把它利用起来,这是企业家在整合外部资源当中应该做的。上个月我到内蒙古,看见马路上行驶的许多卡车都印着“蒙牛”的广告。到“蒙牛”公司听他们的老总说,这些车子都不是他们的,公司没有自己的车队,但有许多汽车为公司服务。为什么?社会上有许多车子,公司可以租用,随时随地都有。我到河北去,河北的“旭日升冰茶”的年销售额是15亿元,但它并没有自己的生产线,而是在全国租用了30条生产线;哪里有市场,公司就在哪里租生产线。许多企业引进了饮料加工线,却闲置在那里,公司就可以利用。另起炉灶去投资,可能几年赚不回来。所以,企业经营的不仅仅是自己的资源,还要想办法利用别人的资源。其实,在市场上有许多能加以利用的东西,关键是你能否设计出一个创意,把它们整合起来。

有经营必然有竞争。大家都要经营,都在争夺资源、争夺市场。按传统的观念，竞争是产品之争；而按现在的观点，竞争是观念之争。目前科学技术发展十分迅速，假冒伪劣产品也可以做得几乎乱真，不管什么东西出来，别人模仿都很快。所以，制造技术达到一定的标准后，仿制已不是一件困难的事情，关键在于你能不能占领市场。要占领市场，关键在于有没有新观念，你能提出一个新的概念，就能占领市场。上海交大的“昂立一号”保健品，年销售额超过10亿元。开始的时候，产品不是交大的，是华东化工学院搞出来的，也有人在经营，但市场始终打不开。同样这个生物技术产品，到了交大，就打出了新概念——清除人体垃圾。以前吃补品叫补，现在提出要把垃圾扫掉。这个概念被人们接受以后，“昂立”产品的销售额就不断上涨。许多东西都是这样，换个概念，就成功了。但新概念来自哪里？当我们摆脱短缺经济之后，大家的消费结构发生了变化，对产品的要求，除了使用价值，还有观念价值。同样一件衣服，品牌不一样，价钱就不一样，这是一个观念。你到饭店去吃饭，往往会看饭店人气足不足，也有观念的问题。现在一些新开的饭店，老板雇些人天天坐在靠窗的桌子吃饭，外人看上去生意挺好，一礼拜后，居然吸引了不少顾客，这就是观念、概念的作用。

在20世纪90年代，“孔府家酒”在全国达到白酒销量第一。这个酒本来叫“曲府大曲”，后来，加入一个文化概念，改名为“孔府家酒”，并推出“喝孔府家酒，做天下文章”的概念。这就是在市场竞争之中进行的观念之争。而在观念中最根本的就是以顾客为中心，而不是以企业为中心。因为从卖方市场转向买方市场，企业的主动地位和被动地位发生了变化。所以我们强调，企业要去研究顾客，顾客想要什么，依此调整企业的产品结构。一方面，企业推出的概念要考虑能否引起顾客的共鸣从而被其接受。无论你是在卖产品还是卖服务，都要考虑这个问题；另一方面，以顾客为中心以后，要让顾客参与管理，甚至参与营销。顾客参与，这也是一个新的经营观念。新产品的新概念哪里来？是顾客提出来的。我们过去的商场根本不重视顾客的意见，日本为什么有那么多能满足顾客消费的小商品，大量的小商品都是顾客提出来的，当某位顾客买了一样商品有一点点抱怨，他觉得什么地方不满意，企业马上就会改进，它总是想方设法满足你的每一个需求。这样，新产品就多，经营就比较成功。打假是如此，推销也是如此。企业做广告，虽然花了很多钱，有时效果还不如一些顾客买到满意的东西回去，一传十，十传百，口碑的效果比广告还好。

前面说的“孔府家酒”是怎么打开北京乃至全国的市场的？企业设计出一套办法：让客户帮忙推销。公司派出30位营销员以“举行儒学研讨会”的名义，到北京各大饭店预订30桌酒席，对任何一家饭店来讲，这无疑都是一笔大生意。然而订餐者有一个附加条件：要上“孔府家酒”。而在北京虽然看得到“孔府家酒”的广告，却到处买不到“孔府家酒”。饭店提议能否换种酒却遭到拒绝。结果，几乎所有的大饭店、大商场都在打听哪里有卖“孔府家酒”。最后，公司一桌酒也没订却使“孔府家酒”一下声名鹊起，饭店和商场充当了“义务”推销员。这是一个策划巧妙的成功营销案例。

第三个认识是：要认识企业家自身，知不足而后能进。

有不少企业家往往因为遭遇到某种机会，在初创阶段获得了成功。但是这个成功，不等于他在掌握2亿元资产时也能管好。正因为在初创阶段成功了，企业规模变大了，你就不一定管得了、控制得了，不一定能真正地按照你想要达到的目标去运行。于是，对企业管理者的要求也高起来了。如果你认识不到自己的短处和不足，还用原来那套办法去管理、经营，最后就难免会失败。只有认识到自己的短处和不足，才会去请教别人，才会去访求人才。所以，关键是要会用人，而用人的关键又在于首先知道自己的不足，善于用别人的长处弥补自己的不足，才能走向成功。现在许多企业家成天忙得不亦乐乎，其实，如果用人用得好，你就可以比较潇洒一点。

办企业当然要赚钱、要盈利，而盈利、赚钱有着不同的方法。有人巧用拆字法来解说：第一种办法叫“挣”钱，要用“手”搞生产，即通过劳动，做成产品，通过市场竞“争”，这样“挣”到一些钱；第二种办法叫

“生”钱,“生”字拆开看,上面一个“牛”,下面是“一”,就是一横,这个“一”就是资本市场的一个平台,钱可以生钱,但是得有一个条件,要在牛市,牛市就能生钱;第三种叫“赚”钱,“赚”字左边是“贝”,右边是兼并的“兼”,“贝”在古文字中就是钱。企业之间通过兼并、合作,就能“赚”钱。所以和别的企业之间,要学会合作,联盟或兼并;第四种办法最好,就是“來”(繁体字)钱,“來”字上面是个十字架,代表企业的组织框架,下面是三个人。一个好的企业经营管理者,要善于用人,第一个人帮你挣钱,第二个人帮你生钱,第三个人帮你赚钱。这三个人用得好,你运筹于帷幄之中,就来钱了。我接触过不少企业家,如海南某企业老板,他请我到他那里演讲,告诉我他有 40 亿元的资产。我提醒他:“你的危机现在已经开始了。”并专门讲了危机管理,但他不信。结果,没两年这个企业就不行了。关键在于这个老板不会用人,管理体系陈旧,使得手下很多人都跑掉了,最后导致失败。

所谓三个学会,我们现在需要学习,需要不断学习,那么,需要学些什么呢?

第一,需要学会抓机遇,学会机会管理。

对经营者来说,有些事情不一定要去管,凡是生产程序化的管理,应该交给下属去做、去管,应该用规章制度去管。真正要管的是那些规章、程序管不了的东西,就是去抓机会。

现在我国“入世”了,机遇很多。机遇到底在哪里呢?首先是享受国民待遇,已经开始逐步地推行,放宽市场准入。尽管这个市场准入还不太公平,但实际上已经陆续开放了。某些过去带有一定垄断性质的行业对企业开放,实际上你就有很多机会。上海现在有许多私营的所谓投资管理公司,配合他的实业,有产业背景,再加上投资管理,就能越做越大。

“入世”以后,国内的市场秩序、法律透明度提高了,许多法律要修改,许多内部规章要取消,或者要把它透明化起来。

现在做生意,怕的是信用问题,去年搞了“执法年”,逐步加强执法力度,让市场秩序逐步好转。

"入世"以后,国际合作机会多了,国外资本进来,想找民营企业合作。上海许多民营企业都与外商讨论合作的问题,合作机会增加了,合作才能应对竞争。所以讲"机会是有的"。回过头来想想,我们当初的民营企业是怎么发展起来的?就是靠机会。就是在计划经济转向市场经济的时候,找到了计划与市场的结合点。比如刚才讲到的海南的某企业家,他从东北南下海南,发现有大批糖放在仓库里卖不掉,而他知道俄罗斯需要糖,于是就把海南仓库里滞销的糖都贩到俄罗斯去,再从俄罗斯换来钢材、木材、建筑材料,因为海南那时正在搞基本建设,正需要这些东西。结果他在一年里赚了 2 个亿。所以说,抓住机会才能成功,越是在发生危机的时候,越有机会,任何时候都有机会。

第二,需要学会处理风险和危机。市场经济有很多不确定性,会带来风险和危机。我们经历过两次石油危机,日本丰田汽车就抓住了这个机会。当时美国轿车耗油量比较大,丰田设计出了节油型汽车,所以进入了美国市场。受石油危机影响,全球经济在衰退,需要节能、节油。有些企业便找到了机会,在冬季把羊毛衫卖到美国去。他们打出了一个广告:你在家里穿一件羊毛衫,就能节约多少多少能源。就这样,出口了大量羊毛衫。

我们讲"危机",实际上要看到在危险中隐藏着机会。像美国"9·11"事件,也是一个危机,却有人发财了。事件发生后,在纽约曼哈顿,所有的照相机都卖掉了,还有人把拉登的像印在卷筒纸上面,结果卖到 10 美元一卷。尽管在任何时候都能找到市场机会,问题是经营者找到市场机会还要把它变成经营机会,这正是企业家要做的事情。温州许多企业家的发展,一直都是在做这个工作。这当中有个过程:一是信息,要经常关注各种信息,然后从信息中发现市场机会。这显然需要自身知识的增长、提高;二是学会分散风险和处理危机。搞市场经济,处处有商机,但也时时有危机,有时候一个小小的政策变动,都可能给企业带来一场危机。今年上海的月饼销售就是一例。因为南京冠生园食品厂出了个事故，该公司被媒体曝光用隔年的馅做月饼，结果连累了上海冠生园。又如荷兰进口奶粉，说是受到“二恶英”的污染，结果大家不敢买。其实，处理这类危机是有办法的。当荷兰奶粉下架的时候，国产奶粉可以赶快占领市场。当时中央电视台记者找到国内奶粉企业的经营者，他们居然还没想到这个事情。这就暴露出一些企业对信息的关注不够。

碰到危机，要能化解危机。“康泰克”是以前治疗感冒的常用药，因其中含有的PPA（苯丙醇胺）对人体有较大的副作用而被禁用。对这个企业来说当然是一场危机。然而，该企业在200多天里推出第二代产品，不含PPA，而且打出广告：“在12小时里缓解感冒”，于是重新占领市场，这就是处理危机的能力。投资去做任何事情都会有风险，要想办法把风险分散，不能都集中在自己身上。当你追求做大股东的时候，你的风险也在增加；而你的股权分散时，你的风险也在降低。不光国有企业有一股独大的问题，在民营企业也同样存在这个问题。是集中还是分散风险，不同的企业，不同的性质需要不同对待。像保险业，“9·11”事件后，由于乘飞机的风险增大，整个保险业若无分包体系分散风险，那就完了，这个赔偿，哪一家保险公司能独自承担？但因各公司事先有分包，如果出了问题，各保险公司能帮助分担。要学会分散风险，回避风险。“入世”以后，我们的金融市场会进一步开放，要学会应用期货来回避价格风险。在贷款、担保基金方面也要考虑分散风险。

泰勒有句名言：管理是例外原则。机会和风险没有规章、制度和程序可讲，所以必须要由企业领导来管，来决策。

第三，是需要学会合作。应对竞争的最佳手段是合作。要合作就要让人家分享赚钱机会。现在国际上的经济合作发展越来越多，形成所谓“企业战略联盟”，欧洲三大钢铁公司建立战略联盟，马上引起日本新日铁和韩国浦项的战略联盟。联盟有几种不同情况，一种是行业内联盟，可以壮大势力，增进垄断，扩展市场。当然它不可能完全垄断，因为政府会反垄断，但联盟可以增加垄断程度，增加盈利程度。另一种是上下游联盟，如英特尔和康柏。英特尔是上游企业，康柏是下游企业，两者联盟减少了企业之间的交易费用，下降了成本。还有一种是横向联盟，不同产业之间融合发展也可联盟。我国企业没有很好地建立起这些联盟，商业、工业、农业彼此联合不好。什么原因？关键是条块分割体制，“入世”以后，要逐步冲破这个障碍。跨行业合作的机会应该是有的。上海“三枪”集团与美国“杜邦”公司建立了战略联盟，“三枪”占有中国市场较大份额，“杜邦”拥有最先进的化学纤维技术——“莱卡”。在内衣中加人“莱卡”成分，既增加弹性又增加保暖性能。“莱卡”出现后，“俞兆林”“南极棉”等就逐步退出来了。“杜邦”为何要和“三枪”联合？因为它要进入中国市场，如果没有一家中国企业帮助的话，完全依靠自己单打独斗，成本很高，要做很多广告。“三枪”在中国是个名牌产品，跟“三枪”合作，就能顺理成章地进入中国市场。而“三枪”本身没有“莱卡”技术，与“杜邦”合作就解决了问题。一项新的技术、新的产品，往往涉及许多技术领域，靠一家企业完成是很困难的。而合作就能加快速度，通常需要花三年时间研发的项目，可能通过合作一年就完成了。“阿尔卡特”公司也是如此，尽管它有自己的研发机构，但在研发之前总要先调研有没有可以合作的对象，如果能从人家手里拿到比较现成的东西，成本低的话，不一定要自己投入很多力量去开发。合作最大的好处就是成本低、速度快，马上就可以进入市场。

下面谈谈所谓三个转变。

第一个转变是要从做大转向做强。过去很多企业在经过第一阶段发展以后，很想做大。但只有先做强，才能考虑做大。如何才能做强？我介绍一种“价值链的分解与整合”的战略。不管你搞什么企业，总是要一步一步完成最终产品或最终服务的，每一个环节都是增值的过程。做一个零件，就是一个增值的过程，设计、制造、装配、营销、服务都是增值过程。你要把它分解开来，从第一环节到最后环节，并非所有环节都是你的强项，只有在几个环节上技术比较精湛，这样就会有企业打入你的薄弱环节里来。比如有一个广东企业抓住计算机生产环节中的一个环节——计算机里的小风扇、一个劳动密集型产品，把它做得很精，成本也低。整个中国市场上60%的电脑中的小风扇都是这个企业生产的。在整个价值链的分解当中，找到了自己的环节，就做强了。在分解的过程中你要去找什么？我们做过一个分析，当时说上海的家用电器都不行了，电视机被“长虹”打败，洗衣机被“海尔”“小天鹅”压倒，空调又被“春兰”排挤等，让上海工业界感到很失落。究竟应该抓什么？我们提出了一个“中场产业”思路，这是借鉴足球运动中踢中场的概念。通过分析我们可以发现，能够提供高功能、高性能的中间产品，它的增值空间较大，附加值较大，技术也较复杂，抓住这些“中场产业”对上海来讲是有利的。电视机不必去抓整机，而是抓住彩色显像管，抓住集成电路。一个是核心，一个是关键，上海集成电路在全国市场的占有率是50%，彩色显像管在全国市场的占有率是45%，在全国的电视机市场占有一半，还怕什么？在电视机大战中，上海“中场产业”的利润率还是相当高的。在空调和冰箱的压缩机的领域，上海也占有全国市场的20%多。在钢材中，上海抓精品钢材、成品钢材，附加值比较高，现在也有17%的市场占有率。在整个工业结构的调整过程中，抓住“中场产业”，在后三年的发展就比较快了。

对每一个企业来讲，要在价值链的分解当中找到自己的优势位置，把这一块做精了，成本做低了，企业做强了，到那时你才能考虑做大，然后可以向上游、下游发展。

第二个转变是从策划转向战略。很多民营企业起初的成功往往在于抓住一次机会，出自一个好的策划。现在许多企业家希望专家为他们搞短期的、能够立竿见影的策划，就像“孔府家酒”那样。但从长期的发展看，还要看你的核心竞争力。就像“孔府家酒”，随着人们观念的演进，偏好的变化，热情的降低，渐渐地不行了，所以还要有长期的战略。

国外跨国公司都有一整套战略。日本电器企业进入中国前的战略是：第一步先做宣传。在电视节目里像《铁臂阿童木》《姿三四郎》等，让中国老老少少都熟悉、了解日本电器企业，产品则通过香港或者一部分归国人士带进中国。然后，赠送一些给教育单位，以扩大影响。第二步是输出产品。它们专门向中国出口一些适合中国百姓使用的电视机、录音机等。第三步是输出生产线。为了长期占领中国市场，它们把一些廉价生产线卖给中国，在当时中国引进的100多条电视机生产线中，大部分都是日本的。然而零部件必须购买日本的。生产线的价格可以压得很低，但零部件、元器件的价格却不低。后来，美国、欧洲的企业提出，他们的元器件价格要比日本便宜，但是我们的企业已经不能移情别恋了。你看，日本像“松下”等企业的战略竟然能支撑十多年的时间！要想长期、持续地发展，就必须重视战略规划。

第三个转变是从人治转向法治。民营企业和国有企业都有同样的毛病：国企是长官的人治，民企是老板的人治。大家知道，你想要管理好企业，做成功市场，必须考虑标准，考虑规范，考虑规则。人们现在讨论家族企业到底有利还是有弊？我认为在初创阶段，企业规模不大，家族企业是非常有利的，因为它降低了内部沟通成本，相互间信任度较高，容易处理关系。但是，当规模达到一定程度时，完全依靠家族来管理的话就会产生问题。如上海的“俞兆林”保暖内衣，老子做得不错，传给儿子，没几年就垮了。由于家族企业实行的是人治，你是家长，是老板，别人都得听你的，一旦企业老板发生变化，整个企业经营就发生变化。而好的体制机制在于形成一种制度、文化，即便经营者更换了，制度、文化还会存在。国外的大卖场、快餐业进入中国市场，都有一整套规章制度。“麦当劳”也好，“肯德基”也好，到哪个店吃，味道都一样。它讲配方，讲操作规范。有了这些规章制度，哪怕换人换地都没关系，做出来的产品都一样。它们的成功常常是文化上的成功。现在竞争进入到一个新的阶段，就是文化的竞争，必须要建立一种制度的文化，企业必须有法制。我们如果能实现这样一些转变，企业的经营就会比较稳定、健康。

上面所说的三个认识、三个学会、三个转变，说到底是经营观念的变化。观念不变，什么也变不了。

在座各位可以按照这些思路去解剖、反思自己的企业，或许会找到问题，获得启发。最后，祝愿各位的企业欣欣向荣，蒸蒸日上。

中日经贸合作与日本经济复苏

——在日本同志社大学招待会上的演讲

(2002 年 11 月 1 日)

今年适逢中日邦交正常化 30 周年。回顾过去的 30 年,两国关系的发展在前十年主要在政治领域;20 世纪 80 年代后,中国奉行改革开放政策,两国经贸开始发展;20 世纪 90 年代后,中国确立了社会主义市场经济体制的改革方向,两国经贸关系迅速发展。自 1993 年以来,日本已连续九年成为中国的第一大贸易伙伴。去年,中国正式加入了世贸组织,并履行"入世"承诺,进一步扩大开放,降低关税,从而有力地推动了双边贸易。去年,中日贸易额已达 877.54 亿美元,今年(2002年)1-8 月又上升 10.4%。截至去年底,日商在华直接投资的合同金额累计 370.3 亿美元,实际投入 265.8 亿美元。中国已成为日本的第二大贸易伙伴,也是当前日商投资的主要地区之一。

近年来,在世界经济衰退的大环境下,中国经济保持了较高的增长速度,去年增长率为 7.3%,今年 1-9 月,增长率达 7.9%,出口增长了 19%。中国社会经济稳定,市场潜力巨大,劳动力成本低,国际产业大量向中国转移。今年 1-7 月外商对华直接投资的合同金额达 544 亿美元,增长了 34.9%,实际投入 295 亿美元,增长 22%。

对于中国经济的迅速发展,在日本出现了两种不同的观点。有的认为,中国经济的强劲增长有助于推动日本经济的复苏;也有担心来自中国的竞争的人,提出所谓的"中国经济威胁论"。

事实上,中日经济互补性很强。中国对日本出口主要是轻纺产品和一般耐用消费品，而日本对华出口则主要是技术含量较高的机电产品。即使在其他国家市场上，形成竞争关系的产品比例也不大。如在美国，中日有竞争的产品仅占16%。正是这种互补性，使中国经济发展的机遇同时也成为日本经济发展的机遇。一方面，中国经济发展，市场扩大，人民消费结构升级，扩大了对日本产品的需求。如今年1－5月，日本对华出口中轿车增长了59%，摄像机增长了72%，食品增长了23%。富裕起来的中国人将消费更多的国际产品；另一方面，中国与日本在工业技术上还存在很大的差距。中国在产品出口增加的同时，需要更多的日本的零部件和元器件配套。据统计，目前中国出口100万美元的产品约需进口50万美元的中间产品。因此，当中国出口增长时，必然带来日本产品对华出口的增长。今年1－8月中国对日出口增长4%，而日本对华出口增长了16.9%。此外，中国的大规模建设，如西部大开发、城市化过程中大量的基础设施建设项目等，蕴藏着许多商机。中国需要引进大量的技术和设备。日本技术先进，又与中国毗邻，可以“近水楼台先得月”。如今年1－8月中国从日本进口达330.7亿美元，同比增长16.9%，明显高于从其他发达国家的进口。而且在中日贸易里，日本取得了31.4亿美元的顺差。在日本的整个贸易顺差中，中国的贡献也许是最大的。难怪世界银行等国际机构的专家预测：中国“入世”，日本是除中国自身外获益最大的国家。所以日本的“中国威胁论”应改正为“中国机会论”。

我认为，日商应抓住中国“入世”和快速发展的机遇，加强对华经贸联系，扩大对华投资。一则，可以扩大日资在中国市场上的占有率。目前，中国国内耐用消费品市场中，上海的日资企业产品大多有较高的市场占有率，如“夏普”和“日立”两个品牌的空调就占了上海家用空调市场的51%；同时，通过投资还可带动设备和中间产品的对华出口。二则，投资中国具有低成本的竞争优势，可将商品返销本国或是销往第三国。其中最典型的就是家电、集成电路以及电子部件，这对于刺激日本国内经济发展，摆脱长期处于低迷状态的日本经济来说是十分有益的。

20世纪80年代中后期,在日元大幅升值的推动下,大批日资涌向美国,收购房地产和企业,结果美国经济转型,新经济蓬勃发展,而日资大约亏损一半。20世纪90年代初期日商投资东南亚,结果一场金融危机,使日资亏损一半。然而在中国的投资,特别是在上海的投资,却取得了良好的经济效益。1999年在中国按销售额排名的500强外商投资企业中,有99家在上海,其中四分之一是日资企业。根据日本贸易振兴会海外调查部2000年调查统计,目前在上海的日资企业(307家企业有效)1999年收益为黑字的57.9%,收支均衡的为10%。2000年收支为黑字的70.8%,保持均衡的为9.8%。对于今后事业的发展,72%的日资企业表示将扩大规模,26.6%将维持现状。可见大多数日资企业对于在沪投资是充满信心的。随着中国"入世"后对一些服务行业市场准入条件的放宽,在中国,尤其是沿海中心城市,都非常欢迎外商投资发展服务业,诸如金融、证券、贸易、物流、咨询、会计师事务所等。一些有远见的日资企业正准备待机进入。

总之,中日两国地域相邻、经济互补,经贸合作有着广阔的前景。只要两国人民共同努力,消除前进道路上的障碍,一定会取得更大的发展。上海,作为中国最大的经济中心城市,也是通向中西部的桥梁,必然在发展中日经贸关系中发挥重要的作用。

长三角一体化发展与民营企业的商机

——在“长江三角洲经济与民营企业发展论坛”上的演讲

（2003 年 10 月）

“长三角”一体化发展最近已成为一个非常热点的问题。大家都已经认识到“长三角”一体化发展是个大趋势。改革开放二十多年，先是乡镇企业的发展，然后是集聚开发区建设，再就是城镇化，此后必然面临区域一体化发展。

推动“长三角”一体化发展有两个方面，一方面是江浙沪三省市的政府都已经认识到，外商的投资实际上也推动着“长三角”产业布局的调整。比如 IT 产业，计算机硬件生产大量在苏州，软件在杭州，装备工业在上海。各地在外商的投资当中做出了自己的产业分工；另一方面就是民营经济。民营经济在这一轮的发展中，实际上也为“长三角”的一体化发展起到很大的推动作用。

比如，上海提出建设金融中心、贸易中心和航运中心，对企业来讲，实际上就是希望把它的投融资中心、研发中心、营销中心放到上海。如果一个金融中心不能成为企业投融资中心的话，那么这个中心是建立不起来的；如果一个贸易中心不能成为企业的营销中心，那么这个贸易中心也是建立不起来的。民营企业在这一轮发展中已经做出这样的调整，一些大的民营企业，开始把总部建在上海。同时，上海一些企业也纷纷把生产基地往周边地区扩散。

同时，在这一轮发展中又加入一个新的因素，就是世博会。世博会申办成功，对加速“长三角”一体化意义很大，为这一轮的发展带来许多商机。

第一,基础设施建设带来的机会。我们正在打造三小时经济圈,即:一小时的生活圈、两小时的商圈和三小时的经济圈。这个概念得到了世博会的推动,因而这一轮基础设施大调整正在启动。高速公路和轻轨建设都要启动,交通网络的变化促使很多企业的产业布局发生变化;比如有些企业可以通过土地置换来进行新的部署,并且还为民营企业进入基础设施这个领域提供了机会。

第二,金融改革带来的机会。"长三角"一体化发展必然推动金融体制的改革,上海要向周边地区辐射,目前虽然集聚了大量资金,却辐射不出去。今年上半年上海就有3 000亿的资金积压在那里没有贷出去,这是什么道理?因为上海的银行贷款有限制,各地民营企业进入上海时只好把资金也带进来,这样一来,资金就积压起来。但有些地区相对缺少资金,许多民营中小企业嗷嗷待哺。这种情况必然要推动金融体制改革,对跨区资金管理提出相应要求。

推进民营经济发展,势必提出建立民营银行的问题,目前正准备在"长三角"地区试点。这么一来,民营企业参与金融活动就能启动了。其实除了金融以外,还有许多原来对民营经济尚未开放的领域都会逐步开放。

最近中央要制定一个关于民营经济发展的综合性文件,其中将明确市场准入领域,除了极少涉及国家安全的,大部分要对中小民营企业开放。这实际上给民企进入金融、保险、文化、传媒等行业提供了新的机会。有些民企已先行一步,如希望集团已经入股银行、参股保险、收购了一些证券公司等,从而在原有产业外拓展出新的发展领域。接下来,传媒、文化领域可能又将成为热点。目前虽然对传媒行业还有所控制,但民企参与将成为一个趋势。

第三,发展高新技术的机会。特别是由于世博会,国际上一些著名企业会把他们最优秀、最先进的产品拿到上海来展览。我们可以学习国外许多先进技术,同时也可利用这个舞台亮相,展示中国民企的产品。

先进技术的应用，不仅仅在于信息、医药、生物技术、新材料和环保等高新技术重点领域，也同样可以辐射到传统产业。即使像农业，也会由于生物工程技术的应用而实现大发展。民企今后可能在推进农业产业化的过程中发挥很大的作用。因为农业领域原来的农场、乡镇企业，都带有民营经济性质，在新一轮产业化发展中，这些高新技术将会带动整个农业的起飞。

第四，发展服务业的机会。世博会召开以后，其中很大一块是服务业，诸如会展业、宾馆、旅游等，都会有很大发展。

历届世博会都是如此。数量空前的参观者（比如汉诺威世博会参观人次达1 800万），无疑就是巨大的旅游资源。最近“长三角”在讨论旅游业的联合，相互间要共享资源和市场。上海明确表示，世博会召开时，对宾馆、场馆需求很大，但是我们不可能为此兴建相应数量的宾馆和场馆。因为交通比较发达，游客不一定非住上海不可，比如苏州到上海不到一个小时行程，游客可以选择住宿苏州。所以上海举办世博会对周边旅游业将有很大带动。

最近，“非典”的影响刚刚过去，我们看到“环球嘉年华”在上海浦东搞得非常火热，尽管时间不长，还是赚了一大笔钱。从中我们可以看到本地旺盛的旅游需求，同时还要看到旅游需求确确实实与文化带动有密切关系。我们有很多旅游设施，但没有能够很好地利用起来，其中重要的原因就是文化没有真正地发挥带动作用。“嘉年华”和锦江乐园相比，除了经营理念上的差别，重要的就是文化氛围的差别。“嘉年华”营造了一种热烈的文化氛围，就可以火起来，所以在旅游方面会有很多机会，关键看你怎么把握。

随着世博会召开和“长三角”一体化发展，旅游业以及其他服务业都会有很大发展，这给民企提供了新的机会。目前，包括旅游在内的服务业还比较落后。今年上半年，我国GDP增长8.2%，但第三产业增长比较低，大概是5%左右。所以需要通过世博会，带动服务业的发展。

除了生活类服务业，生产类服务业同样会有大量机会，大量中介机构随之出现。借助它们，民营企业也可以进入生产类服务业。我们知道在经济学上有一个所谓“微笑曲线”。就是生产的过程，包括研究、开发、设计、制造、装备，最后到营销服务，从它的纵轴看是两头高当中低的曲线。高的两头都是服务业，前期是设计、开发，包括融资，金融服务或者是咨询服务等；到制造这一环节利润就比较少；然后到营销服务这一环节，利润又高起来。即使像汽车这样的行业，在美国，百分之八十的利润是在服务业，仅仅百分之二十在制造业。因为从买汽车、投保险开始，一直到整个汽车的保修都是服务业；产品设计这一块也是高利润。现在上海整个制造业附加值并不高，甚至低于全国水平，其中很大原因就是没有抓好“两头”的服务业。拿汽车来说，整个产品研发都不在自己这里，而后面的营销服务又没有跟上。很多民营企业从制造业起家，可以借助这次世博会，推动向“两头”，也就是向服务业的延伸。

第五，推动国有经济战略性大调整的机会。本届政府已通过建立“国资委”来推动新一轮国企改革，很多领域会出现“国退民进”，民营企业就有不少通道参与国企改革。

一条通道是收购兼并，一些大的民营企业已经在做，如上海复星集团对豫园商城的收购。当然，这一类的购并是资金比较雄厚的大集团才能做的事。民营企业也可投资参股，这是第二条通道。不一定要全部收购，实际股权不等于控制权。在一些垄断行业，如金融、保险，民营企业不可能控股。另外，文化产业也可进入。第三条通道叫做“委托经营”。很多国企存在历史问题，亏损比较严重，或者经营困难，在这个时候民企可以利用灵活的市场机制，以及通过“上市”去托管国企。如北京国美在北京已托管了10家国有商业企业。第四条通道是租赁。一些中小民企，发展缺乏雄厚的资金。比如两年前有家叫“威耀”的民营科技企业，研制出了一种老鼠的避孕药，通过让老鼠避孕来灭鼠，用的是中药，产品在澳大利亚、美国得到了认可，需求量较大。但这个公司只有50万元资金，没法迅速发展，他们便来跟我商讨办法，我建议他们，现在有些药厂生产经营不善，你们可以去租赁，这是一个比较现实、有效的方式。总之，民企要借助国有经济战略调整的机会，充分利用原有资源，实现低成本扩展。

在新一轮发展中，应该说民企机会很多，要更多地关注企业自身问题。要进一步创新理念、提高能力、改善经营，才能抓住发展机会。

第一，希望民企不要重犯国企犯过的错误。比如说国企存在"政企不分"，民企可能存在"家企不分"。民企老板和家属有时会对企业进行不恰当的干预，认为"我的企业我说了算"，这样不好。比如国企往往不能把人才留住，很多民企在这方面开始还不错，但是有些老板比较妒才或任性，一些人才就可能跳槽，甚至办同样的企业跟你竞争。有时几个关键人才跳槽，会引起原来企业的衰败。尽管你能够控股，但却没能控制。所以民企需要创造这样一种氛围，让人才能够安心留下来，这就要求强调企业文化。

第二，要避免投资政策中的"大而全，小而庸"。很多国企都犯过这种错误。一些民企在扩张中也需要注意这个问题。要在整个价值链中寻求最适合你做的。比如，上海的家用电器曾经很有优势，但最后却没能在竞争中取胜，很多品牌都倒下了。问题的症结在于企业搞得过大，没有在整个价值链当中找准最适合自己做的产品。你做"大而全"，未必每一个环节都能做好，应该抓住几个主要的去做。

第三，既然我们是在长三角经济一体化过程中谋求商机，就必须强调彼此合作，很多企业往往缺少这种精神。现在很多文章都强调企业要有团队精神，但只考虑企业内部的团队精神还不够。

真正的团队精神包括三大团队："员工团队"只不过是其中之一。一个产业链总有上游、下游，上下游的相互协作、支持，这叫做"协作团队"，要把这一块抓住。还有一个是"社会团队"。在一个地区，消费者对你是否支持？社会团队的支持也非常重要。无论是消费者还是社区成员，彼此处理不好，都有可能给企业造成很多麻烦。有一个著名的例子：在法国的一家饭店，有一天有一个人匆忙跑进，服务员带他到餐桌边。来者说自己不是来吃饭的，只是想来用厕，结果他被赶了出去，店方还说"这里不是公共厕所"。不巧的是，进来的人是法国一个著名报纸的记者，第二天就发表文章批评这个饭店，从而引起大众反感并抵制这个饭店。结果，饭店营业额迅速下降了60%。新闻媒体实际上是社会团队的一份子。总之，企业要发展，没有这三大团队的支持是不行的。

第四，民营企业家要认识自己的不足。简单地以成败论英雄成就不了大英雄，因为一次的成功不代表永远的成功。民营企业家原来的成功有偶然的机会也靠一定的拼搏精神，我们简单说叫天助、人助和自助，有这三助才会成功。天助就是机会和环境；人助就是社会支持、帮助；自助当然是自己的经营知识和能力。这三助当中，"自助"当然是关键，企业主如果没有一定的知识和能力，就把握不住机会，也吸引不了别人的帮助、支持。特别是在新一轮发展中，不论是收购、兼并还是拓展市场，所需知识越来越多，可能涉及金融、环境、文化，法律等各个方面。如果你缺乏这些，还自以为是，就容易出问题。现在的咨询服务业，实际上就是帮助企业出谋划策的。我们发现，凡是成功的大企业，都有一条很重要的经验，那就是在重大决策之前，愿意花钱邀请一些著名咨询公司的专家出谋划策。而有些企业则舍不得花这个钱，那就很难达到天助、人助、自助三合一，就难以在激烈的市场竞争中取得持续不断的成功。

在新一轮的发展中机会很多，资源不少。有人说现在生产能力过剩。其实，"过剩"就是各种资源多了，应该想办法去利用。能否成功，还是需要人助、天助、自助的统一。

创意产业促进城市发展

——在北京“新技术与文化·创新产业发展论坛”上的演讲

（2006 年 5 月 24 日）

城市既是创意产业的发源地，也是创意产业的集聚地。综观全球，有影响力的世界级城市，无一不是创意产业最集中、最发达的地区。创意产业不仅在这里得到了巨大的发展机遇和空间，而且大大增强了城市的竞争力和辐射功能，造就了世界级城市。

在中国，虽然创意产业的兴起和发展只有短短几年的时间，但在北京、上海、深圳、广州、成都、长沙等大城市，创意产业不仅迅速崛起，而且获得了积极的发展，成为城市经济发展中的一个亮点，也是未来城市发展的一个重点。创意产业与城市发展的互动、互融与互促成为当今城市发展的一个重要特征，可以说，在知识经济社会中，没有任何一个产业像创意产业这样依赖城市的空间和资源，也没有任何一个产业像创意产业这样能够为城市经济的发展带来如此强大的推动，创意产业对城市的促进体现在城市文脉的延续、城市产业的升级、城市资源的转化和城市环境的优化等多方面。

一、创意产业兴起的背景——城市经济转型

创意产业这几年在我国的迅速发展，总体上说是得益于城市的经济结构转型。从国际上看，创意产业往往是在经济结构转型中起步的，并从中获得良好的发展机遇和空间。这主要体现在以下四个方面：

第一，由于城市土地和劳动力成本的不断上升，经济增长的动力发生了变化。按照美国经济学家麦克·波特的理论，早期经济增长是要素驱动，之后转向投资驱动，当投资边际效益逐步下降的时候又会转向创新驱动。创新驱动包括科技创新和文化创意两方面，而创意产业作为文化创意与高科技的有机结合体无疑是城市经济发展的首选。

第二，经济水平提高以后，引导了消费结构的变化。当人们的物质需求被满足时，就会有更高的精神文化层面的需求。美国著名未来学家约翰·奈斯比特曾说，在现代社会中，人除了温饱和安全之外，更迫切地要寻找人生的意义，要追求更高、更深、更远的东西。而创意产业正是可以提供丰富的文化产品，来满足人们日益增多、日益迫切的文化需求和精神需求[1]。因此，城市为创意产业的发展提供了巨大的市场空间。

第三，受资源环境的约束，城市需要可持续发展。创意产业的概念，本身就是老工业城市为克服落后制造业能耗大、污染大、附加值低而提出的。随着都市经济的发展，商务成本的提高，都市产业结构不断调整，导致一些传统工业的衰退和外移。而大都市往往土地资源有限，客观条件决定了不能再发展低端制造业，城市发展必须以高附加值的制造业和现代服务业为主要方向，这为创意产业的发展提供了空间。当我们受到客体资源、自然资源约束的时候，就需要开发主体资源。而创意产业正是在开发我们的主体资源，也就是大脑。因此，它对于减少污染、可持续发展，有着非常重要的作用。

第四，科学技术发展为创意产业拓展了发展空间。科学技术，特别是信息技术的迅速发展在一定程度上冲击了传统的文化产业，但却使得创意产业获得了强大的、多方位的技术支持；科学技术创造了大量崭新的艺术形式，开拓了新型创意产业领域；信息化形成了虚拟空间，它改变了城市居民的交往方式、活动方式和消费方式，为创意产业的发展创造了前提条件；互联网和数字化的发展拓展了创意产业的外延，促进了产业融合，不同行业的界限开始模糊起来，它们在信息化的平台上互相交融，从而延长了创意产业的产业链。

二、创意产业促进城市经济可持续发展

创意产业是知识密集型产业，具有无污染的特点，与对土地、资源有巨大需求的传统制造业相比，能够不受土地、资源相对稀缺的限制，以较低的投入获得较高的回报。它主要利用我们的大脑，即智力资源，只消耗很少的物质资源，而取得更大的效益。在环境日益恶化的今天，创意产业对协调经济发展和环境保护来说具备独特的优势，显然十分有利于城市的可持续发展。

创意产业不仅不掠夺越来越宝贵和稀缺的自然资源，而且还能够保护现存的文化资源，发展创意产业与旧城改造的有机互动，有利于历史文化遗产的保护和提升城市文化品位。创意产业界是新兴的业界，创业者大多年纪较轻，经济实力较弱，因此他们往往把城市中的逐渐被废弃的旧区作为创业的基地，将其改造成充满性格的创意园区，进而形成创意产业的集聚地，为城市的旧区带来了新的生命力。国际上很多重要的创意产业区都和旧区重建有关，如英国泰晤士河南岸、柏林的哈克欣区、温哥华的兰桂岛、日本北海道的小樽运河、纽约的苏荷等地区都是在19世纪制造业大发展时建造的厂房、仓库，如伦敦著名的泰德艺术馆就是由原本可能被拆除的火力发电厂改造而成的。

文化创意园区与城市旧区的有机结合，可以避免城市文脉的中断，不仅保留了具有历史文化价值的建筑，而且通过历史与未来、传统与现代、东方与西方、经典与流行在这里的交叉融汇，为城市增添了历史与现代交融的文化景观，对城市经济的发展产生了巨大的推动作用。创意产业正是这种对旧城进行科学更新的动力，是城市健康发展的新的激励因素。创意产业无需占用更多的土地和资源，仅仅依靠人才的创造力和集聚效应，就使面临废弃的老城区焕发了青春，不仅提升了该地区的文化品位，而且体现了区域经济协调发展的要求。

从经济上看，利用老厂房、旧仓库发展创意产业，改造成本低，产生的附加值高，不仅为城市增添了历史与现代交融的文化景观，而且对城市经济发展产生了巨大的推动作用。将文化创意融入城市规划中，可创造新的城市文化氛围，塑造城市标志、城市雕塑，提升城市的形象；把保护历史文化遗产与发展创意产业结合起来将使城市更具魅力，给人以城市的繁华感、文化底蕴的厚重感和时代的生机感。同时，好的城市形象对于人才和资金都有很大的吸引力，这反过来又会促进创意产业的发展，促进创意产业在空间上的集聚。

创意产业的集聚对城市环境的作用主要体现在两个方面：

一是强化城市外在影响，提升它的吸引力，从而重塑城市形象和品牌。人们通常说打造一个品牌往往是针对一个企业或者是一种商品，但城市也有一个品牌，而且城市品牌非常重要，它使城市里的大多数企业受益。如20世纪80年代很多在上海的企业也许未必很知名，但冠以“上海”这两个字，其产品或服务就能畅销全国。

二是催生城市内在布局优化的牵引力，从而重绘城市地图，使城市形成有各种特色的城区。对于前者来说，创意产业在塑造城市整体形象、增加城市文化含量以及提升城市文化品位方面具有显著的强化作用，从而使整个城市增值，促进城市流量经济扩展。对于后者来说，创意产业促进城市“中心——边缘”空间结构布局不断趋于优化。一方面，城市中心区的文化地位更趋凸显，大博物馆、著名歌剧院、芭蕾舞院、大小电影院、大图书馆、音乐厅等向城市中心区不断集中，城市中心区成为文化和艺术创造力的焦点和中心；另一方面，不同类型的创意产业又在不同城市区位中集聚，形成了不同的文化氛围。尽管城市空间布局中“中心——边缘”的区位差别，在地价杠杆作用下产生具有高低之别的空间层级性差异，但是，创意产业巨大的附加值却在为不同区位的土地增值，并不断调整地价杠杆的作用，使整个城市社会空间形成类型之异，而非层级之别[2]。创意产业正是以其独特的形态保护了现有的环境，保护了历史，是城市经济可持续发展的重要推动力。

三、创意产业促进城市产业升级

创意产业具有高增值,强辐射,广融合的特性,因此可以促进城市整个产业的升级。

第一,创意产业具有高增值力,这主要表现为创意赋予商品观念价值,而经济发展的状况证明,商品市场价值中观念价值所占比重越来越大。一般而言,商品的市场价值可分解为使用价值和观念价值两部分。随着经济的发展,物质生活的丰裕,消费需求出现个性化、高级化的趋势,表现在人们购买商品已不再单纯追求其使用功能,而是日益注重商品与服务背后的观念价值。观念价值,是指商品或服务所包含的能与一些社会群体的精神追求或文化崇尚产生"共鸣"的无形附加物,比如品位、意味、情趣等。使用价值表现为客观的具有一定使用功能的商品特性,观念价值是主观的可以体会和感受的无形附加物。使用价值由科技创造而成,是商品的物质基础;观念价值因创意渗透而生,是蕴涵的文化观念。随着经济的发展,构成商品市场价值的这两部分的比重会发生变化。在经济发展水平低下,技术比较落后,物质还比较短缺的时代,人们重视的是商品的使用价值,因此商品的市场价值主要取决于使用价值。但当人们摆脱了短缺经济,从温饱走向小康和富裕小康时,便越来越重视商品所包含的观念价值,于是商品的市场价值便越来越取决于其观念价值。当我们走向知识经济时代时,技术交流与扩散的速度大大加快,商品日益丰富并趋向同质化,于是商品中"精神性"的观念价值所占比重就越来越大。因此,当创意产业向传统的制造业渗透时,便有利于推动传统制造业向高增值产业升级。例如,服装行业是一个传统产业,但当我们把许多创意加进去以后,服装行业又是一个高增值行业,它具有知识密集的特点,能够有效克服城市土地资源瓶颈的约束,保持其持续快速的发展。

第二,创意产业具有强辐射性,这是由创意产业的文化底蕴所具有的辐射性来决定的。在知识经济社会,产品竞争的实质是通过产品所倡导或体现的文化来影响或迎合公众的意识形态、价值观念、生活习惯等,从而使公众乐于接受某种产品。具体而言,就是通过商品的文化内涵、文化附加值与文化特色来增加商品的竞争力,其中包括商品的构思、设计、造型、款式、装潢、包装、商标、广告等。它们凝结着一定的文化素养、文化个性和审美意识,展示着一定的文明水平。放眼市场,任何一种有价值的产品,都凝聚着丰富的文化内涵。当人们对文化内涵的追求趋于强烈,文化的传播和影响就会有力推动富含文化内涵的产品在市场上的扩张,这也是创意产业辐射力的重要体现。换句话说,正是由于产品所包含的文化个性、文化精神,才促使这一产品在一定的消费区域和消费层次里增值、走俏、辐射。到了21世纪,人们进入到一个体验经济时代,开始消费更多的文化,这种消费方式的转变和消费结构的升级带动了城市产业的升级。

第三,创意产业具有广融合性,即它能与各行各业相互融合、渗透。这种融合性就把技术、文化、制造和服务融为一体,有利于产业的延伸,大大拓展了城市产业的发展空间。

具体而言,一方面,新型创意产业与传统文化产业在互动中渗透。高新技术,特别是信息化催生的新型创意产业表现出了极大的生命力,这一生命力不仅表现在它的高度成长,而且表现为对传统文化产业的高度渗透。创意产业是个巨大的产业群,从创意产业的基础层到创意产业的核心产业层,再延伸到衍生产业层,可以发现,新型的产业形态与传统的产业形态总是互相渗透、互相交织、互为补充,向消费者提供大量的各具形态的文化创意产品和服务;另一方面,创意产业各个部门之间互相渗透。由于信息技术的广泛应用及其生产方式的根本转变,传统的各个文化部门之间的界限被逐渐打破,导致了各部门之间更多的渗透和融合,并使与买卖双方密切相关的市场区域概念转变为市场空间概念。传统厂商观念中的“有明确范围的竞争”也将被一个纵横交错的更加广泛的概念所替代。这些相关活动的协调,既有竞争,又有合作,既在传统市场之内,又在传统市场之外。除此之外,创意产业还对传统制造业进行渗透。创意产业是繁衍于知识经济体系的经济部门，是开放性与兼容性的共同体。创意产业的发展将可能迅速地带动相关产业的发展，通过将创意产品融合到其他产业产品中去的方式可以有效地延长产品生命周期，也因此改变相关产业的生命周期[3]。总之，创意产业的融合性，能将技术、文化、制造、服务融为一体，有利于产业链的延伸，大大拓展了城市产业的发展空间。

显然，大力发展创意产业对优化产业结构、促进产业升级、转变城市经济增长方式具有广泛而重要的意义。

四、创意产业促进城市各种资源转化为经营资本和市场需求

创意产业通过创意策划和市场运作能够将各类资源转化为经营资源，能够为城市发展带来建设资金。当城市发展受到自然资源和资本约束时，发展创意产业有利于开发利用历史文化资源、社会资源和人力资源，并将它们转化为经营资源和资本，从而突破资源、资本的瓶颈。

在城市经济的发展过程中，往往会面临资金短缺的问题，这就要求我们通过创意策划和市场运作，把各种资源转化为经营资源，为城市发展聚集大量建设资金。在转化为经营资源的各种资源当中，文化资源无疑是十分重要的。文化资源主要是靠历史积累，但也要靠我们的创造和发展。海南省三亚市南山佛教文化苑的发展，就是一个很好的例子。三亚市的南山区，本来是一个比较荒凉的渔区，其发展的难题就是没有资本。要怎样才能开发？南山文化旅游开发公司利用传统文化中“南海观音”和“福如东海、寿比南山”的传说，将该区打造成了一个文化旅游区。南山区的开发理念是“大生态、大文化、大教育、大旅游”，即以生态建设为基础，以文化建设为核心，将南山建成具有中国特色和国际水准的生态文化旅游示范基地。以文化为魂，用根深叶茂的文化之树来支撑，规划实施了数个主题景区，传统文化和生态文化深深植根于每个项目、每个景观之中；并运用现代技术来提高其文化层次和品

位，使其成为国内外独具一格的佛教文化中心。绝妙的创意和精细的策划引来了大量投资。目前，南山佛教文化苑已建成“一寺一佛一谷一湾”的主体景观群，主要标志性建筑群有：南山寺、108 米南山海上观音、佛苑大门景观不二法门、吉祥如意园、观音文化苑、梵钟苑、福寿街等。八年来，南山获得了社会效益和经济效益双丰收：1999 年游客量便达 60.4 万人次，营业收入 3 600 万元；近几年增长迅速，年均游客量 200 万人次，平均营业收入 1.4 亿元，成为海南省的纳税大户。可以说，南山几乎是每一个到三亚的游客必去之地。

由此可见，创意还是开发各类资源的金钥匙，文化资源也可成为重要的经营资源，并带来巨额建设资本。在城市发展的过程中，这样的资源转化至关重要。四川广安是邓小平的家乡，当地利用这一文化资源，策划了“我为小平家乡种棵树”的活动。结果全国各地机构、企业乃至个人，都纷纷解囊投资，只用了四五年的功夫，广安就发展成为我国最漂亮的中小城市之一。因此，城市可以通过文化资源、通过创意产业来为自身造血，完成城市建设，振兴城市经济。

五、创意产业以多种赢利模式促进城市经济基础提升

城市发展需要经济基础，由于高收益性是创意产业的基本特性，因此发展创意产业对增强城市的经济实力具有重要的意义。

要想获得创意产业的高收益，就是要对创意产业进行产业化的运营，以实现它的价值。而要实现创意产业的价值，就要研究它的价值链。创意产业的价值链可简要地分解为：内容创造→生产制作→媒体推动→传播渠道→消费（需求）者。每个环节都有增值，都能为我们带来利润。发展创意产业就是要从实际出发，把握高增值环节才能获得高收益。

创意产业的主要增值部分就是在原创知识含量当中，因此，内容对于创意产业的发展至关重要。以《哈利·波特》为例，以小说人物形象为中心的产品包括书、电影、动漫、游戏和其他众多的衍生品，包括服

装、鞋帽、文具、玩具等。从价值链来看，先是小说，经过出版商到了书店，拍成电影又到了院线，之后变成了动漫、游戏、VCD、海报、玩具等，通过消费渠道到达消费者。在这里，我们可以看出，内容是创意产品的核心，内容创造是构成企业核心竞争力的重要部分，也是产业链的高利润区。《哈利·波特》成功的关键是小说(即内容)。所以在传媒、娱乐、艺术等行业当中，内容原创能力和内容资源的创新才是提升价值的核心环节。为2008年北京奥运会设计的五个福娃，与迪士尼的米老鼠相比，福娃虽有美好形象，但缺乏内容(故事)。而迪士尼的米老鼠经过近80年的悉心呵护，持续的动画故事使之具备了丰富的内容，形象也日益立体丰满，其价值也随之不断提高。今天，亲切憨厚的米老鼠不仅是美国文化的标志性招牌，更为美国带来了数万亿美元的利润。如果我们动员社会力量为福娃编故事，持续下去，使福娃的形象灵动起来，那么即使奥运会结束以后，福娃还是有价值的。如果缺少内容的支撑，奥运会结束后，福娃的价值也就结束了。回想过去我们曾有过不少吉祥物和动漫形象，往往是热一阵子就结束了，其主要原因就是缺乏吸引人的故事内容。

除了内容之外，传播渠道也是为创意产业带来盈利的一个重要因素。传播渠道是创意产业价值链中重要的环节，如果没有畅通的传播渠道，再好的创意内容也无法转化成产品，更谈不上盈利。以分众传媒为例，当我们等电梯的时候，一直抱怨时间太长，有专家建议在旁边挂一面镜子，使等候的人整理一下形象而不觉得时间长。分众传媒看中这样一个传播渠道，沿此思路进一步演化创意，在大楼电梯口播放录影广告，解决了人们的抱怨。分众传媒掌握了上海所有办公大楼电梯口的传播渠道，创造了一个大产业，获得了巨大的利润。

媒体的推动作用对创意产业的盈利来说也不容忽视。传统消费是直接面对面的交流，不需要策划人、中介等中间环节，现在我们把这个价值链延长以后，需要更多的策划和更多的设计。很多设计或策划出来的创意产品可能会被淹没于泛滥的信息当中，媒体是人们获得信息的主要方式,媒体的运作就能够使人们发现创意产品的价值,并且推动创意产品价值的实现。2005 年风靡全国的“超级女声”项目就在媒体的推动下创造了赢利奇迹。围绕“超级女声”这一富有创意的真人竞技电视娱乐节目,湖南卫视和上海天娱传媒有限公司通过电视、图书出版、演唱会、商品代言、网络、手机短信等传播媒体,吸引了上亿观众。规模庞大的注意力被迅速转换为数目可观的商业价值,2006 年 1 月中国社会社科院发布的《文化蓝皮书》估算出这个节目各利益方直接总收益约为7.66 亿元。按照上、下游产业链间倍乘的经济规律分析,“超级女声”对社会经济的总贡献至少达几十亿元。

最后,创意产业的盈利需要挖掘新的需求。某种产业的价值链之所以能够形成或者发生变化,完全是为了提供满足消费者某种需要的效用系统,而消费者的需求是产业价值链存在的基础。消费者新的需求产生过程也就是价值的创造过程。挖掘和满足消费者的需求越多,创造的价值和盈利也越多。实际上不管《哈利·波特》搞了多少花样,最后总是要消费者乐意掏钱。因此发展创意产业就要充分考虑消费者需要什么,通过全面满足客户多方面、多层次的需求来增加盈利。上海的新天地如今是著名的休闲文化旅游场所。从本质上来说,新天地是上海的石库门建筑文化。但是,如果单纯依靠石库门建筑,是不可能吸引那么多游客的。因此,考虑到各种各样的消费者需要,新天地被打造成了历史与现代、东方与西方的结合体。在新天地,老年人可以在那里怀旧,年轻人可以感受一种时尚,中国人可以体验一下西方的生活方式,外国人可以体会中国的文化。正是因为新天地满足了各种各样消费者的需求,因此才获得了成功。

在全球化趋势不断加强、国际间竞争日益激烈的今天,以文化和创意为核心的创意产业的发展规模,已经成为衡量一个城市综合竞争力高低的一个重要标志。城市的发展为创意产业的兴起提供了良好的环境和契机,创意产业作为 21 世纪的朝阳产业,也会凭借其自身的优势和特点,为城市经济的发展带来朝阳和明天。

参考文献

[1] 约翰·奈斯比特,等. 高科技高思维[M]. 尹萍,译. 北京: 新华出版社,2000.
[2] 林拓. 世界文化产业与城市竞争力[M]//林拓,李惠斌,薛晓源. 世界文化产业发展前沿报告. 北京: 社会科学文献出版社,2004.
[3] 胡晓鹏. 国内外创意产业发展经验的解读与思考[M]//厉无畏,王振. 创意产业——城市发展的新引擎. 上海: 上海社会科学院出版社,2005.

以创意农业推进社会主义新农村建设

——在“发展创意农业，促进河南新农村
建设——郑州高峰论坛”上的演讲
（2008 年 5 月 31 日）

[概念篇]

创意农业：科技创新与文化创意并举的“双创”战略，着力释放文化生产力。

科学技术是第一生产力。通过科学种田、科学养殖、科技创新将不断提高农业生产力，这已成为我国建设社会主义新农村、实现“生产发展，生活宽裕”的主要路径。在创意经济时代，文化创意所释放的文化生产力也已经成为推动经济发展不可忽视的原动力。

所谓文化生产力，是指“人们围绕满足人类心理需求，运用文化资源，把人类自身的思想、意志和情感作为文化资源生产文化产品、提供文化服务和创造社会财富的能力”。

这里，文化资源已成为一种生产要素，可投入各类产业，提高产业附加值和创造财富。文化具有强辐射性、高渗透性等特征，决定了文化要素能够与科技、产业和市场紧密结合，能够推动各行各业的发展，并不断提升它们的价值，参与经济循环。

科技创新和文化创意是驱动现代经济高速发展的双引擎。

科技是硬实力，文化是软实力，文化和科技的有机融合所产生的巨大引擎作用必将为我国社会主义新农村的发展注入新的动力，带来新的变化，创造出新的价值。

在创意经济的世界浪潮和新格局下，我们要充分认识文化软实力在社会主义新农村建设中的积极意义，强化文化创意的新理念，运用文化创意的新力量，实施科技与文化并驾齐驱的“双创”战略，在科技创新的同时注重开发文化创意，将文化资源转化为文化生产力，推动我国新农村的全面发展。美国著名的未来学家阿尔温·托夫勒指出：21世纪世界农业将迎来大变革的时代，全球范围内将出现“第三次浪潮农业”——人类从工业经济走向知识经济时，通过应用高科技成果，使工业经济下的农业变成一种崭新的知识产业。

面对“第三次浪潮农业”的到来，许多国家不失时机地发展现代农业、建设“新农村”。今天的农村经济，是农业经济、工业经济以及知识经济等各种经济形态的交错与混合，其发展理念与以前已经有了根本性区别，出现了一些新的农业经济形态，比如新田园经济、生态（庭院）农业、休闲农业、新产业复合体。

有学者指出，“田园文化经济”是都市农村经济的未来形态。它实质上是各种经济形态的一个集结点。农业向加工业和休闲业发展，成为穿透和衔接第一、二、三产业的有机混合产业。知识经济从空间上向郊区延展，活跃在其中的人，将是新经济理念的创造者、实践者，包括新型农民。新田园经济，不再只是为都市活动提供粮食、原料，或作为都市居民短期休闲的花园，而是要让乡村与都市互为生命共同体，将乡村源源不断的旺盛生命力提供给都市居民，反之将都市文化、能量与信息等注入乡村。

新田园经济，不仅是单向的将优质农特产品运销市场，同时更融入当地农村自然环境与人文资源特色，形成观光休闲的卖点，反向将消费者吸引到农村，开发观光游活动所带来的附加效益。

创意农业起源于20世纪90年代后期，由于农业技术的创新发展，以及农业功能的拓展，观光农业、休闲农业、精致农业和生态农业相继发展起来；与此同时创意产业的理念也在英国、澳大利亚等国家和地区形成并迅速在全球扩展。

借助创意产业的思维逻辑和发展理念，有效地将科技和文化要素融入农业生产，进一步拓展农业功能、整合资源，把传统农业发展为融生产、生活、生态为一体的现代农业。

[模式篇]

一、资源整合转化模式

以创意产业的思维整合各类社会文化资源为农业生产服务，提升农产品的附加值。在利用生物科技手段改变农产品形状、色彩和口味等物理功能的同时，融入文化元素，增加农产品的文化艺术含量，并根据市场需求，运用新理念把农产品变为艺术品，设计生产出“来自泥土的原生态作品”，可大大提高农产品的附加值。

以创意产业的手法将资源转化为推动农村发展的资本。可以利用农村的生产、生活、生态“三生”资源，充分发挥人的创意、创新构思，设计出具有当地文化特色的创意农副产品、农耕文化博览馆和各种相关文化活动，扩大市场知名度，促进发展。

二、价值链构建模式

以创意产业的渗透融合功能建设农业产业链。创意产业具有很强的渗透力，能以多种形式与不同的产业相融合，形成以文化创意为核心的产业系统和价值实现系统。相对于目前农业“研发、生产、加工和销售”的产业发展模式，创意农业的特色及其优势在于能够构筑多层次的全景产业链。通过创意把文化艺术活动、农业技术、农产品和农耕活动，以及市场需求有机地连接起来，形成彼此良性互动的产业价值体系，为农业和农村的发展开辟全新的空间，并实现产业价值的最大化。

三、活动“秀”模式

进入体验经济时代，“秀”已成为产品和服务的一种重要表现形式，要“秀”出古往今来的农耕文化，“秀”出社会主义新农村、新风貌。以“秀”增强感染力，引起人们的情感共鸣和文化价值的认同，从而实现增值。例如，上海南汇的桃花节、桃子节，浙江余姚的杨梅节等都有精心策划的各种文艺表演，既提升了水果本身的价值，吸引了大批旅游者，也借文化力推销了许多产品。

四、价值创造模式

就创意农业而言，以特色农产品和农业园区为核心，可以形成包括核心产业、支持产业、配套产业和衍生产业的产业群，通过创意农业带动一批产业的兴起，让人们充分享受农业价值创新的成果。核心产业是指以特色农产品和园区为载体的农业生产和文化创意活动；支持产业是直接支持创意农产品的研发、生长、产品的加工，以及推介和促销这些产品的企业群；配套产业则是为创意农业提供良好环境和氛围的企业群；衍生产业是以特色农产品和文化创意成果为要素投入的其他企业群。

在整个创意农业产业体系中，第一、二、三产业互融互动，传统产业和现代产业有效嫁接，文化与科技紧密融合，传统的功能单一的农业及加工食用的农产品成为现代时尚创意产品的载体，发挥引领新型消费潮流的多种功能，也因此开辟了新市场，拓展了新的价值空间，产业价值的乘数效应十分显著。

目前北京、上海、广东等地都在倡导发展创意农业，但所进行的一些项目仅仅停留在发展特色农产品和良种上，或是以开发观光农业为主。它们都有待进一步增加文化含量，完善产业链，形成创意农业庞大的产业体系。

[举措篇]

创意农业是农业的新型发展模式，对于提升农业现代化水平和社会主义新农村建设都有极大的推进作用。为此应调整思路，转变农村经济发展方式，确立发展创意农业的新战略，制定创意农业发展的综合规划和发展的新机制。

一、转变发展理念

要结合当地实际情况，改变农业发展局限于单一的生产功能，进一步全面挖掘农业的潜能，把科技、文化、产业、市场和生态环境有机结合起来，创新农业业态，实现农村第一、二、三产业的协同发展。创意产业是无边界产业，只有突破工农业和服务业的界限，才能充分发挥农业的多种功能，转变农村经济的发展方式。

二、做好综合规划和具体项目的策划

要事先做好综合规划和具体项目的策划。要合理配置资源，结合当地自然条件引进良种和先进农业设施，选好主题，广泛征求创意。人民群众的创意是无限的，可以视情况举办创意农副产品设计大赛，开发新创意。

三、加强合作、培养人才，提高农民整体素质

由于我国农村发展相对滞后，不仅缺乏科技和文化方面的人才，更缺乏创意引导和经营方面的人才，因此，一方面要加强培训，发展职业教育；另一方面，需要借助外脑，与境内外有关农业科技、文化创意的企业和研究机构合作，并在合作中学习和培养起一批骨干，通过项目的辐射带动效应，进而提高农民的整体素质。

四、建立城乡互动互融的推进机制,加快不同产业融合发展的促进机制

创意农业的发展需要第一、二、三产业的协同发展,而且农村不仅缺人才,还缺投资,这就需要城市大工业的支持。为此需要制定一套鼓励工业企业、文化企业、科技企业投资和支持创意农业发展的政策。应该对投资创意农业项目的贷款给予减息贴息的优惠,给这类项目以数年的减免税待遇,将城市的文化发展基金划一块专门支持创意农业发展中的一些文化活动和相关的创作,对帮助农村发展创意农业的人员给以奖励等。只有城市反哺农村,工业反哺农业,城乡互动互融,第一、二、三产业融合发展,创意农业才能迅速发展起来,并大大推进社会主义新农村的建设。

谈谈海派管理文化

——在“世界管理论坛暨第四届中国管理咨询高峰会”上的演讲

（2005年9月10日）

关于海派管理文化，我谈两个问题。

一、海派管理的由来

大家知道，海派管理是东西方管理文化交融的产物，一方面传承了中国传统管理文化，包括我们的儒家文化和地方特色（如江南文化的特色等）；另一方面又传承了西方现代管理文化，就是吸收了欧美一些先进的管理文化，这样形成了海派管理文化。

上海是中国近代民族工业的发源地和摇篮，所以在上海的管理文化中，能蕴涵和体现我们的民族精神。比如最早的江南制造局，也就是后来的江南造船厂，确实为中国近代工业作了许多非常突出的贡献。从历史上来说，上海又是中国门户开放最早的城市之一。其居于江海交汇处的地理位置，为东西方文化交融提供了得天独厚的平台。

在20世纪二三十年代，上海曾经是冒险家的乐园，欧美许多大公司纷纷进入，一些管理经验、理念和理论对本地企业产生了很大影响。1949年以后，在计划经济体制下，同时吸收了前苏联的一些管理经验和理论，上海的国有企业或者说国有经济得到长足的发展，上海国有企业的效率应该说在全国是领先的。到了改革开放时代，上海吸引外资比较多，现在每年都有五六十亿美元的外资进入，许多跨国公司随之来到上海。诸如张江高科技园区有外国高科技的公司,在金桥有许许多多出口加工的企业等,它们带来了当代最先进的管理技术。加入世界贸易组织以后,上海就成为国际竞争十分集中并且十分激烈的一个市场,上海的企业也从中得到了锻炼。

这一段历史确实对上海的管理文化产生了巨大影响。上海的企业界和理论界,包括我们做具体管理工作的一些人士都以海纳百川的胸怀博采众长,结合我们本土的实际,在不断地吸收、消化,也在不断地创新,这样就逐渐地形成了海派管理。

二、海派管理的特色

现在确实有不少人在研究海派管理。目前我查了很多资料,很少看到一个较完整、较系统地阐述海派管理的资料,所以只能说是一个探讨。不过,在管理的实践当中,海派管理已经表现出许多特色,可以归纳为八个特点。

第一个特点是善于包容,也就是具有海纳百川的开放情怀。包容可以说是海派管理的一大特色。

上海在鸦片战争后就已经有了早期开放的基础,以及 20 世纪 80 年代以来改革开放的实践,加上 1949 年以后几十年计划经济体制的经历,接受并包容了各种各样的管理思想和方式。它的包容性主要体现在三个方面。一是善于学习,也就是说有与时俱进的动态发展特色,取他人之长为己所用,在实践中逐渐形成自己的流派。在计划经济时代,上海有一套非常完整、严密的管理体制,当时上海的企业在全国也是领先的。到了竞争非常激烈的市场经济时代,浦东开发又创造了一个奇迹。在短短十多年里,完成这样一个巨大变化,效率非常之高。如果不善于学习是根本不可能创造出这种成就的。

第二个特点是乐于合作,这是一种具有多样性和生命力的特点,通过合作,实现共赢,这是海派管理的一个特长。这种精神使得上海的企业能够主动地寻求合作机会、合作对象,擅长和竞争对手共生、共存、共赢,善于合作使得海派管理具有多样性。实际上,对付竞争的最佳手段就是合作。

第三个特点是甘于服务,上海在全国一直处于经济中心的地位,不管是什么时代都会要求上海对全国有所支持。在计划经济体制时期是如此,到了现在还是如此。在计划经济时代要求上海支援全国,所以上海经常进行技术输出、管理输出和人员输出,而这种输出就把上海企业的一些管理特点带到了全国。比如说上海锦江饭店的管理公司在全国各地的宾馆都有很大影响,在全国接手管理了很多宾馆。

第四个特点是勇于创新,上海企业的管理充分体现出探索求新的不懈精神。正是因为有许多的国内和海外的投资者进入,上海的企业可以博采众长,创造上海之新。很多东西到上海以后,都会经过一番创新改造,而不是简单引进,这当中的创新改造就成了中西合璧的东西。这种创新有两类,一类是改良性创新,一类是持续性创新。上海能够吸收他人的长处,并不断创新,这是跟本地特点相结合的创新,这在 20 世纪 90 年代的浦东开发中得到了充分体现。当时中央政府并没有给上海特别的投资,主要还是通过上海自己的管理创新,把资源变成资本,比如说变土地资源为资本资源,实行滚动开发模式,成功地完成了开发浦东的任务。

第五个特点是安于稳健,具有不急不躁的经营风格。以前看到一篇文章说上海的管理文化有些拘泥,其实上海人更多的还是从稳健的角度来考虑问题的。一些海外投资者到上海,开始时觉得与上海谈项目好像很不容易;不像其他的一些地方,能够迅速拍板,马上就干。在上海往往需要了解、交流更多情况,然后再作决策。这恰恰是海派管理稳健的经营风格。有人奇怪,为什么上海人不敢冒险?实际上 20 世纪 30 年代的上海是冒险家的乐园,那时的冒险故事是很多的,因此也就让上海人更懂得在市场经济当中是有不少风险的,对风险要尽可能避免,或把它分散,在做项目之前会花更多的时间和精力把问题搞清楚,所以失败项目的比例在上海相对较小,投资失败率在全国可以说是最低的，这说明进取和稳健在海派管理中是和谐统一的。

第六个特点是严于精细，就是实行精耕细作的工作流程。上海人特别注重细节，这是一种中西合璧的精细，所以国内外厂商和上海人做生意一般比较放心。在工业经济时代上海吸取了欧洲（特别是德国）那种精细，近些年又学习了日本“丰田”的管理，形成了传统和现代结合的精细，注重细节和质量就是上海式的精细。即使在计划经济时代，上海产品的质量在全国也是最好的，大家都感到买上海产品比较放心。追求精细看上去好像成本高了，利益小了，其实并非如此。由于精细，注重成本的节约，质量上乘，其实不会影响经济效益。

第七个特点是合于规范，健全的制度是上海的特征。所有来上海的投资者一般都反映，前期谈判很多，往往都是在讨论一些规范性的东西，一旦定下规范和原则，上海的企业就会坚持恪守，以保证项目的正常推进，并以程序保证管理的顺利运行。在操作上往往是以公正、透明来实现效率的提升。比如说汽车市场的管理，为了调控汽车的发展，必须采取一定的规则来达到公平，上海较早推出了汽车牌照的拍卖，这种规范最终导致上海效率的提升。

第八个特点是重于负责，上海的企业有较强的社会责任意识。这也是一种东西方合璧的产物。在计划经济体制下，国有企业承担了大量社会责任。实行市场经济以后，要政企分开。上海的企业一方面要避免企业办社会的弊端，一方面仍传承了承担社会责任的意识。所以，在 20 世纪 90 年代西方国家（特别是欧洲）提出企业的社会责任理念时，对上海来说没有太大冲击，因为上海的企业绝大多数都能达到这样的要求。比如说不拖欠工资、实施最低工资标准、安全设施等问题，在上海都顺理成章，积极推进。

以上，非常简要地阐述了海派管理的八大特点，算是抛砖引玉，希望大家展开讨论和研究。

中国原创动漫如何更上一层楼

——在中国(常州)国际动漫艺术周"中国动漫产业高层论坛"上的演讲

(2009年10月)

动漫产业,是指以创意为核心,以动画、漫画为表现形式及相关产品的开发和市场延伸等各个环节。具体包括图书、报刊、电影、电视、音像制品、舞台剧和基于现代信息传播技术手段的动漫新品种等动漫直接产品的开发、生产、出版、播出、演出和销售,以及与动漫形象有关的服装、玩具、电子游戏等衍生产品的生产和经营的产业。中国政府自2004年开始就大力扶持本土的动漫产业,出台众多的扶持政策和扶持资金项目。与此同时各地动漫基地纷纷成立,迄今为止,仅动画产业目前已有二十个国家级基地。全国范围内,动漫产业发展较快的几个省份,分别是湖南、浙江、江苏、上海和广东。

在遭遇金融危机的背景下,中国的动漫产业出现了逆势上扬的特点。据《2009年中国广播电影电视发展报告》(2009广电蓝皮书)分析,2008年动画产业规模持续扩大,创作水平逐步提高。全国制作完成的国产电视动画片共249部,创下历史最高水平,比2007年增长33.87%。中国整个动漫游戏产业在2008年增长了97%,将近翻了一番。

但是,目前中国动漫产业距离国际一流还有很长的路要走。在日本,动漫产业占GDP的比重超过10%,然而在中国,动漫产业的利润占不到GDP的1%,产业发展还处于起步阶段。比如,2009年暑期全国最红火的原创动漫节目就是《喜羊羊和灰太狼》,这是一部给低幼儿童看的电视动画连续剧,而美国的《变形金刚2》是老少咸宜的大作,暑期在中国内地各大影院才上映四天票房就已过亿元。今年7月份在中国各地影院热播的还有美国的《冰川时代3》、根据英国小说改编的《哈利·波特与混血王子》和日本的《哆啦A梦·大雄与绿巨人》。美、日等发达国家长期占据着中国的动漫消费市场,据统计,在中国青少年喜爱的动漫作品中,日本占60%,欧、美占29%,中国内地和港台地区原创动漫的比例仅有11%。更有甚者,国内动漫行业内盛行着模仿美日发达国家画风的做法。那么如何提升中国原创动漫的水平,尽快和国际一流接轨呢?

一、融入更多的国际元素

首先,眼光要开放。花木兰的故事在中国家喻户晓流传千年有余,却被美国的迪士尼拿去拍成动画片,赚了足足6亿美金。而中国人自己拍的动画片《宝莲灯》,仅收回成本而已。为什么中国人的东西,被外国人重新包装就赚个盆满钵满,中国人却只能望洋兴叹?究其原因,中国的动漫比较缺乏世界眼光,缺乏文化再造和商业运作能力。具体还体现在产业运作中的创新组合,包括技术、品牌、人物、剧本、造型、色彩、音乐、管理模式等的新颖整合。在全球化时代,我们必须要以世界公民的开放审美要求为基点来开发动漫创作题材和市场。只有在经过艺术工作者的精心加工之后,才能焕发出璀璨的民族之光,从而成为世界公认的动漫精品。

其次,要融入更多的世界时尚元素。上海今日动画的《中华小子》之所以能走向欧洲市场,在2007年春节前夕,该片创造了近年来法国动画片收视率之冠,其中关键的因素在于运用了很多世界时尚元素。其题材、主题完全来源于我国悠久的文化,讲述少林寺的三个俗家少年弟子斩妖除魔的故事。虽然反映的是中国传统的少林功夫,但是在对故事的构架、情节的编排、人物造型设计、作品的背景刻画创作等方面非常时尚，当然这和其制片人张天晓有着12年海外生活工作经历也密切相关。美国和日本等世界动漫大国，无一例外地把本国乃至别国的文化融入其作品中。因此，我们要立足本国，面向世界，以开放的胸襟和创新的精神来开发动漫创作题材资源，创作出优秀的动漫剧本。

二、用好自己的文化资源

目前中国动漫产业缺少中国文化的“根”。优秀的动漫作品不仅是轻松幽默的娱乐或引人入胜的故事，还应体现一个民族的精神和文化，这正是20世纪四五十年代中国动画片辉煌的关键。当年那些优秀的动画片，比如《铁扇公主》《神笔马良》和《大闹天宫》等因其具有浓厚的民族特色，深刻地体现了中华民族的文化内涵，广受欢迎。挖掘和利用好民族文化资源，要注意以下几个方面：

第一，要注意因地制宜，因势利导，将中国的文化宝库认真地整理研究，规划利用并做成有民族性的动漫作品。中国五千年的历史长河中，积累了极为丰富的文化资源，包括极为精彩的神话故事、传说、典故，灿烂优秀的文学名著、历史名人传奇，都是动漫作品取之不尽的创作源泉。中国的许多动漫资源被外国专业人士看好就是一个证明，如美国梦工厂的《功夫熊猫》，还有《西游记》的内容也被许多国家所使用和改编。这些作品足见中国文化的艺术感染力和巨大的影响力，也足见中国文化的世界性和包容性。也就是说，中国动漫有着走向世界的丰厚基础。

第二，可以将一些适合改编为动漫作品的儿童文学作品和民间传说改编成动漫题材，这是比较简便快捷的方式，也能较快地促进动漫作品的发展与繁荣。如阿凡提的传说就是一个不错的题材，还有《三毛流浪记》等，都可以做成系列动画片和系列漫画。

三、改善动漫的创作手法

据有关部门所作的调查显示，中国孩子对外国动漫的评价是激发想象力,丰富娱乐生活,开阔视野。对国产动漫的评价是培养辨别是非的能力,作为学校和家庭教育的补充,丰富娱乐生活。而他们心目中理想的动漫模式为:激发想象力,启发思维能力,开阔视野。可以看出,孩子们理想中的动漫产品的三个特点,外国片中占了两个,而国产片却一个也没有,这就要求中国动漫工作者改变创作观念。

首先,动漫的创作要尊重受众的接受心理,不应该以教育功能为主,要多一点生活化的元素。寓教于乐是没错,但往往说教的分量太重,而娱乐和幽默不足,让孩子们乐不起来。有的小朋友直言喜欢看一些轻松娱乐的动漫作品,在轻松娱乐中学到知识。比如日本动画片《哆啦 A 梦》,其中人物情节很吸引人,人物形象设计得非常好,把机器猫设计成一个胖乎乎的形象。有时胖虎欺负大雄,机器猫就用多种机器来揍他,教育他不要欺负小同学。机器猫偷懒,怕吃苦,孩子们喜欢它,觉得它不是那么高大、完美,更像自己生活中的小伙伴。我们观念中的英雄如果是绝对高大完美,这只是一种虚假的楷模,孩子们当然不会喜欢。先进的动漫制作理念是更多地把英雄人物还原给生活本身,真正反映儿童心态,把握儿童心理,这样的动漫作品不仅孩子们喜欢看,许多成年人也会津津乐道。

其次,在创作题材的方法上,中国动漫要开发新的模式,融入更多成熟的、现代的元素。中国大多数人都认为动漫作品是给小孩看的,结果制作者们把大部分注意力集中在了 14 岁以下的观众群。相比之下,美、日等发达国家把动画片作为一道老少咸宜的产业大餐,具有巨大的开发空间。日本则把动漫作品的年龄段定在了 3 至 80 岁,其动漫产业成功的秘诀就是因为它力求吸引广泛年龄层的观众,而不是仅仅局限于儿童。

在动漫儿童化的思想下,中国动漫在题材上鲜有爱情题材,而在美国的动漫作品中,感人肺腑的爱情故事比比皆是,如迪士尼动画片《狮子王》《泰山》中的爱情内容,同样也是主人公成功的一方面。又如,在动漫作品中可以融入对现代社会问题的严肃思考:梦工厂的经典动画片《小鸡快跑》俨然是一个成人世界的寓言故事，这是一个动画版的集中营传奇，它不仅是给孩子看的，而且融入了更多现代人的思维和生活。动漫是一个除儿童以外各年龄层次社会人的世界，在这个世界里，艺术家应将笔触直接伸入当代人的普通生活，表现普通人的思想、愿望和一切行为，把对人生哲理的探索、对社会的理解，以及对生活的自我感受，通过动漫作品的形式传达给观众。

四、改善动漫的开发模式

所谓动漫的开发模式，是指对动漫剧本题材的选择方式和后期再发展的创作方式。

第一，要开发动漫题材的改编新模式。剧本的创作和改编是制约中国动漫发展的一大弱项，这一点日本和美国的漫画及连环画先行的做法应当给我们很好的成功启示。特别是日本动漫，几乎无一例外以连环漫画作为开路先锋和试金石。日本每年由卡通漫画改编而成的影视作品更占其总量的三分之一以上。还有一些长期播映的动画片系列都是在同名连环画丛书的基础上创作的，例如，连续四年收视率不减的《水手月》和历时八年人气越来越旺的《七龙珠》。由于漫画或连环画的制作和发行成本很低，这样非常有利于自由原创创作，而漫画或连环画的人气基础又是动画成功的试金石。反观我们由于动、漫脱节，多数动画作品从历史故事或者神话、传说直接进入动画市场，很少动画是从漫画或连环画改编过来的，甚至是迎合领导意识的盲目投资，市场风险可想而知。

第二，要努力开发成功动漫的后期作品。备受观众喜爱的日美各大电影公司在长假期间推出电影动画大片已经成了业界的一种惯例，而动漫流行后由真人表演搬上银幕的作品更是数不胜数，电影《蜘蛛侠》《蝙蝠侠》《超人》都在此列。还有根据J·K·罗琳创作的《哈利·波特》丛书，由它改编的电影首期播放获得极大成功，迄今为止，已经开发出了哈利·波特之六——《哈利·波特与混血王子》。如果我们把历史上成功的动漫作品再包装重塑，延期开发，无论从内容上讲还是从产业化角度来看，或许还可以获得更大的成功。

第三，要加强与媒体合作，广泛宣传。动漫形象应如明星一样深入人心，才能形成富有价值的品牌。通过媒体的宣传不仅让大众经常看到其形象，还要让人们知道其文化内涵和可爱之处。实际上，一个走红的影视歌星也许能为公司赚一二十年的钱，但一个成功的动漫明星如米老鼠可为公司赚80年甚至百年以上的钱，而且米老鼠还不会和你分利。在我们的媒体上很少看到对动漫形象的宣传，自然难有成功的品牌。

五、完善产业的形态体制

改善中国动漫产业形态体制指的是要加强产业集中度、完善产业体制和组建中介机构。

第一，要加强中国动漫产业的集中度建设。目前中国的动漫产业形态过分不集中，全国共有2万多家动漫制作企业，可是真正运作良好的却寥寥无几。全国各地正在兴起动漫风，许多政府认为发展文化创意产业就要热衷于动漫。从产业经济学的角度讲，产业的过于分散非常不利于动漫产业的发展。为此，国家要扶持几家精品动漫企业，这样既有利于创建自己的动漫名品牌，还可以使得整个产业朝着健康、良性的方向发展。

第二，从体制上讲，要加强动漫人才的培育和出台扶持动漫发展的产业政策。一方面，要加快培育出动漫产业的高端人才。目前，中国动漫的原创人才和经营管理人才严重不足，据统计，中国动漫产业人才缺口达60万。培育动漫人才就要营造良好的环境，打造多元宽松的氛围；设立动漫制作专业的大专院校要着重加强中国传统美学的教育，培养出能将艺术、技术和经营管理有机结合的高素质的复合型人才；鼓励动漫创作人才流动；多举办跨文化培训等。另一方面，政府部门要切实采取有效的扶持政策。比如成立专项基金鼓励动漫创作人才；给予动漫创作公司一定的税收优惠政策;净化执法环境、加强动漫产业知识产权保护的力度;推动政府部门、研究机构、社会团体、相关机构、企业和个人积极开展和参与各种公益性动漫原创活动,确立“全民文化竞争力”的大动漫发展观念。

第三,配套的中介服务是动漫交易的桥梁,因此中国要加强配套中介服务。比如广告公司,它是动漫制作公司与企业、商界相互沟通的主要渠道。据统计,21 世纪初日本动漫作品每年的制作费约 1 000 多亿日元,而广告公司代理广告额约 2 000 多亿日元,足以支撑动漫产业正常运转。广告公司还参与动漫产业的商业包装、市场宣传、版权中介等活动,对繁荣市场起到积极作用。

第四,要集中优势,持之以恒,聚焦塑造优秀品牌形象。试看国际著名动漫形象,诸如米老鼠、芭比娃娃、Hello Kitty、流氓兔等都发展多年,有着许多的故事;如米老鼠拍了 80 年的动画片,芭比娃娃做过大学生、医生,甚至警察。而我们许多公司都是打一枪换个地方,所以难以做成著名品牌。应当考虑一旦有市场较成功的形象就要坚持做下去,继续为它编故事。创意产业有边际成本递减、边际效益递增的特点。当一个形象成功了,再编故事拍动漫就比初次成本低,而该形象的价值将会增加。动漫形象越可爱,故事越多,媒体越推介,其市场价值也就越高,这就是国际动漫品牌的成功之道。

六、拓展品牌的后期市场

动漫作为一个产业,需要不断地寻找多元化的收入回流,以补偿生产和营销成本并获取赢利空间,品牌授权衍生、与制造业联姻是两条行之有效的途径。

一方面,要加强动漫市场的品牌授权。品牌授权兴起于美、日、韩等国家,是一种新型商业经营模式。全球授权商品零售额每年已超过 2 000 亿美元。目前中国最畅销的授权产品,九成以上与卡通人物有关。比如湖南三辰卡通创造出了一个在艺术上并不算成功的“蓝猫”,

但在商业运作上却获得了巨大的成功。动画片《蓝猫淘气 3 000 问》塑造了一个可爱的卡通形象——蓝猫。之后，三辰公司与国内果汁饮料产业的行业老大汇源果汁合作，建立北京蓝猫淘气饮料营销有限公司，推出“蓝猫咕噜噜”饮料，组建起迄今为止中国大陆卡通行业最大的集儿童饮品研发、生产、销售于一体的综合性企业，总投资上亿元。三辰的“蓝猫”形象已被授权给文具、玩具、服装、食品、日用品、药品等大批儿童消费领域。2005 年 11 月经世界五大会计师事务所之一德勤公司的评估，三辰公司的市值已达 7.4 亿元人民币，比 2000 年刚创业时的 3 200 万整整翻了 22 倍，可以说为中国的动漫产业探索出了一条道路。

另一方面，动漫产业和制造业要加强联姻，打造自主品牌。随着中国经济的迅速发展，中国已成为世界著名的制造业加工基地，家电、纺织服装、玩具、钟表、食品饮料、文具等行业的许多世界著名品牌都由中国加工生产。据 2005 年的数据统计，广东的一个镇就有近 3 万家服装生产厂家（工商登记近 7 000 家），全国有近 8 000 家玩具生产厂家，全世界 60% 的玩具厂和 90% 的钟表厂在中国，全国鞋类年产量 50 多亿双，但基本上都是为国际品牌进行贴牌（OEM）生产。这些轻型化产业由于中国没有在国际上叫得响、享有较高市场声誉的自主品牌，普遍获利较小。中国一家著名钟表企业，生产计时钟的成本在 7 元左右，贴牌生产 100 元左右的日本、法国等国的卡通品牌计时钟，自己只能赚 3 元钱的加工费，别人却赚走了 90 元的毛利；而一大批的轻型化加工制造企业，却缺乏实力来打造自主知识产权和自主品牌。所以，面对贴牌生产获利空间日趋窄小的现实，让中国的中小企业通过产业政策引导，与动漫产业相合作，开发共享的动漫品牌资源是一条行之有效的途径和方法。

七、满怀热爱的积极心态

首先，中国动漫原创者要真心热爱这个产业。动漫从本质上说是一种艺术，动画大师宫崎骏曾经说过：“动画是一个如此纯粹、素朴，又可让我们贯穿想象力来表现的艺术……它的力量不会输给诗歌、小说或戏剧等其他艺术形式。”因此,只有满怀挚爱地去创作、制作和经营才有可能成功。比如《功夫熊猫》的原创人员,这些美国人之前从未直接接触过中国功夫,在创作的过程中逐渐喜欢上了中国功夫,甚至达到了痴迷的程度,再加上大胆的想象和幽默,该片才得以如此成功,据估计《功夫熊猫》在全球已经取得5.5亿美元票房。因此,中国的动漫从业者要从根本上热爱这种艺术,不是为了说教而去原创,而是因为喜欢去原创。

其次,中国动漫经营者要放宽心态。中国动漫产业还没有成熟的市场机制,且存在着急功近利的产业缺陷,投资商投入资金后,总是希望很快就能收回成本。而一部优秀动画片的制作周期一般需要4－5年时间,中国的投资商往往不愿意承受如此大的风险。这种急功近利的心态以及风险系数的高估,直接导致国内动画产业供血不足,难以产生优秀的动漫作品。

最后,中国动漫产业存在着巨大的空间,如动画年需求量是100万分钟,而2008年电视动画才有13万多分钟。在未来3－5年里,中国动漫市场具有1000亿元的价值空间,这也将是中国动漫产业发展的黄金期。

因此,我们还要满怀希望地赶超发达国家。

参考文献

[1] 麦克尔·波特.国家竞争优势[M].北京:华夏出版社,2003.
[2] 厉无畏.创意改变中国[M].北京:新华出版社,2009.
[3] 尹继佐.文化创新与城市发展:2002年上海文化发展蓝皮书[M].上海:上海社会科学院出版社,2002.
[4] 陈舒平.中国动画片如何走向世界[J].电视研究,2002(9).
[5] 蒋莉莉.发达国家动画产业的原创力特点及对中国的启示[J].文化艺术研究,2009(1).
[6] 展雄.为中国动漫把脉[J].中外文化交流,2003(6).
[7] 陈伟.蓝猫文化旋风[J].中国名牌,2004(7).

树立三大观念，深度开发苏州河

——在“苏州河休闲文化发展论坛”上的演讲

（2009 年 11 月）

综观世界级发达城市的经验，以文化为核心的软实力已经成为城市国际竞争力强弱的重要标志，国际上很多成功的旧区重建都以本土文化为核心支撑，如英国泰晤士河南岸、德国柏林的哈克欣区、加拿大温哥华的兰桂岛、日本北海道的小樽运河、美国纽约的苏荷等。显然，上海苏州河的成功再开发同样也离不开上海特色文化资源的挖掘与利用。值得高兴的是，对于苏州河开发中的文化建设，上海社会各界已经形成共识，正积极落实到行动上。如上海市政府相继推出了苏州河河滨开发规划，文化历史保护区规划；沿线的普陀、长宁、静安、闸北等各区也在纷纷出台了相关产业规划、功能规划等，其中不乏好思路、好项目。比如，普陀区提出了“文化苏州河”的发展新理念，并大力推进“苏州河文化长廊”的建设，区政协每年举办不同文化主题的苏州河论坛，汇集各方智慧，为母亲河的未来铸造新辉煌，为上海城市的新发展增光添彩。我相信，通过上海各方的共同努力，苏州河一定会有一个灿烂的明天。刚才听了大家的发言，得到不少启发，结合自身的感受，对于苏州河的文化创新发展谈三个观点。

一、品牌观

品牌意味着信赖度高，附加值高，不仅是商品、产品在竞争中取胜的市场策略，也是城市持续创新发展、取得优势资源的法宝。在全球化、市场化、信息化的大背景下，城市发展也已经进入了品牌竞争时代。杭州原是尽人皆知的天堂城市，现在也走品牌发展之路，提出了建设“品质城市”的口号，国际大都市伦敦则专门请专家设计城市品牌，提炼出伦敦与众不同的“开放、迷人、自信和动力无限”的品牌格调，在“文化多元化、无限创造性、充满机会以及无穷积极的推动力”的城市品牌价值中，确定核心价值，这是“不断探索”，在视觉形象上，伦敦还选择了一个活力无限、变化无穷的万花筒来表现伦敦品牌形象。事实上，品牌背后体现的是一种文化价值，也是一种观念价值。多年来，我一直在强调要从“功能价值”和“观念价值”两方面去认识和开发商品的价值、产品的价值，包括产业的价值、区域的价值和城市的价值，特别是要用文化创意提升它们的观念价值，简单地说，也就是要有品牌观。回到苏州河的话题，我们也要倡导用文化来创造苏州河的观念价值，塑造苏州河的个性形象，把城市品牌的观念融入苏州河开发的方方面面。

上海城市傍水而生，有两条著名的河流，黄浦江和苏州河，她们都被誉为上海的母亲河、上海城市的血脉，这“一江一河”真实而生动地记载了上海城市百余年的变迁，两岸的人文景观更是深深烙上了上海的印记。她们都是上海城市的品牌，在实际发展中，黄浦江已经具备了比较完善的功能和明确的形象定位，而苏州河正处于开发建设的初期，我们要发挥后发优势，加大品牌建设，与黄浦江形成错位互补，相得益彰。

纵贯南北的黄浦江，粗犷恢宏、水波浩淼，见证了上海城市的开埠、中西方文化的交融、现代化国际大都市的崛起，如今，以万国建筑和摩天大楼为特色景观的浦江两岸已经成为上海金融、商务的集聚中心。随着新老外滩的发展、2010 年世博会主场馆的建设，浦江两岸的功能将日趋完善，国际性的会展业、旅游业、演艺业也将随之迅速崛起；东西向横贯上海中心城市的苏州河，与黄浦江有着不同的景致：岸线曲折绵延，河水荡漾潺湲，岸边厂房、学校、仓库、公园、住宅错落有致，构成了一幅具有浓郁生活气息和上海特征的城市“清明上河图”。如果说与大海相连的黄浦江是上海开放、包容的象征，体现了上海海纳百川的国际性文化，那么蜿蜒流淌在中心城区的苏州河则是上海城市多元、融合的象征，更多地体现了上海海派文化的地域性，这种上海本地特质文化是苏州河魅力之所在，也是上海城市个性之所在。

苏州河的品牌建设需要根据文化特质进行设计，也需要在受众中广泛传播，树立品牌观，这将有利于我们在苏州河景观、园区、旅游休闲、商业、服务业、文化产业等方面的深度建设开发中融入特色鲜明的苏州河文化元素，培育根植于苏州河文化的一系列品牌产品、品牌活动、品牌园区、品牌旅游线路、品牌餐饮……为苏州河的高品质发展创造基础条件。

二、整合观

苏州河的再开发和复兴是一项涉及范围很广的系统工程，不仅要规划先行，从长计议，统筹开发，还要树立融合开发观，在市级层面加大资源整合力度，形成政府、社会、企业、百姓等各方利益主体齐心协力推进发展的格局，以成为“未来城市文化遗产”为发展目标，在苏州河畔为世人展示一幅真实的、生动美丽的现代上海城市“清明上河图”。可以在两个方面加强整合：

一是文化的多元整合。苏州河沿线有丰富的文化资源，列入保护名册的市级以上文物保护单位以及市级优秀近代保护建筑达 28 处之多，此外还有 37 处公寓、里弄建筑以及仓库建筑被认定为具有保留价值。尽管如此，在开发中仍有必要整合、移植相关的文化，丰富文化苏州河的内涵，体现海派文化的多元化。比如，目前在苏州河有众多民族工业文化遗产，包括纺织、面粉、味精、造币等，在博物馆的建设过程中，就可以将与以上主题相关的上海非物质文化遗产融合在一起，如纺织业与国家非物质文化遗产黄道婆传统棉纺技艺的融合、造币厂与上海市非物质文化遗产造币雕刻技艺的融合、火柴厂与上海民间“火花”美术的结合等。

二是管理的跨部门、跨区域整合。苏州河在上海境内全长达到53.1公里,横穿普陀、长宁等9个区,单个部门、单个区域、单个企业都无力承担如此巨大的协调整合任务,上海市应该成立专门的苏州河综合性开发机构,负责对苏州河的开发进行总体规划、统一协调。目前,沿线各区都推出了苏州河发展规划,如普陀区段出台了苏州河普陀段总体规划方案、闸北区段推出了"苏河湾"现代服务业集聚带专项规划、静安区段规划了以商业为主体的苏州河休闲消费的新型社区等,为了促进资源的有效配置,以及苏州河的整体协调发展,建议有关部门尽快编制出台上海苏州河总体发展规划,指导沿线各区有序、有效地推进苏州河的再开发。

三、体验观

"城市,让生活更美好",这是大家都熟悉的上海世博会主题,同样,苏州河开发的最终目的也应该是为了让人们的生活更美好,让人们有更好的居住、学习、工作环境,让人们有亲近自然河流、体验城市文化的机会。美好的生活也需要经济做基础,发展文化的同时,我们也要发展经济。现代消费经济已经步入体验经济时代,也有人称之为"玩经济"时代,是否能够吸引消费者很大程度上取决于是否好玩,是否能够参与体验,因此,无论是从文化发展,还是从经济发展角度看,"体验"都至关重要,在苏州河休闲文化产业的创新发展过程中,要自始至终地贯彻"体验观"。

第一,打造体验式主题休闲空间。1999年第12期美国《时代》杂志就曾预言在2015年前后,休闲在美国的国民生产总值中将占有一半的份额,新技术和其他一些趋势可以让人把生命中的50%的时间用于休闲。据美国有关部门的统计显示,目前美国人有1/3的休闲时间,有2/3的收入用于休闲,有1/3的土地面积用于休闲。据联合国世界旅游组织官员分析,世界发达国家目前已逐步进入休闲时代。在中国,北京、上海、广州、深圳等一些现代化城市会率先在发达国家之后,进入休闲经济社会。目前苏州河休闲功能的开发,休闲空间的建设,不仅可以为即将到来的休闲经济大潮提供具有文化特色的休闲消费场所,也将促进苏州河新兴产业,包括现代服务业、旅游业、文化创意产业等的新发展。在苏州河文化休闲功能的建设中,要预留更多的公共活动空间和休闲消费享受空间,让居民能够近距离触摸都市文化河流。同时,要打造新型的体验式主题休闲空间,比如,可以将休闲空间与创意园区有机地结合起来,建设特色化创意主题的体验休闲空间,也可以以艺术、体育、旅游、文博等为主题创建休闲空间。例如,北京"798"艺术区就是集文化艺术、工业、商贸、餐饮、学校、服装等功能为一体,历史环境与现代艺术相融合,颇具后现代语境的休闲社区空间,满足了人们开始追求高层次审美的需求。

第二,策划体验式节事活动。一个成功的节事可以带动一个产业,在苏州河的深度开发中,要加强创意策划,定期或不定期地举办各类不同主题的节事活动,让消费者、旅游者、市民亲身参与,通过节事活动的体验,可以培育苏州河文化的消费认同,逐渐把苏州河建设成上海城市的"休闲之河""享受之河""文化体验之河"。

第三,开辟旅游体验产品。苏州河是上海本地产业文化、生活文化、商业文化的符号象征,苏州河以其特有的语言诠释了上海城市文化、城市生活、城市特质。我们可以在苏州河的不同特色区域,利用现有的街区、园区、社区等真实场景,为海内外旅游者开辟体验上海城市生活方式的"原生态"空间和"活态"旅游产品,通过旅游体验的方式,向世界传递和推广上海文化、上海时尚、上海品牌。

文化创意产业发展，亟须金融支持

——在“河南国际金融博览会暨中原国际金融论坛”上的演讲

（2010年12月9日）

在2008年国际金融危机爆发以来，很多产业受到很大的冲击，增长速度都有所回落，所以国家采取了一系列刺激经济的计划，经济终于在2009年得到迅速的回升，增长率达到了9.2%。但是，我们发现在危机当中文化创意产业是逆势而上，其增长率高达17%，为保增长作出了重要贡献。政府也非常明确地首次在2008年十一届全国人民代表大会的工作报告中提出要积极发展文化创意产业，而且在2009年7月出台了文化产业振兴规划和关于金融支持文化创意产业发展繁荣的指导意见。在刚结束不久的党的十七届五中全会上对“十二五”规划的建议提出要大力发展文化创意产业，要把它发展成我们国家的支柱产业，所以在这种情况下，我们需要积极地发展文化创意产业，而文化创意产业发展当然离不开金融的支持，从市场的情况来看，以电影市场为例，2009年城市的电影票房收入是62亿元，但今年上半年已经达到48.4亿元，预计今年可能超过100亿元，这说明市场空间巨大。

其他文化创意产业和产品的潜在市场空间也是巨大的，比如说企业转型需要产品设计和展示场，因此对创意设计和创意策划就有很大的需求。以上海为例，它现在是国际上的设计之都，近两年创意设计和创意策划都以20%以上的速度在增长，同时为长三角、珠三角的发展提供了多方面的服务。目前我国有三个城市加入了全球创意城市网络，它们就是上海、深圳和成都。刚刚郑州市市长介绍说河南是文化大省,那么如何把它发展成文化强省也需要金融的支持。

应该说目前政策环境和市场时机都已经成熟,但是文化创意产业虽然具有高附加值特点,但也是一个高风险的产业,正确的投融资决策是发展文化创意产业的关键,而正确的投融资是基于对文化创意的风险和收益的正确认识。为了促进文化创意产业的健康发展,需要金融的支持,要清醒地分析投资文化创意产业的风险和收益,在这个基础上做好金融支持文化创意产业发展的工作。文化创意产业的收益有它的特点,这个特点可以从以下三个方面来看:

第一,就是受众对于创意产品的价值认识有一个过程,而这个过程就会带来风险。许多创意生产者是根据自己的主观价值判断进行创作,而受众是根据主观判断去评价创意产品,所以具有创意的作品,人们对它的创新价值认识有一个过程,而这个过程的长短或者说能不能认识就会带来风险。比如说一个画家画一幅画,社会对它的评价会不一样,当年印象派刚刚出来的时候社会的评价是褒贬不一,我们在 20 世纪 50 年代的时候还曾经批判过这些画派;女子十二乐坊刚刚出道的时候也出现过不同的评价,后来她们就到韩国、日本去了,然后又“出口转内销”地回到国内,所以当初投资这个乐团就是一个风险过程。

第二,文化创意产品的需求是不确定的。具有不确定性就很难预测,文化创意产品和电饭煲等产品不一样,电饭煲等产品可以预测市场产品需求量,但是文化创意产品在观念价值和精神需求上面就很难做出一个正确的预测。比如要预测电饭煲、电视机的需求,可以根据家庭人口因素、收入因素、市场保有量和生产能力等进行预测,但电影的观众人数和票房收入就非常难以预测了,因为要决定一个人看电影的因素太多,它不是生活的必需品,选择看一部电影有各种各样的因素,所以在预测电影观看人数的时候几乎是根据过去行业的增长率来推算,这样准确性就不是很高。

第三,文化创意产品很容易被复制,因为它主要是以符号体现它的价值，是显性的，更容易被仿制。创作出一个好的电影剧本很难，但电影拍出来被人家复制就很容易，所以电影、音乐、美术作品在现代的条件下都是一串串的数字符号，如果没有保密的环境，创意就很容易被他人剽窃、复制，创意的原创人员就得不到应有的回报，知识产权就得不到保护。

文化创意产品的潜在收益很大，但风险也很高，《阿凡达》可以为投资者带来高收益，但不是所有高投入都能得到高回报。看一看电影市场，每年要拍大概 400－500 部片子，但是只有 100－200 部能够上院线，其风险性显而易见。那么为了支持文化创意产业的发展，就需要采取一些措施，第一是要在财政税收方面对文化创意产业给予一定的扶持；第二是要加强知识产权的保护，营造良好、宽容的文化氛围，构建完善的公共服务和知识产权的交易平台。郑州市要建立多层次的资本市场是好事，产权交易也是资本市场当中的一个组成部分，知识产权同样也可以进行交易；第三是要创新金融，培育文化创意产业的保险市场，营造包括贷款、投资基金、风险投资等配套机制，对此我们国家已经制定了相关的政策。

这方面我想重点谈一谈我们在投融资方面的创新和风险控制。由于它跟传统产业有很大的不同，所以过去的一些融资工具不很适合文化创意产品的需求，因为银行、信贷、债券的收益相对比较低，它适合风险较小的产品，对于高风险的产品如股权融资就有一定难度，所以发展文化创意产业需要创新金融来帮助文化创意产业进行投融资。从事文化创意产业的企业多为中小企业，它自身的资金非常有限，在创意生产方面有能力、有经验，但是缺乏融资和进行资本运作的经验。创意产品风险高，银行也很难评估它的价值和风险，所以用版权等无形资产做抵押，在银行还不一定行得通。对此，我个人认为，在投资方面可以考虑专注于创意产业的私募基金，这个私募基金可成为文化创意产业的投资主体之一，这个基金可以吸引拥有资金的投资者，满足文化创意产品的各种融资需求。目前，社会上已经出现了一批专门来投资文化创意产业的机构,其特点就在于他们自身拥有一批专家,专门来评估创意产品的价值。比如说私募股权基金已经开始投资中国的影视企业,不仅可以为影视企业引入资金,还可以帮助建立预算方案、审计和财务管理制度,并且通过监管资金的使用保证了严格的成本控制,这是这种基金的特征。

目前,活跃在中国影视界的 PE 主要有新媒体基金、中华电影基金、红杉资本、软银、韦恩斯坦亚洲电影基金等,此外还有汉能、易凯等都在关注投资机会,国际数据集团也在投资中国的电影,A3 也在投资,他们都已经进入电影市场进行大的投资。

此外还可以设立专注于文化创意产业的债券基金来投资文化创意产业。文化创意产业也可以上市,像华谊兄弟就已经上市。还以电影产业为例,可以多方合拍以实现风险分担,还可以预售版权并拓展电影衍生产品市场,其实很多电影虽然在票房上不一定能回收投资,但可以依靠衍生产品,像《哈利·波特》的衍生产品很多,还有贴片广告和植入式广告。一般来说,一部电影的票房收入只占到全部收入的 40% 左右,还要靠衍生产品的收入才可以赚钱。

目前,我国金融资本扶持文化创意产业的力度已经大大增加,如北京银行就抓住文化创意产业发展的最佳机遇,加大了对文化创意产业的支持,在影视、出版、动漫、游戏等领域,提供了超过 100 亿元的授信额度。

另外,再谈一下投资的风险控制与分担。因为任何投资都有风险,但是文化创意产业的风险比较大,更需要有所控制。现在很多电影不一定能在院线播放,但投资很大,承担着很大的风险。《阿凡达》在中国赚了 13.5 亿元的票房,引得许多人都在做电影投资梦,但是 60% 左右的电影在亏钱,像完美时空投资《刺陵》9 000 万元,回收效益很差。所以一定要控制风险,一个是政府层面风险,另一个是投融资风险,还有市场交易风险。政府层面的风险在于制度建设、政策和资金支持,另外通过政府的引导,让市场发挥积极的作用,比如建立各种各样的基金，包括种子基金、风险投资、私募股权基金等。政府可以出一小部分钱，然后吸引社会资金加入，许多国家都是这样做的。

投融资的软环境建设很重要，是控制文化创意发展风险投资最重要的方面。要有很好的信息平台，减少信息不对称，使得优秀的创意文化企业能够先得到资金，优先发展。同时，政府还可以借助政府担保和部分担保的形式，优先促进特定的文化创意企业获得融资。政府在支持文化创意产业时，需要时刻关注市场发展规模，避免出现低水平复制的情况。在建设文化创意产业园区的时候要由市场决定发展规模，投融资的风险控制需要对项目做客观的价值评估，除各个投资机构有自己的评估专家，也可以建立第三方的评估机构进行评估。还可以以可转债的方式进行文化创意产业投资，在投资策略上做恰当的选择可以降低投资失败的风险。

为控制文化创意产业的项目融资风险，可以通过吸引多方参与投资即联合投资的模式，《阿凡达》就是由于私募股权的加入分散了它的风险，因此我们在讨论《阿凡达》的时候经常说它创意怎么好，但最重要的是得到了私募股权基金的资助，没有这个资助就没有《阿凡达》这部影片。我们国内如《集结号》《非诚勿扰》也是这样的模式，美国好莱坞有超过30%的制片成本是通过第三方股本融资的。

关于市场和交易的风险控制。人们对有些文化创意产品的价值认识有一个过程，要人们尽快地认识产品的价值，首先需要媒体进行宣传和推介，比如说上海一家艺术品公司早期投资一位画家的油画的时候，就是先让人们了解它的艺术价值，然后买进，现在一幅画的价值已经增值300多倍了。《哈利·波特》电影每一部上映以前各大媒体都在广泛报道，介绍这一部的看点。其次要尽量缩短认识过程，以有助于降低风险。像上海大剧院之所以能够赚钱，就是因为投资了一个艺术大讲堂，针对上演剧目邀请专家进行讲解、点评，以提高受众的欣赏能力。500人的场地每一次演出几乎都座无虚席，因此说提高了受众的鉴赏力就降低了市场风险，也就提高了票房收入。

创意产品的市场具有不确定性，保证市场交易的顺利进行就需要风险投资的介入，比如说在国际金融危机爆发以后，浙江很多文具企业需要更新产品设计，就跑到上海来购买创意设计产品。在上海创意产业设计中心的帮助下，有一批创意企业为他们提供了设计产品，但是交易的时候出现了麻烦，因为什么呢？原来在交易当中遇到了市场风险的问题，文具企业说你的设计是不是受市场欢迎很不确定，我如果花大价钱买了你的设计会有很大的风险，但是设计企业也很担心，我把设计的东西给你看了，结果你不买，万一你回去复制，那样我的风险也很大。现在双方都觉得有风险怎么办呢？这时候就需要风险投资的及时介入，可以先把这个创意作品买下来，然后让企业出一半的钱，如果盈利了你一半我一半，如果亏了我也亏一半，但是如果企业认为将来市场看好，我这一半可以再卖给你，还可以按照原来定的价格再收购回去，这样企业就觉得风险降低了，交易也就做成了，所以有 360 个企业到上海来购买创意设计产品。

总之，目前我国的创意产业发展面临着良好的机遇，我们要抓住这个机遇，完善政策，创新金融，积极支持创意产业的健康发展，真正把文化创意产业发展成支柱产业，为建设创新型国家作出重要的贡献。

建立宏观审慎框架，实现金融业可持续发展

——在“亚太金融论坛”上的演讲

（2011 年 2 月）

从 20 世纪八九十年代开始，新自由主义在相当长的时间里推动了西方国家的经济发展。中国在改革开放过程中，借鉴了它的部分政策主张，使社会主义市场经济建设取得了显著成就。2007 年由美国次贷危机引发的国际金融危机使全球经济陷入 20 世纪大萧条以来最严重的经济衰退，引起了国际社会对新自由主义政策和华盛顿共识的深刻反思。以前我们都认为西方的大银行、大投行技术先进、管理科学，值得学习。但是雷曼倒台，高盛、摩根等投行被迫银行化，AIG 收归国有，这给亚太地区诸多经济体（包括我国）提出了不少值得思考的问题。以前我们基本认为市场是一样的，西方的市场更为成熟。现在看来这个市场不是我们所理解的市场，西方的市场也不如我们想象中的完善。未来的金融业到底要走向何方？站在这个十字路口，要继续保持经济金融健康、稳定和可持续发展，我们必须做出自己的选择。这时，一些基本的价值判断和原则就显得尤为重要，比如诚信、规范和可持续发展。

一、金融业坚持诚信、规范和可持续发展的必要性

（一）诚信是金融市场稳健发展的基本前提

诚信属于道德范畴，其基本含义是守诺、践约、无欺。诚信不仅是

人类社会赖以存在和发展的基础,同时也是金融市场保持良性运行的前提。亚当·斯密认为,“如果人类没有基本的道德规则的话,社会将会崩溃”,“没有诚信就没有市场经济”。他的两部同等重要的著作《国富论》和《道德情操论》都曾提到那只“看不见的手”,对于前者无疑是指市场,对于后者则寓意人的伦理道德。遗憾的是,后人多只记住他的《国富论》,却有意无意地忽略了《道德情操论》。进入现代社会后,建立在诚信基础上的现代信用制度更是成为市场经济良性运行的必然要求。讲诚信,一定程度上就会损失利益。一边是诚信,一边是利益时,对普通人来说已是一个不容易的选择,对于银行家而言,应该更是一个艰难的选择了。高盛,这家曾经叱咤风云的银行就被这个选择难倒了。可见,一方不讲诚信,不仅会损害对方的利益,同时也因为高昂的交易成本损害了自身存在和发展的基础。危机中多环节交叉的诚信缺失使得金融市场的链条极为脆弱,最终引发了国际金融危机。正如中国的一句古话而言:“惟利所在,无所不倾。”这次国际金融危机从多个侧面凸显了诚信的重要性。

(二)规范是金融市场稳健发展的重要保障

20 世纪 70 年代以来,在金融自由化思想的影响下,主要发达国家兴起了一场“放松监管”的金融法制改革。有关当局对法律的立、改、废为金融创新打开了方便之门,但也为国际金融危机提供了温床。比如,允许金融机构以高利率、高费率向低收入者放贷;允许金融机构采用浮动利率放贷和气球式支付;废除对包括信用违约掉期在内的金融衍生产品的规范和管理。

近十年来,金融衍生产品市场始终保持着高速增长,交易规模巨大,远远高于实体经济的规模和增长速度。根据国际清算银行(BIS)的统计报告和数据,截至 2008 年全球金融衍生产品市场未到期合约名义本金为 592 万亿美元,合约市值约为 34 万亿美元。八年内,名义本金增长了近 10 倍,年均复合增长率超过 25%。利率衍生产品交易名义本金最高,达 418.68 万亿美元,占比 70.73%;信用衍生产品作为新兴产品发展迅猛,名义本金从 2001 年首次统计的不到 1 万亿美元增长到 2008 年的 41.87 万亿美元,年均复合增长率超过 100%。

应该说,初级金融衍生产品的目的是资产定价与风险分散,本质上是中性工具。但诸如 CDO 平方、立方之类的衍生产品从其诞生就带有投机色彩,并使整个风险链条过长,杠杆效应过大,风险不断集聚而未真正分散,使投资者丧失了对风险的把握。

可见,在日益宽松的监管环境下,主要发达国家金融业发展偏离了实体经济需求,经济的金融化程度不断提高,助长了金融投机行为,过度证券化和高杠杆交易加剧了金融资产的膨胀,也放大了金融市场的风险,最终使得脱离实体经济的金融大厦倾覆。国际金融危机再次警醒了我们对金融市场规范不足的弊端。

(三)可持续是经济金融稳健发展的战略目标

可持续发展的基本思想是保持人口、资源、生态环境与经济社会的长期协调发展。把可持续发展思想引入金融领域,体现了金融市场发展变化对经济运行和社会稳定产生的影响日益重要。我们必须把对金融问题独立考察的传统扩大到金融与经济、社会的动态关系上来,把金融可持续发展与经济和社会的可持续发展密切地联系和统一起来。国际金融危机的发生与蔓延,除了金融市场自身诚信和规范的缺失外,从根本上说是经济失衡矛盾长期累积的必然结果,它表明依靠低储蓄、过度举债消费的经济发展模式的不可持续性。同时,新兴市场经济体过于依赖外需的经济发展模式也是不可持续的,必须加快经济结构调整,进一步扩大消费,实现内需和外需有效互补,才能实现持续健康发展。

二、国际金融改革的主要举措

这次国际金融危机一定程度上是诚信的危机、规范的危机和可持续发展的危机。为了实现全球经济的平稳可持续发展,各国根据形势变化,吸取教训、总结经验,并通过 G20 等国际组织推动国际经济金融改革。需要强调的是,一个比较重要的提法是宏观审慎政策框架。这个框架内容丰富,很多改革举措都可以放到这个框架里。我国作为重要的成员国,对 G20 形成的共识,我们要在实践中加以推进。党的十七届五中全会已经明确提出要“构建逆周期的金融宏观审慎管理制度框架”。

(一) 宏观审慎框架提出的背景

应该如何理解出台宏观审慎框架的理论背景和必要性呢?我想,我们必须对金融体系的系统性风险有个清醒的认识和了解。

1. 市场内部关联

经过数十年的金融创新,金融市场的关联性明显增强,特别是体现在金融机构的资产负债表上。理论上讲,吸收存款和发放贷款是银行的主营业务。然而随着金融市场的发展、衍生工具的丰富,同业往来增长速度非常快。2008 年至 2010 年,银行间市场成交量分别突破 110 万亿元、130 万亿元、170 万亿元,同比分别增长 55%、24%、31%。同业业务的快速发展使得金融机构资产负债表高度关联。当市场参与者和转移风险的方式越来越多时,这种趋势就更加明显。

系统重要性金融机构(SIFI)往往关联性很强,甚至是跨境关联性很强,出现问题将对金融体系和经济活动造成巨大破坏。根据美国彭博资讯的统计,2008 年,世界上 100 多家大型银行和券商损失共计 6 605亿美元,其中,美国损失 3 974 亿美元、加拿大损失 102 亿美元、欧洲损失 2 281 亿美元、亚洲损失 248 亿美元。包括国际货币基金组织在内的一些机构预测,国际金融危机导致金融部门的最终直接损失可能超过 1.4 万亿美元。同时,市场参与者除了要面临巨大的系统性风险以及可能的“大而不能倒”道德风险外,还要应对由于国际救助和处置计划差异而带来的高昂成本,甚至是救助不可行。因此,对系统重要性金融机构的监管应该要求更高。

2. 金融体系的顺周期性

金融市场的内部关联决定了金融机构在面对相似风险时会采取相似的行动。通俗地说,这种顺周期性就是缺乏刹车机制,会加剧系统性风险。具体而言：在经济上升期，通过充足的信贷供给、资产价格的快速上涨、杠杆和期限的错配，金融体系趋向于过高的风险暴露。如果金融体系没有在上升周期建立足够的缓冲，一旦周期逆转，衰退将导致大范围金融困境的出现，并且伴随着大量的去杠杆化、信贷供给和金融服务的减少。危机后饱受争议的评级公司就存在顺周期的问题。一方面，评级业务本身会有顺周期性。在经济景气上升周期，评级往往越来越好，导致投资者未看到风险，加大投资力度；而一旦景气发生逆转，特别是危机出现时，评级立即掉头，变化可能非常快，从AAA级立刻跌到C级，导致市场恐慌。这表明评级公司消化市场信息的能力也是有限的。除此之外，薪酬制度、监管要求和会计准则都存在不同程度的顺周期性。

3. 群体行为

现实中金融体系的顺周期性似乎与有效市场假设不符：市场并不完美，投资者并不理性，价格也并非反映了完全信息。理论界对此进行了多方面的探讨，其中值得一提的是"群体行为"的视角。羊群效应，通俗地说就是从众心理。由于金融市场信息不完全，金融机构很难确定所面临的不确定性，通常是参考周围人的行为而作出判断。因此，在这种行为模式的传递中，人的行为逐渐趋同且彼此强化，从而产生群体行为。稳定的宏观经济条件下，也可能出现非理性的群体行为，导致泡沫产生。一旦市场出现问题，又可能出现恐慌情绪，大家都逃跑。在这种情况下，即使原本健康的金融机构也有可能很快出现流动性问题。

可见，金融体系系统性风险的产生，不仅源于个别金融机构的失败，也源于金融机构和其他重要市场参与者对相似风险的共同暴露。一个普遍的观点认为，系统性风险以单个机构的失败开始，通过传染机制进行传播和强化。根据这种观点，原始的风险冲击可以来自金融体系之外，而危机放大机制却已存在于金融体系内部。

（二）宏观审慎框架与系统性风险

审慎监管，也被称为微观审慎政策，重点在于降低特定机构资产负债表的风险，增强个体抵御外部冲击的能力。国际金融危机表明，审慎监管在减轻严重金融冲击的不良影响和救助成本方面存在局限。在现有的审慎监管制度下，审慎监管会忽视源自跨机构或跨市场的风险对金融稳定造成的威胁。当信贷市场崩溃、资产价格急剧下降的时候，审慎监管关注的是单个金融机构的偿付能力而非金融体系整体情况，并会要求机构采取更为保守的信贷政策，这可能会对金融体系产生更大的负面效应。

虽然宏观经济政策往往被用来应对系统性风险，但它主要通过平衡经济体中的供给和需求来引导价格水平变动，重点在于关注通货膨胀，不能很好地缓和金融资产价格变动以及新出现的金融失衡，因此并不是解决金融体系系统性风险和抑制顺周期趋势的最佳工具。

宏观审慎框架的目标是通过强化金融体系抵御经济衰退的能力，以及抑制顺周期行为，以缓解系统性风险，而这不可能由单一的审慎监管或宏观经济政策实现。作为一个动态发展的框架，宏观审慎的主要内容包括：对银行的资本要求、流动性要求、杠杆率要求、拨备规则，对系统重要性机构的特别要求、会计标准和衍生产品交易的集中清算等。多种政策工具的综合运用使得宏观审慎框架在解决系统风险上具有独特的优势：一是解决时间维度的风险，即降低金融体系的顺周期性；二是解决跨行业维度的风险，即降低系统性风险的集中度。

（三）国际社会对宏观审慎框架改革的进展

国际清算银行（BIS）、巴塞尔银行监管委员会（BCBS）等机构都在研究宏观审慎的制度和工具。目前，宏观审慎框架的改革进展主要集中在以下领域：系统性风险识别、政策工具和制度框架等。例如，美国金融部门督查委员会、英国金融稳定理事会和欧洲系统性风险委员会纷纷成立，美国金融监管改革法案生效，巴塞尔协议Ⅲ讨论通过等。

三、积极推进金融业的可持续发展

金融作为现代经济的核心，与经济共生共存，相辅相成。金融业只有放在全球经济发展的视野之内，把握经济发展的趋势和脉搏，服务于实体经济，才能实现持续健康发展。

（一）“十一五”期间，我国金融改革取得突破性进展

“十一五”期间，我国金融宏观调控体系不断完善，金融改革迈出重大步伐，金融市场功能进一步发挥，金融领域对外开放稳步扩大。四大国有商业银行先后完成股份制改造并成功上市。政策性银行和金融机构的改革稳步推进。通过改革，金融机构股权结构和治理结构日益完善，资本充足率大幅提高。据统计，2010 年第三季度，工、农、中、建、交行的资本充足率平均在 11.7% 左右。资产质量大为改观，工、农、中、建、交行不良贷款率平均在 1.3% 左右。盈利能力和风险控制能力显著增强。金融市场方面，大力发展直接融资，债券市场规模已跃居亚洲第二、世界第六。在对外开放方面，我国与国际金融的交流与合作不断推进，深度参与了国际金融监管规则的讨论和制定。

（二）加快我国宏观审慎框架建设的几点思考

数十年的改革和发展，中国金融业的实力显著增强。但是，由于银行信贷在社会融资总量中占比很高，信贷波动对经济周期的影响很大，构建逆周期的宏观审慎框架是推动我国金融改革走向深入的必然选择。然而宏观审慎并不总是受欢迎，就好像中国成语“曲突徙薪”所讲述的故事一样，“今论功而请宾，曲突徙薪者亡恩泽，焦头烂额为上客耶?”如何建立宏观审慎框架，给我们提出了历史性的课题。

1. 判断周期

2010 年以来，特别是下半年以来，发达国家与新兴市场经济体的宏观经济周期出现了差异。发达国家在实施量化宽松政策后，复苏仍不强劲，部分国家主权债务危机尚未消除。在全球流动性增加、大宗商品价格波动剧烈的背景下，尽管新兴市场国家经济复苏较快，但资产泡沫和通胀压力持续加大。逆周期就是要对经济周期逆向调节，“过度扩张”要紧缩，“过度疲弱”要刺激，对不同的周期，政策的方向是不一样的。复杂多变的国际国内形势对构建宏观审慎框架提出了挑战，我

们要谨慎一点,对宏观经济周期要有正确的认识和判断。

2. 激励机制

建立宏观审慎框架,还需要考虑激励机制的问题。如何使那些能尽力达到宏观审慎标准的机构得到鼓励,对不能达到标准的机构进行制约和惩罚。目前我们有一些行政性的激励手段,还需要结合国情寻找更多激励手段,推动金融机构走向更高的宏观审慎标准。

3. 独立性和透明度

前面我们谈到了宏观审慎政策并不总是受欢迎,比如经济过热时期的信贷规模限制。宏观审慎框架的实施可能会面临诸多压力,这时框架的独立性是非常重要的,如何保持宏观审慎框架的独立性和透明度是一个值得研究的问题。

4. 国际协调

金融可持续发展涉及国际和国内两个层面,要充分考虑宏观审慎框架的多边一致性。这里的一个重要问题是,在一致的国际框架下,各国有多大的回旋余地?如何建立宏观审慎框架国际层面的信息共享和合作机制?

各位来宾,女士们、先生们,亚太各国从金融危机的重创中迅速恢复,成为引领全球经济复苏和增长的重要力量,与各国在过去十几年里为推进经济金融可持续发展进行的改革密不可分。正是在这一共识的推动下,我们在金融业发展和创新等方面开展了卓有成效的合作,有力提升了政策协调和对话沟通的层次,增强了金融可持续发展的信心和能力。我相信,只要我们继续坚持平等互利,加强沟通,务实合作,必将推动亚太各国、各地区经济金融稳定和发展不断迈上新台阶,实现亚太各国、各地区的长期繁荣稳定。

发展清明文化，促进两岸文化交流

——在“两岸清明文化论坛”上的演讲

（2011年3月）

清明是中华民族的一个特殊节期，有着节气和节日的双重身份。清明是我国农历二十四节气之一，《岁时百问》中说：“万物生长此时，皆清洁而明净，故谓之清明。”清明之后，万物复苏，人们开始春耕播种，辛勤劳作。清明又是一个充满人文意蕴的节日。这是迎接春日、活动筋骨、外出赏春的日子，民间又称“踏青节”，郊游、荡秋千、插柳、放风筝等都是清明节的活动。大书法家王羲之的《兰亭集序》描述的就是当时文人士大夫外出郊游、饮酒赋诗的盛况。清明节还是一个祭祖日，是生者对亡者的悼念、生者与死者聚首和倾诉的日子。长期以来，对相信有前世来生、讲求孝道的中华民族而言，清明已经与祭祖紧密联系在了一起。面对清明坟头萋萋青草，人们为亡灵祈福、诉说现世的恩怨是非，在缅怀先辈、纪念过往中寻求顽强生存和追求幸福的动力。每年一次的清明祭祖仪式不仅寄托了后人对祖先的哀思、感恩之情，更是发挥了敬宗睦祖、张扬孝德、彰昭后人的现实功用。缕缕青烟、悠悠纸灰、朵朵鲜花……中华民族的血脉、香火、文化在此间得到延续与传承。由此可见，作为四季轮转、生命交替的一个特殊时日，清明在中国人的生活中意义非凡，可以说清明文化的内涵既有德孝感恩文化，还有绿色健康文化。

在民俗生活的历史演进中，祭祀扫墓逐渐成为清明节的主体内容，是中华民族生活的重要组成部分。每到清明时节，中国人无论远近，都会怀着浓烈的亲情感、不远千里返乡祭奠先祖、孝思亲人。这种传统历经两千余年仍经久不衰,充分体现了中华民族崇本尊亲、追思感恩的民族心。而祭祖本身也被人们视为一个“记忆的仪式”——它承载着民族记忆,不断提醒人们重新记忆起中华民族悠久的历史,让一代代的中华儿女油然产生一种归属感和身份认同感,使中华民族“同根同祖同源”的观念代代相传。这种共同的心灵感受和记忆是民族文化记忆的一部分,成为界定中华民族身份的明确标识,是中华民族认祖归宗的重要纽带。清明节这种强化民族内聚力的重大作用,让以清明祭祖为中心的祭祀活动从根子上维系着中华民族世世代代的繁衍生息,构筑起中华民族伟大的生命精神。

近几年,海峡两岸交流持续热络,清明祭祖活动成为两岸同胞交流的一个重要平台。两岸民众通过举行各种清明祭奠活动、共同表达慎终追远、饮水思源之情。例如,两岸同胞清明公祭轩辕黄帝典礼已由区域性的纪念活动发展成为海内外炎黄子孙寻根团聚的盛大节日,大家怀着朝圣的心情,来到黄帝故里参加盛典,一同祭拜人文初祖、赞颂轩辕功德、体验同根同源、祈福华夏昌盛,为中华民族团结进取、和谐共荣“尽一点孝心”;两岸孔庙往来日益频繁,清明祭孔成为海峡两岸文化界的共同盛举,被视为传承中华文化的重要组成部分;闽台两地城市近年来举行的郑成功文化节,则是“四海华人歌国姓,五洲华裔颂英雄”,而对郑成功的敬仰也在深层次上反映出台湾文化与大陆文化的同源关系,成为连接海峡两岸的精神纽带和文化桥梁,为促进两岸关系的健康发展起到了积极的作用。最值得称道的是,两岸同胞追宗祭祖、寻根溯源的热情越来越高涨,各地举行的同姓宗亲寻根拜祖、续编族谱的联谊活动日益频繁,为两岸宗族集聚、共叙情谊、敬仰先祖、教育后世提供了良好的机会,是连结海峡两岸族人的重要纽带,是中华民族同根同族、和谐相处的真实写照,进一步增强了海峡两岸同胞乃至海内外华人及华裔的凝聚力、认同感和归属感,有利于进一步弘扬中华传统文化。这些例子都充分说明,清明时节祭祖扫墓,为海峡两岸的中国人提供了一个“认同的空间”，是建构民族文化认同和文化身份的重要象征资源、文化资源，在传承海峡两岸共同的文化传统的同时，更为两岸关系的未来发展夯实了坚实的文化基础。

围绕“清明文化”等主题，集中学术界的智慧和力量，研究、传承与创新传统文化，让海峡两岸的广大公众和新闻媒体更加广泛、更加全面而深入地了解清明节所蕴含的丰富内容，让海峡两岸的炎黄子孙能够在清明文化的浸润下，从感恩和纪念中汲取精神营养，在清明文化中不断凝聚情感、传承血脉、增进共识，推进和谐。

现在，清明节已是法定的公众节假日，清明祭祖被认为是传承民族文化载体、弘扬民族精神的重要舞台，同时也是推广绿色健康文化，应对目前气候变化的好时机。社会管理部门需要主动介入民间的清明节，积极强化清明意识，大力营造清明文化，充分发挥清明节在动员社会力量、凝聚文化共识中发挥着不可替代的软力量的作用。我们认为，政府可以根据现代人的生活特点，从多种角度着手，丰富清明活动内容、创新清明活动形式。比如，可以通过现代媒体，大力弘扬清明所包含的德孝文化，把德孝文化的思想延伸到政治经济社会的各个方面，让德孝文化真正成为道德复兴的起点、社会发展的重要推动力；可以在清明之际进行爱国主义和民族精神教育，通过组织群众祭拜革命先烈、民族英雄，发扬并继承先烈身上所体现的革命意识、民族精神，推动中华民族的伟大复兴；同时要做好文明祭扫的引导和宣传工作，反对和制止各种迷信活动和有损环境的行为，促进精神文明建设的健康发展；还可以组织群众植树造林、踏青春游等活动，改善生态环境、打造“绿色清明”，建设美丽中国，促进人与自然的和谐迈进等。我们希望，政府管理部门能够借清明节祭祀活动的“外壳”，恢复中华民族祭祀精神的优秀内核，即曾子所云的“慎终追远，民德归厚矣”。这是“以人为本”执政理念的具体体现，是对民族文化最积极的传承，也是建立和谐社会、共铸新时代中华文化新辉煌的重要体现！

文化交流是两岸关系持续发展的重要动力。随着大陆“十二五”

规划工作全面铺开、台湾的“黄金十年”发展构想逐步实施，为了进一步增进两岸民众的感情、缩小认同感差距，更多的文化交流应成为未来两岸共同的努力方向。我们每年都要举行这个论坛，就是希望构建一个两岸文化交流的平台，创新两岸交流形式，凝聚起两岸文化认同与共识的学者、专家，不断丰富清明文化研究成果，扩大清明文化的影响，运用成功举办海峡两岸清明文化论坛的成功经验，推动两岸文化交流与合作更加广泛、深入、持久和常态化地开展下去，为中华民族复兴而携手努力！

文化创意产业是推进文化强国建设的重要推动力

——在“亚洲财富论坛第四届(中国)年会”上的演讲

(2011年12月)

文化创意产业是指依靠创意人的智慧、技能和天赋,借助于高科技对文化资源进行创造与提升,通过知识产权的开发和运用,产生出高附加值产品,具有创造财富和就业潜力的产业。我国对文化创意产业进行分类和确立发展重点时,充分借鉴了欧美、亚太等国家和地区的分类体系,结合中国国情,确立了以促进工业化、城市化和现代化为主要特征的文化创意产业统计分类体系。比如,上海将文化创意产业划分为文化创意服务业和文化创意相关产业两大部分,下分媒体、艺术、工业设计、建筑设计、网络信息、软件与计算机服务、咨询服务、广告及会展服务、休闲娱乐服务、文化创意相关产业十个大类。

由于文化创意产业是将文化资本重新组合再引入经济系统的新兴产业,其特点就在于把文化、技术、产品(服务)和市场通过创意元素有机地结合起来。发展文化创意产业是通过提升文化内容与形式的创新力、扩大文化价值观的影响力、增强文化对产业的辐射力、增强文化传播的吸引力和提升全民文化素质,从而推进文化强国的建设。

一、提升文化的创新能力

文化创意产业通过高科技和多媒体等创新手段,有助于将传统文化中的精髓较完好地延续下来,既有效传承了传统文化,又在内容或形式上有所创新。

文化的创新力包括文化内容与形式的创新能力，需要具有对本土传统文化的传承力和对外来文化的吸收力。文化具有时代性，在不同的时代具有不同的内容，而传统文化的基本精神则随时代的发展而发展，构成民族的文化传统。然而随着现代化进程的加快，许多传统文化濒临灭绝，而文化创意产业则通过高科技和多媒体等创新手段将传统文化中的精髓较完好地延续下来，既有效传承了传统文化，又在内容或形式上有所创新。

桂林市阳朔县的《印象·刘三姐》作为全球第一台山水实景演出，就挖掘出了原生态的山歌文化。唱山歌是广西壮族人民的一个传统。广西人民素以能歌著称，有以对唱山歌为主的歌圩，唐宋时期的刘三姐就是壮族人民能歌与聪明智慧的化身，并被民间称为“歌仙”。然而随着现代化的进程，山歌文化日渐衰弱。如今广西人民试图通过刘三姐这个载体来表现自己当地的传统文化。从2003年的国庆节开始，《印象·刘三姐》几乎每天都在阳朔县书童山下上演。通过现代化的声、光、色表现手法将写实的人物故事演变为对桂林山水、概念、人文的“写虚化包装”，在这里，刘三姐首次被“抽象”为桂林民俗与山水文化的大融合，给人以耳目一新的感觉，从而传承了当地的山歌文化。

还如，《大梦敦煌》是近年中国原创舞剧中当之无愧的顶级之作，使中国舞剧进入了用舞蹈语言刻画人物细腻情感的新阶段，是继《丝路花雨》之后中国民族舞剧达到的又一高峰。《大梦敦煌》以敦煌艺术宝库的千百年创造历史为背景，以青年画师莫高与大将军之女月牙的感情历程为线索，演绎了一段可歌可泣的爱情故事。其前期投入达600万元。自2000年4月首演于北京以来，截至2008年，已在全国27个城市及欧美多个国家演出500余场，累计票房收入5 000余万元，成为中国民族舞剧商业运行最为成功的案例。《大梦敦煌》的成功最重要的原因就是深刻挖掘和有效传承了中国传统民族舞蹈文化的精髓。

文化创意产业具有把文化、技术、产品（服务）和市场通过创意元素有机地结合起来的融合性特征，有效促进了我们对外来文化的吸收。因为传统文化在传承的过程中，不仅需要增添新的内容，而且需要对异质文化的吸收和融合。文化创意产业的融合性不仅体现在产业运作上，还体现在对文化内容和形式的重新编码和整合上。这些都有利于对外来文化的吸收。比如《西游记》已经被日本改编成动画片；美国则利用我国的文化元素摄制成了动画片《花木兰》和《功夫熊猫》。功夫和熊猫都是传统的中国文化资源和生物资源，美国的梦工厂将这两种资源搬上了银幕，拍成了票房达5.5亿美元的幽默动画。《功夫熊猫》正是通过聚焦中国元素来吸引消费者，导演花五年时间研究中国文化，使中国元素充满了整部电影，而由《功夫熊猫》衍生出来的产业市场还在不断扩大。

我们发展文化创意产业也应在吸收世界先进文化的基础上促进文化创新。为此，我们应以包容和开放的胸怀来吸纳和借鉴其他民族的先进文化，扩大国际文化创意的交流，从而拓展创意空间、提升创新能力。

二、扩大文化产品的影响力

优秀的创意产品不仅可以传播和普及文化知识，而且会潜移默化地影响人们的思想观念、价值判断和道德情操。

文化发展最根本的是价值观问题，因此文化强国的首要目标就是社会主义核心价值体系的建设。核心价值体系建设才是我国文化建设的根本。我们可以将社会主义核心价值观具体化为实现国家的富强、人民的富裕，即在不断解放和发展社会生产力的基础上实现富强、民主、文明、和谐的社会主义现代化目标。因此，我们可以说文化的根本功能和核心价值应该是丰富人的精神世界，提升人的精神境界，为社会生活提供价值系统，使人不仅在物质生活上，而且在知识、道德、审美各个方面得到全面发展。

文化创意精品的传播影响远大于说教式的宣传。优秀的创意产品不仅可以传播和普及文化知识，而且会潜移默化地影响人们的思想观念、价值判断和道德情操。1998 年，韩国正式提出“文化立国”战略，在“文化立国”战略中，影视业被视为重中之重。在影视作品中，韩剧传播的是中国传统儒家文化里的谅解、宽容精神和伦理价值观念，比如年轻人应该孝顺父母，朋友之间以信义为本，做人要诚实，对家庭亲情要珍惜等。

曾经在2005 年火爆于中国荧屏的韩国电视连续剧《大长今》，讲述的是韩国历史上唯一的一位女御医——大长今的传奇故事，该剧细致入微地展示了韩国的优秀文化传统和人文精神。除了优美的画面之外，更吸引中国观众的是《大长今》中蕴涵的儒家文化传统。它很好地把中国儒家思想中的“忠、孝、仁、义”体现出来。比如，长今不管在怎样的情况下，始终替妈妈保守秘密，不透露她的真实身份；为了完成妈妈的遗愿，长今历经千辛万苦，终于做上御膳厨房的最高尚宫，这就是她对母亲的忠孝。而她对韩尚宫的尊敬、对皇帝的诚恳，则体现了她的仁义。在《大长今》中，宫廷生活、宫廷礼仪、官员设置等，都充分体现了儒家文化所提倡的礼仪。

《大长今》的热映，使人们进一步了解了韩国的文化，并推动韩医、韩服和韩国的美食、旅游业的发展。《大长今》为韩国的旅游业作出了重大的贡献。据统计，在《大长今》的效应下，到韩国旅游的外国游客增加了 15%。

无独有偶，美国就是通过好莱坞电影向全世界传播美国的精神和价值观，从而成为文化强国。比如，3D 电影《阿凡达》取得了很好的票房，其 DVD 热卖 4 天销量达 670 万张，创收 1.3 亿美元，观众之所以乐意观看，是因为保护生态的主题是人类共同面临的问题。但是吸引眼球的宏大叙述中渗透进了美国的主流价值观，观众也在无形中接受了。

三、增强文化对产业的辐射力

文化创意产业通过创意策划和市场运作把文化资源转化为经营资

本，不仅将极大地促进文化产业的创新发展，而且还能与其他产业融合发展。

这种文化对产业的辐射力主要是指文化作为生产力促进各产业创新与发展的作用。文化创意产业通过创意策划和市场运作把文化资源转化为经营资本，不仅极大地促进了文化产业的创新发展，而且还能与其他产业融合发展。文化创意产业为人们提供文化含量较高的产品和服务，满足人们的精神需求，从而有效刺激内需，形成新的消费市场，同时还有利于产业链的延伸，拓展产业的发展空间。

可以说，各行各业的产品和服务都能成为一定文化的载体，并因此提升其价值。如在工业产品设计中融入文化创意，可以用色彩调节人们的心情、以结构满足人体的舒适感或操作的方便、以独特的造型给人们以丰富的想象，从而实现产品的增值。

文化对产业进行渗透和辐射，会产生强大的生命力，而不会破坏已有的产业，只会在很大程度上促进既有产业的发展，给原来单纯的产业带来高额附加值。文化对产业的辐射力主要有以下两种表现形式：

一是在所有产业中（包括农业、制造业和服务业）注入新的文化信息要素，从而优化传统产业结构。在各行各业的发展中，文化资本都能够找到发展的空间，各个产业只有根据市场的需求不断融入文化与时尚的元素，才能获得新的生命力，提升自身的附加值。在实践中，农业、医疗、音乐等传统产业都可以通过文化创意开辟新的市场。比如，可以利用生物科技手段改变农产品的形状、色彩和口味等物理功能，与此同时融入文化元素，增加农产品的文化艺术含量，从而提高农产品的附加值。医药服务业是较难发挥创意的产业，在台湾新竹县竹北市有一家医院主题餐厅，服务员们打扮成护士模样，所有设备都来自医院器材，盛满酒的盐水瓶吊在空中，酒水沿着滴管流入酒杯，让人玩味不已。传统民族音乐对现代人的吸引力逐步减小，而运用时尚文化元素，可以重现昔日的辉煌。如女子十二乐坊这个诞生于2001年6月的乐队，是一个将中国传统的乐器组合与现代流行音乐表演形式有机结合的流行艺术团体，通过对中国的民族音乐进行重新包装，创造出一种全新的民乐表演形式，受到了市场的青睐。

二是在产业链的上、中、下游各个环节中加入文化创意概念。在产品的设计、生产和销售每个环节都可以通过文化创意投入实现附加值的增加，或创造新的需求并扩大市场。比如制造业，我们可对这个产业产品的设计研发、产品的制造和产品的销售进行拆分，围绕着研发、设计、生产制造和销售等价值链环节在商品生产过程中形成的若干个横向产业；处于不同文化背景中的创意主体可以根据自身的特点，选择适合的价值切入点，注入创意思想与文化内涵；让众多类似的价值活动通过聚集与重新整合，形成专门化的、以提升顾客价值为目标的文化创意产业群落。

把上、中、下游各个环节的创新开发结合起来，形成一条前后联动的产业链，是文化创意产业的取胜之道。比如，《哈利·波特》小说的作者从一名接受救济的贫困者一跃成为可与英国女王相匹敌的女富翁，获得经营权的美国时代华纳公司从中赚取了上百亿美元。《哈利·波特》成功的关键在于现代营销、现代科技和文化创意内容相结合，衍生出多种系列产品，彼此形成产业链，满足了不同层次消费者的需求。如运用高科技展示其内容的电影、DVD、游戏等数字产品，玩具、服装等日用品等。据统计，由《哈利·波特》带动的相关产业累计盈利已经达到2 000多亿美元。

四、促进文化传播的吸引力

文化创意产业与旧城区改造的有机互动性，有利于历史文化遗产的保护和城市文化品位的提升。

我们知道，文化传播的吸引力主要体现在文化传播手段上。文化创意产业促进了传播手段的创新。比如技术的发展不仅为文化创意提供了更丰富的表现形式，同时也提供了更多的传播手段。当代科学技术日新月异地迅猛发展，极大地影响了人们的生产、生活和消费模式，也为文化创意的开发和消费提供了广阔的发展空间。

现在,文化创意产业与新技术结合在一起,更促进了文化传播手段的创新。文化创意产业采用现代高新科技的成果,大力推进了文化交流和传播手段的升级换代,改造了传统文化生产经营和传播模式,例如手机网络、手机动漫、动画新媒体中 FLASH 的出现和普及。文化创意产业的发展也促进了传统艺术样式的升级换代,如传统唱片升级为 MP3、传统出版业拓展为网络出版和电子书、传统舞台美术与多媒体技术的结合大大增强了视觉效果,以文化创意为内容的数字技术新产品层出不穷,基于数字化的各种发明也使人目不暇接。

比如,作为上海演艺产业名片的《时空之旅》,从 2005 年 9 月首演至今,创造了票房过亿的优秀业绩。《时空之旅》的成功之处是在传统杂技的基础上,运用多媒体声光音响技术,融合现代音乐舞蹈,并打出"秀一个上海给世界看"的主题。它大胆地以音乐剧的形式,融合歌剧现场电声的效果,民乐的演奏、原创的歌曲,现代的舞剧、杂技、武术等,各项艺术元素兼容并蓄、巧妙融合,营造出多媒体效果,带给观众多元化的艺术感受,实现了"艺术与技术共融,传统与现代对接",让人震撼于现代高科技和文化结合的魅力。

发展文化创意产业还增强了城市文化的吸引力。文化创意产业与旧城区改造的有机互动性,有利于历史文化遗产的保护和城市文化品位的提升。国际上很多重要的文化创意产业都和旧区重建有关,如英国泰晤士河南岸、德国的鲁尔区、纽约的苏荷、日本北海道的小樽运河等,都是由 19 世纪制造业大发展时建造的厂房、仓库改造而成。

德国鲁尔区原本是欧洲最大的工业经济区域。从 19 世纪中叶开始,凭借其丰富的煤炭资源、离铁矿区较近、充沛的水源、便捷的水陆交通等优势,把煤、钢、机械制造等作为该区域的支柱产业,奠定了德国经济的重要基础。然而,在 20 世纪 50 年代末至 60 年代初,鲁尔区步入了衰落期。其主要原因:一是煤炭资源逐步枯竭,开采成本高于同期的其他国家;二是空气污染严重。同时工业化和城市化发展到一定程度对钢铁的需求也相对下降。为此，对鲁尔区的整治改造被提上了议事日程。此后，便通过发展文化创意产业改造这一钢铁煤炭基地，促进经济结构多样化，在传统产业的基础上派生出新产业，如工业设计、工业文化旅游等。目前，鲁尔区80%的劳动力从事旅游、商业、服务等第三产业。鲁尔区在产业转型中有效地嫁接了文化创意产业，形成了广受国际关注的鲁尔模式。

文化创意产业成功地将鲁尔从一个重工业污染严重、只适合生产不适合生活和居住的场所变成人们可以安居乐业的旅游型城市。比如，当地民众充分发挥想象力和创造性，将废弃的矿井和炼钢厂改造成博物馆，将废弃的煤渣山改造成室内滑雪场，甚至还利用废弃的煤气罐、矿井等开发出了一条别具特色的文化旅游路线。

可见，文化创意产业与旧城区改造的有机结合，可以避免城市文脉的中断，不仅能够保留具有历史文化价值的建筑，而且通过历史与未来、传统与现代、东方与西方、经典与流行在这里的交叉融会，为城市增添了历史与现代交融的文化景观，不仅对城市经济的发展产生了巨大的推动作用，而且使城市更具魅力，给人以城市的繁华感、文化底蕴的厚重感和时代的生机感。

五、提升全民的文化素质

文化创意产业就是要让人们更多地享受先进的文化成果，为人的全面发展提供精神食粮和各种营养。

随着经济发展，人们精神文化需求增长迅速，各类体现文化创意的物质产品正拥有越来越多的消费群体。消费者往往不再满足于商品本身的使用价值，而更关注于商品中的观念价值，即其中被注入的新的文化要素，如观念、感情和品位等因素。文化创意产业就是要让人们更多地享受先进的文化成果，为人的全面发展提供精神食粮和各种营养。

从消费者角度看，产品价值系统由功能价值和观念价值两部分构成。功能价值是消费者为满足基本需要时愿意给商品物理属性支付的价格部分。它由科技创造而成，是商品的物质基础。观念价值是指人们在消费商品物理属性的同时，因商品内在的文化属性、象征意义以及个人因消费商品所带来的感受和体验等方面的差异而愿意多支付的价格部分。观念价值是商品中包含的能与一些社会群体的精神追求或文化崇尚产生“共鸣”的无形附加物，比如品位、意味、风尚、情趣、故事等。

随着人们生活水平的不断提高，促进产品价值增值和消费者认可程度提高的基本趋势，是沿着从功能价值到观念价值的路径展开的。这是因为，一方面技术扩散迅速，产品趋于同质化，并导致已知市场的饱和，对消费者而言，以功能价值为基础的基本需求已得到满足；另一方面，经济发展了，物质产品日益丰富，人们的需求更倾向于精神和文化方面。于是生产者将大量的个性化体验、故事内容、符号与象征元素（如品牌等）等文化要素运用在产品的生产与消费过程中，让产品成为文化意义的承载者，也就大大提高了产品的观念价值。

文化创意产业正是通过观念、感情和品位的传达，赋予传统意义的商品某种独特的“象征意义”，提升其文化附加值，从而使传统的商品转变成了承载文化的载体，在满足人们精神需求的同时，也大大激发了群众的创意和创新意识，提升了大众的文化素质。

创意产业与经济发展方式转变

——在江苏省的演讲

（2012年4月）

加快转变经济发展方式，是我国经济社会领域的一场深刻变革。而要推动经济发展方式转变，有两个很重要的引擎，那就是科技进步和文化创意。现在所说的创意产业，实际上超越了传统文化产业范畴，是把文化资本重新组合，引入经济系统的新业态，特点在于把文化技术产品和市场有机地结合在一起，推进文化创新和产品创新。文化创意是推动产业创新转型的强大引擎，加快转变经济发展方式必然要大力发展文化创意产业。

创意产业如何推动经济发展方式的转变？可以通过四条路径来实现。

一、资源转化，把一些文化资本转化为经营资本

在传统粗放型的经济发展模式中，通常要消耗大量的资源，特别是物质资源，其增长的代价是自然资源逐渐消失。因为自然资源不可再生，大量消耗后会越来越少，所以对能源更要考虑减少消耗，要节能减排，导致资源约束和资本约束越来越成为经济发展的“瓶颈”。而创意产业最显著的特征是鼓励个人创造力的无穷释放，以个人的创造力来形成知识产权，再去创造财富和就业。这种释放，创造了新的产品和新的需求，冲破了传统资源的硬约束。而通过创意和市场，能够将各种资源转化为经营资本，为经济发展打开新的通道和空间，这是创意产业促

进经济发展方式转变特有的模式。这种模式关键在于对资源特征的把握，要认识什么是资源，同时认识人的创造力的发挥和市场的把握。在具体实践中，需要经过从资源到资本再到市场的多重转化。通过创意将文化资源转变为经营资本，不仅能够促进经济全面协调可持续发展，而且可以打造民族文化品牌，弘扬民族文化，提高自身的综合实力。创意产业的资源转化主要从以下三个方面展开：

一是当人的创造力成为经济增长主导资源时，资源的内涵和外延得到了深刻、广泛的拓展，一些有历史积淀的物质载体、一则优美的民间传说、一些社会生活中的元素等均可纳入资源范畴，加以开发和利用，成为促进经济增长的有用资源。比如说，我们过去有很多的小说故事，《三国演义》《西游记》《聊斋》等，这些是文化资源，是可以开发利用的。现在是外国人在开发，日本人开发了很多演绎《西游记》的游戏，因为历史上的小说现在已经没有知识产权保护，他们就拿去开发。美国人也把花木兰拿去开发了，很多的历史资源被他们利用了。举个具有历史积淀的物质载体资源开发案例，18 世纪瑞典"哥德堡"号沉没在海上丝绸之路的海底，21 世纪初被打捞起来，瑞典人再造了一艘"哥德堡"号，保持了原来的外观，但是内脏现代化了。搞这艘船的目的就是利用这个资源，一方面促进贸易，另一方面促进旅游。它沿原来的航线，从瑞典到西班牙经过比利牛斯海峡然后到中国广州和上海，促进了中瑞贸易。船上带了很多展品，到广州、上海就是旅游船，上船参观要花 60 块钱门票。它不仅融入了历史，还融入了时代精神和现代元素，不仅促进了贸易还增加了旅游收入，所以，从这里我们可以看到历史文化是可以变成经济资本的。

二是可以通过主题资源开发，把各种自然的、人文的，有形的、无形的、有效的资源转化为经营发展资本。有一个这样的转化案例：四川成都廊桥是个文化遗迹，经过几百年后变成了危桥，政府重修要花几百万元。区政府要拿出几百万元也有困难，所以就想了个招商引资的办法。这个桥谁来投资，就允许在上面经营饭店，实际上就是加一个顶，下面的桥保持原样，通行不收费，但可以增加一块经营面积，谁投资就给谁用。企业家也会算，桥上面有一千多平方米，桥只需要维修，花上几百万增加一千多平方米的经营面积并不吃亏，所以马上就有民营企业家来投资，投资后在桥上面盖了个饭店，叫廊桥饭店，当时就成为成都最高档的就餐场所之一。为什么呢？因为风景好。最早的一家饭店在廊桥上面经营得非常好，有了品牌以后还在其他地方开起分店。这样做取得了双赢，政府修了桥不花钱，企业花钱获得经营场所，得到实惠。

三是通过人脑这个主体资源，可以无中生有，把有些现成的东西进行转化或开发利用。那些文化资源是历史留给我们的，都是过去的人创造的，我们现在也可以再创造，所以完全可以无中生有。如果有的东西你可以把它弄得更优化一些，就是“有中生优”的创意转化，用无限的创意突破有限的资源约束，促进经济增长向软驱动发展转变。

从20世纪90年代开始，常州在城市转型中考虑发展旅游业，就挖掘历史资源。找了半天，找到乾隆皇帝下江南曾给常州题了“龙城”两个字，当地就借此做文章，搞“中华恐龙园”。但是在常州从来都没有发现过恐龙化石和恐龙蛋，这个恐龙园怎么做呢？不要紧，无中生有嘛！就编一个故事，外面的恐龙就可以跑到常州来啊。有两只叫奇奇、颗颗的小恐龙，经历了很多的历险故事，通过《奇奇颗颗历险记》就把常州很多风景给表现出来，而且奇奇、颗颗这两个动漫形象又可以做成品牌。就编这个故事和“宏梦卡通”合作，“宏梦卡通”就打出“看《奇奇颗颗历险记》，游常州中华恐龙园”的创意，就这样把常州旅游业给带动起来了。这很有意思，真正有恐龙化石的地方却并没有常州做得成功。这个成功靠什么？靠文化。所以，文化创意可以无中生有。

二、价值提升，提高附加值

从某种意义上讲，经济发展方式转变可以理解为在相同条件下对产业附加值的提升和观念价值的挖掘，而创意产业既是高附加值产业的来源，也是产品观念的创造者。任何产品的价值从理论上都可以分为使用价值或者叫功能价值和观念价值两部分。比如说两件衣服质地款式都是一样的，这两件衣服应该是同样价值。但是你在一件衣服上绣上一个品牌符号，这个价值马上就不一样了，因为给你这种符号以后就给你一种观念，同样的两件衣服就有差价了，这一部分价值称之为观念价值。将文化创意通过技术嫁接到产品上，所有的产品都可以成为文化载体，它的附加值就提高了。

最近看到一些案例也很有意思。上海有一个创意产业园区，它生产的小南瓜、西葫芦、茄子都是五颜六色的，有迷你南瓜，有大南瓜，大的有两百多斤。过去一篮子西葫芦、茄子也就几十块钱，但现在颜色不同，一篮子卖了三百多块。奥运西瓜是台湾人生产的，过去西瓜都是圆的，但是他生产的是方的。其实方西瓜也不难生产，就是西瓜生长到一定程度，弄个框子不让它生长就行了。用激光把奥运会的标记打上去，奥运会开幕的时候也是天气很热的时候，给各个国家代表团送点西瓜，也要卖一点西瓜。台湾人就抓住了这个机会，这个是奥运西瓜，所以很贵，一个西瓜卖2 000元新台币，卖了600多个。所以要考虑创意产业占据产业价值链的高端，相同的投入会获得更高的利润。

三、结构优化

基于产业融合视角，通过新型创意产业和其他创业产业融合发展，使传统产业结构升级了。文化经济的融合使得结构发生变化，因为科技是求真求理，文化是求善求美，这样结合就是真善美的结合，结构就提升了。新型创意产业和传统文化产业相融合能够提升它的结构，与传统产业像农业及其他产业结合也能够提升它的结构。传统产业，比如说杂技，杂技以前只是表演艺术，是杂耍，无所谓主题。现在新型文化创意产业利用现代科技，比如多媒体，就可以在背景上加上很多的东西，同样的资源进行整合，有杂技、有音乐、有舞蹈，都可以整合到一起，然后通过多媒体给予一个好的背景，这样杂技就更新了。上海杂技团搞了一个节目,叫《ERA—时空之旅》,主题就是"秀一个上海给世界看"。为什么要这么做?因为当时上海叫一年一个样、三年大变样。通过杂技的变换来表现时空的变换,背景完全可以用多媒体做,想要什么背景就有什么背景。所以节目非常受欢迎,原来的杂技也有,再加上多媒体的背景,连演三年几乎场场爆满,给杂技团带来很大的收益。不光是杂技收益,还做了很多的衍生产品,杂技当中的很多形象都被印在纸上或者T恤衫上,并做了一些毛绒玩具等,更增加了收益。

四、市场扩张

在知识经济社会,产品竞争的实质是通过产品所倡导的或体现的文化来影响或迎合公众的意识形态、价值观念、生活习惯等,从而使其接受某种产品。正是由于产品所包含的文化个性、文化精神,才促使这一产品在一定的消费层次里增值、走俏、辐射。文化力是产品进入市场的权威"准入证"。创意产业的文化底蕴具有很强的辐射性,可以推动产品热销。具体来说有以下几个办法:

一是通过文化精品的传播来增强城市的吸引力和辐射力,赢得受众认同,扩大本地企业的市场。比如韩剧产业,一部《大长今》带动了很多东西,后来大家几乎以为韩医比中医厉害,中医好像变成韩医的分支了,所以弄得中医界很多人不满意。《大长今》大力宣传韩医,我们为什么不宣传中医?我们的文化为什么不能为中医作贡献?我们讲文化精品的传播可以带动产品的销售,《大长今》还带动了韩国的美食发展,所以,我们同样也需要一些文化精品。

二是以文化推动品牌的建设,以品牌拓展市场。在技术同质化、市场上充斥着大量同质产品的情况下,富有文化内涵的品牌才能跳出价格竞争的重围。绍兴利用鲁迅文化,搞了咸亨酒店集团,然后又创立了孔乙己品牌的茴香豆。同样是茴香豆,孔乙己牌就可以贵几分钱。上海利用石库门文化创建了"石库门"上海老酒,过去叫"黄风"牌老酒,竞争不过古越龙山,上海"黄风"牌老酒就是当料酒卖的,两三块钱一瓶。经过改造以后，把石库门文化引进来，因为上海人对石库门有种特殊的情结。利用这种感情，"石库门"上海老酒出来以后，销量在上海超过了古越龙山。

三是做广告会展。广告有植入式广告，电影《非诚勿扰》里就做了剑南春的广告。《非诚勿扰》无意当中还把北海道的旅游和西湖旁边的西溪湿地的旅游带动起来。过去人们只知道西湖不知道西溪湿地，电影播出以后，西溪湿地旅游旺起来了，北海道的旅游业旺起来了，很多中国人都跑到北海道去。宁波是佛罗伦萨的姐妹城市，佛罗伦萨将米开朗基罗的一个雕像复制品——大卫送给宁波。宁波把它立在一个广场上，并在广场上建设一个会展中心，会展中心每年都会开展一些交易会和展览会。宁波是一个制造业比较发达的城市，他们把一些东西通过会展推销出去，所以这在当地被叫做大卫经济。

四是在营销当中融入文化创意，使消费者有文化认同感，产生共鸣和好奇心，拓展自己的市场。汾酒集团生产一种酒杯，当中像个竹筒但是隔开的，从上面倒酒是一钱，把这个酒杯倒过来就是三钱，取了一个名字叫举一反三，说你敬我酒，我再倒过来回敬你，在市场上蛮受欢迎的。

另外，真正要推广创意产业，我们还要树立一个理念，那就是文化创意产业不仅可以直接作为商品进入市场获取价值，还可以作为要素投入到其他产业里，向消费者提供新的价值元素，既提高了这些产业的附加值，也有利于实现文化创意的最大化。比如说音乐，过去的音乐家往往不是很富有的，在 18 世纪，像贝多芬这样著名的大音乐家都是很穷的，因为那个时候科技不发达，除了搞演奏会你没有别的办法。现在就不一样了，可以通过广播、电视、网络，可以做成碟片，可以作为手机彩铃下载，还可以录成芯片投入到玩具、文具、纪念品等一大批衍生产品中。现在把贺年卡拿出来可以唱新年快乐；生日贺卡打开可以唱祝你生日快乐，其实里面就是个小芯片。还有带芯片的芭比娃娃会演奏莫扎特小提琴，纪念品里面录了十首莫扎特的曲子。

从发展创意产业对策来讲有三个方面：

一是构建文化生态，缔造全景产业链。构建文化生态，就是要具有创意型社会结构，这是美国经济学家佛罗里达提出来的，其中最重要的是要有一个适当宽松的文化氛围，有利于创意文化的生产。为什么呢？因为创意产品刚刚出来，人们不一定会接受，因为它是主观经济。比如，“女子十二乐坊”刚出来时就有人反对，以前我们拉二胡都正襟危坐，现在弄几个小姑娘在舞台上舞腿扭臀，走来走去的，成何体统？就不接受。结果“女子十二乐坊”跑到日本了，在日本走红，出口转内销回来了，现在大家又接受了，所以很多东西就是要有这样一个过程。对于创意产品，要有一个相对宽松的文化氛围，让它生存，只要是无害的，我们就允许它生存，最终让市场来检验到底好不好。

二是激发消费欲望，培育新型产业群。主要是立足于顾客需要，进行价值创造，挖掘消费新需求。当然，还要考虑知识产权保护。有了知识产权，才能做衍生产品。知识产权还要保护，因为复制创意产业太简单了，所以更需要知识产权的保护。还要大力培育创意生产、技术、经营人才，壮大创意阶层。

三是融入城市发展，提升区域竞争力。全球化背景下，创意产业以其强大的创造性激发城市活力。城市创意产业发展得好，城市的形象就有吸引力。有一部电影叫《让子弹飞》，我说让创意飞，飞到各行各业，这样就能促进我们国家的经济转型。

发展文化创意产业对大中华地区的意义

——在香港“创意、文化及产业国际研讨会”上的演讲

（2012 年 6 月）

文化创意（以下简称“文创”）产业蕴涵了文化、经济、社会等多层面的丰富内容，经过十多年的发展和实践，文创已经不局限于产业层面，而是与区域发展有机融合，向经济价值与社会价值并重的方向推进。毋庸置疑，发展文创产业不仅能够促进大中华地区的经济创新和文化创新，还将加深彼此间的合作交流，并有效提升大中华地区在国际上的整体形象。

从文创产业的发展实践来看，大中华地区通过文创的发展，产业转型取得了积极成效。比如香港政府为优化经济结构，全力支持创意产业，前任特首曾荫权提出要发展“六大优势产业”，而文创产业就是其中之一，现任特首梁振英在今年 3 月的施政纲要中，也高度重视创意产业发展，表示要加强对文创产业的扶持，并提出增设文化局，负责制定及推动文化政策，推动文化产业持续发展壮大。创意产业已成为香港快速增长的产业之一，以设计产业为例，2005 年到 2010 年间，其对香港本地生产总值的贡献增加近三倍，达到 37 200 万美元，同期就业人数增加四分之一，达到 12 000 人；又如，香港已成为亚洲艺术品的主要交易和拍卖中心，香港国际艺术展是亚洲最具规模的艺术展会，2011 年吸引了来自全球 39 个国家或地区的 266 间艺廊参加，入场人次达到 6.3 万。

发展文创产业也是创造一种新型生活方式，在促进消费的同时，还

有利于提升大中华区域人民的生活品质。比如台湾地区文创产业发展初期就强调要通过发展创意生活产业,提升本地人民的生活品质,提倡把“把生意做成文化”,创造出具有文化品位和情调的创意生活方式,不仅满足了台湾人民的个性化消费需求,还在精致农业、休闲生活等领域积极与大陆合作,大大地拓展了产业的市场空间。

一、发展文化创意产业,推动大中华地区的文化创新

随着现代化进程的加快,许多传统文化濒临灭绝,而文创产业利用高科技和多媒体等创新手段将传统文化中的精髓延续下来,既有效地传承,又在内容或形式上有所创新。中华文化是大中华地区共同的情感记忆,共同的精神遗产,发展文创产业,有利于推动大中华地区文化创新力、文化影响力和文化吸引力的整体提升。

1. 提升中华文化的创新力,优化文化基因

中华文化创新力的提升基于对传统优秀文化的创新性传承、对外来先进文化的包容性吸收,以及对历史文化资源的创意性转化。

传统文化只有在创新中传承,才能得到发扬光大。大中华地区发展文创产业,就是促进中华文化的创新创意性发展,是对中华传统文化赋予现代阐释,使其在服务当代人的文化精神需求中焕发出新的生命力。

发展文创产业不仅需要增添新的内容,而且需要对异质文化的吸收和融合,这种融合性不仅体现在产业运作上,还体现在对文化内容和形式的重新编码和整合上,有利于推动中华文化的价值创新,进一步优化中华文化基因。为此,我们应以包容和开放的胸怀来吸纳和借鉴其他民族的先进文化,扩大国际文化创意的交流,从而拓展创意空间、提升创新能力。

2. 扩大中华文化的影响力,传播价值观念

对历史文化资源的创意性转化是发展文创产业的重要环节,也是扩大中华文化影响力的关键,中华文化是一个巨大的财富宝库,只有提

升创意转化能力，才能将资源优势转为经济优势，并借势扩大中华文化影响力。比如《花木兰》《功夫熊猫》中的人物、动物原本是中国特有的文化和生物资源，但却被创造力强大的好莱坞所开发和利用，成为美国人获取财富的资源。以美国梦工厂的《功夫熊猫》为例，导演花三十年时间研究中国文化，使中国元素充满了整部电影，《功夫熊猫 2》全球票房高达 6.5 亿美元，其衍生出来的产业市场还在不断扩大，后续效应也在发酵。

文创精品的传播影响远大于说教式的宣传。优秀的创意产品不仅可以传播和普及文化知识，而且会潜移默化地影响人们的思想观念、价值判断和道德情操。因此，大力发展文创产业将有效扩大中华文化的影响力，传播中华文化价值观，催化“华流”风靡，助推“汉风”劲吹。

精心策划的广告、会展有助于文创产业拓展市场，扩大中华文化的影响力。在营销中融入文化创意，引起消费者的文化认同，产生共鸣，或好奇心，从而扩大市场消费。目前，大中华地区定期举办多个颇具规模的文创产业博览会，比如，中国大陆每年主办四个大型“国际文化产业博览交易会”（文交会），分别在深圳、北京、义乌、西部举行，此外，在台湾举办的“海峡两岸文化创意产业展”，在大陆各地举办的系列活动“台湾名品博览会”，香港举办的“国际艺术展”等都集聚了大量文创产品，通过促进文化消费，扩大了中华文化的影响力。

3. 增强中华文化的吸引力，展示独特魅力

文创产业采用现代高新科技的成果，大力推进了文化交流和传播手段的升级换代，改造了传统文化生产经营和传播模式，也促进了传统艺术样式的升级换代，大大增强了中华文化的吸引力。比如传统舞台美术与多媒体技术的结合形成的视觉效果使人目不暇接，由此创新形成的实景文化旅游演艺节目吸引了各地游人纷至沓来。以上海演艺产业名片《时空之旅》为例，其成功之处是在传统杂技的基础上，运用多媒体声光音响技术，融合现代音乐舞蹈，并打出“秀一个上海给世界

看”的主题。它以音乐剧的形式，融合歌剧现场电声的效果，民乐的演奏、原创的歌曲，现代的舞剧、杂技、武术等，各项艺术元素兼收并蓄、巧妙融合，带给观众多元化的艺术感受，实现了“艺术与技术共融，传统与现代对接”，让人震撼于现代高科技和文化相结合的魅力。

文创产业通过美学符号的诠释，塑造了区域文化个性，增强了城市的文化吸引力。文创产业与旧城区改造形成有机互动，有利于历史文化遗产的保护和城市文化品位的提升。一方面通过保留具有历史文化价值的建筑，可以避免城市文脉的中断，使得历史与未来、传统与现代、东方与西方、经典与流行在这里交叉融会，为城市增添了历史与现代交融的文化景观，给人以城市的繁华感、文化底蕴的厚重感和时代的生机感；另一方面孕育了新的产业业态，避免了产业的空心化，对城市经济的更新和持续发展，以及就业率的提高等产生了巨大的推动作用。上海的近100个创意产业集聚区中有2/3都是由19世纪制造业大发展时建造的厂房、仓库改造而成，比如M50、八号桥、田子坊、红坊等。又如，被列入“世界文化遗产目录”的澳门历史城区保存了百年中西文化交流的历史精髓，展示了独特的文化魅力，而澳门特区望德堂区的仁慈堂婆仔屋最近经重新改造，也成为创意产业区，这些文创空间将为澳门吸引更多的游客。

二、发展文创产业，加深大中华区域的交流合作

大中华区原文化同根同源，发展文创产业不仅能共享共赢，还将加深区域间的交流合作，大大增进了文化认同，增强民族凝聚力，共同为大中华区域同胞谋福祉，为两岸谋和平，为中华民族谋复兴。

1. 加强中华文化交流，增进合作共识

大中华区域具有共同的文化母体，发展文创产业，在加强文化交流的同时，又能促进产业发展，一方面可以进一步增进民族认同感，加深友情；另一方面还能产生社会经济效益，促进文化与经济双赢的交流，有利于增进合作共识。

迄今已经举办了七届的“两岸经贸文化论坛”，将经济和文化作为重要研讨议题，历届论坛到现在已经获得了百余项共同结论和共识，为文化、交通、旅游、金融等方面提供了更多的双赢的机会，在第七届论坛上形成的“共同建议”中把加快文创产业发展列为重要合作内容，提出继续推动两岸文化产业交流与合作。扩大两岸出版物贸易、版权贸易及影视业合作，加强技术合作与项目合作，共同开拓海外华文市场，增强中华文化的国际传播力和影响力。拓展交流合作管道，加强业务往来和沟通协调，并探讨市场准入与通路议题，增强两岸文化产业实力。在合作共识的基础上，近年来台湾和大陆的成都、福州、北京、上海等城市建立了文创产业项目的合作关系，不仅满足了台湾的投资需求，还将台湾的美食文化、声光数字、动漫世界、时尚品牌、游艺购物等向大陆推广，从而推动了海峡两岸的文化交流，进一步促进和平发展。又如香港资讯丰富，高新技术的研究能力处于世界一流水平，许多香港高科技企业将厂址迁移至营运成本较低的中国内地，并以内地著名高校的人力资源为强大后盾，促进了各自的发展。还如，2011 年中国动漫集团有限公司与澳门万国控股集团有限公司签署了战略合作框架协议。据了解，双方将在动漫游戏研发、文化产业基地建设、动漫游戏娱乐城、文化与旅游等会展、国际产业论坛、版权与贸易、艺术品交易七个方面开展合作，共同开创内地与澳门文化创意产业对接、互利共赢的新局面。

2. 促进中华文化认同，形成民族凝聚力

文化是大中华区域血脉相连的纽带，如果说经济合作像手携手，文化交流就是心连心，文化创意产业融合了经济和文化，其发展必将进一步促进大中华区域的文化认同，增强中华民族的凝聚力。

利用中华文化元素和价值理念发展文创产业，既能够使大中华地区以鲜明的文化特征区别于世界其他民族，又能增强区内炎黄子孙的中华文化认同感。比如，香港出品的华语卡通动画片《麦兜响当当》，片中以麦兜母子俩的经历为线索，幽默风趣地反映了港人北上的辛酸，片中所折射出的公正、至诚、仁爱、孝悌、信义等儒家价值理念，因为大中华地区的观众对这种儒家价值理念具有认同感，使得该片广受欢迎，无形中还增强了中华民族的凝聚力。

3. 促进中华和谐发展，共襄民族复兴大业

中华民族复兴大业是我们共同的历史使命，大中华地区发展文创产业有利于促进中华和谐发展，共襄民族复兴大业。

在文化层面，文创为区域的和谐发展和民族文化复兴奠定了坚实基础。大中华地区文化创意的发展，首先是彼此间文化的认同与合作，和文化是中华文化的精髓，通过“和谐”“和睦”“和美”“和顺”“和悦”等的创意发展，加深了中华民族血肉联系，强化了中华文化精神的弘扬和传承，文化桥梁的架构和通路因此将得到新的拓展。

在产业层面，文创与产业融合发展，开辟了中华民族共同创造和积累财富的新路径，为中华民族整体经济实力的提升和经济复兴，以及国际竞争力的增强提供了共赢之道。比如，北京深厚的文化积淀、良好的文化氛围吸引了一大批台湾文化创意人士驻扎，从事与文创相关的产业；“两岸四地文化研究与交流中心”落户杭州西溪创意产业园；大中华地区共同打造的“妈祖文化旅游圈”项目启动；“海峡两岸文化产业园”“两岸艺术品交易中心”也已在厦门建设等，这些均有利于大中华区域内部各方发挥各自优势，形成具有互补效应的中华文创产业体系，使大中华文创产业的整体水平得到提高。

三、发展文创产业，提升大中华区域的国际形象

悠久辉煌的中华文化是世界文明中的一朵奇葩，大中华地区是世界版图中一颗璀璨的东方之珠，塑造良好的国际形象是我们面临的共同课题。文化创意产业的发展，将进一步激活大中华区域的创意潜力，繁荣文创产品，有利于我们在携手合作、优势互补、迈向世界的过程中，用生动的表现形式和创意性的传播方式，以鲜活的文化创意产品为载体，在国际舞台上展示大中华地区的崭新形象。

1. 塑造中华文化形象,提升国际认同度

我们自豪于祖先的创造,使大中华地区拥有积淀了五千年的历史文化资源,通过发展文创产业,一方面,我们可以挖掘和整合本土文化资源,推陈出新,将丰富多彩的中华文化资源宝库活化为财富金矿和精神乐园,造福中华人民;另一方面,我们可以通过树立良好的国际文化形象,将丰厚的中华文化遗产转化为世界人民共享的精神财富,在推进世界文明的进程中发挥应有的作用,贡献应有的力量。

文创产业的发展有助于我们以全球的视角、时代的眼光、创意的手段演绎大中华区域的国际形象,围绕中华文化的核心价值,用世界语言叙述中国故事,用创意建立起鲜明的中华文化形象识别体系,包括理念识别、行为识别和视觉识别,实现中华文化形象的创新发展,提升中华文化的国际认知度和认同度。

2. 输出中华文化品牌,提升国际竞争力

当前,全球范围的产业结构、生产方式与国际分工正面临着大调整、大变革,围绕市场、资源、人才、技术、标准等方面的竞争更加激烈,文化成为提升区域软实力、获取竞争优势的关键要素。通过历时五年的实地调查和对 1 250 多位产业领袖和文化精英的访谈,法国学者马特尔指出:世界文化大战已经爆发,各大国之间为了国家利益已然不复动用传统意义上的军事手段,而是通过电影、电视、流行音乐、时尚服饰、餐饮、媒体等各种文创产业的手段展开博弈和竞争。比如美国通过销售好莱坞大片、米老鼠卡通、百老汇歌剧、NBA 篮球,以及星巴克、麦当劳、可口可乐等传播美国文化和价值观。因此,大中华地区发展文创产业,在国际市场上营销“中华牌”文创产品,不仅能够提升本地区制造业和产品的附加值,在全球产业分工体系中占据优势地位,其意义还在于能够输出中华文化品牌,形成持续的区域竞争优势。

必须强调的是,在现代经济发展中,品牌已经成为一种战略性资源,企业和产品在市场上的竞争实质上是其所体现的品牌文化之间的竞争,品牌正主导世界财富的分配。我们是文化资源大国,还不是文化品牌大国，对此，我们应有足够的重视和义不容辞的责任，以创意创新的态度，加快发展文创产业，创造具有中华文化内涵的世界级品牌产品，在引领消费的同时，传播中华文化。

3. 推广中华创意人才，提升国际影响力

驱动文创产业发展的核心要素是人的创造力，推进大中华地区文创产业发展，必将促进本区文化创意杰出人才的脱颖而出，提升中华创意人才的国际影响力。

创意人才也是一个国家和地区国际文化形象体系中的重要标识。比如美国苹果公司的前CEO乔布斯、Facebook的创始人扎克伯格等都已成为美国国家创新文化的形象符号，其国际影响力和号召力巨大，在他们的背后都形成了消费忠诚度高的粉丝群，把乔布斯誉为“帮主”的苹果粉丝（果粉），为求得一款苹果新产品不惜通宵达旦地排队，不惜付出昂贵的价格。因此，鼓励创新创意企业发展，培育和推广大中华地区的“乔布斯”式人才，应是提升中华文化国际影响力的有效举措之一。

不可忽视的是，文创产业人才覆盖产业链的上、中、下游，除了重视推广上游的创新创意专业人才，还要注重发展下游的策划、咨询、中介、营销等创意服务人才，只有形成完整的文创产业人才链，才能有效加快实现中华文创产品走向国际市场，才能为中华文创人才集聚起“国际粉丝”。

大中华地区融亲缘、地缘、神缘、业缘和物缘等“五缘文化”于一体，今天，因文化缘我们手牵手，肩并肩，心连心，当我们在中华文化中植入创意的基因，我相信，我们将会更亲密地携手、更大步地并进、更同心地协力，中华民族的伟大复兴一定能够实现。

创意产业与新型城镇化

——在“智慧城市建设暨新型城镇化与房地产未来发展高峰论坛”上的演讲

（2013 年 3 月 21 日）

创意产业和新型城镇化是一个很值得研讨的课题，不管是智慧城市的建设，还是新型城镇化或是房地产业的发展，都跟创意产业有关。智慧城市也必须要有创意，要有现代的科技和多彩的文化来管理城市，而房地产的建筑设计本身就属于创意产业。

现在创意产业的发展已经超越单一产业的局面，渗透到各行各业，带动了各行各业的创新，所以创意产业就是一个无边界的产业，它主要是跨界发展。我们现在已经进入一个创意经济的新阶段，国家提出要把文化产业做成支柱性产业，还有就是要带动其他产业的发展。什么是支柱性产业？不仅它本身要有一定的规模，重要的是它能够带动一批行业的发展，它的创意成果可以作为一种新的投入要素，深入各行各业，促进其他产业的升级发展，反过来看，各个产业无论是农业、制造业还是服务业，都可以借助创意产业的思维逻辑和创新发展模式，与创意产业融合发展，产生明显的经济效益。

创意产业是在经济社会发展到一定阶段产生的一个产业，在科技进步的支撑下才能够迅速发展，所以它本身的发展就跟科技进步有关。著名的未来学家约翰·奈斯比特在 20 世纪 90 年代就指出，高科技走进了现代社会，人们除了温饱和安全之外还更迫切地要寻找人生的意义，追求更高、更深、更远的东西，实际上就是指精神方面的需求。他在

《亚洲大趋势》里面就指出“21 世纪产业结构调整的一个重要趋势就是推进文化的产业化和产业的文化化”。这是两个方向，一个方向是把文化资源通过创意开发变成产业，另外一个方向是把各行各业的产品和服务做成文化的载体，来提升它的附加值。

综观世界，国际上所有有影响的大城市都是创意产业集中发达的地区。

创意产业的产品和服务还包括它的生产、扩散、聚合体系，范围包括创意产业核心部分，就是视觉艺术、文学、音乐、表演、造型艺术等。扩散的部分就是传媒，它要传播出去，还有唱片、电影、广告、会展、设计，以前会展业没有包括在里面，实际上会展业也是创意产业。中国 2010 年上海世博会就是创意产业。

聚合部分主要是文物博物馆，包括美术馆和博物馆，还有图书馆、艺术品市场以及教育、旅游、主题公园等，这里把一些相关的文化集聚在一起。对创意产业准确定位，其意义不仅在于对其所涉及的产业内容进行重新分类统计，而在于强调创意产业作为独立的产业形成以及对整个经济增长和产业结构演变的影响。现在我国很多城市都根据自己城市的特点进行定位，深圳、上海、北京这三个城市已经加入到设计之都，成都加入到美食之都，杭州加入到工艺品之都，说明各个城市都有自己的特色，然后通过与国际接轨，融入世界创意城市网络当中去，进而集结资源，扩展自己的创意空间。

城市文化体现出一个城市的精神，现在讲新型城镇化，就要考虑城市的精神和城市发展的质量，在这里我想重点谈一谈创意产业在促进城市文化创新当中所起的作用，在一座城市的发展过程中，文化创新和制度创新、科技创新以及其他各方面的创新是相辅相成的，是紧密联系的，形成有机的整体，共同构成了建设创新性城市的基本内容。

现代城市建设，随着文化自身以及经济、社会、政治功能的放大，它与科学技术的结合也更加紧密，已经具有了提高生产力的内涵，成为城市核心竞争力的一个重要因素。创意产业促进城市文化创新主要体现在文化的内容、形式、载体、体制和传播手段五个方面，内容创新是主要的，形式是科技发展以后它的形式也创新了，载体就是各行各业的产品和服务，要发展必须还要创新体制和传播手段。所以创意产业促进了城市文化内容和形式的创新，催生了一批形式多样、体现和传承民族文化特点的创意产品。

创意产业同时和科技创新结合在一起，表现形式有了更多更好的手段，使传统的文化表现、表演又有了新的表达形式。创意产业还促进了载体的创新，使得文化产业不断推出具有创意的商品，以满足市民日益增长的需求，很多商品也可以通过新的科技注入一定的文化内涵。

创意产业发展以后，特别是创意产业向传统制造业发展以后，使得文化载体的范围大大扩展，就是所谓衍生产品，在创意经济时代可以毫不夸张地说，任何一种蕴含创意的商品和服务都可以成为一种文化和载体。

创意产业的发展能够促进文化体制改革，形成文化创新管理体制和文化创新产业的格局，培育文化创新市场体系，促进文化创新主体形成。一方面促进了不同行业的融合，实际上现在很多地方把文化和旅游结合在一起，比如在深圳成立了文化体育旅游局，这些政府管理体制方面的创新，便于协调不同部门之间的利益关系；另一方面随着文化创意产业的复兴，应运而生的非营利组织也打破了城市原有的文化格局，呈现出多种繁荣态势。

通过文化传播手段创新，形成了文化传播技术的创新、传播渠道的创新和传播体系的创新。实际上传播手段的创新是随着科学技术的发展而发展的，每个人都知道，过去传播主要是靠报纸、杂志，现在有了互联网，传播的手段已经发生了很大的变化，有博客、微博还有网上各种视频、手机电视、手机游戏等，这一切将不断增强城市文化软实力和综合竞争力。发展创意产业促进城市经济转型和文化创新，可以让人们分享创意成果，生活得更加轻松愉快。创意产业的发展满足了人们的精神文化需求，通过挖掘和拓展，提升了人们对精神文化的需求，人们的精神文化需求越丰富越多样，创意产业的发展空间也就越大。在这个意义上我们可以说创意产业让城市的生活更美好。

那么创意产业跟新型城镇化有什么关系？

改革开放三十多年来，中国快速城市化进程在推动经济增长的同时，也出现了一些问题，比如说千城一面以及各种各样的城市病、城市污染等，所以党的十八大报告提出要坚持走中国特色新型城镇化发展道路，去年的中央经济工作会议也进一步提出要积极稳妥地推进城镇化，要着力提高城镇化的质量，不单单是城镇化比例要增加，重要的是要提高城镇化的质量。

那么怎样理解提高城镇化质量呢？要把生态文明的理念融入城镇化的全过程，要走集约、智能、绿色、低碳的新型城镇化道路，需要智能化、低碳化发展。国家提出新型城镇化道路对于文化创意产业而言，是一次难得的机遇。文化创意产业以它的高产值、低能耗、绿色无污染的优势成为新型城镇化发展的一个重要方面，也为中国新型城镇化的发展提供了动力源。

我们国家幅员辽阔，资源丰富，但地区经济差异很大，东部发达地区进入新一轮智慧型城市发展阶段的时候，中西部大片区域还处于早期阶段。相关数据表明，到 2025 年有 2/3 的中国人居住在城市，根据国际经验，城镇化率达到 70%，城镇化的发展就稳定下来了。

我国现在城镇化率大概是 52%，与发达国家 70%－80% 的城镇化率相比，水平还比较低，所以我们还有十几年高速发展的空间，我们的经济发展还有很大潜力，中国经济还能够保持 8% 左右的增长，至少可以保持 10 年到 20 年。因为城镇化率每年提高 1 个百分点，那么从 52% 到 70% 还有 18 年可以发展，就是高速发展。

在这一过程中，有 3 亿农村人口要进入城镇工作和生活，而城市新增人口就会深刻地影响消费水平，城镇居民的消费和农村居民的消费比例大概是 3∶1，城镇的消费比较大，这样可以带来消费税收的增长，内需也就扩大了。同时也会给现有的城市基础建设带来一定的压力，就需要扩大基础设施的投资,大概每增加一个城市居民就要增加将近10万元的投资,所以整个城镇化过程当中投资需求和消费需求都会扩大。

我们要考虑到,要实现集约、智能、生态、人文的新型城镇化,就少不了要大力发展文化创意产业,因为集约化、智能化、生态化、文化多元化都跟创意产业有关。文化创意产业能够促进城市转型,通过对德国鲁尔区的改造和国际大城市文化创意产业的发展进行研究,我发现文化创意可以通过以下三个途径来促进城市经济转型:一是旧区改造、城市更新。上海就是这样,很多老的工业企业迁移出去了,或者产业转移了,留下的老的工业厂房和仓库改造成创意产业园区,使得整个城市面貌也焕然一新;二是资源的开发利用。过去发展工业的资源开发主要是靠自然资源,现在创意产业开发的是历史文化资源和我们人类的主体资源,也就是自己的创造力。所以我们说创意无限、发展无穷;三是文化演绎和旗舰项目的综合运作。有了文化资源,怎么把它演绎出来,设计一两个好项目就可以带动一个地区的发展。德国的鲁尔区就是一个很典型的旧区改造案例。

文化创意产业是转变经济发展方式、调整产业结构的一个重要途径。常州本来是一个轻工业城市,20世纪90年代金融风暴以后,出口受到影响,他们就发展旅游业,开发了中华恐龙园、淹城春秋乐园等主题公园,实现经济转型。

与工业、农业相比,文化创意产业作为智力密集、技术密集的产业,以历史文化资源为依托,有助于降低能耗,有助于减轻资源短缺和环境的压力,助推生态文明建设,促进城市建设转型,充分体现了建设美丽中国、美丽城市的精神。

文化创意能够体现民本思想。由于文化产业具有社会效益和经济效益的双重属性,文化企业作为社会主义市场经济的主体,寻求的是经济效益和社会效益的最佳结合点,实现社会效益和经济效益的统一,为文化建设服务。因此越来越多的企业不只是以盈利为目的开展经营活动，而是积极投身到关注公共文化服务建设中去。一些演艺集团下乡慰问演出，一些出版单位营建农家书屋，都体现了企业的公益性意识和社会责任感。

城镇化建设还与农业生产力发展密切相关。发展文化创意产业可以和农业相结合，推进农业的创意化发展，既提高了农民的文化素质，也提高了农业生产力和现代化的发展水平。河南的创意农业发展得不错，河南省农业高新科技园和丰乐农庄就搞得很好。提高了农业的创意化水平、提高了农业的生产力，为新型城镇化打下了良好的基础。

文化创意产业促进新型城镇化建设，同时新型城镇化也为文化创意产业提供了重要的历史机遇。杭州的白马湖创意生态城，本来是一片农区，经过改造形成一个创意生态城，这是一种新型的城镇化，整体环境非常好。所以要积极探索文化创意产业发展与新型城镇化交替上升之路，走出一条富有中国特色的大中小城市和小城镇发展并举、可持续发展道路。

关于创意产业和中原经济区的关系。中原经济区是以全国主体功能区规划明确的重点开发区域为基础，以中原城市群为支撑，涵盖河南全省并延及周边地区的经济区域，地理位置重要，人口众多，粮食产量有优势，市场化发展潜力巨大，尤其是文化底蕴深厚，在全国改革发展大局当中具有重要的战略地位。河南省也提出了要积极发展文化创意产业，力争实现中原经济区建设有突破性进展。

河南省发展创意产业有资源优势，关键是要形成完善的产业链和产业系统。文化演艺有两种方式，一种方式叫“秀”，一种方式叫“聚”，“秀”就是表演，创出本土品牌，比如《风中少林》《禅宗少林·音乐大典》《少林海宝》等，都是在演绎少林文化。开封还演绎了大宋文化《大宋东京梦华》，这些作品在国内外都引起了广泛的影响。河南还有快乐星球创意文化产业园区、国家（河南）动漫产业基地等，为本土品牌的发展提供了强有力的创意引擎。河南动漫《小樱桃》已经形成一个品牌，河南的钧瓷也比较出名，都与文化创意密切相关。

过去依靠模仿是很多企业走的道路，近年来这种现象逐步减少，因为企业发展壮大必须要有自身的创新，有能在市场上站得住的本土品牌。近年来各级政府纷纷加大对创意产业的扶持力度，使本土的文化产品有了更广阔的生存发展空间，创意产业应该成为中原经济区建设的突破口。

创意产业创造的一个个商业神话让投资者看到通往财富的捷径，但必须懂得捷径的旁边也是万丈深渊，实际上高产出的产业往往伴随着高风险。发展创意产业要把握其规律，才能避免风险。河南资源丰富，要趁文化创意发展的大好时机汇聚专业人才，形成合力，打破条块分割，让科技、文化、创意三者结合起来，形成完善的产业链，有力地推进河南经济社会更好更快地发展。

当前经济形势与现代服务、旅游经济的发展

——在“上海师范大学专题报告会”上的演讲

（2013 年 3 月 25 日）

一、当前经济形势与我国的发展趋势

1. 世界经济复苏与结构调整趋势

虽然全球经济正在缓慢复苏，但仍存在一些不确定因素，如欧债危机、美元贬值、贸易保护主义抬头等。然而为缓解危机影响，实现经济复苏，区域合作、抱团取暖也日益频繁，呈现出新的活力。从国际区域合作看，区域一体化的进程加快。从我国参与合作角度看，多层次合作格局已经形成。强化科技创新，抢占制高点，重视实体经济发展，如美国提出要再工业化。创意产业逆势上扬，也成为引领经济复苏的先导产业。

2. 我国当前经济发展总体趋势良好，机遇和挑战并存

进入 21 世纪以来，我国经济快速增长，2008 年国际金融危机爆发虽然严重地影响了我国的经济增长，但仍保持了较快的增长，2001 年至 2011 年的年均增长率达 9.6%。

2012 年上半年经济增长下滑，仅为 7.2%。增长速度下滑因素：国际因素影响出口，为控通胀紧缩过度（存款准备金率高达 22%），部分中小企业融资困难，成本上升企业利润下降，资源环境约束增强，自然灾害频发。调整货币政策，适当放宽信贷，经济便开始回升，全年增

长达7.8%。主要经济数据如下：财政收入增长12.8%，固定资产投资增长20.3%，规模以上工业企业实现利润增长5.3%，社会消费品零售总额增长14.3%，对外贸易增长6.2%，顺差2 311亿美元，粮食产量增长3.2%，取得九连增，城镇人均可支配收入增长9.6%，农村人均纯收入增长10.7%。可见我国当前经济发展总体运行良好。预计今年经济增长将超8%。

实际上中国经济潜在增长力应还可保持十多年以上的快速增长(8%以上)。一是城市化率仅52%，每年增加1个百分点尚可有13年到18年的快速发展；二是按雁行理论，(产业转移)从日本到韩国到中国台湾快速发展了三十多年，可以预见从中国东部沿海地区到中部，到西部应可有三十多年的快速发展，中国从20世纪90年代开始快速发展，所以中国至少还可快速发展十多年。虽然我国经济总量已居世界第二，但人均收入仅为美国的21%，因此还有很大的增长潜力。林毅夫曾指出：我国2008年人均收入是美国的21%，日本1951年、中国台湾1975年、韩国1977年也是这个水平。这阶段日本维持年增长9.2%的水平，到1971年人均收入达美国的65%；台湾维持了8.3%的增长率，到1995年人均达美国的54%；韩国维持了8%的增长，到1997年达美国的50%。这阶段都有20年的快速增长。所以我国应有保持20年8%以上增长率的潜力。

为把潜在增长力变为现实增长力不仅要推进城市化和产业的升级和转移，还必须转变发展方式，调整经济结构，扩大内需。

目前国际上有些人想唱衰我国经济，国内有些人为吸引眼球往往也会扩大一些问题，发表一些危言耸听的言论，我们应有正确的认识(关于通胀、地方债务等问题)。

3. “十二五”规划以优化结构、转变经济发展方式为主线

强化科技创新，抢占制高点，中央已明确提出要积极发展七大战略性新兴产业，并努力提高对研究开发创新的投入。去年研发投入已占国内生产总值的1.97%，使高技术制造业的增加值增长了12.2%。积

极发展现代服务业（推进服务业综合改革试点），去年服务业增加值增长8.1%。把文化创意产业发展成支柱性产业，自金融危机爆发以来，我国文化创意产业增长加快，年均增长超过17%。比如电影票房从2006年到2011年翻了两番，达130多亿元收入。旅游业结合文化创意取得新的快速发展，去年旅游收入增长了15.2%。调整收入分配结构，主要是提高低收入人群的收入，去年我国有24个省调整了最低工资标准，平均增幅为20.2%，增加农民收入和提高社会保障水平。把通货膨胀控制在适当的范围内，实施积极财政政策和稳健的货币政策，加强对热钱的监控，引导资金流向，鼓励走出去，破除价格垄断等。走绿色发展道路，推广低碳技术，积极构建循环经济。去年万元国内生产总值能耗下降了3.6%，降幅比前年扩大了1.59个百分点。万元工业增加值用水量下降了8%，二氧化硫和化学需氧量分别下降了4.52%和3.05%。继续推进城镇化建设和区域经济一体化发展，培育新增长极。十八大提出要坚持走中国特色的新型工业化、信息化、城镇化、农业现代化道路。

综上所述，我们按十八大提出的科学发展方向，坚持社会主义市场经济体制的改革方向，完全能保持8%以上的增长（至少在2028年前）。多家国际银行和研究机构预测我国2013年经济增长将达8.2%。

二、深化改革，促进现代服务业发展

加快发展现代服务业是我国优化调整经济结构、推进经济发展方式转变的重要任务，也是保持我国经济长期平稳较快发展和社会全面进步的重要战略举措。中央在“十二五”规划建议中也明确提出要加快发展现代服务业，为此必须进一步解放思想、深化改革、积极探索加快现代服务业发展的有效途径和政策措施。

从我国近年来的发展情况看，虽然服务业的发展有所加快，但第三产业占国民经济的比重还不高，去年为43.3%，1980年至2000年期间，全球服务业增加值占 GDP 比重由 56% 升至 63%，主要发达国家达 71%，中等收入国家为 61%，低收入国家为 43%。可见我们和发达工业国相比还有较大差距，同时服务业自身还不强，对提高第一、二产业的效率作用发挥也还不够充分，为加快服务业的发展必须进一步解放思想，以全球化、现代化的视野把握国际产业发展趋势。

第一，要把握世界产业服务化的大趋势，鼓励有条件的企业向服务业延伸。因为不仅从产业结构来看，随着经济的发展服务业占的比重越来越大，而且从产业活动过程看，服务环节在产业价值链中所占的价值比重也越来越大，包括研究开发、设计策划、融资理财、质量管理、供应链管理、营销推广、客户网络及售后服务等，都存在很大的价值挖掘空间。例如在发达国家整个汽车行业 70% 的利润在服务，制造的利润仅占 30%。产业服务化大趋势，一方面导致企业将非核心业务外包，以提高效率和降低成本；另一方面促使有条件的企业向服务业延伸，从而催生了大量第三方服务企业，这样就形成发展的大趋势。因此只有把握产业服务化的大趋势，才能为服务业的发展找到突破口。如技术力量强的企业可提供技术服务，家电、电脑制造可发展维修服务，汽车行业不仅可提供维修保养服务，还可发展租赁业务、参股保险公司、介入运输、旅游业；装备制造业不仅可以提供成套安装、维修保养服务，还可考虑联合组建设备租赁公司。现在国际上生产的设备 70% 以上是租赁出去的，而在我国生产的设备 95% 以上是出售的。这既不利于扩大市场，也不利于中小企业融资，还不利于优化企业资产结构。

第二，现代服务业由三大体系构成，所谓现代服务业，是以现代经营理念、现代的产业组织方式和现代的科学支撑满足现代化需求的服务业，“现代”具有动态的概念，传统服务业通过现代技术和管理方法的应用也可以被改造成现代服务业，比如从古代的马帮、漕运，到近代公路、铁路、航空的运输，再到现代利用信息技术整合供应链，把仓储、配送和水陆空联运结合起来，实现整体效率的提高便是现代物流业。所以现代服务业不仅仅是生产性服务，还应包括三大体系：第一大体系是带有基础性、保障性的公共服务，包括交通、通信、基本医疗卫生、基础教育等。为加强自主创新，还应提供公共技术服务平台，比如，上海利用农业基因数据库，搭建农业技术服务平台，广泛吸引人才来搞研究，目前已取得120多项得到国家级奖的项目，由此形成了种源中心，这是一个成功的例子。第二大体系是生产性服务，即为企业生产和市场发展服务。一方面要发展各种专业服务公司，如设计、咨询、策划、会计、律师等；另一方面鼓励企业向服务业延伸，或搞服务外包，通过服务的专业化来提高第一、二产业的生产效率。第三大体系是为个人消费服务，以实现人的全面发展和幸福生活为基础的服务，如终身教育、文化娱乐、旅游休闲、卫生保健、托儿敬老等，与人的快乐生活和全面发展联系在一起。这块是发展潜力和创新空间最大的。我们的最终消费占GDP的比重较低，约为38%，而发达国家则在60%以上。这说明我们在消费领域还有很大的发展空间，其中有物质性的也有服务性的，随着经济发展，服务性的消费会越来越多，物质性消费的比重将逐步降低。

中央关于“十二五”规划的建议提出要推动文化产业发展成支柱产业，这意味着文化产业不仅总量发展要占GDP的5%以上，还要能带动其他产业发展，也就超越了传统的文化产业的概念，要通过应用技术将文化创意融入其他产业，从而推进其他产业的创新和升级。所以文化创意产业在上述三大体系中都有重要的地位和贡献，也是当前发展现代服务业的一个重要抓手。

三、是关于提升服务业竞争力的问题

因为现代服务业需要现代技术和现代产业组织，除技术因素外，其竞争力最主要来自两个方面，一是跨区域的网络结构，没有这个网络组织，就难以提升竞争力，反之形成了网络结构，别人要挤占你的市场就非常困难。比如美国有个从事汽车服务的公司，不管你在何处发生故障，只要打个电话，半小时内公司最近的网点会派人到现场解决问题。车子抛锚的话，他还会提供一辆车，让你可以继续办事。几天后你再去你就近的网点换回你自己的车。这家公司在全美国,甚至在加拿大布满网点,这样其他的竞争者想进入市场就很难了。如果我们不能形成自己的跨区域网络组织,我们就难以与国际跨国公司竞争。以前我们的旅游业就存在这样的问题,在一个城市内搞酒店集团。而国外企业的策略是顺着旅游线路布网点于各个城市,同一位顾客,在不同的城市可以入住同一个集团的酒店,但不会在一个城市内每天更换同一集团旗下的不同酒店。网络组织的形成必须以信息化为基础,现代金融、物流、旅游、连锁经营等都需要信息化的支持。二是品牌问题,我们没有很好地建立起品牌,很大问题在于我们缺乏服务创新和服务规范。规范就是标准化的问题,产品有标准,服务很难设标准,但越没标准,越容易造成投诉,因为服务是很难收回来重做的。设了标准,问题就简单了,像日本,零售业都有标准,他们将顾客从进店到出店分解为七个环节,每个环节都有服务标准。把规范做好,你的品牌就建立起来了,使人家看到你的牌子就知道你是做什么的、处于什么标准。所以,网络结构和品牌是服务业竞争取胜的关键。

四、深化体制改革和财税支持很重要

由于条块分割的管理体制,使跨行业跨地区的发展受到一定的制约,需要加强地区和部门间的协调。同时要改革对服务业发展不利的税费制度。比如,过去服务业实行的是全额营业税,而非增值税,其用水、电、气的价格又高于工业用的价格。应改革这一政策,至少对要鼓励发展的现代服务业实施减税和与工业同样的水电气价格。还要充分发挥税收减免促进符合战略规划的行业发展的作用,比如,对一些高端服务业,诸如以软件、研发、设计和创意策划为主要业务的企业给予一定的优惠。可将人力资源培训、研发投入、关键技术购置等费用在税前列支冲减收入,降低应纳税所得额。此外,政府对服务贸易出口要积极支持。20 世纪末韩国电影为何能向亚洲大量出口?是有政府在背后支持,如出口韩剧的翻译费便是政府买的单。我们必须看到,文化输出不仅有利于树立国家形象，也将极大地推动产品的出口。推进金融体制改革也是十分重要的举措，比如，在温州试点民间金融的规范发展，有利于中小企业的融资发展。在深圳试点与香港的金融合作，将有助于人民币的国际化发展。

总之，我们要抓住服务业综合改革试点的机遇，深入研究服务业发展的规律和体制问题，进一步解放思想，推进体制机制和组织管理的创新，不仅促进服务业本身的较快发展，更重要的是以服务业的发展提高第一、二产业的效率，并促进经济发展方式的转变和社会的全面协调发展。

五、融入文化创意，促进旅游经济的发展，推进城市经济转型

中央已明确要把文化创意产业发展成支柱性产业，这有利于中国产业结构的优化升级。不仅文化创意产业本身是现代服务业的重要组成部分，其发展自然增大了服务业的比重，更重要的是它可以通过应用技术的嫁接，比较深入地融入传统产业，实现传统产业的升级。具体而言，文化创意产业通过以下两条路径推动传统产业的升级：一是在所有产业中（包括农业、制造业、服务业等）注入新的文化信息要素，从而优化传统产业结构。在实践中，不仅工业产品可通过文化创意设计提升其附加值（观念价值），农业、旅游业等传统产业也都可以融入文化创意，开辟新的市场和创新发展模式，形成创意农业和创意旅游的发展；二是在产业链的上、中、下游各个环节中不断进行文化创意投入，以帮助其拓展市场、树立良好品牌等。如常州中华恐龙园为吸引游客，拍了动画片《奇奇颗颗历险记》，塑造了两个可爱的小恐龙，还建立起品牌，促进了旅游和衍生产业的发展。上海浦东机场镇为促进滴水湖（建设浦东机场时为取土挖掘的一个人工湖）的旅游也创作了《滴水精灵》动漫故事。

我国进入建设全面小康社会阶段，旅游业也成为一个重要的产业，

旅游经济的发展既有助于扩大内需，也有利于城市的转型发展。而与文化创意结合将取得更好的经济和社会效益。目前各城市都在积极挖掘本地的历史文化资源，通过创意进行开发利用，促进旅游经济和城市转型发展。

文化创意产业与城市旧区改造的有机结合，可以避免城市文脉的中断，不仅能够保留具有历史文化价值的建筑，而且通过历史与未来、传统与现代、东方与西方、经典与流行的交叉融会，为城市增添了历史与现代交融的文化景观，不仅对城市经济的发展产生了巨大的推动作用，而且使城市更具魅力，给人以城市的繁华感、文化底蕴的厚重感和时代的生机感。比如，上海是中国近代工业的发源地，制造业门类齐全，基础雄厚，拥有大量的老厂房、老仓库。这些建筑体现了上海工业在不同时期的独特风格、艺术特色和科学价值，也成为上海民族工业的见证，拥有相当的历史文化价值。随着经济发展和转型的要求，部分传统产业已不适宜在上海发展，转移到其他地区了。因此，上海将发展文化创意产业与旧城区改造相结合，很好地利用这些资源，进行创意开发。在目前挂牌成立的创意产业园区中，相当比重的园区都是在老厂房基础上改建而成的。同时还形成了一条创意旅游线路，吸引了大批游客参观。

还有许多地方的古城名镇也经改造重建成旅游胜地，如山东省枣庄市利用台儿庄战役的盛名，打造“天下第一庄”，还建立了非遗博物馆，以及海峡两岸文化交流基地。

开发利用历史文化资源，进行文化演绎，也是实现转型发展的一条路径。资源是经济赖以发展的基本要素，不同的发展阶段，各种资源的利用率和对于经济增长的贡献率会发生变化，主导性资源会被更替、扩充。在知识经济时代，主导性资源出现了划时代的变化，即人力资源和知识成为主导资源和驱动力。当人的创造力成为主体资源，资源的内涵和外延得到了更深刻和广泛的拓展，一些具有历史积淀的物质载体、民间传说、民俗风尚、小说故事等，均可纳入资源的范畴，加以开发和利用，成为促进经济增长有用的资源。这种开发和利用的成功与效果则取决于人们创意的发挥和文化的演绎。文化的演绎有多种形式，其中"秀"和"聚"的形式较为普遍。"秀"如今已成为旅游产品和服务的一种重要表现形式，往往通过高科技和多媒体等新手段将传统文化中的精髓部分较完好地延续下来，并有所创新和发展。通过"秀"来增强感染力，从而吸引消费者。近些年来，中国各地纷纷涌现了各种类型结合地方特色的"秀"活动或者"秀"演出，比如桂林市阳朔县的《印象·刘三姐》、嵩山少林寺的《禅宗少林·音乐大典》、开封清明上河园的《大宋东京梦华》、泰山的《封禅大典》等全球首创的山水实景演出文化创意产业项目正是挖掘出了当地的历史文化遗产，在传承历史文化的基础上实现了创新，既取得了良好的经济和社会效益，也使中华文化得以发扬光大。以《印象·刘三姐》为例，从 2004 年开始到 2006 年三年时间里接待观众 160 万人次，门票收入达 1.2 亿多元，还带动阳朔县的旅游总收入猛增，从 2003 年的 4 亿多元增长到 2006 年的 9.6 亿多元。

另一种"聚"形式则是指主题公园的文化演绎样式。虽然我国还有些主题公园仍然经营不善甚至处于亏损状态，但是也不乏深圳华侨城、常州中华恐龙园之类成功的特例。事实证明，只要能结合地方特色，独树一帜，并能准确地把握住赢利模式，主题公园的演绎方式也不失为一剂"良方"。常州没有名山大川，没有名胜古迹，旅游资源相对匮乏。但从 2012 年五一小长假的情况看，却有近 26 万人涌进常州城，他们正是奔着常州的三大主题公园而来。数据显示，五一假期三天，常州中华恐龙园接待游客 13 万人次、嬉戏谷接待 9 万多人次、淹城春秋乐园接待 5 万人次。因为拥有这三大主题公园，常州被外界称为中国的奥兰多城。2011 年，常州全年接待国内旅游者 3 360.88 万人次，海外游客 41.31 万人次，分别同比增长 19.93% 和 15.05%；实现国内旅游收入 398.52 亿元，旅游外汇收入 4.21 亿美元，分别同比增长 22.20% 和 21.41%；接待游客总数 3 402.19 万人次、实现旅游总收入 425.9 亿元、旅游增加值 199.83 亿元，分别同比增长 19.87%、21.78%

和 21.86%。旅游业已成为常州市服务业重要的支柱产业。

如今可以看到各大城市都根据自身的产业基础和文化特色积极推进创意产业的发展，以北京、上海、深圳为例，2009 年创意产业分别占各市 GDP 的比重达 12.6%、7.7% 和 7%，成为经济发展中的支柱产业。这三大城市都已成为“设计之都”了。其他许多城市也都根据自身的文化底蕴和产业基础积极发展文化创意产业，努力建设有特色的创意城市，并借以推进经济发展方式的转变。例如：

杭州：“漫”城市的休闲创意城市。

西安：千年皇城古都，创意与新丝绸之路的创意城市。

成都：休闲与饮食文化的美食之都。

青岛：帆船之都，海洋文化与水上运动的创意城市。

长沙：铸造文化湘军（演艺、广电、出版和动漫四大湘军），实现创意崛起。

显然，文化创意产业的发展改变了过去城市化中出现的千城一面的现象。

历史文化资源的开发是一项涉及范围较广的系统工程，不仅要规划先行，从长计议，统筹开发，还要树立融合开发观，加大资源整合力度，实行多元文化和多种功能的融合，才能打造完善的产业链，创造并实现更大的市场价值。

品牌意味着信赖度高、附加值高，品牌不仅是商品、产品在竞争中取胜的市场策略，也是城市持续创新发展、取得优势资源的法宝。在全球化、市场化、信息化的大背景下，城市发展也已经进入了品牌竞争时代。品牌建设需要根据文化特质进行设计，也需要在受众中广泛传播，树立品牌观，有利于培育根植于本土文化的一系列品牌产品、品牌活动、品牌园区等，为城市的高品质发展创造基础条件。

现代消费经济已经步入体验经济时代，也有人称之为“玩经济”时代，是否能够吸引消费者很大程度上取决于是否好玩，是否能够参与体验，因此，无论是从文化发展，还是从经济发展，“体验”都至关重要，在开发利用历史文化资源时,就要将“体验观”自始至终地贯彻其中。

利用传统文化,开发旗舰项目,将大大推进旅游经济发展,如海南省在 20 世纪 90 年代泡沫经济破灭后一度比较困难,虽有良好的旅游资源,但政府缺乏财力开发,后来想到《西游记》中所说的南海观音,于是策划建设南海观音大佛和南山佛教文化园区(这也是“聚”的形式)。不仅很多企业愿意来投资,还有大批善男信女自愿捐款,很快就筹集到资金完成项目建设,吸引大批游客到三亚,年旅游收入超 10 亿元,成为海南省的纳税大户。

海派时尚助推上海“设计之都”建设

——在“2013 上海国际服装文化节——
国际时尚论坛”上的演讲
(2013 年 4 月 18 日)

上海于 2010 年 2 月被授予“设计之都”称号,成为联合国创意城市网络中第七个以设计为主题的创意城市。纵观法国巴黎、英国伦敦、美国纽约、意大利米兰,这些国际上最负盛名的顶级大都市,均为世界时尚设计之都。时尚对于国际大都市来说意味着什么?是什么魔力让人们趋之若鹜?时尚是经济发展到一定阶段促进市场发展的主要推动力之一,随之而产生的消费需求诉求点,已经影响到市场的各个行业和领域。对事物的认知和观念决定着消费者的消费态度,消费态度决定着消费者的消费行为,消费行为决定着一种具体产品在市场上的受欢迎程度。时尚散布于都市生活的各个层面,给人们带来新衣美履之赏心悦目的幸福感;时尚穿梭于工业经济的各个环节,促进了服饰、家居、手机、汽车等各种设计的日新月异;时尚撬动了都市商业的链条,塑造了设计师、模特等亮丽的都市职业风景线;时尚成就了法国路易·威登、英国柏帛利、美国拉夫·劳伦、意大利阿玛尼等世界顶级品牌。时尚是经济发展阶段必然流行的客观社会活动,它也会受经济、政治、思想、文化、地理、历史、风尚以及宗教信仰和生活习俗等诸多因素的影响。德国哲学家格奥尔格·齐美尔(Georg Simmel)认为,时尚是对既定模式的模仿,它满足了社会调适的需要,它把个人引向每个人都在行进的道路,它提供了一种把个人行为变成样板的普遍准则,但同时它又满足了对差异性、个性化和时代进步的要求。法国社会学家让·波德里亚(Jean Baudrillard)认为,时尚是现代性之下事物存在的一种普遍的形式,是一种周期性的文化消费实践,每个人都应做到“跟上潮流”,并且定期对自己的服装、物品、汽车进行再循环。

时尚是与时俱进的,随着时代发展有所变化。它的发展有个过程,随着人的需求而发展,随着科技的进步而发展,而文化则是树立品牌的重要因素。党的十七届六中全会通过了《中共中央关于深化文化体制改革、推动文化大发展大繁荣若干重大问题的决定》,提出了建设社会主义文化强国的目标和任务,并要推进文化产业发展成为国民经济的支柱性产业。党的十八大进一步强调增强文化自觉、文化自信和建设文化强国的重要意义,建设文化强国成了中国社会发展的必然选择和一项紧迫任务。文化强国的内涵主要包括拥有世界一流的文化创新力、文化价值观的影响力、文化对产业的辐射力、文化传播的吸引力和全民文化素质提升到较高的水平。

文化自觉是指对自己国家和民族的文化要有自知之明。国家和政党的文化自觉包括三个层面的含义:一是深刻认识文化在经济社会发展中的重要作用;二是对文化发展规律(主要是阶段性和多样化)的认识和把握;三是对发展文化的责任担当。文化自信是指对自身文化价值的充分肯定和对自身文化生命力的坚定信念。具体表现也有三个方面:一是对既有文化优良传统的肯定与坚持,从而形成民族自信心和自豪感;二是对外来文化的理性态度和开放的胸怀,认识到各种文化各有所长,面对外来文化既不自傲也不自卑,能辩证取舍,取其精髓为我所用;三是对自己文化发展前景的把握,在传承中不断创新,为人类文明作出新贡献。所以十八大还强调要增强全民族文化创造活力。

当今多元并存的全球化背景下,各大国际顶级时尚都市都展示出各自独特的时尚特色,巴黎的浪漫时尚、伦敦的前卫时尚、纽约的休闲时尚……无不展示着各个国家不同都市的独特气质。20 世纪 30 年代的“东方巴黎”“旗袍名媛”定格了举世公认的上海经典风貌,而当今的上海又应以怎样的时代风尚展现在世人面前？这是时代赋予我们的一个重要命题，关系着上海文化如何立足于世界民族之林，关系着上海创意如何被国际业界接受，关系着上海品牌如何被全球消费者喜爱，关系着上海设计师如何成为国际设计大师……

如果用“海派”来归纳源自上海的文化特征，那么上海的时尚就是“海派时尚”。海派，是一种文化、一种精神、一种气度。海派时尚的形成既要吸收和融合国际时尚文化，又要传承和发展海派本土文化特色。海派时尚秉承了一贯的上海作风，追求卓越而不张扬，追求品质而不奢华，追求创新而非奇异，追求格调而非做作，追求幽默而非俗套。属于当今的“海派时尚”理论学派正在我国时尚设计名校——东华大学逐步形成。这样一种海派本土时尚特色的打造，就是我们文化自觉与文化自信的具体体现。

“设计之都”建设要与提升上海传统产业的附加值紧密结合，以海派时尚为特色带动一批制造业企业向设计企业的转型，实现上海从加工制造基地向创意设计基地的升级转型。通过创意设计和应用技术与传统产业的融合，可以把传统产品变成时尚产品，实现从“中国制造”到“中国创造”的转型。

案例1：

从“金枫”牌黄酒到“石库门1号”的华丽转变

上海的石库门建筑，具有海派文化特色，有着深深的历史烙印：19世纪中叶，反对清朝的太平天国农民起义军曾三次进军上海，导致居于江浙一带的老百姓涌入上海租界。为迎合居民追求安全的需要，租界内的中外开发商在住房的“门”上大做文章，以一对乌漆大门、两个铜质大吊环显示不可侵犯之势，门框采用花岗岩，既坚固又显身份。其风格为中西合璧，称之为石库门，成为上海近代史上一个独特的时代产物。石库门作为一种独具地方特色的建筑模式，作为一个凝聚着上海海派文化的建筑符号，却被越来越多地运用到其他产业领域，增加产品的文化内涵，培养一种亲切而熟悉的情感，促进产品的推广，从而实现从文化资源到经营资源的成功转换。

上海金枫酒业公司原来生产的“金枫”牌黄酒，一直被用作烧菜的料酒，一瓶酒售价约两三元，也就是卖酒瓶的价格。2001 年通过创意设计，在黄酒中融入上海地方文化元素，推出了“石库门”上海老酒品牌，曾经两三元一瓶的黄酒，现在数十元一瓶，步入了高档宴会厅，文化设计极大地提升了传统黄酒的附加值。

1. 卖酒，更卖文化：融入海派元素的设计

金枫酒业公司 2001 年创立“石库门”品牌黄酒，实现了科技、生产、品牌、网络和市场推广“五位一体”的盈利模式。新的“石库门”上海老酒卖的不仅仅是酒，卖的是酒文化，是上海人石库门生活的情结，是现代人怀旧的时尚。通过海派文化元素融入传统产品的包装设计，大大提升了产品附加值，形成了上海特色的品牌效应，创造了全新的黄酒文化观。

2. “石库门 1 号”的新标杆：不断推陈出新，升级换代

2008 年，金枫酒业公司借助资产重组，实现以黄酒为主业的专业化发展，坚持实施“石库门”与“和”酒双品牌发展战略，不断推进商业模式转型，先后完成销售、网络、品牌、科技和生产等资源整合，进一步增强了核心竞争力。随着市场容量的增长和黄酒品牌格局发生新变化，金枫酒业公司以市场需求为导向，2011 年又推出了“石库门 1 号”，作为公司核心系列产品的升级换代。

案例 2：

“双妹”的文艺复兴与价值回归——从产品制造到品牌运作

“双妹”是中国著名的美妆品牌，1898 年由广生行创始人冯福田创立于香港，1903 年进驻上海，拥有上百年的历史。2010 年，上海家化联

合股份有限公司携手国际品牌管理团队、法国产品开发团队和蒋友柏先生设计团队,重新激活了“双妹”这个拥有百年历史的国货品牌。

1. Be local, look global 的本土品牌成长之道

近几年国内企业的通常做法,都是注册西化的商标,赋予其西方故事、西方文化元素,再回到国内加工、销售。而上海家化反其道而行之,挖出了100多年前的“双妹”牌,并高调入市。因为“双妹”代表了一段历史、一段上海风情、一种海派文化,随着中国国力的提升,中国文化也逐渐由弱势变得强势起来,作为文化的反映与载体,以“双妹”品牌作为符号去诠释海派文化历史,具有深刻而丰富的意义和价值。重返上海滩的新“双妹”英文名为“Shanghai Vive”,定位于“名媛文化”和“上海风情”。“双妹”的成功在于老品牌、新创意、新产品。所以我们开发利用老品牌不能倚老卖老,而应倚老卖新。

2. 经营重心从产品制造转向品牌运作

为了将“双妹”打造成时尚奢侈品牌,上海家化牵手蒋友柏的橙果设计公司,全程负责全新LOGO、产品包装及店铺设计,从高端消费品角度,推崇中国文化,弘扬上海地域个性的新摩登、新时尚。“双妹”品牌推出后,上海家化也将经营的重心从产品制造更多地转移到品牌运作上,充分挖掘品牌故事,并跳出单一的品牌化妆品,还进入了配饰领域,首批上市的产品从香皂到香水再到丝巾,之后更是会扩展到“双妹”彩妆、鞋包、首饰,甚至音乐人产品,整个产品线都会呈现出20世纪30年代整体上海风情的“文艺复兴”。

时尚的价值观念相对比较主观,为取得价值的认同就更需要传媒来宣传、传播它的价值观。时尚产业的产、学、研结合,既需要政策和设施的配套支持,也需要金融的支持,更需要媒体的营销支持。发展时尚产业要尊重和把握时尚产业发展的市场规律,要把文化和科技融合落实在提升产业能级和产品附加值上面,着眼于品牌的培育与扶持,着眼于产业链和价值链的锻造,着眼于区域整体社会经济效益的提升,通过

创新驱动,实现转型发展。要强化商业模式概念。市场创新是科技与文化实现深度融合的内在驱动力,没有消费需求,也就没有商业盈利,融合就失去了根基。科技与文化融合要形成可持续的商业模式,必须落实到创新、创业、创意、创造,引领全新的消费方式和生活方式。第一,从提高区域整体社会经济效益的角度看要形成完善的价值实现系统,即核心产业、支持产业、配套产业和衍生产业四大产业群;第二,就具体产业而言则要打造完善的产业链,比如小说《哈利·波特》拍电影、做动漫游戏,生产各种衍生品,甚至可建主题公园;第三,要树立一项创意多重使用的理念,实现创意价值最大化。还要把握文化创意产业具有"边际成本递减,边际效益递增"的特点。环东华时尚创意中心的发展目标正是打造这样的平台。

海派时尚并不是一个全新的概念,但在我们这个时代需要一群具有创新精神的人,以海纳百川的世界观对其进行传承、创新、发展和演绎,使其散发出崭新的时代特征。展望未来,希望以 2013 年环东华时尚周为契机,从这里逐步走出国际一流的海派设计大师,世界瞩目的海派时尚名牌,形成具有海派特色的时尚产业链。让全世界认识海派时尚、追随海派时尚!

发展文化贸易，推进文化强国建设

——在“中国文艺复兴论坛”上的演讲

（2013 年 5 月）

近年来，全球文化市场规模以两倍于全球 GDP 增长率的速度迅速成长，文化产业和文化贸易在整体经济中的地位迅速提升。

文化贸易包括文化产品贸易和文化服务贸易。“文化产品贸易”属于货物贸易范畴，“文化服务贸易”属于服务贸易范畴。为了便于统计和国别比较，本文采用联合国贸发会、联合国开发署、联合国教科文组织、世界知识产权组织和国际贸易中心五家机构共同编写的《2008 创意经济报告》中对文化产业内容的界定。文化产品主要包括：手工艺品（地毯、纪念品、纸制品、柳编制品、抽纱制品等）、影视媒介、设计（建筑模型、时尚设计产品、玻璃制品、室内设计、珠宝、玩具等）、音乐媒介（录音带、CD 等）、新媒体（数字媒介、游戏产品等）、出版物（书籍、报刊等）、视觉艺术品（古董、绘画、摄影、雕刻等）。文化服务主要包括：版权转让和许可服务、广告和市场调查服务、视听服务、建筑工程和技术服务、研究开发服务、文化休闲娱乐服务等。

积极发展文化贸易成为我国实施“文化强国”战略的有机组成部分。大凡文化强国都在文化贸易领域占有较大的市场份额。而我国在文化贸易市场的占有率较小，比如，2005 年美国版权贸易市场占有率为 46.4%，而我国只有 0.1%；加拿大影视媒介的市场占有率为 47.9%，而我国不足 1%。[1] 文化贸易越来越成为综合国力竞争的重要因素，而其在维护我国国家文化安全和在增强文化软实力方面的任务也越来越紧迫。因此，我国亟须发展文化贸易来推进文化强国建设。

一、积极发展文化贸易的意义和作用

（一）加快发展文化贸易有利于传播我国文化，增进世界对我国的了解

我国是一个有着五千年文明历史的国家，中华民族是一个富有创新精神的民族。中华民族的祖先在长期的生产实践、社会实践及思维实践中，创造了灿烂的中华文化，形成了优秀的文化传统。它不仅成为凝聚中华民族的精神纽带和中华儿女的精神家园，而且对东方文明的形成和发展产生了广泛而深刻的影响，对人类文明作出了重大贡献。随着我国综合国力的不断提升，世界越来越迫切地需要了解中华民族的各种灿烂文化。

文化产品具有经济属性和意识形态的双重属性。文化贸易具有对外宣传、传播其意识形态和价值观念的功能。美国文化产业在世界上的霸权地位，不仅给其带来了巨大的贸易收入，而且也把美国的意识形态和生活方式推向全球。比如，目前美国电影生产总量只占世界的6%至7%，却占据了世界总放映时间的50%以上。[2]美国电影产业不仅为国家带来巨额经济利益，同时将美国式的自由、民主、平等等观念向外输出。文化贸易的发展有助于增加进口国对输出国文化的亲近感和认同感，提升本国的文化形象。

发展国际文化贸易可以让世界更加全面地了解中国。荧屏上的一个成龙、一个李连杰和一个姚明对于传播中国文化远远比上一百堂文化课生动，而加快发展文化贸易恰恰可以起到这样的作用。比如，国际巨星成龙除了传播他的中国功夫外，还在对外宣传中华文化，2013 年他担任了赴沙特的中国文化大使。又如，姚明虽然是体育界的明星，但他在扮演传播中国文化的角色上，作用依然十分明显。现在姚明虽然

已经退役了,但他作为中美文化交流桥梁的作用却始终没有停止过。我国的灿烂文化需要有更多像成龙、李连杰、姚明这样的名人通过其自身的形象宣传来实现传播。

(二)加快发展文化贸易可以推进我国产业结构的升级

随着我国经济的快速发展,文化贸易将在国民经济中发挥越来越重要的作用。有关文化贸易的文化创意产业是一种环保型的绿色朝阳产业,具有低能耗、污染少、产业关联度大、附加值高的特点。它倡导开发人类创造力、解放文化生产力、强调创意和创新,强调把文化、技术、产品和市场有机结合起来,不仅能够为人们提供文化含量较高的产品和服务,满足人们的精神需求,有效地刺激内需,形成新的消费市场。更重要的是它还可以和其他产业融合发展,促进产业创新和结构的优化。这正好符合我国目前产业结构升级的要求,有助于解决经济发展中的结构性矛盾,带动国民经济的快速增长,形成新一轮的经济增长热点。我国一些经济发达的前沿城市,都视文化创意产业为战略性新兴产业,比如,北京、上海、深圳、杭州等发达城市,文化创意产业产值占其GDP 的比重已接近或超过 10% 。

发展文化贸易有利于促进我国第三产业的发展,增加国民财富的积累。第三产业总量不足是我国宏观经济发展中的一个问题,欧美发达国家的第三产业对 GDP 的贡献率已达到 70% 以上,而 2010 年我国的第三产业对 GDP 的贡献率仅有 38.5% 。可见,文化贸易作为第三产业的重要组成部分,在我国还有很大的发展潜力。

(三)加快发展文化贸易可以提高我国文化软实力

文化软实力指的是一个国家或一个地区基于文化而具有的凝聚力、创新力和传播力,以及由此而产生的感召力和影响力。文化贸易承载着我国的文化理念、文化价值和文化追求,可以很好地反映文化软实力。而我国要在激烈的国际竞争中赢得主动,维护国家文化安全,就必须加快发展文化贸易,增强我国文化的整体实力和国际影响力。与此同时,随着我国综合国力的不断增强和国际影响的日益提升,国际社会对中国经济的发展道路、发展模式更加关注，了解中国文化成为世界各国人民的共同心声，我国迫切需要加快发展文化贸易，推动更多的文化产品和服务走向世界，参与国际竞争，不断增强中华民族文化的影响力，增强我国的文化软实力。

近几年，全球各地诞生了不少孔子学院，说明不仅是“中国制造”的产品在走向世界，中国文化的名片也正在走向全球。伴随着全球“汉语热”之风，“孔子学院”在全球范围内遍地开花，现在全球共有孔子学院和孔子课堂600多所。[3] 在这股“汉语热”中，除了推出高质量的教材外，更重要的是输出带有中国元素的影视文化产品。这从另一个侧面体现了中国文化软实力的崛起。

（四）发展文化贸易还有助于增加我国的就业岗位

目前由于全球经济的不景气，我国同样存在着就业难的问题。如果大力发展文化贸易，因该产业工作岗位的需求量较大，可以缓解就业难的矛盾。媒体、出版、文化传播等行业正逐渐成为新一代年轻人就业的首选职业，这将对我国经济作出有力的贡献。文化贸易需要更多的文化创意产业来支撑，需要有更多的人才来从事这一行业，特别适合大学毕业生进入该行业发挥年轻人的想象力和创造力。同时，文化创意产业还需要大量生产经营者来生产、经营和服务，这也就为我国大量的劳动者提供了广阔的就业空间。

表1　2011年文化贸易行业从业人员数量表[4]

国家或地区	美国	英国	中国香港	新加坡
从事文化贸易的人员（万人）	500	150	8	7.2
占全部就业人员比例（%）	8.6	5	3.7	3.2

从表1可以看出，美国从事对外文化贸易的人数占本国就业人口的比例达到8.6%，英国达到5%。目前我国从事文化贸易的人员大约占全部从业人员的比重仅为1.52%。可见，发展文化贸易对于我国扩

大就业还有很大的空间。

（五）发展文化贸易可以提高我国的居民素质

人力资源的发展是经济发展的终极基础，资本和资源都是经济中被动的因素，人才是主动的因素。居民素质的高低是衡量综合国力最重要的一个指标，也是增强我国国际竞争力的重要因素之一，更是我国重要的宝贵财富。随着国际文化贸易的发展，加速不同文化之间的交流与碰撞，不仅可以丰富大众的精神文化生活，还可以增强居民的创新热忱。同时政府可以利用先进文化加强国民的文化教育，提高国民的文化素质。

二、我国进行文化贸易的现状和问题

（一）我国文化贸易的资源优势十分明显

中国是四大文明古国之一，是一个多民族的国家，有着悠久的历史文化和多样的民俗特征。这些历史文化和民俗特征为我国国际文化贸易的发展提供了重要的资源和条件。表2中的世界文化和自然遗产数量就足以说明我国文化走向世界的资源优势十分明显。

表2　2011年底拥有世界文化和自然遗产排名前五的国家[4]

国　家	西班牙	中　国	意大利	法　国	德　国
数量（项）	43	42	40	33	32
比例（%）	4.9	4.56	4.33	3.76	3.64

截至2011年底，在世界文化和自然遗产的排名上，中国位列第二，拥有42项世界文化和自然遗产，说明我国拥有较好的开展国际文化贸易出口的资源优势和潜力。如何利用和开发这些资源优势，将我国的自然遗产用文化的表现形式推向全世界，是当前所要解决的主要问题和今后努力的主要方向。

（二）文化贸易向多样化方向发展

随着我国经济的快速发展,文化贸易的形式和种类也逐渐在向多样化方向发展,在贸易内容方面以图书、音像制品、海外演出、电影等服务类为主体。促进文化贸易的成功案例也越来越多,很多都进入了商业化运作阶段。例如,中国的“女子十二乐坊”在日本出道成名,现在连日本出品的电玩游戏也采用了该团体的演奏作品;上海今日动画公司出品的《东方小子》风靡欧洲市场;河南的杂技已在美国迪士尼乐园上演了九年等。其中“女子十二乐坊”以时尚化的包装表演为形式,不仅向全世界展现了中国传统精美的民族乐器,而且还向全世界弘扬了中国的民乐,传播了中华民族灿烂的文化。乐队分别在东南亚、美国、加拿大举行大型演出,产生了非同寻常的反响,接着又在国外的主流电视频道上播放录像,还以 DVD 的形式在欧美市场上发行,取得了不错的成绩。

中国的杂技、戏曲和功夫经过多年的宣传和推广,已深入海外市场,赢得了广泛的赞誉。尤其是河南嵩山少林寺的大型中国功夫实景表演《禅宗少林 · 音乐大典》,得到了国外各界人士的欢迎和赞叹;在海外知名盛会柏林电影节、好莱坞电影节、戛纳电影节上,中国影星亮相的机会也越来越多。这些例子都说明中国国际文化贸易前景十分广阔。

（三）文化产品贸易全球第一、文化服务贸易逆差严重,文化安全受到威胁

表 3 比较了 1997 年至 2006 年中国文化贸易进出口额、贸易差额等的总体情况,数据显示中国文化贸易发展迅速,文化产品贸易额由 1997 年的 252.8 亿美元上升到 2006 年的 741.1 亿美元,十年间增长了两倍且持续顺差,并一直为文化产品出口第一大国,在我国文化贸易总额中占绝大的比重。相比于文化产品贸易,中国文化服务贸易规模不大、增长迅速,贸易额由 1997 年的 11.31 亿美元上升到 2005 年的 75.6 亿美元,九年间增长了五倍多,虽然文化服务贸易的总量在逐步扩大,

表 3　中国文化产品和服务贸易总体情况表(单位：百万美元)[1]

内容＼年份	1997	1998	1999	2000	2001	2002	2003	2004	2005	2006
文化产品出口额	22 861	23 425	24 261	28 474	28 845	35 022	41 919	50 143	61 360	69 983
增长速度	—	2.50%	3.60%	17.40%	1.30%	21.40%	19.70%	19.60%	22.40%	14.10%
文化产品进口额	2 419	1 974	2 036	2 242	2 374	2 460	2 985	3 326	3 676	4 129
文化产品贸易总额	25 280	25 399	26 297	30 716	31 219	37 482	44 904	53 469	65 036	74 113
增长速度	—	0.50%	3.50%	16.80%	1.60%	20.10%	19.80%	19.10%	21.60%	14.00%
文化产品贸易差额	20 442	21 451	22 226	26 232	26 470	32 562	38 934	46 816	57 684	65 854
文化服务出口额	303	289	303	315	415	535	627	1 126	1 367	—
文化服务进口额	828	724	1 045	1 521	2 246	2 604	4 076	5 371	6 190	—
文化服务贸易总额	1 131	1 013	1 348	1 836	2 661	4 140	4 702	6 497	7 557	—
文化服务贸易差额	-525	-435	-742	-1 206	-1 831	-3 069	-3 449	-4 245	-4 823	—
文化产品贸易所占比	95.70%	96.20%	95.10%	94.40%	92.10%	90.10%	90.50%	89.20%	89.60%	—

说明：“—”表示数据缺失。

但仍出现了持续的贸易逆差,并成为我国服务贸易总体逆差的重要组成部分。

根据中华人民共和国新闻出版总署《2007 年全国新闻出版业基本情况》显示:在图书版权方面,多年来我国图书进出口贸易的逆差约为 10:1,面对欧美的逆差则达 100:1以上。2006 年逆差有所缩小,仍高达 5.3:1。1997 年至 2006 年共引进图书版权 89 839 项,向海外输出版权9 554 项,虽然逆差在缩小,但版权引进仍远远大于输出的数量;在演出方面,作为世界文化大国之一,我国的表演艺术团体和人员数量堪称世界之最。然而,我国目前全部出国商演的年收入不及 1 亿美元,而加拿大太阳马戏团一年的海外演出收入就达到了这个数目;在电影方面,2000 年至 2004 年,我国进口影片 4 332 部,而出口影片却屈指可数。2006 年我国电影市场国产片票房 14.4 亿元人民币,进口片票房 11.8 亿元人民币。我国电影出口主要集中在功夫片,其他能体现我国文化特色的各种影片出口极少;在电视节目和电视剧方面,2006 年我国电视节目和电视剧出口总额为 1.69 亿元人民币,当年进口总额为 3.37 亿元人民币,逆差 1.68 亿元人民币;[5] 在动漫方面,从供需角度看,2006 年全国动画节目需求量达到 100 万分钟,而国产动画片产量仅为 8.5 万分钟,不足需求量的 1/10,造成“洋卡通”称霸市场。对发达国家文化上的依附,导致国家文化安全受到严重威胁。

(四)文化贸易出口地区狭小

由于语言、传统文化以及生活习惯等原因,我国文化贸易出口的地区主要是中国香港和台湾、东南亚、美国、加拿大、澳大利亚以及欧洲。而这些地区是华人聚居的主要区域,中国本土的文化对于海外华人具有自然的亲和力,也更加容易接受。

以中国图书版权为例,2010 年中国一共对外出口图书版权 3 600 种,输出地排名前五位依次是东南亚地区、中国台湾、中国香港、美国和加拿大。这五个地区的图书版权出口占中国总出口量的67%左右,这说明我国在对外文化贸易的输出地区上过于狭小,过于集中,中国的文化出口依旧以本土化为主,国际化的道路还很漫长。

（五）文化产品与文化服务品牌缺失

我国在各种国际文化交流活动中,仍停留在以展示剪纸、泥人、刺绣、大红灯笼之类的民俗作品和兵马俑以及其他出土文物等为主的阶段,在国外较有影响的戏剧歌舞和影视作品也仅有屈指可数的几部,动漫产业与美国和日韩相比我们才刚刚起步。我国现在能够吸引人的、占领国际市场的文化产品还不多,被人们广为接受的品牌性产品更少。而美国的品牌产品、文化产品就遍布世界各地,如可口可乐、麦当劳,以及各种美国大片等。

三、发展我国文化贸易的对策和建议

（一）增强我国文化贸易原创力和文化产业业态创新

文化原创力是文化创新的重要内容,也是文化贸易的生命。文化贸易的发展,如果没有大量优秀的原创作品作支撑,没有大量具有创新精神的从业人员积极主动地进行文化创造,就等于没有灵魂,没有原创力的文化贸易也不会有市场。因为文化贸易是以"内容为主"的,文化原创力决定着文化贸易内容的优劣高下,缺少原创力的文化贸易是没有生机与活力的。事实上,文化贸易相对发达的国家和地区,文化产品的创作生产必然十分活跃,既有思想内涵又有艺术魅力的原创作品必然不断出现。

文化产品和服务贸易应当成为传播民族文化、弘扬民族精神、提升国家文化形象的有效载体。我们可以将中华民族先进的文化个性、文化特色物化到商品的品牌塑造以及服务的质量、理念等过程中,从而提高商品的文化内涵价值。比如,2003年广西桂林阳朔打造了全球第一台山水实景演出《印象・刘三姐》,它以原生态的刘三姐山歌对唱为内容,以现代化的声、光、色表现手法,将写实的人物故事表演变为对桂林山水、概念、人文的“写虚化包装”，如今这台演出已经走向越南的下龙湾和柬埔寨的吴哥窟。

我国过去过分强调文化经营单位的事业性质及其公益性，忽视了文化的产业化发展和抢占市场传播文化，从而给文化产业的发展带来思想障碍。我国虽然已有各种文化产业的业态，如图书报刊出版与印刷和发行业、文化艺术业、文物保护业、广播电影和电视业、文化娱乐业、广告业等，但还没有立体型的文化业态。西方的传媒“巨无霸”，如时代华纳、新闻集团、迪士尼、维旺迪、贝塔斯曼、索尼等，走的都是立体型的发展之路，其主营的业务一般都涵盖了新闻、理财、娱乐、购物、健康、邮件、图书、期刊、版权等。这些传媒帝国的成功，无疑为我国文化产业业态创新和文化贸易提供了借鉴。[6]

（二）加强我国文化贸易产品中的科技创新水平

用最新的科技水平包装文化艺术是文化贸易产品取得成功的一大法宝。文化贸易强国对科学技术的运用是主动的和积极的，通过科技的应用进一步推动文化产业并带动国民经济的发展。如美国缺少悠久的历史和灿烂的文化，但是美国善于从其他民族的历史和故事中取材，加上高科技手段的充分展示，同样产生了许多优秀的文化产品。近几年在我国热映的《花木兰》和《功夫熊猫》，题材取自我国的传统文化，却让美国人赚得盆满钵满。与美国相对照，我国在高科技运用方面乏善可陈，总体上说，过去我国的电影业和演出业在制作、加工、传播等方面都还停留在传统技术的基础上，与文化贸易强国和地区存在着很大的技术水平上的差距。因此，我国要加快文化贸易的发展必须加强先进技术的应用，包括对2.0和3.0互联网，3G和4G手机等新型移动信息终端、物联网、云计算等的普及和运用。[7]

近年来，我国的文化贸易中也出现了一些融合科技创新的典范。比如，作为上海文化名片的《时空之旅》是科技创新让舞台艺术插上翅膀的一个好例子。《时空之旅》是用杂技的形式再现海派文化，“秀一个上海给世界看”，最主要是用多媒体技术展示。《时空之旅》利用先进的现代科技装备、音响、灯光、多媒体、水幕、升降设备等装置，使整个舞台实现数字化控制，高新科技的运用替代了过去人推肩扛的道具搬运方式，演出中的道具切换方便快捷，丝毫不影响演出进程。各种创新的升降设备为《时空之旅》的演出制造出飞天遁地的多层立体效果，每时每刻都有惊喜发生，演出精彩倍增。自2005年9月27日在上海马戏城首演以来，截至2011年12月已连续演出近2 400场，中外观众达240万人次，票房净收入超过2.5亿元。[8]并逐步通过走出去的形式，先后赴欧美、日本、韩国、中国港澳等地推介，打开《时空之旅》通向国际演出市场的大门。另外，深圳华强文化科技集团将现代高新科技和文化产业相结合，以文化为核心，以科技为依托，走出了一条文化科技产业发展的新道路。集团采用多元化、规模化、国际化的市场战略，在国内首次将文化、科技、旅游产业相结合，业务领域覆盖“创意设计”“文化旅游”“影视娱乐”“网络媒体”“文化消费品”五大领域。其产业的成功发展也推进了文化贸易的发展。集团成套出口大型文化科技主题公园，除在芜湖、泰安、汕头、重庆投资建设第四代文化科技主题公园外，还将文化科技主题公园输出到伊朗、南非、乌克兰等国家。同时集团的原创动漫品牌——“方特卡通”，实现了二维、三维动画片规模化生产和出口，动漫产品2010年产量达到12 818分钟，位居全国产量亚军，数万分钟作品出口美国、俄罗斯、克罗地亚、新加坡等100多个国家和地区。

（三）加强我国文化管理体制创新，特别是转变政府的文化管理职能

管理体制方面，我国应制定相应的政策鼓励创新，加强重视文化贸易创新的力度。发达国家的文化贸易发展中，政府的扶持起到了重大甚至是关键性的作用。任何一个国家和地区要建立对外文化贸易的优势，必然要调动政府、企业、非政府组织等多方面的力量，必然是一个涉及文化内容、科技研发、对外贸易、法律政策等的系统工程。

长期以来,由于各种文化载体特别是图书、期刊、报纸等在相当大程度上承载着对内对外宣传的职能,所以我国政府不敢放手而是自己承担了“办文化”的职能,结果文化市场发展缓慢。文化管理体制的创新就是将政府职能从“办文化”转化为“管文化”,专注于宏观的管理和指导。政府要为文化科技研究与应用提供支持和引导,加大对文化产业的科技投入,如增加对高新技术文化企业 R & D 经费的投入,通过税收政策增加文化企业对 R & D 的投入,为高新技术文化企业融资提供良好的政策环境等;政府要制定和实施支持我国文化产品和服务出口的政策措施,积极主办和参与国际双边和多边文化交流活动,主动参与国际文化规则的谈判和制定,增强我国在国际文化领域的话语权,进一步实施文化产品和服务出口市场多元化战略;在继续巩固美国、西欧、日本等发达国家和地区市场的同时,加快向亚洲市场的深度和广度扩张,加大对非洲等新兴市场的开拓力度,不断扩大我国文化产品和服务的市场份额,提高中华文化的影响力。

(四)加强国际营销观念,争创更多文化贸易品牌

我国的文化贸易之所以至今还没有在世界市场形成有效的竞争力,一个重要的原因就是缺乏世界市场观念。我们只陶醉于国内市场的庞大,结果不仅使内容的生产缺乏原创的想象力,而且使国内的文化消费资源在国际文化产品面前大量流失。比如,美、日等发达国家就长期占据着中国的动画消费市场,在中国青少年喜爱的动画作品中,日本占 60%,欧、美占 29%。

在经济全球化浪潮高涨的今天,文化市场上的大量产品出现了主题、内容、风格的趋同性,只有品牌是文化产品独一无二的标志。而品牌的缺失是制约我国文化贸易发展的一个瓶颈,也是当前我国文化贸易中存在的一个严峻的现实。我国文化要想在国际舞台上站稳脚跟,必须打造属于自己的品牌,在这一点上,可以吸取美国的成功经验,美国有全球著名的好莱坞,中国也可以有。比如,我国在电影文化方面潜力巨大，中国功夫闻名全世界，中国的功夫类电影就属于中国文化特有的品牌。成龙、李连杰等功夫影星已经被全世界所认可和喜爱。可以通过这些影星的名人效应，来推广中国儒家、道家等思想的影视和书籍，使中国文化能走向世界，从而向西方国家传递中国的文化和价值观。

（五）充分发挥全球华人的推广作用

由于同根同源和在文化上的亲近感，华人的推广作用在我国文化贸易中的作用不容小觑。根据《世界华商发展报告》中指出，在2000年时海外华侨华人约为400万人，2009年约为4 400万人，最新统计可能已达4 800万人，增速惊人。其中自改革开放以来，直接从中国大陆移居海外的新华侨华人共达600万人，这些新移民使世界华商结构发生重大变化，一些华侨将企业经营范围拓展至北美、西欧、澳大利亚、日本等发达国家和地区。例如，在美国，2000年时，华人华侨约为20万人，2010年已达360多万人；在日本，华人华侨人数从原有的17万人增加到70多万人；在法国，华人华侨人数从30万人增加到70多万人。[4]这些华人中从事实业和商务贸易活动的人数正在显著增加，有利于拓展文化贸易的广度和深度。我国文化贸易要想在世界市场占据一定位置，华人的推广作用值得加以好好利用。

中华民族要复兴，文化必须复兴。中国文化只有走向全球化，走向世界，在世界文化市场占有一定份额，成为文化贸易大国，中国才能成为文化强国，进而中国才有可能成为世界强国。

参考文献

[1] 方英，等.中国文化贸易结构和贸易竞争力分析[J].商业研究，2012(1).

[2] 细解美国影视产业发展模式.中国文化传媒网.2012年12月1日[EB/OL].(http://www.ccdy.cn/wenhuabao/yb/201212/t20121201_483209.htm)

[3] 仇园园.影视文化产业走出去研究[J].淮阴师范学院学报，2011(4).

[4] 王晓东.中国国际文化贸易发展路径研究[J].价格月刊，2012(7).

[5] 刘婷.我国对外文化贸易的现状、问题及对策研究[J].黑龙江对外经贸，

2009(3).
[6] 曾珠. 文化贸易发展对策的国际比较与借鉴[J]. 理论学刊,2011(5).
[7] 花建. 中国文化地缘战略和中国文化走出去的新格局[J]. 东岳论坛,2012(1).
[8] 张京成. 中国创意产业发展报告(2012)[M]. 北京：中国经济出版社,2012.

发展创意产业，推动城市转型，建设文化强国

——在上海图书馆“上图讲座”上的演讲

（2013 年 6 月 24 日）

党的十八大强调增强文化自觉、文化自信和建设文化强国的重要意义，建设文化强国成了中国社会发展的必然选择和一项紧迫任务。

文化自觉是指对自己（国家和民族）的文化要有自知之明。国家和政党的文化自觉包括三个层面的含义：一是深刻认识文化在经济社会发展中的重要作用；二是对文化发展规律（主要是阶段性和多样化）的认识和把握；三是对发展文化的责任担当。

文化自信是指对自身文化价值的充分肯定和对自身文化生命力的坚定信念。具体表现也有三方面：一是对既有文化优良传统的肯定与坚持，从而形成民族自信心和自豪感；二是对外来文化的理性态度和开放的胸怀，认识到各种文化各有所长，面对外来文化既不自傲也不自卑，能辩证取舍，取其精髓为我所用；三是对自己文化发展前景的把握，在传承中不断创新，为人类文明作出新贡献。所以十八大还强调要增强全民族文化创造活力。

文化强国的内涵主要包括拥有世界一流的文化创新力、文化价值观的影响力、文化对产业的辐射力、文化传播的吸引力和全民文化素质提升到较高的水平。

在当前经济社会发展形势下，提出建设文化强国和把文化产业发展成为国民经济的支柱性产业，其意义在于推进我国经济实现创新驱

动和转型发展，在建设全面小康社会中不断满足人民日益增长的精神文化方面的需求，并在提升软实力中增强国际竞争力。

一、创意产业发展有助于稳增长调结构

创意产业倡导开发人类创造力、解放文化生产力、提升产业竞争力、增强国家软实力；创意产业倡导创新，强调把文化、技术、产品和市场有机结合，不仅提供文化含量较高的产品和服务，满足人们的精神需求，有效地刺激内需，形成新的消费市场，更重要的是，它还可以和其他产业融合发展，促进产业创新和结构优化，有效推动中国的经济转型和经济创新。

（一）2008 年全球金融危机爆发后，创意产业一枝独秀，成为走出危机的先导产业

大力发展创意产业，已经成为各国和地区在国际竞争中获得竞争优势的新举措。受国际金融危机的影响，2008 年我国出口增长同比回落 8.5%，并带动 GDP 增长回落和许多产业增长速度下滑，当年第四季度经济增长降至 6.6%，工业增长降至 5.8%。但在如此严峻的形势下，创意产业却能逆势而上，成为经济寒冬中的一股令人振奋的暖流。2008 年全国广播电影电视总收入（含财政补助收入）比上年增长了 20.49%，电影票房收入的增长超过 35%。2009 年前两个月则比去年同期增长 110%，呈现出爆发式增长的态势。2011 年已达 130 多亿元，比 2006 年翻了两番。动漫游戏产业在 2008 年也增长了 97%，将近翻了一番。不少地方创意产业的增长速度普遍高于当地的经济增幅。比如，2007 年，北京、上海、深圳 GDP 的增长率分别为 12.3%、13.3% 和 15.0%，而这三个城市的创意产业增长率则分别达 19.4%、22.8% 和 25.9%。2009 年是受危机影响严重的一年，国家采取多项措施努力保增长，经济增长终于实现了 9.2%，而当年文化创意产业增长超过了 17%，为保增长作出了重要贡献。实际上自 2003 年以来文化创意产业的年增长率都在 17% 以上。无论在国际市场上还是在国内，中国的文

化创意产业都在快速发展。据联合国贸发会议公布的调研数据显示，在2000年至2005年间，中国文化创意产业出口平均年增长幅度高达17.6%，即占国际市场的份额高达18%，但这段时期内出口主要是靠产品多，而服务特别是版权出口较少。2007年以后情况在改变，2007年我国文化产品和服务的贸易比2006年增长29.4%，版权的引进输出比从1997年的15:1降到了5:1，这说明我们自主的创意版权正在增加。

（二）发展创意产业，可以推进中国产业结构的优化升级

创意产业本身是现代服务业的重要组成部分，其发展增大了服务业的比重。更重要的是，各种丰富的创意通过应用技术的嫁接，深入有效地融入传统产业，可以实现传统产业的升级。

具体而言，创意产业通过以下两条路径推动传统产业的升级：

一是在所有产业中（包括农业、制造业、服务业等）注入新的文化信息要素，从而优化传统产业结构。在实践中，工业产品可通过文化创意设计提升其附加值（观念价值）；设计中融入文化创意，提供新的观念价值，主要是在结构、造型和色彩上对产品的外观进行概念、定位，结合产品特质和功效明确产品的集中服务对象，更多更好地满足消费者的各种需求；农业、旅游等传统产业也都可以融入文化创意开辟新的市场和创新发展模式，形成创意农业和创意旅游的发展。

二是在产业链的上、中、下游各个环节中不断进行文化创意投入，以帮助拓展市场、树立良好品牌等。如常州中华恐龙园为吸引游客，拍了动画片《奇奇颗颗历险记》，塑造了两个可爱的小恐龙，还建立起品牌，促进了旅游和衍生产业的发展。上海浦东机场镇为促进滴水湖（建浦东机场时挖掘的一个人工湖）的旅游也创作了《滴水精灵》的动漫故事。

三是利用文化资源，融入感情因素，缔造品牌，赢得消费者认同。比如，上海的石库门建筑具有海派文化特色，其风格为中西合璧，成为上海近代史上一个独具地方特色的建筑模式，现已越来越多地被用于其他产业，打造品牌，培养一种亲切而熟悉的情感，从而促进产品的推广，如石库门黄酒、石库门酒家和宾馆、石库门网络等。又如，重庆利用《三国演义》中张飞大战张辽获胜后犒劳将士饮酒吃牛肉，创立了张飞牛肉品牌。绍兴则利用鲁迅的小说创建咸亨酒店集团，还打造出孔乙己品牌的黄酒和茴香豆，取得了良好的市场效果。

二、创意产业能够推进城市经济转型

近些年来，随着长三角地区都市经济的发展，一方面，商务成本逐级提高，都市产业结构不断调整，导致一些传统工业的衰退和外移。制造业企业在市场规律作用下选择新的生产基地，给城市带来了产业空洞化的后果。有限的城市土地资源客观上决定了不能再发展低端制造业。于是，很多城市选择高附加值的制造业和现代服务业为主要发展方向，这些产业相对而言能耗较低，对环境的污染较小；另一方面，从制造业分化出来的生产环节，在技术发展和人力资源的支撑下进一步融入服务业。制造业产业内部结构分化使不同产业生产环节中的创意生产分离出来，集聚成新的产业，无污染、高附加值的创意产业应运而生，更获青睐。

从城市的发展实际来看，创意产业的发展，将加快城市实现“创新驱动，转型发展”。大体而言有三条路径和方案。

路径一：旧区改造、城市更新

文化创意产业与城市旧区改造的有机结合，可以避免城市文脉的中断，不仅能够保留具有历史文化价值的建筑，而且通过历史与未来、传统与现代、东方与西方、经典与流行的交叉融会，为城市增添了历史与现代交融的文化景观，不仅对城市经济的发展产生了巨大的推动作用，而且使城市更具魅力，给人以城市的繁华感、文化底蕴的厚重感和时代的生机感。比如，英国泰晤士河南岸、德国鲁尔区、纽约苏荷、日本北海道小樽运河等创意企业密集的区域，都是由 19 世纪制造业大发展时建造的厂房、仓库改造而成。这些旧式的建筑保留了城市的人文遗产，很好地结合了文化的传承与文化的创新，既保护了历史，同时又成为可持续发展的动力。

从上海的旧区改造实例来看，这里是中国近代工业的发源地，制造业门类齐全，基础雄厚，拥有大量的老厂房、老仓库等优秀历史建筑。这些建筑体现了上海工业在不同时期的独特风格、艺术特色和科学价值，也成为上海民族工业的见证，拥有相当的历史文化价值。同时很多老厂房、老仓库的空间又十分适宜进行内部改建，因此，为上海发展文化创意产业提供了得天独厚的优势资源。在目前挂牌成立的创意产业园区中，相当比重的园区都是在老厂房基础上改建而成的（见表1）。

表1　上海部分文化创意产业园区及其改建前原址对照

文化创意产业园区名称	改建前的原址
M50莫干山路创意园	原上海春明粗纺厂
田子坊	原弄堂工厂
红坊	原上钢十厂冷轧带钢厂厂房群
八号桥	原上汽集团所属上海汽车制动器公司
1933老厂房	原上海工部局宰牲场
2577创意大院	原江南枪炮局
800艺术区	原华联配送中心仓库
老码头	原上海油脂厂，十六铺
四行仓库	原四间银行金城、中南、大陆、盐业共同出资建设的仓库
卓维700	原上海纺织控股（集团）有限公司下属单位上海织袜二厂

【路径一的案例】

德国鲁尔区的华丽转型

德国鲁尔区的改造，是一个从工业生产区转变为商业文化消费区的过程。德国人没有采取大拆大建的“除锈”行动，而是将这里大片的产业基地保存了下来。历经十余年的改造振兴，破败的工业区神奇地转变成了全新概念的现代生活空间，2010 年被评为欧洲的“文化之都”。鲁尔区是传统工业之衰退历史和空间转型的典型区域，面对逆工业化过程和区域衰退，鲁尔区呈现出区域整治和更新，特别是逐步与工业遗产保护和旅游开发密切结合的空间实践过程。

【案例点评】

赢利模式：政府主导、机制创新、全面规划、整体盈利

1. 政府主导

德国联邦和北威州政府对鲁尔区老工业基地改造与经济结构转变一直都给予高度重视，设立了专门机构负责制定经济结构调整政策、规划、项目审批和财政资助等事宜。为资助老工业基地改造，联邦政府经济部专门设立了联邦地区发展规划委员会和执行委员会，负责项目审批和财政资助等事宜。鉴于鲁尔工业区的特殊经济形势，鲁尔区经济结构调整一直是北威州政府工作的最重要内容之一。1998 年，鲁尔区规划机构还专门制定了一条连接全区工业旅游景点的区域性旅游路线，方便当地游客和外国游客进一步了解德国的工业历史。这条“工业文化之旅”连接了 19 个工业旅游景点、6 个国家级博物馆和 12 个典型工业城镇等，几乎覆盖整个鲁尔区，就如同一部反映煤矿、炼焦、钢铁工业发展的教科书，带领人们游历了 150 年的工业发展史。鲁尔区规划机构也和现代科技结合，利用老厂房建立了世界著名的红点设计中心和设计博物馆（Red dot design museum），定期举办红点国际设计大赛和展览。既吸引了各国设计师参与，也为传统产业的创新升级提供了支持。

从煤都埃森市（Essen）转型的例子看，州政府和市政府都给予了大力的支持。“关税同盟”（Zollverein）是埃森市历史上最重要的煤炭—

焦化厂,1847 年煤井开始运行,一度成为欧洲最大的煤井,世界第二大钢铁公司。1986 年 12 月煤井停产,被州政府列入历史文化纪念地。1989 年由州政府的资产收购机构(LEG)和埃森(Essen)市政府共同组建成管理公司,永久性负责该地的规划与发展。1998 年州政府和市政府还成立了专用发展基金。2001 年 9 月该地成功进入世界文化遗产名录,成为德国第三个获此殊荣的工业遗产旅游地。

2. 机制创新

早在 1920 年,德国政府就颁布法律,成立了鲁尔煤管区开发协会(简称 SVR),是鲁尔区最高规划机构。这一规划机构的职能和权限随着区域的发展一再扩大,后来发展成为区域规划的联合机构(简称 KVR)——州联邦的权力部门。该协会由 88 个成员组成的议会和 7 个成员组成的委员会负责日常工作,成员中 60% 是市县政府代表,40% 是企业代表。行政上受州政府当局管辖,财政上由地方当局拨款和协会自身筹款。此外,协会自身还有贷款的权力。针对鲁尔区存在的问题,协会于 1960 年提出了鲁尔区总体发展规划,作为法令要求全区严格遵守执行。1989 年还制定了一个为期十年的国际建筑展计划(简称 IBA)。

在鲁尔煤管区协会成立以前,鲁尔区无论是在发展工业生产,还是在城市建设、交通以及环境保护方面,都没有统一的规划,因此带有很大的盲目性,导致了一系列社会经济问题,直接影响到工业区的生存和发展。但在协会成立初期,其主要的工作也只是制定"一般性开发规划"(General Settlement Plan),即为工业和民用土地、交通线路、绿化环境等提出轮廓性布局方案。从 20 世纪 60 年代起,协会逐渐担负起对工业区的全面规划,直接与全区的建设和发展挂钩,并取得了很大的成效,因而,在德国普遍认为 KVR 组织是一个成功的典范。

3. 全面规划

全面规划是鲁尔区经济结构转变的保证,为此,北威州政府自 20 世纪 60 年代起陆续出台了对改善地区经济产生深远影响的"鲁尔发展规划”“北莱茵—威斯特法伦规划”和“鲁尔行动计划”等。在这些规划中,全面考虑了改善一个地区经济结构的广泛措施,如改善交通网络;大力发展教育事业;改善地区文化和娱乐设施;加强环境保护和改善城市环境;促进科学研究与开发,以及科技成果转化;削减煤炭和钢铁工业的生产能力,使生产能力与市场相适应等。

除了政府部门的规划设计外,区域规划的联合机构也制定了为期十年的国际建筑展计划(简称 IBA)。该计划面向北部鲁尔地区 800 平方公里,有 17 座城市,工业景观最密集、环境污染最严重、衰退程度最高的埃姆舍尔(Emscher)地区,因此又被称为德国的埃姆舍尔公园模式。它是一个大型区域性综合整治与复兴计划,该计划对鲁尔区工业结构转型、旧工业建筑和废弃土地的改造和重新利用、当地的自然和生态环境的恢复,以及就业和住房等社会经济问题的解决等,都给予了系统性的考虑和规划。

4. 整体赢利

鲁尔区的旧址改造与转型发展不是企业的赢利方式,而是立足于整座城市的受益。伴随着产业结构的调整和城市更新,原有的工业遗产得到了很好的保护,原有产业倒闭而带来的失业问题也得到了解决,环境也变得更为宜居,还建立了具有地方特色的文化地标。据许多德国国内和国际研究及企业调查的结果显示,鲁尔区未来在欧洲具有较强的竞争力,该地区的生活条件和水平在世界 100 个最大的工业区中名列第二位,在欧洲名列第一位。

路径二:资源开发、文化演绎

资源是经济赖以发展的基本要素。由于一定的资源对象总是要与一定的生产力相协同才能成为现实有用的资源。不同的发展阶段,各种资源的利用率和对于经济增长的贡献率会发生变化,主导性资源会被更替、扩充。在传统经济中,劳动力、自然资源和资本占据经济增长的主要贡献地位,人力资本的发挥更多地依赖于其他资源的存在与应用。在知识经济时代,经济发展过程中主导性资源出现了划时代的变化,即人力资源和知识成为主导资源和驱动力。当人的创造力成为主体资源,资源的内涵和外延得到了更深刻和广泛的拓展,一些具有历史积淀的物质载体(如哥德堡号沉船、上海的石库门建筑等)、民间传说(如南海观音、牛郎织女等)、民俗风尚(如节庆祭祀、对歌等)、小说故事(如《三国演义》《西游记》《聊斋志异》等)等,均可纳入资源的范畴,加以开发和利用,成为对促进经济增长有用的资源。这种开发和利用的成功与效果则取决于人们创意的发挥和文化的演绎。

文化的演绎过程存在多种形式,其中,“秀”形式和“聚”形式较为普遍。“秀”如今已成为旅游产品和服务的一种重要表现形式,往往通过高科技和多媒体等新手段将传统文化中的精髓部分较完好地沿续下来,并有所创新和发展。通过“秀”来增强感染力,从而吸引消费者。近些年来,中国各地纷纷涌现了各种类型结合地方特色的“秀”活动或者“秀”演出(见表2),比如桂林市阳朔县的《印象·刘三姐》、嵩山少林寺的《禅宗少林·音乐大典》、开封清明上河园的《大宋东京梦华》、泰山的《封禅大典》等全球首创的山水实景演出文化创意产业项目正是挖掘出了当地的历史文化遗产,在传承历史文化的基础上实现了创新,使中华文化得以发扬光大。另一种“聚”形式则是指主题公园的文化演绎样式。虽然中国有大量的主题公园仍然经营不善甚至处于亏损状态,但是也不乏深圳东部华侨城、常州中华恐龙园之类成功的特例。事实证明,只要能结合地方特色,独树一帜,并能准确地把握住赢利模式,主题公园的演绎方式也不失为一剂“良方”。

表2 中国各地各类型演出项目/产品

项目名称	演出地点	演出类型
印象·刘三姐	桂林阳朔	大型山水实景演出
印象·西湖	杭州西湖	大型山水实景演出
宋城千古情	杭州宋城	室内立体全景式大型歌舞

续 表

项目名称	演出地点	演出类型
印象·丽江	丽江	大型山水实景演出
丽水金沙	丽江	旅游歌舞晚会
云南映象	昆明	大型原生态歌舞集
蝴蝶之梦	大理	大型梦幻风情歌舞
香巴拉映象	香格里拉	情景歌舞剧
风中少林	郑州歌舞剧院	大型原创功夫舞剧
禅宗少林·音乐大典	登封	大型实景音乐剧
ERA—时空之旅	上海	超级多媒体梦幻剧
创世纪	深圳世界之窗	大型史诗音乐舞蹈晚会
千古风流	深圳世界之窗	大型音乐舞蹈史诗
森林密码	广州长隆	大型实景式主题马戏
时空魅影	广州“魔立方”国际商旅场	大型蒙太奇超限多媒剧
仿唐乐舞	西安陕西歌舞大剧院	仿古乐舞
梦回大唐	西安大唐芙蓉园	综合性大型乐舞表演
藏王宴舞	九寨沟	歌舞宴
天下峨眉	峨眉山风景区	3D 实景剧
蜀风雅韵	成都	戏曲文艺表演
金沙	成都	大型音乐剧
北京之夜	北京	大型组合式晚宴艺术
吴桥杂技	吴桥杂技大世界	杂技表演
封禅大典	泰山	山水实景演出
天门狐仙	张家界	实景歌舞剧
大宋东京梦华	开封清明上河园	大型实景水上演出
立秋	山西省话剧院	历史话剧

【路径二的案例】

无中生有，被“逼”出来的中国的奥兰多——常州

常州没有名山大川，没有名胜古迹，旅游资源相对匮乏。但从2012年五一小长假的情况看，却有近26万人涌进常州城。他们正是奔着常州的三大主题公园而来。数据显示，五一假期三天，常州中华恐龙园接待游客13万人次、嬉戏谷接待游客9万多人次、淹城春秋乐园接待游客5万人次。因为拥有这三大主题公园，常州被外界称为中国的奥兰多。2011年，常州全年接待国内旅游者3 360.88万人次，海外游客41.31万人次，分别同比增长19.93%和15.05%；实现国内旅游收入398.52亿元，旅游外汇收入4.21亿美元，分别同比增长22.20%和21.41%；接待游客总数3 402.19万人次，实现旅游总收入425.9亿元、旅游增加值199.83亿元，分别同比增长19.87%、21.78%和21.86%。旅游业已成为常州市服务业重要的支柱产业，其旅游经济指标排名已经多年位列江苏省第四。2011年，常州的四大景区门票收入都位列江苏省前十，其中，天目湖景区排在第一位，中华恐龙园、淹城春秋乐园、嬉戏谷分别排在第二、六、七位。事实上，无论是“无中生有”的中华恐龙园、“小题大做”的天目湖景区、“点土成金”的淹城春秋乐园，还是“虚实结合”的嬉戏谷，都是被“逼”出来的。正如常州旅游局长所言：常州的旅游是被逼出来的，也代表着创意、创新的精神。

所有的主题公园都存在着“三高”现象，即前期投入高、运营成本高、改造费用高，可以说，主题公园的赢利着实不利。然而，以常州中华恐龙园为代表的主题公园却异军突起，走出了一条颇具特色的成功之路。2011年，由国际主题公园及景点协会主导，国际主题景点业内权威组织TEA及顾问集团AECOM Economics联合发表的全球主题景点专题报告中显示，常州中华恐龙园在全亚洲数千家主题公园中名列第十一位，同时位居中国第四位，排名仅在香港海洋公园、香港迪士尼和深圳东部华侨城之后，进一步巩固了在国内主题公园业界第一方阵的

地位。而这其中，迪士尼是百年老店，香港海洋公园已经经营了35年，深圳东部华侨城也有了近30年的发展历史，相比较而言，刚刚12岁的常州中华恐龙园就非常引人关注。

［案例点评］

总结常州中华恐龙园的成功运作，有以下几点启示：

1. 独特的恐龙主题，先入为主，占领市场

作为全国首个恐龙文化主题公园，同时也是最大的恐龙博物馆，中华恐龙园以恐龙主题在科普科研方面做足了文章，先入为主地占领了庞大的青少年消费市场，并获得稳定的关联市场开发空间。

2. 1+1>2的产业扩张，培育品牌，扩大影响力

中华恐龙园携手宏梦卡通，拍摄动画片和动画电影，实现1+1>2的产业扩张是中华恐龙园打造文化产业体系的重要一步。双方的携手合作，促进了宏梦卡通动画产业链的衍生，更为中华恐龙园走向全国市场提供了可能。借助宏梦卡通成熟广泛的衍生品开发营销系统，中华恐龙园的影响力进一步扩大。据悉，2012年，由中华恐龙园与北京博盈先锋文化传播有限公司强强联手打造的首部职场先锋话剧《爱在侏罗纪》也已经正式上演。此外，中华恐龙园还在酝酿一部超时空舞台剧《DINOMAN》，将结合多元的新媒体技术和传统表现形式，颠覆传统的舞台表现形式。

3. 综合配套，从单一景点走向旅游综合体

一方面，中华恐龙园立足自身，不断完善园区的产品和服务；另一方面由控股方龙城旅游控股集团以恐龙园为核心配置了温泉、度假中心、剧院、水上景点、购物中心等商业配套，提升了对于游客，尤其是外地游客的综合吸引力。使得中华恐龙园从最初的博物馆，发展为一个有吸引力的旅游景点，再成为一个功能意义显著的旅游综合体。

4. 多渠道推广，不断开拓市场

以2004年中华恐龙园收藏世界最古老的东方吉祥鸟化石为例，通

过及时举办全国性的化石研究成果新闻发布会，中华恐龙园成功地吸引了媒体的注意，迅速地为旅游和科普业界所熟知，也间接促成了2005年中国古生物大会在中华恐龙园的召开。同时，中华恐龙园充分利用东方卫视作为在长三角甚至全国知名媒体的特点，加大投入，使其成为公园品牌建设推广的良好平台。而报纸、杂志、车身广告、候车亭广告、DM杂志等宣传方式也经常出现在中华恐龙园的推广过程中，构成多维的品牌传播体系。

5. 制定行业标准，引领行业发展

国家标准化管理委员会发布"中国国家标准公告2011年第14号"，由常州中华恐龙园有限公司负责起草的国家标准GB/T 26992—2011《主题公园服务规范》通过审核，于2011年12月1日起正式实施。该标准主要适用于主题公园旅游服务，也适用于一般旅游景区（点）的旅游服务。可以说，常州中华恐龙园凭借参与制定标准，在行业竞争中已占领了一定的先机。

路径三：旗舰项目、综合运作

文化旗舰项目通过诸如歌剧院、美术馆、展演设施、会议设施、体育设施等文化设施及文化活动建设，带动地方经济再生。西方国家在20世纪末期在市中心建设的文化旗舰开发、文化及娱乐地区、剧院特区、文化广场、美术馆、会议中心等，聚合了博物馆、美术馆、购物中心、零售店、旅馆、餐厅设施等的混合使用开发，体现出复合性的设施内涵。它的功能是将文化活动和不动产计划、商业功能整合在一起，促进市场的交互作用，建立起成功的市场效益。Basset（1993）认为，文化旗舰项目能带动地方商业团体进入以艺术为主导的开发案，以促进都市更新及凝聚力、吸引人潮回流城市、提供艺术文化工作者工作机会、促进其他消费产业发展效益、强化城市意象，并提升城市吸引内部投资之竞争力。

然而，旗舰项目的开发离不开各种要素的运作，比如，资本要素、品牌要素等。芝加哥千禧公园被誉为自1893年哥伦比亚博览会后，芝加哥历史上最重要的工程。重建后的千禧公园得到了规划师、经济学家和环保人士的一致赞许，并获得多个世界设计大奖，是芝加哥重要的文化旗舰项目。它创造性地采用了公私合营（Public-private Partnership）的融资方式，总共耗资4.75亿美金，其中2.7亿来自政府拨款，其余的资金则得到了包括波音公司、箭牌、英国石油、美国第一银行等私人企业财团的慷慨赞助，以换取对公园内建造物的命名权。因此，千禧公园的支持者们宣称，此项工程之所以伟大，是因为它“用私人的钱实现了大众的梦想”（Private Money, Public Dream）。此外，关于项目的品牌运作，要考虑动态的因素，因为它是随着市场的变化而变化。在信息传播业已多维化的今天，原有“酒香不怕巷子深”的“坐商”思想已经过时。因此，要不断进行文化创意，积极推进品牌建设，以适应时代发展的要求，适时反映消费者的审美偏好和价值观念。

【路径三的案例】

一个创意博物馆造就一座国际城市
——西班牙毕尔巴鄂市的再生

你相信一个博物馆可以救活一座原本衰落的城市吗？如果不相信，毕尔巴鄂市古根海姆博物馆会给你答案，这也是欧洲最著名的城市复兴旗舰项目。

毕尔巴鄂市始建于1300年，因优良的港口而逐渐兴盛，在西班牙称雄海上的年代成为重要的海港城市，从17世纪开始日渐衰落。19世纪时，因出产铁矿而重新振兴，但20世纪中叶以后再次式微，1983年的一场洪水更是将其旧城区严重摧毁，整个城市雪上加霜，颓势难挽，虽百般努力却苦无良策。20世纪90年代初，毕尔巴鄂已沦为欧洲无名小城。为了振兴城市，1991年毕尔巴鄂市政府与古根海姆基金会共同做出了一项对城市未来发展影响极为深远的决定：邀请美国建筑大师弗兰克·盖里为该市即将兴建的古根海姆博物馆进行建筑设计。

盖氏的建筑向来以前卫、大胆著称，他没有让大家失望，在他魔术般的指挥下，建筑，这一章已凝固了数千年的音乐又重新流动起来，奏出令人瞠目结舌的声响，一座石破天惊、充满创意的博物馆横空出世：整个建筑由一群外覆钛合金板的不规则双曲面体组合而成，与该市长久以来的造船业传统遥相呼应。

1997 年古根海姆博物馆落成开幕后，第一年参观人数就达到 136 万人次，其中 85% 以上来自该地区以外，而这其中的 84% 又是专门为了古根海姆博物馆而来到毕尔巴鄂，仅博物馆的门票收入就占当年全市财政总收入的 4%，而带动的相关收入则占到 20% 以上，截至 2000 年，古根海姆博物馆的经济收入已达 4.55 亿美元，成为带动当地经济的龙头产业。自古根海姆博物馆修建以来，毕尔巴鄂的旅游收入增加了近五倍，花在古根海姆博物馆上的投资两年之内就尽数收回。毕尔巴鄂迅速成为欧洲最负盛名的建筑圣地与艺术殿堂，也一跃成为国际大都市的典范。

[案例点评]

古根海姆博物馆带给我们的启示：

1. 盘活和经营文化艺术资产

一个博物馆活化了毕尔巴鄂的经济，为城市带来新生似乎有些传奇，但确实是活生生的事实。这告诉我们，文化艺术资产不仅是城市的宝贵资源，也是城市社会经济发展的资本，与金融资本和土地资本等有形资本相比，无形的文化艺术资本对城市发展的推动作用是巨大的，关键要有创意，要善于经营和运作。

2. 品牌无形资产的运作和价值挖掘

西班牙古根海姆博物馆的成功告诉我们品牌的重要，仅仅是一个具有创意的博物馆建筑，其影响绝不会如此巨大，在其背后是两个世界级品牌无形资产的价值体现，一是古根海姆博物馆的世界知名度；二是建筑大师弗兰克 · 盖里的魅力。盖里的作品已经成为一种价值符号，代表新颖奇特，当博物馆一落成，立刻博得举世瞩目，被报界惊呼为“一个奇迹”，称它是“世界上最有意义、最美丽的博物馆”，新闻广告效益显著。

3. 全球性城市地标的定位

博物馆作为城市的建设项目需要创意策划和准确定位。毕尔巴鄂古根海姆博物馆的成功在于其项目前期所确定的全球性城市地标的定位，这一定位与选址、选设计师、建筑风格等有机结合，把博物馆作为艺术品来建设，在外形设计上下功夫，融入符合现代人消费需求的时尚元素。整个博物馆从外表看犹如一件抽象派的艺术品，它由数个不规则的流线型多面体组成，上面覆盖着3.3万块钛金属片，在光照下熠熠发光，与波光粼粼的河水相映成趣。尽管建筑本身是个耗用了5 000吨钢材的庞然大物，但由于造型飘逸，色彩明快，丝毫不给人沉重感。

由于其全球性特点，也成为电影的取景地。如1999年拍摄的著名的007系列电影之《黑日危机》，片头即是西班牙毕尔巴鄂博物馆的景观。

我国也有利用传统文化，开发旗舰项目，大大推进城市经济发展的案例：海南省在20世纪90年代泡沫经济破灭后一度比较困难，虽有良好的旅游资源，但政府缺乏财力开发。后来想到西游记中所说的南海观音和成语寿比南山，于是策划建南海观音大佛和南山佛教文化园区，并建一条福寿街（这也是聚的形式）。不仅很多企业愿意来投资，还有大批善男信女自愿捐款，很快就筹集到资金完成项目建设，吸引了大批游客来此旅游，年均游客达200多万，旅游收入达1.4亿元，成为海南的纳税大户。

三、发展创意产业，建设文化强国

第一，中国的城市文化创新力量逐渐显现。目前，中国已成为全球文化创意产业增长速度最快的国家，更是全球瞩目的文化创意产业大市场。其中，很关键的一项是中国一些城市正在加入联合国教科文组织的全球创意城市联盟，深圳、上海、北京已经成为“设计之都”，成都成为“美食之都”，杭州正在申请加入“手工艺和民间艺术之都”。加入世界创意城市网络的意义非凡，它不仅是一个美丽的称号，大大提高了该城市的国际声誉，而且意味着文化创意和科技进步将成为城市发展的重要因素，并有利于吸引创意人才，汇集创意资源，从而加快实现经济的创新驱动和转型发展。随着文化创意产业的大发展，相信我国还会有更多的城市加入世界创意城市网络，扩大对外的交流合作，这既有利于促进中国经济社会的转型，也将大大提升我国的软实力。

第二，中国的文化创意产品在陆续走上国际舞台，显示了文化价值和文化传播的影响力。近年中国文化创意产品比较热门的有：中国的“女子十二乐坊”在日本出道成名，现在连日本出品的电玩游戏也采用了该团体演奏的作品；上海今日动画公司出品的《东方小子》风靡欧洲市场；河南的杂技已在美国迪士尼乐园上演了八年等。深圳华侨城公司在国内多地创建主题公园（欢乐谷等）取得成功和经验，现也在国外兴建欢乐谷，成为仅次于迪士尼的娱乐公园。2011 年我国文化产业的进出口贸易增长了 21%，其中出口增长了 22%，终将改变文化贸易长期逆差的状况。中国文化创意产业领域的国际合作形式还有巡回演出、联合举办博览会、举办论坛等。

第三，中国的文化和科技融合逐渐加强，逐渐显现出一流的文化创新力。法国作家福楼拜曾说，科学与艺术“从山麓分手，又在山顶汇合”，科技与文化融合发展已经成为 21 世纪全世界产业经济发展的显著特征。综观当前世界各国成功的企业，都是在科技、文化、艺术、商业等领域进行跨界融合的创新典范。2012 年，国家科技部会同中宣部、财政部、文化部、广电总局、新闻出版总署，联合出台了《国家文化科技创新工程纲要》，标志着我国科技创新与文化创意的融合发展已经作为国家战略付诸实施。一般而言，文化创意为产业提供“效用”，即决定做什么，而科技创新则为产业提供“效率”，即如何来做，文化创意与科技创新的融合使得产业的软硬件兼容，竞争力大大提升。近年来，由数字技术和网络信息技术掀起的高科技浪潮改造和提升了传统文化产业,新技术还催生了一大批新的文化形态和文化业态,科技与文化融合已成为现代产业发展的显著特征和企业发展的战略选择。不难发现,有效实现科技与文化深度融合的企业也是市场竞争中的优势企业。如果说苹果公司的 iPhone、iPad 产品代表了美国文化和科技的融合创新,那么中国文化和科技的融合力量也在日渐显现。深圳华强股份有限公司,原来是一家科技公司,近年来立足科技与文化的融合发展,以“科技 + 文化创意”的模式,开拓了全新的产业领域,取得了骄人的业绩。科技创新与文化创意的融合发展也促进了产品创新和市场创新。科技求真,文化求善和美,两者结合的产品才能达到真善美。大家一定还对北京奥运会开幕式的那幅卷轴和上海世博会的《清明上河图》记忆犹新,为什么?这些通过创意手法表现出来的产品,不仅视觉震撼,由于科技与文化实现了高度融合,体现了真善美的共鸣,还会产生思想的震撼,这就是文化与科技融合的产品魅力。

科技为文化创意提供新的表现形式和传播手段,也有助于将文化内涵嫁接到产品里,提升产品的附加值,提高文化传播的影响力。

四、结语

发展创意产业,以对既有的文化优良传统的肯定和坚持为基础,结合对外来文化的理性开放和辩证取舍,形成中国在新形势下的文化自信。

以高度的文化自觉,深刻认识文化在经济社会中的重要作用,将创意产业和科技发展相融合,认识和把握文化发展规律,推动产业提升和城市转型,在传承中创新发展,是文化强国的要点。

相信从文化强国的角度,全面规划提高区域整体社会经济效益,更能推动形成完善的价值实现系统,即核心产业、支持产业、配套产业和衍生产业四大产业群,从而更能帮助推动实现环境友好、人民安居乐业的整体中国梦。

论文化创意推进品牌建设

——在“第十六届品牌中国高峰论坛”上的演讲

（2013 年 8 月）

一、金融危机迫使中小企业加快转型

目前，我国实体经济还处于全球性金融危机的影响下。从危机的根源和实质看，对我国和美国的冲击效应不尽相同，需要解决的矛盾也不同。就美国而言，近期要解决的主要问题是化解金融领域的毒资产，降低金融杠杆化比例，对虚拟经济进行“瘦身”；而从长期来看，他们在加强科技创新，特别是能源技术、生物技术和信息技术，并利用其科技优势加强实体经济，同时提出利用巧实力，即以科技创新为代表的硬实力与以文化创意为代表的软实力巧妙结合的概念。

美国一些智库指出，过去由于 FIRE 产业（FI 指金融、RE 指房地产业）发展过火，引发了金融危机，为加快复苏，要多发展 ICE 产业（I 指智力服务和信息产业、C 指文化和创意产业、E 指教育、能源和环境）。而对我国而言，经济失衡的表现为产业结构的不适应，从而造成某些实体经济的“臃肿”。所以我们近期要解决的问题是“消肿”，压缩落后的过剩产能，并消化存货；从长期看则必须调整产业结构和市场结构，转变经济发展方式，从主要依靠外需和资源消耗的发展转向依靠内需和创新驱动转变。

据调查，在这次金融危机中，凡是拥有自主知识产权、自主品牌的企业，不仅受到的冲击较小，而且赢得了新的发展空间。

可见，中小企业对我国在繁荣市场、创造效益、吸纳就业等方面发挥了重要作用。而在金融危机的影响下,国际市场的总容量下降,中小企业出口额的下降在所难免,但要力求保住份额,这样在经济复苏时才能获得增长。

因此,目前还处在较困难时期的中小企业要练好内功,包括进行员工培训、调整产品结构,以技术创新和文化创意双创战略促进发展和加强品牌建设。

二、品牌建设的核心在于品质和文化创意

1. 品牌的内涵

关于品牌有诸种定义,比如美国市场营销协会对品牌定义如下:“品牌是一种名称、术语、标记、符号或设计,或是它们的组合运用,其目的是借以辨认某个销售者或某群销售者的产品或服务,并使之同竞争对手和服务区别开来。”

广告先驱大卫·奥格威曾给品牌下过定义:“品牌是一种错综复杂的象征——它是产品属性、名称、包装、价格、历史声誉、广告方式的无形总和,品牌同时也因消费者对其使用的印象以及自身的经验而有所界定。”

品牌中国产业联盟专家梁中国认为:“品牌是凝聚着企业所有要素的载体,是受众在各种相关信息综合性的影响作用下,对某种事或物形成的概念与印象。它包含着产品质量、附加值、历史以及消费者的判断。在品牌消费时代,赢得消费者的心远比生产本身重要,品牌形象远比产品和服务本身重要。”

20 世纪 90 年代以来,人们越来越青睐名牌产品。难怪有人惊呼:谁拥有了世界名牌,谁就拥有了世界市场! 随着品牌竞争的发展,文化被推向品牌竞争的前台。透过品牌的文化力去赢得消费者和社会公众对品牌的认同和亲和力,已经成为当今市场竞争的一种深层次、高水平、智慧型的竞争。

品牌的知名度体现在广为人知,名牌的美誉程度就体现在给消费

者留下的美好印象上，名牌蕴含着文化，通过广告宣传来宣扬产品的个性、价值，最重要的是要在广告中展现产品的文化，富有文化内涵的品牌，价值远远超出商品本身的实际价值。

所以，我们推销的不仅是商品，也包含了文化，文化可以体现公司的原则和发展目标，文化可以完善管理策略，体现产品质量和服务意识，这就要求我们的设计师不能只为设计而设计，不仅要在外在表现形式上吸引众人眼球，更重要的是要把企业的精神内涵融入其中，做到表里如一。

2. 品牌建设核心在于其品质和文化创意

一方面品牌应具备优良的品质，即具备良好的质量、款式、外形和技术含量等。在市场竞争激烈的今天，品质良好的品牌能够拉近品牌与消费者的距离，产生巨大的消费影响力和号召力，从而最大程度激起目标消费者的购买欲望和热情，最终在竞争中立于不败之地。

另一方面品牌建设应拥有根据市场和消费者需求变化的创新延伸能力，即不断进行文化创意。因为产品的本质是个动态的概念，即使产品本身的品质没有发生变化，消费者的购买力水平和消费观念发生了变化，产品的市场美誉度也会发生变化。从这一点说，品牌建设是动态的，它随着市场的变化而变化，要不断进行文化创意以适应时代发展的要求，适时反映消费者的审美偏好和价值观念。

目前我国中小企业里还是以生产传统产品为主，在经济不景气时，产品受影响比较大，竞争较激烈。实际上受价格和资金投入的限制，中小企业在技术上短期里难有重大突破，但在文化创意上相对较容易取得成效。因为中小企业规模小，科技开发能力较低，开拓市场的能力较弱，单纯以降低价格的战略去求生存、求发展，往往是行不通的。正确的办法是加强品牌建设，提高消费者对品牌的忠诚度和以较低的成本为消费者提供新的价值。

三、文化创意的生成路径

品牌的塑造必须明确该品牌区别于其他品牌独具优势的核心竞争

力或叫核心价值,即文化创意的生成。

品牌的核心价值则要求产品的创作者能用承载自己体悟的作品不断引发目标市场的认同与共鸣。就一个文化创意生成而言,可以经由两个路径:

1. 对原有文化的挖掘,从历史的、民族的、民间的、全球的各种人文奇观中发掘出具有深厚文化内涵与底蕴的文化品牌

中国是一个有着五千年文明历史的国家,中华民族是一个富有创新精神的民族。中华民族的祖先在长期的生产实践、社会实践及思维实践中,创造了灿烂的中华文化,形成了优秀的文化传统。它不仅成为凝聚中华民族的精神纽带和中华儿女的精神家园,而且对东方文明的形成和发展,产生了广泛而深刻的影响,对人类文明作出了重大贡献。

传统文化是进行现代创意的酵母,通常对传统文化进行品牌创意有以下两种方式:

(1) 根据现代需求重新诠释本民族经典作品内容的创意产品

主要通过不同的方式再现优秀的文化创意旅游作品,回顾经典,展示和传承传统文化创意资源,如以电影、音乐、多媒体、戏剧、网络等传统和现代的多种形式和渠道,再现传统历史文化创意旅游精品的内容。如《印象·刘三姐》大型歌舞剧在2004年至2006年三年里接待了160万观众,获得1.2亿多元门票收入,还有力地拉动了旅游业,三年里阳朔县旅游总收入从2003年的4亿元到2006年的9.65亿元,增加了5.65亿元。

(2) 开发全球市场中的地方资源

在经济全球化浪潮汹涌澎湃的今天,文化创意市场上的大量产品出现了主题、内容、风格的趋同性,文化创意产品和文化创意消费的全球化趋势就不可避免了,导致了全球化进程中世界性文化创意命题的审美标准逐渐趋于同一性。

发达国家文化创意产业的跨国公司,比较早地认识到了既要重视全球化的普遍文化创意倾向,适应全球文化创意市场的消费需求,又要开发各种民族文化创意的独特资源。

纵观国际上文化创意产业强国，比如，美国、日本、韩国、法国、英国、荷兰等国发展文化创意产业，都有着向异域扩张的强烈冲动。再比如，美国是一个典型的人文历史短浅、文化创意资源不算富足的国家，但却是当今世界上首屈一指的文化创意产业大国。美国纽约曼哈顿的百老汇是最吸引世界各地人们的一个旅游目的地，诞生了很多经典的音乐剧。

2. 创立一个前所未有的、全新的、富有现代气息和风尚的文化创意品牌

文化创意资源完全由创意者发明，或由创意经营者创造内容价值。它一般能够与现代消费观相契合，典型的如动漫及其衍生品、韩剧及其“韩流”等，通过影响人们的观念，或培养人们的偏好，实现文化创意产品的增值。《哈利·波特》影片中出现过或小说里描绘过的地点，成了旅游者的“新宠”。由于“外景地爱好者”纷至沓来，最近这些地方的游客人数猛增了30%。此外，美国还正在建设和迪士尼相媲美的哈利·波特主题公园。

四、文化创意推进品牌建设的路径分析

根据比较优势理论，虽然一个品牌不可能在各个方面都处于领先水平，但是一定要强化自己的比较优势。这个比较优势来自企业商品或服务的品牌建设，即通过品牌文化创意展现品牌内涵，提升品牌附加值，为产品竞争力提供源动力，也就是品牌建设的核心。

目前我国中小企业的品牌建设现状不容乐观，部分企业没有认识到品牌的重要性，没有品牌定位，没有专门的品牌管理部门，更没有品牌战略。只有抓住文化创意这项品牌建设核心要素，才可切实加快我国中小企业的品牌建设进程。

五、文化创意推进品牌建设的路径分析

1. 设计中融入文化创意，提供新的观念价值

主要是在结构、造型和色彩上迎合消费者的需求。对产品的外观

进行概念、定位、诉求与包装,结合产品特质和功效明确产品的集中服务对象,更快更多更好地满足消费者的各种需求。

2. 利用文化资源,融入感情因素,赢得消费者认同

品牌的缔造需要经历一个从质量支撑到文化支撑的过程。具有高品位文化含量的名牌产品,可以使消费者在享受产品本身物理价值时获得额外心理价值的精神享受;同时还可以有效形成一种存在时间长、不易被突破的竞争壁垒。

上海的石库门建筑,具有海派文化特色,有着深深的历史烙印,成为上海近代史上一个独特的时代产物。石库门现在被越来越多地运用到其他产业领域,增加产品的文化内涵,培养一种亲切而熟悉的情感,促进产品的推广,从而实现从文化资源到经营资源的成功转换。上海金枫酒业公司诞生于1939年,原来生产"金枫"牌黄酒,但通常被用作烧菜的料酒,一瓶酒售价约两三元。后来,通过嫁接石库门这一文化符号,该厂成功推出了石库门老酒的品牌。产品一上市就受到了消费者的青睐。石库门老酒有"红标"和"黑标"两个品牌,目前市场上最低售价分别为红标20元左右、黑标30元左右。

石库门作为品牌还衍生出以上海菜为主的石库门连锁酒家和温馨如家的连锁旅馆。利用石库门文化,2000年6月,同济大学建筑学院及瑞安集团共同打造成"上海新天地"。在以中共"一大"会址为中心的旧石库门建筑老区内出现了一个以文化、历史、餐饮、娱乐、休闲为内容的全新石库门"上海新天地"。如今,"上海新天地"成了中国其他城市学习的典范并成为国内首批文化产业示范基地。

重庆利用《三国演义》中张飞大战张辽获胜后犒劳将士们饮酒吃牛肉的故事,创立了张飞牛肉品牌。绍兴则利用鲁迅的小说创建咸亨酒店集团,还打造出孔乙己品牌的黄酒和茴香豆,都取得了良好的市场效果。

3．重视信息传递，和消费者沟通，让人们理解商品和品牌所承载的文化意义

有效的品牌传播包括：一是在视觉识别上要与时俱进；二是品牌传播媒介作为沟通品牌和目标顾客的中心环节，一直是行为识别的重中之重；三是理念识别一直是品牌运作的核心，也是品牌延续和发展的原动力。

在“零点调查”所选取的我国排名前十六位的老字号品牌中，认知广度和深度俱佳的，只有北京的“全聚德”和“同仁堂”，而上海的“张小泉”与“上海城隍庙”以及天津的“狗不理”则仅限于具有认知广度的品牌，其余品牌则在这两方面都不够强。这说明在浩瀚的“中华老字号”中，真正具有跨地域覆盖能力又能达到品牌有效传播的很少。这说明我国品牌在信息传播已多维化的今天，原有“酒香不怕巷子深”的“坐商”思想已经过时。

中小企业应使用正确文化来传播品牌形象，将文化融入品牌的传播中。一段优秀的广告往往被人竞相传颂，让不同群体的人笑成一团，这就是在分享共同的价值观，这就是模式创新。在宣传造势方面，媒介渠道、促销手段上既要吸引眼球，又要充分调动消费者和潜在消费者的积极性。

光明乳业在2008年圣诞节特别推出的畅优“优酪乳酸牛奶”推介活动，暨光明酸奶帮你大扫除活动。这次活动主题为光明“畅优行动，7天大挑战”，展开健身房跳操和抽奖等活动，引来了很多白领参与者。活动不仅有效传播了品牌，还进一步树立了城市白领人群的健康观，把健康、通畅的理念真正融入城市人群的生活中。

4．加强营销策划，扩大市场份额

现代意义的品牌又是指消费者和产品之间的全部体验，包括物质体验和精神体验。品牌向消费者传递一种生活方式，被赋予一种象征性的意义。品牌会使人产生信任与安全感，使消费者购买商品的风险降到最低，这就是品牌的最终价值。

一个企业应当意识到产品能否为消费者服务，消费者是否喜欢产

品，产品是品牌最终的价值归属，只有产品是消费者喜爱并需要的，产品才会在无形中得到传播。所以应建立以消费者为导向的现代营销意识，来扩大市场份额。

在广州正在热销的喜从天降遥控直升机。它突破传统的对戒交换仪式，由高度安全的遥控直升机将戒指送到新人手上，为整个婚礼仪式创造出更为新颖和时尚的气氛，真正体现出“喜从天降”和“天赐良缘”。这一独特的营销策划为遥控直升机赢得了无数消费者的青睐，从而扩大了市场份额。

六、文化创意推进品牌建设对策分析

全球金融危机直接冲击着中小企业的生存与发展，只有升级转型并实施品牌战略，才能不断提高经营水平并应对全球经济危机。

当前，加快中小企业品牌建设需要注意以下几点：

1. 树立信心，转变观念

金融危机不仅带来了挑战，还给我国中小企业带来了发展和转型的机遇，因此要树立信心。企业还需确立几个新观念：产品是工厂里生产的东西，品牌是消费者所购买的东西；产品可以被仿制，品牌却独一无二；产品很快会过时，而成功的品牌却可永生。

为产品定个品牌是一回事，塑造名牌则是另一回事。

品牌建设也要与时俱进。随着科技进步和社会经济的发展，消费者对事物的认知观念、消费行为和态度也会有变化，所以有些老品牌因缺乏创新而渐渐失去市场。比如上海过去有不少知名的老品牌——上海牌手表、蝴蝶牌缝纫机等，不能倚老卖老，必须倚老卖新。

［案例］

“双妹”的文艺复兴与价值回归——从产品制造到品牌运作

“双妹”是中国著名的美妆品牌，拥有上百年的历史。2010 年，上海家化联合股份有限公司携手国际品牌管理团队、法国产品开发团队和蒋友柏先生设计团队,重新激活了“双妹”这个拥有百年历史的国货品牌。

(1) Be local, look global 的本土品牌成长之道

近几年国内企业的通常做法,都是注册西化的商标,赋予其西方故事、西方文化元素,再回到国内加工、销售。而上海家化反其道而行之,挖出了100多年前的“双妹”品牌,并高调入市。因为“双妹”代表了一段历史、一段上海风情、一种海派文化,随着中国国力提升,中国文化也逐步由弱势变得强势起来,作为文化的反映与载体,以“双妹”品牌作为符号去诠释海派文化历史,具有深刻而丰富的意义和价值。重返上海滩的新“双妹”英文名为“Shanghai Vive”,定位于“名媛文化”和“上海风情”。“双妹”的成功在于老品牌、新创意、新产品。所以我们开发利用老品牌不能倚老卖老,而应倚老卖新。

(2) 经营重心从产品制造转向品牌运作

为了将“双妹”打造成时尚奢侈品牌,上海家化牵手蒋友柏的橙果设计公司,全程负责全新LOGO、产品包装及店铺设计,从高端消费品角度,推崇中国文化,弘扬上海地域个性的新摩登、新时尚。

“双妹”品牌推出后,上海家化也将经营的重心从产品制造更多地转移到品牌运作上,充分挖掘品牌故事,并跳出单一的品牌化妆品,还进入了配饰领域。首批上市的产品从香皂到香水再到丝巾,之后更是会扩展到双妹彩妆、鞋包、首饰,甚至音乐人产品,整个产品线都会呈现出20世纪30年代整体上海风情的“文艺复兴”。

2. 建立中小企业中介服务机构,帮助中小企业创新设计以加快品牌建设

目前,上海已有专门的中介机构为中小企业创立品牌牵线搭桥。比如上海中小企业品牌促进中心,充分总结老品牌发展中的经验教训,给新企业以咨询,帮助其成长。自2005年以来,该中心已连续举办了

三届上海市中小企业“品牌企业”和“品牌产品”推荐活动,共推荐了260家“品牌企业”和611项“品牌产品”。

经过培育,其中的36家企业被推荐为上海市名牌,11家获得上海市著名商标称号,1家企业被推荐为全国名牌。

3. 实施自主知识产权战略

自主知识产权是中小企业品牌升级的内在核心驱动力。自主知识产权是通过培育发挥出来的拥有自主知识产权的经济优势,是相对于比较优势、竞争优势而言的第三种优势,突出了技术和品牌优势。

从提供企业研发能力和专利保护意识着手,研制、开发拥有自主知识产权的核心技术,或者通过引进专利并在此基础上进行引进、吸收,最终形成自主知识产权的经济优势。品牌价值反映的是设计、生产、工艺、广告和营销的综合实力。

因此,实施拥有自主知识产权的品牌战略是中小企业品牌升级的内在核心驱动力,其中,包括设计创新、技术创新、开发拥有专利权的产品等。

4. 积极支持发展设计业和咨询策划业

设计创新是中小企业品牌升级的核心驱动力之一。优秀的产品设计不仅可以对消费者形成视觉上的冲击,而且能够打动消费者的购买欲望,并使之在使用时体会到现代科技和精湛工艺的工业美感,从而大大提高产品与品牌的价值。

三星集团能够迅速崛起的重要原因正是得益于其强大的设计力量,以及基于“全球化设计远景”的品牌战略。2008年,三星集团在电子产品领域超过了索尼,品牌价值达300多亿美元。可见,设计创新在三星集团实施的品牌战略中体现出了惊人的力量。由于广大中小企业自身设计力量较弱,需要专业设计和策划业提供服务。

为推进经济发展方式的转变,政府应鼓励和扶持设计业和咨询策划业的发展。例如,上海近年来在政府支持下这两个行业获得迅速发展,尽管国际金融危机使许多产业受到冲击增速下降,但设计业和咨询策划业的增长率却达到20%以上,为长三角地区的大量中小企业提供了服务。再如2009年浙江宁海360家文具企业到上海团购创意设计。上海也因设计业的发展被联合国教科文组织授予“设计之都”的称号。

深度融合科技创新与文化创意

——在“浦江创新论坛”上的演讲

（2013 年 10 月）

法国作家福楼拜曾说，科学与艺术“从山麓分手，又在山顶汇合”，科技与文化融合发展已经成为 21 世纪全世界产业经济发展的显著特征。综观当前世界各国成功的企业，都是在科技、文化、艺术、商业等领域进行跨界融合的创新典范，2012 年，国家科技部会同宣传部、财政部、文化部、广电总局、新闻出版总署，联合出台了《国家文化科技创新工程纲要》，标志着我国科技创新与文化创意的融合发展已经作为国家战略付诸实施。毋庸置疑，加快科技与文化的深度融合，启动科技生产力与文化生产力的双轮驱动，必将为产业经济的创新发展提供强大的引擎。

一、科技创新与文化创意融合创造新的价值

科技创新与文化创意融合发展是实现经济增长的蓝海。所谓蓝海是指一种全新的市场，企业通过蓝海战略可以拓展新空间，取得竞争优势，一个国家和地区也可以通过发展蓝海战略，形成经济发展的新增长点，科技创新与文化创意作为现代经济增长的双引擎，两者的融合发展形成了双轮驱动的乘数效应，为经济增长开拓了一片蓝海。

首先，科技创新与文化创意的融合发展促进了产业创新。科技是硬实力，文化是软实力，文化元素和科技含量有机融合真正能发挥巨大能量并形成新兴产业。一般而言，文化创意为产业提供“效用”，即决

定做什么，而科技创新则为产业提供“效率”，即如何来做，文化创意与科技创新的融合使得产业的软硬件兼容，竞争力大大提升。近年来，由数字技术和网络信息技术掀起的高科技浪潮改造和提升了传统文化产业，新技术还催生了一大批新的文化形态和文化业态，科技与文化融合已成为现代产业发展的显著特征和企业发展的战略选择。不难发现，有效实现科技与文化的深度融合的企业也是市场竞争中的优势企业。比如，家喻户晓的、大家都十分喜爱的苹果公司，其 iPhone、iPad 产品，将具有较高科技含量的智能手机终端与网上商店的文化内容很好地在一个平台上进行了有机融合，这种融合不仅提升了音乐、出版等传统文化产业的附加值，也产生了以“苹果”为核心的遍布全球的新型产业群，造就了苹果帝国的神话。又如深圳华强，原来是一家科技公司，近年来立足科技与文化的融合发展，以文化 + 科技 + 创意的模式，开拓了全新的产业领域，取得了骄人的业绩。

其次，科技创新与文化创意的融合发展促进产品创新和市场创新。科技求真，文化求善和美，两者结合的产品才能达到真善美。大家一定还对北京奥运会开幕式的那幅卷轴和上海世博会的《清明上河图》记忆犹新，为什么？这些通过创意手法表现出来的产品，不仅视觉震撼，由于科技与文化实现了高度融合，体现了真、善、美的共鸣，还会产生思想的震撼，这就是文化与科技融合的产品魅力。科技为文化创意提供新的表现形式和传播手段，也有助于将文化内涵嫁接到产品里，提升产品的附加值。比如音乐可通过芯片植入玩具，创造出会唱歌的洋娃娃、会唱歌的酒瓶等。文化产品嫁接新技术还能够开拓新市场，比如第一部采用 3D 技术的电影大片《阿凡达》在全球放映不到半年，就追平了《泰坦尼克号》18 年来全球累计的票房 18 亿美元，创造了一个全新的 IMAX 电影市场。3D 和多媒体等数字技术在文化旅游产业领域的应用，如灯光秀、实景演艺舞台等，形成了丰富多彩的文化创意旅游演艺产品，开辟了一个夜间文化旅游消费市场，据统计，目前全国各地的实景演出达到 200 多台，大大丰富了旅游景区文化产品的表现形式，同时还促进了舞台设计、道具制作、灯光音响制造等各种与文化演艺配套用品的现代化和规模化。

二、科技创新与文化创意融合形成新的生活方式

跨界融合不仅产生新价值,通过创意,科技与文化融合还能够改变人们的生活方式。当经济发展到一定水平,文化消费日益成为人们精神生活的必需品,高科技含量的文化产品则在满足精神需求的同时,为人们提供了便捷和效率,也使得文化体验更具感染力和影响力。

科学技术是社会经济发展的动力,文化与科技的深度融合则加快提升了社会经济的生活品质,改变了旧有的生活形态。目前,科技已交融渗透到文化产品创作、生产、传播、消费的各个层面和关键环节,不仅成为文化产业发展的核心支撑和重要引擎,也形成了新的生活方式。例如,由于互联网技术的发展,手机短信成为现代人信息互动的主要渠道,传统佳节春节拜年,发发短信也已经成为大多数老百姓过年的一种祝福方式;如今,我们常常提起的“低头族”“拇指族”“宅男”“宅女”,就是生活方式变化的写照;随着微博、微信等新的社交网络的兴起,每个人都可以成为媒体人和创意者,即时发布自己的作品和见闻;又如,平板电脑、智能手机以及高清显像技术、3D 网游等,给人们提供了更好的体验,也已经成为生活必需品。毫无疑问,随着以电子技术、网络技术、信息技术和数字技术为核心的网络信息集成传播技术的发展,网络原创文学、微博、网络剧、微电影等新兴网络文化形态将持续繁荣,基于互联网群体互动的新型文化生活亦将对未来的生活方式产生巨大影响。

科技与文化融合形成新的生活方式还体现在对产品品牌的塑造和提升,品牌意味着品质加品位,科技创造优良品质,文化提供优良品位,从而创造名牌。国内外的发展实践显示,从宏观的城市品牌、中观的产业品牌,到微观的企业品牌和产品品牌,品牌已经成为城市和企业集聚资源、人才、技术,实现消费价值的最有力的市场竞争工具。当前,我国

人均 GDP 已超过 4 000 美元，在物质生活基本满足的条件下，文化消费将成为重要的经济增长点，品牌消费是其中的热点。在品牌消费时代，企业和产品在市场上的竞争，实质上是其所体现的品牌文化之间的竞争。科技与文化的融合，一方面使得品牌产品成为最具传播力、影响力、感召力的文化价值载体；另一方面使得品牌具有了文化体验的特性和高附加值，品牌的市场号召力和创造财富的能力将大大提升。比如，中华老品牌振兴工程，应该更多地关注文化与科技的融合，用科技的力量表现和诠释品牌的文化内涵，展示老品牌的现代风采，使其焕发时代的精神，满足现代消费者的新需求。

三、科技创新与文化创意融合需要新的商业模式

有人说，“三个苹果改变了世界”：一个苹果诱惑了夏娃，让人类走出蒙昧，有了文化；一个苹果砸中牛顿，使其发现万有引力定律，推动科技的发展；一个被乔布斯咬了一口，成就了“苹果”品牌，这就是文化科技融合的力量。这段话虽具玩笑性质，但却形象地告诉我们：文化和科技的融合，曾经并正在深刻地改变着我们的世界。如何实现科技与文化的深度融合是当下我们必须探讨和回答的课题。显然，科技与文化融合不是仅仅依靠政府推动就会大功告成，需要紧紧依靠作为创新主体的企业，更需要形成能够获得市场青睐的商业模式，形成科技与文化融合发展的内在动力。

科技与文化融合要与产业附加值的提升和品牌的塑造紧密结合起来。科技和文化犹如两颗种子，只有以产业和产品作为载体，在市场竞争的土壤中成长才能发展壮大，也才能真正实现从“两颗种子”到“一片森林”的跨越。因此，在推进科技与文化融合的实践中，要尊重和把握文化创意产业发展的市场规律，要把文化和科技融合落实在提升产业能级和产品附加值上面，着眼于品牌的培育与扶持，着眼于产业链和价值链的锻造，着眼于区域整体社会经济效益的提升，通过创新驱动，实现转型发展。比如，“中国珍珠之都”浙江诸暨山下湖镇淡水珍珠年

产量占世界总产量的73%,占中国总产量的80%,是我国最大的淡水珍珠养殖、加工、研发、销售基地。前些年,由于缺乏品牌和创意设计,产品附加值较低,一些珍珠只能贴上国外的品牌才能进入国际高端珠宝市场,近年来,该地区重视珍珠产业的文化创意设计和高科技融合发展,山下湖镇政府和当地大型企业投资4 000万元联合组建了诸暨珍珠产业技术创新服务平台,建立了包括科创中心、国家检测中心珍珠实验室、电子商务中心、设计中心、国家质量检测中心等在内的五大文化科技服务中心,成效斐然。不仅成功研发出平均直径在12毫米以上的大颗粒淡水珍珠,品质完全可以和国外顶级海水珍珠相媲美,《纽约时报》为此还在头版刊登了大幅专访,同时,还建立了文化创意产业平台,挖掘了西施文化(诸暨是西施的故乡),用美丽经济的理念开发珍珠系列产品,形成了三大类珍珠产品:一是珠宝级的奢侈品;二是通过创意设计,将中端、异形珠设计成时尚饰品;三是珍珠的衍生品,如化妆品、美容品、保健食品、中药饮片等。通过科技与文化的融合,形成了"一片森林",区域内的大珍珠产业经济体系逐渐形成,品牌效应显著。

科技与文化融合要强化商业模式概念。市场创新是科技与文化实现深度融合的内在驱动力,没有消费需求,也就没有商业盈利,融合就失去了根基。科技与文化融合要形成可持续的商业模式,必须落实到创新、创业、创意、创造,引领全新的消费方式和生活方式。比如淘宝网,充分利用数字化和信息化,满足了人们即时消费的观念和需求;苹果公司是文化和科技结合最典型的范例。虽然乔布斯几次失败,但一直在思考人们未来需要怎样的消费生活方式和理念,从而创新了一种崭新的理念和商业模式。说到底,这两家公司的成功,表面上是将科技与文化进行了融合发展,其实质是创造了一个新的生活方式,能够让大家都积极参与并乐在其中,形成生活消费习惯。

四、科技创新与文化创意融合需要建立协同创新机制

科技与文化融合不是简单的物理叠加,融合的过程实际上是"1 +

1 >2”的正向化学反应，从“两颗种子”到“一片森林”，需要市场、资本、管理、政策和环境等多方的协同创新。而建立协同创新机制，营造良好的环境，是强化科技与文化融合，发展内在动力的有效之举。

从产业发展来看，科技与文化融合发展是打破产业边界的发展模式，是产业要素整合重组的创新活动，体现功能价值的硬创新和体现观念价值的软创新，能够在一个平台上共同发挥合力，并带来产业的规模效益和价值增量。因此搭建资源共享的公共服务平台，促进协同创新尤其关键。本届上海交易会在这方面做了有益探索，以“创新驱动发展，保护知识产权、促进技术贸易”为主题，交易会搭建了多个服务平台，包括“国际技术展示交易平台”“国际高新技术推广应用平台”“企业获得国际技术支持平台”和“发明创造技术转化平台”，为促进科技与文化融合的发展提供了有效支撑，为企业构筑了实现文化技术贸易的市场协同创新平台。

从政策环境来看，科技与文化融合是打破部门利益格局的发展模式，科技与文化的融合不仅涉及科技部门和文化部门，还与产业、工商、知识产权等诸多部门相关，政府部门之间的协调创新对于实现科技与文化的融合也是至关重要的。国家六部委联合出台了《国家文化科技创新工程纲要》，对科技与文化的融合进行了顶层设计，具有重要的指导意义。在实践中，我们还需加大推进力度，创新思路，解决发展中出现的新问题，建立起能够不断适应市场变化、企业需求的融合联动机制，营造良好的社会生态环境，在资本、人才、法律、知识产权保护、市场拓展等方面为企业提供更多的支持和帮助，把科技与文化的融合发展推向新的台阶。

完善文化市场，发展创意产业

——在“2014 第十一届中国文化产业新年论坛”上的演讲

（2014 年 1 月）

文化创意产业属于消费驱动型产业，其健康发展取决于文化市场的健全和完善，十八届三中全会提出了“建立健全现代文化市场体系”的系列论述，从完善文化市场准入和退出机制、推动文化企业兼并重组、建立多层次文化产品和要素市场、健全文化产品评价体系等方面进行了全面阐述和部署，为我国文化创意产业的创新发展提供了坚实的理论基础。目前，我国文化创意产业发展正处于升级转型的关键时期，在实践中发展并完善文化市场，我们必须努力实现三个转变：一是从以政府主导向以市场决定为主导的转变；二是从以规模增长为目标向以质量效益为目标的转变；三是从文化产业自身发展小循环向国民经济体系整体发展大循环的转变。因此，活力、动力、魅力、潜力、合力的“五力齐发”，是完善文化市场，促进文化创意产业发展的有效举措。

一、激发文化市场活力，夯实文化创意产业发展基础

一个活力迸发的市场是文化创意产业健康发展的基础。文化市场的活力来自市场主体，企业是市场当仁不让的主体，换句话说，激发文化市场的活力就是要激发企业的活力，要从根本上认识到企业主体在文化市场上的重要功能和不可替代的作用，要切实把企业作为市场的主体予以培育、扶持。

文化创意产业区别与一般产业的显著特征是中小微企业构成了产

业主体，是产业的主要支撑。以上海为例，目前6万多家文创企业的平均就业人数为21人，在英国的有关统计数据表明，英国创意产业中规模在1－10人的企业占94%，11－49人的企业占4%，200人以上的只占1%，可以说，一个国家或一个地区的文化创意产业中小微企业是生力军，许多大企业也都是由中小企业发展壮大和兼并重组而成的。今天我要特别强调的是，一个健全的文化市场是大中小企业齐头并进的格局，在文化市场的培育中，不能只盯着大型龙头企业，要形成合理的产业结构和产业体系，要着眼于为大量的中小微文创企业提供更多的资源和支持，一是要通过创新、创意、创业，让大量的个体、小微企业"冒"出来；二是要创造好的环境，通过孵化扶持，让中小微企业茁壮成长。

文化创意产业的健康发展依赖于中小微企业的良好运行。"小的是美好的"，产业运行的微观基础是企业，特别是大量的中小微企业。中小微企业是文化创意产业金字塔的底座，文化创意产业从规模扩张到质量提升的转型之路，至关重要的是需要加大培育形成一大批具有发展活力的中小微企业，为构建"专、精、尖、特"的产业体系奠定发展基础。中小微企业自身也要善于在市场中发展和成长，文化创意市场是中小微企业大显身手的机会，打个比方，市场好比一个箩筐，箩筐里的大石头是大企业，小石头和沙子则是小企业，随着大企业的规模不断壮大，大石头也越来越大，之间的空隙也随之变大了，可以容纳更多的小石头和沙子。于是，中小企业的第一度空间——自然生存空间更广了。在大企业"做大"的同时，也会带来第二度空间——为大企业提供配套服务的协作生存空间向广度和深度扩展。一般而言，在文化市场中，具有自然生存空间、专知生存空间、空白生存空间、协作生存空间、潜在生存空间五种生存空间，中小微企业只有在市场竞争中善于寻觅机会、分析机会、扬长避短、发挥优势，才能取得新的发展空间。

二、增强文化市场动力，释放文化创意产业改革红利

文化市场发展的动力来自改革，十八届三中全会提出改革的重点

就是完善市场经济体制，从文化创意产业的发展来看，其驱动力源自文化体制改革所释放的红利，如何改革体制机制，实现文化创意产业资源的自由流动、优化配置，形成有质量、有效益的发展格局是摆在我们面前的重要课题。市场是只看不见的手，只有尊重市场经济规律，按照市场规律进行体制改革和机制设计才能获得可见的红利，形成长久持续的发展动力。

一是要增强自内而外的发展动力。文化市场的发展动力可分为两类，即内生驱动力和外生驱动力。近十年来，我国文化创意产业在政府的推动下方兴未艾，从《文化产业振兴规划》到十七届六中全会的《中共中央关于深化文化体制改革、推动社会主义文化大发展大繁荣若干重大问题的决定》，为文化创意产业发展提供了强大的外生驱动力，促进了我国文化创意产业的快速发展，十八届三中全会提出要使市场在资源配置中起决定性作用，在市场机制作用下，文化创意产业亦将走向内生式发展道路，增强产业发展的内驱动力是必然选择。

二是要增强自下而上的发展动力。所谓文化是"以文化人"，从文化创意产业的发展规律来看，文化市场的形成，文化创意消费的实现都是基于个体的动机与选择，是一种自下而上的路径。长期以来，我国文化市场的发展依赖于政府的支持，包括政府的规划、投资、财政扶持，部分地区甚至形成了自上而下的路径依赖，由于缺少接地气的市场意识，以至于不少文化创意产品无法转化为市场价值，丧失了持续发展的动力。因此，要转变观念，根据市场消费需求，大力倡导自下而上的发展模式，形成可持续发展的动力机制。2013 年北京举办了"惠民文化消费季"，推出了九大专项活动、九大展销板块和十六个区县专题活动，发放了 100 万张文化惠民消费卡，消费季不仅拉近了企业与消费者的距离，为企业带来客流，还带动潜在的消费市场。比如，100 万人持卡的背后是 100 万个家庭、数百万消费者，更是文化消费习惯的养成，当文化消费成为百姓的刚性需求，就会形成自下而上的发展动力。

三、彰显文化市场魅力，营造文化创意产业发展氛围

文化市场发展有利于文化传承与创新，增加产业利润，提高人民文化素质。从某种意义上来看，文化创意产业是一个魅力型产业，文化具有感动人、打动人的特色功能。在体验经济时代，文化创意这一功能将有助于消费市场的拓展，以满足人民不断增长的文化精神需求，在实践发展中，彰显文化魅力，营造多元化的文化氛围，将有利于促进文化市场的发展和完善。

一是营造浓郁的文化氛围，提高大众的参与度和愉悦度。文化为大众所认同方显魅力，文化创意产业的发展市场基础是大众化消费的形成，面向广大的普通受众，提供多元化的文化创意产品，不仅能够培育市场，在让百姓享受文化精神大餐的同时，还能够创造社会经济效益。体现文化独特魅力，首先需要营造文化氛围，滋养文化沃土，浇灌文化幼苗，才能盛开文化之鲜花，收获文化之硕果。比如上海在建设国际文化大都市的进程中，通过创新驱动、转型发展，致力于营造浓厚的城市文化氛围，2013 年制定出台了《上海城市文化氛围营造三年行动计划》，积极实施文化与商业、旅游、交通、科技等融合发展战略，以全新的文化理念、视角和举措，打造形成“春之声”“夏之魅”“秋之恋”“冬之韵”城市广场音乐会品牌、实施文化进地铁工程、推进演艺产业集群、开展文商结合，举办“市民文化节”和城市艺术集市、设立街头艺人固定表演点等，使文化渗透到城市广阔空间的方方面面，让广大市民更加充分地拥有文化氛围体验、享受宽松文化氛围成果，不断提升上海城市的影响力和软实力，塑造上海城市的文化魅力。

二是演绎历史文化魅力，实现传统文化的传承创新。历史文化资源经过长期的积淀，既是中华民族的共同财富，也是中国人共同的价值认同，拥有较高的品牌效应和市场知名度，以历史文化资源创意转化为文化产品，具有广泛的市场消费基础，其魅力在于这些传统文化元素里具有令人感知、感受、感染和感动的文化基因，我国丰富的民间艺术、民

俗、民族历史文化资源充满了文化魅力，是发展文化创意产业的宝藏，也是在国际文化市场上具有竞争优势的资源，我们要挖掘其魅力因子，增强故事力与感染力，善于用国际语言说中华故事，用文化解读与阐释中华传统。比如，一部《舌尖上的中国》电视纪录片，用文化解读中国的餐饮，引起了一波波“舌尖”浪潮，唤起了人们体验中餐食材、加工技艺的消费热情。又比如韩国泡菜只是一种普通的腌菜，但从文化的视角来解读和阐述，就成为世界级非物质文化遗产，韩国人认为，真正的韩国泡菜被称为“妈妈的味道”，腌制越冬泡菜并不是被特定人群而是被全体国民在日常生活中传承的文化；同样日本人认为“和食”的食材新鲜多样，装盘贴合自然风物，体现了日本的四季分明、地理多样性以及日本人尊重自然的精神，营养均衡，令人回味，与正月、插秧等传统节庆密切相关，认为“和食”文化代表了日本独有的价值观、生活样式和社会传统。2013 年联合国教科文组织保护非物质文化遗产政府间委员会正式将韩国“腌制越冬泡菜文化”和日本“和食”双双列入教科文组织人类非物质文化遗产名录。此外，“法国美食”“地中海美食”“墨西哥传统美食”、土耳其传统美食“Keskek”也被列入非遗目录。而中国是世界著名的美食烹饪大国，有八大菜系，四川就有泡菜，东北也有一种类似的酸菜，其制作工序与韩国泡菜都很相似，但由于缺乏文化诠释和演绎的意识，都没有列入世界非遗，失去了许多创新发展的机会，类似的还有《花木兰》《功夫熊猫》等中国传统文化资源被美国人所开发和利用。可见，文化魅力的放射，还需要挖掘、演绎，需要与现代市场对话、对接，大力发展创意产业，提高资源的创意转化能力是有效的创新之路。

四、挖掘文化市场潜力，拓展文化创意产业发展空间

众所周知，产品的价值构成包括功能价值和观念价值，文化创意提升观念价值，是拥有巨大潜力的蓝海市场，挖掘文化市场的消费潜力，一方面可以拓展文化创意产业的发展空间，另一方面可以创造文化新

市场、新业态、新模式和新价值。

一是要挖掘引领生活方式的文化消费市场。当某种产品的消费成为一种生活方式时，不但会拥有十分庞大的市场份额，还将保持较强的竞争力，通过对历史文化资源的传承和创新，将文化产业融入日常生活之中，使文化与生活完美地结合，让人们感受融入生活的文化创意。比如，台湾地区在文化创意产业发展初期就强调，要通过发展创意生活产业，创造出具有文化品位和情调的创意生活方式，以此满足人们的个性化消费需求，提升人们的生活品质，大大地拓展了产业消费的市场空间。同时，提倡“创意生活美学”和“把生意做成文化”的理念，在衣、食、住、行、育、乐等方方面面与生活密切相关的产业发展中，注重文化与生活的传承，推进发展广泛的休闲生活产业和体验经济。比如，上海一直以来就是国内时尚潮流的引领者和风向标，近年来，在加强传统经典产品或老字号产品与现代时尚元素的结合以激活原有企业的活力方面，取得了良好的成效。以上海家化为例，作为一家拥有 112 年历史的中国民族化妆品企业，上海家化实施时尚产业的转型战略，力争成就能够代表上海和中国的时尚品牌。上海家化利用中医药文化概念，推出了“佰草集”品牌的中高端护肤品，并选用了消费者熟悉的“太极”“阴阳”等文化元素进行时尚设计，打开了中国品牌的世界市场。此外，上海的老凤祥、回力、敦煌等一大批老品牌，以时尚设计为切入点，结合新材料、新技术、新工艺设计研发出适应市场消费者所需的产品，在引领国内时尚消费潮流的同时，焕发了老品牌的青春。

二是要挖掘基于互联网的文化消费新模式。迅速发展的互联网正在改变我们的生活，颠覆商业模式，近年来兴起的移动互联网，对文化市场和文化消费的影响是不可忽视的，利用互联网技术兴起的网络视频产业、网络游戏产业等新业态所开辟的蓝海市场，大大拓展了文化创意产业的发展空间。利用互联网技术，也需要拥有优秀的创意和故事，并能够与现代人的娱乐需求相吻合，文化创意的功能更加凸显。以风靡全球的网络游戏“愤怒的小鸟”为例，创意故事的文化开拓了巨大的市场,在其所有版本中,故事都在“偷蛋—愤怒—保护蛋—再偷蛋”的循环中发展。推出该款游戏的创意设计者认为:“小鸟”长盛不衰的秘诀在于“我们不仅在做游戏,而是利用新媒体在讲述一个故事”。目前,“愤怒的小鸟”游戏每半年就会升级,加入新的关卡和故事,玩家被吸引着不断了解故事的发展进程。又如,美剧《纸牌屋》的编剧,根据互联网用户的收视选择,利用大数据分析观众对故事情节和人物角色的喜好,进行新剧情的创作和设计,并对主角和剧情进行取舍,大大提高了收视率。

五、形成文化市场合力,协同推进文化创意产业发展

文化市场面向全社会和全民,是一个覆盖面广、层次丰富、要素资源自由流动、产品多元的体系,以市场规律完善和健全文化市场,必须打破条块分割、部门分割,扫除一切阻止市场要素优化配置的障碍,创新体制机制,促进各行各业各界的互动互融,形成文化市场合力,创新文化创意产业发展路径。

一是要协同深化推进文化体制机制改革,形成部门合力。最近,中共中央成立了“中央全面深化改革领导小组”,由习近平总书记任组长,在全面深化改革的背景下,文化体制改革已经进入深水区,不是单兵突进,必须统筹谋划、协同推进。各地在文化创意产业的发展中,应着重从国民经济社会系统的整体发展中进行改革设计,创新各部门协同合作的体制机制,打破行政主导、行业壁垒和利益垄断,促进文化资源要素的自由流动,营造各类市场主体公平竞争和发展的良好环境。

二是要协同推进知识产权的开发和运营,形成产业合力。文化创意产业发展离不开知识产权的开发和运营,通过知识产权的跨界授权和经营,可以形成包括核心产业、支持产业、配套产业和衍生产业在内的新型产业体系,释放文化创意产业的巨大社会经济效益,其前提是要形成各界各业协同推进的机制,把知识产权的有效保护、授权经营的专业化服务、市场营销推广的配套,以及产业链的构建等有序整合,有效

推进，实现市场共赢。

三是要协同推进文化创意产业体系规划，形成政策合力。在国民经济体系的大框架内规划和设计产业规划，出台综合性的一揽子政策，为市场各类企业主体提供便捷的政策服务平台和渠道。比如，文化和科技融合发展已经成为现代文化创意产业发展的基本特征，科技与文化的融合不仅涉及科技部门和文化部门，还与产业、工商、税收等诸多部门相关，相应的政策也分散在各个部门，只有形成政策合力，给企业提供更多的实惠和方便，才能把科技与文化的融合发展推向新的台阶。这方面我国台湾有成熟的政策可以借鉴，以诚品书店为例，这个具有知名度的书店，实际上是一个综合性的休闲文化平台，书店除了卖书，还出售百货，并提供咖啡、餐饮等配套服务。在政策上，台湾文化部门与税收部门给予了一揽子政策优惠，规定在诚品书店卖书免税，而诚品书店销售的其他产品及其商业配套服务，只上缴同业税收的50%。在这些综合配套政策的扶持下，诚品书店实现了快速发展，品牌效应也显现出来，并在大陆开出分店，诚品书店还将进驻上海最高的建筑——“上海中心”。

大陆深化改革与两岸发展机遇

——在“第九届台商论坛”上的演讲

（2014 年 8 月）

两岸关系的发展和大陆改革的进程紧密相连，中共十八届三中全会所激起的大陆新一轮深化改革浪潮，让我们有理由对两岸关系的未来发展有更新的期待。

即将推出的一系列重要改革措施，对台资参与大陆经济发展是个重要的契机。其中包括经济结构调整、产业转型升级、资源配置、资本流动，以及多领域、深层次的经济社会发展，都对台资产生重大的磁吸效应。更为重要的是，就在大陆全面深化改革的同时，台湾也面临产业结构调整，促进经济转型发展的重要关头。显然，两岸经济社会发展面临着极其难得的携手契合机遇。

一、中国大陆经济发展拥有新动力

进入 21 世纪，中国大陆经济总量从 2000 年占世界总量不足 4% 提高到 2012 年的 11% 左右，成为世界第二大经济体。1978 年，中国大陆 GDP 只有 1 482 亿美元，到 2012 年实现 GDP 8.227 万亿美元，是美国 GDP 的 52%，而 20 年前，仅为美国的 6.7%，增长 7 倍多。中国大陆年人均 GDP 也由 154 美元到超过 6 000 美元，从一个低收入国家迈入中等收入国家行列。从货物贸易占世界份额看，由 1% 上升到 11%，成为货物出口全球第一大国。制造业总产值超过美国，成为全球第一制造业大国。

目前国内外不少关心中国大陆经济发展的人士心存疑虑：中国大陆经济发展还有多大的潜力？中国大陆经济高速增长的时代是否已经结束？国务院发展研究中心的领导曾指出："虽然中国经济正处于增长阶段转换期，今后一段时期经济增速下降难以避免，但中国经济发展仍有巨大的潜力，到2020年，仍可以保持在7%左右的增长水平上。"

1. 巨大的消费增长空间和投资需求

各国消费变化的规律显示，随着收入增长，居民消费结构将不断升级；从中等收入阶段迈向高收入阶段的过程，是消费结构升级步伐明显加快的时期。目前，中国大陆正处在迈向高收入的进程中，消费需求增长的空间十分巨大。加上人口众多，可以预期中国大陆将成为全球市场规模增长最快的国家，中国大陆经济将迎来消费带动发展的新时期，国内消费需求将成为经济增长的重要引擎。

改革开放以来，中国大陆基础设施状况虽然大为改善，但与发达国家相比，基础设施的网络密度和现代化水平都存在较大差距。例如：2012年，中国的铁路密度约为每百平方公里1.0公里，而美国在2010年就达到2.5公里。这意味着在以基础建设为首的经济建设方面，中国经济具有相当大的上升空间。信息化与城镇化、工业化的深度融合，建设智能城市、物联网，以及改造提升传统产业等，都蕴藏着巨大的投资空间。

2. 充足的资金和人力资本积累

无论从日本的发展，还是从后起之秀亚洲"四小龙"来看，在一定发展阶段，高储蓄率都是实现经济快速增长的重要支撑。中华民族节俭的文化传统由来已久，目前中国大陆的国民储蓄率仍是发达国家的2－3倍。未来尽管这种高储蓄率会受到人口老龄化以及对未来家庭消费预期等因素的影响，但是崇尚节俭的主流传统仍能继续为中国经济发展提供充裕的资本。

伴随着经济的快速增长，中国大陆的人力资本也得到了快速积累。经过长年持续努力，中国大陆已成为具有创新储备能力和逐渐释放创新能力的重要国家。目前,中国大陆已成为全球受过高等教育人口最多的国家,2013 年全国研究生招生 60.8 万人,其中,博士生 6.9 万人,每年的大学毕业生数量超过 600 万人。高素质劳动力队伍的形成,不仅有利于抵偿人口数量红利的减少,也将有力地支撑中国大陆经济发展由资本驱动向创新驱动的转变。

3. 实现资源优化配置带来新机遇

金融危机爆发后,贸易保护主义在不少国家重新抬头,导致贸易摩擦频发。但是从长期来看,交通和通信技术的进步将进一步促进跨国贸易和投资,经济全球化仍将是不可逆转的潮流。这将继续为中国大陆参与全球分工提供广阔的空间。

中国大陆已成为国际体系的参与者、建设者和贡献者,迄今参加了 100 多个政府间国际组织,签署了 300 多个国际公约。中国大陆也是贸易和投资自由化便利化的积极实践者,迄今同 163 个国家和地区建立了双边经贸合作机制,已经签署和正在谈判的有 18 个自由贸易区协定,同 129 个国家签署了双边投资保护协定,目前,中国正在与美国、欧盟进行对外投资协议谈判。在政府的鼓励和引导下,随着经验的不断累积,中国大陆企业将加快、加大对外投资步伐,提高在全球配置资源和获得优质资源要素的能力。

中共十八大报告提出,确保到 2020 年实现国内生产总值比 2010 年翻一番,按此目标计算,2010 年至 2020 年中国大陆年均经济增速为 7.1%,基本与“十二五”规划目标一致。届时 GDP 总量将达到 12.5 万亿美元以上。世界银行报告认为,中国大陆经济增速在未来三十年内将逐渐走低,2011 年至 2015 年年均增长速度为 8.6%,2015 年至 2020 年年均增速降至 7.0%,到 2030 年,年均增速将降至 5% 左右。即便如此,到 2030 年,中国大陆经济总量仍将超过美国,成为全球第一大经济体。当然,与世界一些国家经历过高速发展期后经济增速必然逐步下行一样,中国大陆经济也将从持续 30 多年的高速发展速度,转为中高速发展速度,但仍然是大国和重要经济体中增长速度较高的。

二、中国大陆经济结构出现新变化

全面建成小康社会的过程，也是中国大陆从上中等收入迈向高收入社会的过程。经济发展阶段的转变，必然伴随着经济结构全面而深刻的变化。这些变化也将为香港、台湾地区经济发展和企业投资提供新的商机。

1. *内需成为经济增长引擎*

改革开放以来，中国居民消费保持了稳定增长的良好势头。但由于出口、投资增长长期快于消费增长，消费率（最终消费占 GDP 比重）呈逐步下降趋势。2013 年初出台的《关于深化收入分配制度改革的若干意见》，旨在建立扩大消费的长效机制。随着投资、出口增长速度的下降和收入分配改革的深化，预计消费率将呈稳步提升趋势，逐步成为拉动经济增长的主要力量，中国大陆市场也将成为全球增长最快、规模最大的消费市场之一。

随着中国大陆消费结构逐步优化升级，居民消费潜力将得到快速释放。2012 年，消费对中国经济增长贡献率为 51.8%，六年来首次超过投资。中国大陆将逐步形成具有持续消费能力的中产阶层，据报道，2012 年中国大众富裕阶层人数达到 1 026 万人，2013 年达 1 202 万人。世界银行报告预计，到 2020 年，中国经济中投资占 GDP 比例由 2011 年的 42% 降至 38%，消费占 GDP 的比例由 56% 增至 60%。美国摩根士丹利报告指出，未来十年中国经济将迎来国内消费需求井喷的黄金时期。2020 年中国的消费总量将达到美国的 2/3，占世界消费总量的 12%。中国的新增消费已于 2008 年超过美国，并将在 2020 年达到世界新增消费的 20%。预计 2020 年中国新增消费大致为美国新增消费的两倍。

中国将继续出现新的消费增长点，例如服务消费、汽车消费、信息消费等。近年来，移动互联网发展迅速，新兴信息消费快速增长。目前中国大陆信息化基础设施建设已居世界前列，城镇家庭计算机普及率近90%,全国移动电话普及率达到84%,互联网上网人数达到5.6亿人,2012年中国电子信息产业销售收入达到11万元,电子商务销售总值已超过8万亿元。预计到2020年,电子商务销售将超过20万亿元。

近年来,中国大陆的社会保障体系建设快速发展,社会保障制度体系的进一步完善,无疑有助于释放居民消费需求,降低人们用于储蓄以满足生命周期中对未来支出的预期,这将使市场的潜在消费需求转化为即期消费需求,即期消费需求转化为持续消费需求,有利于形成以内需拉动为主要动力的经济增长方式。

2. 服务业发展明显加快

2001年以来,中国服务业增加值占GDP比重仅略高于40%。服务业发展缓慢、占GDP比重偏低的原因是多方面的。如居民收入水平相对低下;民营企业进入部分服务业障碍较多等,从发达经济体的增长经验看,第一、二、三产业随着发展阶段的提升将依次成为拉动经济增长的主导力量。随着中国大陆城镇化率的提高、消费升级和产业升级,生活性服务业和生产性服务业的需求都将快速增长,服务业增加值占GDP比重达到44.6%,在2012年,与工业45.3%的份额相差无几,到2013年,已经超过工业。

从服务业内部结构看,生产性服务业的增长将明显加快,占服务业增加值比重呈持续上升趋势。据国务院发展研究中心产业部预测,到2015年,生产性服务业增加值占服务业比重将从2011年的42%上升到44.8%。

随着国内服务贸易市场的逐步开放,中国无疑将成为外商投资服务业和开展服务贸易出口的首选地。国内生产性服务业正面临着前所未有的发展机遇。信息化与城镇化、工业化的深度融合,建设智能城市、物联网,以及改造提升传统产业等,都蕴藏着巨大的投资空间。可以预见,未来一个时期,中国大陆生产性服务业将迅速步入高增长期,成为国民经济新的增长点。

三、两岸经济合作迎来共赢新机遇

中国大陆的改革开放对两岸关系影响甚巨，持续推动两岸关系迅速和平发展。三十多年来，两岸通过努力形成了互补、互惠、互利的经济格局，两岸产业合作达到了相当高度。特别是2008年以来，海协会与海基会签署了19项协议，实现了全面“三通”，开放了陆客赴台旅游，实现了陆生赴台就学，签订了具有里程碑意义的《两岸经济合作框架协议》，可见两岸关系的发展和大陆改革的进程紧密相连。

当前两岸交流蓬勃发展，大陆新一轮改革将继续深刻影响两岸关系。正如中共中央政治局常委、全国政协主席俞正声在第九届两岸经贸文化论坛开幕式上所指出的那样，中共十八届三中全会所带动的大陆经济社会和各项事业新发展，必将为两岸经济合作乃至两岸关系发展提供更强劲的动力、更宽广的空间和更丰沛的条件，可以说是深化两岸关系发展的“及时雨”。

中共十八届三中全会上审议通过的《中共中央关于全面深化改革若干重大问题的决定》第七部分“构建开放型经济新体制”第25条（“加快自由贸易区建设”）中明确提出“扩大对香港特别行政区、澳门特别行政区和台湾地区开放合作”，预示了未来在大陆推进开放与改革进程中，尤其是在加快自由贸易区建设中，与台港澳地区的经济合作被赋予重要内涵。

就两岸传统优势而言，内地巨大的内需市场和发展潜力与台湾的研发能力和转型升级经验，为两岸合作共赢奠定了坚实的基础。

台湾是全球领先的制造业生产和研发中心，并拥有发展外向型经济的成功经历，特别是从低端产业向高端产业的价值链提升以及对全球商业规则的深刻理解和认识，值得内地在经济转型过程中学习、借鉴。同时，在内地经济转型、发展内需和进一步迈向全球化进程中，台湾可以借助内地庞大的内需市场深化产业升级，加快、加紧两岸合作，共同打造全球产业龙头。

金融危机之后，传统的全球化红利内涵正在发生变化，经济贸易区域化趋势在相当程度上不断强化。在这种大背景下，作为占亚洲 GDP 总量近 1/3 的两岸，在继续积极融入全球化的同时，共同面对全新的挑战。对这种新的挑战，两岸共同市场基金会荣誉董事长萧万长先生洞察至深，他认为，两岸总体政策及经济策略相互配合不足，市场开放程度与企业期待差距犹存，重复投资与资源浪费，资金、人才、技术移动失衡等都是制约两岸产业合作进一步升级发展的重大障碍。“代工”时代渐行渐远，台湾正大幅丧失比较优势，也预警着大陆未来可能遭遇的同样困厄。因此，两岸产业合作的内容和形式必然要求与时俱进。而“中国经济升级版”概念的提出，为两岸经济开放和合作开启了新篇章。如何充分、合理地利用这一新契机，值得两岸企业共同探讨。

中国经济升级版概念由中国国务院总理李克强于 2013 年 3 月首次提出：“决定以短痛换长期利益，付出短期经济减速代价来换取长期的可持续性发展，以全面性方式寻找带动经济的新引擎，达成中国大陆朝向民富国强的愿景。”同时强调中国经济升级版的核心理念在于稳增长、调结构、促改革、保就业、控通胀、防风险等六要素。而经济升级版的关键在于推动经济转型与升级，也就是把“改革红利、内需潜力、创新动力”三者结合，形成经济升级与发展的新动力。其中有五个不可忽略的发力点：

1. *以新型城镇化激发内需潜力*

打造中国经济升级版，首先要立足于扩大内需，这是中国大陆经济寻找动力源的战略选择。众所周知，中国大陆经济此前之所以能够连续两位数增长是因为拥有双引擎，一部是加入世贸组织后带来的外需引擎，另一部是住、行消费升级带来的内需引擎。目前，通过新型城镇化进一步激发内需潜力，进而解决中国大陆经济发展的持久动力，是当前急需解决的要害问题。中国大陆以常住人口计算的城镇化率已超过 52%，以户籍人口计算才超过 35%，17 个百分点的差距不光意味着巨大的消费、投资空间，也凸显推动社会公平正义的关键所在。统筹城乡发展，将为经济发展和生活改善提供巨大的空间。在这点上，台湾地区的“新故乡”文教基金会在农村社区建设的先进经验就给大陆农村城镇化提供了许多宝贵借鉴。

2. 以创新驱动破解产能困境

打造中国经济升级版，要在稳增长中提高质量和效益，提高科技创新对经济增长的贡献率，推动产业向中高端升级。中国大陆经济目前需要完成从资源要素驱动向创新驱动的转型，其成败在于能否走上创新驱动的发展道路、形成新的核心竞争力。随着劳动力、资源价格等成本快速攀升，加之外需市场下降，中国大陆经济的传统比较优势已趋衰减，而新的比较优势尚未形成，由此造成产能过剩、企业经营困难等一系列弊端，正在拖累经济发展步伐，唯一出路便是增强自主创新能力。中国的永续发展不能仅仅建立在廉价劳动力和资源的基础上，在这方面，台湾长期以来的创新优势给予大陆很重要的启迪。

3. 以结构调整实现人本目标

打造中国经济升级版，要体现在人民生活水平的提高上。就业是民生之本，要特别注重向调整结构要就业，尤其在发展服务业上下功夫，挖掘就业潜力。经济发展不只意味着 GDP 数字的增长，更要切实体现在民生的优化、提升上，而就业率的增加是提升生活水平、改善民生、扩大内需的基本前提。当前，服务业的升级换代不仅是改革深化的追求，也是城镇化的需要，更是人本精神的体现。要实现包容性增长，不仅要增加就业，还要推进收入分配制度改革，大力发展医疗、教育、养老等社会事业，使人们能够更多地分享改革开放红利、经济发展成果。

4. 以绿色发展破解资源环境约束

打造中国经济升级版，要力推绿色发展，要以让人民群众呼吸新鲜空气、饮干净活水、吃安全食品作为发展的重要内容。雾霾天气已经给我们敲响警钟，经过三十多年快速发展，中国大陆面临资源环境瓶颈的制约更为凸显。然而，新危机同时蕴含着新机遇，那就是绿色产业将带来的蓬勃发展前景。从发达国家的经验看，节能减排、绿色建筑、新能源等绿色产业的市场空间很大。而台湾的范例就传递出利好信息,从台湾六大新兴产业规划看,无论生物科技、观光旅游、绿色能源,还是医疗照护、精致农业、文化创意,无不带有绿色基因。因此,两岸可以通过积极探讨、研究绿色发展,致力和谐经济发展和资源节约、环境保护的关系,不断破解资源环境约束,使中国经济走向健康发展的通衢。

5. 以改革开放激发转型创新活力

打造中国经济升级版,最核心的还是用好改革红利。要依靠改革促进转型,激发社会、企业、个人的活力和创造力。历史经验表明,开放是推动改革的倒逼机制,目前中国大陆市场经济仍不够完善,并且面临更加复杂的国际环境,从而对改革和开放提出了更高要求。为此,要进一步深化政府自身改革,为人民生活、社会发展提供更好的公共服务;要完成要素领域的市场化改革,真正放宽准入条件,破除行政垄断,激发民营经济活力;要加快培育社会中介组织,完善社区、村民自治,促进社会和谐稳定。

四、台湾分享大陆未来发展新红利

目前大陆新一轮改革开放将给两岸及世界带来新的机遇和商机。与大陆仅一水之隔的台湾,可谓近水楼台,理应借助大陆经济的高速发展,相互取长补短,分享发展红利,出手二次创业,获取更多胜券。

(一) 改革红利

台企、台商将会分享的改革红利主要体现在:

1. 完善城镇化——台商或享更多商机

新型城镇化的建设与发展,将使台湾的水泥企业、水利工程管网建设公司、垃圾处理公司受惠成长。由于城镇化将伴随着各种建设,尤其是住房和基础设施建设发展。"台泥"一位高管对"台泥"在大陆未来的发展充满信心。他表示,随着大陆土地改革,尤其是土地流转,会有一部分农民因土地转包而进城。这样,城镇房地产发展便存在较大的潜力。更重要的是,未来大陆的农村也将跟随城市逐步走向现代化,其交通、水利等基础设施建设则势必亦步亦趋。对于“台泥”来说，这是一个机遇。据悉，“台泥”于2002年至2008年开始投资大陆，深耕华南市场，2008年，“台泥”在大陆产能提前突破2 000万吨，问鼎华南。而2013年1月“台泥”与中国建材集团签署战略合作协议，宣布双方交叉持股合资经营四川泰昌水泥厂，及合作完成并购赛德水泥。在强者恒强的竞争态势下，“台泥”已跻身大陆水泥市场前五位。

除了建材，大陆的城镇化进程对台商而言，是颇为难得的历史机遇。目前，台商在大陆已构建出较完整的民生用品产业链，足以应对新城镇对商品与服务的新需求。尤其台商有两岸同文同种优势，比其他外商更有条件去深入开拓长城内外、大江南北新城镇的内需市场。

据台湾地区商务部门官网公布的信息，今年上半年，大陆共批准台商投资项目1 050个，同比上升6.8%，实际使用台资13.2亿美元，同比上升4.8%。仅6月份，大陆批准台商投资项目241个，环比上升19.3%，实际使用台资4.3亿美元，环比上升281.3%。

2. 自贸区建设——金融业界蓄势待发

中国社科院台湾研究所研究员王建民认为，十八届三中全会及审议通过的《中共中央关于全面深化改革若干重大问题的决定》第七部分“构建开放型经济新体制”中第25条已将对台、港、澳的开放与合作，列为国家整体范围内不同治理区域之间的经济合作新重点。

“放宽投资准入，加快自由贸易区建设”和“完善金融市场体系”信息，让很多台湾金融业者神思心动，蓄势待发。去年上海自贸试验区启动以来，台资银行对在自贸区设立支行表现积极，今年7月25日国泰世华银行上海自贸试验区支行正式开业，成为第一家在上海自贸试验区开业的台资银行。截至今年6月底，已有114家台资企业在上海自贸试验区注册。国泰世华银行上海自贸试验区支行将扮演区内中外资企业与国际市场接轨的重要角色。此外，第一银行、台湾银行也都已获得台湾相关监管部门批准，筹备进入区内；同时多家台资金融机构亦拟进驻开展融资租赁担保等业务。已落户上海的7家台资银行中，大多已将业务对象扩展至大陆各地不同所有制形式的企业。此番台资银行进入上海自贸实验区,自然将区内上万家海内外企业和机构纳入其服务视野。

2013 年 2 月,两岸通汇进入实质运作,令“货币直航”成为现实,台湾银行上海分行成为新台币在大陆的清算行。今年 3 月,作为台湾金融机构在大陆设立的第一家法人银行,永丰银行(中国)有限公司在南京正式开业。上海自贸试验区,已成为台资银行把握两岸经济互动机会的又一目标。

(二)内需红利

随着大陆居民消费习惯的逐渐变化,农村城镇化导致人民生活方式更新,从而带来巨大的消费潜能,促使累积多年的内需红利被释放出来。这对台企台商无疑提供了空前商机。

1. 开放合作——台商分享大陆“二次红利”

两岸经济交流合作成为两岸关系中最具活力的因素。1991 年以来,大陆一直是台湾最大贸易顺差来源地,2002 年以来一直是台湾第一大出口市场。两岸经贸关系如此密切,大陆改革的一举一动,台湾各界无不关注,尤其最近五年,两岸签署了“经济框架合作”等 19 项协议,两岸关系呈现出 60 多年来空前的良好势头。

站在台湾角度看,未来大陆的“开放红利”会比“改革红利”更为重要。《中共中央关于全面深化改革若干重大问题的决定》申明要“以开放促改革”“促进国际国内要素有序自由流动、资源高效配置、市场深度融合”。大陆即将开启的全面开放,将为两岸的交流合作提供新的机遇和动力,也是大陆对两岸经贸的政策主轴。

大陆经济高速增长,是与不断扩大的开放直接相关的。这不仅是大陆的成功经验,也是自由贸易规律的体现。从最初在深圳、厦门等地设立特区,到加入世界贸易组织(WTO),每一次对外开放都带出一波经济高速增长。

最近,台湾国民党举行“十九全”,会议确定了进一步增进两岸互信、加强两岸交流与合作、实现两岸更大的互利双赢、更好地造福两岸人民的发展方向。在“十九全”通过的“国民党政策纲领”中，“创造两岸互利，开展互惠关系”，被列为国民党推动未来两岸关系发展的重点。不言而喻，两岸将在巩固双方既有合作成果的同时，进一步拓展新的合作领域。

2. 放宽准入——两岸服务经济多元合作

大陆政府已从主要依靠出口的发展方式转向扩大内需，而服务业的开放所带来的内需红利，逐渐释放潜力的大陆消费市场，将是两岸产业合作升级的最强支撑点。目前，大陆服务业占 GDP 比例为 44%，与台湾 70% 的占比所存在的差距便意味着市场空间。

我们看到，台商在大陆服务业投资的份额正在逐年增长，以加工、代工领域为代表的制造业曾是台商投资的重点，2008 年以来台商向服务业领域的投资逐年增多。以 2013 年 1 月至 10 月份的数据为例，台商投资服务业的比例已较 2012 年提高了 10.9%。

乐升科技公司是台湾动漫行业当之无愧的佼佼者，其游戏产品《宝贝龙历险记》在全球多个国家开创了玩具销售和游戏互动一体的全新商业模式，该公司看准时机，希望在大陆服务业市场大展宏图。台湾乐升科技公司董事长表示，通过《两岸服务贸易协议》的签署，台湾研发的游戏产品进入大陆市场，审批时限从原先的 6 个月甚至更长，缩短为现在的两个月，大大超越了 WTO 待遇，更重要的是排除了两岸产业合作的不确定因素，为两岸业者合作服下定心丸。

台商最早涉足大陆市场的制造业也正呈现产品智能化和服务化趋势。制造业服务化是企业从以产品为中心的思考方式向以服务为中心的思考方式转变，制造业者不是仅仅供应单一产品，而是提供一系列满足客户需求的服务，通过服务来凸显产品的差异化，进而创造更高的附加值。例如，台湾富士康等大型硬件制造商目前都在加大服务延伸方面的投入。

台湾的医疗服务业也占有很大优势。2012 年 1 月至 8 月，台湾接待的境外医疗访客达5万人次，其中四成来自大陆。台湾医疗服务业具有竞争优势，不但技术先进，有现代管理经验，和韩国相比更无语言障碍，成为许多大陆民众的优先选择，进军大陆可以分享内需红利。

（三）转型红利

三十多年过去了，大陆经济发展的人口红利逐渐丧失，势必拐入转型阶段。由改革相关体制推进产业转型，充分发挥企业主体作用，为企业带来转型红利，这是大势所趋。

1. 两岸合力——加快新型工业化进程

在未来，大陆地区将重点提高在国际产业分工中的地位，提高关键核心技术和重大装备水平，提高创造国际知名品牌的能力和企业国际竞争力，制造业综合竞争力将继续走在世界前列。可以预见，在未来十数年中，节能环保技术、新一代信息技术、生物技术、高端装备制造、新能源、新材料、新能源动力汽车等重点领域将有更快的发展。另外还提出要把文化创意产业发展成支柱性产业，不仅文创产业会快速发展，还将推进其他各产业的转型发展。

这与台湾当局推出的六大关键性新兴产业（绿色能源、生物科技、精致农业、医疗照护、观光旅游和文化创意）有很大重合性，两岸可以抓住如绿色能源、节能环保、电动汽车、生物育种、新医药、新材料、信息产业等，作为产业振兴的合作领域，实现两岸产业间的动态比较优势互补，不仅能够适应分工与整合的需求，而且能够上升到新型的产业合作阶段。

2. 产业调整——拓宽两岸新发展空间

国际金融危机给全球产业调整创造了契机。应支持大陆地区的企业通过并购、合资等方式与台湾地区高新技术和先进制造业企业开展合作，鼓励成立联合研发中心，积极拓展对外发展空间。产能过剩问题，可以通过扩大国际市场，鼓励大陆地区优势企业“走出去”以及台湾地区领先企业“请进来”，在转移消化过剩产能的同时，推动产业升级换代。

台湾地区需要善用大陆庞大的市场来发挥规模经济,并协助服务业全面脱胎换骨。近日,台湾两岸共同市场基金会荣誉董事长萧万长再度强调了全面建构一个可以持久的两岸和平发展模式——“两岸共同市场”的重要性。他强调,全球经济出现激烈调整及区域经济加速整合的趋势,台湾经济不仅面临边缘化危机,同时内部结构还高度依赖代工出口成长模式,这是数十年来台湾最大的转型压力。台湾要实现转型、应对挑战,需要调整推动方式,并有步骤、有秩序地落实两岸优势互补的团结合作。

对于新一波的台商投资,大陆方面需鼓励台资更多投向高端制造业、高新技术产业、现代服务业、新能源和节能环保产业;引导台资参与大陆地区生态文明建设和创新驱动发展,支持台企增强创新能力。

大陆地区需要培育吸引台资的要素。通过制度改革和政策引导相结合,进一步优化外商投资环境,提高行政效率,健全市场信用体系,保护投资者合法权益。并形成产业配套、国内市场、基础设施、人力资源、行政服务等各类要素的综合优势。以江苏省昆山市为例,作为台商重点投资地区,昆山成为积极推动两岸产业合作转型升级的先行试验区。“台湾区电公会”将携手昆山市政府,协助台商在昆山布局精密机械、自动化设备产业链,打造“机器人制造、产销基地”,使之成为长三角制造业台商转型升级的典范。产业转型主体是企业,有台商表示,在大陆设厂,台商制造业每五年必须像蛇一样蜕变,不这样做就无法生存。正是企业主动的成功转型,才使得昆山经济处于转型发展中。目前台商工厂的自动化设备,已进入推进转型阶段,无论在降低原料成本、减少人力、增加生产效益上,自动化都是最佳的解决方案。在企业转型的推动下,昆山的新兴产业和现代装备制造业增速已经达到工业增速的两倍,此范例预示着两岸共享转型红利的胜景。

发展文化创意产业
有助于提升城市化质量

——在“浦江论坛——区域(城市)论坛”上的演讲

(2014年8月)

2014年中共中央、国务院下发的《国家新型城镇化规划(2014—2020年)》正式出台,提出了“根据不同地区的自然历史文化禀赋,体现区域差异性,提倡形态多样性,防止千城一面,发展有历史记忆、文化脉络、地域风貌、民族特点的美丽城镇,形成符合实际、各具特色的城镇化发展模式”。这是对以往“大拆大建”“千城一面”的城镇化进行的根本纠偏,要求我们回归“城市,让生活更美好”的根本目的,重拾“逐水草丰美而居”的美好意境,开启了建设中国特色新型城镇化的创新之路。

众所周知,文化创意产业以人的创造力为核心,大力发展文化创意产业不仅能够提高人的文化素质,并提升城市的综合竞争力,同时还能够通过开发利用历史文化资源,为城市创造能耗低、污染少的新兴产业。我们认为,文化创意产业是城市社会经济全面发展的新引擎,发展文化创意产业,不仅能够创造新产业、新就业和新价值,有利于诠释城镇化的文化内涵,还能够有效推进实现聚人、留人、宜人的城镇化,真正形成以人为核心的城镇化新格局,从而突破原有的城市发展模式,提升城镇化质量。

一、文化创意产业塑造城镇化内涵

以文化创意产业塑造城镇化内涵,应以文化为灵魂,以创意为核心，以产业为内容，以市场为平台，以科技为支撑，实现环境美、生活美和创业美，推进形成美丽、活力、富民的城镇化新模式。

（一）美丽城镇：以文化创意丰富城镇化载体的内涵

文化创意以规模的多层次、内容的多样性和模式的多元化丰富了城镇化载体的内涵，有效改变了“摊大饼”式的规模扩张和“千城一面”式的物化思维模式，将地域文化深深地根植于城镇化进程的方方面面，将中华文化的魅力之美展示于城镇化载体的角角落落。

首先，创意诠释文化之美，表达文化之美。文化创意产业是展示中华文化的美丽载体。一是各美其美，不同区域有自身的文化基因，体现了文化的独特性。中国辽阔大地，汇聚了各种地域特征的文化，不同的历史积淀、文化符号和建筑风貌，能够为城镇化注入各自的美丽元素，缔造丰富多彩的特色城镇；二是美美与共，我国乡村地区拥有类型各异的非物质文化，包括民情风俗、民族文化、民间艺术、技艺技能等文化宝藏，在城镇化进程中，通过发展文化创意产业，这些文化内容的多样性，可以得到保护和传承，优秀文化的传播还将提高人的素质。形成包括环境美、生活美和心灵美的美丽城镇。

其次，文化源自区域的DNA，创意基于个体的创造，文化创意新城镇遵循“百家共创，百花齐放”的多元化发展模式。一是百家共创，文化创意产业的推进主体具有多元化特点，包括个体创意者、艺术家、投资商、政府、企业家、非营利组织等；二是百花齐放，文化创意新城镇没有固定的模式，依托的核心资源也呈现多元化格局，包括历史文化资源型、文化创意科技型、旅游消费市场型、文化艺术主题型、特色产业集群型、乡村文化体验综合型等。

（二）活力城镇：以文化创意勃发城镇化载体的生机

城镇的活力来自于人，发展文化创意产业，以文化魅力的创造、文化创业的打造、创意生活的缔造和艺术氛围的营造，激发人的动力和活力，从而吸引人、集聚人、愉悦人、留住人，使城镇化载体勃发出盎然生机。

第一,文化魅力吸引人。历史文化资源经过长期的积淀,既是中华民族的共同财富,也是中国人共同的价值认同,其魅力在于这些传统文化元素里具有令人感知、感受、感染和感动的文化基因,在体验经济时代,建设文化创意城镇,以文化魅力吸引人,以小城故事感动人、打动人,从而满足现代人的精神需求和价值追求,彰显乡土文明的现代意义。

第二,文化创业集聚人。我国丰富的民间艺术、民俗、民族历史文化资源不仅充满了文化魅力,能够吸引人,这些资源同时也是发展文化创意产业的宝藏,是在国际文化市场上具有竞争优势的资源。我们要大力发展特色创意产业,以此集聚创业人,挖掘演绎地域文化的魅力因子,增强故事力与感染力,善于用国际语言说中华故事,用文化解读与阐释中华传统,使得每个区域的产业资源得到有效发掘,每片土地上千百年积淀下来的文化才能文脉继续传承流淌。

第三,创意生活愉悦人。“以人为核心”的城镇化是一个倡导“快乐指数”和“幸福指数”的城镇化,文化创意城镇是回归人居之美的城镇,具有愉悦人的创意生活,没有步履匆匆的人潮,没有堵在路途的车流,更少有“压力山大”的抱怨,城市的节奏如同一首舒缓的乐曲,不疾不徐,听从内心,生活与工作融为一体。

(三)富民城镇:以文化创意助力城镇化载体的永续

遵循创业致富、农民得利的发展准则,以产城融合的思维,大力发展基于本土历史文化资源的创意产业,创造新的就业机会,释放巨大的文化价值,开启文化资源转化为经营资本、创业带动就业、就业带动农民致富的新型城镇化之路,通过注入动力、释放潜力、形成合力,实现文化创意城镇的可持续发展。

第一,注入动力:自内而外,自下而上。产业是城镇化持续发展的基础支撑,依赖于区域特色创意产业的成长和壮大,为新产业的发展注入动力是关键之举。一是要增强自内而外的发展动力。长期以来我们习惯于政府主导的行政化推动,党的十八届三中全会提出要使市场在资源配置中起决定性作用,在市场机制的作用下,文化创意城镇的产业发展应走内生式发展道路，通过以文富民，增强产业发展的内驱动力；二是要增强自下而上的发展动力。从文化创意产业的发展规律来看，文化市场的形成，文化创意消费的实现都是基于个体的动机与选择，是一种自下而上的路径，因此，必须转变观念，根据市场消费需求，改变原有自上而下式的路径依赖，依靠各类社会主体和民间大众力量，形成可持续发展的动力机制。

第二，释放潜力：激活资源，对接市场。产业发展离不开市场，创造新的市场价值是文化创意城镇建设的重要任务。众所周知，产品的价值构成包括功能价值和观念价值，文化创意创造观念价值，是拥有巨大潜力的蓝海市场，挖掘文化市场的消费潜力，一方面可以拓展文化创意产业发展空间；另一方面可以创造文化新市场、新业态、新模式和新价值。首先，以创意激活当地历史文化资源，发展创意旅游、创意农业、手工艺设计等特色产业，拓展新产业空间；其次，利用互联网技术和创意的巨大潜力，对接现代市场需求，把当地优秀的历史文化资源转化为现代故事、艺术秀等形式，推进基于互联网的文化消费新模式。

第三，形成合力：产城融合，跨界联动。以市场规律建设文化创意城镇，实现产城融合，必须打破条块分割和部门分割，扫除一切阻止市场要素优化配置的障碍，建立整体推进发展的新机制，形成跨界联动的格局。一方面，协同深化推进城镇化体制机制改革，形成部门合力。着重从国民经济社会系统的整体发展中进行改革设计，创新各部门协同合作的体制机制，打破行政主导、行业壁垒和利益垄断，促进文化资源要素的自由流动，营造各类市场主体公平竞争和发展的良好环境；另一方面，协同推进文化创意产业体系规划，形成政策合力。在国民经济体系的大框架内规划和设计产业规划，出台综合性的一揽子政策，为市场各类企业主体提供便捷的政策服务平台和渠道。

二、文化创意产业提升城镇化质量的路径

发展文化创意产业，推进“记得住乡愁”的城镇化，可以有效提高

城镇化质量。“记得住乡愁”是体现乡土、乡情、乡里文化内涵的城镇化，是生态、生产、生活“三生共赢”的城镇化，也是文化、经济、社会、生态“四位一体”的城镇化。文化创意产业提升城镇化质量的具体路径有以下四个方面：

（一）历史文化资源的挖掘与利用

新型城镇化背景下，历史文化资源作为生产要素，在区域发展中被赋予了具有现代意义的文化价值，对历史文化资源的创意开发与利用，是塑造“乡愁记忆”特色文化创意新城镇的重要路径之一。不仅有利于增强对中华乡村文化的自觉和自信，也有利于促进城镇产业发展，提高区域竞争力。

综观国内外创意城市的发展，发达的创意城市必定有符合其文化特质的创意产业，如纽约有以版权产业为主题的特色创意产业体系，东京有以动漫为主题的特色内容产业体系，巴黎有以时尚为主题的特色创意产业体系，柏林有以设计为主题的特色创意产业体系。发展基于本土文化资源的特色产业是文化创意城镇实现产城融合的有效之举。区域文化创意体系的基本特征是圈层型产业结构，城镇特色产业体系的构建不但要开发文化资源要素，还要在创意、技术、产品、市场有机结合的基础上，形成包括核心产业、支持产业、配套产业和衍生产业四个圈层的产业体系，才能发挥文化创意的巨大价值，支撑新城镇的持续发展。

（二）自然风貌与文化生态的保护与活化

在城镇化进程中，通过文化综合规划、乡村社区营造、产业生态链构建，对现有乡土风貌生态进行保护与活化是建设“乡愁人家”文化创意城镇的重要路径之一。

首先，树立乡土风貌及其生态的规划与保护意识，在城镇规划中综合考虑“文化、经济、社会、生态”四大系统的和谐，以天人合一的理念，将文化创意新城镇作为自然界中的一个“大生态产品”，统筹规划和保护，遵循大自然的山水地势脉络、大社会的人文生活肌理，改变物理思维式的城镇化规划模式，实施传承历史文化、保护乡土风貌的文化创意生态规划。

其次，乡村社区的营造与活化。乡村社区是文化创意城镇不可或缺的重要内容，体现了“乡愁”城镇化的人文载体，营造乡村社区是吸引回乡年轻人、复兴乡村文化的有效举措，美国、英国、日本和中国台湾及中国香港先后进行了实践，比如美国的“Community Re-vitalization”、日本的“发现乡村之光”、中国台湾的“打造生命共同体”、中国香港的“社区活化运动”等，都是成功的案例。台湾一位文化界负责人曾形象地概括了“社区营造”的具体做法和对乡村发展的积极功能：“以社区所在地的创意生活达人为制作人，以社区历史人文为布景，以所在地山川、城乡街廊为舞台，以社区创意工艺和商品设计为道具，以所有参与体验过程的居民与旅客为演员，在可居可游的城乡社区，通过它演出一场创意生活的大戏，为城乡社区的人文环境与地方经济通史带来一个更好的明天。”在我们推进乡愁城镇化的过程中，“社区营造”不失为有借鉴意义的实践启示和创新思路。

（三）乡情文化记忆的表达与互动

历史记忆的表达与再现、民风民俗的场景与展示、本土文化的传播与互动，构成了文化创意城镇的靓丽风景和文化品格。

历史记忆是形成城镇个性特色的重要内涵，其表达与再现也是建设文化创意新城镇的重要内容。城镇的街道、建筑、广场、公共空间、公共服务设施、标识等景观都是表达历史文化记忆的凝固符号，乡愁城镇化的过程，一是要以城镇为大舞台进行历史文化记忆的“布景”，体现乡情文化符号，把地域文化的 DNA 融入城市的肌理系统，布局在城镇的角角落落；二是要运用文化创意，再现地域文化的独特魅力和感染力，在传承的基础上实现文化创新，为城镇注入发展新动力。比如电影《悲情城市》与台湾九份城镇的复兴、日本大地艺术节与乡村的复兴等都是成功的案例。倘若一个城市的所有物理空间能够在原有空间功能上叠加相应的历史文化记忆和旅游体验功能，城市整体文化和经济将得到空前的活跃和提升。

活的文化场景展示了城镇文化品质,树立了城镇文化品格,是推进建设文化创意城镇的重要路径。体现地域文化的特色节庆活动,其场景的营造与创意展示,能够拓展区域文化创意产业的发展空间。以美国的“玫瑰花车节”为例,至今已经有 120 多年的历史,城镇每年都吸引着来自全球各地逾百万的观众,同步向 120 多个国家电视转播盛况,全球约有五亿多人通过电视直播观赏。如今,玫瑰花车的制作已经成为拉动当地文化创意设计产业发展的新载体。大多数花车都由专业的公司设计制作,有的经过长达一年的精心设计制作,不仅拉动了就业,带动了花卉产业的发展,由于高科技的电脑动画等新媒体也被用于花车制作之中,还带动了新兴产业的发展。

(四)文化创客的集聚与融入

文化创客(Culture Creative-makers)是热爱乡土文化、追求自身价值的个体文化创意者,是利用自己的技艺和才能创造就业和财富的群体,他们善于发现、保护和拯救被忽视的古村落和古民居,并挖掘其文化价值,创意设计符合市场需求的文化消费体验产品,集聚文化创客,使其融入乡愁的城镇化是自下而上推进文化创意新城镇的重要路径。

故乡情结是一种乡愁,乡愁的城镇化离不开故乡人,集聚一批返乡创业型文化创客,是推进文化创意城镇建设的明智之举。比如,皖南乡村集聚了一些热爱徽文化的创客,在从事与古村落古建筑保护相关的创意工作,形成了体验型民宿客栈产业的集群,不仅为本地人创造了多个就业机会,还带动了当地旅游服务业等相关产业的发展;在世界文化遗产宏村还有一些返乡创业的年轻大学生,借助地缘和亲缘优势,他们修缮祖屋旧宅,并把互联网技术、淘宝商业模式等应用于创业之中,为故乡的发展注入了新鲜血液。

外来寻梦型文化创客是推进乡愁城镇化不可忽视的重要力量,要创造良好环境让寻梦型文化创客尽快融入、扎根落户,将其梦想的实现与乡村城镇化的发展紧密相连。人是建设文化创意城镇的第一要素,文化追梦者则是其中的核心要素，吸引这些人群，融入本地的城镇化，将有力推进区域发展及其文化的创新。为吸引文化创客促进乡村复兴，英国开展了“第二故乡”运动，台湾地区推出了“新故乡”运动，取得了良好的成效。比如，在广西阳朔，一位来自南非的建筑师伊恩因喜欢中国民居建筑，几乎花光了自己所有的积蓄租下了旧县村的五幢老宅，租期20年。当时，旧县村不少老宅因年久失修濒临坍塌，大多荒废着，许多村民早已搬出了老宅。为了保护这些老宅，伊恩通过自己的创意，精心设计老宅的每一处细节，不仅修旧如旧，保持中式老房子特有的韵味，还将环保理念融入老宅排污系统设计中，把原本暴露在地面上的排污管道埋到地下，在污水经过的土层下铺上石渣，这样污水在排出时杂质会缓慢渗透到土里，过滤后的废水会流进田里，灌溉农田，让老宅重新焕发灵气。如今，五幢原本破旧的老宅，已被改造成温馨舒适的家庭旅馆——中西合璧的“秘密花园”，不少外国游客纷至沓来，我们看到，担任服务员的当地农民操一口流利的英语接待着来自世界各地的游客。

专业型文创企业的引进。乡愁的城镇化不能缺少专业型文创企业的参与，企业拥有专业的知识技术、雄厚的资本实力、优秀的人才团队，以及成熟的商业模式和经营渠道，是推进文化创意城镇建设的重要力量。比如云南楚雄的彝人古镇，由专业性的文化旅游公司开发建设，以彝族“祭火”风俗编排的《祭火大典》每天在古镇演出，成功演绎了彝族的毕摩文化、彝人古镇的开发过程，成为楚雄地区城镇化的一部分，在为古镇提供了约5 000个就业岗位的同时，古镇本身也建立了自身的特色产业体系。

创新金融发展，促进经济转型升级

——在广东佛山“全国政协论坛”上的演讲

（2014 年 11 月 14 日）

促进经济转型升级是我国迫切需要面对和解决的问题。经济转型就是转变经济增长方式，从以资源要素投入为发展动力的外延发展方式转变为以智力要素投入为发展动力的内涵式发展。经济升级就是要优化经济结构，使得产业结构合理化和高级化，暨要实现第一、二、三产业结构的平衡互助，增加第三产业。就具体产业而言，升级就是要提升产品附加值和生产效率，提高竞争力拓展市场，并减少资源消耗和环境污染。

只有当我国企业增强了研发设计能力和品牌营销能力，我们才能增强在全球价值链分工中的话语权，我们才能从制造大国升级为生产大国，并从中国制造升级为中国创造，随着我国从事研发设计和品牌营销的生产性服务企业的增多，我国的服务经济比重也将随之提升，如此可以帮助解决第二产业与第三产业结构失衡的问题。推进产业结构的合理化和高级化。

综上所述，提高我国企业的研发设计能力和品牌营销能力是解决我国经济转型升级的一条重要路径，提高企业的研发能力必须借助于科技创新，提高企业的设计能力和品牌营销能力必须借助于文化创意。因此，科技创新和文化创意是促进我国经济转型升级的两大引擎。

科技创新以提高产品的使用价值和生产效率为核心，而文化创意则可提高产品的观念价值，并帮助推广营销。首先，在产品的研发环节,科技创新可以提高产品的使用功能和生产效率。例如,华为通过多年的技术研发不断提升手机的使用功能,使得千余元的华为智能手机与五千多元的苹果手机具有类似的使用功能,从而吸引了大批消费者选择使用华为手机;其次,在制造加工环节,科技创新可以通过提高生产效率提升加工质量,减少残次品,增强制造商的综合竞争力。例如,制造加工企业可以通过技术改造提高产品的加工质量和效率而增强市场竞争力;最后,在销售环节,科技创新也可以拓展新的销售渠道和增加更吸引人的销售方式。例如,互联网信息技术的发展使得电子商务成为越来越常用的销售渠道,供应商除了传统的销售渠道之外,还可以通过阿里巴巴旗下的淘宝或者天猫以及京东网、当当网、1 号店等诸多互联网销售平台来实现产品的销售。

文化创意以提高消费者在精神层面的消费体验为核心,其对提升产品价值的贡献主要体现在设计和销售两个环节。在设计环节,考虑到消费者的精神需要,可以在产品中融入文化创意。例如,汽车的设计者考虑到乘车人在汽车上的娱乐需求而为汽车设计了高品质的音响设备。优秀的音乐和美术成果也可以通过应用技术融入产品,满足消费者的精神需求,提高产品的附加值(即观念价值)。例如,歌曲录入芯片可以装入玩具,使之会唱歌,从而提升玩具的价值。我国台湾有一款专门设计的酒瓶,握酒瓶敬酒时会唱起祝酒歌,让人精神愉悦又倍感有趣,既提高酒瓶价值又扩大了营销。另外在销售环节,不仅可以通过品牌的树立增强消费者对品牌的认可度,还可通过有趣的促销活动,增强消费者的消费欲望。例如,上海利用石库门文化打造品牌,推出石库门老酒和石库门饭店,重庆利用三国演义的文化打造了张飞牛肉品牌,都成功拓展了市场。广东东莞的玩具遥控直升机为促进销售,策划"喜从天降"的婚庆活动,从而增加了销售。另外,文化创意在制造加工环节也能够有所贡献,比如,在车间播放舒缓的音乐有利于帮助工人放松心情从而减少事故,播放欢快的音乐则有利于提高生产效率。

科技创新和文化创意在研发设计、加工制造和市场营销多个环节都可以分别和共同地发挥作用,最终达到提高产品价值和生产效率,从而推进我国经济的转型升级,其发展还需要金融的支持。

科技创新和文化创意是以人为本、以智力为本的,从业企业往往是轻资产的,因此难以利用传统的抵押贷款模式取得资金。另外,科技创新和文化创意在投入和产出上难以预测,所以投资此类企业具有一定的风险。这些特点导致从事科技创新和文化创意的企业较难获得资金。我国目前出现了科技金融和文化金融的这两个专业词汇,需要探讨如何利用金融创新措施来促进科技金融和文化金融的发展。科技金融是指帮助科技企业获得用于发展科技创新所需资金的融通模式,文化金融是指帮助文化企业获得用于发展文化创意所需资金的融通模式。科技创新和文化创意企业的发展可为各行各业的转型升级提供相关服务,另外金融创新还要支持各个企业推进技术改造和文化的发展,并支持其与科技创新和文化创意企业的合作交易。

一、金融市场机制创新促进科技金融和文化金融的发展

科技金融和文化金融是新兴的市场,金融机制创新包括市场培育机制、市场准入机制、市场竞争机制和市场监管机制等多方面的创新,共同推动和促进科技金融和文化金融的发展。

(一)市场培育机制创新

科技金融和文化金融是新兴的市场,与相对成熟的传统金融市场不同,首要任务就是对科技金融和文化金融市场的培育。对这两个市场的培育需要政府发挥重要的引导作用。首先,政府需要加强对科技创新和文化创意的宣传。政府需要通过多个渠道披露的充分信息让人们认识到科技创新和文化创意的商业模式、行业特点和重要性,帮助人们理解和判断科技创新和文化创意所面临的经营风险和可能的收益,从而吸引人们参与市场的建设和发展;其次,政府需要引入示范效应,比如,2012 年上海市政府通过浦发银行合资引导硅谷银行入驻上海,硅谷银行是全球最大的科技银行,合资成立的浦发硅谷银行可以采用

硅谷银行的惯用模式根据企业的科技创新成果为企业发放信用贷款，浦发硅谷银行评估科技创新价值的标准和控制风险的措施将给其他传统的商业银行以及其他为科技企业发放贷款的机构提供宝贵的经验；再次，政府需要通过投入财政资金设立政府引导基金来增强市场主体的进入信心。例如，2012 年上海市杨浦区政府委托在上海设立的浦发硅谷银行管理十亿人民币的政府引导基金，由硅谷银行作为母基金将这些资金投资到专业的风险投资机构用于股权投资科技企业，树立了以股权形式投资科技企业的榜样。另外发挥政府资金的杠杆作用，在建立风险投资基金时政府先投入一部分，然后吸引较多的民间资金加入；最后，采取税收优惠等措施鼓励资金进入科技企业和文创企业，以平衡科技金融和文化金融所承担的风险。

（二）市场准入机制创新

传统金融市场的机构因为专业能力、风险偏好和机会成本等原因不愿意进入科技金融和文化金融这一领域。为了鼓励更多的市场参与者进入科技金融和文化金融的市场，政府应放开市场准入的门槛，适度允许民间资本或国际资本参与，并鼓励市场主体通过各种形式向科技企业和文化企业提供资金，包括借款形式和股权投资形式。

（三）金融促进科技创新和文化创意发展的对策

1. 积极稳妥发展风险投资和私募股权基金，突破金融支持成长期科技企业的瓶颈

风险投资、私募股权基金的运作模式符合成长期科技企业高成长、高收益、高风险的特征，是突破科技与金融结合瓶颈的主要形式。要综合运用财政、税收等多种手段，鼓励和引导风险投资、私募股权基金的创设和发展。创意产品的市场具有不确定性，其市场交易的顺利进行往往需要风险投资介入。例如，这次国际金融危机爆发后，浙江省文具之乡宁海市的 360 户文具生产企业（多为民营中小企业）急需更新产品设计，便结队到上海购买创意设计。在上海创意产业中心的帮助下，一批专业的设计企业为他们提供了许多新的设计，但是在交易过程中

就遇到了市场风险的问题，文具生产企业认为新的设计是否受市场欢迎很不确定，花钱购买新设计存在较大风险；而设计企业也担心新的设计创意泄露后被复制，知识产权得不到保护。此时，上海创意产业投资公司的风险资本及时介入，由它出资一半，企业出资一半，将创意设计版权买下，企业生产销售的收益和风险双方共担，投产后如果企业认为市场较好，可将另一半产权购回。于是交易顺利完成。

2. 应积极发挥市场融资功能，积极创新推广符合科技企业特点的信贷模式与产品，建立符合科技企业需求的多层次金融市场融资渠道

应该进一步积极推进科技企业的知识产权、股权、应收账款、订单质押融资以及产业链融资等信贷创新产品。

一是要发挥银行间债券市场功能。目前，人民银行正在研究高收益债券等更加适合科技等中小企业需求特点的债券品种，将有利于推进科技企业通过债券市场募集资金。

二是要发挥股票市场，尤其是创业板市场、中小板市场的筹资和带动功能。

三是知识产权是科技企业和文化企业的核心资产，开展以知识产权质押进行融资的业务是科技金融和文化金融的可行模式，因为知识产权是科技企业和文化企业的核心资产。例如，好莱坞的电影公司会以其影片库的版权做质押向银行融资，华谊兄弟也曾以电影版权为质押向招商银行取得五千万元的融资。

二、发展互联网金融机构

互联网金融可以降低金融的交易成本从而实现长尾效应，达到普惠金融。以通信交互技术为基础的互联网可以实现便捷的信息交互从而降低获取信息的成本，由此催生了大量的 P2P 贷款平台公司和众筹平台公司。以挖掘大数据为基础建立的信用评估体系可以降低信用评估的成本并降低信用风险，以此为基础发展起来的互联网银行均属于此种模式，包括以淘宝的电子商务交易大数据为基础建立的信用评价体系，并据此发放贷款的阿里小贷和浙江网商银行；包括以腾讯的社交大数据为基础建立的信用评价体系，并据此发放贷款的前海微众银行；包括银联商务以银行卡交易记录的大数据为基础建立的信用评价体系，并据此发放贷款的 POS 网贷业务。

互联网金融带来的普惠金融能覆盖科技企业和文化企业作为小微企业的融资需求，因此将在科技金融和文化金融中扮演重要角色。互联网金融业务将通过 P2P 贷款、网络信用贷款和股权众筹等形式为科技企业和文化企业提供资金。例如，淘宝销售的娱乐宝就是为电影募集资金的一种形式。

三、适当发展并购基金

科技企业和文化企业的典型特点是其产业的衍生效应明显。以文化企业为例，一个好的创意可以在同一个产业的上下游衍生，也可以突破产业的边界在不同的产业中衍生。例如，卡通人物米老鼠既可以出现在电影中成就世界著名的迪士尼电影公司，也可以用于发展主题公园形成全球瞩目的迪士尼乐园，还可以用于发展旅游行业形成欢乐之旅的迪士尼邮轮，但是，文化创意的弱点在于容易被复制。因此，一旦文化企业形成一个好的创意就应该以最快的速度在各个可行的行业进行衍生，这就需要大量资金帮助其在不同的行业之间进行兼并合作，以便尽快推进创意的使用，在这种情况下，并购基金就成为向文创企业融资的主角。另外一些中小企业通过兼并重组往往能提高生产效率和竞争力。有些不同行业的企业融合发展有助于产业创新，并购基金对兼并重组和融合发展提供支持。

最后，我们发展科技金融还可以适当学习和借鉴发达国家和地区的经验。美国硅谷、纽约和英国伦敦是金融与科技融合的典范。2013 年，美国硅谷科技创业企业获得风投金额已达 97 亿美元，纽约的科技创业企业的募资金额达到 24 亿美元（约 147 亿元人民币），伦敦的科技创业企业获得的风投总额为 7.6 亿美元（约 46.6 亿元人民币）。

硅谷是迄今为止世界上最成功的高科技园区，其主导产业包括计算机和通讯硬件、电子元件、软件、创意和创新服务业等。美国硅谷成功的最关键因素在于不怕失败的硅谷文化、发达的金融市场、有利于科技创新的整套金融机制，以及汇集全球金融资源、人才资源和创新资源等。硅谷非常值得中国学习的是当地政府的做法，政府重视法规制度和创业环境建设，塑造硅谷科技金融文化。硅谷是一种以市场力量为主导的模式，即政府对硅谷的发展并不直接介入，其主要职责是提供自由的创新环境和健全的法律环境。

作为全球金融中心的纽约，近来非常重视金融和科技的融合发展。美国纽约市政策制定者认为，不断进步的科技可以让一座城市活跃和繁荣起来，因此纽约市政府近来致力于发展创新经济，推出多种举措为科技产业培养和储备人力资源。纽约市政府还在打造高科技人才输送管道项目，用于支持科技行业的成长，把纽约当地居民培养成为高科技公司首选的雇佣对象。其中的一个代表项目来自纽约熨斗学校，这是一个网络编码培训奖学金计划。这个计划允许具备一定资格的纽约居民在熨斗学校——布鲁克林分校免费参加一个由市政府资助的22个星期的培训课程，该校称，学员毕业后可以立即就业。

伦敦也是公认的世界金融中心。为配合打造科技之都的远景目标，伦敦市长公布了一系列扶持科技行业的政策，包括建立一支九人组成的“伦敦科技大使团队”（London Tech Ambassadors Group），成员均是来自伦敦政商届有身份的人物，他们将走访世界各地，为科技城招商引资。

解读国家关于文化创意产业支持政策

——在“第四届中国服务贸易年会”上的演讲

（2014年12月）

我们可以盘点一下2014年国家关于文化创意产业发布的相关政策：

一、《文化体制改革中经营性文化事业单位转制为企业的规定》和《进一步支持文化企业发展的规定》

中央宣传部会同中央外宣办、中央编办、发展改革委、科技部、财政部、人力资源社会保障部、国土资源部、商务部、文化部、人民银行、税务总局、工商总局、新闻出版广电总局等有关部门和单位共同拟定《文化体制改革中经营性文化事业单位转制为企业的规定》和《进一步支持文化企业发展的规定》，提出要推动政府部门由办文化向管文化转变，推动党政部门与其所属的文化企事业单位进一步理顺关系，建立党委和政府监管国有文化资产的管理机构，实行管人、管事、管资产、管导向相统一。在财政税收、投融资、土地处置、工商管理等方面进一步深化体制改革，支持文化企业发展。

二、国务院《关于加快发展对外文化贸易的意见》

意见明确了支持重点：鼓励和支持国有、民营、外资等各种所有制文化企业从事国家法律法规允许经营的对外文化贸易业务，并享有同等待遇；鼓励和引导文化企业加大内容创新力度；支持文化企业拓展文化出口平台和渠道；支持文化和科技融合发展。并提出了加大财税支持、强化金融服务、完善服务保障等多方面的具体意见，如发挥财政资金的杠杆作用、对国家重点鼓励的文化产品出口实行增值税零税率，支持符合条件的国家文化出口重点企业通过发行企业债券、公司债券、非金融企业债务融资工具等方式融资等。

三、《国务院关于推进文化创意和设计服务与相关产业融合发展的若干意见》

意见提出，要加强协调配合，着力推进文化软件服务、建筑设计服务、专业设计服务、广告服务等文化创意和设计服务与装备制造业、消费品工业、建筑业、信息业、旅游业、农业和体育产业等重点领域融合发展，塑造制造业新优势，提升数字内容产业发展质量、提升旅游产业发展文化内涵、挖掘特色农业发展潜力、拓展体育产业发展空间等。

四、文化部关于贯彻落实《国务院关于推进文化创意和设计服务与相关产业融合发展的若干意见》的实施意见

为贯彻落实《国务院关于推进文化创意和设计服务与相关产业融合发展的若干意见》（国发〔2014〕10 号），提高文化产业创意水平和整体实力，推动文化创意和设计服务与相关产业深度融合，文化部制定了该实施意见。提出了若干重要文化产业促进计划与工程：文化产业创业创意人才扶持计划、成长型小微文化企业扶持计划、特色文化产业发展工程、数字文化产业发展工程、文化产业投融资体系推进工程、文化产业园区基地提升工程等。

五、《文化部、中国人民银行、财政部关于深入推进文化金融合作的意见》

为深入推进文化与金融合作，推动文化产业成为国民经济支柱性

产业，提出要创新文化金融服务组织形式、建立完善文化金融中介服务体系、探索创建文化金融合作试验区。在符合文化产业发展需求特点的金融产品与服务创新方面，提出要加快推动适合文化企业特点的信贷产品和服务方式创新、完善文化企业信贷管理机制、加快推进文化企业直接融资、开发推广适合对外文化贸易特点的金融产品及服务、加大金融支持文化消费的力度等。

结合2014年国家支持文化创意产业发展的相关政策，我对立足于“文化对外贸易”“金融支持文化产业发展”“文化与相关产业融合发展”等政策涉及频次较多的方面，谈几点看法。

1. 关于对外文化贸易

对外文化贸易包括文化产品贸易和文化服务贸易，其中，文化服务贸易规模较小，且在总量逐步扩大的同时出现持续的贸易逆差，逆差的规模逐年扩大，已成为中国服务贸易总体逆差的重要组成部分。这其中可能存在多方面的原因，比如，语言、传统文化以及生活习惯的原因。我国文化输出的地区主要是中国香港和台湾、东南亚、美国、加拿大、澳大利亚以及欧洲。而这些地区是华人聚居的主要区域，海外华人对于中国本土的文化具有自然的亲和力，也更加容易接受。但另一方面也造成对外文化输出地区过于狭小、过于集中的问题，消费群体以华人为主，缺乏更广泛的国际消费群体的支持。我国在各种国际文化交流活动中，仍停留在以展示剪纸、泥人、刺绣、大红灯笼之类的民俗作品和兵马俑以及其他出土文物等为主的阶段，在国外较有影响的戏剧歌舞和影视作品屈指可数，有影响力的文化企业和明星也是寥寥无几。

如何提高对外文化贸易水平，鼓励文化“走出去”，增进合作共识非常重要。作为全球第一的外汇储备大国，庞大的外汇储备是我国文化企业走出去坚强的经济后盾。人民币升值使得我国文化企业境外投资的成本降低。我国的专业服务机构开始在全球布局并逐渐成熟壮大，这不仅增加了我国文化企业走出去的机会，而且为我国文化企业走出去提供了交易保障，降低了文化企业的交易成本和交易风险。

在鼓励文化"走出去",向世界传播中国传统文化的进程中,还需要加强交流合作,充分发挥全球华人的推广作用。当前,全球范围的产业结构、生产方式与国际分工正面临着大调整、大变革,围绕市场、资源、人才、技术、标准等方面的竞争更加激烈,文化成为提升区域软实力,获取竞争优势的关键要素。法国学者马特尔指出:世界文化大战已经爆发,各大国之间为了国家利益已然不复动用传统意义上的军事手段,而是通过电影、电视、流行音乐、时尚服饰、餐饮、媒体等各种文化创意产业的手段展开博弈和竞争。因此,大中华地区发展文化创意产业,在国际市场上营销"中华牌"文化创意产品,不仅能够提升本区制造业和产品的附加值,在全球产业分工体系中占据优势地位,其意义还在于能够输出中华文化品牌,形成持续的区域竞争优势。由于同根同源以及在文化上的亲近性,华人的推广在我国文化贸易中的作用不容小觑。我国文化贸易要想在世界市场占据一定位置,华人的推广作用值得加以好好利用。

2. 关于金融支持文化产业发展

文化创意产业由于其产业的特殊性,在传统金融服务体系下,其投融资不占优势,投资风险大、融资困难问题依然制约着文化创意产业进一步壮大繁荣,需要用创新的方法加以解决。

第一,针对文化创意产业收益和风险的特殊性,创新传统金融服务模式。应鼓励银行服务创新,设计适合文化创意产业特征的金融产品。银行业应从自身角度出发,积极转变经营方式、提升管理理念,对文化创意产业的资信评估应改变原来"物权控制"的传统理念,转向"未来现金流"控制,积极探索开发各种知识产权、收益权质押等融资工具,通过与担保公司的合作,设计多元化、多层次的信贷产品,拓宽对文化创意产业的信贷范围。

第二,加强文化创意企业自身建设,鼓励参与多层次资本市场直接融资。政府应适当降低资本市场准入门槛,鼓励文化创意企业参与股票市场、债券市场、票据市场等多层次资本市场直接融资。建议适当降低对财务性指标的门槛，增加对企业成长性、科技含量、产品知名度等方面的测度，支持处于成熟期、经营较为稳定的文化创意企业在主板市场上市，鼓励已上市的文化创意企业通过公开增发、定向增发等再融资方式进行并购和重组，加强适合于创业板市场的中小文化创意企业项目的筛选，支持其完善条件上市融资。

第三，积极引导多方面资金进入，鼓励股权投资基金投资文化创意产业。在风险可控的前提下，鼓励保险公司投资文化企业的债权和股权，引导符合条件的保险公司参与文化产业投资基金。适当放宽准入条件，鼓励风险投资基金（VC）、私募股权基金（PE）等风险偏好型投资者积极进入处于初创阶段、市场前景广阔的新兴文化创意业态。

第四，发挥上海自贸区制度创新优势，拓展文化创意企业国际化金融服务。上海自贸区的建设，释放了文化领域深化开放的信号。自贸区在制度上的创新，为文化创意产业国际化投融资、文化创意产品货物贸易和服务贸易提供了前所未有的便利。今后，应充分发挥自贸区的创新优势，依托国家对外文化贸易基地，拓展文化创意企业走出去的国际化金融服务，降低商务费用与成本，加速资金流通与周转，规避资金风险。要继续完善文化创意企业外汇管理，提高文化产业投融资便利程度，满足文化创意企业跨境融资和投资等合理用汇需求，简化优化外汇管理业务流程，降低文化创意企业财务成本，提高文化创意企业核心竞争力。同时还要利用自贸区金融创新措施，在促进文化创意产品货物贸易的同时，大力推进文化创意产业服务贸易的发展，特别是基于离岸金融的创新，加快拓展文化创意产业离岸服务贸易的发展。

3. 关于文化创意产业与相关产业的融合发展

对文化与其他产业的融合发展的机理，应该有两个层面的理解：一是"两端融合"的概念。一端影响产业的生产成本函数，无论是技术的添加，还是文化的融入，都使投入发生了改变，成本产生了变化。另一端是创新了市场。因为融合改变了产品的消费特征，改变了市场的竞争格局；二是"倒逼机制"的概念。马克思说：消费是创造生产的动力。创意消费是融合的内生驱动力，是产生市场价值的源动力。因此，需要建立和健全终端市场创新、商业赢利模式升级和消费结构升级等“倒逼机制”，逆向驱动产业的融合发展。

在实践领域，应加强产业联动，促进各类跨界融合。科技创新与文化创意的融合发展可以促进产业创新。由数字技术和网络信息技术掀起的高科技浪潮改造和提升了传统文化产业，新技术还催生了一大批新的文化形态和文化业态，科技与文化融合已成为现代产业发展的显著特征，并不断开辟新的消费市场。更重要的是文化创意产业与其他产业的融合发展，能促进产业创新和结构优化，有效推动经济发展方式的转变。如果文化创意产业的发展仅局限于文化领域，其经济效益比较有限，只有融入各行各业带动一批产业的创新发展才能成为支柱产业。比如，文化创意融入制造业的能级提升，同样的产品，它们在功能以及制造成本相同的情况下，却可能由于设计的差异而导致售价相差数十倍。正如英国设计家保罗·雷莱斯指出的：“在竞争性增长的世界里，工业化国家进入几乎用同样的原材料生产同一类产品的阶段，这时，设计就成了决定性因素。”文化创意产品的生产还能带动相关文化载体、文化用品、文化器材、文化产业道具、设备等文化制造业的发展与升级。此外，还有文化创意与农业、与旅游业的深度融合形成创意农业、创意旅游业的新兴业态。

文化创意产业发展与金融创新服务

——在“中国金融创新与可持续发展高峰论坛”上的演讲

（2014 年 12 月）

自 2008 年国际金融危机爆发以来，有一个很特别的现象值得关注，就是在很多产业受到很大冲击甚至严重衰退时，唯有文化创意产业逆势而上，全线飘红。

北京：2013 年实现增加值 2 406.7 亿元，增速为 9.1%，高于 GDP 将近 1.5 个百分点，全市规模以上文化创意企业实现收入 10 022 亿元，同比增长 7.6%，文化创意产业作为北京市支柱产业已经排到了第二位，成为首都转变经济发展方式、调整产业结构新的增长点和经济社会发展的新航标。

上海：2013 年，上海文化创意产业继续保持两位数增长，全年实现增加值 2 500 亿元，同比增长 10.1%，占 GDP 的比重约为 11.5%。

首都北京和经济中心上海，南北两地的实际数据很具代表性。近年来，在我国的广大地区，文化创意产业都取得了长足的发展，充分证明党的十八大、十八届三中全会就全面深化文化体制改革、推动文化大发展大繁荣、建设社会主义文化强国决策的正确，充分证明加快发展文化创意产业是转变经济发展方式和产业转型的必然选择。

总结文化创意产业逆势发展，成果丰硕的原因，除去政府主导、政策给力、措施得力等因素外，其中很重要的一条就是财力保障，也就是金融创新与文化创意产业的融合，换句话说就是文化创意产业期待金融创新服务。

下面,结合今天的论坛主题,主要讲三个问题。

一、进一步重视文化创意产业投融资的软环境建设

当前我国发展文化创意产业的政策环境和市场时机都已经成熟,文化创意产业虽然有高收益,但它也是高风险的产业。正确的投融资决策是发展文化创意产业的关键,而正确的投融资决策是基于对文化创意产业风险与收益的正确认识。为促进文化创意产业健康发展,我们需要金融的支持,需要清醒地分析投资文化创意产业的风险与收益,并在此基础上创新金融。

正是因为文化创意产业存在较大的不确定性和市场风险,其发展需要针对其风险特征采取一定的扶持政策,如可在财政、税收方面对新办文化创意企业给以一定的扶持,并加强知识产权保护,创造良好的宽容的文化氛围,构建完善的公共服务平台等。同时也需要创新金融,更好地支持创意产业发展。政府应制定一定的政策,培育文化创意产业保险市场,营造包括贷款贴息、保费补贴、投资基金、风险投资等配套机制,以利于企业迅速渡过成长期。

二、进一步强化政府主导下的财力保障力度

1. 抓准财政资金资助重点,带动产业链发展,鼓励创业

要厘清资助思路,选好重点资助项目。按照 WTO 规则的要求,在保证政府资金公平性和普惠性原则的前提下,探索实行有区别的财政投入政策,既向具有导向意义的、产业化前景好的重点项目、重点企业倾斜,提升产业竞争能力,同时又注重搭建产业发展的公共平台,为产业发展营造良好的软硬件环境。

2. 规范资金管理

完善专项资金的监管工作和指标评价工作,确保专款专用,提高专项资金的使用效率,放大专项资金的投入效应。启动文化创意产业专项资金项目库建设,将事业发展规划与预算管理相衔接,实现项

目滚动管理。筹建文化创意产业专家库，完善项目的论证评审。对资助方式、资助标准等条款要进一步细化和明确，完善项目申报评审流程。

3. 改进资助方式，完善细化各种资助手段

综合运用财政、税收、政府采购等多种调控方式和财政无偿资助、贷款贴息、抵押担保、后期奖励等多种具体扶持方式，有针对性、创新性，切实为文化创意企业提供各项优惠政策。

三、进一步强化金融支持文化创意产业发展力度

1. 金融单位应该对文化创意产业有正确而深刻的认识

要认识到文化创意产业是知识经济大背景的一种新型的产业模式，是一种推崇科技创新、强调文化对经济的支持与推动的新兴产业，具有高附加值、高回报和高产业关联度的特点，是一个全新的超越文化产业的一种新兴产业业态，极大地影响一个城市、一个国家的经济运行和社会文化发展，其发展规模和程度已经成为衡量一个国家和城市综合竞争力水平高低的重要标准，对于促进转变经济发展方式，提升产业发展水平，优化产业结构具有不可低估的作用。

党中央、国务院要求大力发展文化产业，实施重大文化产业项目带动战略，加快文化产业基地和区域性特色文化产业群建设，培育文化产业骨干企业和战略投资者，以实现国民经济平稳较快发展。发展文化创意产业，也是促进产业结构优化升级、提高自主创新能力的内在要求，是贯彻落实科学发展观、全面建设小康社会的迫切需求，是推动经济平稳较快发展、增强国际竞争力的战略任务。

2. 将金融支持文化创意产业当成自觉

中国人民银行采取了三方面的措施：

(1) 加强政策引导，发挥正向激励作用

制定并相继出台一系列政策文件，将文化创意产业信贷业务开展情况纳入商业银行信贷政策导向效果评估体系。

（2）推动文化金融建设，建立长效工作机制

交通银行北京分行采用以绩效考核为主、配套专项奖励的双轨运行机制，鼓励分支机构大力发展文化金融业务。北京农商银行在年度信贷政策指引中明确将文化创意产业确定为优先发展行业。招商银行北京分行将网络技术应用于贷款审批工作中，实现了文化创意企业内嵌专项审批及网上电子审批，进一步提高了审贷过程透明度。

（3）加强政、银、企三方有效衔接，构筑产融合作平台

人民银行联合北京市金融局、文促中心等共同推出“北京市中小企业金融服务平台”。该平台专门设立文化金融网页，汇集政府政策信息、银行服务信息及产品信息、中介机构服务信息等，方便银行及时了解文化金融政策，帮助文化创意企业及时获得所需的金融服务资讯。

3. 进一步增强金融创新意识，拓宽投融资渠道

（1）推广知识产权质押贷款

金融机构应根据信贷原则，在符合相关政策要求的前提下，针对文化创意产业特点，研发设计适合的信贷产品。对于拥有商标权、专利权、版权等核心知识产权的文化创意企业，通过与资产评估公司和律师事务所合作评估，以知识产权质押发放贷款给予重点支持，并可根据借款企业实际情况，采取多种还款方式。

（2）规范应收账款或收益权融资

金融机构应加快开发面向文化创意企业的多元化、多层次的信贷产品。加强和规范应收账款融资管理，推进应收账款融资业务的顺利开展。

（3）加强“财政＋信贷”产品创新

金融机构应加强与相关政府部门的合作，充分利用财政资金对文化创意产业的扶持政策，创新“财政＋信贷”产品，积极研发与风险补偿机制相结合的信贷产品，以加大对中小企业的支持力度。配合财政贴息和税收优惠政策，推出适合文化创意产业特点的信贷产品，为企业

享受财税优惠政策提供服务。

（4）研发运用信贷、债券、基金、保险等综合性金融产品

金融机构可积极探索与非银行金融机构的合作，综合利用多种金融业务和金融产品，推出信贷、债券、基金、保险等多种工具相融合的金融产品，做好文化创意企业从初创期到成熟期各发展阶段的融资方式衔接。

（5）积极支持文化创意产品的消费增长

积极开展消费信贷业务，不断推出消费信贷新产品。增加消费信贷品种，扩大旅游会展、文化艺术、新闻出版、广播、电视、电影等综合消费信贷规模。加强网上银行建设，推进软件、网络及计算机服务、设计服务和休闲娱乐等行业的网银支付水平。

（6）专注于创意产业的私募股权基金可以作为创意产业的投资主体之一

以影视业为例，私募基金的引入不但带来了资金，还能够建立起一整套制片预算方案、审计和财务管理制度，并通过监管资金的使用，保证了严格的成本控制。IDG 中国媒体基金、A3 国际电影基金等已经做了有益的尝试。而相关政府部门也可有所作为，进一步完善市场机制，引导建立种子基金、风投基金、私募股权基金等各种基金。

（7）平衡促发展和防风险的关系

文化创意产品的潜在收益很大，但风险也很高，为了支持文化创意产业的发展，就需要采取一些措施，第一是要在财政税收方面对文化创意产业给予一定的扶持；第二是要加强政府层面的风险控制。政府层面控制创意产业发展的风险，应该集中在制度建设和适当的扶持政策，并进一步完善市场机制。

关于投融资的风险控制。首先，需要对项目作科学客观的价值评估。各种投资基金一般都有自己的评估专家，也可借助社会中介机构和专业的第三方评估机构进行评估。要充分利用潜在的政府资源，并尽可能做到与融资机构之间信息对称；其次，还可以在投资策略上做适

当选择，降低投资失败风险。

（8）关注互联网金融，探索通过众筹融资模式解决中小文化创意企业融资难的问题

推动建设网络信贷征信平台，协调网络信贷联盟企业获取 ICP 增值电信许可证。市区联动建设互联网金融集聚区，制定集聚区优惠政策，引进国内外大型互联网金融企业。设计灵活多样的金融产品，为具有发展前景的中小文化创意企业提供资金保障。

创意产业的高风险决定了银行信贷、债券等传统融资工具在大多数情况下并不完全适合创意企业和创意项目的融资需求，加上中小企业虽有创新能力但缺乏投融资经验，使得产业中的投融资渠道并没有预想中的顺畅，因此，金融创新显得尤为重要。可以说，文化创意产业要进一步加快发展，期待着金融创新服务，期待着金融创新与文化创意产业更进一步的融合。

文化创意与移动互联网视频产业

——在“中国移动互联网视频产业‘金桥汇’”上的演讲

（2014 年 12 月）

2004 年是中国创意产业开启帷幕的元年，2014 年，既是中国接入国际互联网 20 周年，也是文化创意产业与互联网迈进深度融合的新时期，其标志性特征是网络文化产业成为创意产业增长最快的门类，互联网不仅驱动形成文化创意产业的新技术、新业态、新模式，也逐步成为文化内容的主平台。尤其是伴随着智能手机、WiFi 的普及和网络视频 APP 的兴起，移动互联网作为文化创意内容发布的主要渠道的发展态势进一步显现，基于移动互联网的视频产业，拓展了文化创意产业增长的新空间，丰富了文化创意产业的新业态，与此同时，文化创意内容的创新及版权的运营，亦将为移动视频产业注入更多的优质内容，吸引更多的消费群体，有效提高网络视频产业的竞争力。

一、互联网催生文化创意产业发展的三大模式

全球互联网内容消费大致经历了三个阶段：第一阶段是 1995 年以前，以通讯替代和连接尝试为特征的计算机媒介（CMC）时代，互联网平台初步成型，信息孤岛逐渐相互连接，快速通讯、电子商务、网上银行等开始起步；第二阶段是 1995 年至 2005 年，以信息集成为特征的门户时代，期间虽然经历了互联网泡沫破裂，但雅虎等门户网站达到鼎盛期，以亚马逊、EBay 等为代表的电子商务繁荣发展，谷歌等搜索引擎兴起；第三阶段是 2005 年以后，以海量信息和信任机制为特征的云时代，

Web2.0、媒介融合等方式生成和转移的巨量信息,需要通过复杂的组织模式和多样化的信任机制,更好地服务消费者。在此背景下,文化创意与互联网平台的互融催生了文化创意产业发展的三大新商业模式。

一是交互模式。互联网的发展满足了文化消费者的各种沟通需求,对人际关系、社会组织、信息传播产生了深刻的影响,人们的生活方式、交往方式,乃至商业模式为之一变。动态性交互也成为文化创意产业发展的新模式,创意者、生产者、消费者和企业可以即时性交互,赋予了文化创意内容生产的新模式:其一是通过互联网平台,观众可以通过互动参与到创意内容的创作之中,消费者可以转变为创意者,增加了文化创意内容的丰度;其二是紧密了粉丝与文化创意内容的交互,明星与追星族的交互,有利于提高粉丝忠诚度,建立供需双方的信任机制。以动漫产业为例,由于手机移动终端动漫的发展,由看动漫变成了玩动漫,看动漫是单向输出、单向接收,玩动漫则具有互动性,参与性,甚至有些艺术内容可以和手机上的传感器结合起来,增加体验感;其三是内容传播分享的交互。比如微信在今年推出了包含小视频分享功能的新版本,从分享文字、图片再到文件、视频、声音,通过移动互联网可以让你的朋友、家人更直观地了解到你身边所发生的一切。

二是免费模式。由于文化创意产业的数字化特征,使得文化的生产、孵化、传播、展示、融资、交易、出口、活动、教育、研究已经部分或整体迁移到互联网,文化创意产业的消费娱乐活动产生了颠覆性变化,免费模式成为常态。比如,目前众多视频网站有大量免费观赏的电影电视及综艺节目,培育了大量网络视频消费者,改变了以往付费消费模式,这对文化创意产业的发展,尤其是网络原创自制的赢利带来新挑战,必须不断创新商业模式,才能获得长足发展。用户免费创造内容也成为互联网文化创意产业的显著特征,比如,2006 年以来,维基经济学(Wikinomics)、众包(Crowdsourcing)、众智(The Wisdom of Crowds)、创客(Makers)等一系列书籍登上《纽约时报》畅销书榜,其中记录和解释了用户创作信息的“大爆炸”。这主要包括三种形式:一是共建,公众在维基百科等平台上共同创造知识及其体系;二是展示,个人在人人网等平台之上,因具有虚拟身份和虚拟关系,而产生的大量沟通和展示信息;三是分享,个人在优酷、科学松鼠会、Flickr 等虚拟社区,共享视频、知识、图片等信息内容。这种用户信息创作行为,基于广告推介、扩大影响、分享思想、相互沟通等动机,参与人数众多,且无特定的赢利模式,造就了文化创意内容的免费共享模式。

三是精准模式。大数据是存储、感知、参与、连接的产物,来源主要包括智能终端、社会化媒体、生活日志、媒介融合和信息公开五个方面,互联网大数据的发展带来了文化创意产业内容制作的精准模式,其在影视产业中的应用尤为典型。比如,在全球 40 多个国家热播的美国政治悬疑剧《纸牌屋》,其制作方既不是电视台,也不是传统的电影公司,而是一家类似于中国土豆和优酷的在线视频播放网站 Netflix。有趣的是,这部电视剧的导演和男主角都是被“算”出来的,该剧无论是剧情设置还是选择演员、导演阵容,都以用户在网站上的行为和使用数据做支撑,通过在该网站上用户每天产生的行为,如收藏、推荐、回放、暂停等,包括用户的搜索请求等,Netflix 进行精准推荐,根据大部分观众的喜好来调整剧情、主演等内容环节,由此大获成功,Netflix 这家北美最大的付费订阅视频网站在纳斯达克的股价因此 度从 180 美元飙升至 440 美元。一部电视剧拍什么、谁来拍、谁来演,以及制作、营销、发行在内的所有环节均可以计算,开启文化创意产业的精准制作新模式。

二、文化创意为移动视频产业注入三大动力

互联网消费的产业链可以整合分解为三个模块,一是由用户终端、网络接入、促成软件构成的基础设施模块;二是由网络入口、IT 方案构成的网络指引模块;三是由电子商务、文化内容和社交通讯构成的信息内容模块。移动视频产业借助互联网平台和移动终端为消费者提供文化内容服务,涉及互联网技术、移动终端设备,以及文化创意内容等产业链环节。一般而言,基础设施模块和网络指引模块属于硬件技术范

畴，体现功能性和标准性，而信息内容模块属于软件范畴，体现了动态性和差异性，是吸引消费者、提供用户体验的关键环节，文化创意在信息内容模块为视频产业注入了原创力、服务力和消费力。

一是注入原创动力。目前我国网络视频产业处于构建大型内容播放平台、扩大用户规模的快速发展阶段，未来，建立从内容创意创作源头到播放终端的全产业链，尤其是注重原创内容，是视频产业实现可持续发展的核心支撑，因为没有优质内容，就无法吸引优质客户。文化创意创造差异，体现个性，是内容的生产者和供应者，是知识产权的创造者，通过文化创意产业的发展，能够为视频产业注入原创动力。加快促进文化内容原创企业与新型互联网企业等不同产业的跨界融合与合作发展，走向“内容为王 + 渠道制胜”的双赢。比如，今年三大互联网巨头 BAT 与电影企业的合作，建立与最顶尖的创意制作团队、电视剧制作公司、电影制作公司之间长期的合作关系，通过 IP 购买和授权的方式，甚至投资入股的方法，大大提升其原创力，彼此可以共同分享互联网视频产业快速发展带来的收益。

二是注入服务动力。产业发展离不开服务创新，在移动互联网时代，用户的需求更加个性化，选择也更多。网络视频产业平台的价值在于为用户提供的创新性服务和衍生型服务的附加值大小，这也是互联网作为双边市场的一个重要特征。比如，在移动互联网消费浪潮之中，谷歌的安卓系统及其平台 Google Play 强势崛起，其重要因素是其技术服务创新应用不断拓展延伸，定位为云服务商，通过谷歌图书、学术搜索、YouTube、艺术项目、谷歌翻译等，组织文化内容产业，形成了软件即服务的软件产业大整合。文化创意能够为消费者提供个性化、差异化、定制化服务，通过与众不同的体验服务为网络视频产业注入新动力。

三是注入消费动力。不久前召开的中央经济工作会议从九个方面阐释“新常态”，其中第一特征就是消费，会议指出：从消费需求看，过去我国消费具有明显的模仿型排浪式特征，现在模仿型排浪式消费阶段基本结束,个性化、多样化消费渐成主流。可见,消费创新成为经济新常态,文化创意产业是消费导向型的产业,创造观念价值,能够通过创新供给激活潜在消费需求。在互联网逐步成为文化创意内容消费主平台的背景下,文化创意的消费力将进一步发挥和显现。移动互联网的普及,意味着人们的日常行为被逐渐碎片化,而为了适应这种碎片化的消费行为,文化创意大有可为。如手机动漫的兴起,通过创意,以动漫接听取代彩铃,在微信等社交软件当中也大量使用动漫头像来表达我们的心情,甚至还有很多 APP 本身加入动漫元素来提升本身功能的吸引力,为网络消费者提供了更多文化消费内容的选择。

三、促进文化创意与移动视频产业融合发展的三大机制

目前,我国经济进入新常态,文化创意产业迎来新的发展机遇,在大数据、云计算、信息安全、信任构建等因素驱动下,互联网文化消费将向着更大规模、更优组织、更强信度的方向发展,可以预见,移动互联网视频产业也将因此不断勃兴,而建立文化创意与移动视频产业融合发展的促进机制,形成互容、互融和互荣的互补协同体系,有利于进一步发掘消费需求,促进技术创新,催生新的经济增长点。

一是大部门机制。文化消费是直接关乎国家未来发展转型的大领域、大产业和大格局,因而需要在大部门的逻辑下统筹兼顾,避免主管部门山头林立的情况发生。建立大部门机制,形成高效率的互联网文化消费组织架构,文化、科技、经济、安全等各自都淡化部门角色,有序参与、协同治理、共同建设。李克强总理指出:“我们要通过政府放权让利的‘减法’,来调动社会创新创造热情的‘乘法’。”因此要进一步简化互联网经济的审批和管制程序,降低互联网消费前台与后台的交易成本,保障移动互联网视频产业链的通畅和技术趋势的快速应用,提升文化消费者的福利,切实促进产业发展。

二是大社会机制。互联网文化消费产业规模庞大,其中蕴含着丰富的盈利模式,背后存在复杂的政治、经济和文化利益相关方,因此移

动互联网视频产业的发展要对接现实社会，不仅应协同经济管理和社会管理，更应该联通网上世界和线下社会，通过建立大社会机制，聚焦需求拉动和产业发展的关键点，整合和对接线上线下的资源，解决问题，避免不必要的风险与冲突。

三是大应用机制。媒介融合、云计算、大数据、网络社群、新知识产权标准、智能互联、位置应用等趋势还在深入发展，我们应该一方面抓住机遇，建立大应用机制，充分利用移动互联网网络平台讲中国故事，提升中华文化软实力，同时拓展教育、健康等产业内容与网络视频产业的融合，丰富网络视频产业的业态；另一方面，鼓励网络视频产业的大众创业、万众创新，拓展新的消费形式和商业模式。

优化创意产业集聚区发展

——在“第九届文博会·文化创意产业
集聚区项目推介会”上的演讲
（2014 年 12 月 11 日）

以集聚区的形式发展文化创意产业是当今世界性潮流。建设好集聚区让创意企业从地理临近走向功能集聚，促进合作发展，从而将提高创意企业的市场竞争力和经济效益，同时还将促进地区经济发展转型升级。要建设好集聚区必须把握好四个方面的问题。

一、集聚区的位置选择

一是依托地区产业布局，根据集聚的主题产业考虑地区的产业结构是否相关，便于合作，有利于拓展市场和提高所集聚创意产业的辐射力，带动地区的经济发展。比如，上海旅游纪念品产业设计中心选择在豫园商圈建集聚区，因为豫园商圈是上海小商品、包括旅游纪念品的展示和交易区。借助地理优势该集聚区不仅提升了上海旅游纪念品的质量，拓展了市场，增强了自身的辐射力，形成创意与交易的良性循环；二是依托地区的高校和研究机构，以便产学研合作，提高创造力。比如，上海依托同济大学建筑设计专业建成环同济现代建筑设计园区，取得了良好的经济效益。又如，依托东华大学（原中国纺织大学）的时尚设计建立了环东华时尚产业园，树立纺织品的时尚品牌，还扩大了对外国际交流。另外，徐汇区政府还依托交通大学建成了“虹桥软件园”；三是依托地区位置优势以便于对外交流，比如，深圳创意产业考虑到与香港的交流与合作，于是选择在前海地区（即前海深港现代服务业）建立了创意产业园区（号称中国创意产业南方总部基地），发展得很成功。

二、集聚区入驻企业导向性集聚

根据集聚的主题产业不仅让同行企业入驻，还应该选择一些配套的企业入驻，以便加强合作，对接市场，完善产业链。比如艺术品专业集聚区，不仅集聚一批艺术品创作和生产的企业，还可以安排入驻一个艺术品拍卖企业，又如有些设计产业园区也可以吸引一些应用其设计的生产企业入驻。再如为完善产业链，环同济现代建筑设计园区入驻的企业包括区域建设规划、建筑设计、建筑制造、建筑装潢。

三、创意产业集聚区建设应该提供的服务

一是科技服务，根据需要吸引一些科技专家参与，帮助企业研发；二是权化功能服务，帮助确立知识产权，树立品牌；三是供需服务，帮助提供创意转化的相关资源；四是应用功能服务，包括知识产权运作和新产品的营销服务，帮助推广创意产品融入其他产业，提升附加值；五是维权功能，帮助企业保护知识产权；六是宣教功能，对公众进行知识产权和新创意成果进行宣教。还可以建立创意人才培训中心，既可以帮助企业培养就业人员，也可以提高区内人员的水平。上海加强了集聚区的服务功能，扩大了与长三角地区的创意产业园区的合作。

四、政府对创意产业集聚区的发展提供支持

从各地集聚区的发展来看，政府提供了包括土地、资金、基础设施等要素上的支持，同时也出台一些优惠政策和措施，吸引企业扎堆集聚。实际上金融、科技和传媒的支持对创意产业集聚区的优化发展是十分重要的。金融支持则要建立风险投资基金，可以由政府先出一部分钱再吸引社会资金加入。风投基金不仅可以帮助企业投资，为企业提供贷款，还可以解决成果交易的风险问题。比如这次国际金融危机

爆发后,浙江省文具之乡宁海市的360户文具生产企业(多为民营中小企业)急需更新产品设计,便结队到上海购买创意设计。在上海创意产业中心的帮助下,一批专业的设计企业为他们提供了许多新的设计,但是在交易过程中就遇到了市场风险的问题:文具生产企业认为新的设计是否受市场欢迎很不确定,花钱购买新设计存在较大风险;而设计企业也担心新的设计创意泄露后被复制,知识产权得不到保护。此时,上海创意产业投资公司的风险资本及时介入,由它出资一半,企业出资一半,将创意设计版权买下,企业生产销售的收益和风险双方共担,投产后如果企业认为市场较好,可将另一半产权购回。于是交易顺利完成。另外,集聚区还要建立创意企业孵化器,既可以帮助创业,也可以帮助弱小企业做大做强,同时也需要有孵化基金。比如,澳大利亚昆士兰科技大学建立了创意产业园区,该园区在2003年建了一个孵化器,还设立了一个大学生创意孵化器扶持基金,并提供培训服务,让创业者获得基本的商务技能,结果在两年的时间里创建了20个创意企业。此外创意产业还需要传媒帮助宣传其成果,以便拓展市场,政府也可以鼓励个别传媒企业入驻集聚区。

图书在版编目（CIP）数据
厉无畏学术文集（1-4 卷）/ 厉无畏著．—上海：
上海科学技术文献出版社，2015.11（2023.1 重印）
ISBN 978-7-5439-6813-4
Ⅰ．①厉… Ⅱ．①厉… Ⅲ．①产业经济学—
中国—文集 Ⅳ．① F121.3-53

中国版本图书馆 CIP 数据核字 (2015) 第 220307 号

出版工作小组
组　　长：梅雪林
副 组 长：卢明明　李　锦　金晓明
成　　员（按姓氏笔画为序）：
王亨达　卢明明　刘　娴　李　锦　汪　杨
陈嘉欢　金晓明　夏　鸿　梅雪林　蒋莉莉

责任编辑：夏　鸿　刘　娴
特约编辑：汪　杨　陈嘉欢　蒋莉莉
美术编辑：徐　琍
封面设计：马晓霞

上海文化发展基金会图书出版专项基金资助项目

厉无畏学术文集（1-4 卷）
厉无畏　著
出版发行：上海科学技术文献出版社
地　　址：上海市长乐路 746 号
邮政编码：200040
经　　销：全国新华书店
印　　刷：上海昌鑫龙印务有限公司
开　　本：650×900　1/16
印　　张：104.5
字　　数：1 417 000
版　　次：2015 年 11 月第 1 版　2023 年 1 月第 2 次印刷
书　　号：ISBN 978-7-5439-6813-4
定　　价：398.00 元
http://www.sstlp.com